HANDBOOKS IN OPERATIONS RESEARCH AND MANAGEMENT SCIENCE Vol.15

FINANCIAL ENGINEERING

John R. Birge　Vadim Linetsky

Editors

金融工学ハンドブック

木島正明

監訳

朝倉書店

Handbooks in Operations Research and Management Science Vol. 15

FINANCIAL ENGINEERING

Edited by

John R. Birge
University of Chicago, IL, USA

Vadim Linetsky
Northwestern University, IL, USA

Copyright © 2008 Elsevier B.V. All rights reserved

No part of this publication may be reproduced, stored in a retrieval system or transmitted in any form or by any means electronic, mechanical, photocopying, recording or otherwise without the prior written permission of the publisher.

Permissions may be sought directly from Elsevier's Science & Technology Rights Department in Oxford, UK: phone (+44) (0) 1865 843830; fax (+44) (0) 1865 853333; email: permissions@elsevier.com. Alternatively you can submit your request online by visiting the Elsevier web site at http://elsevier.com/locate/permissions, and selecting *Obtaining permission to use Elsevier material.*

Notice
No responsibility is assumed by the publisher for any injury and/or damage to persons or property as a matter of products liability, negligence or otherwise, or from any use or operation of any methods, products, instructions or ideas contained in the material herein. Because of rapid advances in the medical sciences, in particular, independent verification of diagnoses and drug dosages should be made.

Author asserts the moral rights.

This edition of Handbooks in Operations Research and Management Science: Financial Engineering Vol. 15, by John Birge and Vadim Linetsky is published by arrangement with Elsevier BV, Sara Burgerhartstraat 25, 1055 KV, Amsterdam, The Netherlands.

The Japanese translation was undertaken by a control of Asakura Publishing Co., Ltd.

監訳者序

　本書は金融工学における最新の研究テーマを網羅的にサーベイした大著である．金融工学とは，金融サービス業における諸問題に対して数理工学的にアプローチする学問であるが，近年の金融市場の拡大は目覚しく，株式や債券などの伝統的資産以外の新しい資産クラスの市場規模とその影響力は，わずか10年の間に急成長した．この驚くべき成長は特筆すべき金融工学研究の進展によってもたらされたものであり，世界的な金融危機に陥った後でさえ，金融工学研究の重要性は色褪せることはない．もっと言えば，危機の最中にあるからこそ，金融リスク管理技術の更なる向上や効率的なリスク配分を促進するためのリスク資産の適正な評価，あるいは金融市場を安定的に機能させるための方策など，いまほど金融工学の果たす役割が求められている時代はないのかもしれない．

　原書「*Handbook of Financial Engineering*」を初めて手にしたときの衝撃はいまでも忘れられない．筆者は金融工学の専門家を自任しており，それだけの努力をしてきたつもりであったが，本書に収録されている研究テーマの拡がりと内容の深さには改めて世界のトップとの差を痛感させられた．そこで，自身の浅学菲才ぶりを嘆いているよりも，本ハンドブックを翻訳し世に送り出すことが，わが国の金融工学研究のレベルアップにつながると決意した次第である．特に，次代を担う若手研究者には本ハンドブックを有効に活用して，自身の更なる飛躍につなげて頂くことを切望してやまない．

　金融工学は極めて学際的な学問分野である．金融モデルは確率的なので，確率論や確率過程論は金融工学研究で中心的な役割を担うが，経済学の諸原理の上に理論が構築されているため，均衡などの概念や最適化の手法も重要な要素となっている．また，金融モデルを実行するためには解析的，数値的あるいは統計的な手法や道具を開発する必要もある．実際，本書で議論されている数理的手法は，モンテカルロシミュレーションや偏微分方程式の数値解法，確率動的計画法，フーリエ法，スペクトル法など多岐にわたっている．本ハンドブックが，こういった分野の専門家の人達が金融工学に興味を持ち新たな研究の嚆矢とならんことも意図している．

　金融工学研究の進展は極めて速い．本ハンドブックの内容の一部も来年になればすでに陳腐化しているかもしれない（もちろん，Black–Scholesモデルのように，金融

工学のスタンダードモデルになる可能性の高い内容が多いと確信しているが）．そのため，翻訳にあたって，もっとも重要視したことは出版のスピードであった．訳者には短期間に集中しての翻訳作業をお願いした．また，本ハンドブック翻訳の意義を考えれば，翻訳は専門の近い若手研究者にお願いすることが最適と判断した．翻訳者のリストを見ると，現在，考えられる最高のメンバーを集めることができたと自負している．

最後に，たとえ原書が素晴らしくても，訳者の力量が伴わないと翻訳の価値は低下する．翻訳に際しては，訳者一同，非常に多くの時間と労力を費やし，また監訳者の責任としてすべての翻訳原稿に目をとおしたが，誤植，誤訳などさまざまな点で改善すべき個所も少なくないと思われる．これらの点について忌憚の無いご意見を頂ければ幸いである．

2009年5月

木島正明

訳者・原著者一覧

0. 木島正明　首都大学東京大学院社会科学研究科・教授, Ph.D., 理学博士
   John R. Birge： University of Chicago
   Vadim Linetsky：Northwestern University

1. 芝田隆志　首都大学東京大学院社会科学研究科・准教授, 博士（経済学）
   室町幸雄　首都大学東京大学院社会科学研究科・教授, 博士（経済学）, 理学博士
   Robert A. Jarrow：Cornell University
   Philip Protter： Cornell University

2. 鈴木輝好　北海道大学大学院経済学研究科・准教授, 博士（経済学）
   Steven G. Kou：Columbia University

3. 山中　智　野村證券株式会社金融工学研究センター・クオンツアナリスト, 修士（工学）
   Liuren Wu：City University of New York

4. 後藤　允　早稲田大学大学院ファイナンス研究科・助教, 博士（工学）
   Christian Gourieroux：CREST, CEPREMAP, France and University of Toronto, Canada
   Razvan Sufana： York University, Canada

5. 大高正明　株式会社三菱UFJトラスト投資工学研究所・主任研究員, 修士（経営学）
   Federico M. Bandi：University of Chicago
   Jeffrey R. Russell： University of Chicago

6. 赤堀次郎　立命館大学理工学部数理科学科・教授, 博士（数理科学）
   石井郁美　株式会社三菱UFJトラスト投資工学研究所・研究員, 修士（理学）
   Vadim Linetsky：Northwestern University

7. 八木恭子　東京大学大学院経済学研究科附属金融教育研究センター・特任研究員, 博士（数理情報学）
   Liming Feng： University of Illinois
   Pavlo Kovalov： Quantitative Risk Management, Inc.
   Vadim Linetsky： Northwestern University
   Michael Marcozzi：University of Nevada Las Vegas

8. 髙嶋隆太　千葉工業大学社会システム科学部金融・経営リスク科学科・助教，
　　　　　　博士（工学）
　　　Steven G. Kou：Columbia University

9. 丹波靖博　株式会社クレジット・プライシング・コーポレーション，経済学博士
　　　Tomas Björk：Stockholm School of Economics, Sweden

10. 室町幸雄　首都大学東京大学院社会科学研究科・教授，博士（経済学），理学博士
　　　Paul Glasserman：Columbia Business School

11. 内山朋規　野村證券株式会社金融工学研究センター・主任研究員，博士（経済学）
　　　Tomasz R. Bielecki：Illinois Institute of Technology
　　　Stéphane Crépey：　Université d'Évry Val d'Essonne, France
　　　Monique Jeanblanc：Université d'Évry Val d'Essonne, France
　　　Marek Rutkowski：　University of New South Wales, Australia and
　　　　　　　　　　　　 Warsaw University of Technology, Poland

12. 江上雅彦　京都大学大学院経済学研究科・准教授，Ph.D.
　　　Jeremy Staum：Northwestern University

13. 山田雄二　筑波大学大学院ビジネス科学研究科・准教授，博士（工学）
　　　George M. Constantinides：University of Chicago and NBER
　　　Jens Carsten Jackwerth：　University of Konstanz, Germany
　　　Stylianos Perrakis：　　　 Concordia University, Canada

14. 松本浩一　九州大学大学院経済学研究院・准教授，博士（数理科学）
　　　Thomas F. Coleman：　University of Waterloo, Canada
　　　Yuying Li：　　　　　University of Waterloo, Canada
　　　Maria-Cristina Patron：Risk Capital

15. 山下英明　首都大学東京大学院社会科学研究科・教授，工学博士
　　西出勝正　横浜国立大学学際プロジェクト研究センター・特任教員（助教），
　　　　　　博士（経済学）
　　　Erhan Bayraktar：University of Michigan
　　　Ulrich Horst：　 The University of British Columbia, Canada
　　　Ronnie Sircar：　Princeton University

16. 山田哲也　日本銀行金融研究所・企画役補佐，博士（経済学）
　　　Helmut Mausser：Algorithmics Incorporated, Canada
　　　Dan Rosen：　　 R^2 Financial Technologies and Fields Institute, Canada

17. 西 出 勝 正　横浜国立大学学際プロジェクト研究センター・特任教員（助教），
　　　　　　　　博士（経済学）
　　　Robert A. Jarrow：Cornell University
　　　Philip Protter：　　Cornell University

18. 小守林克哉　第一フロンティア生命保険株式会社・アセットマネジメント部部長
　　　　　　　　兼 商品事業部部長，博士（学術）
　　　Phelim Boyle：Wilfrid Laurier University, Canada
　　　Mary Hardy：　University of Waterloo, Canada

19. 吉 羽 要 直　日本銀行金融研究所・企画役，修士（工学）
　　　Costis Skiadas：Northwestern University

20. 前 田　　章　京都大学大学院エネルギー科学研究科・准教授，Ph.D.
　　　John R. Birge：University of Chicago

21. 藤 原　　哉　野村證券株式会社金融工学研究センター・副主任研究員，
　　　　　　　　博士（経済学）
　　　Jérôme Detemple：　　Boston University School of Management and CIRANO,
　　　　　　　　　　　　　Canada
　　　René Garcia：　　　　Université de Montréal, CIRANO and CIREQ, Canada
　　　Marcel Rindisbacher：University of Toronto and CIRANO, Canada

22. 内 田 善 彦　日本銀行金融機構局・企画役，博士（経済学）
　　　Martin B. Haugh：Columbia University
　　　Leonid Kogan：　　Massachusetts Institute of Technology

23. 牧 本 直 樹　筑波大学大学院ビジネス科学研究科・教授，博士（理学）
　　　Dilip B. Madan：University of Maryland
　　　Ju-Yi J. Yen：　 University of Maryland

24. 宮﨑 浩 一　電気通信大学電気通信学部システム工学科・准教授，博士（経営学）
　　　Phelim Boyle：　University of Waterloo, Canada
　　　Shui Feng：　　 McMaster University, Canada
　　　Weidong Tian：University of Waterloo, Canada

目　次

I.　序　　論

第0章　金融工学ハンドブックへの導入 ……………………（木島正明）… 3

第1章　金融資産価格付けの基礎 ………………（芝田隆志・室町幸雄）… 13
　1.　はじめに ………………………………………………………………… 13
　2.　デリバティブと裁定の基礎 …………………………………………… 14
　3.　理論の核 ………………………………………………………………… 21
　　3.1　基礎的な定義 ……………………………………………………… 21
　　3.2　価格過程 …………………………………………………………… 21
　　3.3　スポットレート …………………………………………………… 21
　　3.4　取引戦略とポートフォリオ ……………………………………… 22
　　3.5　資産価格の基本定理 ……………………………………………… 28
　　3.6　ニューメレール不変性 …………………………………………… 32
　　3.7　冗長なデリバティブ ……………………………………………… 34
　　3.8　確率的な価格過程 ………………………………………………… 40
　　3.9　複製戦略の決定 …………………………………………………… 45
　　3.10　Black–Scholes モデル …………………………………………… 49
　　3.11　合理的な価格過程 ………………………………………………… 50
　　3.12　マルチンゲール測度の構成 ……………………………………… 54
　　3.13　Brown 運動に基づくより複雑なデリバティブに関する一般論 … 57
　4.　アメリカンタイプのデリバティブ …………………………………… 59
　　4.1　一般論 ……………………………………………………………… 59
　　4.2　アメリカンコールオプション …………………………………… 61
　　4.3　後向き確率微分方程式とアメリカンプットオプション ………… 62

II.　デリバティブ：モデルと手法

第2章　金融工学における資産価格付けのためのジャンプ拡散モデル（鈴木輝好）… 71
　1.　はじめに ………………………………………………………………… 71
　2.　経験的に定型化された事実 …………………………………………… 73

	2.1 収益率は正規分布に従うのか	73
	2.2 株価は予想可能か：序論	77
	2.3 ボラティリティスマイル	79
3.	ジャンプ拡散モデルの必要性	81
	3.1 Black–Scholes に代わるモデル	81
	3.2 ジャンプ拡散モデル	82
	3.3 なぜジャンプ拡散モデルなのか	83
	3.4 ジャンプ拡散モデルの欠点	85
4.	ジャンプ拡散モデルにおける均衡	86
	4.1 均衡に関する基本的セッティング	86
	4.2 リスク中立測度の選択	87
	4.3 リスク中立測度のもとでのダイナミクス	88
5.	オプションの価格付けにおける基本設定	89
6.	Laplace 変換によるコール／プットオプションの価格付け	91
7.	初到達時刻	93
	7.1 オーバーシュート問題	93
	7.2 条件付独立	94
	7.3 初到達時刻の分布	95
	7.4 問題点	96
8.	バリア／ルックバックオプション	97
	8.1 バリアオプションの価格付け	97
	8.2 Euler 型逆変換によるルックバックオプションの価格付け	99
9.	アメリカンオプションの数値的近似	100
	9.1 2 次近似	100
	9.2 区分的指数近似	102
10.	ジャンプ拡散モデルの多次元化	104
	10.1 非対称 Laplace 分布	105
	10.2 多次元ジャンプ拡散モデル	107

第3章 Lévy 過程を用いた金融証券収益率のモデル化 ……（山中　智）… 113

1.	はじめに	113
2.	Lévy 過程を用いた収益率分布のモデル化	116
	2.1 Lévy 特性	117
	2.2 Lévy 過程の例	118
	2.3 実証的証拠	121
3.	確率的時間変換の適用による確率ボラティリティの生成	123
	3.1 時間変換と活性率	124

	3.2 各種経済要因からの確率ボラティリティの生成 $\cdots\cdots\cdots\cdots$ 125
	3.3 活性率ダイナミクスに対する理論と実証 $\cdots\cdots\cdots\cdots\cdots\cdots$ 126
4.	時間変換された Lévy 過程を用いた金融証券収益率のモデル化 $\cdots\cdots$ 129
	4.1 リスク中立的な収益率ダイナミクスの構築 $\cdots\cdots\cdots\cdots\cdots\cdots$ 129
	4.2 リスクの市場価格と統計的ダイナミクス $\cdots\cdots\cdots\cdots\cdots\cdots\cdots$ 133
	4.3 より柔軟なリスクの市場価格モデル $\cdots\cdots\cdots\cdots\cdots\cdots\cdots\cdots$ 138
5.	時間変換された Lévy 過程のもとでのオプションの価格付け $\cdots\cdots\cdots$ 140
	5.1 Fourier 変換の導出 $\cdots\cdots\cdots\cdots\cdots\cdots\cdots\cdots\cdots\cdots\cdots\cdots$ 140
	5.2 Fourier 逆変換の計算 $\cdots\cdots\cdots\cdots\cdots\cdots\cdots\cdots\cdots\cdots\cdots$ 144
	5.3 フラクショナル Fourier 変換 $\cdots\cdots\cdots\cdots\cdots\cdots\cdots\cdots\cdots$ 149
6.	Lévy 過程と時間変換された Lévy 過程の推定 $\cdots\cdots\cdots\cdots\cdots\cdots$ 150
	6.1 収益率の時系列データを用いた統計的ダイナミクスの推定 $\cdots\cdots$ 151
	6.2 オプション価格にフィットさせるためのリスク中立的ダイナミクスの推定 $\cdots\cdots\cdots\cdots\cdots\cdots\cdots\cdots\cdots\cdots\cdots\cdots\cdots\cdots\cdots\cdots\cdots\cdots\cdots\cdots$ 151
	6.3 モデル推定における静的および動的な整合性 $\cdots\cdots\cdots\cdots\cdots\cdots$ 153
	6.4 統計的およびリスク中立的ダイナミクスの同時推定 $\cdots\cdots\cdots\cdots$ 154
7.	お わ り に $\cdots\cdots\cdots\cdots\cdots\cdots\cdots\cdots\cdots\cdots\cdots\cdots\cdots\cdots\cdots\cdots\cdots\cdots\cdots\cdots$ 155

第 4 章　Wishart リスクファクターを用いた価格付け $\cdots\cdots\cdots$（後藤　允）$\cdots$ 159

1.	は じ め に $\cdots\cdots\cdots\cdots\cdots\cdots\cdots\cdots\cdots\cdots\cdots\cdots\cdots\cdots\cdots\cdots\cdots\cdots\cdots\cdots$ 159
	1.1 ファクターモデル $\cdots\cdots\cdots\cdots\cdots\cdots\cdots\cdots\cdots\cdots\cdots\cdots\cdots\cdots$ 159
	1.2 観測可能ファクターと観測不能ファクター $\cdots\cdots\cdots\cdots\cdots\cdots$ 160
	1.3 リスク表現ファクター $\cdots\cdots\cdots\cdots\cdots\cdots\cdots\cdots\cdots\cdots\cdots\cdots$ 161
	1.4 本章の構成 $\cdots\cdots\cdots\cdots\cdots\cdots\cdots\cdots\cdots\cdots\cdots\cdots\cdots\cdots\cdots\cdots$ 163
2.	Wishart 過程 $\cdots\cdots\cdots\cdots\cdots\cdots\cdots\cdots\cdots\cdots\cdots\cdots\cdots\cdots\cdots\cdots\cdots\cdots$ 163
	2.1 離散時間 Wishart 過程の定義 $\cdots\cdots\cdots\cdots\cdots\cdots\cdots\cdots\cdots\cdots$ 163
	2.2 連続時間 Wishart 過程の定義 $\cdots\cdots\cdots\cdots\cdots\cdots\cdots\cdots\cdots\cdots$ 165
	2.3 任意期間の条件付 Laplace 変換 $\cdots\cdots\cdots\cdots\cdots\cdots\cdots\cdots\cdots$ 165
	2.4 積分値 Wishart 過程の条件付 Laplace 変換 $\cdots\cdots\cdots\cdots\cdots$ 166
3.	価 格 付 け $\cdots\cdots\cdots\cdots\cdots\cdots\cdots\cdots\cdots\cdots\cdots\cdots\cdots\cdots\cdots\cdots\cdots\cdots\cdots$ 168
	3.1 確率割引因子を用いた価格付け $\cdots\cdots\cdots\cdots\cdots\cdots\cdots\cdots\cdots\cdots$ 168
	3.2 Wishart ファクターを用いた価格付け $\cdots\cdots\cdots\cdots\cdots\cdots\cdots$ 169
4.	例 $\cdots\cdots\cdots\cdots\cdots\cdots\cdots\cdots\cdots\cdots\cdots\cdots\cdots\cdots\cdots\cdots\cdots\cdots\cdots\cdots\cdots\cdots\cdots\cdots$ 171
	4.1 クオドラティック Wishart 期間構造 $\cdots\cdots\cdots\cdots\cdots\cdots\cdots\cdots$ 171
	4.2 Heston モデルの拡張 $\cdots\cdots\cdots\cdots\cdots\cdots\cdots\cdots\cdots\cdots\cdots\cdots\cdots$ 173
	4.3 Merton モデルのマルチファクター拡張 $\cdots\cdots\cdots\cdots\cdots\cdots\cdots$ 175
	4.4 デフォルト強度と回収率の同時モデル化 $\cdots\cdots\cdots\cdots\cdots\cdots\cdots$ 176

第5章 ボラティリティ ……………………………（大高正明）… 180
1. はじめに ………………………………………………………… 180
2. マイクロストラクチャー効果による価格形成モデル ……………… 181
    2.1 MA(1) のケース …………………………………………… 182
3. 均衡価格の分散 ………………………………………………… 183
    3.1 実現分散推定の不一致性 ………………………………… 184
    3.2 実現分散推定量の平均二乗誤差 ………………………… 186
4. 不一致性問題への対策 ………………………………………… 187
    4.1 初期のアプローチ：粗いサンプリングとフィルタリング ……… 187
    4.2 MSE ベースの最適サンプリング ………………………… 188
    4.3 バイアスの補正 …………………………………………… 192
    4.4 部分サンプリング ………………………………………… 194
    4.5 カーネル ………………………………………………… 196
5. 均衡価格分散推定：今後の研究指針 ………………………… 198
    5.1 代替的な分散積分計測 ………………………………… 198
    5.2 仮定の緩和 ……………………………………………… 199
    5.3 多変量モデル …………………………………………… 202
    5.4 予測と経済的尺度 ……………………………………… 204
6. マイクロストラクチャーノイズの分散：一致性に関する結果 ……… 206
7. 一致性の利点：市場の質を測る ……………………………… 207
    7.1 取引コスト推定量 ………………………………………… 207
    7.2 Hasbrouck のプライシング誤差 ………………………… 208
    7.3 完全情報取引コスト ……………………………………… 209
8. ボラティリティと資産価格評価 ………………………………… 212

第6章 デリバティブの価格付けにおけるスペクトル法（赤堀次郎・石井郁美）… 219
1. はじめに ………………………………………………………… 219
    1.1 Markov 的デリバティブ価格評価問題 …………………… 220
    1.2 対称半群と対称 Markov 過程 …………………………… 223
    1.3 本章の概略 ……………………………………………… 225
2. Hilbert 空間上の自己共役半群 ……………………………… 226
    2.1 Hilbert 空間上の自己共役作用素のスペクトル理論 ……… 226
    2.2 Hilbert 空間での自己共役半群 ………………………… 230
3. 1次元拡散過程：一般的な結果 ……………………………… 233
    3.1 準備 ……………………………………………………… 233

- 3.2 推移密度の Laplace 変換 ································ 237
- 3.3 1次元拡散過程に対するスペクトル表現の一般形 ············ 238
- 3.4 1次元拡散過程のスペクトルの分類 ······················· 241
- 3.5 Liouville 変換 ·· 242
- 3.6 スペクトルによる分類に関するより詳しい結果 ············· 243
- 3.7 1次元拡散過程のスペクトル表現の簡約型 ················· 245
4. 1次元拡散過程：解析的に扱いやすいモデルの目録 ··············· 248
    - 4.1 1次元拡散過程の変換：状態空間の変換と確率測度の変更 ······· 248
    - 4.2 定数ポテンシャルと Brown 運動，および関連するファイナンスモデル ·· 251
    - 4.3 調和振動子と Ornstein–Uhlenbeck 過程，および関連するモデル 258
    - 4.4 動径調和振動子と動径 OU 過程と動径 Bessel 過程，およびそれらに関連するモデル ································· 261
    - 4.5 Coulomb ポテンシャルと定数ドリフトをもつ Bessel 過程，および関連するモデル ·································· 268
    - 4.6 Morse ポテンシャルとアフィンドリフトをもつ幾何 Brown 運動，および関連するモデル ································· 271
    - 4.7 修正 Pöschl–Teller ポテンシャル，超幾何拡散過程，ボラティリティスキュー ··· 277
    - 4.8 Pöschl–Teller 型ポテンシャルと Jacobi 拡散過程，および関連するモデル ·· 279
    - 4.9 1次元拡散過程モデルについての結び ····················· 280
5. 対称多次元拡散過程 ··· 280
    - 5.1 対称拡散過程のドリフト項 ······························ 280
    - 5.2 対称 Riemann 多様体上の拡散過程 ······················ 283
6. 時刻変更によるジャンプと確率ボラティリティの導入 ············ 283
    - 6.1 Markov 過程と半群の Bochner の従属操作 ················ 283
    - 6.2 従属過程の Lévy の局所特性量 ·························· 285
    - 6.3 従属対称 Markov 過程とスペクトル展開 ·················· 286
    - 6.4 時刻変更による確率ボラティリティ ······················ 288
7. 結　　論 ·· 288

第7章　デリバティブの価格付けにおける変分法 ············ (八木恭子) ··· 294
1. はじめに ·· 294
2. Black–Scholes–Merton モデルにおけるヨーロピアンオプションとバリアオプション ·· 297
    - 2.1 偏微分方程式 (PDE) の定式化 ··························· 297

```
        2.2  有界な領域への局所化 ……………………………… 299
        2.3  変分方程式 ………………………………………… 301
        2.4  Galerkin 有限要素法 ……………………………… 301
        2.5  常微分方程式（ODE）系の積分 ………………… 304
    3.  Black–Scholes–Merton モデルにおけるアメリカンオプション ……… 308
        3.1  最適停止問題，変分不等式，局所化，離散化，線形相補性問題 ·· 308
        3.2  ペナルティー法と非線形 ODE 系 ……………………… 310
    4.  一般化多次元ジャンプ拡散モデル ……………………… 313
        4.1  ヨーロピアン，バリア，アメリカンデリバティブに対する一般的
             な定式化 …………………………………………… 313
        4.2  局所化と変分方程式 ……………………………… 317
        4.3  有限要素近似と ODE 系の積分 ………………… 319
    5.  例題と応用 ……………………………………………… 321
        5.1  1 次元ジャンプ拡散モデル ……………………… 321
        5.2  確率ボラティリティと同時相関ジャンプを考慮した Duffie–Pan–
             Singleton モデル ………………………………… 326
        5.3  アメリカンタイプの多資産オプション ………… 329
    6.  ま と め ………………………………………………… 331

第 8 章  離散型バリアオプションとルックバックオプション ……（髙嶋隆太）… 336
    1.  は じ め に ……………………………………………… 336
        1.1  バリアオプションとルックバックオプション … 337
        1.2  数値解法の概要 …………………………………… 339
        1.3  本章の概要 ………………………………………… 340
    2.  ニューメレールの変換によるバリアオプションの表現 ……… 341
    3.  畳み込み法，Broadie–Yamamoto 法，Feng–Linetsky 法 ………… 343
        3.1  高速 Gauss 変換に基づく Broadie–Yamamoto 法 …………… 345
        3.2  Hilbert 変換に基づく Feng–Linetsky 法 ……………… 346
    4.  連 続 補 正 ……………………………………………… 348
        4.1  近      似 ………………………………………… 348
        4.2  ランダムウォークの連続補正 …………………… 349
    5.  摂  動  法 ………………………………………………… 354
        5.1  摂動法の基礎概念 ………………………………… 354
        5.2  Howison–Steinberg 近似 ………………………… 355
    6.  Laplace 変換法 …………………………………………… 356
        6.1  Spitzer の恒等式 ………………………………… 356
        6.2  離散型バリアオプションの Laplace 変換 ……… 357
```

7. 計算方法の選択 359
付録 A　(8.1) の証明 360
付録 B　定数 β の計算 361

III.　金利および信用リスクのモデルとデリバティブ

第 9 章　金利理論におけるトピックス ....（丹波靖博）... 371
1. はじめに 371
2. 基本事項 371
3. フォワードレートモデル 374
    3.1　Heath–Jarrow–Morton フレームワーク 375
    3.2　無裁定 377
    3.3　マルチンゲールのモデル化 378
    3.4　Musiela パラメータ化法 380
    3.5　ノート 381
4. ニューメレールの変更 381
    4.1　一般論 381
    4.2　フォワード測度 383
5. LIBOR マーケットモデル 384
    5.1　キャップ：定義と実務での取扱い 385
    5.2　LIBOR マーケットモデル 387
    5.3　LIBOR モデルでのキャップの価格付け 388
    5.4　終端測度ダイナミクスと存在性 389
    5.5　カリブレーションとシミュレーション 392
    5.6　ノート 393
6. 幾何学的金利理論 394
    6.1　設定 394
    6.2　主な問題 394
7. 一致性と不変多様性 395
    7.1　定型化された問題 395
    7.2　不変性条件 397
    7.3　例 400
    7.4　一致性に対する Filipović 状態空間アプローチ 402
    7.5　ノート 405
8. 非線形モデルの存在 405
    8.1　幾何学的問題 406
    8.2　主要結果 407

    8.3 応　　用 410
    8.4 ノ　ー　ト 413
9. ポテンシャルと正の金利 413
    9.1 一　般　論 414
    9.2 Flesaker–Hughston 分数モデル 416
    9.3 測 度 変 換 419
    9.4 多通貨モデル 420
    9.5 Riesz 分解との関連 421
    9.6 条件付分散ポテンシャル 422
    9.7 Rogers の Markov ポテンシャルアプローチ 423
    9.8 期間構造密度アプローチ 427
    9.9 ノ　ー　ト 429

第 10 章　ポートフォリオの信用リスク計測 ....（室町幸雄）... 431

1. はじめに 431
2. 問題の設定 433
    2.1 ポートフォリオの信用リスクの計測 434
    2.2 限界リスク寄与度の計測 435
    2.3 nth-to-default スワップの価格付け 436
    2.4 債務担保証券の価格付け 438
3. 依存性のモデル 439
    3.1 構造モデル 439
    3.2 コピュラモデル 440
    3.3 混合 Poisson 分布 444
4. 条件付損失分布 446
    4.1 再帰的畳み込み 446
    4.2 逆 変 換 448
    4.3 鞍 点 近 似 449
5. 無条件損失分布 451
    5.1 ファクターモデル 451
    5.2 均 質 近 似 453
    5.3 混合 Poisson モデル 455
6. 加重サンプリング法 457
    6.1 債務者が独立な場合 457
    6.2 ガウシアンコピュラにおける加重サンプリング法 459
7. まとめ 463

第 11 章　信用力の推移を考慮したバスケット型クレジットデリバティブの評価 ……………………………………(内山朋規)… 467

1. はじめに …………………………………………………………… 467
   1.1 クレジットデリバティブに関する条件付期待値 ………… 468
   1.2 デフォルトの依存関係のモデル化に関する既存研究 ……… 470
2. 表記法と予備結果 ………………………………………………… 471
   2.1 格付の推移 ………………………………………………… 472
   2.2 条件付期待値 ……………………………………………… 473
3. Markov マーケットモデル ……………………………………… 476
   3.1 格付推移強度の特定 ……………………………………… 479
   3.2 条件付独立な推移 ………………………………………… 479
4. 測度変換と Markov ニューメレール …………………………… 480
   4.1 確率測度の Markov 変換 ………………………………… 480
   4.2 Markov ニューメレールと評価測度 …………………… 482
   4.3 Markov マーケットモデルの例 ………………………… 484
5. 個別銘柄クレジットデリバティブの評価 ……………………… 486
   5.1 生存請求権 ………………………………………………… 487
   5.2 クレジットデフォルトスワップ（CDS） ……………… 487
   5.3 フォワード CDS …………………………………………… 489
   5.4 CDS スワップション ……………………………………… 490
6. バスケット型クレジットデリバティブの評価 ………………… 491
   6.1 kth-to-default CDS ……………………………………… 492
   6.2 フォワード kth-to-default CDS ………………………… 493
7. モデルの実装 ……………………………………………………… 494
   7.1 次元の呪い ………………………………………………… 494
   7.2 再帰的シミュレーション法 ……………………………… 495
   7.3 モデルの推定とキャリブレーション …………………… 498
   7.4 ポートフォリオの信用リスク …………………………… 499

IV. 非完備市場

第 12 章　非完備市場 ……………………………………(江上雅彦)… 505

1. はじめに …………………………………………………………… 505
2. 店頭（OTC）市場 ………………………………………………… 507
   2.1 店頭市場の仕組み ………………………………………… 507
   2.2 標準的手法 ………………………………………………… 508
   2.3 表象的問題と真の問題 …………………………………… 509

3. 非完備性の原因 ‥‥‥‥‥‥‥‥‥‥‥‥‥‥‥‥‥‥‥‥ 510
    3.1 市場資産の不足 ‥‥‥‥‥‥‥‥‥‥‥‥‥‥‥‥‥ 510
    3.2 市場における摩擦 ‥‥‥‥‥‥‥‥‥‥‥‥‥‥‥‥ 511
    3.3 曖 昧 さ ‥‥‥‥‥‥‥‥‥‥‥‥‥‥‥‥‥‥‥‥ 512
  4. 価格付けと最適化 ‥‥‥‥‥‥‥‥‥‥‥‥‥‥‥‥‥‥ 512
    4.1 ポートフォリオの最適化 ‥‥‥‥‥‥‥‥‥‥‥‥‥ 513
    4.2 ポートフォリオ最適化からの価格付け ‥‥‥‥‥‥‥ 515
    4.3 限 界 価 格 ‥‥‥‥‥‥‥‥‥‥‥‥‥‥‥‥‥‥ 521
    4.4 最小距離価格測度 ‥‥‥‥‥‥‥‥‥‥‥‥‥‥‥‥ 522
  5. 価格付けと期待効用の例における諸問題 ‥‥‥‥‥‥‥‥ 524
    5.1 取引機会への依存関係 ‥‥‥‥‥‥‥‥‥‥‥‥‥‥ 525
    5.2 現在のポートフォリオに関する依存 ‥‥‥‥‥‥‥‥ 525
    5.3 リスク対選好 ‥‥‥‥‥‥‥‥‥‥‥‥‥‥‥‥‥‥ 527
  6. クオドラティクス（quadratics）‥‥‥‥‥‥‥‥‥‥‥‥ 529
  7. エントロピーと指数効用 ‥‥‥‥‥‥‥‥‥‥‥‥‥‥‥ 532
  8. 損失，クオンタイル，および予見 ‥‥‥‥‥‥‥‥‥‥‥ 533
    8.1 期待ショートフォール ‥‥‥‥‥‥‥‥‥‥‥‥‥‥ 534
    8.2 クオンタイルヘッジ ‥‥‥‥‥‥‥‥‥‥‥‥‥‥‥ 535
    8.3 統計的予測区間 ‥‥‥‥‥‥‥‥‥‥‥‥‥‥‥‥‥ 535
  9. プライシングカーネルへの制約 ‥‥‥‥‥‥‥‥‥‥‥‥ 536
    9.1 低距離価格測度：プライシングカーネルとグッドディール ‥‥ 537
    9.2 均衡および確率優位 ‥‥‥‥‥‥‥‥‥‥‥‥‥‥‥ 539
  10. 曖昧さと頑健性 ‥‥‥‥‥‥‥‥‥‥‥‥‥‥‥‥‥‥‥ 540
    10.1 完 備 選 好 ‥‥‥‥‥‥‥‥‥‥‥‥‥‥‥‥‥‥ 542
    10.2 非完備選好 ‥‥‥‥‥‥‥‥‥‥‥‥‥‥‥‥‥‥ 545
  11. カリブレーション ‥‥‥‥‥‥‥‥‥‥‥‥‥‥‥‥‥‥ 547
  12. 結 論 ‥‥‥‥‥‥‥‥‥‥‥‥‥‥‥‥‥‥‥‥‥‥‥ 548
  付録A 非完備性の定義と基本定理 ‥‥‥‥‥‥‥‥‥‥‥‥ 551
  付録B 非完備性についてのファイナンス的見地 ‥‥‥‥‥‥ 553
    B.1 叙述的分析：市場は非完備か？どの程度非完備か？ ‥‥‥ 553
    B.2 規範的分析：非完備性に対してどう対処すべきか？ ‥‥‥ 554

第13章 オプションの価格付け：実分布とリスク中立分布 ‥‥（山田雄二）‥‥ 561
  1. はじめに ‥‥‥‥‥‥‥‥‥‥‥‥‥‥‥‥‥‥‥‥‥‥ 561
  2. 無裁定の意味 ‥‥‥‥‥‥‥‥‥‥‥‥‥‥‥‥‥‥‥‥ 563
    2.1 一般的な理論 ‥‥‥‥‥‥‥‥‥‥‥‥‥‥‥‥‥‥ 563
    2.2 オプションの価格付けへの応用 ‥‥‥‥‥‥‥‥‥‥ 564

  3. 効用最大化による付加的条件 ･････････････････････････････ 566
    3.1 比例取引コストがある場合の多期間投資行動 ･･････････････ 566
    3.2 オプションの価格付けへの応用 ･･･････････････････････ 568
  4. 特別な場合：取引コストを含まない1期間ケース ･････････････････ 570
    4.1 一般的なペイオフの場合 ･･･････････････････････････ 570
    4.2 ペイオフが凸関数の場合の結果 ･･････････････････････ 571
  5. 特別な場合：取引コストがありかつ一般的なペイオフをもつ1期間ケース 573
  6. 特別な場合：取引コストがなくかつ一般的なペイオフをもつ2期間ケース 575
  7. 特別な場合：取引コストがありかつ一般的なペイオフをもつ2期間ケース 576
  8. 取引コストがなくペイオフ関数が凸である多期間ケース ･････････････ 577
  9. 取引コストがありペイオフ関数が凸である多期間ケース ･････････････ 579
  10. 実 証 結 果 ･･････････････････････････････････････ 580
  11. 結　　　論 ･･･ 584

第14章　モンテカルロシミュレーションを用いた全リスク最小化（松本浩一）･･･ 587
  1. は じ め に ･･ 587
  2. 離散時間ヘッジ基準 ････････････････････････････････････ 592
  3. Black–Scholes モデルの枠組みにおける全リスク最小化 ････････････ 596
    3.1 第一の定式化 ････････････････････････････････････ 597
    3.2 第二の定式化 ････････････････････････････････････ 601
  4. 確率ボラティリティモデルの枠組みにおける全リスク最小化 ･････････ 610
  5. ショートフォールリスク最小化 ････････････････････････････ 617
  6. 結　　　論 ･･･ 624

第15章　金融資産の価格変動に対する待ち行列理論を用いた分析
    ････････････････････････（山下英明・西出勝正）･･･ 627
  1. は じ め に ･･ 627
  2. 金融市場のエージェントベースモデル ･･･････････････････････ 629
    2.1 確率的状況における一時的均衡としての株価 ･･････････････ 630
    2.2 株価と確率的動学システム ･････････････････････････ 635
    2.3 待ち行列モデルと注文記録の変動 ････････････････････ 636
    2.4 金融市場の不活発性 ･･････････････････････････････ 637
  3. 不活発性投資家を伴うミクロ構造モデル ･････････････････････ 640
    3.1 フィードバックを伴わないミクロ構造モデル ･････････････ 640
    3.2 フィードバックを考慮した極限定理 ･･････････････････ 646
  4. 今後の展望と結論
    4.1 フラクショナルボラティリティ ･････････････････････ 660

V. リスク管理

第 16 章　信用リスク経済資本の配分とリスク寄与度 ……………（山田哲也）… 669
1. はじめに ……………………………………………………………… 670
2. 信用ポートフォリオモデルに関する一般論 ……………………… 672
   - 2.1 多変数正規コピュラモデル ………………………………… 674
3. 資本配分とリスク寄与度 …………………………………………… 676
   - 3.1 定義 …………………………………………………………… 677
   - 3.2 リスク尺度とコヒーレントな資本配分 …………………… 678
4. 解析的なモデルにおけるリスク寄与度 …………………………… 681
   - 4.1 バーゼル II モデルのリスク寄与度 ………………………… 681
   - 4.2 個別リスクがある場合のリスク寄与度（グラニュラリティ調整）・683
   - 4.3 マルチファクターへ拡張した場合のリスク寄与度 ……… 684
5. リスク寄与度の数値計算法 ………………………………………… 689
   - 5.1 信用事象の直接サンプリングとモンテカルロシミュレーション ・・690
   - 5.2 条件付独立モデルにおけるリスク寄与度 ………………… 693
   - 5.3 分散減少法 …………………………………………………… 694
6. 応用事例 ……………………………………………………………… 695
   - 6.1 シングルファクターモデルのリスク寄与度：分位点選択の影響 … 696
   - 6.2 分散ファクターと資本寄与度 ……………………………… 699
   - 6.3 VaR 寄与度，損失分布の離散性と L 推定量 ……………… 702
   - 6.4 分位寄与度とボラティリティによる寄与度の比較 ……… 705
7. まとめと今後の課題 ………………………………………………… 707
   付録 A ……………………………………………………………… 709
   - A.1 Harrell–Davis 推定量 ………………………………………… 709
   - A.2 VaR と ES の寄与度と条件付独立モデルにおける中心極限定理 ・711

第 17 章　流動性リスクとオプション価格付け理論 ……………（西出勝正）… 715
1. はじめに ……………………………………………………………… 715
2. 設定 …………………………………………………………………… 717
   - 2.1 供給曲線 ……………………………………………………… 717
   - 2.2 取引戦略 ……………………………………………………… 718
   - 2.3 自己充足的取引戦略の時価評価と流動性費用 …………… 720
3. 拡張された第一基本定理 …………………………………………… 721
4. 拡張された第二基本定理 …………………………………………… 723

5. 例（拡張 Black–Scholes 経済） ………………………………… 729
   5.1 経済モデル ………………………………………… 729
   5.2 コールオプション評価 ……………………………… 729
6. デリバティブの供給曲線 ………………………………………… 730
7. 取 引 費 用 ………………………………………………………… 733
8. 供給曲線の例 ……………………………………………………… 735
9. お わ り に ………………………………………………………… 738
付　録　A ……………………………………………………………… 739
   A.1 第一基本定理の証明 ………………………………… 739
   A.2 自己充足性条件の構築 ……………………………… 742
   A.3 確率積分の連続的有界変動積分による近似 ……… 746

第 18 章　金融工学の保険分野への適用 ………………（小守林克哉）… 751
1. は じ め に ………………………………………………………… 751
2. 保険商品と保険市場 ……………………………………………… 753
3. プレミアム原理とリスク測度 …………………………………… 756
4. 生命保険のリスク管理 …………………………………………… 758
   4.1 保険数理的な手法 …………………………………… 759
   4.2 ダイナミックヘッジ手法 …………………………… 760
   4.3 死亡率に依存するオプション ……………………… 760
   4.4 ハイブリッド手法：$\mathbb{P}$ 測度と $\mathbb{Q}$ 測度の結合 ……… 761
   4.5 価格推定のための現実的モデル …………………… 762
   4.6 リスク測度 …………………………………………… 763
5. 変 額 年 金 ………………………………………………………… 764
   5.1 主なタイプの変額年金 ……………………………… 764
   5.2 最低満期給付保証型の事例 ………………………… 765
   5.3 $\mathbb{P}$ 測度アプローチ ………………………………… 766
   5.4 ハイブリッドアプローチ …………………………… 766
6. 保証付年金オプション …………………………………………… 770
7. 結　　び …………………………………………………………… 772

VI.　ポートフォリオ最適化

第 19 章　動的ポートフォリオ選択とリスク回避 ……………（吉羽要直）… 777
1. は じ め に ………………………………………………………… 777
2. 最適性と状態価格付け …………………………………………… 781
   2.1 動的な投資機会の集合 ……………………………… 781

2.2　戦略・効用・最適性 ………………………………… 783
　　2.3　状態価格のダイナミクスと線形の後向き確率微分方程式（BSDE）787
　　2.4　時間加法的な期待効用とその問題点 ……………… 790
　3.　再帰的効用 ……………………………………………………… 792
　　3.1　再帰的効用とBSDE ……………………………………… 792
　　3.2　再帰的効用のいくつかの基本的性質 ……………… 796
　　3.3　再帰的効用下の最適性 ………………………………… 799
　　3.4　相似な再帰的効用 ……………………………………… 801
　4.　リスク回避性のモデル化 …………………………………… 802
　　4.1　条件付確実性等価 ……………………………………… 803
　　4.2　Kreps–Porteus効用のDuffie–Epstein極限 ………… 804
　　4.3　要因依存のリスク回避性 …………………………… 806
　　4.4　1次のリスク回避性 …………………………………… 807
　5.　規模不変な解 ………………………………………………… 809
　　5.1　滑らかな準2次比例アグリゲータ ………………… 810
　　5.2　完備と非完備市場の解の関係 ……………………… 813
　　5.3　2次BSDEをもとにした解 …………………………… 816
　　5.4　1次のリスク回避性をもつ解 ……………………… 819
　6.　拡　　張 ……………………………………………………… 821
　　6.1　凸の取引制約 ………………………………………… 821
　　6.2　平行移動不変の公式と取引できない収入 ……… 823
　　6.3　別の方向性 …………………………………………… 825

第20章　動的ポートフォリオマネジメントにおける最適化手法（前田　章）… 832
　1.　はじめに ……………………………………………………… 832
　2.　定　式　化 ………………………………………………… 832
　3.　近　似　法 ………………………………………………… 836
　　3.1　時間，パス，状態の集約，あるいはシナリオ生成と削減 … 837
　　3.2　価値関数近似 ………………………………………… 841
　　3.3　方策制限 ……………………………………………… 842
　　3.4　制約条件緩和と双対化 ……………………………… 843
　　3.5　モンテカルロ法 ……………………………………… 844
　4.　求　解　法 ………………………………………………… 845
　　4.1　アクティブセット法 ………………………………… 845
　　4.2　分　解　法 …………………………………………… 845
　　4.3　Lagrange法に基づく方法 …………………………… 846
　5.　拡張と結論 …………………………………………………… 848

第 21 章　最適ポートフォリオ選択問題におけるシミュレーション法（藤原　哉）… 854
1. はじめに ……………………………………………………………… 854
2. 消費・ポートフォリオ選択問題 ……………………………………… 856
   - 2.1　証券市場 ………………………………………………………… 856
   - 2.2　状態変数 ………………………………………………………… 856
   - 2.3　消費，ポートフォリオ，富 …………………………………… 857
   - 2.4　選　好 …………………………………………………………… 857
   - 2.5　動的消費・ポートフォリオ選択問題 ………………………… 858
   - 2.6　最適な消費，ポートフォリオ，富 …………………………… 858
   - 2.7　最適ポートフォリオ：明示的な公式 ………………………… 859
   - 2.8　Malliavin 解析を用いた表現と動的計画法との関係 ……… 861
   - 2.9　Malliavin 微分と接過程 ……………………………………… 862
3. シミュレーションによるポートフォリオ計算 ……………………… 864
   - 3.1　モンテカルロ Malliavin 微分（MCMD）…………………… 864
   - 3.2　Doss 変換 ……………………………………………………… 865
   - 3.3　モンテカルロ共変動（MCC）………………………………… 866
   - 3.4　モンテカルロ有限差分（MCFD）…………………………… 867
   - 3.5　モンテカルロ回帰（MCR）…………………………………… 870
4. ポートフォリオの推定値の漸近的性質 ……………………………… 872
   - 4.1　仮定と表記方法 ………………………………………………… 872
   - 4.2　近似誤差の期待値 ……………………………………………… 873
   - 4.3　MCMD 推定量の漸近的誤差分布 …………………………… 875
   - 4.4　MCC 推定量の漸近的性質 …………………………………… 879
   - 4.5　MCFD 推定量の漸近的性質 ………………………………… 881
   - 4.6　解釈と注釈 ……………………………………………………… 883
   - 4.7　MCR 推定量の漸近特性 ……………………………………… 884
5. 数値実験による比較 …………………………………………………… 885
   - 5.1　設　定 …………………………………………………………… 885
   - 5.2　数値実験結果 …………………………………………………… 886
6. 結　論 ………………………………………………………………… 889
付録 A　Malliavin 解析入門 …………………………………………… 890
   - A.1　滑らかな Brown 汎関数 ……………………………………… 891
   - A.2　滑らかな Brown 汎関数の Malliavin 微分 ………………… 891
   - A.3　Malliavin 微分作用素の定義域 ……………………………… 892
   - A.4　Riemann 積分，Wiener 積分，伊藤積分の Malliavin 微分 … 892
   - A.5　マルチンゲール表現と Clark–Ocone 公式 ………………… 894
   - A.6　Malliavin 解析での連鎖公式 ………………………………… 894

A．7　確率微分方程式の Malliavin 微分 ……………………………… 895
　　　A．8　確率流と接過程 …………………………………………………… 895
　付録 B　証　　　明 …………………………………………………………… 896

第 22 章　アメリカンオプションの価格付けとポートフォリオ最適化のための
　　　　　　双対定理と近似動的計画法 ………………………（内田善彦）… 904
　1．はじめに ……………………………………………………………………… 904
　2．アメリカンオプションの価格付け ………………………………………… 906
　　　2．1　アメリカンオプションの価格付けにおける近似動的計画法 …… 907
　　　2．2　アメリカンオプションの価格付けにおける双対定理 …………… 910
　　　2．3　拡　　　張 ……………………………………………………………… 912
　　　2．4　将来の研究課題の方向性 …………………………………………… 915
　3．ポートフォリオ最適化 ……………………………………………………… 916
　　　3．1　モ　デ　ル ……………………………………………………………… 917
　　　3．2　双対定理の復習 ……………………………………………………… 918
　　　3．3　パフォーマンスの上下限 …………………………………………… 921
　　　3．4　アルゴリズムの要約 ………………………………………………… 924
　　　3．5　将来の研究課題の方向性 …………………………………………… 925

第 23 章　多変量非正規リターンに対する資産配分 …………（牧本直樹）… 929
　1．はじめに ……………………………………………………………………… 929
　2．非正規リターンに対する投資 ……………………………………………… 931
　3．分布のモデル化 ……………………………………………………………… 933
　4．指数効用とゼロコスト分散ガンマキャッシュフローにおける投資 …… 935
　　　4．1　単一リスク資産 ……………………………………………………… 935
　　　4．2　分散ガンマ成分で駆動されるリターンにおける資産配分 ……… 936
　5．リターン同時分布の同定 …………………………………………………… 938
　6．非正規リターンと正規リターンでの投資の比較 ………………………… 939
　7．結　　　論 …………………………………………………………………… 942
　付録 A　歪度のパフォーマンスと尖度の回避の形式的な解析 …………… 942
　付録 B　定理 23.1 の証明 …………………………………………………… 943
　付録 C　定理 23.2 の証明 …………………………………………………… 945

第 24 章　大偏差原理と金融への応用 …………………………（宮﨑浩一）… 948
　1．はじめに ……………………………………………………………………… 948
　2．大偏差原理 …………………………………………………………………… 949
　3．ポートフォリオ管理への応用 ……………………………………………… 956

3.1　ポートフォリオ選択の基準 ………………………………… 957
　　　3.2　ポートフォリオパフォーマンスインデックス …………… 961
　4.　ポートフォリオのテールリスク ………………………………… 963
　5.　シミュレーションへの応用 ……………………………………… 964
　　　5.1　加重サンプリング法 ………………………………………… 965
　　　5.2　洗練された形の大偏差 ……………………………………… 966
　6.　非完備市場 ………………………………………………………… 969
　7.　結論と今後の研究において発展の可能性があるトピックス ………… 975

索　　引 ……………………………………………………………………… 979

I. 序　　論

第0章

金融工学ハンドブックへの導入

　金融工学（financial engineering）とは，金融サービス産業における諸問題に対する数理・統計モデルと計算技術の応用に焦点を当てた学際領域である．National Academy of Engineering (2003)[1]の報告によれば，金融サービスとは「現代経済の基礎であり，価格の決定や支払いの交換，リスクの決定と再配分を行うメカニズムを提供する．また，グローバルな経済活動の本質的な土台であり，経済を通してイノベーションと生産性の成長を駆動する資本投資のための手段を提供する」ものである．金融工学の重要な領域としては，市場リスク・信用リスクの数理モデル，デリバティブ証券の価格付けおよびリスクヘッジ，アセットアロケーションおよびポートフォリオ管理などがある．

　市場リスクとは，金利，外国為替，株式，商品・エネルギーなどの価格やレートが逆方向へ動くことのリスクである．信用リスクとは，債券，融資，リース，年金など債務を負うすべての金融商品のデフォルトに伴うリスクである．現代のデリバティブ市場は，金融リスクのグローバルな取引市場と捉えることができる．デリバティブ市場の機能は，リスクを減らしたい人（ヘッジャー）からリスクをとりたい人（投資家）へリスクの移転を容易に行うということである．商品やエネルギー価格が高騰すると将来における生産はより割高になり，金利が上がると将来における資金調達がより割高になるが，このようなリスクを減らしたい組織は，組織にとって不利なイベントが市場で発生したときに守ってくれる保険のような役割をもつ金融資産を購入することで，これらのリスクを相殺することができる．ヘッジャーはリスクを減らすためにデリバティブ市場に参加するが，契約の反対のポジションをとる人はそのリスクに投資し，リスクをとることで相応の利益を受け取ることを期待している．したがって，金融リスクの売買に関する議論を行うことができるのである．

　世界のデリバティブ市場は過去50年余りにわたり驚くほどの成長を遂げてきた．バーゼルにある国際決済銀行（Bank for International Settlement; BIS）による最

---

[1] National Academy of Engineering, The Impact of Academic Research on Industrial Performance, National Academies Press, Washington, DC, 2003, http://www.nap.edu/books/0309089735/html.

近のサーベイ (2006)[2] によると，世界のデリバティブ市場のサイズは，1995 年に元本ベースで約 50 兆ドルだったものが，2005 年末には 343 兆ドル（店頭市場におけるデリバティブ契約が 283 兆ドル，取引所における先物とオプション取引が 58 兆ドル）へと拡大した．世界のデリバティブ市場で取引されている主な商品は，金利デリバティブ，通貨デリバティブ，エクイティデリバティブ，商品・エネルギーデリバティブおよびクレジットデリバティブである．

デリバティブとは，原資産の値の変化に応じて定まるペイオフの額（ペイオフはキャッシュやある定められた資産の形をとる）と日付などに関する条件を定める 2 つの当事者間における金融契約のことである．コールオプションとプットオプションは市場リスクを管理するためのデリバティブの基本的な例である．コールオプションとは，定められた期日（オプション満期）またはそれ以前に，定められた価格（行使価格）で決められた量の原資産（例えば，ある特定の会社の決められた枚数の株式や決められた量の商品）を買う権利をオプション保有者に与える契約である．プットオプションとは，満期またはそれ以前に，定められた価格で決められた量の原資産を売る権利をオプション保有者に与える契約である．オプション契約の保有者は将来時点における購入価格（コールオプションの場合）や売却価格（プットオプションの場合）を固定でき，オプションを購入するためのプレミアムを支払うことで価格の不確実性またはリスクを取り除くことができる．この状況は，火災や災害，交通事故などに際して契約額を支払う保険契約と類似している．金融オプションにおいては，支払額は金融市場の動向に依存している．保険産業では，鍵となる問題は事象の確率を保険数理的に評価して契約者へ課す保険料を算出することであるが，これとまったく同様に，オプションの価格付け問題では，原資産の確率モデルに基づいてプレミアムまたはオプション価格を決定する必要がある．

ポートフォリオ最適化問題は金融工学におけるもう一つの重要な問題のクラスである．ポートフォリオ最適化問題は，年金基金や投資信託会社，保険会社，大学や財団および個人投資家などすべての金融サービス産業において，例えば将来の年金負債に見合うなど，設定された目標を達成できるだけの投資リターンを生み出すために，資本を異なる証券にどのように配分すべきかという基本的な問題に直面している経済主体において発生する．それらが本来，動的で確率的かつ高次元であり，さらに現実世界は複雑な制約条件をもつために，こういった問題は通常きわめて複雑になる．

過去数十年間にわたる金融市場の驚くべき成長は，同等に特筆すべき金融工学研究の進展によってもたらされてきた．金融工学研究のゴールは，資産価格や外国為替レート，金利などの金融リスク変数の変動を記述する実証的に現実的な確率モデルを構築することであり，それらのモデルを実行するための解析的，数値的あるいは統計的な手法や道具を開発し，それらを使って，リスク管理のために金融商品を評価したり，目標

---

[2] Bank for International Settlement Quarterly Review June 2006, pp. A103-A108, http://www.bis.org/publ/qtrpdf/r_qa0606.pdf

を達成できるような投資ファンドを最適に配分したりすることである．金融モデルは確率的なので，確率論や確率過程論は金融工学で中心的な役割を担う．さらに，金融モデルを実行するためには，モンテカルロシミュレーション法や偏微分方程式（partial differential equation; PDE）の数値解法，確率動的計画法，Fourier 法，スペクトル法などの多くの解析的あるいは数値的解法が使われることになる．

このハンドブックは以下の 6 つの部分から成り立っている．(I) 序論，(II) デリバティブ：モデルと手法，(III) 金利・市場リスクモデルとデリバティブ，(IV) 非完備市場，(V) リスク管理，および (VI) ポートフォリオ最適化である．この分け方はやや人工的であり，実際には多くの章がいくつかの（あるいはすべての）部分に関係しているが，それでもこの分け方は金融工学の主要な領域の概観を表している．

確率論と確率過程論の標準的な知識はこのハンドブックの多くの章を読むための前提である．Karatzas and Shreve (1991) や Revuz and Yor (1999) は Brown 運動と連続マルチンゲールの標準的な参考文献である．Jacod and Shiryaev (2002) と Protter (2005) はジャンプのあるセミマルチンゲールの標準的な参考文献である．Shreve (2004) と Klebaner (2005) はファイナンスで必要な確率解析を初等的な数学レベルで説明している優れた入門書である．デリバティブ市場と金融リスク管理に関する金融実務の概要については Hull (2005) と McDonald (2005) が優れている．資産価格理論に関する優れたテキストとしては Björk (2004), Duffie (2001), Jeanblanc et al. (2007), Karatzas and Shreve (2001) などがある．これらの書籍には広範な参考文献も収録されている．

第 1 章の「金融資産価格付けの基礎」において，Robert Jarrow と Philip Protter は数理ファイナンス理論への簡明な基礎事項を紹介している．読者はまず二項モデルを使ってデリバティブと無裁定の概念の説明を受け，次に，リスク資産の価格がセミマルチンゲールに従うとして，一般的なフレームワークで核となる資産価格理論が展開される．一般的な資産価格の基本定理が定式化され，重要な例を使ってそれらが説明される．特に，リスク資産の価格過程が Markov 過程である場合を詳細に取り扱っており，有名な Black–Scholes–Merton モデルの導出とヨーロピアンおよびアメリカンオプション，さらにより複雑なデリバティブの価格付けに関する多くの結果が紹介される．

第 II 部「デリバティブ：モデルと手法」は，デリバティブのモデリングと価格付けに関する多くのトピックを扱っている章から成り立っている．最初の 3 つの章では，デリバティブのモデリングに使われている確率モデルのいくつかの重要なクラスを紹介する．第 2 章「金融工学における資産価格付けのためのジャンプ拡散モデル」において，Steven Kou はジャンプ拡散モデルにおけるオプションの価格付けに関する最近の進展についてサーベイしている．本章では，金融変数におけるジャンプの実証的な証拠を示し，ジャンプ拡散モデルにおけるヨーロピアン，アメリカン，バリアおよびルックバックオプションの価格付けに関する解析的および数値的解法について紹介

している．特に，ジャンプサイズが二重指数分布に従う場合には解析的に扱いやすくなることが強調されている．

第3章「Lévy 過程を用いた金融証券収益率のモデル化」では，Liuren Wu は時間変換 Lévy 過程に基づくモデルのクラスをサーベイしている．Lévy 過程に確率的時間変換を適用することで時計をランダマイズし，その時間に沿ってプロセスが動くことで確率的ボラティリティを生成できる．もし Lévy 過程の特性指数と時間変換過程の Laplace 変換が閉じた形で求められるならば，オプション価格は Fourier 変換の逆変換として導出することができる．この逆変換は高速 Fourier 変換（fast Fourier transform; FFT）アルゴリズムを使えば効率的に行うことができる．この半解析的な扱いやすさとモデルの表現力の豊かさ（連続的な動きだけでなく有限あるいは無限サイズのジャンプ）が，金融工学の幅広い応用において，このモデルを魅力的なものにしている．本章では，理論だけでなく実証研究の結果もサーベイしている．

第4章「Wishart リスクファクターを用いた価格付け」では，Christian Gourieroux と Razvan Sufana が，リスクファクターが Wishart 過程に従う場合の資産の価格付けについてサーベイしている．この Wishart モデルのクラスはアフィン確率ボラティリティモデルのマルチファクターへの拡張として捉えることができ，行列値確率過程として確率的分散共分散行列をモデル化する．標準的なアフィン過程と同様に，Wishart 過程においても条件付 Laplace 変換が閉じた形で求められる．本章では Wishart 過程のサーベイと，確率ボラティリティと確率相関係数をもつ資産価格の多変量モデル，マルチファクター金利モデル，および信用リスクモデルを離散時点あるいは連続時点において構築するための応用を紹介する．

第5章「ボラティリティ」では，Federico Bandi と Jeffrey Russell が，資産価格ボラティリティの推定に関する文献のサーベイを行っている．彼らは，マイクロストラクチャーノイズを含んだ資産価格データの分析および取引コスト評価の進展による，ボラティリティ推定の最近の潮流を理解するための統一的なフレームワークを提供している．特に，資産価格の高頻度データを使ったモデル同定の手順に関して，近年提案された手法が強調されている．ボラティリティはオプション価格を決定する鍵であり，したがって，ボラティリティをよりよく理解することがオプションの価格付けにおいて最も重要な興味となる．

第6章「デリバティブの価格付けにおけるスペクトル法」では，Vadim Linetsky は，Markov 過程でモデル化される経済状態を原資産とするデリバティブ（デフォルトがあっても可）を評価する問題のサーベイを行っている．実際のデータからモデルを推定するためとデリバティブ資産の価格を計算するための両方の理由で解析的および数値計算上の扱いやすさが要求されるので，実際に使われるファイナンスのモデルはほとんどが Markov 過程である．応用では，解析的に扱いやすい推移確率（半群）のわかっている Markov 過程を利用することは重要であり，デリバティブ資産の価格に関して閉じた解を得ることができる．スペクトル分解法は，Markov 性をもつ問題

に対して解析解を得るための強力な手法である．本章では，一般的なスペクトル法だけでなく，Markov 過程の場合のサーベイを行う．Markov 過程の場合にはスペクトル表現が閉じた形で求められるので，Markov 的なデリバティブの価格付け問題に対して閉じた解を与えることができる．

原資産価格（変数）が Markov 型ジャンプ拡散過程に従うとき，デリバティブ証券の価格関数はヨーロピアンタイプの場合には積分偏微分方程式（partial integro-differential equation; PIDE）を満たし，アメリカンタイプの場合には積分偏微分変分不等式（partial integro-differential variational inequality; PIDVI）を満たす．Markov 過程が（第 6 章で議論したように）特別な構造をもたない場合には解析解は一般に得られないので，PIDE や PIDVI を数値的に解く必要が出てくる．第 7 章「デリバティブの価格付けにおける変分法」では，Liming Feng, Pavlo Kovalov, Vadim Linetsky および Michael Marcozzi が，PIDE や PIDVI を変分（弱）形式に変換し，それに Galerkin の有限要素法を適用して状態を離散化することで常微分方程式（ordinary differential equation; ODE）系を求め，得られた ODE 系を時間に関して積分するという方法でジャンプ拡散モデルにおけるオプション価格を数値的に評価する方法のサーベイを行っている．

第 8 章「離散型バリアオプションとルックバックオプション」では，Steven Kou は資産価格過程の最大値または最小値を離散的にサンプリングする離散型バリアオプションやルックバックオプションなどの，離散型経路依存オプションの評価方法の最近の進展についてサーベイしている．本章では，畳み込み法や漸近展開法，Laplace 変換，Hilbert 変換，Gauss 変換に基づく方法など，オプションの価格付けにおける幅広い手法をサーベイしている．

第 III 部は金利および信用リスクのモデルとデリバティブに関するサーベイである．第 9 章「金利理論におけるトピックス」では，Tomas Björk が最近の金利理論についてサーベイを行っている．本章では，古典的な Heath–Jarrow–Morton によるフォワードレートのモデル化と実務家に一般的な LIBOR マーケットモデルだけでなく，幾何学的金利モデル（有限次元の状態空間で整合的に表現可能かどうかという問題）やポテンシャルモデル，正金利モデルなどの最近の金利理論の動向もまとめている．

第 10, 11 章は，ポートフォリオの信用リスクとバスケット型クレジットデリバティブの最新動向のサーベイである．第 10 章「ポートフォリオの信用リスク計測」では，Paul Glasserman がポートフォリオ信用リスクのモデル化と数値計算に関する問題についてサーベイしている．特に，社債や融資など信用リスクのある資産からなるポートフォリオの損失率分布の計算方法に焦点を当てている．本章では，信用リスクの構造モデルやコピュラモデル，混合 Poisson モデルなどのデフォルト依存性のモデル化，および再帰的畳み込み法，逆変換法，鞍点近似法，モンテカルロシミュレーションにおける加重サンプリング法などの数値計算技術のサーベイを行っている．

第 11 章「信用力の推移を考慮したバスケット型クレジットデリバティブの評価」で

は，Tomasz Bielecki, Stephane Crepey, Monique Jeanblanc と Marek Rutkowski が（債務担保証券 (collateralized debt obligation; CDO) や nth-to-default スワップなどの）バスケット型クレジットデリバティブと信用リスクのある負債ポートフォリオの評価とヘッジ手法を紹介している．本章では，債務者間の信用力推移の依存性のモデル化の手法，特にデフォルトの依存性のモデル化の手法を示している．数値計算が可能となる Markov 型モデルの特別なクラスに焦点を当てている．

第 IV 部は非完備市場の理論と応用のサーベイである．非完備市場では，デリバティブ証券の動的ヘッジと完全複製は破綻するので，デリバティブはもはや原資産を使って複製できる冗長資産 (redundant asset) ではない．第 12 章「非完備市場」では，Jeremy Staum が店頭市場デリバティブの観点から，非完備市場におけるデリバティブ証券の評価とヘッジの多くの手法を紹介し，それらを比較している．本章では，無差別価格 (indifference price)，タイトな上下限価格，限界価格 (marginal price) および最小距離価格測度 (minimum-distance pricing measure) を含む幅広い手法について議論している．

第 13 章「オプションの価格付け：実分布とリスク中立分布」では，George Constantinides, Jens Jackwerth と Stylianos Perrakis は，市場が非完備 (incomplete) または取引コストが存在するために市場が不完全 (imperfect)，あるいは両方の理由で動的ヘッジと完全複製が破綻する状況でのオプションの価格付けを考察している．非完備市場ではリスク中立確率測度はユニークではないので，オプション価格の上下限を与えることしかできない．さらに，取引コストが存在する場合には，動的な複製戦略は存在しない．著者らは非完備性と取引コストを取り込むために必要な理論の修正について考察し，オプション価格理論における検証可能な含意および株式オプション市場における実証研究のサーベイを行っている．

第 14 章「モンテカルロシミュレーションを用いた全リスク最小化」では，Thomas Coleman, Yuying Li と Maria-Cristina Patron が，非完備市場におけるオプションの複製戦略について考察している．一般に，非完備市場ではオプションを完全に複製することはできないが，全リスク最小化 (total risk minimization) によれば，満期においてオプションペイオフを最適に近似する自己充足戦略を求めることができる．全リスク最小化は動的確率計画問題であり，これは数値計算上難解だが興味をそそる問題である．本章では，この問題に挑む数値計算法について紹介している．

第 15 章「金融資産の価格変動に対する待ち行列理論を用いた分析」では，Erhan Bayraktar, Ulrich Horst と Ronnie Sircar がエージェントに基づくマーケットマイクロストラクチャーモデルの最新研究のサーベイを行っている．これらのモデルでは，注文の流れが待ち行列でモデル化され，それに基づいて金融価格が決定されるが，群衆行動現象 (herding behavior) やボラティリティクラスタリング，収益率分布のファットテール性など市場で観察される多くの現象を説明することができる．特に，本章では，行動ファイナンスとの関連で，慣性投資家のモデルについて考察している．

第 V 部「リスク管理」はリスク計測とその資本配分，流動性リスクおよび保険リスクへの応用に関する章から構成されている．第 16 章「信用リスク経済資本の配分とリスク寄与度」では，Helmut Mausser と Dan Rosen がリスク計測と管理プロセスの実務的な概観，特に経済資本（economic capital; EC）寄与の計測とその資本配分への応用を概観している．EC は金融機関にとって，巨額の予期せぬ損失を吸収するためのバッファーとして働き，預金者や他の請求権者を保護することができる．EC の総額が決定されたら，それをポートフォリオの種々の構成要素（例えば，ビジネスユニット，債務者，個人取引）に配賦しなければならない．本章では，リスク計測のプロセスとその統計上および計算上の問題点，さらに金融機関にとってのリスク管理と資本配賦への応用に関して概観する．

第 17 章「流動性リスクとオプション価格付け理論」では，Robert Jarrow と Philip Protter が流動性リスクのモデル化とその資産価格理論への導入に関する最近の研究動向についてサーベイしている．古典的な資産価格理論では投資家の売買は取引価格に影響を与えないと仮定しているが，実際には，取引量が価格に影響を与える．著者らは流動性リスクが存在する場合に古典的な裁定価格理論，特に資産価格の基本定理をいかに拡張するかを示している．そのために証券価格が取引量に依存する経済を考え，理論だけでなく，市場データを使った分析も示している．

第 18 章「金融工学の保険分野への適用」では，Phelim Boyle と Mary Hardy がリスク管理の最も古い分野である保険数理の序論を提供し，保険分野における金融工学の適用をサーベイしている．著者らは，リスク計測に関する保険数理と金融工学の考え方を比較し，特に生命保険における応用に焦点を当てている．生命保険商品にはしばしば投資の要因が埋め込まれており，したがって分析には保険数理と金融工学におけるリスク管理の考え方を融合する必要がある．

第 VI 部はポートフォリオ最適化に向けられている．第 19 章「動的ポートフォリオ選択とリスク回避」では，Costis Skiadas は最適消費とポートフォリオ選択の理論をサーベイしており，特に確率的な投資機会集合が与えられたときのリスク回避のモデル化に重点をおいている．動的ポートフォリオ選択理論は Merton の独創的な研究に始まったもので，投資家は時間加法的な期待効用を最大化すると仮定したうえで，最適制御理論における Hamilton–Jacobi–Bellman 方程式を使って解を求めるというアプローチを採用した．本章では，より先進的な再帰的効用（recursive utility）の観点から，動的ポートフォリオ選択理論に関する最近の動向を紹介している．必要な数学の道具として，後向き確率微分方程式（backward stochastic differential equation; BSDE），前向き後向き確率微分方程式（forward-backward stochastic differential equation; FBSDE）などがある．

第 20 章「動的ポートフォリオマネジメントにおける最適化手法」では，John Birge が，離散時点の消費投資問題や資産負債管理（asset-liability management; ALM），動的ヘッジ戦略デザインなどを含む動的ポートフォリオ問題へ応用するための最適化

アルゴリズムと近似手法について説明している．本章では多くの手法に見られる統一的な構造に注目しているが，これらは扱いやすいモデルと解を得るために使われる近似手法の観点から提案されてきたものである．本章では，効率的に実行するための近似と（ポートフォリオ問題の構造が果たす役割に関連する）アルゴリズムについて言及している．

第 21 章「最適ポートフォリオ選択問題におけるシミュレーション法」では，Jérôme Detemple, René Garcia と Marcel Rindisbacher が，最適ポートフォリオ戦略の計算のために最近提案されているモンテカルロシミュレーション法をサーベイしそれらを比較している．モンテカルロシミュレーションは，考慮すべき変数が多いため高次元の問題になる場合に選ばれるアプローチである．シミュレーションは，高次元ポートフォリオ選択モデルにおいて最適なポートフォリオ戦略を数値的に求めるための当然の候補として，最近考え出された手法である．本章では，モンテカルロ Malliavin 微分法，モンテカルロ共変分法（covariation method），モンテカルロ回帰法（regression method）およびモンテカルロ有限差分法（finite difference method）などのアプローチが紹介されており，数学の道具として共変分 Malliavin 解析が必要になるが，その簡単な解説も抄録されている．

第 22 章「アメリカンオプションの価格付けとポートフォリオ最適化のための双対理論と近似動的計画法」では，Martin Haugh と Leonid Kogan が，状態空間が高次元の場合，アメリカンオプションの価格付けとポートフォリオ最適化問題の近似解を構築するために，双対理論と近似動的計画法（approximate dynamic programming; ADP）がいかにして適用されるかを説明している．金融工学においてシミュレーションが不可欠の道具であるということは長い間認識されていたが，金融工学の制御問題でシミュレーションが重要な役割を果たすようになったのは最近のことである．本章では，最適停止問題とポートフォリオ最適化問題を解くためにシミュレーションを利用している最新の研究をサーベイしている．

第 23 章「多変量非正規リターンに対する資産配分」では，Dilip Madan と Ju-Yi Yen は非正規リターンをもつ資産の最適投資問題を考察している．彼らは，投資リターンの高次モーメントを考慮した資産配分の手続きを紹介しバックテストを行っている．この手続きは，資産リターンのベクトルにおいてファットテールで独立な成分を同定するために，独立成分分析（independent component analysis; ICA）として知られる信号処理技術を援用することで効率化される．この手法により，多変量ポートフォリオ問題は各成分の 1 変量投資問題に帰着することができる．さらに，彼らは独立成分が分散ガンマ（variance gamma; VG）Lévy 過程に従うと仮定して多変量 VG ポートフォリオを構築し，この手法を実データに適用して最適な投資戦略を定め，それを古典的な平均分散モデル（正規分布の設定で）の結果と比較している．

第 24 章「大偏差原理と金融への応用」では，Phelim Boyle, Shui Feng と Weidong Tian が，ポートフォリオマネジメント（ポートフォリオ選択の基準構築，投資パフォー

マンスの指標作成), リスク管理 (ポートフォリオ信用リスク分布のテールで発生する巨大損失の推定), モンテカルロシミュレーション (リスク管理と資産の価格付けにおいてまれな事象をよりよくシミュレートするため), および非完備市場モデル (ベンチマークとなる完備市場と非完備市場の距離の推定) に大偏差原理 (large deviation technique) を応用する最近の研究をサーベイしている. 本章では, 大偏差原理の簡単なサーベイも行っている.

別の書籍で広範囲にサーベイされたトピックは, 重要であってもこのハンドブックには収録されていない. ファイナンスにおける確率モデルの統計的推定は重要な領域であるが, ボラティリティの章を除いて, このハンドブックでは限定的な扱いになっている. この領域における最近の進展は Ait-Sahalia and Hansen (2007) によって編集された近刊のハンドブック "Handbook of Financial Econometrics" でサーベイされている. 信用リスクに関しては, このハンドブックは第10, 11章で複数債権のクレジットポートフォリオとデリバティブについてはサーベイを行ったが, 単一債権のクレジットモデルはカバーしていない. このトピックは最近のモノグラフ Bielecki and Rutkowski (2002), Duffie and Singleton (2003) および Lando (2004) で広範囲にわたってサーベイされている. モンテカルロシミュレーション法も, 第10章で複数債権のクレジットポートフォリオへの応用, 第14章で非完備市場におけるヘッジングへの応用, 第21, 22章でポートフォリオ最適化への応用をカバーしているだけである. デリバティブ評価へのモンテカルロシミュレーションの応用は最近 Glasserman (2004) によってサーベイされている. リスク計測とリスク管理についても第16〜18章で扱った経済資本の配賦, 流動性リスクおよび保険リスクに限定されている. バリューアットリスク (value-at-risk) および関連するトピックの広範なサーベイについては最近出版されたモノグラフ McNeil et al. (2005) を参照していただきたい. エネルギー市場と商品市場のモデル化およびデリバティブは金融工学の重要な領域であるが, 本ハンドブックではカバーされていない. これらの広範なサーベイについては最近のモノグラフ Eydeland and Wolyniec (2002) および Geman (2005) を参照願いたい.

(**J. R. Birge and V. Linetsky**/木島正明)

参 考 文 献

Ait-Sahalia, Y., Hansen, L.P. (Eds.) (2007). *Handbook of Financial Econometrics*. Elsevier, Amsterdam, in press.
Bielecki, T., Rutkowski, M. (2002). *Credit Risk: Modeling, Valuation and Hedging*. Springer.
Björk, T. (2004). *Arbitrage Theory in Continuous Time*, second ed. Oxford University Press, Oxford, UK.
Duffie, D. (2001). *Dynamic Asset Pricing Theory*, third ed. Princeton University Press, Princeton, NJ.
Duffie, D., Singleton, K. (2003). *Credit Risk*. Princeton University Press, Princeton, NJ.
Eydeland, A., Wolyniec, K. (2002). *Energy and Power Risk Management: New Developments in Modeling, Pricing and Hedging*. John Wiley & Sons, New Jersey.

Jacod, J., Shiryaev, A.N. (2002). *Limit Theorems for Stochastic Processes*, second ed. Springer.
Jeanblanc, M., Yor, M., Chesney, M. (2007). *Mathematical Methods for Financial Markets*. Springer.
Geman, H. (2005). *Commodities and Commodity Derivatives: Modeling and Pricing for Agriculturals, Metals, and Energy*. John Wiley & Sons, New Jersey.
Glasserman, P. (2004). *Monte Carlo Methods in Financial Engineering*. Springer.
Hull, J. (2005). *Options, Futures, and Other Derivatives*, sixth ed. Prentice Hall.
Karatzas, I., Shreve, S.E. (1991). *Brownian Motion and Stochastic Calculus*, second ed. Springer.
Karatzas, I., Shreve, S.E. (2001). *Methods of Mathematical Finance*. Springer.
Klebaner, F.C. (2005). *Introduction to Stochastic Calculus with Applications*, second ed. Imperial College Press.
Lando, D. (2004). *Credit Risk Modeling*. Princeton University Press, Princeton, NJ.
McDonald, R.L. (2005). *Derivatives Markets*, second ed. Addison–Wesley.
McNeil, A.J., Frey, R., Embrechts, P. (2005). *Quantitative Risk Management: Concepts, Techniques, and Tools*. Princeton University Press, Princeton, NJ.
Protter, P.E. (2005). *Stochastic Integration and Differential Equations*, second ed. Springer.
Revuz, D., Yor, M. (1999). *Continuous Martingales and Brownian Motion*, third ed. Springer.
Shreve, S.E. (2004). *Stochastic Calculus for Finance II: Continuous-time Models*. Springer.

第1章

金融資産価格付けの基礎

概　要

数理ファイナンス理論の基礎について述べる．基本的な問題とともにいくつかの特別なトピックスについても述べる．

1. はじめに

　証券市場の歴史は，1531年にベルギーのアントワープに証券市場が初めて設立されたことにさかのぼる[1]．今日では150以上の証券取引所が存在している（*Wall Street Journal*, 2000 を参照）．アントワープに証券市場が設立されてから数百年後，証券市場の数理モデルが構築され始め，当初は論争が生じた．確率を用いて証券市場をモデル化した最初の著者は，1900年のL. Bachelierといわれている．Bachelierの構築したモデルは彼の学位論文で発表されたが，研究としてほとんど価値がないと考えられ，その研究はパリの数学会では疎外されていた．しかしながら，現在では，Einsteinが1905年に発表した論文の5年前，Kolmogorovが確率論で数学的正当性を与える10年前に，BachelierがBrown運動をモデル化したと認められている．Poincaréは，Bachelierの論文を敵対視しており，Bachelierの論文内容はPoincaréとその弟子たちの研究内容とかなりかけ離れていると言及していた．Bachelierはフランスの首都から遠く離れたBesançonで生涯を送り，彼の研究はしばらくの間，無視され忘れられていた．

　Cowles, Kendall, Osborneによるその後の研究に沿って統計学者Savageが1950年代にBachelierの研究を再発見し，そしてSavageがPaul Samuelsonに呼びかけたことにより，Bachelierの研究は有名になった（Bernstein, 1992, pp. 22–23）．Paul Samuelsonは，株価が常に正の値をとる幾何Brown運動に従うと仮定してBachelierのモデルを拡張した．Samuelsonの研究は，価格の収益率が時間と独立に推移するCowlesらの観測結果に基づいて構築された．

　1965年に発表されたSamuelsonの論文（Samuelson, 1965）から35年以上が経った後，金融資産の価格付け理論の構築は，確率積分理論の発展と結び付いている．主

---

[1] 詳細はJarrow and Protter (2004) を参照されたい．

な飛躍的な研究としては，Black, Scholes, Merton がヨーロピアンオプションの価格式を閉じた解として 1970 年代前半に導出したことがあげられる（Black and Scholes, 1973; Merton, 1973）．彼らはその導出において伊藤確率解析と拡散過程の Markov 性を用いている．それ以前のオプション価格式は悪しき市場の力に関する直観に基づくものであったが，この Black, Merton, Scholes の研究がカオス的な状態に秩序をもたらした．Black, Merton, Scholes の研究の後すぐに，Meyer と Strasbourg および彼らの共同研究者の研究により，特にフランスにおいて（伊藤過程だけでなく）セミマルチンゲールに対する確率積分理論が 1970 年代と 1980 年代に発展した．確率積分理論の発達は，Black, Merton, Scholes の研究と相まって，Harrison and Kreps (1979) や Harrison and Pliska (1981) によってさらなる発展を遂げた．特に，彼らは完備市場とマルチンゲール表現との間の関係を確立した．ほとんどの研究はこの 20 年間に行われており，これらの研究は多くの研究者や実務家の興味や好奇心を魅了した．ファイナンスと確率積分の融合は今日でも続いている．本章では，現在の研究状態に関する情報を読者（研究者）に紹介する．また，必要に応じて仮定を単純化するアプローチをとる．このような手法により，読者が理論の基本的な構造を概観できることを希望している．

本章で取り扱う話題に関しては，本章の内容よりも広く，さらに詳細に扱う書籍がある（例えば，Duffie, 2001; Karatzas and Shreve, 1998; Musiela and Rutkowski, 1997; Shiryaev, 1999）．また，新しい書籍として Shreve (2004) があげられる．あるトピックについての詳細を調べるときには，読者は Duffie (2001) などの書籍を参照されるか，あるいは参考文献として掲載した論文を参照されたい．

2. デリバティブと裁定の基礎

$S = (S_t)_{0 \leq t \leq T}$ を（非負の）リスク資産の価格過程（例えば，株価，コモディティ価格，為替レートなど）とする．現時刻は $t = 0$ と仮定することが多い．本章では，将来時刻 T における不確実性を伴う価格に興味がある．すなわち，S_T は「リスク」を含んでいる．例えば，時刻 $t = 0$ において米国のある企業がドイツのある企業に時刻 T で機械の部品を配送する契約を締結するならば，時刻 T でのユーロの価格は不確実であるから，リスクを生成することになる．このリスクを最小化するためには，経済主体は「デリバティブ」を利用するかもしれない．経済主体は，あらかじめ決定された価格で時刻 T でユーロを購入する権利を時刻 $t = 0$ で購入する．ここで，あらかじめ決定された価格を「行使価格」と呼ぶ．もしユーロの価格が時刻 T で高くなるときは，ユーロを購入する権利を行使することによりリスクは消失する．これは，コールオプション（call option）と呼ばれるデリバティブの例である．

デリバティブ（derivative）は金融商品であり，その価格は他の資産，金融証券，コモディティの価格水準などから派生する．例えば，コールオプションはデリバティブ

である．なぜならば，その利得は原資産であるユーロの価値から派生するからである．実際，取引されるほとんどすべての金融商品はデリバティブとみなすことができる[2]．もう一度，行使価格 K のコールオプションを考えよう．時刻 T での利得は，数学的には

$$C = (S_T - K)^+$$

と表現される．ただし，$x^+ = \max(x, 0)$ である．同様にして，時刻 T での行使価格 K のプットオプション（put option）の利得は，

$$P = (K - S_T)^+$$

であり，プットオプションは時刻 T において価格 K で証券を売却する権利である．これら 2 つの単純な例は，それぞれヨーロピアンコールオプション（European call option）およびヨーロピアンプットオプション（European put option）と呼ばれるデリバティブである．これらには密接な関係があり，

$$S_T - K = (S_T - K)^+ - (K - S_T)^+$$

が成立する．この単純な等式はプットコールパリティ（put–call parity）と呼ばれ，コールオプションとプットオプションとの間の関係を表す．この点については 3.7 項で考察する．

これら 2 つの単純なオプションは，さらに複雑なデリバティブの基礎としても使える．例えば，

$$V = \max(K, S_T)$$

は，

$$V = S_T + (K - S_T)^+ = K + (S_T - K)^+$$

となる．一般に，もし $f : \mathbb{R}_+ \to \mathbb{R}_+$ が凸ならば，よく知られた表現

$$f(x) = f(0) + f'_+(0)x + \int_0^\infty (x-y)^+ \mu(\mathrm{d}y) \tag{1.1}$$

が用いられる．ただし，$f'_+(x)$ は右連続な f に関する微分（右側から近づく微分）で，μ は $\mu = f''$ となる $\mathbb{R}$ 上の正の測度である．このとき，

$$V = f(S_T)$$

を金融デリバティブと仮定するならば，V は (1.1) を用いてヨーロピアンコールオプ

---

[2] 面白い練習問題として，他の資産やコモディティの価格に依存しない価値をもつ金融商品を考えよう．例えば，コモディティとして取引される金のような貴金属そのものである．しかしながら，金の証券は金先物と同様にデリバティブである．

ションの連続体で構成されるポートフォリオ

$$V = f(0) + f'_+(0)S_T + \int_0^\infty (S_T - K)^+ \mu(\mathrm{d}K)$$

となる (Brown and Ross, 1991).

これまで議論してきたデリバティブでは，時刻 T におけるデリバティブの価値は $V = f(S_T)$ という形式の確率変数，すなわちある定められた時刻 T における S の関数である．また，

$$V = F(S)_T = F(S_t; 0 \leq t \leq T)$$

のように，価値が S のサンプルパスの関数となるデリバティブを考えることもできる．例えば，もし S が càdlàg (càdlàg とは「左極限をもつ右連続 (right continuous with left limits)」を意味するフランス語の頭文字である) なパスをもつならば，このとき $F : D \to \mathbb{R}_+$ となる．ただし，D は càdlàg な関数 $f : [0, T] \to \mathbb{R}_+$ の空間である．

もしもデリバティブの価値が保有者の満期時刻 T の意思決定のみに依存するならば，それらはヨーロピアンタイプ (European type) であると考えられるが，それらの価値やヘッジについての分析は単純なヨーロピアンコール (やプット) オプションに比べると難しい．コールあるいはプットオプションにおける意思決定は，買う権利あるいは売る権利を行使するか否かであり[3]，そのような意思決定は行使 (exercise) の決定と呼ばれる．

アメリカンタイプのデリバティブ (American type derivative) は，満期あるいは満期前の任意の時刻において保有者がその証券に関して意思決定できる証券である．例えば，アメリカンコールオプション (American call option) は，(ヨーロピアンコールオプションのように) 満期 T だけでなく，時刻 $t = 0$ と T の間の任意の時刻において保有者が行使価格 K で証券を購入できる権利である (『Wall Street Journal』の "Listed Options Quotations" に掲載されているのはこのタイプのオプションである)．そのようなオプションをいつ行使するかという意思決定は複雑である．アメリカンコールオプションを行使する戦略は，停止ルール (stopping rule) τ によって数学的に表現される (つまり，$\mathbb{F} = (\mathcal{F})_{t \geq 0}$ が S のフィルトレーションならば，任意の $t, 0 \leq t \leq T$ に対して $\{\tau \leq t\} \in \mathcal{F}_t$ となる)．τ が与えられたとき，アメリカンコールオプションの時刻 $\tau(\omega)$ における利得は，

$$C(\omega) = (S_{\tau(\omega)}(\omega) - K)^+$$

となる．

ここで，デリバティブの価格付けについて考察しよう．C は $\mathcal{F}_T$ で定義される確率

---

[3] この意思決定は，コールオプションやプットオプションの利得における最大値オペレーターにより明示的に表現される．

変数で，時刻 T におけるデリバティブの利得を表す．また，V_t は時刻 t におけるデリバティブの価値（value）（あるいは価格）を表す．このとき，V_0 はどのような水準となるであろうか？公正な（ギャンブル）ゲームの分析に基づく伝統的な観点による古典的確率論では，

$$V_0 = \mathbb{E}[C] \tag{1.2}$$

となる[4]．すなわち，ギャンブルに参加するためには期待利得を支払うべし，ということになる．しかしながら，貨幣には時間価値があるので，期待利得は割り引かれるべきである．スポットレートを定数 r と仮定すれば，経済主体は，(1.2) ではなく，

$$V_0 = \mathbb{E}\left[\frac{C}{(1+r)^T}\right] \tag{1.3}$$

を支払うべきである．驚くべきことに，この価値は正しくない．なぜならば，この価値は購入者の立場におけるリスク回避の影響を無視しているからである．単純化のために $r=0$ として，(1.2) で与えられる価格が機能しない（!）ことを示そう．

単純な二項モデルを考えよう．時刻 $t=0$ において，1ユーロ = 1.15ドルとする．時刻 $t=T$ において，1ユーロが 0.75ドルか 1.45ドルとなると仮定する．上昇確率と下落確率は，それぞれ p と $1-p$ とする．

行使価格 $K=1.15$ ドルのヨーロピアンコールオプションを考えよう．すなわち $C = (S_T - 1.15)^+$，ただし $S = (S_t)_{0 \leq t \leq T}$ は米国ドルにおける1ユーロの価格である．Huygens や Bernoulli にさかのぼる古典的な確率計算では，C の公正価格は，

$$\mathbb{E}[C] = (1.45 - 1.15)p = (0.30)p$$

となる．例えば $p=1/2$ とすれば，$V_0 = 0.15$ となる．

しかし，オプション価格を計算する Black–Scholes 法ではまったく異なる[5]．まずはじめに，確率 p を証券価格 $S = (S_t)_{0 \leq t \leq T}$ がマルチンゲールになるように確率 p^* に変換する．p^* の値は，それにより与えられる確率測度 $\mathbb{P}^*$ のもとにおける S の期待値が一定となるように選択されなければならない．ここでは $S_0 = 1.15$ ドルなので，

$$\mathbb{E}^*[S_T] = 1.45 p^* + (1-p^*)0.75 = 1.15 \tag{1.4}$$

となる．ただし，$\mathbb{P}^*$（時刻 T において1ユーロ = 1.45ドル）$= p^*$，$\mathbb{P}^*$（時刻 T において1ユーロ = 0.75ドル）$= 1-p^*$ により定められる確率測度 $\mathbb{P}^*$ に関する期待

---

[4] ここではデリバティブ証券を保有することによる中間的なキャッシュフローは存在しないことを暗に仮定している．

[5] 「Black–Scholes 法」は，1973 年に発表された先駆的論文（Black and Scholes, 1973, および Merton, 1973）にさかのぼる．それらの論文では偏微分方程式が用いられている．厳密には Black–Scholes–Merton 法と呼ぶべきであろう．M.S. Scholes と R. Merton は，Black and Scholes (1973) と Merton (1973) およびその関連論文でノーベル経済学賞を受賞している．F. Black は死亡後のためノーベル経済学賞を受賞していない．

値を $\mathbb{E}^*$ とする.この方程式を p^* について解けば,

$$p^* = \frac{4}{7}$$

であり,

$$V_0 = \mathbb{E}^*[C] = (0.30)p^* = \frac{6}{35} \approx 0.17$$

が得られる.確率 p から確率 p^* への変換は無原則のように思われるが,この変換を正当化するある経済学的な意味付けが存在する.それが無裁定機会(no-arbitrage opportunity)という経済学的概念であり,16 世紀や 17 世紀にまでさかのぼる通常の直観的な考え方を変革することになった.

例えば,時刻 T に 1 ユーロを 1.15 ドルで購入するコールオプションを,時刻 $t=0$ において価格 $v(C)$ で売ったとする.ここでも $r=0$,つまりコストゼロで資金を借入できると仮定する.このとき,販売したオプションのために売り手がとる安全策は次のとおりである.

時刻 $t=0$ での行動	結果
価格 $v(C)$ でオプションを売却	$+v(C)$
$\frac{9}{28}$ ドル借入	$+0.32$
1 ユーロ 1.15 ドルで,$\frac{3}{7}$ ユーロを購入	-0.49

時刻 $t=0$ でのバランスは $v(C) - 0.17$ である.

時刻 $t=T$ では 2 つの可能性がある.

ユーロがどう変化するか	結果
ユーロが上昇	
オプション行使	-0.30
1 ユーロ 1.45 ドルで $\frac{3}{7}$ ユーロを売却	$+0.62$
ローン返済	-0.32
最終収支	0
ユーロが下落	
オプションは価値なし	0
1 ユーロ 0.75 ドルで $\frac{3}{7}$ ユーロを売却	$+0.32$
ローン返済	-0.32
最終収支	0

時刻 T ではどちらの場合も収支ゼロなので,時刻ゼロでもまた収支はゼロとすべきである.それゆえ,$v(C) = 0.17$ となる.実際,$v(C) = 0.17$ 以外のどのような価格

であろうとも，オプションの売り手と買い手のどちらかがリスクなしで（without any risk）確実な利益を得ることができる．そのようなリスクなしで得られる確実な利益を経済学では裁定機会（arbitrage opportunity）と呼び，通常，そのような裁定機会は存在しないと仮定する（もちろん，もしそのような機会が存在するならば，理論的にはただちに裁定機会を解消するように市場が機能する）．

このように，少なくともこのような単純な例では，デリバティブ C の「無裁定価格」が $\mathbb{E}[C]$ ではなくて $\mathbb{E}^*[C]$ であることが確認できる．$\mathbb{P}$ は証券の実確率を表す確率測度，一方の $\mathbb{P}^*$ は人為的な確率測度なので，これは公正なゲームに基づく通常の直観と相反することを強調しておこう．

注意 1.1（ヒューリスティックな説明）　ここで 2 つコメントしておこう．1 つ目は，$\mathbb{P}$ から $\mathbb{P}^*$ への確率測度の変換は期待値を一定に保つために行われるという点である（方程式 (1.4) を参照）．裁定機会の可能性を排除するのが価格過程の期待値が一定という性質であり，そのときデリバティブの価格は $\mathbb{P}^*$ のもとにおける期待値になる．期待値を一定にする価格過程には多くの異なるタイプのものが存在するが，何が満たされればマルチンゲールになるのであろうか．その答えは，確率過程 $M = (M_t)_{t \geq 0}$ が一様可積分マルチンゲールであるための必要十分条件は，すべての停止時 τ に対して $\mathbb{E}[M_\tau] = \mathbb{E}[M_0]$ が成り立つことであるという事実である．ここのキーポイントは，固定された時刻に対してだけでなく，すべての停止時に対してマルチンゲールになることが必要とされる点にある．換言すれば，$\mathbb{P}^*$ のもとにおける条件付請求権の期待値が無裁定価格となるためには，価格過程の $\mathbb{P}^*$ による期待値がすべての確率時刻（停止時）において一定にならなければならない．

2 つ目は図 1.1（二値による図示）を用いて説明する．直観的には，p が 1 に近づくとともにコールやプットオプションの価格は変化しなければならない．なぜならば，価格がほとんど確実に上昇するようになるにつれてコールは購入者にとって価値が高くなるはずだからである．しかしながら，無裁定理論ではそうならず，すべての p

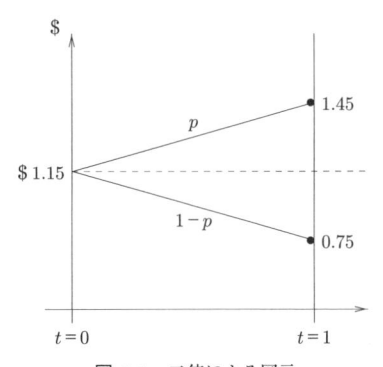

図 1.1　二値による図示

$(0 < p < 1)$ に対して p^* は一定になる．これはなぜであろうか？1つの経済学的な説明としては，ある経済主体が価格の上昇確率 p を 1 に近づけようとするときには，暗に価格の下落を考える経済主体もいるということである．本質的には，このような逆の想定は市場参加者のリスク回避度に反映される．もし価格が 2 つの値のどちらかしかとらず，しかも上昇がほぼ確実ならば，どうすれば現在価格を 1.15 ドルに保つことができるであろうか．たしかに，こうした実確率の変化は現在価格にも影響を与えるべきである．p を 1 に近づけると同時に現在価格を 1.15 ドルで維持するためには，市場参加者の行動が変化して，小さな潜在的損失（0.75 ドルとなる価格の下落）に対してさえ非常にリスク回避的となるか，あるいはほとんど確実な 1.45 ドルへの価格上昇に対してほとんど価値を感じなくなると仮定しなければならない．

この将来価格を二値で表現した単純な例を使うと，無裁定を用いて価格を決定するという考え方をうまく説明できる．また，資産価格の変動を表す連続時間モデルを近似する際にもこのモデルを用いることができる．時間間隔（Δt）を小さくし，すでに述べた二項モデルを組み合わせてツリーにして，各時点ティック（tick）Δt ごとに隣接するノードに上昇または下落するようにする．モデリングする実際の期間 δ と与えられた分割数 n に応じて十分小さな Δt を選択することにより，価格が最大 2^n 個の異なる値をとるモデルを構築できる．例えば，（実務でしばしば仮定されるように）連続時間の確率過程が幾何 Brown 運動

$$dS_t = \sigma S_t dB_t + \mu S_t dt$$

に従い，証券価格過程 S が時刻 t で $S_t = s$ であるならば，次のティック Δt における価格は

$$s\exp(\mu \Delta t + \sigma \sqrt{\Delta t}) \text{ 上昇時}, \qquad s\exp(\mu \Delta t - \sigma \sqrt{\Delta t}) \text{ 下落時}$$

となるようにする．ただし，上昇または下落確率を p とする（ここでは $p = 1/2$ とする）．このとき，$n = t/\Delta t$ とすると，時刻 t において，

$$S_t^n = S_0 \exp\left(\mu t + \sigma \sqrt{t}\left(\frac{2X_n - n}{\sqrt{n}}\right)\right)$$

となる．ここで，X_n は時刻 t までに価格が上昇した回数である．中心極限定理より，n を無限大にすると S_t^n は対数正規過程 $S = (S_t)_{t \geq 0}$ に収束する．つまり，$\log S_t$ は平均 $\log S_0 + \mu t$，分散 $\sigma^2 t$ の正規分布に従う．

次に，無裁定条件を用いて確率 p を $1/2$ から p^* に変換する．$\mathbb{E}^*[S_t] = \mathbb{E}^*[S_0]$ となるような p^* を求めると，近似的に

$$p^* = \frac{1}{2}\left(1 - \sqrt{\Delta t}\left(\frac{\mu + (1/2)\sigma^2}{\sigma}\right)\right)$$

となることがわかる．このように，$\mathbb{P}^*$ のもとで X_n はまだ二項分布しているが，平均 np^*，分散 $np^*(1-p^*)$ なので，$((2X_n - n)/\sqrt{n})$ の平均は $-\sqrt{t}(\mu + (1/2)\sigma^2)/\sigma$ で，分散は漸近的に 1 に収束する．ここで中心極限定理によると，n が無限大になるとき S_t は対数正規分布に法則収束する．$\log S_t$ の平均は $\log S_0 - (1/2)\sigma^2 t$，分散は $\sigma^2 t$ なので，

$$S_t = S_0 \exp\left(\sigma \sqrt{t} Z - \frac{1}{2}\sigma^2 t\right)$$

と書ける．ただし，Z は $\mathbb{P}^*$ のもとで $N(0,1)$ に従う確率変数とする．これは「二項近似（binomial approximation）」として知られている．さらに二項近似は，極限をとることにより，連続モデルにおける単純な公式である Black–Scholes 式を導出するためにも用いられる（3.10 項を参照）．単純な導出は Cox et al. (1979) や Duffie (2001, Chapter 12B, pp.294–299) を参照されたい．

3. 理 論 の 核

3.1 基礎的な定義

本節を通じて，確率空間 $(\Omega, \mathcal{F}, \mathbb{F}, \mathbb{P})$ を所与と仮定する．ただし $\mathbb{F} = (\mathcal{F}_t)_{t \geq 0}$ である．さらに，もし $s < t$ ならば $\mathcal{F}_s \subset \mathcal{F}_t$ であり，$\mathcal{F}_0$ は $\mathcal{F}$ のすべての零集合を含んでおり，$\bigcap_{s>t} \mathcal{F}_s \equiv \mathcal{F}_{t+} = \mathcal{F}_t$ と仮定する．最後の仮定はフィルトレーションの右連続性（right continuity）と呼ばれる．これらの仮定は通常の仮定（usual hypotheses）として知られている．通常の仮定が満たされるとき，すべてのマルチンゲールは càdlàg な修正（version）をもつ．これはこの仮定の最も重要な結果の一つである．

3.2 価 格 過 程

リスク証券の価格過程（price process）$S = (S_t)_{t \geq 0}$ はセミマルチンゲールとする[6]．単純化のため，初期の購入あるいは売却の後，証券はそれ自身に関連するキャッシュフローはないと仮定する．例えば，もし証券が普通株式とすれば，配当はないと仮定する．この仮定は簡単に緩和できるが，記号や説明が複雑になるので，その緩和については参考文献を参照されたい．

3.3 スポットレート

r を固定されたスポットの利子率とする．利子率 r で 1 ドルを 1 年間投資した人は，1 年後に $1 + r$ ドルを獲得できる．もし利子が 1 年間に均等間隔で n 回支払われ，か

---

[6] コンパクト集合上で càdlàg なサンプルパスをもつ適合過程 S が $S = M + A$ と分解されるとき，過程 S はセミマルチンゲールであるという．ただし，M は局所マルチンゲール，A は有限変動過程である．

つ複利であるとすれば，1年後には $(1+r/n)^n$ ドルを獲得できる．この議論から，利子率 r の連続複利

$$\lim_{n\to\infty}\left(1+\frac{r}{n}\right)^n = e^r$$

が導かれる．また，t 年間の連続複利による投資の後には e^{rt} ドルとなる．

いま，

$$R(t) = e^{rt}$$

と定義すると，R は常微分方程式（ordinary differential equation; ODE）

$$\mathrm{d}R(t) = rR(t)\mathrm{d}t, \quad R(0) = 1 \tag{1.5}$$

を満たす．ODE (1.5) をもとにすると，変動利子率 $r(t)$ では（$r(t)$ は確率過程，すなわち $r(t) = r(t,\omega)$ であってもよい）[7]，

$$\mathrm{d}R(t) = r(t)R(t)\mathrm{d}t, \quad R(0) = 1 \tag{1.6}$$

となり，これを解くと $R(t) = \exp\{\int_0^t r(s)\mathrm{d}s\}$ が得られる．価格過程 $R(t)$ は時刻 t における銀行預金（money market account）の価値とみなせる．

3.4 取引戦略とポートフォリオ

リスク資産の価格過程 S と銀行預金の価格過程 R は所与と仮定する．$(a_t)_{t\geq 0}$ と $(b_t)_{t\geq 0}$ は，それぞれリスク資産と銀行預金の時刻 t における保有量とする．

ここでは S と R を保有することをポートフォリオ（portfolio）と呼ぶ．いま，リスク資産と銀行預金を保有しているとする．リスク資産を売却して現金を受け取ると，そのキャッシュは銀行預金に加えられ，また，リスク証券を購入するときは，銀行預金のキャッシュをその支払いに使うことができる．銀行預金については負，つまり借入を認めることとする．

定義 1.1 ポートフォリオ (a,b) の時刻 t における価値は，

$$V_t(a,b) = a_t S_t + b_t R_t$$

である[8]．

---

[7] 例として $r(t)$ を拡散過程とすると，スポットレートの変動をモデル化するために適した仮定を拡散過程に課すことができる．

[8] ここで示した価値は，通常よく使われる近似である．もしも時刻 t においてこの「価値」を現金化しようとしてすべてのリスク資産を突然流動化するならば，流動性コストと取引コストのため，貯蓄口座（savings account）にはこの「価値」より少ない現金しか残らないであろう．単純化のため，ここでは流動化コストと取引コストはないと仮定しているが，そのような仮定は必要というわけではない．興味のある読者は Jarrow and Protter (2007, 本書の第 17 章) を参照されたい．

まずは第一の問題である．後に $V = (V_t(a,b))_{t \geq 0}$ がマルチンゲールになるように測度変換を施したいが，通常はマルチンゲールの右連続な修正をとるので，上式の右辺は少なくとも càdlàg としたい．しかし，これは現実的にはたいした問題ではない．たとえ過程 a が適切な性質をもたないとしても，$V_t(a,t)$ が càdlàg となるような b を常に選択できるからである．

次に，直積空間 $\mathbb{R}_+ \times \Omega$ 上の 2 つの σ 加法族を定義する．通常の仮定を満たす $\mathbb{F} = (\mathcal{F}_t)_{t \geq 0}$ をもつフィルター付き確率空間 $(\Omega, \mathcal{F}, \mathbb{F}, \mathbb{P})$ が所与であることを思い出そう．

定義 1.2 パスが右極限をもち左連続（càglàd）で適合，つまり，$t \geq 0$ において $H_t \in \mathcal{F}_t$ であるような，$\mathbb{R}_+ \times \Omega$ 上の過程の空間を $\mathbb{L}$ で表す．可予測な σ 加法族（predictable σ-algebra）$\mathcal{P}$ は，

$$\mathcal{P} = \sigma\{H : H \in \mathbb{L}\}$$

である．すなわち，$\mathcal{P}$ は $\mathbb{L}$ のすべてを可測にする最小の σ 加法族である．

定義 1.3 $\mathbb{R}_+ \times \Omega$ 上のオプショナル σ 加法族（optional σ-algebra）$\mathcal{O}$ は，

$$\mathcal{O} = \sigma\{H : H \text{ は càdlàg かつ適合な過程}\}$$

である．

一般に，$\mathcal{P} \subset \mathcal{O}$ である．$B = (B_t)_{t \geq 0}$ が標準 Wiener 過程（あるいは「Brown 運動」）で $\mathcal{F}_t^0 = \sigma(B_s; s \leq t)$, $\mathcal{F}_t = \mathcal{F}_t^0 \vee \mathcal{N}$，ただし $\mathcal{N}$ は $\mathbb{F}$ の $\mathbb{P}$ 零集合とするとき，$\mathcal{O} = \mathcal{P}$ となる．一般に，$\mathcal{O}$ と $\mathcal{P}$ は等しくない．実は，それらが等しければ，すべての停止時は可予測であり，到達不可能な停止時は存在しない[9]．（合理的な）Markov 過程のジャンプ時刻は到達不可能なので，(Poisson 過程のような) ジャンプをもつ Markov 過程を含むいかなるモデルにおいても $\mathcal{P} \subset \mathcal{O}$ である．ここで，$\mathcal{P}$ は $\mathcal{O}$ に真に含まれている．

フィルトレーションの問題に関する注意

可予測な σ 加法族 $\mathcal{P}$ は重要である．なぜならば，それは確率積分が定義される自

---

[9] 到達不可能な停止時とは事前の警告なしに訪れる停止時であり，完全な不意打ちである．停止時 T に対して非減少な停止時の列 $(S_n)_{n \geq 1}$ が存在し，

$$\mathbb{P}(\{\omega : \lim_{n \to \infty} S_n = T\} \cap \Lambda) = 0, \quad \Lambda = \bigcap_{n=1}^{\infty} \{S_n < T\}$$

が常に成立するならば，停止時 T は到達不可能である．もしも

$$\mathbb{P}(\{\omega : \lim_{n \to \infty} S_n = T\} \cap \Lambda) = 1$$

となる非減少な停止時の数列 $(S_n)_{n \geq 1}$ が存在するならば，停止時 T は可予測である．上記の確率は 0 または 1 である必要はないことに注意されたい．一般には，可予測でも到達不可能でもない停止時が存在する．

然な σ 加法族であるからである．Brown 運動という特別なケースではオプショナルな σ 加法族を使ってもよいが，これはその 2 つの加法族が等しくなるからである．しばしば用いられる第三の σ 加法族は発展的可測集合（progressively measurable set）で，π と表記される．一般には $\mathcal{P} \subset \mathcal{O} \subset \pi$ であるが，もしも，(本章でよくやるように）フィルトレーション $(\mathcal{F}_t)_{t \geq 0}$ は右連続（すべての t に対して $\mathcal{F}_{t+} = \mathcal{F}_t$）と仮定するならば，実際には過程をオプショナルの代わりに π 可測と仮定したことで得られるものはほとんどない．その理由は，π を使用するのは主に，適合かつ右連続な過程が π 可測であること，特に，停止時 T と発展的可測過程 S に対して $S_T \in \mathcal{F}_T$ であることを示すためであるが，もし $(\mathcal{F}_t)_{t \geq 0}$ が右連続ならば，そのような過程はすでにオプショナルであるからである．このように，オプショナルではない発展的可測過程の自然発生的な例は本質的には存在しない．そのような過程の例としては，以下で記述される G を用いた定義関数 $1_G(t)$ がある．まず，$\mathbb{Z} = \{(t, \omega) : B_t(\omega) = 0\}$（$B$ は標準 Brown 運動）とする．$\mathbb{Z}$ はほとんどすべての ω に対して $\mathbb{R}_+$ 上の完全（閉）集合である．固定された ω に対して，その補集合は開集合であり，したがって開区間の可算和集合である．$G(\omega)$ がこれらの開区間の左端点を表すとすると，標準 Brown 運動 B の Markov 性と Markov 過程のジャンプに関する P. A. Meyer の定理を用いて，G は発展的可測であるがオプショナルではないことを示すことができる．この場合，それぞれの ω に対して可算個の t を除いて $1_G(t) = 0$ なので，$\int 1_G(t) \mathrm{d} B_s \equiv 0$ である．最後に，もしも $a = (a_s)_{s \geq 0}$ が発展的可測ならば，$\int_0^t a_s \mathrm{d} B_s = \int_0^t \dot{a}_s \mathrm{d} B_s$ であることを注意しておこう．ただし，$\dot{a}$ は a の可予測射影である[10]．

ここで，確率積分に関するいくつかの性質について思い出そう．まず，S と X を任意の 2 つの càdlàg なセミマルチンゲールとする．部分積分の公式を用いて，X と S の 2 次共変分（quadratic covariation）

$$[X, S]_t = X_t S_t - \int_0^t X_{s-} \mathrm{d} S_s - \int_0^t S_{s-} \mathrm{d} X_s$$

を定義する．もしも càdlàg な適合過程 H がセミマルチンゲールでなければ，確率収束を用いて 2 次共変分に意味を与えることができる．もしも H と S がともにセミマルチンゲールならば，次の極限

$$[H, S]_t = \lim_{n \to \infty} \sum_{t_i \in \pi^n[0, t]} (H_{t_{i+1}} - H_{t_i})(S_{t_{i+1}} - S_{t_i})$$

---

[10] H を有界な可測過程とする（H が適合過程である必要はない）．H の可予測射影（predictable projection）とは，すべての可予測な停止時 T に対して

$$\dot{H}_T = E\{H \mid \mathcal{F}_{T-}\} \text{ a.s.} \quad \text{on} \quad \{T < \infty\}$$

となるようなただ 1 つの可予測過程 $\dot{H}$ のことである．ただし，$\mathcal{F}_{T-} = \sigma\{A \cap \{t < T\}; A \in \mathcal{F}_t\} \vee \mathcal{F}_0$ である．$\dot{H}$ の存在と一意性の証明は Protter (2005, p.119) を参照されたい．

が常に存在する．ただし，$\pi^n[0,t]$ は $\lim_{n\to\infty}\mathrm{mesh}(\pi^n) = 0$ をもつ $[0,t]$ の有限分割の列である．

以下では，S は（càdlàg な）セミマルチンゲール，H は càdlàg な適合過程あるいは $H \in \mathbb{L}$ とする．$H_- = (H_{s-})_{s\geq 0}$ は H の左連続な修正とする．もし $H \in \mathbb{L}$ ならば，もちろん $H = H_-$ である．このとき，次の定理が得られる．

定理 1.1 H を càdlàg な適合過程あるいは $H \in \mathbb{L}$ とする．このとき，

$$\lim_{n\to\infty}\sum_{t_i\in\pi^n[0,t]}H_{t_i}(S_{t_{i+1}}-S_{t_i})=\int_0^t H_{s-}\,\mathrm{d}S_s$$

の左辺は $[0,t]$ 上で一様に確率収束する．

H を区間 $[t_i, t_{i+1}]$ の左端点としている点が重要であることを注意しておこう．例えば，H を右端限や中間点にすると，一般にその総和は収束しない（例えば，2次共変分過程 $[H, S]$ が存在するならば総和は収束する）．総和が収束する場合であっても，その極限は一般に異なる．こうして，上記の定理は確率積分に「Riemann 和としての極限」というわかりやすい解釈を与えてくれるが，それらはまったく類似したものではない．

上記の定理の基本概念は，実数値関数に対する Lebesgue 積分の定義と類似した手法で有界な可予測過程に拡張できる．$H_t^n = \sum H_{t_i}1_{(t_i,t_{t+1}]} \in \mathbb{L}$ とすると，

$$\sum_{t_i\in\pi^n[0,t]}H_{t_i}(S_{t_{i+1}}-S_{t_i})=\int_{0+}^t H_s^n\,\mathrm{d}S_s$$

であることに注意しよう．これら単純過程が構成単位であり，しかも $\sigma(L) = \mathcal{P}$ であるので，$\mathcal{P}$ より広い過程に対して確率積分を定義できると期待するのは合理的ではない．

もちろん，確率積分がうまく定義できて，しかも積分された過程がセミマルチンゲールになる可積分過程の最も広い空間は，これとは別に存在する．ここではそれには触れずに（興味のある人は Protter, 2005 のような確率積分の文献を参照せよ），次を定義する．

定義 1.4 セミマルチンゲール S に対して，S で可積分な可予測過程 a からなる空間を $L(S)$ で示す．

ここで，確率積分のもとになるセミマルチンゲール（あるいはセミマルチンゲールのベクトル）S を決めておこう．確率過程 S はリスク資産の価格過程を表すものとする．そのための方法はモデルの概念を導入することであるが，それには2つの方法がある．最初の方法は，確率空間とそれに付随するフィルトレーションを特定するという，かなり完全な方法であるが，それはやっかいなので省略し，ここではそれを簡略化した2番目の方法を用いる．

定義 1.5 $(\Omega, \mathcal{F}, \mathbb{F}, S, L(S), \mathbb{P})$ を資産価格モデル (asset pricing model) と呼ぶ．ただし，$\mathbb{F} = (\mathcal{F}_t)_{t \geq 0}$ である．あるいは，さらに単純に，$(S, L(S), \mathbb{P})$ をモデル (model) と呼ぶ．ただし，可測空間と σ 加法族，つまり $(\Omega, \mathcal{F}, \mathbb{F})$ は暗に仮定されているものとする．

これで主要な定義を述べるための準備が整った．

リスク資産の取引戦略 (trading strategy) は可予測過程 $a = (a_t)_{t \geq 0}, a \in L(S)$ である．その経済学的な意味は，時刻 t においてそのリスク資産を a_t だけ保有しているということである．a が可予測であることはもっともなことである．a は時刻 t におけるトレーダーのリスク資産の保有量であり，それは時刻 t における情報ではなく，時刻 t 直前に得られる情報に基づくからである．具体的には，a は連続，あるいは少なくとも càdlàg または càglàd であることが多い．実際の取引戦略で病的に不規則なパスをもつものをイメージすることは困難である．a が cáglád な適合過程のときは，

$$\int_0^t a_s \mathrm{d}S_s = \lim_{n \to \infty} \sum_{t_i \in \pi^n[0,t]} a_{t_i} \Delta_i S$$

は u.c.p. 収束（時間に関するコンパクト集合上で一様に確率収束，uniform in time on compacts and converging in probability）する．ただし，$\pi^n[0,t]$ は $n \to \infty$ でメッシュ（目の大きさ）が 0 に近づく $[0,t]$ の分割の列で，$\Delta_i S = S_{t_{i+1}} - S_{t_i}$ である．

$$G_t = \int_{0+}^t a_s \mathrm{d}S_s$$

として，G を a により生成される富過程 (gain process) と呼ぶ．銀行預金の取引戦略 $b = (b_t)_{t \geq 0}$ は，b がオプショナルで $b \in L(R)$ が必要であること以外は同様にして定義される．ここで定義されるペア (a, b) を取引戦略と呼ぼう．

定義 1.6 取引戦略 (a, b) は，すべての $t \geq 0$ に対して

$$a_t S_t + b_t R_t = a_0 S_0 + b_0 R_0 + \int_0^t a_s \mathrm{d}S_s + \int_0^t b_s \mathrm{d}R_s \tag{1.7}$$

であるとき，自己充足的 (self-financing) であるという．

(1.7) は $a_t S_t + b_t R_t$ が càdlàg であることを意味する点に注意されたい．

この定義をヒューリスティックに正当化するために，スポット金利を一定でゼロと仮定する．すなわち $r = 0$，すべての $t \geq 0$ に対してほとんど確実に $R_t = 1$ とする．このように仮定できるのは，ニューメレール不変性の原理 (principle of numéraire invariance) による（3.6 項を参照）．このとき，

$$a_t S_t + b_t R_t = a_t S_t + b_t$$

となる.

当面は a と b はセミマルチンゲールと仮定し,それぞれ X と Y と表記する[11]. もし時刻 t においてリスク資産のポジションを変更するならば,自己充足的であるためには銀行預金の保有量を変更しなければならない.こうして,次の等式

$$(X_{t+\mathrm{d}t} - X_t)S_{t+\mathrm{d}t} = -(Y_{t+\mathrm{d}t} - Y_t)$$

が必要であり,これは代数的には

$$(S_{t+\mathrm{d}t} - S_t)(X_{t+\mathrm{d}t} - X_t) + (X_{t+\mathrm{d}t} - X_t)S_t = -(Y_{t+\mathrm{d}t} - Y_t)$$

と同値である.さらに連続時間モデルにおいては,

$$S_{t-}\mathrm{d}X_t + \mathrm{d}[S,X]_t = -\mathrm{d}Y_t$$

となる.これを部分積分すると,

$$\mathrm{d}(X_t S_t) - X_{t-}\mathrm{d}S_t = -\mathrm{d}Y_t$$

となり,さらに積分することにより,

$$X_t S_t + Y_t = \int_0^t X_{s-}\mathrm{d}S_s + X_0 S_0 + Y_0 \qquad (1.8)$$

が得られる.最後に,X と Y がセミマルチンゲールであるという仮定を緩和して,X_- を a,Y を b で置き換えれば,(1.8) は

$$a_t S_t + b_t = a_0 S_0 + b_0 + \int_0^t a_s \mathrm{d}S_s$$

となる.

次の概念は本質的に重要である.裁定機会とはリスクなしで利潤を獲得できる取引機会のことであり,通常,数学的には次のようにモデル化される.

定義 1.7 $V_0(a,b) = 0$,$V_T(a,b) \geq 0$,$P(V_T(a,b) > 0) > 0$ を満たす自己充足的な取引戦略 (a,b) が存在しないならば,モデルは無裁定(arbitrage free)である.

---

[11] X はセミマルチンゲールと仮定しているので,X は右連続であり,一般には可予測ではない.それゆえ,X が確率積分の被積分関数のときは X_s を X_{s-} に置き換える必要がある.もちろん,X_{s-} は X の左連続な修正を示す.

3.5 資産価格の基本定理

前節では,「無裁定」を仮定して,少なくとも非常に単純な例においては「実」確率測度 $\mathbb{P}$ を同値な確率測度 $\mathbb{P}^*$ に変換して期待値をとることにより,デリバティブの合理的な価格が得られることを見てきた.より形式的にいえば,$r = 0$, すなわち,すべての t に対して $R_t = 1$ とする仮定のもとで,デリバティブの価格は期待どおりの $\mathbb{E}[C]$ ではなくて $\mathbb{E}^*[C]$ であった.もしも過程 R_t が一定でなく,1 に等しくないならば,割引された請求権の期待値 $\mathbb{E}^*[C/R_t]$ を考えればよい.

この同値な測度変換のもとにある考え方は,価格過程 S の期待値を一定にする確率 $\mathbb{P}^*$ を見つけることである.この単純な洞察は,さらに複雑な確率過程に対しても容易に一般化できる.連続時間で価格過程 $S = (S_t)_{t \geq 0}$ の期待値が一定となるための十分条件は,その価格過程がマルチンゲールであることである.つまり,もし S がマルチンゲールならば関数 $t \to \mathbb{E}[S_t]$ は一定である.実際,これはマルチンゲールを特徴づける性質にほかならない.マルチンゲール理論の古典的な定理に次のものがある(例えば Protter, 2005 を参照).

定理 1.2 $S = (S_t)_{t \geq 0}$ は càdlàg 過程で,任意の有界な停止時 τ に対して $\mathbb{E}[S_\tau] = \mathbb{E}[S_0]$ であるとする(もちろん,$\mathbb{E}[|S_\tau|] < \infty$ である).このとき,S はマルチンゲールである.

つまり,もしも(固定された時刻においてだけでなく)停止時において期待値が定数ならば,S はマルチンゲールである.

この単純な価格付けの例と前述の定理より,次のことが推測される.

推測 S はある与えられた空間 $(\Omega, \mathcal{F}, \mathbb{F}, \mathbb{P})$ 上の価格過程とする.このとき,裁定機会が存在しないのは,S がマルチンゲールになるような $\mathbb{P}$ と同値な確率測度 $\mathbb{P}^*$ が存在するときであり,またこのときに限る.

この推測の出所は,$\mathcal{F}_T$ が有限の場合については Harrison and Kreps (1979) に,$\mathcal{F}_T$ が無限であるが時間は離散の場合については Dalang et al. (1990) にさかのぼる.定理を厳密に述べる前に(本章の定理は Delbaen and Schachermayer, 1994 による. Delbaen and Schachermayer, 1998 も参照せよ),必要とされる仮定について吟味しよう.

まず,ギャンブルにおける古典的な倍賭け戦略(doubling strategy)から生じる問題を回避しておく必要がある.いま,あるプレイヤーが公正なクジに 1 ドルを賭ける.もし彼が勝てばギャンブルをやめ,もし負ければ次は 2 ドルを賭ける.彼がクジに勝つときは必ずギャンブルをやめ,必ず 1 ドルを獲得する.もし彼が負け続ければ,賭金は毎回 2 倍に増えていく.この戦略をとれば,リスクなしで確実に 1 ドルの利得が得られる.しかし,確実な利得を得る前に,そのプレイヤーは任意の多大な損失に耐

えられることが必要である．もちろん，無限の資産を保有してそのようなゲームをする人などいない．数学的には，取引戦略が下に有界なマルチンゲールとなることを要求することにより，この種の問題を除外できる．こうしてプレイヤーの資産は，莫大であるとしても，有限で確定的な定数で抑えられる有界な値をとる．このことから次の定義が生じる．

定義 1.8 $\alpha > 0$ で，S はセミマルチンゲールであるとする．可予測な取引戦略 θ は $\theta_0 = 0$ であり，しかもすべての $t \geq 0$ に対して $\int_0^t \theta_s \mathrm{d}S_s \geq -\alpha$ であるならば，α 許容可能（α-admissible）であるという．θ が α 許容可能となるような $\alpha > 0$ が存在するとき，θ は許容可能（admissible）であるという．

さらに定義を続ける前に，基本的なアプローチを思い出しておこう．θ は許容可能な自己充足的な取引戦略で，$\theta_0 S_0 = 0, \theta_T S_T \geq 0$ であるとする．次項では，「ニューメレール変換」により，一般性を失わずに債券過程や「ニューメレール」過程を無視できることが示されるが，それを使うと自己充足の条件は，

$$\theta_T S_T = \theta_0 S_0 + \int_0^T \theta_s \mathrm{d}S_s$$

と簡略化される．このとき，もしも $\int \theta_s \mathrm{d}S_s$ をマルチンゲールにするような $\mathbb{P}^*$ が存在するならば，

$$\mathbb{E}^*[\theta_T S_T] = 0 + \mathbb{E}^*\left[\int_0^T \theta_s \mathrm{d}S_s\right]$$

となる．

一般に，S が連続ならば $\int_0^t \theta_s \mathrm{d}S_s$ は単に局所マルチンゲールである[12]．もし S を単に càdlàg なセミマルチンゲールと仮定するならば，$\int_0^t \theta_s \mathrm{d}S_s$ は σ マルチンゲールである[13]．しかし，なんらかの理由により $\int_0^t \theta_s \mathrm{d}S_s$ がただのマルチンゲールであるとわかれば，$\mathbb{E}^*[\int_0^T \theta_s \mathrm{d}S_s] = 0$ となるので，$\mathbb{E}^*[\theta_T S_T] = 0$ であり，さらに $\theta_T S_T \geq 0$ なので $\theta_T S_T = 0, \mathbb{P}^*$-a.s. となる．また，$\mathbb{P}^*$ は $\mathbb{P}$ と同値なので，$\theta_T S_T = 0$ a.s.$(\mathrm{d}\mathbb{P})$ となる．これは裁定機会が存在しないことを意味する．この議論においてテクニカルな部分は，$\int_0^t \theta_s \mathrm{d}S_s$ が $\mathbb{P}^*$ マルチンゲールであり，単なる局所マルチンゲールではない点である（後述する基本定理の証明を参照）．この逆，すなわち，無裁定ならば $\mathbb{P}^*$ が存在することの証明は一般に難しく，Hahn–Banach の定理を用いて証明される．

Delbaen and Schachermayer に従って，以下を定義する．

---

[12] 過程 M が局所マルチンゲールであるとは，それぞれの $n \geq 1$ に対して $(M_{t \wedge T_n})_{t \geq 0}$ がマルチンゲールになるような停止時の列 $(T_n)_{n \geq 1}$ で，$n \to \infty$ のとき $T_n \to \infty$ となるものが存在することをいう．

[13] 過程 X が σ マルチンゲールであるとは，$\mathbb{R}^d$ 値マルチンゲール M と可予測 $\mathbb{R}_+$ 値 M 可積分過程 H が存在して，X が M に関する H の確率積分となることをいう．σ マルチンゲールについては Protter (2005, pp.237–239) を見よ．

$$K_0 = \left\{ \int_0^\infty \theta_s \mathrm{d}S_s \;\middle|\; \theta \text{ は許容可能な取引戦略で，ほとんど確実に } \lim_{t\to\infty} \int_0^t \theta_s \mathrm{d}S_s \right.$$
$$\left. \text{が存在する} \right\}$$
$$C_0 = \{K_0 \text{ の要素を優関数とするすべての関数}\}$$
$$= K_0 - L_+^0, \text{ ただし } L_+^0 \text{ は正で有限な確率変数}$$
$$K = K_0 \cap L^\infty$$
$$\mathbb{C} = C_0 \cap L^\infty$$
$$\overline{\mathbb{C}} = L^\infty \text{ 空間における } C \text{ の閉包}$$

定義 1.9 セミマルチンゲールである価格過程 S は，

(i) $\mathbb{C} \cap L_+^\infty = \{0\}$ ならば，無裁定（no arbitrage）条件を満たす（リスクなしで利潤を獲得する機会はないことに対応）．

(ii) $\overline{\mathbb{C}} \cap L_+^\infty = \{0\}$ ならば，NFLVR（no free lunch with vanishing risk）条件を満たす．

定義 1.10 確率測度 $\mathbb{P}^*$ が同値マルチンゲール測度（equivalent martingale measure），あるいはリスク中立確率（risk-neutral probability）であるとは，$\mathbb{P}^*$ が $\mathbb{P}$ と同値であり，しかも $\mathbb{P}^*$ のもとで価格過程 S が σ マルチンゲールであることをいう．

明らかに，条件 (ii) であれば条件 (i) は成立する．条件 (i) は同値なマルチンゲール測度 $\mathbb{P}^*$ の存在を意味するにはやや制約が厳しすぎる（誰もが構築できる $H_t(\omega) = 1_{\{[0,1]\setminus\mathbb{Q}\times\Omega\}}(t,\omega)$ という取引戦略は，すべての実数時刻前に càdlàg なセミマルチンゲールと組み合わせると，(i) は $\mathbb{P}^*$ の存在を示すものではないことが示される．Delbaen and Schachermayer, 1994, p.511 を参照されたい）．

次に，条件 (ii) について考察する．もし NFLVR が満たされなければ，関数 $f_0 \in L_+^\infty$，$f_0 \not\equiv 0$ と，$\lim_{n\to\infty} f_n = f_0$ a.s. およびすべての n に対して $f_n \geq f_0 - 1/n$ を満たす関数列 $f_n \in \mathbb{C}$ が存在する．ここでは特に $f_n \geq -1/n$ としよう．これはほとんど裁定機会と同じである．なぜならば $f \in \overline{\mathbb{C}}$ の任意の要素は $\mathbb{C}$ の数列 $(f_n)_{n\geq 1}$ の L^∞ ノルム位相による極限だからである．これは，もし $f \geq 0$ ならば発生しうる損失の数列 $(f_n^-)_{n\geq 1}$（ただし，$f_n^- = -\min(f_n, 0)$）は $n \to \infty$ において一様にゼロに収束すること，つまり極限においてリスクが消滅することを意味する．

定理 1.3（基本定理，有界の場合） S は有界なセミマルチンゲールとする．このとき，S に対して同値マルチンゲール測度 $\mathbb{P}^*$ が存在するのは S が NFLVR 条件を満たすときであり，またそのときに限る．

証明 NFLVR 条件が満たされていると仮定しよう．S は無裁定条件を満たすので，$\mathbb{C} \cap L_+^\infty = \{0\}$ である．しかし，NFLVR 条件を使うと，$\mathbb{C}$ が L^∞ で弱い*閉（weak* closed, つまり $\mathbb{C}$ は $\sigma(L^1, L^\infty)$ で閉）であることを示すことができて，その結果，$\mathbb{C}$ 上のすべての f に対して $\mathbb{E}^*[f] \leq 0$ となる $\mathbb{P}$ と同値な確率 $\mathbb{P}^*$ が存在する（これは Kreps–Yan の分離定理，本質的には Hahn–Banach の定理である．例えば Yan, 1980 を参照）．S は有界なので，すべての $s < t, B \in \mathcal{F}_s, \alpha \in \mathbb{R}$ に対して，$\alpha(S_t - S_s)1_B \in \mathbb{C}$ と推測できる．それゆえ，$\mathbb{E}^*[(S_t - S_s)1_B] = 0$ であり，S は $\mathbb{P}^*$ のもとでマルチンゲールである．

逆向きの証明では，ある確率測度のもとで NFLVR であれば，それと同値な確率測度のもとでも NFLVR であることに注意されたい．それゆえ一般性を失わず，S は $\mathbb{P}$ 自身のもとでマルチンゲールであると仮定する．もし θ が許容可能ならば，$(\int_0^t \theta_s \mathrm{d}S_s)_{t \geq 0}$ は局所マルチンゲールであり，したがって優マルチンゲールである．$\mathbb{E}[\theta_0 S_0] = 0$ なので，$\mathbb{E}[\int_0^\infty \theta_s \mathrm{d}S_s] \leq \mathbb{E}[\theta_0 S_0] = 0$ となる．これは，任意の $f \in \mathbb{C}$ に対して $\mathbb{E}[f] \leq 0$ であることを意味する．それゆえ，すべての $f \in \overline{\mathbb{C}}$ に対しても同じ式が成り立つので，$\overline{\mathbb{C}} \cap L_+^\infty = \{0\}$ である． $\square$

定理 1.4（系） S は局所有界なセミマルチンゲールとする．S が局所マルチンゲールになるような同値な確率測度 $\mathbb{P}^*$ が存在するのは S が NFLVR を満たすときであり，またそのときに限る．

この系における測度 $\mathbb{P}^*$ は同値局所マルチンゲール測度（equivalent local martingale measure）として知られている．証明は Delbaen and Schachermayer (1994, p.479) を参照されたい．一般に，$\mathbb{P}^*$ が S をマルチンゲールにするのではなく局所マルチンゲールにするだけであることは，例を用いて示すことができる．また，連続なパスをもつ任意のセミマルチンゲールは局所的に有界であることにも注意されたい．しかし，連続の場合にはかなりの単純化が可能であり，無裁定であるだけで同値な局所マルチンゲール測度 $\mathbb{P}^*$ が存在する（Delbaen and Schachermayer, 1995 を参照）．実際，Girsanov の定理を用いると，無裁定という仮定のもとでセミマルチンゲールは

$$S_t = M_t + \int_0^t H_s \mathrm{d}[M, M]_s$$

という形式をとらねばならない．ここで，M は $\mathbb{P}$ のもとにおける局所マルチンゲールで，可予測過程 H にはある制約がつく．実際，ある $\epsilon > 0$ に対して $\int_0^\epsilon H_s^2 \mathrm{d}[M, M]_s = \infty$ ならば，S は「すぐに裁定（immediate arbitrage）」となるかもしれない．これは Delbaen and Schachermayer (1995) によって導入された魅力的な概念である．

一般の場合については，Delbaen and Schachermayer（1995, 証明はそちらを参照）の定理が存在する．

定理 1.5（基本定理，一般の場合） S はセミマルチンゲールとする．S が σ マルチンゲールになるような同値な確率測度 $\mathbb{P}^*$ が存在するのは，S が NFLVR を満たすと

きであり，またそのときに限る[14]．

警告 1.1 本章の以下の部分では，S を σ マルチンゲールにする同値確率測度 $\mathbb{P}^*$ を同値マルチンゲール測度と呼ぶ．明確にするために繰り返すと，$\mathbb{P}^*$ が同値マルチンゲール測度であるというときは，S は σ マルチンゲール（S が連続なパスをもつならば局所マルチンゲール）であるといっているにすぎない．

3.6 ニューメレール不変性

3.4 項で述べたポートフォリオでは，

$$V_t(a,b) = a_t S_t + b_t R_t$$

であった．ただし，(a,b) は取引戦略，S はリスク資産の価格で，$R_t = \exp(\int_0^t r_s \mathrm{d}s)$ は銀行預金の価格である．過程 R はニューメレール（numéraire）と呼ばれることが多い．将来のお金の価値は，$1/R_t = \exp\{-\int_0^t r_s \mathrm{d}s\}$ を掛けることでデフレートできる．以下では，$Y_t = 1/R_t$ と記述し，Y_t をデフレーター（deflator）と呼ぶ．S と R に $Y = 1/R$ を掛けることにより，銀行預金の価格が定数（すなわち 1）のケースに簡略化できる．そのような行為は，次の定理により認められている．

定理 1.6（ニューメレール不変性） (a,b) は (S,R) の取引戦略で，$Y = 1/R$ とする．このとき，(a,b) が (S,R) に対して自己充足的であるのは，(a,b) が $(YS,1)$ に対して自己充足的であるときであり，またそのときに限る．

証明 $Z = \int_0^t a_s \mathrm{d}S_s + \int_0^t b_s \mathrm{d}R_s$ とする．部分積分を使うと，Y は連続で有界変動なので，

$$\begin{aligned}
\mathrm{d}(Y_t Z_t) &= Y_t \mathrm{d}Z_t + Z_t \mathrm{d}Y_t \\
&= Y_t a_t \mathrm{d}S_t + Y_t b_t \mathrm{d}R_t + \left(\int_0^t a_s \mathrm{d}S_s + \int_0^t b_s \mathrm{d}R_s\right)\mathrm{d}Y_t \\
&= a_t(Y_t \mathrm{d}S_t + S_t \mathrm{d}Y_t) + b_t(Y_t \mathrm{d}R_t + R_t \mathrm{d}Y_t) \\
&= a_t \mathrm{d}(YS)_t + b_t \mathrm{d}(YR)_t
\end{aligned}$$

が得られる．$YR = (1/R)R = 1$ は定数となるので $\mathrm{d}(YR) = 0$，したがって上式は

$$\mathrm{d}(Y_t Z_t) = a_t \mathrm{d}(YS)_t$$

となる．それゆえ，

---

[14] σ マルチンゲールの取扱いについては Protter (2005, Chapter IV, Section 9, pp.237ff) あるいは Jacod and Shiryaev (2002, Chapter III, Section 6e, pp.214ff) を見よ．

$$a_t S_t + b_t R_t = a_0 S_0 + b_0 + \int_0^t a_s \mathrm{d}S_s + \int_0^t b_s \mathrm{d}R_s$$

となるのは

$$a_t \frac{1}{R_t} S_t + b_t = a_0 S_0 + b_0 + \int_0^t a_s \mathrm{d}\left(\frac{1}{R}S\right)_s$$

のときであり，またそのときに限る． □

定理 1.6 では，一般性を失わずに $R \equiv 1$ を仮定した．(S, R) において (a, b) が無裁定であることと $((1/R)S, 1)$ において (a, b) が無裁定であることは同値である．以下では，もはや $((1/R)S, 1)$ とは記述せず，単に S と記述する．

上記の定理は標準的であるが，多くの応用（例えば確率金利のモデル化）においては，ニューメレールは狭義に正のセミマルチンゲールであると仮定したい（これまでの定理では単に連続な有界変動過程としていたが，それに代えたい）．ここではニューメレールがセミマルチンゲール（連続である必要はない）である一般の場合を考える．デフレーターが連続と仮定される場合ではあるが，そのようなニューメレール変換定理がどのように使われるかに関しては，例えば Geman et al. (1995) を参照されたい．次の定理に関する文献としては，Huang (1985, p.233) がある．

定理 1.7（ニューメレール不変性，一般の場合）　S と R はセミマルチンゲールで，R は狭義に正と仮定する．このとき，デフレーター $Y = 1/R$ はセミマルチンゲールであり，(a, b) が (S, R) に対して自己充足的であるのは，(a, b) が $(S/R, 1)$ に対して自己充足的であるときであり，またそのときに限る．

証明　$f(x) = 1/x$ は $(0, \infty)$ 上で $\mathcal{C}^2$ なので，伊藤の公式より Y は（狭義に正の）セミマルチンゲールである．自己充足的という仮定より，

$$\begin{aligned}V_t(a, b) &= a_t S_t + b_t R_t \\ &= a_0 S_0 + b_0 R_0 + \int_0^t a_s \mathrm{d}S_s + \int_0^t b_s \mathrm{d}R_s\end{aligned}$$

を得る．

$S_0 = 0, R_0 = 1$ を仮定する．セミマルチンゲールの部分積分公式より，

$$\mathrm{d}(S_t Y_t) = \mathrm{d}\left(\frac{S_t}{R_t}\right) = S_{t-}\mathrm{d}\left(\frac{1}{R_t}\right) + \frac{1}{R_{t-}}\mathrm{d}S_t + \mathrm{d}\left[S, \frac{1}{R}\right]_t$$

と

$$\mathrm{d}\left(\frac{V_t}{R_t}\right) = V_{t-}\mathrm{d}\left(\frac{1}{R_t}\right) + \frac{1}{R_{t-}}\mathrm{d}V_t + \mathrm{d}\left[V, \frac{1}{R}\right]_t$$

が得られる．自己充足的という仮定を用いて書くと，

$$\mathrm{d}\left(\frac{V_t}{R_t}\right) = a_t S_{t-}\mathrm{d}\left(\frac{1}{R_t}\right) + b_t R_{t-}\mathrm{d}\left(\frac{1}{R_t}\right) + \frac{1}{R_{t-}}a_t \mathrm{d}S_t + \frac{1}{R_{t-}}b_t \mathrm{d}R_t$$
$$+ a_t \mathrm{d}\left[S,\frac{1}{R}\right]_t + b_t \mathrm{d}\left[R,\frac{1}{R}\right]_t$$
$$= a_t \left(S_{t-}\mathrm{d}\left(\frac{1}{R}\right) + \frac{1}{R_{t-}}\mathrm{d}S + \mathrm{d}\left[S,\frac{1}{R}\right]\right)$$
$$+ b_t \left(R_{t-}\mathrm{d}\left(\frac{1}{R}\right) + \frac{1}{R_{t-}}\mathrm{d}R + \mathrm{d}\left[R,\frac{1}{R}\right]\right)$$
$$= a_t \mathrm{d}\left(S\frac{1}{R}\right) + b_t \mathrm{d}\left(R\frac{1}{R}\right)$$

となるが，もちろん $R_t/R_t = 1$, $\mathrm{d}(1) = 0$ なので，

$$\mathrm{d}\left(\frac{V_t}{R_t}\right) = a_t \mathrm{d}\left(S_t \frac{1}{R_t}\right)$$

となる．結局，

$$V_t = a_t S_t + b_t R_t = b_0 + \int_0^t a_s \mathrm{d}S_s + \int_0^t b_s \mathrm{d}R_s$$

と

$$a_t \left(\frac{S_t}{R_t}\right) + b_t = \frac{V_t}{R_t} = b_0 + \int_0^t a_s \mathrm{d}\left(\frac{S_s}{R_s}\right)$$

が得られる． □

3.7 冗長なデリバティブ

リスク証券の価格過程 S を所与とし，3.6 項の結果より $R_t \equiv 1$ とする．$(\Omega, \mathcal{F}, \mathbb{P})$ 上で定義された $\mathbb{P}$ のもとで考える．ただし，$\mathcal{F}_t^0 = \sigma(S_r; r \leq t)$, $\mathcal{F}_t^\sim = \mathcal{F}_t^0 \vee \mathcal{N}$ ($\mathcal{N}$ は $\mathcal{F}$ の零集合)，$\mathcal{F} = \vee_t \mathcal{F}_t^0$ とし，最後に $\mathcal{F}_t = \bigcap_{u>t} \mathcal{F}_u^\sim$ とする．さらに，S の上に書かれたデリバティブ (derivatives) は確率変数 $C \in \mathcal{F}_T$ (ただし，T はある固定された時刻) であるとする．$R_t \equiv 1$ という単純化のためにわずかな対価を支払っていることに注意しよう．なぜならば，もし R_t が定数でない確率過程ならば，いま興味のある過程は S_t/R_t ではなく (R_t, S_t) となるので，とるべき最小のフィルトレーションが当然変化するからである．

ファイナンス理論の一つの目標は，時刻 T に C を得るか，あるいは（正しいやり方で）できる限り C に近い値を得るための自己充足的な取引戦略 (a, b) の存在を示すことである．これが本項で議論する内容である．

定義 1.11 S をリスク証券の価格過程，R を銀行預金（ニューメレール）の価格過

程とする．ただし，R は定数過程で 1 に等しくなるように設定する[15]．デリバティブ $C \in \mathcal{F}_T$ に対して

$$C = a_0 S_0 + b_0 R_0 + \int_0^T a_s \mathrm{d}S_s + \int_0^T b_s \mathrm{d}R_s$$

を満たす許容可能で自己充足的な取引戦略 (a,b) が存在するとき，$C \in \mathcal{F}_T$ は冗長 (redundant) であるという．$M = (1/R)S$ と表記して S を基準化する．このとき，M のもとでも C は冗長であり，それゆえに，すべての t に対して $R_t = 1$ ととると，

$$C = a_0 M_0 + b_0 + \int_0^T a_s \mathrm{d}M_s$$

である．

ここで，次のことを注意しておこう．もしも $\mathbb{P}^*$ が M をマルチンゲールにする任意の同値マルチンゲール測度であり，しかも C が $\mathbb{P}^*$ のもとで有限な期待値をもつならば，

$$\mathbb{E}^*[C] = \mathbb{E}^*[a_0 M_0 + b_0] + \mathbb{E}^*\left[\int_0^T a_s \mathrm{d}M_s\right]$$

であり，さらにすべての期待値が存在するならば，

$$\mathbb{E}^*[C] = \mathbb{E}^*[a_0 M_0 + b_0] + 0$$

である．

定理 1.8 C は冗長なデリバティブで，$C \in \mathcal{L}^*(M)$ とする同値マルチンゲール測度 $\mathbb{P}^*$ が存在するものとする（$\mathcal{L}^*(M)$ の定義は定義 1.13 を参照）．このとき，C の無裁定価格が一意に存在し，その価格は $\mathbb{E}^*[C]$ である．

証明 まず，$\mathbb{E}^*[C]$ はすべての同値マルチンゲール測度に対して等しい値をとることに注意しよう．実際，もしも $\mathbb{Q}_1$ と $\mathbb{Q}_2$ がともに同値マルチンゲール測度ならば，

$$\mathbb{E}_{\mathbb{Q}_i}[C] = \mathbb{E}_{\mathbb{Q}_i}[a_0 M_0 + b_0] + \mathbb{E}_{\mathbb{Q}_i}\left[\int_0^T a_s \mathrm{d}M_s\right]$$

である．ここで，$\mathbb{E}_{\mathbb{Q}_i}[\int_0^T a_s \mathrm{d}M_s] = 0$ であり，また，a_0, M_0, b_0 は時刻 0 で既知という仮定から，一般性を失うことなくこれらは定数になるので，$\mathbb{E}_{\mathbb{Q}_i}[a_0 M_0 + b_0] = a_0 M_0 + b_0$ である．

次に，このデリバティブが価格 $v > \mathbb{E}^*[C] = a_0 M_0 + b_0$ で売れたとしよう．このとき，取引戦略 $a = (a_s)_{s \geq 0}$ を採用し，時刻 T においてデリバティブの購入者に C を

---

[15] R は定数で 1 に等しくなるようにするが，そのような設定が果たす役割を示すため，当初は定義の中に R を含めている．

渡すことにすれば，その人は $v - (a_0 M_0 + b_0) > 0$ の利得を確実に（すなわち，リスクなしで）獲得できる．これは裁定機会である．他方，価格 $v < a_0 M_0 + b_0$ で請求権 C を購入できれば，同様にして，時刻 T において $(a_0 M_0 - b_0) - v$ のリスクのない利得を獲得できる． □

定義 1.12 C がデリバティブで，

$$C = a_0 M_0 + b_0 + \int_0^T a_s \mathrm{d} M_s$$

を満たす許容可能で自己充足的な取引戦略 (a, b) が存在するならば，取引戦略 a はデリバティブ C を複製（replicate）するという．

定理 1.9（系） C が冗長なデリバティブならば，$\mathbb{E}^*[C]$ に等しい初期富をもつ自己資金調達的な戦略で C を複製することができる．ここで，$\mathbb{P}^*$ は基準化された価格過程 M に対する任意の同値マルチンゲール測度である．

ここで，2 節で述べたプットコールパリティ（put–call parity）の問題に話を戻そう．自明な関係

$$M_T - K = (M_T - K)^+ - (K - M_T)^+$$

を思い出して，$\mathbb{P}^*$ のもとでその期待値をとれば，時刻 0 におけるコールの価格は，プットの価格に株式価格を加えて行使価格 K を引いた値に等しいことがわかる．より一般に時刻 t においては，$\mathbb{E}^*[(M_T - K)^+ \mid \mathcal{F}_t]$ は，M が $\mathbb{P}^*$ のもとでマルチンゲールであることから，時刻 t のプットの価格に時刻 t の株式価格を加えて K を引いた値に等しい．

すべてのデリバティブが冗長な市場を考察するのも面白いが，残念なことに取り扱う確率変数空間があまりにも大きくなりすぎるので，扱いやすい可積分性をもつデリバティブに制限したい．

同値マルチンゲール測度 $\mathbb{P}^*$ を固定し，M は $\mathbb{P}^*$ のもとにおけるマルチンゲール（あるいは局所マルチンゲール）とする．$(\int_0^t a_s^2 \mathrm{d}[M, M]_s)^{1/2}$ が局所可積分なすべての自己充足的な取引戦略 (a, b) を考える．これは，$T_n \leq T_{n+1}$ a.s. となる停止時の列 $(T_n)_{n \geq 1}$ が存在して，$\lim_{n \to \infty} T_n \geq T$ a.s. であり，しかもすべての T_n において $\mathbb{E}^*[(\int_0^{T_n} a_s^2 \mathrm{d}[M, M]_s)^{1/2}] < \infty$ であることを意味する．$\mathbb{P}^*$ のもとにおけるそのような取引戦略のクラスを $\mathcal{L}^*(M)$ で示す．ただし，ここには少しだけだましているところがある．それは，完備市場を測度 $\mathbb{P}^*$ に依存する形で定義しているが，実確率 $\mathbb{P}$ を用いて定義するほうが好ましいからである．しかし，そうするための方法は決して簡単ではない．価格過程がすでに実確率測度のもとで局所マルチンゲールになっているような好ましい場合には，もちろんこの問題は現れない．

定義 1.13 すべてのデリバティブ $C \in \mathcal{L}^1(\mathcal{F}_T, \mathrm{d}\mathbb{P}^*)$ が $\mathcal{L}^*(M)$ に対して冗長ならば，市場モデル $(M, \mathcal{L}^*(M), \mathbb{P}^*)$ は完備（complete）である．すなわち，任意の $C \in \mathcal{L}^1(\mathcal{F}_T, \mathrm{d}\mathbb{P}^*)$ に対して，許容可能な自己充足的な取引戦略 (a, b)，$a \in \mathcal{L}^*(M)$ で，

$$C = a_0 M_0 + b_0 + \int_0^T a_s \mathrm{d}M_s$$

を満たし，かつ $(\int_0^t a_s \mathrm{d}M_s)_{t \geq 0}$ が一様可積分となるものが存在する．要するに，完備市場とはすべてのデリバティブが冗長な市場である．

上の定義は，数多く存在しうる完備市場の定義の一つにすぎない．例えば，非負の確率的なペイオフや $L^2(\mathcal{F}_T, \mathrm{d}\mathbb{P}^*)$ に属するペイオフに議論を限定することもできる．

確率論では，マルチンゲール M が任意の $C \in \mathcal{L}^2(\mathcal{F}_T)$ に対して

$$C = \mathbb{E}[C] + \int_0^T a_s \mathrm{d}M_s$$

を満たす可予測過程 $a \in \mathcal{L}(M)$ をもつとき，M は可予測表現性（predictable representation property）をもつという．もちろん，これは本質的に市場の完備性の特徴である．可予測表現ができるマルチンゲールについてはよく研究されており，その理論はファイナンスにうまく応用できる．例えば，ニューメレール変換により $R = 1$ としたモデル (S, R) を考えよう．さらに，S が $\mathbb{P}^*$ のもとにおける Brown 運動となるような同値マルチンゲール測度 $\mathbb{P}^*$ が存在するとしよう．このとき，ある $\alpha \geq 0$ に対して $C \geq -\alpha$ となるすべての請求権 $C \in \mathcal{L}^1(\mathcal{F}_T, \mathbb{P}^*)$ に対してこのモデルは完備である（α は C に依存してもよい）．これを確認するために，マルチンゲール表現（例えば Protter, 2005 を参照）を用いて，すべての $0 \leq t \leq T$ に対して

$$\mathbb{E}^*[C \mid \mathcal{F}_t] = \mathbb{E}^*[C] + \int_0^T a_s \mathrm{d}S_s$$

を満たす可予測過程 a を見つけよう．そのためには，

$$V_t(a, b) = a_0 S_0 + b_0 + \int_0^T a_s \mathrm{d}S_s + \int_0^T b_s \mathrm{d}R_s$$

として，(a, b) が許容可能で自己充足的な取引戦略となるような b を見つけることが必要である．ここで，$R_t = 1$ なので $\mathrm{d}R_t = 0$，したがって

$$a_t S_t + b_t = a_0 S_0 + b_0 + \int_0^T a_s \mathrm{d}S_s$$

となればよいが，$a_0 S_0 + b_0 = \mathbb{E}^*[C]$ ととると，

$$b_t = a_0 S_0 + b_0 + \int_0^T a_s \mathrm{d}S_s - a_t S_t$$

がそのような取引戦略となる[16]．C に依存するある α に対して $\int_0^t a_s dS_s \geq -\alpha$ となるので，この戦略は許容可能である．

不運なことに，可測表現性を保有するかどうかはかなり微妙であり，ほとんどのマルチンゲールはこの性質をもたない．もつものの例としては，Brown 運動，補正（compensated）Poisson 過程（しかし，この2つの過程を混合しても，2つの Poisson 過程の差をとってもこの性質はもたない．2つを混合して完備となる十分条件は Jeanblanc and Privault, 2002 を参照），および Azéma マルチンゲールがある（Azéma マルチンゲールの背景については Protter, 2005，詳細については Dritschel and Protter, 1999 を参照されたい）．それぞれが完備な2つの独立なノイズの場合には完備市場にすることができる．Brown 運動と補正 Poisson 過程をノイズとして，各ノイズに対して別々にヘッジ戦略を提示することによってこれを行っている著者もいる．この最近の例は，デフォルトリスクのモデルの枠組みで行った Kusuoka (1999) である．そこでは Poisson 強度が Brown 運動に依存できる．より伝統的な例は Jeanblanc-Piqué and Pontier (1990) である．

したがって，ほとんどのモデルは完備ではなく，モデル化された金融世界はせいぜい近似的に完備であるにすぎないと考えている実務家がほとんどである．非完備市場の概念については本節の後段で再び議論する．はじめに，完備市場を特徴づけることが必要であり，この点については次の結果が得られている．

定理 1.10 M が局所マルチンゲールになるような同値マルチンゲール測度 $\mathbb{P}^*$ が存在するものとする．このとき，$\mathbb{P}^*$ が一意な同値マルチンゲール測度であるのは市場が完備であるときであり，またそのときに限る．

この定理は Dellacherie によるマルチンゲール表現に関するアプローチの自明な結果である．もしも過程 M を局所マルチンゲールにする一意な確率測度が存在すれば，M はマルチンゲール表現性をもたねばならないからである．この理論は，Jacod and Yor の研究により完全に解決されている（例えば，Protter, 2005, Chapter IV, Section 4 を参照）．

何が起こりうるかを例で示そう．M を L^2 マルチンゲールにする同値な確率測度の集合を $\mathcal{M}^2$ とすると，M は凸集合 $\mathcal{M}^2$ のすべての端点に対して可測表現性をもつ（それゆえ，完備市場である）．もし $\mathcal{M}^2 = \{\mathbb{P}^*\}$，つまり要素が1つだけならば，もちろん $\mathbb{P}^*$ は端点である（Protter, 2005, Theorem 40, p.186 を参照されたい）．実際，$\mathbb{P}^*$ は典型的な Brown 運動においては一意であり，多くの拡散過程が Brown 運動のパスごとの汎関数として構築されるので，Brown 運動モデルの完備性を継承する．しかし，同値マルチンゲール測度が一意でないのに完備市場となる例が存在する（Artzner and Heath, 1995 と Jarrow et al., 1999 を参照）．一般の場合にはそのよう

---

[16] 訳者注：この段落の式に関しては，これまでの表現との辻褄を合わせるために，原文とは若干異なる表現をした．

な難しさがあるが，モデルが連続なパスをもつと仮定すれば，状況はより単純になる．

次の定理は資産価格の第二基本定理（the second fundamental theorem of asset pricing）として知られている．ここでは L^2 デリバティブの場合についてのみ記述し証明する．この定理には，離散の場合については Harrison and Kreps (1979, p.392)，連続の場合については Harrison and Pliska (1981, p.241) にさかのぼる長く有名な歴史がある．ただし，Harrison and Pliska (1981) は下記の定理の「そのときに限る」の方向についてのみ述べている．

定理 1.11 M は連続なパスをもつとする．M が $\mathbb{P}^*$ で L^2 マルチンゲールになるような $\mathbb{P}^*$ が一意に存在するのは市場が完備であるときであり，またそのときに限る．

証明 この定理は Protter (2005, pp.185–186) の Theorem 38〜40 の結果として容易に得られる．ここではそれらの結果を仮定して定理を証明する．Theorem 39 は，もし $\mathbb{P}^*$ が一意ならば市場モデルは完備であることを示している．もし $\mathbb{P}^*$ が一意でないにもかかわらずモデルが完備ならば，Theorem 37 より $\mathbb{P}^*$ は M を L^2 マルチンゲールにする確率測度空間の端点である．$\mathbb{Q}$ をもう一つの端点の確率とし，$L_\infty = d\mathbb{Q}/d\mathbb{P}^*$，$L_t = \mathbb{E}_{\mathbb{P}^*}[L_\infty \mid \mathcal{F}_t]$ で $L_0 = 1$ とする．$T_n = \inf\{t > 0 : |L_t| \geq n\}$ とすると，Protter (2005, p.186) の定理 40 より L は連続であり，それゆえ $L_t^n = L_{t \wedge T_n}$ は有界である．このとき，有界な $C \in \mathcal{F}_s$ に対して，

$$\mathbb{E}_{\mathbb{Q}}[M_{t \wedge T_n} C] = \mathbb{E}^*[M_{t \wedge T_n} L_t^n C]$$
$$\mathbb{E}_{\mathbb{Q}}[M_{s \wedge T_n} C] = \mathbb{E}^*[M_{s \wedge T_n} L_s^n C]$$

が得られる．上の2つの等式の左辺は等しく，これは ML^n がマルチンゲールであることを意味するので，L^n は M と直交する有界な $\mathbb{P}^*$ マルチンゲールである．したがって，Protter (2005 p.185) の Theorem 39 より，L^n は定数である．結論として，$L_\infty \equiv 1$，そして $\mathbb{Q} = \mathbb{P}^*$ が得られる． □

C が冗長なデリバティブならば，C の無裁定価格は任意の同値マルチンゲール測度 $\mathbb{P}^*$ に対して $\mathbb{E}^*[C]$ であることに注意されたい（C が冗長ならば，$\mathbb{E}^*[C]$ はすべての $\mathbb{P}^*$ のもとで同じ値であることはすでに確認した）．しかし，もしも市場モデルが完備でなければ，
- 冗長でない請求権が存在し，
- 1つ以上の同値マルチンゲール測度 $\mathbb{P}^*$ が存在する

かもしれない．

ここで難問がある．もし C が冗長でないならば，C の無裁定価格とは何であろうか．無裁定価格はもはや $\mathbb{E}^*[C]$ ではない．なぜならば，それには多くの値が存在するからである．完備市場であることを主張するのは，この難問を避けるためであることが多い．この難問に対する一つの解決策は，投資家の選好／嗜好を用いて，対象とな

る同値マルチンゲール測度の集合の中から，ポートフォリオに当該デリバティブを保有する場合としない場合を無差別にするただ 1 つの測度を選択することである．これは現時点における興味深い研究分野である．詳細は Duffie (2001) とその引用文献を参照されたい．

最後に，C が冗長であるときはいつも複製可能な取引戦略 a が存在することを注意しておこう．しかし，C が冗長でないときは複製することができない．冗長でない場合の最良な手法は，なんらかの近似的な意味で（例えば，平均二乗誤差の意味で）複製することであり，そこでとる戦略をヘッジ戦略（hedging strategy）という．ヘッジ戦略に関して得られている結果については，例えば Föllmer and Sondermann (1986) や Jacod et al. (2000) を参照されたい．

3.8 確率的な価格過程

単純化のため，議論を 1 次元に限定し，$S = (S_t)_{t \geq 0}$ でリスク資産の価格過程を表す．$s < t$ とし，$t - s$ は微小であるが有限な時間間隔とする．時刻 $s \sim t$ の間における市場価格のランダムネスは多くのトレーダーの行動による累積的な価格変化から生じる．この時間間隔における個々のトレーダーの価格変化を数え上げてみよう．i 番目のトレーダーが時刻 $s \sim t$ に行った異なるサイズの購入と売却によるリスク資産の価格変化を，確率変数 θ_i で示す．何もしないことは $\theta_i = 0$ に対応する．トレーダーの行動が価格に及ぼすすべての効果は $\Theta = \sum_{i=1}^{n} \theta_i$ である．

もしも n が大きく（ほとんどの場合，$n = 50$ で十分に大きく，通常 n はそれより大きい），しかも θ_i が平均 μ，有限な分散 σ^2 をもつ独立な確率変数ならば，中心極限定理より，$\mathcal{L}(\Theta) = \mathcal{L}(\sum_{i=1}^{n} \theta_i) \approx N(n\mu, n\sigma^2)$ となる[17]．ただし，$\mathcal{L}(Y)$ は確率変数 Y の法則あるいは分布を表す．これらの仮定にさらに $\mu = 0$ も加えたとき，資産価格に影響を与えるランダムな力を正規分布で記述するのはもっともなことである．よく知られているように，例えばマルチンゲール中心極限定理を用いると（マルチンゲール中心極限定理の詳細については，例えば Jacod and Shiryaev, 2002 を，導入的な部分については Jacod and Protter, 2004 を参照），確率変数 $(\theta_i)_{i \geq 1}$ を独立とする仮定はかなり緩和することが可能であり，また，すべての分散が同一であるという仮定も緩和できる．ここで確率微分方程式を用いると，リスク資産価格の動的モデルを与えることができる．すなわち，

$$\mathrm{d}S_t = \sigma(t, S_t)\mathrm{d}B_t + \mu(t, S_t)\mathrm{d}t \tag{1.9}$$

ただし，B は Brown 運動で，Brown 運動の増分は $B_t - B_s \sim N(0, \sigma_0^2(t-s))$ で与えられる[18]．通常は $\sigma_0^2 = 1$ とする．関数 σ は，$S_t = x$ のときの「市場ノイズ」に対する価格変化の感応度と考えられる．$\mu(t, S_t)$ で与えられる項は「ドリフト」と呼ば

---

[17] 慣例により，$N(\mu, \sigma^2)$ は平均 μ，分散 σ^2 の正規分布（あるいは Gauss 分布）を表記する．
[18] 定常独立増分をもつ Brown 運動を選択することにより，時間間隔 (s, t) のトレーダーの取引確率

れ，市場ノイズではなく，市場のファンダメンタルズによるリスク資産価格の変化に対応する．

(1.9) で与えられるモデルには多くの問題があるが，最も基本的な問題は，価格過程は常に非負値をとらなければならないことである．しかし，$S_0 > 0$ とした場合でさえ $S > 0$ でなければならない直観的な理由は存在しない．この問題について言及しよう．以下では自励的な（autonomous）係数のみを考える[19]．これは，もしもノイズ過程が定常独立増分をもつならば，価格過程は斉時的な強 Markov 過程になることを意味している[20]．係数が時間に依存するとき，価格過程はやはり Markov ではあるが，斉時性を失う[21]．その代わりに，リスク資産価格過程を $Y = (Y_t)_{t \geq 0}$ とし，$Y_0 = 1$ で，すべての $t, 0 \leq t \leq T$ において $Y_t > 0$ a.s. とする．ここで T はあるタイムホライズンである．常に $Y > 0$ なので，価格の対数をとり，$X_t = \ln(Y_t)$ を定義する．明らかに $Y_t = e^{X_t}$ である．

X は (1.9) の一意な解であると仮定し，係数 σ と μ には発散しない一意の解を保証するために適切な仮定をおく．伊藤の公式を用いると，Y の動的な表現が得られる．実際，

$$e^{X_t} = e^{X_0} + \int_0^t e^{X_s} dX_s + \frac{1}{2} \int_0^t e^{X_s} d[X, X]_s$$

の e^X に Y を代入すれば，

$$Y_t = Y_0 + \int_0^t Y_s \sigma(s, \ln(Y_s)) dB_s + \int_0^t Y_s \mu(s, \ln(Y_s)) ds + \frac{1}{2} \int_0^t Y_s \sigma(s, \ln(Y_s))^2 ds$$

である．そして，$\hat{\sigma}(t, y) = \sigma(t, \ln(y))$, $\hat{\mu}(t, y) = \mu(t, \ln(y))$ と定義すると，

$$dY_t = Y_t \hat{\sigma}(t, Y_t) dB_t + Y_t \left\{ \hat{\mu}(t, Y_t) + \frac{1}{2} \hat{\sigma}(t, Y_t)^2 \right\} dt \qquad (1.10)$$

が得られる．(1.9) に一意で発散しない解が存在するならば，たとえ関数 $y \to y\sigma(t, y)$ が大域的に Lipshitz 条件を満たさなくても，(1.10) に対しても同様に解が存在する．もしも次の形の方程式

$$dY_t = f(Y_t) Y_t dB_t + g(Y_t) Y_t dt, \quad Y_0 > 0 \qquad (1.11)$$

が一意で発散しない強解をもつならば，$\mathbb{P}(\omega : \exists t \text{ such that } Y_t(\omega) \leq 0) = 0$ である

の分布は時間間隔の長さ $t - s$ のみに依存し，時刻には依存せず，しかも排反な時間間隔ではそれぞれ独立となる．これら 2 つの仮定は繰り返し問題視されてきた．定常性の仮定に関しては，例えば Clark (1973) を参照されたい．

[19] つまり，係数の形は $\sigma(t, x)$ ではなく $\sigma(x)$ である．
[20] 強 Malkov 過程の定義については Protter (2005, p.36 または p.299) を参照．
[21] しかし，斉時性を仮定することにより，このモデルでは拡散過程係数を時間依存させるという超過尖度を表現するための有望な手段が奪われたことになる．例えば Madan and Yor (2002) を参照されたい．平均 μ の確率変数 X の尖度は $\gamma = \mathbb{E}[(X - \mu)^4]/(\mathbb{E}[(X - \mu)^2])^2$ で定義され，超過尖度は $\gamma - 3$ で表される．これは Gauss 確率変数の尖度が 3 であるからである．

(Protter, 2005, p.351 を参照).

Y の絶対的な変化 $Y_{t+dt} - Y_t$ 自身は，相対変化ほどの意味をもたない．例えば，$Y_{t+dt} - Y_t$ =0.12 ドルは $Y_t = 1.25$ ドルに対しては大きな変化であるが，$Y_t = 105.12$ ドルに対しては些細な変化である．それゆえに資産の収益率，すなわち，価格変化を価格で割った値について議論することが多い．いま $Y > 0$ なので，(1.11) は

$$\frac{dY_t}{Y_t} = f(Y_t)dB_t + g(Y_t)dt, \quad Y_0 > 0$$

と書き換えることができて，実際，文献の中で価格過程が表現されるのはこの形式であることが多い[22].

そのような価格過程の最も単純な形式は $f = \sigma$ と $g = \mu$ が定数のときであり，もちろんそのときは

$$Y_t = \exp\left\{\sigma B_t + \left(\mu - \frac{1}{2}\sigma^2\right)t\right\} \equiv \mathcal{E}(\sigma B_t + \mu t)$$

である．ただし，$\mathcal{E}(Z)$ はセミマルチンゲール Z の確率指数（stochastic exponential）を表す[23]．この単純な形がよく用いられる理由の一つは，$f = \sigma$ が定数ならば，このパラメータの推定が容易だからである．実際，$n+1$ 個の等間隔な時間の順 $\{t_1, t_2, \cdots, t_{n+1}\}, t_i - t_{i-1} = \delta$ で Y をサンプリングし，

$$\hat{\mu} = \frac{1}{n\delta}\sum_{i=1}^{n}\ln\left(\frac{Y_{t_{i+1}}}{Y_{t_i}}\right)$$

$$\hat{\sigma}^2 = \frac{1}{(n-1)\delta}\sum_{i=1}^{n}\left(\ln\left(\frac{Y_{t_{i+1}}}{Y_{t_i}}\right) - \hat{\mu}\right)^2$$

とすると，$\hat{\sigma}^2$ は σ^2 に対する不偏一致推定量となる（もしも δ を 1 年に対する比率でとると，パラメータは年率換算となる）．もちろん，この形式がよく用いられるのには他の理由もある．3.10 項を参照されたい．

価格過程のヒューリスティックな導出に話を戻そう．確率変数 θ_i は，i 番目のトレーダーが時刻 $s \sim t$ に行った異なるサイズの購入と売却によるリスク資産の価格変化を示し，トレーダーの行動が価格に及ぼすすべての影響を $\Theta = \sum_{i=1}^{n}\theta_i$ とする．現実には，トレーダーには多くの異なる名称がつけられている．例えば，①小さなトレー

---

[22] 係数 g はドリフト（drift）と呼ばれ，資産のファンダメンタルズ，すなわち，当該産業における地位や将来の期待収益あるいは損失などを反映する．係数 f はボラティリティ（volatility）と呼ばれ，収益率の標準偏差を表す．投資におけるリスクを生み出すのはボラティリティであり，それが研究の主対象である．

[23] 連続なセミマルチンゲール X に対する確率指数（$\mathcal{E}(X)$ で表示）は $Y_t = \mathcal{E}(X_t) = \exp\{X_t - (1/2)[X,X]_t\}$ で与えられる過程 Y であり，指数型の微分方程式 $dY_t = Y_t dX_t, Y_0 = 1$ を満たす．これは Doléans–Dade の指数（Doléans–Dade exponential）とも呼ばれる．詳細は Protter (2005, p.85) を参照されたい．

ダー，②大きなミューチュアルファンドのトレーダー，③年金基金のトレーダー，④企業トレーダー，⑤ヘッジファンドのトレーダーなどである．これらのトレーダーは異なる目的をもち，異なる量の株式を保有している．いま，トレーダーを異なるクラス（rubric）に分割し，あるクラス n に属するトレーダーを数え上げて $(n,1), (n,2)$, $\cdots, (n,n)$ とし，時刻 $s \sim t$ の間のトレーダーによる価格へのインパクトを $U_{n,1}, U_{n,2}$, $\cdots, U_{n,n}$ で示す．すべての $n \geq 1$ において確率変数 $(U_{n,i})_{1 \leq i \leq n}$ は i.i.d. で，すべての n について独立であり，さらに，すべての固定した n に対して共通の法則 l_n をもつと仮定して，

$$\Psi_n = \sum_{i=1}^n U_{n,i}, \qquad \theta_n = \frac{\Psi_n - \mathbb{E}[\Psi_n]}{V_n}$$

とおく．ただし，V_n は Ψ_n の標準偏差である．このとき，

$$\Theta_n = \sum_{i=1}^n \theta_i = \sum_{i=1}^n \sum_{j=1}^i \frac{U_{i,j} - \mathbb{E}[U_{i,j}]}{V_i}$$

は，時刻 $s \sim t$ のトレーダーの行動が市場価格に与えた確率的な影響を標準化したものである．Θ_n は無限分割可能（infinitely divisible）な確率変数に法則収束する．この確率変数を $Z_t - Z_s$ で示し，Z を定常独立増分をもつノイズ過程と考えると，Z は Lévy 過程（Lévy process）でなければならない（この結果については例えば Protter, 2005, p.21 を，一般的な Lévy 過程の詳細については Protter, 2005 や Bertoin, 1996 を参照）．連続なパスをもつ唯一の Lévy 過程はドリフトをもつ Brown 運動なので，古典的な場合と同じようにしないためにはパス $t \to Z_t(\omega)$ はジャンプしなければならない．

不連続な価格過程を扱うには異なる分析が必要である．その理由を理解しよう．Z は（ジャンプをもつ）Lévy 過程で，X は

$$dX_t = \sigma(X_{t-})dZ_t + \mu(X_{t-})dt \tag{1.12}$$

とし，$Y_t = e^{X_t} > 0$ とする．伊藤の公式を用いると，

$$e^{X_t} = e^{X_0} + \int_0^t e^{X_{s-}}dX_s + \frac{1}{2}\int_0^t e^{X_{s-}}d[X,X]_s^c + \sum_{s \leq t}(e^{X_s} - e^{X_{s-}} - e^{X_{s-}}\Delta X_s)$$

が得られる．e^{X_t} に Y_t を代入し，Lévy 過程ではある定数 $\gamma \geq 0$ により $d[Z,Z]_t^c = \gamma dt$ と書けることを使うと，

$$Y_t = Y_0 \int_0^t Y_{s-}\sigma(\ln(Y_{s-}))dZ_s + \int_0^t Y_{s-}\mu(\ln(Y_{s-}))ds$$
$$+ \frac{1}{3}\int_0^t Y_{s-}\sigma(\ln(Y_{s-}))^2\gamma ds$$
$$+ \sum_{s \leq t}(Y_s - Y_{s-} - Y_{s-}\sigma(\ln(Y_{s-}))\Delta Z_s)$$

$$= Y_0 + \hat{\sigma}(Y_{s-})\mathrm{d}Z_s + \int_0^t Y_{s-}\left\{\hat{\mu}(Y_{s-}) + \frac{\gamma}{2}\hat{\sigma}(Y_{s-})^2\right\}\mathrm{d}s$$
$$+ \sum_{s\leq t}(Y_s - Y_{s-} - Y_{s-}\hat{\sigma}(Y_{s-})\Delta Z_s)$$

が得られるが，これは $\mathrm{d}Z$ と $\mathrm{d}t$ により駆動される確率微分方程式を満たさない．多くの研究者が行うように，最後に級数項を単に無視するならば，あるいは動的モデルとして次の方程式

$$\mathrm{d}Y_t = Y_{t-}f(Y_{t-})\mathrm{d}Z_t + Y_{t-}g(Y_{t-})\mathrm{d}t, \quad Y_0 > 0 \qquad (1.13)$$

を考えるならば，Y が正の価格過程であることをもはや保証できない！実際，$Y_0 = 1$ として $f = \sigma, g = \mu$ の両方を定数とする単純な場合を考えるならば，

$$\mathrm{d}Y_t = \sigma Y_{t-}\mathrm{d}Z_t + \mu Y_{t-}\mathrm{d}t$$

となり，これは閉じた解

$$Y_t = \exp\left(\sigma Z_t + \mu t - \frac{1}{2}\sigma^2 \gamma t\right)\prod_{s\leq t} e^{\{-\sigma\Delta Z_s\}}(1+\sigma\Delta Z_s)$$

をもつが，これはジャンプ $\Delta Z_s \leq -1/\sigma$ が発生するとすぐに Y はゼロまたは負値になる．一般に，(1.13) の形の方程式に対して常に $Y > 0$ となるための十分条件は，すべての $s \geq 0$ に対して $|\Delta Z_s| < 1/\|\sigma\|_{L^\infty}$ a.s. となることである (Protter, 2005, p.352 を参照)．

　ここで話を終わりにすべきであろうか？おそらく，Lévy 過程よりもさらに一般的なノイズ過程を考えるべきであろう．実際，Lévy 過程の時間変更を考える人もいるだろう．というのは，ノイズ過程の増分は非定常であるという実証結果が存在するからである (例えば Clark, 1973 や，より最近の Carr and Wu, 2003 を参照)．あるいは，増分は独立という仮定を放棄して，ノイズ過程に経路依存性が存在すると考える人もいるであろう．独立増分の仮定により得られる長所は，確率微分方程式の解 X が強 Markov 過程になることである (増分がさらに定常で係数が自励的ならば，解は斉時的な強 Markov 過程になる)．それゆえ，関数 $x \to e^x$ は単射なので，$Y = e^{X_t}$ も強 Markov 過程になる．しかし，駆動過程である Lévy 過程 Z を強 Markov 過程 Q に置き換えると，ベクトル過程 (X, Q) は強 Markov 性をもつが，Z を Q で置換して得られる解 X はもはや Markov 過程ではない (Protter, 2005, Theorem 32, p.300 と Theorem 73, p.353 を参照)．

　しかし，多くの研究者が価格過程には Markov 性を乱す短期のモーメンタム (momentum) があると主張しているにもかかわらず，なぜここで X が (それゆえ Y が) 強 Markov 過程かどうかを気にするのであろうか？その理由は，Y は Markov 過程

3. 理論の核

とすると数学的に便利だからであり，Markov 過程であれば金融デリバティブに対するヘッジ戦略を計算できる（少なくとも近似できる）望みがあるからである．しかし，斉時的な強 Markov 価格過程にするのをやめると，Z と A をセミマルチンゲールとする次の形式の価格過程

$$dY_t = Y_{t-}f(Y_{t-})dZ_t + Y_{t-}g(Y_{t-})dA_t, \quad Y_0 > 0 \tag{1.14}$$

を考えることになる．3.11 項で議論するように，このようなモデルのすべてが無裁定になるわけではないので，このレベルでの一般化は危険である．

3.9 複製戦略の決定

デリバティブ証券の複製戦略を明示的に計算できるのはまれなことである．そのような奇跡が起こる単純な場合も存在するが，奇跡が起きない場合は数値計算を用いて近似的にヘッジ戦略を求めることが多い．

標準的ではあるが，やや単純なデリバティブ証券

$$C = f(S_T)$$

を考えよう．ただし，S はリスク証券の価格である．（すでに前節で議論した）2 つの最も重要な例は以下である．

- ヨーロピアンコールオプション：K を定数として $f(x) = (x - K)^+$ とすると，状態請求権は $C = (S_T - K)^+$ となる．K を行使価格（strike price），T を行使時点と呼ぶ．言い換えると，ヨーロピアンコールオプションは保有者に時刻 T において価格 K で 1 単位の証券を購入する権利を与えることになる．それゆえ，時刻 T におけるオプションの（ランダムな）価値は $(S_T - K)^+$ である．
- ヨーロピアンプットオプション：ここでは $f(x) = (K - x)^+$ である．このオプションは保有者に時刻 T において価格 K で 1 単位の証券を売却する権利を与えることになる．それゆえ，時刻 T におけるオプションの（ランダムな）価値は $(K - S_T)^+$ である．

考え方を説明するために，ニューメレールの変換により $R_t \equiv 1$ とし，$C = f(S_T)$ は冗長なデリバティブとする．時刻 t における請求権に対する自己資金調達的な複製戦略 (a, b) の価値は，

$$V_t = \mathbb{E}^*[f(S_T) \mid \mathcal{F}_t] = a_0 S_0 + b_0 + \int_0^t a_s dS_s$$

である．より簡単に分析できるようにするために，ここで一連の前提条件を設定する．

前提 1.1 S はある同値な局所マルチンゲール測度 $\mathbb{P}^*$ のもとで Markov 過程である．

前提 1.1 のもとでは,
$$V_t = \mathbb{E}^*[f(S_T) \mid \mathcal{F}_t] = \mathbb{E}^*[f(S_T) \mid S_t]$$
となる. 測度論によると, それぞれの t に対して
$$\mathbb{E}^*[f(S_T) \mid S_t] \equiv \varphi(t, S_t)$$
となる関数 $\varphi(t, \cdot)$ が存在する.

前提 1.2 $\varphi(t, x)$ は, t に関して $\mathcal{C}^1$ で x に関して $\mathcal{C}^2$ である.

この前提により伊藤の公式が使えて,
$$\begin{aligned} V_t &= \mathbb{E}^*[f(S_T) \mid \mathcal{F}_t] = \varphi(t, S_t) \\ &= \varphi(0, S_0) + \int_0^t \varphi'_x(s, S_{s-}) \mathrm{d}S_s \\ &\quad + \int_0^t \varphi'_s(s, S_{s-}) \mathrm{d}s + \frac{1}{2} \int_0^t \varphi''_{xx}(s, S_{s-}) \mathrm{d}[S,S]_s^c \\ &\quad \sum_{0 < s \leq t} \{\varphi(s, S_s) - \varphi(s, S_{s-}) - \varphi'_x(x, S_{s-}) \Delta S_s\} \end{aligned}$$
となる.

前提 1.3 S は連続なパスをもつ.

前提 1.3 より, 伊藤の公式は
$$\begin{aligned} V_t = \varphi(t, S_t) &= \varphi(0, S_0) + \int_0^t \varphi'_x(s, S_s) \mathrm{d}S_s \\ &\quad + \int_0^t \varphi'_S(s, S_s) \mathrm{d}s + \frac{1}{2} \int_0^t \varphi''_{xx}(s, S_s) \mathrm{d}[S,S]_s \end{aligned} \quad (1.15)$$
と単純化される. V は $\mathbb{P}^*$ マルチンゲールなので (1.15) の右辺も $\mathbb{P}^*$ マルチンゲールでなければならないが,
$$\int_0^t \varphi'_s(s, S_s) \mathrm{d}s + \frac{1}{2} \int_0^t \varphi''_{xx}(s, S_s) \mathrm{d}[S,S]_s = 0 \quad (1.16)$$
ならば, これは真である. (1.16) が成立するためには $[S, S]$ がほとんど確実に絶対連続なパスをもつことが必要であるが, 実際にはそれ以上のこと, すなわち $[S, S]$ に対して特定の構造を仮定する.

前提 1.4 $\mathbb{R}_+ \times \mathbb{R}$ から $\mathbb{R}$ に写像するある同時可測関数 h により, $[S, S] = \int_0^t h(s, S_s)^2 \mathrm{d}s$ と表現できる.

このとき, φ が境界条件 $\varphi(T, x) = f(x)$ をもつ偏微分方程式

$$\frac{1}{2}h(s,x)^2 \frac{\partial^2 \varphi}{\partial x^2}(s,x) + \frac{\partial \varphi}{\partial s}(s,x) = 0$$

の解ならば, (1.16) はたしかに成立する. もし前提 1.1~1.4 がすべて成り立つならば, 2 次変分 $\int_0^t h(s, S_s)^2 \mathrm{d}s$ をもつ連続な Markov 過程になることに注意しよう. そのような過程のわかりやすい例は, 確率微分方程式

$$\mathrm{d}S_s = h(s, S_s)\mathrm{d}B_s + k(s; S_r; r \leq s)\mathrm{d}s$$

の解である. ただし, B は $\mathbb{P}$ における標準 Wiener 過程 (Brown 運動) である. S は $\mathbb{P}^*$ における連続な Markov 過程で, その 2 次変分はもちろん $[S,S]_t = \int_0^t h(s,S_s)^2 \mathrm{d}s$ である.

2 次変分はパスの性質であり, 同値な確率測度 $\mathbb{P}^*$ に変換しても不変である (例えば, Protter, 2005 を参照). しかし, Markov 性はどうであろうか？ b が経路依存しうるとき, なぜ S は $\mathbb{P}^*$ のもとで Markov 過程でいられるのか？ここで少し脱線してみよう.

$\mathbb{P}^*$ をもう少し詳細に分析してみよう. $\mathbb{P}^*$ は $\mathbb{P}$ と同値なので, $Z = \mathrm{d}\mathbb{P}^*/\mathrm{d}\mathbb{P}$, $Z > 0$ a.s. $(\mathrm{d}\mathbb{P})$ とすることができる. $Z_t = \mathbb{E}[Z \mid \mathcal{F}_t]$ とすると, これは明らかにマルチンゲールである. Girsanov の定理 (例えば Protter, 2005 を参照) より,

$$\int_0^t h(s, S_s)\mathrm{d}B_s - \int_0^t \frac{1}{Z_s}\mathrm{d}\left[Z, \int_0^{\cdot} h(r, S_r)\mathrm{d}B_r\right]_s \tag{1.17}$$

は $\mathbb{P}^*$ マルチンゲールである.

$Z_t = 1 + \int_0^t H_s Z_s \mathrm{d}B_s$ と書くことにする. Z はマルチンゲールなので, このように B でマルチンゲール表現するのはもっともなことである. このとき, (1.17) は

$$\int_0^t h(s, S_s)\mathrm{d}B_s - \int_0^t \frac{1}{Z_s}Z_s H_s h(s, S_s)\mathrm{d}s$$
$$= \int_0^t h(s, S_s)\mathrm{d}B_s - \int_0^t H_s h(s, S_s)\mathrm{d}s$$

となる. もしも $H_s = k(s; S_r; r \leq s)/h(s, S_s)$ と選択すれば,

$$S_t = \int_0^t h(s, S_s)\mathrm{d}B_s + \int_0^t k(s; S_r; r \leq s)\mathrm{d}s$$

は $\mathbb{P}^*$ でマルチンゲールであり, さらに $M_t = B_t + \int_0^t \{k(s; S_r; r \leq s)/h(s, S_s)\}\mathrm{d}s$ も $\mathbb{P}^*$ マルチンゲールである. $[M, M]_t = [B, B]_t = t$ なので, Lévy の定理より M_t は $\mathbb{P}^*$-Brown 運動であり (例えば Protter, 2005 を参照),

$$\mathrm{d}S_t = h(t, S_t)\mathrm{d}M_t$$

となるので，S は $\mathbb{P}^*$ のもとで Markov 過程である．

この余談の最終段階では，上述のような $\mathbb{P}^*$ を構築できることを示す．セミマルチンゲール X の確率指数は「指数方程式（exponential equation）」

$$dY_t = Y_t dX_t, \quad Y_0 = 1$$

の解であり，閉じた解

$$Y_t = \exp\left(X_t - \frac{1}{2}[X,X]_t^c\right)\prod_{s\leq t}(1+\Delta X_s)e^{-\Delta X_s}$$

で与えられる．X が連続ならば，

$$Y_t = \exp\left(X_t - \frac{1}{2}[X,X]_t\right)$$

であり，$Y_t = \mathcal{E}(X)_t$ と表記される．ここで，$dZ_t = H_t Z_t dB_t$ であることを思い出そう．$N_t = \int_0^t H_s dB_s$ とおくと，$Z_t = \mathcal{E}(N)_t$ である．さらに $H_t = -k(t;S_r;r\leq t)/h(t,S_t)$ とおき，$d\mathbb{P}^* = Z_T d\mathbb{P}$ とすれば目標（$\mathbb{P}^*$ の構築）が達成されたことになる．$Z_T > 0$ a.s. ($d\mathbb{P}$) なので，$\mathbb{P}$ と $\mathbb{P}^*$ は同値である．

これまでのことを要約しよう．価格過程は

$$dS_t = h(t,S_t)dB_t + k(t;S_r, r\leq t)dt$$

で与えられると仮定する．$Z_T = \mathcal{E}(N)_T$, $N_t = \int_0^t \{-k(s;S_r;r\leq s)/h(s,S_s)\}dB_s$ とし，$d\mathbb{P}^* = Z_T d\mathbb{P}$ により $\mathbb{P}^*$ をつくる．φ は境界値問題

$$\frac{1}{2}h(t,x)^2 \frac{\partial^2 \varphi}{\partial x^2}(t,x) + \frac{\partial}{\partial s}\varphi(t,x) = 0 \tag{1.18}$$

かつ $\varphi(T,x) = f(x)$ の（一意な）解とする．ただし，φ は x に関して $\mathcal{C}^2$, t に関して $\mathcal{C}^1$ とする．このとき，

$$V_t = \varphi(t,S_t) = \varphi(0,S_0) + \int_0^t \frac{\partial \varphi}{\partial x}(s,S_s)dS_s$$

となる．こうして，4 つのかなり制限された前提条件のもとで複製戦略を見つけることができた！それは $a_s = \partial \varphi/\partial x(s,S_s)$ である．偏微分方程式 (1.18) が解ければ，価値過程 $V_t = \varphi(t,S_t)$ も得られる．閉じた解として解くことができなくても，φ を数値的に近似することは常に可能である．

注意 1.2 リスク資産の価格過程 S が Brown 運動によって駆動される確率微分方程式に従うと仮定すると，取り扱いやすい．

注意 1.3 価格過程が次の確率微分方程式

$$\mathrm{d}S_t = h(t, S_t)\mathrm{d}B_t + k(t; S_r, r \leq t)\mathrm{d}t$$

に従うと仮定しても，偏微分方程式 (1.18) は「ドリフト」係数 k をまったく含まない．したがって，価格と複製戦略は k を含まない．この経済学的含意は 2 つある．一つは，ドリフト項 k は市場価格にすでに反映されており，証券の「ファンダメンタルズ」に基づいているということである．もう一つは，重要なことは内包されているリスクであり，それは項 h に反映されているということである．

注意 1.4 前提 1.2 は気の利いた前提ではない．φ は (1.18) で与えられる偏微分方程式の解であることがわかるので，解は正規性（regularity）をもつことが要請される．f が滑らかなときは前提 1.2 は満たされるが，規範的な例 $f(x) = (K-x)^+$ は滑らかではない．この前提 1.2 の破綻という問題は内点ではなく境界で現れて，適当な f を境界条件として取り扱うことができる．実際，次項ではヨーロピアンコールとプットの場合に対してこの分析を行う．

3.10 Black–Scholes モデル

前項では，S がある確率微分方程式の解であると仮定すると便利なことを見てきた．ここでは，S が定係数をもつ線形確率微分方程式

$$\mathrm{d}S_t = \sigma S_t \mathrm{d}B_t + \mu S_t \mathrm{d}t, \quad S_0 = 1 \tag{1.19}$$

に従うと仮定しよう．$X_t = \sigma B_t + \mu t$ とすると，

$$\mathrm{d}S_t = S_t \mathrm{d}X_t, \quad S_0 = 1$$

となるので，

$$S_t = \varepsilon(X)_t = e^{\sigma B_t + (\mu - (1/2)\sigma^2)t}$$

である．(1.19) の確率過程 S は幾何 Brown 運動（geometric Brownian motion）として知られており，少なくとも 1950 年代，そして P. Samuelson の研究以来，株式価格の研究に用いられてきた．

この単純なケースでは前項の偏微分方程式 (1.18) の解は明示的に得ることができて，

$$\varphi(x,t) = \frac{1}{\sqrt{2\pi}} \int_{-\infty}^{\infty} f\bigl(xe^{\sigma u \sqrt{T-t} - (1/2)\sigma^2(T-t)}\bigr) e^{-\mu^2/2} \mathrm{d}u$$

で与えられる．ヨーロピアンコールオプションの場合，$f(x) = (x-K)^+$ であり，

$$\varphi(x,t) = x\Phi\left(\frac{1}{\sigma\sqrt{T-t}}\left(\log\frac{x}{K} + \frac{1}{2}\sigma^2(T-t)\right)\right)$$
$$- K\Phi\left(\frac{1}{\sigma\sqrt{T-t}}\left(\log\frac{x}{K} - \frac{1}{2}\sigma^2(T-t)\right)\right)$$

となる．ただし，$\Phi(z) = (1/\sqrt{2\pi})\int_{-\infty}^{z} e^{-u^2/2}du$ である．このコールオプションの場合，複製戦略も計算できて，

$$a_t = \Phi\left(\frac{1}{\sigma\sqrt{T-t}}\left(\log\frac{S_t}{K} + \frac{1}{2}\sigma^2(T-t)\right)\right) \tag{1.20}$$

で与えられる．ここで $S_0 = x$ と仮定すると，価格も計算できて，

$$V_0 = \varphi(x, 0) = x\Phi\left(\frac{1}{\sigma\sqrt{t}}\left(\log\frac{x}{K} + \frac{1}{2}\sigma^2 T\right)\right)$$
$$- K\Phi\left(\frac{1}{\sigma\sqrt{T}}\left(\log\frac{x}{K} - \frac{1}{2}\sigma^2 T\right)\right) \tag{1.21}$$

で与えられる．これらの公式 (1.20), (1.21) は Black–Scholes オプション公式 (Black–Scholes option formula) として賞賛されている（著者らは Black–Scholes–Merton オプション公式 (Black–Scholes–Merton option formula) という呼称を好むが）．ただし，ここでは $R_t \equiv 1$ としている．

ここで，利子率を考慮すると公式がどのように変わるのかを示しておこう．利子率 r を定数と仮定すると，$R_t = e^{-rt}$ である．このとき，公式 (1.21) は，

$$V_0 = \varphi(x, 0) = x\Phi\left(\frac{1}{\sigma\sqrt{T}}\left(\log\frac{x}{K} + \left(r + \frac{1}{2}\sigma^2\right)T\right)\right)$$
$$- e^{-rT}K\Phi\left(\frac{1}{\sigma\sqrt{T}}\left(\log\frac{x}{K} + \left(r - \frac{1}{2}\sigma^2\right)T\right)\right)$$

となる．

これらのかなり単純かつ明確で容易に計算可能な公式のおかげで，ヨーロピアンコールオプションとプットオプションの活用が容易になる．たとえ重大な反証があろうとも証券価格が幾何 Brown 運動に従うとしばしば仮定されるのは，おそらくこの公式の美しいほどの単純さのためである．最終的にドリフト係数 μ が Black–Scholes 公式に含まれないことはすでに確認済みである．

3.11 合理的な価格過程

本項では合理的な価格過程について考察する．合理的な価格過程は，無裁定性と矛盾しない価格過程として定義される．このような価格過程を考えるのは，裁定が許容されるような価格過程は，裁定機会を享受しようとするトレーダーの行動によって何か別の過程へと変化するため（そのメカニズムは 3.8 項で議論されている），不安定と思われるからである．

ここでは，可能な価格過程として任意のセミマルチンゲールを考え，それらが裁定機会をもたないための必要条件を考察する．Delbaen–Schachermayer の定理より，この条件は，セミマルチンゲール X が σ マルチンゲールになるような同値確率測度 $\mathbb{P}^*$

を見出すことと同値であることが知られている．3.9 項では，価格過程が Brown 運動で駆動される確率微分方程式に従うと仮定したとき，Radon–Nikodym 微分 $d\mathbb{P}^*/d\mathbb{P}$ を構築することにより $\mathbb{P}^*$ を構築する方法を示した．もちろんこれは完備市場の場合であり，$\mathbb{P}^*$ は一意である．非完備市場の場合，同値な局所マルチンゲール測度が多数存在する．次項では，非完備市場において X が σ マルチンゲールとなるような同値な確率測度の少なくとも1つを明示的に構築する方法を示す．

定義 1.14 合理的な価格過程 X とは，「通常条件」を満たすフィルター付き確率空間 $(\Omega, \mathcal{F}, \mathbb{F}, \mathbb{P})$ 上の非負セミマルチンゲールで，X を σ マルチンゲールにする同値な確率測度 $\mathbb{P}^*$ が少なくとも1つ存在するもののことである．

3.11.1 連続な場合

$X_t = X_0 + M_t + A_t$, $t \geq 0$ は，$\mathbb{F} = (\mathcal{F}_t)_{t \geq 0}$ とするフィルター付き確率空間 $(\Omega, \mathcal{F}, \mathbb{F}, \mathbb{P})$ 上の連続なセミマルチンゲールとする．X が σ マルチンゲールになるような同値な確率測度 $\mathbb{P}^*$ が存在するための必要条件を（可能ならば十分条件も）導出する．X は連続であること，そしてすべての連続な σ マルチンゲールは局所マルチンゲールであることから，ここでは局所マルチンゲールだけを考えればよい．その条件を示す定理を証明なしで与えておこう．詳細な証明に興味のある読者は Protter and Shimbo (2006) を参照されたい[24]．

定理 1.12 $X_t = X_0 + M_t + A_t$, $0 \leq t \leq T$ は，$\mathbb{F} = (\mathcal{F}_t)_{0 \leq t \leq T}$ とするフィルター付き確率空間 $(\Omega, \mathcal{F}, \mathbb{F}, \mathbb{P})$ 上の連続なセミマルチンゲールとし，$C_t = [X, X]_t = [M, M]_t$, $0 \leq t \leq T$ とする．X が σ マルチンゲールになるような $\mathcal{F}_T$ 上の同値な確率測度 $\mathbb{P}^*$ が存在するのは，次の2つの条件が満たされる場合のみである．

1) $dA \ll dC$ a.s.
2) J が $0 \leq t \leq T$ に対して $A_t = \int_0^t J_s dC_s$ を満たすとき，$\int_0^T J_s^2 dC_s < \infty$ a.s. となる．

さらに，次の条件

3) $\mathbb{E}[\mathcal{E}(-J \cdot M)_T] = 1$. ただし，$\mathcal{E}(U)$ はセミマルチンゲール U の確率指数を示す．

も満たされることが，X が σ マルチンゲールになるような $\mathcal{F}_T$ 上の同値な確率測度 $\mathbb{P}^*$ が存在するための十分条件である．

注意 1.5 （局所マルチンゲール M が連続と仮定して）連続なセミマルチンゲールの分解は一意であることを思い出そう．このとき，M と A は一意に定義される．マルチンゲール M が Brown 運動，つまり $M = B$ ならば $[B, B]_t = t$ なので，この場合の必要条件は，A が（Lebesgue 測度に関して）ほとんど確実に絶対連続なパスをもつこととなる．これは，$X_t = 1 + |B_t|$ のようなセミマルチンゲールは，たとえ非

---

[24] 以下では，表記 C は前節までのようにデリバティブ証券に対する利得を表すのではないことに注意されたい．

負セミマルチンゲールであるとしても，合理的な価格過程ではありえないことを意味する．なぜならば，田中の公式より，β をまた別の Brown 運動，L をレベル 0 の B の局所時刻として $X_t = 1 + \beta_t + L_t$ となるからである[25]．L のパスが Lebesgue 測度に関してほとんど確実に特異であることは広く知られている．

注意 1.6 定理 1.12 の条件 3) を見ると，十分性は思うほどに有益ではない．最初の 2 つの条件は原理的には証明可能であるが，3 番目の条件は一般に証明可能ではない．他方，風巻条件や，さらに有名な Novikov 条件のように，定理 1.12 の条件 3) を証明するために用いられる他の十分条件というものが存在する（例えば，これらの条件の解説については Protter, 2005 を参照）．しかしながら，実際には，これら 2 つの条件は証明が非常に困難であるか不可能であることが多く，その場に応じて特別な手法が用いられる．よく見られるのは，考察している過程が正値で，かつあらゆるところで有界であることを，その過程に応じた方法で証明するというやり方である．これらの過程は，実務ではよく確率微分方程式の解として現れるので，解が発散しないことを証明することになる．興味のある読者は，これらの特別な手法に関する最近の結果（Cheridito et al., 2005）を調査することも可能である．

3.11.2 一般の場合

連続な場合における証明のキーポイントは Girsanov の定理の適用である．一般の場合における問題は，Girsanov の定理を可予測過程に適用したものが任意のセミマルチンゲールに対して適用できないことにある（なんらかの有界性または可積分条件が必要である）．したがって，ランダム測度に対して適用できるように拡張された Jacod and Mémin による Girsanov の定理を使用する必要があり，これからセミマルチンゲールの特性のフレームワークが自然な形で導かれる．このセミマルチンゲールの特性の背景については，Jacod and Shiryaev (2002) の中で特別に取り上げられているので参照されたい．

X を，$\mathbb{F} = (\mathcal{F}_t)_{0 \leq t \leq T}$ とするフィルター付き確率空間 $(\Omega, \mathcal{F}, \mathbb{F}, \mathbb{P})$ 上で (B, C, ν) を生成要素（characteristics）とする特性関数をもつ任意のセミマルチンゲールとする．ここで，ランダム測度 ν は $\nu(\mathrm{d}s, \mathrm{d}x) = \mathrm{d}A_s(\omega)\mathrm{d}K_s(\omega, \mathrm{d}x)$ と表現され，$C_t = \int_0^t c_s \mathrm{d}A_s$ かつ $B_t = \int_0^t b_s \mathrm{d}A_s$ である．X が Delbaen–Schachermayer の NFLVR の意味で無裁定であるための必要条件を与える定理は次のとおりである．証明は Protter and Shimbo (2006) にあるが，ここでは証明なしで紹介する．

定理 1.13 $\mathbb{P}$ と同値なもう一つの確率測度を $\mathbb{P}^*$ とする．もちろん X は生成要素 (B^*, C, ν^*) をもつ $\mathbb{P}^*$ におけるセミマルチンゲールである[26]．このとき，ランダム測

---

[25] この価格過程に対する裁定戦略は容易に構築できる．もし時刻 0 に 1 ドルで 1 株を購入して保有すれば，時刻 T に X_T ドルを獲得するが，明らかに $X_T \geq 1$ a.s. かつ $\mathbb{P}(X_T > 1) = 1 > 0$ である．

[26] C^* の代わりに C と書くことにする．これは，C は任意の同値確率測度において同一の過程であ

度 ν^* は ν に関して絶対連続であり,

$$\nu^* = Y \cdot \nu \tag{1.22}$$

を満たす(拡張された意味で可予測な)可予測過程 $Y(s,x)_{s\geq 0, x\in\mathbb{R}}$ が存在することが知られている(Jacod and Shiryaev, 2002, p.170, Theorem 3.17 を参照). もし X が $\mathbb{P}^*$ のもとで σ マルチンゲールならば,次の 4 つの条件が満たされなければならない.
1) $\mathbb{P}(\mathrm{d}\omega)\mathrm{d}A_s(\omega)$ に関して,ほとんどいたるところで
$$b_t + \beta_t c_t + \int x(Y(t,x) - 1_{\{|x|\leq 1\}})K_t(\mathrm{d}x) = 0$$
2) $\int_0^T \beta_s^2 \mathrm{d}C_s < \infty$ a.s.
3) $\Delta A_t > 0$ ならば $\int x Y(s,x) K(s,\mathrm{d}x) = 0$
4) $\mathbb{P}(\mathrm{d}\omega)\mathrm{d}A_s(\omega)$ に関して,ほとんどいたるところで
$$\int |x^2| \wedge |x| Y(t,x) K_t(\mathrm{d}x) < \infty$$

注意 1.7 連続の場合とは異なり,$\mathbb{P}^*$ が存在するための十分条件ではなく,必要条件のみ存在する.連続の場合における十分性の証明は,一般の場合では成立しない.

しばしば,フィルトレーションには準左連続性(quasi-left continuity)[27]が仮定される.これはほとんどの Markov 過程理論において通常使われる仮定であり,例えば Meyer の定理で使われている(例えば,Protter, 2005, p.105 を参照).準左連続フィルトレーションの単純な例は,Lévy 過程の自然な(完備な)フィルトレーションである.

定理 1.14 X を定理 1.13 と同様のセミマルチンゲールとする.さらに,$\mathbb{F}$ は準左連続なフィルトレーションで,A は連続と仮定する.X が $\mathbb{P}^*$ のもとで σ マルチンゲールならば,次の 3 つの条件が満たされなければならない.
1) $\mathbb{P}(\mathrm{d}\omega)\mathrm{d}A_s(\omega)$ に関して,ほとんどいたるところで
$$b_t + \beta_t c_t + \int x(Y(t,x) - 1_{\{|x|\leq 1\}})K_t(\mathrm{d}x) = 0$$
2) $\int_0^T \beta_s^2 \mathrm{d}C_s < \infty$ a.s.
3) $\mathbb{P}(\mathrm{d}\omega)\mathrm{d}A_s(\omega)$ に関して,ほとんどいたるところで
$$\int |x^2| \wedge |x| Y(t,x) K_t(\mathrm{d}x) < \infty$$

注意 1.8 フィルトレーション $\mathbb{F}$ は準左連続なので,すべてのマルチンゲールは到達不可能な停止時においてジャンプする.そのため,A が連続であるという仮定はマルチンゲール項に関する制約ではなく,むしろドリフトの可予測な停止時でのジャンプを除外するための条件である.A は連続なので,A がジャンプするという状態は明らかに排除できる.

るからである.
[27] フィルトレーションの準左連続性の定義と議論については Protter (2005, p.191) を参照されたい.フィルトレーションが準左連続であることの根源的な意味は,可予測な停止時においてマルチンゲールはジャンプできないということである.

注意 1.9（一般的な注意） 定理 1.12 と 1.13 を比較すると，価格過程 X に関する非完備性が 2 つの異なる方法においてどのように現れるのかがわかる．まず，定理 1.12 は，(連続な場合では) 直交マルチンゲール M の選択が本質的に任意であり，そのような M の選択それぞれが，X を局所マルチンゲールにする相異なる同値な確率測度に対応することを示している．次に，定理 1.13 は，(ジャンプが存在する) 一般の場合では連続な場合と同じ理由により，また，ジャンプのため Y の選択を通して，非完備性が現れることを示している．実際，b を変化させることにより Y を自由に変化させることができる．K が 1 点に集中する場合のみ $\mathbb{P}^*$ は一意であり (したがって市場は完備)，もちろんこれは $C = 0$ の場合である．これは，もしも価格過程にジャンプが存在する場合，1 種類のジャンプしか存在せず，しかも連続なマルチンゲール成分が存在しないときにのみ完備市場になりうることを意味している．

実際には，賢い方法をとれば，点過程よりも興味深い設定のもとでジャンプのある完備市場を構築できることも注意しておこう．Dritschel and Protter (1999) の例を参照されたい．さらに，賢明なトリックを使えば，(例えば) Brown 運動と補正 Poisson 過程を組み合わせて，連続なマルチンゲールとジャンプするマルチンゲールを価格過程の成分としてもつ完備市場をつくることができる．

3.12 マルチンゲール測度の構成

3.9 項では，特別な連続の場合において (一意な) マルチンゲール測度 (これはリスク中立確率測度としても知られている) の構成方法を示した．そのアイデアはより一般的に非完備市場においても用いることができるので，ここではその技法について説明する．最大限まで一般化することは試みず，表現の単純性を保つためにかなり強い有限性を仮定する．以下に主要な結果を示す．

定理 1.15 S は価格過程で，$S = M + A$ の形で表現できるスペシャル (special) セミマルチンゲールと仮定する[28]．条件付 2 次変動過程 $\langle M, M \rangle$ が存在し，しかも $dA_t \ll d\langle M, M\rangle_t$ で，ある可予測過程 K に対して $d\Lambda_t = K_t d\langle M, M\rangle_t$ であるとき $\mathbb{E}[e^{\int_0^T K_s^2 d\langle M,M\rangle_s}] < \infty$ と仮定する．さらに，任意の停止時 $\tau, 0 \leq \tau \leq T$ に対して，$K_\tau \Delta M_\tau > -1$ と仮定する．いま，

$$Z_t = 1 + \int_0^t Z_{s-}(-K_s) dM_s, \quad 0 \leq t \leq T$$

とし，$d\mathbb{P}^* = Z_T d\mathbb{P}$ とおくと，$\mathbb{P}^*$ は $\mathbb{P}$ の同値マルチンゲール測度である．

証明 $[0, T]$ 上の値をとる任意の停止時 τ に対して $K_\tau \Delta M_\tau > -1$ であると仮定したので，$[0, T]$ 上でほとんど確実に $Z > 0$ である．それゆえに，Z は正値優マルチン

---

[28] セミマルチンゲールは，この分解における有界変動項 A が可予測になるとき，スペシャルであるといわれる．スペシャルセミマルチンゲールについての詳細は Protter (2005, pp.130ff) を参照．

ゲールである．Shimbo の定理（Protter, 2005, p.142 あるいは Shimbo, 2006 を参照）によると[29]，仮定 $\mathbb{E}[e^{\int_0^T K_s^2 \mathrm{d}\langle M, M \rangle_s}] < \infty$ より，Z はマルチンゲールであると仮定できる．したがって，$\mathbb{E}[Z_T] = 1$ であり，$\mathbb{P}^*$ はたしかに確率測度であり，$\mathbb{P}$ と同値である．よって，Girsanov–Meyer の定理により，$\mathbb{P}^*$ のもとで S は

$$S_t = \left\{ S_t \int_0^t \frac{1}{Z_{s-}} \mathrm{d}\langle Z, M \rangle_s \right\} + \left\{ A_t + \int_0^t \frac{1}{Z_{s-}} \mathrm{d}\langle Z, M \rangle_s \right\} \quad (1.23)$$

と分解できる．次に，

$$\int_0^t \frac{1}{Z_{s-}} \mathrm{d}\langle Z, M \rangle_s = \int_0^t \frac{1}{Z_{s-}} Z_{s-}(-K_s) \mathrm{d}\langle M, M \rangle_s$$
$$= -\int_0^t K_s \mathrm{d}\langle M, M \rangle_s \quad (1.24)$$

となるが，これは K（それゆえ A）に関する仮定より，$-A_t$ に等しい．このことは，$\mathbb{P}^*$ が S を局所マルチンゲールにすること，それゆえに $\mathbb{P}^*$ は同値マルチンゲール測度の一つの選択肢であることを示している． □

例 1.1 次式を満たす価格過程を考える．

$$\mathrm{d}S_t = \sigma_1(S_t)\mathrm{d}B_t + \sigma_2(S_t)\mathrm{d}W_t + \sigma_3(S_{t-})\mathrm{d}M_t + \mu(S_t)\mathrm{d}t, \quad S_0 > 0 \quad (1.25)$$

ただし，B と W は独立な Brown 運動で，$M_t = N_t - \lambda t$ は到着強度 λ をもつ補正標準 Poisson 過程である．3つのマルチンゲールの合計を $\mathbb{M}$ で示し，さらに，$\sigma_1, \sigma_2, \sigma_3, \mu$ は有界な Lipschitz 関数と仮定する（もちろん N は2つの Brown 運動と独立と仮定する）．リスク中立確率測度 $\mathbb{P}^*$ を見つけるためには，$\mathbb{P}^*$ のもとにおけるドリフトがゼロになるように選びさえすればよい．それには4つの（そして後で見るように無限の数の）明確な選択肢が存在する．

1) Z として

$$Z_{1,t} = 1 + \int_0^t Z_{1,s}(-\mu(S_s))\mathrm{d}B_s, \quad Z_{1,0} = 1 \quad (1.26)$$

の一意な解を選択し，$\mathrm{d}\mathbb{P}_1^* = Z_{1,T} \mathrm{d}\mathbb{P}$ とする．このとき，(1.23) と (1.24) を用いると，

$$\int_0^t \frac{1}{Z_{1,s-}} \mathrm{d}\langle Z_1, \mathbb{M} \rangle_s = \int_0^t \frac{1}{Z_{1,s-}} Z_{1,s-}(-\mu(S_s))\mathrm{d}\langle B, \mathbb{M} \rangle_s$$
$$= -\int_0^t \mu(S_s)\mathrm{d}\langle B, B \rangle_s = -\int_0^t \mu(S_s)\mathrm{d}s \quad (1.27)$$

---

[29] S を連続と仮定するならば，Novikov 条件より，$\mathbb{E}[e^{(1/2)\int_0^T K_s^2 \mathrm{d}\langle M, M \rangle_s}] < \infty$ は十分条件になる．

が得られる.ただし,独立性の仮定に基づいて,2番目の等号では $\langle B, W \rangle = \langle B, M \rangle = 0$ を使い,$\langle B, \mathbb{M} \rangle = \langle B, B \rangle$ とした.最後の等号では,B は Brown 運動なので $\mathrm{d}\langle B, B \rangle_s = \mathrm{d}[B, B]_s = \mathrm{d}s$ とした.

2) 次の候補は,確率微分方程式

$$Z_{2,t} = 1 + \int_0^t Z_{2,s}(-\mu(S_s))\mathrm{d}W_s, \quad Z_{2,0} = 1$$

を満たす Z_2 を選択するというものである.上記 1) と同様の計算により,この Z_2 は新しい同値マルチンゲール測度 $\mathrm{d}\mathbb{P}_2^* = \mathrm{d}Z_{2,T}\mathrm{d}\mathbb{P}$ を与える.ただし,上記 1) と違い,$\langle W, \mathbb{M} \rangle = \langle W, W \rangle$ となる.

3) 3番目の候補は,

$$Z_{3,t} = 1 + \int_0^t Z_{3,s}(-\mu(S_s))\frac{1}{\lambda}\mathrm{d}M_s, \quad Z_{3,0} = 1$$

を選択し,$\mathrm{d}\mathbb{P}_3^* = \mathrm{d}Z_{3,T}\mathrm{d}\mathbb{P}$ とするものである.今回の (1.27) に対応する計算は,$\mathrm{d}\langle M, M \rangle = \mathrm{d}\lambda$ より,

$$\int_0^t \frac{1}{Z_{3,s-}} \mathrm{d}\langle Z_3, \mathbb{M} \rangle_s = \int_0^t \frac{1}{Z_{3,s-}} Z_{3,s-}(-\mu(S_s))\frac{1}{\lambda}\mathrm{d}\langle M, \mathbb{M} \rangle_s$$
$$= -\int_0^t \mu(S_s)\frac{1}{\lambda}\mathrm{d}\langle M, M \rangle_s = -\int_0^t \mu(S_s)\frac{1}{\lambda}\lambda \mathrm{d}s$$

となる.もちろん,ここでも B, W, M の独立性を使い,$\langle B, M \rangle_t = 0$ とした.

4) 上記で構成した3つの同値マルチンゲール測度に加えて,もちろんそれらを組み合わせた

$$Z_{4,t} = + \int_0^t Z_{4,s-} \left\{ \alpha(-\mu(S_s))\mathrm{d}B_s + \beta(-\mu(S_s))\mathrm{d}W_s \right.$$
$$\left. + \gamma(-\mu(S_s))\frac{1}{\lambda}\mathrm{d}M_s \right\}, \quad Z_{4,0} = 1$$

を選択し,$\mathrm{d}\mathbb{P}_4^* = \mathrm{d}Z_{4,T}\mathrm{d}\mathbb{P}$ とすることもできる.ここで,α, β, γ はすべて非負で,$\alpha + \beta + \gamma = 1$ である.

最初の3つの例を(決定論的かつ線形ではなくて)ランダムに結合することにより,さらに多くの構成を考えることができる.

最後に,ここで示した構成は,最初の3つの基本例のランダム結合による構成を考慮してもなお,同値マルチンゲール測度のすべてを示しているわけではないことを注意しておこう.考察するフィルトレーションと確率測度に応じた形で,B, W, M と直交するマルチンゲール[30]がその空間上に存在する可能性があり,それらは直交する同

---

[30] 直交マルチンゲールの扱いについては Protter (2005, Chapter IV, Section 3),特に p.183 の Corollary 1 を参照.

値マルチンゲール測度を生成するかもしれないからである．この場合，与えられた原資産過程に対してこのような同値マルチンゲール測度を明示的に構成できる可能性はほとんどない．この点については 3.11 項で，より抽象的な設定のもとで明らかにされている．

3.13 Brown 運動に基づくより複雑なデリバティブに関する一般論

3.9, 3.10 項では価格過程の最終値にのみ依存する $C = f(S_T)$ という形のデリバティブを考察し，価格過程 S が $\mathbb{P}^*$ のもとで Markov 過程であると仮定すると，偏微分方程式を解くことにより価格とヘッジ戦略が計算できることを示した．しかし，これは限定された見解である．ペイオフが最終値だけでなく，価格過程のパス全体に依存するデリバティブ証券も数多く存在する．この場合，偏微分方程式によるアプローチは適用できないので，確率過程論に基づく他の手法を適用しなければならない．本項では，これらのより複雑なデリバティブ証券を取り扱う際に必要となる手法について考察する．

ここではそれらの手法をルックバックオプション（lookback option）を例にして説明する．ルックバックオプションとは，ペイオフが資産価格 S の時刻 $0 \sim T$ のパス全体における最大値に依存するデリバティブ証券である．まず，価格は幾何 Brown 運動

$$dS_t = \sigma S_t dB_t + \mu S_t dt$$

に従うものとする．3.9 項と同様に，$B_t^* = B_t + (\mu/\sigma)t$ が標準 Brown 運動になるような同値な確率測度 $\mathbb{P}^*$ に測度変換すると，S は次式

$$dS_t = \sigma S_t dB_t^*$$

を満たすマルチンゲールになる．F を $[0,T]$ を定義域とする連続関数 $C[0,T]$ 上で定義される汎関数とし，$F(u) \in \mathbb{R}$，ただし $u \in C[0,T]$ とする．F は Fréchet 微分可能と仮定し，DF で Fréchet 微分を表す．F に関するある技術的な条件（例えば Clark, 1970 を参照）のもとでは，$C = F(B^*)$ ならば，

$$C = \mathbb{E}^*[C] + \int_0^T {}^p(DF(B^*;(t,T]))dB_t^* \tag{1.28}$$

であることが示される．ただし，${}^p(X)$ は X の可予測射影を表す．文献では，しばしばこれは $\mathbb{E}^*[X \mid \mathcal{F}_t]$ と表記される．確率過程 $X = (X_t)_{0 \le t \le T}$ と $\mathbb{E}^*[X_t \mid \mathcal{F}_t]$ は，すべての t においてほとんど確実に定義される．零集合 N_t は時刻 t に依存するので，$\mathbb{E}^*[X_t \mid \mathcal{F}_t]$ は過程を一意に定義できない．なぜならば，もし $N = \bigcup_{0 \le t \le T} N_t$ ならば，すべての t において $\mathbb{P}(N_t) = 0$ であるが，$\mathbb{P}(N)$ がゼロである必要はないからである．可予測射影の理論ではこの問題を回避できる．

(1.28) を用いると，ヘッジ戦略を示す公式

$$a_t = \frac{1}{\sigma S_t}{}^p(DF(\cdot,(t,T)))$$

が得られる．ルックバックオプションのペイオフは $C(\omega) = \sup_{0 \leq t \leq T} S_t(\omega) = S_T^* = F(B^*)$ である．$[0,T]$ 上で S の経路が最大値をとるランダム時刻を $\tau(B^*)$ とすると，そのようなオペレーションは Fréchet 微分可能であり，

$$DF(B^*, \cdot) = \sigma F(B^*)\delta_{\tau(B^*)}$$

と書ける．ただし，δ_α は α における Dirac 測度である．

ここで，

$$M_{s,t} = \max_{s \leq u \leq t}\left(B_u^* - \frac{1}{2}\sigma u\right)$$

とし，$M_t = M_{0,t}$ とすると，Markov 性より，

$$\mathbb{E}^*[DF(B^*,(t,T)) \mid \mathcal{F}_t](B^*) = \mathbb{E}^*[\sigma F(B^*)1_{M_{t,T} > M_t} \mid \mathcal{F}_t](B^*)$$
$$= \sigma S_t \mathbb{E}^*[\exp(\sigma M_{T-t}); M_{T-t} > M_t(B^*)]$$

が得られる．B^* の所与の固定値に対して，最後の式の期待値は，一定のドリフトをもつ Brown 運動の最大値の分布に依存する．その分布は明確に知られており，このルックバックオプションに対するヘッジ戦略は，

$$a_t(\omega) = \left(-\log\frac{M_t}{S_t}(\omega) + \frac{\sigma^2(T-t)}{2} + 2\right)$$
$$\times \Phi\left(\frac{-\log(M_t/X_t)(\omega) + (\sigma^2/2)(T-t)}{\sigma\sqrt{T-t}}\right)$$
$$+ \sigma\sqrt{T-t}\varphi\left(\frac{-\log(M_t/S_t)(\omega) + (\sigma^2/2)(T-t)}{\sigma\sqrt{T-t}}\right)$$

で与えられる（Goldman et al., 1979 を参照）．ただし，$\Phi(x) = (1/\sqrt{2\pi})\int_{-\infty}^x e^{-u^2/2}\mathrm{d}u$，$\varphi(x) = \Phi'(x)$ である．

このとき，このルックバックオプションの価値は，

$$V_0 = \mathbb{E}^*[C] = S_0\left(\frac{\sigma^2 T}{2} + 2\right)\Phi\left(\frac{1}{2}\sigma\sqrt{T}\right) + \sigma\sqrt{T}S_{0\varphi}\left(\frac{1}{2}\sigma\sqrt{T}\right)$$

で与えられる．

請求権のペイオフが $C = F(B^*)$ という形式で書けて，しかも F は Fréchet 微分可能という条件は，まだまだ限定的である．この条件は，F が Malliavin 微分可能とするだけで相当緩和できる．もし D が F の Malliavin 微分を表すならば，(1.28) は常に正しい．それにもかかわらず，ヘッジ戦略や価格が明示的に計算できるのはほんのいくつかの特別な場合だけであり，たいていそれは価格過程 S が幾何 Brown 運動に従うときである．

4. アメリカンタイプのデリバティブ

4.1 一般論

一意な同値マルチンゲール測度が存在するときの抽象的な定義から始めよう．

定義 1.15 適合過程 U と行使時刻 T を所与とする．アメリカンタイプ (American type) のデリバティブとは，停止時 $\tau \leq T$ においてペイオフ U_τ を獲得する請求権である．停止時 τ はデリバティブの保有者により選択され，それは行使政策 (exercise policy) と呼ばれる．

時刻 t における証券価格を V_t とすると，価格過程 $(V_t)_{0 \leq t \leq T}$，特に V_0 を知ることが目的である．証券保有者が時刻 τ に行使するとしたときの時刻 t における証券価値を $V_t(\tau)$ で表す．さらに，一般性を失うことなく $R_t \equiv 1$ を仮定する．このとき，

$$V_t(\tau) = \mathbb{E}^*[U_\tau \mid \mathcal{F}_t]$$

である．ただし，$\mathbb{E}^*$ は同値マルチンゲール測度 $\mathbb{P}^*$ に関する期待値を表す．

区間 $[t, T]$ に値をとるすべての停止時の集合を $\mathcal{T}(t)$ と定義する．

定義 1.16 合理的な行使政策 (rational exercise policy) とは，次の最適停止問題

$$V_0^* = \sup_{\tau \in \mathcal{T}(0)} V_0(\tau) \tag{1.29}$$

の解である．

アメリカンタイプのデリバティブの価格を導出しよう．すなわち，$[0, T]$ 間の自分の好きなときに U を購入する権利に対していくら支払うべきであろうか？

まず，(1.29) の上限値が達成されるものとする．つまり，V_0^* は (1.29) で定義されるとして，$V_0^* = V_0(\tau^*)$ となる時刻 τ^* が存在すると仮定しよう．

定理 1.16 V_0^* はアメリカンタイプのデリバティブの無裁定価格の下限である．

証明 定理の主張が成立しないとしよう．$V_0 < V_0^*$ を別の価格として，V_0 でその証券を購入し，時刻 τ^* において U を獲得するという停止ルール τ^* を使用すると，τ^* において U_{τ^*} だけ受け取ることになるが，これに対応する初期時点のペイオフは $V_0^* = \mathbb{E}^*[U_{\tau^*} \mid \mathcal{F}_0]$ なので，初期時点における利得は $V_0^* - V_0 > 0$ となる．これは裁定取引である． □

V_0^* が無裁定価格の上限でもある（最終的に価格に等しくなる！）ことの証明はさらに難しい．

定義 1.17 優複製取引戦略（super-replicating trading strategy）θ とは，すべての $t, 0 \leq t \leq T$ に対して $\theta_t S_t \geq U_t$ となるような自己充足的な取引戦略のことである．ここで，S はアメリカンタイプのデリバティブの原資産となるリスク証券の価格である（再び $R_t \equiv 1$ を仮定している）．

定理 1.17 $\theta_0 S_0 = V_0^*$ となる優複製戦略 θ の存在を仮定する．このとき，V_0^* はアメリカンタイプのデリバティブ (U, T) の無裁定価格の上限である．

証明 もしも $V_0 > V_0^*$ ならば，アメリカンタイプのデリバティブを売却して $\theta_0 S_0 = V_0^*$ となる優複製戦略 θ を採用すると，初期利得は $V_0 - V_0^* > 0$ になり，しかも $\theta_\tau S_\tau \geq U_\tau$ なので，行使時刻 τ における証券保有者への支払額 U_τ をカバーすることもできる．したがって，これは裁定機会である． □

優複製取引戦略の存在は，Snell 包絡線を用いて示すことができる．確率過程 Y が「クラス D」に属するとは，集合 $\mathcal{H} = \{Y_\tau : \tau \text{ は停止時}\}$ が一様可積分であることをいう．

定理 1.18 Y は càdlàg な適合過程で，$Y > 0$ a.s. であり，「クラス D」に属するとする．このとき，以下を満たす正値で càdlàg な優マルチンゲール Z が存在する．
1) $Z \geq Y$ が成り立つ．また，$Z' \geq Y$ であるすべての正値優マルチンゲール Z' に対して，$Z' \geq Z$ も成り立つ．
2) Z は一意で，クラス D に属する．
3) 任意の停止時 τ に対して，

$$Z_\tau = \operatorname*{ess\,sup}_{\nu \geq \tau} \mathbb{E}[Y_\nu \mid \mathcal{F}_\tau]$$

が成り立つ（ν もまた停止時である）．

証明は Dellacherie and Meyer (1978) または Karatzas and Shreve (1998) を参照されたい．Z は Y の Snell 包絡線（Snell envelope）と呼ばれる．

ここではアメリカンタイプのデリバティブ (U, T) にある正規化条件を課す必要がある．例えば，U が連続なセミマルチンゲールで $\mathbb{E}^*[[U,U]_T] < \infty$ であれば，条件はすでに十分である．このとき，証明には Snell 包絡線の存在が用いられる．

定理 1.19 ある正規性の仮定（例えば，$\mathbb{E}^*[[U,U]_T] < \infty$ であれば十分）のもとでは，ある定数 k に対して，すべての t において $\theta_t S_t \geq k$ となり，かつ $\theta_0 S_0 = V_0^*$ である優複製取引戦略 θ が存在する．合理的な行使政策は

$$\tau^* = \inf\{t > 0 : Z_t = U_t\}$$

である．ただし，Z は $\mathbb{P}^*$ のもとにおける U の Snell 包絡線である．

4.2 アメリカンコールオプション

ここでは，価格過程 $(S_t)_{0 \le t \le T}$ と債券過程 $R_t \equiv 1$ に対して，裁定機会がなく，市場が完備であることを意味する一意な同値マルチンゲール測度 $\mathbb{P}^*$ が存在すると仮定しよう．

定義 1.18 満期 T で行使価格 K のアメリカンコールオプションは，時刻 $0 \sim T$ の任意の時刻 τ において価格 K で証券 S を購入する権利を保有者に与える．

保有者がどのようなルール τ を使用するかに応じて，オプションが行使されるランダム時刻 τ がどうなるか，オプションのペイオフ $(S_\tau - K)^+$ がどうなるかを考察するのはもっともなことである．

まず，アメリカンコールオプションの保有者はルール $\tau \equiv T$ を選択することもできるので，利得が $(S_T - K)^+$ であるヨーロピアンコールオプションの保有者よりも常に良いポジションをとっている．したがって，アメリカンコールオプションの価格は，対応するヨーロピアンコールオプションの価格以上でなければならない．

次項のように，τ を行使ルールと仮定したときの時刻 t におけるアメリカンコールオプションの価値を

$$V_t(\tau) = \mathbb{E}^*[U_\tau \mid \mathcal{F}_t] = \mathbb{E}^*[(S_\tau - K)^+ \mid \mathcal{F}_t]$$

で示そう．このとき，価格は

$$V_0^* = \sup_{\tau; 0 \le \tau \le T} \mathbb{E}^*[(S_\tau - K)^+]$$

である．しかしながら，$S = (S_t)_{0 \le t \le T}$ は $\mathbb{P}^*$ のもとでマルチンゲールであり，$f(x) = (x - K)^+$ は凸関数なので，$(S_t - K)^+$ は $\mathbb{P}^*$ のもとで劣マルチンゲールである．それゆえ，(1.1) より

$$V_0^* = \mathbb{E}^*[(S_T - K)^+]$$

を得る．なぜならば，$t \to \mathbb{E}^*[(S_T - K)^+]$ は増加関数であり，劣マルチンゲールの期待値の上限は（停止時においてでさえも）満期で達成されるからであり，これは Doob–Meyer 分解定理の自明な結果として容易に理解できる．これより，次の結論が導かれる．

定理 1.20 （無裁定な）完備市場では，満期 T，行使価格 K のアメリカンコールオプションの価格は，同一の満期と行使価格をもつヨーロピアンコールオプションの価格と同じである．

定理 1.21（系） 価格過程 S_t が確率微分方程式

$$\mathrm{d}S_t = \sigma S_t \mathrm{d}B_t + \mu S_t \mathrm{d}t$$

に従うならば，行使価格 K，満期 T のアメリカンコールオプションの価格は，対応するヨーロピアンコールオプションの価格と同じであり，Black–Scholes–Merton の公式 (1.21) で与えられる．

しかしながら，同様の結果はアメリカンプットオプションにおいては成立せず，さらに原証券が配当を支払うときはアメリカンコールオプションにおいてすら成立しない．

ヨーロピアンとアメリカンコールオプションの価格は同じなので，複製戦略に関しては何も述べることはない．しかし，本質的に上記の定理は，アメリカンコールオプションは決して早期行使されず，それゆえヨーロピアンコールオプションと同一であることを述べている．その結果，これらの複製戦略もまた同一となる．

4.3 後向き確率微分方程式とアメリカンプットオプション

ξ は L^2 に属し，$f: \mathbb{R}_+ \times \mathbb{R} \to \mathbb{R}$ は空間に関して Lipschitz と仮定する．このとき，（ω ごとの）単純な後向き常微分方程式は，

$$Y_t(\omega) = \xi(\omega) + \int_t^T f(s, Y_s(\omega)) \mathrm{d}s$$

である．しかし，$\xi \in L^2(\mathcal{F}_T, \mathrm{d}\mathbb{P})$ で，しかも解 $Y = (Y_t)_{0 \le t \le T}$ が適合過程（すなわち $Y_t \in \mathcal{F}_t$）ならば，この方程式はさらに複雑になる．例えば，すべての $t, 0 \le t \le T$ に対して $Y_t \in \mathcal{F}_t$ ならば，

$$Y_t = \mathbb{E}\left[\xi + \int_t^T f(s, Y_s) \mathrm{d}s \,\middle|\, \mathcal{F}_t\right] \tag{1.30}$$

となる．(1.30) のような方程式は後向き確率微分方程式（backward stochastic differential equation）と呼ばれる．

次に，

$$\begin{aligned} Y_t &= \mathbb{E}\left[\xi + \int_0^T f(s, Y_s) \mathrm{d}s \,\middle|\, \mathcal{F}_t\right] - \int_0^t f(s, Y_s) \mathrm{d}s \\ &= M_t - \int_0^t f(s, Y_s) \mathrm{d}s \end{aligned}$$

と書く．ただし，M はマルチンゲール $\mathbb{E}[\xi + \int_0^T f(s, Y_s) \mathrm{d}s \mid \mathcal{F}_t]$ である．このとき，

$$\begin{aligned} Y_T - Y_t &= M_T - M_t - \left(\int_0^T f(s, Y_s) \mathrm{d}s - \int_0^t f(s, Y_s) \mathrm{d}s\right) \xi - Y_t \\ &= M_T - M_t - \int_0^T f(s, Y_s) \mathrm{d}s \end{aligned}$$

あるいは等価な方程式

$$Y_t = \xi + \int_t^T f(s, Y_s)\mathrm{d}s - (M_T - M_t) \tag{1.31}$$

を得る．次に，Brown 運動に対する標準的な空間で (1.30) を解いてみよう．このとき，マルチンゲール表現性が満たされるので，

$$M_t = M_0 + \int_0^t Z_s \mathrm{d}B_s$$

を満たす可予測過程 $Z \in \mathcal{L}(B)$ が存在する．ただし，B は Brown 運動である．(1.31) は，

$$Y_t = \xi + \int_t^T f(s, Y_s)\mathrm{d}s - \int_t^T Z_s \mathrm{d}B_s \tag{1.32}$$

となる．(1.30) の解となる適合過程 Y を求めることは，(1.32) の解となる適合過程 Y と可予測過程 Z の組 (Y, Z) を求めることと同値である．

Z が与えられると，(1.32) の一般化された形式

$$Y_t = \xi + \int_t^T f(s, Y_s, Z_s)\mathrm{d}s - \int_t^T Z_s \mathrm{d}B_s \tag{1.33}$$

が考えられる．(1.33) よりもさらに一般的な方程式，解 Y を障害 (obstacle) の上にとどまらせるような後向き確率微分方程式を考察したい．これは以下のように定式化される（ここでは EL Karoui et al., 1997 に従う）．

$$Y_t = \xi + \int_t^T f(s, Y_s, Z_s)\mathrm{d}s + K_T - K_t - \int_t^T Z_s \mathrm{d}B_s \tag{1.34}$$

ただし，$Y_t \geq U_t$ (U はオプショナル)，K は連続かつ適合な増加過程で，$K_0 = 0$，$\int_0^T (Y_t - U_t)\mathrm{d}K_t = 0$ とする．

確率変数 ξ，関数 f，未知の過程 (Y, Z, K) のように，障害過程（obstacle process）U は所与とする．再度繰り返すが，Y と K を適合過程にするのは Z である．

定理 1.22（EKPPQ） f は (y, z) に関して Lipschitz 条件を満たし，$\mathbb{E}[\sup_{0 \leq t \leq T}(U_t^+)^2] < \infty$ と仮定する．このとき，(1.34) の一意な解 (Y, Z, K) が存在する．

El Karoui et al. (1997) では 2 つの証明が与えられており，一方では Skorohod 問題として，つまり事前推定と Picard 反復（Picard の逐次近似）を使用して，もう一方ではペナルティー法を使用して証明している．

アメリカンタイプのデリバティブに話を戻そう．S をリスク資産の価格過程とし，$R_t \equiv 1$ とする．K を行使価格，行使ルール τ を $0 \leq \tau \leq T$ の停止時とすると，定義より，アメリカンプットオプションの利得は $(K - S_\tau)^+$ である．そこで，$U_t = (K - S_t)^+$

とすると，X が U の Snell 包絡線ならば，4.1 項より合理的な行使政策は

$$\tau^* = \inf\{t > 0 : X_t = U_t\}$$

で，価格は $V_0^* = V_0(\tau^*) = \mathbb{E}^*[U_{\tau^*} \mid \mathcal{F}_0] = \mathbb{E}^*[(K - S_{\tau^*})^+]$ である．したがって，アメリカンプットオプションの価格を求めることは，U の Snell 包絡線を求めることでもある．Snell 包絡線は，

$$X_\tau = \operatorname*{ess\,sup}_{\nu \geq \tau} \mathbb{E}[U_\nu \mid \mathcal{F}_\tau]$$

を満たす優マルチンゲールであることを思い出そう．ただし，ν もまた停止時である．$U_t = (K - S_t)^+$, $\xi = (K - S_T)^+$ という状況を考える．このとき，次の結果が得られる．

定理 1.23（EKPPQ） (Y, K, Z) を (1.34) の解とする．このとき，

$$Y_t = \operatorname*{ess\,sup}_{\nu \text{ 停止時 } t \leq \nu \leq T} \mathbb{E}\left[\int_t^\nu f(s, Y_s, Z_s)\mathrm{d}s + U_\nu \,\bigg|\, \mathcal{F}_t\right]$$

である．

証明の概略 この場合，(1.34) より

$$Y_t = U_T + \int_t^T f(s, Y_s, Z_s)\mathrm{d}s + K_T - K_t - \int_t^T Z_s \mathrm{d}B_s$$

なので，

$$Y_\nu - Y_t = -\int_t^\nu f(s, Y_s, Z_s)\mathrm{d}s + (K_t - K_\nu) + \int_t^\nu Z_s \mathrm{d}B_s$$

であり，さらに $Y_t \in \mathcal{F}_t$ なので，

$$Y_t = \mathbb{E}\left[\int_t^\nu f(s, Y_s, Z_s)\mathrm{d}s + Y_\nu + (K_\nu - K_t) \,\bigg|\, \mathcal{F}_t\right]$$
$$\geq \mathbb{E}\left[\int_t^\nu f(s, Y_s, Z_s)\mathrm{d}s + U_\nu \,\bigg|\, \mathcal{F}_t\right] \quad (1.35)$$

であることが示された．次に，$\gamma_t = \inf\{t \leq u \leq T : Y_u = U_u\}$，ただし $t \leq u \leq T$ において $Y_u > U_u$ ならば $\gamma_t = T$ とすると，

$$Y_t = \mathbb{E}\left[\int_t^{\gamma_t} f(s, Y_s, Z_s)\mathrm{d}s + Y_{\gamma_t} + K_{\gamma_t} - K_t \,\bigg|\, \mathcal{F}_t\right]$$

となる．$[t, \gamma_t]$ 上では $Y > U$ なので，$\int_t^{\gamma_t}(Y_s - U_s)\mathrm{d}K_s = 0$ は $K_{\gamma_{t-}} - K_t = 0$ を意味するが，K は仮定より連続なので，結局 $K_{\gamma_t} - K_t = 0$ である．したがって

($Y_{\gamma_t} = U_{\gamma_t}$ を用いると),

$$Y_t = \mathbb{E}\left[\int_t^{\gamma_t} f(s, Y_s, Z_s)ds + U_{\gamma_t} \,\bigg|\, \mathcal{F}_t\right]$$

なので,これと (1.35) より定理は証明された. □

次の系は,反射型 (reflected) 後向き確率微分方程式[31]によりアメリカンプットオプションの価格を導出できることを示している.

定理 1.24 (系) アメリカンプットオプションの価格は Y_0 で与えられる.ただし,(Y, K, Z) は障害過程を $U_t = (K - S_t)^+$ とする障害付き反射型後向き確率微分方程式の解で,$f = 0$ とする.

証明 アメリカンプットオプションの場合,前出の定理を適用すると,

$$Y_0 = \operatorname*{ess\,sup}_{\nu\ \text{停止時}\ 0 \leq \nu \leq T} \mathbb{E}[U_\nu \mid \mathcal{F}_t]$$

で,$U_\nu = (K - S_\nu)^+$ である. □

アメリカンプットオプションと後向き確率微分方程式の関係は,アメリカンプットオプションを数値的に価格付けするために開発された. Ma et al. (2002) や Bally et al. (2005),さらに Gobet et al. (2005) の最新の非常に有望そうな成果や,Lemor (2005) などを参照されたい.より伝統的な手法としては,偏微分方程式,モンテカルロシミュレーション,格子型 (二項) 近似に関連する数値計算手法が用いられている.

これらの結果は,反射型前向き後向き確率微分方程式を用いるアメリカンゲームオプション (時にはイスラエルオプションと呼ばれる) へと一般化できる.例えば,Ma and Cvitanić (2001),あるいは Kifer (2000) により導入された「ゲームオプション (game options)」を参照されたい.

謝辞 本章には前のバージョンがあり,それはすでに出版されている *Stochastic Processes and Their Applications* (Protter, 2001) の中にある.その論文で述べた謝辞はここでも該当する.それに加えて,Protter は,本章の執筆中に実り多い議論をしてくれた Jean Jacod, Kazu Shimbo, Denis Talay に感謝する. Peter Carr, Darrell Duffie, Dilip Madan にも個人的な電子メール交換を通じて助言していただいた.

(**R. A. Jarrow and P. Protter**/芝田隆志・室町幸雄)

---

[31] 訳者注:反射型後向き確率微分方程式とは,本節の設定による (1.34) のことである.後向き確率微分方程式に連続な増加過程の差分項を加えることにより,解 Y_t がある確率過程 U_t より常に大きな値をとるようにしたものである. (1.34) では K_t が Y_t を押し上げる働きをするが,K_t がその働きをするのは,条件 $\int_0^T (Y_t - U_t)dK_t = 0$ より,$Y_t = U_t$ のときだけである.

参考文献

Artzner, P., Heath, D. (1995). Approximate completeness with multiple martingale measures. *Mathematical Finance* 5, 1–11.
Bally, V., Pagès, G., Printems, J. (2005). A quantization tree method for pricing and hedging multidimensional American options. *Mathematical Finance* 15, 119–168.
Bernstein, P.L. (1992). *Capital Ideas*. Free Press, New York.
Bertoin, J. (1996). *Lévy Processes*. Cambridge Univ. Press, Cambridge, UK.
Black, F., Scholes, M. (1973). The pricing of options and corporate liabilities. *Journal of Political Economy* 81, 637–659.
Brown, D.J., Ross, S.A. (1991). Spanning, valuation and options. *Economic Theory* 1.
Carr, P., Wu, L. (2003). What type of process underlies options? A simple robust test. *The Journal of Finance* 53, 2581–2610.
Cheridito, P., Filipovic, D., Yor, M. (2005). Equivalent and absolutely continuous measure changes for jump-diffusion processes. *Annals of Applied Probability* 15 (3), 1713–1732.
Clark, J.M.C. (1970). The representation of functionals of Brownian motion by stochastic integrals. *Annals of Math Statistics* 41, 1282–1295.
Clark, P.K. (1973). A subordinated stochastic process model with finite variance for speculative prices. *Econometrica* 41, 135–155.
Cox, J., Ross, S., Rubinstein, M. (1979). Option pricing: A simplified approach. *Journal of Financial Economics* 7, 229–263.
Dalang, R., Morton, A., Willinger, W. (1990). Equivalent martingale measures and no arbitrage in stochastics securities market models. *Stochastics and Stochastic Reports* 29, 185–201.
Delbaen, F., Schachermayer, W. (1994). A general version of the fundamental theorem of asset pricing. *Mathematische Annalen* 300, 463–520.
Delbaen, F., Schachermayer, W. (1995). The existence of absolutely continuous local martingale measures. *Annals of Applied Probability* 5, 926–945.
Delbaen, F., Schachermayer, W. (1998). The fundamental theorem for unbounded stochastic processes. *Mathematische Annalen* 312, 215–250.
Dellacherie, C., Meyer, P.A. (1978). *Probabilities and Potential*. Elsevier, North-Holland.
Dritschel, M., Protter, P. (1999). Complete markets with discontinuous security price. *Finance and Stochastics* 3, 203–214.
Duffie, D. (2001). *Dynamic Asset Pricing Theory*, third ed. Princeton Univ. Press, Princeton.
El Karoui, N., Kapoudjian, C., Pardoux, E., Peng, S., Quenez, M.C. (1997). Reflected solutions of backward SDEs, and related obstacle problems for PDEs. *Annals of Probability* 25, 702–737.
Föllmer, H., Sondermann, D. (1986). Hedging of nonredundant contingent claims. In: Hildebrand, W., Mas-Colell, A. (Eds.), *Contributions to Mathematical Economics*, pp. 205–223.
Geman, H., El Karoui, N., Rochet, J.-C. (1995). Changes of numéraire, change of probability measure and option pricing. *Journal of Applied Probability* 32, 443–458.
Gobet, E., Lemor, J.-P., Warin, X. (2005). A regression based Monte-Carlo method to solve backward stochastic differential equations. *Annals of Applied Probability* 15 (3), 2172–2202.
Goldman, M.B., Sosin, H., Gatto, M.A. (1979). Path dependent options: 'Buy at the low, sell at the high'. *Journal of Finance* 34, 1111–1127.
Hald, A. (1981). T.N. Thiele's contributions to statistics. *International Statistical Review* 49, 1–20.
Harrison, J.M., Kreps, D.M. (1979). Martingales and arbitrage in multiperiod security markets. *Journal of Economic Theory* 20, 381–408.
Harrison, J.M., Pliska, S.R. (1981). Martingales and stochastic integrals in the theory of continuous trading. *Stochastic Processes and Their Applications* 11, 215–260.

Huang, C.-F. (1985). Information structures and viable price systems. *Journal of Mathematical Economics* 14, 215–240.
Jacod, J., Protter, P. (2004). *Probability Essentials*, second ed. corrected. Springer-Verlag, Heidelberg.
Jacod, J., Shiryaev, A.N. (2002). *Limit Theorems for Stochastic Processes*, second ed. Springer-Verlag, Heidelberg.
Jacod, J., Méléard, S., Protter, P. (2000). Martingale representation: Formulas and robustness. *Annals of Probability* 28, 1747–1780.
Jarrow, R.A., Protter, P. (2004). A short history of stochastic integration and mathematical finance: The early years, 1880–1970. In: *The Herman Rubin Festschrift*. In: *IMS Lecture Notes*, vol. 45, pp. 75–91.
Jarrow, R.A., Protter, P. (2007). Liquidity risk and option pricing theory. In: Birge, J.R., Linetsky, V. (Eds.), *Handbook in Operations Research and Management Science: Financial Engineering*, vol. 15. Elsevier, Amsterdam (this volume).
Jarrow, R.A., Jin, X., Madan, D.B. (1999). The second fundamental theorem of asset pricing. *Mathematical Finance* 9, 255–273.
Jeanblanc, M., Privault, N. (2002). A complete market model with Poisson and Brownian components. In: *Seminar on Stochastic Analysis, Random Fields and Applications, III*. Ascona, 1999. In: *Progr. Probab.*, vol. 52. Birkhäuser, Basel, pp. 189–204.
Jeanblanc-Piqué, M., Pontier, M. (1990). Optimal portfolio for a small investor in a market model with discontinuous prices. *Applied Mathematics and Optimization* 22, 287–310.
Karatzas, I., Shreve, S.E. (1998). *Methods of Mathematical Finance*. Springer-Verlag, New York.
Kifer, Y. (2000). Game options. *Finance and Stochastics* 4, 443–463.
Kusuoka, S. (1999). A remark on default risk models. *Advances in Mathematics and Economy* 1, 69–82.
Lemor, J.-P. (2005). Approximation par projections et simulations de Monte-Carlo des équations différentielles stochastiques rétrogrades. PhD thesis, École Polytechnique.
Ma, J., Cvitanić, J. (2001). Reflected forward–backward SDE's and obstacle problems with boundary conditions. *Journal of Applied Mathematics and Stochastic Analysis* 14, 113–138.
Ma, J., Protter, P., San Martin, J., Torres, S. (2002). A numerical method for backward stochastic differential equations. *Annals of Applied Probability* 12, 302–316.
Madan, D., Yor, M. (2002). Making Markov martingales meet marginals: With explicit constructions. *Bernoulli* 8, 509–536.
Merton, R. (1973). The theory of rational option pricing. *Bell Journal of Economics and Management Science* 4, 141–183.
Musiela, M., Rutkowski, M. (1997). *Martingale Methods in Financial Modelling*. Springer-Verlag, Heidelberg.
Protter, P. (2001). A partial introduction to financial asset pricing theory. *Stochastic Processes and Their Applications* 91, 169–203.
Protter, P. (2005). *Stochastic Integration and Differential Equations*. Version 2.1, second ed. Springer-Verlag, Heidelberg.
Protter, P., Shimbo, K. (2006). No arbitrage and general semimartingales. In preparation.
Samuelson, P. (1965). Rational theory of warrant pricing. *Industrial Management Review* 6, 13–31.
Shimbo, K. (2006). PhD thesis, Cornell University.
Shiryaev, A.N. (1999). *Essentials of Stochastic Finance: Facts, Models, Theory*. World Scientific, Singapore.
Shreve, S.E. (2004). *Stochastic Calculus for Finance II: Continuous Time Models*. Springer-Verlag, New York.
Wall Street Journal (May 15, 2000). Page C1.
Yan, J.A. (1980). Caracterisation d'une Classe d'Ensembles Convexes de L^1 ou H^1. In: *Séminaire de Probabilités XIV*. In: *Springer Lecture Notes in Math.*, vol. 784, pp. 220–222.

II. デリバティブ：モデルと手法

第2章

金融工学における資産価格付けのための
ジャンプ拡散モデル

概　要

　本章では金融工学におけるジャンプ拡散モデルについて，次のような問題に焦点を絞り概説する．①確率分布のテールに関する問題，②合理的期待の均衡を利用したリスク中立測度の特定，③Laplace変換を用いたヨーロピアンコール／プットオプションおよびバリア型／ルックバック型の経路依存型オプションの価格付け，④閾値交差問題において積分微分方程式がもつ難点，⑤有限満期のアメリカンオプションの数値的近似，⑥ジャンプ拡散モデルの多次元化，である．

1. はじめに

　ファイナンスで用いられるジャンプ拡散モデル（jump-diffusion model）については，いくつか優れた文献があり，例えば Cont and Tankov (2004) や Kijima (2002) による書籍があげられる．それにもかかわらず，なぜ新たなサーベイが必要かといえば，それは先行文献が扱わなかった問題をここで重点的に概説するためである．より正確には次のような課題に焦点を当てる．

1) 確率分布のテールに関する問題．ジャンプ拡散モデルの提案は，資産の収益率に関する実際の分布が，正規分布よりも厚いテールをもつ傾向があるという経験的事実に動機づけられている．しかし，テールの分布がどのくらい厚いかについては明確な答えはなく，またべき型の分布を好む人がいれば，一方で指数型の分布を好む人もいる．強調したい点は，驚くべきことに，たとえ1万や10万のオーダーのサンプルデータを用いても，べき型分布のテールと指数型分布のテールとを実際のデータから区別するのは難しいということである．よって，べき型の分布と指数型の分布のどちらを用いるかは主観的な問題であり，経験的見地からは容易に正当化できないのである．さらにこの事実は適切なリスク尺度の選択においても重要な意味をもつ．なぜならば，この事実は，外部によるリスク評価には VaR に代表される頑健なリスク尺度が望ましいという結果をもたらすからである（Heyde et al., 2006 を見よ）．

2) 合理的期待の均衡を利用したリスク中立測度の特定．ジャンプ拡散モデルでは，

市場は非完備となるので価格付け測度の選択にはいくつかの方法がある．代表的な方法として，平均分散ヘッジ，局所的平均分散ヘッジ，エントロピーを用いる方法，効用に無差別な価格付けを行う方法などがある．ここでは，実確率からリスク中立確率への単純な変換を与えることが可能な合理的期待均衡を利用する．よって，1つのフレームワークで同時に割引債や株式，株式オプションを価格付けできるようになる．

3) Laplace 変換を用いたヨーロピアンコール／プットオプションおよびバリア型／ルックバック型の経路依存オプションの価格付け．ヨーロピアンコール／プットの場合でさえも，Laplace 変換法はより簡便な価格表現を与え，さらにはより高速な計算が可能であること強調しておく．これは，直接的な計算方法では時として Laplace 変換では起こらない，計算に時間のかかる複雑な関数を含むことがあるからである．

4) 閾値交差（barrier-crossing）問題において積分微分方程式がもつ難点．例えば以下がある．(i) 不連続性によるもので，伊藤の公式や Feymann–Kac の公式が直接的には使用困難であること．(ii) 一般的に積分偏微分方程式はジャンプ幅が指数型分布に従わない限り解くのが困難であること．(iii) たとえ再生型であっても一意な解をもたないこと．ただしマルチンゲールとなる変数が問題を解くうえで有用にはなる．

5) 有限満期のアメリカンオプションに対する2つの解析的近似方法．これらは，時間的に効率的でかつ十分な正確性をもつ．

6) 多次元ジャンプ拡散過程．

本章では，著者の専門的能力の不足からいくつかの重要な話題を割愛せざるを得ない．例えば，ジャンプ拡散過程に関する数値解を省略した．積分偏微分方程式を数値的に解く方法については，Cont and Tankov (2004), Cont and Voltchkova (2005), d'Halluin et al. (2003) を見よ．また，変分法や外挿法を用いて経路依存型オプションを数値的に解く方法については，Feng and Linetsky (2008) や Feng et al. (2004) を見よ．また，ほかにヘッジング（サーベイとして Cont and Tankov, 2004 を見よ）およびジャンプ拡散過程に関する統計的推定と経済分析（サーベイとして Singleton, 2006 を見よ）を省略した．紙面の制約から，ジャンプ拡散過程に関する様々な応用についても省略した．債券デリバティブおよび金利期間構造モデルについては，Glasserman and Kou (2003) の参考文献を見よ．また，信用リスクおよびクレジットデリバティブについては，Chen and Kou (2005) を見よ．

2. 経験的に定型化された事実

2.1 収益率は正規分布に従うのか

1980年1月2日〜2005年12月31日のS&P500インデックス（SPX）に関する毎日の終値を取り上げる．SPXの日次収益率に関して，単利および連続複利収益率を計算する．時刻 t における株価を $S(t)$ としたとき，時刻 t の1期間の単利は $R_t = \{S(t) - S(t-1)\}/S(t-1)$ で定義される．時刻 t において $r_t = \ln(S(t)/S(t-1))$ で定義される連続複利収益率（対数収益率とも呼ばれる）は，数学的な簡便さから特に理論的モデルではよく用いられる．図2.1に，平均0，標準偏差1となるように基準化された日次単利収益率を描いた．1987年に急変動が見て取れる．事実，1987年の最大値は7.9967標準偏差で最小値は -21.1550 標準偏差である．連続複利収益率も似たような傾向を示す．標準正規分布に従う確率変数 Z について，$P(Z < -21.1550) \approx 1.4 \times 10^{-107}$ となることを補足しておく．このとき，データは150億年あるいは 5×10^{17} 秒のユニバースをもつことになってしまう．

次に，SPXの日次収益率のヒストグラムを描く．図2.2のヒストグラムでは，同時に区間 $(-3, 3)$ における標準正規密度関数を描いた．

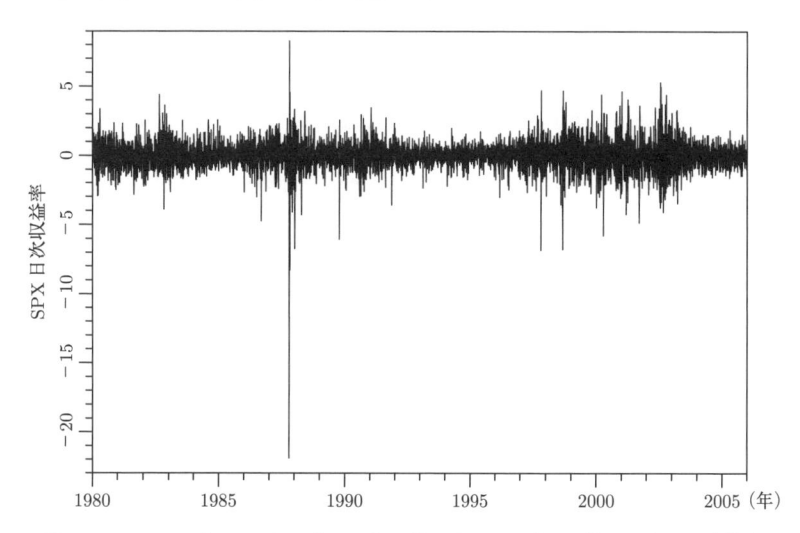

図 2.1 S&P500インデックス（1980年1月2日〜2005年12月31日）の日次単利収益率．平均が0，標準偏差が1となるように基準化した．

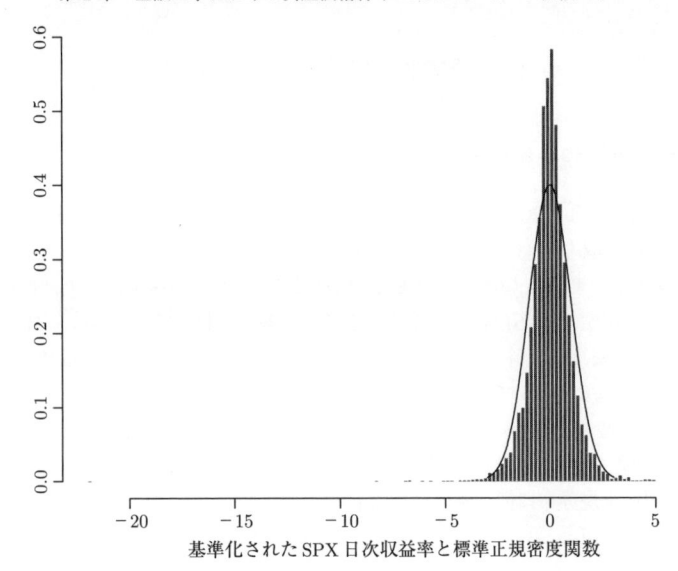

図 **2.2** S&P500 インデックス（1980 年 1 月 2 日〜2005 年 12 月 31 日）の基準化された日次収益率と密度 $N(0,1)$ の比較

2.1.1 急尖分布

SPX のヒストグラムは明らかに尖りが高く，テールが非対称に厚い．これは，SPX だけにいえることではなく，米株や世界株式インデックス，個別株式，外貨，金利などほとんどすべての金融資産についていえる．急尖分布（leptokurtic distribution）とは尖度が高い分布を意味する．より正確には，尖度と歪度は，$K = \mathbb{E}\left[(X-\mu)^4/\sigma^4\right]$，$S = \mathbb{E}\left[(X-\mu)^3/\sigma^3\right]$ により定義され，標準正規分布のときは，$K = 3$ である．もし，$K > 3$ ならば，その分布は急尖的となり，峰が高くまた正規分布よりもテールが厚くなる．急尖分布の例には，密度関数を

$$f(x) = p \cdot \eta_1 e^{-x\eta_1} 1_{\{x>0\}} + (1-p) \cdot \eta_2 e^{x\eta_2} 1_{\{x<0\}}$$

とする①二重指数分布および② t 分布などがある．

歪度と尖度を推定するためには，標本歪度，標本尖度として

$$\widehat{S} = \frac{1}{(n-1)\hat{\sigma}^3} \sum_{i=1}^{n}(X_i - \bar{X})^3, \qquad \widehat{K} = \frac{1}{(n-1)\hat{\sigma}^4} \sum_{i=1}^{n}(X_i - \bar{X})^4$$

を用いる．ただし，$\hat{\sigma}$ を標本標準偏差とする．SPX の日次収益率データに関しては，標本尖度はおよそ 42.23 である．また標本歪度はおよそ -1.73 である．歪度が負のとき，リターンは右テールよりも左テールが厚くなる．

この急尖的な特徴は 1950 年代から観測されている．しかしながら古典的ファイナ

ンス理論ではこの事実を無視してきた.例えば,Black–Scholes モデルでは,株価は幾何 Brown 運動 $S(t) = S(0)e^{\mu t + \sigma W(t)}$ としてモデル化された.ここで,Brown 運動 $W(t)$ は平均 0,分散 t をもち,μ はドリフトと呼ばれ平均的なリターンを表す.また,σ はボラティリティと呼ばれリターンの分布の標準偏差を表す.このモデルでは,連続複利収益率 $\ln(S(t)/S(0))$ は正規分布となり,リターンのもつ急尖的事実とは矛盾する.この特徴を組み込むために多くの代替的モデルが提案されてきた.それらのうちジャンプモデルや確率ボラティリティモデルについては後に簡単に検討する.

2.1.2 指数型のテールとべき型のテール

株式リターンが標準正規分布よりもテールの厚い分布をもつことは明らかである.しかし,テールの分布がどのくらい厚いかについては議論の余地がある.べき型のテールと指数型のテールの 2 つの代表的なモデルが提案されており,例えば,確率変数 X の右テールがべき型とは,$x \to \infty$ で $\mathbb{P}(X > x) \approx c/x^{\alpha}$,$x > 0$ となるときにいい,左テールがべき型とは,$x \to \infty$ で $\mathbb{P}(X < -x) \approx c/x^{\alpha}$,$x > 0$ となるときである.同様に,X の右テールが指数型とは,$x \to \infty$ で $\mathbb{P}(X > x) \approx ce^{-\alpha x}$,$x > 0$ となるときにいい,左テールが指数型とは,$x \to \infty$ で $\mathbb{P}(X < -x) \approx ce^{-\alpha x}$,$x > 0$ となるときである.

Kou (2002, p. 1090) で指摘されているように,べき型の右テールを収益率のモデルとして用いる場合の問題は,連続複利収益率を定義できない点である.より正確にいうために,時刻 0 において X がべき型のテールをもつことを想定する.すると,連続複利収益率のモデルにおける翌期の資産価格 $A(\Delta t)$ は $A(\Delta t) = A(0)e^X$ により与えられる.ここで,X はべき型の右テールをもつので,$\mathbb{E}[e^X] = \infty$ は明らかである.したがって,
$$\mathbb{E}[A(\Delta t)] = \mathbb{E}[A(0)e^X] = A(0)\mathbb{E}[e^X] = \infty$$
が得られる.言い換えると,翌期の期待資産価格は有限でなくなる.もし,リスク中立確率のもとでリターンの右テールがべき型であると,コールオプション価格も同様に有限ではない.これは,
$$\mathbb{E}^*[(S(T) - K)^+] \geq \mathbb{E}^*[S(T)] + K = \infty$$
となるためである.連続複利収益率を用いる場合のこの矛盾は,t 分布を用いる場合もすべての自由度について起こる.したがって,t 分布を用いる場合に,この矛盾を解決する唯一の適切な方法は離散複利収益率を用いることである.しかしながら,離散複利収益率を用いると一般に解析解を得るのが不可能になる.

2.1.3 指数型のテールとべき型のテールを区別する難しさ

もう一つ興味深い事実がある.5,000 個(日次データで 20 年分に相当)の標本データでは,指数型のテールをべき型のテールと実証的に区別するのが困難な点である.

表 2.1 Laplace 分布と t 分布のパーセンタイル

確率	Laplace 分布	t 分布 (自由度 7)	t 分布 (自由度 6)	t 分布 (自由度 5)	t 分布 (自由度 4)	t 分布 (自由度 3)
1%	**2.77**	2.53	2.57	2.61	2.65	2.62
0.1%	**4.39**	4.04	4.25	**4.57**	5.07	5.90
0.01%	**6.02**	5.97	**6.55**	7.50	9.22	12.82
0.001%	**7.65**	8.54	9.82	12.04	16.50	27.67

しかし,それらと正規分布のテールとを区別するのは容易である(Heyde and Kou, 2004 を参照せよ).直観的には,平均 0,分散 1 に基準化された Laplace 分布と t 分布のパーセンタイルを見れば容易にわかる.Laplace 分布の密度関数は

$$f(x) = \frac{1}{2}e^{-x}I_{[x>0]} + \frac{1}{2}e^{x}I_{[x<0]}$$

で与えられることを思い出そう.Laplace 分布および自由度 3~7 の t 分布に関する右側パーセンタイルを表 2.1 に示した.表 2.1 は,Laplace 分布は自由度の低い t 分布に対しては厚いテールをもつことがあるものの,漸近的には t 分布のテールよりも薄くなることを示している.例えば,Laplace 分布の 99.9 パーセンタイルは,自由度 6 と 7 の t 分布のそれよりも確実に大きい.このように,サンプルサイズのことを考えなければ,Laplace 分布は 99.9 パーセンタイルまでは,t 分布よりも厚いテールをもつ可能性がある.分布を区別するためには,もっと低い確率値のパーセンタイルを用いる必要があり,それに相当する大きな標本が必要である.

もし,真のパーセンタイルをデータから推定する必要があるならば,問題はさらに深刻である.なぜならば,指数型とべき型のテールを区別するためには,1 万~10 万個の標本データを必要とする信頼区間を考えなければならないためである.この点については Heyde and Kou (2004) を参照せよ.

2.1.4 リスク尺度に関する実務的問題

テールの分布を区別するのは容易でないということは,リスク管理においても問題となる.例えばリスク尺度として,パーセンタイルを用いて計測するバリューアットリスク(value-at-risk; VaR)を用いるべきか,それとも期待ショートフォールを用いるべきかに関する公理的なアプローチについての問題である.一般に VaR は期待ショートフォールと違い公理の一つである劣加法性を満たさない(Artzner et al., 1999).しかし,VaR はモデルの仮定やモデル特定の誤りに頑健であり,よって外部によるリスク管理規制に適している.VaR は法規制の施行に欠かせない矛盾のない結果を出すからである.さらに,より高めのパーセンタイル(例えば 97.5%)における VaR は,条件付(95% パーセンタイルを超える)期待ロスに関する中央値の代用変数とでき,条件付期待ロスがもつある閾値を超えて発生するロスについて考慮が可能である.こうして,VaR は例えば,最近ではバーゼル II に見られるように実務で広く用いられて

いる.

VaRは，行動ファイナンスにおけるプロスペクト理論や外部法規制に整合的で，共単調劣加法性を基礎とする別の公理系を満たす（Heyde et al., 2006を参照せよ）．また，合併はリスクを減少させるという劣加法性（期待ショートフォールなどのコヒーレントメジャーについての理論的基礎）の直観的理解は，特に有限責任原則がある場合に一般には正しくない．詳しくはHeyde et al. (2006)を参照せよ．

要するに，内部的なリスク管理には様々なリスク測度が用いられているかもしれないが，外部的なリスク管理にはVaRのような頑健なリスク測度が必要とされている．さらに，VaRは単純であるが，別の公理系を満たし，決して合理性に欠けるわけではない．

2.2 株価は予想可能か：序論

株式収益率が現在の収益率から予測可能かどうかを調べるためには，収益率になんらかの相関関係があるかどうか，すなわち足元の収益率はそれ以降の収益率に対してなんらかの情報を与えているかという問題を調べればよい．添字 $t \in (-\infty, \infty)$ が整数のみをとる（例えば，$\cdots r_{-2}, r_{-1}, r_0, r_1, r_2 \cdots$）弱定常な離散時系列 $\{r_t\}$ に対して，ラグ k の自己共分散は $\gamma_k = \text{cov}(r_t, r_{t-k}) = \text{cov}(r_t, r_{t+k})$ により定義できる．2つの共分散は弱定常性の仮定から等しい．同様にラグ k の自己相関 ρ_k は

$$\rho_k = \text{Corr}(r_t, r_{t-k}) = \text{Corr}(r_t, r_{t+k}) = \frac{\text{cov}(r_t, r_{t-k})}{\sqrt{\text{var}(r_t)\text{var}(r_{t-k})}}$$
$$= \frac{\gamma_k}{\sqrt{\gamma_0 \gamma_0}} = \frac{\gamma_k}{\gamma_0}$$

と定義できる．ここで ρ_k は

$$\hat{\rho}_k = \frac{\sum_{t=k+1}^{T}(r_t - \bar{r})(r_{t-k} - \bar{r})}{\sum_{t=1}^{T}(r_t - \bar{r})^2}$$

により推定できる．推定値 $\hat{\rho}_k, k \geq 1$ のプロットは自己相関関数（autocorrelation function; ACF）プロットと呼ばれる．図2.3に平均0，分散1に基準化したSPXの日次単利収益率に関する自己相関関数をプロットした．

図2.3の2本の点線は自己相関に関する95%有意水準である．より正確には，a_t を平均と分散が有限で独立で同一の分布に従う確率変数としたとき，もし $r_t = \mu + a_t$ ならば $T \to \infty$ としたときに，$\hat{\rho}_t$ は漸近的に平均0，分散 $1/T$ の正規分布となることを示すことができる．図2.3においては，95%信頼区間として $\pm 1.96/\sqrt{T}$ を描いた．

図から，最初の2〜3個の自己相関は95%信頼区間をたしかに超えてはいるが，その大きさは実際には日次収益率では，-0.05〜0.05の間でとても小さいことがわかる．週次や月次の収益率ではさらに低い．

このことから，多くのファイナンスモデルでは依存構造を無視し，収益率の自己相関をゼロと仮定している．例えば，Black–Scholes モデルや CAPM（capital asset pricing model）も同様である．実際に，ほとんどの古典的モデルでは，株価はランダムウォーク仮説を満たすと仮定している．しかしながら，1980 年代以降に研究が進み，資産の収益率の依存構造について興味深い事実が明らかになっている．

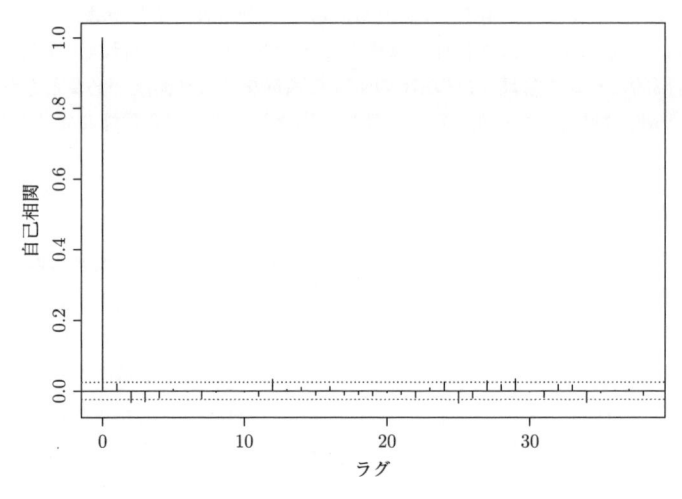

図 **2.3** S&P500 インデックス（1980 年 1 月 2 日〜2005 年 12 月 31 日）の収益率に関する ACF プロット

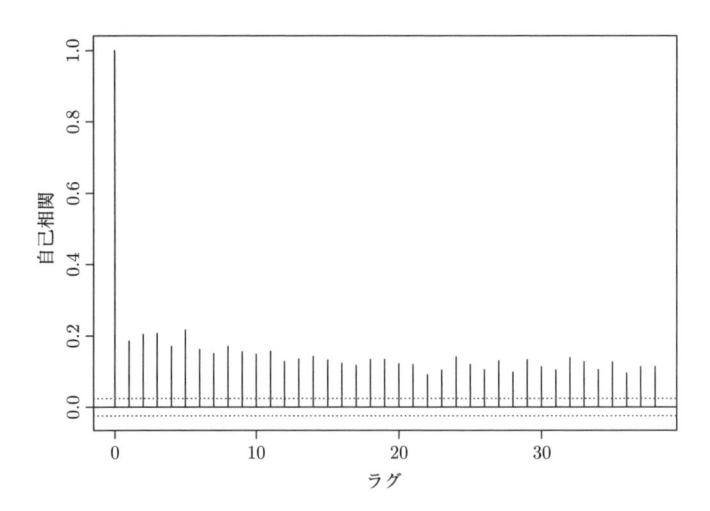

図 **2.4** S&P500 インデックス（1980 年 1 月 2 日〜2005 年 12 月 31 日）における収益率の絶対値に関する ACF プロット

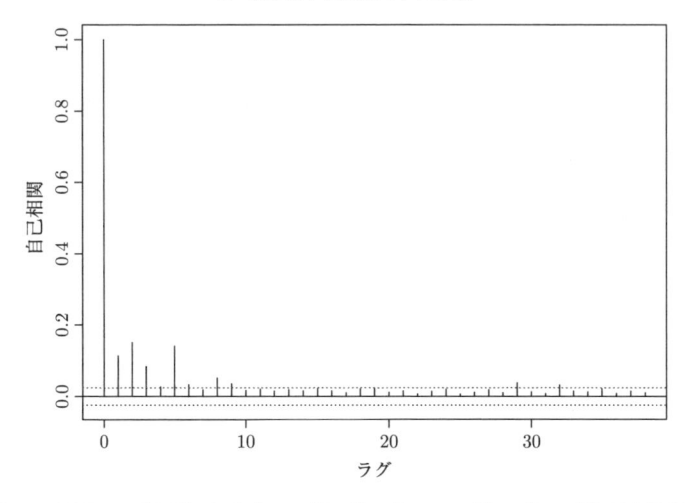

図 2.5 S&P500 インデックス（1980 年 1 月 2 日〜2005 年 12 月 31 日）における収益率の二乗値に関する ACF プロット

図 2.4, 2.5 から，SPX の日次収益率に関する絶対値および二乗値に関する自己相関はとても大きいことがわかる．このことは，興味深いことに収益率の分布には，収益率自体に自己相関がないものの，ボラティリティには自己相関があることを示している．この事実は「ボラティリティクラスタリング効果（volatility clustering effect）」と呼ばれている．

この事実から，独立な増分をもつ限り，どのような株価モデル（例えば Lévy 過程）でもボラティリティクラスタリング効果をモデルに組み込めないことがわかる．ジャンプ過程は Lévy 過程の特別な場合なのでやはり直接的にボラティリティクラスタリング効果を表現できない．しかし，ジャンプ過程と別の過程（例えば確率ボラティリティ過程）を結合させるか，Lévy 過程に時間変更を加えれば，ボラティリティクラスタリング効果を組み込むことが可能になる．

2.3 ボラティリティスマイル

Black–Scholes モデルでは，コール／プットオプション価格はボラティリティに対して単調に増加するので，他のパラメータが既知であると仮定すれば，オプション価格からボラティリティパラメータへの逆関数を定義できる．インプライドボラティリティ $\sigma(T, K)$ を，ある特定の行使価格 K とある特定の満期 T に対して Black–Scholes 式を用いてコール／プットオプション価格を求める際のボラティリティパラメータとすれば，特定のコール／プットオプションに対して市場価格に完全に整合した理論価格が得られる．言い換えると，$\sigma(T, K)$ はオプション市場価格のボラティリティに関する逆関数である．

このような定義ははたして自己矛盾しないであろうか．特に，ある満期 T と行使価格 K をもつコールオプションから計算した $\sigma(T,K)$ と，そのコールと同じ満期 T と行使価格 K をもつプットオプションから計算した $\sigma(T,K)$ は一致するであろうか．理論的には，プットコールパリティによって一致する．プットコールパリティによれば，無裁定ならば，株価 $S(0)$ とコール価格 $C(S,K)$，プット価格 $P(S,K)$，割引債価格 $B(T)$ の間に

$$S(0) = C(S,K) - P(S,K) + K \cdot B(T)$$

が成立する．この関係はモデルに依存しない．すなわち無裁定を保証するためには，どのようなモデルであれプットコールパリティを保たなければならない．

同じボラティリティ σ を用いて Black–Scholes 式により得られる，コール（プット）オプション価格をおのおの $C_{BS}(S,K)$, $P_{BS}(S,K)$ としよう．すると $S(0) = C_{BS}(S,K) - P_{BS}(S,K) + K \cdot B(T)$ が成立する．また同様に $S(0) = C_M(S,K) - P_M(S,K) + K \cdot B(T)$ が成立する．ただし，$C_M(S,K)$ と $P_M(S,K)$ をコールとプットの市場価格とする．2 つの式の差分をとると

$$C_{BS}(S,K) - C_M(S,K) = P_{BS}(S,K) - P_M(S,K) \qquad (2.1)$$

が得られる．ここで，$\sigma_c(T,K)$ をコールの市場価格から得られたインプライドボラティリティとし，$\sigma_p(T,K)$ をプットの市場価格から得られたインプライドボラティリティとする．インプライドボラティリティの定義から $\sigma = \sigma_c(T,K)$ ならば $C_{BS}(S,K) - C_M(S,K) = 0$ が成立しなくてはならない．(2.1) から，$\sigma = \sigma_c(T,K)$ ならば，$P_{BS}(S,K) - P_M(S,K) = 0$ が成立しなくてはならない．ここで，$\sigma_p(T,K)$ は $P_{BS}(S,K) - P_M(S,K) = 0$ が成立する唯一のボラティリティであるから，$\sigma_c(T,K) = \sigma_p(T,K)$ を必要とする．よって，同じ満期と行使価格をもつコールオプションとプットオプションのインプライドボラティリティは一致しなくてはならない．もちろん，実務的には，ビッドアスクスプレッドが存在する．よって，インプライドボラティリティにビッド価格を用いたか，アスク価格あるいはそれらの平均値を用いたかにより結果は異なる．このとき，プットとコールの違いから得られるインプライドボラティリティはいくぶん異なったものになる．

コール／プットオプションから得られたインプライドボラティリティを用いて市場性のない別のオプションの価格を求める際の狙いは，流動性のあるオプション価格から外挿的に流動性のないオプション価格を求める点にある．多くの実務家は，ヒストリカルボラティリティは足元の経済状況を反映していないので，オプションの価格付けではインプライドボラティリティはヒストリカルボラティリティよりも優れていると考えている．例えば，ウォールストリートに金融危機やテロなどの重大な事象が発生したときのことを考えると，過去のデータからは同じような状況を探すことが難しいので，やはりヒストリカルボラティリティは適切ではない．

われわれは，異なる行使価格および満期のオプション市場価格からインプライドボラティリティを計算できる．もし，幾何 Brown 運動の仮定が正しければ，同じ原資産のオプションに関するインプライドボラティリティは等しいはずである．しかし，実際には，原資産が同じでも満期が異なる場合や行使価格が異なる場合，インプライドボラティリティは異なる傾向にある．

特に，インプライドボラティリティを行使価格に対して描くと，その形状は「スマイル」に似て行使価格に対して凸となる．さらには，この「スマイル」カーブは満期ごとに変化する．ミスプライスがあり，それが統計的に有意であっても，1987 年の暴落前であれば，インプライドボラティリティスマイルは経済的に重要ではなかった（例えば MacBeth and Merville, 1979 および Rubinstein, 1985）．しかし，1987 年の暴落以降，インプライドボラティリティスマイルは，経済的に重要な意味をもつようになり，Black–Scholes モデルの実用性を悪化させている．

次の点は重要である．リスク中立測度のもとでの急尖的性質は，結果としてオプション価格に関するボラティリティスマイルを与える．また，ボラティリティクラスタリング効果は特に満期の長いオプションについて，満期に対するボラティリティスマイルを与える．

3. ジャンプ拡散モデルの必要性

3.1 Black–Scholes に代わるモデル

ここまでに説明してきた，経験的に定型化された 3 つの事実，すなわち，急尖的性質，ボラティリティクラスタリング効果，ボラティリティスマイルを説明するために，多くの研究が進められ Black–Scholes モデルは修正を受けてきた．以下に一覧を示す．

(a) カオス理論とフラクタル Brown 運動．これらモデルのうちの典型例は，Brown 運動を従属性のある増分をもつフラクタル Brown 運動に置き換えたものである．例えば，Mandelbrot (1963) を参照せよ．しかし，Rogers (1997) が指摘しているように，これらのモデルには裁定機会が存在する．

(b) 一般化双曲型モデル．これらには，対数 t モデルや対数双曲型モデル，安定過程がある．正規分布の仮定を別の分布に置き換えたモデルである．例えば，Barnodorff-Nielsen and Shephard (2001), Samorodnitsky and Taqqu (1994), Blattberg and Gonedes (1974) を見よ．

(c) Lévy 過程を基礎とするモデル．例えば，Cont and Tankov (2004) やその参照文献を見よ．

(d) 確率ボラティリティや GARCH モデル．例えば，Hull and White (1987) や Engle (1995), Fouque et al. (2000), Heston (1993) を見よ．これらのモデルは主としてボラティリティクラスタリング効果を捉えるために提案されている．これらのモ

デルの典型例として,

$$\frac{dS(t)}{S(t)} = \mu dt + \sigma(t)dW_1(t)$$
$$d\sigma(t) = -\alpha(\sigma(t) - \beta)dt + \gamma\sqrt{\sigma(t)}dW_2(t)$$

がある.ただし,$W_1(t)$ と $W_2(t)$ は相関のある Brown 運動である.

(e) 分散定弾性(constant elasticity of variance; CEV)モデル.例えば,Cox and Ross (1976) や Davydov and Linetsky (2001) を見よ.このモデルでは,

$$dS(t) = \mu S(t)dt + \sigma(t)S^\alpha(t)dW_1(t), \quad 0 < \alpha \leq 1$$

となる.

(f) ジャンプ拡散モデル.Merton (1976) および Kou (2002) により提案された.

$$S(t) = S(0)e^{\{\mu - (1/2)\sigma^2\}t + \sigma W(t)}\prod_{i=1}^{N(t)} e^{Y_i}$$

ただし,$N(t)$ を Poisson 過程とする.Merton (1976) では,Y は正規分布であり,Kou (2002) では二重指数分布に従う.後で示すように二重指数分布を用いると,バリアオプションやルックバックオプションを含む経路依存型オプションの解析解や,アメリカンオプションの近似解が得られる.

(g) インプライドバイノミアルツリーと呼ばれる数値計算方法.例えば,Derman and Kani (1994) や Dupire (1994) を参照せよ.

確率ボラティリティやジャンプ,時間変更といったいくつかの特徴をあわせもったモデルもある.次の2つはそのような例である.

(h) 時間変更された Brown 運動と時間変更された Lévy 過程.これらのモデルでは,株価は

$$S(t) = G(M(t))$$

としてモデル化される.ただし,G は幾何 Brown 運動あるいは Lévy 過程であり,$M(t)$ は市場の確率的活動をモデル化する非減少確率過程である.活動過程 $M(t)$ は市場の取引高につなげて考えることが多い.例えば,Clark (1973) や Madan and Seneta (1990),Madan et al. (1998),Heyde (2000),Carr et al. (2003) を参照せよ.

(i) アフィン確率ボラティリティ/アフィンジャンプ拡散モデル.例えば確率ボラティリティとジャンプ拡散過程を統合した Duffie et al. (2000) を参照せよ.

3.2 ジャンプ拡散モデル

ジャンプ拡散モデルでは,資産価格は実確率 $\mathbb{P}$ のもとで

$$\frac{\mathrm{d}S(t)}{S(t-)} = \mu \mathrm{d}t + \sigma \mathrm{d}W(t) + \mathrm{d}\left(\sum_{i=1}^{N(t)}(V_i - 1)\right) \quad (2.2)$$

のようにモデル化される.ただし,$W(t)$ は Brown 運動過程,$N(t)$ は強度 λ の Poisson 過程,$\{V_i\}$ は互いに独立で同一の分布に従う (i.i.d.) 非負確率変数である.このモデルでは,すべての確率変数 $N(t), W(t), Y$ は独立であると仮定される.確率微分方程式 (2.2) を解くと資産価格のダイナミクスは

$$S(t) = S(0)\exp\left\{\left(\mu - \frac{1}{2}\sigma^2\right)t + \sigma W(t)\right\}\prod_{i=1}^{N(t)} V_i \quad (2.3)$$

として与えられる.

Merton (1976) モデルでは,$Y = \log(V)$ が正規分布となる.Kou (2002) では,$Y = \log(V)$ は密度関数

$$f_Y(y) = p \cdot \eta_1 e^{-\eta_1 y} 1_{\{y \geq 0\}} + q \cdot \eta_2 e^{\eta_2 y} 1_{\{y < 0\}}, \quad \eta_1 > 1, \eta_2 > 0$$

をもつ非対称な二重指数 (double exponential) 分布となる.ただし,$p, q \geq 0, p+q=1$ はジャンプの上向き確率,下向き確率を表す.$\eta_1 > 1$ の条件は,$\mathbb{E}[V] < \infty$ および $\mathbb{E}[S(t)] < \infty$ を保証するために必要である.これにより,上向きジャンプが平均的に 100% を超えずきわめて妥当である.記法を簡単にするために,また様々なオプション価格に関する解析解が得られるようにドリフト μ およびボラティリティ σ は定数と仮定し,Brown 運動およびジャンプは 1 次元とする.Ramezani and Zeng (2002) は,これとは独立に Merton のジャンプ拡散モデルを株価データに実証的にフィットさせることを目的として,二重指数分布モデルを提案している.

二重指数分布には,モデルにとって重要な 2 つの特徴がある.第一は,急尖的性質をもつことである.この点については Johnson et al. (1995) を参照せよ.ジャンプ幅の分布がもつ急尖的性質は収益率の分布に受け継がれる.第二は,同様に指数分布から受け継がれる独特の性質で,二重指数分布が無記憶性 (memoryless property) をもつことである.この特別な性質のおかげで二重指数ジャンプ拡散モデルでは,バリアオプションやルックバックオプション,無期限アメリカンオプションなどにおいて,正規ジャンプ拡散モデルなどに代表される他のモデルでは難しかったオプション価格の解析解 (あるいは近似解) の導出に成功した.

3.3 なぜジャンプ拡散モデルなのか

すべてのモデルは現実に対して本質的には誤っているかラフな近似でしかない.したがって,モデルが正しいことを示す代わりに,ジャンプ拡散モデルを 4 つの基準から評価しよう.

1) モデルは自己矛盾してはならない．ファイナンス理論では，無裁定条件が保証されなければならず，それは均衡下に埋め込んでもよい．あるモデルでは裁定の可能性があり，すなわち自己矛盾している（例：フラクタル Brown 運動に関する裁定機会；Rogers, 1997 を見よ）．この観点から，Merton のジャンプ拡散モデルと二重指数ジャンプ拡散モデルは，合理的均衡の枠組みを用いる．

2) モデルはいくつかの重要な経験的事実を捉える必要がある．ただし，実証分析はモデルの良し悪しを判断するただ 1 つの基準に用いられてはならない．実証分析は，パラメータの多いモデルを評価しがちである．しかし，パラメータの多いモデルではカリブレーションが難しくなり（局所的最適解をもつ多次元の数値計算が必要な場合が多い），扱いにくくなる傾向がある．このことは実務家が Black–Scholes モデルの単純さを好む一要因である．ジャンプ拡散過程は，収益率分布の急尖性およびオプション価格のスマイルを再現可能である（Kou, 2002 を見よ）．Ramezani and Zeng (2002) による実証分析では，二重指数ジャンプ拡散過程は普通のジャンプ拡散過程よりもフィットがよく，双方ともに古典的 Brown 運動モデルよりもデータによりフィットしたと報告されている．

3) モデルは計算可能性を考慮し，ある程度単純な必要がある．二重指数ジャンプ拡散モデルは，Black–Scholes モデルと同様に標準的なコールおよびプットオプションの解析解を与え，加えて様々な経路依存型オプションに対する解析解を導出する．それらは，バリアオプション，ルックバックオプション，無期限アメリカンオプション（Kou and Wang, 2003, 2004 や Kou et al., 2005 を見よ）および金利デリバティブ（Glasserman and Kou, 2003 を見よ）である．

4) モデルはある種の（経済的，物理的，心理的など）解釈を必要とする．二重指数ジャンプモデルに対する，一つの動機付けが行動ファイナンスである．多くの実証研究から，市場は悪いニュースや良いニュースには過大に反応したり過小に反応したりすることが報告されている（例えば，Fama, 1998 や Barberis et al., 1998 およびそれらの参照文献を見よ）．ジャンプ項の一つの解釈は外部のニュースに対する市場の反応であろう．より正確にいうと，外部のニュースがないとき株価は単に幾何 Brown 運動に従う．良いニュースや悪いニュースが Poisson 過程に従って届くと，株価はジャンプ幅の分布に従い反応する．二重指数分布は峰が高くテールが厚いので，外部のニュースに対する過大反応（分布のテールを厚くする）や過小反応（分布の峰を高くする）のモデル化に用いられる．よって，二重指数ジャンプ拡散モデルは，伝統的なランダムウォークや効率的市場のフレームワークに投資家の心理を組み込むシンプルなモデル作りの試みと解釈できる．面白いことに，二重指数分布は数理心理学，特に視覚的認知において広く用いられている．例えば，ブラウン大学の視覚情報処理グループにおける David Mumford による論文や著作を見よ．

ちなみに，このモデルでは，市場が外部のニュースに過大あるいは過小に反応するという事実が，資産の期待収益率を急尖的にしていることを表現している．

ここにあげた4つの基準のうち，そのいくつかを満たすモデルは多い．二重指数分布の最大の魅力はその簡潔さにあり，特に経路依存型オプションや金利デリバティブに対する解析的な取扱いの容易さである．他のモデルでは標準的なコール／プットオプションの計算しかできず，Black–Scholes モデルと違って経路依存型オプションなどの解析解は求められそうにない．金利デリバティブや経路依存型オプションについては，数値計算も容易ではない．なぜならば，そのようなオプションに対するバイノミアルツリーやモンテカルロ法の誤差収束は，標準的なコール／プットに比べてとても遅いからである（サーベイとして Boyle et al., 1997 を見よ）．この点が実務家の Black–Scholes モデルから他のもっと現実的なモデルへの転向を難しいものにしている．二重指数ジャンプ拡散モデルにより，Black–Scholes モデルの経験的事実を踏まえた修正を試みる．その際，解析的な扱いやすさは損なわない．

3.4 ジャンプ拡散モデルの欠点

ジャンプ拡散過程の最大の問題点は，確率ボラティリティモデルのようにはボラティリティクラスタリングを捉えられないことである．ジャンプ拡散過程と確率ボラティリティモデルは相互に補完的である．確率ボラティリティモデルは依存関係をうまく捉えられるが，二重指数ジャンプ拡散モデルは特に経路依存型オプションや金利デリバティブに対する解析性において優れている．例えば，重要な経験的事実に，日次収益率は月次収益率よりも尖度が大きい傾向にあることがあげられる．Das and Foresi (1996) が指摘しているように，この事実はジャンプモデルとは矛盾しないが，確率ボラティリティモデルとは矛盾する．より正確にいうと，確率ボラティリティモデル（本質的にはすべての純粋な拡散過程）では，サンプリング回数を上げると尖度は減少する，一方，ジャンプモデルでは連続的なジャンプはサンプリング回数に独立である．この点から特に，ジャンプ拡散過程は短期的振舞いをうまく捉えることができ，一方，確率ボラティリティモデルは長期的振舞いをモデル化するうえで有用であることがわかる．

ジャンプ拡散過程と確率ボラティリティモデルを統合させたより一般的なモデルに，アフィンジャンプ拡散過程がある．Duffie et al. (2000) によるモデルで，ジャンプと確率ボラティリティおよびボラティリティにおけるジャンプを統合した．標準的ジャンプ拡散モデルと二重指数ジャンプ拡散モデルはその特殊ケースである．しかしながら，二重指数ジャンプ拡散モデルは，指数分布の特殊性から，アフィンジャンプ拡散過程では数値計算ですら難しい経路依存型オプションの解析解を与える．さらに，二重指数ジャンプ拡散モデルは一般的アフィンジャンプ拡散モデルよりも簡潔で，パラメータ数が少なくカリブレーションが容易である．それゆえに，ジャンプ拡散過程は，特に満期の短いオプションや短期の資産の価格付けにおける，現実性と取扱いの容易

さのバランスを狙ったモデルである．

まとめると，他のモデルでは，標準的なコール／プットオプションについては解析解を与えられるかもしれないが，金利デリバティブや経路依存型オプション，例えば無期限アメリカンオプションやバリアオプション，ルックバックオプションについての解析解は難しいか，あるいは不可能である．二重指数ジャンプ拡散モデルでは，経路依存型オプションの解析解が得られる．しかし，ジャンプ拡散過程ではボラティリティクラスタリングを捉えられない．よって，ジャンプ拡散過程は，ボラティリティクラスタリングの効果が小さい，特に満期の短いオプションにより適している．加えて，ジャンプ拡散モデルは，（シミュレーションや数値計算を必要とする）より複雑なモデルに対するベンチマークとなりうる．

4. ジャンプ拡散モデルにおける均衡

4.1 均衡に関する基本的セッティング

代表的投資家の目的を $\max_c \mathbb{E}[\int_0^\infty U(c(t),t)]$ とする典型的な合理的期待経済（Lucas, 1978）を考えよう．ただし，$U(c(t),t)$ は効用関数で，$c(t)$ は消費過程である．投資家は外部から収入 $\delta(t)$ を得ることができる．また，投資家は十分に長い満期 T_0 をもつ配当のない証券に投資する機会をもつ．もし $\delta(t)$ が Markov 性をもつならば，適当な条件のもとで証券の合理的均衡価格（潜在価格とも呼ばれる）$p(t)$ は次の Euler 方程式を満たす．

$$p(t) = \frac{\mathbb{E}[U_c(\delta(T),T)p(T) \mid \mathcal{F}_t]}{U_c(\delta(t),t)}, \quad \forall T \in [t, T_0] \tag{2.4}$$

ただし，U_c は U の c に関する 1 階微分である．この価格 $p(t)$ では，投資家はたとえ売買の機会があってもポジションの変更を行う動機をもたない．その代わりに投資家は外生的な収入をすべて消費することが最適となる，すなわち，すべての $t \geq 0$ に対して $c(t) = \delta(t)$ となる．

本節では，$\delta(t)$ が実確率測度 $\mathbb{P}$ のもとで一般的なジャンプ拡散過程

$$\frac{d\delta(t)}{\delta(t-)} = \mu_1 dt + \sigma_1 dW_1(t) + d\left[\sum_{i=1}^{N(t)}(\widetilde{V}_i - 1)\right] \tag{2.5}$$

に従うとき，Euler 方程式 (2.4) がどのようになるかを厳密に導出しよう．ただし，$\widetilde{V}_i \geq 0$ は同一で独立な任意の分布に従う非負の確率変数である．また，Poisson 過程 $N(t)$，標準 Brown 運動 $W_1(t)$ およびジャンプ幅 $\widetilde{V}_i$ は互いに独立であると仮定する．

証券の価格 $p(t)$ は配当の過程 $\delta(t)$ と似たジャンプ過程に従うことは，直観的には明らかであるが，2 つの関係については慎重に調べる必要がある．これは，以下の (2.15)

からわかるように，$p(t)$ と $\delta(t)$ は同種のジャンプ過程に従うとは限らないからである．さらに，$\delta(t)$ から $p(t)$ への厳密なパラメータ変換の導出は，ジャンプ拡散過程に内在するリスクプレミアムについて貴重な情報を与える．

Naik and Lee (1990) は $\widetilde{V}_i$ が対数正規分布に従う特別なケースについて調べた．ただし Naik and Lee (1990) は資産は連続的な配当を支払い，外生的な収入はないと仮定した．この点は，外生的な収入があり配当がないとするわれわれの仮定と異なる．したがって，ここで得られる価格式は，ジャンプが対数正規分布に従うと仮定しても彼らの結果とは異なる．

簡潔性のため，効用関数を $\alpha<1$ のときは $U(c,t)=e^{-\theta t}(c^\alpha/\alpha)$，$\alpha=0, \theta>0$ のときは $U(c,t)=e^{-\theta t}\log(c)$ とする（しかしながら，以下の結果はほとんどすべての一般的な効用関数について成立する）．ただし，θ は効用に関する割引率である．この種の効用関数について，(2.4) における合理的均衡価格は

$$p(t) = \frac{\mathbb{E}[e^{-\theta T}(\delta(T))^{\alpha-1}p(T) \mid \mathcal{F}_t]}{e^{-\theta t}(\delta(t))^{\alpha-1}} \tag{2.6}$$

となる．

4.2 リスク中立測度の選択

割引率 θ は

$$\theta > -(1-\alpha)\mu_1 + \frac{1}{2}\sigma_1^2(1-\alpha)(2-\alpha) + \lambda\zeta_1^{(\alpha-1)}$$

を満たすように十分に大きくなくてはならない．ただし $\zeta_1^{(a)}$ は

$$\zeta_1^{(a)} := \mathbb{E}[(\widetilde{V})^a - 1]$$

を意味する．この仮定は，均衡における金利の期間構造が正であることを保証する．$\zeta_1^{(a)}<\infty$ と仮定しよう．Kou (2002) による次の結果はリスク中立測度を特定し，オプションの価格付けにおけるリスク中立化法を正しく構成する．

1) $B(t,T)$ を満期 T の割引債価格とすると，$r := -\{1/(T-t)\}\log(B(t,T))$ は T によらず定数で

$$r = \theta + (1-\alpha)\mu_1 - \frac{1}{2}\sigma_1^2(1-\alpha)(2-\alpha) - \lambda\zeta_1^{(\alpha-1)} > 0 \tag{2.7}$$

となる．

2) $Z(t) := e^{rt}U_c(\delta(t),t) = e^{(r-\theta)t}(\delta(t))^{\alpha-1}$ とする．すると $Z(t)$ は $\mathbb{P}$ のもとでマルチンゲール

$$\frac{dZ(t)}{Z(t-)} = -\lambda\zeta_1^{(\alpha-1)}dt + \sigma_1(\alpha-1)dW_1(t) + d\left[\sum_{i=1}^{N(t)}(\widetilde{V}_i^{\alpha-1}-1)\right] \tag{2.8}$$

となる. $Z(t)$ を用いれば新しい確率測度 $\mathbb{P}^* : d\mathbb{P}^*/d\mathbb{P} := Z(t)/Z(0)$ を定義できる. Euler 方程式 (2.6) は資産価格が式

$$S(t) = e^{-r(T-t)}\mathbb{E}^*[S(T) \mid \mathcal{F}_t], \quad \forall T \in [t, T_0] \tag{2.9}$$

が成立するときに,またそのときにだけ成立する. さらに,満期 T においてペイオフ $\psi_S(T)$ をもつヨーロピアンオプション(経路依存型も含めて)の合理的期待均衡価格は,

$$\psi_S(t) = e^{-r(T-t)}\mathbb{E}^*[\psi_S(T) \mid \mathcal{F}_t], \quad \forall t \in [0, T] \tag{2.10}$$

により与えられる.

4.3 リスク中立測度のもとでのダイナミクス

外生的な収入プロセス $\delta(t)$ に対して,均衡条件 (2.6) あるいは (2.9) を満たす資産価格 $p(t)$ にはどのような確率過程が適当であるかを決めなければならない. ここでは, $S(t)$ として特別なジャンプ拡散過程

$$\frac{dS(t)}{S(t-)} = \mu dt + \sigma\left\{\rho dW_1(t) + \sqrt{1-\rho^2}dW_2(t)\right\} + d\left(\sum_{i=1}^{N(t)}(V_i - 1)\right)$$
$$V_i = \widetilde{V}_i^{\beta} \tag{2.11}$$

を考えよう. ただし, $W_2(t)$ は $W_1(t)$ とは独立な Brown 運動である. 言い換えると,収入 $\delta(t)$ と資産価格 $S(t)$ には共通の Poisson 過程が作用し,ジャンプ幅は定数 $\beta \in (-\infty, \infty)$ のべき乗の関係になる. ただし, $\delta(t)$ と $S(t)$ の Brown 運動過程に関する各係数はまったく異なる. あとは,ジャンプ拡散過程が合理的期待均衡の用件 (2.6) あるいは (2.9) を満たすためには,どのような制約が必要かを調べる必要がある.

$\zeta_1^{(\alpha+\beta-1)} < \infty$ および $\zeta_1^{(\alpha-1)} < \infty$ としよう. モデル (2.11) が均衡条件 (2.9) を満たすのは(Kou, 2002 によれば)

$$\begin{aligned}\mu &= r + \sigma_1\sigma\rho(1-\alpha) - \lambda(\zeta_1^{(\alpha+\beta-1)} - \zeta_1^{(\alpha-1)}) \\ &= \theta + (1-\alpha)\left\{\mu_1 - \frac{1}{2}\sigma_1^2(2-\alpha) + \sigma_1\sigma\rho\right\} - \lambda\zeta_1^{(\alpha+\beta-1)}\end{aligned} \tag{2.12}$$

のときだけである. (2.12) が成立するならば,確率測度 $\mathbb{P}^*$ のもとで

$$\frac{dS(t)}{S(t-)} = r\,dt - \lambda^*\mathbb{E}^*[\widetilde{V}_i^{\beta} - 1]dt + \sigma dW^*(t) + d\left[\sum_{i=1}^{N(t)}(\widetilde{V}_i^{\beta} - 1)\right] \tag{2.13}$$

が成立する. ここで, $W^*(t)$ は $\mathbb{P}^*$ のもとでの新たな Brown 運動であり, $N(t)$ はジャ

ンプ強度 $\lambda^* = \lambda \mathbb{E}[\widetilde{V}_i^{\alpha-1}] = \lambda(\zeta_1^{(\alpha-1)} + 1)$ の Poisson 過程で，また，$\{\widetilde{V}_i\}$ は新しい確率測度 $\mathbb{P}^*$ のもとで互いに独立で同一分布に従う確率変数であり，その密度関数は

$$f^*_{\widetilde{V}}(x) = \frac{1}{\zeta_1^{(\alpha-1)} + 1} x^{\alpha-1} f_{\widetilde{V}}(x) \tag{2.14}$$

である．

3つの過程，すなわち確率測度 $\mathbb{P}$ のもとでの $\delta(t)$ と $S(t)$ および $\mathbb{P}^*$ のもとでの $S(t)$ が同種のジャンプ項をもつとき，解析的取扱いが容易になる．それはどのような条件のもとで成立するのであろうか．収入過程 $\delta(t)$ におけるジャンプ幅 $\widetilde{V}$ の分布族 $\mathcal{V}$ が任意の実数 a に対して

$$\text{もし } \widetilde{V}^a \in \mathcal{V} \text{ ならば定数 } x^a f_{\widetilde{V}}(x) \in \mathcal{V} \tag{2.15}$$

を満たすとしよう．ただし，基準化に用いている定数を $(\zeta_1^{(a-1)} < \infty$ を仮定して) $\{\zeta_1^{(a-1)} + 1\}^{-1}$ とする．すると，確率測度 $\mathbb{P}$ のもとで資産価格 $S(t)$ のジャンプの大きさおよびリスク中立測度 $\mathbb{P}^*$ のもとでの $S(t)$ のジャンプの大きさはすべて同じ分布族 $\mathcal{V}$ に入る．この結果は，(2.5), (2.11), (2.14) から明らかである．

条件 (2.15) により，ジャンプの大きさは実質的に指数族に属する必要がある．もし $\log(V)$ が対数正規分布あるいは二重指数分布ならば条件は満たされる．一方，対数 t 分布のような対数べき型の分布は (2.15) を満たさない．

5. オプションの価格付けにおける基本設定

残りの節では，ジャンプ拡散過程におけるオプションの価格付けに焦点を当てる．そのためにいくつか記法を与える．ジャンプ拡散過程における対数収益率 $X(t) = \log(S(t)/S(0))$ とは

$$X(t) = \tilde{\mu} t + \sigma W(t) + \sum_{i=1}^{N_t} Y_i, \quad X_0 \equiv 0 \tag{2.16}$$

をさす．ここで，$\{W_t; t \geq 0\}$ は $W_0 = 0$ の標準 Brown 運動，$\{N_t; t \geq 0\}$ は強度 λ の Poisson 過程，また定数 $\tilde{\mu}$ および $\sigma > 0$ はそれぞれ拡散過程部分のドリフトとボラティリティを表す．さらにジャンプ幅 $\{Y_1, Y_2, \cdots\}$ は互いに独立で同一分布に従う確率変数とする．また $Y_i = \log(V_i)$ とおき，確率過程 $\{W_t; t \geq 0\}, \{N_t; t \geq 0\}$ および確率変数 $\{Y_1, Y_2, \cdots\}$ は互いに独立であると仮定する．

ジャンプ拡散過程 (2.16) の生成作用素は任意の2階微分可能な関数 $u(x)$ に対して

$$\mathcal{L}u(x) = \frac{1}{2}\sigma^2 u''(x) + \tilde{\mu} u'(x) + \lambda \int_{-\infty}^{\infty} [u(x+y) - u(x)] f_Y(y) \mathrm{d}y \tag{2.17}$$

により与えられる．ここで $\theta \in (-\eta_2, \eta_1)$ を仮定する．$X(t)$ の積率母関数は

$$\mathbb{E}[e^{\theta X(t)}] = \exp\{G(\theta)t\} \tag{2.18}$$

により与えられる．ただし，

$$G(x) := x\tilde{\mu} + \frac{1}{2}x^2\sigma^2 + \lambda(\mathbb{E}[e^{xY}] - 1)$$

とする．

Merton のジャンプ拡散モデルの場合，Y は正規分布に従い

$$f_Y(y) \sim \frac{1}{\sigma'\sqrt{2\pi}} \exp\left\{-\frac{(y-\mu')^2}{2\sigma'}\right\}$$

である．ただし μ' と σ' は Y の平均と標準偏差である．したがって

$$G(x) = x\tilde{\mu} + \frac{1}{2}x^2\sigma^2 + \lambda\left\{\mu'x + \frac{(\sigma')^2 x^2}{2} - 1\right\}$$

である．二重指数ジャンプ拡散モデルの場合は

$$f_Y(y) \sim p \cdot \eta_1 e^{-\eta_1 y} \mathbf{1}_{\{y \geq 0\}} + q \cdot \eta_2 e^{\eta_2 y} \mathbf{1}_{\{y < 0\}}, \quad \eta_1 > 1, \ \eta_2 > 0$$

であり，関数 $G(x)$ は

$$G(x) = x\tilde{\mu} + \frac{1}{2}x^2\sigma^2 + \lambda\left(\frac{p\eta_1}{\eta_1 - x} + \frac{q\eta_2}{\eta_2 + x} - 1\right) \tag{2.19}$$

により与えられる．

Kou and Wang (2003) は，$\alpha > 0$ である二重指数ジャンプ拡散モデルについて，式 $G(x) = \alpha$ は 4 つの厳密解 $\beta_{1,\alpha}, \beta_{2,\alpha}, -\beta_{3,\alpha}, -\beta_{4,\alpha}$ をもつことを示した．ただし

$$0 < \beta_{1,\alpha} < \eta_1 < \beta_{2,\alpha} < \infty, \quad 0 < \beta_{3,\alpha} < \eta_2 < \beta_{4,\alpha} < \infty \tag{2.20}$$

とする．方程式 $G(x) = \alpha$ の解析解は，本質的には 4 次多項式で，Kou et al. (2005) により与えられる．各 β の厳密解は Laplace 逆変換における Euler アルゴリズムにおいて有用となる．

(2.13) におけるリスク中立測度 $\mathbb{P}^*$ のもとで，

$$\tilde{\mu} = r - \frac{1}{2}\sigma^2 - \lambda\zeta$$

を得る．ただし，$\zeta := \mathbb{E}^*[e^Y] - 1$ とする．同様に，もし原資産が連続的に δ の配当を支払う場合，

$$\tilde{\mu} = r - \delta - \frac{1}{2}\sigma^2 - \lambda\zeta$$

が成立する．Merton のモデルでは

$$\zeta = \mathbb{E}^*[e^Y] - 1 = \mu' + \frac{(\sigma')^2}{2} - 1$$

であり，二重指数ジャンプ拡散モデルでは

$$\zeta = \mathbb{E}^*[e^Y] - 1 = \frac{p\eta_1}{\eta_1 - 1} + \frac{q\eta_2}{\eta_2 + 1} - 1$$

となる．

6. Laplace 変換によるコール／プットオプションの価格付け

Laplace 変換は金融デリバティブを評価する際に広く用いられてきた．例えば，Carr and Madan (1999) は対数行使価格に関する Laplace 変換を提案した．Geman and Yor (1993), Fu et al. (1999) は Black–Scholes の枠組みでアジアンオプションの評価を行う際に Laplace 変換を用いた．分散定弾性（constant elasticity of variance; CEV）モデルのもとでの Laplace 変換を用いたダブルバリアオプションとルックバックオプションの評価については，Davydov and Linetsky (2001) がある．Petrella and Kou (2004) は離散的に参照されるバリアおよびルックバックオプションを価格付けするために，再帰式および Laplace 変換を用いた．オプションの価格付けにおける Laplace 変換のサーベイについては，Craddock et al. (2000) を見よ．

Kou et al. (2005) は，本質的に積分順序の交換に基礎をおく Carr and Madan (1999) をヨーロピアンコール／プットオプションの価格付けに用いた．ヨーロピアンコール／プットに関する Laplace 変換は，原理的には Lévy 過程に関する Laplace 変換の基本的な結果から得られる（Cont and Tankov, 2004, pp. 361–362 を見よ）．

記法を確定するために，満期 T，行使価格 K のヨーロピアンコールの価格は

$$\begin{aligned} C_T(k) &= e^{-rT}\mathbb{E}^*[(S(T) - K)^+] \\ &= e^{-rT}\mathbb{E}^*[(S(0)e^{X(T)} - e^{-k})^+] \end{aligned} \quad (2.21)$$

により与えられ，またヨーロピアンプットの価格は

$$P_T(k') = e^{-rT}\mathbb{E}^*[(K - S(T))^+] = e^{-rT}\mathbb{E}^*[(e^{k'} - S(0)e^{X(T)})^+]$$

により与えられるとする．ただし，$k = -\log(K)$, $k' = \log(K)$ とする．(2.21) における $C_T(k)$ の k に関する Laplace 変換は

$$\hat{f}_C(\xi) := \int_{-\infty}^{\infty} e^{\xi k} C_T(k) \mathrm{d}k$$

$$= e^{-rT} \frac{S(0)^{\xi+1}}{\xi(\xi+1)} \exp(G(\xi+1)T), \quad \xi > 0 \qquad (2.22)$$

により与えられる．また $P_T(k')$ の k' に関する Laplace 変換は

$$\hat{f}_P(\xi) := \int_{-\infty}^{\infty} e^{\xi k'} P_T(k') \mathrm{d}k'$$

$$= e^{-rT} \frac{S(0)^{-(\xi-1)}}{\xi(\xi-1)} \exp(G(-(\xi-1)T)), \quad \xi > 1 \qquad (2.23)$$

により与えられる．それぞれ (2.18) の表記法を用いた．

これらを示すために，(2.21) の Laplace 変換

$$\hat{f}_C(\xi) = e^{-rT} \int_{-\infty}^{\infty} e^{-\xi k} \mathbb{E}^*[(S(0)e^{X(T)} - e^{-k})^+] \mathrm{d}k$$

を示す．すべての $\xi(>0)$ に対して Fubini の定理を適用すると

$$\begin{aligned}
\hat{f}_C(\xi) &= e^{-rT} \mathbb{E}^* \left[\int_{-\infty}^{\infty} e^{-\xi k} (S(0)e^{X(T)} - e^{-k})^+ \mathrm{d}k \right] \\
&= e^{-rT} \mathbb{E}^* \left[\int_{-X(T)-\log S(0)}^{\infty} e^{-\xi k} (S(0)e^{X(T)} - e^{-k}) \mathrm{d}k \right] \\
&= e^{-rT} \mathbb{E}^* \left[S(0) e^{X(T)} e^{\xi(X(T)+\log S(0))} \frac{1}{\xi} - e^{(\xi+1)(X(T)+\log S(0))} \frac{1}{\xi+1} \right] \\
&= e^{-rT} \frac{S(0)^{\xi+1}}{\xi(\xi+1)} \mathbb{E}^*[e^{(\xi+1)X(T)}]
\end{aligned}$$

を得る．(2.22) は (2.18) から容易に得られることを用いた．(2.23) の証明も同様である．

　Laplace 変換は，Petrella (2004) に記述かつ実装されている Euler 方程式の両側拡張版を用いると，複素平面上で数値的に逆変換できる．その誤差を調べるために，Kou et al. (2005) は，二重指数ジャンプ拡散過程のもとでのコール／プットオプションの価格について，Kou (2002) における Hh 関数を用いた解析解と Laplace 逆変換における計算結果とを比較した．彼らは，Laplace 逆変換を用いた結果は，ヨーロピアンコール／プットオプションについていえば，解析解と比較して小数第 5 位までの正確さをもつことを発見した．正規分布関数値および $Hh(x)$ は，x がとても大きい場合には正確に計算するのが難しくなるので，大きな収益率分散 $\sigma^2 T$ をもつ場合や高い強度 λ をもつ場合（とはいえ，ファイナンスにおける典型的事例では考えにくい）には解析解は正確でない可能性がある．このような場合でも，逆変換法は非常に良い結果を

得る.また,オプション価格の Laplace 変換 (2.22) の 1 階微分に関する逆変換を用いると,デルタ,ガンマ,シータ,ベガなどの感応度を計算することも可能である.例えば,デルタは

$$\Delta(C_T(k)) = \frac{\partial}{\partial S(0)} C_T(k)$$
$$= \mathcal{L}_\xi^{-1}\left(e^{-rT}\frac{S(0)^\xi}{\xi}\exp(G(\xi+1)T)\right)\Big|_{k=-\log K}$$

のように与えられる.ここで,$\mathcal{L}_\xi^{-1}$ は ξ に関する Laplace 逆変換である.

7. 初到達時刻

無期限アメリカンオプションやバリアオプションおよびルックバックオプションの価格付けを行うためには,ジャンプ拡散過程 $X(t)$ の直線的な閾値に対する初到達時刻

$$\tau_b := \inf\{t \geq 0; X(t) \geq b\}, \quad b > 0$$

を調べることが決定的に重要である.ここで $\{\tau_b = \infty\}$ のときは

$$X(\tau_b) := \limsup_{t \to \infty} X(t)$$

とする.

7.1 オーバーシュート問題

ジャンプ項がなければ,$X(t)$ は単にドリフト $\tilde{\mu}$ の Brown 運動である.初到達時刻に関する分布は,測度変換(Girsanov の定理)と鏡像原理を用いて,あるいは適当なマルチンゲールと任意抽出定理を利用した Laplace 変換による計算から得ることができる.両方法の詳細は確率解析に関する古典的な書籍,例えば Karlin and Taylor (1975) や Karatzas and Shreve (1991) に見ることができる.しかし,一般的ジャンプ拡散過程について初到達時刻を調べることは難しい.ジャンプ拡散過程が閾値 b を通過するとき,過程はあるときは閾値そのものをとるが,あるときは「オーバーシュート (overshoot)」$X(\tau_b) - b$ を起こして閾値を超えてしまう.図 2.6 を見よ.

オーバーシュートはオプションの価格付けにおいていくつかの点で問題となる.第一に,オーバーシュートに関する厳密な分布が必要になる.再生過程の理論から,これはジャンプ幅 Y が無記憶性を特徴とする指数型の分布をもたない限り一般には難しいことが知られている.第二に,オーバーシュートと初到達時刻の間の依存関係を明らかにする必要がある.ジャンプ幅 Y が指数分布に従うときは,その無記憶性から,2 つの確率変数はオーバーシュートが正であることを条件に条件付独立となる.このよ

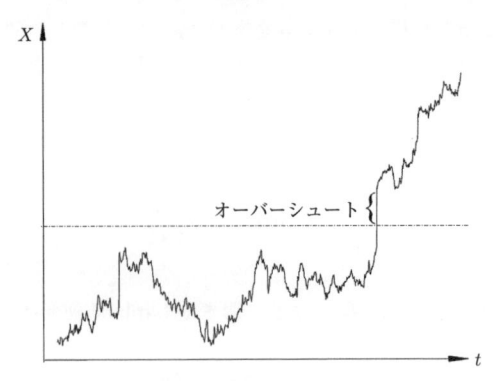

図 2.6 オーバーシュートを起こしたシミュレーションによるサンプルパス

うな条件付独立の構造は，指数分布の特徴で他の，例えば正規分布の場合には維持されない．第三に，初到達時刻を調べるために鏡像原理を使うならば，オーバーシュートと満期での値 X_t の依存関係が必要になる．この点については，われわれの知っている限りでは，たとえ二重指数ジャンプ拡散過程についても得られていない．

結局，二重指数ジャンプ拡散過程における初到達時刻に関する Laplace 変換については解析的に導出できる．しかし，$X(t)$ と $X(\tau_b) - b$ の相関が得られないので，それ以上の正確な計算はできない．とはいえ，他のジャンプモデルでは Laplace 変換の数値解ですら得るのが難しい．Wiener–Hopf 分解を用いた一般的な Lévy 過程に関するオーバーシュート問題に関しては，Asmussen et al. (2004) や Boyarchenko and Levendorskiĭ (2002) および Kyprianou and Pistorius (2003) を見よ．また，片側ジャンプにおける初到達時刻については，Avram et al. (2004) や Rogers (2000) を見よ．

7.2 条件付独立

次の結果により，指数型確率変数のランダムウォークに関する無記憶性はジャンプ拡散過程に条件付独立性を与えることがわかる．どのような $x > 0$ に対しても

$$\mathbb{P}(\tau_b \leq t, X(\tau_b) - b \geq x) = e^{-\eta_1 x}\mathbb{P}(\tau_b \leq t, X(\tau_b) - b > 0) \quad (2.24)$$

$$\mathbb{P}(X(\tau_b) - b \geq x \mid X(\tau_b) - b > 0) = e^{-\eta_1 x} \quad (2.25)$$

さらには，$X(\tau_b) - b$ を条件にすると，初到達時刻 τ_b とオーバーシュート $X(\tau_b) - b$ は独立となる．より正確には，どのような $x > 0$ に対しても

$$\begin{aligned}&\mathbb{P}(\tau_b \leq t, X(\tau_b) - b \geq x \mid X(\tau_b) - b > 0) \\ &= \mathbb{P}(\tau_b \leq t \mid X(\tau_b) - b > 0)\mathbb{P}(X(\tau_b) - b \geq x \mid X(\tau_b) - b > 0)\end{aligned} \quad (2.26)$$

となる.二重指数ジャンプ拡散過程であっても τ_b と $X(\tau_b) - b$ は独立ではない.しかし,それらは条件付独立である.

7.3 初到達時刻の分布

任意の $\alpha \in (0, \infty)$ について方程式 $\alpha = G(\beta)$ の 2 つの正解を $\beta_{1,\alpha}$ および $\beta_{2,\alpha}$ とする.ただし,$0 < \beta_{1,\alpha} < \eta_1 < \beta_{2,\alpha} < \infty$ とする.このとき,Kou and Wang (2003) は τ_b に関する Laplace 変換について次の結果を示した.

$$\mathbb{E}[e^{-\alpha\tau_b}] = \frac{\eta_1 - \beta_{1,\alpha}}{\eta_1} \cdot \frac{\beta_{2,\alpha}}{\beta_{2,\alpha} - \beta_{1,\alpha}} e^{-b\beta_{1,\alpha}} + \frac{\beta_{2,\alpha} - \eta_1}{\eta_1}$$
$$\times \frac{\beta_{1,\alpha}}{\beta_{2,\alpha} - \beta_{1,\alpha}} e^{-b\beta_{2,\alpha}}$$

$$\mathbb{E}^*[e^{-\alpha\tau_b} \mathbf{1}_{\{X(\tau_b) > b\}}] = \frac{(\eta_1 - \beta_{1,\alpha})(\beta_{2,\alpha} - \eta_1)}{\eta_1(\beta_{2,\alpha} - \beta_{1,\alpha})} [e^{-b\beta_{1,\alpha}} - e^{-b\beta_{2,\alpha}}]$$

$$\mathbb{E}^*[e^{-\alpha\tau_b} \mathbf{1}_{\{X(\tau_b) = b\}}] = \frac{\eta_1 - \beta_{1,\alpha}}{\beta_{2,\alpha} - \beta_{1,\alpha}} e^{-b\beta_{1,\alpha}} + \frac{\beta_{2,\alpha} - \eta_1}{\beta_{2,\alpha} - \beta_{1,\alpha}} e^{-b\beta_{2,\alpha}} \quad (2.27)$$

下方閾値,すなわち $b < 0$ に関する結果は,他の負の根 $\beta_{3,\alpha}$ および $\beta_{4,\alpha}$ を含む.

簡単化のため,(2.27) に焦点を絞る.(2.27) に関する発見的議論は容易である.ここで,$u(x) = \mathbb{E}^x[e^{-\alpha\tau_b}]$,$b > 0$ とすると,Feymann–Kac 方程式の発見的適用から,u は次の積分微分方程式

$$-\alpha u(x) + \mathcal{L}u(x) = 0, \quad \forall x < b \quad (2.28)$$

および $u(x) = 1, x > b$ を満たすことが期待される.この式は発見的方法により解析的に解ける.そこで,解の候補として

$$u(x) = \begin{cases} 1, & x \geq b \\ A_1 e^{-\beta_1(b-x)} + B_1 e^{-\beta_2(b-x)}, & x < b \end{cases} \quad (2.29)$$

を考えよう.ただし,A_1, B_1 は未定係数である.代入して書き換えると,$(-\alpha u + \mathcal{L}u)(x)$ は $x < b$ のとき

$$A_1 e^{-(b-x)\beta_1} f(\beta_1) + B_1 e^{-(b-x)\beta_2} f(\beta_2)$$
$$- \lambda p e^{-\eta_1(b-x)} \left(\frac{A_2 \eta_1}{\eta_1 - \beta_1} + \frac{B_2 \eta_1}{\eta_{-1}\beta_2} - e^{\eta_1 y} \right) \quad (2.30)$$

に等しくなることがわかる.ただし,$f(\beta) = G(\beta) - \alpha$ とする.

いま,すべての $x < b$ について $(-\alpha u + \mathcal{L}u)(x) = 0$ とすると,まず $f(\beta_1) = f(\beta_2) = 0$ を得るので,方程式 $G(\beta) = \alpha$ の 2 つの根 β_1, β_2 を選択することになる.ただし,4 つのうちどの 2 つを選べばよいかは明らかでない.次に,A_1 と B_1 が

$$A_1 \frac{\eta_1}{\eta_1 - \beta_1} + B_1 \frac{\eta_1}{\eta_1 - \beta_2} = e^{-\eta_1 y}$$

を満たすよう選択し，このために (2.30) の第3項をゼロとする．さらに，関数 u の $x = b$ における連続性から

$$A_1 + B_1 = 1$$

を得る．A_1, B_1 について解くと (2.27) を得る．しかし，この発見的方法にはいくつかの問題がある．

7.4 問 題 点

7.4.1 不連続性

(2.29) における関数 $u(x)$ は連続であるが，$x = b$ において1階微分可能ではないので，過程 $e^{-\alpha t} u(X_t)$ に対して直接的に伊藤の公式および Feymann–Kac の公式を適用できない．さらに，たとえ Feymann–Kac の公式が使えたとしても，(2.28) の解が一意に定まるかどうかは明らかではない．そこで，Kou and Wang (2003) は伊藤の公式が使え，そして積分微分方程式 (2.28) を解くうえで使うマルチンゲール法が可能となるような，$u(x)$ の近似を用いた．加えて，マルチンゲール法は公式の中にある2つの根のどちらを選べばよいかについて重要な情報を与える．Sepp (2004) は，Feymann–Kac の公式をもとに (2.28), (2.29) を拡張して，2つのバリアがあるオプションについて発見的議論を行った．その際，不連続の問題は無視した．

7.4.2 厳密な計算

(2.30) の解が厳密に与えられることから，積分微分方程式 (2.28) は Laplace 変換により解析的に解くことができる．これは二重指数分布の密度関数が特別な形をもつためである．すなわち，指数関数が2つの積をとっても指数関数であり，また積分形もまた指数関数であるという特殊性からきている．しかし，一般的なジャンプ拡散過程においては，このような厳密解を得るのはかなり困難となる．

7.4.3 再生積分方程式における一意性の問題

ここまでは，初到達確率の Laplace 変換を用いた解析解を導出するために，マルチンゲールと微分方程式を用いてきた．この問題を解くための別の方法は，再生過程の研究におけるある種の積分方程式を構成することである．簡単化のため，ドリフトは非負で，すなわち $\bar{u} > 0$ であり，ほとんどいたるところで $\tau_b < \infty$ が成立する場合について考えよう．$X(0) \equiv 0$ として任意の x について $P(x)$ を初到達時刻 τ_x にオーバーシュートが起きない確率，すなわち $P(x) = \mathbb{P}(X(\tau_x) = x)$ として定義する．すると，$P(x)$ が次の再生型積分方程式

$$P(x+y) = P(y)P(x) + (1 - P(x)) \int_0^y P(y-z) \cdot \eta_1 e^{-\eta_1 z} dz$$

を満たすことが容易にわかる．しかし，この再生方程式の解は一意ではない．現にすべての $\xi \geq 0$ について，

$$P_\xi(x) = \frac{\eta_1}{\eta_1+\xi} + \frac{\xi}{\eta_1+\xi}e^{-(\eta_1+\xi)x}$$

は境界条件を $P_\xi = 1$ として積分方程式を満たす．

このことは，両側ジャンプがある場合，再生型の積分方程式は一意な解をもたない可能性を示し，その原因は主に再生に関する議論だけでは解を定めるだけの十分な境界条件が得られないことにある．$\xi = -P'_\xi(0)$ が成立するのは容易にわかる．実は ξ を決定するうえで生成作用素やマルチンゲール法を利用できる．しかしながら，ここでのポイントは，再生型の積分方程式は単体では機能しない点である．

8. バリア／ルックバックオプション

バリアオプションとルックバックオプションは最も典型的な経路依存型オプションで，世界中の取引所および店頭市場において取引されている．これらのオプションのペイオフは原資産の極値に依存する．この点に関する詳細および関連する商品については Hull (2005) を参照するとよい．Black–Scholes のセッティングでは，Merton (1973) および Gatto et al. (1979) がすでにバリア／ルックバックオプションの解析解を導出している．

8.1 バリアオプションの価格付け

アップアンドインコールオプション（以下では UIC と呼ぶ）に焦点を絞り議論を進めよう．他のタイプのオプションについては，Petrella and Kou (2004) の付録や Haug (1999) にあるように，対称性を用いて同様に価格付けできる．UIC の価格は

$$UIC(k,T) = \mathbb{E}^*[e^{-rT}(S(T)-e^{-k})^+ \mathbf{1}_{\{\tau_b<T\}}] \qquad (2.31)$$

により与えられる．ただし，$H > S(0)$ はバリアレベル，$k = -\log(K)$ は行使価格の対数値であり，また $b = \log(H/S(0))$ とする．Kou and Wang (2004) は測度変換を用いて別の確率測度 $\widetilde{\mathbb{P}}$ を導入した．そこでは，$X(T)$ はドリフト $r-\delta+(1/2)\sigma^2-\lambda\zeta$ をもち，またジャンプ幅は

$$\tilde{\lambda} = \lambda(\zeta+1), \qquad \tilde{p} = \frac{p\eta_1}{(\zeta+1)(\eta_1-1)}$$
$$\tilde{\eta}_1 = \eta_1-1, \qquad \tilde{\eta}_2 = \eta_2+1$$

という二重指数分布をもつことを示した．新しい確率測度 $\widetilde{\mathbb{P}}$ のもとでの $X(t)$ のモーメント母関数は $\widetilde{\mathbb{E}}[e^{\theta X(t)}] = \exp(\widetilde{G}(\theta)t)$ により与えられる．ここで

$$\widetilde{G}(x) := x\left(r - \delta + \frac{1}{2}\sigma^2 - \tilde{\lambda}\tilde{\zeta}\right) + \frac{1}{2}x^2\sigma^2 + \tilde{\lambda}\left(\frac{\tilde{p}\tilde{\eta}_1}{\tilde{\eta}_1 - x} + \frac{\tilde{q}\tilde{\eta}_2}{\tilde{\eta}_2 + x} - 1\right)$$

とする．Kou and Wang (2004) はさらに，

$$UIC(k,T) = S(0)\widetilde{\Psi}_{UI}(k,T) - Ke^{-rT}\Psi_{UI}(k,T) \tag{2.32}$$

を示した．ただし

$$\Psi_{UI}(k,T) = \mathbb{P}^*(S(T) \geq e^{-k}, M_{0,T} > H)$$
$$\widetilde{\Psi}_{UI}(k,T) = \widetilde{\mathbb{P}}(S(T) \geq e^{-k}, M_{0,T} > H) \tag{2.33}$$

とする．ここで，UIC の価格は Kou and Wang (2003) にある同時分布関数 (2.32) の 1 次元 Laplace 逆変換により求められる．

Kou et al. (2005) は (2.31) のオプション価格および (2.32) の確率分布について 2 次元 Laplace 変換を用いる別の方法を示した．2 次元変換の結果は，たくさんの特殊関数を含む Kou and Wang (2003) による 1 次元変換よりもずっと簡潔である．

Kou et al. (2005) は，特に $0 < \xi < \eta_1 - 1$ および $\alpha > \max(G(\xi+1) - r, 0)$ を満たす（このような選択は $G(1) - r = -\delta < 0$ なので十分小さい ξ に対しては可能）ξ と α に対して，$UIC(k,T)$ の k と T に関する Laplace 変換が

$$\begin{aligned}\hat{f}_{UIC}(\xi,\alpha) &= \int_0^\infty \int_{-\infty}^\infty e^{-\xi k - \alpha T} UIC(k,T) \mathrm{d}k\mathrm{d}T \\ &= \frac{H^{\xi+1}}{\xi(\xi+1)} \frac{1}{r + \alpha - G(\xi+1)} \\ &\quad \times \left(A(r+\alpha)\frac{\eta_1}{\eta_1 - (\xi+1)} + B(r+\alpha)\right)\end{aligned} \tag{2.34}$$

により与えられることを示した．ただし，

$$\begin{aligned}A(h) &:= \mathbb{E}^*\left[e^{-h\tau_b}\mathbf{1}_{\{X(\tau_b) > b\}}\right] \\ &= \frac{(\eta_1 - \beta_{1,h})(\beta_{2,h} - \eta_1)}{\eta_1(\beta_{2,h} - \beta_{1,h})}[e^{-b\beta_{1,h}} - e^{-b\beta_{2,h}}]\end{aligned} \tag{2.35}$$

$$\begin{aligned}B(h) &:= \mathbb{E}^*\left[e^{-h\tau_b}\mathbf{1}_{\{X(\tau_b) = b\}}\right] \\ &= \frac{\eta_1 - \beta_{1,h}}{\beta_{2,h} - \beta_{1,h}}e^{-b\beta_{1,h}} + \frac{\beta_{2,h} - \eta_1}{\beta_{2,h} - \beta_{1,h}}e^{-b\beta_{2,h}}\end{aligned} \tag{2.36}$$

とし，$b = \log(H/S(0))$ とする．もし $0 < \xi < \eta_1$ および $\alpha > \max(G(\xi), 0)$ ならば（ここでも，$G(0) = 0$ なので十分小さい ξ に対しては選択可能），(2.33) の $\Psi_{UI}(k,T)$ の k と T に関する Laplace 変換は

$$\hat{f}_{\Psi_{UI}} = \int_{-\infty}^{\infty} \left(\int_{0}^{\infty} e^{-\xi k - \alpha T} \Psi_{UI}(k,T) \mathrm{d}T \right) \mathrm{d}k$$

$$= \frac{H^{\xi}}{\xi} \frac{1}{\alpha - G(\xi)} \left(A(\alpha) \frac{\eta_1}{\eta_1 - \xi} + B(\alpha) \right) \quad (2.37)$$

により与えられる.$\widetilde{\Psi}_{UI}(k,T)$ の k と T に関する Laplace 変換は G を $\widetilde{G}$ に置き換え，関数 $\widetilde{A}, \widetilde{B}$ を同様に定義して得られる．

Kou et al. (2005) はアップアンドインコールオプションを 2 次元 Laplace 変換 (Choudhury et al., 1994 および Petrella, 2004 により研究された 2 次元 Euler 変換が基礎) を用いて価格付けし，Kou and Wang (2003) による 1 次元 Laplace 変換 (Gaver–Stehfest アルゴリズムが基礎) を用いる結果と比較した．2 次元 Laplace 変換による方法は，1 次元 Gaver–Stehfest アルゴリズムを用いる方法に小数第 4 位まで一致し，すべての結果は，モンテカルロシミュレーションを用いた 95%信頼区間に入った．

2 次元 Laplace 逆変換を用いたアルゴリズムは 1 次元のアルゴリズムに比べて 3 つの長所をもつ．①2 次元 Euler 法は計算が容易で実装も簡単である．②2 次元の変換を行っているにもかかわらず，Laplace 変換の計算が速い，これは Laplace 変換公式の単純さによるものである．③Gaver–Stehfest 逆変換に求められる 80 桁の有効桁数は Euler 法では不要となる．これは主に 2 次元変換が特殊関数を含まず，また $G(x)$ の根のすべてが解析的に与えられるからである．

8.2 Euler 型逆変換によるルックバックオプションの価格付け

簡単化のため，標準的なルックバックプットオプションの価格付けに焦点を当てよう．標準的なルックバックコールの導出はプットの場合と同様である．標準的なルックバックプットオプションの価格は

$$LP(T) = \mathbb{E}^{*} \left[e^{-rT} \left\{ \max \left\{ M, \max_{0 \le t \le T} S(t) \right\} - S(t) \right\} \right]$$

$$= \mathbb{E}^{*} \left[e^{-rT} \max \left\{ M, \max_{0 \le t \le T} S(t) \right\} \right] - S(0)$$

により与えられる．ここで，$M \ge S(0)$ は時刻 0 において事前に決められた最大値の参照値である．すべての $\xi > 0$ に対して，ルックバックプットの満期時刻までの時間 T に関する Laplace 変換は，

$$\int_{0}^{\infty} e^{-\alpha T} LP(T) \mathrm{d}T = \frac{S(0)A_{\alpha}}{C_{\alpha}} \left(\frac{S(0)}{M} \right)^{-\beta_{1,\alpha+r}-1}$$

$$+ \frac{S(0)B_{\alpha}}{C_{\alpha}} \left(\frac{S(0)}{M} \right)^{\beta_{2,\alpha+r}-1} + \frac{M}{\alpha + r} - \frac{S(0)}{\alpha} \quad (2.38)$$

により与えられる (Kou and Wang, 2004 を見よ). ただし，

$$A_\alpha = \frac{(\eta_1 - \beta_{1,\alpha+r})\beta_{2,\alpha+r}}{\beta_{1,\alpha+r} - 1}, \qquad B_\alpha = \frac{(\beta_{2,\alpha+r} - \eta_1)\beta_{1,\alpha+r}}{\beta_{2,\alpha+r} - 1}$$
$$C_\alpha = (\alpha + r)\eta_1(\beta_{2,\alpha+r} - \beta_{1,\alpha+r})$$

であり，また $\beta_{1,\alpha+r}, \beta_{2,\alpha+r}$ は (2.20) にある方程式 $G(x) = \alpha + r$ の 2 つの正根である．

(2.38) の変換には，Abate and Whitt (1992) により開発された複素平面上での 1 次元 Euler 型逆変換 (EUL) アルゴリズムを用い，Kou and Wang (2004) にある実空間上での Gaver–Stehfest (GS) アルゴリズムは用いない．主な理由は，EUL アルゴリズム（複素平面上で実行される）は GS アルゴリズムほどの精度を必要としないためである．実際，80 桁を必要とする GS に対して，EUL では 12 桁で十分である．これは，EUL アルゴリズムでは，$G(x)$ の根が解析的に与えられていることが原因である．Kou et al. (2005) は，EUL と GS の結果の違いは小さいことを示した．結局，EUL は実装が容易な点で優れ，また GS ほどの実行精度がなくても十分に速く収束する．

9. アメリカンオプションの数値的近似

米国および欧州の取引所で取引されているコール／プットオプションのほとんどはアメリカンタイプである．よって，アメリカンオプションの価格を速く正確に計算することには大きな関心が寄せられている．有限満期のアメリカンオプションの価格は有限満期の自由境界問題の解により与えられる．古典的な幾何 Brown 運動の場合でさえ，配当のないコールを除くと解析解は得られていない．一般的なジャンプ拡散過程のもとでアメリカンオプションの価格付けを行うためには，格子法あるいは微分方程式を用いて自由境界問題を数値的に解くことになるであろう．この点については Amin (1993), d'Halluin et al. (2003), Feng and Linetsky (2005), Feng et al. (2004), および Cont and Tankov (2004) による書籍を見よ．

9.1　2 次 近 似

Kou and Wang (2004) は，Barone-Adesi and Whaley (1987) による古典的幾何 Brown 運動における近似方法を拡張して，二重指数ジャンプ拡散モデルの特殊構造を勘案した近似方法を示した．この拡張の動機の一つは，数値近似においてヨーロピアンコールの価格しか用いないその簡潔性にある．Kou and Wang (2004) による数値計算結果の近似誤差は，典型的には 2% よりも低かった．これは取引所でのアメリカンオプションのビッドアスクスプレッド（大体 5% か 10%）よりも小さい．よって，この近似はたいていの現場において十分な精度をもち，簡単で速い近似方法となりうる．

Barone-Adesi and Whaley の 2 次近似の拡張は，二重指数ジャンプ拡散過程においてもうまく機能した．これは問題を解くうえで必要なある種の自由境界問題の解の厳密解が得られているためである．

記述方法を簡単にするために，配当のない原資産のプットオプションに的を絞ろう．配当がある場合のコールについても議論は有効である．また，有限満期のオプションのみを扱う．アメリカンコールは Schröder (1999) による対称関係を用いて価格付けできる．

数値近似には 2 つの数量が必要であり，それらは初期株価が v で満期が t のヨーロピアンコールの価格 $\mathrm{EuP}(v,t)$ および時刻 t に株価が行使価格を下回る確率 $\mathbb{P}^v[S(t) \le K]$ である．$\mathrm{EuP}(v,t)$ と $\mathbb{P}^v[S(t) \le K]$ のどちらも Kou (2002) にある解析解あるいは Kou et al. (2005) にある Laplace 変換を用いて高速に計算できる．

いくつか新しい表記を定義する．$z = 1 - e^{-rt}$ とし (2.20) における記法を用いて $\beta_3 \equiv \beta_{3,r/z}, \beta_4 \equiv \beta_{4,r/z}, C_\beta = \beta_3\beta_4(1+\eta_2), D_\beta = \eta_2(1+\beta_3)(1+\beta_4)$ とする．また $v_0 \equiv v_0(t) \in (0,K)$ を，方程式

$$C_\beta K - D_\beta[v_0 + \mathrm{EuP}(v_0,t)]$$
$$= (C_\beta - D_\beta)Ke^{-rt} \cdot \mathbb{P}^{v_0}[S(t) \le K] \quad (2.39)$$

の一意な解とする．ここで，(2.39) の左辺は v_0 に関して単調減少であり（$v_0 + \mathrm{EuP}(v_0,t) = e^{-rt}\mathbb{E}^*[\max(S(t,K)) \mid S(0) = v_0]$ であるため），右辺は v_0 に関して単調増加である（$C_\beta - D_\beta = \beta_3\beta_4 - \eta(1+\beta_3+\beta_4) < 0$ であるため）．よって v_0 は例えば二分法を用いて容易に得られる．

近似：有限満期 t，行使価格 K のアメリカンオプションの価格は，$\psi(S(0),t)$ を用いて近似され，

$$\psi(v,t) = \begin{cases} \mathrm{EuP}(v,t) + Av^{-\beta_3} + Bv^{-\beta_4}, & \text{if } v \ge v_0 \\ K - v, & \text{if } v \le v_0 \end{cases} \quad (2.40)$$

により表される．ただし，v_0 は方程式 (2.39) の一意な解で，定数 A, B は

$$A = \frac{v_0^{\beta_3}}{\beta_4 - \beta_3}\{\beta_4 K - (1+\beta_4)[v_0 + \mathrm{EuP}(v_0,t)] + Ke^{-rt}\mathbb{P}^{v_0}[S(t) \le K]\} > 0 \quad (2.41)$$

$$B = \frac{v_0^{\beta_4}}{\beta_3 - \beta_4}\{\beta_3 K - (1+\beta_3)[v_0 + \mathrm{EuP}(v_0,t)] + Ke^{-rt}\mathbb{P}^{v_0}[S(t) \le K]\} > 0 \quad (2.42)$$

により与えられる．

Kou and Wang (2004) による数値例では，相対誤差の最大値はおよそ 2.6% で，多くの場合，相対誤差は 1% 以下であった．この近似はとても計算速度が速く Pentium 1500 PC を用いた場合，1 つの価格を計算するうえで必要な時間はパラメータ設定に関係なく約 0.04 秒である．一方，Amin (1993) による格子法はとても遅く，1 つの価格を出すのに 1 時間以上かかる．

9.2 区分的指数近似

さらに正確な近似方法は Ju (1998) による区分的指数近似を拡張することで得られる．Gukhal (2001) と Pham (1997) は，Carr et al. (1992) による先行研究を拡張することで，ジャンプ拡散モデルにおけるアメリカンプットオプションの価格が

$$P_A(S_t,t,T) = P_E(S_t,t,T) + \int_t^T e^{-r(s-t)} rK \mathbb{E}^*\big[\mathbf{1}_{\{S_s \leq S_s^*\}} \mid S_t\big] \mathrm{d}s$$
$$- \delta \int_t^T e^{-r(s-t)} \mathbb{E}^*\big[S_s \mathbf{1}_{\{S_s \leq S_s^*\}} \mid S_t\big] \mathrm{d}s$$
$$- \lambda \int_t^T e^{-r(s-t)} \mathbb{E}^*\big[\{P_A(VS_{s-},s,T) - (K - VS_{s-})\}$$
$$\times \mathbf{1}_{\{S_{s-} \leq S_{s-}^*\}} \mathbf{1}_{\{VS_{s-} > S_{s-}^*\}} \mid S_t\big] \mathrm{d}s \qquad (2.43)$$

により与えられることを示した．ただし，時刻 t における原資産価格を S_t，満期を $T > t$ とする．また $P_E(S_t,t,T)$ は対応するヨーロピアンコールの価格，$\log(V) = Y$ は二重指数分布に従うジャンプ幅，S_s^* は時刻 s における早期行使境界（株価が時刻 s において S_s^* になったらただちにオプションを行使するのが最適となる）とする．Gukhal (2001) は (2.43) の 4 項について次のような解釈を与えた．アメリカンプットオプション価格は，対応するヨーロピアンプットオプション価格に，行使領域において行使価格に生じる利子の現在価値（以後，IA）を加えて，行使領域において原資産に生じる配当の現在価値（以後，DL）を減じて，さらにジャンプに関するリバランスコスト（以後，$RCJ(t,T)$．(2.43) の最後の項で早期行使境界内から継続領域へのジャンプを調整し，純粋な拡散過程の場合には生じない）を差し引いて与えられる．

項 $RCJ(t,T)$ は資産価格が行使領域から続行領域へジャンプしてしまう可能性を考慮に入れている．したがって，この項は上方ジャンプの確率 λp が小さいときは減少する．さらに，行使境界を越えるオーバーシュートがそれほど大きくなければ，行使領域から続行領域へのジャンプがアメリカンオプション価値へ与える影響はとても小さく，直観的にこの項はとても小さいことが期待できる．これは，オーバーシュートのジャンプ幅の平均値が小さいときにより現実的である．二重指数ジャンプの場合であれば，平均は $1/\eta_1$ で多くの場合，$\eta_1 > 10$ である．言い換えると，項 $RCJ(t,T)$ は λp が小さいかあるいは η_1 が大きい場合は無視できるはずである．実際，Kou et al. (2005) は $T > t$ として二重指数ジャンプ拡散モデルにおいて，

9. アメリカンオプションの数値的近似

$$RCJ(t,T) \leq \lambda p \frac{\eta_1}{\eta_1 - 1} K \cdot U(t,T)$$

$$U(t,T) = \int_t^T \mathbb{E}^* \left[\left(\frac{S_{s-}^*}{S_{s-}} \right)^{-(\eta_1-1)} \mathbf{1}_{\{S_{s-} \leq S_{s-}^*\}} \,\bigg|\, S_t \right] \mathrm{d}s$$

を示した．このように，項 $RCJ(t,T)$ は上方ジャンプ確率 λp が小さいか，あるいはパラメータ η_1 が大きい場合（このとき $U(t,T)$ の被積分項が小さい）は，かなり小さいと結論でき，実務においては (2.43) の項 $RCJ(t,T)$ は無視できることがわかった．最適行使境界 S_t^* に着目すると，$P_A(S_t^*, t, T) = K - S_t^*$ なので，項 $RCJ(t,T)$ を無視すると次の積分方程式を得る．

$$K - S_t^* = P_E(S_t^*, t, T) + \int_t^T e^{-r(s-t)} rK \mathbb{E}^* \left[\mathbf{1}_{\{S_s \leq S_s^*\}} \,\big|\, S_t = S_t^* \right] \mathrm{d}s$$
$$- \int_t^T e^{-r(s-t)} \delta \mathbb{E}^* \left[S_s \mathbf{1}_{\{S_s \leq S_s^*\}} \,\big|\, S_t = S_t^* \right] \mathrm{d}s$$

この積分方程式を解くために，Ju (1998) による最適行使境界の区分的指数関数表現を用いよう．

より正確にいうと，満期までの期間を n 区間に分け，区分幅を $\Delta T = T/n$ とし，最適行使境界 S_t^* を n 個の区分的指数関数 $\widetilde{S}_t = \exp(s_i^* + \alpha_i t), t \in [(i-1)\Delta T, i\Delta T], i = 1, \cdots, n$ で近似する．数値計算をしてみると，多くの場合で $n = 3$ もしくは $n = 5$ で十分な精度が得られることがわかった．各区間における定数 s_i^* と α_i を決めるために，バリューマッチング（value matching）条件とスムースペイスティング（smooth pasting）条件を用いた．次のように，$i = n$〜1 まで後進的に $t_i = (i-1)\Delta T$ における連立方程式，すなわちバリューマッチング条件

$$K - \widetilde{S}_i = P_E(\widetilde{S}_i, t_i, T) + \sum_{j=i}^n IA_j(\widetilde{S}_i, t_j) - \sum_{j=i}^n DL_j(\widetilde{S}_i, t_j) \qquad (2.44)$$

およびスムースペイスティング条件

$$-1 = \frac{\partial}{\partial \widetilde{S}_i} P_E(\widetilde{S}_i, t_i, T) + \sum_{j=i}^n \frac{\partial}{\partial \widetilde{S}_i} IA_j(\widetilde{S}_i, t_j) - \sum_{j=i}^n \frac{\partial}{\partial \widetilde{S}_i} DL_j(\widetilde{S}_i, t_j) \qquad (2.45)$$

を解くことで，未知変数 s_i^* と α_i は再帰的に得られる．ただし，

$$IA_j(S_t, u) = rK \int_u^{t_{j+1}} e^{-r(s-t)} \mathbb{E}^* \left[\mathbf{1}_{\{S_s \leq \widetilde{S}_s\}} \,\big|\, S_t \right] \mathrm{d}s, \ t \leq u, \ u \in [t_j, t_{j+1})$$

$$DL_j(S_t, u) = \delta \int_u^{t_{j+1}} e^{-r(s-t)} \mathbb{E}^* \left[S_s \mathbf{1}_{\{S_s \leq \widetilde{S}_s\}} \,\big|\, S_t \right] \mathrm{d}s, \ t \leq u, \ u \in [t_j, t_{j+1})$$

とする．この連立方程式は，(2.44) と (2.45) の右辺が計算できれば，逐次代入法によ

り解くことができる．結局，Kou et al. (2005) は，IA_j, DL_j の s_i^* に関する Laplace 変換および $(\partial/\partial S_t)IA_j, (\partial/\partial S_t)DL_j$ の Laplace 変換を導いた．

まとめとして，アルゴリズムを示す．

アルゴリズム

1) 最適行使境界の近似 $\widetilde{S}$ を計算する．そのために，連立方程式 (2.44), (2.45) を $i = n \sim 1$ に向かって後進的に解いて，各区分点 t_i における s_i^*, α_i を得る．連立方程式 (2.44), (2.45) の右辺は Laplace 逆変換を用いて定める．根を求める際は，例えば，Broydn による多次元二分法（Press et al., 1993 に実装されている）を用いる．

2) 閾値 $\widetilde{S}$ が得られたら，どの点 $t \in [t_i, t_{i+1})$ においてもアメリカンオプションの価格は

$$P_E(S_t, t, T) + IA_i(S_t, t) + \sum_{j=i+1}^{n} IA_j(S_t, t_j) - DL_i(S_t, t)$$
$$- \sum_{j=i+1}^{n} DL_j(S_t, t_j)$$

により得られる．

ステップ 1 における逆変換の実装では，Petrella (2004) による両側 Euler 法を用いることができる．二分法の初期値は，$\alpha_i = 0$ および Kou and Wang (2004) により与えられる閾値の近似値 S_i^* を用いる．

Kou et al. (2005) は 3 および 5 分割の指数関数を用いて閾値を近似して（それぞれ 3EXP, 5EXP）オプション価格を算出し，(i) Amin (1993) によるツリー法による真値，および (ii) Kou and Wang (2004) による解析的近似価格の双方とおのおの比較した．ここでの新しいアルゴリズムは，3EXP では 2 秒，5EXP では 4 秒であった．一方，Amin のツリー法では 1 時間を要した．多くの場合に，3EXP は Kou and Wang (2004) の 2 次近似よりも正確で，また 5EXP は期待どおりさらに正確であった．

まとめると，2 次近似は，解析的近似であることからプログラミングが容易な点で優れ，また実行速度も速い．しかしながら，区分的指数関数近似はより正確である．

10. ジャンプ拡散モデルの多次元化

ペイオフが 2 つ以上の資産に依存する 2 次元のバリアオプションや交換オプションが取引所もしくは店頭市場でさかんに取引されている．交換オプションの保有者は，一つの資産をもう一つの別の資産に交換する権利をもつ．より正確には，e^{-k} を交換比率としてペイオフが $(S_1(T) - e^{-k}S_2(T))$ となるオプションのことである．2 次元バリアオプションは通常のコール／プットのペイオフをもつ一方で，閾値がもう一つ

の別の資産により定義されるオプションである．例えば，バンカースは 1993 年の終わりに，ベルギー株のバスケットに対するコールに対してベルギーフランが 30% 以上値上がりすると，その権利が消失するオプションを発行した．この例はアップアンドアウトコールオプションである．2 次元のバリアオプションには 8 タイプ，すなわちアップ（ダウン）アンドイン（アウト）コール（プット）がある．数学的には，2 次元アップアンドインプットオプションのペイオフは，$S_i(t), i = 1, 2$ を 2 資産の価格，$K(> 0)$ を行使価格，H を閾値として，$(K - S_1(T))^+ 1_{\{\max_{0 \leq t \leq T} S_2(t) \geq H\}}$ で与えられる．このオプションを価格付けするためには，初到達時刻に関する同時分布関数

$$\mathbb{P}\left(X_T^{(1)} \leq a, \max_{0 \leq s \leq T} X_S^{(2)} \geq b\right) = \mathbb{P}\left(X_T^{(1)} \leq a, \tau_b \leq T\right)$$

が必要である．ただし，初到達時刻 τ_b は $\tau_b \equiv \tau_b^{(2)} := \inf\{t \geq 0 : X_t^{(2)} \geq b\}, b > 0$ とする．ここで，$X_T^{(i)} = \log(S_i(T)/S_i(0))$ は i 番目（$i = 1, 2$）の資産の収益率過程である．

古典的な幾何 Brown 運動の場合については解析解が得られている．Hull (2005) による書籍や Zhang (1998) を見よ．しかし，ジャンプが導入されると解析性を保持するのが難しくなる．その原因の一つは，ジャンプにより閾値を飛び越えてしまうオーバーシュート問題である．例えば，Merton のジャンプ拡散モデルでは，2 次元バリアオプションの解析解を得るのは困難である．

Huang and Kou (2006) は先の 1 次元二重指数ジャンプ拡散モデルを共通のジャンプと個別のジャンプがあるモデルへと拡張した．ジャンプ幅は多次元非対称 Laplace 分布に従う（二重指数分布とは関係が深いが同一ではない）．このモデルは相関のあるジャンプを研究するうえで扱いやすいフレームワークを提供するばかりか，特にバリアオプションでは計算も容易である．2 次元の初到達時刻に関する解析解が得られ，またバリア型あるいは交換型のオプションに関する解析解を与える．1 次元の場合に比べて 2 次元の問題にはいくつかの技術的難点がある．第一は，共通ジャンプと個別ジャンプによるもので，2 次元以上の生成作用素を伴う．第二は，非対称 Laplace 分布の同時密度は解析的に表現できないので，同時密度や生成作用素の計算はより複雑になる．第三は，伊藤の公式を直接は使用できないため，マルチンゲール性を正当化するために一様可積分性を用いなくてはならない点である．

10.1 非対称 Laplace 分布

多次元ジャンプ拡散モデルに導入される共通ジャンプのジャンプ幅は多次元 Laplace 分布に従う．n 次元の非対称 Laplace 分布に従う確率変数ベクトルを Y とするとき，$Y \sim \mathcal{AL}_n(m, J)$ と書き，これは特性関数

$$\Psi_Y(\theta) = \mathbb{E}[e^{i\theta^\top Y}] = \frac{1}{1 + (1/2)\theta^\top J\theta - im^\top \theta} \tag{2.46}$$

を用いて定義される．ここで，$m \in \mathbb{R}^n$ であり J は $n \times n$ の正定値対称行列である．行列 J に対する正定値の要件は，n 次元分布が退化していないことを保証するために仮定される．この要件がないと，分布の次元は n よりも小さくなる．ベクトル m は平均値 $\mathbb{E}[Y] = m$ であり，行列 J は分散共分散行列と同じような役割を果たす．

1 次元の Laplace 分布の場合，特性関数 (2.46) は

$$\Psi_Y(\theta) = \frac{1}{1 + (1/2)v^2\theta^2 - im\theta} \tag{2.47}$$

のようになる．ここで，v^2 は (2.46) における J に相当する．非対称 Laplace 分布に関するより詳しい情報は，Kotz et al. (2001) を参照せよ．

非対称 Laplace 分布は n 次元正規分布と似たような性質を多くもつ．これは，

$$Y \stackrel{d}{=} mB + B^{1/2}Z \tag{2.48}$$

とできることから容易にわかる．ここで，$Z \sim N_n(0, J)$ は平均 0，分散共分散行列 J の n 次元正規分布で，B は Z とは独立な 1 次元指数分布に従う確率変数である．例えば，第 k 番目の Y の成分は，$B \sim \exp(1)$ および $Z_k \sim N(0, J_{kk})$ として $Y^{(k)} \stackrel{d}{=} m_k B + B^{1/2} Z_k$ とでき，これは $Y^{(k)}$ の周辺分布は 1 次元非対称 Laplace 分布であることを意味する．さらに，2 つの成分の差は，

$$Y^{(k)} - Y^{(j)} \stackrel{d}{=} (m_k - m_j)B + B^{1/2}(Z_k - Z_j), \quad 1 \leq k, j \leq n \tag{2.49}$$

となることから，1 次元 Laplace 分布である．しかしながら，$Y + a$ は非対称 Laplace 分布とはならないことを付け加えておく．

特性関数 (2.47) により定義される 1 次元非対称 Laplace 分布は，二重指数分布の特殊ケースである．なぜならば，1 次元非対称 Laplace 分布は密度関数

$$f_Y(y) = p \cdot \eta_1 e^{-\eta_1 y} 1_{\{y \geq 0\}} + q \cdot \eta_2 e^{\eta_2 y} 1_{\{y < 0\}}$$
$$p > 0, \quad q > 0, \quad p + q = 1$$

をもつからである．ただし，$p\eta_1 = q\eta_2$ でパラメータは

$$\eta_1 = \frac{2}{\sqrt{m^2 + 2v^2} + m}, \qquad \eta_2 = \frac{2}{\sqrt{m^2 + 2v^2} - m}$$
$$p = \frac{\sqrt{m^2 + 2v^2} + m}{2\sqrt{m^2 + 2v^2}} \tag{2.50}$$

により与えられる．

非対称 Laplace 分布は，Barndorff-Nielsen (1977) によって導入された一般化双曲型分布（generalized hyperbolic distribution）の特殊ケースとして見ることもでき

る．実際，一般化双曲型確率変数 X は Z を多次元正規分布に従う確率変数，ζ を逆 Gauss 分布に従う確率変数として，$X \stackrel{d}{=} \mu + m\zeta + \zeta^{1/2}Z$ のように定義できる．指数分布は，一般化逆 Gauss 分布に属するので，非対称 Laplace 分布は，一般化双曲型分布の特殊ケースとなる．ファイナンスにおける一般化双曲型分布の応用については，Eberlein and Prause (2002) を見よ．

10.2 多次元ジャンプ拡散モデル

資産価格 $S(t)$ が Brown 運動により変動する連続部分と，Poisson 過程によりモデル化されるジャンプ部分をもつ多次元ジャンプ拡散モデルを提案する．このモデルには，共通ジャンプと個別ジャンプがある．より正確には，共通ジャンプの Poisson 事象が発生すると，すべての資産価格は多次元非対称 Laplace 分布に従いジャンプする．もし，第 j 番目の個別ジャンプの Poisson 事象が発生すると，j 番目の資産価格のみにジャンプが発生する．このモデルの狙いは資産価格に発生する相関のあるジャンプを表現することである．数学的には，資産価格 $S(t)$ は実確率測度 $\mathbb{P}$ のもとで確率微分方程式

$$\frac{dS(t)}{S(t-)} = \mu dt + \sigma dW(t) + d\left(\sum_{i=1}^{N(t)}(V_i - 1)\right) \qquad (2.51)$$

に従うモデルを提案する．ここで，$W(t)$ は n 次元標準 Brown 運動過程で，$\sigma \in \mathbb{R}^{n \times n}$ は分散共分散行列 $\Sigma = \sigma\sigma^\top$ を与える．Poisson 過程 $N(t)$ の強度は，$\lambda = \lambda_c + \sum_{k=1}^{n}\lambda_k$ である．すなわち，2 つの種類のジャンプがあり，一つはすべての資産に作用する強度 λ_c のジャンプで，もう一つは k 番目の資産にのみ作用する強度 $\lambda_k, 1 \leq k \leq n$ の個別ジャンプである．

共通ジャンプにおけるジャンプ幅の対数は n 次元非対称 Laplace 分布 $\mathcal{AL}_n(m_c, J_c)$，$m_c = (m_{1,c}, \cdots, m_{n,c})^\top \in \mathbb{R}^n$ に従う．ここで，J_c は正定値行列である．k 番目の資産の個別ジャンプについて，ジャンプ幅の対数は 1 次元非対称 Laplace 分布 $\mathcal{AL}_1(m_k, v_k^2)$ に従う．まとめると，以下のとおりである．

$$Y = \log(V) \sim \begin{cases} \mathcal{AL}_n(m_c, J_c), & \text{確率 } \dfrac{\lambda_c}{\lambda} \\ (\underbrace{0, \cdots, 0}_{k-1}, \mathcal{AL}_1(m_k, v_k^2), \underbrace{0, \cdots, 0}_{n-k})^\top \\ \text{確率 } \dfrac{\lambda_k}{\lambda}, \ 1 \leq k \leq n \end{cases}$$

変動の源となる $N(t), W(t)$ は各ジャンプ幅 V_i とは独立と仮定する．また，ジャンプそのものも互いに独立と仮定する．このモデルは，1 次元の場合については，もし $p\eta_1 = q\eta_2$ ならば二重指数ジャンプ拡散モデル（Kou, 2002）に退化する．

確率微分方程式 (2.51) を解くと資産価格について

$$S(t) = S(0)\exp\left[\left(\mu - \frac{1}{2}\Sigma_{\text{diag}}\right)t + \sigma W(t)\right]\prod_{i=1}^{N(t)} V_i \qquad (2.52)$$

を得る．ただし，Σ_{diag} は Σ の対角線ベクトルを表す．ここで $1 \leq k \leq n$ に対して

$$\mathbb{E}[V^{(k)}] = \mathbb{E}[e^{Y^{(k)}}] = \frac{\lambda_c/\lambda}{1 - m_{k,c} - J_{c,kk}/2} + \frac{\lambda_k/\lambda}{1 - m_k - v_k^2/2} \qquad (2.53)$$

となることに注意する．$\mathbb{E}[V^{(k)}] < \infty$ かつ $\mathbb{E}[S_k(t)] < \infty$ が成立するように，すなわち株価の期待値が有限となるためには，$m_{k,c} + J_{c,kk}/2 < 1$ および $m_k + v_k^2/2 < 1$ が必要である．

2次元の特殊ケースでは，資産価格は

$$S_1(t) = S_1(0)\exp\left[\mu_1 t + \sigma_1 W_1(t) + \sum_{i=1}^{N(t)} Y_i^{(1)}\right]$$

$$S_2(t) = S_2(0)\exp\left[\mu_2 t + \sigma_2\left[\rho W_1(t) + \sqrt{1-\rho^2}W_2(t)\right] + \sum_{i=1}^{N(t)} Y_i^{(2)}\right] \qquad (2.54)$$

のように書ける．ここで，すべてのパラメータはリスク中立測度のもとで定義され，W_1, W_2 は互いに独立な 2 次元 Brown 運動で，$N(t)$ は強度 $\lambda = \lambda_c + \lambda_1 + \lambda_2$ の Poisson 過程である．ジャンプ幅 Y_i の対数に関する分布は

$$Y_i = (Y_i^{(1)}, Y_i^{(2)})^\top \sim \begin{cases} \mathcal{AL}_2(m_c, J_c), & \text{確率 } \dfrac{\lambda_c}{\lambda} \\ (\mathcal{AL}_1(m_1, v_1^2), 0)^\top, & \text{確率 } \dfrac{\lambda_1}{\lambda} \\ (0, \mathcal{AL}_1(m_2, v_2^2))^\top, & \text{確率 } \dfrac{\lambda_2}{\lambda} \end{cases} \qquad (2.55)$$

のように与えられる．ここで，共通ジャンプに関するパラメータは

$$m_c = \begin{pmatrix} m_{1,c} \\ m_{2,c} \end{pmatrix}, \qquad J_c = \begin{pmatrix} v_{1,c}^2 & cv_{1,c}v_{2,c} \\ cv_{1,c}v_{2,c} & v_{2,c}^2 \end{pmatrix}$$

である．

$S(t)$ は Markov 過程なので，$X(t) = \log S(t)/S(0)$ の生成作用素を導くことで新たな特徴がわかる．(2.54) における 2 次元ジャンプ拡散収益率過程 $(X_1(t), X_2(t))$ は

$$X_1(t) = \mu_1 t + \sigma_1 W_1(t) + \sum_{i=1}^{N(t)} Y_i^{(1)}$$

$$X_2(t) = \mu_2 t + \sigma_2\left[\rho W_1(t) + \sqrt{1-\rho^2}W_2(t)\right] + \sum_{i=1}^{N(t)} Y_i^{(2)}$$

により与えられ，このとき無限小生成作用素はすべての2階微分可能な関数 $u(x_1, x_2)$ に対して次のように与えられる．

$$\mathcal{L}u = \mu_1 \frac{\partial u}{\partial x_1} + \mu_2 \frac{\partial u}{\partial x_2} + \frac{1}{2}\sigma_1^2 \frac{\partial^2 u}{\partial x_1^2} + \frac{1}{2}\sigma_2^2 \frac{\partial^2 u}{\partial x_2^2} + \rho\sigma_1\sigma_2 \frac{\partial^2 u}{\partial x_1 \partial x_2}$$
$$+ \lambda_c \int_{y_2=-\infty}^{\infty} \int_{y_1=-\infty}^{\infty} [u(x_1+y_1, x_2+y_2) - u(x_1, x_2)]$$
$$\times f^c_{(Y^{(1)}, Y^{(2)})}(y_1, y_2) dy_1 dy_2$$
$$+ \lambda_1 \int_{y_1=-\infty}^{\infty} [u(x_1+y_1, x_2) - u(x_1, x_2)] f_{Y^{(1)}}(y_1) dy_1$$
$$+ \lambda_2 \int_{y_2=-\infty}^{\infty} [u(x_1, x_2+y_2) - u(x_1, x_2)] f_{Y^{(2)}}(y_2) dy_2 \quad (2.56)$$

ただし，$f^c_{(Y^{(1)}, Y^{(2)})}(y_1, y_2)$ は共通ジャンプ $\mathcal{AL}_2(m_c, J_c)$ の同時密度関数で，$f_{Y^{(i)}}(y_i)$ は個別ジャンプ $\mathcal{AL}_1(m_i, J_i), i = 1, 2$ の密度関数である．

この生成作用素を研究するうえでの一つの難点は，非対称 Laplace 分布の同時密度関数が解析的表現をもたないことである．それゆえ，同時密度および生成作用素に関する計算は複雑になる．実確率測度からリスク中立測度への変換および初到達時刻の解析解，またバリアオプションと交換オプションに関する解析解については，Huang and Kou (2006) を見よ．

(**Steven G. Kou**/鈴木輝好)

参考文献

Abate, J., Whitt, W. (1992). The Fourier series method for inverting transforms of probability distributions. *Queueing Systems* 10, 5–88.
Amin, K. (1993). Jump-diffusion option valuation in discrete time. *Journal of Finance* 48, 1833–1863.
Artzner, P., Delbaen, F., Eber, J.-M., Heath, D. (1999). Coherent measures of risk. *Mathematical Finance* 9, 203–228.
Asmussen, S., Avram, F., Pistorius, M.R. (2004). Russian and American put options under exponential phase-type Lévy models. *Stochastic Processes and Their Applications* 109, 79–111.
Avram, F., Kyprianou, A.E., Pistorius, M.R. (2004). Exit problems for spectrally negative Lévy processes and applications to (Canadized) Russian options. *Annals of Applied Probability* 14, 215–238.
Barberis, N., Shleifer, A., Vishny, R. (1998). A model of investor sentiment. *Journal of Financial Economics* 49, 307–343.
Barone-Adesi, G., Whaley, R.E. (1987). Efficient analytic approximation of American option values. *Journal of Finance* 42, 301–320.
Barndorff-Nielsen, O. (1977). Exponentially decreasing distributions for the logarithm of particle size. *Proceedings of the Royal Society of London Series A* 353, 409–419.
Barndorff-Nielsen, O.E., Shephard, N. (2001). Non-Gaussian Ornstein–Uhlenbeck based models and some of their uses in financial economics (with discussion). *Journal of Royal Statistical Society Series B* 63, 167–241.
Blattberg, R.C., Gonedes, N.J. (1974). A comparison of the stable and Student distributions as statistical models for stock prices. *Journal of Business* 47, 244–280.

Boyarchenko, S., Levendorskiĭ, S. (2002). Barrier options and touch-and-out options under regular Lévy processes of exponential type. *Annals of Applied Probability* 12, 1261–1298.
Boyle, P., Broadie, M., Glasserman, P. (1997). Simulation methods for security pricing. *Journal of Economic Dynamics and Control* 21, 1267–1321.
Carr, P., Madan, D.B. (1999). Option valuation using the fast Fourier transform. *Journal of Computational Finance* 2, 61–73.
Carr, P., Jarrow, R., Myneni, R. (1992). Alternative characterizations of American puts. *Mathematical Finance* 2, 87–106.
Carr, P., Geman, H., Madan, D., Yor, M. (2003). Stochastic volatility for Lévy processes. *Mathematical Finance* 13, 345–382.
Chen, N., Kou, S.G. (2005). Credit spreads, optimal capital structure, and implied volatility with endogenous default and jump risk. *Mathematical Finance*, in press.
Choudhury, G.L., Lucantoni, D.M., Whitt, W. (1994). Multidimensional transform inversion with applications to the transient M/M/1 queue. *Annals of Applied Probability* 4, 719–740.
Clark, P.K. (1973). A subordinated stochastic process model with finite variance for speculative prices. *Econometrica* 41, 135–155.
Cont, R., Tankov, P. (2004). *Financial Modelling with Jump Processes*, second printing. Chapman and Hall/CRC Press, London.
Cont, R., Voltchkova, E. (2005). Finite difference methods for option pricing in jump-diffusion and exponential Lévy models. *SIAM Journal of Numerical Analysis* 43, 1596–1626.
Cox, J.T., Ross, S.A. (1976). The valuation of options for alternative stochastic processes. *Journal of Financial Economics* 3, 145–166.
Craddock, M., Heath, D., Platen, E. (2000). Numerical inversion of Laplace transforms: A survey of techniques with applications to derivative pricing. *Journal of Computational Finance* 4, 57–81.
Das, S.R., Foresi, S. (1996). Exact solutions for bond and option prices with systematic jump risk. *Review of Derivatives Research* 1, 7–24.
Davydov, D., Linetsky, V. (2001). Pricing and hedging path-dependent options under the CEV process. *Management Science* 47, 949–965.
Derman, E., Kani, I. (1994). Riding on a smile. *RISK* Feb. 32–39.
d'Halluin, Y., Forsyth, P.A., Vetzal, K.R. (2003). Robust numerical methods for contingent claims under jump-diffusion processes. *Working paper*, University of Waterloo.
Duffie, D., Pan, J., Singleton, K. (2000). Transform analysis and asset pricing for affine jump-diffusions. *Econometrica* 68, 1343–1376.
Dupire, B. (1994). Pricing with a smile. *RISK* Feb. 18–20.
Eberlein, E., Prause, K. (2002). The generalized hyperbolic model: Financial derivatives and risk measures. In: Geman, H., Madan, D., Pliska, S., Vorst, T. (Eds.), *Mathematical Finance-Bachelier Congress 2000*. Springer-Verlag, New York, pp. 245–267.
Engle, R. (1995). *ARCH, Selected Readings*. Oxford Univ. Press, Oxford, UK.
Fama, E. (1998). Market efficiency, long-term returns, and behavioral finance. *Journal of Financial Economics* 49, 283–306.
Feng, L., Linetsky, V. (2008). Pricing options in jump-diffusion models: An extrapolation approach. *Operations Research* 50, 304–328.
Feng, L., Linetsky, V., Marcozzi, M. (2004). On the valuation of options in jump-diffusion models by variational methods. *Preprint*, Northwestern University.
Fouque, J.-P., Papanicolaou, G., Sircar, K.R. (2000). *Derivatives in Financial Markets with Stochastic Volatility*. Cambridge Univ. Press, Cambridge, UK.
Fu, M., Madan, D., Wang, T. (1999). Pricing continuous Asian options: A comparison of Monte Carlo and Laplace transform inversion methods. *Journal of Computational Finance* 2, 49–74.
Gatto, M., Goldman, M.B., Sosin, H. (1979). Path dependent options: "Buy at the low, sell at the high". *Journal of Finance* 34, 1111–1127.
Geman, H., Yor, M. (1993). Bessel processes, Asian options and perpetuities. *Mathematical Finance* 3, 349–375.
Glasserman, P., Kou, S.G. (2003). The term structure of simple forward rates with jump risk. *Mathematical Finance* 13, 383–410.

Gukhal, C.R. (2001). Analytical valuation of American options on jump-diffusion processes. *Mathematical Finance* 11, 97–115.
Haug, E.G. (1999). Barrier put–call transformations. *Working paper*, Tempus Financial Engineering.
Heston, S. (1993). A closed-form solution of options with stochastic volatility with applications to bond and currency options. *Review of Financial Studies* 6, 327–343.
Heyde, C.C. (2000). A risky asset model with strong dependence through fractal activity time. *Journal of Applied Probability* 36, 1234–1239.
Heyde, C.C., Kou, S.G. (2004). On the controversy over tailweight of distributions. *Operations Research Letters* 32, 399–408.
Heyde, C.C., Kou, S.G., Peng, X.H. (2006). What is a good risk measure: Bridging the gaps between robustness, subadditivity, prospect theory, and insurance risk measures. *Preprint*, Columbia University.
Huang, Z., Kou, S.G. (2006). First passage times and analytical solutions for options on two assets with jump risk. *Preprint*, Columbia University.
Hull, J. (2005). *Options, Futures, and Other Derivatives Securities*, sixth ed. Prentice Hall, New Jersey.
Hull, J., White, A. (1987). The pricing of options on assets with stochastic volatilities. *Journal of Finance* 42, 281–300.
Johnson, N., Kotz, S., Balakrishnan, N. (1995). *Continuous Univariate Distribution*, vol. 2, second ed. Wiley, New York.
Ju, N. (1998). Pricing an American option by approximating its early exercise boundary as a multipiece exponential function. *Review of Financial Studies* 11, 627–646.
Karatzas, I., Shreve, S. (1991). *Brownian Motion and Stochastic Calculus*. Springer-Verlag, New York.
Karlin, S., Taylor, H. (1975). *A First Course in Stochastic Processes*, second ed. Academic Press, New York.
Kijima, M. (2002). *Stochastic Processes with Applications to Finance*. Chapman and Hall, London.
Kotz, S., Kozubowski, T.J., Podgórski, K. (2001). *The Laplace Distribution and Generalization: A Revisit with Applications to Communications, Economics, Engineering and Finance*. Birkhäuser, Boston.
Kou, S.G. (2002). A jump-diffusion model for option pricing. *Management Science* 48, 1086–1101.
Kou, S.G., Wang, H. (2003). First passage time of a jump diffusion process. *Advances in Applied Probability* 35, 504–531.
Kou, S.G., Wang, H. (2004). Option pricing under a double exponential jump-diffusion model. *Management Science* 50, 1178–1192.
Kou, S.G., Petrella, G., Wang, H. (2005). Pricing path-dependent options with jump risk via Laplace transforms. *Kyoto Economic Review* 74, 1–23.
Kyprianou, A., Pistorius, M. (2003). Perpetual options and Canadization through fluctuation theory. *Annals of Applied Probability* 13, 1077–1098.
Lucas, R.E. (1978). Asset prices in an exchange economy. *Econometrica* 46, 1429–1445.
MacBeth, J., Merville, L. (1979). An empirical examination of the Black–Scholes call option pricing model. *Journal of Finance* 34, 1173–1186.
Madan, D.B., Seneta, E. (1990). The variance gamma (V.G.) model for share market returns. *Journal of Business* 63, 511–524.
Madan, D.B., Carr, P., Chang, E.C. (1998). The variance gamma process and option pricing. *European Finance Review* 2, 79–105.
Mandelbrot, B. (1963). The variation of certain speculative prices. *Journal of Business* 36, 394–419.
Merton, R.C. (1973). The theory of rational option pricing. *Bell Journal of Economics and Management Science* 4, 141–183.
Merton, R.C. (1976). Option pricing when underlying stock returns are discontinuous. *Journal of Financial Economics* 3, 125–144.
Naik, V., Lee, M. (1990). General equilibrium pricing of options on the market portfolio with discontinuous returns. *Review of Financial Studies* 3, 493–521.
Petrella, G. (2004). An extension of the Euler Laplace transform inversion algorithm with applications in option pricing. *Operations Research Letters* 32, 380–389.
Petrella, G., Kou, S.G. (2004). Numerical pricing of discrete barrier and lookback options via Laplace transforms. *Journal of Computational Finance* 8, 1–37.

Pham, H. (1997). Optimal stopping, free boundary and American option in a jump-diffusion model. *Applied Mathematics and Optimization* 35, 145–164.

Press, W., Teukolsky, S., Vetterling, W., Flannery, B. (1993). *Numerical Recipes in C: The Art of Scientific Computing.* Cambridge Univ. Press, New York.

Ramezani, C.A., Zeng, Y. (2002). Maximum likelihood estimation of asymmetric jump-diffusion process: Application to security prices. *Working paper,* University of Missouri at Kansas City, Department of Mathematics and Statistics.

Rogers, L.C.G. (1997). Arbitrage from fractional Brownian motion. *Mathematical Finance* 7, 95–105.

Rogers, L.C.G. (2000). Evaluating first-passage probabilities for spectrally one-sided Lévy processes. *Journal of Applied Probability* 37, 1173–1180.

Rubinstein, M. (1985). Nonparametric tests of alternative option pricing models using all reported trades and quotes on the 30 most active CBOE option classes from August 23, 1976 through August 31, 1978. *Journal of Finance* 40, 455–480.

Samorodnitsky, G., Taqqu, M.S. (1994). *Stable Non-Gaussian Random Processes: Stochastic Models with Infinite Variance.* Chapman and Hall, New York.

Schröder, M. (1999). Changes of numéraire for pricing futures, forwards and options. *Review of Financial Studies* 12, 1143–1163.

Sepp, A. (2004). Analytical pricing of double-barrier options under a double exponential jump diffusion process: Applications of Laplace transform. *International Journal of Theoretical and Applied Finance* 7, 151–175.

Singleton, K. (2006). *Empirical Dynamic Asset Pricing.* Princeton Univ. Press, Princeton, NJ.

Stokey, N.L., Lucas, R.E. (1989). *Recursive Methods in Economic Dynamics.* Harvard Univ. Press, Cambridge, MA.

Zhang, P.G. (1998). *Exotic Options,* second ed. World Scientific, Singapore.

第3章

Lévy過程を用いた金融証券収益率のモデル化

概　要

　Lévy過程を用いれば，金融証券全般に対する収益率の挙動を捉えることができる．Lévy過程に対して確率的時間変換（stochastic time change）を適用することで，その過程の時刻がランダマイズされ，確率ボラティリティや確率的高次収益率モーメントが生成される．そのためLévy過程と確率的時間変換を適切に選べば，事実上すべての金融証券収益率のダイナミクスを捉えることができる．さらに，収益率のダイナミクスのLévy成分やその時間変換に対して，明確な経済学的意味付けを行うことが，隠れファクター（hidden factor）によるアプローチと比べて容易にできる．経済学的な意味付けによって，既存のモデルやその構造的パラメータの解釈が容易になるだけでなく，新しい経済活動を捉えられるモデルを創造するための経済学的直観と方向性が得られる．最後に，このフレームワークのもとでは，デリバティブの価格付けのためのモデルとモデルの推定が解析的に扱いやすくなっているが，それはLévy過程モデルの扱いやすさと，時間変換のもとになっている活性率（activity rate）ダイナミクスの扱いやすさに由来する．本章では具体例を用いて，実質的にすべての金融証券収益率の挙動を捉えることができるこのフレームワークの一般性，新しいモデルの解釈と創造を容易にする明確な経済学的意味付けと，デリバティブの価格付けとモデルの推定に関するこのフレームワークの扱いやすさについて詳述する．

キーワード：　Lévy過程，収益率，確率的時間変換，確率ボラティリティ，特性関数，指数マルチンゲール，測度変換，オプションの価格付け，Fourier逆変換

1.　はじめに

　Black and Scholes (1973) 以来，連続時間で資産収益率を表現するためのベンチマーク過程としてBrown運動が用いられてきた．Brown運動は正規分布に従う収益率のイノベーションを生み出す．Merton (1976) は，資産収益率のジャンプサイズが正規分布に従う複合Poisson過程（compound Poisson process）が加わったBrown運動について議論した．その結果，収益率のイノベーションの分布はPoisson確率によって加重された混合正規分布となる．これらの2つのイノベーションのモデルが，

数十年にわたって連続時間ファイナンスの論文を席巻したため，連続時間のフレームワークは，離散時間のフレームワークほど柔軟でないとの批判を招いた．離散時間では収益率に対して任意の分布を仮定することができるが，連続時間モデルからは正規分布や混合正規分布しか生成されえなかった．

最近，金融モデルに Lévy 過程が導入されたことにより，連続時間ファイナンスはこのような批判から免れることができるようになった．Lévy 過程は，固定された時間区間ではるかに広範な種類の分布を生成することができる．Lévy 過程の Brown 運動成分は正規分布を生成するが，非正規分布は Lévy ジャンプ過程に対する Lévy 密度を適切に特定することで生成することができ，その結果，すべての生起しうるサイズのジャンプ生起率を決定することができる．

金融証券収益率は各種経済要因によって変動する．各要因のインパクトは，時間が経てば確率的に変化しうる．したがって，各種経済要因からのショックの分布の挙動に合致させるための道具として，様々な Lévy 過程を用いることで収益率をモデル化できる．さらに，各 Lévy 成分に確率的時間変換を適用することでその過程の時刻をランダマイズし，それによって確率的に変化する各種経済要因からのインパクトを捉えることができる．統計的には，異なった Lévy 成分に対して確率的時間変換を適用すれば，確率ボラティリティと確率的高次収益率モーメントを生み出すことができる．そのため Lévy 過程と確率的時間変換を適切に選べば，実質的にすべての金融証券収益率のダイナミクスを捉えることができる．

一般性だけが Lévy 過程の長所ではない．時間変換を行ったうえで Lévy 成分の様々な組合せを用いて収益率のダイナミクスをモデル化することによって，収益率ダイナミクスにおける各 Lévy 成分とそれに対する時間変換に対して，容易に明確な経済学的意味を付与することができる．明確な経済学的意味付けによって，存在するモデルとそれらの構造的パラメータの解釈が容易になるだけでなく，起こりうる経済活動を捉えるための，倹約的ではあるが適当な新しいモデルを考案するための経済学的直観と方向性を得ることができる．

文献でよく目にするアプローチは，収益率を統計的な隠れファクターでモデル化する方法である．しかし因子回転によって，統計的ファクターに経済学的意味を割り当てることが本質的に難しくなる．経済学的意味付けがないことによって，モデルの考案過程が不透明になる．一般的な隠れファクターモデルでは必要な金融証券収益率の挙動と合致させることができず，さらにモデルのパラメータの多くは経験的に特定することが難しいということがよく知られている．パフォーマンスが「小さすぎる」こととモデルの意味付けが「大きすぎる」という両問題点は，包括的な計量経済学的分析によってしか解決できない．

フレームワークの一般性は，デリバティブの価格付けとモデル推定に対する解析的扱いやすさを損なわせることはない．収益率のダイナミクスをモデル化する際に時間変換された Lévy 過程を用いることにより，Lévy 成分モデルの扱いやすさと時間変換

のもとになっている活性率ダイナミクスの扱いやすさから，収益率のダイナミクスの扱いやすさが生まれる．そのため，扱いやすい Lévy 過程と扱いやすい活性率ダイナミクスの任意の組合せを用いて，扱いやすいモデルを考案することができる．その際，文献で道具とされていたすべての扱いやすいモデルを組み入れ，包含することができる．扱いやすい Lévy モデルの例として Brown 運動や複合 Poisson 過程，そして分散ガンマ（variance gamma），DPL（dampened power law），NIG（normal inverse Gaussian）などのジャンプモデルがある．扱いやすい活性率ダイナミクスには，Duffie et al. (2000) のアフィンクラス，Leippold and Wu (2002) のクオドラティッククラス，Heston (1997) と Lewis (2001) の 3/2 過程がある．時間変換された Lévy 過程を用いて金融証券収益率をモデル化することによって，一般的であるが扱いやすい 1 つのフレームワークにこれらすべてのモデルを包含することができる．

例を通して，確率的時間変換を適用した Lévy 過程の 3 つの重要な長所を述べる．
(i) 実質的にすべての金融証券収益率の挙動を捉えられるフレームワークの一般性
(ii) 特定の経済活動を捉えられる新しいモデルの解釈と創造を容易にする明確な経済学的意味付け
(iii) デリバティブの価格付けとモデル推定に対するフレームワークの扱いやすさ

金融証券収益率のモデルを考案する際，隠れファクターをもつ非常に一般的な過程をまず特定し，それからその一般的な過程に対して様々な制限を試す論文もある．ここでは逆のアプローチをとる．最初にデータを見て，妥当なモデルであれば捉える必要がある定型化された特徴を確認する．第二に，データの様々な特徴に合致させて，各種経済要因からのインパクトを捉えるために，モデルの様々な成分を考案する．最後のステップですべてのパーツを 1 つに組み合わせる．時間変換された Lévy 過程を用いることは，この手続きによく適合している．

まず最初に，各種経済要因から生み出される収益率の性質に合致する Lévy 成分を選ぶことができる．統計的には次のような問題を考察する．「連続成分は必要か？」，「ジャンプ成分は必要か？」，「ジャンプは頻繁に起きるのか，それともジャンプは稀少であるが大きなイベントなのか？」，「上方への動きと下方への動きは別々の挙動を示すのか？」

いったん，適切な Lévy 成分を選べば，様々な成分に対する強度変化を捉えるために時間変換を用いて，各種経済要因から確率ボラティリティや確率的高次収益率モーメントを生み出すことができる．時間変換を用いるのは次のような問題に対応するためである．「確率ボラティリティは小さな動き（Brown 運動）の強度変化によって生じるのか，大きな動き（ジャンプ）の強度変化によって生じるのか？」，「別々のタイプの動きの強度は，同時に変化するのか個別に変化するのか？」，「それらはなんらかの動的な相互作用を示すのか？」これらの問題に対する答えに基づいて，別々の Lévy 成分に別々の時間変換を適用して，観測された動的な相互作用に合致するようにそれらの強度のダイナミクスをモデル化することができる．

最後のステップでは，時間変換を適用し（または適用せずに）別々の Lévy 成分を

組み合わせて資産収益率のダイナミクスとする.デリバティブの価格付けに関しては,リスク中立測度のもとでそのダイナミクスが特定されたとき,マルチンゲール性を保証するための調整が必要である.

モデルを考案するとき,デリバティブの価格付けの際に扱いやすさが必要とされる.その現在価値を求めるためには,リスク中立測度のもとで請求権の将来のペイオフの期待値をとる必要があるためである.そのため,まずリスク中立測度のもとで扱いやすい収益率ダイナミクスを特定するほうが,都合の良いことが多い.そのとき,統計的ダイナミクスはリスクの市場価格に基づいて導出される.統計的ダイナミクスに対する扱いやすさはそれほど強く必要とされていないため,投資家の行動や計量経済学的な条件のための倹約から生じる制約はあるものの,非常に柔軟にリスクの市場価格を特定できることが多い.

別々のLévy成分を考案し,時間変換を適用するときの指針として,Albert Einsteinの「何事も可能な限り単純にすべきだ,しかし単純なだけではいけない(Everything should be made as simple as possible, but not simpler)」を引用する.各Lévy成分とその時間変換に対して,明確な経済学的目的が与えられることにより,一般的な隠れ統計ファクターのフレームワークよりも,はるかに容易にこの指針を遵守することができる.

本章の残りは以下の構成になっている.次節でLévy過程と,それが収益率をどのようにモデル化する際に用いられるかを議論する.3節では,互いに異なる要因から確率ボラティリティと確率的高次モーメントを生成するために時間変換を用いる方法について議論する.4節では,別々の成分を1つに組み合わせる方法,リスク中立測度のもとでマルチンゲール条件を満たすための適切な調整法,リスクの市場価格に基づいた統計ダイナミクスの導出法について議論する.5節では,時間変換されたLévy過程のもとでのオプションの価格付けについて議論する.6節では,収益率とオプション価格の時系列データを用いた推定問題を扱う.7節は結論である.

2. Lévy過程を用いた収益率分布のモデル化

Lévy過程は連続時間の確率過程で,定常独立増分をもつ.これは離散時間の設定での独立同一分布に従う列に類似している.まさに最近まで,ファイナンスの論文ではLévy過程の2つの例のみに焦点を当てていた.すなわちBlack and Scholes (1973) モデルのもとになっているBrown運動と,Merton (1976) のジャンプ拡散モデルのもとになっている,ジャンプサイズが正規分布に従う複合Poisson過程である.Brown運動は正規分布に従う収益率を生成する.Mertonモデルの複合Poisson過程は,Poisson確率で加重された正規混合分布を通して非正規的な収益率を生成する.一般的なLévy過程は,様々なタイプのジャンプモデルを通してはるかに広範な分布の挙動を生み出す.Mertonモデルで用いられた複合Poisson過程は,有限時間区間内で有限個のジャ

ンプを生み出す．このようなジャンプ過程は，市場が暴落するときや企業がデフォルトする場合など，稀少であるが大きな事象を捉えることに適している．にもかかわらず，資産価格は有限時間区間で，多くの小さなジャンプを示すことが多数観測されている．一般的な Lévy 過程は Brown 運動によって連続的な動きを，複合 Poisson 過程によって稀少であるが大きな事象を生み出すことができるだけでなく，様々なサイズの頻繁に起こるジャンプを生み出すこともできる．

2.1 Lévy 特性

1 次元実数値確率過程 $\{X_t \mid t \geq 0\}, X_0 = 0$ が，確率空間 $(\Omega, \mathcal{F}, \mathbb{P})$ 上で定義されており，完備な標準フィルトレーションを $\mathbb{F} = \{\mathcal{F}_t \mid t \geq 0\}$ とする．X はフィルトレーション $\mathbb{F}$ に関する Lévy 過程と仮定する．すなわち，X_t は $\mathcal{F}_t$ 適合的で，X のサンプルパスは右連続左極限をもち，$0 \leq t < u$ とすると，$X_u - X_t$ は $\mathcal{F}_t$ と独立で X_{u-t} と分布が等しい．Lévy–Khintchine 定理から，X_t の特性関数は

$$\phi_{X_t}(u) \equiv \mathbb{E}^{\mathbb{P}}\left[e^{iuX_t}\right] = e^{-t\psi_x(u)}, \quad t \geq 0 \tag{3.1}$$

の形となる．ここで特性指数（characteristic exponent）$\psi_x(u)$ は

$$\psi_x(u) = -iu\mu + \frac{1}{2}u^2\sigma^2 + \int_{\mathbb{R}_0}(1 - e^{iux} + iux1_{|x|<1})\pi(x)\mathrm{d}x \tag{3.2}$$

で与えられる．ただし，$\mu \in \mathbb{R}$ はドリフト，$\sigma^2 \in \mathbb{R}^+$ は Lévy 過程の連続成分の分散を表し，μ, σ は定数である．また Lévy 密度 $\pi(x)$ はすべての生起しうるサイズ x のジャンプに対する生起率を表す．3 つ組 (μ, σ^2, π) は Lévy 過程 X_t を完全に特定することから，Lévy 特性（Lévy characteristics）と呼ばれる（Bertoin, 1996）．

固定された時間区間で，任意の収益率分布は特性関数（特性指数）によって一意に表現することができる．(3.2) は Lévy 密度 $\pi(x)$ を柔軟に特定することによって，Lévy 過程が幅広い範囲の特性指数の挙動を生み出すことができることを示している．

Lévy 密度 $\pi(x)$ は，ゼロを除いた実数直線 $\mathbb{R}_0$ 上で定義される．トランケーション関数 $x1_{|x|<1}$ は $|x| < 1$ のとき x に等しく，それ以外の場合はゼロである．他のトランケーション関数としては，有界でコンパクトな台をもちゼロの近傍で $h(x) = x$ を満たすものが用いられている（Jacod and Shiryaev, 1987）[1]．トランケーション関数を用いる目的は，ジャンプサイズがゼロの特異点の周辺でのジャンプの性質を分析することにある．

特性関数 (3.1) は実数直線 $u \in \mathbb{R}$ 上で定義されている．多くの応用では，特性指数が定義可能な複素平面 $u \in \mathcal{D} \subseteq \mathcal{C}$ に定義を拡張すると都合が良い．$\phi_{X_t}(u)$ は複素平面上で定義されるとき，「一般化」Fourier 変換（Titchmarsh, 1986）と呼ばれる．さ

---

[1] よく用いられるトランケーション関数には $h(x) = x/(1+x^2)$ や，$h(x) = 1 \wedge |x|$（1 と $|x|$ の小さいほう）などがある．

らに Lévy 過程 X_t のキュムラント指数

$$\varphi_x(s) \equiv \frac{1}{t} \ln \mathbb{E}[e^{sX_t}]$$
$$= s\mu + \frac{1}{2}s^2\sigma^2 + \int_{\mathbb{R}_0} (e^{sx} - 1 - sx1_{|x|<1})\pi(x)\mathrm{d}x, \quad s \in \mathcal{D}_s \subseteq \mathcal{C} \quad (3.3)$$

を定義すると有用である．ここで，$\mathcal{D}_s$ はキュムラント指数が定義可能な複素平面の部分集合を表す．特性係数 u とキュムラント係数 s の定義域を拡張することで，2 つがともに定義可能な場合は常に $\psi_x(u) = -\varphi_x(iu)$ となることが示唆される．オプションの価格付けと Lévy 過程に対する尤度推定は，特性指数の扱いやすさ，特に (3.2)，(3.3) の積分に解析解があるかどうかに依拠していることが多い．

純ジャンプ Lévy 過程のサンプルパスは，Lévy 密度の積分が有限

$$\int_{\mathbb{R}_0} \pi(x)\mathrm{d}x = \lambda < \infty \quad (3.4)$$

のとき，有限活性 (finite activity) を示す．ここで，λ はジャンプの平均生起率を表す．有限活性ジャンプ過程は，任意の有限時間区間でたかだか有限個のジャンプを生み出す．

(3.4) の積分が無限のとき，サンプルパスは無限活性 (infinite activity) を示し，任意の有限区間で無限個のジャンプが生じる．にもかかわらず，サンプルパスは積分

$$\int_{\mathbb{R}_0} (|x| \wedge 1)\pi(x)\mathrm{d}x < \infty \quad (3.5)$$

が有限の場合，有限変分 (finite variation) を示す．(3.5) の積分が無限の場合，ジャンプ過程は無限変分 (infinite variation) となる．この性質は Brown 運動の性質と同じである．特性指数の定義におけるトランケーション関数は，無限変分のジャンプに対してのみ必要になる．(3.5) の積分が有限でないとき，小さなジャンプの和は収束しないが，それらの平均によって補正されたジャンプの和は収束する．この特別な性質から，(3.2) におけるトランケーション項の必要性が生まれる．

すべてのジャンプモデルで，その過程が有限 2 次変分 (finite quadratic variation) を示すこと，すなわち，

$$\int_{\mathbb{R}_0} (1 \wedge x^2)\pi(x)\mathrm{d}x < \infty \quad (3.6)$$

が必要になる．これはジャンプ過程が，セミマルチンゲールになるための必要条件である．Lévy 過程はセミマルチンゲールの部分集合に含まれる．

2.2　Lévy 過程の例

Black and Scholes (1973) は，純粋に連続的な Lévy 過程，すなわちすべての x に対して $\pi(x) = 0$ となるような過程によって資産収益率をモデル化した．その特性指

2. Lévy 過程を用いた収益率分布のモデル化

数は単純で

$$\psi(u) = -iu\mu + \frac{1}{2}u^2\sigma^2 \tag{3.7}$$

となる．その正規確率密度関数もよく知られている．

Merton (1976) は平均生起率 λ の複合 Poisson ジャンプ成分を新たに加えた．1 回ジャンプが起こったという条件下での対数資産収益率のジャンプサイズは平均 μ_J，分散 v_J の正規分布に従う．このジャンプ成分の Lévy 密度は

$$\pi(x) = \lambda \frac{1}{\sqrt{2\pi v_J}} \exp\left(-\frac{(x-\mu_J)^2}{2v_J}\right) \tag{3.8}$$

と書くことができ，この複合 Poisson ジャンプの特性指数は

$$\psi(u) = \lambda(1 - e^{iu\mu_J - (1/2)u^2 v_J}) \tag{3.9}$$

である．複合 Poisson ジャンプの重要な性質はサンプルパスが有限活性を示すことである．有限活性ジャンプは大きな稀少イベントを捉えるために役立つ．例えば，信用リスクの論文では，デフォルトイベントがランダムに生起することをモデル化するために Poisson 過程が広く用いられてきた (Lando, 1998; Duffie and Singleton, 1999, 2003; Duffie et al., 2003b). 最近では，Carr and Wu (2005) が株価に対する企業のデフォルトのインパクトをモデル化するために，回収率をゼロとする Poisson ジャンプを用いた．デフォルトが起きると，株価はゼロにジャンプする．Carr and Wu (2007b) は自国通貨価格に対するソブリン債のデフォルトのインパクトをモデル化するために，回収率がランダムな Poisson ジャンプを用いた．デフォルトが起きると為替価格はランダムな額だけ下方ジャンプする．

複合 Poisson ジャンプタイプの一つとして，Kou (2002) はジャンプサイズに対する二重指数条件付分布を提唱した．その Lévy 密度は

$$\pi(x) = \begin{cases} \lambda \exp(-\beta_+ x), & x > 0, \\ \lambda \exp(-\beta_- |x|), & x < 0, \end{cases} \quad \lambda, \beta_+, \beta_- > 0 \tag{3.10}$$

で与えられる．このモデルでは，ジャンプサイズが減少するにつれて，ジャンプ生起率は単調に増加する．上方ジャンプと下方ジャンプは，別々の指数係数 β_+ と β_- によって生じる．この純ジャンプ過程の特性指数は

$$\psi(u) = -\lambda[(\beta_+ - iu)^{-1} - \beta_+^{-1} + (\beta_- + iu)^{-1} - \beta_-^{-1}] \tag{3.11}$$

である．Kou and Wang (2004) は，二重指数ジャンプモデルのもとでアメリカンオプションなどの経路依存型オプションに対して扱いやすい価格付けができることを示した．

市場の暴落や企業のデフォルトのような,大きな稀少イベントを捉えるために複合Poisson過程を用いることは適当ではあるものの,資産価格は現実には多くの小さなジャンプを示していることが多数観測されている.このような挙動は,任意の有限時間区間で無限個のジャンプを生み出す無限活性ジャンプのほうがよりよく捉えることができる.別々のタイプのジャンプを生み出すことができる有名な例は,Carr et al. (2002) の CGMY モデルで,次の Lévy 密度をもつ.

$$\pi(x) = \begin{cases} \lambda \exp(-\beta_+ x) x^{-\alpha-1}, & x > 0, \\ \lambda \exp(-\beta_- |x|) |x|^{-\alpha-1}, & x < 0, \end{cases} \quad \lambda, \beta_+, \beta_- > 0, \alpha \in [-1, 2] \quad (3.12)$$

このモデルにおいて,べき乗係数 α は小さなジャンプの生起頻度,およびジャンプのタイプを制御する.べき乗係数が $\alpha = -1$ のとき,Lévy 密度は (3.10) の二重指数モデルになり,そのサンプルパスは有限活性を示す.一般に $\alpha < 0$ のとき,モデルは有限活性ジャンプを生み出す.$\alpha \in [0, 1)$ のとき,モデルは無限活性であるが有限変分のジャンプを生み出す.ジャンプ過程は $\alpha \in [1, 2]$ のとき,無限変分を示す.$\alpha \leq 2$ という条件は2次変分の有限性を保証するために必要である.$\alpha < 0$ のとき,ジャンプサイズがゼロに近づくにつれて,べき乗項によってジャンプ生起頻度は無限になる.べき乗係数が大きいほど,小さなジャンプの頻度が高くなる.2つの指数係数 β_+ と β_- は大きなジャンプの生起を制御する.2つの係数の違いは分布のテールの非対称性を生み出す.

物理学の論文では (3.12) のモデルはトランケートされた Lévy フライト (truncated Lévy flights) と呼ばれることが多い.CGMY という名称は Carr et al. (2002) の4人の著者の頭文字に由来し,Madan and Seneta (1990), Madan et al. (1998) の分散ガンマ (VG) モデルの拡張とみなされている.VG モデルのもとでは $\alpha = 0$ である.Wu (2006) は (3.12) のモデルを指数減少べき法則 (exponentially dampened power law) と名付け,指数的に減少する α 安定 Lévy 過程の Lévy 密度とみなしている.Wu は指数マルチンゲールを用いて α 安定 Lévy 過程に対して測度変換することにより,指数減少べき法則を生み出した.このため,Mandelbrot (1963) と Fama (1965) によってファイナンスの分野で知られるようになった α 安定過程のすべてのクラスは,指数減少べき法則の特別なクラスとみなすことができる.

$\alpha \neq 0, \alpha \neq 1$ のとき,指数減少べき法則の Lévy 密度をもつ過程の特性指数は次の形式となる.

$$\psi(u) = -\Gamma(-\alpha)\lambda[(\beta_+ - iu)^\alpha - \beta_+^\alpha + (\beta_- + iu)^\alpha - \beta_-^\alpha] - iuC(h) \quad (3.13)$$

ここで,$\Gamma(a) \equiv \int_0^\infty x^{a-1} e^{-x} dx$ はガンマ関数で,線形項 $C(h)$ は $\alpha > 1$ のときの無限変分ジャンプのためのトランケーション関数 $h(x)$ を含んでいる.後の節で明らかにするが,収益率のダイナミクスをモデル化するときに,X_t の任意の線形ドリフト

項は凹調整（concavity adjustment）の際に対応する項によって相殺される．そのためトランケーション関数の正確な形とその結果生じる項 $C(h)$ は，モデル化と推定の場合には重要でない．Wu (2006) は展開法を用いて (3.3) の積分を陽に行い，トランケーションによって生じる項 $C(h)$ をトランケーション関数 $h(x) = x1_{|x|<1}$ のもとで解き，以下を得た．

$$C(h) = \lambda(\beta_+(\Gamma(-\alpha)\alpha + \Gamma(1-\alpha, \beta_+))$$
$$-\beta_-(\Gamma(-\alpha)\alpha + \Gamma(1-\alpha, \beta_-))), \quad \alpha > 1 \tag{3.14}$$

ここで，$\Gamma(a,b) \equiv \int_b^\infty x^{a-1} e^{-x} dx$ は不完全ガンマ関数である．

指数減少べき法則モデルには 2 つの特異点 $\alpha = 0$ と $\alpha = 1$ があり，そこでは特性指数は異なった形となる．$\alpha = 0$ の場合は分散ガンマモデルに対応する．その特性指数は

$$\psi(u) = \lambda \ln\left(1 - \frac{iu}{\beta_+}\right)\left(1 + \frac{iu}{\beta_-}\right)$$
$$= \lambda(\ln(\beta_+ - iu) - \ln\beta_+ + \ln(\beta_- + iu) - \ln\beta_-) \tag{3.15}$$

である．この過程は有限変分を示すので，トランケーション関数なしで (3.2) の積分を実行することができる．$\alpha = 1$ のとき，特性指数は

$$\psi(u) = -\lambda\left((\beta_+ - iu)\ln\frac{\beta_+ - iu}{\beta_+} + (\beta_- + iu)\ln\frac{\beta_- + iu}{\beta_-}\right) - iuC(h) \tag{3.16}$$

となる（Wu, 2006）．ここで，トランケーション関数は $h(x) = x1_{|x|<1}$ で，トランケーションによって生じる項は $C(h) = \lambda(\Gamma(0, \beta_+) - \Gamma(0, \beta_-))$ である．

他によく知られた純ジャンプ Lévy 過程には NIG（normal inverse Gaussian）過程（Barndorff-Nielsen, 1998），GH（generalized hyperbolic）過程（Eberlein et al., 1998），Meixner 過程（Schoutens, 2003）などがある．これらの過程はすべて扱いやすい特性指数をもつ．

2.3 実証的証拠

Merton (1976) の複合 Poisson ジャンプモデルは，市場の暴落や企業のデフォルトのような大きな稀少イベントを捉えることに適している．しかしながら，極小サイズのジャンプを頻繁に生み出す無限活性ジャンプモデルのほうが株式，株式インデックス，為替レートのような多くの金融証券の日々の市場の動きを捉えるのに適しているということが最近の実証研究で指摘されている．さらに現実には，連続的な市場の動きと不連続的な市場の動きの違いを明らかにすることはほとんどできない．その代わりに，頻繁に発生する小さな動きが大きな動きよりも観測されている．このような挙動を表現するためには，ジャンプの絶対的な大きさが単調な Lévy 密度が必要とされる．

(3.12) の指数減少べき法則モデルにはこの単調な挙動がある. べき乗係数が $\alpha \geq 1$ のとき, 小さなジャンプの生起率が非常に高いため, Brown 運動同様に無限変分のサンプルパスが生み出される. よって, 無限変分ジャンプの Lévy 過程によって, 大きなジャンプから小さなジャンプへ, そして Brown 運動によって捉えられる連続的な挙動へと滑らかに移行することができる.

株式や株式インデックスの収益率の統計的挙動を表現するとき, 有限活性ジャンプよりも無限活性ジャンプのほうが, 良い挙動になることがいくつかの研究で示されている. Carr et al. (2002) による個別株式, 株式インデックスに対する指数減少べき法則の尤度推定では, べき乗係数 α に対する推定値がほぼすべてゼロより大きかったことが示されている. Li et al. (2008) は Markov 連鎖モンテカルロ (Markov chain Monte Carlo) 法を用いて, 株式インデックスに対して確率的時間変換された 3 種類の Lévy モデルを推定した. 彼らは有限活性ジャンプモデルよりも無限活性ジャンプモデルのほうが, インデックスの挙動をよく捉えられることを見出した. さらに, シミュレーション分析によってパラメータの選択にかかわらず, 無限活性ジャンプ過程が有限活性ジャンプ過程によっては適切に近似できないことを示した.

オプションを用いた実証研究では, 無限活性ジャンプを用いることにより, オプションの価格付けのパフォーマンスが良くなったということも示されている. Carr and Wu (2003a) は Merton のジャンプ拡散モデル, 分散ガンマモデル, そして無限変分, 有限モーメントの対数安定モデルに対するオプションの価格付けのパフォーマンスを調べた. 対数安定モデルの価格付けパフォーマンスは 3 種類のジャンプモデルの中で最も良かった. Huang and Wu (2004) は 3 種類のジャンプモデルに対して様々な時間変換を行い, 確率ボラティリティを生成した. そしてすべての確率ボラティリティモデルのもとで, オプションの価格付けにおいては無限活性ジャンプのほうが, 有限活性ジャンプよりも著しくパフォーマンスが良いことを見出した.

Wu (2006) は S&P500 インデックスの収益率とオプション価格の時系列を用いて指数減少べき法則を推定した. べき乗係数の推定値は約 1.5 との結果が得られた. 下方ジャンプの指数係数 β_- は統計測度のもとで大きかったが, リスク中立測度のもとではその推定値はゼロから大きく離れることはなかった. 下方ジャンプに対する指数減少がない場合, 収益率の分散は, 統計測度のもとでは有限であったとしてもリスク中立測度のもとでは無限である. そのため古典的な中心極限定理は, 統計測度のもとでは適用可能であるが, リスク中立測度のもとでは適用することができない. インデックス収益率の時系列の非正規性は時間の増加とともに急速に消えていくが, オプションデータから推定されるリスク中立的な収益率の非正規性はオプションの満期が長くなっても持続するという経験的な観測結果は, 2 つの測度の違いによって説明することができる.

初期の研究では, 稀少で大きな価格の変動を捉えるために複合 Poisson ジャンプが用いられるとき, ジャンプ生起間のギャップを埋めるために拡散成分を追加する必要が

あった．しかし，任意の有限区間で無限個の大小の動きを生み出すことができる無限活性ジャンプを用いれば，ギャップを埋めるための拡散成分が必要であるかどうかは明らかではなくなる．Carr et al. (2002) は実証研究によって，無限活性の純ジャンプ過程を採用する限り，拡散成分はもはや必要ではないと結論した．Carr and Wu (2003a) は無限変分の対数安定モデルで同様の結論に到達した．Huang and Wu (2004) は，拡散活性率過程との相関を生成するときに，時間変換された Lévy 過程の設定では収益率の拡散成分が有用であることを見出した．しかしながら，もし活性率も純ジャンプ過程に従い，収益率と活性率の同時ジャンプによって相関が構成されている場合，収益率の拡散成分がやはり必要であるかどうかは明らかでない．

Carr and Wu (2003b) は原資産価格過程のジャンプと拡散成分の存在を，その資産を原資産とする ATM（at-the-money）と OTM（out-of-the-money）オプションの期近の挙動を調査することによって確認した．彼らは，ジャンプ成分は（存在するならば）OTM オプションの期近の挙動を制御し，そのため容易に確認することができることを示した．しかしながら無限変分のジャンプ成分は，拡散過程から生成される挙動と同じ ATM オプションに対する期近の挙動を生み出すことができる．この類似した挙動によって，無限変分のジャンプ成分が存在する場合には，拡散成分の特定が困難になる[2]．

Aït-Sahalia (2004) は単純な Lévy 過程の設定で拡散成分が存在する場合，無限変分ジャンプが存在するときでも，ジャンプ成分のべき乗係数が 2 に近すぎない場合は，離散的にサンプルされた時系列から最尤法を用いて拡散成分の分散が効果的に特定できることを示した．さらに Aït-Sahalia and Jacod (2008) は最尤法を用いれば，ジャンプ成分のべき乗係数が互いに十分離れている場合には，2 つのジャンプ成分を別々に特定できることを示した．

3. 確率的時間変換の適用による確率ボラティリティの生成

資産収益率のボラティリティが確率的であることはよく指摘されている（Engle, 2004）．デリバティブ市場における最近の実証研究では，歪度などの高次モーメントも時間によって著しく変化することが指摘されている（David and Veronesi, 1999; Johnson, 2002; Carr and Wu, 2007a）．非正規収益率に対する確率ボラティリティを生み出す便利なアプローチは，Lévy 過程に確率的時間変換を適用する方法である．確率的歪度と他の高次モーメントを生み出す扱いやすい方法は，別々の歪度と高次モーメントをもつ多次元 Lévy 成分に対して，個別に時間変換を適用することである．確率的時間変換は Lévy 過程の時刻を確率的に変換することに等しい．直観的には，時

---

[2] 純ジャンプ α 安定 Lévy 過程（$\alpha \in [1,2)$）に対して，ATM オプション価格は，満期 T の減少に伴い $O(T^{1/\alpha})$ でゼロに収束する．拡散成分が存在する場合，収束率は $O(T^{1/2})$ である．そのため，ジャンプ成分のべき乗係数が 2 に近い場合には，拡散成分を特定することが困難になる．

間変換は与えられた時間区間におけるジャンプの生起数を制御するために用いることができる．より多くのジャンプが生起すれば，収益率のボラティリティがより高くなる（Ané and Geman, 2000）．それは各種経済要因からのショックをランダマイズするために用いることもできる．別々の Lévy 成分に対して個別に時間変換することによって，別々の経済的ショックの個別の変化を捉えることができる．

3.1 時間変換と活性率

X_t を Lévy 過程とし，$t \to \mathcal{Z}_t$, $t \geq 0$ を，通常の条件を満たす右連続左極限をもつ増加過程とする．$\mathcal{Z}$ 時点での X を評価することによって得られる新しい過程 Y を以下のように定義できる．

$$Y_t \equiv X_{\mathcal{Z}_t}, \quad t \geq 0 \tag{3.17}$$

Monroe (1978) はすべてのセミマルチンゲールが時間変換された Brown 運動として書くことができることを示した．そのため (3.17) は非常に一般的なモデルである．原則として，確率的な時刻 $\mathcal{Z}_t$ は非減少のセミマルチンゲール

$$\mathcal{Z}_t = \mathcal{T}_t + \int_0^t \int_0^\infty x\mu(\mathrm{d}s, \mathrm{d}x) \tag{3.18}$$

としてモデル化できる．ここで，$\mathcal{T}_t$ は局所的に連続な確定的成分で，$\mu(\mathrm{d}s, \mathrm{d}x)$ はセミマルチンゲールの生起しうる正のジャンプの計測測度を表す．2 つの成分は別々の役割を果たすために用いられる．正のジャンプ成分 $\int_0^t \int_0^\infty x\mu(\mathrm{d}s, \mathrm{d}x)$ によって定義される時間変換を Brown 運動に適用することで，新しい不連続な過程が生成される．Lévy 過程によって正のジャンプ成分がモデル化される場合，それは増加加法過程（Lévy subordinator）と呼ばれる．増加加法過程によって従属操作が施された（subordinated）Lévy 過程は新しい Lévy 過程を生み出す（Sato, 1999）．そのため，この成分は X によって定義されたもともとの収益率をランダマイズするために用いることができ，洗練された収益率分布を生成することができる．例えば Madan and Seneta (1990) は，ガンマ過程による時間変換を Brown 運動に適用することによって，純ジャンプ Lévy 過程である分散ガンマ過程を生成した．

非正規収益率をもつ確率ボラティリティを生成するためには，まず非正規収益率分布を「すでに」捉えている Lévy 過程を直接用いて，それから純粋に確率ボラティリティと確率的高次収益率モーメントを生成する目的で，局所的に確定的な時間変換 $\mathcal{T}_t$ を適用する．局所的な強度 $v(t)$ を用いて以下のように局所的に確定的な時間変換を表すことができる．

$$\mathcal{T}_t = \int_0^t v(u_-)\mathrm{d}u$$

Carr and Wu (2004) は $v(t)$ を瞬間的活性率（instantaneous activity rate）と呼んだ．$v(u_-)$ は時点 u でのジャンプ直前の活性率を表す．X_t が標準 Brown 運動のとき，

$v(t)$ は Brown 運動の瞬間的分散になる．X_t が Merton (1976) の複合 Poisson ジャンプ過程のような純ジャンプ Lévy 過程のとき，$v(t)$ はジャンプ生起率に比例する．

$\mathcal{T}_t$ は局所的には確定的で連続であるが，瞬間的活性率過程 $v(t)$ は完全に確率的でジャンプしうる．$v(t)$ に対する任意の連続的または不連続的なダイナミクスが与えられたとき，そのサンプルパスを積分すると，$\mathcal{T}_t$ は局所的に可予測で連続になる．いずれにせよ，$\mathcal{T}_t$ が非減少であるためには，活性率が非負である必要がある．これは拡散成分の分散とジャンプ生起率に対する自然な必要条件である．

3.2 各種経済要因からの確率ボラティリティの生成

確率的時間変換を Lévy 過程に適用することにより，確率ボラティリティが複数の要因から出現しうることが明らかになる．それは収益率の拡散成分の瞬間的分散やジャンプ成分の活性率，もしくはその両方から出現しうる．Huang and Wu (2004) は時間変換された Lévy 過程のフレームワークに基づいて，S&P500 インデックス収益率に対するモデルを複数考案して推定した．彼らは収益率が拡散成分とジャンプ成分の両方を含むとした．そして数種類の場合を考え，

(1) 拡散成分のみ（SV1）
(2) ジャンプ成分のみ（SV2）
(3) 1 つの共通の活性率をもつ拡散，ジャンプの両成分（SV3）
(4) 各成分に対して別々の活性率をもつ拡散，ジャンプの両成分（SV4）

に対して確率的時間変換を適用した．彼らは拡散成分に対する分散とジャンプ生起率が別々の動的な過程に従うとすると，SV4 モデルがインデックスのオプションを価格付けする際に，活性率が 1 つとする他のすべてのモデルと比べて優れていることを見出した．

別々の Lévy 成分に対して個別に確率的時間変換を適用することは，歪度などの確率的高次収益率モーメントを生成する扱いやすい方法であることも示された．Huang and Wu (2004) の SV4 モデルでは，ある活性率は拡散部分，すなわち収益率の正規成分の強度を制御し，一方の活性率は負の歪度をもつ純ジャンプ成分の強度を制御する．2 つの活性率の時間による変化は，拡散成分の負の歪度をもつジャンプ成分に対する相対的割合に基づいた変化を生み出す．その結果，インデックスの収益率に対する負の歪度の次数は時間によって変化する（David and Veronesi, 1999）．

Carr and Wu (2005) は同一企業を原資産とする株式オプションとクレジットデフォルトスワップを同時に価格付けする際に，時間変換された Lévy 過程のフレームワークを応用した．彼らは確率的な生起率をもつ Poisson 過程によって，企業のデフォルトが起きると仮定した．デフォルト時に株価はゼロにジャンプする．デフォルト以前は，株価は確率ボラティリティをもつ純粋に連続的な過程に従う．そのためモデルでは株価の収益率を 2 つの Lévy 成分

(i) 市場リスクを捉える連続成分

(ii) 信用リスクのインパクトを捉えるジャンプ成分

に分解した．2つの成分に対して個別に時間変換を適用すると，市場の動きと企業のデフォルトの確率的生起に対する確率ボラティリティをそれぞれ生み出すことができる．Carr and Wu (2007b) は，ソブリン債のクレジットデフォルトスワップと為替オプションの間の相関を捉えるために同様のモデルを用いた．彼らはソブリン債のデフォルトによって，自国通貨の価格にランダムな負のジャンプが生じると仮定した．

株式インデックスと発展途上市場の通貨のドル（またはユーロ）に対する価格の場合，リスク中立的な収益率分布の歪度は時間によって変化する．しかし，サンプル期間のほとんどでその符号は負であった[3]．その一方で，2つの相対的に対称な経済圏間の為替の場合，Carr and Wu (2007a) は，オプション価格から推定されるリスク中立的な為替収益率の分布の歪度は，時間によって大きさが著しく変化するだけでなく，その符号も変化することを示した．彼らは符号が変化しうる確率的歪度を捉えるために，為替の収益率を正と負の歪度を生み出す2つの Lévy 成分に分解した．その後，2つの Lévy 成分に個別に確率的時間変換を適用し，2つの成分の相対的比率，つまり相対次数と収益率の歪度の方向を時間によって変化させた．彼らは上方のみにジャンプするジャンプ成分をもつ歪度が正の Lévy 過程と，下方のみにジャンプするジャンプ成分をもつ歪度が負の Lévy 過程をモデル化した．さらに，各過程にはそれぞれの活性率過程と相関のある拡散成分が含まれる．その相関は正の歪度をもつ Lévy 過程に対しては正で，負の歪度をもつ Lévy 過程に対しては負である．そのため上方（下方）ジャンプは2つの Lévy 成分に対する短期の正（負）の歪度と，2つの Lévy 成分間の異なった相関を生み出し，それらの活性率はそれぞれ長期の歪度を生み出す．

隠れファクターの集合で収益率をモデル化する方法とは対照的に，別々の Lévy 過程に確率的時間変換を適用するアプローチを用いれば，モデルの各成分の目的が明らかになる．このフレームワークのもとで，別々の Lévy 過程を別々の経済要因を表す道具として用いる．確率的時間変換を各成分に適用することにより，各経済要因のインパクトの強度がランダマイズされる．明確な経済学的意味付けによって，モデルを考案することがより直観的で簡潔になる．各成分は特定の経済学的な目的のために追加される．このアプローチを用いることにより，倹約的ではあるが対象の性質を伝えることのできるモデルを創造しやすくなる．

3.3 活性率ダイナミクスに対する理論と実証

バリアンススワップのスワップレートと高頻度の収益率から構成された各種実現分散推定値の情報を用いて，Wu (2005) は一般化アフィンのフレームワークで，S&P500インデックスの収益率に対する活性率のダイナミクスを実証研究した．彼はインデックスの収益率に対する活性率が，活性率の水準に比例する生起率をもつ無限活性ジャンプ

---

[3] David and Veronesi (1999), Foresi and Wu (2005) の株式インデックスオプションに対する実証研究と，Carr and Wu (2007b) の為替オプションに対する実証研究を参照せよ．

成分を含むことを見出した．インデックス収益率の長期過去データに基づいた Eraker et al. (2003) の Markov 連鎖モンテカルロ推定でも，活性率ダイナミクスにジャンプ成分が存在することが指摘されている．

株式（インデックス）オプション（Broadie et al., 2002）やバリアンススワップの期間構造（Wu, 2005）の価格付けにおいて，活性率ダイナミクスのジャンプ成分のインパクトは通常小さい．そのため，オプションの価格付けの多くのモデルでは，簡単化のために純粋に連続な活性率ダイナミクスが仮定されている．しかしながら，ジャンプは統計的な分散のダイナミクスの積分部分である．さらに分散の分布のテールに対して敏感なデリバティブ契約，例えばバリアンススワップや実現分散に関するオプションなどに対して，それらの価格付けに対するインパクトはより重要になりうる．

別々の収益率成分に個別に時間変換が適用されるとき，独立に，あるいは動的な相互作用をもたせて原資産の活性率をモデル化することができる．例えば Carr and Wu (2007a) は，正と負の Lévy 成分を制御する 2 つの活性率が互いに独立と仮定した．独立性の仮定は Huang and Wu (2004) の SV4 モデルでも用いられている．その一方で，Carr and Wu (2005) は，株式収益率のボラティリティと企業のデフォルト生起強度が互いに連動することを見出した．その連動性を捉えるために，株式収益率の拡散成分の分散 v_t とデフォルトの生起率 λ_t の結合ダイナミクスを

$$\begin{aligned} dv_t &= (u_v - \kappa_v v_t)dt + \sigma_v \sqrt{v_t}dW_t^v \\ \lambda_t &= \xi v_t + z_t \\ dz_t &= (u_z - \kappa_z z_t - \kappa_{vz} v_t)dt + \sigma_z \sqrt{z_t}dW_t^z \end{aligned} \qquad (3.19)$$

としてモデル化した．ここで，W_t^v と W_t^z は独立な Brown 運動である．拡散成分の分散とデフォルト生起の相互作用は，負荷係数 ξ と動的で可予測な係数 κ_{vz} の両方によって捉えられる．

挙動を捉えることを目的とするオプション価格の満期の範囲が狭いとき，活性率が 1 つのモデルは確率ボラティリティを生成する際に適当であることが多い．しかしながら，広い範囲の満期の ATM インプライドボラティリティ，またはバリアンススワップのスワップレートの期間構造を捉えることが目的の場合には，活性率が 1 つの過程ではしばしば不適当になることが判明している．ほとんどのオプション市場で，オプションの満期が長くなるにつれて，インプライドボラティリティの持続性（persistence）が増大する．様々なファクターに対して，異なった程度の持続性をもつマルチファクターの活性率がこの性質から要求される．例として，活性率が確率的平均水準に回帰する，すなわち，

$$\begin{aligned} dv_t &= \kappa(m_t - v_t)dt + \sigma_v \sqrt{v_t}dW_t^v \\ dm_t &= \kappa_m(\theta - m_t)dt + \sigma_m \sqrt{m_t}dW_t^m \end{aligned}$$

とする．ここで，m の平均回帰速度 κ_m は通常，活性率自体の平均回帰速度 κ よりも

はるかに小さい．Balduzzi et al. (1998) は，瞬間的金利のダイナミクスに対して同様のモデルを用いて，m を確率的中心傾向ファクター（stochastic central tendency factor）と名付けた．直観的には，活性率 v_t は短期のオプションのインプライドボラティリティに大きく影響するが，中心傾向ファクター m_t は長期のオプションの変化を制御する．そのため，オプションのインプライドボラティリティやバリアンススワップのスワップレートは，オプション満期が長くなるに従って持続性が増大する．Carr and Wu (2007a) は同様の確率的スキューモデルへの拡張を考えた．そのモデルでは正と負の両 Lévy 成分の活性率が，共通の確率的中心傾向ファクターに回帰する．推定によって，満期の次元によっては，その拡張がオプションの価格付けのパフォーマンスを著しく改善することが示された．Carr and Wu (2007b) もクレジットデフォルトスワップのスプレッドの期間構造をよりよく捉えるために，デフォルト生起ダイナミクスに対して類似した拡張を考えた．

オプションの価格付けにおけるほとんどの応用では，活性率ダイナミクスに対してアフィンモデル（affine model）が用いられており，活性率は状態変数のアフィン関数で，状態変数のドリフトと分散はともに状態変数に関してアフィンである．これらの状態変数で上方ジャンプがあるとき，生起率も状態変数に関してアフィンである．Carr and Wu (2004) は，オプションの価格付けのための解析的扱いやすさを保持しながら，活性率をモデル化するためにアフィンモデル，クオドラティックモデル（quadratic model）を用いることができることを示した．Santa-Clara and Yan (2005) は S&P500 インデックスオプションに対するクオドラティック活性率モデルを推定した．彼らのモデルでは，収益率は拡散成分と複合 Poisson ジャンプ成分から構成されている．各成分は個別に時間変換されており，原資産の活性率は Ornstein–Uhlenbeck 過程のクオドラティック関数である．彼らは扱いやすさを維持しつつ，クオドラティックモデルで，アフィンモデルよりもより複雑な相関構造を組み入れることができることを示した．

Lewis (2000) と Heston (1997) は，活性率が 3/2 ダイナミクス

$$\mathrm{d}v_t = \kappa v_t(\theta - v_t)\mathrm{d}t + \sigma_v v_t^{3/2}\mathrm{d}W_t \tag{3.20}$$

に従うとき，オプションの価格付けが適度に扱いやすくなることも示した．Carr and Sun (2007) は，資産収益率に対する 3/2 分散ダイナミクスをもつ純粋拡散モデルのもとで，ヨーロピアンオプションの価値が，資産価格の水準と同じ満期のバリアンススワップの水準の関数として，それぞれ暦時間や満期までの時間に依存することなく書けることを示した．さらに，プライシング関数はボラティリティのボラティリティ係数 σ_v にのみ依存し，ドリフトパラメータ (θ, κ) には依存しない．その結果，もし原資産価格とそのバリアンススワップのスワップレートのクオートが観察できれば，単に 1 つのモデルパラメータ σ_v のみをもつオプションの価格を求めることができ，分散のダイナミクスのドリフト関数を推定する必要はない．

1 ファクター拡散モデルでは，いくつかの実証研究で分散のダイナミクスとしては 3/2

モデルのほうが平方根モデルよりもパフォーマンスが良いことが判明している.Chacko and Viceira (2003), Ishida and Engle (2002), Javaheri (2005), Jones (2003) で収益率の時系列に基づいた好ましい結果が得られている.Jones (2003), Medvedev and Scaillet (2003), Bakshi et al. (2006) もエクイティインデックスオプションのインプライドボラティリティから 3/2 モデルを支持する結果を得ている.

4. 時間変換された Lévy 過程を用いた金融証券収益率のモデル化

Lévy イノベーションと確率的時間変換によって果たされる様々な役割についてはっきりと理解すれば,断片を一度に組み合わせることができ,金融証券収益率に対する完全なモデルを描くことができる.伝統的な文献では,まず統計測度 $\mathbb{P}$ のもとで収益率のダイナミクスを特定し,それからオプションの価格付けのためにリスクの市場価格モデルに基づいて,リスク中立測度 $\mathbb{Q}$ のもとで収益率のダイナミクスを導出する.しかしながら条件付請求権を価格付けする際,主にリスク中立測度のもとで期待値をとる演算から解析的扱いやすさに対する必要条件が生まれるため,直接扱いやすいリスク中立的ダイナミクスから始めるほうが,都合の良いことが多い.その際,統計的ダイナミクスの扱いやすさに対する懸念はほとんどもっていないので,合理性と意味付けからくる実務的制約はあるが,非常に柔軟なリスクの市場価格のモデルを受け入れることができる.

4.1 リスク中立的な収益率ダイナミクスの構築

S_t は金融証券の時点 t での価格とする.$\{X^k_{\mathcal{T}^k_t}\}_{k=1}^K$ は,リスク中立測度 $\mathbb{Q}$ のもとで特定された時間変換された独立な Lévy 過程の列とする.これらの過程を収益率ダイナミクスに対する道具として用いる.別々の成分間の独立性の仮定は,便宜上のためだけのもので,(3.19) などのように必要なときには相互作用を加えることができる.時間区間 $[0,t]$ でリスク中立的な収益率ダイナミクスを

$$\ln \frac{S_t}{S_0} = (r-q)t + \sum_{k=1}^{K} \left(b^k X^k_{\mathcal{T}^k_t} - \varphi_{x^k}(b^k) \mathcal{T}^k_t \right) \tag{3.21}$$

でモデル化する.ここで,r は瞬間的金利,q は株式に対する配当利回り,または為替に対する瞬間的外国金利とし,b^k は k 番目の成分に対する定数の負荷係数とする.記号を簡便にするために,r と q は定数と仮定する.両者が確率的な場合,最初の項は積分 $\int_0^t (r(u)-q(u))du$ に取り替えられる.時間とともに確定的に変化するのであれば,区間 $[0,t]$ で積分を連続複利利回りに取り替えることもできる.

(3.21) は,時間変換された Lévy 過程の K 個の成分を用いて資産収益率のリスクをモデル化している.キュムラント指数 $\varphi_{x^k}(b^k)$ は,収益率のダイナミクスがリスク中立測度のもとでマルチンゲール条件

$$\mathbb{E}_0^{\mathbb{Q}}\left[\frac{S_t}{S_0}\right] = e^{(r-q)t} \tag{3.22}$$

を満たすための凹調整を表す．定義より

$$\mathbb{E}_0^{\mathbb{Q}}\left[e^{b^k X_t}\right] = e^{\varphi_{x^k}(b^k)t} \tag{3.23}$$

であるから，次の（条件付）期待値はマルチンゲールである．

$$\mathbb{E}_0^{\mathbb{Q}}\left[e^{b^k X_t - \varphi_{x^k}(b^k)t}\right] = 1 \tag{3.24}$$

マルチンゲール条件は時間 t を，局所的に可予測で連続な時間変換 $\mathcal{T}_t$ に取り替えたときでも維持される（Küchler and Sørensen, 1997）．すなわち，

$$\mathbb{E}_0^{\mathbb{Q}}\left[e^{b^k X_{\mathcal{T}_t^k} - \varphi_{x^k}(b^k)\mathcal{T}_t^k}\right] = 1 \tag{3.25}$$

その結果，

$$\begin{aligned}\mathbb{E}_0^{\mathbb{Q}}\left[\frac{S_t}{S_0}\right] &= \mathbb{E}_0^{\mathbb{Q}}\left[e^{(r-q)t+\sum_{k=1}^{K}(b^k X_{\mathcal{T}_t^k}^k - \varphi_{x^k}(b^k)\mathcal{T}_t^k)}\right] \\ &= e^{(r-q)t}\prod_{k=1}^{K}\mathbb{E}_0^{\mathbb{Q}}\left[e^{b^k X_{\mathcal{T}_t^k}^k - \varphi_{x^k}(b^k)\mathcal{T}_t^k}\right] = e^{(r-q)t}\end{aligned} \tag{3.26}$$

となる．各 Lévy 成分間の独立性の仮定によって，積の中の期待値演算を移動させることができた．

各 Lévy 過程 X_t^k はドリフト成分をもちうるが，凹調整で対応する項が相殺されるので，収益率モデル (3.21) とは無関係である．そのため，各 Lévy 成分に対して，証券価格が連続的に動く場合は拡散成分のボラティリティ σ を，価格がジャンプする場合は Lévy 密度 $\pi(x)$ を特定するだけでよい．

上記の収益率ダイナミクスは区間 $[0,t]$ で定義されている．時点 0 は今日を表し，t は評価される条件付請求権の満期日に相当するある将来の時点である．時間変換 $\mathcal{T}_t$ は同じ時間区間 $[0,t]$ での活性率の積分を表す．t を現在の日付，T を将来の日付，$\tau = T - t$ を条件付請求権の満期までの時間を表すとしたほうが都合の良いこともある．このとき，時間変換は時間区間ごとに定義することができる．すなわち，

$$\mathcal{T}_{t,T} \equiv \int_t^T v(u_-)\mathrm{d}u \tag{3.27}$$

また，$[t,T]$ 間の対数収益率は

$$\ln\frac{S_T}{S_t} = (r-q)(T-t) + \sum_{k=1}^{K}\left(b^k X_{\mathcal{T}_{t,T}^k}^k - \varphi_{x^k}(b^k)\mathcal{T}_{t,T}^k\right) \tag{3.28}$$

と書ける.

リスク中立的ダイナミクスの構築を説明するために，収益率が時間変換されていない1つの拡散成分に従う単純な場合から始める．$X_t^1 = \sigma W_t$, $\mathcal{T}_t = t$, $K = 1$, $b^1 = 1$ とし，W_t は標準 Brown 運動を表すとする．収益率過程は

$$\ln \frac{S_t}{S_0} = (r-q)t + \sigma W_t - \frac{1}{2}\sigma^2 t \tag{3.29}$$

となる．σW_t のキュムラント指数は $s = 1$ で $\varphi_{\sigma W}(1) = (1/2)\sigma^2$ と評価される．(3.29) は本質的には，古典的な Black and Scholes (1973) のモデルである.

確率的時間変換を拡散成分に適用すると,

$$\ln \frac{S_t}{S_0} = (r-q)t + \sigma W_{\mathcal{T}_t} - \frac{1}{2}\sigma^2 \mathcal{T}_t \tag{3.30}$$

となる．これは Lévy 成分に関連する項の t を $\mathcal{T}_t$ で置き換えただけである．Cox et al. (1985) の平方根過程によって時間変換のもとになっている活性率 v_t をモデル化する場合，

$$dv_t = \kappa(1 - v_t)dt + \sigma_v \sqrt{v_t} dW_t^v \tag{3.31}$$

という Heston (1993) の確率ボラティリティモデルが生まれる．活性率の長期平均は，(3.30) にボラティリティの平均水準を捉える自由パラメータがすでにあるため，同一化のために 1 に正規化されている．もともとの Heston モデルでは，σ が 1 に正規化され，活性率の長期平均は自由パラメータとして残されている．時間変換の記号を活性率モデルと合わせるために，活性率を以下の積分形式で書き直すことができる.

$$\begin{aligned} v_t &= v_0 + \int_0^t \kappa(1 - v_s)ds + \int_0^t \sigma_v \sqrt{v_s} dW_s^v \\ &= v_0 + \kappa t - \kappa \mathcal{T}_t + \sigma_v W_{\mathcal{T}_t}^v \end{aligned} \tag{3.32}$$

技術的には，(3.32) の 2 つ目の等式は分布の意味でのみ成立し，$\int_0^t \sqrt{v_s} dW_s^v$ の項の W^v は，$W_{\mathcal{T}_t}^v$ の項の W^v とは異なった Brown 運動を表す．そのため，より技術的に正確な書き方は

$$\int_0^t \sqrt{v_s} dW_s^v \stackrel{d}{=} \widetilde{W}_{\mathcal{T}_t}^v \tag{3.33}$$

である．ここで，$\stackrel{d}{=}$ は「法則同値 (equality in distribution)」を表し，$(W^v, \widetilde{W}^v)$ は 2 つの異なった Brown 運動を表す．記号の煩雑化を避けるために，W^v を 2 つの異なった表現で 2 つの異なった Brown 運動を表すのに用いた．また，伝統的な数学の等号と法則同値の両方を表す記号として，同じ等号記号 "=" を用いる．同様に，$\int_0^t \sqrt{v_s} dW_s$ と $W_{\mathcal{T}_t}$ に対する等号，$\sqrt{v_t} dW_t$ と $dW_{\mathcal{T}_t}$ に対する等号，$\sqrt{v_t} dW_t^v$ と $dW_{\mathcal{T}_t}^v$ に対する等号はすべて法則同値の意味であり，それぞれの組における 2 つの "W" は，2 つの

異なった Brown 運動を表す．Heston (1993) は活性率のイノベーションと収益率のイノベーションの間に相関 $\mathbb{E}[dW_t dW_t^v] = \rho dt$ を入れた．同様に，時間変換の記号では $\mathbb{E}[dW_{\mathcal{T}_t} dW_{\mathcal{T}_t}^v] = \rho d\mathcal{T}_t = \rho v_t dt$ である．

技術的なことはさておき，時間変換の記号は単純に，伝統的な確率微分方程式を書き直すための便利な方法とみなせる．Heston (1993) のモデルを例に用いる．確率微分方程式を用いた伝統的な表現は

$$d\ln S_t = (r - q)dt + \sigma\sqrt{v_t}dW_t - \frac{1}{2}\sigma^2 v_t dt$$
$$dv_t = \kappa(1 - v_t)dt + \sigma_v\sqrt{v_t}dW_t^v \tag{3.34}$$

である．次の時間変換された Lévy 過程は同じ収益率分布を生み出す．

$$\ln\frac{S_t}{S_0} = (r - q)t + \sigma W_{\mathcal{T}_t} - \frac{1}{2}\sigma^2 \mathcal{T}_t$$
$$v_t = v_0 + \kappa t - \kappa \mathcal{T}_t + \sigma_v W_{\mathcal{T}_t}^v \tag{3.35}$$

技術的な点に注意すれば，(3.34) と (3.35) は異なった過程を表し，2 つの式中の (W, W^v) は完全に異なった Brown 運動を表す．

収益率が時間変換されていない純ジャンプ Lévy 成分によって変動するとし，ジャンプ生起率が $\alpha \neq 0, \alpha \neq 1$ の場合の (3.12) の指数減少べき法則モデルに従うとする．このとき，収益率のダイナミクスは

$$\ln\frac{S_t}{S_0} = (r - q)t + J_t - \varphi_J(1)t \tag{3.36}$$

と書ける．ここで，J_t はこの Lévy ジャンプ成分を表し，キュムラント指数は

$$\varphi_J(s) = \Gamma(-\alpha)\lambda[(\beta_+ - s)^\alpha - \beta_+^\alpha + (\beta_- + s)^\alpha - \beta_-^\alpha] + sC(h) \tag{3.37}$$

である．$C(h)$ は (3.14) で与えられている．J_t の任意の線形ドリフト項は，凹調整で対応する項によって相殺されるので，トランケーション関数の正確な形式や結果として生じる線形項 $C(h)$ は，モデル化と推定の場合には無関係であることが明らかになる．(3.13) でキュムラント指数を所与とすると，(3.36) の凹調整は

$$\varphi_J(1) = \Gamma(-\alpha)\lambda[(\beta_+ - 1)^\alpha - \beta_+^\alpha + (\beta_- + 1)^\alpha - \beta_-^\alpha] + C(h) \tag{3.38}$$

となる．

純ジャンプ Lévy 成分に対して確率的時間変換を適用すれば，単純に J_t を $J_{\mathcal{T}_t}$ で，$\varphi_J(1)t$ を $\varphi_J(1)\mathcal{T}_t$ で置き換えることができる．すなわち，

$$\ln\frac{S_t}{S_0} = (r - q)t + J_{\mathcal{T}_t} - \varphi_J(1)\mathcal{T}_t \tag{3.39}$$

これは純粋に確率的なジャンプの生起だけから生み出された確率ボラティリティをもつ純ジャンプ過程である.

収益率のダイナミクスに 1 つの Lévy 成分を用いるとき,負荷係数 b は Lévy 過程のスケーリングに常に吸収されるため 1 にしておくのが自然である.負荷係数がより明確な役割を果たす例を示すために,それぞれの株式に対する収益率が 2 つの直交成分(市場リスク成分と固有リスク成分)に分解されるような,株式収益率に対する市場モデルを考える.Lévy 過程 X_t^m を市場リスクをモデル化するために用いて,別の Lévy 過程 X_t^j は株式 j に対する固有リスクをモデル化するために用いる.このとき,株式 j に対する収益率はリスク中立測度 $\mathbb{Q}$ のもとで

$$\ln \frac{S_t^j}{S_0^j} = (r-q)t + (b^j X_t^m - \varphi_{x^m}(b^j)t) + (X_t^j - \varphi_{x^j}(1)t) \tag{3.40}$$

と書くことができる.ここで,最初の成分 $(r-q)t$ はリスク中立測度のもとでの瞬間的ドリフトを表し,第二の成分 $(b^j X_t^m - \varphi_{x^m}(b^j)t)$ は凹調整された市場リスク成分を表す.b^j は市場リスクファクター X_t^m に対する収益率の線形な負荷を表している.最後の成分 $(X_t^j - \varphi_{x^j}(1)t)$ は株式収益率に対する凹調整された固有リスク成分である.

(3.40) の Lévy モデルのもとで,株式収益率は独立同一分布に従う.2 つの Lévy 過程に対して,以下のように確率的時間変換を適用して確率ボラティリティを生み出すことができる.

$$\ln \frac{S_t^j}{S_0^j} = (r-q)t + (b^j X_{\mathcal{T}_t^m}^m - \varphi_{x^m}(b^j)\mathcal{T}_t^m) + \left(X_{\mathcal{T}_t^j}^j - \varphi_{x^j}(1)\mathcal{T}_t^j\right) \tag{3.41}$$

ここで確率ボラティリティは $\mathcal{T}_t^m$ を通して市場リスクから,または $\mathcal{T}_t^j$ を通して固有リスクから生じうる.Mo and Wu (2007) は (3.41) に類似する構造をもつ ICAPM (intertemporal capital asset pricing model) を提案した.そのモデルでは X^m はグローバルなリスクファクターを,X^j は各国独自のリスクファクターを表している.彼らはリスク中立測度と統計測度の両測度のもとでのダイナミクスを特定し,S&P500,FTSE100,日経 225 の各インデックスの収益率とオプション価格の時系列データを用いて,3 カ国(米国,英国,日本)経済圏の同時ダイナミクスを推定した.

4.2 リスクの市場価格と統計的ダイナミクス

いったんリスク中立測度 $\mathbb{Q}$ のもとで収益率のダイナミクスを特定した後に,様々なリスク要因がどのように価格付けられるのかを知れば,統計測度 $\mathbb{P}$ のもとでのダイナミクスを導出できる.(3.21) の一般的な収益率モデルを例にとる.K 個の Lévy 過程 $\{X_t^k\}_{k=1}^K$ によって捉えられる K 種類の収益率のリスク要因がある.また各収益率成分に対応する K 種類のボラティリティリスク要因がある.さらに各 Lévy 過程 X_t^k

は拡散成分とジャンプ成分をもつことができる．2つのリスク成分は別々に価格付けられる．上方，下方ジャンプも別々に価格付けられる（Wu, 2006; Bakshi and Wu, 2005）．それぞれの時間変換のもとになっている活性率も，拡散成分とジャンプ成分をもつことができ，別々に価格付けられる．リスクの市場価格のモデルによっては，統計的な収益率ダイナミクスがリスク中立的ダイナミクスと著しく異なって見えることもありうる．

本節では，ほとんどの場合においてリスク中立的ダイナミクスと同じクラスにとどまる統計的収益率ダイナミクスを生み出す，リスクの市場価格のモデルの単純なクラスを考える．すべてのリスク要因の市場価格を定義するプライシングカーネルは

$$\mathcal{M}_t = e^{-rt} \prod_{k=1}^{K} \exp\left(-\gamma_k X_{T_t^k}^k - \varphi_{x^k}(-\gamma_k) - \gamma_{kv} X_{T_t^k}^{kv} - \varphi_{x^{kv}}(-\gamma_{kv})\right) \cdot \zeta \quad (3.42)$$

と書ける．ここで，$X_{T_t^k}^k$ は (3.21) と同様の収益率リスクを表す．$X_{T_t^k}^{kv}$ は活性率リスクを特徴づける時間変換された別の Lévy 過程を表し，ζ は考えている証券収益率とは独立な他のリスク要因を価格付ける直交マルチンゲール成分を表す．このプライシングカーネルのモデルでは，金利が一定という仮定を維持する．プライシングカーネルにおける指数マルチンゲール部分は，$\mathbb{P}$ から $\mathbb{Q}$ への測度変換を定めている．このモデルの単純さは，市場価格の係数 γ_k と γ_{kv} が定数という仮定からきている．

(3.42) のプライシングカーネルと (3.21) のリスク中立的な収益率ダイナミクスを所与として，統計的収益率ダイナミクスを推定することができる．この手続きを説明するために，(3.29) のように，時間変換されていない1つの拡散成分によって収益率が変動するという例を用いる．上記の指数マルチンゲールに対する仮定のもとで，$\mathbb{P}$ から $\mathbb{Q}$ への測度変換は

$$\left.\frac{d\mathbb{Q}}{d\mathbb{P}}\right|_t = \exp\left(-\gamma \sigma W_t - \frac{1}{2}\gamma^2 \sigma^2 t\right) \quad (3.43)$$

で定義される．ここで，$\varphi_{\sigma W}(-\gamma) = (1/2)\gamma^2 \sigma^2$ を用いた．異なったアプローチを用いて，ある測度変換のもとでこのダイナミクスにたどり着いている文献もある．Lévy 過程 X の指数マルチンゲールによって定義される測度変換に対しては，$\varphi_X^{\mathbb{P}}(s) = \varphi_X^{\mathbb{Q}}(s+\gamma) - \varphi_X^{\mathbb{Q}}(\gamma)$ であることと X のドリフト調整が $\eta = \varphi_X^{\mathbb{P}}(1) - \varphi_X^{\mathbb{Q}}(1)$ であること（Küchler and Sørensen, 1997）に注意すると便利である．(3.43) において $X = \sigma W$ とした単純な例の場合には，$\varphi_{\sigma W}^{\mathbb{Q}}(1) = (1/2)\sigma^2$ であり，

$$\begin{aligned}\varphi_{\sigma W}^{\mathbb{P}}(1) &= \varphi_{\sigma W}^{\mathbb{Q}}(1+\gamma) - \varphi_{\sigma W}^{\mathbb{Q}}(\gamma) = \frac{1}{2}(1+\gamma)^2 \sigma^2 - \frac{1}{2}\gamma^2 \sigma^2 \\ &= \frac{1}{2}\sigma^2 + \gamma \sigma^2\end{aligned} \quad (3.44)$$

となる．このためドリフト調整（瞬間的期待超過収益率）は $\eta = \gamma \sigma^2$ である．した

がって，統計的（$\mathbb{P}$）収益率ダイナミクスは

$$\ln \frac{S_t}{S_0} = (r-q)t + \gamma\sigma^2 t + \sigma W_t - \frac{1}{2}\sigma^2 t \tag{3.45}$$

となる[4]。

(3.34) または (3.35) のリスク中立的ダイナミクスをもつ Heston (1993) モデルに対しては，その $\mathbb{P}$ から $\mathbb{Q}$ への測度変換を定義する指数マルチンゲールは

$$\left.\frac{d\mathbb{Q}}{d\mathbb{P}}\right|_t = \exp\left(-\gamma\sigma W_{\mathcal{T}_t} - \frac{1}{2}\gamma^2\sigma^2\mathcal{T}_t - \gamma_v\sigma_v W^v_{\mathcal{T}_t} - \frac{1}{2}\gamma_v^2\sigma_v^2\mathcal{T}_t\right) \tag{3.46}$$

となる．測度 $\mathbb{P}$ のもとでの収益率のイノベーション σW_t のキュムラント指数は

$$\varphi^{\mathbb{P}}_{\sigma W}(s) = \varphi^{\mathbb{Q}}_{\sigma W}\left(s + \gamma + \frac{\gamma_v\sigma_v\rho}{\sigma}\right) - \varphi^{\mathbb{Q}}_{\sigma W}\left(\gamma + \frac{\gamma_v\sigma_v\rho}{\sigma}\right)$$

となる．そのため，測度変換によって生じるドリフト調整は $\eta = \gamma\sigma^2 + \gamma_v\sigma_v\sigma\rho$ である．最初の項は収益率リスク W の価格付けによって生じ，第 2 の項は収益率リスクと相関があるボラティリティリスク W^v の部分の価格付けによって生じた項である．確率的時間変換，したがって確率的活性率を所与とすると，区間 $[0,t]$ におけるリスクプレミアムは $\eta\mathcal{T}_t$ になり，時点 t での瞬間的リスクプレミアムは ηv_t である．このため統計的な収益率ダイナミクスは

$$\ln \frac{S_t}{S_0} = (r-q)t + (\gamma\sigma^2 + \gamma_v\sigma_v\sigma\rho)\mathcal{T}_t + \sigma W_{\mathcal{T}_t} - \frac{1}{2}\sigma^2\mathcal{T}_t \tag{3.47}$$

となる．

活性率に対する統計的ダイナミクスを導出するために，測度 $\mathbb{P}$ のもとでの活性率のイノベーション $\sigma_v W^v$ のキュムラント指数は

$$\varphi^{\mathbb{P}}_{\sigma_v W^v}(s) = \varphi^{\mathbb{Q}}_{\sigma_v W^v}\left(s + \gamma_v + \frac{\gamma\sigma\rho}{\sigma_v}\right) - \varphi^{\mathbb{Q}}_{\sigma_v W^v}\left(\gamma_v + \frac{\gamma\sigma\rho}{\sigma_v}\right)$$

となる．その結果，測度変換は

$$\eta^v = \varphi^{\mathbb{P}}_{\sigma_v W^v}(1) - \varphi^{\mathbb{Q}}_{\sigma_v W^v}(1) = \gamma_v\sigma_v^2 + \gamma\sigma\sigma_v\rho$$

という瞬間的ドリフト変換を生じる．ここで最初の項は活性率のイノベーション W^v の価格付けによって生じ，第二の項は活性率と相関がある収益率リスク W の部分の価格付けによって生じる．2 つのリスク要因 W と W^v に対して同じ時間変換 $\mathcal{T}_t$ を適

---

[4] より正確には $W_t^{\mathbb{P}}$ と $W_t^{\mathbb{Q}}$ も区別すべきである．リスクの市場価格が定数というモデルのもとでは，$\sigma W_t^{\mathbb{Q}} = \sigma W_t^{\mathbb{P}} + \gamma\sigma^2 t$ となる．記号の明瞭さを維持しつつ混乱が起こらないように，すべての測度のもとでの標準 Brown 運動を表すために上付き文字なしの同じ記号 W を用いる．

用するので，実際の暦時間 $[0,t]$ でのドリフト調整は $\eta^v \mathcal{T}_t$ となり，瞬間的ドリフト調整は $\eta^v v_t$ になる．したがって，統計的な活性率ダイナミクスは

$$v_t = v_0 + at - \kappa \mathcal{T}_t + \eta^v \mathcal{T}_t + \sigma_v W_{\mathcal{T}_t}^v \tag{3.48}$$

となり，これは確率微分方程式の形式では

$$\mathrm{d}v_t = (a - (\kappa - \eta^v)v_t)\mathrm{d}t + \sigma_v \sqrt{v_t}\mathrm{d}W_t^v \tag{3.49}$$

となる．ここで，測度変換は $\mathbb{Q}$ のもとでの κ から，$\mathbb{P}$ のもとでの

$$\kappa^{\mathbb{P}} = \kappa - \eta^v = \kappa - \gamma_v \sigma_v^2 - \gamma\sigma\sigma_v\rho$$

へと，平均回帰速度の変化を引き起こしている．株式インデックスと株式インデックスオプションに対する推定から，収益率リスクの市場価格（γ）は正で，分散リスク（γ_v）の市場価格は負である．収益率と分散の間のよく指摘されている負の相関（ρ）を所与とすると，市場価格の要因によってリスク中立測度のもとでの活性率のほうが統計測度のもとでの活性率よりも持続的（persistent）になる．すなわち $\kappa < \kappa^{\mathbb{P}}$ となる[5]．

(3.36) のような純粋 Lévy 過程の場合には，$\mathbb{P}$ から $\mathbb{Q}$ への測度変換は指数マルチンゲール

$$\left.\frac{\mathrm{d}\mathbb{Q}}{\mathrm{d}\mathbb{P}}\right|_t = \exp\left(-\gamma J_t - \varphi_J(-\gamma)t\right) \tag{3.50}$$

によって定義される．その Lévy 密度には，2 つの測度のもとで $\pi^{\mathbb{P}}(x) = e^{\gamma x}\pi^{\mathbb{Q}}(x)$ という関係がある．もし $\mathbb{Q}$ のもとで Lévy 密度が (3.12) によって与えられていれば，$\mathbb{P}$ のもとで対応する Lévy 密度は

$$\pi^{\mathbb{P}}(x) = \begin{cases} \lambda \exp(-(\beta_+ - \gamma)x)x^{-\alpha-1}, & x > 0 \\ \lambda \exp(-(\beta_- + \gamma)|x|)|x|^{-\alpha-1}, & x < 0 \end{cases} \tag{3.51}$$

となる．そのため Lévy 密度は，指数減少係数が $\mathbb{Q}$ のもとでの (β_+, β_-) から，$\mathbb{P}$ のもとでの $\beta_+^{\mathbb{P}} = \beta_+ - \gamma$ と $\beta_-^{\mathbb{P}} = \beta_- + \gamma$ へと変化しているだけで，統計測度 $\mathbb{P}$ のもとで依然として指数減少べき法則によって制御されている．減少係数は両測度のもとで，非負でなければならない．この条件はリスクの市場価格 γ がとりうる値の範囲を制限する．リスク中立的な減少係数 (β_+, β_-) を所与とすると，$\gamma \in [-\beta_-, \beta_+]$ となることが必要である．統計的な減少係数 $(\beta_+^{\mathbb{P}}, \beta_-^{\mathbb{P}})$ を所与とすると，$\gamma \in [-\beta_+^{\mathbb{P}}, \beta_-^{\mathbb{P}}]$ が必要である．

---

[5] ドリフトの定数部分は a と同じであるから，活性率の長期平均は $\mathbb{Q}$ のもとでの a/κ から $\mathbb{P}$ のもとでの $a/(\kappa - \eta^v)$ に変化する．$\mathbb{Q}$ のもとでの平均回帰速度が小さくなるほど，長期平均は大きくなることを意味している．

Wu (2006) と Bakshi and Wu (2005) は，下方ジャンプと上方ジャンプが別々の市場価格 (γ_+, γ_-) をもつとした．この場合，2 つの係数 (β_+, β_-) と ($\beta_+^{\mathbb{P}}, \beta_-^{\mathbb{P}}$) をもつ測度のもとで，減少係数を正の制約をもった自由パラメータとして直接特定することができる．このとき，正と負のジャンプリスクの市場価格は $\gamma_+ = \beta_+ - \beta_+^{\mathbb{P}}, \gamma_- = \beta_-^{\mathbb{P}} - \beta_-$ と求められる．この純粋 Lévy モデルを S&P500 インデックスの収益率とオプション価格の時系列に対して推定することにより，Wu はリスク中立測度のもとで，下方ジャンプに対する減少係数がゼロ ($\beta_- = 0$) となる場合があることを見出した．そのため，下方ジャンプリスクの市場価格は $\gamma_- = \beta_-^{\mathbb{P}}$ でその上限に達する．この極端に高い下方リスクの市場価格は，短期，長期の両満期のインデックスの OTM コールオプションやそのインプライドボラティリティスマーク (implied volatility smirk) よりも，はるかに高い OTM プットオプションの価格を捉えるために必要とされる．

(3.50) で定義された測度変換を所与とすると，測度 $\mathbb{P}$ のもとでのキュムラント指数と測度 $\mathbb{Q}$ のもとでのキュムラント指数には，$\varphi_J^{\mathbb{P}}(s) = \varphi_J^{\mathbb{Q}}(s+\gamma) - \varphi_J^{\mathbb{Q}}(\gamma)$ という関係がある．瞬間的期待超過収益率は

$$\eta = \varphi_J^{\mathbb{P}}(1) - \varphi_J^{\mathbb{Q}}(1) = \varphi_J^{\mathbb{Q}}(1+\gamma) - \varphi_J^{\mathbb{Q}}(\gamma) - \varphi_J^{\mathbb{Q}}(1)$$

で与えられる．キュムラント指数 $\varphi_J^{\mathbb{Q}}(s)$ の s に関して線形な任意の項は，期待超過収益率 η に寄与しないことは明らかである．そのため，トランケーションによって生じた線形項 $sC(h)$ やトランケーション関数 $h(x)$ の選択は，期待超過収益率 η の計算に影響しない．

(3.12) のジャンプモデルで $\alpha \neq 0, \alpha \neq 1$ のとき，瞬間的期待超過収益率は

$$\eta = \Gamma(-\alpha)\lambda[((\beta_+ - \gamma) - 1)^\alpha - (\beta_+ - \gamma)^\alpha + ((\beta_- + \gamma) + 1)^\alpha - (\beta_- + \gamma)^\alpha]$$
$$- \Gamma(-\alpha)\lambda[(\beta_+ - 1)^\alpha - \beta_+^\alpha + (\beta_- + 1)^\alpha - \beta_-^\alpha] \qquad (3.52)$$

である．ここで，最初の行は $s = 1$ で評価された測度 $\mathbb{P}$ のもとでのキュムラント指数，2 行目は $s = 1$ で評価された測度 $\mathbb{Q}$ のもとでのキュムラント指数である．ここで両キュムラント指数の $C(h)$ の項は相殺されて消えている．しかしながら，測度変換自体が期待超過収益率に寄与する追加的な線形項を生じさせることもある．そのため，常に η を式 $\eta = \varphi_J^{\mathbb{Q}}(1+\gamma) - \varphi_J^{\mathbb{Q}}(\gamma) - \varphi_J^{\mathbb{Q}}(1)$ に従って評価するほうが安全である．

もし Lévy ジャンプ過程に対して確率的時間変換を適用し，もとになっている活性率のリスクが Lévy ジャンプのリスクと相関がないのであれば，時間区間 $[0, t]$ における超過収益率として ηt を $\eta \mathcal{T}_t$ に置き換えることができる．もしリスク中立的な活性率が平方根過程に従うのであれば，活性率に対する統計的ダイナミクスは，収益率のジャンプ成分と活性率の拡散成分の間に直交性があるために，$\rho = 0$ として (3.49) と同様にして導出できる．

4.3 より柔軟なリスクの市場価格モデル

(3.42) のプライシングカーネルに埋め込まれている指数マルチンゲールのモデルのもとで，収益率とボラティリティリスクは時間変換された Lévy 過程 $(X^k_{\mathcal{T}^k_t}, X^{kv}_{\mathcal{T}^k_t})^K_{k=1}$ のベクトルによって捉えられ，これらのリスクに対する市場価格 $(\gamma_k, \gamma_{kv})^K_{k=1}$ は定数と仮定される．モデルは倹約的（parsimonious）で，収益率（そして活性率）のダイナミクスは，2 つの測度 $\mathbb{P}$ と $\mathbb{Q}$ のもとでしばしば同じクラスにとどまる．しかしながら扱いやすさに対する必要性は，主にリスク中立測度のもとでの期待値演算のためにオプションの価格付けから生じるので，もし扱いやすいリスク中立的ダイナミクスのモデル化から始めるのであれば，より柔軟なリスクの市場価格のモデルでもほとんど問題は生じない．複雑なリスクの市場価格は複雑な統計的ダイナミクスにつながるだけで，それはオプションの価格付けとは無関係である．その複雑さは時系列推定のための尤度関数の導出に影響する．しかし，収益率の列を頻繁にサンプルすることができるのであれば，統計的ダイナミクスの Euler 近似による推定がうまく機能し，条件付密度の導出のために統計測度のもとで期待値をとる複雑さを避けることができる．その結果，資産の価格付けに対してほとんど困難を招くことなく，複雑なリスクの市場価格を自由に特定することができる．さらに，プライシングカーネルが満たす必要がある通常の技術的条件のもとで，リスクの市場価格に対する唯一の実用的制約が，合理性と識別性を考慮することによって生じる．モデルが数学的に許されたとしても，経済学的に意味をなさず普通の投資家の挙動を表現しなければ，そのモデルは放棄されることになる．さらに，リスクの市場価格に対する柔軟なモデルによってより自由度が得られるが，識別性という点では困難さも生じうる．よって，まずリスクの市場価格に対しては倹約的な仮定から始めて，データがそれを必要としたときだけ拡張を考えるというのが，常に良識的である．

単純な例として Black–Scholes モデルを取り上げる．ここでリスク中立測度 $\mathbb{Q}$ のもとでの株式収益率は，(3.29) で記述されているようにボラティリティが定数 σ の正規分布に従う．いま，柔軟ではあるが必ずしも合理的ではない $\mathbb{P}$ から $\mathbb{Q}$ への測度変換

$$\left.\frac{d\mathbb{Q}}{d\mathbb{P}}\right|_t = \exp\Big(-(\gamma_0 + \gamma_1 Z_t + \gamma_2 Z_t^2 + \gamma_3 Z_t^3)\sigma W_t \\ -\frac{1}{2}(\gamma_0 + \gamma_1 Z_t + \gamma_2 Z_t^2 + \gamma_3 Z_t^3)^2 \sigma^2 t\Big) \qquad (3.53)$$

によって定義されるリスクの市場価格のモデルを考える．ここで，リスクの市場価格は Z_t の多項式関数 $\gamma = \gamma_0 + \gamma_1 Z_t + \gamma_2 Z_t^2 + \gamma_3 Z_t^3$ によって与えられ，Z_t はダイナミクスが特定されていないある状態変数である．3 変数の順序は完全に任意であり，ここでの説明のためだけのものである．このモデルのもとで，時点 t における瞬間的期待超過収益率は $\eta_t = (\gamma_0 + \gamma_1 Z_t + \gamma_2 Z_t^2 + \gamma_3 Z_t^3)\sigma^2$ であり，証券価格の $\mathbb{P}$ ダイナミ

クスは

$$\frac{dS_t}{S_t} = (r - q + (\gamma_0 + \gamma_1 Z_t + \gamma_2 Z_t^2 + \gamma_3 Z_t^3)\sigma^2)dt + \sigma dW_t \tag{3.54}$$

となる．多くの実証研究では配当利回り，デフォルトスプレッド，金利，ラグ付き収益率を，期待超過収益率を予測することができる変数として用いている．もしその実証結果が頑健であれば，それらを状態変数 Z_t として用いることができる．Z_t はスカラーでもベクトルでもよい．

統計的ダイナミクスの複雑さにもかかわらず，オプションの価格付けでは依然として Black–Scholes 式が成立する．統計測度 $\mathbb{P}$ のもとでの収益率の分布は Z_t のダイナミクスに依存する．それでもやはり，Euler 近似によって短い時間区間 $[t, t+\Delta t]$ における条件付収益率分布は，依然として，平均 $(r - q + \eta_t - (1/2)\sigma^2)\Delta t$，分散 $\sigma^2 \Delta t$ の正規分布に従うと仮定することができ，それから収益率の条件付尤度関数を，それに従って構成することができる．

活性率がリスク中立測度のもとで平方根ダイナミクスに従う別の例を考える．

$$dv_t = (a - \kappa v_t)dt + \sigma_v \sqrt{v_t} dW_t^v \tag{3.55}$$

単純化のために，収益率の Lévy イノベーションは活性率過程の Brown 運動 W_t^v と無相関であると仮定する．後の節で示されるが，リスク中立測度のもとで活性率ダイナミクスがアフィン構造をもつことからオプションの価格付けが扱いやすくなる．前節では，$\sigma_v \sqrt{v_t} dW_t^v$ に対して定数のリスクの市場価格 γ_v が仮定されていた[6]が，これはドリフト変化 $\gamma_v \sigma_v^2 v_t$ を生じさせる．そのため $\mathbb{P}$ のもとで，平均回帰係数を κ から $\kappa - \gamma_v \sigma_v^2$ に変化させることになる．いま，任意の次数 k に対して，より一般的なモデル

$$\gamma_t^v = \frac{\gamma_0}{v_t} + \gamma_1 + \gamma_2 v_t + \cdots + \gamma_k v_t^{k-1} \tag{3.56}$$

を考える．ドリフト変化は $\gamma_0 \sigma_v^2 + \gamma_1 \sigma_v^2 v_t + \gamma_2 \sigma_v^2 v_t^2 + \cdots + \gamma_k \sigma_v^2 v_t^k$ となる．その結果，活性率過程のドリフトは統計測度のもとではもはやアフィンではなくなる．しかし，この複雑さはオプションの価格付けには影響せず，尤度の構成に際しては Euler 近似を用いることができる．

それでもなお (3.56) のモデルは完全には無害ではない．v_t がゼロに近づくとき，そのリスク（イノベーション）$\sigma_v \sqrt{v_t} dW_t^v$ もまたゼロに近づく．しかし，リスクプレミアムはゼロに近づかず，ゼロでない定数 $\gamma_0 \sigma_v$ に近づく．無リスク証券はゼロでないリスクプレミアムをもつことはできない．その結果，このモデルはもし活性率がゼロにとどまることになれば，無裁定の条件に反する．最近，Cheridito et al. (2007) と

---

[6] $\sigma_v \sqrt{v_t} dW_t^v$ の代わりに dW_t^v をリスクとみなす論文が多い．このとき，W_t^v に対して「比例的なリスクの市場価格（proportional market price of risk）」$\gamma_v \sigma_v \sqrt{v_t}$ をもつ．それらの論文ではこの用語が共通に用いられている．

Pan and Singleton (2008) は (3.56) で $\gamma_k = 0 \ (k \geq 2)$ とした制限されたモデルを応用した．このとき，リスクプレミアムは v_t に関してアフィンで，活性率のダイナミクスは統計測度のもとでもアフィンである．無裁定を保証するために，彼らはゼロが吸収壁ではなく，v_t の反射壁になるよう，統計的ダイナミクスにさらに技術的条件を加えた．その技術的条件は無裁定を保証する．いずれにせよ γ_0 が狭義にゼロでないモデルは，どれほどリスクが小さくてもリスクプレミアムは $\gamma_0 \sigma_v^2$ よりも小さくなることはない，という条件を投資家が課していることを意味する．柔軟なリスクの市場価格のモデルは，リスク中立的ダイナミクスから始める限り，オプションの価格付けに際して支障を生じることはない．しかし，経済学的な感覚と倹約に関するルールを，それらを特定する際に利用することは依然として重要である．

金利為替系の論文では，2 カ国の経済圏間の現時点での金利差を用いて将来の為替レートの動きを予測するために，莫大な数の研究で様々な形式の期待仮説が利用されている．最近いくつかの論文で，アフィンモデルが回帰の傾き係数を説明することができるかどうかが研究されている[7]．アフィンモデルはすべての満期の債券利回りが，状態変数の集合のアフィン関数であることを要求する．このクロスセクションでの関係はリスク中立的ダイナミクスと関連をもつ．状態ベクトルのリスク中立的なドリフトと分散は，どちらも状態ベクトルのアフィン関数である．しかしながら，それは統計的ダイナミクスや，期待仮説とは直接的な関係がない．上記のすべての研究では，状態ベクトルの統計的なドリフトもアフィンであることが必要とされていた．この自己制約的な必要条件から，リスクの市場価格は，状態変数が定数の拡散成分をもつ場合はアフィン形 $\gamma(X_t) = a + bX_t$ に制限され，状態変数が平方根過程に従う場合は $\gamma(X_t) = a/X_t + b$ の形に制限される．

5. 時間変換された Lévy 過程のもとでのオプションの価格付け

原資産の資産収益率が，確率的時間変換を施された Lévy 過程に従う場合のオプションを価格付けするために，最初にリスク中立測度のもとで資産収益率の一般化 Fourier 変換を導出し，それからオプション価格を数値的に計算するために Fourier 逆変換法を用いる．

5.1 Fourier 変換の導出

Carr and Wu (2004) は，時間変換された Lévy 過程のもとで，オプションの価格付けの扱いやすさを著しく高める定理を提唱した．彼らは時間変換された Lévy 過程の Fourier 変換を求める問題を，新しい複素数値測度のもとで確率的時刻の Laplace

---

[7] 一国の経済における期間構造の期待仮説に関しては Backus et al. (2001a), Duffee (2002), Dai and Singleton (2002), Roberds and Whiteman (1999) の例があり，国際的な期間構造と為替の価格付けについては Backus et al. (2001b) がある．

5. 時間変換された Lévy 過程のもとでのオプションの価格付け

変換を求める問題に転換した．すなわち，

$$\phi_Y(u) \equiv \mathbb{E}^{\mathbb{Q}}\left[e^{iuX_{T_t}}\right] = \mathbb{E}^{\mathbb{M}}\left[e^{-\psi_x(u)T_t}\right] \tag{3.57}$$

ここで，$\psi_x(u)$ は原資産の Lévy 過程 X_t の特性指数を表す．2つ目の期待値は新しい測度 $\mathbb{M}$ のもとでの期待値で，それは次の複素数値の指数マルチンゲール

$$\left.\frac{d\mathbb{M}}{d\mathbb{Q}}\right|_t = \exp\left(iuX_{T_t} + T_t\psi_x(u)\right) \tag{3.58}$$

によって定義される．時間変換のもとになっている活性率 v_t が Lévy イノベーション X_t と独立の場合には，この測度変換は必要なく，(3.57) の結果は重複期待値の法則によって得られる．2つの過程に相関があるとき，提唱された測度変換は相関の影響を新しい測度に吸収することで計算を単純化する．

(3.57) に従って，もし Lévy 過程の特性指数 $\psi_x(u)$ とその時間変換に対する Laplace 変換の扱いやすい形式を得ることができれば，時間変換された Lévy 過程に対する扱いやすい Fourier 変換 $\phi_Y(u)$ が得られる．最も広く用いられている Lévy ジャンプモデルとしては，Merton (1976) のジャンプサイズが正規分布に従う複合 Poisson モデル，指数減少べき法則モデルとその様々な特別な場合，NIG モデルとその拡張の3種類がある．これらすべてのモデルは特性指数に対して解析的な解をもつ．

Laplace 変換を解くために，時間変換 T_t を活性率を用いて $T_t = \int_0^t v(s_-)ds$ と書き，瞬間的活性率を瞬間的金利とみなすと，同じ形式の期待値が債券価格付けの論文に現れている．さらに名目金利と活性率は正であることが必要なので，それらは同様のダイナミクスを用いてモデル化することができる．そのため，扱いやすい債券価格公式を生み出す任意の金利ダイナミクスを，測度 $\mathbb{M}$ のもとで (3.57) の Laplace 変換に対する扱いやすい解をもつ活性率ダイナミクスをモデル化するために借用することができる．特に Duffie and Kan (1996), Duffie et al. (2000, 2003a) のアフィンクラス，Leippold and Wu (2002) の金利に対するクオドラティッククラスは，それぞれ Laplace 変換に対する扱いやすい指数アフィン解，指数クオドラティック解をもつ活性率ダイナミクスをモデル化するために借用することができる．Carr and Wu (2004) はこれらのモデルを一般的な形式で議論した．これらすべてのモデルの中で最もよく普及しているのは，Heston (1993) とそのマルチファクターに対する拡張や，正のジャンプを含むとした拡張など，様々な形で用いられている平方根過程である．3/2 活性率ダイナミクスでも (3.57) の Laplace 変換に対して扱いやすい解が得られるが，その解は合流型超幾何関数 $M(\alpha, \beta; z)$ を含む．ここで2つの係数 (α, β) は特性係数 u の複素数値関数であり，変数 z は活性率の水準とオプションの満期の関数である．オプションの価格付けで必要な幅広い範囲の複素数値係数を用いてこの関数を効率的に計算することは，依然として数値的な課題として残されている．

前節で議論された単純な例を用いた評価手順を説明する．(3.29) で与えられたリス

ク中立的な収益率ダイナミクスをもつ Black–Scholes モデルから始める. すなわち,

$$\phi_s(u) \equiv \mathbb{E}^\mathbb{Q}\left[e^{iu \ln S_t/S_0}\right] = e^{iu(r-q)t}\mathbb{E}^\mathbb{Q}\left[e^{iu(\sigma W_t - (1/2)\sigma^2 t)}\right]$$
$$= e^{iu(r-q)t - (1/2)(iu+u^2)\sigma^2 t} \tag{3.59}$$

金利と配当利回りが定数という仮定を所与とすると, その期待値をとる前にそれらを外に出すことができる. この場合, 凹調整項 $iu(1/2)\sigma^2 t$ も外に出すことができる. しかし時間変換を念頭に入れてそれは期待値の中におき, $\psi_x(u) = (1/2)(iu + u^2)\sigma^2$ を「凹調整済み収益率イノベーション (concavity-adjusted return innovation)」項 $X_t = \sigma W_t - (1/2)\sigma^2 t$ の特性指数とする.

Black–Scholes のオプションの価格付け公式はよく知られているが, Black–Scholes モデルのもとで一般化 Fourier 変換を導出することは, より複雑化された例に対するベンチマークとして有用である. 最初の拡張は Black–Scholes モデルに対して確率的時間変換を適用することである.

$$\ln \frac{S_t}{S_0} = (r-q)t + \sigma W_{\mathcal{T}_t} - \frac{1}{2}\sigma^2 \mathcal{T}_t \tag{3.60}$$

ここで Carr and Wu の定理を適用して, 一般化 Fourier 変換を求めることができる.

$$\phi_s(u) = e^{iu(r-q)t}\mathbb{E}^\mathbb{Q}\left[e^{iu(\sigma W_{\mathcal{T}_t} - (1/2)\sigma^2 \mathcal{T}_t)}\right] = e^{iu(r-q)t}\mathbb{E}^\mathbb{M}\left[e^{-\psi_x(u)\mathcal{T}_t}\right] \tag{3.61}$$

ここで $\psi_x(u) = (1/2)(iu + u^2)\sigma^2$ は, Black–Scholes モデルに対する凹調整済み収益率イノベーションに対する特性指数と同じである. 新しい測度 $\mathbb{M}$ の構成とこの新しい測度のもとでの Laplace 変換は, 活性率ダイナミクスのモデルに依存する.

Heston (1993) モデルを例にとる. 測度 $\mathbb{Q}$ のもとでの活性率ダイナミクスは, 確率微分方程式の形式で

$$dv_t = \kappa(1 - v_t)dt + \sigma_v\sqrt{v_t}dW_t^v, \qquad \rho dt = \mathbb{E}[dW_t dW_t^v] \tag{3.62}$$

とする. 測度変換は

$$\left.\frac{d\mathbb{M}}{d\mathbb{Q}}\right|_t = \exp\left(iu\left(\sigma W_{\mathcal{T}_t} - \frac{1}{2}\sigma^2 \mathcal{T}_t\right) + \mathcal{T}_t \psi_x(u)\right) \tag{3.63}$$

によって定義される. 通常の記号下で, 確率的に同値な書き方は

$$\left.\frac{d\mathbb{M}}{d\mathbb{Q}}\right|_t = \exp\left(iu\sigma \int_0^t \sqrt{v_s}dW_s + \frac{1}{2}u^2\sigma^2 \int_0^t v_s ds\right) \tag{3.64}$$

である. ここでは $\psi_x(u)$ を代入し, 凹調整項を相殺している. この測度変換によって,

共分散項[8]

$$\mu(v)^{\mathbb{M}}\mathrm{d}t - \mu(v)^{\mathbb{Q}}\mathrm{d}t = \langle iu\sigma\sqrt{v_t}\mathrm{d}W_t, \sigma_v\sqrt{v_t}\mathrm{d}W_t^v\rangle = iu\sigma\sigma_v v_t\rho\mathrm{d}t \quad (3.66)$$

によって与えられた活性率ダイナミクスのドリフトの変換が行われている．その結果，測度 $\mathbb{M}$ のもとで，活性率のダイナミクスは

$$\mathrm{d}v_t = (\kappa - \kappa^{\mathbb{M}}v_t)\mathrm{d}t + \sigma_v\sqrt{v_t}\mathrm{d}W_t^v, \quad \kappa^{\mathbb{M}} = \kappa - iu\sigma\sigma_v\rho \quad (3.67)$$

となる．ドリフトと瞬間的分散は，測度 $\mathbb{M}$ のもとでどちらも v_t に関してアフィンである．(3.61) の Laplace 変換は，現時点の活性率の水準に関して指数アフィン

$$\phi_s(u) = e^{iu(r-q)t}\mathbb{E}^{\mathbb{M}}\left[e^{-\psi_x(u)\mathcal{T}_t}\right] = e^{iu(r-q)t - b(t)v_0 - c(t)} \quad (3.68)$$

となる．ここで，係数 $b(t)$ と $c(t)$ は

$$\begin{aligned} b(t) &= \frac{2\psi_x(u)(1 - e^{-\xi t})}{2\xi - (\xi - \kappa^{\mathbb{M}})(1 - e^{-\xi t})} \\ c(t) &= \frac{\kappa}{\sigma_v^2}\left[2\ln\left(1 - \frac{\xi - \kappa^{\mathbb{M}}}{2\xi}(1 - e^{-\xi t})\right) + (\xi - \kappa^{\mathbb{M}})t\right] \end{aligned} \quad (3.69)$$

で与えられる．ただし，$\xi = \sqrt{(\kappa^{\mathbb{M}})^2 + 2\sigma_v^2\psi_x(u)}$ である．

測度 $\mathbb{Q}$ のもとでの 2 ファクターの活性率ダイナミクスを生成する際に，活性率が確率的中心傾向ファクターに回帰するとする．すなわち，

$$\begin{aligned} \mathrm{d}v_t &= \kappa(m_t - v_t)\mathrm{d}t + \sigma_v\sqrt{v_t}\mathrm{d}W_t^v \\ \mathrm{d}m_t &= \kappa_m(1 - m_t)\mathrm{d}t + \sigma_m\sqrt{m_t}\mathrm{d}W_t^m \end{aligned} \quad (3.70)$$

ここで，W_t^m は独立な Brown 運動である．測度 $\mathbb{M}$ のもとでのダイナミクスは

$$\begin{aligned} \mathrm{d}v_t &= (\kappa m_t - \kappa^{\mathbb{M}}v_t)\mathrm{d}t + \sigma_v\sqrt{v_t}\mathrm{d}W_t^v, \quad \kappa^{\mathbb{M}} = \kappa - iu\sigma\sigma_v\rho \\ \mathrm{d}m_t &= \kappa_m(1 - m_t)\mathrm{d}t + \sigma_m\sqrt{m_t}\mathrm{d}W_t^m \end{aligned} \quad (3.71)$$

となる．$V_t \equiv [v_t, m_t]^{\mathsf{T}}$ の行列記号を用いると，このダイナミクスは

$$\mathrm{d}V_t = (a - \kappa_V^{\mathbb{M}}V_t)\mathrm{d}t + \sqrt{\Sigma V_t}\mathrm{d}W_t^V \quad (3.72)$$

となる．ここで，

---

[8] 積分形式では，共分散は

$$\int_0^t (\mu(v_s)^{\mathbb{M}} - \mu(v_s)^{\mathbb{Q}})\mathrm{d}s = \langle iu\sigma\mathrm{d}W_{\mathcal{T}_t}, \sigma_v\mathrm{d}W_{\mathcal{T}_t}^v\rangle = iu\sigma\sigma_v v_t\rho\mathcal{T}_t \quad (3.65)$$

である．

$$a = \begin{bmatrix} 0 \\ \kappa_m \end{bmatrix}, \quad \kappa_V^{\mathrm{M}} = \begin{bmatrix} \kappa^{\mathrm{M}} & -\kappa \\ 0 & \kappa_m \end{bmatrix}, \quad \Sigma = \begin{bmatrix} \sigma_v^2 & 0 \\ 0 & \sigma_m^2 \end{bmatrix}$$

とおいた．活性率ダイナミクスに対する2ファクターアフィン構造を所与とすると，Laplace 変換は2ファクターの現時点の水準 $V_0 = [v_0, m_0]^{\mathsf{T}}$ に関して指数アフィン

$$\phi_s(u) = e^{iu(r-q)t - b(t)^{\mathsf{T}} V_0 - c(t)} \tag{3.73}$$

となる．ここで，係数 $b(t)$ と $c(t)$ は，連立常微分方程式

$$\begin{aligned} b'(t) &= \psi_x(u) b_V - (\kappa^{\mathrm{M}})^{\mathsf{T}} b(t) - \frac{1}{2} \Sigma [b(t) \odot b(t)] \\ c'(t) &= a^{\mathsf{T}} b(t) \end{aligned} \tag{3.74}$$

の解である．ここで，$b(0) = 0$, $c(0) = 0$ で，$b_V = [1, 0]^{\mathsf{T}}$ は2つのファクターの活性率の瞬間的負荷を表し，$\odot$ は要素ごとの積の演算を表している．連立常微分方程式は，Euler 近似や4次の Runge–Kutta 法などの標準的な数値解法を用いて解くことができる．

収益率が拡散過程に従うのではなく，(3.12) の指数減少べき法則のような純ジャンプ Lévy 過程に従う場合には，単に凹調整された拡散成分の特性指数 $\psi_x(u) = (1/2)(iu + u^2)\sigma^2$ を，凹調整されたジャンプ成分の特性指数に置き換えるだけでよい．特に，$\alpha \neq 0$, $\alpha \neq 1$ の場合，

$$\begin{aligned} \psi_x(u) = &-\Gamma(-\alpha)\lambda[(\beta_+ - iu)^\alpha - \beta_+^\alpha + (\beta_- + iu)^\alpha - \beta_-^\alpha] \\ &+ iu\Gamma(-\alpha)\lambda[(\beta_+ - 1)^\alpha - \beta_+^\alpha + (\beta_- + 1)^\alpha - \beta_-^\alpha] \end{aligned} \tag{3.75}$$

となる．拡散成分とジャンプ成分の両方を含めることもでき，その場合の特性指数は2つの和となる．最も重要なことは，Lévy 過程のモデルと時間変換を別々に扱うことができて，その結果，特性指数 $\psi_x(u)$ と Laplace 変換を別々に導出することができるということである．そのため，任意の扱いやすい活性率ダイナミクスと任意の扱いやすい Lévy モデルを結び付けることができ，その結果生じた収益率のダイナミクスに対する一般化 Fourier 変換が扱いやすくなる．

5.2　Fourier 逆変換の計算

収益率分布の一般化 Fourier 変換に対する扱いやすい解を用いれば，ヨーロピアンオプション価格は Fourier 変換を逆変換することで計算することができる．文献では大きく2つのタイプの Fourier 逆変換法が考えられている．最初のアプローチは累積分布関数の類推からオプションを扱う方法である．標準的な統計学の本では累積分布関数を求めるために特性関数を逆変換する方法が示されている．オプション価格のた

めの逆変換公式は同様にして証明することができる．2つ目のアプローチは確率密度関数に対する類推からオプション価格を扱う方法である．この場合，変換が定義できるように，(3.57) の特性係数 u が虚数の成分を含む必要があり，その定義域はペイオフの構造に依存する．この類推から，全ストライクに関するオプション価格は，高速 Fourier 変換（FFT）によって得られる．

どちらの場合でも，様々な形のヨーロピアンペイオフに対する Fourier 変換を求めることができる．それらの価値は対応する変換を逆変換することで求められる．変換法を説明するために，例としてヨーロピアンコールオプションを用いる．実際，ほとんどのヨーロピアンペイオフ関数は同じ満期の異なったストライクに関するヨーロピアンコールオプションのポートフォリオによって複製することができるので，ほとんどの場合において必要なのはコールオプションの価値だけである．

満期 t，ストライク K のヨーロピアンコールオプションの満期でのペイオフは

$$\Pi_t = (S_t - K) 1_{S_t \geq K} \tag{3.76}$$

である．資産収益率の Fourier 変換が導出されているので，ペイオフを対数収益率の項で表現すると都合が良い．

$$\Pi_t = S_0 (e^{\ln S_t/S_0} - e^{\ln K/S_0}) 1_{S_t \geq K} = S_0 (e^{s_t} - e^k) 1_{s_t \geq k} \tag{3.77}$$

ここで，$s_t = \ln S_t/S_0$, $k = \ln K/S_0$ である．コールオプションの時点 0 での価値は

$$C(K, t) = S_0 e^{-rt} \mathbb{E}_0^{\mathbb{Q}} \left[(e^{s_t} - e^k) 1_{s_t \geq k} \right] \tag{3.78}$$

である．$C(k) = C(K, t)/S_0$ として，現時点のスポット価格の水準による比率で，マネーネス（moneyness）k と満期 t の関数としてコールオプション価値を表すとする．以後，相対的コール価値 $C(k)$ を計算することに焦点を当てる．単純にスポット価格を掛けることによって，絶対的なコールオプション価値 $C(K, t)$ を求めることができる[9]．記号の簡略化のために，以後，混乱が起きないときには満期の引数を省略することにする．

5.2.1 累積分布の類推

$x = -k$ として，コールオプションの価値を書き直す．

$$C(x) = C(k = -x) = e^{-rt} \mathbb{E}_0^{\mathbb{Q}} \left[(e^{s_t} - e^{-x}) 1_{-s_t \leq x} \right] \tag{3.79}$$

コールオプション価値 $C(x)$ を累積分布の類推で扱うと，その Fourier 変換は

---

[9] スポット価格の変動によるインパクトを除いてクオートの安定性を達成するために，絶対クオート $C(K, t)$ ではなく，相対比率クオート $C(k)$ を提供するブローカーディーラーもいる．

$$\chi_c(z) \equiv \int_{-\infty}^{\infty} e^{izk} \mathrm{d}C(x), \quad z \in \mathbb{R} \tag{3.80}$$

と定義できる．収益率の Fourier 変換 $\phi_s(u)$ を用いて，この変換を以下のように展開する．

$$\begin{aligned}
\chi_c(z) &= e^{-rt}\mathbb{E}^{\mathbb{Q}}\left[\int_{-\infty}^{\infty} e^{izx}(e^s \delta_{-s\leq x} - e^{-x}\delta_{-s\leq x} + e^{-x}1_{-s\leq x})\mathrm{d}x\right] \\
&= e^{-rt}\mathbb{E}^{\mathbb{Q}}\left[e^{(1-iz)s} - e^{(1-iz)s} + \int_{-s}^{\infty} e^{(iz-1)x}\mathrm{d}x\right] \\
&= e^{-rt}\mathbb{E}^{\mathbb{Q}}\left[\frac{e^{(1-iz)s}}{1-iz}\right] = e^{-rt}\frac{\phi_s(-i-z)}{1-iz}
\end{aligned} \tag{3.81}$$

上式では最初に Fubini の定理を適用し，それから Dirac 関数 $\delta_{-s\leq x}$ の Fourier 変換の結果を適用した．そのため，収益率の変換 $\phi_s(u)$ に対して扱いやすい形式は，オプション変換 $\chi_c(z)$ に対しても扱いやすい形式であることを意味する．

この変換を所与とすると，オプション価値は次の Fourier 逆変換公式によって計算することができる．

$$C(x) = \frac{1}{2}\chi_c(0) + \frac{1}{2\pi}\int_0^{\infty} \frac{e^{izx}\chi_c(-z) - e^{-izx}\chi_c(z)}{iz}\mathrm{d}z \tag{3.82}$$

この逆変換公式とその証明は累積分布に対する逆変換公式（Alan and Ord, 1987）に非常に類似している．唯一の差は境界上にある．累積分布に対しては，$z=0$ のときの変換は 1 であるが，オプションの変換に対しては $\chi_c(0) = e^{-rt}\phi_s(-i) = e^{-qt}$ である．$C(x)$ を所与とすると $C(k) = C(k=-x)$ となる．以下のように直接，逆変換公式を定義することもできる．

$$\begin{aligned}
C(k) &= \frac{1}{2}\chi_c(0) + \frac{1}{2\pi}\int_0^{\infty}\frac{e^{-izk}\chi_c(-z) - e^{izk}\chi_c(z)}{iz}\mathrm{d}z \tag{3.83} \\
&= e^{-rt}\left[\frac{1}{2}\phi_s(-i) - \frac{1}{2\pi}\int_0^{\infty}\left(e^{-izk}\frac{\phi_s(z-i)}{z^2-iz} + e^{izk}\frac{\phi_s(-z-i)}{z^2+iz}\right)\mathrm{d}z\right]
\end{aligned} \tag{3.84}$$

この変換から，オプション価値を計算するために (3.82) の逆変換公式を用いる場合，振動関数の数値積分が必要になる．幸運なことに，これはコサインの加重平均であり，被積分関数が示す振動の挙動は変換 $\psi(u)$ 自身よりもはるかに小さい．積分は求積法を用いて数値的に評価することができる (Singleton, 2001)．

Duffie et al. (2000) と Leippold and Wu (2002) はそれぞれアフィンモデルとクオドラティックモデルを用いて，一般的なヨーロピアンタイプの状態条件付請求権の評価のためにこのアプローチを応用することを議論した．それ以前の論文としては，例え

ば Chen and Scott (1992), Heston (1993), Bates (1996), Bakshi et al. (1997) などがあり，コールオプションの価値は以下のように，しばしば2つの条件付請求権のポートフォリオとして書かれる．

$$C(x) = e^{-rt}\mathbb{E}^{\mathbb{Q}}[e^s]\frac{\mathbb{E}^{\mathbb{Q}}[e^s 1_{-s \leq x}]}{\mathbb{E}^{\mathbb{Q}}[e^s]} - e^{-rt}e^{-x}\mathbb{E}^{\mathbb{Q}}[1_{-s \leq x}]$$
$$= e^{-qt}\mathcal{Q}_1(x) - e^{-rt}e^{-x}\mathcal{Q}_2(x) \tag{3.85}$$

ここで，$\mathcal{Q}_1(x)$ と $\mathcal{Q}_2(x)$ は条件付請求権の価値で

$$\mathcal{Q}_1(x) = \frac{\mathbb{E}^{\mathbb{Q}}[e^s 1_{-s \leq x}]}{\phi_s(-i)}, \quad \mathcal{Q}_2(x) = \mathbb{E}^{\mathbb{Q}}[1_{-s \leq x}] \tag{3.86}$$

で与えられる．$\mathcal{Q}_2$ は単に $-s$ の累積分布である．その変換は

$$\chi_2(z) = \int_{-\infty}^{\infty} e^{izx}\mathrm{d}\mathcal{Q}_2(x) = \mathbb{E}^{\mathbb{Q}}\left[\int_{-\infty}^{\infty} e^{izx}\delta_{-s \leq x}\mathrm{d}x\right]$$
$$= \mathbb{E}^{\mathbb{Q}}[e^{-izs}] = \phi_s(-z) \tag{3.87}$$

である．$\mathcal{Q}_1(x)$ の変換は

$$\chi_1(z) = \frac{1}{\phi_s(-i)}\mathbb{E}^{\mathbb{Q}}\left[\int_{-\infty}^{\infty} e^{izx}e^s\delta_{-s \leq x}\mathrm{d}x\right] = \frac{1}{\phi_s(-i)}\mathbb{E}^{\mathbb{Q}}[e^{(1-iz)s}]$$
$$= \frac{\phi_s(-z-i)}{\phi_s(-i)} \tag{3.88}$$

である．(3.83) の逆変換公式を適用すれば，これら2つの条件付請求権の価値は

$$\mathcal{Q}_1(k) = \frac{1}{2} + \frac{1}{2\pi\phi_s(-i)}\int_0^{\infty}\frac{e^{-izk}\phi_s(z-i) - e^{izk}\phi(-z-i)}{iz}\mathrm{d}z \tag{3.89}$$
$$\mathcal{Q}_2(k) = \frac{1}{2} + \frac{1}{2\pi}\int_0^{\infty}\frac{e^{-izk}\phi_s(z) - e^{izk}\phi_s(-z)}{iz}\mathrm{d}z \tag{3.90}$$

となる．いずれにせよ，筆者が提唱した変換 (3.84) に従って1つの数値積分を実行するほうが，(3.89) と (3.90) に従って2つの数値積分を実行するよりも効率的である．

5.2.2 確率密度の類推

第二のアプローチではオプション価格を確率密度の類推で扱い，オプション価値のFourier 変換を

$$\chi_p(z) \equiv \int_{-\infty}^{\infty} e^{izk}C(k)\mathrm{d}k, \quad z = z_r - iz_i, \quad z_r \in \mathbb{R}, z_i \in \mathcal{D} \subseteq \mathbb{R}^+ \tag{3.91}$$

と定義する．変数 z はこの変換の存在を保証するために複素平面に拡張される．コールオプション価値に対して，この変換は

$$\begin{align}
\chi_p(z) &= \int_{-\infty}^{\infty} e^{izk}\mathbb{E}^{\mathbb{Q}}[e^{-rt}(e^s - e^k)1_{s\geq k}]\mathrm{d}k \\
&= e^{-rt}\mathbb{E}^{\mathbb{Q}}\left[\int_{-\infty}^{\infty} e^{izk}(e^s - e^k)1_{s\geq k}\mathrm{d}k\right] \\
&= e^{-rt}\mathbb{E}^{\mathbb{Q}}\left[\int_{-\infty}^{s} e^{izk}(e^s - e^k)\mathrm{d}k\right] \\
&= e^{-rt}\mathbb{E}^{\mathbb{Q}}\left[\left(\frac{e^{izk}e^s}{iz} - \frac{e^{(iz+1)k}}{iz+1}\right)\bigg|_{k=-\infty}^{k=s}\right] \tag{3.92}
\end{align}$$

となる.$e^{izk} = e^{iz_r k + z_i k}$が$k = -\infty$で（ゼロに）収束するためには,$z_i > 0$で,$e^{(iz+1)k}$もゼロに収束するという条件[10]が必要である.$z_i > 0$のとき,コールオプション価値に対する変換は

$$\chi_p(z) = e^{-rt}\mathbb{E}^{\mathbb{Q}}\left[\frac{e^{(1+iz)s}}{iz} - \frac{e^{(iz+1)s}}{iz+1}\right] = e^{-rt}\frac{\phi_s(z-i)}{iz(iz+1)} \tag{3.93}$$

となる.ある収益率分布に対しては,収益率の変換$\phi_s(z-i) = \mathbb{E}^{\mathbb{Q}}[e^{(1+iz)s}]$は,$z_i$が実数直線の部分集合に入っている場合にのみ定義することができる.(3.91) では,$k = -\infty$でe^{izk}と$e^{(iz+1)k}$の両収束性を保証し,変換$\phi_s(z-i)$の存在を保証する部分集合として$\mathcal{D} \in \mathbb{R}^+$を定義している.

コールオプションに対する変換$\chi_p(z)$を所与とすると,オプション価値は次のFourier逆変換公式

$$C(k) = \frac{1}{2}\int_{-iz_i-\infty}^{-iz_i+\infty} e^{-izk}\chi_p(z)\mathrm{d}z = \frac{e^{-z_i k}}{\pi}\int_0^{\infty} e^{-iz_r k}\chi_p(z_r - iz_i)\mathrm{d}z_r \tag{3.94}$$

から計算することができる.この積分は次の総和

$$C(k) \approx \widehat{C}(k) = \frac{e^{-z_i k}}{\pi}\sum_{n=0}^{N-1} e^{-iz_r(n)k}\chi_p(z_r(n) - iz_i)\Delta z_r \tag{3.95}$$

を用いて近似できる.ここで,$z_r(n)$はz_rのノードであり,Δz_rはノード間の間隔である.高速Fourier変換（fast Fourier transform; FFT）は,離散Fourier係数を計算する効率的なアルゴリズムである.離散Fourier変換は

$$d_j = \sum_{n=0}^{N-1} f_n e^{-jn(2\pi/N)i}, \quad j = 0, 1, \cdots, N-1 \tag{3.96}$$

となるFourier係数のベクトル$\mathbf{d} = (d_0, \cdots, d_{N-1})^{\mathsf{T}}$に対する$\mathbf{f} = (f_0, \cdots, f_{N-1})^{\mathsf{T}}$

---

[10] 他のタイプの条件付請求権に対しては,この変換は異なった形式をとり,変換の存在を保証するために必要なz_iの定義域はそれに従って変化する.

の写像である．高速 Fourier 変換を $\mathbf{d} = D(\mathbf{f})$ と表す．もし N が偶数，例えば $N = 2^m, m \in \mathbb{N}$ であれば，$\mathbf{d}$ の効率的な計算が可能である．このアルゴリズムは必要とされる N 回の総和における掛け算の数を，2^{2m} のオーダーから $m2^m$ のオーダーへと減少させる．これは非常に重要な減少である．Δ_{z_r} の適切な選択と k に対する離散化法によって，FFT の計算上の効率性に関する長所を利用するために (3.96) の形式の近似を考えることができる．

Carr and Madan (1999) に従って，$z_r(n) = \eta n$ と $k_j = -b + \lambda j$ を定義し，$\eta\lambda = 2\pi/N$ が成立するとする．このときオプション評価の近似 (3.95) を，(3.96) の FFT 総和の形式

$$\widehat{C}(k_j) = \sum_{n=0}^{N-1} f_n e^{-jn(2\pi/N)i} = D_j(\mathbf{f}), \quad j = 0, 1, \cdots, N-1 \qquad (3.97)$$

で与えることができる．ここで

$$f_n = \frac{1}{\pi} e^{-z_i k_j + ib\eta n - i\lambda j \eta n} \eta \chi_p(\eta n - iz_i) \qquad (3.98)$$

である．このような離散化法のもとで η を間隔とすると，積分の実効的な上端は $N\eta$ である．対数ストライク水準の範囲は $-b$ から $N\lambda - b$ で，対数ストライクでは一律 λ の間隔をもつ．ATM ($k = 0$) のオプションを，ストライク範囲の中央に配置するために $b = N\lambda/2$ とする．

$\eta\lambda = 2\pi/N$ の制限によって，対数ストライクの細かいグリッドと，総和の細かいグリッドの間のトレードオフが明らかになる．$N = 2^{12}$ として，Carr and Madan (1999) は株式オプションを価格付けするために $\eta = 0.25$ とした．為替と金利オプションを価格付けする際，筆者はしばしば $\eta = 1$ としてストライク間隔をより細かくし，関連する範囲内のオプションの値が多くなるようにしている．変換係数 z_i の虚数部分の選択も高速 Fourier 逆変換の数値的精度に影響する．Lee (2004) は，誤差の境界と変換係数 z_i の虚数部分の選択に対して詳細な分析を行った．

5.3 フラクショナル Fourier 変換

最近，Chourdakis (2005) が Bailey and Swartztrauber (1991) のフラクショナル Fourier 変換 (fractional Fourier transform; FRFT) 法を用いてオプション変換 $\chi_p(z)$ を逆変換した．その方法では効率的に

$$d_j = \sum_{n=0}^{N-1} f_n e^{-jn\alpha i}, \quad j = 0, 1, \cdots, N-1 \qquad (3.99)$$

を任意のパラメータ α に対して計算することができる．標準 FFT は $\alpha = 2\pi/N$ とした特別な場合とみなすことができる．このため，FRFT 法を

$$\widehat{C}(k,t) = \sum_{n=0}^{N-1} f_n e^{-jn\eta\lambda i}, \quad j = 0, 1, \cdots, N-1 \qquad (3.100)$$

を計算するために用いることができる．このとき，総和のグリッド間隔 η とストライク間隔 λ の間のトレードオフはない．

FRFT 法を表すために $\mathbf{d} = D(\mathbf{f}, \alpha)$ を用いる．特に $D(\mathbf{f}) = D(\mathbf{f}, 2\pi/N)$ は，標準 FFT の場合である．N 点の FRFT は，3 種類の $2N$ 点の FFT を行うことで実装できる．次の $2N$ 点のベクトルを定義する．

$$\mathbf{y} = \left(\left(f_n e^{i\pi n^2 \alpha} \right)_{n=0}^{N-1}, (0)_{n=0}^{N-1} \right) \qquad (3.101)$$

$$\mathbf{z} = \left(\left(e^{i\pi n^2 \alpha} \right)_{n=0}^{N-1}, \left(e^{i\pi (N-n)^2 \alpha} \right)_{n=0}^{N-1} \right) \qquad (3.102)$$

FRFT は

$$D_k(\mathbf{h}, \alpha) = \left(e^{i\pi k^2 \alpha} \right)_{k=0}^{N-1} \odot D_k^{-1}(D_j(\mathbf{y}) \odot D_j(\mathbf{z})) \qquad (3.103)$$

で与えられる．ここで，$D_k^{-1}(\cdot)$ は逆 FFT 変換を表し，$\odot$ はベクトルの要素ごとの掛け算を表す．FFT を複数回適用することによって，Chourdakis (2005) は N 点の FRFT は，$4N$ 点の FFT と同じ数の初等的演算を必要とすることを示した．しかしながら，自由に選択された λ と η を所与とすると，FRFT はより効率的に適用することができる．はるかに大きな N を用いた FFT と同じオプションの価格付けの精度を，より小さな N を用いた FRFT で達成することができる．数値的な分析によって FRFT 法は FFT 法よりも，同様の計算時間でより高い計算精度を達成することができることが示されている．境界をより狭く設定することができるようにモデルとモデルのパラメータに対してより深い理解を得ることができたときに，精度の改善度はより大きくなる．しかしながら，モデルが極端なパラメータをとるときや境界の設定が狭すぎるときに，完全に破綻した場合もいくつかあることが分析によって明らかになっている．そのため，頑健な結果を生成するこの方法をすべての場合に適用する際には，自由度が大きければより慎重さと注意が求められる．この懸念は，試行モデルパラメータが非常に大きく変わりうるようなモデル推定に対しては特に重要になる．

6. Lévy 過程と時間変換された Lévy 過程の推定

モデル推定は 3 種類のカテゴリーに分類することができる．①収益率の時系列の挙動を捉えるための統計的ダイナミクスの推定，②オプション価格の挙動に合致するようなリスク中立的ダイナミクスの推定，③収益率とオプション価格の両時系列データを同時に用いた統計的，リスク中立的ダイナミクスの推定と，様々なリスク要因の市場価格の挙動の調査である．

6.1 収益率の時系列データを用いた統計的ダイナミクスの推定

時間変換されていない場合，Lévy 過程は証券収益率が独立同一分布に従うということを暗示する．そのため日次収益率は，同じ分布からのランダムな抽出とみなすことができる．この性質は最尤法の実装を容易にする．本章で議論した Lévy 過程において，解析的な密度関数をもつものはごくわずかであるが，ほとんどすべてが解析的な特性関数をもつ．高速 Fourier 変換（FFT）を用いて，特性関数を密度関数に数値的に変換することができる．Carr et al. (2002) はこの方法を用いて，株式収益率に対する CGMY モデルを推定した．この方法を実装するためには，実現値の細かいグリッドで数値的密度を得るために，通常 FFT に対して大きな N を用いる必要がある．次に，実際の実現値を FFT のグリッドに合致するような異なったグループに分けることによって，グリッドに実際のデータを割り当て，同じグループで実現値に対する同じ尤度を割り当てる．もう一つの方法として，実際の実現値に合致するように FFT による密度値を単純に補間することができる．さらに，数値的な安定性を改善し，関連する FFT の範囲で十分な点を生成するために，収益率の列を標準化しておくことが有用であることが多い（Wu, 2006）．

モデルが確率的時間変換を含むとき，その推定はより複雑になる．活性率は観測可能ではないので，あるフィルタリングを用いた手法が，活性率の現時点の水準を決定するために必要とされる．Eraker et al. (2003) と Li et al. (2008) は，Markov 連鎖モンテカルロ（MCMC）シミュレーションによる Bayes アプローチを用いたダイナミクスの推定を提唱した．彼らは状態変数とモデルパラメータの両分布を Bayes 更新するために MCMC を用いた．Javaheri (2005) は時間変換された Lévy 過程を推定するための最尤法を提唱した．この方法のもとで，活性率の分布は Bayes ルールに従って MCMC シミュレーションを用いることによって，予測・更新される．このとき，モデルのパラメータは収益率の時系列データの最大尤度によって推定される．Kretschmer and Pigorsch (2004) は Gallant and Tauchen (1996) の効率的モーメント法（EMM）を用いる方法を提唱した．

6.2 オプション価格にフィットさせるためのリスク中立的ダイナミクスの推定

リスク中立的な収益率ダイナミクスの Lévy 過程に対して，オプション価格を用いた推定を行うことが目的の場合には，非線形最小二乗法またはその変形を用いるのが最も直接的な方法である．Lévy 過程は独立同一分布に従うことを意味するので，固定された時間区間での条件付収益率分布は日付が異なっても同じである．したがって，ストライクと満期までの時間に関するオプション価格の挙動は，スポット価格でスケーリングされたときは，日付が異なっても同じであるべきである．特に，マネーネスと満期までの時間に関する Black–Scholes インプライドボラティリティサーフェス（implied volatility surface）は日付が異なっても同じである．しかしながら，実際にはオプション価格の挙動は時間によって変化する．例えば，インプライドボラティリティの水準は時間によって変化する．インプライドボラティリティスマイルの形も時間によって変化する．時間変換が適用されていない Lévy モデルではこれらの時間変化を捉えることができない．実務における慣習は，モデルを日次で再推定する，すなわち，インプライドボラティリティの異なった水準と形に合致させるために，異なった日には異なったパラメータを用いることである．この方法は便利であり，Bakshi et al. (1997) や Carr and Wu (2003a) などの初期の学術論文でも用いられている．

実際にはたとえ 1 日であっても，大部分の Lévy 過程では異なった満期に関するインプライドボラティリティサーフェスにフィットさせることは難しい．市場で観測されるインプライドボラティリティスマイルは満期が増加しても持続するが，これはリスク中立的な収益率分布は長い期間でも非正規性が高いということを意味している．しかし，Lévy 過程は独立同一分布に従う収益率を含意しているので，そのモデルのもとで収益率の分散が有限であれば，古典的な中心極限定理によって収益率の分布の歪度は期間の平方根の逆数のオーダーで減少し，超過尖度は期間の逆数のオーダーで減少する．その結果，満期が増加するにつれて収益率の非正規性は急速に小さくなる．これらのモデルでは，カリブレーションは各満期で行うことを余儀なくされることが多い．異なった満期のインプライドボラティリティスマイルにフィットさせるために異なったモデルパラメータが用いられる．

Carr and Wu (2003a) は株式インデックスの収益率をモデル化するために，負の歪度をもつ α 安定過程を用いた．モデルに含意される収益率分布は互いに独立な同一分布であるが，モデルに含意される収益率の分散は無限であり，その結果，中心極限定理を適用することができない．そのため，このモデルでは満期が長くなっても持続的なインプライドボラティリティスマイルを生成することができる．Wu (2006) は，インデックスの収益率をモデル化するために指数減少べき法則を用いた．統計測度のもとで指数減少させると，収益率の分散は有限で中心極限定理が適用される．統計的収益率分布は高頻度のサンプリングにおいては正規分布ではないが，時間が経てば急速に正規分布に収束する．しかしながら，指数マルチンゲールを用いて測度変換を適用することにより，左のテールに対する指数減少がリスク中立測度のもとでは消えることになるため，収益率の分散がリスク中立測度のもとで無限になり，リスク中立的な収益率の非正規性は，オプション満期が増加するにつれて消えることはない．

確率的時間変換を Lévy 過程に適用することで，収益率の分布に時間変化が生み出されるだけでなく，市場の観測値により整合するクロスセクションでのオプション価格の挙動が生み出される．例えば，持続的な活性率過程は正規分布に従う収益率から非正規性を生み出すことができ，非正規の収益率分布が正規分布に収束するのを緩和させることができる．日次のカリブレーションでは，観測できない活性率はモデルパラメータと同様に扱われる．それらはすべて，モデルの値を市場の観測値にフィット

させるための自由度のある入力値として用いられる．

動的に整合的な推定とは，モデルパラメータを定数にして活性率だけを時間によって変化させることである．Huang and Wu (2004) は，この目的のためにネストされた（nested）非線形最小二乗法を採用した．パラメータの推定値を所与として，彼らは各日における活性率を推定するために，各日におけるプライシング誤差を最小化した．そのうえでパラメータは全サンプル期間での累積プライシング誤差を最小化するように選ばれた．Carr and Wu (2007a) は，状態空間の形式でモデルを立てて，モデルパラメータを最尤法を用いて推定した．状態方程式は活性率の時系列ダイナミクスによって定義され，観測方程式はオプション価格によって定義される．パラメータの推定値を所与として，彼らは Kalman フィルターの拡張版である UKF（unscented Kalman filter; Wan and van der Merwe, 2001）を用いて，状態と観測の条件付平均と分散に対して予測とフィルタリングを行った．この結果，彼らは正規分布に従う予測誤差を仮定したオプション列の尤度を構成した．このアプローチを用いて，彼らは活性率の統計的およびリスク中立的な両ダイナミクスを特定し，それによって活性率リスクの市場価格を特定した．しかしながら，彼らは統計的収益率ダイナミクスや収益率リスクの市場価格の推定を，オプションデータを用いて行わなかった．

6.3 モデル推定における静的および動的な整合性

日次の再カリブレーションや，各オプション満期での再カリブレーションは，内部整合性の問題を提起する．無裁定モデルから求められるオプション価値は，互いに内部的に整合的であり，それらの間で裁定機会は生み出されない．モデルが各満期で再カリブレーションされるとき，異なった満期から求められるオプション価値は本質的には異なったモデルであり，そのためそれらの間の内部整合性はもはや保証されていない．モデルが日次で再カリブレーションされる場合，ある日にモデルから求められたオプション価値が，別の日に求められたオプション価値と整合的であることは保証されていない．日次の再カリブレーションを行うことの潜在的な危険性の一つはリスク管理にある．モデルパラメータが定数と仮定されたモデルに基づく「十分に」ヘッジされたオプションのポートフォリオは，もしモデルパラメータが日次ベースで変化するのであれば，ヘッジ誤差が生まれることを運命づけられている．

学者や実務家はともに，クロスセクション的および動的に整合性があることの長所を評価する．しかしながら，市場のデータによくフィットする動的に整合的なモデルを構築することは難しい．そのため日次での再カリブレーションは，時間に関して動的な整合性ではなく，静的な整合性をクロスセクションで達成するための妥協とみなすことができる．パラメータが定数と仮定されたヘッジ戦略は，モデルパラメータが変化するときヘッジ誤差を生み出すことになる．パラメータが変化することによるインパクトを最小化するための一つの方法は，短い投資期間を考えることである．例えば，ポジションを日次でクローズする投資家は，日次での再カリブレーションの動的

な非整合性について憂慮する必要はない．投資期間内のある日において，モデルパラメータは固定され，モデルから求められるオプション価値は内部的に整合的である．マーケットメーカーは，長期の在庫をめったに保有しないので，非常に短期の投資家とみなされることが多い．そのため，動的な整合性は長期の投資家ほどは重要な懸念事項ではないかもしれない．マーケットメーカーのより切迫した懸念事項は，ある1時点で異なった契約に対するクオート間のクロスセクションでの整合性を達成することである．さらに，彼らは売りと買いの両クオートを提供する必要があるので，現在のマーケットクオートによく合致させられるモデルを必要とすることが多い．

一方で，長期的な収束に賭けるヘッジファンドに対しては，データに常によくフィットするモデルは重要な必需品ではない．実際，彼らの目的は市場のミスプライシングを見つけることであり，彼らのモデルは市場とは異なる値を生み出すことができるということが重要である．良いモデルのプライシング誤差は平均してゼロでほとんど誤差を生み出さないので，もしモデルが過大評価された証券を見つけ出した場合，近い将来その過大評価は消えてしまう．しかしながら，モデルのフィッティングパフォーマンスに対してはあまり強い必要性はないものの，長期的な収束に賭けるときは動的な整合性に対する強い必要性がある．そのためには，たとえこのような慣習がモデルの複雑さを増大させ，時にはモデルのプライシング誤差も増加させたとしても，時間に関してモデルパラメータを固定し，状態変数だけを変化させておくことが重要である．

動的に整合的なモデルでは，日次で変化しうるパラメータは状態変数に転換されるべきであり，それらのダイナミクスは条件付請求権を評価するときにカリブレーションされるべきである．確率的時間変換は，静的なモデルを動的なモデルに変換する直観的で扱いやすい方法を提供する．確率的時間変換された Lévy 過程のもとでは，動的な整合性を維持しつつ適度なプライシングパフォーマンスを生み出す扱いやすいモデルを構築することができる．さらに，計量経済学の最近の発展によって，動的な整合性制約を維持しつつ適度に短期のフレームワークで，これらのモデルを推定することができるようになった．いったん推定されれば，新しく到着したオプションクオートに基づいて，活性率を更新することがほとんど瞬時にできる．その結果，取引またはマーケットメイクに遅れが生じない．

6.4 統計的およびリスク中立的ダイナミクスの同時推定

最先端の学術論文では，様々なリスク要因に関する市場価格を推定するためにデリバティブ市場における情報が利用されている．長期の時系列データは証券収益率の統計的ダイナミクスを推定するために用いることができるのに対して，複数のストライクと満期に関する大きなクロスセクションでのオプション価格は，リスク中立的ダイナミクスについての重要な情報を提供する．様々なリスク要因の市場価格は，2つの測度のもとでの収益率ダイナミクス間の違いを決定づける．そのため，時系列およびクロスセクションの両データを用いた推定は，両測度のもとでのダイナミクスを特定

し，様々なリスク要因に関する市場での価格付けを行うために有用である．

Pan (2002) は両確率測度のもとで，アフィンジャンプ拡散確率ボラティリティモデルを推定するために一般化モーメント法を用いた．モーメント条件はオプションと収益率の時系列の両方を用いて構成された．Eraker (2004) は，MCMC アプローチを用いて両測度のもとで同様のダイナミクスを推定した．それぞれの日において，彼は収益率の時系列データと，ランダムにサンプルされたわずかなオプション価格を用いた．その結果，推定において多くの利用可能なオプションデータは廃棄された．Bakshi and Wu (2005) は最尤法アプローチを提唱した．オプションと収益率の時系列に対する尤度は順次構成され，最大化は 2 つのデータの集合に対する尤度和に関して行われた．最初に，彼らは活性率ダイナミクスに状態方程式を割り当て，オプション価格に観測方程式を割り当てた．第二に，UKF を用いて，活性率の予測と更新を行った．第三に，オプションの尤度が，正規分布に従う予測誤差を仮定したオプションに関する予測誤差に基づいて構成された．第四に，フィルターされた活性率を所与として，フィルターされた活性率で条件づけられた収益率の尤度を構成した．その条件付尤度は，条件付特性関数の高速 Fourier 逆変換を用いて求めることができる．最後に，モデルパラメータは，収益率とオプション価格の時系列データの尤度和を最大化するように選ばれた．彼らはこの推定手順を用いて，NASDAQ バブル期間の様々な市場価格要因の変化を分析した．

7. おわりに

確率的時間変換された Lévy 過程は，金融証券収益率に対する普遍的な道具となった．連続的および不連続的な動きを捉えるために，別々の Lévy 成分を用いることができる．確率的時間変換は，これらの異なった動きの強度をランダマイズするために適用され，ボラティリティとより高次の収益率モーメントの確率的時間変化を生み出すことができる．本章では，リスク中立測度と統計測度の両測度のもとで，別々の収益率の挙動がどのようにして別々の Lévy 成分と別々の時間変換の適用によって捉えることができるかに関するサーベイを行った．これらのモデルのもとで，Fourier 変換法を用いてヨーロピアンオプション価値を計算する方法，そして収益率とオプション価格の時系列データを用いてモデルパラメータを推定する方法についても議論した．

謝辞

Vadim Linetsky (編者)，Peter Carr, Xiong Chen, Roger Lee, Haitao Li, Hengyong Mo, Yi Tang からの助言に感謝する．残った誤りについてはすべて筆者自身によるものである．　　　　　　　　　　　　　　　　　　　　　　　（**L. Wu**/山中　智）

参 考 文 献

Aït-Sahalia, Y. (2004). Disentangling diffusion from jumps. *Journal of Financial Economics* 74, 487–528.
Aït-Sahalia, Y., Jacod, J. (2008). Fisher's information for discretely sampled Lévy processes. *Econometrica* 76, 727–761.
Alan, S., Ord, J.K. (1987). *Kendall's Advanced Theory of Statistics*, vol. 1. Oxford Univ. Press, New York.
Ané, T., Geman, H. (2000). Order flow, transaction clock and normality of asset returns. *Journal of Finance* 55, 2259–2284.
Backus, D., Foresi, S., Mozumdar, A., Wu, L. (2001a). Predictable changes in yields and forward rates. *Journal of Financial Economics* 59, 281–311.
Backus, D., Foresi, S., Telmer, C. (2001b). Affine term structure models and the forward premium anomaly. *Journal of Finance* 56, 279–304.
Bailey, D.H., Swartztrauber, P.N. (1991). The fractional Fourier transform and applications. *SIAM Review* 33, 389–404.
Bakshi, G., Wu, L. (2005). Investor irrationality and the Nasdaq bubble. Working paper. University of Maryland and Baruch College.
Bakshi, G., Cao, C., Chen, Z. (1997). Empirical performance of alternative option pricing models. *Journal of Finance* 52, 2003–2049.
Bakshi, G., Ju, N., Ou-Yang, H. (2006). Estimation of continuous-time models with an application to equity volatility. *Journal of Financial Economics* 82, 227–429.
Balduzzi, P., Das, S., Foresi, S. (1998). The central tendency: A second factor in bond yields. *Review of Economics and Statistics* 80, 62–72.
Barndorff-Nielsen, O.E. (1998). Processes of normal inverse Gaussian type. *Finance and Stochastics* 2, 41–68.
Bates, D. (1996). Jumps and stochastic volatility: Exchange rate processes implicit in Deutsche Mark options. *Review of Financial Studies* 9, 69–107.
Bertoin, J. (1996). *Lévy Processes*. Cambridge Univ. Press, Cambridge.
Black, F., Scholes, M. (1973). The pricing of options and corporate liabilities. *Journal of Political Economy* 81, 637–654.
Broadie, M., Chernov, M., Johannes, M. (2002). Jumps in volatility: The evidence of index options. Working paper. Columbia University.
Carr, P., Madan, D. (1999). Option valuation using the fast Fourier transform. *Journal of Computational Finance* 2, 61–73.
Carr, P., Sun, J. (2007). A new approach for option pricing under stochastic volatility. *Review of Derivatives Research* 10, 87–150.
Carr, P., Wu, L. (2003a). Finite moment log stable process and option pricing. *Journal of Finance* 58, 753–777.
Carr, P., Wu, L. (2003b). What type of process underlies options? A simple robust test. *Journal of Finance* 58, 2581–2610.
Carr, P., Wu, L. (2004). Time-changed Lévy processes and option pricing. *Journal of Financial Economics* 71, 113–141.
Carr, P., Wu, L. (2005). Stock options and credit default swaps: A joint framework for valuation and estimation. Working paper. New York University and Baruch College.
Carr, P., Wu, L. (2007a). Stochastic skew in currency options. *Journal of Financial Economics* 86, 213–247.
Carr, P., Wu, L. (2007b). Theory and evidence on the dynamic interactions between sovereign credit default swaps and currency options. *Journal of Banking and Finance* 31, 2383–2403.
Carr, P., Geman, H., Madan, D., Yor, M. (2002). The fine structure of asset returns: An empirical investigation. *Journal of Business* 75, 305–332.

参 考 文 献

Chacko, G., Viceira, L. (2003). Spectral GMM estimation of continuous-time processes. *Journal of Econometrics* 116, 259–292.
Chen, R.-R., Scott, L. (1992). Pricing interest rate options in a two-factor Cox-Ingersoll-Ross model of the term structure. *Review of Derivatives Studies* 5, 613–636.
Cheridito, P., Filipović, D., Kimmel, R.L. (2007). Market price of risk specification for affine models: Theory and evidence. *Journal of Financial Economics* 83, 123–170.
Chourdakis, K.M. (2005). Option pricing using the fractional FFT. *Journal of Computational Finance* 8, 1–18.
Cox, J.C., Ingersoll, J.E., Ross, S.R. (1985). A theory of the term structure of interest rates. *Econometrica* 53, 385–408.
Dai, Q., Singleton, K. (2002). Expectation puzzles, time-varying risk premia, and affine models of the term structure. *Journal of Financial Economics* 63, 415–441.
David, A., Veronesi, P. (1999). Option prices with uncertain fundamentals: Theory and evidence on the dynamics of implied volatilities. Working paper. Federal Reserve and University of Chicago.
Duffee, G.R. (2002). Term premia and interest rate forecasts in affine models. *Journal of Finance* 57, 405–443.
Duffie, D., Kan, R. (1996). A yield-factor model of interest rates. *Mathematical Finance* 6, 379–406.
Duffie, D., Singleton, K. (1999). Modeling term structure of defaultable bonds. *Review of Financial Studies* 12, 687–720.
Duffie, D., Singleton, K. (2003). *Credit Risk: Pricing, Measurement and Management*. Princeton Univ. Press, Princeton, NJ.
Duffie, D., Pan, J., Singleton, K. (2000). Transform analysis and asset pricing for affine jump diffusions. *Econometrica* 68, 1343–1376.
Duffie, D., Filipović, D., Schachermayer, W. (2003a). Affine processes and applications in finance. *Annals of Applied Probability* 13, 984–1053.
Duffie, D., Pedersen, L.H., Singleton, K. (2003b). Modeling sovereign yield spreads: A case study of Russian debt. *Journal of Finance* 58, 119–160.
Eberlein, E., Keller, U., Prause, K. (1998). New insights into smile, mispricing, and value at risk: The hyperbolic model. *Journal of Business* 71, 371–406.
Engle, R. (2004). Risk and volatility: Econometric models and financial practice. *American Economic Review* 94, 405–420.
Eraker, B. (2004). Do stock prices and volatility jump? Reconciling evidence from spot and option prices. *Journal of Finance* 59, 1367–1404.
Eraker, B., Johannes, M., Polson, N. (2003). The impact of jumps in equity index volatility and returns. *Journal of Finance* 58, 1269–1300.
Fama, E.F. (1965). The behavior of stock market prices. *Journal of Business* 38, 34–105.
Foresi, S., Wu, L. (2005). Crash-o-phobia: A domestic fear or a worldwide concern? *Journal of Derivatives* 13, 8–21.
Gallant, A.R., Tauchen, G. (1996). Which moment to match. *Econometric Theory* 12, 657–681.
Heston, S. (1993). Closed-form solution for options with stochastic volatility, with application to bond and currency options. *Review of Financial Studies* 6, 327–343.
Heston, S. (1997). A simple new formula for options with stochastic volatility. Working paper. University of Maryland.
Huang, J., Wu, L. (2004). Specification analysis of option pricing models based on time-changed Lévy processes. *Journal of Finance* 59, 1405–1440.
Ishida, I., Engle, R.F. (2002). Modeling variance of variance: The square root, the affine, and the CEV GARCH models. Working paper. New York University.
Jacod, J., Shiryaev, A.N. (1987). *Limit Theorems for Stochastic Processes*. Springer-Verlag, Berlin.
Javaheri, A. (2005). *Inside Volatility Arbitrage; The Secrets of Skewness*. Wiley, London.
Johnson, T.C. (2002). Volatility, momentum, and time-varying skewness in foreign exchange returns. *Journal of Business and Economic Statistics* 20, 390–411.
Jones, C.S. (2003). The dynamics of stochastic volatility: Evidence from underlying and options markets. *Journal of Econometrics* 116, 181–224.

Kou, S.G. (2002). A jump-diffusion model for option pricing. *Management Science* 48, 1086–1101.

Kou, S.G., Wang, H. (2004). Option pricing under a double-exponential jump diffusion model. *Management Science* 50, 1178–1192.

Kretschmer, U., Pigorsch, C. (2004). EMM estimation of time-changed Lévy processes. Working paper. University of Bonn and University of Munich.

Küchler, U., Sørensen, M. (1997). *Exponential Families of Stochastic Processes*. Springer, New York.

Lando, D. (1998). On Cox processes and credit risky securities. *Review of Derivatives Research* 2, 99–120.

Lee, R.W. (2004). Option pricing by transform methods: Extensions, unification and error control. *Journal of Computational Finance* 7, 51–86.

Leippold, M., Wu, L. (2002). Asset pricing under the quadratic class. *Journal of Financial and Quantitative Analysis* 37, 271–295.

Lewis, A.L. (2000). *Option Valuation under Stochastic Volatility*. Finance Press, Newport Beach, CA, USA.

Lewis, A.L. (2001). A simple option formula for general jump-diffusion and other exponential Lévy processes. Working paper. Envision Financial Systems and OptionCity.net Newport Beach, California, USA.

Li, H., Wells, M., Yu, L. (2008). A Bayesian analysis of return dynamics with Lévy Jumps. *Review of Financial Studies* 21, 2345–2378.

Madan, D., Seneta, E. (1990). The variance gamma (V.G.) model for share market returns. *Journal of Business* 63, 511–524.

Madan, D.B., Carr, P.P., Chang, E.C. (1998). The variance gamma process and option pricing. *European Finance Review* 2, 79–105.

Mandelbrot, B.B. (1963). The variation of certain speculative prices. *Journal of Business* 36, 394–419.

Medvedev, Scaillet, O. (2003). A simple calibration procedure of stochastic volatility models with jumps by short term asymptotics. Working paper. HEC, University of Geneva.

Merton, R.C. (1976). Option pricing when underlying stock returns are discontinuous. *Journal of Financial Economics* 3, 125–144.

Mo, H., Wu, L. (2007). International capital asset pricing: Theory and evidence from index options. *Journal of Empirical Finance* 14, 465–498.

Monroe, I. (1978). Processes that can be embedded in Brownian motion. *Annals of Probability* 6, 42–56.

Pan, J. (2002). The jump-risk premia implicit in options: Evidence from an integrated time-series study. *Journal of Financial Economics* 63, 3–50.

Pan, J., Singleton, K.J. (2008). Default and recovery implicit in the term structure of sovereign CDS spreads. *Journal of Finance* 63, 2345–2384.

Roberds, W., Whiteman, C. (1999). Endogenous term premia and anomalies in the term structure of interest rates: Explaining the predictability smile. *Journal of Monetary Economics* 44, 555–580.

Santa-Clara, P., Yan, S. (2005). Crashes, volatility, and the equity premium: Lessons from S&P 500 options. Working paper. UCLA.

Sato, K. (1999). *Lévy Processes and Infinitely Divisible Distributions*. Cambridge Univ. Press, Cambridge.

Schoutens, W. (2003). *Lévy Processes in Finance: Pricing Financial Derivatives*. Wiley, London.

Singleton, K.J. (2001). Estimation of affine asset pricing models using the empirical characteristic function. *Journal of Econometrics* 102, 111–141.

Titchmarsh, E.C. (1986). *Introduction to the Theory of Fourier Integrals*. Chelsea Publication Co., New York.

Wan, E.A., van der Merwe, R. (2001). The unscented Kalman filter. In: Haykin, S. (Ed.), *Kalman Filtering and Neural Networks*. Wiley, New York.

Wu, L. (2005). Variance dynamics: Joint evidence from options and high-frequency returns. Working paper. Baruch College.

Wu, L. (2006). Dampened power law: Reconciling the tail behavior of financial asset returns. *Journal of Business* 79, 1445–1474.

# 第4章

Wishart リスクファクターを用いた価格付け

概　要

　本章は，リスクファクターが Wishart 過程に従う場合の資産の価格付けのサーベイである．Wishart リスクファクターを用いた価格付けの一般的なアプローチを，離散時間と連続時間の両方において説明する．このアプローチは，クオドラティック期間構造（quadratic term structure）モデルへの応用，Heston モデルの多変数への拡張，信用リスクにおける構造モデルへの応用，デフォルト発生とデフォルト時損失率を考慮した信用リスクモデルへ適用される．

1. はじめに

1.1 ファクターモデル

　ファクターモデルはファイナンスにおいて，多数の資産の価格（あるいは収益率）の同時決定と同時変動を理解するための表現として用いられる．これらの資産は，ある証券市場において取引される株式，すべての満期の無リスクなゼロクーポン債，同じ原資産の上に書かれたデリバティブ，ある企業の集合に関連するクレジットデリバティブ，あるいは国際的な通貨市場およびインデックス市場などに関係しているものである．基本モデルにおいては，価格（あるいは収益率）はある程度少数の状態変数，いわゆるファクターに依存すると仮定し，主にこれらの原変数に注目する．

　ファクターモデルはファイナンスにおいて，資産価格モデル（Merton, 1973）や，Sharpe (1964), Lintner (1965) によるマルチファクターモデルに始まる長い歴史をすでにもっている．このモデルは一般に流通株式に応用され，いわゆる市場ポートフォリオの役割を強調する．この単純な線形ファクターモデルは，定型化された事実，予測，ヘッジ，あるいは新たな金融資産の創造などの様々な目的のために用いられている．(i) このモデルは，市場ポートフォリオ収益率の共通効果として株価収益率間に観測されるヒストリカル（無条件）相関を再現することができる．(ii) 市場効果と個別効果を区別し，個別項に弱い時系列依存があることに注意すると，将来の資産価格を予想するための市場予測に注目することができる．(iii) 個別要素は分散可能であるこ

とが多いため，市場効果と個別効果の区別は，ヘッジに対してもまた重要である．このとき，ある程度分散可能な資産ポートフォリオのリスクは，市場ポートフォリオのリスク，すなわちファクターのリスクによって決定される．(iv) 最後に，市場ポートフォリオの変動性に対して，適切な保険商品が導入されてきた．これらは例えば，市場インデックスの上に書かれた先物あるいはヨーロピアンコールオプションなどのデリバティブである．

ファクターモデルの第 2 世代は，1980 年代の終わりにファイナンスに導入された．これらのモデルは，一般的にいわゆる確率ボラティリティに代表される原資産リスクに注目している．ファクター ARCH モデル（Diebold and Nerlove, 1989; Engle et al., 1990）は，資産収益率のボラティリティが低い（高い）期間を捉えるため，将来のポートフォリオ収益率に対する予測区間を頑健にするため，あるいは動的バリューアットリスク（Engle and Manganelli, 2004; Gourieroux and Jasiak, 2005）をつくり出すために，ファクター表現を用いている．また，これらのモデルはヒストリカル（無条件）収益率分布において観測されるファットテールの大部分を再現することができる．確率ボラティリティモデル（Hull and White, 1987; Heston, 1993; Ball and Roma, 1994）は，同じ資産の上に書かれたデリバティブの価格間の関係をよりよく記述するために導入されてきた．特に，デリバティブ価格に関連するインプライドボラティリティに観測されるスマイル効果とスキュー効果の一部分を表現することができる．

大まかにいえば，ファクターモデルは資産価格（収益率）をファクターと個別要素に関連づける．離散時間の枠組みにおいて，動的ファクターモデルは，

$$p_{i,t} = g_i(F_t, F_{t-1}, \cdots ; u_{i,t}, u_{i,t-1}, \cdots) \tag{4.1}$$

のように書くことができる（Gourieroux and Jasiak, 2001）．ただし，$i, i = 1, \cdots, n$ は資産を表し，$p_{i,t}$ は資産価格，F_t は K 次元のファクター，$u_{i,t}, i = 1, \cdots, n$ は個別要素を表す．個別誤差 $(u_{1,t}, \cdots, u_{n,t})$ は独立同一分布に従うと仮定するが，ファクターを通して横断的依存効果と時間的依存効果が残る．もちろん，難しい点は，信頼性があって扱いやすいファクターモデルをいかに決めるかということである．具体的には，ファクターの数を選択し，それらのダイナミクスを特定しなければならないが，さらに，同じ原資産商品上の複数のデリバティブが資産の集合に含まれる場合には，特に関数 $g_i, i = 1, \cdots, n$ 間の関係を説明しなければならない．

1.2 観測可能ファクターと観測不能ファクター

市場ポートフォリオ収益率が，例えば市場インデックス収益率などで代用されたとき，ファクターの観測可能性の問題は，ファイナンスの文献において非常に早い時期から扱われてきた（例えば，Roll, 1977 を見よ）．ファクターの観測可能性の意味合いを理解すること，投資家の情報と計量経済学者の情報を区別することは重要である．投資家による最適ポートフォリオ管理を仮定すると，彼らのもつ情報は均衡におい

て，その資産需要と資産価格に影響を与えるであろう．ファイナンス理論は一般的に，現在時刻 t までの情報をもつ投資家にとってファクターの値は既知であると仮定する．

対照的に計量経済学者にとっては，少なくとも以下の3つの理由で，ファクターは事前に観測されないと仮定することが望ましい．

1) まず，例えば周期的な指標などの観測可能ファクターを導入するならば，そのモデルを予測目的に用いるのは容易ではない．実際，この周期的指標の将来の値を予測した後でのみ資産価格は予測可能になるが，その作業は非常に困難である．

2) さらに，事前にファクターを特定することにより，ファクターの選択ミスという高いリスクが存在する．特に資産価格あるいは収益率としての事前解釈がない観測不能ファクター（このようなファクターを外生的ファクターということが多い）を導入すること，価格データからこれらの再構成を試みること，事後的に適切なファイナンス的あるいは物理的な解釈を与えることが望ましい．これは，一般的なモデルから特定化されたモデルへと展開するアプローチである．

3) 最後に，観測不能ファクターは，実際，非常に小さな情報集合とともに観測される定型化された事実を表現するために用いられる．Sharpe–Lintner モデルにおける観測不能ファクターは，資産収益率間の高い無条件相関，すなわち情報がない場合に測定される相関を再現するために用いられる．観測不能な確率ボラティリティは，価格付けモデルにおいて日々観測される，すなわち動的効果を考慮に入れない情報集合から観測されるスマイル効果とスキュー効果を再現するために導入される．同様に，観測不能ファクターは，観測される無条件デフォルト相関を再現するためにデフォルト強度へ導入され，デフォルト確率と期待デフォルト時損失率（loss-given-default; LGD）の間に観測される無条件の依存性と，景気循環を通したその変動を再現するために，デフォルト強度とLGDへ導入される．

しかしながら，ファクターが計量経済学者にとって事前に観測不能な場合でも，いくつかのパラメータについては，観測されるデリバティブ価格から事後的に推定可能なものもある（3 節を見よ）．

1.3 リスク表現ファクター

ファクターは，ファイナンスにおいて原資産リスクと資産価格に対する影響を捉えるために導入されることが多い．Wishart ファクターモデルは，多次元リスクは一般的に分散共分散行列を用いて表現されるという見解に基づいている．したがって，リスク表現ファクターは $F_t = \text{vech}(Y_t)$ のような行列の成分として選択されうる．ただし，Y_t は $n \times n$ 確率的正定値対称行列（n-by-n stochastic symmetric positive definite matrix）を表し，vech は（以下の例に示すように）Y_t の異なる成分をベクトルに積み上げる作用素である．

$n=1$のとき,標準的なシングルファクターモデルが得られ,ファクターは確率ボラティリティとして解釈される.$n=2$のとき,3ファクターモデルが得られ,ファクターは$F_{1,t} = Y_{11,t}, F_{2,t} = Y_{12,t}, F_{3,t} = Y_{22,t}$となる.$F_{1,t}$と$F_{3,t}$は確率ボラティリティとして解釈できる一方,$F_{2,t}$は確率的共分散である.$n=3$のとき,6ファクターモデルが得られる,などとなる.

この枠組みにおいては,ファクター過程(F_t)は確率的正定値行列を値にもつ行列値過程(matrix process)(Y_t)に置き換えることができる.この正定値性条件は,ファクターに対する非線形不等式制約を意味している.例えば$n=2$のとき,ファクターは,

$$Y_{11,t} > 0, \qquad Y_{11,t}Y_{22,t} - Y_{12,t}^2 > 0$$

の制約を受ける.ただし,2番目の不等式はCauchy–Schwarzの不等式である.

一般的に,価格に対するファクターの影響は,インデックス(信用リスクの文献ではスコアともいう),すなわちファクターの線形結合を用いて特定化される.対称行列Y_tに対しては,ファクターの線形結合は$Tr(DY_t)$として容易に書ける.ただし,Dは$n \times n$実対称行列であり,Trは正方行列の対角成分の和を与えるトレース演算子を表す.すなわち,

$$Tr(DY_t) = \sum_{i=1}^n (DY_t)_{ii} = \sum_{i=1}^n \sum_{j=1}^n d_{ij} Y_{ji,t} = \sum_{i=1}^n \sum_{j=1}^n d_{ij} Y_{ij,t}$$

である.例えば$n=2$のとき,$Tr(DY_t) = d_{11}Y_{11,t} + d_{22}Y_{22,t} + 2d_{12}Y_{12,t}$が得られる.結局,行列ファクターに対するこの変換は,線形結合を表現するために用いられている.

最後に,多次元リスクを集約しているこれらのインデックスは,多次元リスクとともに増加することが予想される.特に,このようなインデックスがリスクプレミアムとして解釈されなければならない場合にはそうである.この条件は,

$$Y \gg Y^* \quad \text{ならば} \quad Tr(DY) \geq Tr(DY^*) \qquad (4.2)$$

のように書ける.ただし,$\gg$は対称行列に対する標準的な順序を表す.このとき,以下の性質が得られる(例えば,Gourieroux et al., 2009を見よ).

1) Dが半正定値対称行列ならば,条件(4.2)は満たされる.
2) 特に,$D \gg O$かつ$Y \gg O$ならば,$Tr(DY) \geq 0$が得られる.

条件(4.2)は,Dが正定値対称行列のとき,Yの成分の任意の変化に対して,インデックスが正に反応することを意味しているのではない.実際,説明のために$n=2$の場合を考えてみよう.インデックスは$Tr(DY_t) = d_{11}Y_{11,t} + d_{22}Y_{22,t} + 2d_{12}Y_{12,t}$であり,行列$D$は制約$d_{11} > 0, d_{22} > 0, d_{11}d_{22} - d_{12}^2 > 0$を満たす.$d_{11} > 0$($d_{22} > 0$)なので,$Y_{11,t}$($Y_{22,t}$)の変化はインデックスに対して正の影響をもつ.しかしながら,

D に対する制約は交差項 d_{12} に正負両方の可能性を生む.したがって,共分散 $Y_{12,t}$ の変化は d_{12} の符号に依存して正または負の影響をもつ.いくつかのファクター(ここでは共分散)が合成されているとき,この性質は正負両方の依存性をつくるのに有用である.

1.4 本章の構成

Wishart 過程は,確率的正定値対称行列を値にもつ確率過程であり,リスクを表現するファクターとしての良い候補である.この過程は次節において,条件付 Laplace 変換によって定義される.Wishart 過程は,複合自己回帰(compound autoregressive; Car)過程(離散時間)とアフィン過程(連続時間)の特別な場合であるが,このことから,なぜこの過程に対する任意の期間における非線形予測式の導出が容易なのかがわかる.この過程は自己回帰ガンマ過程(離散時間)(Gourieroux and Jasiak, 2006) と Cox–Ingersoll–Ross 過程(連続時間)(Cox et al., 1985)の多変数への拡張であるとみなすことができる.これらの標準的な過程と同様に,任意期間の過程とその積分値過程の将来の値の条件付 Laplace 変換に対して,解析解を導くことができる.

3 節において,Wishart 過程がどのように価格付けモデルに導入されるのかを説明する.まず,観測確率下の確率割引因子による価格付けアプローチを復習し,リスク中立確率下の同等なアプローチとの関係を整理する.その次に,ある程度単純なデリバティブの価格を得るために,Wishart ファクターの要素と個別要素を,原資産価格式と確率割引因子の中にどのようにして同時に導入するのかを説明する.このアプローチは,4 節において,クオドラティック期間構造モデルへの応用,Heston モデルの多変数への拡張,信用リスクにおける構造モデルへの応用,デフォルト発生とデフォルト時損失率を考慮した信用リスクモデルを例として説明される.5 節は結論である.

2. Wishart 過程

興味や慣習に応じて,デリバティブの価格付けは離散時間または連続時間で考えられる.流動資産の上に書かれたヨーロピアンコールオプションまたはアメリカンコールオプションは一般的に連続時間で機能するが,例えば小口融資の信用リスクまたは流動性のない社債のポートフォリオに対するクレジット VaR のモデルは離散時間である.この理由のために,本節でも離散時間と連続時間の両方の Wishart 過程を紹介する.時間一貫性条件(time coherency condition)によって,連続時間よりも離散時間の Wishart 過程のほうが多く存在し,離散化された連続時間 Wishart 過程は,離散時間 Wishart 過程の特別な場合である.

2.1 離散時間 Wishart 過程の定義

離散時間 Wishart 過程は,Gourieroux et al. (2009) によって導入された確率的正

定値行列のダイナミクスに対するモデルである．過程 Y_t の分布は条件付 Laplace 変換（積率母関数）で特徴づけられ，Y_t の成分の指数アフィン結合となる条件付積率母関数

$$\Psi_t(\Gamma) = \mathbb{E}[\exp Tr(\Gamma Y_{t+1}) \mid \underline{Y_t}]$$

を与える．ただし，$\underline{Y_t}$ は Y の現在の値と過去の値を含む情報（フィルトレーション）を表し，Γ は上記の期待値が存在するような $n \times n$ 実対称行列である．実際，実 Laplace 変換は過程の正値性によって分布を特徴づける（Feller, 1971）．

定義 4.1 1 次の Wishart 自己回帰過程 WAR(1) は，条件付 Laplace 変換

$$\Psi_t(\Gamma) = \frac{\exp Tr[M'\Gamma(Id - 2\Sigma\Gamma)^{-1}MY_t]}{[\det(Id - 2\Sigma\Gamma)]^{K/2}} \tag{4.3}$$

をもつ行列値 Markov 過程 (Y_t) である．

推移密度は以下のパラメータに依存している．K は $n-1$ よりも狭義に大きい自由度スカラー，M は自己回帰パラメータの $n \times n$ 行列，Σ は $n \times n$ 正定値対称行列である．Laplace 変換は，$||2\Sigma\Gamma|| < 1$ となるような行列 Γ に対して定義される．ただし，ノルム $||\cdot||$ は最大固有値である．

この過程の推移密度は，非心 Wishart 分布 $W_n(K, M, \Sigma)$ に従い，

$$f(Y_{t+1} \mid Y_t) = \frac{1}{2^{Kn/2}} \frac{1}{\Gamma_n(K/2)} (\det \Sigma)^{-K/2} (\det Y_{t+1})^{(K-n-1)/2}$$
$$\times \exp\left[\frac{-Tr\left[\Sigma^{-1}(Y_{t+1} + MY_tM')\right]}{2}\right]$$
$$\times {}_0F_1\left(\frac{K}{2}, \frac{MY_tM'Y_{t+1}}{4}\right)$$

で与えられる（Muirhead, 1982, p.442 を見よ）．ただし，

$$\Gamma_n\left(\frac{K}{2}\right) = \int_{A \gg 0} \exp[Tr(-A)](\det A)^{(K-n-1)/2} dA$$

は多次元ガンマ関数，${}_0F_1$ は行列引数の超幾何関数であり，密度は正定値行列上に定義される．超幾何関数は級数展開

$${}_0F_1\left(\frac{K}{2}, \frac{MY_tM'Y_{t+1}}{4}\right) = \sum_{p=0}^{\infty} \sum_{\ell} \frac{C_\ell((1/4)MY_tM'Y_{t+1})}{(K/2)_\ell p!}$$

をもつ．ただし，$\sum_\ell$ は p を整数としてすべての分割 $\ell = (p_1, \cdots, p_m)$, $p_1 \geq \cdots \geq p_m \geq 0$ に関する和であり，$(K/2)_\ell$ は一般化超幾何係数 $(K/2)_\ell = \prod_{i=1}^{m}((K/2) - (i-1)/2)_{p_i}$, $(a)_{p_i} = a(a+1) \times \cdots \times (a+p_i-1)$ であり，$C_\ell((1/4)MY_tM'Y_{t+1})$

は分割 ℓ に関連した帯状多項式（zonal polynomial）である．帯状多項式は解析解をもたないが，再帰的に計算することができる（Muirhead, 1982, Chapter 7.2, または James, 1968 を見よ）．

上記の条件付 Laplace 変換と推移密度の記述は，Laplace 変換に基づく計算のほうが密度に基づく計算よりも単純になりそうなことを示している．実際，非線形予測問題とデリバティブの価格付け問題は，条件付 Laplace 変換を用いて研究される．

条件付対数 Laplace 変換は，

$$\log \Psi_t(\Gamma) = -\frac{K}{2}\log\det(Id - 2\Sigma\Gamma) + Tr\left[M'\Gamma(Id - 2\Sigma\Gamma)^{-1}MY_t\right]$$

となる．これは Wishart 過程の現在の値に関する線形アフィン関数である．したがって，離散時間 Wishart 過程は複合自己回帰（Car）過程の特別な場合であるが，これに対する条件付積率，より一般的には条件付分布は任意期間に対して容易に計算できる（Darolles et al., 2006）．

2.2 連続時間 Wishart 過程の定義

連続時間の $n \times n$ Wishart 過程は，拡散方程式系

$$\mathrm{d}Y_t = (KQQ' + AY_t + Y_tA')\mathrm{d}t + Y_t^{1/2}\mathrm{d}W_t(Q'Q)^{1/2} + (Q'Q)^{1/2}(\mathrm{d}W_t)'Y_t^{1/2} \quad (4.4)$$

の解として定義することができる（Bru, 1989, 1991 を見よ）．ただし，K はスカラー，A と Q は $n \times n$ 行列，W_t は成分が独立な Brown 運動の $n \times n$ 行列，$Y_t^{1/2}$ は行列 Y_t の正の対称な平方根である．ドリフトとボラティリティの両方が Y のアフィン関数なので，連続時間 Wishart 過程はアフィン拡散過程である（Duffie and Kan, 1996）．連続時間過程 (4.4) の時間離散化は，自由度 K，自己回帰行列 $M = \exp(Ah)$，イノベーション分散が $\Sigma = \int_0^h \exp(Au)QQ'[\exp(Au)]'\mathrm{d}u$ の離散時間 Wishart 過程である．ただし，h は時間刻み幅である．特に，離散化過程の自己回帰行列は行列指数関数に制約される．これは離散時間 Wishart 過程のクラスのほうが連続時間 Wishart 過程のクラスよりも大きいことを示しており，このことは Car 過程やアフィン過程における一般的な結果である（Darolles et al., 2006; Gourieroux et al., 2009）．

2.3 任意期間の条件付 Laplace 変換

説明の簡単化のため，離散時間の枠組みで考える．期間 h の条件付分布は，パラメータが修正された Wishart 分布であるため，容易に特徴づけられる．

命題 4.1 WAR(1) 過程を考える．Y_t を所与とした Y_{t+h} の条件付分布は，非心 Wishart 分布 $W_n(K, M^h, \Sigma(h))$ である．ただし，

$$\Sigma(h) = \Sigma + M\Sigma M' + \cdots + M^{h-1}\Sigma(M^{h-1})'$$

である．

この結果は，Wishart 過程の混合特性の解析における基本となる．直観的には，$\lim_{h\to\infty} M^h = 0$ ならば，すなわち自己回帰行列 M の固有値が 1 より狭義に大きい絶対値をもつならば，過程は漸近的に定常である．この条件が満たされるとき，$h \to \infty$ とすることによって過程の定常分布が得られ，これは中心化 Wishart 分布 $W_n(K, 0, \Sigma(\infty))$ である．ただし，$\Sigma(\infty)$ は方程式

$$\Sigma(\infty) = M\Sigma(\infty)M' + \Sigma$$

の解である．

2.4 積分値 Wishart 過程の条件付 Laplace 変換

デリバティブの価格付けに対しても，Hull–White モデルに見られるような積分値確率ボラティリティの値を予測することは有用である．これらの非線形予測もまた，条件付 Laplace 変換を用いて容易に導かれる．

2.4.1 離散時間の枠組み

$(Y_t) \sim W_n(K, M, \Sigma)$ を離散時間 Wishart 過程とする．積分値過程の条件付 Laplace 変換は，

$$\Psi_{t,h}(C, c_0, \widetilde{C}) = \mathbb{E}_t \exp\left[\sum_{i=t+1}^{t+h} (Tr(CY_i) + c_0) + Tr(\widetilde{C}Y_{t+h})\right]$$

で定義される．ただし，対称行列 $C, \widetilde{C}$ と係数 c_0 は，期待値が存在する限り実数でも複素数でもかまわない．これは，任意のボラティリティと積分値ボラティリティの将来経路の指数変換形となる条件付確率を与える．(Y_t) は Car 過程であるので，積分値過程の条件付 Laplace 変換は，指数アフィン形式

$$\Psi_{t,h}(C, c_0, \widetilde{C}) = \exp\left[Tr(B(h)Y_t) + b(h)\right] \tag{4.5}$$

をもつ．ただし，対称行列 B とスカラー b は，初期条件を $B(0) = \widetilde{C}, b(0) = 0$ として，連立差分方程式

$$B(h) = M'(B(h-1) + C)\left[Id - 2\Sigma(B(h-1) + C)\right]^{-1} M \tag{4.6}$$

$$b(h) = b(h-1) + c_0 - \frac{1}{2}K \log\det\left[Id - 2\Sigma(B(h-1) + C)\right] \tag{4.7}$$

を満たす．この方程式系は再帰的に解くことができる．

2.4.2 連続時間の枠組み

ここでは，連続時間の枠組みを考え，(Y_t) は (4.4) で与えられる連続時間 Wishart 過程と仮定する．積分値過程の条件付 Laplace 変換は，

2. Wishart 過 程

$$\Psi_{t,h}(C, c_0, \widetilde{C}) = \mathbb{E}_t \exp\left[\int_t^{t+h} (Tr(CY_u) + c_0)du + Tr(\widetilde{C}Y_{t+h})\right] \quad (4.8)$$

で定義される．ただし，対称行列 C, $\widetilde{C}$ と係数 c_0 は，期待値が存在する限り実数でも複素数でもかまわない．(Y_t) は連続時間アフィン過程であるので，条件付 Laplace 変換は指数アフィン形式

$$\Psi_{t,h}(C, c_0, \widetilde{C}) = \exp[Tr(B(h)Y_t) + b(h)] \quad (4.9)$$

をもつ (Duffie et al., 2003)．ただし，対称行列 B とスカラー b は，初期条件を $B(0) = \widetilde{C}$, $b(0) = 0$ として，Riccati 方程式

$$\frac{dB(h)}{dh} = B(h)A + A'B(h) + 2B(h)Q'QB(h) + C \quad (4.10)$$

$$\frac{db(h)}{dh} = KTr[B(h)QQ'] + c_0 \quad (4.11)$$

を満たす．

一般に，このような Riccati 方程式は解析的に解くことができない．しかしながら，Wishart 過程に対してはこれが可能となる (Gourieroux and Sufana, 2005; Fonseca et al., 2005 を見よ)．

命題 4.2 係数 $B(h)$ の解は，

$$B(h) = B^* + \exp[(A + 2Q'QB^*)h]'$$
$$\times \left\{(\widetilde{C} - B^*)^{-1} - 2\int_0^h \exp[(A + 2Q'QB^*)u]Q'Q \right.$$
$$\left. \times \exp[(A + 2Q'QB^*)u]'du\right\}^{-1} \exp[(A + 2Q'QB^*)h]$$

である．ただし，B^* は，

$$A'B^* + B^*A + 2B^*Q'QB^* + C = 0$$

を満たす対称行列である．$b(h)$ の解は，

$$b(h) = KTr\left[\int_0^h B(u)du QQ'\right] + c_0 h$$

である．

命題 4.2 における陰的方程式の解（対称行列 B^*）の存在は，行列 C に対する制約を意味している．例えば，行列 C は対称行列における標準的な順序に関して，$A'(2Q'Q)^{-1}A$

よりも小さくなければならない．また，$B(h)$ には解析解が存在することにも注意する．実際，行列 $\exp[(A+2Q'QB^*)u]$ は，適切な基底変換によって，成分が u の単純な関数（指数関数または指数関数と多項式の積）を要素とする対角行列または三角行列で書くことができ，これは $0\sim h$ まで陽に積分可能である．

3. 価格付け

3.1 確率割引因子を用いた価格付け

本節では，離散時間と連続時間の両方の確率割引因子によるデリバティブの価格付けアプローチを簡単に復習し，その後，両方のアプローチを比較する．ヨーロピアンデリバティブのみを扱うこととする．

3.1.1 離散時間の価格付け

時刻 $t+h$ におけるペイオフが $g(\underline{F_{t+h}}, u_{t+h})$ であるヨーロピアンデリバティブの時刻 t における価格付けを考える．ただし，$\underline{F_t}$ は共通リスクファクターの現在の値と過去の値の集合 $\underline{F_t} = \{F_t, F_{t-1}, \cdots\}$ であり，u_t は個別リスクファクターの現在の値である．このアプローチは，実確率（観測確率）下のリスクファクターの動的性質を特定する．無裁定の仮定は，期間 $(t, t+1)$ における狭義に正の確率割引因子 $M_{t,t+1}$ の存在を意味するが，これは時間と不確実性の両方に関する1期間割引である．

続いて，以下を仮定する．

仮定 A.1 リスクファクター過程 (F_t) と (u_t) は実確率のもとで独立である．
仮定 A.2 (u_t) は m 次元ホワイトノイズである．
仮定 A.3 確率割引因子は共通リスクファクターにのみ依存する．すなわち $M_{t,t+1} = M_{t,t+1}(\underline{F_{t+1}})$ である．

このとき，時刻 t におけるヨーロピアンデリバティブの価格 $P_t(g)$ は，

$$P_t(g) = \mathbb{E}_t\big[M_{t,t+1}(\underline{F_{t+1}}) \times \cdots \times M_{t+h-1,t+h}(\underline{F_{t+h}}) g(\underline{F_{t+h}}, u_{t+h})\big]$$

で与えられる．ただし，$\mathbb{E}_t$ は情報集合 $I_t = \{\underline{F_t}, \underline{u_t}\}$ を条件とする時刻 t における期待値を表す．仮定 A.1〜A.3 のもとで，価格式は単純化することができる．より正確には，条件付期待値の塔法則を適用することによって，$h \geq 1$ に対して，

$$\begin{aligned} P_t(g) &= \mathbb{E}_t\big[M_{t,t+1}(\underline{F_{t+1}}) \times \cdots \times M_{t+h-1,t+h}(\underline{F_{t+h}}) \mathbb{E}[g(\underline{F_{t+h}}, u_{t+h}) \mid \underline{F_{t+h}}, \underline{u_t}]\big] \\ &= \mathbb{E}_t\big[M_{t,t+1}(\underline{F_{t+1}}) \times \cdots \times M_{t+h-1,t+h}(\underline{F_{t+h}}) \mathbb{E}[g(\underline{F_{t+h}}, u_{t+h}) \mid \underline{F_{t+h}}]\big] \\ &= \mathbb{E}_t\big[M_{t,t+1}(\underline{F_{t+1}}) \times \cdots \times M_{t+h-1,t+h}(\underline{F_{t+h}}) v(\underline{F_{t+h}})\big] \end{aligned} \qquad (4.12)$$

が得られる．ただし，$v(\underline{F_{t+h}}) = \mathbb{E}[g(\underline{F_{t+h}}, u_{t+h}) \mid \underline{F_{t+h}}]$ である．仮定 A.1 から結局，

$$P_t(g) = \mathbb{E}\big[M_{t,t+1}(\underline{F_{t+1}}) \times \cdots \times M_{t+h-1,t+h}(\underline{F_{t+h}})v(\underline{F_{t+h}}) \mid \underline{F_t}\,\big] \quad (4.13)$$

と導かれる．したがって，(F_{t+h}, u_{t+h}) の上に書かれたヨーロピアンデリバティブの価格付けは，共通ファクターの情報 F_t だけを用いた F_{t+h} の上に書かれたヨーロピアンデリバティブの価格付けと等価である．

3.1.2 連続時間の価格付け

連続時間の枠組みにおいても，価格付けアプローチは同様である．F_t は共通リスクファクターの現在と過去のすべての値の集合を表し，期間 h は正の実数である．3.1.1 の仮定 A.1 と A.2 のほかに，さらに以下を仮定する．

仮定 A.3′ 期間 $(t, t+h)$ に対する確率割引因子は，

$$M_{t,t+h} = \exp\left(\int_t^{t+h} m(F_u)\mathrm{d}u\right)$$

の形をもつ．ただし，m は F_u の実関数である．

このとき，時刻 $t+h$ におけるペイオフが $g(F_{t+h}, u_{t+h})$ であるヨーロピアンデリバティブの時刻 t における価格 $P_t(g)$ は，

$$P_t(g) = \mathbb{E}_t\big[M_{t,t+h}g(\underline{F_{t+h}}, u_{t+h})\big]$$

で与えられる．仮定 A.1, A.2, A.3′ のもとで，3.1.1 の計算と同様の計算により，(F_{t+h}, u_{t+h}) の上に書かれたヨーロピアンデリバティブの価格付けは，F_{t+h} の上に書かれたヨーロピアンデリバティブの価格付けと等価であるという同じ結果

$$P_t(g) = \mathbb{E}_t\big[M_{t,t+h}v(\underline{F_{t+h}}) \mid \underline{F_t}\,\big]$$

が得られる．

3.2 Wishart ファクターを用いた価格付け

3.2.1 離散時間の価格付け

離散時間 Wishart 過程 (Y_t) を考え，確率割引因子 $M_{t,t+1}$ は Y_{t+1} の成分について指数アフィン形式

$$M_{t,t+1} = \exp\big[Tr(DY_{t+1}) + d\big]$$

をもつと仮定する．ただし，D は $n \times n$ 対称行列，d はスカラーである．特に興味深いのは，指数アフィン形式のペイオフをもつファクターの上に書かれたヨーロピアンデリバティブの特別な場合

$$v(\underline{Y_{t+h}}) = \exp Tr(GY_{t+h}) \tag{4.14}$$

である.ただし,G は $n \times n$ 対称行列である.

価格式 (4.13) は,このヨーロピアンデリバティブの価格が,

$$P_t(v) = \mathbb{E}_t \exp \left[\sum_{i=t+1}^{t+h} (Tr(DY_i) + d) + Tr(GY_{t+h}) \right] = \Psi_{t,h}(D, d, G)$$

で与えられることを意味している.したがって,この価格は,2.4.1 において計算した積分値 Wishart 過程の条件付 Laplace 変換に等しい.例えば,ヨーロピアンコールオプションのようなデリバティブの価格は逆変換公式を用いる,すなわち虚数上の条件付 Laplace 変換(Fourier 変換)を逆変換することによって得られる(Duffie et al., 2000).

3.2.2 連続時間の価格付け

ここでは,連続時間 Wishart 過程 (Y_t) を考え,確率割引因子はアフィン形式

$$m(u) = Tr(DY_u) + d \tag{4.15}$$

であると仮定する.ただし,D は $n \times n$ 対称行列,d はスカラーである.時刻 $t+h$ におけるペイオフが $v(\underline{Y_{t+h}}) = \exp Tr(GY_{t+h})$ である証券の価格 $P_t(v)$ は,

$$P_t(v) = \mathbb{E}_t \left[\exp \left(\int_t^{t+h} (Tr(DY_u) + d) \mathrm{d}u + Tr(GY_{t+h}) \right) \right] \tag{4.16}$$

で与えられる.2.4.2 で示されたように,これは積分値過程の条件付 Laplace 変換であり,この価格は解析的に計算することができる.

3.2.3 離散時間の価格付けと連続時間の価格付けのつながり

連続時間の価格付けと離散時間の価格付けを関係づけることは興味深い.説明の簡単化のため,満期が $h = 2$ であるヨーロピアンコールオプションの連続時間の価格付けを考えよう.このデリバティブの価格は,

$$\begin{aligned} P_t(2) &= \mathbb{E}_t \exp \left[\int_t^{t+2} (Tr(DY_u) + d) \mathrm{d}u + Tr(GY_{t+2}) \right] \\ &= \mathbb{E}_t \left[\exp \left(\int_t^{t+1} m(u) \mathrm{d}u \right) \exp \left(\int_{t+1}^{t+2} m(u) \mathrm{d}u \right) \exp Tr(GY_{t+2}) \right] \end{aligned}$$

で与えられる.$\overline{Y_t}$ は Y の現在の値と将来の値によって生成される情報を表すとすると,

$$P_t(2) = \mathbb{E}_t\bigg[\exp\bigg(\int_t^{t+1} m(u)\mathrm{d}u\bigg)$$
$$\times \mathbb{E}\bigg[\exp\bigg(\int_{t+1}^{t+2} m(u)\mathrm{d}u\bigg)\bigg|\,\underline{Y_{t+1}},\overline{Y_{t+2}}\bigg]\exp Tr(GY_{t+2})\bigg]$$
$$= \mathbb{E}_t\big[\widetilde{M}_{t,t+1}\widetilde{M}_{t+1,t+2}\exp Tr(GY_{t+2})\big]$$

と書くことができる.ただし,

$$\widetilde{M}_{t,t+1} = \mathbb{E}\bigg[\exp\bigg(\int_t^{t+1} m(u)\mathrm{d}u\bigg)\bigg|\,\underline{Y_t},\overline{Y_{t+1}}\bigg]$$

である.したがって,離散時間満期をもつデリバティブを価格付けするときには,連続時間の確率割引因子 m を離散時間の確率割引因子 $\widetilde{M}$ で置き換えればよい.$\widetilde{M}_{t,t+1}$ は過程の過去の値と将来の値の両方を所与とした,積分値 Wishart 過程の条件付 Laplace 変換である.$\widetilde{M}_{t,t+1}$ もまた,直近の過去の値と将来の値の指数アフィン関数

$$\widetilde{M}_{t,t+1} = \exp\big[Tr(D_0 Y_t) + Tr(D_0 Y_{t+1}) + d\big]$$

であることは容易に確認できる.ひとたび Wishart 過程の過去の値が離散時間の確率割引因子に導入されれば,Wishart 過程に基づく連続時間の価格付けは,Wishart 過程に基づく離散時間の価格付けと等価であることがわかる.このように,確率割引因子 $\widetilde{M}$ に過去のボラティリティを取り込むことで,単純な価格式が得られる.

4. 例

本節の目的は,Wishart リスクファクターモデルの柔軟性と重要性を説明するために,デリバティブの価格付けの様々な例を議論することである.説明は離散時間でも連続時間でも等しく機能する.

4.1 クオドラティック Wishart 期間構造

$D(t,h)$ は,時刻 $t+h$ において 1 ドルを支払うゼロクーポン債の時刻 t における価格を表すとする.債券価格は,$n \times n$ 行列値 Wishart 過程 Y_t の成分であるいくつかの確率ファクターに依存すると仮定する.3.1.1, 3.2.1 から,債券価格 $D(t,h)$ は,

$$D(t,h) = \mathbb{E}_t\big[M_{t,t+1}(Y_{t+1}) \times \cdots \times M_{t+h-1,t+h}(Y_{t+h})\big]$$
$$= \mathbb{E}_t \exp\bigg[\sum_{i=t+1}^{t+h}(Tr(DY_i)+d)\bigg] = \Psi_{t,h}(D,d,0)$$

で与えられる.2.4.1 において示されたように,積分値 Wishart 過程の条件付 Laplace 変換は,

$$D(t,h) = \exp\bigl[Tr(B(h)Y_t) + b(h)\bigr] \tag{4.17}$$

のように計算することができる．ただし，対称行列 M とスカラー b は $h \geq 1$ に対して連立差分方程式

$$B(h) = M'(B(h-1) + D)\bigl[Id - 2\Sigma(B(h-1) + D)\bigr]^{-1}M \tag{4.18}$$

$$b(h) = b(h-1) + d - \frac{1}{2}K\log\det\bigl[Id - 2\Sigma(B(h-1) + D)\bigr] \tag{4.19}$$

を満たし，初期条件は $B(0) = 0, b(0) = 0$ である．この期間構造モデルを，クオドラティック Wishart 期間構造モデルという（Gourieroux and Sufana, 2003 を見よ）．

この専門用語を使う理由は，自由度が整数のときに存在する Wishart 過程の特別な解釈にある．K が整数のとき Wishart 過程 (Y_t) は，K 個の独立同一な Gauss 過程に従う 1 次のベクトル自己回帰（VAR(1)）の二乗和

$$Y_t = \sum_{k=1}^{K} x_{kt}x_{kt}' \tag{4.20}$$

として表すことができる．ただし，n 次元ベクトル x_{kt} は $k = 1, \cdots, K$ に対して，

$$x_{k,t+1} = Mx_{k,t} + \varepsilon_{k,t+1}, \quad \varepsilon_{k,t+1} \sim N(0, \Sigma) \tag{4.21}$$

に従う．$K \geq n$ ならば，(4.20) の二乗和はほとんど確実に正定値である．トレース演算子の可換性を利用することができるので，この Wishart 過程の解釈を用いて債券価格は，

$$\begin{aligned}
D(t,h) &= \exp\left[Tr\left(B(h)\sum_{k=1}^{K} x_{kt}x_{kt}'\right) + b(h)\right] \\
&= \exp\left[\sum_{k=1}^{K} Tr\bigl(B(h)x_{kt}x_{kt}'\bigr) + b(h)\right] \\
&= \exp\left[\sum_{k=1}^{K} Tr\bigl(x_{kt}'B(h)x_{kt}\bigr) + b(h)\right] \\
&= \exp\left[\sum_{k=1}^{K} x_{kt}'B(h)x_{kt} + b(h)\right]
\end{aligned}$$

となる．したがって，債券イールド $r(t,h) = -(\log D(t,h))/h$ は Y_t に関して線形アフィンであるが，ベクトル $x_{kt}, k = 1, \cdots, K$ の 2 次形式である．実際，クオドラティック Wishart 期間構造は，$K = 1$ に相当する標準的なクオドラティック期間構造の拡張である（標準的なクオドラティック期間構造モデルについては，Ahn et al., 2002; Leippold and Wu, 2002 を見よ）．クオドラティック期間構造モデルは，アフィ

ン期間構造モデルの特別な場合であるので非常に扱いやすい.

クオドラティック Wishart 期間構造の重要な性質は，債券イールドの正値性である.

命題 4.3 対称行列 D が半負定値であり，$d \leq (1/2)K \log \det(Id - 2\Sigma D)$ ならば，$h \geq 1$ に対して，
1) イールド $r(t, h)$ に対する定義域は $[-b(h)/h, \infty)$ である.
2) 下界 $-b(h)/h$ は非負かつ h について増加する.

結果として，命題 4.3 のパラメータ制約のもとで，債券イールドはすべての満期において正である．Goureiroux and Monfort (2005) で示されているように，金利に対する定義域の下界が満期について増加するという事実は Wishart 過程の結果ではなく，無裁定機会の結果である.

4.2 Heston モデルの拡張

Wishart 過程は，Heston (1993) によって導入された確率ボラティリティモデルを拡張するために用いることができる（Gourieroux and Sufana, 2005 を見よ）．価格が n 次元ベクトル S_t の成分からなる n 個のリスク資産を考え，Σ_t はリスク資産の無限小の対数収益率 $d \log S_t$ のボラティリティ行列を表すとする．$\log S_t$ と Σ_t の同時ダイナミクスは，連立確率微分方程式

$$d \log S_t = \left[\mu + \begin{pmatrix} Tr(D_1 \Sigma_t) \\ \vdots \\ Tr(D_n \Sigma_t) \end{pmatrix}\right] dt + \Sigma_t^{1/2} dW_t^S \quad (4.22)$$

$$d\Sigma_t = (KQQ' + A\Sigma_t + \Sigma_t A')dt$$
$$+ \Sigma_t^{1/2} dW_t^\sigma (Q'Q)^{1/2} + (Q'Q)^{1/2} (dW_t^\sigma)' \Sigma_t^{1/2} \quad (4.23)$$

で与えられると仮定する．ただし，W_t^S と W_t^σ はそれぞれ成分が独立な 1 次元標準 Brown 運動からなる n 次元ベクトルと $n \times n$ 行列，μ は n 次元定数ベクトル，D_i, $i = 1, \cdots, n$ と A は $n \times n$ 行列，Q は $n \times n$ 正則行列である．動的リスクプレミアムを説明するため，さらにはボラティリティと株価が同時に変化する傾向を捉えるために，価格方程式においてボラティリティが平均に含まれているが，株価収益率とボラティリティの間の瞬間的相関は仮定していない．もちろん，モデルはそのような相関を含むように拡張することもできる（Fonseca et al., 2005）.

$n = 1$ ならば連立微分方程式は，確率ボラティリティに対する Cox–Ingersoll–Ross モデル

$$d \log S_t = (\mu + D_1 \Sigma_t) dt + \sqrt{\Sigma_t} dW_t^S$$
$$d(\Sigma_t) = (KQ^2 + 2A\Sigma_t) dt + 2Q\sqrt{\Sigma_t} dW_t^\sigma$$

に帰着される（Cox et al., 1985）．したがって，(4.22), (4.23) の多変数モデルは Heston モデルに帰着される（Heston, 1993; Ball and Roma, 1994 を見よ）．

多変数モデルは，$\log S_t$ と Σ_t のアフィン関数となるドリフト関数とボラティリティ関数をもつので，アフィン過程である（Duffie and Kan, 1996; Duffie et al., 2003 を見よ）．したがって，同時過程 $(\log S_t, \Sigma_t)$ とその積分値の条件付 Laplace 変換

$$\Psi_{t,h}(\gamma, \gamma_0, \widetilde{\gamma}, C, c_0, \widetilde{C}) = \mathbb{E}_t \exp\biggl[\int_t^{t+h} (\gamma' \log S_u + \gamma_0)\mathrm{d}u + \widetilde{\gamma}' \log S_{t+h} \\ + \int_t^{t+h} (Tr(C\Sigma_u) + c_0)\mathrm{d}u + Tr(\widetilde{C}\Sigma_{t+h})\biggr]$$

を導くために，アフィン過程の理論を用いることができる．この Laplace 変換は，逆変換公式によるデリバティブの価格付けの基本となる（Duffie et al., 2000）．

命題 4.4 同時過程 $(\log S_t, \Sigma_t)$ の条件付 Laplace 変換は，

$$\Psi_{t,h}(\gamma, \gamma_0, \widetilde{\gamma}, C, c_0, \widetilde{C}) = \exp\bigl[a(h)' \log S_t + Tr\bigl(B(h)\Sigma_t\bigr) + b(h)\bigr] \quad (4.24)$$

で与えられる．ただし，a, b と対称行列 B は初期条件を $a(0) = \widetilde{\gamma}$, $B(0) = \widetilde{C}$, $b(0) = 0$ として，Riccati 方程式

$$\frac{\mathrm{d}a(h)}{\mathrm{d}h} = \gamma \quad (4.25)$$

$$\frac{\mathrm{d}B(h)}{\mathrm{d}h} = B(h)A + A'B(h) + 2B(h)Q'QB(h) \\ + \frac{1}{2}a(h)a(h)' + \sum_{i=1}^n a_i(h)D_i + C \quad (4.26)$$

$$\frac{\mathrm{d}b(h)}{\mathrm{d}h} = a(h)'\mu + KTr\bigl[B(h)QQ'\bigr] + \gamma_0 + c_0 \quad (4.27)$$

を満たす．

a に対する微分方程式は，解析解

$$a(h) = \gamma h + \widetilde{\gamma}$$

をもつ．残りの方程式は，いくつかのパラメータ制約のもとで解析解をもつ．

命題 4.5 $\gamma = 0$ に対して，

$$B(h) = B^* + \exp[(A + 2Q'QB^*)h]'$$
$$\times \left\{ (\widetilde{C} - B^*)^{-1} - 2\int_0^h \exp[(A + 2Q'QB^*)u]Q'Q \right.$$
$$\left. \times \exp[(A + 2Q'QB^*)u]'du \right\}^{-1} \exp[(A + 2Q'QB^*)h]$$

が得られる．ただし，B^* は，

$$A'B^* + B^*A + 2B^*Q'QB^* + \frac{1}{2}\widetilde{\gamma}\widetilde{\gamma}' + \sum_{i=1}^n \widetilde{\gamma}_i D_i + C = 0$$

を満たす対称行列である．$b(h)$ に対する解析解は，3番目の微分方程式から

$$b(h) = (\widetilde{\gamma}'\mu + \gamma_0 + c_0)h + KTr\left[\int_0^h B(u)du QQ'\right]$$

で与えられる．

4.3 Merton モデルのマルチファクター拡張

前項における多変数確率ボラティリティモデルの応用として，Merton (1974) によって提案された信用リスクモデルを，確率ボラティリティ，確率変動する企業負債，複数企業の枠組みへ拡張することができる（Gourieroux and Sufana, 2005 を見よ）．Merton の基本的な構造モデルでは，企業の資産価値はリスク中立確率下で幾何 Brown 運動に従うと仮定され，負債額 L とデフォルト時刻はあらかじめ与えられる．これらの仮定のもとで，企業の自己資本は権利行使価格が負債水準に等しい資産価値の上に書かれたコールオプションであり，その価格は Black–Scholes 式から計算される．

ここで，n 個の企業 $i = 1, \cdots, n$ を考える．拡張構造モデルでは，企業 i の資産価値 $A_{i,t}$ と負債 $L_{i,t}$ の同時ダイナミクスが，

$$\begin{pmatrix} d\log A_{i,t} \\ d\log L_{i,t} \end{pmatrix} = \begin{bmatrix} \mu_{A,i} + Tr(D_{A,i}\Sigma_{i,t}) \\ \mu_{L,i} + Tr(D_{L,i}\Sigma_{i,t}) \end{bmatrix} dt + \Sigma_{i,t}^{1/2} dW_{i,t}^S$$

で表されると仮定する．ただし，$\Sigma_{i,t}, i = 1, \cdots, n$ は Wishart 過程である．n 個の Wishart 過程は独立であってもよいし，いくつかの企業は同じ Wishart 過程から決定されていてもよい．

各企業に対する拡張構造モデルは，前項における多変数モデルの2変数仕様である．しかしながら，企業の資産価値と負債価値は市場において取引されないので，ドリフトに含まれる項 $Tr(D_A\Sigma_t)$ と $Tr(D_L\Sigma_t)$ はリスクプレミアムとしての解釈はできない．これらは，資産価値が L よりも大きい平均をもつ状況では，企業の資産と負債がボラティリティの増加に反応して同時に変化する傾向を捉えるが，ボラティリティの大

きな増加は資産価値を負債水準に到達させる．この場合には，投資を刺激するために企業の格付けが負債の増加を許容し，結果として資産価値を増加させる．様々なクレジットデリバティブの価格は，前項において説明されたように計算することができる．

4.4 デフォルト強度と回収率の同時モデル化

バーゼル銀行監督委員会 (Basel Committee on Banking Supervision, 2005) で強調されているように，信用リスクモデルでは「デフォルト率が高い期間の平均よりも低くなるような実現回収率」を考慮しなければならない．したがって，デフォルト強度と回収率（デフォルト時損失率）の間に負の（正の）依存性を十分考慮できる柔軟なモデルの開発が重要である．本項では，Wishart 過程を用いたモデルがこの柔軟性をもつことを示す．結果は Gourieroux et al. (2006) に基づいている．

デフォルト確率 DP とデフォルト時損失率 LGD が，

$$DP = \exp[-Tr(AY)] = \exp[-(a_{11}Y_{11} + 2a_{12}Y_{12} + a_{22}Y_{22})]$$
$$LGD = \exp[-Tr(BY)] = \exp[-(b_{11}Y_{11} + 2b_{12}Y_{12} + b_{22}Y_{22})]$$

で与えられるモデルを考える．ただし，

$$Y = \begin{pmatrix} Y_{11} & Y_{12} \\ Y_{12} & Y_{22} \end{pmatrix}, \quad A = \begin{pmatrix} a_{11} & a_{12} \\ a_{12} & a_{22} \end{pmatrix}, \quad B = \begin{pmatrix} b_{11} & b_{12} \\ b_{12} & b_{22} \end{pmatrix}$$

は正定値対称行列であり，Y は Wishart 過程の周辺（不変）分布で，Laplace 変換

$$\mathbb{E}\exp[-Tr(AY)] = [\det(Id + 2A)]^{-K/2}$$

をもつ．

A と B は正定値対称行列なので，DP と LGD は 0 と 1 の間にあり，A と B の成分は

$$a_{11} > 0, \quad a_{11}a_{22} - a_{12}^2 > 0, \quad b_{11} > 0, \quad b_{11}b_{22} - b_{12}^2 > 0$$

の制約をもつ．特に，これらの制約は a_{12} と b_{12} の符号が反対である可能性を生む．このような場合には，ボラティリティ Y_{11}, Y_{22} を所与とした確率的共分散 Y_{12} の（同様に，確率的相関の）変化は，DP と LGD に対して反対の影響を与えることを意味する．したがって，ボラティリティを所与とした負の依存性が得られる．

次に，ボラティリティを所与としない場合には，確率的共分散 Y_{12} の変化の影響は，ボラティリティ Y_{11}, Y_{22} の変化の影響を支配できないことを示そう．より正確には，ボラティリティを所与とした負の依存性は，ボラティリティを所与としない正の依存性と両立できる．説明の簡単化のため，$K = 2$ を仮定しよう．このとき，

$$\mathrm{cov}[DP, LGD] = \mathrm{cov}[\exp[-Tr(AY)], \exp[-Tr(BY)]]$$
$$= \mathbb{E}\exp[-Tr[(A+B)Y]] - \mathbb{E}\exp[-Tr(AY)]\mathbb{E}\exp[-Tr(BY)]$$
$$= \frac{1}{\det(Id + 2(A+B))} - \frac{1}{\det(Id+2A)}\frac{1}{\det(Id+2B)}$$

が得られる．共分散は，

$$\Delta = \det(Id+2A)\det(Id+2B) - \det\bigl(Id+2(A+B)\bigr) > 0$$

のときかつそのときに限って正である．一般性を失うことなく，$a_{12}=0$ と仮定する．このとき，行列 A と B の正定値性によって，

$$\Delta = 8\bigl(b_{11}b_{22} - b_{12}^2\bigr)(a_{11}+a_{22}+2a_{11}a_{22})$$
$$+ 4\bigl(a_{11}b_{11}+a_{22}b_{22}+2a_{11}a_{22}(b_{11}+b_{22})\bigr) > 0$$

が得られる．

5. おわりに

　本章の目的は，Wishart リスクファクターが多変数リスク，すなわち確率的分散共分散行列を表現するための良い候補である理由を説明することであった．Wishart 過程のアフィン (Car) 性は，任意期間の Laplace 変換さらにはデリバティブ価格の解析解を与える．その例として，様々な種類のデリバティブを研究するうえでの Wishart ファクターモデルの柔軟性が示された．実際，このようなモデルの利点は一貫性のあるアプローチを開発できることである．例えば，Wishart ファクターモデルはヒストリカルアプローチとリスク中立アプローチの両方に対して導入可能である．信用リスク分析において，これはクレジットデリバティブ（リスク中立アプローチ）を価格付けするのと同時に，クレジット VaR を計算する，あるいはデフォルト発生を観測する（ヒストリカルアプローチ）ことが可能となる．Wishart リスクファクターモデルはまた，例えば為替レートの変動が 2 カ国の期間構造パターンにどのように影響するのかを理解するために，各国の資産価格の一貫性のある分析に対しても適している (Gourieroux et al., 2005, 2006)．

(C. Gourieroux and R. Sufana/後藤　允)

参 考 文 献

Ahn, D., Dittmar, R., Gallant, A. (2002). Quadratic term structure models: Theory and evidence. *Review of Financial Studies* 15, 243–288.
Ball, C., Roma, A. (1994). Stochastic volatility option pricing. *Journal of Financial and Quantitative Analysis* 29, 589–607.
Basel Committee on Banking Supervision (2005). Guidance on Paragraph 468 of the framework document. Bank for International Settlements, July.
Bru, M. (1989). Diffusions of perturbed principal component analysis. *Journal of Multivariate Analysis* 29, 127–136.
Bru, M. (1991). Wishart processes. *Journal of Theoretical Probability* 4, 725–751.
Cox, J., Ingersoll, J., Ross, S. (1985). A theory of the term structure of interest rates. *Econometrica* 53, 385–407.
Darolles, S., Gourieroux, C., Jasiak, J. (2006). Structural Laplace transform and compound autoregressive models. *Journal of Time Series Analysis* 27, 477–503.
Diebold, F., Nerlove, M. (1989). The dynamics of exchange rate volatility: A multivariate latent factor ARCH model. *Journal of Applied Econometrics* 4, 1–22.
Duffie, D., Kan, R. (1996). A yield factor model of interest rates. *Mathematical Finance* 6, 379–406.
Duffie, D., Pan, J., Singleton, K. (2000). Transform analysis and asset pricing for affine jump diffusions. *Econometrica* 68, 1343–1376.
Duffie, D., Filipovic, D., Schachermayer, W. (2003). Affine processes and applications in finance. *Annals of Applied Probability* 13, 984–1053.
Engle, R., Manganelli, S. (2004). CAViaR: Conditional autoregressive Value at Risk by regression quantiles. *Journal of Business and Economic Statistics* 22, 367–381.
Engle, R., Ng, V., Rothschild, M. (1990). Asset pricing with a factor ARCH covariance structure: Empirical estimates for treasury bills. *Journal of Econometrics* 45, 213–237.
Feller, W. (1971). *An Introduction to Probability Theory and Its Applications*. John Wiley, New York.
Fonseca, J., Grasselli, M., Tebaldi, C. (2005). Wishart multi-dimensional stochastic volatility. *Working paper*.
Gourieroux, C., Jasiak, J. (2001). Dynamic factor models. *Econometric Reviews* 20, 385–424.
Gourieroux, C., Jasiak, J. (2005). Dynamic quantile models. *Working paper*, CREST.
Gourieroux, C., Jasiak, J. (2006). Autoregressive gamma processes. *Journal of Forecasting* 25, 129–152.
Gourieroux, C., Monfort, A. (2005). Domain restrictions on interest rates implied by no arbitrage. *Working paper*, CREST.
Gourieroux, C., Sufana, R. (2003). Wishart quadratic term structure models. *Working paper*, University of Toronto.
Gourieroux, C., Sufana, R. (2005). Derivative pricing with multivariate stochastic volatility: Application to credit risk. *Working paper*, CREST.
Gourieroux, C., Monfort, A., Sufana, R. (2005). International money and stock market contingent claims. *Working paper*, CREST.
Gourieroux, C., Monfort, A., Polimenis, V. (2006). Affine models for credit risk analysis. *Journal of Financial Econometrics* 4, 494–530.
Gourieroux, C., Jasiak, J., Sufana, R. (2009). The Wishart autoregressive process of multivariate stochastic volatility. *Journal of Econometrics*, in press.
Heston, S. (1993). A closed-form solution for options with stochastic volatility with applications to bond and currency options. *Review of Financial Studies* 6, 327–343.
Hull, J., White, A. (1987). The pricing of options on assets with stochastic volatilities. *Journal of Finance* 42, 281–300.
James, A. (1968). Calculation of zonal polynomial coefficients by use of the Laplace–Beltrami operator. *Annals of Mathematical Statistics* 39, 1711–1718.

Leippold, M., Wu, L. (2002). Asset pricing under the quadratic class. *Journal of Financial and Quantitative Analysis* 37, 271–295.

Lintner, J. (1965). The valuation of risk assets and the selection of risky investments in stock portfolios and capital budgets. *Review of Economics and Statistics* 47, 13–37.

Merton, R. (1973). An intertemporal capital asset pricing model. *Econometrica* 41, 867–887.

Merton, R. (1974). On the pricing of corporate debt: The risk structure of interest rates. *Journal of Finance* 29, 449–470.

Muirhead, R. (1982). *Aspects of Multivariate Statistical Theory*. John Wiley, New York.

Roll, R. (1977). A critique of the asset pricing theory's tests. *Journal of Financial Economics* 4, 129–176.

Sharpe, W. (1964). Capital asset prices: A theory of market equilibrium under conditions of risk. *Journal of Finance* 19, 425–442.

第5章

ボラティリティ

概　要

　本章では実証ファイナンスにおける2つの重要分野であるノイズを含む資産価格のマイクロストラクチャー，および取引コスト評価に関する現在の進展状況を理解するための統合フレームワークを示す．また，近年提案された高頻度サンプリングデータによるモデル推定手法についてレビューする．これらの議論の中で，既存の手法，知見および将来の研究に関する展望についても触れていきたい．

1. はじめに

　観測される資産価格は，マーケットマイクロストラクチャー摩擦（market microstructure friction）が存在することにより，その均衡価値から乖離している．そのため観測価格のボラティリティは，2つの異なるボラティリティ構成要素によって決定される．観測不能な無摩擦のもとでの均衡価格ボラティリティと，同じく観測不能なマーケットマイクロストラクチャー効果によるボラティリティである．

　この基本的前提に沿って，まずはマーケットマイクロストラクチャー効果を含む価格形成モデルのレビューを行い，その後，高頻度資産価格データ（high-frequency asset price data）を用いたノンパラメトリックな両ボラティリティの推定手法に関する現在までの進展状況について述べる．

　これまでボラティリティについては洞察に富んだ研究が数多くなされてきた．既存研究では，均衡価格が観測可能であり観測誤差が存在しないものとして，ボラティリティ特性を分析することに注力されている（例えば Andersen et al., 2002）．また観測誤差のみに焦点を当て，マーケットの細微なダイナミクスから生じる摩擦という観点からそれを特徴づけるという研究もなされている（Hasbrouck, 1996; Stoll, 2000）．これらの摩擦を計量化することは，実質取引コストを理解し，計測するうえで非常に重要である．最近では，Barndorff-Nielsen and Shephard (2007) がノンパラメトリックなボラティリティ推定手法に関する近年の研究をテーマに議論している．彼らのレビューは大部分が摩擦のないケースについてであるが，均衡価格とそれに影響を与えるマーケットマイクロストラクチャー効果について興味深い展望が述べられてい

る（McAleer and Medeiros, 2007 も参照せよ）．

本章では，ともに観測価格に含まれる観測不能な構成要素としての均衡価格，およびマイクロストラクチャー的摩擦についてのボラティリティに重点をおく．とりわけ，本章での目的は，実証ファイナンスにおける 2 つの重要分野，すなわち均衡価格ボラティリティの推定と取引コスト評価に関する最新の研究成果を理解するための，統合的フレームワークを提供することにある．最初に，観測される（対数）資産価格を（対数）均衡価格と（対数）マーケットマイクロストラクチャー効果との和で表現した一般的な価格形成メカニズムについて述べる．

2. マイクロストラクチャー効果による価格形成モデル

観測される対数資産価格を次のように表す．

$$p = p^* + \eta \tag{5.1}$$

ここで，p^* は対数均衡価格，すなわちマイクロストラクチャー摩擦が存在しない場合に発現するであろう価格[1]，η は例えば呼び値の離散性，ビッドアスクスプレッドなどマーケットマイクロストラクチャーによる汚染（market microstructure contamination）を表す（Stoll, 2000 を参照）．ある時間幅 h（例えばある取引日）を考え，h の間に M 個の等間隔で観測された高頻度価格データが利用可能であると仮定する．(5.1) のもとで，時間長 $\delta = h/M$ における区間インターバル連続複利リターンを以下のように定義する．

$$\underbrace{p_{j\delta} - p_{(j-1)\delta}}_{r_{j\delta}} = \underbrace{p^*_{j\delta} - p^*_{(j-1)\delta}}_{r^*_{j\delta}} + \underbrace{\eta_{j\delta} - \eta_{(j-1)\delta}}_{\varepsilon_{j\delta}} \tag{5.2}$$

均衡価格過程およびマイクロストラクチャー効果に関して次の仮定をおく．

仮定 5.1（均衡価格過程）
1) 対数均衡価格過程 p^*_t は連続確率ボラティリティのセミマルチンゲールである．

$$p^*_t = \alpha_t + m_t \tag{5.3}$$

ここで，α_t は有界変動の可予測なドリフト過程で $\alpha_0 = 0$ である．m_t は $\int_0^t \sigma_s dW_s$ のように定義される連続局所マルチンゲールである．$\{W_t : t \geq 0\}$ は標準 Brown 運動である．

2) スポットボラティリティ過程 σ_t はゼロより大きい右連続かつ左極限をもつ（càdlàg）確率過程である．

---

[1] 均衡価格の性質について，意図的に特定の設定をおかないところから始める．7 節で取引コストについて議論する際に，さらなる経済的構造を追加する．

3) 確率過程 $\int_0^t \sigma_s^4 ds$ は任意の $t < \infty$ においてほとんど確実に（almost surely）有界である.

仮定 5.2（マイクロストラクチャー摩擦）
1) 価格過程におけるマイクロストラクチャー摩擦 η は，平均ゼロかつ結合確率密度関数 $f_M(\cdot)$ に関して定常共分散をもつ.
2) $\varepsilon_{j\delta} = \eta_{j\delta} - \eta_{(j-1)\delta}$ の分散は任意の δ に対して $O(1)$ である.
3) η と p^* は独立である（$\eta \perp p^*$）.

古典的な連続時間の資産価格評価理論（Duffie, 1992）と同様に，仮定 5.1 は均衡価格過程が確率的ボラティリティのマルチンゲール差分と有界変動適合過程との和として時間発展していくことを表す. 確率変動するスポットボラティリティは，ジャンプ，日周効果（diurnal effect），高い継続性（high-persistence；長期記憶型），非定常性をも示しうる. レバレッジ効果（すなわち σ と Brown 運動 W との従属性）も許容する.

仮定 5.2 は，観測価格におけるマイクロストラクチャー摩擦要素に対する一般的な依存特性を許容している. 摩擦の相関構造は，例えばビッドアスクスプレッド効果による高頻度観測価格における 1 次のオーダーでの負の相関（Roll, 1984 を参照せよ），さらには発注フローのクラスタリングに起因する高次オーダーでの相関性をも表現することができる. 一般にノイズリターン ε の特性は，サンプリング頻度 $\delta = h/M$ の関数となる. この従属性を明示するために η の結合確率密度関数には添字 M をもたせている. 同様に，後に使われる記号 $\mathbb{E}_M$ は測度 $f_M(\cdot)$ に関してとられるノイズリターンの期待値を意味する.

均衡リターン過程 $r_{j\delta}^*$ は，時間長 $\delta = h/M$ の任意の区間インターバルにおいて $O_p(\sqrt{\delta})$ とモデリングするのに対し，観測リターンの汚染 $\varepsilon_{j\delta}$ は $O_p(1)$ である. 仮定 5.1, 5.2 の帰結として，長期リターンのほうが短期リターンよりもノイズに汚染される割合が小さいといえる. それと異なり摩擦の規模については，期間の長さに応じて減少することはない. 高頻度の価格更新の合間にサンプリングを行わないという前提では，観測価格のグリッド丸め（価格離散性）や売り手と買い手の価格乖離だけを見ても，ここで述べた設定は経験的に説得力があるといえよう. 後に議論するように，r^* と ε との確率的オーダー（stochastic order）の違いは，均衡価格の分散推定に対する，あるいは取引コスト評価に対する近年のアプローチにおいて重要となる点である.

2.1 MA(1) のケース

マイクロストラクチャー摩擦過程の従属構造が単純化できる場合がある. 特に，仮定 5.2 は次のように変更できる.

仮定 5.2b

1) 価格過程におけるマイクロストラクチャー摩擦 η は平均ゼロで独立同一分布に従う (i.i.d.).
2) $\eta \perp p^*$.

価格過程におけるマイクロストラクチャーノイズ η が独立同一分布に従うならば，ノイズリターン ε は負の1次自己相関をもつ MA(1) 構造を示す．重要な点は，ノイズリターンのモーメントは，期間 h における観測個数 M に依存しないことである．

ビッドアスク跳ね返り効果 (bid–ask bounce effect) がその典型であるが，MA(1) モデルは近似的なものとならざるをえない．しかし，トレーダーが固有の価格設定行動のもとでランダムに到着するような非中央集中的マーケットにおいては，MA(1) モデルは現実的な近似とされている．外国為替市場はその典型例である (Bai et al., 2005)．また，株式の場合においても，取引価格または多数の相対でのクオートを考慮すれば可能な近似である．Bandi and Russel (2006b) ではさらなる議論がなされており，Awartani et al. (2004) では MA(1) マーケットマイクロストラクチャーモデルの定型的な検定が実施されている．

3. 均衡価格の分散

近年，質の高い高頻度金融データが入手できるようになったことに伴い，均衡価格の分散をモデルを仮定せずに測定する手法が研究されるようになっている．興味のある読者は Andersen et al. (2002) およびその参考文献を参照されたい．主要なアイデアは，期間中の連続複利リターンの二乗を合算し，期間 h にわたって $\widehat{V} = \sum_{j=1}^{M} r_{j\delta}^2$ を計算することである．実現分散 (realized variance) と呼ばれる量 $\widehat{V}$ は，背後にある対数価格過程を駆動するセミマルチンゲールの2次変分 (quadratic variation) の増分 $V = \int_0^h \sigma_s^2 ds$ を近似したものと考えられる．この手続きを正当化している一致性に関する結論とは，リターンを漸近的に細かいインターバルで計算するとき，すなわち固定した h のもとで $\delta \to 0$ ($M \to \infty$ と等価) としたとき $\widehat{V}$ が V に確率収束することである[2]．この結果はセミマルチンゲール過程論における一つの基礎をなすものである (Chung and Williams, 1990 の p.76, Theorem 4.1 を見よ)．最近では，Andersen et al. (2001, 2003) や Barndorff-Nielsen and Shephard (2002, 2004b) の重要な研究が，これらのアイデアを実証した代表的研究といえる．

この推定手続きの理論的妥当性は，均衡価格過程の観測可能性と密接に関わっている．しかし，広く受け入れられていることではあるが，均衡価格過程，つまるところ

---

[2] これに対応した弱収束の結論は Jacod (1994), Jacod and Protter (1998), Barndorff-Nielsen and Shephard (2002), Bandi and Russell (2003) において議論されている．Mykland and Zhang (2006) は，不規則間隔データのケースをカバーしている．Goncalves and Meddahi (2004) はブートストラップ法による有限サンプルの改善について議論している (Goncalves and Meddahi, 2006 も参照されたい)．

均衡価格データはマーケットマイクロストラクチャー効果により汚染されている．実現分散に関する初期の文献ではマーケットマイクロストラクチャー効果の重要性を認識しながらも，この問題は非常に抽象的な記述にとどまっていた．観測される価格過程におけるマーケットマイクロストラクチャー摩擦が存在することによる理論的・実証的結論が導かれたのは最近になってからのことである．

3.1 実現分散推定の不一致性

前節における価格形成メカニズムのもとで，実現分散推定量は，固定期間におけるリターン二乗データが増加するに従って漸近的にノイズ項に支配されるようになる．

$$\widehat{V} = \sum_{j=1}^{M} r_{j\delta}^2 = \sum_{j=1}^{M} r_{j\delta}^{*2} + \sum_{j=1}^{M} \varepsilon_{j\delta}^2 + 2\sum_{j=1}^{M} r_{j\delta}\varepsilon_{j\delta} \tag{5.4}$$

と書く．$r_{j\delta}^*$ は $O_p(\sqrt{\delta})$ であり，$\varepsilon_{j\delta}$ は $O_p(1)$ であるから，$\sum_{j=1}^{M}\varepsilon_{j\delta}^2$ が合計値を支配する項である．特にこの項は，$M \to \infty$ のときほとんど確実に無限大に発散する．発散という理論的帰結は，実現分散推定が，背後にある対数価格過程の 2 次変分の増分，すなわち分散積分（integrated variance）に収束できず，たとえ短い固定期間であってもほとんど確実に際限なく増大していくことを意味する．すなわち $M \to \infty$（または与えられた h について $\delta = h/M \to 0$）のとき $\widehat{V} \overset{\text{a.s.}}{\to} \infty$ である．このポイントは，Bandi and Russell (2003, 2006a) と Zhang et al. (2005) により独立に得られた成果である[3]．

任意の固定期間において実現分散推定が発散するという結論は，かなり広く知られている経験的事実を漸近近似したものである．様々なサンプリング頻度 δ に対して実現分散を計算した場合，結果として得られる推定量は，高頻度になるほど（$\delta \to 0$）増大する傾向がある．Andersen et al. (1999, 2000) におけるボラティリティ特性プロット（volatility signature plot），すなわちサンプリング頻度に対する実現分散推定量のプロットは，しばしば高頻度になるほど急激に高くなる[4]．図 5.1 に，IBM について (i) NYSE からのクオートから得られた中値，(ii) NYSE および Midwest exchange のクオートから得られた中値を用いて作成されたボラティリティ特性プロットを示す．また図 5.2 には，IBM について (i) NYSE および NASDAQ のクオートから得られた中値，(ii) 連結マーケットすべてのクオートから得られた中値を用いて作成されたボラティリティ特性プロットを示す．図 5.3 は，NASDAQ の 2 銘柄（Cisco Systems, Microsoft）の中値を用いて作成されたボラティリティ特性プロットである．データ

---

[3] この理論的結果は一般的なもので，均衡リターンとノイズリターンの確率的オーダーの違いにのみ依存するものである．この結果は，仮定 5.2b で設定されているノイズリターン要素の MA(1) 構造に依存したものではない．また重要なことは，この結果が，仮定 5.2 の 3)，5.2b の 2) で設定されているような価格過程とノイズとの独立性に依存したものでもないということである．Bandi and Russell (2003) はこれらの点を明確にしている．

[4] Fang (1996) も参照されたい．

3. 均衡価格の分散

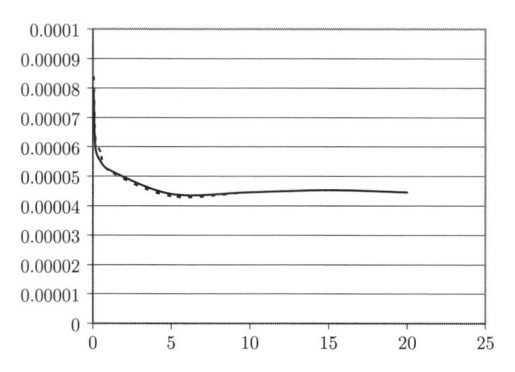

図 5.1 IBM について (i) NYSE のみのクオートから得られた中値（実線），(ii) NYSE および Midwest exchange のクオートから得られた中値（点線）を用いて作成された「ボラティリティ特性プロット」

実現分散をサンプリング頻度（分単位）の関数としてプロットしている．データは 2002 年 2 月において Bandi and Russell (2006a) で議論されたフィルターを用いて収集した．

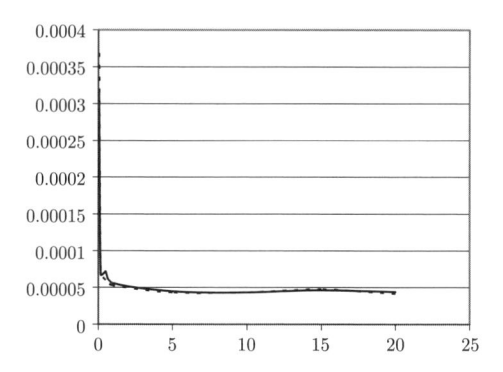

図 5.2 IBM について (i) NYSE および NASDAQ のクオートから得られた中値（実線），(ii) 連結マーケットすべてのクオートから得られた中値（点線）を用いて作成された「ボラティリティ特性プロット」

実現分散をサンプリング頻度（分単位）の関数としてプロットしている．データは 2002 年 2 月において Bandi and Russell (2006a) で議論されたフィルターを用いて収集した．

は 2002 年 2 月について収集したものである．すべてのケースにおいて，実現分散推定量は，サンプリングのインターバルが減少するにつれて増大している（Bandi and Russell, 2006b の議論も参照されたい）．

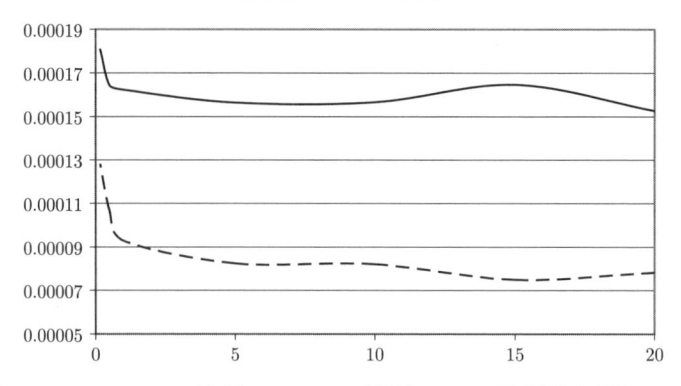

図 5.3 Cisco Systems（実線），Microsoft（点線）について作成された「ボラティリティ特性プロット」
実現分散をサンプリング頻度（分単位）の関数としてプロットしている．データは 2002 年 2 月において Baindi and Russell (2006a) で議論されたフィルターを用いて収集した．

3.2 実現分散推定量の平均二乗誤差

マーケットマイクロストラクチャー汚染が存在することで，実現分散を用いた分散積分の推定においてバイアスと分散のトレードオフが発生する．均衡価格過程が観測可能である場合，ある固定期間の中でより高頻度でサンプリングするほど，対数均衡価格の分散積分についての推定量としてはより正確な値が得られる（Andersen et al., 2003; Barndorff-Nielsen and Shephard, 2002 を見よ）．マイクロストラクチャー摩擦が存在する場合のように，均衡価格過程が観測不能であるとき，観測頻度が増大することで背後にある分散積分に関する情報は提供されるが，推定量のバイアスと分散に影響を与えるノイズの蓄積がもたらされることは避けられない（Bandi and Russell, 2003, 2006a; Zhang et al., 2005）.

仮定 5.1，5.2 のもとで，レバレッジ効果がなく（$\sigma \perp W$），均衡リターンが予測不能である（$\alpha_t = 0$）場合[5]において，Bandi and Russell (2003) は，実現分散推定量の

---

[5] レバレッジ効果が存在しない，均衡リターンが予測不能であるという仮定は，ともに正当化することができる．Bandi and Russell (2003) は，実現分散に関する研究で想定されている程度のサンプリング頻度のもとでは，α_t のドリフト要素は実用上無視できるとしている．彼らは IBM に関する分析を事例として示している．現実的な年率定数ドリフト値を 0.08 とする．1 分間におけるドリフトの規模は，$0.08/(365 * 24 * 60) = 1.52 \times 10^{-7}$ となる．Bandi and Russell (2003) は，2002 年 2 月分の TAQ データベース（NYSE Trade and Quoting Database）からの IBM 取引価格を用い，IBM の 1 分間リターンの標準偏差を計算したところ 9.5×10^{-4} であった．したがって，1 分間のインターバルのもとで，ドリフトは標準偏差の 1.6×10^{-4} 倍あるいは約 1/10,000 の規模である．レバレッジ効果が存在しないという仮定は，為替レートのデータの場合，経験的には妥当であるが，高頻度の株式リターンを扱う場合には適合度が限定的である．しかし最近の研究には，扱いやすいパラメトリックモデルを用い，マーケットマイクロストラクチャーノイズが存在しない場合において，実現分散の条件なし MSE に対するレバレッジの効果が無視できることを

（背後にあるボラティリティティパスについての）条件付平均二乗誤差（conditional MSE）を，サンプリング頻度 δ（あるいは観測値個数 M）の関数として表す以下の式を示した．

$$\mathbb{E}_M[\widehat{V} - V]^2 = 2\frac{h}{M}\left(Q + o(1)\right) + \Pi_M \qquad (5.5)$$

ここで，

$$\Pi_M = M\mathbb{E}_M[\varepsilon^4] + 2\sum_{j=1}^{M}(M-j)\mathbb{E}_M[\varepsilon^2\varepsilon_{-j}^2] + 4\mathbb{E}_M[\varepsilon^2]V \qquad (5.6)$$

かつ $Q = \int_0^h \sigma_s^4 ds$ はいわゆるボラティリティ四乗積分（quarticity; Barndorff-Nielsen and Shephard, 2002 を見よ）である．推定量のバイアスは，(5.4) における $\widehat{V}$ の期待値をとることで容易に計算される．すなわち，

$$\mathbb{E}_M[\widehat{V} - V] = M\mathbb{E}_M[\varepsilon^2] \qquad (5.7)$$

$\widehat{V}$ の分散については，

$$\mathbb{E}_M[\widehat{V} - \mathbb{E}_M[\widehat{V}]]^2 = 2\frac{h}{M}\left(Q + o(1)\right) + \Pi_M - M^2\left(\mathbb{E}_M[\varepsilon^2]\right)^2 \qquad (5.8)$$

のように書ける．以降で議論するように，$\widehat{V}$ の条件付平均二乗誤差には，推定値のバイアスと分散のバランスをとる M を選択するように設計された，最適サンプリング理論におけるバイアスとしての役割をもたせることができる．

4. 不一致性問題への対策

4.1 初期のアプローチ：粗いサンプリングとフィルタリング

　実現分散推定におけるマイクロストラクチャー汚染からの結果に関して理論的，実証的な取扱いが深く研究されるようになったのは最近のことである．しかしながら，実現分散についての初期の文献においても，分散推定に対する摩擦の影響についての詳細な分析から乖離した抽象論となる一方で，記録された資産価格に含まれるマイクロストラクチャー効果については関心がもたれていた（Andersen et al., 2002 における議論を見よ）．

　高頻度サンプリングでの深刻な汚染を回避するため，例えば Andersen et al. (2001) は，データ到着に基づく最高頻度よりも低い頻度でのサンプリングを提言している．理

示しているものもある（Meddahi, 2002 を見よ）．この研究は，実現分散の研究においてスタンダードとなっているレバレッジなしという仮定に対して，いくらかの正当性を与えるものである．Andersen et al. (2002) では，これらの点について議論されている．

にかなった近代的な選択としては5分足でのサンプリングを推奨している．ボラティリティ特性プロットが15分程度の頻度で水平になることを考慮して，Andersen et al. (1999, 2000) は実務上15〜20分のインターバルを使うことを提案している．均衡リターンが予測不能である ($\alpha_t = 0$) 場合，観測されるリターンの相関構造はマイクロストラクチャーノイズに帰属すると考えるべきである．Andersen et al. (2001, 2003) は，MA(1) フィルターを用いてデータをフィルタリングしている．またAR(1) フィルターについては，Bollen and Inder (2002) によって利用されている．

4.2 MSEベースの最適サンプリング

ごく最近ではMSEベースの最適サンプリング理論が，Bandi and Russell (2003, 2006a) によって提案されている．特に，上にあげたモデルの場合，実現分散推定のために連続複利リターンをサンプリングする際の最適頻度 $\delta^* = h/M^*$ は，3.2項のMSE展開を最小化するものとして選択される．

Bandi and Russellの理論的枠組みは，粗いサンプリングとフィルタリングを扱う既存の実証研究において解決すべき問題を明らかにしている．ここでは前者から議論したい．ボラティリティ特性プロットは，実現分散推定値のバイアスについて有用な洞察を提供してくれる．このバイアスは，サンプリングインターバルが短くなるにつれて急激に高くなる傾向にはっきりと現れている．つまりバイアスは M とともに増大する ((5.7) を参照)[6]．しかしながら，バイアスのみを考慮して唯一の最適頻度を選択

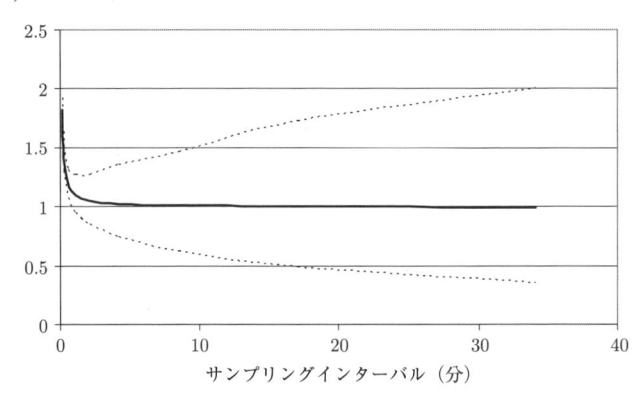

図 5.4　IBMについてのパラメータ値を用いて確率ボラティリティ拡散モデルによってシミュレートされた「ボラティリティ特性プロット」（詳細は Bandi and Russell, 2003, 2006a を見よ）
実線は各サンプリング間隔（分単位）に対する実現分散の（シミュレーションによる）平均値，点線は95%信頼区間．真の分散積分は1に標準化されている．

---

[6] 均衡価格 p^* とマーケットマイクロストラクチャー摩擦 η との間に従属性があるという可能性により問題は複雑化する．例えば負の相関がある場合，ボラティリティ特性プロットの上方への傾きは大幅に削減される．この点は (5.4) にも示されている．均衡価格とマーケットマイクロストラク

することは,理論的にきわめて任意性が高くなる.バイアスを低減する目的で低頻度サンプリングに焦点を当てることは,経験的感覚には合致するものの,バイアスはあくまで推定誤差の一構成要素にすぎない.十分低い観測頻度のもとでは,バイアスを無視することができよう.しかしその観測頻度では,(5.8) からわかるように推定値の分散はかなり大きくなる可能性がある.図 5.4 に,IBM についてのパラメータ値を用いて実施したシミュレーション結果を示す.

Bandi and Russell (2003, 2006a) における MSE ベースのサンプリングは,バイアスと分散の最適なトレードオフを探索するものである.リターンデータ中のノイズによって生じる従属性はフィルタリングによって低減されるものの,それ以外の汚染はデータ中に残ってしまう.この汚染は,実現分散推定値の不一致性の誘引となり続ける.Bandi and Russell (2003) は,観測値の到着する最高頻度でのフィルタリング,およびすべての頻度でのフィルタリングの理論的特性を研究する中で,これらのポイントについて指摘している.

Bandi and Russell (2003) は,仮定 5.1, 5.2 のもとで,あるいは MA(1) のケースで(すなわち仮定 5.1, 5.2b のもとで)MSE の評価について議論している.いずれのケースでも,$\alpha_t = 0$ と $\sigma \perp W$ が仮定される.経験的に正当化できるのであれば,MA(1) のケースは,ノイズのモーメントがサンプリング頻度に依存しないという点で非常に便利である.さらに,MSE は次のように非常に単純化される.

$$\mathbb{E}_M[\widehat{V} - V]^2 = 2\frac{h}{M}(Q + o(1)) + M\beta + M^2\alpha + \gamma \tag{5.9}$$

ここで α, β, γ は次のように定義される.

$$\alpha = \left(\mathbb{E}[\varepsilon^2]\right)^2 \tag{5.10}$$

$$\beta = 2\mathbb{E}[\varepsilon^4] - 3\left(\mathbb{E}[\varepsilon^2]\right)^2 \tag{5.11}$$

$$\gamma = 4\mathbb{E}[\varepsilon^2]V - \mathbb{E}[\varepsilon^4] + 2\left(\mathbb{E}[\varepsilon^2]\right)^2 \tag{5.12}$$

M^* の値が大きい場合,最適な観測回数について次の近似が適用される.

$$M^* \approx \left(\frac{hQ}{(\mathbb{E}[\varepsilon^2])^2}\right)^{1/3} \tag{5.13}$$

この近似からは明らかに,マイクロストラクチャーによって引き起こされる実現分散推定値のバイアスと分散との間のトレードオフが見て取れる.もし背後にある均衡価格過程からのシグナル(Q)が摩擦によって定義されるノイズ(($\mathbb{E}[\varepsilon^2])^2$)に比較して大きい場合,相対的に高頻度でのサンプリング実施が可能になる.つまり M^* は実質的にはシグナル–ノイズ比率である.

チャー摩擦との実証的な関連性については,Hansen and Lunde (2006) で議論されている.この問題については 5.2 項で扱いたい.

MA(1) のケースでは，MSE の評価は観測グリッド上で実施する必要はなく，単純に，頻度とは無関係なノイズのモーメント ($\mathbb{E}[\varepsilon^2]$, $\mathbb{E}[\varepsilon^4]$) およびボラティリティ四乗積分項 Q を利用すればよい[7]．Bandi and Russell (2003, 2006a) はこのケースで，観測可能な汚染されたリターンデータの単純なモーメントは，すべての観測頻度のもとで観測不能なノイズ過程のモーメント推定に利用できることを示している．それゆえ，マイクロストラクチャーノイズの存在下での実現分散の不一致性問題はあるものの，大まかに定義された観測リターン算術平均により，ノイズのモーメントの一致推定を行うことができる．$\mathbb{E}[\eta^8] < \infty$ のもとで，$M \to \infty$ とするとき次の結果が成立する[8]．

$$\frac{1}{M}\sum_{j=1}^{M} r_{j\delta}^q - \mathbb{E}_M[\varepsilon^q] \xrightarrow{p} 0, \quad 1 \leq q \leq 4 \qquad (5.14)$$

$q = 2$ のケースでこの結果についての直観的考察を行う．汚染を含むリターン二乗和は (5.4) のように書くことができる．すなわち均衡リターン二乗和とノイズリターンの二乗和，そして交差項の総和の形となる．2 節で述べた価格形成メカニズムとは，(5.4) における 3 つの項の大きさのオーダーがそれぞれ異なり，$r_{j\delta}^* = O_p(\sqrt{\delta})$, $\varepsilon_{j\delta} = O_p(1)$ というものである．したがって，マイクロストラクチャーノイズ要素は，きわめて高い観測頻度，つまり小さい δ のもとで均衡リターン過程の要素よりも優位となる．この効果は上で議論した $\widehat{V}$ の発散性を決定づけるものでもある．(5.14) において汚染されたリターンの二乗和を平均するときは，同じロジックにより，ノイズ二乗平均が平均値の中での支配項となる．必然的に，ノイズ以外の項が均衡リターンの確率的オーダー $O_p(\sqrt{\delta})$ に従って漸近的に消滅する一方，リターン二乗平均は (5.14) からわかるように，ノイズリターンの 2 次モーメントに収束する．

Bandi and Russell (2006a) は，S&P100 銘柄の 2002 年 2 月における中値をサン

---

[7] ボラティリティ四乗積分項は，Barndorff-Nielsen and Shephard (2002) によって提案された次の推定式を用いて計算される．

$$\widehat{Q} = \frac{M}{3h}\sum_{j=1}^{M} r_{j\delta}^4$$

他のアプローチについては Barndorff-Nielsen and Shephard (2004b), Zhang et al. (2005) を参照されたい．しかし，ノイズが存在する場合に，$\widehat{Q}$ は Q の一致推定量ではない．実用的には $\widehat{Q}$ を計算するために，(観測値が発生する最大頻度ではなく) より低頻度のもとで観測リターンをサンプリングするのがよいであろう．Bandi and Russell (2006a) はシミュレーションにより，ボラティリティ四乗積分を推定するために合理的な (しかし準最適な) 方法でリターンをサンプリングすることは，実現分散の推定にとってそれほど不正確さをもたらすわけではないことを示している．またデータによる分析から，ボラティリティ四乗積分推定のサンプリング間隔として 10〜20 分を用いても，結果としての最適頻度への影響は無視できる程度であることがわかっている．ここでの手法あるいは後述の他の推定手法においてボラティリティ四乗積分は重要な役割を占めることに照らすと，現実的なマーケットマイクロストラクチャーノイズの存在下で，この項を推定するためのより有効な手法についてさらに研究されるべきである．

[8] 重要な点であるが，この結果はドリフト項の存在 ($\alpha_t \neq 0$)，摩擦と均衡価格との間の従属性，レバレッジ効果の存在に対して頑健である (Bandi and Russell, 2003)．いくつかの仮定のもとで，摩擦の従属性に対しても頑健である (Bandi and Russell, 2004)．さらなる議論は 7 節をご覧いただきたい．

プルとして，日中の（平均）最適サンプリング頻度は 0.5～約 14 分の間，中央値が約 3.5 分であると報告している．MSE ベースの最適頻度が 5～10 分間隔の場合，大幅な MSE 改善が保証される．最適頻度は銘柄間で異なるだけではなく，時系列的にも変化するものである．Bandi and Russell (2006a) は，様々な流動性特性をもつ 3 銘柄，EXXON Mobile Corporation (XOM)，SBC Communications (SBC)，Merrill Lynch (MER) について，1993 年からの中値を用い，日中の最適観測頻度がここ最近有意に増加したことを示している．その原因の大部分はノイズモーメントの減少によるものである．この効果は，市場全体的な流動性向上の影響に起因するはずである．

Oomen (2006) は，Bandi and Russell (2003, 2006a) の分析に従って，分散積分推定を目的とした最適サンプリングに対しての MSE ベースアプローチを議論している．しかしながら，Oomen の研究にはいくつかの新規性がある．第一に，背後にある均衡価格は 2 節とは異なり，複合 Poisson 過程によってモデル化されている．第二に，Oomen はカレンダー時点サンプリングと比べての取引時点サンプリングの相対的利点について調査している．

強度 $\lambda(t)$ の Poisson 過程 $N(t)$ を考える．Oomen (2006) では，観測される対数価格過程を次のように表している．

$$p_t = \underbrace{p_0 + \sum_{j=1}^{N(t)} \xi_j}_{p_t^*} + \sum_{j=1}^{N(t)} \eta_j \tag{5.15}$$

ここで，$\xi_j \sim$ i.i.d. $N(\mu_\xi, \sigma_\xi^2)$ かつ $\eta_j = \Delta\nu_j + \rho_2 \Delta\nu_{j-1} + \cdots + \rho_q \Delta\nu_{j-q+1}$, $\Delta\nu_j = \nu_j - \nu_{j-1}, \nu_j \sim$ i.i.d. $N(0, \sigma_\nu^2)$ である．確率過程 $N(t)$ は事実上，時点 t までの取引回数をカウントしたものである．重要なことは，均衡価格 p_t^* が $p_0 + \sum_{j=1}^{N(t)} \xi_j$ に等しいということである．それゆえ，p_t^* は分散積分（ここでの計量的興味の対象）$V = \sigma_\xi^2 \int_0^h \lambda(s) \mathrm{d}s = \sigma_\xi^2 \Lambda(h)$ をもつ有界変動のジャンプ過程 (Press, 1967) である．マイクロストラクチャーノイズ汚染 η は MA(q) の構造をもつ．$q = 1$ とおけば，カレンダー時点の基準で計測した連続複利リターンについて，負の 1 次自己相関を導くことができる．任意のカレンダー時点間隔 τ に対して，

$$p_t - p_{t-\tau} = \sum_{j=N(t-\tau)}^{N(t)} \xi_j + \nu_{N(t)} - \nu_{N(t-\tau)-1} \tag{5.16}$$

が成り立つからである．

Oomen (2006) は，カレンダー時点サンプリングと取引時点サンプリングの両方のケースで，実現分散推定値の MSE について閉じた形での表現を示している．取引時点サンプリングのもとでは，観測総数 M が与えられたとき，$N(t_i) = i\lfloor N(h)/M \rfloor$ のように暗に定義されたサンプリング時点における価格列 $\{p_{t_i}\}_{i=0}^M$ を導くことができ

る[9]．ここで $\lfloor x \rfloor$ は x の整数部を意味する．また Oomen (2006) は，MSE 基準での M の最適な選択方法についても論じており，2000～2004 年における全市場での IBM 取引値を用いて，概して取引時点サンプリングのほうがカレンダー時点サンプリングよりも優れていることを示した．取引時点サンプリング導入による MSE の平均削減幅は約 5% であり，最大で 40% の削減が達成できる．直観的にもわかるように，最大削減幅はイレギュラーなトレーディングパターンによって獲得することができる．

4.3 バイアスの補正

マイクロストラクチャーによって生じた実現分散推定値のバイアスは，推定値の MSE において大きな部分を占める．この点は Hansen and Lunde (2006) によって強調され，彼らは従来の実現分散推定値に対してバイアス補正を提案している．バイアス補正後の推定値は，Newey and West (1987) や Andrews and Monahan (1992) のような HAC 推定値（heteroskedasticity and autocorrelation consistent estimator）に類似したものである．その一般形は，

$$\widetilde{V} = \sum_{j=1}^{M} r_{j\delta}^2 + 2\sum_{h=1}^{q_M} \frac{M}{M-h} \sum_{j=1}^{M-h} r_{j\delta} r_{(j+h)\delta} \tag{5.17}$$

のようになる．ここで，q_M は共分散項の個数（頻度に依存）である．ノイズリターンの相関構造が有限次数をもち，かつ $\alpha_t = 0$ であれば，q_M についての適切な仮定のもとで (5.17) の推定量は背後にある分散積分の不偏推定量となる．すなわち $\mathbb{E}_M[\widetilde{V}] = V$ が成り立つ．

このことは MA(1) ノイズのケースですでに直観的に導かれているが，このケースでは推定値は次のようにさらに単純化される．

$$\widetilde{V}^{MA(1)} = \sum_{j=1}^{M} r_{j\delta}^2 + 2\frac{M}{M-1} \sum_{j=1}^{M-1} r_{j\delta} r_{(j+1)\delta} \tag{5.18}$$

仮定 5.1，5.2b および $\alpha_t = 0$ のもとで，$r_{j\delta}$ と $r_{(j+1)\delta}$ との共分散 $\mathbb{E}_M[r_{j\delta} r_{(j+1)\delta}]$ は，あらゆる観測頻度に対して共通の値 $-\mathbb{E}[\eta^2]$ をとる．したがって，

$$\mathbb{E}_M\left[2\left\{\frac{M}{M-1}\right\}\sum_{j=1}^{M-1} r_{j\delta} r_{(j+1)\delta}\right] = -2M\mathbb{E}[\eta^2]$$

である．推定値 $\widehat{V}$ のバイアスは，(5.7) より $M\mathbb{E}[\varepsilon^2] = 2M\mathbb{E}[\eta^2]$ となる．したがって，(5.18) の右辺第 2 項から必要なバイアス補正量がわかる．興味深い点は，有限サンプ

---

[9] 同じことであるが，M が与えられたとき，$\Lambda(t_i) = i\{\Lambda(h)/M\}$ なる時点 t_i で価格をサンプリングすることで期待取引時点サンプリング（business time sampling）が得られる．$\lambda(\cdot)$ は潜在変数であり，$\lambda(\cdot)$ の条件付きで $\mathbb{E}[N(t)] = \Lambda(t)$ であるから，取引時点サンプリングは期待取引時点サンプリングの実行可能バージョンとして解釈できる（Oomen, 2006）．

ルのもとでの Hansen and Lunde 推定式の不偏性は，背後にある局所マルチンゲール過程（$\alpha_t = 0$ のもとで）とマーケットマイクロストラクチャーノイズとの間の従属性に対して頑健であるという点である．つまり仮定 5.2 の 3）または仮定 5.2b の 2）は緩和可能である．MA(1) のケースでは，すべての $s \geq 1$ に対して $\mathbb{E}_M[r_{j\delta}^* \eta_{(j-s)\delta}] = 0$（マイクロストラクチャーノイズによって均衡リターンが予測できないことを意味する）かつ $\mathbb{E}_M[r_{j\delta}^* \eta_{(j+1)\delta}] = 0$ ならば，$\mathbb{E}_M[\widetilde{V}^{MA(1)}] = V$ が成り立つ（Bandi and Russell, 2006b の議論を見よ）．言い換えれば，同時点での共分散 $\mathbb{E}_M[r_{j\delta}^* \eta_{j\delta}]$ がゼロである必要はない．これは重要な性質である．

Zhou (1996) は，MA(1) ノイズ構造の仮定のもとで，(5.18) におけるバイアス補正後の推定式を高頻度データによる分散推定に対して初めて利用した．彼独自の設定として，リターン分散一定，Gauss 型マーケットマイクロストラクチャーノイズが仮定されている．この枠組みの中で，Zhou (1996) は推定値の分散の特徴を明らかにし，有限の M に対してこれを最小化可能であると結論づけている．Hansen and Lunde (2006) は，2 節におけるものより一般的仮定のもと，MA(1) 型摩擦の存在下で，推定式 (5.18) の MSE 特性についてさらなる研究を進めた．彼らは，2000 年 1 月 3 日〜2004 年 12 月 31 日の 5 年間のダウ平均株価データを用い，旧来の分散推定式を用いた Bandi and Russell (2006a) よりも高頻度の最適サンプリングが可能になったという知見を得ている．加えて MSE も改善された．Alcoa（AA）の例をあげておく．彼らは，バイアス補正後の推定式について，（平均）日次最適サンプリング頻度は 46 秒であると報告している．一方，実現分散推定式に対する日次最適サンプリング頻度は約 9 分である．バイアス補正による MSE 平方根の削減率は約 33% となった．

他のバイアス補正手法は，ノイズ相関が存在するケースと，MA(1) のケースに対して適用されている．ノイズ相関が存在するケースについては，Bandi and Russell (2003), Zhang (2006a) において研究されている（Aït-Sahalia et al., 2005b も見よ）．簡単のため，ここでは MA(1) のケースにのみ焦点を当てる．上で指摘したように，実現分散推定式のバイアスについては，最高頻度で観測されたリターンデータの二乗算術平均を計算することで，その一致推定量が得られる．このときバイアス補正後の分散推定式は次のようになる．

$$\overleftrightarrow{V} = \widehat{V} - \overleftrightarrow{M} \frac{1}{M} \sum_{j=1}^{M} r_{j\delta}^2 \qquad (5.19)$$

ここで，M はサンプル全体での観測個数，$\overleftrightarrow{M}$ は $\widehat{V}$ を計算するために用いられたサンプル数である[10]．(5.19) における MSE ベースでの最適観測数 $\overleftrightarrow{M}^*$ の近似値[11]は次の

---

[10] M が十分大きくない場合には，推定された 2 次モーメント $(1/M) \sum_{j=1}^{M} r_{j\delta}^2$ における均衡リターン要素は無視できないであろう．具体的には，$\mathbb{E}[\varepsilon^2]$ の推定量としての $(1/M) \sum_{j=1}^{M} r_{j\delta}^2$ の有限サンプルバイアスは，ボラティリティパスに依存し，V/M に等しくなる．したがって，推定すべきモーメントから均衡価格分散によって引き起こされる残存汚染を除去するためには，そこから

とおりである (Bandi and Russell, 2003).

$$\overleftrightarrow{M}^* \approx \left(\frac{hQ}{2\mathbb{E}[\varepsilon^4] - 3\left(\mathbb{E}[\varepsilon^2]\right)^2} \right)^{1/2} \quad (5.20)$$

Hansen and Lunde (2006) における知見とも一致するが,この最適頻度は一般に実現分散推定式の最適頻度よりも高くなる.さらに,これは MSE の改善にも結び付いている.

Zhou (1996) および Hansen and Lunde (2006) の考え方に従い,Oomen (2005) は Oomen (2006) のフレームワークを,バイアス補正後の実現分散のケースに拡張している.具体的には,背後にある価格過程が (5.15) のような有界変動のジャンプ過程に従い,取引時点サンプリングというケースにおいて,推定式 (5.18) の MSE 特性を研究している.2003 年 1 月 2 日〜2003 年 8 月 31 日の全市場における IBM の取引データを用いて次のことを確認した.①取引時点サンプリングは実務的に有利である,②バイアス補正は,MSE の改善とともに最適サンプリング頻度の増大をもたらしうる.バイアス補正後の推定式について,(平均) 日次最適サンプリング頻度は 12 秒と報告されている.それに対応する旧来の推定式による (平均) 日次最適サンプリング頻度は約 2.5 分である.バイアス補正は 約 65% の MSE の改善をもたらすが,カレンダー時点サンプリングに代わって取引時点サンプリングを採用することでさらに約 20% の改善を得られることが報告されている.

4.4 部分サンプリング

Zhou (1996), Hansen and Lunde (2006), Oomen (2005) によって研究されたバイアス補正後推定値は一致推定量ではない.MA(1) マーケットマイクロストラクチャーノイズの存在下で,有限サンプルのもとでバイアスを有するものの一致性をもつ推定式が,Zhang et al. (2005) によって提唱されている (Aït-Sahalia et al., 2005a も見よ.マイクロストラクチャー効果を伴うパラメトリックモデルにおけるスカラー拡散過程の定数分散の一致推定量を最尤法によって求めている).この有望なアプローチは部分サンプリング (sub-sampling) を利用したものである[12].一般には

$(1/M)\sum_{j=1}^{\widetilde{P}} r_{j\delta}^2$ によって定義される量を減じればよい.ここで,$\widetilde{P}$ は低頻度観測リターンの適当な観測数,例えば 15〜20 分間隔である.$(1/M)\sum_{j=1}^{\widetilde{P}} r_{j\delta}^2$ は,大まかに V/M に対する不偏推定量である.結果としての推定式 $(1/M)(\sum_{j=1}^{M} r_{j\delta}^2 - \sum_{j=1}^{\widetilde{P}} r_{j\delta}^2)$ は,もちろん,任意の固定した $\widetilde{P}$ に対して $(1/M)\sum_{j=1}^{M} r_{j\delta}^2$ と同じ極限特性を有する.同様の補正については,Bandi and Russell (2003, 2004), Hansen and Lunde (2006) において論じられている.摩擦と均衡価格過程との間の従属性の存在は問題を複雑化させる.Bandi and Russell (2004) では,このようなケースでのバイアス補正についても議論している.

[11] この表現は推定式が $\widehat{V} - \overleftrightarrow{M}\mathbb{E}[\varepsilon^2]$ によって定義されるときのみ正確であるが,もちろん実用上これを計算することはできない.

[12] Müller (1993), Zhou (1996), および Politis et al. (1999) のレビューにおいて,同様のアイデアについての初期の議論が展開されている.

4. 不一致性問題への対策

等間隔でない n 個の観測データが利用可能であるとする．全 n 個の到着時間グリッドのうち重なりのない q 個の部分グリッド $G^{(i)}, i = 1, \cdots, q$ を定義する．最初の部分グリッドは t_0 からスタートし，q 番目の到着時間ごとに構成していく．すなわち $G^{(1)} = (t_0, t_{0+q}, t_{0+2q}, \cdots)$ である．2 番目の部分グリッドは t_1 からスタートし，q 番目の到着時間ごとに，$G^{(2)} = (t_1, t_{1+q}, t_{1+2q}, \cdots)$ のように構成していく．以下同様である．到着時刻の第 i 部分グリッドを与えたとき，対応する実現分散推定式は次のように定義される．

$$\widehat{V}^{(i)} = \sum_{t_j, t_{j+} \in G^{(i)}} (p_{t_{j+}} - p_{t_j})^2 \tag{5.21}$$

ここで，t_j および t_{j+} は $G^{(i)}$ 中の連続した要素である．Zhang et al. (2005) の部分サンプリングアプローチには，部分グリッドについて求められた実現分散推定値の平均をとる処理と，それらのバイアスを補正する処理が伴う．この点で，次のような定義を行う．

$$\widehat{V}^{\text{sub}} = \frac{\sum_{i=1}^{q} \widehat{V}^{(i)}}{q} - \bar{n}\widehat{\mathbb{E}}[\varepsilon^2] \tag{5.22}$$

ここで，$\bar{n} = (n - q + 1)/q$ であり，$\widehat{\mathbb{E}}[\varepsilon^2] = (1/n)\sum_{j=1}^{n}(p_{t_{j+}} - p_{t_j})^2$ はノイズリターンの 2 次モーメントについての一致推定量 (5.14)，$\bar{n}\widehat{\mathbb{E}}[\varepsilon^2]$ は必要とされるバイアス補正 (5.7) である．Zhang et al. (2005) は，仮定 5.1 と仮定 5.2b（つまり MA(1) ノイズのケース）のもとで，$q, n \to \infty$ および $q/n \to 0$，$q^2/n \to \infty$ のとき $\widehat{V}^{\text{sub}}$ は区間 h の分散積分 V の一致推定量であることを証明している．$q = cn^{2/3}$ とすると，$\widehat{V}^{\text{sub}}$ の V への収束率は $n^{1/6}$ であり，漸近分布は推定可能な漸近分散をもつ混合正規分布となる．具体的には

$$n^{1/6}(\widehat{V}^{\text{sub}} - V) \Rightarrow \left(\sqrt{8c^{-2}\left(\mathbb{E}[\eta^2]\right)^2 + c\frac{4}{3}Q} \right) N(0, 1) \tag{5.23}$$

ここで，記号 $\Rightarrow$ は弱収束を表す．比例ファクター c は (5.23) の極限分散を最小化するように選択される．この最小化により，漸近的に最適な部分サンプリング個数は次式で与えられる．

$$q^{\text{asy}} = c^{\text{asy}} n^{2/3} = \left(\frac{16 \left(\mathbb{E}[\eta^2]\right)^2}{h(4/3)Q} \right)^{1/3} n^{2/3} \tag{5.24}$$

c^{asy} の 2 つの構成要素 $\mathbb{E}[\eta^2]$ と Q は，データから容易に計算できる．具体的にはノイズ η の 2 次モーメントは，4.2 項で議論したように，最高頻度のもとでサンプリングされた連続複利リターンの二乗（標準化された）標本平均によって計算される[13]．ボラ

---

[13] MA(1) マーケットマイクロストラクチャーモデルのもとで，$\mathbb{E}[\varepsilon^2] = 2\mathbb{E}[\eta^2]$ であることを思い出そう．これにより次式が成立する．

ティリティ四乗積分項 Q は，より低頻度のもとでサンプリングされた連続複利リターンを利用して Barndorff-Nielsen and Shephard (2002) の推定式 $\widehat{Q} = M/3h \sum_{j=1}^{M} r_{j\delta}^4$ により計算できる．15～20 分の頻度でサンプリングすれば，実用上うまくいくことが示されている．

Zhang et al. (2005) の推定式は，バイアス要素を推定するためのきわめて高頻度のリターンデータと，平均化する前段階における個別の実現分散を特徴づけるための低頻度リターンデータを必要とする点で，本質的には二重基準（two-scale）の推定式といえる．Zhang (2006a) の最近の研究では，このアプローチを多重基準（multi-scale）設定に拡張している．この新たな推定式は，このタイプの問題に対しての最良の収束率 $n^{1/4}$ を達成しており，取引時点におけるノイズ従属性に対しても頑健である．より進んだ議論は Aït-Sahalia et al. (2005b) を参照されたい．

4.5 カーネル

部分サンプリングあるいは二重基準の推定式は，カーネルベースの推定式である．具体的に Barndorff-Nielsen et al. (2005) は，この推定式が次のような「修正された」Bartlett カーネル推定量として書き直せることを示した．

$$\widehat{V}^{\text{sub}} = \left(1 - \frac{n-q+1}{nq}\right)\widehat{\gamma}_0 + 2\sum_{s=1}^{q}\left(\frac{q-s}{q}\right)\widehat{\gamma}_s - \frac{1}{q}\vartheta_q \tag{5.25}$$

ここで，$\widehat{\gamma}_s = \sum_{j=1}^{n-s} r_j r_{j+s}$，$\vartheta_1 = 0$ かつ $q \geq 2$ に対して $\vartheta_q = \vartheta_{q-1} + (r_1 + \cdots + r_{q-1})^2 + (r_{n-q-2} + \cdots + r_n)^2$ である．

Barndorff-Nielsen et al. (2005) が「エッジ効果（edge-effect）」と呼ぶところの修正項 $(1/q)\vartheta_q$ は，4.3 項で述べた式構成から機械的に導出されるが，この項が推定量の一致性にとって決定的な意味をもつ．ここで次の伝統的な「修正前の」Bartlett カーネル推定量を考えてみる．

$$\widehat{V}^{\text{Bartlett}} = \left(\frac{n-1}{n}\frac{q-1}{q}\right)\widehat{\gamma}_0 + 2\sum_{s=1}^{q}\left(\frac{q-s}{q}\right)\widehat{\gamma}_s \tag{5.26}$$

Barndorff-Nielsen et al. (2005) は，仮定 5.1, 5.2b（つまり MA(1) ノイズのケース）のもとで，$q, n \to \infty$ および $q/n \to 0$，$q^2/n \to \infty$ のとき，つまり $\widehat{V}^{\text{sub}}$ の一致性を得た条件のもとで，$\widehat{V}^{\text{Bartlett}}$ は分散積分 V の「近一致（near-consistent）」推定量でしかないことを証明している．$\widehat{V}^{\text{Bartlett}}$ の極限分散は $4(\mathbb{E}[\eta^2])^2$ で与えられるが，これは実際のところ V と比較して小さい[14]．

$$\frac{1}{2M}\sum_{j=1}^{M} r_{j\delta}^2 \xrightarrow[M \to \infty]{p} \mathbb{E}[\eta^2]$$

---

[14] 「修正前の」Barlett カーネル推定式および二重基準の推定式は 2 次推定式である．不偏 2 次推定式による分散積分推定に対する有望なアプローチが，Sun (2006) に記述されている．

伝統的なカーネル推定式には一致性をもたせることができる．Barndorff-Nielsen et al. (2006b) は近年，次のようなタイプの不偏対称カーネルを提唱している．

$$\widehat{V}^{\mathrm{BNHLS}} = \widehat{\gamma}_0 + \sum_{s=1}^{q} w_s (\widehat{\gamma}_s + \widehat{\gamma}_{-s}) \tag{5.27}$$

ここで，$\widehat{\gamma}_s = \sum_{j=1}^{n} r_j r_{j-s}$, $s = -q, \cdots, q$, $w_s = k((s-1)/q)$, k は $k(0) = 1, k(1) = 0$ を満たす $[0,1]$ 上の関数である（不偏一致推定式のクラスについては Sun, 2006 も参照されたい）．$q = cn^{2/3}$ ならば，この推定式の族は（収束率 $n^{1/6}$ の）一致性をもち，漸近的に混合正規分布に従う．興味深いことは，$k(x) = 1 - x$ (Barlett のケース)のとき，$\widehat{V}^{\mathrm{BNHLS}}$ の極限分散は二重基準の推定式におけるそれと同じになることである．したがって，4.3 項で述べたように，c は漸近的に決定される．付け加えると，$k'(0) = 0$ かつ $k'(1) = 0$ ならば，$q = cn^{1/2}$ となるように自己共分散の個数を選択可能であり，推定式が収束率 $n^{1/4}$ の一致性をもつ．$k(x) = 1 - 3x^2 + 2x^3$ のとき $\widehat{V}^{\mathrm{BNHLS}}$ の極限分布は Zhang (2006a) による多重基準の推定式のそれと同一である．

前項および本項における推定式の極限特性は，自己共分散（または部分サンプル）の個数 q と観測個数 n が無限大に発散するとき，$q/n \to 0, q^2/n \to \infty$（または $k'(0) = 0$ かつ $k'(1) = 0$ のとき $q^2/n \to c^2$）という漸近条件のもとで導かれる．これらの HAC (heteroskedasticity and autocorrelation consistent) 推定における古典的条件から，これら推定式の有限サンプル分布に対して妥当な漸近的近似が導かれるかどうかという問題は，Bandi and Russell (2005b) によって提起されている．彼らは Barndorff-Nielsen et al. (2005, 2006b), Zhang et al. (2005), Zhang (2006a) のように仮定 5.1 ($\alpha_t = 0$, $\sigma \perp W$) および仮定 5.2b のもとで議論している．自己共分散個数 q は観測個数 n の関数として選択され，q の n に対する比率は $\phi \in (0,1]$ に等しく設定される．その設定で，Bartlett カーネル推定式 (5.22) および部分サンプリング推定式 (5.27) についての有限サンプル MSE 特性を ϕ の関数として導いている．最終的には，各推定式の有限サンプル MSE を最小化するよう ϕ が選択される．彼らの主な研究成果は次のようにまとめられる．

1) 一致性をもつ二重基準の推定量と，一致性をもたない「修正前の」Bartlett カーネル推定量の有限サンプル MSE 特性は類似している．
2) これらの平均二乗誤差のうち大部分はバイアスに起因するものである．
3) 漸近的バンド幅選択法 (asymptotic bandwidth selection method) ((5.24) を見よ) は，バイアスをもつカーネル推定式のケースでは準最適である．有限サンプルバイアスは漸近的になくなるため，漸近法においては有限サンプルバイアスが考慮されず，きわめて小さな値のバンド幅が選択される傾向がある．小さな値の区間幅をとることは，有限サンプルのもとでの大きなバイアス要素につながりかねない．
4) バイアス要素は，推定式の有限サンプル MSE を最小化するように q を選択する

ことによって削減できる．Bandi and Russell (2005b) は，修正後（二重基準）および修正前の Bartlett カーネル推定量のケースで，以下のシンプルな MSE ベースの経験則を提案している．

$$q^* \approx \left(\frac{2}{3}\frac{V^2/n^2}{Q}\right)^{1/3} n \qquad (5.28)$$

これら推定式の有限サンプルバイアスはノイズのモーメントに依存しない（背後にある分散過程と観測個数にのみ依存する）ため，バイアスと分散のトレードオフの比率は (5.13) と比較して極端に異なる値とはならない．バイアス要素（分子）が分散要素（分母）に比べて大きいならば，自己共分散の個数も大きくなるはずである．古典的な実現分散推定式と 15〜20 分間隔の頻度でサンプリングされたリターンによるボラティリティ四乗積分推定式とを用いることで，V と Q についての予備的な（おおむね不偏の）推定量を得ることができる．

5) 二重基準の推定量および修正前 Bartlett カーネル推定量の最適有限サンプル MSE は，古典的な実現分散推定式の有限サンプル MSE に比較して一般的に小さな値となるが，これら有用な推定式による改善が古典的な実現分散推定式によるそれを上回った分は，準最適な自己共分散個数を選択した場合，消失してしまうか逆に大きく下回ってしまうことがある．

6) Barndorff-Nielsen et al. (2006b) によって提案された推定式は不偏性をもつ．漸近的バンド幅の選択基準は，この推定式の場合それほど不利にはならない．すなわち準最適なバンド幅選択により，有限サンプル損失はさらに小さく抑えられる可能性もある．

7) 一般に，利用可能なすべての一致推定量，あるいは（Barndorff-Nielsen et al., 2005 がいうところの）「近一致」推定量を用いることにより，最適化を通じて V を正確に推定できるものの，それらの有限サンプル推定誤差に対する漸近的近似は不正確である可能性がある．それらの正確性を入念に調査するためには，有限サンプル特性に注意する必要がある．

5. 均衡価格分散推定：今後の研究指針

5.1 代替的な分散積分計測

分散積分の推定に対するマーケットマイクロストラクチャーノイズの関わりについての研究は，大部分が実現分散とその改良版に焦点を当てたものであった．しかし近年，摩擦のないケースにおいて有望な代替的推定式が研究されてきている．Parkinson (1980) の実現レンジ（他には Alizadeh et al., 2002; Brandt and Diebold, 2006; Christensen and Podolskij, 2005; Martens and Van Dijk, 2007; Rogers and Satchell, 1991 な

5. 均衡価格分散推定：今後の研究指針

ど），Malliavin and Mancino (2002) の Fourier アプローチ（他には Barucci and Renò, 2002a, 2002b; Kanatani, 2004a, 2004b），実現べき乗変分（realized power variation）（Jacod, 1994; Barndorff-Nielsen and Shephard, 2003），Barndorff-Nielsen and Shephard (2004a) による双べき乗変分（bypower variation）[15]などが，その代表的事例である．ここで，現実的なマーケットマイクロストラクチャー摩擦が存在する場合の，これらの推定量（および最近提案された他の推定量も含めて）の特性について完全に理解することが関心の対象である．Nielsen and Frederiksen (2005), Huang and Tauchen (2005) はこのテーマについて興味深いシミュレーションを実施している．多くの部分は将来の研究に委ねられている．

5.2 仮定の緩和

ノイズを含む高頻度観測データを用いた分散積分の推定についての研究の大部分は，均衡価格過程と，それと独立な MA(1) マーケットマイクロストラクチャーノイズについて拡散過程を仮定したうえで行われている．これらの仮定により，有用な理論的・実証的枠組みを設定できるのであるが，興味の対象となる重要な応用においてはより一般的な構造が必要かもしれない．

まずはノイズ過程の特性と，背後にある均衡価格との関係から議論を始めたい．Bandi and Russell (2003), Hansen and Lunde (2006), Aït-Sahalia et al. (2005b) においては，ノイズ持続性に対して初期の代替的アプローチがとられている．多くは極度に高頻度のサンプリングを行う場合にあたるが，従属ノイズを許容することの重要性については，Hansen and Lunde (2006) において深く議論がなされている．また Phillips and Yu (2005) は，高頻度サンプリングのもとでのノイズ過程が非定常な従属性を示しうることを強調している．Hansen and Lunde (2006) および Phillips and Yu (2005) による見解は，分解式 (5.2)，すなわち次式のもとで理解できる．

$$r_{j\delta} = r^*_{j\delta} + \varepsilon_{j\delta} \tag{5.29}$$

観測される価格は背景の環境変化に関連して更新されるわけであるが，この更新間隔よりも高頻度でサンプリングを行えば，観測されるリターンはゼロになってしまう．一般に，予測不能な均衡リターン $r^*_{j\delta}$ と結び付いた無視可能な大きさの観測リターン $r_{j\delta}$ は（$\alpha_t = 0$ なる基本モデルから示唆されるように）高い持続性があり，かつ潜在的には非定常なマイクロストラクチャーノイズ要素の誘因となる．単純化のため $r_{j\delta} = 0$ を仮定すると

$$0 = r^*_{j\delta} + \varepsilon_{j\delta} \Rightarrow \eta_{j\delta} = \eta_{(j-1)\delta} - r^*_{j\delta} \tag{5.30}$$

となる．より広い議論も可能である．すなわち観測価格への適合を不活発にするような

---

[15] Corradi and Distaso (2006) は，パラメトリックボラティリティモデルに対する検定の中で，この統計量を使用している．Barndorff-Nielsen et al. (2006a) はこの手法および他の計測手法について幅広い議論を行っている．

要因は，マーケットマイクロストラクチャーノイズ要素の持続性を機械的に引き起こす（Bandi and Russell, 2006b）．Bandi and Russell (2006b) は，観測価格の粘性に対して作用する3つの主要ファクターを特定している．つまりマーケット構造（中央集中型か分散型か），価格測定のタイプ（中値クオートか取引価格か），サンプリング方法（カレンダー時刻でのサンプリングかイベント発生時刻でのサンプリングか）である．中央集中型の市場においてカレンダー時刻でサンプリングされた中値は，分散型の市場においてイベント発生時刻でサンプリングされたデータよりも大きな従属性のあるノイズ要素をもつと期待される．言い換えれば，ノイズ要因持続性がデータの1次オーダー効果であるという程度の強さは，価格形成経済モデルのみならず，採択するサンプリング方法にも依存する．

　Hansen and Lunde (2006) は，マーケットマイクロストラクチャーノイズの特性に関する研究において，背後にある均衡価格過程とマーケットマイクロストラクチャーノイズとの従属性に対しても注意を払うべきことを強調している．ノイズ持続性と同様，この従属性は，観測価格における粘性の程度から機械的に導かれる（Bandi and Russell, 2006b）．(5.29) は，観測価格が安定的であればあるほど，均衡リターンとノイズリターンとの間の負の相関性が強いことを示している．したがって，ノイズ要素の持続性を引き起こすファクターは，均衡リターンとノイズリターンとの間の負の相関性を引き起こすファクターでもあることが期待される（Bandi and Russell, 2006b）．Barndorff-Nielsen et al. (2006b) および Kalnina and Linton (2006) は，ノイズと均衡価格との間になんらかの形の従属性がある場合において，分散積分の一致推定に対するカーネルベースのアプローチを提案している．ノンパラメトリックな分散推定の研究分野では，ノイズ持続性およびノイズと均衡価格間の従属性が互いに影響を与えながらデータ中に存在する場合において，有限サンプルのもとで十分なパフォーマンスを提供できる手法を研究することが重要なテーマとなっている．カーネル推定のケースでは，バンド幅の選択問題が第一の重要項目であろう．

　ここで均衡価格モデルについて述べる．仮定5.1における均衡価格形成メカニズムは，古典的な連続時間セミマルチンゲール要素に，ジャンプ要素を加えるような一般化が可能である．Barndorff-Nielsen and Shephard (2004a) は，有限ジャンプが存在するとき均衡価格の連続サンプルパス要素の分散積分をどのように推定するかについて，いくつかの興味深い理論的結論を示している（他のアプローチについては Mancini, 2003, 2004 も参照されたい）．彼らの主な結論としては，適切に構成された実現べき乗変分および実現双べき乗変分による手法が，このタイプの不連続要素の存在に対して頑健であるというものである．均衡価格過程が仮定5.1のように定義され，それに $v_t = \sum_{j-1}^{N(t)} c_j$ のように表される要素が加わるものとする．ここで，$N(t)$ は有限な単純計数過程であり，c_j は非ゼロの確率変数である[16]．このとき $p_t^* = \alpha_t + m_t + v_t$ と

---

[16] $N(t)$ が斉時的 Poisson 過程，かつ c_j が独立同一分布に従うならば，v_t は複合 Poisson 過程になる．

なる．ここで r,s 次の双べき乗変分 $BV_{(r,s)}$ を次のように定義する．

$$BV_{(r,s)} = M^{-1+(r+s)/2} \sum_{j=1}^{M-1} |r_{j\delta}^*|^r |r_{(j+1)\delta}^*|^s \qquad (5.31)$$

Barndorff-Nielsen and Shephard (2004a) は，マーケットマイクロストラクチャー摩擦が存在しない場合に，

$$BV_{(r,s)} \xrightarrow[M\to\infty]{p} \mu_r \mu_s \int_0^h \sigma_s^{r+s} ds \qquad (5.32)$$

であることを示した．ここで，$\max(r,s) < 2$ のとき，$\mu_r = \mathbb{E}[|Z|^r] = 2^{r/2} \Gamma\left((1/2)(r+1)\right)/\Gamma(1/2)$, $Z \sim N(0,1)$ である[17]．この結果より，$M \to \infty$ のとき

$$\mu_r^{-1} \mu_{2-r}^{-1} BV_{(r,2-r)} \xrightarrow{p} V \qquad (5.33)$$

となることは自明である．マーケットマイクロストラクチャー摩擦が存在しない場合，実現分散は V に積分期間中のジャンプ二乗和 $\sum_{j-1}^{N(h)} c_j^2$ を加えたものであるから，実現分散から $\mu_r^{-1} \mu_{2-r}^{-1} BV_{(r,2-r)}$ を差し引いたものは，ジャンプ二乗和の一致推定量となる．この見解は，Andersen et al. (2007) および Huang and Tauchen (2005) により，全価格分散に対するジャンプの寄与分析において採用されている．Huang and Tauchen (2005) は，いくつかの形のマーケットマイクロストラクチャーノイズに対して，この手法の頑健性を裏付ける興味深いシミュレーション結果を示している．無限ジャンプ，およびマーケット摩擦のインパクトがあるケースへの拡張もまた興味深い．最近の研究では Barndorff-Nielsen et al. (2006c) および Woerner (2006) が，摩擦なしのケースにおける拡張をテーマに取り組んでいる．

上で議論したように，Oomen (2005, 2006) は背後にある均衡価格過程を純粋なジャンプ過程としてモデル化した．Large (2006) においては，仮定 5.1 と整合的に，背後の均衡価格過程が確率ボラティリティをもつセミマルチンゲールに基づいて時間発展する一方で，観測価格を一定のジャンプ幅をもつ純粋ジャンプ過程で表している．観測される価格過程と，背後の連続セミマルチンゲールとの差が，マーケットマイクロストラクチャーノイズとして定義される．観測価格過程を次のように書こう．

$$p_t = p_0 + \int_0^t c_s dN_s \qquad (5.34)$$

ここで，N_s は単純計数過程，c_s は k と $-k$, $k>0$ の値をとりうる適合過程である．k は一定のジャンプ幅を表し，$N(h)$ は時間間隔 h におけるジャンプの回数であるから，

---

[17] 実現 r 次べき乗変分は，$PV_{(r)} = M^{-1+r/2} \sum_{j=1}^{M-1} |r_{j\delta}^*|^r$ のように定義される．$PV_{(r)}$ の極限特性については，Jacod (1994), Barndorff-Nielsen and Shephard (2003,2004a) で研究されている．これらの議論については Barndorff-Nielsen et al. (2006a) も参照されたい．

観測価格過程の2次変分 $[p]_h$ は $k^2 N(h)$ と表せる. 確率過程 $N(h)$ は「継続 (continuation)」回数, つまり前回と同方向にジャンプする回数 $C(h)$ と,「反転 (alternation)」回数, つまり前回と逆方向にジャンプする回数 $A(h)$ とに分解できることに注意されたい. Large (2006) は, いくつかの仮定のもとで, 観測価格過程の2次変分を用いることで, 背後にある観測不能なセミマルチンゲール価格過程の分散積分 V の一致推定量が得られることを示している. 具体的には, 一致推定量は $[p]_h \{C(h)/A(h)\}$ のように計算される (漸近論において観測頻度を漸次増大させ, ジャンプ幅を小さくしていく). 観測価格過程の2次変分 $[p]_h$ は, 背後にある均衡価格の2次変分 $[p^*]_h$ に対する一般にはバイアスを含む推定量であるが, このバイアスはファクター $C(h)/A(h)$ によって補正されている. 直観的には次のように解釈できる. 大部分のジャンプが反転でない限り, 観測価格過程の2次変分は観測不能な均衡価格の2次変分についての重要な情報を提供している. 大部分のジャンプが反転するケースでは, $[p]_h$ は上方バイアスをもつ $[p^*]_h$ の推定量である. このとき補正ファクター $C(h)/A(h)$ はデフレーターとして作用する.

背後の均衡価格が絶えず時間発展していくにもかかわらず, 観測される価格が局所的には一定であることを考慮すると, このアプローチは Bandi and Russell (2006b) のいう「機械的効果 (mechanical effect)」, つまりノイズの従属性とノイズ均衡価格間の負の相関とを捉えていることになる. このモデルが保持する仮定は, 観測価格は固定量だけ変化する, または「丸め (rounding)」などによって固定量分の変化に還元できるというものである. このような将来性のある手法の実務への適用可能性は, データの性質, つまりは特定のマーケットにおける価格形成メカニズムに依存するであろう. 一般にマーケットの微細な変動特性を注意深く分析することで, マーケットの摩擦を主導する確率過程について重要な情報を得られる可能性がある. この情報は, 分散積分推定に対して異なるモデリングや推定アプローチを用いることを正当化するために利用されるべきである.

5.3 多変量モデル

マーケットマイクロストラクチャーノイズ汚染の存在下で共分散積分 (integrated covariance) およびベータを推定するための手法を構築することは, 高頻度資産価格データを用いたポートフォリオ選択やリスク管理などの実用化へ向けての必要なステップである. Barndorff-Nielsen and Shephard (2004b) は, 実現共分散, つまり2資産のカレンダー時刻で区切られたある期間におけるリターン間の交差積 (「実現分散」の概念の自然な拡張), および実現ベータについての漸近的性質を, 摩擦なしのケースにおいて研究している. 議論を整理するため, 2番目の確率ボラティリティをもつ連続セミマルチンゲール価格過程 $p^*_{(2)t}$ と, もとの価格過程 $p^*_{(1)t}$ とを考える. 単純化のため, これら2つの価格過程は同一の1次元 Brown 運動によって駆動されるものとする. もと

の価格1と価格2との区間 h における実現共分散は，$\widehat{C}_{(1)(2)} = \sum_{j=1}^{M} r^*_{(1)j\delta} r^*_{(2)j\delta}$ のように自然な形で定義される．ここで，$r^*_{(u)j\delta} = p^*_{(u)j\delta} - p^*_{(u)(j-1)\delta}$，$u = 1, 2, \delta = h/M$ である．同様に，資産1と資産2との間の実現ベータは $\widehat{B}_{(1)(2)} = \widehat{C}_{(1)(2)}/\sqrt{\widehat{V}_{(1)}\widehat{V}_{(2)}}$ のように定義される．Barndorff-Nielsen and Shephard (2004b) は，摩擦のない状況下で，$\widehat{C}_{(1)(2)}$ は $\int_0^h \sigma_{(1)s}\sigma_{(2)s}\mathrm{d}s$，すなわち区間 h における価格1と価格2との間の共分散過程（の増分）の一致推定量であること，さらに $M \to \infty$ のとき推定可能な極限分散をもつ混合正規分布に漸近的に従うことを示している．これに対応した $\widehat{B}_{(1)(2)}$ に関する結果は，ノイズなしのケースにおいて，実現共分散と実現分散の推定値としての一致性，ならびにそれらが結合混合正規分布に従うことから導くことができる．これらに関しては Barndorff-Nielsen et al. (2006a) においてわかりやすく議論されている．

共分散積分とベータの高頻度推定量を計算する場合，実務的には新たな問題が発生する．異なる資産の情報が異なる頻度で到着する結果，背後の価格形成過程における非同期性を扱うことによる付加的なマイクロストラクチャー効果が生じる．前節のようにノイズ要素が存在するケースを考えたとしても，高頻度かつカレンダー時刻基準で連続複利リターンをサンプリングする場合，非同期な取引は実現共分散における下方バイアスを生じさせることになる．これはいわゆる Epps (1979) の効果である．資産価格評価に関する分野では，この問題は長い間認識されてきた．Scholes and Williams (1977), Dimson (1979), Cohen et al. (1983) では，非同期取引を調整するためノンパラメトリックな共分散推定手法においてリードまたはラグを利用している．Martens (2005) はこのテーマに関する初期の研究についてのレビューを行っている．実現共分散のケースでは，ラグ U，リード L の調整済推定量は $\widehat{C}^{UL}_{(1)(2)} = \sum_{j=1}^{M} \sum_{s=-L}^{U} r^*_{(1)j\delta} r^*_{(2)(j-s)\delta}$ のように単純な形で定義される．この調整の根拠となるロジックはよく知られているところである（例えば Cohen et al., 1983 を見よ）．2つの均衡リターンの差がマルチンゲール（$\alpha_t = 0$）であると仮定する．このとき U と L が十分大きければ，$\widehat{C}^{UL}_{(1)(2)}$ は真の共分散に対する事実上の不偏推定量となる．U と L が小さいときは，いずれかの資産について価格更新頻度が不足することは（下方）バイアスの発生につながる．

ノイズを含む高頻度データのもとでの実現共分散推定についての初期の研究は，Bandi and Russell (2005a), Martens (2005) に含まれている．Bandi and Russell (2005a) は，実現共分散およびベータを推定するための MSE ベースの最適サンプリングについて研究している．非同期性は，最適化された実現分散推定式にリードとラグを加えることによって勘案されている．将来の研究課題としては，リードラグ付き推定式を（あるリード，ラグ値を与えたうえで）直接的に MSE ベースで最適化すること，そしてノイズが存在する場合に最適なリード，ラグ値を求めることである．よく知られているように，リード，ラグ値として大きな値を含めれば，推定式のバイアスは改善するが推定誤差を拡大させてしまう．Martens (2005) は，（等間隔で抽出されたリター

ンからの実現共分散やリードラグ付き推定式など）様々な共分散推定式について，Lo and MacKinlay (1990) の非同期取引モデルに基づくシミュレーションによって MSE 特性を調査している．

最近では，とりわけ Hayashi and Yoshida (2005, 2006), Sheppard (2006), Zhang (2006b) などにおいて，高頻度共分散推定式に関する有望な代替アプローチが紹介されている．例えば Hayashi and Yoshida の推定式では，実現分散の場合のようなカレンダー時点基準のリターンの積ではなく，オーバーラップするすべてのティックごとにリターンの積をとり総和を求めている．具体的に推定式は次のように定義される．

$$\sum_{j=1}^{\sharp}\sum_{s\in S_j} r^*_{(1)j} r^*_{(2)s} \qquad (5.35)$$

ここで，$r^*_{(u)j} = p^*_{(u)j} - p^*_{(u)(j-1)}, u = 1, 2$ である．また t_j を取引時点，$\sharp$ を資産 1 についての取引回数として $S_j = \{s \mid (t^{(1)}_{j-1}, t^{(1)}_j) \cap (t^{(2)}_{s-1}, t^{(2)}_s) \neq 0\}$ とおいている．古典的なマイクロストラクチャーノイズ汚染が存在せず，取引が非同期的である場合において，Hayashi and Yoshida の推定式は一致性をもち，取引日内での観測数が無限に増加するに従って漸近的正規分布に従う（Hayashi and Yoshida, 2005）．

Voev and Lunde (2007), Griffin and Oomen (2006) は，実現共分散，最適サンプリングされた実現共分散，Hayashi and Yoshida の推定式などいくつかの共分散推定式の MSE 特性に関して，有限サンプルのもとでの綿密な研究とともに，実務へ適用する際の推奨事項をあげている．

しかし，依然多くの課題が残っている．高頻度共分散推定における第 1 次的問題はすべて理解されたように思われるが，手法および解決法についてはいまだ発展途上である．ほぼ間違いなく，本章の主要な目的は大規模共分散行列について信頼できる予測値を提供することといえるが，その目的からはまだ遠いといわざるをえない．一方，信頼性の概念は，採用される測定基準にも依存する．また，実用上興味の対象となる問題における次元数は，高頻度のノンパラメトリックな推定量を用いる際の，大きな問題であり続けている．不偏性と有効性をもつ，インサンプルでの高頻度共分散推定量を得るために，現在も多大な努力が続けられている．これらの努力は歓迎されることであるが，究極的にはアウトオブサンプルでのパフォーマンスが判定基準であることを強調しておきたい．

5.4 予測と経済的尺度

当然のことながら，高頻度データを用いた分散積分推定の初期の研究の多くは，ボラティリティ予測に動機づけられたものであった（例えば Andersen et al., 2003, 2004, 2005 とその引用文献を参照されたい）．ノイズが存在しないケースでは，とりわけ Ghysels et al. (2006), Forsberg and Ghysels (2007)（Andersen et al., 2006a がこの分野をレビューしている）において，高頻度のもとでのボラティリティ予測がうま

く実現されてきた.

現在はノイズが存在するケースについて大きな注目が集まっている. Bandi and Russell (2006a), Bandi et al. (2008) は誘導型モデル (reduced-form model) を用いて, アウトオブサンプルでの分散 (共分散) の予測において, 最適サンプリングされた実現分散 (共分散) は, アドホックなインターバルによって構成された実現分散 (共分散) をアウトパフォームすることを示している (Andersen et al., 2006b も参照されたい). Ghysels and Sinko (2006) は, Ghysels et al. (2006) の MIDAS (mixed data sampling) アプローチを用いて, 固定インターバルに基づく実現分散, (5.17) のようにバイアス補正した実現分散, そしてべき乗変分について相対的なパフォーマンスを評価している. Ghysels et al. (2006) による知見を確認するにあたり, 彼らはアウトオブサンプルのパフォーマンスについてはべき乗変分が優位であることを示唆する結果を得ている. また Large (2006) は, Corsi (2003) の HAR-RV (heterogeneous autoregressive model of the realized volatility) モデルを用い, 彼の「交互推定量 (alternation estimator)」が, 固定または任意のインターバルによって構成された実現分散よりも良好な予測特性をもつことを強調している.

このテーマに関してはさらなる研究課題がある. その一つとして, 様々な分散／共分散推定手法と誘導型モデルアプローチとを組み合わせて用いた包括的な研究が望まれている. アドホックな固定インターバルにより構成された実現分散に関してこれまでに一致した見解は, 予測パフォーマンスの点で他の代替手法に劣るという点のみである. 最適サンプリングされた実現分散, 最適サンプリングのうえでバイアス補正された実現分散, 一致性をもつカーネル推定式など, これら代替手法どうしで完全な比較を行うことは, 今後の実証研究において重要なトピックとなるであろう. 他方では, Bandi and Russell (2006b) において強調されているように, 関連する経済的な尺度を用いて代替的な分散推定量のアウトオブサンプルでのパフォーマンスを検証することは, 間違いなくこの研究分野で唯一かつ最重要な検定といえる. いまのところ, 2つの経済的尺度が提案されている. Bandi and Russell (2006a) はポートフォリオアロケーション問題を考え, 代替的ないくつかの分散予測値を用いて平均分散問題により意思決定する代表的投資家の長期的効用をパフォーマンス基準としている. 同様のポートフォリオベースのアプローチは, 最近では Bandi et al. (2008), De Pooter et al. (2008) において多変量の枠組みで実現されている (ノイズなしのケースについては, Fleming et al., 2001, 2003; West et al., 1993 を参照されたい). Bandi and Russell (2005b, 2006c) は, シミュレートされたデリバティブ市場におけるオプション価格評価を目的としたボラティリティ予測について研究している (ノイズなしのケースについては, Engle et al., 1990 を参照されたい). 誘導型モデルから導かれる予測結果と整合的な結果であるが, 経済的尺度を用いた場合においても, 最適サンプリングされた実現分散 (共分散) は, 固定インターバルによって構成された実現分散 (共分散) を大きくアウトパフォームする可能性がある. さらに, 最適サンプリングされた実現分

散を用いる場合のほうが,漸近的バンド幅選択法を適用したうえで(二重基準の推定式のような)一致性をもつカーネル推定式を用いる場合よりも正確な予測値を得ることができる.一致性あるいは近一致性をもつカーネル推定式は(Bandi and Russell, 2005b によって推奨されているように)有限サンプル基準のもとで可能な限り実現化されているが,これは上述の尺度のもとで最適サンプリングされた実現分散よりも優位であるかもしれない.繰り返しになるが,提案されてきた様々な手法に焦点を当てた包括的な研究が今後の課題となっている.さらに代替的な経済的尺度についても調査研究を進めるべきである.

6. マイクロストラクチャーノイズの分散:一致性に関する結果

古典的な実現分散推定量は背後にある均衡価格の分散積分についての一致推定量とはならないが,再スケーリングされた標準的な実現分散推定式は,いくつかの仮定のもとでノイズリターン要素の分散の一致推定量となる(Bandi and Russell, 2003; Zhang et al., 2005).より一般的には,高頻度観測のもとでは,観測されたリターンのサンプルモーメントにより,背後にあるノイズリターンのモーメントを推定することができる((5.14)を見よ).この結果は Bandi and Russell (2003) によって議論され,さらに伝統的な実現分散推定式の MSE 特性を分析するのに用いられている.

分散積分推定に関する文献が背後にある均衡価格のボラティリティ特性に焦点を当てる一方で,マーケットマイクロストラクチャーについての実証論文は観測価格過程 (5.1) におけるもう一方の要素,すなわち価格摩擦 η に主眼をおいている.p が取引価格である場合,このような摩擦は,観測価格 p と均衡価格 p^* との乖離の構成要素である取引コストの観点から解釈することができる[18].これに似て非なる手法が,Hasbrouck (1993), Bandi and Russell (2004) により提案されている.これは 2 節における価格形成メカニズムについてのゆるい仮定のもとで,(分散積分に関する文献で通常用いられているような ε のモーメントではなく)取引コスト η の 2 次モーメントを推定するために取引価格を用いるフレームワークである.取引コスト測定に関する彼らの研究成果が,以降の節におけるテーマとなる.まずは取引コスト評価に関する伝統的アプローチから議論したい.

---

[18] 株式市場での取引執行コストを計測すること,それらの決定要因を理解することは,個人投資家,アセットマネージャー,規制当局など様々な市場参加者にとって重要なことである.2000 年 11 月,米国証券取引委員会は第 11 条 1-5 項を発令し,市場に対して自身の取引について執行の質に関する統計量(execution quality statistics)を広く(電子的フォーマットで)配布することを要求している.

7. 一致性の利点：市場の質を測る

7.1 取引コスト推定量

Perold (1988) によれば，取引執行コストの理想的な測定方法は，投資家にとっての取引価格と取引意思決定時点において広く行き渡っている均衡価格との比較に基づくものと一般的に信じられている．しかし，情報をもつ個々の投資家はこれをもっともらしく測定できるであろうが，研究者や規制当局は必要な情報を十分にはもっていない（Bessembinder, 2003 において議論されている）．

高頻度データによる取引コスト推定法で最有力のものは，Perold のもともとの直観的見解の背後にある基本的ロジックによって決定される．具体的に，執行コストの高頻度測定法として近年注目されている3つの方法がある．すなわち，ビッドアスクハーフスプレッド（bid-ask half spread），実効ハーフスプレッド（effective half spread），そして実現ハーフスプレッド（realized half spread）である．ビッドアスクハーフスプレッドとは，アスク値とビッド値との差の半分の値のことである．また実効ハーフスプレッドは，取引が執行された価格と参照されるビッドアスクの中値との（符号付き[19]）差分として定義される．実現ハーフスプレッドは，取引価格と事実上取引後のある時点における中値との（符号付き）差分によって定義される[20]．いずれのケースでも，適切に選定されたビッドアスクの中値が，そのときの均衡価格の近似値として用いられている．

これらの取引コスト測定法の限界についてはいくつかの文献で指摘されてきている（最近の議論について興味のある読者は"Journal of Financial Markets"の取引コスト特別号を参照されたい）．ビッドアスクハーフスプレッドについては，実際の取引がクオートされたビッドアスクの間で執行されることが多いため，取引コストを過大評価してしまうことが知られている．実効／実現スプレッドの場合，その取引が買い手と売り手どちらの主導によるものであるのかという分類を必要とするのみならず，クオートと対応する取引価格とをマッチングさせる必要がある．

1番目の問題（取引方向の分類）は，通常用いられている高頻度価格データセット（例えば TAQ データベース）には各取引が買い手主導か売り手主導かといった情報が含まれていないことによって生じる．このような情報を提供しているデータセットもある（例えば TORQ データベースなど）が，時系列的なデータ数でいえばまだ不十分である．そこで自然な流れとして，取引価格やクオート値に基づき各取引を買い手主導か売り手主導かに分類するためのアルゴリズム構築に取り組んできた研究例はかな

---

[19] 買い注文については正，売り注文については負とする．
[20] このアイデアは，トレーダーが証券価格についての私的情報をもっており，取引コストは取引における情報なし価格へのインパクトに基づいて評価されるべきであるというものである．

り多い (Lee and Ready, 1991; Ellis et al., 2000 など). 既存のアルゴリズムでは当然ながら取引の分類を誤りうる (例えば Lee and Ready の方法では, 取引の約 15% を誤分類することが知られている) もので, その結果, 最終的な推定量にはバイアスが生じることになる. これらの議論については Bessembinder (2003), Peterson and Sirri (2002) を参照されたい.

2 番目の問題 (クオートと対応する取引価格とのマッチング) は, 潜在的に恣意的な判断を必要とする. 取引通知はしばしば遅延するため, 実効スプレッドを計算する際, 取引価格と取引通知時刻よりも前の中値とを比較することは理にかなっている. 通常許容されるのは 5 秒 (Lee and Ready, 1991) であるが, もちろんより長いラグも受け入れられよう.

ところで, 低頻度観測データを用いて計算可能で, 取引方向もクオート値と取引価格とのマッチングも必要としないよく知られた測定方法として, Roll の実効スプレッド推定式 (Roll, 1984) がある. Roll の推定式は, ビッドアスクの中値が観測できない均衡価格の代替値であるという仮定さえも不要である. Roll の手法の背景となるアイデアは 2 節のモデルを用いて容易に説明できる. 取引時点におけるモデルを示す. まず

$$\eta_i = sI_i \tag{5.36}$$

と仮定する. ここで, I_i は買い手主導の取引の場合は 1, 売り手主導の場合は -1 の値をとり, $\mathbb{P}(I_i = 1) = \mathbb{P}(I_i = -1) = 1/2$ とする. 仮定 5.1 ($\alpha_t = 0$) および仮定 5.2b が成り立つならば

$$\mathbb{E}[r, r_{-1}] = -s^2 \tag{5.37}$$

すなわち

$$s = \sqrt{-\mathbb{E}[r, r_{-1}]} \tag{5.38}$$

が成り立つ. したがって, 観測される (低頻度) 株価リターンの (負の) 1 次自己共分散に基づいて定数スプレッド幅の一致推定量が得られる.

Roll の推定式は, 潜在的に限定的な仮定のうえに成り立っている. まず均衡リターン r^* は時系列的に無相関であることが仮定される. さらに重要なことは, 観測されるリターン r に含まれるマイクロストラクチャー摩擦は, 大部分はビッドアスク跳ね返り効果 (bid–ask bounce effect) からもわかるように, 定数取引コスト s のもとで MA(1) 構造に従う. 最後に, この推定式は, 均衡価格とは無相関なマイクロストラクチャーノイズ要素に依存している.

7.2 Hasbrouck のプライシング誤差

Hasbrouck (1993) は価格形成メカニズムとして (5.1) を仮定している. しかし Hasbrouck の設定は離散時間でのものであり, その各時点において取引が発生するとしている. 具体的には, 均衡価格 p^* はランダムウォーク, η は平均ゼロの定常共分散過程

(p^* との相関は入れても入れなくてもよい) としてモデル化されている．したがって，Hasbrouck は古典的な Roll の実効スプレッド推定式導出に必要な仮定を大きく緩和しているといえる．Hasbrouck (1993) は，取引価格 p と均衡価格 p^* との乖離 η を，マイクロストラクチャー効果に含まれるプライシング誤差として解釈している．興味の対象となるのは，プライシング誤差の標準偏差 σ_η である．取引価格がその均衡価格に追随する傾向の強い株式は，取引障壁による影響を受けにくい株式とみなせるので，σ_η はマーケットの質を表す自然な尺度と考えられる．

非定常要素（この場合は均衡価格 p^*）と残差としての定常要素（プライシング誤差 η）との和で表された非定常時系列データ（観測価格 p）を分析するため，Hasbrouck (1993) は Beveridge and Nelson (1981) および Watson (1986) に似た手法を用い，σ_η の推定値（および下限値）を求めている．その実証研究では，NYSE 銘柄に焦点を当て，ISSM (Institute for the Study of Securities Markets) のテープから収集した 1989 年第一四半期の取引データが利用されている．それによれば，σ_η の（平均）推定値は約 33 ベーシスである．また，正規性の仮定のもとで，期待取引コスト $\mathbb{E}|\eta|$ の平均値は約 26 ベーシス（$(2/\sqrt{\pi})\sigma_\eta \approx 0.8\sigma_\eta$）である．

7.3 完全情報取引コスト

Bandi and Russell (2004) は，前項とは別の方法によってプライシング誤差を定義している．そのアプローチでは，2 節のモデルのうえにさらなる経済構造が要請される．漸近的な情報に基づき合理的期待が形成されるという設定のもとでは，一般に 2 つの均衡価格が定義される．一つが「効率的価格 (efficient price)」，すなわち公的情報が与えられたとき均衡状態において発現するであろう価格である．もう一つが「完全情報価格 (full-information price)」，すなわち私的な情報も与えられたとき均衡状態において発現するであろう価格である．効率的価格も完全情報価格も，どちらも観測できない価格である．計量経済学者が観測できるのは取引価格のみである．

この設定において，「市場の非効率性 (market inefficiency)」について 2 つの要因が発生する．第一は，古典的なマーケットマイクロストラクチャー摩擦により取引価格が効率的価格から乖離することである（この議論については Stoll の AFA における開催スピーチまたは Stoll, 2000 を見よ）．第二は，非対称情報の存在に起因して完全情報価格と効率的価格とが乖離することである．(7.1 項における) 取引コスト推定のための古典的アプローチ，および Hasbrouck によるプライシング誤差推定のためのアプローチにおいては，効率的価格は均衡価格として扱われている．つまり，これらの手法は第 1 番目の非効率性しか勘案していないことになる[21]．

マーケットマイクロストラクチャー理論の基盤となっているのは，情報をもたない

---

[21] もちろん適切に選択されたラグをもたせた中値を用いれば，実現スプレッドによりこれら 2 つの要因を捉えることができるという感覚がある．Hasbrouck のアプローチで用いられた概念上の実効価格は，完全情報価格とみなすこともできる．いずれの問題についてもさらなる探求が必要である．

投資家は，すでに存在している私的情報を観測される注文のフローから知るというものである（O'Hara, 1995 における議論を見よ）．それぞれの取引が情報をもたらすため，取引発生の時間間隔とは無関係に，効率的価格へ向けての意味ある見直しが行われる．したがって，効率的価格は取引時点において不連続に変化する確率過程であると考えるのが自然である．公的情報集合とは異なり，完全情報集合はその定義から投資家による取引意思決定に利用されるすべての情報を含む．したがって，完全情報価格は過去の注文フローからの影響を受けない．情報をもつ投資家にとっては偶発的なニュースさえ発生しなければ，完全情報価格の変動特性は相対的に「滑らか」であることが期待される．マイクロストラクチャー摩擦に関していえば，買い手と売り手にとっての価格の乖離，および価格が離散的であるということからだけでも，取引ごとのマイクロストラクチャー摩擦の変化がもともと離散的なものであることがわかる．

Bandi and Russell (2004) は，2 節のモデルを取引時点で記述することで，これらのアイデアを定式化している．彼らは，効率的価格，完全情報価格，そしてマイクロストラクチャー摩擦にとって望ましい特性を考慮するため，(5.1) の記述に構造を追加している．具体的には次のようになる．

$$p_i = p^*_{t_i} + \eta_i \tag{5.39}$$
$$= p^*_{t_i} + \eta^{\mathrm{asy}}_i + \eta^{\mathrm{fri}}_i \tag{5.40}$$

ここで，$p^*_{t_i}$ は（対数）完全情報価格，$p^*_{t_i} + \eta^{\mathrm{asy}}_i$ は離散的に時間発展していく（対数）効率的価格，η^{fri}_i は伝統的な（離散的）マイクロストラクチャー摩擦を表す．乖離 η_i には，古典的な摩擦要素 η^{fri}_i と純粋な非対称情報要素 η^{asy}_i とが含まれる．前者は流動性と非対称情報によって影響を受け[22]，後者は非対称情報にのみ影響される．2 節のように，モデルは観測される連続複利リターンによって記述したほうが便利である．

$$r_i = r^*_{t_i} + \varepsilon_i \tag{5.41}$$

ここで，$r_i = p_i - p_{i-1}$, $r^*_{t_i} = p^*_{t_i} - p^*_{t_{i-1}}$, $\varepsilon_i = \eta_i - \eta_{i-1}$ である．きわめて高頻度で観測されるリターンデータ (r_i) は，マイクロストラクチャー効果に起因したリターン要素 (ε_i) によって支配される．これは完全情報リターンが滑らかに時間発展することによる．技術的には，$r^*_{t_i} = O_p(\sqrt{\max|t_i - t_{i-1}|})$, $\varepsilon_i = O_p(1)$ と表せる．Bandi and Russell (2004) はこの設定のもとで，観測できない取引コスト η_i のモーメントを推定するために，観測される高頻度リターンデータの標本モーメントを利用している．実際の取引発生間隔と同じ高頻度でサンプリングを行う場合，その完全情報リターン要素 $r^*_{t_i}$ は要素 ε_i に大きく圧倒されるので，観測リターンに含まれる情報を利用する

---

[22] マーケットマイクロストラクチャー理論では，古典的な摩擦はオペレーティング（注文処理や在庫保持（invetory-keeping））コストや逆選択（adverse selection）によるものとされている．例えば，Stoll (2000) の議論を見よ．

にあたり，このような方法がとられている．

η の共分散構造について，$j = 1, \cdots, k < \infty$ に対して $\mathbb{E}[\eta\eta_{-j}] = \theta_j \neq 0$ かつ $j > k$ に対して $\mathbb{E}[\eta\eta_{-j}] = 0$ と仮定する．この構造は，注文フローのクラスタリングによって引き起こされるであろう一時的な従属性に適応したものである．このとき，次式の成立が容易に示される．

$$\sigma_\eta = \sqrt{\left(\frac{1+k}{2}\right)\mathbb{E}[\varepsilon^2] + \sum_{s=0}^{k-1}(s+1)\mathbb{E}[\varepsilon\varepsilon_{-k+s}]} \tag{5.42}$$

任意のサンプリング期間（たとえばある取引日）に対して，観測できない汚染 ε のモーメントを観測リターンの標本モーメントによって置き換えることで σ_η の推定値が得られる．きわめて高頻度のもと（サンプリング期間中の観測数が非常に大きい場合）では，各標本モーメント中の完全情報リターン要素は無視できる．これを数式によって記述すると，次のようになる．

$$\hat{\sigma}_\eta = \sqrt{\left(\frac{k+1}{2}\right)\left(\frac{\sum_{i=1}^{\widetilde{M}} r_i^2}{\widetilde{M}}\right) + \sum_{s=0}^{k-1}(s+1)\left(\frac{\sum_{i=k-s+1}^{\widetilde{M}} r_i r_{i-k+s}}{\widetilde{M}-k+s}\right)} \xrightarrow[\widetilde{M}\to\infty]{p} \sigma_\eta \tag{5.43}$$

ここで，$\widetilde{M}$ は期間中の総取引回数である[23]．この一致性に関する結論は，均衡価格と完全情報価格，古典的な摩擦に関する確率的オーダーの違いにのみ起因する．これらのオーダーは単純に非対称情報のもとでの市場における価格形成経済を定式化するためのものである．この結論は，背後にある完全情報価格過程の予測可能性 ($\alpha_t = 0$)，完全情報価格における頻繁ではないジャンプの発生，完全均衡価格と摩擦との間および摩擦間の非独立性に対しても頑健である．

各時間間隔における観測個数が十分には大きくない場合，無視できない完全情報価格要素により推定値が（有限サンプルの）汚染を受ける可能性は高くなる．Bandi and Russell (2004) は，これに対して有限サンプル調整を行うことを提案している[24]．

Bandi and Russell (2004) は，慣例に従い，実際の η ではなくその標準偏差 $\hat{\sigma}_\eta$ を完全情報取引コスト（full-information transaction cost; FITC）と呼んでいる．FITC は標準偏差であるが，(Hasbrouck, 1993 により単純化のためになされたように) η の正規性の仮定をおくことも，期待コストを導くために Roll (1984) のアプローチを用いることも可能である．前者のケースでは，$\mathbb{E}|\eta|$ の一致推定量は $(2/\sqrt{\pi})\hat{\sigma}_\eta$ によって

---

[23] 完全情報リターンの無相関性のもとで，k は観測価格の従属性に基づいて推定される．
[24] 摩擦 η と完全情報価格 p^* との相関がない場合，バイアス補正は比較的単純であり，4.3 項の脚注 10 で述べたように，完全情報価格の分散についてのノンパラメトリック推定量を用いればよい．η と p^* との間に相関がある場合には，完全なバイアス補正を行うためには，背後にある完全情報価格に対してパラメトリックな仮定をおく必要がある．Bandi and Russell (2004) は，Hasbrouck and Ho (1987) によって提案された価格形成メカニズムを用いて，推定量の有限サンプルバイアスを計量化している．

計算される．後者のケースでは $\eta = sI$ を仮定し，確率変数 I は 7.1 項で定義されたように完全情報価格に比較した取引価格の方向性（より高いか低いか）を表し，s は定数の完全情報取引コストである．このとき $\hat{\sigma}_\eta$ は s の一致推定量である．

Bandi and Russell (2004) は，2002 年 2 月の 1 カ月間における S&P の 100 銘柄のデータを用いて推定したところ，$\hat{\sigma}_\eta$ の平均値が 14 ベーシスであったと報告している．また正規性の仮定のもとで推定した $\mathbb{E}|\eta|$ の平均値は，約 11 ベーシスとなっている．この値は，実効スプレッドの平均値（約 6 ベーシス）よりも大きい．FITC を構成する際にベースとなる経済的解釈と整合的な結果として，Bandi and Russell (2004) によれば，FITC が平均実効スプレッドや平均ビッドアスクハーフスプレッドよりも，クロスセクション分析において私的情報代理変数との相関がより高いことがわかっている．これら代理変数としては，Easlay and O'Hara の PIN 尺度（Easlay et al., 1996 を見よ），売買回転率（Stoll, 1989），当該銘柄をフォローしているアナリスト数のようなものがあげられる．さらに，市場に私的情報が存在することによって定義される効率的価格と完全情報価格との乖離は，取引価格と効率的価格との乖離と同程度であることがわかっている．

ここで σ_η は確率的に変動する潜在変数であると仮定する．Andersen et al. (2003), Barndorff-Nielsen and Shephard (2002) によって立ち上げられ活発に研究されるようになったテーマのベースとなるロジックによれば，Bandi and Russell (2004) により提案された高頻度アプローチは，潜在変数であるノイズボラティリティを任意の対象期間において観測可能とするための手法であると解釈できる．実現分散に関する研究例では，背後にある均衡価格のボラティリティに重点がおかれてきたが，マイクロストラクチャーノイズのボラティリティのように他のリターンボラティリティに焦点を当てることもできる．観測価格のノイズ要素のボラティリティを直接観測可能として扱うことで，広範囲な基本的問題に取り組むことが可能となる．統計的色彩をもったテーマとしては，ノイズ分散の確率分布や変動特性について，あるいはノイズ分散と背後にある均衡価格の時間変化する分散との関連性についての研究がある．また経済的に重要なテーマとしては，取引コストの動的決定因子についての研究がある．市場の質として最もはっきりしている特性は，投資家が取引のためにいくら支払わねばならないかということであるから，推定されるノイズ分散から利用可能な情報を抽出することで，真のマーケット変動特性について多くの知見を得られるであろう．

8. ボラティリティと資産価格評価

高頻度でサンプリングされる資産価格データにおける短い観測間隔に起因する複雑ささえなければ，前節で述べた手法はクロスセクションでの資産価格評価に関する研究にとって重要な意味をもつものとなる．

近年の有望な一連の研究では，株式市場ボラティリティが株価収益率の中に織り込

まれるかどうかという点に労力が費やされてきた．ボラティリティの変動は投資機会の変化とも相関しており，この点も関連研究課題となっている．Ang et al. (2005), Adrian and Rosenberg (2006), Moise (2004) によれば，ボラティリティリスクの市場価格は負であるということがわかっている．ボラティリティは景気後退局面で高くなる．市場ボラティリティの変動とリターンとが共変するような銘柄は，市場低迷期において利益を得られる銘柄である．投資家はそれらの銘柄を保有するためにプレミアムを払うであろう．Ang et al. (2005), Adrian and Rosenberg (2006), Moise (2004) らによる結論は，低頻度データを用いたボラティリティ推定方法，パラメトリックかノンパラメトリックかといったことに対して頑健である．新たに開発された高頻度ボラティリティ計測法の正確性に見込みがあるため，これらの計測法と断面における価格付けとの関連を研究し，システマティックリスクファクターとして市場ボラティリティの重要性を再評価することが興味の対象となっている．また，これに関連してマーケットマイクロストラクチャーをも考慮に入れる必要がある．

ほかには，市場流動性の価格付けへの影響に焦点を当てた一連の研究がある．市場ボラティリティの場合と同様，流動性の変動はビジネスサイクルと相関している．流動性が高いときにリターンも高くなる銘柄はヘッジ目的に利用できる．驚くことではないが，流動性リスクの市場価格は負の値をとる（Acharya and Pedersen, 2005; Pástor and Stambaugh, 2003）．流動性を測定することは難しい．高頻度ボラティリティ推定に関する研究における最近の進歩により，観測される高頻度資産リターンのモーメント推定値から，流動性に起因する構成要素（前出の「マイクロストラクチャー摩擦」と呼ぶもの）を分離するために利用可能なツールは豊富に存在する．(対象とする期間において) 全銘柄について集約した場合，これらの構成要素には，市場流動性の総合的水準の時系列特性に関して重要な情報が含まれている可能性がある．これらの特性は，流動性リスクの価格付けについて，新たな視点から理解を深めるうえで有用となろう．

個別リスクの価格付けもまた興味の対象である．個々の投資家は新規にポジションをとる，またはポートフォリオをリバランスするためのコストを勘案する傾向があるため，均衡における各銘柄の期待リターンには個別の取引コストがいくぶんか含まれているはずである．この見解が発端となり，価格決定におけるマーケットマイクロストラクチャーについての古典的研究と，資産価格評価の研究との間に融合現象が起きている（関心のある読者は Easley and O'Hara, 2002 による最近のサーベイを参照されたい）．銘柄間で見た株価期待リターンと取引コストとの関連性についての研究は，その大部分が執行コスト決定のための流動性ベースの理論に依存している（Amihud and Mendelson, 1986; Brennan and Subrahmanyam, 1996; Datar et al., 1998; Hasbrouck, 2003）．また最近は，同じ問題に対して情報ベースのアプローチを採用している研究もある（Easley et al., 2002）．いまだ多くの課題が残されているが，先に議論したいくつかのツールの中でもとりわけ完全情報取引コストに関する研究成果を

用いることで，流動性ベースの議論と情報ベースの議論との有望な橋渡しが可能となるであろう．

マーケットマイクロストラクチャーに関する理論，手法と，資産価格評価理論との融合現象は，一般には初期の段階にあるといえる．ボラティリティ推定におけるマイクロストラクチャーに関する問題に対してこのところ関心が高まっており，その結果，この不可避な融合が現在も，そしてこれからも進んでいくことを確信している．

謝辞

われわれは急速に発展している新たな研究分野について調査を実施した．出版までの間，極力レビューを更新し続けるよう努めたが，意図せずして抜け落ちてしまったものがあればここにお詫びしたい．シカゴ大学ビジネスコースにおける William S. Fishman Faculty Research Fund (Bandi) より，またシカゴ大学ビジネスコース (Russell) より資金協力をいただいたことを感謝したい．

(F. M. Bandi and J. R. Russell/大高正明)

参 考 文 献

Acharya, V.V., Pedersen, L.H. (2005). Asset pricing with liquidity risk. *Journal of Financial Economics* 77, 375–410.

Adrian, T., Rosenberg, J. (2006). Stock returns and volatility: Pricing the short-run and long-run components of market risk. Working paper.

Aït-Sahalia, Y., Mykland, P., Zhang, L. (2005a). How often to sample a continuous-time process in the presence of market microstructure noise. *Review of Financial Studies* 18, 351–416.

Aït-Sahalia, Y., Mykland, P., Zhang, L., (2005b). Ultra high-frequency volatility estimation with dependent microstructure noise. Working paper.

Alizadeh, S., Brandt, M., Diebold, F. (2002). Range-based estimation of stochastic volatility models. *Journal of Finance* 57, 1047–1091.

Amihud, Y., Mendelson, H. (1986). Asset pricing and the bid–ask spread. *Journal of Financial Economics* 17, 223–249.

Andersen, T.G., Bollerslev, T., Diebold, F.X., Labys, P. (1999). (Understanding, optimizing, using, and forecasting) Realized volatility and correlation. Working paper.

Andersen, T.G., Bollerslev, T., Diebold, F.X., Labys, P. (2000). Great realizations. *Risk Magazine* 13, 105–108.

Andersen, T.G., Bollerslev, T., Diebold, F.X., Ebens, H. (2001). The distribution of realized stock return volatility. *Journal of Financial Economics* 61, 43–76.

Andersen, T.G., Bollerslev, T., Diebold, F.X. (2002). Parametric and nonparametric measurements of volatility. In: Aït-Sahalia, Y., Hansen, L.P. (Eds.), *Handbook of Financial Econometrics*, Elsevier, North-Holland. In press.

Andersen, T.G., Bollerslev, T., Diebold, F.X., Labys, P. (2003). Modeling and forecasting realized volatility. *Econometrica* 71, 579–625.

Andersen, T.G., Bollerslev, T., Meddahi, N. (2004). Analytic evaluation of volatility forecasts. *International Economic Review* 45, 1079–1110.

Andersen, T.G., Bollerslev, T., Meddahi, N. (2005). Correcting the errors: A note on volatility forecast evaluation based on high-frequency data and realized volatilities. *Econometrica* 73, 279–296.

参 考 文 献

Andersen, T.G., Bollerslev, T., Christoffersen, P.F., Diebold, F.X. (2006a). Volatility and correlation forecasting. In: Elliott, G., Granger, C.W.J., Timmermann, A. (Eds.), *Handbook of Economic Forecasting*. Elsevier, North-Holland, pp. 778–878.

Andersen, T.G., Bollerslev, T., Meddahi, N. (2006b). Market microstructure noise and realized volatility forecasting. Working paper.

Andersen, T.G., Bollerslev, T., Diebold, F.X. (2007). Roughing it up: Including jump components in the measurement, modeling and forecasting of return volatility. *Review of Economics and Statistics* 89 (4), 701–720.

Andrews, D.J.C., Monahan, W.K. (1992). An improved heteroskedasticity and autocorrelation consistent covariance matrix estimator. *Econometrica* 60, 953–966.

Ang, A., Hodrick, R., Xing, Y., Zhang, X. (2005). The cross-section of volatility and expected returns. *Journal of Finance* 61, 259–299.

Awartani, B., Corradi, V., Distaso, W. (2004). Testing and modelling market microstructure effects with an application to the Dow Jones Industrial Average. Working paper.

Bai, X., Russell, J.R., Tiao, G. (2005). Effects of non-normality and dependence on the precision of variance estimates using high-frequency data. Working paper.

Bandi, F.M., Russell, J.R. (2003). Microstructure noise, realized volatility, and optimal sampling. Working paper.

Bandi, F.M., Russell, J.R. (2004). Full-information transaction costs. Working paper.

Bandi, F.M., Russell, J.R. (2005a). Realized covariation, realized beta, and microstructure noise. Working paper.

Bandi, F.M., Russell, J.R. (2005b) Market microstructure noise, integrated variance estimators, and the accuracy of asymptotic approximations. Working paper.

Bandi, F.M., Russell, J.R. (2006a). Separating microstructure noise from volatility. *Journal of Financial Economics* 79, 655–692.

Bandi, F.M., Russell, J.R. (2006b). Comment on Hansen and Lunde. *Journal of Business and Economic Statistics* 24, 167–173.

Bandi, F.M., Russell, J.R. (2006c). Microstructure noise, realized variance, and optimal sampling. Working paper.

Bandi, F.M., Russell, J.R., Zhu, Y. (2008). Using high-frequency data in dynamic portfolio choice. *Econometric Reviews*, 27 (1–3), 163–198.

Barndorff-Nielsen, O.E., Shephard, N. (2002). Econometric analysis of realized volatility and its use in estimating stochastic volatility models. *Journal of the Royal Statistical Society, Series B* 64, 253–280.

Barndorff-Nielsen, O.E., Shephard, N. (2003). Realized power variation and stochastic volatility. *Bernoulli* 9, 243–265.

Barndorff-Nielsen, O.E., Shephard, N. (2004a). Power and bypower variation with stochastic volatility and jumps (with discussions). *Journal of Financial Econometrics* 2, 1–48.

Barndorff-Nielsen, O.E., Shephard, N. (2004b). Econometric analysis of realized covariation: High frequency based covariance, regression, and correlation in financial economics. *Econometrica* 72, 885–925.

Barndorff-Nielsen, O.E., Shephard, N. (2007). Variation, jumps, market frictions and high-frequency data in financial econometrics. In: Blundell, R., Torsten, P., Newey, W.K. (Eds.), *Advances in Economics and Econometrics. Theory and Applications*. In: *Econometric Society Monographs*. Cambridge Univ. Press. Ninth World Congress.

Barndorff-Nielsen, O.E., Hansen, P., Lunde, A., Shephard, N. (2005). Regular and modified kernel-based estimators of integrated variance: The case with independent noise. Working paper.

Barndorff-Nielsen, O.E., Graversen, S.E., Jacod, J., Shephard, N. (2006a). Limit theorems for realized bypower variation in econometrics. *Econometric Theory* 22, 677–719.

Barndorff-Nielsen, O.E., Hansen, P., Lunde, A., Shephard, N. (2006b). Designing realized kernels to measure ex post variation of equity prices in the presence of noise. Working paper.

Barndorff-Nielsen, O.E., Shephard, N., Winkel, M. (2006c). Limit theorems for multipower variation in the presence of jumps in financial econometrics. *Stochastic Processes and their Applications* 116 (5), May 2006, 796–806.

Barucci, E., Renò, R. (2002a). On measuring volatility and the GARCH forecasting performance. *Journal of International Financial Markets, Institutions and Money* 12, 182–200.
Barucci, E., Renò, R. (2002b). On measuring volatility of diffusion processes with high-frequency data. *Economic Letters* 74, 371–378.
Bessembinder, H. (2003). Issues in assessing trade execution costs. *Journal of Financial Markets* 6, 233–257.
Beveridge, S., Nelson, C. (1981). A new approach to the decomposition of economic time series into permanent and transitory components with particular attention to the measurement of the "Business Cycle". *Journal of Monetary Economics* 7, 151–174.
Bollen, B., Inder, B. (2002). Estimating daily volatility in financial markets utilizing intraday data. *Journal of Empirical Finance* 9, 551–562.
Brandt, M.W., Diebold, F.X. (2006). A no-arbitrage approach to range-based estimation of return covariances and correlations. *Journal of Business* 79, 61–74.
Brennan, M.J., Subrahmanyam, A. (1996). Market microstructure and asset pricing: on the compensation for illiquidity in stock returns. *Journal of Financial Economics* 41, 441–464.
Christensen, K., Podolskij, M. (2005). Asymptotic theory for range-based estimation of integrated volatility of a continuous semimartingale. Working paper.
Chung, K.L., Williams, R.J. (1990). *Introduction to Stochastic Integration*, second ed. Birkhäuser.
Cohen, K.J., Hawanini, G.A., Maier, S.F., Schwartz, R.A., Whitcomb, D.K. (1983). Friction in the trading process and the estimation of systematic risk. *Journal of Financial Economics* 12, 263–278.
Corradi, V., Distaso, W. (2006). Semiparametric comparison of stochastic volatility models via realized measures. *Review of Economic Studies* 73 (3), 635–667.
Corsi (2003). A simple long-memory model of realized volatility. Working paper.
Datar, V.T., Naik, N.Y., Radcliffe, R. (1998). Liquidity and stock returns: An alternative test. *Journal of Financial Markets* 1, 203–219.
De Pooter, M., Martens, M., Van Dijk, D. (2008). Predicting the daily covariance matrix for S&P100 stocks using intraday data: But which frequency to use? *Econometric Reviews* 27, 199–229.
Dimson, E. (1979). Risk management when shares are subject to infrequent trading. *Journal of Financial Economics* 7, 197–226.
Duffie, D. (1992). *Dynamic Asset Pricing Theory*. Princeton Univ. Press, Princeton.
Easley, D., O'Hara, M. (2002). Microstructure and asset pricing. In: Constantinides, G., Harris, M., Stulz, R. (Eds.), *Handbook of Financial Economics*. Elsevier, North-Holland.
Easley, D., Kiefer, N., O'Hara, M., Paperman, J. (1996). Liquidity, information, and infrequently traded stocks. *Journal of Finance* 1, 1405–1436.
Easley, D., Hvidkjaer, S., O'Hara, M. (2002). Is information risk a determinant of asset returns? *Journal of Finance* 57, 2185–2221.
Ellis, K., Michaely, R., O'Hara, M. (2000). The accuracy of trade classification rules: Evidence from Nasdaq. *Journal of Financial and Quantitative Analysis* 35, 529–552.
Engle, R.F., Hong, C.H., Kane, A. (1990). Valuation of variance forecasts with simulated option markets. Working paper No. 3350. NBER.
Epps, T.W. (1979). Comovements in stock prices in the very short run. *Journal of the American Statistical Association* 74, 291–298.
Fang, Y. (1996). Volatility modeling and estimation of high-frequency data with Gaussian noise. Unpublished PhD thesis, MIT.
Fleming, J., Kirby, C., Ostdiek, B. (2001). The economic value of volatility timing. *Journal of Finance* 56, 329–352.
Fleming, J., Kirby, C., Ostdiek, B. (2003). The economic value of volatility timing using "realized volatility". *Journal of Financial Economics* 67, 473–509.
Forsberg, L., Ghysels, E. (2007). Why do absolute returns predict volatility so well? *Journal of Financial Econometrics* 5 (1), 31–67.
Ghysels, E., Sinko, A. (2006). Comment on Hansen and Lunde. *Journal of Business and Economic Statistics* 24, 192–194.

Ghysels, E., Santa-Clara, P., Valkanov, R. (2006). Predicting volatility: Getting the most out of return data sampled at different frequencies. *Journal of Econometrics* 131, 59–95.
Goncalves, S., Meddahi, N. (2004). Bootstrapping realized volatility. Working paper.
Goncalves, S., Meddahi, N. (2006). Box–Cox transforms for realized volatility. Working paper.
Griffin, J., Oomen, R. (2006). Covariance measurement in the presence of nonsynchronous trading and market microstructure noise. Working paper.
Hansen, P.R., Lunde, A. (2006). Realized variance and market microstructure noise (with discussions). *Journal of Business and Economic Statistics* 24, 127–161.
Hasbrouck, J. (1993). Assessing the quality of a security market: A new approach to transaction cost measurement. *Review of Financial Studies* 6, 191–212.
Hasbrouck, J. (1996). Modelling market microstructure time series. In: Maddala, G.S., Rao, C.R. (Eds.), *Handbook of Statistics*. Elsevier, North-Holland.
Hasbrouck, J. (2003). Trading costs and returns for US securities: The evidence from daily data. Working paper.
Hasbrouck, J., Ho, T. (1987). Order arrival, quote behavior, and the return generating process. *Journal of Finance* 4, 1035–1048.
Hayashi, T., Yoshida, N. (2005). On covariance estimation of non-synchronously observed diffusion processes. *Bernoulli* 11, 359–379.
Hayashi, T., Yoshida, N. (2006). Estimating correlations with nonsynchronous observations in continuous diffusion models. Working paper.
Huang, X., Tauchen, G. (2005). The relative contribution of jumps to total price variation. *Journal of Financial Econometrics* 3, 456–499.
Jacod, J. (1994). Limit of random measures associated with the increments of a Brownian semimartingale. Working paper.
Jacod, J., Protter, P. (1998). Asymptotic error distributions for the Euler method for stochastic differential equations. *Annals of Probability* 26, 267–307.
Kalnina, I., Linton, O. (2006). Estimating quadratic variation consistently in the presence of correlated measurement error. Working paper.
Kanatani, T. (2004a). High-frequency data and realized volatility. Unpublished PhD thesis, Kyoto University.
Kanatani, T. (2004b). Integrated volatility measuring from unevenly sampled observations. *Economics Bulletin* 3, 1–8.
Large (2006). Estimating quadratic variation when quoted prices change by constant increments. Working paper.
Lee, C., Ready, M. (1991). Inferring trade direction from intraday data. *Journal of Finance* 46, 733–746.
Lo, A., MacKinlay, A.C. (1990). An econometric analysis of nonsynchronous trading. *Journal of Econometrics* 45, 181–212.
Malliavin, P., Mancino, M.E. (2002). Fourier series method for measurement of multivariate volatilities. *Finance and Stochastics* 6, 49–61.
Mancini, C. (2003). Statistics of a Poisson–Gaussian process. Working paper.
Mancini, C. (2004). Estimation of the characteristics of jump of a general Poisson-diffusion process. *Scandinavian Actuarial Journal* 1, 42–52.
Martens, M. (2005). Estimating unbiased and precise realized covariances. Working paper.
Martens, M., Van Dijk, D. (2007). Measuring volatility with the realized range. *Journal of Econometrics* 138, 181–207.
McAleer, M., Medeiros, M. (2007). Realized volatility: A review. *Econometrics Reviews* 27 (1–3), 10–45.
Meddahi, N. (2002). A theoretical comparison between integrated and realized volatility. *Journal of Applied Econometrics* 17, 475–508.
Moise, C. (2004). Stochastic volatility risk and the size anomaly. Working paper.
Müller, U.A. (1993). Statistics of variables observed over overlapping intervals. Working paper.
Mykland, P.A., Zhang, L. (2006). ANOVA for diffusions and Ito processes. *Annals of Statistics* 34, 1931–1963.

Newey, W., West, K. (1987). A simple positive semi-definite, heteroskedasticity and autocorrelation consistent covariance matrix. *Econometrica* 55, 703–708.

Nielsen, M.O., Frederiksen, P.H. (2005). Finite sample accuracy of integrated volatility estimators. Working paper.

O'Hara, M. (1995). *Market Microstructure Theory*. Blackwell Sci., Oxford.

Oomen, R.C.A. (2005). Properties of bias-corrected realized variance under alternative sampling schemes. *Journal of Financial Econometrics* 3, 555–577.

Oomen, R.C.A. (2006). Properties of realized variance under alternative sampling schemes. *Journal of Business and Economic Statistics* 24, 219–237.

Parkinson, M. (1980). The extreme value method for estimating the variance of the rate of return. *Journal of Business* 53, 61–66.

Pástor, L., Stambaugh, R.F. (2003). Liquidity risk and expected stock returns. *Journal of Political Economy* 111, 642–685.

Perold, A. (1988). The implementation shortfall. *Journal of Portfolio Management* 14, 4–9.

Peterson, M., Sirri, E. (2002). Evaluation of the biases in execution cost estimates using trade and quote data. *Journal of Financial Markets* 6, 259–280.

Phillips, P.C.B., Yu, J. (2005). Comment on Hansen and Lunde. *Journal of Business and Economic Statistics* 24, 202–208.

Politis, D., Romano, J.P., Wolf, M. (1999). *Subsampling*. Springer, New York.

Press, J.S. (1967). A compound events model for security prices. *Journal of Business* 40, 317–335.

Rogers, L.C.G., Satchell, S.E. (1991). Estimating variance from high, low, open, and close prices. *Annals of Applied Probability* 1, 504–512.

Roll, R. (1984). A simple measure of the effective bid–ask spread in an efficient market. *Journal of Finance* 39, 1127–1139.

Scholes, M., Williams, J. (1977). Estimating betas from nonsynchronous data. *Journal of Financial Economics* 5, 309–327.

Sheppard, K. (2006). Realized covariance and scrambling. Working paper.

Stoll, H.R. (1989). Inferring the components of the bid–ask spread: Theory and empirical evidence. *Journal of Finance* 44, 115–134.

Stoll, H.R. (2000). Friction. *Journal of Finance* 55, 1479–1514.

Sun, Y. (2006). Best quadratic unbiased estimators of integrated variance. Working paper.

Voev, V., Lunde, A. (2007). Integrated covariance estimation using high-frequency data in the presence of noise. *Journal of Financial Econometrics* 5, 68–104.

Watson, M. (1986). Univariate detrending methods with stochastic trends. *Journal of Monetary Economics* 18, 49–75.

West, K.D., Edison, H.J., Cho, D. (1993). A utility-based comparison of some models of exchange rate volatility. *Journal of International Economics* 35, 23–45.

Woerner, J. (2006). Power and multipower variation: Inference for high-frequency data. In: Shiryaev, A.N., do Rosario Grossinho, M., Oliviera, P., Esquivel, M. (Eds.), *Proceedings of the International Conference on Stochastic Finance 2004*. Springer-Verlag.

Zhang, L. (2006a). Efficient estimation of stochastic volatility using noisy observations: A multi-scale approach. *Bernoulli* 12, 1019–1043.

Zhang, L. (2006b). Estimating covariation: Epps effect, microstructure noise. Working paper.

Zhang, L., Mykland, P., Aït-Sahalia, Y. (2005). A tale of two time scales: Determining integrated volatility with noisy high-frequency data. *Journal of the American Statistical Association* 100, 394–1411.

Zhou, B. (1996). High-frequency data and volatility in foreign-exchange rates. *Journal of Business and Economic Statistics* 14, 45–52.

第6章

デリバティブの価格付けにおけるスペクトル法[*]

概　要

　本章では，原資産の経済変数が Markov 過程でモデル化されているような，デフォルト（破産，契約不履行）するものも含めたデリバティブ（派生商品）を価格付けする問題を考える．過去のデータからモデルを同定するとき，あるいはデリバティブ資産の価格を計算するときに，具体性と計算しやすさを確保する必要があるため，金融市場のモデルにおいては通常「Markov 性」が仮定されている．Markov 的な枠組みにおいて鍵となるのは将来のペイオフ（支払い，デフォルトするものも含む）に対してその時価（現在価値）を対応させる「価格評価作用素（pricing operator）」である．時刻 t ごとに与えられた価格評価作用素は，適当なペイオフの空間上の半群 $\{\mathcal{P}_t, t \geq 0\}$ をなす．この半群は原資産の Markov 過程の遷移半群と解釈でき，この場合，消滅率（killing rate）はデフォルトなしの金利とデフォルト率を足したものと考えられる．この枠組みは，Markov 的金融市場モデルの大部分を包摂するものである．応用上は，遷移半群がわかっていてデリバティブの価値関数（value function）が明示的に求まるような具体的に扱いやすい Markov 過程の「道具箱」が役に立つ．とりわけ，価格過程が対称 Markov 過程（状態空間 D 上にある測度 m があって半群 $\{\mathcal{P}_t, t \geq 0\}$ が Hilbert 空間 $L^2(D, m)$ 上の対称作用素になるような Markov 過程）であるとき，簡易な数値解析が可能になる．それは，この場合にスペクトル表現定理が成り立ち，それを応用して価格評価半群やデリバティブの価値関数のスペクトル表現を得ることができるからである．本章では，スペクトル法一般を概観し，またスペクトル表現が具体的に求まり，したがって，Markov 的デリバティブの価格評価問題に具体的な解答を与えられるような対称 Markov 過程をいくつか紹介する．

1. はじめに

　本章では，原資産の経済変数が Markov 過程でモデル化されているような，デフォルト（倒産，契約不履行）するものも含めたデリバティブ（派生商品）を価格評価する問題を考える．金融資産価格評価の一般理論においては，Markov 性の仮定は必要とされておらず，Jarrow と Protter が書いた本書の第 1 章で紹介されているように，セ

---

[*] この研究は米国国立科学財団（NSF）DMI-0200429 および DMI0422937 の援助を受けている．

ミマルチンゲール理論の一般的な設定下で展開されているが，一方で過去のデータからモデルを同定するとき，あるいはデリバティブ資産の価格を計算するときに，具体性と計算しやすさを確保する必要があるため，実際に使われている個々のファイナンスのモデルは多くの場合 Markov 的である．

1.1 Markov 的デリバティブ価格評価問題

Markov 的設定では，リスク中立な経済において経済の不確実性さを表す状態変数が時間的に一様な，ある状態空間 D に値をとる連続時間 Markov 過程 $\{X_t, t \geq 0\}$ に従っているものと仮定する．ここで，$D = \mathbb{R}^d$ か $D \subset \mathbb{R}^d$ ($\mathbb{R}^d$ の開部分集合) とする．後者では，過程は $x \in D$ から始まり，D から最初に出た時刻 $\tau_D = \inf\{t \geq 0 : X_t \notin D\}$ で消え，Δ で表記される孤立点（Markov 過程の理論では孤立状態（cemetry state）と呼ばれ，また，ファイナンスの用語では「デフォルト（契約不履行）」あるいは倒産（bankruptcy）と呼ばれたりもする）に送られ，そのままそこに滞在するものと仮定する．

状態空間に孤立点として孤立状態を付加する．つまり，拡張された状態空間は $D_\Delta = D \cup \{\Delta\}$ である．もし，過程が D から決して出ないのであれば，$\tau_D = \infty$ と便宜的に設定する．X は強 Markov 過程で，D_Δ で右連続で左極限をもつサンプルパスをもつと仮定する．

デフォルトも考慮に入れたデリバティブ資産は，原資産過程の満期 T での値 X_T に依存している満期日 $T > 0$ での約定されたペイオフ $f(X_T)$ によって定義される．一般的に，デフォルト事象は以下の 2 通りの時刻のいずれかに起こるものとする．X が D から最初に退出する時刻 τ_D にデフォルトする場合と，強度（ハザードレート）$h_t = h(X_t), h(x) \geq 0$ をもつランダム時刻 τ_h にデフォルトする場合である．ここで

$$\tau_h = \inf\left\{t \geq 0 : \int_0^t h(X_u)\mathrm{d}u \geq e\right\}$$

であり，e は X と独立で，パラメータ 1 の指数分布に従う確率変数である．つまり，倒産時刻は，$x \wedge y := \min\{x, y\}$ として

$$\zeta = \tau_h \wedge \tau_D$$

で与えられる．デフォルトが起こったとき，資産の保有者は約定していたペイオフ $f(X_T)$ を受け取る権利を失うが，その代わりに回収額を受け取ることがある（信用リスクモデルに関する詳細に関しては，そのトピックを専門的に扱ったテキスト Bielecki and Rutkowski, 2002; Duffie and Singleton, 2003; あるいは Lando, 2004 を見よ）．$h \equiv 0$ で，かつ X が D を決して出ていくことがなければ，デリバティブ資産はデフォルトしない（デフォルトフリーである）．

デフォルトフリーな瞬間金利（短期金利）が過程 $\{r_t = r(X_t), t \geq 0\}, r(x) \geq 0$ に

1. はじめに

従うと仮定すれば，時刻 0 でのデリバティブ資産の現在価値は

$$V(T,x) = \mathbb{E}\left[e^{-\int_0^T r(X_t)dt} f(X_T) \mathbf{1}_{\{\zeta > T\}} \mid X_0 = x\right]$$

のように与えられる（ここでは簡単のためにデフォルト時の「回収額」はないと仮定する）．また $\mathbf{1}_{\{\zeta > T\}} = \mathbf{1}_{\{\tau_h > T\}} \mathbf{1}_{\{\tau_D > T\}}$ であるので，X のパスで条件づければ，上の資産価格はハザードレート h を用いて

$$\begin{aligned} V(T,x) &= \mathbb{E}\left[e^{-\int_0^T r(X_t)dt} f(X_T) \mathbf{1}_{\{\tau_D > T\}} \right. \\ &\quad \left. \times \mathbb{E}\left[\mathbf{1}_{\{\tau_h > T\}} \mid \{X_t, t \in [0,T]\}\right] \mid X_0 = x\right] \\ &= \mathbb{E}_x\left[e^{-\int_0^T (r(X_t) + h(X_t))dt} f(X_T) \mathbf{1}_{\{\tau_D > T\}}\right] \end{aligned} \quad (6.1)$$

のように書き直すことができる．ただし，$\mathbb{E}_x$ は $X_0 = x \in D$ で始まる X の分布に関する期待値である．

つまり Markov 的価格評価問題は

$$V(t,x) = \mathcal{P}_t f(x) = \mathbb{E}_x\left[e^{-\int_0^t k(X_u)du} \mathbf{1}_{\{\tau_D > T\}} f(X_t)\right] \quad (6.2)$$

を計算することに還元される．ここで，割引率 k はデフォルトフリーの短期金利 r と（瞬間）クレジットスプレッド（デフォルト強度 h）との和に等しい．つまり $k(x) = r(x) + h(x)$ である．

時刻でパラメータづけられた価格評価作用素 $\{\mathcal{P}_t, t \geq 0\}$ は，Borel 可測で有界なペイオフ関数のなす空間を一様ノルムで Banach 空間 $B_b(D)$ とみなせば，その空間上の線形作用素の半群であり，価格評価半群（pricing semigroup）と呼ばれる．価格評価半群の「プライシングカーネル（pricing kernel）」$P_t(x, dy)$ を使って (6.2) は

$$V(t,x) = \mathcal{P}_t f(x) = \int_D f(y) P_t(x, dy) \quad (6.3)$$

のように書き直せる．もし，プライシングカーネルが D 上で Lebesgue 測度に関して密度をもつ（これは状態価格密度（state-price density）と呼ばれる）ならば

$$V(t,x) = \mathcal{P}_t f(x) = \int_D f(y) p(t;x,y)\, dy \quad (6.4)$$

が成り立つ．

金融経済学での価格評価半群の考え方は，Garman (1985) に始まる．最近では Ait-Sahalia et al. (2004) と Hansen and Scheinkman (2002)，そして Linetsky (2004a) によって応用研究が行われている．Ait-Sahalia et al. (2004) はサーベイであるが，主に Markov モデルの統計的な推定に焦点が当てられている．一方で，本章での主な焦点

は，デリバティブ資産の価格評価に当てられている．確率論と数理物理学では，割引因子 (discount factor) $e^{-\int_0^T k(X_u)du}$ をもつ半群は Feynman と Kac (Feynman, 1948; Kac, 1951, 1959; あるいは Chung and Zhao, 1995 を見よ) にちなんで Feynman–Kac 半群と呼ばれている．半群と Markov 過程の数学的な参考文献としては Applebaum (2004) と Ethier and Kurtz (1986) があげられる．

価格評価半群はまた時刻 $\hat{\zeta} = \tau_k \wedge \tau_D$ (生存時間) で X を消滅させた Markov 過程 $\{\widehat{X}_t, t \geq 0\}$ の推移半群と解釈できる．ここで，τ_D は X の D から出る最初の時刻で，

$$\tau_k = \inf\left\{t \geq 0 : \int_0^t k(X_u)du \geq e\right\}$$
$$k(x) = r(x) + h(x), \quad e \sim \mathrm{Exp}(1)$$

であった．つまり，短期金利 r とデフォルト強度 h の和に等しい k という率に従って X は消滅するのである (この定式化においては割引率 (discount rate) を消滅率 (killing rate) として再解釈していることになる)．こうして構成された確率過程 $\widehat{X}$ は，その生存時間 $\hat{\zeta}$ において孤立状態に飛ぶと考えてよい．つまり，

$$\widehat{X}_t = \begin{cases} X_t, & t < \hat{\zeta} \\ \Delta, & t \geq \hat{\zeta} \end{cases}$$

である．価格評価半群 $\{\mathcal{P}_t, t \geq 0\}$ は，こうして生存時間 $\hat{\zeta}$ をもつ過程 $\widehat{X}$ の推移半群として解釈されることになる．つまり，デリバティブ資産の価値関数は

$$V(t, x) = \mathcal{P}_t f(x) = \mathbb{E}_x[f(\widehat{X}_t)\mathbf{1}_{\{t > \hat{\zeta}\}}] \tag{6.5}$$

として解釈され，価格評価核と状態価格密度は，それぞれ Markov 過程 $\widehat{X}$ の遷移確率と推移密度と同一であるとみなせる．半群が保存的 (conservative) である，つまり任意の $t(\geq 0)$ に対し，$P_t(x, D) = 1$ で $x \in D$ であることと $r \equiv 0, h \equiv 0$ で過程は D から出ていかない，つまり $\tau_D = \infty$ であることは同値である．そうでなければ，非保存的 (non-conservative)[1]である．以下ではこの価格評価半群 (Feynman–Kac 半群) を生存時間 $\hat{\zeta}$ をもつ Markov 過程 $\widehat{X}$ の推移半群と解釈することをおおいに活用し，$\widehat{X}$ の推移半群を主に研究する．原資産過程 X と 消滅率 $k(x) = r(x) + h(x)$ をもつ過程を区別するために，後者を $\widehat{X}$ と書くことにする．可消滅過程 (killed process) の推移半群 (6.5) と割引率をもつ価格評価半群 (6.2) を同一視するので，以下では割り引き (discounting) と消滅 (killing) はほとんど同じ意味で使われる．

以上で概観した Markov 的価格評価問題はかなり一般的なものである．ファイナンスのモデルのほとんどがこの枠組みに入っている．幾何 Brown 運動，CIR，CEV，確

---

[1] 非保存的である場合も次のようにして保存的と思うことができる．拡張された状態空間 $D_\Delta = D \cup \{\Delta\}$ 上の拡張された遷移確率を以下で定義する．$P_t(x, \{\Delta\}) = 1 - P_t(x, D), P_t(\Delta, \{\Delta\}) = 1$, $P_t(\Delta, D) = 0$ とおく．すると任意の $x \in D_\Delta$ に対して $P_t(x, D_\Delta) = 1$ となる．

率ボラティリティモデル，Gauss モデル，アフィンモデルのような様々な 1 次元や多次元の拡散過程モデル，Lévy 過程を用いたジャンプモデルやジャンプ拡散モデル，一般的なジャンプ過程を用いたジャンプモデルやジャンプ拡散モデルなどによって株式，クレジット，外国為替，コモディティー，エネルギー，金利などの市場におけるバニラオプション，エキゾチックオプション，債券，クレジットデリバティブ，モーゲージなどの様々な契約の価格評価を行うための既存のモデルはすべてこの枠組みの中に入る．

しかし，この Banach 空間上の推移半群をもつ一般的な設定では，(6.1)〜(6.5) の期待値は解析的には扱いにくく，（プライシングカーネルと状態価格密度は一般には「解析解」，すなわち具体的な表現が知られていない）モンテカルロシミュレーション（Glasserman, 2003 は良いサーベイである）か，価値関数 $V(t,x) = \mathcal{P}_t f(x)$ が発展方程式

$$V_t = \mathcal{G}V, \quad t \geq 0, \qquad V(0,x) = f(x) \tag{6.6}$$

に対する初期値問題の解であることより，数値的に偏微分積分方程式（PIDE）を解くか，のどちらかによって数値的にのみ計算することができる．ここで，$\mathcal{G}$ は消滅のある Markov 過程 $\hat{X}$ の推移半群の生成作用素（一般には微分プラス積分作用素，Feng らによる第 7 章を見よ）である．

しかし，ファイナンスの実務では，デリバティブの価値関数が具体的で扱いやすく，速く正確に計算ができる解析的な表示をもつようなモデルが重宝される．また，解析解があれば，パラメータに関する微分を直接計算することでヘッジ比（あるいはグリークスと呼ばれるパラメータ感応度）が簡単に計算できるということも重要なポイントである．この点について，実務では，大きなポートフォリオを評価することに興味があるという点に注意することが大切である．大きなポートフォリオを評価するとき，何千もの証券の価格とヘッジ比を評価することが必要なので，個々の証券に対する解析解は特に重要になっている．実際，解析的に扱いやすいという特長はほぼ間違いなく，Black–Scholes–Merton のオプション価格評価モデルがこんなにもすばやく広まり，市場で使われるようになった理由の一つである．Black–Scholes–Merton 公式以降，より一般的でそしてより現実に近い，それでいてデリバティブ資産の価値関数に対するクローズドフォーム（closed form）公式が得られるような，解析的で扱いやすいモデルが追い求められ続けている．

1.2 対称半群と対称 Markov 過程

Markov 過程はその推移半群が対称になるような Hilbert 空間の構造があれば，重要な解析的単純化が可能である．特に，Hilbert 空間 $\mathcal{H} := L^2(D, m)$ 上で価格評価作用素 $\mathcal{P}_t$ が対称作用素であるような，D 全体に台（support）をもつ測度 m（有限測度でも無限測度でもよい）が存在するという場合を考えよう．つまり，そこでの内積は

$$(f,g) = \int_D f(x)g(x)m(\mathrm{d}x) \tag{6.7}$$

で与えられ，

$$(\mathcal{P}_t f, g) = (f, \mathcal{P}_t g), \quad \forall t \geq 0, \quad \forall f, g \in \mathcal{H} \tag{6.8}$$

が成り立つということである．そのような半群は m 対称（または単に対称）といわれる．推移密度が存在し，対称測度が Lebesgue 測度に関して密度 $m(x)$ をもつと仮定すると，m 対称な Markov 過程の推移密度は m 対称である．すなわち

$$p(t;x,y)m(x) = p(t;y,x)m(y) =: p_m(t;x,y)m(x)m(y) \tag{6.9}$$

が成り立つ．ここで，

$$p_m(t;x,y) = p_m(t;y,x) = \frac{p(t;x,y)}{m(y)} \tag{6.10}$$

は測度 m に関する（x と y に関して）対称な推移密度である．

半群が対称ならば，その無限小生成作用素 $\mathcal{G}$ は $L^2(D,m)$ で（一般には非有界な）非負な自己共役作用素である．この特別な場合では，Hilbert 空間上の自己共役作用素に対するスペクトル表現（spectral representation）定理を使うことができ，

$$\mathcal{P}_t f = \int_{[0,\infty)} e^{-\lambda t} E(\mathrm{d}\lambda) f, \quad \forall f \in L^2(D,m) \tag{6.11}$$

と半群を「スペクトル表現」することができる．ここで，$E(\mathrm{d}\lambda)$ はいわゆる無限小生成作用素 $(-\mathcal{G})$ に対する射影値スペクトル測度（projection-valued spectral measure）といわれるものである．$-\mathcal{G}$ のスペクトルが離散的であるとき，スペクトル表現は固有関数展開（eigenfunction expansion）

$$\mathcal{P}_t f = \sum_{n=1}^{\infty} c_n e^{-\lambda_n t} \varphi_n, \quad c_n = (f, \varphi_n), \ \forall f \in L^2(D,m) \tag{6.12}$$

になる．ここで，φ_n は $-\mathcal{G}$ の固有値 λ_n に対する固有ベクトル（固有関数）であり，$\{\varphi_n\}$ が正規直交系をなすようなものである．つまり，$-\mathcal{G}\varphi_n = \lambda_n \varphi_n$ が成り立つ．φ_n はまた，作用素 $\mathcal{P}_t$ に対する固有値 $e^{-\lambda_n t}$ の固有ベクトル，つまり $\mathcal{P}_t \varphi_n = e^{-\lambda_n t} \varphi_n$ である．$\{\varphi_n\}$ は $L^2(D,m)$ での完全正規直交基底となり，c_n はこの基底に関する支払い関数 f の展開係数である．もし，ある特別なモデルにおいてスペクトル表現が具体的に得られるならば，価格評価作用素，プライシングカーネル，状態価格密度，そしてデリバティブ資産の価値関数に対する明示的（具体的）な表現もそれぞれ得られることになる．

推移半群が m 対称である Markov 過程は「m 対称」あるいは単に「対称」といわれ

る．Fukushima et al. (1994) は対称な Markov 過程の一般理論への基本的な参考文献である．$I \subseteq \mathbb{R}$（有限区間もしくは無限区間）上の 1 次元拡散過程でスピード測度 m（有限測度でも無限測度でもよい．定義については (6.27) を見よ）とこの区間の終点での境界条件が与えられているとき，価格評価半群はさらなる条件なしに $L^2(I, m)$ で対称であり，スペクトル表現定理は状態価格密度とデリバティブ資産の価値関数に対するスペクトル表現を与える．1 次元拡散過程に対するスペクトル定理の応用は McKean (1956) に始まる．Feller の仕事に基づいて，McKean は一般的な 1 次元拡散過程に対するスペクトル表現を構築した（Ito and MacKean, 1974, Section 4.11 を見よ）．Wong (1964) は定常密度が Pearson 族に入っているような拡散過程のクラスを研究した．この Pearson 族では，推移半群のスペクトル表現をある特殊関数によって具体的に表すことができる．ファイナンスで重要な拡散過程の多く（Ornstein–Uhlenbeck 過程，CIR 過程，Jacobi 過程など）はこのフレームワーク内に収まる．1 次元拡散過程とは対照的に，多次元拡散過程に対しては m 対称の条件はドリフトベクトルの形に制限を加える．ジャンプ過程においては，m 対称性は Lévy 測度の形に制限を加える．

1.3 本章の概略

本章の目的は，スペクトル法一般について述べ，さらにスペクトル表現が具体的に求まり，状態価格密度やデリバティブの価値関数の解析解が得られるような，解析的に扱いやすい（analytically tractable）モデルのクラスについて概観することである．次節では，まず Hilbert 空間上の自己共役作用素（2.1 項）および対称作用素の半群（2.2 項）のスペクトル理論についての基本的事項と結果を紹介する．ここで鍵となるのは自己共役作用素（定理 6.1）および対称作用素の半群（定理 6.2）に関するスペクトル表現定理である．1 次元拡散過程は本質的にはいつでも対称であるので，3, 4 節では 1 次元拡散過程におけるスペクトル法に絞って解説する．そこでの一般的なスペクトル表現をまず与え（3 節），そしてオプション価格評価モデル，金利モデル，信用リスクモデルなどにおける解析的に扱える具体的な例を紹介する（4 節）．この 1 次元拡散過程に関する内容は Davydov and Linetsky (2001, 2003), Gorovoi and Linetsky (2004, 2006), Linetsky (2004a–e, 2005, 2006) の内容に基づいたものである．これらの論文では，スペクトル法によって解析解を見つけるという手法がバニラオプションや，アジアンオプション，バリアオプション，ルックバックオプションなどのエキゾチックオプションの価格評価モデル（そこでは原資産の価格過程に関する過程は様々である），あるいは金利モデル，信用リスクモデル，モーゲージプリペイメント（期限前償還）などの広い範囲で適用されている．こうしたスペクトル法の適用の成功は，この方法が Markov 的資産価格モデルにおいて解析解を探し出す優れた方法であることを保証している．その他，スペクトル法のデリバティブ価格評価問題への応用がなされている論文には以下のようなものがある．Albanese とその協力者たちによるもの（Albanese et al, 2001; Albanese and Kuznetsov, 2004, 2005; Albanese and Lawi, 2005），あ

るいは Boyarchenko and Levendorskiy (2006), Lewis (1998, 2000), Lipton (2001, 2002), Lipton and McGhee (2002), Larsen and Sorensen (2007) など.

5 節においては，多次元の対称拡散過程について議論する．6 節では，解析的に扱えるジャンププラス拡散過程や，純ジャンプ過程を，解析的に扱える拡散過程から Bochner の従属操作 (subordination)，つまり時間変更過程が Lévy 従属過程 (Lévy subordinator) であるようなランダムな時間変更 (time change) によって生成する手続きを紹介する．また，独立な Markov 過程で時間変更することによって確率ボラティリティモデルの確率過程を生成する手続きも紹介する．7 節では，ファイナンスへの応用におけるスペクトル法の利点を議論し，将来の研究の方向性を述べて，この紹介記事のまとめとする.

計量経済学における拡散過程の推定においてもスペクトル展開法の興味深い応用がなされている (Bibby et al., 2004; Hansen et al., 1998; Florens et al., 1998; Larsen and Sorensen, 2007). 本章ではデリバティブの価格評価への応用のみを扱った．計量経済学への応用の最新の状況については Ait-Sahalia et al. (2004) を参照してほしい.

2. Hilbert 空間上の自己共役半群

2.1 Hilbert 空間上の自己共役作用素のスペクトル理論

本章では，Hilbert 空間での自己共役作用素のスペクトル理論におけるいくつかの基本的な概念と結果について述べる．その内容は主として Reed and Simon (1980), Demuth and van Casteren (2000) および Dunford nad Schwartz (1963) に従っている.

$\mathcal{H}$ を可分な実 Hilbert 空間とする．「線形作用素」$(\mathrm{Dom}(\mathcal{A}), \mathcal{A})$ とは，$\mathcal{A}$ の定義域 (定義域) と呼ばれる $\mathcal{H}$ の線形部分空間であるところの $\mathrm{Dom}(\mathcal{A})$ と，$\mathrm{Dom}(\mathcal{A})$ から $\mathcal{H}$ への線形写像 $\mathcal{A}$ のペアのことである．$\mathcal{A}$ の「レンジ」(値域) とは線形作用素 $\mathcal{A}$ による定義域の像である．2 つの作用素 $\mathcal{A}_1$ と $\mathcal{A}_2$ が「等しい」とは，$\mathrm{Dom}(\mathcal{A}_1) = \mathrm{Dom}(\mathcal{A}_2)$ であり，任意の $f \in \mathrm{Dom}(\mathcal{A}_1)$ に対し $\mathcal{A}_1 f = \mathcal{A}_2 f$ が成り立つことである．線形作用素 $\mathcal{A}_2$ が $\mathcal{A}_1$ の「拡張」であるとは，$\mathrm{Dom}(\mathcal{A}_1) \subseteq \mathrm{Dom}(\mathcal{A}_2)$ であり，任意の $f \in \mathrm{Dom}(\mathcal{A}_1)$ に対し $\mathcal{A}_1 f = \mathcal{A}_2 f$ が成り立つことである．このとき，逆に $\mathcal{A}_1$ は $\mathcal{A}_2$ の「制限」と呼ばれる．2 つの作用素の和 $\mathcal{A}_1 + \mathcal{A}_2$ は，$\mathrm{Dom}(\mathcal{A}_1 + \mathcal{A}_2) = \mathrm{Dom}(\mathcal{A}_1) \cap \mathrm{Dom}(\mathcal{A}_2)$ であり，任意の $f \in \mathrm{Dom}(\mathcal{A}_1 + \mathcal{A}_2)$ に対し $(\mathcal{A}_1 + \mathcal{A}_2)f := \mathcal{A}_1 f + \mathcal{A}_2 f$ という関係によって定義される.

ある定数 $M > 0$ が存在して

$$\|\mathcal{A}f\| \leq M\|f\|, \quad \forall f \in \mathrm{Dom}(\mathcal{A})$$

(ここで，$\|f\| \equiv (f,f)$ は $\mathcal{H}$ でのノルム) が成り立てば，$\mathcal{A}$ は「有界」であるという.

任意の有界作用素 $\mathcal{A}$ は $\mathrm{Dom}(\bar{\mathcal{A}}) = \overline{\mathrm{Dom}(\mathcal{A})}$ を満たす唯一の拡張 $\bar{\mathcal{A}}$ をもつ．特に，$\mathcal{A}$ が「稠密に定義されている」（つまり，$\mathrm{Dom}(\mathcal{A})$ は $\mathcal{H}$ の稠密な部分集合である）ならば，$\bar{\mathcal{A}}$ の定義域は Hilbert 空間 $\mathcal{H}$ と一致する．有界作用素 $\mathcal{A}$ とその有界拡張 $\bar{\mathcal{A}}$ は区別しない．有界作用素を考えるとき，いつも $\mathrm{Dom}(\mathcal{A}) = \mathcal{H}$ であると考える．

稠密に定義された作用素 $\mathcal{A}$ に対して，その「共役 (adjoint)」$\mathcal{A}^*$ は次のように定義される．$g \in \mathrm{Dom}(\mathcal{A}^*)$ であるとは，任意の $f \in \mathrm{Dom}(\mathcal{A})$ に対し $(\mathcal{A}f, g) = (f, h)$ を満たす $h \in \mathcal{H}$ が存在することと定義する．このとき，$\mathcal{A}^*$ は $\mathcal{A}^* g = h$, $g \in \mathrm{Dom}(\mathcal{A}^*)$ によって与えられる $\mathrm{Dom}(\mathcal{A}^*)$ から $\mathcal{H}$ への線形写像として定義される．これは

$$(\mathcal{A}f, g) = (f, \mathcal{A}^* g), \quad \forall f \in \mathrm{Dom}(\mathcal{A}),\ g \in \mathrm{Dom}(\mathcal{A}^*)$$

を意味する．稠密に定義された線形作用素 $\mathcal{A}$ が，

$$(\mathcal{A}f, g) = (f, \mathcal{A}g), \quad \forall f,\ g \in \mathrm{Dom}(\mathcal{A}) \subseteq \mathrm{Dom}(\mathcal{A}^*)$$

を満たすとき「対称」と呼ばれる．$\mathcal{A}$ が対称でさらに $\mathrm{Dom}(\mathcal{A}) = \mathrm{Dom}(\mathcal{A}^*)$ が成り立つならば，作用素は「自己共役 (self-adjoint)」と呼ばれる．$\mathrm{Dom}(\mathcal{A}) = \mathcal{H}$ で $\mathcal{A}$ が対称ならば，$\mathcal{A}$ は有界で自己共役である．

自己共役な作用素に対してスペクトル定理を定式化するために，射影値測度（スペクトル測度）を定義する必要がある．

定義 6.1（スペクトル測度） $\mathcal{H}$ を可分な実 Hilbert 空間，$\mathcal{B}(\mathbb{R})$ を $\mathbb{R}$ 上の Borel-σ 加法族とする．
  1) 任意の $E(B)$ は直交射影である（つまり，$E^2(B) = E(B)$ かつ $E^*(B) = E(B)$）が成立．
  2) $E(\emptyset) = 0, E(\mathbb{R}) = I$（$I$ は $\mathcal{H}$ の恒等作用素）が成立．
  3) $B = \bigcup_{n=1}^{\infty} B_n$ で $n \neq m$ のとき $B_n \cap B_m = \emptyset$ を満たすならば，$E(B) = \sum_{n=1}^{\infty} E(B_n)$（無限級数に関する極限は強作用素位相でとられる）が成立．
  4) $E(B_1) E(B_2) = E(B_1 \cap B_2)$ が成立．

以上を満たす $\mathcal{H}$ での有界線形作用素の族 $\{E(B), B \in \mathcal{B}(\mathbb{R})\}$ は「射影値測度」，もしくは「スペクトル測度」，あるいは「単位の分解」と呼ばれる．

通常の測度の場合と同様にスペクトル測度の台 $(\mathrm{Supp}(E))$ は $E(\mathrm{Supp}(E)) = I$ である $\mathbb{R}$ の最も小さい閉集合として定義される．$f \in \mathcal{H}$ に対して $\mu_f(B) := (f, E(B)f)$ は $\mu_f(\mathbb{R}) = \|f\|^2$ となるように正規化された $\mathbb{R}$ 上の矛盾なく定義された (well-defined) Borel 測度である．

定理 6.1（自己共役作用素に対するスペクトル表現定理） 自己共役作用素 $\mathcal{A}$ と射影値測度 $\{E(B); B \in \mathcal{B}(\mathbb{R})\}$ の 1 対 1 対応が存在する．対応は

$$\mathrm{Dom}(\mathcal{A}) = \left\{ f \in \mathcal{H} : \int_{\mathbb{R}} \lambda^2 \mu_f(\mathrm{d}\lambda) < \infty \right\}$$

および

$$\mathcal{A}f = \int_{\mathbb{R}} \lambda E(\mathrm{d}\lambda)f, \quad f \in \mathrm{Dom}(\mathcal{A}) \tag{6.13}$$

によって与えられる．

$\mathcal{A}$ のスペクトル表現 (6.13) での積分は弱い意味で理解することができる．つまり

$$(f, \mathcal{A}g) = \int_{\mathbb{R}} \lambda(f, E(\mathrm{d}\lambda)g), \quad f \in \mathcal{H},\ g \in \mathrm{Dom}(\mathcal{A})$$

実際，この積分はまた $\mathcal{H}$ において強い意味で収束する．自己共役作用素 $\mathcal{A}$ のスペクトル分解を

$$\mathcal{A} = \int_{\mathbb{R}} \lambda E(\mathrm{d}\lambda)$$

と省略して書くことにする．$\mathcal{A}$ のスペクトルはそのスペクトル測度 E の台に一致する．

スペクトル表現定理は自己共役作用素に対する次の汎関数演算（functional calculus）を可能にする．E を自己共役作用素 $\mathcal{A}$ に対するスペクトル測度，ϕ を $\mathbb{R}$ 上での実数値 Borel 可測関数とする．このとき，新しい作用素（作用素 $\mathcal{A}$ の関数 $\phi(\mathcal{A})$）

$$\phi(\mathcal{A}) := \int_{\mathbb{R}} \phi(\lambda) E(\mathrm{d}\lambda) \tag{6.14}$$

を定義できる．これは定義域が

$$\mathrm{Dom}(\phi(\mathcal{A})) = \left\{ f \in \mathcal{H} : \int_{\mathbb{R}} \phi^2(\lambda) \mu_f(\mathrm{d}\lambda) < \infty \right\}$$

である $\mathcal{H}$ での自己共役作用素である．これが有界であることと ϕ が有界であることは同値である．

線形作用素 $\mathcal{A}$ のレゾルベント集合 $\rho(\mathcal{A})$ は「$\mathcal{A}$ のレゾルベント（resolvent）」と呼ばれる有界線形作用素 $\mathcal{R}_\alpha := (\alpha I - \mathcal{A})^{-1}$ が存在するような $\alpha \in \mathbb{C}$ から構成される．スペクトル表現定理から自己共役作用素のレゾルベントは

$$\mathcal{R}_\alpha f = (\alpha I - \mathcal{A})^{-1} f = \int_{\mathbb{R}} (\alpha - \lambda)^{-1} E(\mathrm{d}\lambda)f, \quad \alpha \in \rho(\mathcal{A}),\ f \in \mathcal{H}$$

というスペクトル表現をもつ．レゾルベント集合の補集合 $\sigma(\mathcal{A}) := \mathbb{C} \setminus \rho(\mathcal{A})$ は $\mathcal{A}$ の「スペクトル（spectrum）」と呼ばれている．$\mathcal{A}$ のスペクトル測度 E の台はスペクトル $\sigma(\mathcal{A})$ と一致する．レゾルベント集合 $\rho(\mathcal{A})$ は開集合でスペクトル $\sigma(\mathcal{A})$ は閉集合である．$\mathcal{A}$ が自己共役ならば，$\mathcal{A}$ のスペクトルは空集合ではなく，実軸上にある．

また，

2. Hilbert 空間上の自己共役半群

$$(f, \mathcal{A}f) \geq 0 \ ((f, \mathcal{A}f) \leq 0), \quad \forall f \in \text{Dom}(\mathcal{A})$$

が成り立つならば，自己共役作用素 $\mathcal{A}$ は非負（非正）であるという．$\mathcal{A}$ が非正（非負）であるならば，そのスペクトル $\sigma(\mathcal{A})$ は非正（非負）な実軸上にある．$\mathcal{A}$ が非負な自己共役作用素であれば，そのスペクトル表現は

$$\mathcal{A} = \int_{[0,\infty]} \lambda E(\mathrm{d}\lambda)$$

となる．$\mathcal{A}$ が有界な作用素であれば，そのスペクトルは空集合ではなく，コンパクトである．

$\mathcal{A}$ の純粋な点スペクトルは $\mathcal{A}$ のすべての固有値の集合

$$\sigma_{pp}(\mathcal{A}) := \{\lambda \in \mathbb{R} : \exists f \in \text{Dom}(\mathcal{A}) \text{ s.t. } \mathcal{A}f = \lambda f\}$$

として定義される．$\mathcal{H}$ の次の3つの部分空間を定義しておこう．1つ目は $\mathcal{H}_{pp}$ - $\mathcal{A}$ のすべての固有空間の線形包の閉包，2つ目は $\mathcal{H}_{ac}$ - 測度 $\mu_f(B) = (f, E(B)f)$ が Lebesgue 測度に関して絶対連続であるようなすべての $f \in \mathcal{H}$ の集合，そして3つ目は $\mathcal{H}_{cs}$ - $\mathcal{H}$ での $\mathcal{H}_{pp} \oplus \mathcal{H}_{ac}$ の直交補空間である．$f \in \mathcal{H}_{cs}$ ならば，$\mu_f(B) := (f, E(B)f)$ は Lebesgue 測度に関して特異連続な測度である．部分空間 $\mathcal{H}_{pp}, \mathcal{H}_{ac}, \mathcal{H}_{cs}$ は互いに直交し，$\mathcal{A}$ に関して不変である．$\mathcal{A}$ の $\text{Dom} \cap \mathcal{H}_{pp}, \text{Dom} \cap \mathcal{H}_{ac}, \text{Dom} \cap \mathcal{H}_{cs}$ への制限 $\mathcal{A}_{pp}, \mathcal{A}_{ac}, \mathcal{A}_{cs}$ はおのおの $\mathcal{H}_{pp}, \mathcal{H}_{ac}, \mathcal{H}_{cs}$ での作用素として自己共役である．これらは，それぞれ $\mathcal{A}$ の純点 (pure point)，絶対連続 (absolutely continuous)，特異連続 (continuous singular) 成分と呼ばれている．$\mathcal{A}$ のスペクトルの絶対連続，特異連続，純点成分をそれぞれ次で定義する：$\sigma_{ac}(\mathcal{A}) := \sigma(\mathcal{A}_{ac}), \sigma_{cs}(\mathcal{A}) := \sigma(\mathcal{A}_{cs}), \sigma_{pp}(\mathcal{A}) := \sigma(\mathcal{A}_{pp})$．このように定義された純点スペクトルはすべての固有値の集合として上で定義された純点スペクトルの閉包である．両方の定義がその時々によって使い分けられている．すべての固有値の集合の閉包としての純点スペクトルの定義を採用すると，

$$\sigma(\mathcal{A}) = \sigma_{ac}(\mathcal{A}) \cup \sigma_{cs}(\mathcal{A}) \cup \sigma_{pp}(\mathcal{A})$$

という分解が成り立つ（ただしそれぞれの成分は必ずしも互いに素ではない）．連続スペクトルとは

$$\sigma_c(\mathcal{A}) = \sigma_{ac}(\mathcal{A}) \cup \sigma_{cs}(\mathcal{A})$$

のことである．

$\lambda \in \sigma(\mathcal{A})$ は $E[(\lambda - \epsilon, \lambda + \epsilon)]$ の値域が任意の ϵ に対して無限次元であるとき $\mathcal{A}$ の「本質的スペクトル (essential spectrum)」であるといい，その全体を $\sigma_e(\mathcal{A})$ と表す．一方，$E[(\lambda - \epsilon, \lambda + \epsilon)]$ の値域がある $\epsilon > 0$ に対して有限次元であるとき，$\lambda \in \sigma(\mathcal{A})$ を $\mathcal{A}$ の離散スペクトルであるといい，その全体を $\sigma_d(\mathcal{A})$ と表す．スペクトルはこれら2つの互いに素な集合の和で表すことができる．すなわち，

$$\sigma(\mathcal{A}) = \sigma_d(\mathcal{A}) \cup \sigma_e(\mathcal{A})$$

が成り立つ．集合 $\sigma_d(\mathcal{A})$ は閉であるとは限らないが，$\sigma_e(\mathcal{A})$ は常に閉である．$\lambda \in \sigma_d(\mathcal{A})$ であることと，λ が $\sigma(\mathcal{A})$ の孤立点であり有限重複度の固有値であるということは同値である．明らかに，$\sigma_d(\mathcal{A}) \subset \sigma_{pp}(\mathcal{A})$ である．$\lambda \in \sigma_e(\mathcal{A})$ であることと次のそれぞれは同値である：(a) $\lambda \in \sigma_c(\mathcal{A}) \equiv \sigma_{ac}(\mathcal{A}) \cap \sigma_{cs}(\mathcal{A})$，(b) λ は純点スペクトル $\sigma_{pp}(\mathcal{A})$ の極限点，(c) λ は無限重複度をもつ固有値．何人かの著者（例えば Dunford and Schwartz, 1963, p.1393）は本質スペクトルを $\sigma_e(\mathcal{A}) := \{\lambda \in \mathbb{R} : (\lambda I - \mathcal{A})$ の値域は閉でない$\}$ のように定義している．この定義では，自己共役作用素 $\mathcal{A}$ の本質スペクトルは $\sigma(\mathcal{A})$ の孤立点でない点の集合であり（Dunford and Schwartz, 1963, p.1395），$\lambda \in \sigma_e(\mathcal{A})$ であることと次のそれぞれは同値である：(a) $\lambda \in \sigma_c(\mathcal{A}) \equiv \sigma_{ac}(\mathcal{A}) \cap \sigma_{cs}(\mathcal{A})$，(b) λ は純点スペクトル $\sigma_{pp}(\mathcal{A})$ の極限点．常微分作用素の固有値は常に有限重複度しかもたず，そのような作用素に対しては 2 つの本質スペクトルの定義は一致する．

2.2 Hilbert 空間での自己共役半群

Banach 空間（Applebaum, 2004, Chapter 3; Davies, 1980; Demuth and van Casteren, 2000; Ethier and Kurtz, 1986; Fukushima et al., 1994; Hille and Phillips, 1957 などを見よ）上の作用素半群理論に関するいくつかの概念の復習から始めよう．

定義 6.2 有界作用素の族 $\{\mathcal{P}_t, t \geq 0\}$ は次の 3 つの性質を満たせば，実 Banach 空間 $(\mathbf{B}, \|\cdot\|)$ において強連続半群であるという．
1) （半群の性質）$\forall s, t \geq 0$ に対し $\mathcal{P}_s \mathcal{P}_t = \mathcal{P}_{s+t}$ が成立．
2) （恒等性）$\mathcal{P}_0 = I$ が成立．
3) （強連続性）任意の $f \in \mathbf{B}$ に対して $t \mapsto \mathcal{P}_t f$ は $[0, \infty)$ から $(\mathbf{B}, \|\cdot\|)$ への写像として連続（つまり $\lim_{s \to t} \|\mathcal{P}_t f - \mathcal{P}_s f\| = 0$, $\forall t \geq 0$, $f \in \mathbf{B}$ が成立）．

任意の強連続半群に対して，

$$\|\mathcal{P}_t\| \leq M e^{bt}, \quad t \geq 0$$

（$\|\mathcal{A}\| = \sup_{f \in \mathbf{B}} \|\mathcal{A}f\|/\|f\|$ は作用素ノルム）が成り立つような定数 $M \geq 0$ と $b \in \mathbb{R}$ が存在する．上の不等式が $M = 1$, $b = 0$ で成り立つとき，つまり

$$\|\mathcal{P}_t\| \leq 1, \quad t \geq 0$$

のとき，この半群は「縮小半群（contraction semigroup）」と呼ばれる．

任意の半群に対し，半群の無限小生成作用素（infinitesimal generator）と呼ばれる作用素を

2. Hilbert 空間上の自己共役半群

$$\mathcal{G}f := \lim_{t\downarrow 0} \frac{1}{t}(\mathcal{P}_t f - f), \quad f \in \text{Dom}(\mathcal{G})$$

$$\text{Dom}(\mathcal{G}) = \left\{ f \in \mathbf{B} : \exists \lim_{t\downarrow 0} \frac{1}{t}(\mathcal{P}_t f - f) \in \mathbf{B} \right\}$$

と関連づけることができる.

$\mathbf{B} = \mathcal{H}$ を可分な実 Hilbert 空間で $\mathcal{P}_t$ を $\mathcal{H}$ での強連続縮小半群であると仮定する. $\mathcal{P}_t$ が自己共役作用素, つまり

$$(\mathcal{P}_t f, g) = (f, \mathcal{P}_t g), \quad f, g \in \mathcal{H} \tag{6.15}$$

であるならば, 半群は $\mathcal{H}$ で自己共役であると呼ばれる (有界作用素に対して, 定義域は Hilbert 空間 $\mathcal{H}$ 全体と一致する. よって有界対称作用素は自己共役である. つまり, そのような作用素に対して対称と自己共役の区別はない).

次の定理が成り立つ (Davies, 1980, p.99; Hille and Phillips, 1957, Theorem 22.3.1).

定理 6.2 作用素 $\mathcal{G}$ が $\mathcal{H}$ での強連続自己共役縮小半群 $\{\mathcal{P}_t, t \geq 0\}$ の無限小生成作用素であることと, $\mathcal{G}$ が $\mathcal{H}$ での非負自己共役作用素であることは同値である.

$$-\mathcal{G} = \int_{[0,\infty)} \lambda E(\mathrm{d}\lambda) \tag{6.16}$$

が $-\mathcal{G}$ のスペクトル表現であるならば, 任意の $t \geq 0$ に対して,

$$\mathcal{P}_t = e^{t\mathcal{G}} = \int_{[0,\infty)} e^{-\lambda t} E(\mathrm{d}\lambda) \tag{6.17}$$

が成り立つ (注意:非負なスペクトルパラメータ $\lambda \geq 0$ をもつために無限小生成作用素 $\mathcal{G}$ にマイナスをつけたものをスペクトル表現している).

スペクトル表現 (6.17) は指数関数に対する汎関数演算表現 (6.14) の応用から得られる. この定理から, $\mathcal{H}$ での強連続自己共役縮小半群と $\mathcal{H}$ での非負な自己共役作用素は 1 対 1 に対応していることになる.

強連続自己共役縮小半群 $\{\mathcal{P}_t, t \geq 0\}$ のレゾルベントは無限小生成作用素 $\mathcal{G}$ に対しての

$$\mathcal{R}_\alpha = (\alpha I - \mathcal{G})^{-1} = \int_{[0,\infty)} (\alpha + \lambda)^{-1} E(\mathrm{d}\lambda) \tag{6.18}$$

で定義される作用素の族 $\{\mathcal{R}_\alpha, \alpha > 0\}$ である ($\sigma(\mathcal{G}) \subseteq (-\infty, 0]$ であるので, $(0, \infty) \subset \rho(\mathcal{G})$ が成り立つことに注意する). レゾルベントは以下のように半群の Laplace 変換として書くこともできる.

$$\mathcal{R}_\alpha = \int_0^\infty e^{-\alpha t} \mathcal{P}_t \mathrm{d}t \tag{6.19}$$

無限小生成作用素が純離散スペクトルをもつ（つまり，本質スペクトルが空である）とき，状況はかなり簡単になる．$-\mathcal{G}$ を正の自己共役作用素で純離散スペクトルが $\sigma_d(-\mathcal{G}) \subseteq [0,\infty)$ を満たすものとする．このとき，スペクトル測度は固有値 $\lambda \in \sigma_d(-\mathcal{G})$ に対する固有空間（$\{f \in \mathcal{H} : -\mathcal{G}f = \lambda f\}$）上での直交射影 $P(\lambda)$ に対して，

$$E(B) = \sum_{\lambda \in \sigma_d(-\mathcal{G}) \cap B} P(\lambda)$$

で与えられる（和は集合 B に属する固有値全体でとる）．このとき，$\mathcal{G}$ で生成される半群のスペクトル表現は

$$\mathcal{P}_t f = e^{t\mathcal{G}} f \sum_{\lambda \in \sigma_d(-\mathcal{G})} e^{-\lambda t} P(\lambda) f, \quad t \geq 0, \ f \in \mathcal{H}$$

$$-\mathcal{G}f = \sum_{\lambda \in \sigma_d(-\mathcal{G})} \lambda P(\lambda) f, \quad f \in \mathrm{Dom}(\mathcal{G})$$

というように簡単な形になる．$t = 0$ のとき，任意の $f \in \mathcal{H}$ は

$$f = \sum_{\lambda \in \sigma_d(-\mathcal{G})} P(\lambda) f, \qquad \|f\|^2 = \sum_{\lambda \in \sigma_d(-\mathcal{G})} \|P(\lambda) f\|^2$$

というスペクトル展開をもつ．また，$\{\varphi_n\}_{n=1}^\infty$ を固有値[2] $\{-\lambda_n\}_{n=1}^\infty, \lambda \geq 0$ に対する $\mathcal{G}$ の固有ベクトルからなる正規直交基底であるとすれば（各固有値はその重複度，つまり固有空間の次元と同じ回数数えられる．ここですべての固有値は有限重複度しかもたないと仮定する），

$$-\mathcal{G}\varphi_n = \lambda_n \varphi_n \tag{6.20}$$

であるから，$f \in \mathcal{H}$ に対して

$$f = \sum_{n=1}^\infty c_n \varphi_n, \quad c_n = (f, \varphi_n) \tag{6.21}$$

というスペクトル展開は正しい．そして Perseval の等式が成り立つ：$\|f\|^2 = \sum_{n=1}^\infty c_n^2$．$t > 0$ に対して，φ_n はまた固有値が $e^{-\lambda_n t}$ である作用素 $\mathcal{P}_t$ の固有ベクトルであり，

$$\mathcal{P}_t \varphi_n = e^{-\lambda_n t} \varphi_n \tag{6.22}$$

となる．そして半群とレゾルベントのスペクトル展開は

$$\mathcal{P}_t f = \sum_{n=1}^\infty c_n e^{-\lambda_n t} \varphi_n, \quad t \geq 0, \ f \in \mathcal{H} \tag{6.23}$$

---

[2] ここでは λ_n は生成作用素のマイナス，つまり $-\mathcal{G}$ の固有値である．したがって $-\lambda_n$ は $\mathcal{G}$ の固有値となる．

$$\mathcal{R}_\alpha f = \sum_{n=1}^{\infty} \frac{c_n \varphi_n}{\alpha + \lambda_n}, \quad \alpha > 0, \, f \in \mathcal{H} \tag{6.24}$$

と与えられる．

いままでは抽象的な Hilbert 空間 $\mathcal{H}$ で話をしてきた．ここで，1.2 項の設定に戻ろう．状態空間 D（実際には $D = \mathbb{R}^d$ または $\mathbb{R}^d$ での開領域），D 上での（有限または無限）測度 m，そして内積 (6.7) をもつ D 上の二乗可積分な関数の Hilbert 空間 $\mathcal{H} = L^2(D, m)$ という枠組みであった．さらに以下では，考えている Markov 過程は対称であると仮定する．つまり，その遷移半群は (6.8) の意味で対称であると仮定する．そうすると，本章での結果のすべてが適用でき，対称な Markov 過程の遷移半群のスペクトル展開が得られることになる．われわれの興味はスペクトル表現が具体的，明示的に与えられ，したがってデリバティブ資産の価値関数が明示的に得られるような特別な確率過程にある．

3. 1 次元拡散過程：一般的な結果

3.1 準　　備

1 次元の拡散過程においては，スピード測度を対称測度とすることで対称性 (6.8) は常に満たされる．もう少し詳しく説明しよう．$\{\widehat{X}_t, t \geq 0\}$ を端点が $e_1, e_2, -\infty \leq e_1 < e_2 \leq \infty$ である区間 $I \subset \mathbb{R}$ を状態空間にもち，斉時的（time-homogeneous）で正則な（つまり，正の確率で (e_1, e_2) のすべての点に到達する）1 次元拡散過程とし，その無限小生成作用素が

$$\mathcal{G}f(x) = \frac{1}{2}a^2(x)f''(x) + b(x)f'(x) - k(x)f(x), \quad x \in (e_1, e_2) \tag{6.25}$$

で与えられるものとする．ここで，拡散（ボラティリティ）係数 $a(x)$ は 2 回連続微分可能で開区間 (e_1, e_2) 上で真に正であり，ドリフト $b(x)$ は (e_1, e_2) 上で 1 回連続微分可能，そして，消滅率 $k(x)$ は連続で (e_1, e_2) 上で正であるとする（これらの正則性の仮定は必ずしも必要でないが，議論を簡単にするために以下では常に仮定しておく）．この $\widehat{X}_t$ の無限小生成作用素は

$$\mathcal{G}f(x) = \frac{1}{m(x)}\left(\frac{f'(x)}{s(x)}\right)' - k(x)f(x), \quad x \in (e_1, e_2) \tag{6.26}$$

と自己共役の形に形式的に[3]書き直すことができる．ここで，$s(x)$ と $m(x)$ はスケール密度（scale density）とスピード密度（speed density）で（1 次元拡散過程の詳細

---

[3] 「形式的」というのは，ここでは $\mathcal{G}$ の定義域について何も述べていないからである．$\mathcal{G}$ が，スピード測度 m（ここでは (6.27) で与えられる密度 $m(x)$ をもつ）に関する Hilbert 空間 $L^2(I, m)$ で自己共役であるためにはその定義域 $\mathrm{Dom}(\mathcal{G})$ をはっきりさせなければならない．それは結局，端点 e_1 と e_2 における境界条件を決めることであるが，それについては以降で行う．

については Borodin and Salminen, 2002, Chapter II を参照するとよい．ここでのスピード密度の定義においては通常のものにあわせて係数 2 を掛けたものを採用している）．

$$s(x) := \exp\left(-\int_{x_0}^{x} \frac{2b(y)}{a^2(y)} dy\right), \qquad m(x) := \frac{2}{a^2(x)s(x)} \qquad (6.27)$$

で与えられる．ここで，$x_0 \in (e_1, e_2)$ は状態空間の任意の点である．$s(x)$ と $m(x)$ はともに 2 回微分可能で (e_1, e_2) 上で真に正である．

端点 $e_i, i = 1, 2$ は自然境界（natural boundary），流入境界（entrance boundary），流出境界（exit boundary），または正則境界（regular boundary）のいずれかに分類される．消滅する拡散過程における Feller による境界の分類を以下で紹介しよう（例えば Borodin and Salminen, 2002, Chapter II を参照のこと）．$x, y \in (e_1, e_2)$ に対して

$$\mathcal{S}(x) := \int_{x_0}^{x} s(z) dz, \qquad \mathcal{S}[x, y] := \mathcal{S}(y) - \mathcal{S}(x) = \int_{x}^{y} s(z) dz$$
$$\mathcal{S}(e_1, y] := \lim_{x \downarrow e_1} \mathcal{S}[x, y], \qquad \mathcal{S}(e_2, y] := \lim_{y \uparrow e_2} \mathcal{S}[x, y]$$

とスケール関数および測度を定義する（ここで $x_0 \in (e_1, e_2)$ は状態空間での任意の点である）．この極限値は無限になってもよい．さらに，$\epsilon \in (e_1, e_2)$ を固定し，

$$I_1 := \int_{e_1}^{\epsilon} \mathcal{S}(e_1, y](1 + k(x))m(x) dx$$
$$I_2 := \int_{\epsilon}^{e_2} \mathcal{S}[x, e_2)(1 + k(x))m(x) dx$$
$$J_1 := \int_{e_1}^{\epsilon} \mathcal{S}[x, \epsilon](1 + k(x))m(x) dx$$
$$J_2 := \int_{\epsilon}^{e_2} \mathcal{S}[\epsilon, x](1 + k(x))m(x) dx$$

と定義する（以下で使いやすい形にするために Borodin and Salminen, 2002, pp.14–15 の公式での積分でちょっとした変更をしている）．境界 $e_i \in \{e_1, e_2\}$ は

- $I_i < \infty, J_i < \infty$ ならば正則
- $I_i < \infty, J_i = \infty$ ならば流出
- $I_i = \infty, J_i < \infty$ ならば流入
- $I_i = \infty, J_i = \infty$ ならば自然

と呼ばれる．拡散過程は流出境界に初めて達した時刻にただちに消滅し（そして孤立点 Δ に送られて）そこから出ることはできない．状態空間の内点から出発したならば流入境界に決して到着することはない．流入境界から出発することはできるが，状態空間の内点にただちに入り，決して流入境界には帰ってこない．また，この過程は

3. 1次元拡散過程：一般的な結果

状態空間の内部から出発した場合，自然境界に決して到着しないし，また自然境界から出発することもできない．流出／流入／自然境界は状態空間 I に含まれない（I は開区間であり，その境界は流出／流入／自然境界となる）．正則境界では，境界条件を与えることができる．ここではただちに消滅するか，ただちに反射する場合を考えてみる．前者の場合，過程は境界に初めて到達する時刻で孤立点 Δ に送られ，境界点は状態空間に含まれない．後者の場合では，過程は境界でただちに反射される（この場合，境界は状態空間に含まれる．境界でただちに反射するモデルについては Linetsky, 2005 を見よ）．状態空間 I は境界が正則でただちに反射する場合（このときはその点を付け足す）以外は開集合 $I = (e_1, e_2)$ である．

消滅率 $k(x) \geq 0$ も考慮に入れれば，境界の性質は変わる．つまり，一般的に，$k = 0$ のときの過程 X と $k \geq 0$ のときの過程 $\widehat{X}$ においては境界の分類法は異なる．特に，正則もしくは流出の到達できる境界は到達できない境界となる．なぜなら，消滅率が境界の方に向かって十分速く増える場合には，過程は境界にたどり着く前にほとんど確実に消滅し，境界に到達できなくなるからである．

スペクトル展開についての議論を始める前に，1 次元拡散過程についての準備が必要である．以下は Borodin and Salminen (2002, Chapter II) に従う．$T_z := \inf\{t \geq 0 : X_t = z\}$ を $z \in I$ に最初に到達する時刻とする．このとき，$\alpha > 0$ に対して，非負な確率変数 T_z の Laplace 変換は

$$\mathbb{E}_x[e^{-\alpha T_z}] = \begin{cases} \dfrac{\psi_\alpha(x)}{\psi_\alpha(z)}, & x \leq z \\ \dfrac{\phi_\alpha(x)}{\phi_\alpha(z)}, & x \geq z \end{cases} \tag{6.28}$$

のようになる．ここで，$\psi_\alpha(x), \phi_\alpha(x)$ は 2 階の常微分方程式

$$\mathcal{G}u(x) = \frac{1}{2}a^2(x)u''(x) + b(x)u'(x) - k(x)u(x) = \alpha u(x) \tag{6.29}$$

の連続解である（ここで $\mathcal{G}$ は無限小生成作用素 (6.25) であり，この方程式 (6.29) はいわゆる Sturm–Liouville (SL) 方程式である）．関数 $\psi_\alpha(x), \phi_\alpha(x)$ はまず $\psi_\alpha(x)$ が x について増加関数であり，$\phi_\alpha(x)$ は減少関数であるという条件，そして次に正則境界点での境界条件を与えることで決まる (6.29) の（α に依存するが x と独立である定数の掛け算の分だけ自由度をもつ）ただ 1 つの解として特徴づけられる．$\psi_\alpha(x)$ に対して，境界条件は e_1 が正則境界のときそこでのみ必要とされる．e_1 が消滅境界となる正則境界であるならば，Dirichlet 境界条件

$$\psi_\alpha(e_1+) = 0$$

が付与される．e_1 がただちに反射する正則境界であるならば，Neumann 境界条件

$$\lim_{x\downarrow e_1}\frac{\psi'_\alpha(x)}{s(x)}=0$$

が付与される．同様に $\phi_\alpha(x)$ は，e_2 で消滅する（ただちに反射する）正則境界であるならば，e_2 で Dirichlet (Neumann) 境界条件をもつ．非正則境界では，関数 $\psi_\alpha(x), \phi_\alpha(x)$ はすべての $\alpha>0$ に対して次の性質をもつ：e_1 が流入境界ならば

$$\psi_\alpha(e_1+)>0, \quad \lim_{x\downarrow e_1}\frac{\psi'_\alpha(x)}{s(x)}=0$$

$$\phi_\alpha(e_1+)=+\infty, \quad \lim_{x\downarrow e_1}\frac{\phi'_\alpha(x)}{s(x)}>-\infty$$

であり，e_1 が流出境界ならば

$$\psi_\alpha(e_1+)=0, \quad \lim_{x\downarrow e_1}\frac{\psi'_\alpha(x)}{s(x)}>0$$

$$\phi_\alpha(e_1+)<+\infty, \quad \lim_{x\downarrow e_1}\frac{\phi'_\alpha(x)}{s(x)}=-\infty$$

となる．また，e_1 が自然境界ならば

$$\psi_\alpha(e_1+)=0, \quad \lim_{x\downarrow e_1}\frac{\psi'_\alpha(x)}{s(x)}=0$$

$$\phi_\alpha(e_1+)=+\infty, \quad \lim_{x\downarrow e_1}\frac{\phi'_\alpha(x)}{s(x)}=-\infty$$

となる．まったく同様のことが e_2 において $\psi_\alpha(x)$ と $\phi_\alpha(x)$ の役割を交換して成り立つ．

関数 $\psi_\alpha(x), \phi_\alpha(x)$ は Sturm–Liouville (SL) 方程式 (6.29) の基本解と呼ばれる．これらはすべての $\alpha>0$ に対して線形独立であり，すべての解はその線形結合で表現できる．さらに次で定義されるロンスキアン (Wronskian)

$$w_\alpha := \phi_\alpha(x)\frac{\psi'_\alpha(x)}{s(x)}-\psi_\alpha(x)\frac{\phi'_\alpha(x)}{s(x)} \tag{6.30}$$

（ここで $s(x)$ は (6.27) で定義されるスケール密度である）は x によらない一定の値になる．

標準的な Markov 的設定においては，I 上での実数値有界連続な関数のなす Banach 空間 $C_b(I)$ を考える．このとき，推移作用素 $\mathcal{P}_t$ は $C_b(I)$ 上の半群 $\{\mathcal{P}_t, t\geq 0\}$ を形成する．$C_b(I)$ での $\{\mathcal{P}_t, t\geq 0\}$ の無限小生成作用素 $\mathcal{G}$ の定義域 $\mathrm{Dom}(\mathcal{G})$ は

$$\mathrm{Dom}(\mathcal{G})=\{f\in C_b(I):\mathcal{G}f\in C_b(I),\ e_1 \text{ と } e_2 \text{ における境界条件}\}$$

で与えられる．境界条件は次のようになる (McKean, 1956, p.522; Borodin and

Salminen, 2002, pp.16-17)：$e \in \{e_1, e_2\}$ が過程 $\widehat{X}$ に対して流出境界もしくは消滅条件の正則境界であるならば，e での適切な境界条件は Dirichlet 境界条件

$$\lim_{x \to e} f(x) = 0 \tag{6.31}$$

である．一方 $e \in (e_1, e_2)$ が過程 X に対して流入境界であったり，「ただちに反射する」正則境界であるならば，e での境界条件は Neumann 条件

$$\lim_{x \to e} \frac{f'(x)}{s(x)} = 0 \tag{6.32}$$

である．自然境界に対しては $f, \mathcal{G}f \in C_b(I)$ という有界性の条件以外には境界条件は必要ない．

3.2 推移密度の Laplace 変換

$p_m(t; x, y)$ をスピード測度 $m(\mathrm{d}x) = m(x)\mathrm{d}x$ に関しての対称推移密度とする．Green 関数，すなわち時刻に関する推移密度の Laplace 変換は，

$$G_\alpha(x, y) = \int_0^\infty e^{-\alpha t} p_m(t; x, y) \mathrm{d}t \tag{6.33}$$

で与えられる（$\alpha > 0$）．次の公式

$$G_\alpha(x, y) = \begin{cases} w_\alpha^{-1} \psi_\alpha(x) \phi_\alpha(y), & x \leq y \\ w_\alpha^{-1} \psi_\alpha(y) \phi_\alpha(x), & y \leq x \end{cases} \tag{6.34}$$

(Borodin and Salminen, 2002, p.19) は古典的である．したがって，1次元拡散過程の推移密度を，Sturm–Liouville 方程式 (6.29) の増加・減少の基本解 $\psi_\alpha(x), \phi_\alpha(x)$ を求め，そしてその Laplace 変換 (6.33) を反転させることにより

$$p_m(t; x, y) = \frac{1}{2\pi i} \int_{c-i\infty}^{c+i\infty} e^{\alpha t} G_\alpha(x, y) \mathrm{d}\alpha \tag{6.35}$$

と得ることができる．この Bromwich–Laplace 逆変換公式において積分は右半平面で虚数軸に平行な軸上（$c>0$）にとる．$G_\alpha(x, y)$ は Green 関数 (6.34) の全平面 $\alpha \in \mathbb{C}$ への解析接続である．関数 $\psi_\alpha(x), \phi_\alpha(x)$ が具体的にわかっているならば，複素変数 $\alpha \in \mathbb{C}$ の関数としての Green 関数の解析接続を調べることができ，Cauchy の留数定理を用いて Bromwich–Laplace 反転積分を計算することができる．Green 関数はレゾルベント作用素 $\mathcal{R}_\alpha$(6.18) の積分核（レゾルベント核）であるので，G_α の特異点は負の実半直線 $\alpha \leq 0$ にあり（非負自己共役作用素 $\mathcal{G}$ のスペクトルは負の半直線にある），そして Cauchy の留数定理を用いれば，推移密度のスペクトル展開が得られる．3.7 項で基本解の解析接続と Green 関数についてのより詳しい結果を与える．

Cauchy の留数定理によってスペクトル展開を得ることは，Weyl と Titchmarsh による Sturm–Liouville 問題に対する複素解析的アプローチ（Titchmarsh, 1962 を見よ）にあたる．それ以外に，スペクトル展開はまた実解析的テクニックによっても得ることができる（実解析アプローチについては Linetsky, 2004a, 2004b を見よ）．

3.3 1次元拡散過程に対するスペクトル表現の一般形

$C_b(I) \cap L^2(I,m)$ に制限された Banach 空間 $C_b(I)$ 上の半群 $\{\mathcal{P}_t, t \geq 0\}$ は，$L^2(I,m)$ で非有界自己共役で非負な作用素である $\mathcal{G}$ を無限小生成作用素にもつ $L^2(I,m)$ での自己共役縮小の強連続半群に一意に拡張できる（McKean, 1956, またはより最近の文献では Langer and Schenk, 1990 を見よ）．$L^2(I,m)$ での $\mathcal{G}$ の定義域は

$$\mathrm{Dom}(\mathcal{G}) = \{f \in L^2(I,m) : f, f' \in AC_{\mathrm{loc}}(I), \mathcal{G}f \in L^2(I,m),$$
$$e_1 \text{ と } e_2 \text{ における境界条件}\}$$

で与えられる（McKean, 1956, p.526; Langer and Schenk, 1990, p.15）．ここで，$AC_{\mathrm{loc}}(I)$ は I のコンパクト部分区間で常に絶対連続な関数のなす空間である．$e \in (e_1, e_2)$ が確率過程 $\widehat{X}$ に対する消滅条件をもつ流出/正則境界であるなら，(6.31) で与えられるような e でゼロになる（Dirichlet）境界条件が与えられる．$e \in (e_1, e_2)$ が確率過程 $\widehat{X}$ に対して瞬間反射条件をもつ流入/正則境界であるなら，e での適切な境界条件は Neumann 境界条件 (6.32) である．$\mathcal{G}$ の自己共役性は McKean (1956) において示されている（または Langer and Schenk, 1990, p.15, Theorem 3.2 を見よ）．

Hilbert 空間の自己共役半群に対するスペクトル定理を適用して変換半群 $\{\mathcal{P}_t, t \geq 0\}$ に対して (6.17) のスペクトル表現が得られる．この場合，半群は密度をもつ．1次元拡散過程の遷移半群の密度に対するスペクトル表現の一般的な結果が McKean(1956)（Ito and McKean, 1974, Section 4.11 を参照してもよい）によって得られている．スケール関数，スピード測度，消滅測度が Lebesgue 測度に関して絶対連続であるいまの状況に限定すれば，McKean の一般的な結果から，対称変換密度は

$$p_m(t; x, y) = \int_{[0,\infty)} e^{-\lambda t} \sum_{i,j=1}^{2} u_i(x, \lambda) u_j(y, \lambda) \rho_{ij}(\mathrm{d}\lambda) \tag{6.36}$$
$$t > 0, \quad x, y \in I$$

というスペクトル表現をもつことがいえる．ここで，$u_i(x, \lambda), i = 1, 2$ は Sturm–Liouville 方程式 (6.29) に対する

$$-\mathcal{G}u_i(x, \lambda) = \lambda u_i(x, \lambda), \quad x \in (e_1, e_2), \ i = 1, 2 \tag{6.37}$$

$$u_1(x_0, \lambda) = 1, \quad \frac{u_1'(x_0, \lambda)}{s(x_0)} = 0 \tag{6.38}$$

$$u_2(x_0, \lambda) = 0, \quad \frac{u_2'(x_0, \lambda)}{s(x_0)} = 1 \tag{6.39}$$

という 2 つの初期値問題の解である（$x_0 \in (e_1, e_2)$ は任意に選ぶことができる）．そして $\rho(\mathrm{d}\lambda) = (\rho_{ij}(\mathrm{d}\lambda))_{i,j=1}^2$ は $[0, \infty)$ から 2×2 対称非負行列の Borel 測度（スペクトル行列）であり，

$$\rho_{11}(\mathrm{d}\lambda) \geq 0, \quad \rho_{22}(\mathrm{d}\lambda) \geq 0, \quad \rho_{12}(\mathrm{d}\lambda) = \rho_{21}(\mathrm{d}\lambda)$$
$$(\rho_{12}(\mathrm{d}\lambda))^2 \leq \rho_{11}(\mathrm{d}\lambda)\rho_{22}(\mathrm{d}\lambda) \tag{6.40}$$

を満たす．(6.36) での積分は $I \times I$ の任意のコンパクトな長方形上で一様収束する．McKean(1956) では対称推移密度 $p_m(t; x, y)$ の滑らかさに関する結果が数多く得られている．

ペイオフが $f \in L^2(I, m)$ で与えられるデリバティブ資産の価値関数に対するスペクトル表現は，

$$V(t, x) = \mathcal{P}_t f(x) = \int_I f(y) p_m(t; x, y) m(y) \mathrm{d}y \tag{6.41}$$

$$= \int_{[0,\infty)} e^{-\lambda t} \sum_{i,j=1}^2 u_i(x, \lambda) F_j(\lambda) \rho_{ij}(\mathrm{d}\lambda), \quad x \in I,\ t \geq 0 \tag{6.42}$$

と書ける．ここで展開係数

$$F_i(\lambda) = \int_I f(y) u_i(y, \lambda) m(y) \mathrm{d}y \tag{6.43}$$

は Perseval 等式

$$\|f\|^2 = \int_{[0,\infty)} \sum_{i,j=1}^2 F_i(\lambda) F_j(\lambda) \rho_{ij}(\mathrm{d}\lambda)$$

を満たす．自然境界でないとき（つまり両方の境界が流出／流入／正則であるとき）スペクトルは単純で純離散的である（McKean, 1956, Theorem 3.1 を見よ）．ここで，$\{-\lambda_n\}_{n=1}^\infty$, $0 \leq \lambda_1 < \lambda_2 < \cdots$, $\lim_{n\uparrow\infty}\lambda_n = \infty$ を $\mathcal{G}$ の固有値とし，$\{\varphi_n\}_{n=1}^\infty$ を正規化された，つまり $\|\varphi_n\|^2 = 1$ である，対応する固有関数とする．このとき，対称密度に対するスペクトル表現 (6.36) と価値関数に対するスペクトル表現 (6.42) は

$$p_m(t; x, y) = \sum_{n=1}^\infty e^{-\lambda_n t} \varphi_n(x) \varphi_n(y), \quad x, y \in I,\ t > 0 \tag{6.44}$$

$$V(t, x) = \mathcal{P}_t f(x) = \sum_{n=1}^\infty c_n e^{-\lambda_n t} \varphi_n(x), \quad c_n = (f, \varphi_n) \tag{6.45}$$

と簡単化される（$t > 0$ に対して固有関数展開は $I \times I$ での任意のコンパクト長方形上で一様収束する）．一方もしくは両方の境界が自然境界であるとき，$\mathcal{G}$ は空でない本質スペクトル（単純でないこともありうる）をもち，一般のスペクトル表現は (6.36)，

(6.42) の形をとる. しかし, 正則性をいくつかさらに仮定することで, スペクトル展開の式は著しく簡単になる.

L^2 でないペイオフについての注意 スペクトル展開 (6.42)(またはスペクトルが純離散的であるときの (6.36))はペイオフが $L^2(I,m)$ であるとき正しい. ペイオフが L^2 ではないが (6.41) の積分が存在するとき, (6.36)(またはスペクトルが離散であるとき (6.44))で与えられた推移確率密度によって価値関数を (6.41) で表すことができる. しかし, y での積分と, 価値関数に対するスペクトル展開 (6.42)(または (6.44))を得るためのスペクトル測度に関する積分の交換はできない. この状況はファイナンスの応用ではよく起こる. 4 節で議論される応用では, L^2 でないペイオフの例として Merton のキャッシュ配当モデルのコールとプットオプション, CEV モデルでのアジアンコールオプション, バニラコールオプションそしてダウンアンドアウト (down-and-out) コールオプション, Linetsky (2004b) におけるデフォルトのある (defaultable) 債券に Black–Scholes モデルを拡張したデフォルトにジャンプする (jump-to-default) モデルなどが取り上げられる. X が資産価格過程であるとき, これらの多くの応用では, 定数関数や線形関数は L^2 ではない. いくつかの場合(アジアンコール, CEV コールなど), ペイオフは L^2 ペイオフと 1 次関数のポジション $a+bX$ の和に分解することができ, 1 次関数のポジションに対する価値関数が直接容易に得られる. そして, L^2 ペイオフに対する価値関数はスペクトル展開によって得られる(これはプットコールパリティの典型的な応用例である). しかし, いくつかの応用では, ペイオフは 1 次関数と L^2 ペイオフの線形結合として表現することができないし, またある場合には 1 次関数のポジションに対する価値関数は簡単に得ることはできない. 最初のタイプの例は Merton のキャッシュ配当モデル (Lewis, 1998) で起こる. 2 番目のタイプの例は CEV モデル (Davydov and Linetsky, 2003) でのダウンアンドアウトコールオプションで起こる. 後者の問題では, ダウンアンドアウトコールのペイオフはダウンアンドアウトプットのペイオフ(これは L^2)とダウンアンドアウトフォワードのポジション(これは L^2 ではない)の線形結合に分解できる. しかし, ダウンアンドアウトフォワードに対する価値関数を決める必要がある. このような場合, 価値関数に対する表現 (6.41) から始めて, 推移密度に対するスペクトル表現 (6.36) の代わりに, Green 関数の逆 Laplace 変換の表現 (6.35) を用いる. そして, 逆 Laplace 変換と y での積分を交換し, ペイオフに対する Green 関数を積分し, そして最後に Laplace 変換を反転する. この Laplace 逆変換によってスペクトル表現が得られる. しかし, この表現には, (6.42) にはない項が含まれている. この余分な項は, L^2 でないペイオフを扱うことによって, Laplace 変換において全複素平面に解析接続したときに紛れ込む特異点によってもたらされる. 詳しくは, Lewis (1998), Davydov and Linetsky (2003), Linetsky (2004b, 2006) を参照せよ.

3.4　1次元拡散過程のスペクトルの分類

スペクトルの定性的性質を調べたり，あるいは自然境界であるときにスペクトル展開の一般形をシンプルなものにするためには，Sturm–Liouville (SL) 理論のバックグラウンドがある程度必要となる．Amrein et al. (2005) は最新の優れた参考文献である（その他，Tichmarsh, 1962; Dunford and Schwartz, 1963; Glazman, 1965; Levitan amd Sargsjan, 1975; Weidmann, 1987; Fulton et al., 1996 など）．$\alpha = -\lambda \in \mathbb{C}$ に対して自己共役形式で (6.29) を書き直した

$$
\begin{aligned}
&-\frac{1}{2}a^2(x)u''(x) - b(x)u'(x) + k(x)u(x) \\
&\equiv -\frac{1}{m(x)}\left(\frac{u'(x)}{s(x)}\right)' + k(x)u(x) = \lambda u(x), \quad x \in (e_1, e_2)
\end{aligned}
\tag{6.46}
$$

という SL 方程式を考えよう．Sturm の理論に基づく解の振動／非振動の分類は SL 作用素のスペクトルの定性的性質を決めるときに基本となる．与えられた実数 λ に対して方程式 (6.46) が境界点 e で振動であるということは，任意の解が e に集積する無限のゼロ点をもつということである．そうでなければ，e で非振動といわれる．この分類は λ ごとにはどちらか一方のみが成り立つが，λ によって変わりうる．方程式 (6.46) に対しては，それぞれの境界点で異なる可能性がある．

定理 6.3（振動／非振動による境界の分類）　$e \in \{e_1, e_2\}$ を方程式 (6.46) の境界点とする．このとき e は次の 2 つのどちらかに属する．

1) 方程式 (6.46) はすべての実数 λ に対して e で非振動である．このとき，境界点 e は非振動であるという．
2) 方程式 (6.46) がすべての実数 $\lambda > \Lambda$ に対して e で振動で，すべての実数 $\lambda < \Lambda$ に対して e で非振動であるような実数 $\Lambda \geq 0$ が存在する．このとき，境界点 e はカットオフ Λ の振動であるという．方程式 (6.46) は $\lambda = \Lambda > 0$ に対して e で振動の場合も非振動の場合もありうる．$\lambda = 0$ に対しては常に非振動である．

境界の振動／非振動の分類に基づいて，非負作用素 $-\mathcal{G}$ のスペクトルは次のように分類される．

定理 6.4（スペクトルの分類）

1) スペクトルカテゴリー **I**：両境界点が非振動であるならば，スペクトルは単純（重複度 1）かつ非負で純離散的である．
2) スペクトルカテゴリー **II**：境界点のうち一つが非振動でもう一つの境界点がカットオフ $\Lambda \geq 0$ の振動であるならば，スペクトルは単純で非負であるが，本質スペクトル $\sigma_e(-\mathcal{G})$ は空でなく，$\sigma_e(-\mathcal{G}) \subset [\Lambda, \infty)$ となり，Λ は本質スペクトルの最小点である．SL 方程式が カットオフ $\lambda = \Lambda \geq 0$ において非振動であるな

らば，$[0, \Lambda]$（$\Lambda = 0$ のとき空）内に単純固有値の有限部分集合が存在する．SL 方程式が $\lambda = \Lambda > 0$ において振動であるならば，Λ に集積する $[0, \Lambda)$ における単純固有値の無限列が存在する．

3) スペクトルカテゴリーIII：e_1 がカットオフ $\Lambda_1 \geq 0$ をもつ振動で e_2 がカットオフ $\Lambda_2 \geq 0$ をもつ振動ならば，本質スペクトル $\sigma_e(-\mathcal{G})$ は空でなく，$\sigma_e(-\mathcal{G}) \subset [\overline{\Lambda}, \infty)$，$\overline{\Lambda} := \min\{\Lambda_1, \Lambda_2\}$ となり，$\overline{\Lambda}$ は本質スペクトルの最小の点である．スペクトルは $\overline{\Lambda} := \min\{\Lambda_1, \Lambda_2\}$ より下では単純で，$\overline{\Lambda}$ より上では単純でない（重複度は 2 になる）．SL 方程式が $\lambda = \underline{\Lambda} \geq 0$ において非振動ならば，$[0, \underline{\Lambda}]$（空かもしれない）の中に単純固有値の有限集合が存在する．SL 方程式が $\lambda = \underline{\Lambda} > 0$ において振動ならば，$\underline{\Lambda}$ に集積する $[0, \underline{\Lambda})$ 内の単純固有値の無限列が存在する．

Feller の分類における正則／流出／流入境界は常に対応する SL 方程式においては非振動であり，したがって自然境界が存在しなければ，無限小生成作用素のスペクトルは純離散的である．自然境界は非振動，カットオフ $\Lambda \geq 0$ をもつ振動のいずれにもなりうる．

3.5 Liouville 変換

自然境界がいつ非振動，もしくはカットオフ Λ をもつ振動であるかを決定するためには，SL 方程式 (6.46) を Liouville の標準形（例えば Everitt, 2005, p.280）と呼ばれる形に変換すると便利である．SL 方程式を Liouville の標準形に変換する「Liouville 変換」を導入する前に，はじめに SL 方程式の変換の一般的なクラスを考える．$g(x)$ を (e_1, e_2) で 2 回連続微分可能な狭義増加関数とし，$H(x)$ を (e_1, e_2) で 2 回連続微分可能な関数とする．SL 方程式 (6.46) において新しい独立変数 y と関数 v を

$$y := g(x), \qquad v(y) := \left\{e^{H(x)} u(x)\right\}\Big|_{x = g^{-1}(y)} \qquad (6.47)$$

で導入しよう．ここで，$x = g^{-1}(y)$ は $y = g(x)$ の逆関数である．このとき，関数 $v(y)$ が変換された区間 $(g(e_1), g(e_2))$ で (6.46) の SL 方程式を満たし，その係数は

$$\tilde{a}(y) = \{a(x) g'(x)\}\big|_{x = g^{-1}(y)} \qquad (6.48)$$

$$\tilde{b}(y) = \left\{b(x) g'(x) + \frac{1}{2} a^2(x) [g''(x) - 2 H'(x) g'(x)]\right\}\bigg|_{x = g^{-1}(y)} \qquad (6.49)$$

$$\tilde{k}(y) = \left\{k(x) + b(x) H'(x)) + \frac{1}{2} a^2(x) \left[H''(x) - (H'(x))^2\right]\right\}\bigg|_{x = g^{-1}(y)} \qquad (6.50)$$

で与えられるということは，直接計算して容易に示すことができる．

特に，$x_0 \in (e_1, e_2)$ を固定し写像 $g: (e_1, e_2) \to (g(e_1), g(e_2))$

$$g(x) := \int_{x_0}^{x} \frac{\mathrm{d}z}{a(z)} \tag{6.51}$$

を考える. (e_1, e_2) 上で $a(x) > 0$ であるので，$g(x)$ は (e_1, e_2) 上で狭義単調増加となる．その逆関数を g^{-1} と書く．いま，

$$y = g(x) = \int_{x_0}^{x} \frac{\mathrm{d}z}{a(z)}, \qquad v(y) = \left\{ \frac{u(x)}{\sqrt{a(x)s(x)}} \right\}\bigg|_{x=g^{-1}(y)} \tag{6.52}$$

と SL 方程式の独立変数と関数を変換しよう（この場合, $e^{H(x)} = (a(x)s(x))^{-1/2}$ もしくは $H(x) = \int_{x_0}^{x} \{b(z)/a^2(z)\}\mathrm{d}z - (1/2)\ln a(x)$ となっている）．このとき，関数 $v(y)$ は $\tilde{a}(y) = 1, \tilde{b}(y) = 0, \tilde{c}(y) = Q(y)$ となる

$$-\frac{1}{2}v''(y) + Q(y)v(y) = \lambda v(y), \quad y \in (g(e_1), g(e_2)) \tag{6.53}$$

という Liouville 標準形の SL 方程式を満たす．ここでポテンシャル関数 $Q(y)$ は

$$Q(y) = U(g^{-1}(y)) \tag{6.54}$$

$$U(x) := \frac{1}{8}(a'(x))^2 - \frac{1}{4}a(x)a''(x) + \frac{b^2(x)}{2a^2(x)} + \frac{1}{2}b'(x) - \frac{b(x)a'(x)}{a(x)} + k(x) \tag{6.55}$$

で与えられる．この独立変数と関数の変換[4]は, Sturm–Liouville 理論において Liouville 変換と呼ばれている．この変換は SL 方程式 (6.46) を Liouville の標準形に変換する．Liouville の標準形の SL 方程式は有名な（定常）1 次元 Schrödinger 方程式の形になっている．つまり，2 階微分の項の係数は $-1/2$ であり[5]，1 階微分の項はなく，すべての情報はポテンシャル関数 $Q(y)$ の中（と境界条件）に書き込まれている．4.1 項で Liouville 変換の確率論的な解釈を与える．

3.6 スペクトルによる分類に関するより詳しい結果

SL 方程式の境界の振動／非振動による分類は, Liouville 変換のもとで不変である．つまり SL 方程式 (6.46) が λ に対して $e \in \{e_1, e_2\}$ で非振動であれば，Schrödinger 方程式 (6.53) が λ に対して $g(e)$ で非振動であり，その逆も真である．Schrödinger 方程式の境界の振動／非振動による分類はポテンシャル関数 Q の境界点の近傍での性質によって決まる．それについては次のような結果がある．

---

[4] x_0 の選び方は任意なので，g の決め方には定数倍の自由度があるということに注意しよう．定数の選び方の違いは区間の平行移動 $(e_1, e_2) \to (e_1 + c, e_2 + c)$ に対応する．

[5] Schrödinger 作用素の一般形は $-\mathrm{d}^2/\mathrm{d}x^2 + Q(x)$ である．ここでは確率論的ファクターとして $1/2$ を加え，標準形を $-(1/2)(\mathrm{d}^2/\mathrm{d}x^2) + Q(x)$ とした．これはこの作用素を $Q(x)$ という率で消滅する標準 Brown 運動の生成作用素と解釈するためである．逆に，$1/2$ がない標準形の作用素は 2 倍の速さをもつ Brown 運動に対応している，ともいえる．

定理 6.5（自然境界の振動／非振動の分類） $e \in \{e_1, e_2\}$ は自然境界で，$U(x)$ は方程式 (6.55) で定義されたもので，極限 $\lim_{x \to e} U(x)$ が存在する（無限大も許す）と仮定する．

1) e は Liouville 変換によって有限な境界点に変換される．つまり，$g(e) = \int_{x_0}^{e} dz/a(z)$ が有限変換されるならば，e は非振動である．
2) e は Liouville 変換によって $-\infty$ か $+\infty$ に変換されると仮定する．このとき $\lim_{x \to e} U(x) = +\infty$ ならば，e は非振動である．また，有限値 Λ に対して $\lim_{x \to e} U(x) = \Lambda$ ならば，e はカットオフ Λ をもつ振動である．作用素 $-\mathcal{G}$ は非負なので，$\Lambda \geq 0$ となる．もし $\Lambda > 0, \lim_{x \to e} g^2(x)(U(x) - \Lambda) > -1/4$ ならば，e は $\lambda = \Lambda > 0$ に対して非振動である．$\Lambda > 0, \lim_{x \to e} g^2(x)(U(x) - \Lambda) < -1/4$ ならば e は $\lambda = \Lambda > 0$ に対して振動である．$\Lambda = 0$ ならば e は $\lambda = \Lambda = 0$ に対して常に非振動である．

定理 6.4 より，振動自然境界はカットオフより大きい点の集合上に空でない本質スペクトルを生成することはわかるが，それがどのようなものであるかはわからない．ポテンシャル関数が無限境界の近傍で振動するとき，カットオフより上にある本質スペクトルは非常に複雑な構造をもつということはよく知られている．特に，互いに素なギャップをもつ区間の無限列からなるということが起こりうる．さらに，固有値はそのギャップの中にあったり，連続なスペクトルになったりしうる．極限 $\lim_{x \to e} U(x)$ が存在するという定理 6.5 での仮定と，$U(x)$ が自然境界の近傍で有界変動であるという仮定があれば，本質スペクトルの構造は大幅に簡単になる．

定理 6.6（振動自然境界によって生成される本質スペクトル） 極限 $\lim_{x \to e} U(x)$ が存在し（無限も許す），$U(x)$ はそれぞれの振動自然境界の近傍で有界変動である[6]と仮定する．

1) スペクトルカテゴリー II：境界のうち一つが非振動でもう一つの境界がカットオフ $\Lambda \geq 0$ をもつ振動であるならば，$\mathcal{A}$ の本質スペクトルは $\sigma_e(\mathcal{A}) = [\Lambda, \infty)$ である．さらに，$\mathcal{A}$ は (Λ, ∞) で純絶対連続スペクトルをもつ．
2) スペクトルカテゴリー III：e_1 はカットオフ $\Lambda_1 \geq 0$ をもつ振動で e_2 はカットオフ $\Lambda_2 \geq 0$ をもつ振動ならば，$\mathcal{A}$ の本質スペクトルは $\sigma_e(\mathcal{A}) = [\underline{\Lambda}, \infty), \underline{\Lambda} := \min\{\Lambda_1, \Lambda_2\}$ である．さらに，$\mathcal{A}$ は $(\underline{\Lambda}, \infty)$ で純絶対連続スペクトルをもつ．$\overline{\Lambda} := \max\{\Lambda_1, \Lambda_2\}$ より下のスペクトルは単純（重複度 1）である．$\overline{\Lambda}$ より上のスペクトルは単純でない．

定理 6.6 によれば，上の仮定のもとで，カットオフより上のスペクトルは純絶対連続である．有界変動の仮定は振動自然境界の近傍で振動する係数の可能性を排除する．

---

[6] 振動自然境界 e_1 (e_2) に対して，$U(x)$ が $(e_1, c]$ ($[c, e_2)$) で有界変動となるような $c \in (e_1, e_2)$ が存在する，という意味．

これらの仮定は，特にファイナンスの応用に関しては制限とはならない（基本的に，ファイナンスのすべての拡散過程モデルはこれらの仮定を満たす）．しかも，本質スペクトルの構造の大幅な単純化をもたらす．この仮定のもとで，係数関数 a, b, c の境界の近くの振舞いから，境界の近くの $U(x)$ の挙動を調べることで，直接スペクトルの定性的構造を読み取ることができる．

3.7 1 次元拡散過程のスペクトル表現の簡約型

3.7.1 スペクトルカテゴリー I

振動自然境界がないとき，スペクトルは単純，非負，純離散的で推移密度に対するスペクトル表現および価値関数に対するスペクトル展開は，それぞれ (6.44) および (6.45) の固有関数展開の公式から得られる．ここまでに，このケースで固有値と固有関数を明示的に求めるための一般的な手順を述べた．$\alpha > 0$ に対して，$\psi_\alpha(x), \phi_\alpha(x)$ は SL 方程式 (6.29) の基本解として定義されたのであった．両境界は非振動であると仮定しよう．この場合，$\psi_\alpha(x), \phi_\alpha(x)$ は正規化されて[7]，複素平面 $\alpha \in \mathbb{C}$ 全体に解析接続され，任意の x に対して α の整関数である (Linetsky, 2004a, Lemma 1, p.351 を見よ)．したがって，ロンスキアン w_α は複素平面 $\alpha \in \mathbb{C}$ 全体に解析接続されて整関数となる．

固有関数 $\varphi_n(x)$ は $\alpha = -\lambda_n$ で SL 方程式 (6.29) を満たし，e_1 の近傍で m に関して二乗可積分であり，e_1 でなんらかの境界条件を満たす．したがって，$\psi_{-\lambda_n}$ の定数倍 (0 以外) に等しくならなければならない．しかし一方で，$\varphi_n(x)$ はまた e_2 の近傍で m に関して二乗可積分で e_2 でなんらかの境界条件を満たす．よって，$\phi_{-\lambda_n}$ の定数倍 (0 以外) に等しくならなければならない．ゆえに，$\alpha = -\lambda_n$ に対して，$\psi_{-\lambda_n}(x)$ と $\phi_{-\lambda_n}(x)$ は線形従属である．0 でない定数 A_n に対して $\phi_{-\lambda_n}(x) = A_n \psi_{-\lambda_n}(x)$，したがって，これらのロンスキアン $w_{-\lambda_n}$ は $\alpha = -\lambda_n$ に対してゼロにならなければならない．

逆に $\alpha = -\lambda_n$ をロンスキアンのゼロ点としよう．このとき，$\phi_{-\lambda_n}(x)$ と $\psi_{-\lambda_n}(x)$ は 0 でない定数 A_n 倍の関係にある．したがって $\phi_{-\lambda_n}(x)$ は (e_1, e_2) 上で m に関して二乗可積分の解であり，両方の境界点 e_1 と e_2 でなんらかの境界条件を満たす．よって，$\phi_{-\lambda_n}(x)$ は固有値 λ_n に対応する正規化されていない固有関数である．ゆえに $\{\lambda_n\}_{n=1}^\infty$ は w_α のゼロ点で，$\phi_{-\lambda_n}(x)$ は対応する正規化されていない固有関数である．$k(x) \geq 0$ である $-\mathcal{G}$ のすべての固有値は単純で非負であるので，ロンスキアン w_α のすべてのゼロ点は単純 (重複度 1) で非正である．したがって，実用上，固有値を見つけるためには，基本解 ψ と ϕ を見つけて正規化し，各 x に対して α について全複素平面で整関数に解析接続し，これらのロンスキアンを計算して，そしてそのゼロ点を見つければよい．それらのゼロ点のうちの負のものは $-\mathcal{G}$ の非負固有値にほか

---

[7] $\psi_\alpha(x), \phi_\alpha(x)$ の定義には，x に依存しない係数の自由度があったことを思い出してほしい．ただし，正規化するための係数は α には依存しうる．

ならない．最後に，正規化された固有関数は

$$\varphi_n(x) = \pm\sqrt{\frac{A_n}{w'_{-\lambda_n}}}\psi_{-\lambda_n}(x) = \pm\frac{\phi_{-\lambda_n}(x)}{\sqrt{A_n w'_{-\lambda_n}}} \tag{6.56}$$

$$\text{ただし}\quad w'_{-\lambda_n} \equiv -\left.\frac{\mathrm{d}w_\alpha}{\mathrm{d}\alpha}\right|_{\alpha=-\lambda_n}$$

という公式で与えられる．この正規化は Cauchy の留数定理を使って Laplace 変換 (6.35) を反転したり（例えば Davydov and Linetsky, 2003, p.188 を見よ），ノルムの計算を直接することにより得ることができる（Linetsky, 2004a, pp.352–353）．

3.7.2 スペクトルカテゴリー II

e_1 は非振動で e_2 はカットオフ $\Lambda \geq 0$ の振動自然境界であると仮定しよう（e_1 が振動で e_2 が非振動の場合は同様に扱われる）．この仮定のもとでは，$-\mathcal{G}$ の本質スペクトルは $\sigma_e(-\mathcal{G}) = [\Lambda, \infty)$ であり，また単純である．さらに，$-\mathcal{G}$ は (Λ, ∞) で純絶対連続なスペクトルをもつ．$\lambda = \Lambda \geq 0$ に対して e_2 が非振動であるならば，$[0, \Lambda]$ 内に（空かもしれない）単純固有値の有限集合が存在する．$\lambda = \Lambda > 0$ に対して e_2 が振動であるならば，Λ に集積する $[0, \Lambda)$ 内の単純固有値の無限列が存在する．したがって，対称推移密度 (6.36) に対するスペクトル表現と価格関数 (6.32) に対するスペクトル展開は次の

$$p_m(t; x, y) = \sum_n e^{-\lambda_n t}\varphi_n(x)\varphi_n(y) + \int_\Lambda^\infty e^{-\lambda t}\psi_{-\lambda}(x)\psi_{-\lambda}(y)\mathrm{d}\rho_{ac}(\lambda), \quad t > 0 \tag{6.57}$$

$$V(t, x) = \sum_n c_n e^{-\lambda_n t}\varphi_n(x) + \int_\Lambda^\infty e^{-\lambda t}F(\lambda)\psi_{-\lambda}(x)\mathrm{d}\rho_{ac}(\lambda), \quad x \in I, \ t \geq 0 \tag{6.58}$$

$$c_n = (f, \varphi_n), \quad F(\lambda) = \int_I f(\lambda)\psi_{-\lambda}(y)m(y)\mathrm{d}y, \quad f \in L^2(I, m) \tag{6.59}$$

と簡約化される．ここで，$\varphi_n(x)$ は（固有値が存在したとき）固有値 λ_n に対応する固有関数，$\psi_{-\lambda}(x)$ は SL 方程式の基本解で，λ の整関数に解析接続されるように正規化（e_1 は非振動であるのでそのような正規化は可能であることを思い出そう）されている．そして，$\rho_{ac}(\lambda)$ は (Λ, ∞) 上で絶対連続なスペクトル関数で $\psi_{-\lambda}(x)$ に関して正規化されている．

Λ 以下の固有値とそれに関する固有関数はスペクトルカテゴリー I と，1 点を除いて同じ方法で決定される．境界点 e_1 がカットオフ Λ_1 をもつ振動であると仮定しよう．このとき，解 $\psi_{-\lambda}(x)$ は λ に関して x ごとに半平面 S_Λ で正則に解析接続できるように正規化される．ここで，$S_{\Lambda_1} := \{\lambda \in \mathbb{C} : \mathrm{Re}(\lambda) < \Lambda_1\}$ である．同様

3. 1次元拡散過程：一般的な結果   247

に e_2 がカットオフ Λ_2 をもつ振動であるならば，解 $\phi_{-\lambda}(x)$ は λ に関して半平面 $S_{\Lambda_2} := \{\lambda \in \mathbb{C} : \mathrm{Re}(\lambda) < \Lambda_2\}$ 上の解析的関数となる（非振動境界点に対しては，これらの解は全平面で解析的である）．e_1 が非振動で e_2 がカットオフ Λ をもつ振動であるならば，固有値 λ_n は半平面 S_Λ で解析的な 2 つの解 $\psi_{-\lambda}(x), \phi_{-\lambda}(x)$ のロンスキアンのゼロ点となる（この場合 $\psi_{-\lambda}(x)$ は平面全体で解析的であり，$\phi_{-\lambda}(x)$ は半平面 S_Λ で解析的である．よって，これらのロンスキアンは半平面 S_Λ で解析的である）．e_2 が非振動で e_1 が振動である場合も同様に取り扱われる．

絶対連続なスペクトルは単純なので，2×2 のスペクトル行列が必要な一般の場合とは違って，1 つのスペクトル関数を用いて，スペクトル展開の連続な部分を書くことができる．スペクトル関数を得るためには，2 つの方法がある．Weyl–Titchmarsh の複素変数法（Titchmarsh, 1962）と，Levitan (1950) と Levinson (1951) の実変数法である（Coddington and Levinson, 1955; McKean, 1956; Levitan and Sargsjan, 1975 を見よ）．複素変数法は Cauchy の留数定理を使った Laplace 変換の反転が本質である．この計算については，Linetsky (2004d, Proposition 1 の証明）と Linetsky (2004b, Appendix D の Proposition 3.3 の証明）で詳細が説明されている．実変数法は次のような手続きで進められる．e_2 を振動自然境界であると仮定する．このとき，$b < e_2$ に対して (e_1, b) 上の問題を考える．b で消滅境界条件を与え（対応する SL 問題に対する Dirichlet 境界条件），この問題に対するスペクトル展開を求めて，最後に極限 $b \uparrow e_2$ をとる．この計算については Linetsky (2004b, 2004a, p.355) で詳細が説明されている．

3.7.3 スペクトルカテゴリー III

e_1 をカットオフ $\Lambda_1 \geq 0$ をもつ振動自然境界で e_2 をカットオフ $\Lambda_2 \geq 0$ の振動自然境界であると仮定しよう．簡単のため，$\Lambda_1 < \Lambda_2$ と仮定する．この仮定のもとで，$-\mathcal{G}$ の本質スペクトルは $\sigma_e(-\mathcal{G}) = [\Lambda_1, \infty)$ である．さらに，$-\mathcal{G}$ は (Λ_1, ∞) で純絶対連続スペクトルをもつ．Λ_2 以下のスペクトルの一部は単純である．Λ_2 の上のスペクトルの一部は単純ではない．SL 方程式 (6.46) が $\lambda = \Lambda_1$ に対して非振動であるならば，$[0, \Lambda_1]$ での（空であるかもしれない）単純固有値の有限集合が存在する．SL 方程式 (6.46) が $\lambda = \Lambda_1 > 0$ に対して振動であるならば，Λ_1 に集積する $[0, \Lambda_1)$ での単純固有値の無限列が存在する．スペクトル展開 (6.46) の一般公式は次の 3 つのパートをもつ形に簡約化できる：①固有値上の和（固有値が存在した場合），②スペクトルカテゴリー II のときと同様ただ 1 つのスペクトル関数の単純絶対連続なスペクトル (Λ_1, Λ_2) 上の積分，そして③ 2×2 スペクトル行列の一般公式 (6.36) で与えられる，Λ_2 以上の絶対連続なスペクトルで単純でない部分の上の積分である．

スペクトル展開の具体的な式は Weyl–Titchmarsh の複素変数法で，Green 関数の Laplace 変換を反転することにより（計算例は 4.2 項で与えられる）求めることができる．また，実変数法を使っても得ることができる．後者の方法は，$e_1 < a < b < e_2$

なる a と b を選び,そして最初に (a,b) を退出する時刻で確率過程が消滅するという境界条件を与える(a と b の SL 方程式に対する Dirichlet 境界条件を与える).2つの正則な境界をもつ確率過程に対するスペクトル表現を考え,極限 $a \downarrow e_1, b \uparrow e_2$ をとる.McKean (1956) のもともとの方法はこの方法である.この計算の例は Linetsky (2004a, pp.356–357) で与えられている.

4. 1次元拡散過程:解析的に扱いやすいモデルの目録

4.1 1次元拡散過程の変換:状態空間の変換と確率測度の変更

スペクトル表現を明示的に決めるためには,Sturm–Liouville 方程式の明示的な解が必要である.Liouville 変換は区間 (e_1, e_2) で係数 $(a(x), b(x), k(x))$ をもつ SL 方程式をポテンシャル関数 (6.54)~(6.55) をもつ Schrödinger 方程式に還元する.Schrödinger 方程式に対して,よく知られている特殊関数を用いて解析的な解が得られるならば,Liouville 変換の逆写像によって Sturm–Liouville 方程式に対する解析的な解が得られ,スペクトル表現は明示的に得られる.かの有名な Schrödinger 方程式は量子力学の基本的な方程式で,数理物理学では非常によく研究されている.Schrödinger 方程式の解が,ある種の特殊関数(特に超幾何関数や合流型超幾何関数)によって具体的に書けるようなポテンシャルについても詳しく研究されている(Grosche and Steiner, 1998 に多数の参考文献が与えられている).

逆に,区間 (e_1, e_2) で定義された解析的に扱いやすいポテンシャル関数 $Q(x)$ が与えられたとしよう.このとき,任意の狭義単調増加で2回微分可能な関数 $g(x)$ と2回微分可能な関数 $H(x)$ に対して,(6.48)~(6.50) において $a(x) = 1, b(x) = 0, k(x) = Q(x)$ として得られるパラメータ $(\tilde{a}(y), \tilde{b}(y), \tilde{k}(y))$ をもつ $(g(e_1), g(e_2))$ 上の拡散過程を構成できる.つまり,与えられたポテンシャル関数に対応して,2つの関数 $g(x), H(x)$ によってパラメータ化される拡散過程の族を生成することができる.Schrödinger 方程式の解析的な解が得られているので,Liouville 変換を反転することによって,その拡散過程の族に対する SL 方程式の解析的な解を得ることができる.

さて,Liouville 変換の確率論的解釈を状態空間の変換と確率測度の変更の合成として与えよう.開区間 (e_1, e_2) と2つの関数 $a(x), b(x)$ が与えられているとする(ここで a, b に関する滑らかさの仮定 $a \in \mathbb{C}^2(e_1, e_2)$,$(e_1, e_2)$ 上で $a(x) > 0$,$b \in \mathbb{C}^1(e_1, e_2)$ が満たされているものとする).

$$dX_t = a(X_t)dB_t + b(X_t)dt, \quad X_0 = x \in (e_1, e_2) \qquad (6.60)$$

という SDE を考えよう.ここで,B は標準 Brown 運動である.この仮定のもとで,この SDE は (e_1, e_2) からの最初の流出時刻 $\tau_{e_1, e_2} = T_{e_1} \wedge T_{e_2}$ までただ1つの解をもつ.ボラティリティ a とドリフト b をもつ拡散過程に対して,Feller の境界分類の

意味で両境界が到達不能（自然か流入）ならば，$\tau_{e_1,e_2} = \infty$ a.s.，つまり爆発はなく，過程 X は永遠に開区間 (e_1, e_2) にとどまる．それ以外の場合は，到達可能境界（流出か正則）に最初に到達する時刻で，解の確率過程 X は消滅する．つまり，孤立状態 Δ に送られる（特に，本節では正則境界は常に消滅境界であると仮定する．ここで反射は扱わない）．さらに，$k(x) \in \mathbb{C}(e_1, e_2)$ が (e_1, e_2) 上で $k(x) \geq 0$ となるものと仮定する．ここでの目的は期待値が存在するような f に対して期待値

$$V(t, x) = \mathbb{E}_x^X \left[e^{-\int_0^t k(X_u) du} \mathbf{1}_{\{\tau_{e_1,e_2} > t\}} f(X_t) \right] \tag{6.61}$$

を計算することである．（$\mathbb{E}_x^X$ は x から出発する X の分布に対する期待値を表す．X が両境界に到達不能であるならば，定義関数 $\mathbf{1}_{\{\tau_{e_1,e_2} > t\}}$ を省略することができる）．

確率過程 Y を $\{Y_t = g(X_t), t < \tau_{e_1,e_2}, Y_t = \Delta, t \geq \tau_{e_1,e_2}\}$ によって定義しよう．ここで g は (6.51) で与えられたものである．過程 Y は区間 $(g(e_1), g(e_2))$ 上の 1 次元拡散過程で，その拡散係数は 1 で，

$$a^Y(y) = 1, \quad b^Y(y) = \mu(y) := \left\{ \frac{b(x)}{a(x)} - \frac{1}{2} a'(x) \right\} \bigg|_{x = g^{-1}(y)} \tag{6.62}$$

で与えられるドリフトをもつ．確率過程 Y を用いれば，この期待値は

$$V(t, x) = \mathbb{E}_{g(x)}^Y \left[e^{-\int_0^t k(g^{-1}(Y_u)) du} \mathbf{1}_{\{\tau_{g(e_1),g(e_2)} > t\}} f(g^{-1}(Y_t)) \right]$$

と表現される．ここで，$\tau_{g(e_1),g(e_2)}$ は Y の $(g(e_1), g(e_2))$ からの最初の流出時刻である（$\mathbb{E}_y^Y$ は y から出発する Y の分布に関する期待値）．

ここで，Girsanov の定理と伊藤の公式より，$(g(e_1), g(e_2))$ からの最初の流出時刻まで

$$\begin{aligned} V(t, x) &= \mathbb{E}_{g(x)}^W \Big[e^{M(W_t) - M(g(x)) - (1/2) \int_0^t (\mu^2(W_u) + \mu'(W_u)) du} \\ &\quad \times e^{-\int_0^t k(g^{-1}(W_u)) du} \mathbf{1}_{\{\tau_{g(e_1),g(e_2)} > t\}} f(g^{-1}(W_t)) \Big] \\ &= \sqrt{s(x) a(x)} \mathbb{E}_{g(x)}^W \Big[e^{-\int_0^t Q(W_u) du} \mathbf{1}_{\{\tau_{g(e_1),g(e_2)} > t\}} \\ &\quad \times \frac{f(g^{-1}(W_t))}{\sqrt{s(g^{-1}(W_t)) a(g^{-1}(W_t))}} \Big] \end{aligned} \tag{6.63}$$

が成り立つことがわかる．ここで，$\mathbb{E}_y^W$ は y から出発する標準 Brown 運動 W の分布に関する期待値，$M(y) = \int^y \mu(y) dy$ はドリフト $\mu(y)$ の不定積分（伊藤の公式により，$M(W_t) = M(y) + \int_0^t \mu(W_u) dW_u + (1/2) \int_0^t \mu'(W_u) du$)．$\tau_{g(e_1),g(e_2)}$ は y から出発する標準 Brown 運動 W の $(g(e_1), g(e_2))$ からの最初の流出時刻である．直接計算することによって

$$e^{M(z)-M(y)} = \sqrt{\frac{s(g^{-1}(y))a(g^{-1}(y))}{s(g^{-1}(z))a(g^{-1}(z))}}$$

および

$$k(g^{-1}(y)) + \frac{1}{2}(\mu^2(y) + \mu'(y)) = Q(y)$$

が得られる．ここでの $Q(y)$ は (6.54), (6.55) により与えられる．

以上により，次のことがわかった．区間 (e_1, e_2) における無限小パラメータ $(a(x), b(x), k(x))$ をもつ確率過程 $\widehat{X}$（もし境界が正則なら消滅境界であるとする）の推移半群は，比率 $Q(x)$ で割り引かれた区間 $(g(e_1), g(e_2))$ での Brown 運動（もし境界が到達可能であれば，$(g(e_1), g(e_2))$ からの最初の流出時刻で消滅するものとする）の Feynman–Kac 半群によって表現することができる．(6.54), (6.55) で表現されるポテンシャル $Q(x)$ をもつ Schrödinger 方程式 (6.53) は $Q(x)$ の割合で消滅する Brown 運動に対応する Sturm–Liouville 方程式である．$p(t; x, y)$ を Dirac デルタの初期条件 $p(0; x, y) = \delta(x-y)$ と境界点で適当な境界条件をもつ後退 Kolmogorov 方程式

$$\frac{1}{2}a^2(x)p_{xx} + b(x)p_x - k(x)p = p_t \tag{6.64}$$

の解となる $\widehat{X}$ の（Lebesgue 測度に関する）推移密度とし，

$$p^Q(t; x, y) = \frac{\partial}{\partial y}\mathbb{E}_x^W\left[e^{-\int_0^t Q(W_u)du}\mathbf{1}_{\{\tau_{g(e_1), g(e_2)} > t\}}\mathbf{1}_{\{W_t \le y\}}\right] \tag{6.65}$$

を割引率 $Q(x)$ で割り引かれた Brown 運動の Feynman–Kac 半群の密度（Dirac のデルタの初期条件 $p(0; x, y) = \delta(x-y)$ と境界点で適当な境界条件をもつ（時間変化をする）Schrödinger 方程式

$$\frac{1}{2}p_{xx}^Q - Q(x)p^Q = p_t^Q \tag{6.66}$$

の解になるので，「ポテンシャル $Q(x)$ の Schrödinger 作用素の熱核」とも呼ばれる[8]）であるとすれば，2 つの密度の間に

$$p(t; x, y) = \frac{1}{a(y)}\sqrt{\frac{s(x)a(x)}{s(y)a(y)}}p^Q(t; g(x), g(y)) \tag{6.67}$$

という関係が成り立つ．また，価格関数に関しては

$$\begin{aligned}V(t, x) &= \int_{e_1}^{e_2} p(t; x, y)f(y)dy \\ &= \int_{e_1}^{e_2} \sqrt{\frac{s(x)a(x)}{s(y)a(y)}}p^Q(t; g(x), g(y))f(y)\frac{dy}{a(y)}\end{aligned} \tag{6.68}$$

が成り立つ．

表 6.1 には，スペクトル表現が古典的な特殊関数[9]で表現することができる解析的に扱いやすい場合の最も重要なものが列記されている．表は 3 つの列で構成されている．最初の列は $x \in (e_1, e_2)$[10] での Schrödinger ポテンシャル[11] $Q(x)$ を与え，2 列目には，SL 方程式で，このポテンシャルをもつ Schrödinger 方程式に還元される実用上重要な拡散過程が列記されている．3 列目には，これらの過程を用いているファイナンスのモデルが併記されている．本節では，これらの解析的に扱いやすいモデルを概観する．この解析的に扱いやすいモデルのカタログは不完全である（解析的に扱いやすい Schrödinger 方程式のさらに詳しいリストは Grosche and Steiner, 1998 にある）が，これは Schrödinger ポテンシャルと，関連する拡散過程の最も重要なクラスを含んでいる．これらの Schrödinger ポテンシャル $Q(x)$ に対しては，対応するレゾルベント核（Green 関数）$G_\alpha^Q(x,y)$ と推移密度 $p^Q(t;x,y)$ の明示的な形が得られる．読者諸氏は，この標準形に還元できる SL 方程式に対応する拡散過程の推移密度（つまり，この拡散過程によって表現される資産価格モデルの状態価格密度）をただちに得ることができる．$L^2((e_1, e_2), m)$ のペイオフをもつデリバティブ資産を価格付けするためには，展開係数を計算する必要がある．ペイオフが $L^2((e_1, e_2), m)$ でないものについては，3.3 項での注意で述べたように，プットコールパリティのようなパリティ関係を用いるか，ペイオフ関数のレゾルベント核に関する積分を Laplace 逆変換するなどの方法を用いる必要がある．

まとめると，ある区間上の，あるボラティリティ，ドリフト，および消滅率をもつ拡散過程に対しては，まず Liouville 変換を施し，問題を変換された区間上の，もとの拡散過程の無限小パラメータから構成される比率 (6.56), (6.57) で消滅する Brown 運動の問題に還元し，そして，解析的に扱いやすい Schrödinger ポテンシャルのリストと照合する．これが解析的に扱いやすいならば，この密度を (6.67) で Liouville 変換をもとに戻すことにより，ただちにもとの拡散過程の推移密度が得られる．

4.2 定数ポテンシャルと Brown 運動，および関連するファイナンスモデル

最初に，ドリフトも消滅もない実直線上の Brown 運動を考える．SL 問題は

---

[8] これに密接に関連する Brown 運動の積分汎関数と Feynman–Kac 公式，そして関連文献などについては Jeanblanc et al. (1997) を参照のこと．
[9] Mathematica でも Maple でも，これらのモデルに登場するような特殊関数はビルトインされている．
[10] この表では，ポテンシャルが連続であるような極大な区間を与えている．これよりも小さな区間 $(e_1', e_2') \subset (e_1, e_2)$ に対しては，境界条件を正則境界で与える（本節では消滅条件のみを考えた．反射条件を与えたときのスペクトル展開については Linetsky, 2005 を参照せよ）ことで「部分」過程を考えることができる．
[11] $\tilde{Q}(x) = Q(x) + c$ に対しては，明らかに $p^{\tilde{Q}}(t;x,y) = e^{-ct} p^Q(t;x,y)$ である．よって，ここでは定数項を含んだポテンシャルどうしは特に区別をしない．ある確率過程 $\tilde{X}$ が表にあるものに定数 c を加えたポテンシャルをもっているならば，遷移確率に e^{-ct} を掛ける必要がある．

表 6.1 解析的に扱いやすい Schrödinger ポテンシャル，拡散過程，および関連するファイナンスモデルの要約

Schrödinger ポテンシャル	拡散過程	ファイナンスモデル
定数ポテンシャル $Q(x)=$ 定数 $I=(-\infty,\infty)$	算術 Brown 運動 $a(x)=$ 定数, $b(x)=$ 定数 幾何 Brown 運動 $a(x)=\sigma x, b(x)=(r-q)x$ (a,b) 上の有界拡散過程 $a(x)=\sigma(b-a)^{-1}(x-a)(b-x)$, $b(x)=0$ 2 次ボラティリティ $a(x)=ax^2+bx+c, b(x)=0$	Bachelier Black–Scholes 有界 FX, IR ボラティリティスマイル
調和振動子 $Q(x)=ax^2+bx$ $I=(-\infty,\infty)$	Ornstein–Uhlenbeck 過程 $a(x)=\sigma, b(x)=\kappa(\theta-x)$	Vasicek モデル 2 次モデル
動径調和振動子 $Q(x)=ax^2+bx^{-2}$ $I=(0,\infty)$	動径 OU 過程 または線形ドリフトをもつ Bessel 過程 $a(x)=1, b(x)=(\nu+1/2)x^{-1}+\mu x$ 関連する拡散過程 $a(x)=\sigma x^{1/2}, b(x)=\kappa(\theta-x)$ $a(x)=\sigma x^{1+\beta}, b(x)=(r-q)x$ $a(x)=\sigma x^{1+\beta}, b(x)=(r-q+b+c\sigma^2 x^{2\beta})x$ $a(x)=\sigma x^{3/2}, b(x)=\kappa(\theta-x)x$	CIR モデル CER モデル JDCEV モデル 3/2 モデル
Coulomb ポテンシャル $Q(x)=ax^{-2}+bx^{-1}$ $I=(0,\infty)$	定数ドリフトをもつ Bessel 過程 $a(x)=1, b(x)=(\nu+1/2)x^{-1}+\mu$ 関連する拡散過程 $a(x)=\sigma x^2, b(x)=\kappa(\theta-x)x^2$ $a(x)=\sigma x^{3/2}, b(x)=\kappa(\theta-x^{1/2})x^{3/2}$ $a(x)=\sigma x, b(x)$ $=(r-q+b+\alpha\ln^{-1}(x/K))x$	非アフィンモデル デフォルトのある Black–Scholes
Morse ポテンシャル $Q(x)=ae^{-2\gamma x}+be^{-\gamma x}$ $I=(-\infty,\infty)$	アフィンドリフトをもつ GBM $a(x)=\sigma x, b(x)=Ax+B$ 関連する拡散過程 $a(x)=2x, b(x)=2(\nu+1)x+1$ $a(x)=\sigma x, b(x)=(r-q+b+\alpha x^{-p})x$ $a(x)=\sigma x, b(x)=rx-\delta$ $a(x)=\sigma x, b(x)=\kappa(\theta-x)x$ $a(x)=\xi x, b(x)=\kappa(\theta-x)$	アジアンオプション デフォルトのある Black–Scholes キャッシュ配当 Merton の IR モデル GARCH 拡散 スポットエネルギーモデル Brennan–Schwartz
Pöschl–Teller ポテンシャル $Q(x)=\dfrac{a}{\cos^2(\gamma x)}+\dfrac{b\sin(\gamma x)}{\cos^2(\gamma x)}$ $I=(0,2\pi/\gamma)$	Jacobi 拡散過程 $a(x)=A\sqrt{1-x^2}, b(x)=\kappa(\gamma-x)$	FX ターゲットゾーン
双曲的障壁, 修正された Pöschl–Teller $Q(x)=\dfrac{a}{\cosh^2(\gamma x)}+\dfrac{b\sinh(\gamma x)}{\cosh^2(\gamma x)}$ $I=(-\infty,\infty)$	超幾何拡散過程 $a(x)=\sqrt{Ax^2+Bx+C}, b(x)=\mu x$	歪ボラティリティモデル

$$-\frac{1}{2}u''(x) = \lambda u(x), \quad x \in (-\infty, \infty)$$

となり,両境界 $+\infty, -\infty$ ともに自然境界で,カットオフ $\Lambda = 0$ をもつ振動境界である.これは単純でない,純絶対連続なスペクトル $[0, \infty)$ で $\Lambda_1 = \Lambda_2 = 0$ をもつスペクトルカテゴリー III ということになる.スピード密度,スケール密度は定数で,それぞれ $m(x) = 2, s(x) = 1$ である.

この SL 方程式の解

$$\psi_\alpha(x) = e^{\sqrt{2\alpha}x}, \qquad \phi_\alpha(x) = e^{-\sqrt{2\alpha}x}$$

はこの場合,指数関数であり,スピード測度に関する Green 関数は

$$G_\alpha(x, y) = \frac{e^{-\sqrt{2\alpha}|x-y|}}{2\sqrt{2\alpha}}$$

となる.複素数 $\alpha \in \mathbb{C}$ の関数としてみなせば,原点で分岐点をもち,負の実軸に沿って $\alpha = 0$ から $\alpha = -\infty$ を分岐切断とすることができる.分岐切断を $\{\alpha = -\rho^2/2, \rho \geq 0\}$ とパラメータ化すると便利で,切断を超えてのジャンプが

$$G_{(1/2)\rho^2 e^{i\pi}}(x, y) - G_{(1/2)\rho^2 e^{-i\pi}}(x, y) = -\frac{i}{\rho}\cos(\rho(x - y))$$

と書ける.Bromwich の Laplace 変換反転 (6.35) は,Cauchy の留数定理を応用することにより計算できる(詳細は Titchmarsh, 1962 を見よ).この場合,Green 関数は極をもたないので Bromwich 積分 (6.35) は

$$\begin{aligned} p_m(t; x, y) &= -\frac{1}{2\pi i}\int_0^\infty e^{-(\rho^2 t)/2}(G_{(1/2)\rho^2 e^{i\pi}}(x, y) - G_{(1/2)\rho^2 e^{-i\pi}}(x, y))\rho \mathrm{d}\rho \\ &= \frac{1}{2\pi}\int_0^\infty e^{-(\rho^2 t)/2}\cos(\rho(x - y))\mathrm{d}\rho \\ &= \frac{1}{2\pi}\int_0^\infty e^{-(\rho^2 t)/2}(\sin(\rho x)\sin(\rho y) + \cos(\rho x)\cos(\rho y))\mathrm{d}\rho \end{aligned}$$

となる.これは,公式 (6.36) の形の Brown 運動の推移密度のスペクトル表現となっている.この場合,スペクトルパラメータに関する積分は具体的に計算することができて,おなじみの Gauss 密度は

$$p(t; x, y) = 2p_m(t; x, y) = \frac{1}{\pi}\int_0^\infty e^{-(\rho^2 t)/2}\cos(\rho(x - y))\mathrm{d}\rho = \frac{1}{\sqrt{2\pi t}}e^{-(x-y)^2/2t}$$

と得られる.さらに,ボラティリティが $a(x)$,ドリフトが $b(x)$,消滅率が $k(x)$ であって,Liouville 変換によって方程式が $a(x) = 1$, $b(x) = 0$,定数ポテンシャル(消滅率)の Brown 運動に還元されるような拡散過程に対しては,方程式 (6.67) によっ

て推移密度がただちに得られる（ポテンシャルに定数 c を加えた場合は単にスペクトルが c だけシフトされる．つまり，推移密度に e^{-ct} を掛ければよい）．ドリフト $\mu \in \mathbb{R}$ をもつ Brown 運動に対してポテンシャルが定数 $Q = \mu^2/2$ ならば，(6.67) は Cameron–Martin–Girsanov の公式そのものになる．つまり

$$p^\mu(t;x,y) = e^{\mu(y-x)-\mu^2 t/2} p^0(t;x,y)$$

となる．ここで，p^μ はドリフト μ をもつ Brown 運動の推移密度である．Brown 運動は Louis Bachelier の有名な論文において，株価のモデルとして導入された（Schachermayer and Teichmann, 2008 に明快な解説がある）．Bachelier のモデルの問題点は，株価は非負でなければならないのに Brown 運動が実直線全体に値をとりうるということである．

価格が正にとどまるように，代わりに Brown 運動の指数関数，つまり Black–Scholes (1973) と Merton (1973) モデルのように幾何 Brown 運動を考えよう．Black–Scholes–Merton モデルの幾何 Brown 運動においては，

$$a(x) = \sigma x, \qquad b(x) = (r-q)x$$

であり，それに対して Liouville 変換

$$y = \sigma^{-1} \ln x, \qquad u(x) = \sigma^{1/2} x^{-\nu/\sigma} v(y(x))$$

を施すと，SL 方程式は定数ポテンシャル

$$Q = \frac{\nu^2}{2}, \quad \nu := \frac{r-q}{\sigma} - \frac{\sigma}{2}$$

の Schrödinger 方程式に変形される．そして Black–Scholes–Merton モデルに対する対数正規リスク中立推移密度は (6.67) からすぐに得ることができる．

次に Ingersoll (1996) と Rady (1997) による有界な外国為替相場モデルを考えよう．ここで，（フォワード）外国為替レートは過程

$$dX_t = \sigma \frac{(X_t - a)(b - X_t)}{(b - a)} dB_t, \quad X_0 = x \in (a,b)$$

に従うと仮定される．a, b は両方とも到達不能な自然境界である．有界区間 (a, b) で 2 次のボラティリティをもつこの過程に対しての Liouville 変換は

$$y = \frac{1}{\sigma} \ln\left(\frac{x-a}{b-x}\right), \qquad u(x) = \sqrt{\sigma(b-a)^{-1}(x-a)(b-x)} v(y(x))$$

となる．ポテンシャル関数 (6.54) は定数 $Q = \sigma^2/2$ である．つまり，この過程は Brown 運動に変形でき，Liouville 変換の反転によって Brown 運動の推移密度からこの過程

4. 1次元拡散過程：解析的に扱いやすいモデルの目録

の推移密度をただちに得ることができる (Liouville 変換であるとはっきり明言はされていないが，これは Ingersoll, 1996 と Rady, 1997 において実際になされている)．この拡散過程は $a = 0, b = 1$ として Rady and Sandmann (1994) と Miltersen et al. (1997) において金利モデルに応用されている．

2次のボラティリティをもつドリフトなしの拡散過程を考えることもできる．つまり

$$a(x) = ax^2 + bx + c, \qquad b(x) = 0$$

とおいて，$a(x) = 0$ は $(0, \infty)$ で根をもたないと仮定する．この過程が $[0, \infty)$ で根をもたないならば，原点で消滅させる．$a > 0, c = 0$ ならば $x = 0$ で根をもつことになり，原点は自然境界となる．このような $(0, \infty)$ での2次ボラティリティ過程は Zuhlsdorff (2001) (または Albanese et al., 2001 を見よ) においてボラティリティスマイルをモデル化するために使用されている．しかし，この過程は一般に狭義局所マルチンゲールであることに注意しなければならない．無限点はこの過程においては流入境界であり，大域的には，この過程は大きい正の値からは無限大に急速に近づく．したがって，狭義優マルチンゲールであることがわかる．これは $\beta > 0$ である CEV 過程に似ている．Zuhlsdorff (2001) と Albanese et al. (2001) においては，この確率過程はダブルバリアオプションを評価するのに使われた．この場合には，過程が上壁で消滅するので，問題はない．しかし，$(0, \infty)$ での過程を考えるときには特別に慎重にならなければならない (一つの可能性は，Andersen and Andreasen, 2000 で，$\beta > 0$ である CEV 過程に対して行っている正規化と同様のことを行うということであろう)．Carr et al. (2003) は Brown 運動に還元できる局所ボラティリティモデルのより一般のクラスを研究している (彼らは時間に依存するより一般的な変換を考えた)．

これまで，実直線上の Brown 運動について考えてきた．a で消滅する半直線 (a, ∞) 上の Brown 運動，あるいは a と b の両方で消滅する有限の区間 (a, b) 上の Brown 運動も同じように扱うことができる．後者の場合，SL 問題は

$$-\frac{1}{2}u''(x) = \lambda u(x), \quad x \in (a, b), \; u(a) = u(b) = 0$$

となる．両端点は正則な消滅境界，つまりこれはスペクトルカテゴリー I である．α について整関数となる基本解は

$$\psi_\alpha(x) = \frac{\sinh(\sqrt{2\alpha}(x - a))}{\sqrt{2\alpha}}, \qquad \phi_\alpha(x) = \frac{\sinh(\sqrt{2\alpha}(b - x))}{\sqrt{2\alpha}}$$

ととることができる．ロンスキアンは

$$w_\alpha(x) = -\frac{\sinh(\sqrt{2\alpha}(b - a))}{\sqrt{2\alpha}}$$

となり，α に関する整関数で，一位のゼロ点 $\alpha = -\lambda_n$ をもつ．ここで，

$$\lambda_n = \frac{n^2\pi^2}{2(b-a)^2}, \quad n = 1, 2, \cdots \qquad (6.69)$$

である．$\alpha = -\lambda_n$ で 2 つの解は

$$\phi_{-\lambda_n}(x) = (-1)^{n+1}\psi_{-\lambda_n}(x)$$

となって線形従属となる．$\alpha = -\lambda_n$ でのロンスキアンの微分は

$$w'_{-\lambda_n}(x) = (-1)^{n+1}\frac{(b-a)^3}{n^2\pi^2}$$

となり，$L^2((a,b), 2\mathrm{d}x)$ で正規化された固有関数 (6.56) は

$$\varphi_n(x) = \frac{1}{\sqrt{b-a}}\sin\left(n\pi\frac{x-a}{b-a}\right) \qquad (6.70)$$

で与えられる．そして，これらを用いて 2 つの消滅境界の間の Brown 運動の推移密度に対するよく知られたスペクトル表現

$$\begin{aligned}p(t; x, y) &= 2p_m(t; x, y) \\ &= \frac{2}{b-a}\sum_{n=1}^{\infty} e^{-\lambda_n t}\sin\left(n\pi\frac{x-a}{b-a}\right)\sin\left(n\pi\frac{y-a}{b-a}\right)\end{aligned}$$

が得られる．

ダブルバリアオプション（詳細とさらなる参考文献については Davydov and Linetsky, 2003 を見よ）の価格付けに対する応用について書いておこう．リスク中立確率測度のもとで，原資産の価格は初期価格 $S_0 = x$ の幾何 Brown 運動に従うとし，定数ボラティリティ $\sigma > 0$, 定数リスクフリー金利 $r \geq 0$, 定数配当率 $q \geq 0$ を仮定する．行使価格 K, 満期日 T, 2 つのノックアウト境界 L と U, $0 < L < K < U$ をもつダブルバリアコールオプションを考える．原資産の価格が価格範囲 (L, U) を超えると，価値のないオプションになるというノックアウト条件を与える（$S_0 \in (L, U)$ と仮定する）．ダブルバリアコールの支払いは $\mathbf{1}_{\{\mathcal{T}_{(L,U)} > T\}}(S_T - K)^+$ となる．ここで，$\mathcal{T}_{(L,U)} = \inf\{t \geq 0 : S_t \notin (L, U)\}$ は領域 (L, U) から過程が最初に流出する時刻である．Liouville 変換によって SL 方程式は定数ポテンシャル $Q = r + \nu^2/2, \nu = (r - q - \sigma^2/2)/\sigma$ をもつ区間 $(0, \ln(U/L)/\sigma)$ 上での Schrödinger 方程式に還元される．ゼロポテンシャルと区間 (a, b) における問題に対する固有値と固有関数は (6.69) と (6.70) で与えられる．ポテンシャルに定数を加えた場合は Q の固有値をずらせばよい．Liouville 変換を反転すればもとの問題の固有値と固有関数が，

4. 1次元拡散過程：解析的に扱いやすいモデルの目録

$$\varphi_n(x) = \frac{\sigma x^{-\nu/\sigma}}{\sqrt{\ln(U/L)}} \sin\left(\frac{\pi n \ln(x/L)}{\ln(U/L)}\right)$$

$$\lambda_n = r + \frac{\nu^2}{2} + \frac{\sigma^2 \pi^2 n^2}{2 \ln^2(U/L)}, \quad n = 1, 2, \cdots$$

というように具体的に得られる．コールオプションの価格関数は固有関数展開 (6.45) によって

$$C(t,x) = \sum_{n=1}^{\infty} c_n e^{-\lambda_n t} \varphi_n(x)$$

で与えられる．展開係数はこの場合，

$$c_n = ((\cdot - K)^+, \varphi_n) = \frac{L^{\nu/\sigma}}{\sqrt{\ln(U/L)}} [L\psi_n(\nu + \sigma) - K\psi_n(\nu)]$$

$$\psi_n(a) := \frac{2}{\omega_n^2 + a^2} [e^{ak}(\omega_n \cos(\omega_n k) - a\sin(\omega_n k)) - (-1)^n \omega_n e^{au}]$$

$$\omega_n := \frac{n\pi}{u}, \quad k := \frac{1}{\sigma} \ln\left(\frac{K}{L}\right), \quad u := \frac{1}{\sigma} \ln\left(\frac{U}{L}\right)$$

というように具体的な形で与えられる．実務上の重要な観察として，固有値が n^2 のオーダーで大きくなるので，固有関数展開はきわめて速く収束するということがわかる．満期までの時刻が長くなればなるほど固有関数展開は速く収束する．オプションデルタとガンマは固有関数展開を項ごとに微分することにより

$$\Delta(t,x) = C_x(t,x) = \sum_{n=1}^{\infty} c_n e^{-\lambda_n t} \varphi'_n(x)$$

$$\Gamma(t,x) = C_{xx}(t,x) = \sum_{n=1}^{\infty} c_n e^{-\lambda_n t} \varphi''_n(x)$$

と得ることができる．この収束の速さを見るため，具体例を表 6.2 で与えた．この表は，満期までの長さが $T = 1/12$ と 1 年のダブルバリアコールオプションの価格，デルタ，ガンマを $S_0 = K = 100, L = 80, U = 130, r = 0.1, q = 0, \sigma = 0.25$ というパラメータのもとで計算したときのスペクトル展開の収束の速さを示している．1 年オプションに対しては，5 桁目までの収束のためには最初の 3 個の項で十分であることがわかる．1 カ月オプション（$T = 1/12$）においては，同じ正確さのレベルを確保するためには最初の 10 個の項が必要とされる．デルタとガンマを計算するときには正確さにはあまり変わりがない．これは格子法や，偏微分方程式の数値解析の方法，あるいはシミュレーションの方法に比べて，著しい特徴である．この簡単な例はスペクトル法の 2 つの重要な特徴を示している．数値の収束は満期が長くなればなるほど良くなる．そして，グリークス（デルタとガンマ）は展開を直接微分することで得られ，計算の追加コストがかからない．

表 6.2 満期までの長さ $T = 1/12$ (1 カ月) と 1 年のダブルバリアコールオプションの価格, デルタ, ガンマに関するスペクトル展開の収束

N	価格	デルタ	ガンマ
ダブルバリアコール $T = 1/12$ 年			
1	7.65069	-0.020999	-0.028245
2	5.78096	0.932450	0.032490
3	2.60902	0.720920	0.143401
4	3.11276	0.480955	0.102269
5	3.35713	0.536457	0.078607
6	3.29822	0.561105	0.088242
7	3.28703	0.554994	0.090335
8	3.28941	0.554203	0.089673
9	3.28958	0.554412	0.089623
10	3.28953	0.554422	0.089643
11	3.28953	0.554419	0.089643
ダブルバリアコール $T = 1$ 年			
1	2.03207	-0.0055774	-0.0075021
2	2.01848	0.0013543	-0.0070606
3	2.01842	0.0013505	-0.0070586
4	2.01842	0.0013505	-0.0070586

N の列の数は固有関数展開の級数のうち, 何項までを残したかを表している (例えば, $N = 2$ は, 固有関数展開において, $n = 1$ と $n = 2$ に対応する 2 項だけをとったものという意味である). ここでのパラメータは $S_0 = K = 100$, $L = 80$, $U = 130$, $r = 0.1$, $q = 0$, $\sigma = 0.25$ である.

4.3 調和振動子と Ornstein–Uhlenbeck 過程, および関連するモデル

4.3.1 調和振動子ポテンシャル

次の例は 2 次のポテンシャルである.

$$Q(x) = ax^2 + bx + \frac{b^2}{4a} = \frac{\kappa^2}{2}(x + \beta)^2$$

$$\kappa > 0, \quad a = \frac{\kappa^2}{2}, \quad b \in \mathbb{R}, \quad \beta = \frac{b}{2a}, \quad x \in \mathbb{R}$$

は量子力学において「調和振動子ポテンシャル (harmonic oscillator potential)」として知られている (例えば Morse and Feshbach, 1953, p.1641 を見よ). 消滅率 $Q(x)$ をもつ Brown 運動を考える. $x \to \pm\infty$ とすると $Q(x) \to +\infty$ なので, $-\infty, +\infty$ は非振動自然境界でスペクトルは純離散的である. これは振動自然境界と純絶対連続スペクトルをもつ標準 Brown 運動と対照的である. 直観的には, 過程が β から遠ざかるに従って消滅率は急激に増え, 消滅確率は大きくなるということである. このように自由 Brown 運動に局在性が課されているので, 有限区間の端点で消滅する Brown 運動の場合と同様に離散スペクトルが出てくる.

簡単のために，$\beta = 0$ とおく．基本解は Weber–Hermite の放物柱関数で

$$\psi_\alpha(x) = D_{-(\alpha/\kappa)-(1/2)}(-x\sqrt{2\kappa}), \qquad \phi_\alpha(x) = D_{-(\alpha/\kappa)-(1/2)}(x\sqrt{2\kappa})$$

と表現できる．ロンスキアンは

$$w_\alpha = \frac{2\sqrt{\pi\kappa}}{\Gamma(\alpha/\kappa + 1/2)}$$

となる．ロンスキアンのゼロ点は（表記を簡単にするため，ここでは固有値と固有関数の番号を $n=0$ から始める）

$$\alpha = -\lambda_n, \quad \lambda_n = \kappa(n+1/2), \; n = 0, 1, \cdots$$

となる．固有値 $\alpha = -\lambda_n$ で Weber–Hermite 関数 D_ν は Hermite 多項式 H_n に退化し，固有関数は後者で表現され，2次の消滅率をもつ Brown 運動の推移密度のスペクトル表現は

$$\begin{aligned}
p(t;x,y) &= \frac{\partial}{\partial y}\mathbb{E}_x^W\left[e^{-(\kappa^2/2)\int_0^t W_u^2 du}\mathbf{1}_{\{W_t \leq y\}}\right] \\
&= \sum_{n=0}^\infty e^{-\kappa(n+1/2)t}\frac{1}{2^n n!}\left(\frac{\kappa}{\pi}\right)^{1/2}e^{-(\kappa/2)(x^2+y^2)}H_n(x\sqrt{\kappa})H_n(y\sqrt{\kappa})
\end{aligned}$$
(6.71)

となる．Mehler の公式（Erdelyi, 1953, p.194 の Eq.(22)）を適用して

$$\sum_{n=0}^\infty \frac{(z/2)^n}{n!}H_n(x)H_n(y) = (1-z^2)^{-(1/2)}\exp\left\{\frac{2xyz - (x^2+y^2)z^2}{1-z^2}\right\}$$

が得られ，スペクトル表現はよく知られている展開（例えば Borodin and Salminen, 2002, p.168, Eq.(1.9.7)）

$$p(t;x,y) = \sqrt{\frac{\kappa}{2\pi\sinh(\kappa t)}}\exp\left\{-\frac{(x^2+y^2)\kappa\cosh(\kappa t) - 2xy\kappa}{2\sinh(\kappa t)}\right\}$$
(6.72)

になる．

4.3.2　Ornstein–Uhlenbeck 過程

Ornstein–Uhlenbeck（OU）の平均回帰過程は無限小パラメータ

$$a(x) = \sigma, \qquad b(x) = \kappa(\theta - x)$$

で与えられる．$\kappa > 0, \theta, \sigma > 0$ はおのおの平均回帰の比率，長期水準，ボラティリティである（ファイナンスへの応用では通常 $\theta > 0$ とする）．$x_0 = \theta$ とし，Liouville 変換

(6.52) を施せば SL 方程式 (6.46) は 2 次ポテンシャル

$$Q(x) = \frac{1}{2}\kappa^2 x^2 - \frac{1}{2}\kappa$$

をもつ Schrödinger 方程式に還元される．OU 過程の推移密度のスペクトル表現は (6.67) によって (6.71) からただちに得られる．この Hermite 多項式によるスペクトル表現はよく知られている（例えば Wong, 1964; Karlin and Taylor, 1981, p.333; Schoutens, 2000 などを参照せよ）．固有値は $\lambda_n = \kappa n$ である．第 1 固有値はゼロ，$\lambda_0 = 0$ である．したがって，推移密度の固有関数展開の最初の項は OU 過程の Gauss 定常密度

$$\pi(x) = \sqrt{\frac{\kappa}{\pi\sigma^2}} e^{-\kappa(x-\theta)^2/\sigma^2}$$

を与える．固有関数展開はよく知られている（(6.67) によって (6.71) から得られる）OU 過程の Gauss 密度となる．

OU 過程が区間 $I \subset \mathbb{R}$ で有界境界で消滅か反射をもつとすれば，固有関数は Hermite 多項式には還元されず，Weber–Hermite 関数で表現される（境界で消滅する場合の結果，およびそのときの OU 過程の到達時刻についての関連する結果については Linetsky, 2004e と Alili et al., 2005 を見よ．また，境界で反射する場合に関しては Linetsky, 2005 を見よ）．

4.3.3 Vasiček，クオドラティック，Black の金利モデル

短期金利を $r(x) = x$ ととると，Vasiček (1977) 金利モデルの状態価格密度を得る．Vasiček モデルでは，短期金利 r は負になることがある．したがって，一般に価格半群は縮小半群ではない．これは重大な経済的な問題を引き起こす（Gorovoi and Linetsky, 2004 を見よ）．

$$r(x) = ax^2 + bx + c, \quad c \geq \frac{b^2}{4a}$$

とすれば短期レートが OU 過程の 2 次式である非負金利モデルの状態価格密度を得る（このクオドラティックモデルは Beaglehole and Tenney, 1992 において提案されている．Jamshidian, 1996; Leippold and Wu, 2002; Chen et al., 2004 なども参照するとよい）．さらなる詳細と参考文献については Gorovoi and Linetsky (2004) を見よ．この論文では，Black のオプションとしての金利モデル（Black, 1995）と呼ばれる $r(x) = x^+ \equiv \max\{x, 0\}$ をもつ非負金利モデルが，スペクトル展開法を通して解析的に解かれており，日本国債のデータにカリブレートされている．このモデルは最近日本銀行によって採用されているゼロ金利体制を取り扱うことができる（Bank of Japan, "Financial Markets Report: Developments during the First Half of 2005", p.7 を参照せよ）．

4.4 動径調和振動子と動径 OU 過程と動径 Bessel 過程，およびそれらに関連するモデル

4.4.1 動径 OU 過程と動径 Bessel 過程

次に，無限小生成作用素

$$\frac{1}{2}\Delta - \mu x \cdot \nabla$$

で与えられる d 次元 Ornstein–Uhlenbeck 過程 $\{X_t, t \geq 0\}$ を考える．ここで，Δ は標準 d 次元ラプラシアン（d 次元 Brown 運動の無限小生成作用素）で $\mu \in \mathbb{R}$ である．この過程の動径成分 $\{R_t = |X_t|, t \geq 0\}$ は（ここで，$|x| = \sqrt{x \cdot x}$ は Euclid ノルムである）ボラティリティとドリフトがそれぞれ

$$a(x) = 1, \quad b(x) = \frac{\nu + 1/2}{x} - \mu x, \quad x \in (0, \infty)$$

である 1 次元拡散過程となる．ここで，$\nu = d/2 - 1$ である．実際には，任意の $\nu \in \mathbb{R}$ に対してこの過程を考えることができる．$\mu \neq 0$ のとき，動径 OU 過程（radial OU process）と呼ばれる（Shiga adn Watanabe, 1973; Pitman and Yor, 1982; Goeing-Jaeschke and Yor, 2003; Borodin and Salminen, 2002）．$\mu = 0$ のとき，指数 ν の Bessel 過程である（Revuz and Yor, 1999; Borodin and Salminen, 2002）．原点での境界分類はドリフトパラメータ μ と独立にできる．すべての $\mu \in \mathbb{R}$ に対して $\nu \geq 0$ ならば 0 は流入境界，$-1 < \nu < 0$（ファイナンスの応用では，消滅，反射の両方の境界条件がありうる）に対しては正則境界，$\nu \leq -1$ のときは流出境界である．すべての ν と μ に対して，無限大は自然境界である．

$x_0 = 0$ とした Liouville 変換によって動径 OU 過程の SL 方程式は動径調和振動子ポテンシャル（Morse and Feshbach, 1953, p.1661; Grosche and Steiner, 1998）

$$Q(x) = \frac{1}{2}\left(\nu^2 - \frac{1}{4}\right)x^{-2} + \frac{1}{2}\mu^2 x^2 - \mu(\nu + 1), \quad x \in (0, \infty)$$

をもつ Schrödinger 方程式に変形される．$\mu \neq 0$ と $\nu \in \mathbb{R}$ に対して $x \to +\infty$ とすると $Q(x) \to \infty$ であるので，$+\infty$ は非振動自然境界である．すなわちスペクトルは純離散的である（スペクトルカテゴリー I）．$\mu = 0$ のとき，この確率過程は指数 ν の Bessel 過程になり，$x \to +\infty$ とすると $Q(x) \to 0$ であるので，$+\infty$ はカットオフ $\Lambda = 0$ をもつ振動境界である．ゼロは固有値ではなく，Bessel 過程は単純で純絶対連続なスペクトル $\sigma(-\mathcal{G}) = \sigma_{ac}(-\mathcal{G}) = [0, \infty)$ をもつ（スペクトルカテゴリー II）．

この確率過程の実用的な計算における重要な性質として，次のようなものがある．もし消滅率 $k(x) = (\beta^2/2)x^{-2} + (\gamma^2/2)x^2$ で過程が消滅するならば，消滅のある過程 $\widehat{R}$ は，$\beta = \gamma = 0$ とした消滅のない過程 R と同じくらい解析的に扱いやすいものである．実際，2 つの過程は同じポテンシャル関数

$$Q(x) = \frac{1}{2}\left(\nu^2 + \beta^2 - \frac{1}{4}\right)x^{-2} + \frac{1}{2}(\mu^2 + \gamma^2)x^2 - \mu(\nu+1), \quad x \in (0, \infty)$$
(6.73)

に還元される．ここでは，x^{-2} と x^2 の係数が変わるだけである．

$\mu \neq 0$ に対して，解 $\psi_\alpha(x), \phi_\alpha(x)$ は Whittaker 関数で表される（または Kummer–Tricomi の合流型超幾何関数を使って表現される）．具体的な表現は Borodin and Salminen (2002) の pp.139–140 に載っている．固有値 $\lambda = \lambda_n$ において Whittaker 関数は一般化 Laguerre 多項式に退化し，固有関数は後者を使って表現される．この過程が有限区間上で考えられ，境界で消滅条件か反射条件をもつならば，固有関数は Whittaker 関数で表される．$\mu = 0$ に対して，解 $\psi_\alpha(x), \phi_\alpha(x)$ は修正 Bessel 関数で表され（具体的な表現は Borodin and Salminen, 2002 の p.133 に載っている），絶対連続スペクトル (6.57) のスペクトル表現は積分形式で与えられる（例えば $\nu = d/2 - 1$ に対する式は Karlin and Taylor, 1981, p.338 に載っている）．

4.4.2 CIR モデル

$\{R_t, t \geq 0\}$ を $\nu \geq 0, \mu > 0$ である動径 OU 過程とする．$\sigma > 0$ に対して，二乗した過程 $\{X_t = (\sigma^2/4)R_t^2, t \geq 0\}$ は無限小パラメータ

$$a(x) = \sigma\sqrt{x}, \quad b(x) = \kappa(\theta - x)$$

$$\text{ただし}\quad \theta := \frac{\sigma^2}{4\mu}(\nu+1) > 0, \quad \kappa := 2\mu > 0$$

をもつ $(0, \infty)$ 上の Feller (1951) の平方根拡散過程である（Wong, 1964 を見よ）．ここで，$\kappa > 0, \theta > 0, \sigma > 0$ はそれぞれ平均回帰率，長期水準，ボラティリティである．この拡散過程はファイナンスでは CIR モデル (Cox et al., 1985) として知られていて，金利（CIR 期間構造モデル），確率ボラティリティ (Heston, 1993)，クレジットスプレッド (Duffie and Singleton, 2003) のモデルとして広く使われている．

CIR 拡散過程のスケール密度とスピード密度は

$$s(x) = x^{-\beta}e^{ax}, \quad m(x) = \frac{2}{\sigma^2}x^{\beta-1}e^{-ax}$$

$$\text{ただし}\quad a := \frac{2\kappa}{\sigma^2}, \quad \beta := \frac{2\kappa\theta}{\sigma^2}$$

で与えられる．$\beta \geq 1$ に対してゼロは到達不能な流入境界で，$+\infty$ は自然境界である．基本解は

$$\psi_\alpha(x) = M\left(\frac{\alpha}{\kappa}, \beta, ax\right), \quad \phi_\alpha(x) = U\left(\frac{\alpha}{\kappa}, \beta, ay\right)$$

で与えられる．ここで，$M(a,b,z), U(a,b,z)$ は Kummer–Tricomi 合流型超幾何関数である (Slater, 1960; Buchholz, 1969 を見よ)．ロンスキアンは

$$w_\alpha = \frac{\Gamma(\beta)}{\Gamma(\alpha/\kappa)} a^{-\beta+1}$$

となる（$\Gamma(z)$ はガンマ関数）．このロンスキアンのゼロ点は $\alpha = -\lambda_n, \lambda_n = \kappa n, n = 0, 1, \cdots$ である．スペクトルは純離散型で，固有値 $\lambda_n = \kappa n$ をもつ（記述を簡単にするため，ここでは固有値の番号をゼロから始める）．固有値 $\alpha = -\kappa n$ において合流型超幾何関数 M と U は線形従属となり，一般 Laguerre 多項式に退化する．正規化された固有関数 (6.56) は

$$\lambda_n = \kappa n, \quad \varphi_n(x) = \sqrt{\frac{n!\kappa}{\Gamma(\beta+n)}} a^{(\beta-1)/2} L_n^{(\beta-1)}(ax), \quad n = 0, 1, \cdots$$

で与えられる．ここで，$L_n^{(\alpha)}(x)$ は一般 Laguerre 多項式である．第 1 固有値はゼロ，$\lambda_0 = 0$ であることに注意すれば，推移密度の固有関数展開の最初の項は CIR 過程の定常密度

$$\pi(x) = \frac{\kappa a^{\beta-1}}{\Gamma(\beta)} m(x) = \frac{a^\beta}{\Gamma(\beta)} x^{\beta-1} e^{-ax}$$

を与える．これはガンマ密度である．この場合，スピード測度は有限測度であるので定常密度は存在し，積分が 1 になるように正規化されたスピード密度と等しい．

対称推移密度は固有関数展開 (6.44) をもつ（ここでも $n = 0$ から固有値を数える）．Hille–Hardy 公式を用いて（Erdelyi, 1953, p.189, Eq.(20)；$I_\alpha(x)$ はオーダー α の修正 Bessel 関数）

$$\sum_{n=0}^{\infty} \frac{z^n n!}{\Gamma(n+\alpha+1)} L_n^{(\alpha)}(x) L_n^{(\alpha)}(y)$$
$$= (1-z)^{-1} \exp\left\{-z\frac{x+y}{1-z}\right\} (xyz)^{-\alpha/2} I_\alpha\left(\frac{2\sqrt{xyz}}{1-z}\right)$$

を得る．スピード測度 m に関する CIR 過程の対称推移密度のスペクトル表現は修正 Bessel 関数で

$$p_m(t;x,y) = \frac{\kappa}{1-e^{-\kappa t}} (xye^{-\kappa t})^{(1-\beta)/2} \exp\left\{-\frac{\alpha(x+y)}{e^{\kappa t}-1}\right\} \times I_{\beta-1}\left(\frac{2\alpha\sqrt{xye^{-\kappa t}}}{1-e^{-\kappa t}}\right)$$

のように具体的に書くことができる．Lebesgue 測度に関する推移密度は $p(t;x,y) = p_m(t;x,y)m(y)$ である．

CIR 期間構造モデルの状態価格密度は消滅率 $k(x) = r(x) = x$ で消滅する CIR 過程に対する推移密度として解釈できる．これは線形のドリフトをもつ Bessel 過程を消滅率 $k(x) = (\sigma^2/4)x^2$ で消滅させることと同値である．(6.73) から消滅条件を課すことは，対応する Schrödinger ポテンシャルの x^2 の項の係数だけを変えるということが

わかり，CIR 期間構造モデルに対するスペクトル表現はただちに得られる．CIR モデルの詳しいスペクトル解析は Davydov and Linetsky (2003, Section 4) と Gorovoi and Linetsky (2004, Section 5) に載っている．また，住宅ローンのプリペイメントモデルへの応用を Gorovoi and Linetsky (2006) で見ることができる．

4.4.3 3/2 モデル

$\{R_t, t \geq 0\}$ を $\nu > 1, \mu > 0$ の動径 OU 過程とする．$\sigma > 0$ に対して逆二乗過程 (reciprocal squared process) $\{X_t := 4\sigma^{-2}R_t^{-2}, t \geq 0\}$ は無限小パラメータ

$$a(x) = \sigma x^{3/2}, \qquad b(x) = \kappa(\theta - x)x$$
$$\kappa := \frac{\sigma^2}{2}(\nu - 1) > 0, \quad \theta := \frac{4\mu}{\sigma^2(\nu - 1)} > 0$$

をもつ $(0, \infty)$ 上の拡散過程である．この非線形ドリフトをもちボラティリティが $\sigma^2 x^3$ である拡散過程は平方根 CIR 過程の逆数となっている．この過程は Cox et al. (1985, p.402, Eq. (50)) において，彼らの3ファクターインフレーションモデルでのインフレ率に対するモデルとして提案された．彼らは名目債券の実質価値に対する3ファクターの PDE を解くことができた（彼らの論文での Eqs. (53, 54)）．さらに最近では，この拡散過程は異なる文脈で Lewis (1998, 2000), Heston (1997), Ahn and Gao (1999) などに登場している．Heston (1997) と Lewis (2000) は確率ボラティリティモデルの文脈でこの過程を応用している．後者では資産価格の瞬間ボラティリティがこの過程に従っている確率ボラティリティモデルの詳しい研究が行われている．Lewis (1998) と Ahn and Gao (1999) では短期金利に対するモデルにこの確率過程が用いられている．これらの論文では 3/2 モデルは平方根モデルより実際のデータに合っているということが示されている．過去のデータを用いた実証分析から，短期金利の拡散パラメータが r^γ であるとしたとき，統計的には $\gamma > 1$ であると主張している．これは，平方根過程による結論と矛盾している．さらに，最近の実証研究によれば，短期金利のドリフトは実質的に短期金利の非線形関数である．Lewis (1998)（または Ahn and Gao, 1999）では，直接 PDE を解くことによりゼロクーポン債の価格に対する解析的な解を得ている．実際にこの解は Cox et al. (1985) の3ファクターインフレモデルの Eq. (54) で与えられた一般的な解の特別の場合である．3/2 モデルのスペクトル解析は Linetsky (2004a) で与えられている．

4.4.4 CEV モデル

$\{X_t, t \geq 0\}$ を $\nu < 0$ で，ドリフトパラメータ $m \in \mathbb{R}$ の動径 OU 過程とする．$\nu \in (-1, 0)$ ならば，原点は正則境界で，この過程はゼロに最初に到達する時刻 T_0 で孤立状態 Δ に送られる．$\nu \leq -1$ ならば原点は流出境界である．いずれの場合でも，この過程の生存時間は $\zeta = T_0$ である．$m = 0$ ならば，X は指数 $\nu < 0$ の Bessel 過

程で原点で消滅する．$\delta > 0$ に対して新しい確率過程 $\{S_t, t \geq 0\}$ を

$$S_t := \begin{cases} \left(\dfrac{\delta}{2|\nu|}X_t\right)^{-2\nu}, & 0 \leq t < \zeta \\ \Delta, & t \geq \zeta \end{cases}$$

と定義する．この確率過程は無限小パラメータ

$$a(x) = \sigma(x)x = \delta x^{1+\beta}, \qquad b(x) = \mu x$$

$$\text{ただし} \quad \beta := \frac{1}{2\nu} < 0, \ \mu := 2\nu m \in \mathbb{R}$$

をもつ $(0,\infty)$ 上の拡散過程で，原点への最初の到達時刻で消滅（デフォルト）する．これは Cox (1975) の定弾性分散（constant elasticity of variance; CEV）モデルである (Schroder, 1989; Delbaen and Shirakawa, 2002a, 2002b; Andersen and Andreasen, 2000; Davydov and Linetsky, 2001, 2003; Linetsky, 2004c などの論文およびそれらの参照する文献を見よ).

CEV は特別な場合として Cox and Ross (1976) の絶対拡散過程（$\beta = -1$）と平方根（$\beta = -1/2$）モデルを含んでいる．$\beta < 0$ に対して，ボラティリティ $\sigma(x) = \delta x^\beta$ は資産価格に関して減少関数である．2 つのモデルパラメータ β と δ があり，β はボラティリティ関数の弾性値を表し，δ はスケールパラメータである．$\beta < 0$ のとき，$+\infty$ は自然境界であり，$\mu > 0$ のときは求引性をもち (attracting)，$\mu \leq 0$ のときは求引性をもたない (non-attracting)（リスク中立なドリフトは $\mu = r - q$ で与えられ，$r \geq 0, q \geq 0$ はそれぞれ定数無リスク金利，配当率である）．$-1/2 \leq \beta < 0$ に対して原点は流出境界である．$-\infty < \beta < -1/2$ に対して原点は正則境界で，消滅条件を課し，Δ に送られた株価過程は倒産（デフォルト）を表すこととする．

本項では $\beta < 0$ の CEV 過程のみを扱う．この過程は株式オプションの市場でのボラティリティスキューをモデル化するのに用いられる．CEV 過程は $\beta > 0$ に対してもまた考えられる．この場合，$\mu = 0$ のとき，過程は狭義局所マルチンゲールである（上で述べられている 2 次のボラティリティ過程と同様の状況である）．さらなる議論の参考文献としては Davydov and Linetsky (2001) をあげておく．Davydov and Linetsky (2003) と Linetsky (2004c) においては，CEV 過程の詳しいスペクトル解析が与えられ，スペクトル展開を通じてバリアオプションとルックバックオプションに対して解析的な解が与えられている．以下では $\mu \geq 0$（$r \geq q$）の場合を考える．負のドリフトの場合 $\mu < 0$ も同様に扱うことができる．

CEV 過程のスケール密度とスピード密度は

$$s(x) = e^{-ax^{-2\beta}}, \quad m(x) = 2\delta^{-2}x^{-2\beta-2}e^{ax^{-2\beta}}, \quad \text{ただし} \quad a := \frac{\mu}{\delta^2|\beta|}$$

である．$\mu > 0$ に対して，基本解とロンスキアンは

$$\psi_\alpha(x) = e^{-(a/2)x^{-2\beta}} x^{\beta+1/2} M_{k(\alpha),(\nu/2)}(ax^{-2\beta})$$

$$\phi_\alpha(x) = e^{-(a/2)x^{-2\beta}} x^{\beta+1/2} W_{k(\alpha),(\nu/2)}(ax^{-2\beta})$$

$$w_\alpha = \frac{2\mu\Gamma(\nu+1)}{\delta^2 \Gamma(\alpha/\gamma+1)}$$

ただし $\quad \nu := \dfrac{1}{2|\beta|}, \quad \gamma := 2\mu|\beta|, \quad k(\alpha) := \dfrac{\nu-1}{2} - \dfrac{\alpha}{\gamma}$

となる.ここで,$M_{k,m}(x)$ と $W_{k,m}(x)$ は Whittaker 関数である(これは合同超幾何関数に関連している.Slater, 1960 と Buchholz, 1969 を見よ).以下で記号を簡単にするために,ここで $\nu = 1/(2|\beta|)$ を動径 OU 過程の指数 ν の絶対値として定義し直す.スペクトルは純離散的で対称推移密度は,固有値と正規化された固有関数

$$\lambda_n = \gamma(n+1)$$

$$\varphi_n(x) = a^{(\nu/2)} \sqrt{\frac{n!\mu}{\Gamma(\nu+n+1)}} x e^{-ax^{-2\beta}} L_n^{(\nu)}(ax^{-2\beta}), \quad n = 0, 1, \cdots$$

による固有関数展開ができる.ここで,$L_n^{(\nu)}(x)$ は一般 Laguerre 多項式である.CIR 過程に対してしたように Hille–Hardy 公式を適用すると,固有関数展開は修正 Bessel 関数による表現

$$p_m(t;x,y) = \frac{\mu(xy)^{1/2}}{e^{\gamma t}-1} \exp\left\{-\frac{a(x^{-2\beta}+y^{-2\beta})}{1-e^{-\gamma t}} + \frac{\mu t}{2}\right\} I_\nu\left(\frac{2a(xy)^{-\beta}e^{-\gamma t/2}}{1-e^{-\gamma t}}\right)$$

に還元される.

いま $\beta < 0$ でドリフトのないケース($\mu = 0$)を考える.このケースは先物の上に書かれたオプションの価格付けにおいて重要である(先物価格はリスク中立測度のもとでゼロのドリフトとなる).この場合は,負の指数をもち,原点で消滅する Bessel 過程が関係する.基本解とロンスキアンは

$$\psi_\alpha(x) = \sqrt{x} I_\nu(Ax^{-\beta}\sqrt{2\alpha}), \qquad \phi_\alpha(x) = \sqrt{x} K_\nu(Ax^{-\beta}\sqrt{2\alpha})$$

$$w_\alpha = |\beta|, \quad A := \frac{1}{\delta|\beta|}$$

となる(ここでは $\nu := 1/(2|\beta|)$).ここで,I_ν と K_ν はそれぞれ修正 Bessel 関数である.

ドリフトのない場合,スペクトルは純絶対連続で,対称推移密度は絶対連続スペクトル表現 (6.57) をもつ($\Lambda = 0, \mathrm{d}\rho_{ac}(\lambda) = |\beta|^{-1}\mathrm{d}\lambda$ で,この場合はこれ以外の固有値はない).すなわち,

$$p_m(t;x,y) = \int_0^\infty e^{-\lambda t} \psi_{-\lambda}(x)\psi_{-\lambda}(y)|\beta|^{-1}\mathrm{d}\lambda$$

ただし $\quad \psi_{-\lambda}(x) = \sqrt{x} J_\nu(Ax^{-\beta}\sqrt{2\lambda})$

ここで，J_ν は指数 ν の Bessel 関数である（$J_\nu(z) = I_\nu(iz)$）．

ドリフトのない CEV 密度の連続スペクトル表現は Laplace 変換の形で与えられる．この Laplace 変換は次の積分公式（Erdelyi, 1953, vol.II, p.53）を使うことにより（$\nu > -1, t > 0$ に対して）具体的に計算することができる．すなわち，

$$\frac{1}{t}\exp\left\{-\frac{u^2+v^2}{2t}\right\}I_\nu\left(\frac{uv}{t}\right) = \int_0^\infty e^{-\lambda t} J_\nu(u\sqrt{2\lambda})J_\nu(v\sqrt{2\lambda})\mathrm{d}\lambda$$

により，

$$p_m(t;x,y) = \frac{(xy)^{1/2}}{2|\beta|t}\exp\left\{-\frac{A^2}{2t}(x^{-2\beta}+y^{-2\beta})\right\}I_\nu\left(\frac{A^2}{t}(xy)^{-\beta}\right)$$

という表現が得られる．

原点が消滅境界なので，推移密度は不完全であり，生存確率は

$$P_t(x,(0,\infty)) = \int_0^\infty p(t;x,y)\mathrm{d}y = \frac{\gamma(\nu,\eta(t,x))}{\Gamma(\nu)} < 1$$

で与えられる．ここで

$$\eta(t,x) := \begin{cases} \dfrac{ax^{-2\beta}}{1-e^{-\gamma t}}, & \mu > 0 \\[2mm] \dfrac{Ax^{-2\beta}}{2t}, & \mu = 0 \end{cases}$$

であり，$\gamma(\nu,z)$ は $\gamma(\nu,z) = \int_0^z t^{\nu-1}e^{-t}\mathrm{d}t$ で定義される不完全ガンマ関数である．時刻 t までに原点に到達することによる消滅の確率は

$$P_t(x,\{\Delta\}) = 1 - P_t(x,(0,\infty)) = \frac{\Gamma(\nu,\eta(t,x))}{\Gamma(\nu)}$$

である．ここで，$\Gamma(\nu,z)$ は相補不完全ガンマ関数 $\Gamma(\nu,z) = \Gamma(\nu) - \gamma(\nu,z) = \int_z^\infty t^{\nu-1}e^{-t}\mathrm{d}t$ である（Abramowitz and Stegun, 1972, p.260）．つまり，CEV モデルは完全に解析的，すなわち具体的に計算可能なモデルである．

4.4.5 デフォルトにジャンプするように拡張された CEV モデル

標準 CEV モデルでは，倒産は株価がゼロに到達したときに起こる．しかし，パラメータ β, δ の現実的な値に対しては，倒産確率は小さくなる．さらに，実際には倒産は企業が正の株価を維持しているときでも突然起こる．Carr and Linetsky (2006) は株価が正のときでも倒産する可能性があるように CEV モデルを拡張した．彼らはデフォルト強度を，

$$h(x) = b + c\sigma^2(x) = b + c\delta^2 x^{2\beta}$$

で与えられるような原資産株価の関数とした. ここで, $b \geq 0, c > 0$ である (ここでは, これらのパラメータが定数であるバージョンを考える. 一般のバージョンではこれらのパラメータは時間に対して依存してもよい). このデフォルト強度は瞬間株価分散 $\sigma^2(x)$ の 1 次関数である (株価ボラティリティが大きくなればなるほどデフォルト強度も大きくなる). CEV モデルでは株価ボラティリティは株価の負のべき乗であるので (CEV 過程の拡散係数は $a(x) = \sigma(x)x = \delta x^{1+\beta}$ であることを思い出してほしい), デフォルト強度はまた株価 (プラス定数) の負のべき乗である. 割り引かれた利益過程 (価格変化, 配当, 倒産可能性をすべて含めて考える) がリスク中立測度のもとでマルチンゲールであるために, この過程のリスク中立ドリフトはジャンプを補うために

$$b(x) = (r - q + h(x))x = (r - q + b + c\delta^2 x^{2\beta})x$$

のように調整されなければならない. こうして得られたモデルはデフォルトにジャンプする拡張された CEV モデル (jump-to default extended CEV model) と呼ばれる (略すと JDCEV となる). $c \geq 1/2$ のとき, 原点は到達不能境界である. 消滅率 (デフォルト強度) が速く増えるので原点に到達する前にこの過程は常に正値から消滅する (倒産は正の株価からジャンプして起こる). $c < 1/2$ のとき, 原点はこの過程に対して消滅境界で ($\beta \in [c-1/2, 0)$ に対して流出で $\beta < c-1/2$ に対して正則で, ここでは消滅条件を課しておく), 倒産事象は正値からのジャンプによる場合と原点に到達する場合の両方がありうる. JDCEV モデルは標準 CEV モデルの計算可能性を保持するので, 倒産の可能性のある債券と株式のオプション価格について具体的な公式を与える (Carr and Linetsky, 2006).

4.5 Coulomb ポテンシャルと定数ドリフトをもつ Bessel 過程, および関連するモデル

4.5.1 Coulomb ポテンシャルと定数ドリフトをもつ Bessel 過程

次に, d 次元 ($d \geq 2$)「極探求」(pole seeking) Brown 運動の過程 $\{X_t, t \geq 0\}$ を考える. これは無限小生成作用素が

$$\frac{1}{2}\Delta + \mu \frac{x}{|x|} \cdot \nabla, \quad \mu \in \mathbb{R}$$

で与えられる $\mathbb{R}^d$ 上の拡散過程である. この過程の動径成分 $\{R_t = |X_t|, t \geq 0\}$ は

$$a(x) = 1, \quad b(x) = \frac{\nu + 1/2}{x} + \mu, \quad x \in (0, \infty)$$

の 1 次元拡散過程となる. ここで, $\nu = d/2 - 1$ である. $d = 2, \mu < 0$ のとき, この過程は Kendall (1972) によって研究されている. これは極探求 Brown 運動と呼ばれていた (Pitman and Yor, 1981, pp.362–364; Yor, 1984, p.104; DeLong, 1981 を見

よ).ここで $\nu, \mu \in \mathbb{R}$ に対してこの過程を考え,それを定数ドリフト μ をもつ指数 ν の Bessel 過程と呼ぶことにする.0 での境界分類は μ と独立で標準 Bessel 過程に対するものと同じになる.任意の $\nu \in \mathbb{R}$ に対して $+\infty$ はカットオフ $\Lambda = \mu^2/2$ をもつ振動自然境界である.定理 6.5 によると,$+\infty$ は $\mu(\nu + 1/2) \geq 0$ $(\mu(\nu + 1/2) < 0)$ ならば,$\lambda = \Lambda = \mu^2/2$ に対して非振動(振動)である.つまり,これはスペクトルカテゴリー II の場合であり,$\mu^2/2$ 以上のところに純絶対連続スペクトルをもつ.$\mu(\nu + 1/2) < 0$ ならば,$\mu^2/2$ に収束する固有値の無限列を選べる(つまり $\mu^2/2$ は点スペクトルの集積点である).$\mu(\nu + 1/2) \geq 0$ ならば,$[0, \mu^2/2]$ での非負固有値は有限集合になる(結局この集合は空であるということになる).この過程に対するスペクトル表現の具体的公式は Linetsky (2004d) で与えられている.

$x_0 = 0$ とした Liouville 変換によって,SL 方程式を Coulomb ポテンシャル(Morse and Feshbach, 1953, p.1663)をもつ Schrödinger 方程式

$$Q(x) = \frac{1}{2}\left(\nu^2 - \frac{1}{4}\right)x^{-2} + \mu\left(\nu + \frac{1}{2}\right)x^{-1} + \frac{\mu^2}{2}, \quad x \in (0, \infty)$$

に変換する.ここでのポテンシャルは量子力学の水素原子モデルに出てくる有名な Coulomb ポテンシャルである.Coulomb ポテンシャルをもつ Schrödinger 方程式は Whittaker 関数を解としてもつ Whittaker 方程式になっている.

この過程の応用上重要な性質は,消滅率 $k(x) = (1/2)\beta^2 x^{-2} + \gamma x^{-1}$ で消滅する過程 $\hat{R}$ は,消滅のない $\beta = \gamma = 0$ の場合の過程 R と同じくらい解析的に扱いやすいということである.実際,両方の過程は同じ形のポテンシャル関数

$$Q(x) = \frac{1}{2}\left(\nu^2 + \beta^2 - \frac{1}{4}\right)x^{-2} + \left(\mu\left(\nu + \frac{1}{2}\right) + \gamma\right)x^{-1} + \frac{\mu^2}{2}, \quad x \in (0, \infty)$$

の Schrödinger 方程式に還元される(x^{-2}, x^{-1} の前の係数のみが変わる).

注意 6.1 Yor (1984) はボラティリティが 1 で,ドリフトが $b(x) = (\nu + 1/2)x^{-1} - \delta$ であるときのこの過程をナイーヴドリフト $\delta > 0$ をもつ Bessel 過程と呼んだ.これは,ドリフトベクトルが $\vec{\delta}$ で無限小生成作用素 $(1/2)\Delta + \vec{\delta}$ の原点から出発する $\mathbb{R}^d$ 値 Brown 運動の動径部分をとることによって得られる拡散過程と混乱することを避けるためである.後者の拡散過程はボラティリティが 1 でドリフトは

$$b(x) = \frac{\nu + 1/2}{x} + \frac{\delta I_{\nu+1}(\delta x)}{I_{\nu}(\delta x)}$$

となる.ここで,$\nu = d/2 - 1, \delta = |\vec{\delta}|$ で $I_\nu(z)$ は指数 ν の Bessel 関数である.これはドリフトをもつ Bessel 過程と呼ばれている(Watanabe, 1975; Pitman and Yor, 1981, p.310).

4.5.2　2つの非アフィン期間構造モデル

$\{X_t, t \geq 0\}$ を $\nu > 1$, 定数ドリフト $\mu < 0$, および $\alpha = \beta = 0$ である Bessel 過程とする. $\sigma > 0$ に対して, 逆二乗過程 $\{4\sigma^{-2}R_t^{-2}, t \geq 0\}$ は $(0, \infty)$ 上の無限小パラメータ

$$a(x) = \sigma x^{3/2}, \quad b(x) = \kappa(\theta - x^{1/2})x^{3/2}$$

$$\kappa := \frac{\sigma^2}{2}(\nu - 1) > 0, \quad \theta := -\frac{2\mu}{\sigma(\nu - 1)} > 0$$

をもつ拡散過程である. ボラティリティ $\sigma^2 x^3$ をもつという点でこの拡散過程は 4.4.3 の 3/2 モデルと似ているが, 非線形のドリフト項が異なっている. この拡散過程に従う短期金利をもつような期間構造の状態価格密度のスペクトル表現は線形の消滅率 $r(x) = x$ で過程を消滅させることにより得られる. これは消滅率 $r(x) = 4\sigma^{-2}x^{-2}$ で定数ドリフトをもつ消滅 Bessel 過程に一致する. Liouville 変換で Schrödinger 方程式に変換すれば違いは x^{-2} の前の係数のみである. つまりこの期間構造モデルでは, 状態価格密度に対するスペクトル表現は負定数のドリフトをもつ Bessel 過程の推移密度に対するスペクトル表現からただちに得られる.

$\{X_t, t \geq 0\}$ を $\nu \geq 1/2$, 定数ドリフト $\mu < 0$, および $\alpha = \beta = 0$ である Bessel 過程とする. $\sigma > 0$ に対して, 逆数 2 次過程 $\{(\sigma X_t)^{-1}, t \geq 0\}$ は $(0, \infty)$ 上の無限小パラメータ

$$a(x) = \sigma x^2, \quad b(x) = \kappa(\theta - x)x^2$$

$$\kappa := \sigma^2 \left(\nu - \frac{1}{2}\right) > 0, \quad \theta := -\frac{\mu}{\sigma(\nu - 1/2)} > 0$$

をもつ拡散過程である. この拡散過程は 3/2 モデルとは対照的に CEV ボラティリティ $\sigma^2 x^{2\gamma}$ で $\gamma = 2$ となるボラティリティをもつ. この過程のドリフトもまた 3/2 モデルよりさらに非線形である. 最近の実証研究によれば, ドリフトはより非線形であり, γ の値はより大きな正の値をとるので, このモデルは実証研究において 3/2 モデルをしのぐパフォーマンスを示すことが期待される. 状態価格密度のスペクトル表現は消滅率 $r(x) = x$ で過程を消滅させることにより得られる. これは消滅率 $r(x) = (\sigma x)^{-1}$ の定数ドリフトをもつ消滅 Bessel 過程に一致する (Liouville 変換で Schrödinger 方程式に変換したときに x^{-1} の前の係数のみが異なる). つまり, この期間構造モデルでは, 状態価格密度に対するスペクトル表現は負定数のドリフトをもつ Bessel 過程の推移密度に対するスペクトル表現からただちに得られる. 定数ドリフトをもつ Bessel 過程と関連する非アフィン期間構造についての詳細は Linetsky (2004d) で見ることができる.

4.5.3 デフォルトにジャンプするように拡張された Black–Scholes モデル

Black–Scholes モデルにデフォルトを付加するような拡張を考えよう．株価に対する標準 Black–Scholes モデルの幾何 Brown 運動過程に対し，デフォルト強度が

$$h(x) = \frac{c}{\ln(x/B)}$$

で与えられると仮定する．ここで，x はある企業の株価で B はデフォルト閾値である．このデフォルト強度は株価が閾値に近づくと無限に発散し，株価が無限に発散するときゼロに収束する．デフォルト強度を株価の関数とするこのモデルは Madan and Unal (1998) によるものと似ている．

割り引かれた利益過程（株価の変化，配当，倒産の可能性を考慮に入たもの）がリスク中立測度のもとでマルチンゲールになるために，この過程のリスク中立ドリフトは

$$b(x) = (r - q + h(x))x = \left(r - q + \frac{c}{\ln(x/B)}\right)x$$

でなければならない（ボラティリティ構造は Madan–Unal モデルでは対数正規型であると仮定される．つまり $a(x) = \sigma x$．

いま，このモデルが Coulomb ポテンシャルに関係する定数ドリフトをもつ消滅 Bessel 過程に還元され，したがって具体的な計算が可能であることを示す．$\{S_t, t \geq 0\}$ を上記のドリフトと対数正規型ボラティリティ $\sigma > 0$ をもつ拡散過程とする．ここで新しい確率過程 $\{R_t = \sigma^{-1} \ln(S_t/B)\}$ を導入する．この過程は $\nu = c/\sigma^2 - 1/2$ で定数ドリフト $\mu = (r - q - \sigma^2/2)/\sigma$ をもつ Bessel 過程である．関連する Schrödinger ポテンシャルは Coulomb ポテンシャルである．さらに，消滅率 $h(x) = c/\ln(x/B)$ でもとの過程を消滅させることによりデフォルトの可能性を導入したときも（$h(x) = c\sigma^{-1}x^{-1}$ でドリフトをもつ消滅する Bessel 過程と同値）Coulomb ポテンシャルで x^{-1} の項の前の定数だけを修正すれば十分であり，この倒産可能モデルでも状態価格密度は具体的な計算が可能である．

4.6 Morse ポテンシャルとアフィンドリフトをもつ幾何 Brown 運動，および関連するモデル

4.6.1 Morse ポテンシャルとアフィンドリフトをもつ幾何 Brown 運動

無限小パラメータ

$$\begin{gathered} a(x) = \sigma x, \quad b(x) = Ax + B \\ x \in (0, \infty), \quad \sigma > 0, \quad A, B \in \mathbb{R}, \quad B \neq 0 \end{gathered} \tag{6.74}$$

をもつ拡散過程を考える．$B = 0$ のときはこれは幾何 Brown 運動である．$B \neq 0$ のときは，この過程をアフィンドリフトをもつ幾何 Brown 運動と呼ぶ．この過程は Wong

(1964) において詳しく研究されている. そこでは $B > 0, A < \sigma^2/2$ に対するスペクトル表現が得られている（この過程はまた「早期発見問題」に関連して Shiryaev, 1961 に出てくる. また, Peskir, 2006 も参照せよ). すべての $A, B \in \mathbb{R}$ に対して, $+\infty$ は自然境界である. ドリフトに $B \neq 0$ を加えることによって原点近くでの過程の動きが大きく変わる. すべての $A \in \mathbb{R}$ に対して, 原点は $B < 0$ ($B > 0$) に対して流出（流入）境界である.

$B > 0, A < \sigma^2/2$ に対して（Wong, 1964 よって研究されたケース）この過程は逆数ガンマ（reciprocal gamma）密度

$$\pi(x) \sim x^{(2A/\sigma^2)-2} e^{-(2B/\sigma^2)x^{-1}}$$

をもつ定常分布をもつ. $\zeta := T_0$ を過程の生存時間とする ($B > 0$ ならば $\zeta = \infty$). 過程 $\{\ln X_t, 0 \leq t < \zeta\}$ は

$$a(x) = \sigma, \qquad b(x) = A - \frac{1}{2}\sigma^2 + Be^{-x}$$

をもつ 1 次元拡散過程である. Liouville 変換は関連する SL 方程式を Morse ポテンシャル (Morse, 1929; Morse and Feshbach, 1953, p.1671) をもつ Schrödinger 方程式

$$Q(x) = c_0 + c_1 e^{-\gamma x} + c_2 e^{-2\gamma x}, \quad x \in (0, \infty)$$
$$c_0 = \frac{1}{2\sigma^2}\left(A - \frac{1}{2}\sigma^2\right)^2, \quad c_1 = B\left(\frac{A}{\sigma^2} - 1\right), \quad c_2 = \frac{B^2}{2\sigma^2}, \quad \gamma = 2\sigma \tag{6.75}$$

に変換する. $ae^{-2\gamma x} + be^{-\gamma x}$ のポテンシャルをもつ Schrödinger 方程式は最初に Morse (1929) に登場した. 原点は非振動で $+\infty$ はカットオフ $\Lambda = c_0$ をもつ振動境界である. また, カットオフ値は非振動である. したがって, c_0 以上では絶対連続スペクトルであり, c_0 以下に非負固有値の有限集合がある.

パラメータ $\sigma = 2, A = 2(\nu+1), B = 1$ をもつ過程を標準形とし, この過程を $X^{(\nu)}$ と書くことにする. この過程は, アジアンオプションの関連では Donati-Martin et al. (2001) と Linetsky (2004b) において, また Black–Scholes モデルをデフォルト付きに拡張したモデルとの関連では Linetsky (2006) で研究されている. この過程に対する基本解とロンスキアンは,

$$\psi_s(x) = x^{(1-\nu)/2} e^{1/4x} W_{(1-\nu)/2, \mu(\alpha)}\left(\frac{1}{2x}\right)$$
$$\phi_s(x) = x^{(1-\nu)/2} e^{1/4x} \mathcal{M}_{(1-\nu)/2, \mu(\alpha)}\left(\frac{1}{2x}\right), \qquad w_\alpha = \frac{1}{2\Gamma(\mu(\alpha) + \nu/2)}$$

で与えられる. ここで $\mu(\alpha) = (1/2)\sqrt{2\alpha + \nu^2}$ であり, $\mathcal{M}_{\kappa,\mu}(z)$ と $W_{\kappa,\mu}(z)$ は Whittaker 関数である ($\mathcal{M}_{\kappa,\mu}(z) = M_{\kappa,\mu}(z)/\Gamma(2\mu + 1)$ は正規化された Whittaker 関数

4. 1次元拡散過程：解析的に扱いやすいモデルの目録   273

である）．

$\nu < 0$ に対して，複素数 α 平面で考えられた Green 関数 (6.34) は区間 $\alpha \in [-\nu^2/2, 0]$ で極（w_α の分母におけるガンマ関数の極）と $\alpha = -\nu^2/2$ から ∞ までの負の実軸に沿った分岐切断をもつ．便宜上，

$$\left\{ \alpha = -\frac{\nu^2}{2} - \frac{\rho^2}{2}, \rho \in [0, \infty) \right\}$$

と分岐切断をパラメータ化する．Cauchy の留数定理を応用することにより，Laplace 逆変換ができ，それは対称推移密度のスペクトル表現

$$p_m^{(\nu)}(t;x,y) = \mathbf{1}_{\{\nu<0\}} \sum_{n=0}^{[|\nu|/2]} e^{-\lambda_n t} \mathrm{Res}_{\alpha=-\lambda_n} G_\alpha(x,y)$$
$$- \frac{1}{2\pi i} \int_0^\infty e^{-(\nu^2+\rho^2)t/2} \{G_{(1/2)(\nu^2+\rho^2)e^{i\pi}}(x,y)$$
$$- G_{(1/2)(\nu^2+\rho^2)e^{-i\pi}}(x,y)\} \rho \mathrm{d}\rho$$

を与える．極は固有値を与え，極での留数は固有関数の密度に対する貢献を与える．また，分岐切断上の積分は連続スペクトルを与える．$x, y > 0, \nu \in \mathbb{R}$ に対して，推移密度はスペクトル表現

$$p^{(\nu)}(t;x,y) = \mathbf{1}_{\{\nu<0\}} \pi(y)$$
$$+ \mathbf{1}_{\{\nu<-2\}} \sum_{n=1}^{[|\nu|/2]} e^{-2n(|\nu|-n)t} \frac{2(|\nu|-2n)n!}{\Gamma(1+|\nu|-n)}$$
$$\times e^{-1/2y} (2x)^n (2y)^{n-1-|\nu|} L_n^{(|\nu|-2n)}\left(\frac{1}{2x}\right) L_n^{(|\nu|-2n)}\left(\frac{1}{2y}\right)$$
$$+ \frac{1}{2\pi^2} \int_0^\infty e^{-(\nu^2+\rho^2)t/2} e^{1/4x-1/4y} \left(\frac{y}{x}\right)^{(\nu-1)/2} W_{(1-\nu)/2, i\rho/2}\left(\frac{1}{2x}\right)$$
$$\times W_{(1-\nu)/2, i\rho/2}\left(\frac{1}{2y}\right) \left|\Gamma\left(\frac{\nu+i\rho}{2}\right)\right|^2 \sinh(\pi\rho) \rho \mathrm{d}\rho$$

をもつ．ここで，$L_n^{(\alpha)}(x)$ は一般 Laguerre 多項式で $[x]$ は x の整数部分を表し，$\mathbf{1}_{\{\cdot\}}$ は定義関数で，

$$\pi(x) = \frac{2^\nu}{\Gamma(-\nu)} x^{\nu-1} e^{-1/2x}$$

はこの過程（逆数ガンマ過程）の定常密度である．$x = 0$（過程はゼロから始まる（ゼロは流入境界である）ことを思い出そう），$y > 0, \nu \in \mathbb{R}$ のときには

$$p^{(\nu)}(t;0,y) = \frac{1}{2\pi^2} \int_0^\infty e^{-(\nu^2+\rho^2)t/2} e^{-1/4y} (2y)^{(\nu-1)/2} W_{(1-\nu)/2, i\rho/2}\left(\frac{1}{2y}\right)$$
$$\times \left|\Gamma\left(\frac{\nu+i\rho}{2}\right)\right|^2 \sinh(\pi\rho) \rho \mathrm{d}\rho$$

$$+ \mathbf{1}_{\{\nu<0\}} \frac{2^{\nu}}{\Gamma(-\nu)} x^{\nu-1} e^{-1/2x}$$

$$+ \mathbf{1}_{\{\nu<-2\}} \sum_{n=1}^{[|\nu|/2]} e^{-2n(|\nu|-n)t} \frac{(-1)^n 2(|\nu|-2n)}{\Gamma(1+|\nu|-n)}$$

$$\times e^{-1/2y}(2y)^{n-1-|\nu|} L_n^{(|\nu|-2n)}\left(\frac{1}{2y}\right)$$

となる．

4.6.2 デフォルトにジャンプするように拡張された Black–Scholes モデル

Linetsky (2006) では，以下のような，倒産を考慮に入れた Black–Scholes モデルの拡張が研究されている．株価に対する標準 Black–Scholes モデルの幾何 Brown 運動過程に対し，デフォルト強度が $p>0, c>0$ に対して，

$$h(x) = cx^{-p}$$

で与えられる．つまり，デフォルト強度は原資産株価の負のべき乗である．株価がゼロになるにつれてデフォルト強度は無限に発散し，株価が無限に発散していくときデフォルト強度は漸近的にゼロにいく．割引利得過程（株価の変化，配当，倒産の可能性を考慮に入れたもの）がリスク中立測度のもとでマルチンゲールになるためには，リスク中立ドリフトは倒産の可能性（ボラティリティ構造は対数正規型であると仮定している．つまり $a(x)=\sigma$）に対応して

$$b(x) = (r-q+h(x))x = (r-q+cx^{-p})x$$

というように調整されなければならない．$\{S_t, t\geq 0\}$ をこのドリフトとボラティリティをもつ拡散過程とする．$\beta = p\sigma^2/(4\alpha)$ に対して，新しい確率過程 $\{Z_t = \beta S_t^p, t\geq 0\}$ を導入する．この過程はボラティリティとドリフトが

$$a(x) = \gamma x, \qquad b(x) = \alpha x + \beta$$

$$\text{ただし}\quad \alpha = p\left(r-q+\frac{(p+1)\sigma^2}{2}\right),\ \beta = \frac{p^2\sigma^2}{4},\ \gamma = p\sigma$$

で与えられる 1 次元拡散過程である．これは (6.74) のクラスであり，したがって具体的に計算可能な密度をもち，社債と株式オプションについて解析解が得られる．

4.6.3 算術平均アジアンオプション

確率過程 $X^{(\nu)}$ とその密度 $p^{(\nu)}$ は算術アジアンオプションの価格付けの問題に密接に関連している．リスク中立測度のもとで，原資産価格が幾何 Brown 運動

$\{S_t = S_0 \exp(\sigma B_t + (r - q - \sigma^2/2)t), t \geq 0\}$ に従うと仮定する. $t > 0$ に対して, $\mathcal{A}_t$ を連続な算術平均価格

$$\mathcal{A}_t = \frac{1}{t} \int_0^t S_u du$$

とする. 行使価格 $K > 0$ と満期 $T > 0$ をもつアジアンプットオプションは T で $(K - \mathcal{A}_T)^+$ を受け渡す契約である (アジアンコールはアジアンオプションのコールプットパリティで得られるので, ここではプットのみを考える). 問題を標準化すると (Geman and Yor, 1993 を見よ)

$$P^{(\nu)}(k, \tau) = \mathbb{E}\big[(k - A_\tau^{(\nu)})^+\big]$$

を計算する問題に還元される. ここで, $\tau = \sigma^2 T/4$, $\nu = 2(r - q - \sigma^2/2)/\sigma^2$, $k = \tau K/S_0$ である. ここで, $A_\tau^{(\nu)}$ はいわゆる Brown 運動の指数汎関数 (exponential functional)

$$A_\tau^{(\nu)} = \int_0^\tau e^{2(B_u + \nu u)} du$$

(Yor, 2001 を見よ) と呼ばれる. Dufresne の分布公式 (Dufresne, 1989, 1990; Donati-Martin et al., 2001 を見よ) によれば, 固定した $t > 0$ に対して,

$$A_t^{(\nu)} \stackrel{\text{law}}{=} X_t^{(\nu)}$$

が成り立つ. ここで, $X_t^{(\nu)}$ は原点から出発するものとする. この拡散過程に対するスペクトル表現は知られているので, 算術アジアンプット (Linetsky, 2004b) に対するスペクトル展開

$$\begin{aligned}
P^{(\nu)}(k, \tau) = &\frac{1}{8\pi^2} \int_0^\infty e^{-(\nu^2 + \rho^2)\tau/2} (2k)^{(\nu+3)/2} e^{-1/4k} W_{-(\nu+3)/2, i\rho/2}\left(\frac{1}{2k}\right) \\
&\times \left|\Gamma\left(\frac{\nu + i\rho}{2}\right)\right|^2 \sinh(\pi\rho) \rho d\rho \\
&+ \mathbf{1}_{\{\nu < 0\}} \frac{1}{2\Gamma(|\nu|)} \{2k\Gamma(|\nu|, 1/(2k)) - \Gamma(|\nu| - 1, 1/(2k))\} \\
&+ \mathbf{1}_{\{\nu < -2\}} e^{-2(|\nu|-1)\tau} \frac{(|\nu| - 2)}{2\Gamma(|\nu|)} \Gamma(|\nu| - 2, 1/(2k)) \\
&+ \mathbf{1}_{\{\nu < -4\}} \sum_{n=2}^{[|\nu|/2]} e^{-2n(|\nu|-n)\tau} \frac{(-1)^n (|\nu| - 2n)}{2n(n-1)\Gamma(1 + |\nu| - n)} \\
&\times (2k)^{\nu + n + 1} e^{-1/2k} L_{n-2}^{(|\nu|-2n)}\left(\frac{1}{2k}\right)
\end{aligned}$$

がただちに得られる. この具体的な表現は, Bessel 過程の理論を通して得られた算術アジアンオプションに対する有名な Geman and Yor (1993) による Laplace 変換公式

の解析的な反転となっている（Dufresne の公式を使って Geman–Yor の Laplace 変換を導くこともできる．Donati-Martin et al., 2001 を見よ）．

4.6.4 Merton のキャッシュ配当モデル

$\{S_t, t \geq 0\}$ を定数ボラティリティ $\sigma > 0$ をもち，$D > 0$ ドルのレートで配当を連続的に支払うリスク中立価格過程とする．これは無限小パラメータ（$r > 0$ は定数の無リスク金利）

$$a(x) = \sigma x, \qquad b(x) = rx - D$$

をもつ拡散過程である．算術アジアンオプションの応用と同じように，これは一般的な (6.74) のクラスに入る拡散過程である．違いは，ここでは $B = -D < 0$ であること，つまり原点が流出境界（有限時刻で資産価格はゼロに到達し，確率 1 で倒産状態に送られる）であることである．アジアンオプションへの応用の場合，$B = 1 > 0$ のとき原点は流入境界である．連続的に配当を支払う資産の上に書かれたオプションの価格付けの問題は Merton (1973) によって最初に研究された．この論文では満期が無限大であるコールオプション価格に対する漸近的な結果が得られている．Lewis (1998) は有限満期のコールとプットオプション価格に対するスペクトル展開の表現での具体的な表示を得た．3 節の注意でも触れたが，この場合，コールとプットのペイオフ関数は両方ともスピード測度に関して二乗可積分ではなく，その解析には特別な配慮が必要である．アジアンオプションの問題と配当の問題の間の密接な関係は Lipton (1999) において強調されている．

4.6.5 GARCH 確率ボラティリティモデル，スポットエネルギーモデル，Brennan–Schwartz 金利モデル

GARCH 拡散過程モデル（Nelson, 1990; Lewis, 2000 を見よ）のもとで，資産のリターンのボラティリティ $V_t = \sigma_t^2$ は SDE

$$dV_t = \kappa(\theta - V_t)dt + \xi V_t dB_t, \quad V_0 = \sigma_0^2$$

の解である正の平均回帰拡散過程に従うと仮定されている．ここで，$\theta > 0$ は長期的な分散レベル，$\xi > 0$ は分散のボラティリティ，$\kappa > 0$ は平均回帰率である．この過程は $A < 0, B > 0$ とした (6.74) のクラスに分類される．これは逆数ガンマ密度に従う定常分布をもつ．スケール変換と時間変更を行うことにより，$\alpha = \xi^2/(4\kappa\theta)$ とした過程 $\{X_t := \alpha V_{4t/\xi^2}, t \geq 0\}$ は $\nu = -1 - 4\kappa/\xi^2 < -1$ とすれば $X_0 = \alpha V_0 > 0$ から出発する拡散過程 $X^{(\nu)}$ にほかならない．つまり，GARCH 確率ボラティリティ過程の推移密度に対するスペクトル表現は過程 $X^{(\nu)}$ に対するスペクトル表現からただちに得ることができる．

エネルギー市場でスポット（現物）価格は平均回帰の正値拡散過程

$$dS_t = \kappa(L - S_t)dt + \sigma S_t dB_t, \quad S_0 > 0$$

によってよくモデル化される（例えば，Pilipović, 1998, p.64）．ここで，$L > 0$ は長期均衡スポット価格水準，$\sigma > 0$ はスポット価格ボラティリティ，$\kappa > 0$ は平均回帰率である．これは GARCH 拡散過程モデルに出てくる確率過程と同じである．

同じ拡散過程は金利の研究で，Brennan–Schwartz (1979) の短期金利モデルでも使われている．このモデルに対する推移密度のスペクトル表現は具体的に得ることができるが，状態価格密度の解析的な解は得られていない．したがって，ゼロクーポン社債に対する解析解も得られていない．線形のレート $r(x) = x$ で割り引くならば，SL 方程式は $c_1 e^{-\gamma y} + c_2 e^{-2\gamma y} + c_3 e^{\gamma y}$ の三項ポテンシャルをもつ Schrödinger 方程式に対応する．筆者の知る限り，これに関する古典的な特殊関数を用いた具体的表現は得られていない．

4.6.6 2 つの非アフィン期間構造モデル

$A < \sigma^2/2, B > 0$ に対して $\{X_t, t \geq 0\}$ を無限小パラメータ (6.74) をもつ拡散過程とし逆数過程 $\{(\sigma X_t)^{-1}, t \geq 0\}$ を考える．これは無限小パラメータ

$$a(x) = \sigma x, \quad b(x) = \kappa(\theta - x)x$$
$$\kappa := \sigma B > 0, \quad \theta := (\sigma B)^{-1}(\sigma^2 - A) > 0$$

をもつ $(0, \infty)$ 上の拡散過程である．この過程は Merton によって，彼の経済成長モデルでの短期金利に対するモデルとして導入された．Lewis (1998) では，スペクトル展開を用いてこのモデルにおけるゼロクーポン債に対する具体的表現が得られている．

逆数二乗過程 $\{(\sigma X_t)^{-2}, t \geq 0\}$ を考える．これは無限小パラメータ

$$a(x) = 2\sigma x, \quad b(x) = \kappa(\theta - x^{1/2})x$$
$$\kappa := 2\sigma B > 0, \quad \theta := (\sigma B)^{-1}(3\sigma^2/2 - A) > 0$$

をもつ $(0, \infty)$ 上の拡散過程である．この過程は非アフィンドリフトをもつ短期金利モデルで解析解が得られる例となっている．

4.7 修正 Pöschl–Teller ポテンシャル，超幾何拡散過程，ボラティリティスキュー

4.7.1 超幾何拡散過程

次の例は無限小パラメータ

$$\begin{aligned} &a(x) = \sqrt{Ax^2 + Bx + C}, \quad b(x) = \mu x \\ &A, C \geq 0, \quad B^2 < 4AC, \quad \mu \in \mathbb{R} \end{aligned} \quad (6.76)$$

をもつ拡散過程である．$B^2 < 4AC$ に対して，放物線 $Ax^2 + Bx + C$ はすべての実数 x に対して x 軸の上にある．よって，無限小パラメータ (6.76) をもつ拡散過程 $\{X_t, t \geq 0\}$ は実直線全体で定義される．関連する SL 方程式の解が Gauss の超幾何関数（hypergeometric function）を用いて表されるので，この過程を超幾何拡散過程と呼ぶ．この拡散過程は特別な場合に，Wong (1964) によって最初に研究された．過程 $\{Z_t := (2AX_t + B)(4AC - B^2)^{-1/2}, t \geq 0\}$ は無限小パラメータ

$$a(x) = \sqrt{A(x^2+1)}, \quad b(x) = \mu(x - L), \quad L := \frac{B}{\sqrt{4AC - B^2}}$$

をもつ $\mathbb{R}$ 上の拡散過程である．確率過程 $\{Y_t := \mathrm{arcsinh}(Z_t), t \geq 0\}$ は無限小パラメータ

$$a(x) = \sqrt{A}, \qquad b(x) = \left(\mu - \frac{A}{2}\right)\tanh x - \frac{\mu L}{\cosh x}$$

をもつ $\mathbb{R}$ 上の拡散過程である．Liouville 変換によって関連した SL 方程式はポテンシャル

$$Q(x) = c_0 + \frac{c_1}{\cosh^2(Ax)} + c_2 \frac{\sinh(Ax)}{\cosh^2(Ax)}$$

$$c_0 := \frac{1}{2}\left(\frac{\mu}{A} - \frac{1}{2}\right)^2, \quad c_1 := \frac{\mu^2 L^2}{2A} - \frac{1}{2A}\left(\mu - \frac{A}{2}\right)\left(\mu - \frac{3A}{2}\right)$$

$$c_2 := \frac{\mu L}{A}(A - \mu)$$

をもつ Schrödinger 方程式に変換される．これは修正 Pöschl–Teller ポテンシャル (Grosche and Steiner, 1998, p.251) に密接に関連する双曲型ポテンシャルとして知られている．解は Gauss の超幾何関数で表現される．$-\infty$ と $+\infty$ の両方はカットオフ $\Lambda_1 = \Lambda_2 = c_0$ $(y \to \pm\infty$ のとき，$Q(x) \to \infty)$ をもつ振動境界で c_0 以上のところに（実直線状の標準 Brown 運動と同様に）非単純な純絶対連続スペクトルをもち，c_0 以下のところに固有値の有限集合をもつ（スペクトルカテゴリー III）．

4.7.2 ボラティリティスキューのモデル

非負の資産価格をモデル化するために，無限小パラメータ (6.76) をもつ過程を正の実直線 $(0, \infty)$ に制限し 0 を消滅境界とする．つまり過程をその生存時刻 $\zeta = T_0$ で孤立状態 Δ に送る．その結果得られる確率過程 $\{S_t, t \geq 0\}$ は Black–Scholes–Merton の幾何 Brown 運動，平方根過程，そして絶対拡散過程の混合物である．3 つのボラティリティパラメータ A, B, C があるので，このモデルはインプライドボラティリティスキューのさまざまな形にキャリブレートできる．キャリブレーションを容易にするために

$$a(x) = \sigma_K \sqrt{\frac{x^2 + \alpha K x + \beta K^2}{1 + \alpha + \beta}}, \quad \sigma_K > 0, \ K > 0, \ \alpha \in \mathbb{R}, \ \beta > \frac{\alpha^2}{4}$$

と拡散係数をパラメータ化すると便利である．そうすると $a(K) = \sigma_K K$ となる．ここで，K は資産価格のある参照水準（例えばキャリブレーション時刻の資産価格水準）で，σ_K は参照水準での局所ボラティリティ（ATM ボラティリティ），α と β は局所ボラティリティ関数

$$\sigma(x) := \frac{a(x)}{x} = \sigma_K \sqrt{\frac{1 + \alpha(K/x) + \beta(K/x)^2}{1 + \alpha + \beta}}$$

の形を決めているモデルパラメータである．

4.8 Pöschl–Teller 型ポテンシャルと Jacobi 拡散過程，および関連するモデル

Larsen and Sorensen (2007) は中央銀行によって目的区間内にとどまるよう制御された外国為替レートに対する解析的に扱いやすいモデルを提案し，それを 1979〜1999 年のユーロ導入までの欧州通貨市場の分析に適用した．彼らはスポット為替レートが 2 つの通貨に対する中心パリティ mu より $a \times 100\%$ 以上にならないように，つまり $\mu/(1+a) < S_t < \mu(1+a)$ となるように拡散過程 S を使ってモデル化した．このとき，$X_t = \ln(S_t)$ は $m - z < X_t < m + z, m = \ln\mu, z = \ln(1+a)$ を満たさなければならない．そこでスポット為替レートの対数を拡散過程

$$dX_t = \beta[(m + \gamma z) - X_t]dt + \sigma\sqrt{z^2 - (X_t - m)^2}dB_t$$

でモデル化した．ここで，$\beta > 0, \gamma \in (-1, 1)$ である．この過程は平均 $m + \gamma z$ に回帰する．パラメータ γ はある通貨が他の通貨よりも強いかどうかを表す非対称度パラメータである．この過程が区間 $(m - z, m + z)$ でエルゴード的であることと $\beta \geq \sigma^2$ かつ $-1 + \sigma^2/\beta \leq \gamma \leq 1 - \sigma^2/\beta$ であることは同値である．定常分布はシフトされスケール変更されたベータ分布である．$m - z$ と $m + z$ の両方の境界ともに到達不可能な流入境界である．標準化された過程 $Z_t := (X_t - m)/z$ は区間 $(-1, 1)$ で Jacobi 拡散過程

$$dZ_t = \kappa(\gamma - Z_t)dt + A\sqrt{1 - Z^2}dB_t, \quad \kappa := \beta z, A := \sigma z$$

に従う．Liouville 変換によって，関連する SL 方程式はポテンシャル

$$Q(x) = c_0 + \frac{c_1}{\cos^2(\gamma x)} + c_2 \frac{\sin(\gamma x)}{\cos^2(\gamma x)}, \quad \gamma := \sigma z$$

をもつ Schrödinger 方程式に変換される．このポテンシャルは Pöschl–Teller 型である (Grosche and Steiner, 1998, Section 6.5, pp.240–241)．スペクトルは純離散的で固有関数は Jacobi 多項式を用いて表される．スペクトル表現の具体的な公式は Wong (1964), Karlin and Taylor (1981, p.335) に記載されている．

Delbaen and Shirakawa (2002a) は Jacobi 関数に基づく金利モデルを研究している．短期金利は上下の境界の間の範囲内にとどまると仮定されている．Jacobi 関数の応用とさらなる参考文献については Borodin and Salminen (2004) を見よ．

4.9　1次元拡散過程モデルについての結び

本節ではファイナンスの応用で現れる，重要で解析的に扱いやすい拡散過程のいくつかの目録を与えた．Schrödinger ポテンシャルのさらなる解析的に扱いやすい例はSchrödinger 方程式の文献（例えば Grosche and Steiner, 1998）にまだ多数載っている．特に，超幾何および合流（confluent）超幾何方程式を使って解が得られるポテンシャル関数の一般型が分類されている（いわゆる Natanzon ポテンシャル；Natanzon, 1979）．これらのポテンシャルにはそれぞれ超幾何関数を使って具体的に与えられる推移密度をもつ拡散過程を関連づけることができる（この方向での研究に関しては Albanese and Lawi, 2005 を見よ）．

簡単化するために，このサーベイでは $a \in C^2(I), b \in C^1(I), k \in C(I)$ という連続な無限小パラメータの場合のみを議論した．しかし，ここで記述されている方法は不連続な係数をもつ拡散過程にも適用可能である．Decamps et al. (2006) は自己励起的閾値（self-exciting threshold）モデルと呼ばれるクラスを考えていえる．これは，離散時間モデルでのレジームスイッチングモデルに対応する拡散過程モデルである．これらのモデルでは，ドリフトとボラティリティ，または割引率は不連続点をもつ．具体的には，過程がある水準を超えるときに不連続に変化する．例えば，ドリフトは

$$b(x) = \mathbf{1}_{\{x<k\}} b_1(x) + \mathbf{1}_{\{x \geq k\}} b_2(x)$$

のような形をとる．ここで，k は閾値である．k より下では，b_1 がドリフトである．スペクトル法はこのようなモデルに適していて，推移密度のスペクトル表現が得られている（Decamps et al., 2006）．

本節でのサーベイは拡散過程に直面したときはいつでも読者に対して十分な手段を提供するものとなっていると期待する．その拡散過程の推移密度に対して解析的な表現が特殊関数を使って得られるかどうかに答えることができ，そして答えが「はい」であればこの表現を見つけることができるはずである．

5.　対称多次元拡散過程

5.1　対称拡散過程のドリフト項

本章1節の状況に戻って，$D \subseteq \mathbb{R}^d$ 上の d 次元拡散過程 $\widehat{X}$ を考える．$\widehat{X}$ の無限小生成作用素 $\mathcal{G}$ は $f \in C_c^2(D)$（D 内にコンパクトな台をもつ2回連続微分可能関数）に対して

$$\mathcal{G}f(x) := \frac{1}{2} \sum_{i,j=1}^{d} a_{ij}(x) \frac{\partial^2 f}{\partial x_i \partial x_j}(x) + \sum_{i=1}^{d} b_i(x) \frac{\partial f}{\partial x_i}(x) - k(x) f(x) \qquad (6.77)$$

によって定義される 2 階微分作用素である．ここで，$a_{ij}(x)$ は拡散行列，$b_i(x)$ はドリフトベクトル，$k(x) = r(x) + h(x)$ は消滅率である．簡単のために，$a_{ij}(x) \in C^2(D), b_i(x) \in C^1(D), k(x) \in C(D)$ で $a_{ij}(x)$ は各 $x \in D$ に対して正定値であると仮定する．過程は内部から出発して D の境界に到達することができるならば，最初の流出時刻 τ_D で消滅するものとする．

さらに，D 上の測度 m が与えられ，Lebesgue 測度に関する密度をもつ $m(\mathrm{d}x) = m(x)\mathrm{d}x, m > 0$ と仮定する．簡単のために，さらに $m \in C^1(D)$ を仮定する．対称条件は 1 次元拡散過程に対しては自動的に満たされるが，多次元拡散過程に対しては，次の定理で与えられるドリフトの形に関する制限が必要になる．

定理 6.7 対称条件 $(\mathcal{G}f, g) = (f, \mathcal{G}g)$ が任意の $f, g \in C_c^2(D)$ に対して満たされることと，ドリフトベクトルが

$$b_i(x) = \frac{1}{2}\sum_{j=1}^d \frac{\partial a_{ij}}{\partial x_j}(x) + \frac{1}{2}\sum_{j=1}^d a_{ij}(x)\frac{\partial \ln m}{\partial x_j}(x) \qquad (6.78)$$

を満たすことは必要十分である．

証明 $f, g \in C_c^2(D)$ に対して，

$$(\mathcal{G}f, g) - (f, \mathcal{G}g) = \frac{1}{2}\sum_{i,j=1}^d \int_D a_{ij}(g\partial_i\partial_j f - f\partial_i\partial_j g)m\mathrm{d}x$$

$$+ \sum_{i=1}^d \int_D b_i(g\partial_i f - f\partial_i g)m\mathrm{d}x$$

$$= \sum_{i=1}^d \int_D \left\{b_i - \frac{1}{2}\sum_{j=1}^d (\partial_j a_{ij} + a_{ij}\partial_j \ln m)\right\}(g\partial_i f - f\partial_i g)m\mathrm{d}x$$

が成り立つ（ただし $\partial_i = \partial/\partial x_i$）（この式変形の途中で部分積分を行った）．これをゼロにするためには，ドリフトは

$$b_i - \frac{1}{2}\sum_{j=1}^d (\partial_j a_{ij} + a_{ij}\partial_j \ln m) = 0$$

を満たさなければならない． □

このドリフトの制限は，無限小生成作用素が

$$\mathcal{G}f(x) = \frac{1}{2m(x)}\sum_{i,j=1}^d \frac{\partial}{\partial x_i}\left(m(x)a_{ij}(x)\frac{\partial f}{\partial x_j}(x)\right) - k(x)f(x) \qquad (6.79)$$

というダイバージェンス（発散）型で書けるということと同じである．つまり，対称

拡散過程は拡散行列 a とスカラー関数 m によって特徴づけられる.

D が境界 ∂D をもつ $\mathbb{R}^d$ のコンパクト領域で, 拡散過程が境界への最初の到達時刻で消滅するならば, Dirichlet 境界条件をもつ無限小生成作用素 $\mathcal{G}$ は $L^2(D,m)$ での自己共役作用素で純離散スペクトルをもつ. したがって固有関数展開 (6.23) は正当化される. さらに一般に, 状態空間がコンパクト d 次元多様体 (境界はあってもなくてもよい. 前者の場合には過程は境界で消滅するものとする) ならば, スペクトルはまた純離散的である. 状態空間がコンパクトでないとき, 本質スペクトルが存在しうる.

ファイナンスの応用の観点からは, 次の問題に興味がある. ファイナンスの応用で具体的に計算できるマルチファクターモデルを構成するような解析的に扱いやすい多次元対称拡散過程の十分な目録は (1 次元拡散過程に対する表 6.1 と同様に) つくれるか?

拡散行列が単位行列 ($a_{ij} = \delta_{ij}$) の最も簡単な例を考えることから始めよう. ドリフトへの制限は
$$b_i(x) = \frac{1}{2}\frac{\partial \ln m}{\partial x_i}(x)$$
という形になる. つまり, ドリフトはスカラー関数のグラデュエントで, 無限小生成作用素は (Δ はラプラシアンである)
$$\frac{1}{2}\Delta + \nabla\phi \cdot \nabla - k$$
で与えられる. ここで, $\phi(x) := (1/2)\ln m(x)$ である. 特に, $D = \mathbb{R}^d$ で $k(x) \equiv 0$ とし, スカラー $\phi(x)$ が
$$\phi_1(x) = \sum_{i=1}^d \mu_i x_i, \quad \phi_2(x) = \sum_{i=1}^d \mu_i x_i - \frac{1}{2}\sum_{i,j=1}^d \kappa_{ij} x_i x_j$$
の場合であるときを考えよう. ここで, μ は定数ベクトル, κ は対称正定値定数行列である. 最初の場合, この確率過程は定数ドリフト μ をもつ d 次元 Brown 運動である. 2 番目の場合, この確率過程は平均回帰ドリフト $b_i(x) = \mu_i - \sum_{j=1}^d \kappa_{ij} x_j$ をもつ d 次元 Ornstein–Uhlenbeck 過程である. この両方の場合ともに解析的に扱いやすい. 最初の場合, 1 次元 Brown 運動のときのように連続なスペクトルが存在する. 2 番目の場合, 1 次元 OU 過程のときのように, スペクトルは純離散で, 固有関数は Hermite 多項式で表される. これらのケースの両方は Gauss 過程である. さらに,
$$k(x) = \sum_{i,j=1}^d A_{ij} x_i x_j + \sum_{i=1}^d B_i x_i + C$$
で消滅させるとき, つまり, 割引 (消滅) 率が状態変数に関して 2 次アフィンであるならば, この過程は依然として Gauss 型である. 関連するクオドラティック期間構造モデ

ル (QTSM) は 4.3.3 で考えられている 1 次元 QTSM の多次元バージョンである (参考文献については 4.3.3 に詳しく紹介されている). Boyarchenko and Levendorskiy (2007) においては, 固有関数展開方法による QTSM の金利デリバティブの価格付けが研究されている. 彼らは行列 κ が非対称の場合も研究している.

$\mathbb{R}^d$ での対称拡散過程の他の古典的な例は 4.5.1 で考えられている生成作用素 $(1/2)\Delta + \mu(x/|x|) \cdot \nabla$ をもつ極探求 Brown 運動である. これは上で $\phi(x) = \mu|x|$ とすれば得られる.

5.2 対称 Riemann 多様体上の拡散過程

一般的な (非対角) 状態依存拡散行列をもつ多次元拡散過程についてはどうであろうか? 解析的に扱いやすい確率過程のクラスは豊富に存在するであろうか? 対称 Riemann 空間上の調和解析は, この質問に対して答えることができるであろう. 拡散行列 a を状態空間上の Riemann 距離 g に関連づけることができ, 拡散過程の状態空間を Riemann 多様体 $(\mathcal{M}, g)$ と思うことができる. つまり対称拡散過程はこの Riemann 多様体上の過程と解釈することができる. Riemann 多様体が等長変換群 $\mathcal{G}$, つまり距離 g を不変にする Lie 群をもつならば解析的な扱いやすさをもつ可能性がある. 状態空間が対称 Riemann 空間ならば, Lie 群と Lie 代数の表現論から推移密度 (熱核; heat kernel) のスペクトル展開を構成できる (例えば, Anker et al., 2002; Anker and Ostellari, 2004 を参照せよ). この対応によって解析的に扱いやすい多次元拡散過程は豊富に存在するといえる. しかし筆者の知る限りでは, これらの確率過程のクラスは数理ファイナンスではいままで研究されてきていない.

6. 時刻変更によるジャンプと確率ボラティリティの導入

6.1 Markov 過程と半群の Bochner の従属操作

本節では Carr, Linetsky and Mendoza (2007) に従う. $\{T_t, t \geq 0\}$ を従属過程, つまり,

$$\mathbb{E}[e^{-\lambda T_t}] = e^{-t\phi(\lambda)}$$

という Laplace 変換をもつ非減少 Lévy 過程とする. ここで Laplace 指数は

$$\phi(\lambda) = \gamma\lambda + \int_{(0,\infty)} (1 - e^{-\lambda s})\nu(\mathrm{d}s)$$

であるものとし, $\gamma \geq 0$ は非負ドリフト, Lévy 測度 $\nu(\mathrm{d}s)$ は

$$\int_{(0,\infty)} (s \wedge 1)\nu(\mathrm{d}s) < \infty$$

を満たす. このとき推移核 $\pi_t(\mathrm{d}s)$ は

$$\int_{[0,\infty)} e^{-\lambda s} \pi_t(\mathrm{d}s) = e^{-t\phi(\lambda)}$$

を満たす. 従属過程についての標準的参考文献には Bertoin (1996) と Sato (1999) などがある.

$\widehat{X}$ を生存時刻 $\hat{\zeta}$ の Markov 過程とする（1.1 項のフレームワークで議論する）.

$$\widehat{X}_t^\phi = \begin{cases} \widehat{X}_{T_t}, & T_t < \hat{\zeta} \\ \Delta, & T_t \geq \hat{\zeta} \end{cases}$$

で定義された時間変更（従属（subordinated）とも呼ばれる）過程 $\{\widehat{X}_t^\phi, t \geq 0\}$ を考えよう. ここで, 過程 T は過程 $\widehat{X}$ と独立な過程とする. 上付き添字 ϕ は過程 $\widehat{X}_t^\phi$ が Laplace 指数 ϕ をもつ従属過程によって従属操作された過程であることを示す.

従属過程による確率過程の時間変更というアイデアは S. Bochner (1948, 1955) による. 従属過程はまたダイレクティング（directing）過程と呼ばれる. 次の基本的な定理は Phillips (1952) による時間変更推移半群とその無限小生成作用素の特徴付けである (Sato, 1999, Theorem 32.1, p.212 を見よ).

定理 6.8 $\{T_t, t \geq 0\}$ を Lévy 測度 ν, ドリフト γ, Laplace 指数 $\phi(\lambda)$, 推移核 $\pi_t(\mathrm{d}s)$ をもつ従属過程とする. $\{\mathcal{P}_t, t \geq 0\}$ を無限小生成作用素 $\mathcal{G}$ をもつ Banach 空間 $\mathbf{B}$ 上の線形作用素の強連続縮小半群とする. さらに

$$\mathcal{P}_t^\phi f := \int_{[0,\infty)} (\mathcal{P}_s f) \pi_t(\mathrm{d}s), \quad f \in \mathbf{B} \tag{6.80}$$

と定義する（上付き添字 ϕ は Laplace 指数 ϕ をもつ従属過程による従属操作を意味する）. このとき, $\{\mathcal{P}_t^\phi, t \geq 0\}$ は $\mathbf{B}$ 上の線形作用素の強連続縮小半群である. この無限小生成作用素を $\mathcal{G}^\phi$ と書くと $\mathrm{Dom}(\mathcal{G}) \subset \mathrm{Dom}(\mathcal{G}^\phi)$ であり, $\mathrm{Dom}(\mathcal{G})$ は $\mathcal{G}^\phi$ のコアで, さらに

$$\mathcal{G}_t^\phi f = \gamma \mathcal{G} f + \int_{(0,\infty)} (P_s f - f) \nu(\mathrm{d}s), \quad f \in \mathrm{Dom}(\mathcal{G}) \tag{6.81}$$

が成り立つ.

ここでは半群 $\{\mathcal{P}_t, t \geq 0\}$ は生成作用素 (6.77) をもつ拡散過程 $\widehat{X}$ の推移半群である. $\widehat{X}$ は密度 $p(t; x, y)$ をもつと仮定しよう. 方程式 (6.80) から従属過程 $\widehat{X}^\phi$ は密度

$$p^\phi(t; x, y) = \int_{[0,\infty)} p(s; x, y) \pi_t(\mathrm{d}s) \tag{6.82}$$

をもつことがわかる. 従属過程は生成作用素 (6.81) をもつ Markov 過程である. この

生成作用素を Lévy 型の公式に書き直すことができる．$f \in C_c^2(D)$ に対して，

$$\mathcal{G}^\phi f(x) := \frac{1}{2} \sum_{i,j=1}^d a_{ij}^\phi(x) \frac{\partial^2 f}{\partial x_i \partial x_j}(x) + \sum_{i=1}^d b_i^\phi(x) \frac{\partial f}{\partial x_i}(x) - k^\phi(x) f(x)$$
$$+ \int_{D \setminus \{x\}} \left(f(y) - f(x) - \mathbf{1}_{\{\|y-x\| \leq 1\}} \sum_{i=1}^d (y_i - x_i) \frac{\partial f}{\partial x_i}(x) \right) \quad (6.83)$$
$$\times \Pi^\phi(x, \mathrm{d}y)$$

ここで，$a_{ij}^\phi(x), b_i^\phi(x), k^\phi(x)$ はそれぞれ拡散行列，ドリフトベクトル，従属過程の消滅率，そして $\Pi^\phi(x, \mathrm{d}y)$ はジャンプ測度（状態依存 Lévy 測度）である．直観的には，$x \in D$ および x から離れた Borel 集合 $A \subset D \setminus \{x\}$ に対して，Lévy 測度 $\Pi(x, A)$ は状態 x から集合 A へのジャンプの到達率を与える．つまり

$$\mathbb{P}_x(X_t \in A) \sim \Pi(x, A) t, \quad t \to 0$$

である．Π が有限測度 $x \in D$ に対して $\lambda(x) := \Pi(x, D) < \infty$ ならば過程は有限時間区間で有限なジャンプ数をもち，$\lambda(x)$ は（状態依存）ジャンプ到達率である．Lévy 測度 Π が無限ならば，過程 X は無限のジャンプをもつ．$a^\phi \equiv 0$ ならば，$\widehat{X}^\phi$ はドリフトと消滅率をもつジャンプ過程である．

6.2 従属過程の Lévy の局所特性量

従属過程の局所 Lévy 指標 $a_{ij}^\phi(x)$, $b_i^\phi(x)$, Π^ϕ, k^ϕ を，(6.83) の形に作用素 (6.81) を書き直すことで特定することができる（従属過程の Lévy 指標についてはOkura, 2002, Theorem 2.1 と Chen and Song, 2005a, Section 2 を見よ）．

定理 6.9 Lévy 指標 $a_{ij}^\phi(x), b_i^\phi(x), \Pi^\phi$ と従属過程の k^ϕ は，

$$a_{ij}^\phi(x) = \gamma a_{ij}(x)$$
$$b_i^\phi(x) = \gamma b_i(x) + \int_{(0,\infty)} \left(\int_{\{y \in D: \|y-x\| \leq 1\}} (y_i - x_i) p(s; x, y) \mathrm{d}y \right) \nu(\mathrm{d}s)$$
$$\Pi^\phi(x, \mathrm{d}y) = \int_{(0,\infty)} p(s; x, y) \nu(\mathrm{d}s) \mathrm{d}y$$
$$k^\phi(x) = \gamma k(x) + \int_{(0,\infty)} P_s(x, \{\Delta\}) \nu(\mathrm{d}s)$$

で与えられる．ここで

$$P_s(x, \{\Delta\}) = 1 - P_s(x, D) = 1 - \int_D p(s; x, y) \mathrm{d}y$$

は時刻 s までにもとの過程 $\widehat{X}$ が孤立状態 Δ に行く確率である．

よって，拡散過程の Bochner の従属操作においては，定数 γ で拡散行列を縮尺し，従属された過程は従属過程の Lévy 測度ともとの拡散過程の推移密度によって決められる Lévy 密度 $\int_{(0,\infty)} p(s;x,y)\nu(\mathrm{d}s)$ をもつ Lévy 測度に従ってジャンプ成分を取得する．そして消滅率は γ だけ縮尺され，もとの過程の消滅率と従属過程の Lévy 測度により決定される追加項 $\int_{(0,\infty)} P_s(x,\{\Delta\})\nu(\mathrm{d}s)$ を加えることにより修正される．ドリフトはやはり γ だけ縮尺され，正則化により補正項が加わる．

$\gamma > 0$ と仮定する．一般化を失わずに $\gamma = 1$ とおくことができる．従属操作によってジャンプ成分が加わるので，過程 $\widehat{X}^\phi$ は（一般的に状態依存の）Lévy 密度をもち，もとの過程 $\widehat{X}$ と同じ拡散成分をもつジャンプ拡散過程である．もしもとの過程が消滅する拡散過程ならば，時間変換した過程は修正された消滅率をもつ消滅するジャンプ拡散過程である．このように，従属操作によってジャンプを純拡散モデルに加えることができる．$\gamma = 0$ ならば，時間変換過程は純ジャンプ過程である．

もとの過程が Lévy 過程ならば，従属操作された過程はまた状態とは独立な局所指標をもつ Lévy 過程である．この場合，定理 6.9 は従属操作された Lévy 過程の Lévy 指標に関する Sato (1999, p.196) の Theorem 30.1 に対応する．特に，ファイナンスで人気のある多くの Lévy 過程（VG，CGMY，NIG など）は標準 Brown 運動から適切な従属過程による従属操作で構成することができる．

ここでの目的に対する鍵となる観察は，もとの過程は Brown 運動ではなくさらに一般の拡散過程であるとき，時間変換した過程はジャンプ拡散過程か，もしくは状態依存 Lévy 密度をもつ純ジャンプ過程のどちらかである，ということである．これは CIR や CEV などの多くの有名な資産価格付けモデルにジャンプと倒産が容易に導入できることを意味する．それは，拡散部分，ジャンプ部分，そして状態依存（空間的に一様な Lévy 過程ではないため）局所指標をもつ消滅（割引と倒産）のある Markov 過程によるモデルとなる．

6.3 従属対称 Markov 過程とスペクトル展開

いままでは一般の拡散過程の従属操作を考えた．ここからは，対称 Markov 過程の従属操作について述べる．次の結果は重要である．

定理 6.10 $\widehat{X}$ を生存時間 $\widehat{\zeta}$ と対称測度 m をもつ対称 Markov 過程とし，T を Laplace 指数 ϕ をもつ従属過程とする．時間変換した過程 $\widehat{X}^\phi$ も m 対称である．

証明 証明は $\mathbf{B} = \mathcal{H} := L^2(D,m)$ とすれば定理 6.8 から得られる．すなわち，(6.80) から

$$(\mathcal{P}_t^\phi f, g) = \int_{[0,\infty)} (\mathcal{P}_s f, g)\pi_t(\mathrm{d}s) = \int_{[0,\infty)} (f, \mathcal{P}_s g)\pi_t(\mathrm{d}s) = (f, \mathcal{P}_t^\phi g), \quad f, g \in \mathcal{H} \quad \square$$

無限小生成作用素 $\mathcal{G}^\phi$ は $\mathcal{H}$ で自己共役であり，そのスペクトル表現と半群のスペクトル表現は，過程 $\widehat{X}$ と従属過程 ϕ に対する従属半群のスペクトル表現から得られ

る（対称 Markov 過程の従属性に対しては Okura, 2002 と Chen and Song, 2005a, 2005b を見よ）．

定理 6.11 $\widehat{X}, T, \widehat{X}^\phi$ を前に定義した過程とする．このとき，

$$\mathcal{P}_t^\phi f = e^{t\mathcal{G}^\phi} f = \int_{[0,\infty)} e^{-t\phi(\lambda)} E(\mathrm{d}\lambda) f, \quad f \in \mathcal{H}$$

$$\mathcal{G}^\phi f = -\phi(-\mathcal{G}) f = -\int_{[0,\infty)} \phi(\lambda) E(\mathrm{d}\lambda) f, \quad f \in \mathrm{Dom}(\mathcal{G}^\phi)$$

$$\mathrm{Dom}(\mathcal{G}^\phi) = \left\{ f \in \mathcal{H} : \int_{[0,\infty)} \phi^2(\lambda)(E(\mathrm{d}\lambda)f, f) < \infty \right\}$$

が成り立つ．

証明 定理 6.8 の (6.80) とスペクトル表現定理 6.1, 定理 6.2 の (6.17) から，

$$\mathcal{P}_t^\phi f = \int_{[0,\infty)} (\mathcal{P}_s f) \pi_t(\mathrm{d}s) = \int_{[0,\infty)} \left(\int_{[0,\infty)} e^{-\lambda s} E(\mathrm{d}\lambda) f \right) \pi_t(\mathrm{d}s)$$

$$\int_{[0,\infty)} \left(\int_{[0,\infty)} e^{-\lambda s} \pi_t(\mathrm{d}s) \right) E(\mathrm{d}\lambda) f = \int_{[0,\infty)} e^{-t\phi(\lambda)} E(\mathrm{d}\lambda) f$$

が成り立つ．同様のことが生成作用素に対しても成り立つ． □

資産の価格付けにとって，この定理の結論は深遠である．スペクトル表現を知っている対称価格付け半群に対して，Lévy 従属過程によってそれを従属操作することにより，解析的に扱いやすい資産価格付けモデルの新しいクラスを構成することができるからである．従属過程の特性指数関数 $\phi(\lambda)$ を具体的に知っていれば，結果として生じる価格付け半群はまた解析的に扱いやすいものとなる．特に，4 節で考えられていて表 6.1 にまとめられている CIR や CEV などの資産価格付けモデルに対してジャンプと倒産を容易に導入できるということを意味する．この結果は拡散部分，ジャンプ部分と消滅（割引と倒産）があり，状態依存（空間的に一様な Lévy 過程ではない）局所指標をもつが，それでも解析的に扱いやすい一般の Markov 過程に対しても成り立つ．従属過程の局所 Lévy 指標は定理 6.9 によって与えられる．

直接の系として，次のことが成り立つ．もとの半群のスペクトルが純離散的であるならば，従属半群のスペクトルも純離散的で固有関数展開は

$$\mathcal{P}_t^\phi f = \sum_n e^{-t\phi(\lambda_n)} c_n \varphi_n$$

で与えられる．ここで，$c_n = (f, \varphi_n)$ はペイオフ関数 $f \in \mathcal{H}$ の基底固有関数 $\{\varphi_n\}$ に関する展開係数である．以下のことは重要である．従属過程 $\widehat{X}^\phi$ は固有関数 $\varphi_n(x)$ をもとの過程 $\widehat{X}$ と共有し，従属過程の無限小生成作用素の固有値は

$$-\mathcal{G}_t^\phi \varphi_n = \lambda_n^\phi \varphi_n, \quad \lambda_n^\phi = \phi(\lambda_n)$$

である．ここで，λ_n は $-\mathcal{G}$ の固有値で $\phi(\lambda)$ は従属過程 T の Laplace 指数である．したがって，従属半群に対して

$$\mathcal{P}_t^\phi \varphi_n = e^{-\lambda_n^\phi t} \varphi_n$$

が成り立つ．よって，もとの過程 $\widehat{X}$（もとの価格付け半群）の固有関数展開を知っていれば，従属過程に対するそれがわかるということになる．これは時間変換に対してスペクトル表現はとても役に立つということを意味する．これはすでに Bochner (1948) によって確率過程に対する時間変換の概念が導入されたときに認識されていたことである．

6.4 時刻変更による確率ボラティリティ

時間変換を他の正値過程の積分

$$T_t = \int_0^t V_u \mathrm{d}u$$

によって行うこともできる．Laplace 変換

$$\mathbb{E}\left[e^{-\lambda \int_0^t V_u \mathrm{d}u}\right]$$

が解析的に知られていて，過程 V が過程 X と独立である限り，時間変換された過程 $Y_t := X_{T_t}$ は解析的に扱いやすいものである．この考えは Carr et al. (2003) と Carr and Wu (2004) で時間変換された Lévy 過程に基づくファイナンスのモデルを構成するために，そして Carr, Linetsky and Mendoza (2007) では時間変換された Markov 過程に基づくファイナンスのモデルを構成するために使われている．資産価格付けへの応用では，時刻変更 V_u は時間変換された過程 Y_t の確率ボラティリティとして解釈される．特に，X が Brown 運動で V が CIR 過程のとき，この時間変更によって Heston の確率ボラティリティモデルが導き出される．Carr, Linetsky and Mendoza (2007) では確率ボラティリティをもつ CEV や JDCEV のような確率ボラティリティをもつより一般的なモデルが構成されている．

7. 結 論

本章では，原資産の価格過程が対称 Markov 過程に従うときにデリバティブの価値評価をスペクトル展開法によって行う枠組みを概観した．Markov 的枠組みでは，鍵となるのは将来の支払いを現在の価格に写す（倒産の可能性もある）価格付け作用素である．時間でパラメータづけられた価格付け作用素は適切なペイオフ空間での価格

付け半群となり，これはデフォルト強度とデフォルトフリー金利を足したものを消滅率としてもつ Markov 過程の推移半群として解釈できる．ファイナンスへの応用では，デリバティブ資産に対する具体的な価格公式を導くような，具体的に知られている推移半群をもつ解析的に扱いやすい Markov 過程の「道具箱」をもつことが重要である．Markov 過程が，状態空間 D 上で測度 m が存在し，半群が Hilbert 空間 $L^2(D,m)$ 上で対称であるという意味で対称であるとき，スペクトル表現定理を応用して，半群とデリバティブ資産の価値関数に対するスペクトル表現を得ることができる．本章では，スペクトル法一般をサーベイし，そしてスペクトル表現が具体的に得られ，デリバティブの価格付け問題に対する具体的公式が得られるような対称 Markov 過程についても詳述した．本章では，金融工学への応用の広い範囲に適用することができる解析的に扱いやすい Markov モデルの道具箱を与えた．この枠組みは，新しい問題を解くための道具としても有用であろう． (**V. Linetsky**/赤堀次郎・石井郁美)

参 考 文 献

Abramowitz, M., Stegun, I.A. (1972). *Handbook of Mathematical Functions*. Dover, New York.
Ahn, D.-H., Gao, B. (1999). A parametric nonlinear model of term structure dynamics. *Review of Financial Studies* 12, 721–762.
Ait-Sahalia, Y., Hansen, L.P., Scheinkman, J.A. (2004). Operator methods for continuous-time Markov processes. In: Ait-Sahalia, Y., Hansen, L.P. (Eds.), *Handbook of Financial Econometrics*, Elsevier, Amsterdam, in press.
Albanese, C., Lawi, S. (2005). Laplace transforms for integrals of Markov processes. *Markov Processes and Related Fields* 11 (4), 677–724.
Albanese, C., Kuznetsov, A. (2004). Unifying the three volatility models. *Risk* 17 (3), 94–98.
Albanese, C., Kuznetsov, A. (2005). Discretization schemes for subordinated processes. *Mathematical Finance*, in press.
Albanese, C., Campolieti, G., Carr, P., Lipton, A. (2001). Black–Scholes goes hypergeometric. *Risk* (December), 99–103.
Alili, L., Patie, P., Pedersen, J. (2005). Representations of the first hitting time density of an Ornstein–Uhlenbeck process. *Stochastic Models* 21 (4).
Amrein, W.O., Hinz, A.M., Pearson, D.B. (Eds.) (2005). *Sturm–Liouville Theory*. Birkhäuser, Basel.
Andersen, L., Andreasen, J. (2000). Volatility skews and extensions of the LIBOR market model. *Applied Mathematical Finance* 7 (1), 1–32.
Anker, J.-P., Ostellari, P. (2004). The heat kernel on symmetric spaces. In: Gindikin, S. (Ed.), *Lie Groups and Symmetric Spaces: In Memory of F.I. Karpelevich*. In: *American Mathematical Society Transl. Ser. 2, vol. 210*. Amer. Math. Soc., pp. 27–46.
Anker, J.-P., Bougerol, Ph., Jeulin, T. (2002). The infinite Brownian loop on a symmetric space. *Revista Matematica Iberoamericana* 18, 41–97.
Applebaum, D. (2004). *Lévy Processes and Stochastic Calculus*. Cambridge Univ. Press, Cambridge.
Beaglehole, D.R., Tenney, M. (1992). A non-linear equilibrium model of the term structure of interest rates: Corrections and additions. *Journal of Financial Economics* 32, 345–354.
Bertoin, J. (1996). *Lévy Processes*. Cambridge Univ. Press, Cambridge.
Bibby, B.M., Jacobsen, M., Sorensen, M. (2004). Estimating functions for discretely sampled diffusion-type models. In: Ait-Sahalia, Y., Hansen, L.P. (Eds.), *Handbook of Financial Econometrics*, Elsevier, Amsterdam. In press.

Bielecki, T., Rutkowski, M. (2002). *Credit Risk: Modeling, Valuation and Hedging*. Springer, Berlin.
Black, F. (1995). Interest rates as options. *Journal of Finance* 50, 1371–1376.
Black, F., Scholes, M. (1973). The pricing of options and corporate liabilities. *Journal of Political Economy* 81, 637–659.
Bochner, S. (1948). Diffusion equation and stochastic processes. *Proceedings of the National Academy of Sciences of the United States of America* 35, 368–370.
Bochner, S. (1955). *Harmonic Analysis and the Theory of Probability*. Univ. of California Press.
Borodin, A.N., Salminen, P. (2002). *Handbook of Brownian Motion*, second ed. Birkhäuser, Boston.
Borodin, A.N., Salminen, P. (2004). On some exponential integral functionals of BM(μ) and BES(3). *Zapiski Nauchnyx Seminarov (POMI)* 311, 51–78.
Boyarchenko, N., Levendorskiy, S. (2007). The eigenfunction expansion method in multi-factor quadratic term structure models. *Mathematical Finance* 17 (4), 503–539.
Brennan, M., Schwartz, E. (1979). A continuous-time approach to the pricing of bonds. *Journal of Banking and Finance* 3, 133–155.
Buchholz, H. (1969). *The Confluent Hypergeometric Function*. Springer, Berlin.
Carr, P., Linetsky, V. (2006). A jump-to-default extended constant elasticity of variance model: An application of Bessel processes. *Finance and Stochastics* 10 (3), 303–330.
Carr, P., Wu, L. (2004). Time-changed Levy processes and option pricing. *Journal of Financial Economics* 71 (1), 113–141.
Carr, P., Geman, H., Madan, D.B., Yor, M. (2003). Stochastic volatility for Levy processes. *Mathematical Finance* 13 (3), 345–382.
Carr, P., Linetsky, V., Mendoza, R. (2007). Time changed Markov processes in credit equity modeling. Working paper.
Chen, L., Filipovic, D., Poor, H.V. (2004). Quadratic term structure models for risk-free and defaultable rates. *Mathematical Finance* 14, 515–536.
Chen, Z.Q., Song, R. (2005a). Two-sided eigenvalue estimates for subordinate processes in domains. *Journal of Functional Analysis* 226, 90–113.
Chen, Z.Q., Song, R. (2005b). Spectral properties of subordinate processes in domains. Preprint.
Chung, K.L., Zhao, Z. (1995). *From Brownian Motion to Schrödinger's Equation*. Springer, Berlin.
Coddington, E., Levinson, N. (1955). *Theory of Ordinary Differential Equations*. McGraw-Hill, New York.
Cox, J.C. (1975). Notes on option pricing I: Constant elasticity of variance diffusions. Working paper. Stanford University. (Reprinted in *Journal of Portfolio Management* 22 (1996) 15–17.)
Cox, J.C., Ross, S. (1976). The valuation of options for alternative stochastic processes. *Journal of Financial Economics* 3, 145–166.
Cox, J.C., Ingersoll, J.E., Ross, S.A. (1985). A theory of the term structure of interest rates. *Econometrica* 53, 385–407.
Davies, E.B. (1980). *One-Parameter Semigroups*. Academic Press, London.
Davydov, D., Linetsky, V. (2001). The valuation and hedging of barrier and lookback options under the CEV process. *Management Science* 47, 949–965.
Davydov, D., Linetsky, V. (2003). Pricing options on scalar diffusions: An eigenfunction expansion approach. *Operations Research* 51, 185–209.
Decamps, M., Goovaerts, M., Schoutens, W. (2006). Self exciting threshold interest rates models. *International Journal of Theoretical and Applied Finance* 9 (7), 1093–1122.
Delbaen, F., Shirakawa, H. (2002a). An interest rate model with upper and lower bounds. *Financial Engineering and the Japanese Markets* 9 (3–4), 191–209.
Delbaen, F., Shirakawa, H. (2002b). A note on option pricing for constant elasticity of variance model. *Asia–Pacific Financial Markets* 9 (2), 85–99.
DeLong, D.M. (1981). Crossing Probabilities for a Square-root Boundary by a Bessel Process. *Communication in Statistics Theory and Methods A* 10 (21), 2197–2213.
Demuth, M., van Casteren, J.A. (2000). *Stochastic Spectral Theory for Self-adjoint Feller Operators*. Birkhäuser, Basel.

参 考 文 献

Donati-Martin, C., Ghomrasni, R., Yor, M. (2001). On certain Markov processes attached to exponential functionals of Brownian motion: Applications to Asian options. *Revista Matemática Iberoamericana* 17 (1), 179–193.
Duffie, D., Singleton, K. (2003). *Credit Risk*. Princeton Univ. Press, Princeton, NJ.
Dufresne, D. (1989). Weak convergence of random growth processes with applications to insurance. *Insurance: Mathematics and Economics* 8, 187–201.
Dufresne, D. (1990). The distribution of a perpetuity, with applications to risk theory and pension funding. *Scandinavian Actuarial Journal* 1990, 39–79.
Dunford, N., Schwartz, J. (1963). *Linear Operators Part II: Spectral Theory (Self-Adjoint Operators in Hilbert Spaces)*. Wiley, NJ.
Ethier, S.N., Kurtz, T.G. (1986). *Markov Processes: Characterization and Convergence*. Wiley, New York.
Erdelyi, A. (1953). *Higher Transcendental Functions, vol. II*. MacGraw–Hill, New York.
Everitt, W.N. (2005). A Catalog of Sturm–Liouville differential equations. In: Amrein, W.O., Hinz, A.M., Pearson, D.B. (Eds.), *Sturm–Liouville Theory*. Birkhäuser, Basel, pp. 271–331.
Feynman, R. (1948). Space–time approach to non-relativistic quantum mechanics. *Review of Modern Physics* 20, 367–387.
Feller, W. (1951). Two singular diffusion problems. *Annals of Mathematics* 54, 173–182.
Florens, J.-P., Renault, E., Touzi, N. (1998). Testing for embeddability by stationary reversible continuous-time Markov processes. *Econometric Theory* 14, 744–769.
Fukushima, M., Oshima, Y., Takeda, M. (1994). *Dirichlet Forms and Symmetric Markov Processes*. W. de Gruyter, Berlin.
Fulton, C., Pruess, S., Xie, Y. (1996). The automatic classification of Sturm–Liouville problems. Preprint http://www.mines.edu/fs_home/spruess/papers/class.ps.
Garman, M. (1985). Towards a semigroup pricing theory. *Journal of Finance* 40 (3), 847–861.
Geman, H., Yor, M. (1993). Bessel processes, Asian options and perpetuities. *Mathematical Finance* 3, 349–375.
Glasserman, P. (2003). *Monte Carlo Methods in Financial Engineering*. Springer.
Glazman, I. (1965). *Direct Methods of Qualitative Spectral Analysis of Singular Differential Operators*. (English Translation). Monson, Jerusalem.
Goeing-Jaeschke, A., Yor, M. (2003). A survey and some generalizations of Bessel processes. *Bernoulli* 9, 313–349.
Gorovoi, V., Linetsky, V. (2004). Black's model of interest rates as options, eigenfunction expansions and Japanese interest rates. *Mathematical Finance* 14, 49–78.
Gorovoi, V., Linetsky, V. (2006). Intensity-based valuation of residential mortgages: An analytically tractable model. *Mathematical Finance* 17 (4), 541–573.
Grosche, C., Steiner, F. (1998). *Handbook of Feynman Path Integrals*. Springer, Berlin.
Hansen, L.P., Scheinkman, J.A. (2002). Semigroup asset pricing. Working paper.
Hansen, L.P., Scheinkman, J.A., Touzi, N. (1998). Spectral methods for identifying scalar diffusions. *Journal of Econometrics* 86, 1–32.
Heston, S.L. (1993). A closed-form solution for options with stochastic volatility with applications to bond and currency options. *Review of Financial Studies* 6, 327–343.
Heston S.L. (1997). A simple new formula for options with stochastic volatility. Working paper. Washington University.
Hille, E., Phillips, R.S. (1957). *Functional Analysis and Semigroups*. American Mathematical Society, Providence, RI.
Ingersoll, J. (1996). Valuing foreign exchange rate derivatives with a bounded exchange process. *Review of Derivatives Research* 1 (2), 159–181.
Ito, K., McKean, H. (1974). *Diffusion Processes and their Sample Paths*, second printing. Springer, Berlin.
Jamshidian, F. (1996). Bond, futures and option evaluation in the quadratic interest rate model. *Applied Mathematical Finance* 3, 93–115.
Jeanblanc, M., Pitman, J., Yor, M. (1997). Feynman–Kac formula and decompositions of Brownian paths. *Computational and Applied Mathematics* 16, 27–52.

Kac, M. (1951). On some connections between probability theory and differential and integral equations. In: *Proc. 2nd Berkeley Symposium on Mathematics, Statistics and Probability*. Univ. of California Press, pp. 189–215.

Kac, M. (1959). *Probability and Related Topics in Physical Sciences*. Interscience, New York.

Karlin, S., Taylor, H.M. (1981). *A Second Course in Stochastic Processes*. Academic Press, San Diego.

Kendall, D.G. (1972). Pole-seeking Brownian motion and bird navigation. *Journal of the Royal Statistical Society, Series B* 36, 365–417.

Lando, D. (2004). *Credit Risk Modeling*. Princeton Univ. Press, Princeton, NJ.

Langer, H., Schenk, W.S. (1990). Generalized second-order differential operators, corresponding gap diffusions and superharmonic transformations. *Mathematische Nachrichten* 148, 7–45.

Larsen, K.S., Sorensen, M. (2007). Diffusion models for exchange rates in a target zone. Working paper. University of Copenhagen.

Leippold, M., Wu, L. (2002). Asset pricing under the quadratic class. *Journal of Financial and Quantitative Analysis* 37 (2), 271–295.

Levinson, N. (1951). A simplified proof of the expansion theorem for singular second order differential operators. *Duke Mathematical Journal* 18, 57–71.

Levitan, B.M. (1950). *Expansion in Characteristic Functions of Differential Equations of the Second Order*. Gostekhizdat, Moscow (in Russian).

Levitan, B.M., Sargsjan, I.S. (1975). *Introduction to Spectral Theory*. American Mathematical Society, Providence, RI.

Lewis, A. (1998). Applications of eigenfunction expansions in continuous-time finance. *Mathematical Finance* 8, 349–383.

Lewis, A. (2000). *Option Valuation under Stochastic Volatility*. Finance Press, CA.

Linetsky, V. (2004a). The spectral decomposition of the option value. *International Journal of Theoretical and Applied Finance* 7 (3), 337–384.

Linetsky, V. (2004b). Spectral expansions for Asian (average price) options. *Operations Research* 52, 856–867.

Linetsky, V. (2004c). Lookback options and diffusion hitting times: A spectral expansion approach. *Finance and Stochastics* 8 (3), 373–398.

Linetsky, V. (2004d). The spectral representation of Bessel processes with constant drift: Applications in queueing and finance. *Journal of Applied Probability* 41 (2), 327–344.

Linetsky, V. (2004e). Computing hitting time densities for CIR and OU diffusions: Applications to mean-reverting models. *Journal of Computational Finance* 7 (4), 1–22.

Linetsky, V. (2005). On the transitions densities of reflected diffusions. *Advances in Applied Probability* 37, 1–26.

Linetsky, V. (2006). Pricing equity derivatives subject to bankruptcy. *Mathematical Finance* 16 (2), 255–282.

Lipton, A. (1999). Similarities via self-similarities. *Risk* (September), 101–105.

Lipton, A. (2001). *Mathematical Methods for Foreign Exchange*. World Scientific, Singapore.

Lipton, A. (2002). The volatility smile problem. *Risk* (February), 61–65.

Lipton, A., McGhee, W. (2002). Universal barriers. *Risk* (May), 81–85.

Madan, D., Unal, H. (1998). Pricing the risk of default. *Review of Derivatives Research* 2, 121–160.

McKean, H. (1956). Elementary solutions for certain parabolic partial differential equations. *Transactions of the American Mathematical Society* 82, 519–548.

Merton, R.C. (1973). Theory of rational options pricing. *Bell Journal of Economics and Management Science* 4, 141–183.

Merton, R.C. (1975). An asymptotic theory of growth under uncertainty. *Review of Economic Studies* 42, 375–393.

Miltersen, K., Sandmann, K., Sondermann, D. (1997). Closed-form solutions for term structure derivatives with lognormal interest rates. *Journal of Finance* 52, 409–430.

Morse, P.M. (1929). Diatomic molecules according to the wave mechanics. II. Vibrational levels. *Physical Review* 34, 57–64.

Morse, P.M., Feshbach, H. (1953). *Methods of Theoretical Physics. Part II*. McGraw–Hill.

Natanzon, G.A. (1979). General properties of potentials for which the Schrödinger equation can be solved by means of hypergeometric functions. *Theoretical Mathematical Physics* 38, 146–153.
Nelson, D.B. (1990). ARCH models as diffusion approximations. *Journal of Econometrics* 45, 7–39.
Okura, H. (2002). Recurrence and transience criteria for subordinated symmetric Markov processes. *Forum Mathematicum* 14, 121–146.
Peskir, G. (2006). On the fundamental solution of the Kolmogorov–Shiryaev equation. In: *The Shiryaev Festschrift*. Springer, Berlin, pp. 535–546.
Phillips, R.S. (1952). On the generation of semigroups of linear operators. *Pacific Journal of Mathematics* 2, 343–369.
Pilipović, D. (1998). *Energy Risk*. McGraw–Hill, New York.
Pitman, J.W., Yor, M. (1981). Bessel processes and infinitely divisible laws. In: Williams, D. (Ed.), *Stochastic Integrals*. In: *Lecture Notes in Mathematics*, vol. 851. Springer.
Pitman, J.W., Yor, M. (1982). A decomposition of Bessel bridges. *Zeit. Wahrsch. Geb.* 59, 425–457.
Rady, S. (1997). Option pricing in the presence of natural boundaries and a quadratic diffusion term. *Finance and Stochastics* 1 (4), 331–344.
Rady, S., Sandmann, K. (1994). The direct approach to debt option pricing. *Review of Futures Markets* 13, 461–514.
Reed, M., Simon, B. (1980). *Functional Analysis*. Academic Press, San Diego.
Revuz, D., Yor, M. (1999). *Continuous Martingales and Brownian Motion*, third ed. Springer, Berlin.
Sato, K. (1999). *Lévy Processes and Infinitely Divisible Distributions*. Cambridge Univ. Press, Cambridge.
Schachermayer, W., Teichmann, J. (2008). How close are the option pricing formulas of Bachelier and Black–Merton–Scholes? *Mathematical Finance* 18 (1), 155–170.
Schoutens, W. (2000). *Stochastic Processes and Orthogonal Polynomials*. Springer, Berlin.
Schroder, M. (1989). Computing the constant elasticity of variance option pricing formula. *Journal of Finance* 44 (March), 211–219.
Shiga, T., Watanabe, S. (1973). Bessel diffusions as a one-parameter family of diffusion processes. *Zeitschrift für Wahrscheinlichkeitstheorie Verw. Geb.* 27, 37–46.
Shiryaev, A.N. (1961). The problem of the most rapid detection of a disturbance in a stationary process. *Soviet Mathematics Doklady* 2, 795–799.
Slater, L.J. (1960). *Confluent Hypergeometric Functions*. Cambridge Univ. Press.
Titchmarsh, E.C. (1962). *Eigenfunction Expansions Associated with Second-order Differential Equations*. Clarendon, Oxford.
Vasiček, O.A. (1977). An equilibrium characterization of the term structure. *Journal of Financial Economics* 5, 177–188.
Watanabe, S. (1975). On time inversion of one-dimensional diffusion processes. *Zeitschrift für Wahrscheinlichkeitstheorie* 31, 115–124.
Weidmann, J. (1987). *Spectral Theory of Ordinary Differential Operators*. *Lecture Notes in Mathematics*, vol. 1258. Springer, Berlin.
Wong, E. (1964). The construction of A Class of stationary Markov processes. In: Bellman, R. (Ed.), *Sixteenth Symposium in Applied Mathematics – Stochastic Processes in Mathematical Physics and Engineering*. American Mathematical Society, Providence, RI, pp. 264–276.
Yor, M. (1984). On square-root boundaries for Bessel processes, and pole-seeking Brownian motion. In: Truman, A., Williams, D. (Eds.), *Stochastic Analysis and Applications Proceedings*. Swansea 1993. In: *Lecture Notes in Mathematics*, vol. 1095, pp. 100–107.
Yor, M. (2001). *Exponential Functionals of Brownian Motion and Related Processes*. Springer, Berlin.
Zuhlsdorff, C. (2001). The pricing of derivatives on assets with quadratic volatility. *Applied Mathematical Finance* 8 (4), 235–262.

第7章

デリバティブの価格付けにおける変分法

概　要

原資産価格過程が Markov ジャンプ拡散過程に従うとき，デリバティブ証券の価値関数は，ヨーロピアンタイプの権利行使に対して積分偏微分方程式（partial integro-differential equation; PIDE）を満たし，アメリカンタイプの権利行使に対して積分偏微分変分不等式（partial integro-differential variational inequality; PIDVI）を満たす．Markov 過程が特別な構造でない限り，解析解は一般に得ることができず，PIDE や PIDVI を数値的に解く必要がある．本章では，以下に基づいてジャンプ拡散モデルにおけるオプション評価に対する計算方法を簡潔に説明する．

1) PIDE や PIDVI を変分（弱）形式へ変換する．
2) 常微分方程式（ordinary differential equation; ODE）系を得るために，Galerkin 有限要素法（finite element method）によって弱形式を空間に関して離散化する．
3) 得られた ODE 系を時間に関して積分する．

この方法を紹介するために，まず Black–Scholes–Merton モデルにおけるヨーロピアン，バリア，アメリカンオプションの基本的な例から始め，次に多次元ジャンプ拡散過程の一般的な設定を用いる．最後に Merton および Kou の 1 次元ジャンプ拡散過程，資産価格とそのボラティリティに確率ボラティリティとジャンプをもつ Duffie–Pan–Singleton の 2 次元モデル，多資産アメリカンオプションなどの様々な例を示す．

1.　はじめに

原資産価格過程が Markov ジャンプ拡散過程に従うとき，デリバティブ証券の価値関数は，ヨーロピアンタイプの権利行使に対して積分偏微分方程式（PIDE）を満たし，アメリカンタイプの権利行使に対して積分偏微分変分不等式（PIDVI）を満たす．(前章で示したように) Markov 過程が特別な構造でない限り，解析解は一般に得ることができず，PIDE や PIDVI を数値的に解く必要がある．有界な領域における拡散–対流–反応（diffusion–convection–reaction）タイプ（原資産価格過程がドリフトおよび消滅または割引をもつ拡散過程に従うとき，Markov 過程モデルで生じるタイプ）

1. はじめに

の偏微分方程式（partial differential equation; PDE）に対する初期値問題と境界値問題の数値解法は，2次元や3次元の物理空間上の問題においてよく使われている．そのような PDE 問題は，物理学，化学，工学の多岐にわたる広範な応用分野において現れる．したがって，PDE 問題を解くための様々なソフトウェアが市販されている．

しかしながら，Markov 過程モデルにおけるデリバティブの価格付けに関連するファイナンスで生じる PDE 問題には，以下のような非常に複雑な性質が含まれることがある．

1) 拡散モデルが4状態変数以上をもつ（多次元の PDE の定式化をもたらす）．
2) Markov 過程が拡散項に加えてジャンプ項をもつ（発展方程式において非局所的な積分項をもたらす．すなわち，偏微分方程式（PDE）が積分偏微分方程式（PIDE）となる）．
3) 状態空間が $\mathbb{R}^n$ において非有界な領域である．この非有界な領域は，数値的に解くために有界な領域へ局所化する必要がある（非有界な領域における PDE や PIDE 問題をもたらす）．
4) アメリカンタイプの早期行使（アメリカンオプションの早期行使，転換社債の転換や償還など）を許す（偏微分変分不等式（partial differential variational inequality; PDVI）やジャンプがある場合には積分偏微分変分不等式（PIDVI）として定式化することができる自由境界値問題をもたらす）．
5) ペイオフが滑らかでない．例えば，コールオプションやプットオプションのペイオフにはキンク（kink），デジタルオプションのペイオフには不連続性が存在する（数値解法に対してさらなる課題をもたらす）．

本章では，ジャンプ拡散モデルにおけるデリバティブ証券の価格付けに対する一般的な計算方法を簡潔に説明する．その方法は以下に基づいている．

1) PIDE や PIDVI を変分（弱）形式へ変換する．
2) ODE 系を得るために，Galerkin 有限要素法によって弱形式を空間に関して離散化する（この枠組みは，有限要素法による線の方法（method-of-lines; MOL）と呼ばれる）．
3) 適切な時間刻み法（time stepping scheme）を適用することで，得られた ODE 系を時間に関して積分する．

この方法を紹介するために，まず Black–Scholes–Merton モデルにおけるヨーロピアン，バリア，アメリカンオプションの基本的な例から始め，次に多次元ジャンプ拡散過程の一般的な設定を用いる．最後に Merton および Kou の1次元ジャンプ拡散モデル，資産やボラティリティにおいて確率ボラティリティやジャンプをもつ Duffie–Pan–Singleton の2次元モデル，多資産アメリカンオプションなどの様々な例を示す．

歴史的に，二項および三項ツリー（格子）はファイナンスでよく用いられる数値解法であった（例えば，Hull, 2006 を参照せよ）．ファイナンスで用いられる主な利点は，動的計画法によってアメリカンタイプの早期行使を組み込むことができるような

（1 もしくは 2 状態変数の）低次元拡散問題に対する実装が容易なことである．しかしながら，ツリー法には重大な制約がある．三項ツリーは，価格付け PDE に対して 1 次元の完全陽的な有限差分法（fully explicit finite-difference method）として解釈することができるので，時間について 1 次の精度のみをもち，$\Delta t \leq C\Delta x^2$ という安定性条件が必要である．ただし，Δt は時間刻み，Δx は空間離散化の刻み幅である．三項ツリーは，妥当な精度へ収束するためにきわめて多くの時間刻みを必要とする可能性がある．この欠点は，3 状態変数以上の多次元拡散問題や（ツリー法において重要な課題である非局所積分項で使う必要がある）ジャンプ拡散過程おいて特に重大な問題である．一方で，陰的有限差分法（implicit finite-difference method）は空間離散化の刻み幅と時間刻みに関して安定性条件を考えなくてもよい．さらに，Crank–Nicolson 法や後退差分公式（backward differentiation formula; BDF）に基づく方法など，より高次の時間刻み法がよく用いられる．デリバティブの価格付けにおける有限差分法は Tavella and Randall (2000), Wilmott et al. (1993) で確認することができる．

本章では，有限要素法に着目する．有限要素法は，科学や工学の分野で微分方程式を解く数値解法の一般的な方法である．その方法は，1950 年代後半や 1960 年代前半の構造工学が起源であるが，20 世紀初めにまとめられた変分法と結び付けられることで，非常に汎用的な手法であることがすぐに明らかになった．有限要素法の持続的な発展によって，偏微分方程式の数値解法に対する汎用的な方法がもたらされている．

微分方程式の数値解法における基本的な考え方は，コンピュータを用いて解くことができる有限個の未知数のみをもつ離散問題を得るために，所与の連続問題を離散化することである．偏微分方程式に対する従来の数値解法は有限差分法である．有限差分法の離散問題は，微分係数を有限個の値の差分係数に置き換えることで得られる．有限要素法を用いる離散の過程はこれとは異なる．所与の偏微分方程式からではなく，変分問題としてそれと等価な式を得ることから始める．離散問題を得るために，単関数のみから構成される解を考える．すなわち，連続問題の解 u が無限次元関数空間 V の要素であるならば，離散問題 $u_h \in V_h$ を考える．ただし，単関数空間 V_h は有限次元である．離散問題の解 u_h がもとの偏微分方程式の解 u の十分によい近似であることが望ましい．$V_h \subset V$ のように選ぶならば，離散問題は従来の Ritz–Galerkin 法と等しくなる．特定の Ritz–Galerkin 法として見たときの有限要素法の特徴的な点は，V_h の関数に区分的多項式（具体的に，線形有限要素法の場合には区分的アフィン関数）を選ぶことである．厳密にいえば，問題の状態空間領域は重なり合いのない要素（1 次元では区間，2 次元では三角形もしくは長方形）へ分割される．すなわち，状態空間領域は三角形のメッシュで覆われる．多項式近似の最大次数 p（例えば，線形有限要素の場合には $p = 1$）を選択する．空間 V_h は，要素への制約が多項式の次数が p 以下である関数 V で構成される．デリバティブの価格付け問題に対して，価格付け PDE や PIDE の解となる価値関数 $u(t,x)$ の近似は

$$u_h(t,x) = \sum_{i=1}^{m} u_i(t)\phi_{h,i}(x)$$

のように書くことができる．ただし，$\phi_{h,i}(x)$ は V_h における基底関数（例えば，線形有限要素法の場合には区分的アフィン関数）であり，$u_i(t)$ はいわゆる有限要素法による線の方法を用いて ODE 系を数値的に解く際に決定される時間依存係数である．

有限要素法の利点は，状態空間の複雑な形状および一般的な境界条件，非線形・非局所方程式が，一般的な枠組みで比較的容易に処理できることである．有限要素法は，ファイナンスにおけるジャンプ拡散モデルに現れる非局所積分微分方程式に適している．有限要素法は，関数解析の基礎を備えているため，数値計算の信頼度を向上させ，多くの場合に有限要素法の近似解における誤差を数学的に解析し，評価することを可能にする．さらに，有限要素法の明瞭な構造と多用途性は，汎用ソフトウェアの構築を可能にする．放物型問題に対する有限要素法の一般的な内容は，Ciarlet (1978), Hundsdorfer and Verwer (2003), Johnson (1987), Larsson and Thomee (2003), Quarteroni and Valli (1997), Thomee (1997, 2001) を参照せよ．最近の論文 Achdou and Pironneau (2005) は，有限要素法をオプションの価格付けに応用している．本章では，デリバティブの価格付け問題における有限要素法の簡潔な説明を与える．

2. Black–Scholes–Merton モデルにおけるヨーロピアンオプションとバリアオプション

2.1 偏微分方程式（PDE）の定式化

Black–Scholes–Merton モデルでは，原資産価格過程は同値マルチンゲール測度（equivalent martingale measure; EMM）のもとで幾何 Brown 運動

$$S_t = Ke^{X_t}, \quad X_t = x + \mu t + \sigma B_t, \; t \geq 0$$

に従うと仮定している．ただし，$\{X_t, t \geq 0\}$ はドリフト $\mu = r - q - \sigma^2/2$ とボラティリティ $\sigma > 0$ をもつ Brown 運動であり（ここで，B は標準 Brown 運動である），$r \geq 0$ は無リスク金利，$q \geq 0$ は連続的な配当率，$K > 0$ は原資産の価格水準である．通常，$K = S_0$ とし，時刻 0 での初期資産価格と設定する．これは，過程 X_t を原点 $X_0 = 0$ から始めることと等しい．このとき，X_t は配当込みの連続複利収益率過程としての解釈をもつ．コールオプションやプットオプションを価格付けするときには，K をオプション契約の権利行使価格とすると扱いやすい．これは，過程 X_t を

$$X_0 = x = \ln\left(\frac{S_0}{K}\right)$$

から始めることと等しい.ドリフト μ は,無リスク金利で割り引いた後の価格上昇や配当を含む総利益過程が EMM のもとでマルチンゲールとなるように決められている.Markov 過程 X の無限小生成作用素(infinitesimal generator)は

$$\mathcal{G}f(x) = \frac{1}{2}\sigma^2 f_{xx}(x) + \mu f_x(x)$$

である.

満期 $T > 0$ においてペイオフ $F(S_T)$ を受け取るヨーロピアンタイプのオプション契約を考える.ペイオフ関数 F は満期における原資産価格に依存すると仮定する.具体的に,原資産を株式と考える.時刻 $t \in [0, T]$ におけるオプション価格は,EMM のもとでの期待割引ペイオフ

$$V(t, x) = e^{-r(T-t)} \mathbb{E}_{t,x}[\psi(X_T)] \quad (7.1)$$

によって与えられる.ただし,変数 $X_T = \ln(S_T/K)$ に関して,$S_T = Ke^{X_T}$ であり,ペイオフ関数を $\psi(X_T) := F(Ke^{X_T})$ と定義した.条件付期待値 $\mathbb{E}_{t,x}$ の添字は時刻 t での Markov 過程の状態が $X_t = x$ であることを表している.コール(プット)オプションに対して,K を権利行使価格とすると,ペイオフ関数は $\psi_{call}(x) = K(e^x - 1)^+$ ($\psi_{put}(x) = K(1 - e^x)^+$)となる.ただし,$x^+ \equiv \max\{x, 0\}$ である.

価値関数 $V = V(t, x)$ は,終端条件 $V(T, x) = \psi(x)$ をもつ価格付け PDE(期待値 (7.1) に対する Kolmogorov の後向き方程式(backward Kolmogorov equation))

$$V_t + \mathcal{G}V - rV = 0, \quad t \in [0, T)$$

の解とみなすことができる.$U(t, x) := V(T - t, x)$ を定義することで,終端値問題を初期値問題に変換し,作用素の定義

$$\mathcal{A}U := \frac{1}{2}\sigma^2 U_{xx} + \mu U_x - rU$$

に割引きを含める.したがって,価格付け問題は初期条件 $U(0, x) := \psi(x)$ をもつ放物型 PDE

$$U_t - \mathcal{A}U = 0, \quad t \in (0, T]$$

を解く問題となる.

ここで,ノックアウトオプションを考える.ノックアウトオプションとは,原資産となる状態変数が状態空間においてあらかじめ決められた開領域 Ω から抜けた場合に,契約がキャンセル(ノックアウト)されるオプションである.τ を境界 $\partial \Omega$ への初到達時刻とする(ここで,拡散を考慮すると,パスの連続性によって過程は常に境界に到達するであろう).ノックアウトオプションは $\tau \leq T$ ならば,時刻 τ でキャンセルされる(無効となる).ただし,T はオプションの満期である.$\tau > T$ ならば,オ

プションの保有者は満期でペイオフを受け取る．一部の例では，オプションの保有者は $\tau \leq T$ ならば，時刻 τ でリベート $R(X_\tau)$ を受け取る．リベートは定額もしくは，時刻 τ での原資産過程の状態に依存することもある（一般に時間に依存することもある．すなわち，過程が時刻 τ で $\partial \Omega$ に到達し，τ において状態 $X_\tau \in \partial \Omega$ であったならば，リベートは $R(\tau, X_\tau)$ となる．ただし，ここでは状態のみに依存し，時間には依存しないと仮定する）．具体的に，ノックアウトオプションには 6 つのタイプがある．下限バリアをもつコールとプット，上限バリアをもつコールとプット，下限と上限の両方のバリアをもつコールとプットである．ダウンアンドアウトコール（プット）は，株価が下限バリア $L, 0 < L < S_0$ まで下がらない，もしくは下回らないならば，満期 T においてコール（プット）のペイオフを受け取るオプションである．アップアンドアウトコール（プット）は，満期 T 以前に株価が上限バリア $U, S_0 < U < \infty$ まで増加しない，もしくは上回らないならば，満期においてコール（プット）のペイオフを受け取るオプションである．ダブルバリアコール（プット）は，株価が満期 T 以前に開区間 (L, U) から抜け出さないならば，満期においてコール（プット）のペイオフを受け取るオプションである．ここで，$0 < L < S_0 < U < \infty$ は下限と上限のバリアである．過程 $X_t = \ln(S_t/K)$ に関して，下限と上限のバリアは $\underline{x} = \ln(L/K)$ と $\overline{x} = \ln(U/K)$ である．PDE に関して，ノックアウトオプションの価値関数は，リベートをもつノックアウト条件

$$U(t, x) = R(x), \quad x \in \partial \Omega, \ t \in [0, T]$$

を満たす．ただし，ダウンアンドアウト，アップアンドアウト，ダブルバリアオプションに対してそれぞれ，$\partial \Omega = \{\underline{x}\}, \partial \Omega = \{\overline{x}\}, \partial \Omega = \{\underline{x}, \overline{x}\}$ である．リベートがない，すなわち $R = 0$ ならば，境界 $\partial \Omega$ における価値関数はゼロとなる．

2.2 有界な領域への局所化

ダブルバリアオプションにおいて，状態空間は有界で $\Omega = (\underline{x}, \overline{x})$ である．シングルバリアコールやプットオプションとヨーロピアンオプションにおいて，状態空間 Ω は非有界（ダウンアンドアウトオプションは $\Omega = (\underline{x}, \infty)$，アップアンドアウトオプションは $\Omega = (-\infty, \overline{x})$，バリアのないヨーロピアンオプションは $\Omega = \mathbb{R}$）である．数値近似のために，$\Omega_k \subset \Omega_{k+1}, \bigcup_k \Omega_k = \Omega$ である（すなわち，Ω_k の列が状態空間を埋める）ような有界な開領域の増加列 $\{\Omega_k\}$ を考えることでもとの問題を局所化する．このとき，非有界な領域 Ω をもつもとの問題の価値関数 U は，初期条件

$$U_k(0, x) = \psi(x), \quad x \in \Omega_k \tag{7.2}$$

をもつ有界な領域 Ω_k 上の PDE

$$U_{k,t} - \mathcal{A} U_k = 0, \quad t \in (0, T], \ x \in \Omega_k \tag{7.3}$$

を解く関数列 U_k の極限として得られる．人工的な境界 $\partial\Omega_k$ 上で，U_k は

$$U_k(t,x) = R(x), \quad x \in \partial\Omega_k, \, t \in [0,T] \tag{7.4}$$

を満たす．ただし，$R(x)$ は人工的なリベートである．すなわち，もとのオプション契約を，過程が開領域 Ω_k から抜け出すときにノックアウトし，境界 $\partial\Omega_k$ の初到達時刻 τ でリベート $R(X_\tau)$ を支払う契約によって近似する．問題の経済学的意味により，人工的な境界条件は適切に選択される．ヨーロピアンオプションでは，ペイオフ関数が人工的な境界条件として適当である．すなわち，$x \in \partial\Omega_k$ に対して $R(x) = \psi(x)$ である．ただし，$\partial\Omega_k = \{\underline{x}_k, \overline{x}_k\}$ において，$k \to \infty$ のとき $\underline{x}_k \to -\infty$, $\overline{x}_k \to \infty$ である．下限バリアが L であり，リベートのないダウンアンドアウトプットオプションでは，$x \in \partial\Omega_k$ に対して消滅境界条件 $R(x) = 0$ が人工的な境界条件として適当である．境界は $\partial\Omega_k = \{\underline{x}, \overline{x}_k\}$ であり，$\underline{x} = \ln(L/K)$ は契約上の下限バリア L によって決められ，$\overline{x}_k$ は人工的な上限バリアであり，$k \to \infty$ のとき $\overline{x}_k \to \infty$ である．$x = \underline{x}$ における境界は，オプション契約によって与えられるノックアウト条件である．また，$x = \overline{x}_k$ における境界は，ダウンアンドアウトプットオプションの価値関数は株価が高いとき，ゼロに向かって急速に減少するので，$x \in \partial\Omega_k$ に対して消滅境界条件 $R(x) = 0$ は人工的な境界条件として適当である．別のタイプのノックアウトオプションも同様に扱うことができる．局所化された問題において，ある一定のコンパクト集合 $G \subset \Omega_1$ に対して

$$\max_{t \in [0,T]} \|U(t,\cdot) - U_k(t,\cdot)\|_{L^\infty(G)} \to 0, \quad k \to \infty$$

が成立する（有界な領域への局所化における一般的な結果は，Bensoussan and Lions, 1984 を参照せよ）．ここでの関心は価値関数 U である．集合 G は近似領域（approximation domain）と呼ばれ，有界な領域 Ω_k は計算領域（computational domain）と呼ばれる（詳細は Marcozzi, 2001 を参照せよ）．Kangro and Nicolaides (2000), Matache et al. (2004), Hilber et al. (2005) では，局所化誤差が Black–Scholes の設定，Lévy 過程の設定，確率ボラティリティの設定における計算領域のサイズに関して指数的に減少することを示している．

人工的な境界条件に別のものを選ぶと，違う問題を有界な領域へ局所化するためにも用いることができる．最近の論文では，ヨーロピアンオプション，ダウンアンドアウトコール，アップアンドアウトプットオプションに対する人工的な境界条件における人工的なリベート（$R(x) = \psi(x)$）として，また，ダブルバリアコール／プットオプション，ダウンアンドアウトプット，アップアンドアウトコールオプションに対する消滅境界条件における人工的なリベート（$R(x) = 0$）として，ペイオフ関数を使っている（本章では，もとのノックアウト契約は任意の契約上のリベートがゼロであると仮定する）．以下では，有界な計算領域 Ω_k を所与として，上記で選択された $\partial\Omega_k$ 上の人工的な境界条件をもつ Ω_k 上の PDE を解く．以下では，表記を簡略化するた

めに添字 k を省略する.

2.3 変分方程式

所与の有界な領域 Ω の上で,問題 (7.2)〜(7.4) の変分(弱)方程式(variational (weak) formulation)を考える.この PDE は ($x \in \partial\Omega$ に対して,人工的なリベート $R(x) \neq 0$ をもつ)非斉次な境界条件をもつ.今後の展開を単純化するために,以下のように斉次化(homogenize)する.$\partial\Omega$ 上で人工的なリベート $R(x)$ を定義する.$\partial\Omega$ を $\overline{\Omega}$ へ拡張し,拡張後のリベートを $R(x), x \in \overline{\Omega}$ とする.ここでは,$x \in \partial\Omega$ に対して $R(x) = 0$ もしくは $R(x) = \psi(x)$ のどちらかを用いる.$x \in \overline{\Omega}$ に対してそれぞれ,$R(x) = 0$ もしくは $R(x) = \psi(x)$ となるように $\partial\Omega$ を拡張する.$u := U - R$ とする(ヨーロピアン/アメリカンオプションにおいて,u はペイオフ以上となる超過オプションプレミアムとして解釈され,オプションの行使が満期まで許されないヨーロピアンオプションにおいてそれは負である).

PDE 問題の変分(弱)方程式は,Ω 上で二乗可積分な(弱)1 次導関数をもち,境界 $\partial\Omega$ 上でゼロとなる Ω 上の二乗可積分な試験関数の空間(Sobolev 空間 $H_0^1(\overline{\Omega}) := \{f \in L^2(\overline{\Omega}) : f_x \in L^2(\overline{\Omega}), f\,|_{\partial\Omega} = 0\}$)を考えることで得られる.PDE に試験関数 $v = v(x)$ を掛け,Ω 上で積分し,それを部分積分をすることで,PDE の変分(弱)方程式は

$$(u_t, v) + a(u, v) + a(R, v) = 0 \tag{7.5}$$

$$(u_t(0, \cdot), v) = (\psi - R, v) \tag{7.6}$$

に帰着される.ただし,$(u, v) = \int_\Omega u(x)v(x)\mathrm{d}x$ は $L^2(\Omega)$ における内積であり,双線形形式(bilinear form)$a(\cdot, \cdot)$ は,

$$a(u, v) = \frac{1}{2}\sigma^2 \int_{\underline{x}}^{\overline{x}} u_x v_x \mathrm{d}x - \mu \int_{\underline{x}}^{\overline{x}} u_x v \mathrm{d}x + r \int_{\underline{x}}^{\overline{x}} uv \mathrm{d}x$$

によって定義される.

変分方程式を解くために,任意の試験関数 $v \in H_0^1(\overline{\Omega})$ に対して,(7.5), (7.6) が成立するような適切な関数空間における関数 $u = u(t, x)$ を求める.解 u は $\partial\Omega$ 上ではゼロとなる.そのとき,非斉次な境界条件をもつ問題の価値関数 U は $U = R + u$ によって与えられる.拡散過程と関連する放物型 PDE の変分方程式の詳細は,Quarteroni and Valli (1997), Thomee (1997) を参照せよ.

2.4 Galerkin 有限要素法

Galerkin 有限要素法を用いて,変分方程式 (7.5), (7.6) の空間離散化を考える(有限要素法の標準的な説明は,Ciarlet, 1978; Larsson and Thomee, 2003; Quarteroni and Valli, 1997; Thomee, 1997 を参照せよ).有界な領域 $\Omega = (\underline{x}, \overline{x})$ 上の 1 次元問

題を考える．区間 $\overline{\Omega} = [\underline{x}, \overline{x}]$ を $h = (\overline{x} - \underline{x})/(m+1)$ の長さをもつ $m+1$ 個の部分区間（部分要素）に分割する．$x_i = \underline{x} + ih, i = 0, \cdots, m+1$ を $[\underline{x}, \overline{x}]$ におけるノードとする．区分線形な有限要素基底関数 $\{\phi_{h,i}(x)\}_{i=1}^m$

$$\phi_{h,i}(x) = \begin{cases} \dfrac{(x - x_{i-1})}{h}, & x_{i-1} \leq x \leq x_i \\ \dfrac{(x_{i+1} - x)}{h}, & x_i < x \leq x_{i+1} \\ 0, & x \notin [x_{i-1}, x_{i+1}] \end{cases}$$

を定義する．i 番目の基底関数 $\phi_{h,i}(x)$ はノード x_i で 1，他のすべてのノードで 0 となる関数である．$\phi_i(x_j) = \delta_{ij}$，ただし，$i = j$ のとき $\delta_{ij} = 1$，$i \neq j$ のとき $\delta_{ij} = 0$ である（図 7.1 を参照せよ）．関数 $\phi(x) := (x+1)\mathbf{1}_{\{-1 \leq x \leq 0\}} + (1-x)\mathbf{1}_{\{0 < x \leq 1\}}$ を使えば，$\phi_{h,i}(x) = \phi((x - x_i)/h)$ である．一般に，すべての整数 $i \in \mathbb{Z}$ に対して，$\phi_{h,i}(x)$ を定義できる．ノード $x_0 = \underline{x}$ と $x_{m+1} = \overline{x}$ は境界 $\partial \Omega$ 上にあり，$i < 0$ もしくは $i > m+1$ のノード x_i は $\overline{\Omega} = [\underline{x}, \overline{x}]$ の外側にある（ジャンプを扱う場合，$[\underline{x}, \overline{x}]$ の外側のノードを考える必要がある）．

変分方程式 (7.5), (7.6) の解 u の有限要素近似

$$u_h(t, x) = \sum_{i=1}^m u_i(t) \phi_{h,i}(x), \quad t \in [0, T] \tag{7.7}$$

を，時間依存係数をもつ有限要素基底関数の線形結合として求める．（基底関数は境界上でゼロとなるので）u_h が境界 $\partial \Omega$ 上でゼロとなることに注意する．すなわち，真の解 u の近似 u_h を，有限要素基底関数 $\{\phi_{h,i}\}_{i=1}^m$ の張る有限要素基底空間 V_h において求める．

$\mathbf{u}(t) = (u_1(t), \cdots, u_m(t))^\top$ を求める時間依存係数の m 次元ベクトルとする．(7.7) を (7.5), (7.6) へ代入し，(7.5), (7.6) における試験関数 v を基底関数 $\{\phi_{h,i}\}_{i=1}^m$ を用いて表す（すなわち，$v_h(x) = \sum_{i=1}^m v_i \phi_{h,i}(x)$ によって試験関数を近似する）ことができるとすると，初期条件

$$\mathbb{M}\mathbf{u}(0) = \mathbf{C} \tag{7.8}$$

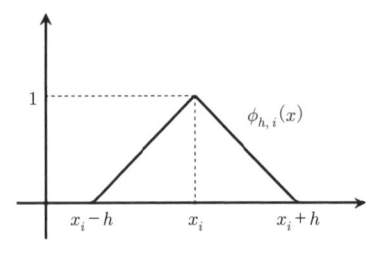

図 **7.1** 基底関数

をもつ m 次元 ODE 系

$$\mathbb{M}\mathbf{u}'(t) + \mathbb{A}\mathbf{u}(t) + \mathbf{F} = 0, \quad t \in (0, T] \tag{7.9}$$

を得る．ここで，$\mathbf{u}'(t) = (u_1'(t), \cdots, u_m'(t))^\top$，$u_i' \equiv du_i(t)/dt$，$\mathbb{M} = (m_{ij})_{i,j=1}^m$，$\mathbb{A} = (a_{ij})_{i,j=1}^m$，$\mathbf{C} = (c_1, \cdots, c_m)^\top$，$\mathbf{F} = (F_1, \cdots, F_m)^\top$ である．ただし，

$$m_{ij} = (\phi_j, \phi_i), \quad a_{ij} = a(\phi_j, \phi_i), \quad c_i = (\psi - R, \phi_i), \quad F_i = a(R, \phi_i)$$

である（以下では，表記を簡略化するために $\phi_{h,i}$ における添字 h を省略する．また，$a(\cdot, \cdot)$ は前に定義した双線形形式である）．変分問題を（空間に関して離散的に，時間に関して連続的に）半離散化したものがこの ODE 系である．この手続きは，有限要素法による線の方法と呼ばれる（ここで，「線」は (x, t) 領域における線 (x_i, t)，$t \geq 0$ を表している．Hundsdorfer and Verwer, 2003 を参照せよ）．価格付け問題は，この ODE 系の積分へ帰着される．構造工学における有限要素法では，$\mathbb{M}$ は質量行列（mass matrix），$\mathbb{A}$ は剛性行列（stiffness matrix），$\mathbf{F}$ は荷重ベクトル（load vector）と呼ばれる．それぞれの t に対して，有界な領域 Ω 上で半離散有限要素近似は，$L^2(\Omega)$ ノルムと $L^\infty(\Omega)$ ノルムの両方で空間の刻み幅 h に関して 2 次の精度

$$\|u_h(t, \cdot) - u(t, \cdot)\| \leq Ch^2$$

をもつことが知られている．有限要素法で利用できる最大ノルム誤差評価は，最も悪い価格付け誤差評価を与えるとき金融工学と特に関連深い．

質量行列 $\mathbb{M}$ と剛性行列 $\mathbb{A}$ は，定係数をもつ以下のモデルにおいて閉じた形で容易に計算することができる（Gauss の求積法のような数値求積法は，より一般的なモデルで用いられる）．任意の $i, j \in \mathbb{Z}$ に対して，双線形形式 $a(\cdot, \cdot)$ の定義より，

$$a(\phi_i, \phi_i) = a_0 = \frac{2}{3}rh + \frac{1}{h}\sigma^2$$

$$a(\phi_i, \phi_{i\pm 1}) = a_{\mp 1} = \pm\frac{1}{2}\mu + \frac{1}{6}rh - \frac{1}{2h}\sigma^2$$

であり，$|i - j| > 1$ に対して $a(\phi_i, \phi_j) = 0$ である．さらに

$$(\phi_i, \phi_i) = \frac{2}{3}h, \quad (\phi_i, \phi_{i\pm 1}) = \frac{1}{6}h, \quad (\phi_i, \phi_j) = 0, \quad |i - j| > 1$$

である．したがって，$\mathbb{A}$ と $\mathbb{M}$ はともに一定の対角成分をもつ $m \times m$ の三重対角行列

$$\mathbb{A} = \begin{pmatrix} a_0 & a_1 & & \\ a_{-1} & a_0 & \ddots & \\ & \ddots & \ddots & a_1 \\ & & a_{-1} & a_0 \end{pmatrix}, \quad \mathbb{M} = \frac{h}{6}\begin{pmatrix} 4 & 1 & & \\ 1 & 4 & \ddots & \\ & \ddots & \ddots & 1 \\ & & 1 & 4 \end{pmatrix}$$

である．このモデルにおいて荷重ベクトル $\mathbf{F}$, $F_i = a(R, \phi_i)$, $i = 1, \cdots, m$ は，$R = \psi$ に対して解析的に計算することができる．ただし，ψ はコールのペイオフ $K(e^x-1)^+$，もしくはプットのペイオフ $K(1-e^x)^+$ である．一般的な場合でも，$\mathbf{F}$ は数値的に計算することができる（例えば，Gauss の求積法を用いる）．最後にベクトル $\mathbf{C}$, $c_i = (\psi - R, \phi_i)$ をもつ初期条件 $\mathbb{M}\mathbf{u}(0) = \mathbf{C}$ は以下のように扱われる．$R = \psi$ に対して，$\mathbf{C}$ はゼロとなり，初期条件は $\mathbf{u}(0) = 0$ となる．$R = 0$ の場合には，$c_i = (\psi, \phi_i)$ は単純なペイオフに対して解析的に，一般には Gauss の求積法によって数値的に計算することができる．そのとき，初期ベクトル $\mathbf{u}(0)$ は $\mathbb{M}\mathbf{u}(0) = \mathbf{C}$ を解くことで得られる．

2.5 常微分方程式（ODE）系の積分

前項において，オプションの価格付け問題を ODE 系 (7.8), (7.9) へ帰着させたが，この ODE 系は数値積分する必要がある．$\mathbb{M} \sim O(h)$ であり，$\mathbb{A} \sim O(h^{-1})$ であるので，系 (7.9) は硬い（stiff）．特に，拡散項の離散化から生じる $\mathbb{A}\mathbf{u}$ は系を硬くする．硬い系において，陽的解法は条件付きでのみ安定的であり，安定性の条件 $\Delta t \leq Ch^2$ において h が小さいとき，きわめて小さい時間刻みを必要とする．

最も単純な時間に関する離散化はいわゆる θ 法によって与えられる．時間間隔 $[0, T]$ を長さが $k = T/N$ であり，ノード $t_i = ik$, $i = 0, 1, \cdots, N$ をもつ N 個の時間刻みへ分け，$\mathbf{u}^i := \mathbf{u}(t_i)$, $i = 0, 1, \cdots, N$ を定義する．そのとき，θ 法は初期条件 $\mathbb{M}\mathbf{u}^0 = \mathbf{C}$ （もしくは，$\mathbf{C} = 0$ ならば，$\mathbf{u}^0 = 0$）から始まり，

$$(\mathbb{M} + \theta k \mathbb{A})\mathbf{u}^i = (\mathbb{M} - (1-\theta)k\mathbb{A})\mathbf{u}^{i-1} - k\mathbf{F}, \quad i = 1, \cdots, N \qquad (7.10)$$

に従って前進する．これは，$\theta = 0$ のとき（時点 t_i における ODE の時間に関する微分係数を有限差分 $\mathbf{u}'(t_i) \to k^{-1}(\mathbf{u}^i - \mathbf{u}^{i-1})$ に置き換え，前の時点 t_{i-1} における残りの項を評価することに対応する）完全陽的な前進 Euler 法である．また，$\theta = 1$ のとき（ODE の時間に関する微分係数を有限差分 $\mathbf{u}'(t_i) \to k^{-1}(\mathbf{u}^i - \mathbf{u}^{i-1})$ に置き換え，現在の時点 t_i での残りの項を評価することに対応する）完全陰的な後退 Euler 法である．それぞれの時点において，線形系 (7.10) は m 次元ベクトル $\mathbf{u}^i$ を求めることで解くことができる．この場合，行列 $\mathbb{M}$ と $\mathbb{A}$ は三重対角行列であり，線形系は LU 分解によって直接解くことができる．すべての $\theta \geq 1/2$ において，θ 法は無条件で安定的であり，$\theta \neq 1/2$ のとき，時間について 1 次の精度をもち，$\theta = 1/2$ のとき，時間について 2 次の精度をもつ．$\theta = 1/2$ の場合は，金融工学において有名な Crank–Nicolson 法である．その利点は，その方法が時間について 2 次の精度をもち，実装が容易なことである．また，欠点は，時間刻み幅が陽的解法における最大安定時間刻み幅の 2 倍を超えるとき，計算した数値解にスプリアス振動（spurious oscillation）が起こり，さらに初期条件が滑らかでないとき，期待される 2 次収束が実現されない可能性があるということである（これらの問題と解決方法に関する議論は，Zvan et al., 1998a; Pooley et al., 2003 を参照せよ）．

2. Black–Scholes–Merton モデルにおけるヨーロピアンオプションとバリアオプション

時間について2次の精度を実現する別の方法は，2次の後退差分公式によってODEにおける時間微分を近似することである．これは，2次精度後退差分スキーム

$$\left(\frac{3}{2}\mathbb{M} + k\mathbb{A}\right)\mathbf{u}^i = 2\mathbb{M}\mathbf{u}^{i-1} - \frac{1}{2}\mathbb{M}\mathbf{u}^{i-2} - k\mathbf{F}, \quad i = 2, \cdots, N$$

をもたらす（$\mathbf{u}^2$ を計算するために，2次のBDFを始めるのに必要な $\mathbf{u}^1$ は後退Euler時間刻み法によって得られる）．

一般に，有限要素法による線の方法の枠組みを用いた放物型 PDE の半離散化から生じる ODE 系の積分で用いられる時間刻み法には，Runge–Kutta 法や高次の BDF, Richardson の外挿に基づく方法のように様々なものがある．参考文献として，Deuflhard and Bornemann (2002), Hairer and Wanner (1996), Hundsdorfer and Verwer (2003), Quarteroni and Valli (1997), Thomee (1997) があげられる．それらの時間刻み法に基づいた多数のソフトウェアパッケージが（無償，有償ともに）利用可能であり，いくつかのパッケージに自動時間刻み幅選択と自動次数選択の機能が含まれている．5節では，可変な刻み幅と可変な次数の BDF に基づく Lawrence Livermore National Laboratory（http://www.llnl.gov/CASC/sundials/）から市販されているパッケージ SUNDIALS（SUite of Nonlinear and DIfferential/ALgebraic equation Solvers）を使ったいくつかの計算例を紹介する．適応的な時間刻み幅選択および次数選択に関する詳細は，SUNDIALS マニュアル Hindmarsh et al. (2005, 2006) を参照せよ．

ここで，Richardson タイプの外挿を後退 Euler 法へ適用して，高次の時間刻み法を実装するシンプルなものを紹介する．いくつかの計算例は，5節で与える．後退 Euler 法の誤差は，時間刻み k のべき乗に関する漸近展開

$$\mathbf{u}(T) - \mathbf{u}^N = \mathbf{e}_1(T)k + \mathbf{e}_2(T)k^2 + \cdots \tag{7.11}$$

で与えられることが知られている．一般に，ODE $u' = G(u)$ に対する Euler 法は，右辺 G が滑らかならば，漸近展開誤差 (7.11) をもつ．ここでの問題の場合，G は線形であり，(7.11) が成立する．この漸近展開誤差は，外挿の適用による低い次数項の消滅と Euler 法の次数の増加を示唆する．硬い ODE 系に対する外挿法の参考文献として，Deuflhard (1985), Deuflhard and Bornemann (2002, Section 6.4.2), Hairer and Wanner (1996, Section IV.9) があげられる．オプションの価格付けへの外挿法の適用に関しては，Feng and Linetsky (2008b) を参照せよ．

ここで，後退 Euler 法に基づく外挿法について説明する．区間 $[0, T]$ において ODE 系を積分する必要があるとする．基本刻み幅 H（$H = T/N$）と補外段数 $s \geq 1$ が与えられていると仮定する．内部刻み幅 $k_i = H/n_i$, $i = 1, 2, \cdots, s+1$ をもつ後退 Euler 法を用いることで，(時点 H での) $\mathbf{u}(H)$ の近似列を構成する．ただし，$\{n_i\}_{i=1}^{s+1}$ は分割数の列である．Euler 法では，数列 $\{1, 2, \cdots, s+1\}$ もしくは $\{2, 3, \cdots, s+2\}$

が用いられる．内部刻み幅 k_i をもつ（1 基本刻み後に）時点 H で得られる近似を $\mathbf{T}_{i,1} = \mathbf{u}(H; k_i)$ とすると，

$$\mathbf{T}_{i,j} = \mathbf{T}_{i,j-1} + \frac{\mathbf{T}_{i,j-1} - \mathbf{T}_{i-1,j-1}}{(n_i/n_{i-j+1}) - 1}, \quad i = 2, \cdots, s+1, \ j = 2, \cdots, i \qquad (7.12)$$

が成立し，補外表（extrapolation tableau）は

$$\begin{array}{cccc} \mathbf{T}_{1,1} & & & \\ \mathbf{T}_{2,1} & \mathbf{T}_{2,2} & & \\ \vdots & \vdots & \ddots & \\ \mathbf{T}_{s+1,1} & \mathbf{T}_{s+1,2} & \cdots & \mathbf{T}_{s+1,s+1} \end{array}$$

のように表現することができる．s 補外段数での値 $\mathbf{T}_{s+1,s+1}$ は，$\mathbf{u}(H)$ の近似として考えられ，次の区間 $[H, 2H]$ に対する新しい基本積分刻みを始める出発点として用いられる．時点 $T = NH$ で $\mathbf{u}(T)$ の近似が得られるまで，N 個の基本刻みに対してこの方法を続ける．1 基本刻み後の誤差評価は

$$\mathbf{u}(H) - \mathbf{T}_{s+1,s+1} = O(k_1 k_2 \cdots k_{s+1}) = O\left(\frac{H^{s+1}}{n_1 n_2 \cdots n_{s+1}}\right)$$

となる．刻み数の列 $\{2, 3, \cdots, s+2\}$ に対しては，特に

$$\mathbf{u}(H) - \mathbf{T}_{s+1,s+1} = O\left(\frac{H^{s+1}}{(s+2)!}\right) \qquad (7.13)$$

となる．$\mathbf{T}_{s+1,s+1}$ を計算するのに必要な時間刻みの総数（線形系 (7.10) を解くのに必要な時点の総数）は

$$\mathcal{N}_s = \frac{(s+4)(s+1)}{2}$$

である．階乗が $n! \approx \sqrt{2\pi(1 + 1/(6n))} n^{n+1/2} e^{-n}$ で近似される（Stirling の公式の変形）ことを利用する．この近似は n が小さいときでさえ正確な値をとる（例えば，$n = 2$ に対して 1.9974 となる）．数列 $\{2, 3, \cdots, s+2\}$ において，ある s に対する外挿法の誤差は

$$\mathbf{u}(H) - \mathbf{T}_{s+1,s+1} = O\left(\left\{2\pi\left(1 + \frac{1}{6(s+2)}\right)\right\}^{-1/2}\right.$$
$$\left. \times \exp\left\{-\left(s + \frac{5}{2}\right)\ln(s+2) + (s+1)(1 + \ln H) + 1\right\}\right)$$

となる．時間刻み数の誤差への影響度を調べるために，区間 $[0, H]$ において ODE を積分するのに必要な時間刻みの総数が $\mathcal{N}_s = (s+1)(s+4)/2$ であることを用いると，

誤差評価は
$$\mathbf{u}(H) - \mathbf{T}_{s+1,s+1} = O(e^{-c\sqrt{\mathcal{N}_s}\ln \mathcal{N}_s}) \quad (7.14)$$
で与えられる．これは，誤差が時間刻み数 $\mathcal{N}_s$ の増加により $e^{-c\sqrt{\mathcal{N}_s}\ln \mathcal{N}_s}$ の割合で減少することを示している．ただし，この議論は厳密でないことを強調しておく．誤差評価は，一定の s と $H \to 0$ に対して，誤差が漸近的に $O(H^{s+1}/(s+2)!)$ であることを示しているだけである．一般に，評価 $CH^{s+1}/(s+2)!$ における定数 C が，s に依存する，すなわち，$\mathcal{N}_s$ に依存するときの s の増加による誤差の挙動に関して何も述べていない．定数 C が，s と独立となる（もしくは s に関してゆっくりと増加する）条件が成立するならば，(7.14) は実際に時間刻み数に関する誤差評価を与えるであろう．残念ながら，この条件を証明することは困難であると考えられる．しかし，オプションの価格付けにおける数値実験において，(7.14) によって提案される収束率を確認することができる．

一定の基本刻み H に対して，時間間隔 $[0, T]$ において ODE を積分するために必要な時間刻みの総数は $\mathcal{N}_{T,H,s} = N(s+4)(s+1)/2$ である．ただし，$N = T/H$ である．外挿法の急速な収束から，オプションの価格付けにおいて N と s は一般的に小さいため，要求精度を得るために必要な時間刻みの総数 $\mathcal{N}$ は小さくなる．

それぞれの時間刻みにおいて，線形系 (7.10) を解く必要がある．1 次元モデルでは三重対角行列となる．これは，次数 m の行列に対して LU 分解を使えば，$O(m)$ の演算で解くことができる（ここで，m は有限要素法の離散化における要素の数である）．したがって，この時間刻み法は，$O(\mathcal{N}m)$ の浮動小数点演算で計算することができる．ただし，$\mathcal{N}$ は時間刻みの総数である．

これまで，基本刻み幅 H と補外段数 s を所与として扱ってきた．ここでは実際の H と s の選択について議論する．まず H は一定であるとし，局所的な許容誤差 $\epsilon > 0$ を選択する．j 補外段階後，$\mathbf{T}_{j+1,j+1}$ は $\mathbf{u}(H)$ を近似している．誤差評価は，$\mathcal{E}_j := \|\mathbf{T}_{j+1,j+1} - \mathbf{T}_{j+1,j}\|_{L^\infty}$ である（Hairer and Wanner, 1996, p.140 を参照せよ）．$j \geq 2$ であるそれぞれの補外段階後に，前の誤差 $\mathcal{E}_{j-1}$ と要求する局所的な許容誤差 ϵ を誤差評価 $\mathcal{E}_j$ と比較する．ある $j \leq s_{\max}$ に対して，$\mathcal{E}_j \leq \epsilon$ であるときは，$\mathbf{u}(H)$ の近似として $\mathbf{T}_{j+1,j+1}$ を受け入れ，前の刻みで決定された $\mathbf{u}(H) = \mathbf{T}_{j+1,j+1}$ から始まる次の基本刻み $[H, 2H]$ に対して，解を計算する手順へ進む．あるいは，$\mathcal{E}_j \geq \mathcal{E}_{j-1}$ であるとき（すなわち，補外深度が増加しても誤差が減少しないとき），もしくは要求許容誤差が $s_{\max}$ 段階で得られないならば，$H_{\text{new}} = H_{\text{old}}/2$ として，より小さい H の刻みで計算を再び始める．補外段数が 10 でも要求許容誤差が得られないならば，基本刻み幅を減らす．数値実験では $s_{\max} = 10$ を選んだ．この単純な手順によって，基本刻み幅 H と補外段数 s を選択することができる．要求許容誤差に加えて唯一のユーザ指定のパラメータは初期基本刻み幅 H である．初期値 H が許容誤差と比較して大きすぎるならば H を減らし，小さくした H で計算を再スタートする．H が要求許容誤

差と比較して小さすぎるならば，必要以上の時間刻みが計算される．オプションの価格付け問題の計算実験において，$H = 0.5$ 年は（多くの場合，基本刻み幅を減らす必要がなく）10^{-5} までの許容誤差に対する初期基本刻み幅として適切であることがわかった．6カ月より短い満期をもつ問題に対しては，$H = T$ とする．（例えば，10^{-3} 以下の許容誤差のような）低い精度をもつより速い計算に対しては，基本刻みが $H = 1$ もしくはそれより長いものでさえ初期の刻みとして用いることができる．計算例は，5節と Feng and Linetsky (2008b) に示されている．適応的な時間刻み選択と補外深度選択を与えるより高度な方法は，Deuflhard (1985), Deuflhard and Bornemann (2002, Section 6.4.2), Hairer and Wanner (1996, Section IV.9) で確認することができる．

3. Black–Scholes–Merton モデルにおけるアメリカンオプション

3.1 最適停止問題，変分不等式，局所化，離散化，線形相補性問題

アメリカンタイプのデリバティブ証券はペイオフ $\psi = \psi(x)$ をもち，オプションの保有者は契約開始時刻 $t = 0$ から満期 $T > 0$ までの任意の時刻で権利を行使し，ペイオフを受け取ることができる．一般に，ペイオフは権利行使時刻とその時刻の原資産価格過程の状態に依存する（$\psi = \psi(t, x)$）．ただし，表記を簡略化のために状態のみに依存するとし，時間には依存しないものとする．オプションの保有者は，価値を最大化する権利行使戦略に従うと仮定すると，アメリカンオプションの価値関数は最適停止問題（Bensoussan, 1984; Karatzas, 1988）の価値関数

$$V(t,x) = \sup_{\theta \in \Theta_{t,T}} \mathbb{E}_{t,x}[e^{-r(\theta-t)}\psi(X_\theta)] \tag{7.15}$$

によって与えられる．ただし，sup は $[t,T]$ に値をとるすべての停止時刻 θ の集合 $\Theta_{t,T}$ に対してとられる．

Markov 過程に対する最適停止問題の変分方程式に関する Bensoussan and Lions (1982, 1984) と変分不等式における数値解法に関する Glowinski et al. (1981) に基づいて，Jaillet et al. (1990) はアメリカンタイプの問題における価値関数が終端条件

$$V(T,x) = \psi(x), \quad x \in \mathbb{R}$$

をもつ変分不等式

$$\begin{aligned}
V_t + \mathcal{A}V &\leq 0, & t \in [0,T), \ x \in \mathbb{R} \\
V &\geq \psi, & t \in [0,T), \ x \in \mathbb{R} \\
(V_t + \mathcal{A}V) \cdot (V - \psi) &= 0, & t \in [0,T), \ x \in \mathbb{R}
\end{aligned}$$

の一意な解として求めることができることを示した（テキストでの扱いは Lamberton

3. Black–Scholes–Merton モデルにおけるアメリカンオプション

and Lapeyre, 1996 を参照せよ). アメリカンオプションに対して, 常に正であるような時間価値 (ペイオフ以上となる超過プレミアム) 関数 $u(t, x) = V(T - t, x) - \psi(x)$ を導入することで, 変分不等式は斉次な初期条件

$$u(0, x) = 0, \quad x \in \mathbb{R} \tag{7.16a}$$

をもつ

$$u_t - \mathcal{A}u - \mathcal{A}\psi \geq 0, \qquad t \in (0, T], \ x \in \mathbb{R} \tag{7.16b}$$

$$u \geq 0, \qquad t \in (0, T], \ x \in \mathbb{R} \tag{7.16c}$$

$$(u_t - \mathcal{A}u - \mathcal{A}\psi) \cdot u = 0, \quad t \in (0, T], \ x \in \mathbb{R} \tag{7.16d}$$

へと変換される.

問題 (7.16) が有界な領域 $\Omega = (\underline{x}, \overline{x})$ 上で成立し, 関数が境界上でゼロとなること

$$u(t, x) = 0, \quad x \in \{\underline{x}, \overline{x}\}, \ t \in [0, T]$$

を仮定することで, (7.16) を Ω へ局所化する. これは, 価値関数に人工的な境界条件 $V(t, x) = \psi(x), x \in \{\underline{x}, \overline{x}\}, t \in [0, T]$ を設定することに対応する.

$v \geq 0$ となるような試験関数 $v \in H_0^1(\overline{\Omega})$ の空間 (前に導入した境界上でゼロとなる関数の Sobolev 空間) を考える. (7.16b) に v を掛け, Ω 上で積分することで,

$$(u_t, v) + a(u, v) + a(\psi, v) \geq 0, \quad \forall v \geq 0, \ v \in H_0^1(\overline{\Omega}) \tag{7.17}$$

を得る. ただし, $a(u, v)$ は前に定義した双線形形式であり, (u, v) は $L^2(\overline{\Omega})$ における内積を表す. Ω 上で (7.16d) を積分することで,

$$(u_t, u) + a(u, u) + a(\psi, u) = 0 \tag{7.18}$$

を得る. (7.17) から (7.18) を引くことで,

$$(u_t, v - u) + a(u, v - u) + a(\psi, v - u) \geq 0, \quad \forall v \geq 0, \ v \in H_0^1(\overline{\Omega}) \tag{7.19}$$

を得る. 結局, 初期条件 $u(0, x) = 0$ をもち, 非負制約 $u \geq 0$ が $\overline{\Omega}$ 上で満たされ, 境界 $\partial \Omega$ 上でゼロとなる (7.19) の解 $u = u(t, x)$ を求める問題となる.

ここで, 完全離散的な有限要素近似を考え, (7.7) で表されるような近似解を求める. また, 有限要素基底 $v_h(x) = \sum_{i=1}^{m} v_i \phi_{h,i}(x)$ における試験関数を近似し, $\mathbf{v}$ を非負係数 v_i の m 次元ベクトルとする. 完全陰的な後退 Euler 法によって時間を離散化する. 時間間隔 $[0, T]$ を長さ $k = T/N$ とノード $t_n = nk, n = 0, 1, \cdots, N$ をもつ N 個の時間刻みへ分割し, $\mathbf{u}^n := \mathbf{u}(t_n), n = 0, 1, \cdots, N$ を定義する. (7.19) の完全な

離散化は初期条件 $\mathbf{u}^0 = 0$ から始まり,

$$\mathbf{u}^n \geq 0, \ (\mathbf{v} - \mathbf{u}^n)^\top \left((\mathbb{M} + k\mathbb{A})\mathbf{u}^n - \mathbb{M}\mathbf{u}^{n-1} + k\mathbf{F}\right) \geq 0, \ \forall \mathbf{v} \geq 0, \ n = 1, \cdots, N \tag{7.20}$$

に従って前進する.ただし,それぞれの時間刻みですべての要素が非負 $\mathbf{u}^n \geq 0$ となるような m 次元ベクトル $\mathbf{u}^n$ を決める必要があり,(7.20) はすべての要素が非負 $\mathbf{v}^n \geq 0$ である任意の m 次元ベクトル $\mathbf{v}$ に対して満たされる.荷重ベクトル $\mathbf{F}$ は $F_i = a(\psi, \phi_{h,i})$ で与えられる.

この問題は,それぞれの刻みで(それぞれの $n = 1, 2, \cdots, N$ に対して 1 回ずつ)線形相補性問題(linear complementarity problem; LCP)を解くことと等価である.すなわち,

$$(\mathbf{u}^n)^\top \left((\mathbb{M} + k\mathbb{A})\mathbf{u}^n - \mathbb{M}\mathbf{u}^{n-1} + k\mathbf{F}\right) = 0 \tag{7.21a}$$

$$(\mathbb{M} + k\mathbb{A})\mathbf{u}^n - \mathbb{M}\mathbf{u}^{n-1} + k\mathbf{F} \geq 0 \tag{7.21b}$$

$$\mathbf{u}^n \geq 0 \tag{7.21c}$$

における m 次元ベクトル $\mathbf{u}^n$ を求めることと等しい(有限差分によって離散化されたアメリカンオプション問題の LCP は,Jaillet et al., 1990; Lamberton and Lapeyre, 1996 を参照せよ).この LCP は,例えば射影逐次過緩和(projected successive overrelaxation; PSOR)アルゴリズム(Cryer, 1971; Cottle et al., 1992)によって解くことができる.有限差分法のアメリカンオプションの価格付けに関する PSOR は,Wilmott et al. (1993) で確認することができる.得られた LCP(7.21) の変分不等式と解の離散化に基づくこのアプローチの欠点は,このアプローチで陰的な Euler 法を使うとき,本質的に時間について 1 次の精度のみしかもたないことである.

3.2　ペナルティー法と非線形 ODE 系

もう一つのアプローチは,「ペナルティー法(penalization technique)」を変分不等式へ適用することである.ペナルティー法とは,変分不等式を非線形 PDE の列によって近似する方法である(Bensoussan and Lions, 1982, 1984; Glowinski et al., 1981; Glowinski, 1984 を参照せよ).このアプローチの利点は,有限要素法による線の方法を用いることで,時間に関して適応的な高次精度積分を得るために市販の ODE ソルバーを利用できることである.アメリカンオプションの価格付けに関してペナルティー法は,有限差分法の枠組みでは,Zvan et al. (1998b), Forsyth and Vetzal (2002), d'Halluin et al. (2004) にて,有限要素法の枠組みでは,Sapariuc et al. (2004), Kovalov and Linetsky (2007), Kovalov et al. (2007) にて適用されている.

ここで,ペナルティー法について簡潔に説明する.有界な領域 Ω 上のもとの変分不等式 (7.16) は制約 $u \geq 0$ を近似するペナルティー項をもつ非線形 PDE 問題

3. Black–Scholes–Merton モデルにおけるアメリカンオプション

$$\frac{\partial u_\epsilon}{\partial t} - \mathcal{A}u_\epsilon - \frac{1}{\epsilon}(u_\epsilon)^- - \mathcal{A}\psi = 0, \quad t \in (0,T],\ x \in \Omega \quad (7.22a)$$

$$u_\epsilon(t,x) = 0, \qquad\qquad\qquad x \in \partial\Omega,\ t \in (0,T] \quad (7.22b)$$

$$u_\epsilon(0,x) = 0, \qquad\qquad\qquad x \in \overline{\Omega} \quad (7.22c)$$

で近似される ($x^- \equiv \max\{-x,0\}$). 非線形ペナルティー項 $(1/\epsilon)(u_\epsilon)^-$ は,早期行使制約 $u \geq 0$ を近似している. Friedman (1976, Chapter 16), Bensoussan and Lions (1982, Chapter 3, Section 4), Bensoussan and Lions (1984, Theorem 8.3, p.155) によれば,$\epsilon \to 0$ のとき,非線形ペナルティー PDE 問題 (7.22) の解 u_ϵ は変分不等式 (7.16) の解に収束する. 特に,以下のペナルティー誤差評価は,ϵ と独立な任意の $C > 0$ と $u_\epsilon \geq -C\epsilon$ に対してペナルティー近似において成立する(例えば,Boman, 2001; Sapariuc et al., 2004 を参照せよ).

$$\max_{t \in [0,T]} \|u_\epsilon(t,\cdot) - u(t,\cdot)\|_{L^\infty(\Omega)} \leq C\epsilon \quad (7.23)$$

この結果の解釈は以下で与えられる. 変分不等式の解 u が,(価値関数が $V \geq \psi$ となる,もしくは早期行使によって得ることができるペイオフよりも小さくならない)非負制約を満たすとき,非線形ペナルティー PDE の解 u_ϵ は負になることができる. しかしながら,$u_\epsilon \geq 0$ のとき,ペナルティー項がゼロとなるのに対して,$u_\epsilon < 0$ のとき,ペナルティー項 $(1/\epsilon)(u_\epsilon)^-$ は解が負になると急速に増加し,正の値となる. ϵ の値が小さくなると,ペナルティー項における係数 $1/\epsilon$ の値は大きくなり,ペナルティー項はより厳密に早期行使制約を近似する. ペナルティー解 u_ϵ は負となることができるが,ϵ と独立なある定数 $C > 0$ に対して $u_\epsilon \geq -C\epsilon$ である.

有界な領域 Ω におけるこの非線形 PDE の変分方程式は,初期条件 (7.22c) をもつ

$$\left(\frac{\partial u_\epsilon}{\partial t}, v\right) + a(u_\epsilon,v) + (\pi_\epsilon(u_\epsilon),v) + a(\psi,v) = 0, \quad \forall v \in H_0^1(\overline{\Omega})$$

となる. ここで

$$\pi_\epsilon(u_\epsilon) = -\frac{1}{\epsilon}(u_\epsilon)^- \quad (7.24)$$

はペナルティー項である. このとき,半離散有限要素法は,初期条件 $\mathbf{u}_\epsilon(0) = 0$ をもつ非線形 ODE

$$\mathbb{M}\mathbf{u}'_\epsilon(t) + \mathbb{A}\mathbf{u}_\epsilon(t) + \mathbb{M}\pi_\epsilon(\mathbf{u}_\epsilon)(t) + \mathbf{F} = 0, \quad t \in (0,T] \quad (7.25)$$

に帰着される. ただし,非線形ペナルティーベクトル $\pi_\epsilon(\mathbf{u}_\epsilon) = (\pi_\epsilon(u_{\epsilon,1}), \cdots, \pi_\epsilon(u_{\epsilon,m}))^\top$ の要素は

$$\pi_\epsilon(u_{\epsilon,i})(t) = -\frac{1}{\epsilon}(u_{\epsilon,i}(t))^-, \quad i = 1,2,\cdots,m$$

である. この問題は,消滅初期条件をもつ非線形 ODE 系 (7.25) を積分することに帰

着される．ペナルティー項の分母における小さいパラメータ ϵ によって，ODE 系に硬さが追加されることに注意する．すなわち，矛盾が生じている．ペナルティー近似の誤差は，評価 (7.23) によって次数 ϵ である．しかしながら，極端に小さい ϵ は系を硬くし，硬い ODE に対する時間積分法（temporal integration method）を必要とする．ペナルティー項が陰的に扱われるならば，非線形方程式はそれぞれの刻みで解く必要があり，Newton 反復によって求めることができる．5 節における数値例では，組込み Newton 反復ソルバーをもつ適応的可変次数・可変刻み幅の BDF 時間刻み法を実装する SUNDIALS ソフトウェアパッケージを用いている．ペナルティー項の陰的な扱いには，例えば硬い系に対する線形陰的（半陰的）外挿法（Hairer and Wanner, 1996; Deuflhard and Bornemann, 2002）などのような線形陰的解法を用いることができる．

(7.24) におけるペナルティー項の特定の関数形は，変分不等式のペナルティー近似における文献やファイナンスへの応用（例えば，Bensoussan and Lions, 1982, 1984; Forsyth and Vetzal, 2002; Friedman, 1976; Glowinski et al., 1981; Glowinski, 1984; Marcozzi, 2001; Sapariuc et al., 2004; Zvan et al., 1998a, 1998b）で一般に用いられる一方で，ペナルティー項のより一般形を考えることができる（変分不等式のペナルティー近似についての一般的な結果は，Glowinski, 1984 を参照せよ）．実際に，ペナルティー項 $(1/\epsilon)(u_\epsilon)^-$ の u_ϵ に関する 1 階微分は，不連続である．数値解において，PDE の離散化から生じる代数方程式の非線形系を解くために Newton タイプの反復を用いる必要がある．ペナルティー項の u_ϵ に関する微分における不連続性によるこの系のヤコビアンにおける不連続性は，不連続なヤコビアンをもつ非線形系に対する滑らかでない Newton タイプの反復法を用いる必要があるように，いくつかの計算課題を抱えている（例えば，Forsyth and Vetzal, 2002 を参照せよ）．また，ある $p \geq 1$ に対して $((1/\epsilon)u^-)^p$ の形のより一般的なペナルティー項を考えることもできる．これは，p 乗ペナルティー項（Kovalov et al., 2007）と呼ばれている．$p > 1$ とすることで，ペナルティー項の u に関する微分の連続性を修復し，連続なヤコビアンをもつ標準的な Newton 反復を用いることができる．本章における数値実験では，$p = 2$ とし，評価 (7.23) が成立する場合を考えている．すなわち，ODE 系におけるペナルティーベクトル

$$\pi_\epsilon(u_{\epsilon,i}) = -\left(\frac{1}{\epsilon}(u_{\epsilon,i})^-\right)^p \tag{7.26}$$

をもたらす滑らかなペナルティー項

$$\pi_\epsilon(u_\epsilon) = -\left(\frac{1}{\epsilon}(u_\epsilon)^-\right)^p \tag{7.27}$$

を考える．ただし，$p \geq 2$ である．この滑らかなペナルティー項は，$(p-1)$ 階連続微分可能で連続なヤコビアンをもつ．これは，高次の時間積分の数値性能を改善する．

4. 一般化多次元ジャンプ拡散モデル

4.1 ヨーロピアン，バリア，アメリカンデリバティブに対する一般的な定式化

$(\Omega, \mathcal{F}, \{\mathcal{F}\}_{t\geq 0}, \mathbb{P})$ を，フィルトレーションが右連続で，すべての $\mathcal{F}_t$ が $\mathcal{F}$ のすべての $\mathbb{P}$ 空集合を含むという通常の条件を満たすフィルトレーション $\{\mathcal{F}_t\}_{t\geq 0}$ をもつ完備なフィルター付き確率空間とする．また，$\{B_t, t \geq 0\}$ を $\mathbb{R}^n$ 上の $\mathcal{F}_t$ 適合標準Brown 運動とし，$p(\mathrm{d}t\mathrm{d}z)$ を強度 $q(\mathrm{d}t\mathrm{d}z) = \Lambda \mathrm{d}t F(\mathrm{d}z)$ の $[0, \infty) \times \mathbb{R}^n$ 上の $\mathcal{F}_t$ 適合Poisson 確率測度，$\Lambda \geq 0$ を Poisson ジャンプ到着強度，F を $F\{0\} = 0$ に対して $\mathbb{R}^n$ 上のジャンプサイズ（規模）を表す確率測度とする．すなわち，強度 Λ の Poisson 過程 $\{N_t, t \geq 0\}$ に従うジャンプの到着を考える．到着に際して，ジャンプサイズは，(Poisson 過程 N と Brown 運動 B が独立な) 確率分布 F をもつ $\mathbb{R}^n$ 上で評価される確率変数である．時間間隔 $[t_1, t_2]$，Borel 集合 $A \subset \mathbb{R}^n$，$\omega \in \Omega$ に対して，Poisson 確率測度は

$$p(\omega; [t_1, t_2] \times A) = \#\{[t_1, t_2] \text{ の間に到着する } A \text{ に含まれるサイズをもつジャンプ}\}$$

で表される．この Poisson 確率測度は，ジャンプ到着強度 Λ とジャンプサイズ分布 F をもつ複合 Poisson 過程の計数測度である．

リスク中立のもとでの資産価格，金利，外国為替レートなどに影響を与える経済の不確実要素を càdlàg な（右連続左極限をもつ）サンプルパスをもつ $\mathbb{R}^n$ における $\mathcal{F}_t$ 適合 Markov ジャンプ拡散過程 $\{X_t, t \geq 0\}$ によってモデル化する．ただし，ジャンプ拡散過程 X は，確定的な初期条件 $X_0 = x \in \mathbb{R}^n$ とジャンプ成分

$$J_t = \int_0^t \int_{\mathbb{R}^n} \gamma(s, X_{s-}, z) p(\mathrm{d}s\mathrm{d}z) \tag{7.28a}$$

をもつジャンプ付き確率微分方程式 (stochastic differential equation; SDE)

$$\mathrm{d}X_t = b(t, X_{t-})\mathrm{d}t + \sigma(t, X_{t-})\mathrm{d}B_t + \mathrm{d}J_t \tag{7.28b}$$

の解である．Poisson ジャンプが時刻 τ に到着し，サイズが z ならば，ジャンプ拡散過程 X にはサイズ $\Delta X_\tau = X_\tau - X_{\tau-} = \gamma(\tau, X_{\tau-}, z)$ のジャンプが起こる．特に，(7.28a) は

$$J_t = \sum_{\tau_n \leq t} \Delta X_{\tau_n} = \sum_{\tau_n \leq t} \gamma(\tau_n, X_{\tau_n -}, Z_n)$$

の形になる．ただし，τ_n はジャンプ到着時刻であり，Z_n はジャンプサイズ（N と B から独立な分布 F をもつ i.i.d. の確率変数）である．$\gamma(\tau, X_{\tau-}, z) = 0$ であり，Poisson

過程にジャンプが起こっても X はゼロジャンプとなる可能性があることに注意する. ジャンプ過程 J_t の強度は $M(t,x;\mathrm{d}z)\mathrm{d}t$ である. ただし, 任意の Borel 集合 $A \subset \mathbb{R}^n$ に対して

$$M(t,x;A) = \Lambda F\{z : \gamma(t,x,z) \in A, \ \gamma(t,x,z) \neq 0\}$$

で与えられる. 一方, ゼロでないジャンプの到着率は

$$\lambda(t,x) = M(t,x;\mathbb{R}^n) = \Lambda F\{z : \gamma(t,x,z) \neq 0\} \leq \Lambda$$

である. $X_{t-} = x$ となる時刻 t においてゼロでないジャンプが到着したという条件のもとでの過程 X のジャンプサイズは分布

$$\mu(t,x;A) = \frac{M(t,x;A)}{\lambda(t,x)}$$

をもつ $\mathbb{R}^n$ 確率変数である.

$\mathbb{R}^n$ において, $\mathcal{F}_t$ 適合 càdlàg な Markov ジャンプ拡散過程である SDE(7.28) に一意な強解が存在すると仮定する. 特に, ドリフトベクトル $b : [0,\infty) \times \mathbb{R}^n \to \mathbb{R}^n$, 分散 (ボラティリティ) 行列 $\sigma : [0,\infty) \times \mathbb{R}^n \to \mathbb{R}^{n \times n}$, ジャンプサイズベクトル $\gamma : [0,\infty) \times \mathbb{R}^n \times \mathbb{R}^n \to \mathbb{R}^n$ が Borel 可測であり, ($^\top$ を行列転置とすると) 線形増大条件と局所 Lipschitz 条件

$$\mathrm{tr}\,\sigma \cdot \sigma^\top(t,x) + |b(t,x)|^2 \int_{\mathbb{R}^n} |\gamma(t,x,z)|^2 F(\mathrm{d}z) \leq K(1+|x|^2)$$

を満たし, すべての $|x|, |y| \leq N$ に対して

$$\mathrm{tr}\,(\sigma(t,x) - \sigma(t,y))(\sigma(t,x) - \sigma(t,y))^\top + |b(t,x) - b(t,y)|^2$$
$$+ \int_{\mathbb{R}^n} |\gamma(t,x,z) - \gamma(t,y,z)|^2 F(\mathrm{d}z) \leq C_N |x-y|^2$$

となるような定数 C_N がそれぞれの $N \in \mathbb{N}$ において存在するとした仮定で十分である (Bensoussan and Lions, 1984, Theorem 6.2, p.276; Jacod and Shiryaev, 2003, Theorem 2.32, p.158 を参照せよ).

ヨーロピアンタイプのデリバティブ証券の満期 $T > 0$ におけるペイオフは $\psi = \psi(x)$ である. 過程が状態 $X_t = x$ である時刻 $t \in [0,T]$ におけるその現在価値は, EMM の下で期待割引ペイオフ

$$V(t,x) = \mathbb{E}_{t,x}\left[e^{-\int_t^T r(s,X_s)\mathrm{d}s}\psi(X_T)\right] \tag{7.29}$$

によって与えられる. ただし, 割引率を原資産価格過程の関数 $r = r(t,x) \geq 0$ と仮定する (この枠組みは, r がデフォルトフリーレートとデフォルト強度を足したもので

ある場合，デフォルト強度によって決定されるデフォルトの可能性を含んでいる．ここでは，デフォルトからの回復はないと仮定する）．

ノックアウトデリバティブ証券は，状態空間における開領域 $D \subset \mathbb{R}^n$ を追加し，その契約は原資産価格の状態変数が満期以前に D から抜けるならばリベート $R(\tau, X_\tau)$ を受け取る契約なので，

$$V(t,x) = \mathbb{E}_{t,x}\Big[e^{-\int_t^T r(s,X_s)\mathrm{d}s}\psi(X_T)\mathbf{1}_{\{\tau>T\}}\Big]$$
$$+ \mathbb{E}_{t,x}\Big[e^{-\int_t^\tau r(s,X_s)\mathrm{d}s}R(\tau, X_\tau)\mathbf{1}_{\{\tau \leq T\}}\Big] \qquad (7.30)$$

で与えられる．ただし，$\tau := \inf\{u \in [t,T] : X_u \notin D\}$ は（$X_t = x \in D$ を仮定すると）D からの初退出時間であり，リベート $R(\tau, X_\tau)$ は一般にノックアウト時刻 τ と τ における過程の状態 $X_\tau \in D^c$ に依存する．単純な拡散過程の場合とは異なり，過程が境界を越えて D^c の内部へジャンプする可能性があること（いわゆる，オーバーシュート (overshoot)）に注意する．

アメリカンタイプのデリバティブ証券のペイオフは $\psi = \psi(t,x)$ であり，オプションの保有者は契約開始時刻 $t = 0$ から満期 $T > 0$ までの任意の時刻で権利を行使し，ペイオフを受け取ることができる．一般に，ペイオフは行使時刻と行使時刻における過程の状態の両方に依存する．オプションの保有者が価値を最大化する行使戦略に従うと仮定すると，アメリカンオプションの価値関数は最適停止問題の価値関数

$$V(t,x) = \sup_{\theta \in \Theta_{t,T}} \mathbb{E}_{t,x}\Big[e^{-\int_t^\theta r(s,X_s)\mathrm{d}s}\psi(\theta, X_\theta)\Big] \qquad (7.31)$$

によって与えられる．ただし，sup は $[t,T]$ に値をとるすべての停止時刻 θ の集合 $\Theta_{t,T}$ に対してとられる．

$a = \sigma \cdot \sigma^\top$ を拡散行列（diffusion matrix）とし，微分作用素（differential operator）$\mathcal{A}$ を

$$\mathcal{A}u(t,x) := \frac{1}{2}\sum_{i,j=1}^n a_{ij}(t,x)\frac{\partial^2 u}{\partial x_i \partial x_j}(t,x)$$
$$+ \sum_{i=1}^n b_i(t,x)\frac{\partial u}{\partial x_i}(t,x) - (r(t,x) + \lambda(t,x))u(t,x)$$

積分作用素（integral operator）$\mathcal{B}$ を

$$\mathcal{B}u(t,x) := \lambda(t,x)\int_{\mathbb{R}^n} u(t, x+y)\mu(t,x;\mathrm{d}y)$$

と定義する．このとき，(一般に非斉時的な) Markov ジャンプ拡散過程の無限小生成作用素 $\mathcal{G}$ は

$$\mathcal{G}u(t,x) + r(t,x)u(t,x) = \mathcal{A}u(t,x) + \mathcal{B}u(t,x)$$

によって与えられる．

ここで，PIDE 問題の解として価値関数 (7.29)～(7.31) を特定化する．説明を簡潔化し，専門的で複雑な扱いを避けるために，$r, b_i, a_{ij}, \partial a_{ij}/\partial x_k$ は $\mathbb{R}^n$ 上で有界であり，拡散行列にはすべての $\xi \in \mathbb{R}^n$ に対して

$$\sum_{i,j=1}^{n} a_{ij}(t,x)\xi_i\xi_j \geq \alpha|\xi|^2$$

となるような定数 $\alpha > 0$ が存在すると仮定する．特に，特別な配慮が必要となるような $a \equiv 0$ の拡散要素がない単純なジャンプ過程を考えない（Matache et al., 2004, 2005a を参照せよ）．これらの条件は必須の条件ではなく，緩和することができる．ただし，ここでの説明は簡略化しており，詳しく述べているわけではない．これらの条件のもとで，(7.29) によって定義される価値関数 $V(t,x)$ は，終端条件

$$V(T,x) = \psi(x), \quad x \in \mathbb{R}^n$$

をもつ PIDE

$$V_t + \mathcal{A}V + \mathcal{B}V = 0, \quad t \in [0,T), \; x \in \mathbb{R}^n$$

の一意な解である．

ノックアウト契約 (7.30) の価値関数は，リベートをもつノックアウト条件

$$V(t,x) = R(t,x), \quad x \in D^c, \; t \in [0,T)$$

を追加した条件のもとでの PIDE の一意な解である．重要な点はジャンプの存在によって，リベートが単純な拡散過程の場合のように境界 ∂D 上だけで特定化されればよいわけではなく，D^c におけるすべてで特定化されなければならないことである．これは，オーバーシュートの可能性によって起こる．したがって，ノックアウト条件も境界上だけでなく D^c におけるすべてで与えられなければならない．

アメリカンタイプの問題の価値関数は，終端条件

$$V(T,x) = \psi(T,x), \quad x \in \mathbb{R}^n \tag{7.32a}$$

をもつ変分不等式

$$V_t + \mathcal{A}V + \mathcal{B}V \leq 0, \quad t \in [0,T), \; x \in \mathbb{R}^n \tag{7.32b}$$

$$V \geq \psi, \quad t \in [0,T), \; x \in \mathbb{R}^n \tag{7.32c}$$

$$(V_t + \mathcal{A}V + \mathcal{B}V) \cdot (V - \psi) = 0, \quad t \in [0,T), \; x \in \mathbb{R}^n \tag{7.32d}$$

の一意な解である．Bensoussan and Lions (1984) は，ジャンプ拡散過程，最適停止問題，変分不等式に関する基本的な文献である（特に，Theorem 3.3, 4.4, 9.3 を参照せよ）．1 次元ジャンプ拡散過程モデルにおけるアメリカンオプション問題の変分方程式は，Jaillet et al. (1990) の結果をジャンプ拡散過程へ拡張した Zhang (1997) で紹介されている．

4.2 局所化と変分方程式

簡潔な説明を与えるために，過程の係数 (a, b, r, λ, μ) とデリバティブ契約におけるペイオフ ψ とリベート R が，時間に関して独立であると仮定する．まず，（ノックアウト条項のない）ヨーロピアンオプションとアメリカンオプションを考える．$\Omega_k \subset \Omega_{k+1}$ かつ $\bigcup_k \Omega_k = \mathbb{R}^n$ となるような有界な開領域列 $\{\Omega_k\}$ を考えることで，$\mathbb{R}^n$ におけるもとの問題を局所化することから始める．このとき，もとの問題の価値関数 $U = V(T-t, x)$ は，有界な領域における初期条件

$$U_k(0, x) = \psi(x), \quad x \in \Omega_k$$

をもつ局所化された PIDE

$$U_{k,t} - \mathcal{A}U_k - \mathcal{B}U_k = 0, \quad t \in (0, T], \; x \in \Omega_k$$

を解く関数列 U_k の極限として実現される．人工的なノックアウト条件

$$U_k(t, x) = \psi(x), \quad x \in (\Omega_k)^c$$

は，$(\Omega_k)^c = \mathbb{R}^n \setminus \Omega_k$ におけるすべての x で与えられる．ただし，人工的なリベートはヨーロピアンやアメリカンオプションのペイオフと等しいとする．言い換えるならば，過程が有界な領域 Ω_k から出るときにノックアウトし，初退出時刻 τ でリベート $\psi(X_\tau)$ を受け取る人工的なオプション契約によって，もとのオプション契約を近似する．ジャンプの存在によるオーバーシュートの可能性によって，$(\Omega_k)^c$ におけるすべてにおいて人工的なノックアウト条件を与えなければならない．もとのオプション契約にすでに有界な領域 D をもつノックアウト条項がある場合，単純に D と等しい計算領域を設定する．(例えば，シングルバリアオプションのように) D が有界でないならば，有界な領域 $\Omega \subset D$ へ問題を局所化する必要がある．

局所化された問題において，任意の一定のコンパクト集合 $G \in \Omega_k$ に対して

$$\max_{t \in [0,T]} \|U(t, \cdot) - U_k(t, \cdot)\|_{L^\infty(G)} \to 0, \quad k \to \infty$$

が成立する（有界な領域における局所化の一般的な結果は，Bensoussan and Lions, 1984 を参照せよ）．先行研究において，局所化誤差が計算領域 Ω_k のサイズに関して

指数的に減少することが示されている.本節の残りでは,有界な計算領域 Ω_k を所与として用いて,$(\Omega_k)^c$ において人工的なノックアウト条件をもつ Ω_k 上の PIDE を解く.以下では,表記の簡略化のために添字 k を省略する.

所与の有界な領域 Ω 上の変分方程式を考える.まず,ヨーロピアンオプションを考える.PIDE は,人工的なリベート $\psi(x)$ をもつ非斉次なノックアウト条件をもっている.$u := U - \psi$ を導入することでその条件を斉次化する.PIDE 問題の変分方程式は,Ω 上で二乗可積分な (弱) 1 次導関数をもち,Ω^c 上で消滅する Ω 上の二乗可積分な試験関数の空間を考えることで得られる.

PIDE に試験関数 $v = v(x)$ を掛け,Ω に対して積分し,それを部分積分することで,PIDE の変分 (弱) 方程式に帰着される.すなわち,すべての試験関数 $v = v(x)$ に対して

$$(u_t, v) + a(u, v) - b(u, v) + a(\psi, v) - b(\psi, v) = 0, \quad t \in (0, T] \tag{7.33a}$$

$$u(0, x) = 0 \tag{7.33b}$$

を満たす $u = u(t, x)$ を求める問題となる.ここで,$(u, v) = \int_\Omega u(x)v(x)\mathrm{d}x$ は $L^2(\Omega)$ における内積であり,2 つの双線形形式 $a(\cdot, \cdot), b(\cdot, \cdot)$ は

$$a(u, v) := \frac{1}{2} \sum_{i,j=1}^n \int_\Omega a_{ij}(x) \frac{\partial u}{\partial x_i}(x) \frac{\partial v}{\partial x_j}(x)\mathrm{d}x - \sum_{i=1}^n \int_\Omega a_i(x) \frac{\partial u}{\partial x_i}(x) v(x)\mathrm{d}x$$
$$+ \int_\Omega (r(x) + \lambda(x)) u(x) v(x) \mathrm{d}x \tag{7.34}$$

$$b(u, v) := (\mathcal{B}u, v) = \int_\Omega \int_{\mathbb{R}^n} u(x+y) v(x) \lambda(x) \mu(x; \mathrm{d}y) \mathrm{d}x \tag{7.35}$$

によって定義される.ただし,

$$a_i(x) = b_i(x) - \frac{1}{2} \sum_{j=1}^n \frac{\partial a_{ij}}{\partial x_j}(x)$$

である.双線形形式 b をもつ項はジャンプから生じる.変分方程式を解くために,(7.33) が任意の試験関数 v において成立するような適切な関数空間における関数 u を求める.解 u は Ω の外側でゼロとなる.また,価値関数 U は $U = \psi + u$ によって与えられる.ジャンプ拡散過程に関連する PIDE の変分方程式の枠組みは,Bensoussan and Lions (1984) で確認することができる.Merton のジャンプ拡散モデルの変分方程式は,Zhang (1997) で確認することができる.Matache et al. (2004, 2005a) は,Lévy 過程に基づくモデルに対する変分方程式を示している.

Black–Scholes–Merton モデルの場合と同様に,アメリカンオプションに対して (ジャンプによる項を追加した) 変分不等式

4. 一般化多次元ジャンプ拡散モデル

$$(u_t, v-u) + a(u, v-u) - b(u,v) + a(\psi, v-u) - b(\psi, v) \geq 0, \quad \forall v \geq 0 \quad (7.36)$$

を得る．(7.36) が Ω^c 上で消滅する非負のすべての試験関数に対して満たされ，消滅初期条件 (7.33b) によって Ω^c 上で u がゼロとなり，$\overline{\Omega}$ 上で非負制約 $u \geq 0$ が満たされるような u を求める．ペナルティー方程式における非線形 PDE によってこの変分不等式を近似することができる．ペナルティー方程式は，消滅初期条件 (7.33b) と Ω^c において消滅する人工的なノックアウト条件をもち，ペナルティー項を含むことで早期行使制約を以下のように近似する．

$$(u_{\epsilon,t}, v) + a(u_\epsilon, v) - b(u_\epsilon, v) + a(\psi, v) - b(\psi, v) + (\pi_\epsilon(u_\epsilon), v) = 0 \quad (7.37)$$

4.3 有限要素近似と ODE 系の積分

$d \geq 1$ 次元において，三角形のメッシュで覆われる状態空間領域は，重なり合いのない要素（1 次元における区間，2 次元における三角形もしくは長方形など）に分割される．本章では簡便性のために，長方形要素のみを考える．有界な計算領域 $\Omega = (\underline{x}, \overline{x}) \times (\underline{y}, \overline{y})$ をもつ 2 次元の例を考える．$[\underline{x}, \overline{x}]$ を長さ $h_x = (\underline{x} - \overline{x})/(m_1 + 1)$ で $(m_1 + 1)$ 個の等間隔に，$[\underline{y}, \overline{y}]$ を長さ $h_y = (\underline{y} - \overline{y})/(m_2 + 1)$ で $(m_2 + 1)$ 個の等間隔に分割する．ノードは，$(x_i, y_j) = (\underline{x} + ih_x, \underline{y} + jh_y), i = 0, \cdots, m_1 + 1, j = 0, \cdots, m_2 + 1$ である．2 次元の有限要素基底関数は，任意の $i = 1, \cdots, m_1, j = 1, \cdots, m_2$ に対して，1 次元の基底関数の積

$$\phi_{ij}(x, y) = \phi_i(x)\phi_j(y) = \phi\left(\frac{x - x_i}{h}\right) \phi\left(\frac{y - y_j}{h}\right)$$

で定義される．ただし，$\phi_i(x), \phi_j(y), \phi(\cdot)$ は 1 次元の場合に定義したものと同様である．2 次元のピラミッド型関数 ϕ_{ij} は，ノード (x_i, y_j) で 1, 他のすべてのノードで 0 である．$(\underline{x}, \overline{x}) \times (\underline{y}, \overline{y})$ の内部に $(m_1 \times m_2)$ 個のノードがある．ノードを $(x_1, y_1), (x_1, y_2), \cdots, (x_1, y_{m_2}), (x_2, y_1), (x_2, y_2), \cdots, (x_{m_1}, y_{m_2})$ のように並べ，ノードとそれに対応する基底関数に番号をつける．d 次元の基底関数に対して同じ表記 $\phi_i(x)$ を用いる．ただし，$i = 1, \cdots, m$ であり，m は状態空間領域の三角形メッシュにおける内部ノードの総数である（例えば，d 次元における長方形要素に対して $m = m_1 \times \cdots \times m_d$ である．ただし，m_k は k 番目の座標の離散化における区間の数である）．有限要素法では，2 次元における三角形や長方形，3 次元における四面体，三角柱，六面体などからなる不規則なメッシュで領域を覆うことで，より一般的な要素分割を行うことができる．詳細は，他の有限要素法に関する文献と同様に Quarteroni and Valli (1997), Achdou and Pironneau (2005) を参照せよ．関連する基底関数は次数 p の区分的多項式となる．ここでは，区分的アフィン基底関数のみを考える．デリバティブの価格付け問題において，変分方程式 (7.33)（アメリカンタイプのデリバティブに対して (7.36) もしくは (7.37)）を解く価値関数の近似は，(7.9) と同様に ODE

系を積分することで求められる時間依存の係数 $u_i(t)$ を用いて，(7.7) のように表される．d 次元ジャンプ拡散過程とヨーロピアンタイプのオプションの一般的な場合において，ODE 系は初期条件 (7.8) をもつ

$$\mathbb{M}\mathbf{u}'(t) + \mathbb{A}\mathbf{u}(t) - \mathbb{B}\mathbf{u}(t) + \mathbf{F} = 0, \quad t \in (0, T] \tag{7.38}$$

となる．ここで，質量行列，剛性行列，荷重ベクトル，初期条件ベクトルは，前述と同様に $L^2(\Omega)$ の内積と双線形形式 (7.34) を用いて定義される．ジャンプの存在によって，ジャンプに関連する双線形形式 (7.35) で定義されるジャンプ行列（jump matrix）は $\mathbb{B} = (b_{ij})_{i,j=1}^{m}$ である．ただし，

$$b_{ij} = b(\phi_j, \phi_i) = (\mathcal{B}\phi_j, \phi_i)$$

をもつ．1 次元の Black–Scholes–Merton モデルでは，閉じた形で質量行列や剛性行列の要素における積分を計算することができた．一般に，荷重ベクトルや初期条件ベクトルと同様に，質量行列や剛性行列，ジャンプ行列は数値求積法によって計算される．1 次元では，長さ h の要素（区間）の中心で被積分関数を評価する 1 点の Gauss 求積法には，$O(h^2)$ の誤差がある．したがって，PIDE の変分方程式の有限要素離散化の誤差は $O(h^2)$ であるので，1 点の Gauss 求積法は有限要素近似のために用いるのに適している（例えば，有限要素法における数値積分に関して，Ciarlet, 1978, Section 4.1 を参照せよ）．d 次元では，1 点の Gauss 求積法の d 次元のテンソル積（tensor product）は，d 次元の要素の中心で被積分関数を評価する（ここでは，長方形要素のみを考えている）．高次元の Gauss 求積法は，評価における定数を改善するのに用いられることがある（Feng and Linetsky, 2008b を参照せよ）．

ここでは，オプションの価格付け問題を ODE 系 (7.38) の解へ帰着させた．d 次元ジャンプ拡散モデルにおいて，$\mathbb{A} \sim O(h^{-d})$ であり，h が減少すると，行列 $\mathbb{A}$ の要素は増加する．一方で，h が減少すると，$\mathbb{B}$ と $\mathbb{M}$ は減少する．したがって，PIDE の拡散項の離散化から生じる項 $\mathbb{A}\mathbf{u}$ は系を硬くするが，積分作用素の離散化から生じる項 $\mathbb{B}\mathbf{u}$ は一般に系を硬くしない．硬い系において，完全な陽的解法は，条件付きで安定的であり，h が小さいとききわめて小さい時間刻みを必要とする．したがって，安定性の理由から $\mathbb{A}\mathbf{u}$ を陰的に取り扱う．（剛性行列 $\mathbb{A}$ が 1 次元において三重対角であり，d 次元において 3^d 対角行列であるのに対して）$\mathbb{B}$ は密行列であることから系を硬くしないので，密行列の逆行列計算を避けるために $\mathbb{B}\mathbf{u}$ を陽的に扱う．これは陰的陽的 (implicit–explicit; IMEX) 時間刻み法の例である（ODE と PDE の IMEX 法に関しては，Hundsdorfer and Verwer, 2003, Section IV.4 を参照せよ．ただし，ODE もしくは PDE においてある項は陰的に扱われ，ある項は陽的に扱われる）．

特に，IMEX-Euler 時間刻み法は，初期条件 $\mathbb{M}\mathbf{u}^0 = \mathbf{C}$ から始まり，

$$(\mathbb{M} + k\mathbb{A})\mathbf{u}^i = (\mathbb{M} + k\mathbb{B})\mathbf{u}^{i-1} - k\mathbf{F}, \quad i = 1, \cdots, N \tag{7.39}$$

に従って前進する.それぞれの刻みで,線形系 (7.39) は m 次元ベルトル $\mathbf{u}^i$ を決める
ことで解くことができる.この方法は無条件に安定的であり[1],時間について 1 次の精
度をもち,その誤差は (7.11) の時間刻み k のべき乗に関する漸近展開で与えられる
ことが知られている.この漸近展開誤差は,拡散 Black–Scholes–Merton モデルに対
して行われることと同様に,外挿法の適用による低い次数項の消滅と Euler 法の次数
の増加を示唆している.IMEX-Euler 法に基づく外挿法を用いたいくつかの計算実験
を次節で与える(詳しくは,Feng and Linetsky, 2008b を参照せよ).他の高次元の
IMEX バージョンの方法には,Crank–Nicolson–Adams–Bashforth, IMEX-BDF な
ど(例えば,Ascher et al., 1995, 1997)がある.

注意 7.1 本章では,区分的アフィン基底関数をもつ Galerkin 有限要素法の基本的な
定式化のみを考えている.より一般的な区分的多項式の基底関数をもつ有限要素法に関
しては,Solin et al. (2003) で紹介されている.区分的多項式の有限要素基底関数の代
わりとして,ウェーブレット (wavelet) 基底関数が用いられることもある (Matache
et al., 2004, 2005a, 2005b, 2006; Hilber et al., 2005).特に,問題の次元を効率的
に圧縮する疎ウェーブレットテンソル積 (sparse wavelet tensor product) に関する
最近の研究は,von Petersdorff and Schwab (2004) で確認することができる.そこ
では,(20 次元までの) いくつかのプロトタイプ的な高次元の問題が考えられている.

注意 7.2 有限要素法の枠組みの中でのさらなる計算効率化は,計算された数値解に
おける局所的誤差に基づく有限要素メッシュ(三角形分割)を改良することで得られ
る.メッシュ改良のアメリカンタイプのオプションの価格付けへの適用は,Achdou
and Pironneau (2005) で確認することができる.メッシュ改良の一般的な文献として,
Adjerid et al. (1999a, 1999b), Bergam et al. (2005), Babuška and Suri (1994),
Eriksson and Johnson (1991, 1995) があげられる.

5. 例題と応用

5.1 1 次元ジャンプ拡散モデル

4.1 項における設定を考える.ここで,$\{X_t, t \geq 0\}$ は 1 次元ジャンプ拡散過程

$$dX_t = \mu dt + \sigma dB_t + dJ_t, \quad \mu = r - q - \frac{\sigma^2}{2} + \lambda(1 - \mathbb{E}[e^Z])$$

---

[1] 作用素 $\mathcal{B}$ の定義において含まれる積分のみが陽的に扱われるように,陰的に扱われる作用素 $\mathcal{A}$ の定義における PIDE の項 λU を考えることに注意する.得られる IMEX 法は,d'Halluin et al. (2005) で無条件に安定的であることが示されている.この IMEX 法は,ある定数 C に対して $\Delta t \leq C$ の安定性条件をもたらしている,陽的に反応項を扱う Zhang (1997) の IMEX 法とは対照的である.

であり，ジャンプ過程 $\{J_t, t \geq 0\}$ は強度 $\lambda > 0$ の複合 Poisson 過程 $J_t = \sum_{n=1}^{N_t} Z_n$ で，所与のジャンプサイズ（規模）分布をもつ．ただし，N_t は強度 λ の Poisson 過程であり，$\{Z_n\}$ は i.i.d. のジャンプ規模である．Brown 運動，Poisson 過程，ジャンプ規模がすべて独立であると仮定する．ドリフト μ は，価格変動と配当を含む割引総利益過程が EMM のもとでマルチンゲール，すなわち，それぞれの $t > 0$ と価格過程に対して，$\mathbb{E}[S_t] = e^{(r-q)t} S_0$ となるように調整されている．

Merton (1976) モデルにおいて，ジャンプ規模は平均 m，標準偏差 s，確率密度

$$p(z) = \frac{1}{\sqrt{2\pi s^2}} \exp\left(-\frac{(z-m)^2}{2s^2}\right)$$

をもつ正規分布に従う．このモデルにおいて，ドリフトパラメータは $\mu = r - q - \sigma^2/2 + \lambda[1 - \exp(m + s^2/2)]$ である．Kou (2002) モデル（Kou and Wang, 2004 を参照せよ）では，ジャンプ規模は確率密度

$$p(z) = p\eta_1 e^{-\eta_1 z} \mathbf{1}_{\{z \geq 0\}} + (1-p)\eta_2 e^{\eta_2 z} \mathbf{1}_{\{z < 0\}}$$

をもつ両側指数分布に従い，ドリフトは $\mu = r - q - \sigma^2/2 + \lambda[(1-p)(\eta_2 + 1)^{-1} - p(\eta_1 - 1)^{-1}]$ である．このモデルにおいて，正のジャンプは確率 p で起こり，平均 $1/\eta_1$, $\eta_1 > 1$ の指数分布に従う．また，負のジャンプは確率 $1 - p$ で起こり，平均 $1/\eta_2$, $\eta_2 > 0$ の指数分布に従う．

ヨーロピアンオプションの価格付けをするためには，初期条件 $U(0, x) = \psi(x)$ をもつ PIDE

$$U_t - \mathcal{A}U - \mathcal{B}U = 0, \quad t \in (0, T]$$

を解く必要がある．1 次元ジャンプ拡散モデルに対して，作用素は

$$\mathcal{A}U = \frac{1}{2}\sigma^2 U_{xx} + \mu U_x - (r + \lambda)U$$

$$\mathcal{B}U(t, x) = \lambda \int_{\mathbb{R}} U(t, x + z) p(z) \mathrm{d}x$$

である．4.1 項における議論と同様に，ノックアウトオプションでは，オーバーシュートの可能性によってノックアウト条件は境界 $\partial\Omega$ 上だけでなく，Ω^c におけるすべてで与える必要がある．

有界な計算領域 $(\underline{x}, \overline{x})$ への局所化後，PIDE の変分方程式における双線形形式は

$$a(u, v) = \frac{1}{2}\sigma^2 \int_{\underline{x}}^{\overline{x}} u_x v_x \mathrm{d}x - \mu \int_{\underline{x}}^{\overline{x}} u_x v \mathrm{d}x + (r + \lambda) \int_{\underline{x}}^{\overline{x}} uv \mathrm{d}x$$

$$b(u, v) = (\mathcal{B}u, v) = \lambda \int_{\underline{x}}^{\overline{x}} \int_{-\infty}^{\infty} u(x + z) v(x) p(z) \mathrm{d}z \mathrm{d}x$$

である.

このジャンプ拡散モデルにおける有限要素法において，質量行列 $\mathbb{M}$ と剛性行列 $\mathbb{A}$ は，2.4 項における Black–Scholes–Merton モデルと同様である．ただし，以下のジャンプ行列 $\mathbb{B}$ をもつ．要素 $b_{ij} = b(\phi_j, \phi_i) = (\mathcal{B}\phi_j, \phi_i)$ は

$$\begin{aligned} b_{ij} &= \lambda \int_{\underline{x}}^{\overline{x}} \int_{-\infty}^{\infty} \phi_j(x+z)\phi_i(x)p(z)\mathrm{d}z\mathrm{d}x \\ &= \lambda \int_{x_{i-1}}^{x_{i+1}} \int_{x_{j-1}}^{x_{j+1}} \phi_j(y)\phi_i(x)p(y-x)\mathrm{d}y\mathrm{d}x \\ &= \lambda h^2 \int_{-1}^{1} \int_{-1}^{1} \phi(u)\phi(w)p((w-u+j-i)h)\,\mathrm{d}w\mathrm{d}u \end{aligned}$$

であり，差分 $(j-i)$ のみに依存する．したがって，$\mathbb{B}$ はそれぞれの対角に沿って同じ要素をもつ Toeplitz 行列である．すなわち，$(2m-1)$ 個の値を計算するのみである．二重積分は 2 次元の Gauss 求積法によって直接計算することができる．また，数値実験では $b_{ij} = (\mathcal{B}\phi_j, \phi_i)$ を計算する．すなわち，関数 $(\mathcal{B}\phi_j)(x)$ を以下の有限要素補間式（finite element interpolant）$I_h \mathcal{B}\phi_j(x)$ によって近似する．

$$\mathcal{B}\phi_j(x) \approx I_h \mathcal{B}\phi_j(x) = \sum_{l \in \mathbb{Z}} (\mathcal{B}\phi_j(x_l))\phi_l(x)$$

ただし，I_h は有限要素補間作用素である．関数 $f(x)$ の有限要素補間式 $I_h f(x) = \sum_l f(x_l)\phi_l(x)$ は，ノード x_l での関数の値に等しく，区分線形な有限要素基底関数 $\phi_l(x)$ を用いて，ノード間を補間している．有限要素補間の誤差は $O(h^2)$ であり，PIDE の半離散式における空間の離散化誤差と同程度の誤差である．このとき，任意の $i, j \in \mathbb{Z}$ に対して，近似

$$(\mathcal{B}\phi_j, \phi_i) \approx \sum_{l=i-1}^{i+1} \mathcal{B}\phi_j(x_l) \cdot (\phi_l, \phi_i) = \frac{1}{6}h\mathcal{B}\phi_j(x_{i-1}) + \frac{2}{3}h\mathcal{B}\phi_j(x_i) + \frac{1}{6}h\mathcal{B}\phi_j(x_{i+1})$$

が成立する．ただし，

$$\begin{aligned} \mathcal{B}\phi_j(x_l) &= \lambda \int_{\mathbb{R}} \phi_j(x_l+z)p(z)\mathrm{d}z = \lambda h \int_{-1}^{1} \phi(x)p((x+j-l)h)\mathrm{d}x \\ &= \lambda h \int_{0}^{1} [xp((x-1+j-l)h) + (1-x)p((x+j-l)h)]\mathrm{d}x \quad (7.40) \end{aligned}$$

である．$\mathcal{B}\phi_j(x_l)$ が差 $(j-l)$ のみに依存することに注意する．すなわち，ジャンプ行列 $\mathbb{B}$ を計算するために $(2m+1)$ 個の値 $\mathcal{B}\phi_j(x_l)$ を計算する必要がある．Kou モデルと Merton モデルにおいて，(7.40) の積分は解析的に計算することができる．一般のジャンプ規模分布に対しては，積分 (7.40) は数値求積法によって計算される．長さ h

の積分区間の中心で被積分関数を評価する1点の Gauss 求積法では

$$\mathcal{B}\phi_j(x_l) \approx \frac{1}{2}h\lambda\left[p\left(\left(j-l-\frac{1}{2}\right)h\right) + p\left(\left(j-l+\frac{1}{2}\right)h\right)\right]$$

となるが，この誤差は $O(h^2)$ であり，有限要素近似では十分である（Ciarlet, 1978, Section 4.1 を参照せよ）．

ODE 系 (7.38) を 4.3 項で示した IMEX–Euler 法に基づく外挿法によって積分する．ジャンプ行列 $\mathbb{B}$ が Toeplitz 行列であることに注意する．系 (7.39) の数値解法において，それぞれの時間刻みでジャンプ行列とベクトルの積を計算する必要がある．Toeplitz 行列とベクトルの積は，高速 Fourier 変換（fast Fourier transform; FFT）を用いることで，$O(m\log_2(m))$ の浮動小数点演算で効率的に計算することができる（Feng and Linetsky, 2008a, 2008b を参照せよ）．

ここで，ヨーロピアン，シングル／ダブルバリアオプションに対するいくつかの数値例を紹介する．数値実験で用いたパラメータは表 7.1 に与えられている．局所化と空間および時間の離散化による価格付け誤差を調べる．誤差は，x 軸の近似領域 $G = [\log(0.8), \log(1.2)]$（原資産の株価 S の近似領域 $G = [80, 120]$ と等しい）における最大ノルムに関して確認する．バリアオプションに対して，ベンチマークとなる価格は十分に小さい空間刻みと時間刻みで計算される．Kou モデルと Merton モデルのヨーロピアンオプションに対して，正確なベンチマークとなる価格は解析解を用いて計算することができる．

図 7.2 では，Kou モデルと Merton モデルにおける空間の有限要素離散化と時間の離散化，局所化の収束を図示している．上の2図は，Kou モデルにおけるダウンアンドアウトプット（down-and-out put; DOP）に対する空間離散化に関する収束と局所化誤差の減少の様子を示している．真ん中の2図は，Merton モデルにおけるアップアンドアウトコール（up-and-out call; UOC）に対する空間離散化に関する収束と局所化誤差の減少の様子を示している．下の2図は，Kou モデルにおけるダブルバリアプット（double-barrier put; DBP）に対する IMEX 外挿法の時間の離散化に関する収束を示している．左の列のいちばん上と2番目の図は空間離散化の刻み幅 h の関数として，価格の最大ノルム誤差を図示している．これらの図は，両対数のスケールであり，明らかに有限要素近似の Ch^2 での収束が見られる．ダブルバリアの問題は有界な領域をもち，局所化の必要性はないが，シングルバリアやヨーロピアンオプション

表 7.1 数値実験で用いたパラメータ値

Kou	$\sigma = 0.1, \lambda = 3, p = 0.3, \eta_1 = 40, \eta_2 = 12, T = 1\,\text{year}$
Merton	$\sigma = 0.1, \lambda = 3, m = -0.05, s = 0.086, T = 1\,\text{year}$
SVCJ	$\lambda = 4, \nu = 0.01, m = -0.01, s = 0.01, \rho_D = -0.5, \rho_J = -1$
	$\xi = 0.1, \kappa = 2, \theta = 0.04, T = 3\,\text{months}$
他のパラメータ	$K = 100, L = 80, U = 120, r = 5\%, q = 2\%$

5. 例題と応用

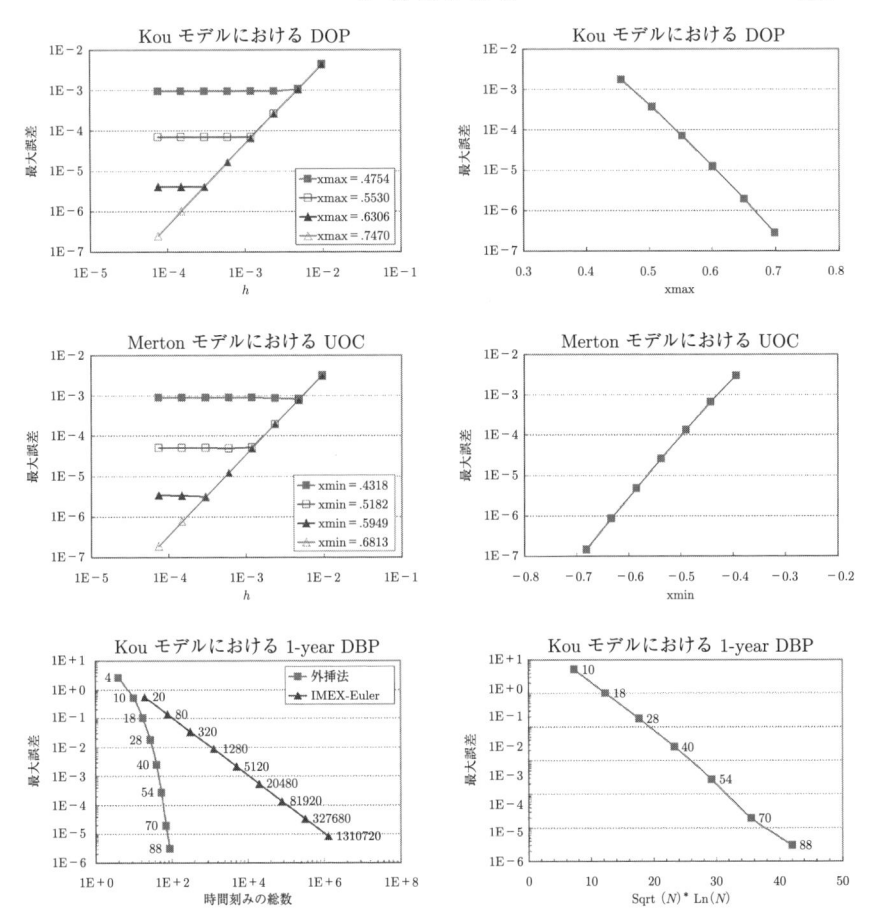

[Figures: 図7.2の6枚のグラフ]

- 左上: Kou モデルにおける DOP（最大誤差 vs h）, xmax = .4754, .5530, .6306, .7470
- 右上: Kou モデルにおける DOP（最大誤差 vs xmax）
- 左中: Merton モデルにおける UOC（最大誤差 vs h）, xmin = .4318, .5182, .5949, .6813
- 右中: Merton モデルにおける UOC（最大誤差 vs xmin）
- 左下: Kou モデルにおける 1-year DBP（最大誤差 vs 時間刻みの総数），外挿法，IMEX-Euler
- 右下: Kou モデルにおける 1-year DBP（最大誤差 vs $\sqrt{N} \cdot \ln(N)$）

図 **7.2** Kou モデルと Merton モデルにおける最大ノルム価格付け誤差：空間の離散化，局所化，時間の離散化

DOP = ダウンアンドアウトプット，UOC = アップアンドアウトコール，DBP = ダブルバリアプット．パラメータは表 7.1 で与える．近似領域は株価の [80, 120] の範囲である．

に対しては，有界な計算領域へ局所化する必要がある．特に，ダウンアンドアウトオプションに対して，領域は $[\underline{x}, \overline{x}_k]$ である．ここで，下限バリア $\underline{x}$ は $\underline{x} = \ln(L/K)$ で与えられ，人工的な上限バリア $\overline{x}_k$ には様々な値を考える（図では xmax で示されている）．同様に，アップアンドアウトオプションに対して，上限バリア $\overline{x}$ は $\overline{x} = \ln(U/K)$ で与えられ，人工的な下限バリア $\underline{x}_k$ には様々な値を考える（図では xmin で示されている）．計算領域を固定し，h を変化させることを考える．h を変えていくと，それ

以上誤差の改善が見られないような最小の誤差がある．ここで求まるのが，固定された計算領域に対応する局所化誤差である．計算領域は誤差をさらに減少させるために拡張する必要がある．このことは，ダウンアンドアウトプットとアップアンドアウトコールオプションに対して，左列のいちばん上と 2 番目の図においてそれぞれ確認することができる．それぞれの固定された計算領域において，これらの図は局所化誤差が優越し始めるまでの Ch^2 での収束を示している．局所化誤差は，右列のいちばん上と 2 番目の図で示されるように計算領域のサイズに関して指数的に減少する．下の 2 図は，Kou モデルにおける満期が 1 年のダブルバリアプットオプションに対する時間の離散化に関する収束を図示している．空間離散化の刻み幅 h は，目的の精度である 10^{-5} より小さい空間離散化における誤差を保証するために十分小さく設定した．そのとき，満期が 1 年のオプションに対して，6 カ月ごとの 2 つの基本刻みが得られた．時間の離散化誤差は，IMEX–Euler 法と外挿法に対して図示されている．図は外挿法が非常に速く，精度が高いことを示している．満期が 1 年のダブルバリアプットオプションに対して，外挿法は目的の精度 10^{-5} を達成するために（Dell Xeron 3.06 GHz PC において 0.07 秒で）合計が 88 の時間刻みとなるのに対し，IMEX–Euler 法では同じ精度を達成するために（833 秒で）130 万以上の時間刻みとなる．下の右側の図では，$\mathcal{N}^{1/2}\ln\mathcal{N}$ の関数として，最大ノルム誤差を図示している．この図は，時間刻み数 $\mathcal{N}$ に関する誤差減少の様子が (7.14) と一致する $O(\exp(-c\mathcal{N}^{1/2}\ln\mathcal{N}))$ であることを示している．

5.2 確率ボラティリティと同時相関ジャンプを考慮した Duffie–Pan–Singleton モデル

これまで，1 次元のモデルではボラティリティ σ は定数として扱ってきた．本項では，資産価格とボラティリティに確率ボラティリティと同時相関ジャンプをもつ（stochastic volatility and contemporaneous and correlated jump; SVCJ）モデルを考える．瞬間的な分散 $V_t = \sigma_t^2$ は正のジャンプによって増大する CIR 拡散過程に従うと仮定する．2 次元の確率微分方程式は，(Duffie et al., 2000 より)

$$\mathrm{d}X_t = \left(\mu - \frac{V_{t-}}{2}\right)\mathrm{d}t + \sqrt{V_{t-}}\left[\sqrt{1-\rho_D^2}\,\mathrm{d}B_t^1 + \rho_D\mathrm{d}B_t^2\right] + \mathrm{d}J_t^X$$
$$\mathrm{d}V_t = \kappa(\theta - V_{t-})\mathrm{d}t + \xi\sqrt{V_{t-}}\,\mathrm{d}B_t^2 + \mathrm{d}J_t^V$$

である．ただし，θ は長期の分散レベル，κ は平均回帰率，ξ はボラティリティのボラティリティパラメータ，B^1 と B^2 は 2 つの独立な標準 Brown 運動，ρ_D は収益率と分散過程における Brown 運動の関係を示す相関係数，(J_t^X, J_t^V) は強度 $\lambda > 0$ と $\mathbb{R} \times \mathbb{R}^+$ において 2 変量ジャンプ規模分布をもつ $\mathbb{R} \times \mathbb{R}^+$ で評価される複合 Poisson 過程に従う 2 次元ジャンプ過程である．X_t と V_t は，時刻 0 で $X_0 := x = \ln(S_0/K)$，$V_0 = v > 0$ から始まる．ジャンプ規模 (Z_n^X, Z_n^V) は 2 変量同時確率密度 $p(z^x, z^v)$ を

もつ i.i.d. の確率変数である．分散におけるジャンプサイズの周辺分布は，平均 ν の指数分布であると仮定する．分散過程におけるサイズ z^v のジャンプの条件のもとで，収益率過程 X_t のジャンプサイズは平均 $(m+\rho_J z^v)$（ただし，ρ_J は収益率と分散の間のジャンプの相関を定義している），標準偏差 s の正規分布に従うと仮定する．このとき，2 変量密度は

$$p(z^x, z^v) = \frac{1}{\nu\sqrt{2\pi s^2}} \exp\left(-\frac{z^v}{\nu} - \frac{(z^x - m - \rho_J z^v)^2}{2s^2}\right), \quad z^x \in \mathbb{R},\ z^v > 0$$

で与えられる．また，ドリフトパラメータは $\mu = r - q + \lambda[1 - (1 - \nu\rho_J)^{-1}\exp(m + s^2/2)]$ である．2 次元 Markov 過程 (X_t, V_t) の無限小生成作用素は

$$\mathcal{G}f(x,v) = \frac{1}{2}vf_{xx} + \rho\xi v f_{vx} + \frac{1}{2}\xi^2 v f_{vv} + \left(\mu - \frac{1}{2}v\right)f_x + \kappa(\theta - v)f_v$$
$$+ \lambda \int_{-\infty}^{\infty}\int_0^{\infty} [f(x+z^x, v+z^v) - f(x,v)]p(z^x, z^v)\mathrm{d}z^v \mathrm{d}z^x$$

によって与えられる．

ここで，無次元分散過程 $Y_t = (V_t - \theta)/\theta$ を考える．V_t におけるサイズ ΔV のジャンプは Y_t におけるサイズ $\Delta Y = \Delta V/\theta$ と等しい．したがって，状態変数 (X_t, Y_t) におけるジャンプの同時分布は密度

$$p(z^x, z^y) = \frac{\theta}{\nu\sqrt{2\pi s^2}} \exp\left(-\frac{\theta z^y}{\nu} - \frac{(z^x - m - \rho_J \theta z^y)^2}{2s^2}\right), \quad z^x \in \mathbb{R},\ z^y > 0$$

をもつ．

2 次元 SVCJ モデルの PDE において，価値関数は状態変数 $Y_t = y$ によって表される時刻 t での初期分散にも依存する（$U = U(t, x, y)$）．微分作用素と積分作用素はそれぞれ

$$\mathcal{A}U = \frac{1}{2}\theta(y+1)U_{xx} + \rho_D \xi(y+1)U_{xy} + \frac{\xi^2}{2\theta}(y+1)U_{yy}$$
$$+ \left(\mu - \frac{1}{2}\theta(y+1)\right)U_x - \kappa y U_y - (r+\lambda)U$$
$$\mathcal{B}U(t,x,y) = \lambda \int_{-\infty}^{\infty}\int_0^{\infty} U(t, x+z^x, y+z^y)p(z^x, z^y)\mathrm{d}z^y \mathrm{d}z^x$$

で与えられる．初期条件は $U(0, x, y) = \psi(x)$ である．ただし，$\psi(x)$ は（x 変数にのみ依存するコール／プットオプションの）ペイオフである．また，ノックアウトオプションでは適切なノックアウト条件が与えられる．

SVCJ モデルにおいて，有界な計算領域 $(\underline{x}, \overline{x}) \times (\underline{y}, \overline{y})$ への局所化後，変分方程式における双線形形式は

$$a(u,v) = \int_{\underline{x}}^{\overline{x}} \int_{\underline{y}}^{\overline{y}} \left(\frac{1}{2}(y+1) \left(\theta u_x v_x + \rho \xi u_y v_x + \rho \xi u_x v_y + \frac{1}{\theta}\xi^2 u_y v_y \right) \right.$$
$$\left. + \left(ky + \frac{\xi^2}{2\theta} \right) u_y v - \left(\mu - \frac{1}{2}\rho\xi - \frac{1}{2}\theta - \frac{1}{2}\theta y \right) u_x v + (r+\lambda)uv \right) \mathrm{d}y\mathrm{d}x$$
$$b(u,v) = \lambda \int_{\underline{x}}^{\overline{x}} \int_{\underline{y}}^{\overline{y}} \int_{-\infty}^{\infty} \int_{0}^{\infty} u(x+z^x, y+z^y)v(x,y)p(z^x, z^y)\mathrm{d}z^y \mathrm{d}z^x \mathrm{d}y\mathrm{d}x$$

である.有限要素法の定式化は 4.3 項で示したように構築される.ここでは,長方形有限要素を考える.質量行列 $\mathbb{M}$,剛性行列 $\mathbb{A}$,ジャンプ行列 $\mathbb{B}$,荷重ベクトルの陽的表現は,Feng and Linetsky (2008b) で確認することができる.

ここで,いくつかの数値例を紹介する.数値例で用いるパラメータは表 7.1 に与えられている.SVCJ モデルにおけるヨーロピアンオプションに対して,ベンチマーク価格はアフィンジャンプ拡散過程 (Duffie et al., 2000) に対する Fourier 変換法を用いることで計算される.図 7.3 では,SVCJ モデルにおけるダブルバリアプットオプションの価格付けを示している.左上の図は,原資産となる株価とボラティリティの関数としてダブルバリアプットオプションの価値関数を示している.右上の図は,有限要素の空間離散化に関する収束を示している.この図は両対数のスケールなので,Ch^2 での誤差評価を明らかに確認することができる.下の 2 図は,IMEX–Euler 法に

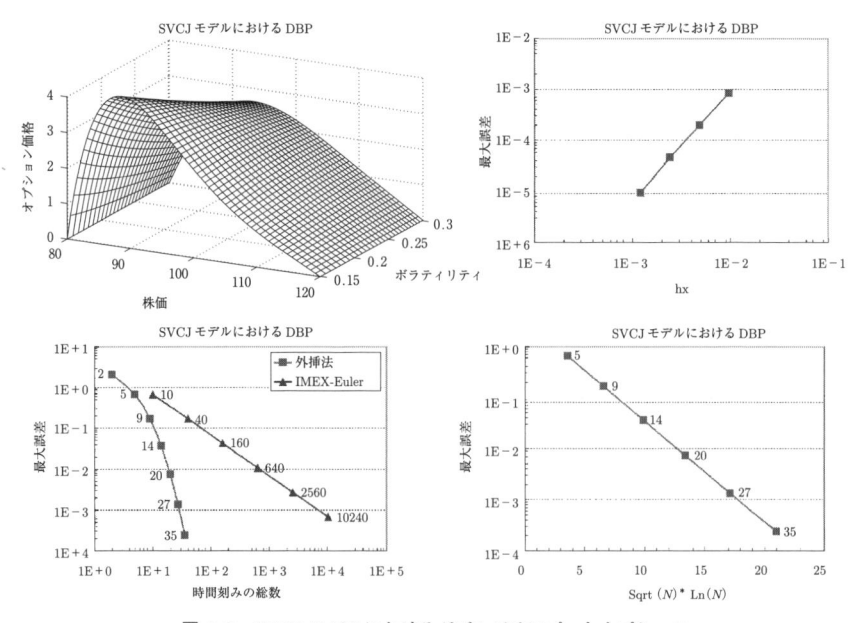

図 **7.3** SVCJ モデルにおけるダブルバリアプットオプション
パラメータは表 7.1 で与える.

基づく補外時間刻み法での収束を示し，IMEX–Euler 法と基本刻み幅 $H = T = 0.25$ 年をもつ外挿法の最大ノルム誤差を図示しいる．外挿法は 2 変量ジャンプをもつ 2 次元モデルに対して，きわめて高速で精度が高い．ダブルバリアプットオプションでは，35 の時間刻みで（Dell Xeon 3.06 GHz PC において 6.68 秒で）ほぼ 10^{-4} の精度に達する．右下の図は，時間刻み数 $\mathcal{N}$ に関して $O(\exp(-c\mathcal{N}^{1/2}\ln\mathcal{N}))$ の誤差減少を図示している．

5.3 アメリカンタイプの多資産オプション

本項では，アメリカンタイプの多資産オプションを考える．リスク中立のもとでの n 資産 Black–Scholes–Merton モデルを考える．このときの資産 i の価格過程は

$$dS_i(t) = (r - q_i)S_i(t)dt + \sigma_i S_i(t)dW_i(t), \quad S_i(0) = S_i$$

に従う．ただし，W_i は相関 ρ_{ij} をもつ Brown 運動であり，$dW_i(t)dW_j(t) = \rho_{ij}dt$ である．n 資産の価格の幾何平均をとるアメリカンタイプのプットオプションを考える．幾何平均過程を $I_t := (\prod_{i=1}^n S_i(t))^{1/n}$ とすると，オプションが契約時刻から満期 T までの時刻 $t \in [0, T]$ で行使されるならば，プットオプションのペイオフは $(K - I_t)^+$ となる．n 個の幾何 Brown 運動の幾何平均はボラティリティ σ_I，リスク中立なドリフト $r - q_I$ をもつ幾何 Brown 運動となり，ここでのボラティリティと有効配当率は

$$\sigma_T^2 = \frac{1}{n^2}\sum_{i,j=1}^n \rho_{ij}\sigma_i\sigma_j, \quad q_I = \frac{1}{n}\sum_{i=1}^n \left(q_i + \frac{1}{2}\sigma_i^2\right) - \frac{1}{2}\sigma_I^2$$

で与えられる．したがって，n 資産の幾何平均オプションの価格付け問題は，1 次元幾何 Brown 運動 I の価格付け問題に帰着させることができる．これは，1 次元のオプション価格付け問題を解くことで，幾何平均におけるアメリカンオプションに対する正確なベンチマーク価格を生成できることを認めている．特に，少なくとも 10^{-6} の精度のベンチマークを生成するために，時間刻み数が 200 万の 1 次元の三項ツリーを用いる．ここで，$K = 100$，すべての資産に対して初期値 $S_i(0) = 100$，$\sigma_i = 20\%$，$q_i = 0$，すべての $i \neq j$ に対して相関係数を $\rho_{ij} = 0.5$ であると仮定する．

利便性のために無次元変数 $X_i(t) = \ln(S_i(t)/K)$ へ対数変換すると，X_i は

$$X_i(t) = x_i + \left(r - q_i - \frac{\sigma_i^2}{2}\right)t + \sigma_i W_i(t), \quad x_i = \ln\left(\frac{S_i}{K}\right)$$

で与えられ，そのときのペイオフ関数は

$$\psi(x_1, x_2, \cdots, x_n) = K\left(1 - e^{(1/n)\sum_{i=1}^n x_i}\right)^+$$

となる．そして，3.2 項の非線形ペナルティー PDE を解く．有限要素法の空間離散

化は (7.25) の ODE 系となる．ここで，$p=2$ のペナルティーを考える．空間離散化をするために，4.3 項で示した n 次元の長方形有限要素（1 次元の有限要素のテンソル積）を用いる．ODE 系は，2.5 項で示した適応的可変刻み幅・可変次数の BDF に基づくパッケージ SUNDIALS を用いて計算される．

非線形 ODE 系 (7.25) は，n 資産のアメリカンプットオプションに対して，もとの連続の価格付け問題を近似している．その ODE 系には，それぞれの変数 x_i に対する空間離散化の刻み幅 h_i（すべての資産が同じボラティリティをもつ場合には $h_i = h$ を選ぶ），計算領域 $[-R_1, R_1] \times \cdots \times [-R_n, R_n]$ の半径 $R = \max_i R_i$（すべての資産が同じボラティリティをもつ場合には $R_i = R$ を選ぶ），(7.26) や (7.27) におけるペナルティーパラメータ ϵ などのような近似パラメータが含まれている．数値例では，$p=2$ のペナルティー項 (7.26), (7.27) を用いている．また，それぞれの資産 S_i に対する価格区間 $[77.9, 128.4]$ と対応するような x_i 変数における近似領域 $G = [-0.25, 0.25] \times \cdots \times [-0.25, 0.25]$ を選んでいる．2.5 項で示した SUNDIALS ソルバーを用いて非線形 ODE 系を積分し，近似領域 G 上の最大ノルムで計算した解と（時間刻み数が 200 万の 1 次元の三項ツリーで計算した）ベンチマークの近似誤差を計算する．最大ノルム誤差は理論上，空間離散化の刻み幅に関して $O(h^2)$ であり，ペナルティーパラメータに関して $O(\epsilon)$ である．また，指数誤差の減少は計算領域の半径に関して $O(e^{-cR})$ である．図 7.4 では，満期が 3 カ月のアメリカンタイプの 4 資産幾何平均オプションに対する結果を紹介している．左上の図は，h の関数として，最大ノルム誤差を示している．明らかに 2 次収束を確認することができる．右上の図は，計算領域の半径 $R = $ xmax の関数として誤差を示している．xmax の増加に対する指数誤差の減少は明らかである．左下の図は，ペナルティーパラメータ ϵ の関数として誤差を示しており，ϵ の線形誤差を確かめることができる．右下の図は，ODE 系を時間に関して積分する SUNDIALS ソルバーの時間刻みの流れを示している．適応的なソルバーは小さい初期の刻み幅から始まり，時間積分の進展とともに刻み幅が急速に増加することを確認することができる．この理由は以下のとおりである．オプションのペイオフは C^0 級である（ただし，行使価格においてキンクをもつ）．満期前の任意の時刻において，アメリカンオプションの価値関数は C^1 級である（連続で最適行使境界を含めて 1 階微分可能である）．最適行使境界は，満期近くで急速に変化する．このことが，ペナルティー方程式において満期近くで PDE の解に大きな勾配をもたらす．すなわち，要求精度を保証するために，満期近くで小さい時間刻みが必要となる．時間積分の進展とともに，アメリカンオプションの最適行使境界はフラットになり，それにあわせて非線形 PDE の解の勾配は減少するため，ソルバーは同様の許容誤差を達成するための時間刻みを徐々に大きくとることができるようになる．SUNDIALS ソルバーは解の滑らかさに基づいて，積分次数もまた 1 次と 5 次の間で変化させることができる．より大きな時間刻みをもつ高次の時間刻み法は，一般に滑らかな解に対して最も機能的である．一方で，小さい時間刻みをもつ低次の時間刻み

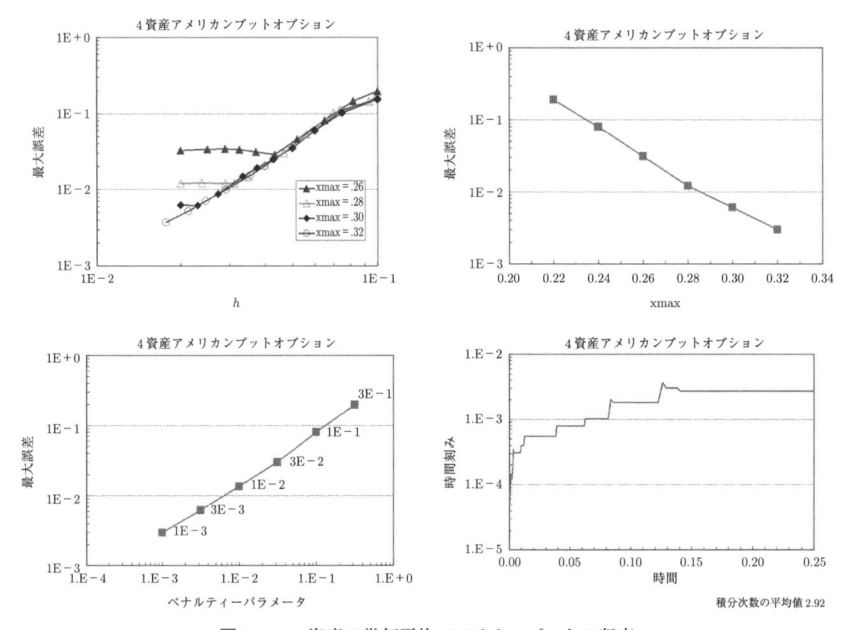

図 **7.4** 4 資産の幾何平均アメリカンプットの収束

法は，解が滑らかでない領域で必要とされる．ソルバーによって実現された積分次数の平均値は 2.92 である．

6. ま と め

本章では，以下の 3 点に基づいた，多次元ジャンプ拡散モデルにおけるオプションの価格付けに対する計算方法を簡潔に説明した．
1) PIDE や PIDVI を変分（弱）形式へ変換する．
2) ODE 系を得るために Galerkin 有限要素法によって弱形式を空間に関して離散化する．
3) 得られた ODE 系を時間に関して積分する．

PDE や PIDE を解くための有限要素法による線の方法の枠組みは，理論の面で非常に一般性があり，数値計算の面で柔軟かつ強力である．この方法は，ヨーロピアンタイプやアメリカンタイプの権利行使やバリアや平均などを含むデリバティブ契約とともに，拡散項をもつ一般 Markov 過程および時間と状態依存の項をもつジャンプ過程にも適用できる．変分法の金融工学への応用に関する最近の論文には，以下のようなものがある．

- 多資産アメリカンオプション：Marcozzi (2001), Sapariuc et al. (2004), Achdou

and Pironneau (2005)
- 確率的な外国・国内金利をもつ外国通貨オプション：Choi and Marcozzi (2001, 2003), Kovalov et al. (2007)
- アメリカンタイプのアジアンオプション：Marcozzi (2003)
- 確率ボラティリティモデル：Zvan et al. (1998b, 1999), Hilber et al. (2005), Achdou and Tchou (2002)
- ジャンプ拡散モデル：Zhang (1997), Feng and Linetsky (2008b)
- Lévy過程モデルにおけるヨーロピアンオプション，アメリカンオプション：Matache et al. (2004, 2005a, 2005b, 2006)
- 転換社債：Kovalov and Linetsky (2007)
- オプションカリブレーションを生じる逆問題：Achdou et al. (2004), Achdou (2005)
- 債券オプション：Allegretto et al. (2003)

(**L. Feng, P. Kovalov, V. Linetsky and M. Marcozzi**/八木恭子)

参 考 文 献

Achdou, Y. (2005). An inverse problem for a parabolic variational inequality arising in volatility calibration with American options. *SIAM Journal on Control and Optimization* 43, 1583–1615.

Achdou, Y., Pironneau, O. (2005). *Computational Methods for Option Pricing. SIAM Frontiers in Applied Mathematics*. SIAM, Philadelphia.

Achdou, Y., Tchou, N. (2002). Variational analysis for the Black and Scholes equation with stochastic volatility. *M2AN Mathematical Modelling and Numerical Analysis* 36, 373–395.

Achdou, Y., Indragoby, G., Pironneau, O. (2004). Volatility calibration with American options. *Methods and Applications of Analysis* 11 (3), 1–24.

Adjerid, S., Babuška, I., Flaherty, J.E. (1999a). A posteriori error estimation with finite element method of lines solution of parabolic systems. *Mathematical Models and Methods Applied in Science* 9, 261–286.

Adjerid, S., Belguendouz, B., Flaherty, J.E. (1999b). A posteriori finite element error estimation for diffusion problems. *SIAM Journal on Scientific Computing* 21, 728–746.

Allegretto, W., Lin, Y.P., Yang, H.T. (2003). Numerical pricing of American put options on zero-coupon bonds. *Applied Numerical Mathematics* 46 (2), 113–134.

Ascher, U.M., Ruuth, S.J., Wetton, B.T.R. (1995). Implicit–explicit methods for time-dependent partial differential equations. *SIAM Journal on Numerical Analysis* 32, 797–823.

Ascher, U.M., Ruuth, S.J., Spiteri, R.J. (1997). Implicit–explicit Runge–Kutta methods for time-dependent partial differential equations. *Applied Numerical Mathematics* 25, 151–167.

Babuška, I., Suri, M. (1994). The p and hp versions of the finite element method, basic principles and properties. *SIAM Review* 36 (4), 578–632.

Bensoussan, A. (1984). On the theory of option pricing. *Acta Applicandae Mathematicae* 2 (2), 139–158.

Bensoussan, A., Lions, J.L. (1982). *Applications of Variational Inequalities in Stochastic Control*. Elsevier, Amsterdam.

Bensoussan, A., Lions, J.L. (1984). *Impulse Control and Quasi-Variational Inequalities*. Gauthier-Villars, Paris.

Bergam, A., Bernardi, C., Mghazli, Z. (2005). A posteriori analysis of the finite element discretization of a non-linear parabolic equation. *Mathematics of Computation* 74, 1097–1116.

Boman, M., (2001). A posteriori error analysis in the maximum norm for a penalty finite element method for the time-dependent obstacle problem. *Preprint*. Chalmers Finite Element Center, Goteborg, Sweden.

Choi, S., Marcozzi, M.D. (2001). A numerical approach to American currency option valuation. *Journal of Derivatives* 9 (2), 19–29.

Choi, S., Marcozzi, M.D. (2003). The valuation of foreign currency options under stochastic interest rates. *Computers and Mathematics with Applications* 45, 741–749.

Ciarlet, P.G. (1978). *The Finite Element Method for Elliptic Problems*. North-Holland, Amsterdam (revised ed., *SIAM*, 2002).

Cottle, R., Pang, J.-S., Stone, R.E. (1992). *The Linear Complementary Problem*. Academic Press.

Cryer, C.W. (1971). The solution of a quadratic programming problem using systematic overrelaxation. *SIAM Journal on Control* 9, 385–392.

Deuflhard, P. (1985). Recent progress in extrapolation methods for ordinary differential equations. *SIAM Review* 27 (4), 505–535.

Deuflhard, P., Bornemann, F. (2002). *Scientific Computing with Ordinary Differential Equations*. Springer, Berlin.

d'Halluin, Y., Forsyth, P.A., Labahn, G. (2004). A penalty method for American options with jump-diffusion processes. *Numerische Mathematik* 97 (2), 321–352.

d'Halluin, Y., Forsyth, P.A., Vetzal, K.R. (2005). Robust numerical methods for contingent claims under jump-diffusion processes. *IMA Journal of Numerical Analysis* 25, 87–112.

Duffie, D., Pan, J., Singleton, K. (2000). Transform analysis and asset pricing for affine jump-diffusions. *Econometrica* 68 (6), 1343–1376.

Eriksson, E., Johnson, C. (1991). Adaptive finite element methods for parabolic problems. I. A linear model problem. *SIAM Journal on Numerical Analysis* 28, 43–77.

Eriksson, E., Johnson, C. (1995). Adaptive finite element methods for parabolic problems. II. Optimal error estimates in $L_\infty L_2$ and $L_\infty L_\infty$. *SIAM Journal on Numerical Analysis* 32, 706–740.

Feng, L., Linetsky, V. (2008a). Pricing discretely monitored barrier options and defaultable bonds in Lévy process models: A Hilbert transform approach. *Mathematical Finance* 18 (3), 337–384.

Feng, L., Linetsky, V. (2008b). Pricing options in jump-diffusion models: An extrapolation approach. *Operations Research* 56 (2), 304–325.

Friedman, A. (1976). *Stochastic Differential Equations and Applications, vol. II*. Academic Press, New York.

Forsyth, P.A., Vetzal, K.R. (2002). Quadratic convergence for valuing American options using a penalty method. *SIAM Journal on Scientific Computing* 23 (6), 2095–2122.

Glowinski, R. (1984). *Numerical Methods for Nonlinear Variational Problems*. Springer, Berlin.

Glowinski, R., Lions, J.L., Tremolieris (1981). *Numerical Analysis of Variational Inequalities*. North-Holland, Amsterdam.

Hairer, E., Wanner, G. (1996). *Solving Ordinary Differential Equations II: Stiff and Differential-Algebraic Problems*, second ed. Springer, Berlin.

Hilber, H., Matache, A.-M., Schwab, C. (2005). Sparse wavelet methods for option pricing under stochastic volatility. *Journal of Computational Finance* 8 (4).

Hindmarsh, A.C., Brown, P.N., Grant, K.E., Lee, S.L., Serban, R., Shumaker, D.E., Woodward, C.S. (2005). SUNDIALS: Suite of nonlinear and differential/algebraic equation solvers. *ACM Transactions on Mathematical Software* 31 (3), 363–396. Also available as LLNL technical report UCRL-JP-200037.

Hindmarsh, A.C., Serban, R., Collier, A. (2006). User documentation for IDA, a differential-algebraic equation solver for sequential and parallel computers. Technical Report UCRL-MA-136910, December, Lawrence Livermore National Laboratory.

Hull, J. (2006). *Options, Futures and Other Derivatives*, sixth ed. Prentice Hall, NJ.

Hundsdorfer, W., Verwer, J.G. (2003). *Numerical Solution of Time-dependent Advection-Diffusion-Reaction Equations*. Springer, Berlin.

Jacod, J., Shiryaev, A.N. (2003). *Limit Theorems for Stochastic Processes*. Springer, Berlin.
Jaillet, P., Lamberton, D., Lapeyre, B. (1990). Variational inequalities and the pricing of American options. *Acta Applicandae Mathematicae* 21, 263–289.
Johnson, C. (1987). *Numerical Solution of Partial Differential Equations by the Finite Element Method*. Cambridge Univ. Press, Cambridge.
Kangro, R., Nicolaides, R. (2000). Far field boundary conditions for Black–Scholes equations. *SIAM Journal on Numerical Analysis* 38 (4), 1357–1368.
Karatzas, I. (1988). On the pricing of American options. *Applied Mathematics and Optimization* 17, 37–60.
Kou, S.G. (2002). A jump-diffusion model for option pricing. *Management Science* 48 (8), 1086–1101.
Kou, S.G., Wang, H. (2004). Option pricing under a double exponential jump-diffusion model. *Management Science* 50, 1178–1192.
Kovalov, P., Linetsky, V. (2007). Valuing convertible bonds with stock price, volatility, interest rate, and default risk. *Working paper*. Northwestern University.
Kovalov, P., Linetsky, V., Marcozzi, M. (2007). Pricing multi-asset American options: A finite element method-of-lines with smooth penalty. *Journal of Scientific Computing* 33 (3), 209–237.
Lamberton, D., Lapeyre, B. (1996). *Introduction to Stochastic Calculus Applied to Finance*. Chapman & Hall.
Larsson, S., Thomee, V. (2003). *Partial Differential Equations with Numerical Methods*. Springer, Berlin.
Marcozzi, M. (2001). On the approximation of optimal stopping problems with application to financial mathematics. *SIAM Journal on Scientific Computing* 22 (5), 1865–1884.
Marcozzi, M.D. (2003). On the valuation of Asian options by variational methods. *SIAM Journal on Scientific Computing* 24 (4), 1124–1140.
Matache, A.-M., von Petersdorff, T., Schwab, C. (2004). Fast deterministic pricing of options on Lévy driven assets. *M2NA Mathematical Modelling and Numerical Analysis* 38 (1), 37–72.
Matache, A.-M., Nitsche, P.-A., Schwab, C. (2005a). Wavelet Galerkin pricing of American options on Lévy driven assets. *Quantitative Finance* 5 (4), 403–424.
Matache, A.-M., Schwab, C., Wihler, T. (2005b). Fast numerical solution of parabolic integro-differential equations with applications in finance. *SIAM Journal on Scientific Computing* 27 (2), 369–393.
Matache, A.-M., Schwab, C., Wihler, T. (2006). Linear complexity solution of parabolic integro-differential equations. *Numerische Mathematik* 104 (1), 69–102.
Merton, R. (1976). Option pricing when underlying stock returns are discontinuous. *Journal of Financial Economics* 3, 125–144.
Pooley, D.M., Forsyth, P.A., Vetzal, K. (2003). Remedies for non-smooth payoffs in option pricing. *Journal of Computational Finance* 6 (4), 25–40.
Sapariuc, I., Marcozzi, M.D., Flaherty, J.E. (2004). A numerical analysis of variational valuation techniques for derivative securities. *Applied Mathematics and Computation* 159 (1), 171–198.
Solin, P., Segeth, K., Dolezel, I. (2003). *Higher Order Finite Element Methods*. Chapman & Hall/CRC.
Quarteroni, A., Valli, A. (1997). *Numerical Approximation of Partial Differential Equations*. Springer, Berlin.
Tavella, D., Randall, C. (2000). *Pricing Financial Instruments: The Finite Difference Method*. Wiley.
Thomee, V. (1997). *Galerkin Finite Element Methods for Parabolic Problems*. Springer, Berlin.
Thomee, V. (2001). From finite differences to finite elements. A short history of numerical analysis. *Journal of Computational and Applied Mathematics* 128, 1–54.
von Petersdorff, T., Schwab, C. (2004). Numerical solution of parabolic equations in high dimensions. *M2NA Mathematical Modelling and Numerical Analysis* 38, 93–128.
Wilmott, P., Dewynne, J., Howison, S. (1993). *Option Pricing: Mathematical Models and Computations*. Oxford Financial Press, Oxford, UK.
Zhang, X.-L. (1997). Numerical analysis of American option pricing in a jump-diffusion model. *Mathematics of Operations Research* 22 (3), 668–690.
Zvan, R., Forsyth, P.A., Vetzal, K.R. (1998a). Swing low, swing high. *RISK* 11, 71–75.

Zvan, R., Forsyth, P.A., Vetzal, K.R. (1998b). Penalty methods for American options with stochastic volatility. *Journal of Computational and Applied Mathematics* 91 (2), 199–218.

Zvan, R., Forsyth, P.A., Vetzal, K.R. (1999). A finite element approach to the pricing of discrete lookbacks with stochastic volatility. *Applied Mathematical Finance* 6, 87–106.

第8章

離散型バリアオプションとルックバックオプション

概 要

離散型のバリアオプションとルックバックオプションは，市場で最も知られている経路依存型のオプションである．しかしながら，離散的にモニタリングを行うことから，ほとんどのものは解析解を得ることができない．本章では，離散型バリアオプションとルックバックオプションの価格付けに対して，①高速 Gauss 変換に基づく Broadie–Yamamoto 法，②Hilbert 変換に基づく Feng–Linetsky 法，③連続補正近似，④摂動法に基づく Howison–Steinberg 近似，⑤Spitzer の恒等式に基づく Laplace 逆変換法の計算方法について重点的に説明する．また，本章では連続補正近似に関連した新しい（より直接的な）導出方法を扱う．

1. はじめに

離散型の経路依存オプションとは，ペイオフが（有限集合の）ある時刻の原資産価格によって決定されるオプションである．一方，連続型の経路依存オプションのペイオフは，オプションが存在する全期間をとおして原資産価格に依存する．規制や実務上の問題により，市場で取引されている経路依存オプションのほとんどは，離散型の経路依存オプションである．

最もよく知られている離散型の経路依存オプションとして，離散型アジアンオプション（もしくはアベレージオプション），離散型アメリカンオプション（もしくはバミューダンオプション），離散型ルックバックオプション，離散型バリアオプションンがあげられる．離散型アジアンオプションのペイオフは，資産価格の離散平均に依存する．例えば，標準的な離散型（算術ヨーロピアン）アジアンコールオプションは満期 $T = t_n$ において，$((1/n)\sum_{i=1}^{n} S(t_i) - K)^+$ というペイオフをもつ．ただし，$t_1, t_2, \cdots, t_n$ はモニタリング時点，K はコールオプションの行使価格，$S(t)$ は時点 t における資産価格である．例えば，Zhang (1998), Hull (2005) を見よ．離散型アメリカンオプションは，モニタリング時点の離散集合に限定される行使時点をもつアメリカンオプションの一つである．例えば，Glasserman (2004) を見よ．

本章では，離散型のバリアオプションとルックバックオプションを重点的に扱う．これらの2つのオプションのペイオフは確率過程の最大・最小値に依存するので，同様

の計算方法を用いることができる．離散型アジアンオプションの研究には様々な興味深い点があり，様々な計算方法が必要となる．離散型アメリカンオプションはアメリカンオプションの数値解法と密接な関係がある．これらのオプションに関しては，別の章で扱うこととする．離散型バリアオプションと離散型ルックバックオプションは類似的なものであるため，離散型バリアオプションを中心に議論する．ここで議論されるほとんどの計算方法は，容易に離散型ルックバックオプションに適用することができる．

1.1 バリアオプションとルックバックオプション

標準的な（または，フローティング）ルックバックコール（プット）は，オプション保有者がオプション契約期間中の最小（最大）価格で原資産を買う（売る）権利のあるオプションである．すなわち，フローティングルックバックコールとプットのペイオフは，それぞれ $S(T) - m_{0,T}$, $M_{0,T} - S(T)$ である．ただし，$m_{0,T}$ と $M_{0,T}$ は，$0 \sim T$ の期間中における資産価格の最小値と最大値である．離散時間の設定では，資産価格の最小値（最大値）は離散的なモニタリング時点において決定される．同様に，固定ストライクプットやコールのペイオフは，$(K - m_{0,T})^+$, $(M_{0,T} - K)^+$ である．その他の種類のルックバックオプションとして，最大・最小値に定数を乗じるようなパーセンテージルックバックオプションや，最大・最小値のモニタリング区間が $[0, T]$ の部分区間であるような部分的ルックバックオプションがあげられる．詳細については Andreasen (1998) を参照せよ．

バリアオプションは，原資産価格（株式，インデックス，為替レート，金利）が，ある一定の水準（バリア）に達すると権利が発生する（ノックイン），もしくは消滅する（ノックアウト）金融デリバティブ契約の一つである．例えば，アップアンドアウトコールオプションは，原資産価格が満期時点以前に，さらに高い水準のバリアに達しないときは，ヨーロピアンコールオプションのペイオフをもつ．より複雑なバリアオプションとして，2つのバリアをもつオプション（ダブルバリアオプション）や，2つの異なる資産によってペイオフやバリアの水準がそれぞれ決まるオプション（2次元バリアオプション）もある．例えば，Zhang (1998), Hull (2005) を見よ．

このように，離散型ルックバックオプションやバリアオプションは，為替相場や店頭市場において世界的に取引されている最も知られている経路依存型のオプションであるが，ルックバックオプションやバリアオプションは，オプション以外でも有用である．例えば，Longstaff (1995) は有限期間における証券の市場価格を連続時間型のルックバックオプションで近似して，その価格の閉じた解を与えている．Longstaff (1995) における設定は，離散型のルックバックオプションにも適用することができる．Merton (1974) や Black and Cox (1976), 最近では Leland and Toft (1996), Rich (1996), Chen and Kou (2005) が，特に信用リスクやデフォルトを考慮した条件付請求権の価格に関する研究にバリアモデルを用いている．取扱いの簡便性から，この種

の典型的な研究では再構成される境界の連続モニタリングを仮定している．しかし，デフォルトがバリアへの到達としてモデル化できる点において，ある特定の期日にのみ（例えば，利払い期日など）デフォルトが生じるものと考えられる．

バリアオプションの価格付けにおける重要な問題は，バリアへの到達の議論が連続時間，もしくは離散時間で行われるということである．ほとんどのモデルは，解析解を得ることができるため連続時間型のモデルである．例えば，連続型ルックバックオプションに関しては，Gatto et al. (1979), Goldman et al. (1979), Conze and Viswanathan (1991), Heynen and Kat (1995), 古典的な Brown 運動の枠組みでの連続モニタリングのバリアオプションに対する様々な定式化に関しては，Merton (1973), Heynen and Kat (1994a, 1994b), Rubinstein and Reiner (1991), Chance (1994), Kunitomo and Ikeda (1992) を見よ．近年，Boyle and Tian (1999) と Davydov and Linetsky (2001) は，それぞれ格子近似法と Laplace 変換法を用いて CVE モデルに基づく連続モニタリングのバリアオプションとルックバックオプションの価格付けを行っている．ジャンプ拡散過程を用いた連続モニタリングのバリアオプションに関しては，Kou and Wang (2003, 2004) を見よ．

しかしながら，実務において，ほとんどの市場で取引されているバリアオプションは離散的にモニタリングされている．すなわち，バリアをモニタリングする時点を特定化しているのである（典型的には日次決算）．実務上の問題のほかにも，法律や財務上の理由により，離散的にモニタリングするバリアオプションのほうが連続的にモニタリングするものより使用されている．例えば，投機家の情報誌（"*Derivatives Week*"，1995 年 5 月 29 日付）において，この点について議論されている．モニタリングが連続であるとき，欧米の主要な市場が閉じている間，流動性が低い市場において外的なバリアの違反が生じて，裁定機会の原因となる．

離散的にモニタリングするバリアオプションやルックバックオプションは，よく知られており重要であるが，それらの価格付けは，以下の理由から連続的なものと比べ容易ではない．

1) m 次元の正規分布関数（m はモニタリング時点の数）を用いることを除いて，本質的に閉じた解は存在しない．実際に，$m > 5$ のときは容易に計算をすることはできない．これに関しては 3 節を見よ．
2) 直接的なモンテカルロシミュレーションや標準的な二項ツリーは困難であり，精度の高い結果を得るためには時間を要する．これに関しては Broadie et al. (1999) を見よ．
3) 中心極限定理によれば，$m \to \infty$ のとき離散的にモニタリングするバリアオプションと連続的なものとの差は小さくなることになってるが，m が大きな値でも数値的な差は大きいことが知られている．例えば 4 節の表 8.1 を見よ．

これらの困難さのため，離散型のバリアオプションとルックバックオプションの価格付けには多くの数値解法が提案されてきた．

1.2 数値解法の概要

まずはじめにニューメレール変換（change of numéraire）の議論を用いることによって，バリアオプションとルックバックオプションの価値付けは，初到達時刻の周辺分布か，もしくはランダムウォークの初到達時刻と終端価値の同時確率の分析となる．これに関しては2節を見よ．この2つの古典的な問題に対応可能な多くの方法が存在するが，離散型のバリアオプションやルックバックオプションへ関心が高まる最近までは，明示的に同時確率を計算する方法が示されている文献は少なかった．ここ10年ほどで，離散型のバリアオプションとルックバックオプションの数値解法が構築された．よく知られている数値解法は以下のとおりである．

1) 畳み込み積分に基づく方法．例えば，Broadie and Yamamoto (2005) によって構築された高速 Gauss 変換法や Feng and Linetsky (2008) の Hilbert 変換法がある．離散ランダムウォークの初到達時刻と終端価値の同時確率を m 次元の確率空間（したがって，m 次元の積分や畳み込み）として表すことができることから，この方法は一般的なものである．3節において，これらの結果を示す．

2) 連続型バリアオプションに関して $m \to \infty$ を仮定した離散型バリアオプションの漸近展開に基づく方法．上で言及したように，誤差が $o(1)$ の中心極限定理のような簡便な方法では，精度の高い近似値を得ることはできない．誤算のオーダーが $o(1/\sqrt{m})$ の逐次的統計分析（例えば Siegmund, 1985 を見よ）の結果に基づく近似が，Broadie et al. (1999) において与えられている．この証明が Kou (2003), Hörfelt (2003) において簡略化されている．4節において，これらの結果を示す．

3) 微分方程式の摂動解析に基づく方法．誤算のオーダーが $o(1/m)$ の高次展開となる．これは Howison and Steinberg (2005), Howison (2005) において研究されている．5節において，これらの結果を示す．

4) 変換に基づく方法．Petrella and Kou (2004) は初到達時刻に関連する Spitzer の恒等式を数値的に反転するために Laplace 変換を用いている．これらの変換に基づく方法は，6節において示す．

これらの特殊な方法のほかに，格子法やモンテカルロシミュレーションなどの多くの「一般的な方法」も存在する．一般的な方法と呼ぶ理由として，原理上，これらの方法は様々なオプションに適用することができる．例えば，離散型のバリアオプションやルックバックオプションだけではなくアメリカンオプションや，その他の経路依存型オプションにも適用可能である．概して，一般的な方法は，離散型のバリアオプションやルックバックオプションの特殊な構造を利用した方法よりは効率性が低くなる．しかし，一般的な方法は，離散型のバリアオプションやルックバックオプションだけでなく，様々な種類のオプションの統合化された計算フレームワークを構築した

いときには魅力的な方法である．それらの方法は一般的であることから，多くの方法が潜在的にこの種の方法に分類される．本章では，それらをすべて扱うことは困難であるため，以下にいくつかの一般的な方法を簡単に示す．

a) 格子法は，オプション価格の計算において，最もよく知られている方法である．ペイオフを含むサンプルパスの離散的な最大・最小値の計算が非効率であるため，簡便な二項ツリーは，離散型バリアオプションやルックバックオプションに対して効率的ではないことが知られている．Broadie et al. (1999) は，Broadie et al. (1997) における連続補正やノードの移動を明示的に用いた拡張三項ツリーを提案した．Kuan and Webber (2003) は Brown 運動の条件付分布に基づく Dirichlet 格子法を示した．Duan et al. (2003) は，格子，シミュレーション，求積法を組み合わせた Markov 連鎖に基づいた方法を提案した．その他の格子法として，ノードの位置を調整する方法（Ritchken, 1995; Cheuk and Vorst, 1997; Tian, 1999）やバリア付近の分岐を精緻化する方法（Figlewski and Gao, 1999; Ahn et al., 1999）があげられる．ほかにも Babbs (1992) と Boyle and Lau (1994), Hull and White (1993), Kat (1995) を見よ．

b) このほかに，よく知られている一般的な方法としてモンテカルロシミュレーションがある．バリアオプションは，きわめて小さい確率の事象を伴うことから単純なシミュレーションでは分散が大きくなる．分散減少法や Brown 運動を用いた加重サンプリング（importance sampling）法や条件付サンプリング法を用いることによって，大幅に分散を減少させることができる．この分野における関連文献を紹介する代わりに，読者には Glasserman (2004) をお薦めする．

c) 離散型バリアオプションの価格は偏微分方程式の解として定式化されるので，様々な有限差分法を用いることができる．例えば，Boyle and Tian (1998), Zvan et al. (2000) を見よ．

d) 離散型バリアオプションの価格は m 次元積分として表されるため，数値積分法を使うこともできる．例えば，Ait-Sahalia and Lai (1997, 1998), Sullivan (2000), Tse et al. (2001), Andricopoulos et al. (2003), Fusai and Recchioni (2003) を見よ．

1.3 本章の概要

紙幅の制約のため，本章では離散型のバリアオプションとルックバックオプションの特殊な構造を考慮した計算方法を重点的に扱う．その結果，効率的なアルゴリズムを扱うことになるが，狭い範囲に限られる．特に，本章では以下の方法を扱う．

1) 高速 Gauss 変換に基づく Broadie–Yamamoto 法．3 節を見よ．
2) Hilbert 変換に基づく Feng–Linetsky 法．3 節を見よ．
3) 連続補正近似．4 節を見よ．
4) 摂動法に基づく Howison–Steinberg 近似．5 節を見よ．

5) Spitzer の恒等式に基づく Laplace 変換法. 6 節を見よ.

このほかに, 連続補正に関して普遍的な導出方法も扱う. 付録 B を見よ.

本章は概観的な内容であるため, それぞれの文献に収録されている詳細な証明を与えるのではなく, 直観的な理解を与えて様々な方法を比較することを主眼におく. 例えば, 連続補正について議論するときは, 証明を与えることより概念を説明するために図を用いる. Howison–Steinberg 近似を示すときには, Wiener–Hopf 方程式の Spitzer 関数を含む数学的な詳細を与えずに, (確率論の背景をもっているほうが考え方を直観的に理解できるように) 摂動法の基本的な背景に多くの時間を費やす. 数学的な詳細に関しては Howison and Steinberg (2005) を見よ.

2. ニューメレールの変換によるバリアオプションの表現

原資産価格 $S(t), t \geq 0$ が $S(0)\exp\{\mu t + \sigma B(t)\}$ に従うと仮定する. ただし, リスク中立確率 $\mathbb{P}^*$ のもと, $\mu = r - \sigma^2/2$ はドリフト, r はリスクフリーレート, $B(t)$ は $\mathbb{P}^*$ のもとでの標準 Brown 運動である. 連続的なモニタリングの場合, バリアオプションの価格は, リスク中立測度 $\mathbb{P}^*$ に関して割り引かれた (オプション行使日を T とすると割引ファクターは e^{-rT} である) オプションのペイオフの期待値である. 例えば, 連続型アップアンドアウトコールオプションの価格は

$$V(H) = \mathbb{E}^*\left[e^{-rT}(S(T)-K)^+ I(\tau(H,S) > T)\right]$$

で与えられる. ただし, $K \geq 0$ は行使価格, $H > S(0)$ はバリアである. 任意の確率過程 $Y(t)$ に対して, $\tau(x,Y)$ は $\tau(x,Y) := \inf\{t \geq 0 : Y(t) \geq x\}$ を意味する. 他の7種類のバリアオプションも同様に価格付けすることができる. Brown 運動の枠組みでは, 8つすべてのバリアオプションに対して閉じた解が存在する. Merton (1973) を見よ.

離散モニタリングの場合, リスク中立測度 $\mathbb{P}^*$ のもと, n 番目のモニタリング時点 $n\Delta t$ ($\Delta t = T/m$) において, 資産価格は

$$S_n = S(0)\exp\left\{\mu n\Delta t + \sigma\sqrt{\delta t}\sum_{i=1}^n Z_i\right\} = S(0)\exp\left(W_n \sigma\sqrt{\delta t}\right)$$
$$n = 1, 2, \cdots, m$$

で与えられる. ただし, ランダムウォーク W_n は

$$W_n = \sum_{i=1}^n \left(Z_i + \frac{\mu}{\sigma}\sqrt{\Delta t}\right)$$

で定義される. ここで, ドリフトは $\mu = r - \sigma^2/2$ で与えられ, Z_i は独立な標準正規

確率変数である．同様に，離散型アップアンドアウトコールオプションの価格は

$$V_m(H) = \mathbb{E}^*\left[e^{-rT}\left(S_m - K\right)^+ I\left(\tau'(H,S) > m\right)\right]$$
$$= \mathbb{E}^*\left[e^{-rT}\left(S_m - K\right)^+ I\left\{\tau'\left(\frac{a}{\sigma\sqrt{\Delta t}}, W\right) > m\right\}\right]$$

で与えられる．ただし，$a := \log(H/S(0)) >$, $\tau'(H,S) = \inf\{n \geq 1 : S_n \geq H\}$, $\tau'(x,W) = \inf\{n \geq 1 : W_n \geq x\sqrt{m}\}$ である．

任意の確率測度 $\mathbb{P}$ に対して，$\widehat{\mathbb{P}}$ を

$$\frac{\mathrm{d}\widehat{\mathbb{P}}}{\mathrm{d}\mathbb{P}} = \exp\left\{\sum_{i=1}^m a_i Z_i - \frac{1}{2}\sum_{i=1}^m a_i^2\right\}$$

で定義する．ただし，$a_i, i = 1, \cdots, n$ は任意の定数，Z_i は確率測度 $\mathbb{P}$ のもとでの標準正規確率変数である．離散 Girsanov の定理（Karatzas and Shreve, 1991, p.190）において，確率測度 $\widehat{\mathbb{P}}$ のもと，すべての $1 \leq i \leq m$ に対して $\widehat{Z}_i = Z_i - a_i$ は標準正規確率変数である．

離散 Girsanov の定理を用いることで，離散型バリアオプションの価格を異なった確率測度のもとでの2つの確率の差として表すことができる．これをニューメレール変換と呼ぶ．例えば，Schroder (1999) を見よ．Kou (2003) や Hörfelt (2003) は離散型バリアオプションに適用しているが，これら2つの方法は，多少異なった形でバリア補正を定式化している．離散型バリアオプションに対するニューメレール変換を示すために，離散型アップアンドアウトコールオプションを考える．他の7つのオプションも同様に扱うことができる．Haug (1999) を見よ．

はじめに，上記の方程式を以下のように展開する．

$$\mathbb{E}^*\left[e^{-rT}\left(S_m - K\right)^+ I\left(\tau'(H,S) > m\right)\right]$$
$$= \mathbb{E}^*\left[e^{-rT}\left(S_m - K\right) I\left(S_m \geq K, \tau'(H,S) > m\right)\right]$$
$$= \mathbb{E}^*\left[e^{-rT} S_m I\left(S_m \geq K, \tau'(H,S) > m\right)\right]$$
$$- Ke^{-rT}\mathbb{P}^*\left(S_m \geq K, \tau'(H,S) > m\right)$$

$a_i = \sigma\sqrt{\Delta t}$ として離散 Girsanov の定理を用いると，上記の方程式の第1項は

$$\mathbb{E}^*\left[e^{-rT}S(0)\exp\left\{\mu m\Delta t + \sigma\sqrt{\delta t}\sum_{i=1}^m Z_i\right\} I\left(S_m \geq K, \tau'(H,S) > m\right)\right]$$
$$= S(0)\mathbb{E}^*\left[\exp\left\{-\frac{1}{2}\sigma^2 T + \sigma\sqrt{\delta t}\sum_{i=1}^m Z_i\right\} I\left(S_m \geq K, \tau'(H,S) > m\right)\right]$$
$$= S(0)\widehat{\mathbb{E}}\left[I\left(S_m \geq K, \tau'(H,S) > m\right)\right]$$
$$= S(0)\widehat{\mathbb{P}}\left(S_m \geq K, \tau'(H,S) > m\right)$$

で与えられる．$\widehat{\mathbb{P}}$ のもとで，$\log S_m$ は，$\mathbb{P}^*$ のもとでの平均 μT の代わりに，

$$\mu m \Delta t + \sigma\sqrt{\Delta t} \cdot m\sigma\sqrt{\Delta t} = (\mu + \sigma^2)T$$

の平均をもつ．それゆえ離散型アップアンドアウトコールオプションの価格は

$$V_m(H) = S(0)\widehat{\mathbb{P}}\left(W_m \geq \frac{\log(K/S(0))}{\sigma\sqrt{\Delta t}}, \tau'\left(\frac{a}{\sqrt{\Delta t}}, W\right) > m\right)$$
$$- Ke^{-rT}\mathbb{P}^*\left(W_m \geq \frac{\log(K/S(0))}{\sigma\sqrt{\Delta t}}, \tau'\left(\frac{a}{\sqrt{\Delta t}}, W\right) > m\right)$$

で与えられる．ただし，$\widehat{\mathbb{P}}$ のもとでは

$$W_m = \sum_{i=1}^{m}\left(\widehat{Z}_i + \left\{\frac{\mu + \sigma^2}{\sigma}\right\}\sqrt{\frac{T}{m}}\right)$$
$$= \sum_{i=1}^{m}\left(\widehat{Z}_i + \left\{\frac{r + (1/2)\sigma^2}{\sigma}\right\}\sqrt{\frac{T}{m}}\right)$$

であり，$\mathbb{P}^*$ のもとでは

$$W_m = \sum_{i=1}^{m}\left(Z_i + \frac{\mu}{\sigma}\sqrt{\frac{T}{m}}\right)$$
$$= \sum_{i=1}^{m}\left(Z_i + \left\{\frac{r - (1/2)\sigma^2}{\sigma}\right\}\sqrt{\frac{T}{m}}\right)$$

である．ここで $\widehat{Z}_i$ と Z_i は，それぞれ確率測度 $\widehat{\mathbb{P}}$ と $\mathbb{P}^*$ のもとでの標準正規確率変数である．

この結果，離散型バリアオプションの価格付け問題は，離散ランダムウォークの初到達時刻 (τ') と終端時刻での価値 (W_m) の同時確率の問題となる．高い境界 ($m \to \infty$ のとき $a\sqrt{m}/(\sigma\sqrt{T}) \to \infty$) に達するような小さなドリフト ($m \to \infty$ のとき $(\mu/\sigma)\sqrt{\Delta t} \to 0$) をもったランダムウォーク W_n の初到達問題となる．

3. 畳み込み法，Broadie–Yamamoto 法，Feng–Linetsky 法

前節で示したように，幾何 Brown 運動モデルにおいて，離散型バリアオプションの価格は，正規分布の増分をもつランダムウォークの確率として表せることがわかった．すなわち，原理的には，多変量正規分布を用いることで離散型バリアオプションの解析解を導出することができる．例えば，Heynen and Kat (1995) や Reiner (2000) を見よ．

考え方を説明するために，2 つのモニタリング時点 $t_1 = T/3$, $t_2 = 2T/3$ をもつ離

散型アップアンドインコールオプションを考える．ただし，$H < K$ であり，満期 T はモニタリング時点ではないとする．このとき

$$\begin{aligned}
V_3(H) =& S(0)N_2\left(\hat{a}_{1,H,-}, \hat{a}_K; \sqrt{\frac{t_1}{T}}\right) \\
& - Ke^{-rT}N_2\left(a^*_{1,H,-}, a^*_K; \sqrt{\frac{t_1}{T}}\right) \\
& + S(0)N_3\left(\hat{a}_{1,H,+}, \hat{a}_{2,H,-}, \hat{a}_K; -\sqrt{\frac{t_1}{t_2}}, -\sqrt{\frac{t_1}{T}}, \sqrt{\frac{t_2}{T}}\right) \\
& - Ke^{-rT}N_3\left(a^*_{1,H,+}, a^*_{2,H,-}, a^*_K; -\sqrt{\frac{t_1}{t_2}}, -\sqrt{\frac{t_1}{T}}, \sqrt{\frac{t_2}{T}}\right)
\end{aligned} \quad (8.1)$$

である．ただし，それぞれの定数は

$$\hat{a}_{1,H,\pm} \equiv \frac{\pm\log(H/S(0)) - \{(r+(1/2)\sigma^2)\}t_1}{\sigma\sqrt{t_1}}$$

$$a^*_{1,H,\pm} \equiv \frac{\pm\log(H/S(0)) - \{(r-(1/2)\sigma^2)\}t_1}{\sigma\sqrt{t_1}}$$

$$\hat{a}_{2,H,\pm} \equiv \frac{\pm\log(H/S(0)) - \{(r+(1/2)\sigma^2)\}t_2}{\sigma\sqrt{t_2}}$$

$$a^*_{2,H,\pm} \equiv \frac{\pm\log(H/S(0)) - \{(r-(1/2)\sigma^2)\}t_2}{\sigma\sqrt{t_2}}$$

$$\hat{a}_K \equiv \frac{-\log(K/S(0)) - \{(r+(1/2)\sigma^2)\}T}{\sigma\sqrt{T}}$$

$$a^*_K \equiv \frac{-\log(K/S(0)) - \{(r-(1/2)\sigma^2)\}T}{\sigma\sqrt{T}}$$

である．(8.1) の証明は付録 A で与える．ここで，N_2 と N_3 は 2 変量および 3 変量の標準正規分布であり，

$$N_2(z_1, z_2; \varrho) = \mathbb{P}(Z_1 \leq z_1, Z_2 \leq z_2)$$

ただし，Z_1 と Z_2 は相関 ρ の標準 2 変量正規確率変数である．また，

$$N_3(z_1, z_2, z_3; \varrho_{12}, \varrho_{13}, \varrho_{23}) = \mathbb{P}(Z_1 \leq z_1, Z_2 \leq z_2, Z_3 \leq z_3)$$

は相関 $\rho_{12}, \rho_{13}, \rho_{23}$ をもつ．(8.1) の価格式は，容易に m 回のモニタリング時点をもつ場合に一般化することができる．すなわち，m 回のモニタリング時点をもつ離散型バリアオプションの価格は多変量正規分布関数を含む形で表すことができる．

3. 畳み込み法，Broadie–Yamamoto 法，Feng–Linetsky 法

しかし，m 変量の正規分布関数は，例えば $m > 5$ のとき，容易に計算することはできない．Reiner (2000) は高速 Fourier 変換を用いた多変量正規分布の畳み込み計算を提案している．近年，2 つの有効な畳み込みの計算法が開発された．1 つ目は，Broadie and Yamamoto (2005) の高速 Gauss 変換である．この方法では，Gauss 分布の仮定のもとで畳み込みが高速に計算される．2 つ目の方法として，Feng and Linetsky (2008) の Hilbert 変換法がある．彼らは，指示関数の Fourier 変換と Hilbert 変換の間に興味ある関係が存在することを示した．Feng–Linetsky 法は Lévy 過程に従う資産収益を扱えることから，さらに一般的な方法である．以下では，2 つの方法の概要を示す．

3.1 高速 Gauss 変換に基づく Broadie–Yamamoto 法

Broadie–Yamamoto 法の主要なアイデアは，積分が正規確率密度を含むとき畳み込み積分を高速に計算することができるということである．例えば，以下の Gauss 確率密度の離散和を考える．

$$A(x_m) = \sum_{n=1}^{N} w_n \exp\left\{-\frac{(x_m - y_n)^2}{\delta}\right\}, \quad i = 1, \cdots, M$$

この式の直接的な計算には，$O(NM)$ の演算を必要とする．しかし，Gauss 確率密度の近似に Hermite 関数を用いることによって，$O(N)+O(1)+O(M) = O(\max(N,M))$ の演算で上の計算を行うことができる．

より正確には，Hermite 展開は以下のように表せる．

$$\exp\left\{-\frac{(x_m - y_n)^2}{\delta}\right\} = \sum_{i=1}^{\infty}\sum_{j=1}^{\infty} \frac{1}{i!j!}\left(\frac{y_n - y_0}{\sqrt{\delta}}\right)^j \left(\frac{x_m - x_0}{\sqrt{\delta}}\right)^i H_{i+j}\left(\frac{x_0 - y_0}{\sqrt{\delta}}\right)$$

ただし，$H_{i+j}(\cdot)$ は Hermite 関数である．この展開は収束も速く，一般的に 8 次の項展開で十分である．すなわち，以下のような近似式を得る．

$$\exp\left\{-\frac{(x_m - y_n)^2}{\delta}\right\} \approx \sum_{i=1}^{\alpha_{\max}}\sum_{j=1}^{\alpha_{\max}} \frac{1}{i!j!}\left(\frac{y_n - y_0}{\sqrt{\delta}}\right)^j \left(\frac{x_m - x_0}{\sqrt{\delta}}\right)^i \\ \times H_{i+j}\left(\frac{x_0 - y_0}{\sqrt{\delta}}\right)$$

ただし，$\alpha_{\max}$ は 8 より小さい値である．この近似により，Gauss 確率密度の和は

$$A(x_m) \approx \sum_{n=1}^{N} w_n \sum_{i=1}^{\alpha_{\max}}\sum_{j=1}^{\alpha_{\max}} \frac{1}{i!j!}\left(\frac{y_n - y_0}{\sqrt{\delta}}\right)^j \left(\frac{x_m - x_0}{\sqrt{\delta}}\right)^i H_{i+j}\left(\frac{x_0 - y_0}{\sqrt{\delta}}\right)$$

$$= \sum_{i=1}^{\alpha_{\max}} \frac{1}{i!}\left[\sum_{j=1}^{\alpha_{\max}} \frac{1}{j!}\left\{\sum_{n=1}^{N} w_n \left(\frac{y_n - y_0}{\sqrt{\delta}}\right)^j\right\} H_{i+j}\left(\frac{x_0 - y_0}{\sqrt{\delta}}\right)\right]\left(\frac{x_m - x_0}{\sqrt{\delta}}\right)^i$$

で与えられる.

アルゴリズムは以下のとおりである.

1. $j = 1, \cdots, \alpha_{\max}$ に対して $B_j = \sum_{n=1}^{N} w_n((y_n - y_0)/\sqrt{\delta})^j$ を計算する.
2. $i = 1, \cdots, \alpha_{\max}$ に対して $C_i = \sum_{j=1}^{\alpha_{\max}} \frac{1}{j!} B_j H_{i+j}((x_0 - y_0)/\sqrt{\delta})$ を計算する.
3. $m = 1, \cdots, M$ に対して $A(x_m)$ を $\sum_{i=1}^{\alpha_{\max}} \frac{1}{i!} C_i((x_m - x_0)/\sqrt{\delta})^i$ で近似する.

$\alpha_{\max}$ を固定すると,演算の総数が $O(N) + O(1) + O(M) = O(\max(N, M))$ となる. Broadie and Yamamoto (2005) は,上の高速 Gauss 変換がきわめて速い計算であることを示している. 実際, Gauss 分布の仮定のもと,これまでのアルゴリズムの中で最速であると考えられる. 当然のことながら,アルゴリズムは Gauss 分布の特殊な構造に依存している. その他の分布に関しては,密度関数の展開が高速で精度が高ければ,類似のアルゴリズムが適用可能である.

3.2 Hilbert 変換に基づく Feng–Linetsky 法

Feng and Linetsky (2008) は, Hilbert 変換による離散型バリアオプションにおける畳み込みの新しい計算方法を提案した. その計算方法は,状態空間において指示関数を含んだ関数の乗算が Fourier 空間の Hilbert 変換に対応することに基づくものである. 離散的なモニタリング時点において一連の Hilbert 変換の計算を行い,最後に Fourier 逆変換を行うことでオプション価格を得る. Feng–Linetsky 法は,原理的に Lévy 過程や,シングル・ダブルバリアオプションの両方にも適用可能であることから,非常に一般的な方法である. この方法は演算数が $O(MN \log_2 N)$ (ここで, M はモニタリング時点の数で, N は Hilbert 変換の計算に必要なサンプル時点の数である) であるため計算速度がきわめて速い.

直観的に考えるために,標準 Brown 運動 $B(t)$ の確率

$$p(x) = \mathbb{P}(\min\{B_\Delta, B_{2\Delta}, \cdots, B_{M\Delta}\} > 0 \mid B_0 = x)$$
$$= \mathbb{E}\left[\prod_{i=1}^{M} I[B_{i\Delta} > 0] \mid B_0 = x\right]$$

の計算に関する基礎的な方法を示す. バックワードインダクションによって,以下のように $p(x)$ を計算することができる.

$$v^M(x) = I(x > 0)$$
$$v^{M-1}(x) = I(x > 0) \cdot \mathbb{E}[I(B_\Delta > 0) \mid B_0 = x]$$
$$= I(x > 0) \cdot \mathbb{E}[v^M(B_\Delta) \mid B_0 = x]$$
$$v^{M-2}(x) = I(x > 0) \cdot \mathbb{E}[I(B_\Delta > 0)I(B_{2\Delta} > 0) \mid B_0 = x]$$
$$= I(x > 0) \cdot \mathbb{E}[v^{M-1}(B_\Delta) \mid B_0 = x]$$

3. 畳み込み法，Broadie–Yamamoto 法，Feng–Linetsky 法

...

$$p(x) = \mathbb{E}[v^1(B_\Delta) \mid B_0 = x]$$

指示関数 $I(x>0)$ は L^1 関数ではないため，Fourier 変換を行うためのスケーリングファクター $e^{\alpha x}$ を導入し，以下のようになる．

$$v_\alpha^j(x) = e^{\alpha x} v^j(x), \quad \alpha < 0$$

これは Laplace 変換を行うことと等価である．バックワードインダクションは

$$\begin{aligned}
v_\alpha^M(x) &= e^{\alpha x} I(x>0) \\
v_\alpha^{M-1}(x) &= e^{\alpha x} \cdot I(x>0) \cdot \mathbb{E}[I(B_\Delta > 0) \mid B_0 = x] \\
&= I(x>0) \cdot \mathbb{E}[e^{-\alpha(B_\Delta - x)} e^{\alpha B_\Delta} I(B_\Delta > 0) \mid B_0 = x] \\
&= I(x>0) \cdot \mathbb{E}[e^{-\alpha(B_\Delta - x)} v_\alpha^M(B_\Delta) \mid B_0 = x] \\
&= e^{\Delta \alpha^2/2} \cdot I(x>0) \cdot \mathbb{E}[e^{-\Delta \alpha^2/2} e^{-\alpha(B_\Delta - x)} v_\alpha^M(B_\Delta) \mid B_0 = x] \\
&= e^{\Delta \alpha^2/2} \cdot I(x>0) \cdot \mathbb{E}_{-\alpha}[v_\alpha^M(B_\Delta) \mid B_0 = x]
\end{aligned}$$

となる．ただし，$\mathbb{E}_{-\alpha}$ はドリフト $-\alpha$ をもつ Brown 運動を意味しており，最後の等式は Girsanov の定理から導かれる．同様に，

$$\begin{aligned}
v_\alpha^{M-2}(x) &= e^{\alpha x} \cdot I(x>0) \cdot \mathbb{E}[I(B_\Delta > 0) I(B_{2\Delta} > 0) \mid B_0 = x] \\
&= I(x>0) \cdot \mathbb{E}\big[e^{-\alpha(B_\Delta - x)} I(B_\Delta > 0) \\
&\qquad\qquad \times \mathbb{E}[e^{-\alpha(B_{2\Delta} - B_\Delta)} v^M(B_{2\Delta}) \mid B_\Delta] \mid B_0 = x\big] \\
&= I(x>0) \cdot \mathbb{E}[e^{-\alpha(B_\Delta - x)} v^{M-1}(B_\Delta) \mid B_0 = x] \\
&= e^{\Delta \alpha^2/2} I(x>0) \cdot \mathbb{E}[e^{-\Delta \alpha^2/2} e^{-\alpha(B_\Delta - x)} v^{M-1}(B_\Delta) \mid B_0 = x] \\
&= e^{\Delta \alpha^2/2} I(x>0) \cdot \mathbb{E}_{-\alpha}[v_\alpha^{M-1}(B_\Delta) \mid B_0 = x]
\end{aligned}$$

となる．この結果，バックワードインダクション

$$\begin{aligned}
v_\alpha^M(x) &= e^{\alpha x} I(x>0) \\
v_\alpha^{j-1} &= e^{\Delta \alpha^2/2} I(x>0) \cdot \mathbb{E}_{-\alpha}[v^j(B_\Delta) \mid B_0 = x], \quad j = M, \cdots, 2 \\
p(x) &= e^{-\alpha x} e^{\Delta \alpha^2/2} \cdot \mathbb{E}_{-\alpha}[v^1(B_\Delta) \mid B_0 = x]
\end{aligned}$$

を得る．

$\hat{v}_\alpha^j(x)$ は $v_\alpha^j(x)$ の Fourier 変換を表しており，$e^{\alpha x} I(x>0)$ は L^1 関数であるため Fourier 変換を行うことが可能である．バックワードインダクションの Fourier 変換は，指示関数と他の関数との積の Fourier 変換で与えられる．Feng and Linetsky (2008)

における重要な見解は，指示関数と他の関数の積の Fourier 変換が Hilbert 変換で表せることである．すなわち，

$$\mathcal{F}(I_{(0,\infty)} \cdot f)(\xi) = \frac{1}{2}(\mathcal{F}f)(\xi) + \frac{i}{2}(\mathcal{H}f)(\xi)$$

ただし，$\mathcal{F}$ は Fourier 変換を表しており，$\mathcal{H}$ は Cauchy の主値積分によって定義される Hilbert 変換を表している．すなわち，

$$(\mathcal{H}f)(\xi) = \frac{1}{\pi} P.V. \int_{-\infty}^{\infty} \frac{f(\eta)}{\xi - \eta} d\eta$$

$p(x)$ を計算するために，$(M-1)$ 回の Hilbert 変換を行い，最後に Fourier 逆変換を行う必要がある．Feng and Linetsky (2008) で示されているように，台形公式のような簡便な求積法である Hardy 空間の近似理論によって，効率的に Hilbert 変換を計算することができる．

一般的に，Feng–Linetsky 法は計算速度に関して，確率過程のモデルが Gauss 過程のとき（例えば，Black–Scholes モデルや Merton, 1976 のジャンプ拡散過程モデル）Broadie–Yamamoto 法よりも劣る．例えば，Feng and Linetsky (2008) で指摘されているように，Black–Scholes モデルに対して，Feng–Linetsky 法の計算速度は 0.04 秒で 10^{-8} の精度であるのに対して，Broadie–Yamamoto 法は 0.01 秒の計算速度で 10^{-12} の精度を与える．Feng–Linetsky 法の利点は，妥当な計算時間で一般的な Lévy 過程の計算を扱えることである．

4. 連続補正

4.1 近似

Broadie et al. (1997) は離散的にモニタリングするバリアオプションの連続補正 (continuity correction) を提案し，その補正の妥当性を理論と数値計算の両面から証明した（Chuang, 1996 もこれとは別に，発見的な方法で近似式を提案した）．その近似式は，Merton (1973) 式の簡単な補正によるものであるが，非常に精度が高く，実務でしばしば使われている方法である．例えば，Hull (2005) を見よ．

$V(H)$ を連続型バリアオプションの価格として，m 回のモニタリング時点をもつバリアオプションの価格を $V_m(H)$ とする．8 つの標準的なバリアオプションに対して，近似式は

$$V_m(H) = V\left(He^{\pm\beta\sigma\sqrt{T/m}}\right) + o\left(\frac{1}{\sqrt{m}}\right) \tag{8.2}$$

となる．ただし，アップオプションのときは $+$ で，ダウンオプションのときは $-$ とする．また，定数 $\beta = -\zeta(1/2)/\sqrt{2\pi} \approx 0.5826$ であり，ζ は Riemann のゼータ関

表 8.1 アップアンドアウトコールオプション価格の計算結果 ($m = 50$)

バリア	連続型	近似式 (8.2)	真値	(8.2) との相対誤差 (%)
155	12.775	12.905	12.894	0.1
150	12.240	12.448	12.431	0.1
145	11.395	11.707	11.684	0.2
140	10.144	10.581	10.551	0.3
135	8.433	8.994	8.959	0.4
130	6.314	6.959	6.922	0.5
125	4.012	4.649	4.616	0.7
120	1.938	2.442	2.418	1.0
115	0.545	0.819	0.807	1.5

Broadie et al. (1997, Table 2.6) による計算結果. 計算に用いられているパラメータは, $S(0) = 110, K = 100, \sigma = 0.30, r = 0.1, T = 0.2$.

数である. Broadie et al. (1997) は (8.2) の近似式を提案し, ダウンアンドインコールとダウンアンドアウトコール, アップアンドインプット, アップアンドアウトプットの4つに対して証明を行った. Kou (2003) は8つの場合に対して簡単な証明を与えた (Hörfelt, 2003 も参照せよ). Broadie et al. (1999) は離散型ルックバックオプションの連続補正を示している.

近似式の精度の雰囲気をつかむために, 表 8.1 に Broadie et al. (1997) による結果を示す. この計算結果から, 1日ごとにモニタリングする離散型バリアオプションでも, 離散型と連続型の価格には大きな差のあることがわかる. 連続時間の式においてバリアを H から $He^{\pm \beta \sigma \sqrt{T/m}}$ にシフトする近似式を用いることで, 大幅に改善されている.

Cao and Kou (2007) は2次元のバリアオプションや部分的バリアオプションに対してバリア補正の公式を導出した. 例えば, 部分的バリアオプションでは, ある一定値で一様にバリアを上下にシフトさせることはできない. また, 部分的バリアオプションの異なった役割のバリアの扱いにも注意する必要がある. すなわち, このバリアは終端価値にもなり, 上方や下方のバリアにもなるなど, これらのバリアはサンプルパスに沿った事象に依存する.

4.2 ランダムウォークの連続補正

連続補正は逐次解析における古典的手法の一つである. この方法では, 離散ランダムウォークがバリアを超えるときの「オーバーシュート」効果を調整するために正規近似の補正がなされる. 例えば, Chernoff (1965), Siegmund (1985), Woodroofe (1982) を参照せよ.

任意の確率測度 $\mathbb{P}$ のもとでの標準 Brown 運動 $B(t)$ に対して, 離散ランダムウォークと連続時間の Brown 運動の停止時刻は

$$\tau'(b,U) := \inf\{n \geq 1 : U_n \geq b\sqrt{m}\}$$
$$\tilde{\tau}'(b,U) := \inf\{n \geq 1 : U_n \leq \sqrt{m}\}$$
$$\tau(b,U) := \inf\{t \geq 0 : U(T) \geq b\}$$
$$\tilde{\tau}(b,U) := \inf\{t \geq 0 : U(T) \leq b\}$$

で定義される.ここで $U(t) := vt + B(t)$, U_n は微小ドリフト ($m \to \infty$ のとき) 付きのランダムウォークで $U_n := \sum_{i=1}^{n}(Z_i + v/\sqrt{m})$ である.ただし, Z_i は $\mathbb{P}$ のもとで独立な標準正規確率変数である.一般的な Lévy 過程においては,離散ランダムウォークの増分 Z_i は独立な確率変数であり, $\mathbb{P}$ のもとで正規分布である必要性はない. Brown 運動の場合,逐次解析のよく知られた結果から近似式が導出される (Siegmund and Yuh, 1982; Siegmund, 1985, pp. 220–224). 任意定数 $b \geq y$ と $b > 0$ に対して, $m \to \infty$ のとき

$$\mathbb{P}(U_m < y\sqrt{m}, \tau'(b,U) \leq m)$$
$$= \mathbb{P}\left(U(1) \leq y, \tau\left(b + \frac{\beta}{\sqrt{m}}, U\right) \leq 1\right) + o\left(\frac{1}{\sqrt{m}}\right) \quad (8.3)$$

となる.ここで,定数 β は以下で与えられるオーバーシュートの限界期待値である.

$$\beta = \frac{\mathbb{E}[A_N^2]}{2\mathbb{E}[A_N]}$$

ただし,平均 0 のランダムウォーク A_n は $A_n := \sum_{i=1}^{n} Z_i$ で定義される. N は A_n における 1 番目のラダー (ladder) の高さで, $N = \min\{n \geq 1 : A_n > 0\}$ である.一般的な Lévy 過程の場合,定数 β に加えて他の項が必要となる.

4.2.1　鏡像原理による直観的考察

(8.3) を直観的に説明するために,ドリフトが $v = 0$ のときの標準 Brown 運動に対する鏡像原理 (reflection principle) を考える.ドリフトがある一般的な場合は,尤度比法によって扱うことができる.標準 Brown 運動に対する鏡像原理 (例えば, Karatzas and Shreve, 1991 を見よ) から

$$\mathbb{P}(U(1) \leq y, \tau(b,U) \leq 1) = \mathbb{P}(U(1) \geq 2b - y)$$

を得る.直観的に,ランダムなオーバーシュート $R_m := U_{\tau'} - b\sqrt{m}$ により,ランダムウォークの鏡像原理は

$$\mathbb{P}(U_m < y\sqrt{m}, \tau'(b,U) \leq m) = \mathbb{P}(U_m \geq 2(b\sqrt{m} + R_m) - y\sqrt{m})$$

となる.この説明が図 8.1 に示されている.

4. 連続補正

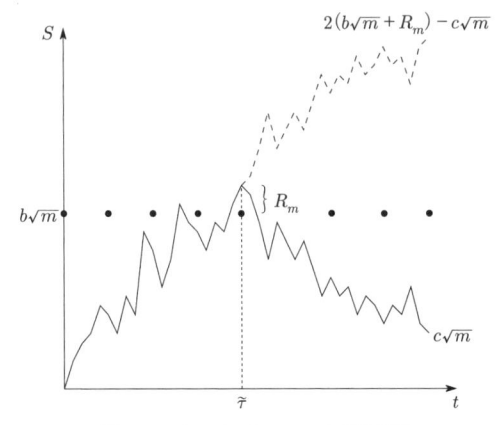

図 8.1 オーバーシュートと鏡像原理

確率変数 R_m を期待値 $\mathbb{E}[R_m]$ と置き換えて，再生定理

$$\mathbb{E}[R_m] \to \frac{\mathbb{E}[A_N^2]}{2\mathbb{E}[A_N]} = \beta$$

を用いると

$$\begin{aligned}
&\mathbb{P}(U_m < y\sqrt{m}, \tau'(b, U) \leq m) \\
&\approx \mathbb{P}\left(U_m \geq \left\{2\left(b + \frac{\beta}{\sqrt{m}}\right)\right\}\sqrt{m} - y\sqrt{m}\right) \\
&\approx \mathbb{P}\left(U(1) \geq 2\left(b + \frac{\beta}{\sqrt{m}}\right) - y\right) \\
&= \mathbb{P}\left(U(1) \leq y, \tau\left(b + \frac{\beta}{\sqrt{m}}, U\right) \leq 1\right)
\end{aligned}$$

を得る．これが (8.3) の直観的な説明である．

4.2.2 定数 β の計算

平均 0，分散 1 をもつ任意の i.i.d.（independent identically distributed）の確率変数 Z_i に対して，β を計算するために無限級数と 1 次元積分による 2 つの方法がある．

まずはじめに，$\mathbb{E}[A_N]$ に関する Spitzer (1960) の以下の結果を示す．

$$\mathbb{E}[A_N] = \frac{1}{\sqrt{2}} e^{\omega_0}$$

$\mathbb{E}[A_N^2]$ に関して Lai (1976) から

$$\mathbb{E}[A_N^2] = \left\{\omega_2 + \frac{\mathbb{E}[Z_1^3]}{3\sqrt{2}} - \sqrt{2}\omega_1\right\} e^{\omega_0}$$

を得る. ただし

$$\omega_0 = \sum_{n=1}^{\infty} \frac{1}{n} \left(\mathbb{P}\{A_n \le 0\} - \frac{1}{2} \right)$$

$$\omega_2 = 1 - \frac{1}{\sqrt{\pi}} \sum_{n=1}^{\infty} \left\{ \frac{1}{\sqrt{n}} - \sqrt{\pi} \binom{-1/2}{n} (-1)^n \right\}$$

$$\binom{x}{n} = x(x-1)\cdots(x-n+1)/n!$$

$$\omega_1 = \sum_{n=1}^{\infty} \frac{1}{\sqrt{n}} \left(\mathbb{E}\left[\left(\frac{A_n}{\sqrt{n}} \right)^{-} \right] - \frac{1}{\sqrt{2\pi}} \right)$$

である.

正規確率変数の特性から β の明示的な計算が可能となる. $\omega_0 = 0, \omega_1 = 0, \mathbb{E}[Z_1^3] = 0$ のとき

$$\beta = \frac{\mathbb{E}[A_N^2]}{2\mathbb{E}[A_N]} = \frac{\{\omega_2 + \mathbb{E}[Z_1^3]/(3\sqrt{2}) - \sqrt{2}\omega_1\}e^{\omega_0}}{2(1/\sqrt{2})e^{\omega_0}} = \frac{\omega_2}{\sqrt{2}} \tag{8.4}$$

となる. 正規確率変数, すなわち Brown 運動モデルの場合には

$$\beta = \frac{\mathbb{E}[A_N^2]}{2\mathbb{E}[A_N]} = \frac{\omega_2}{\sqrt{2}} = -\frac{\zeta(1/2)}{\sqrt{2\pi}} \tag{8.5}$$

となるが, この証明を付録 B において行う. ここで, ζ は Riemann のゼータ関数である. 既存の証明と比較すると, 付録 B における証明はより直接的で新しい証明となっている.

(8.5) の β と Riemann のゼータ関数の関係は, Wiener–Hopf 積分方程式による最適停止問題を扱った論文 Chernoff (1965) に示されている. Howison and Steinberg (2005) は Wiener–Hopf 積分方程式と Riemann のゼータ積分の関係を示し, 摂動法と Spitzer 関数による非常に簡潔な 2 次展開を与えた. Chernoff (1965) における Wiener–Hopf 方程式から計算した定数と Siegmund (1979) の連続補正による定数が同じであることを, Hogan (1986) が示した. この後に Chang and Peres (1997) が正規確率変数の場合におけるラダーの高さと Riemann のゼータ関数の関係に関するより一般的な結果を与えた. この特別な場合が (8.5) である. この拡張の関連文献として Blanchet and Glynn (2006), Asmussen et al. (1995) を見よ. 付録 B において, Chang and Peres (1997) の一般的な結果や Hogan (1986) の議論を用いることなく, 正規確率変数の場合の (8.5) を直接的に証明する.

Z_1 が連続確率変数であるとき, β に関する他の積分表現がある (例えば, Siegmund, 1985, p. 225).

$$\beta = \frac{\mathbb{E}[Z_1^3]}{6} - \frac{1}{\pi}\int_0^\infty \frac{1}{\lambda^2}\mathrm{Re}\left\{\log\left(\frac{2(1-\mathbb{E}[\exp\{i\lambda Z_1\}])}{\lambda^2}\right)\right\}\mathrm{d}\lambda \qquad (8.6)$$

正規確率変数の場合，$\mathbb{E}[\exp\{i\lambda Z_1\}] = e^{-\lambda^2/2}$ と

$$\beta = -\frac{1}{\pi}\int_0^\infty \frac{1}{\lambda^2}\log\left(\frac{1-e^{-\lambda^2/2}}{\lambda^2/2}\right)\mathrm{d}\lambda$$

$$= -\frac{1}{\pi\sqrt{2}}\int_0^\infty \frac{1}{x^2}\log\left(\frac{1-e^{-x^2}}{x^2}\right)\mathrm{d}x$$

を得る．Comtet and Majumdar (2005) において

$$\frac{1}{\pi}\int_0^\infty \frac{1}{x^2}\log\left(\frac{1-e^{-x^\alpha}}{x^\alpha}\right)\mathrm{d}x = \frac{\zeta(1/\alpha)}{(2\pi)^{1/\alpha}\sin(\pi/2\alpha)}, \quad 1 < \alpha \le 2$$

が示されている．特に，$\alpha = 2$ のときは

$$\frac{1}{\pi}\int_0^\infty \frac{1}{x^2}\log\left(\frac{1-e^{-x^2}}{x^2}\right)\mathrm{d}x = -\frac{\zeta(1/2)}{(2\pi)^{1/2}\sin(\pi/4)} = \frac{\zeta(1/2)}{(\pi)^{1/2}}$$

$$\beta = -\frac{1}{\pi\sqrt{2}}\int_0^\infty \frac{1}{x^2}\log\left(\frac{1-e^{-x^2}}{x^2}\right)\mathrm{d}x = -\frac{\zeta(1/2)}{\sqrt{2\pi}}$$

となる．Comtet and Majumdar (2005) は，対称 Laplace 分布や一様分布といった他の対称的な分布に対しても (8.6) を評価している．

4.2.3　一般化の困難性

　連続補正に関する上記の理論は，1つのパラメータで指標化されている指数型分布族に属する確率変数に関するランダムウォーク（$\sum_{i=1}^n Z_i$ の場合）の漸近解析に大きく依存する．この場合，指数型分布族は Z_i に関する $N(0,1)$ を含んでおり，その分布族の要素は，$Z_i + v/\sqrt{m}$ の分布である $N(v/\sqrt{m}, 1)$ である．ジャンプ拡散過程モデルのような一般的な場合において，1つのパラメータで指標化されている指数型分布族の連続補正に関して定式化する方法は明らかではない．それは，いくつかの確率的要素（Brown 運動の部分やジャンプの部分など）やそれに伴ういくつかのパラメータがあるからである．

5. 摂動法

離散型バリアオプションの価格は，区分線形の境界条件をもつ偏微分方程式の解として表せることから，偏微分方程式の数値計算法も有用である．この特殊な数値計算法の一つとして摂動法（perturbation method）がある．この計算法は，近似式を得るために様々な漸近展開を形式的に組み合わせる方法である．Howison and Steinberg (2005), Howison (2005) では，この方法を用いて離散型バリアオプションとアメリカンオプションの精度の高い近似式を与えている．

5.1 摂動法の基礎概念

摂動法は，パラメータの値が 0 付近で近似式となるため，はじめにパラメータが小さい値であることを確認する．境界条件に合わせるために内部と外部領域の解を特定化する．最終的な近似式は，2 つの解の和からそれぞれの解の極限値を引いたものとなる．この摂動計算の基礎概念を示すために，以下のような常微分方程式を考える．

$$\varepsilon y'' + y' = t, \quad 0 < t < 1; \quad y(0) = y(1) = 1$$

ここで，パラメータ ε は小さい値である．$\varepsilon = 0$ のときは解 $y = t^2/2 + C$ を得る．しかし，この解は 2 つの境界条件 $y(0) = y(1) = 1$ を同時に満たすことはできない．このような困難さを解決するために，0 付近の解（内部解）と 1 付近の解（外部解）の 2 つを考える．最終的な近似式は 2 つの解の組合わせ（「マッチング」と呼ぶ）からなる．$\varepsilon = 0$ として右側の境界で値を合せると外部解は

$$y_1(t) = \frac{t^2}{2} + \frac{1}{2}, \quad y_1(1) = 1$$

で与えられる．内部解では，0 付近の解を調べるために時間のスケールを変える．$s = t/\varepsilon$, $A(s) = y(t)$ とすると，スケールを変化させたときの方程式

$$\frac{\varepsilon}{\varepsilon^2}\frac{\mathrm{d}^2 A}{\mathrm{d}s^2} + \frac{1}{\varepsilon}\frac{\mathrm{d}A}{\mathrm{d}s} = \varepsilon s \quad \text{もしくは} \quad \frac{\mathrm{d}^2 A}{\mathrm{d}s^2} + \frac{\mathrm{d}A}{\mathrm{d}s} = \varepsilon^2 s$$

が得られる．$\varepsilon = 0$ とすると線形常微分方程式

$$\frac{\mathrm{d}^2 A}{\mathrm{d}s^2} + \frac{\mathrm{d}A}{\mathrm{d}s} = 0$$

となる．この方程式の解は $A(s) = a + be^{-s}$ である．時間のスケールを t に戻すと，内部解は $y_2(t) = a + be^{-t/\varepsilon}$ となる．0 における境界に合わせると

$$y_2 = (1-b) + be^{-t/\varepsilon}, \quad y_2(0) = 1$$

が得られる.

次に, $t=0$ 後の時点で,内部解と外部解が一致するように b を選ぶ. $u=t/\sqrt{\varepsilon}$ として,それぞれの解に代入すると

$$y_1(u\sqrt{\varepsilon}) = \frac{u^2\varepsilon}{2} + \frac{1}{2} \to \frac{1}{2}$$
$$y_2(u\sqrt{\varepsilon}) = (1-b) + be^{-u\sqrt{\varepsilon}/\varepsilon} \to 1-b$$

となり, $b=1/2$ を得る.その結果,外部解と内部解は

$$y_1(t) = \frac{t^2}{2} + \frac{1}{2}, \qquad y_2(t) = \frac{1}{2} + \frac{1}{2}e^{-t/\varepsilon}$$

となる.最後に内部解と外部解の和から 0 時点付近の共通の極限値を引くことによって以下の摂動近似が得られる.

$$y_1(t) + y_2(t) - \lim_{\varepsilon \to 0} y_1(u\sqrt{\varepsilon}) = \left(\frac{t^2}{2} + \frac{1}{2}\right) + \left(\frac{1}{2} + \frac{1}{2}e^{-t/\varepsilon}\right) - \frac{1}{2}$$
$$= \frac{t^2}{2} + \frac{1}{2} + \frac{1}{2}e^{-t/\varepsilon}$$

5.2 Howison–Steinberg 近似

Howison and Steinbert (2005) と Howison (2005) では外部解と内部解の両方を用いて,離散型バリアオプションやバミューダン(離散型アメリカン)オプションの精度の高い近似式を与えている.この近似式は Broadie et al. (1997) のような 1 次補正だけでなく 2 次補正も与えている.

原資産価格がバリアから離れていると仮定するときは外部展開を行う.この場合,バリアオプションの価格は標準的なコールオプションやプットオプションの価格で近似される.内部解は,原資産価格がバリアに近いときのものに対応している.

ある離散時点においてバリアを超えたことをモニタリングできるので,内部解は周期的な熱方程式になる. Howison and Steinberg (2005) は,Wiener–Hopf 方程式に Spitzer 関数 (Spitzer, 1957, 1960) を用いることで周期的な熱方程式の簡潔な漸近解析を示している.後に,内部解と外部解を組み合わせることで近似式を得ている.ここでは数学的な詳細は省略するが,興味のある読者は Howison and Steinberg (2005) や Howison (2005) を参照せよ.

Howison and Steinberg (2005) の近似式は非常に精度が高く,離散型バリアオプションに対してオーダー $o(1/m)$ の 2 次近似を与えている.これは Broadie et al. (1997) におけるオーダー $o(1/\sqrt{m})$ の連続補正より精度が高いことがわかる.摂動法は一般的に厳密な証明が与えられていないことが唯一の欠点である.

6. Laplace 変換法

Ohgren (2001) における結果と Carr and Madan (1999) で導入された（対数行使価格に関する）Laplace 変換を用いて，Petrella and Kou (2004) は Laplace 変換に基づいた計算方法を構築した．この方法によって，ある時点以前に達した最大値（最小値）を無視することができなくても，その時点で離散的にモニタリングするルックバックオプションやバリアオプションの価格およびリスク指標のグリークス（Greeks）を簡単に計算することが可能となった．Petrella and Kou (2004) では古典的な Brown 運動モデルだけでなく，定常独立増分の一般的なモデル（例えば，ジャンプ拡散過程モデル）の計算も行っている．これとは別に，Borovkov and Novikov (2002, pp. 893–894) は離散型ルックバックオプションの価格付けにおいてモニタリング時点（任意の時点ではないためリスク指標の議論はされていない）で Fourier 変換を行う類似の方法を提案した．Petrella and Kou (2004) で提案された方法は，任意の時点で離散型のルックバックオプションとバリアオプションの両方の価格付けが可能であることから（したがって，リスク指標も計算することができる），非常に一般的な方法である．

6.1 Spitzer の恒等式

区間 $[0,T]$ において等間隔の時点 $0 \equiv t(0) < t(1) < \cdots < t(m) \equiv T$ でモニタリングする資産価格 $S(t)$ を考える．X_i を $t(i-1)$ から $t(i)$ の間で得られる収益とすると，$X_i := \log\{S(t(i))/S(t(i-1))\}$ となる．$t(\ell)$ をモニタリング時点とし，時刻 t は $(\ell-1)$ 番目と ℓ 番目のモニタリング時点の間の時刻とする．すなわち，$t(\ell-1) \leq t < t(\ell)$ である．モニタリング時点間の収益の最大値を $\widetilde{M}_{\ell,k} := \max_{\ell \leq j \leq k} \sum_{i=\ell+1}^{j} X_i, \ell = 0, \cdots, k$ と定義する．ここで，指標集合が空集合のとき総和は 0 とする．$X_1, X_2, \cdots$ を i.i.d. の確率変数と仮定する．$X_{s,t} := \log\{S(t)/S(s)\}$ を時刻 s と $t(t \geq s)$ の間の収益とするとき

$$C(u,v;t) := \mathbb{E}^*[e^{uX_{t,t(\ell)}}]\mathbb{E}^*[e^{u\widetilde{M}_{\ell,m}+vX_{t,T}}] = \hat{x}_{\ell,m}\mathbb{E}^*[e^{(u+v)X_{t,t(\ell)}}] \quad (8.7)$$

と定義する．ただし

$$\hat{x}_{\ell,k} := \mathbb{E}^*[e^{u\widehat{M}_{\ell,k}+vB_{\ell,k}}], \quad \ell \leq k, \quad B_{\ell,k} := \sum_{i=\ell+1}^{k} X_i \quad (8.8)$$

である．
$0 \leq \ell \leq k$ に対して

$$\hat{a}_{\ell,k} := \mathbb{E}^*[e^{(u+v)B_{\ell,k}^+}] + \mathbb{E}^*[e^{-vB_{\ell,k}^-}] - 1, \quad u,v \in \mathbb{C} \quad (8.9)$$

を定義する．Spitzer (1956) では，$\text{Im}(u) \geq 0$, $\text{Im}(v) \geq 0$ のとき $s < 1$, $u, v \in \mathbb{C}$ に対して

$$\sum_{k=0}^{\infty} s^k \hat{x}_{\ell,k} = \exp\left(\sum_{k=0}^{\infty} \frac{s^k}{k} \hat{a}_{\ell,k}\right) \tag{8.10}$$

が証明されている．ただし $B_{\ell,k}^+$ と $B_{\ell,k}^-$ は，それぞれ $B_{\ell,k}$ の正と負の部分を示している．s_0' が十分小さい値であるとき，$s \leq s_0'$ とすることによって，容易に (8.10) を任意の $u, v \in \mathbb{C}$ に拡張することができる．

$\hat{a}_{\ell,k}$ から $\hat{x}_{\ell,k}$ を得るために，Ohgren (2001) で示されているように，$s = 0$ の Leibniz の公式を用いることによって Spitzer の恒等式を逆変換する．Petrella and Kou (2004) で示されているように，任意の ℓ に対して

$$\hat{x}_{\ell,k+1} = \frac{1}{k - \ell + 1} \sum_{j=0}^{k-l} \hat{a}_{\ell,k+1-j} \hat{x}_{\ell,\ell+j} \tag{8.11}$$

を得る．$\hat{a}_{\ell,k}$ を計算するために，Petrella and Kou (2004) は

$$\mathbb{E}^*[e^{uB_{\ell,k}^+}] = \begin{cases} 1 + \mathbb{E}^*\left[(e^{uB_{\ell,k}} - 1)\mathbf{1}_{\{uB_{\ell,k} > 0\}}\right] = 1 + C_1(u,k) \\ \quad \text{if } u \geq 0 \\ 1 - \mathbb{E}^*\left[(1 - e^{uB_{\ell,k}})\mathbf{1}_{\{uB_{\ell,k} < 0\}}\right] = 1 - P_1(u,k) \\ \quad \text{if } u < 0 \end{cases} \tag{8.12}$$

$$\mathbb{E}^*[e^{-vB_{\ell,k}^-}] = \begin{cases} 1 + \mathbb{E}^*\left[(e^{-vB_{\ell,k}} - 1)\mathbf{1}_{\{vB_{\ell,k} < 0\}}\right] = 1 + C_1(-v,k) \\ \quad \text{if } v \geq 0 \\ 1 - \mathbb{E}^*\left[(1 - e^{-vB_{\ell,k}})\mathbf{1}_{\{vB_{\ell,k} > 0\}}\right] = 1 - P_1(-v,k) \\ \quad \text{if } v < 0 \end{cases} \tag{8.13}$$

も示している．ただし，$C_1(u,k)$ は行使価格 $K = 1$ で，$\bar{S}_0 = 1$，収益 $u \cdot X_{t(\ell),t(k)}$ の資産 $\bar{S}_t$ のヨーロピアンコールオプションの価格であり，$P_1(u,k)$ は行使価格 $K = 1$ で，$\bar{S}_0 = 1$，収益 $u \cdot X_{t(\ell),t(k)}$ の資産 $\bar{S}_t$ のヨーロピアンプットオプションの価格である．すなわち，標準的なコールオプションとプットオプションの解析解から容易に $\hat{a}_{\ell,k}$ を計算することができる．

6.2 離散型バリアオプションの Laplace 変換

紙幅の制約のため，本項ではバリアオプションのみを議論する．ルックバックオプションに関しては，Petrella and Kou (2004) を参照せよ．$\xi > 1$, $\zeta > 0$ として，$C(-\zeta, 1 - \xi; t) < \infty$ と仮定する．Petrella and Kou (2004) で示されているように，任意の時刻 $t \in [t(\ell - 1), t(\ell)), m \geq \ell \geq 1$ において，$f(\kappa, h; S(t)) = \mathbb{E}^*[(e^\kappa - S(T))^+ \mathbf{1}_{\{M_{0,T} < e^h\}} \mid \mathcal{F}_t]$ の二重 Laplace 変換は

$$\hat{f}(\xi,\zeta) := \int_{-\infty}^{\infty}\int_{-\infty}^{\infty} e^{-\xi\kappa-\zeta h} f(\kappa,h;S(t))\mathrm{d}\kappa\mathrm{d}h$$

$$= (S(t))^{-(\xi+\zeta-1)}\frac{C(-\zeta,1-\xi;t)}{\xi(\xi-1)\zeta} \tag{8.14}$$

で与えられる．ただし C は (8.7) で定義されている関数である．グリークスも同様に計算することができる．例えば，任意の時刻 $t \in [t(\ell-1), t(\ell)), 1 \leq \ell < m$ に対して

$$\frac{\partial}{\partial S(t)}UOP(t,T)$$
$$= -e^{-r(T-t)}\mathcal{L}_{\xi,\zeta}^{-1}\left(\frac{(\xi+\zeta-1)(S(t))^{-(\xi+\zeta)}}{\xi(\xi-1)\zeta} \times C(-\zeta, 1-\xi; t)\right)\bigg|_{\log(K),\log(H)}$$

を得る．

アルゴリズムを一般性を失うことなく記述するために，アップアンドアウトプットオプションの価格とリスク指標の計算を重点的に扱う．

アルゴリズム：

　　入力： ヨーロピアンコールオプションとプットオプションの解析解を入力する．
　　ステップ1： ヨーロピアンコールオプションとプットオプションの公式を用いて (8.9), (8.12), (8.13) から $\hat{a}_{i,k}$ を計算する．
　　ステップ2： (8.11) を用いて $\hat{x}_{\ell,k}$ を計算する．
　　ステップ3： (8.7) から $C(u,v;t)$ を計算する．
　　ステップ4： 数値的に (8.14) の Laplace 逆変換を行う．

ステップ4では，Petrella (2004) における両側 Euler 逆変換アルゴリズムを用いて Laplace 逆変換を行う．Petrella (2004) のアルゴリズムは Abate and Whitt (1992) や Choudhury et al. (1994) の片側 Euler アルゴリズムを拡張したものである．

アルゴリズムは，Spitzer の恒等式を利用するため，一般的に標準ヨーロピアンコールとプットの価格の入力のみを必要とする．このアルゴリズムは他のデリバティブの価格付けにも拡張することができる．デリバティブの価値は，終端価値と離散的にモニタリングされる最大値（最小値）の同時分布関数で表される．例えば，部分的ルックバックオプションなどがその例である．Petrella and Kou (2004) の数値例で示されているように，様々なパラメータ（初期価格がバリア付近の場合やモニタリング時点の数が多い場合を含む）に対して，このアルゴリズムは非常に計算速度が速く（計算時間は数秒），きわめて精度が高い（小数点3桁ほどの精度）．N を Laplace 逆変換に必要な項の数として M をモニタリング時点の総数とすると，バリアオプションとルックバックオプションの総計算量は双方 $O(NM^2)$ のオーダーである．

7. 計算方法の選択

　本章では，離散型のバリアオプションとルックバックオプションに対する最近の4つの計算方法を紹介した．どの方法が，それぞれの特殊な要求に応えることができるのかという疑問が生じる．その答えは，計算速度と精度，一般性（例えば，計算方法が標準 Brown 運動より複雑なモデルに適用可能であるか），プログラム量の4つの要因に依存する．われわれはプログラム量も重要であると考えているが，関連文献において無視されていることが多い．コンピューテーショナルファイナンスにおいて二項ツリーやモンテカルロ法がよく使われる理由として，高速で複雑な方法よりも簡便なアルゴリズムで少ないプログラム量ですむからである．コンピュータ技術の発達により CPU 時間が年々改良されていることも理由の一つである．そのため，それぞれのアルゴリズムを比較するだけでなく，さらに高速のマイクロプロセッサもあわせて比較する必要がある．現在から5年後，アルゴリズムの計算速度が10倍になることはそれほど重要なことではないが，そのためにアルゴリズムの簡潔さが残るという点では重要である．

　計算速度とプログラミング量の観点から，最も高速で簡便な方法は，連続補正や Howison–Steinberg 法のような近似法である．なぜなら，それらの方法は解析解をもっているからである．しかし，近似法では厳密な結果を与えることはできない．5〜10%（実務上，5〜10% の誤差は一般的である．それは，標準的なコール/プットオプションの売買幅（bid-ask spread）が5〜10% であり，バリアオプションやルックバックオプションの売買幅は，それ以上だからである）の計算誤差を許容できるなら，近似法を選ぶことができる．近似法の欠点は，古典的な Brown 運動モデル以外の近似を一般化する方法が明らかではないことである．

　計算精度の重要性が高いとき，例えば，計算基準を設ける必要があるときは，「厳密な方法」が必要となる．例えば，標準 Brown 運動モデルや（Merton のジャンプ拡散モデルのような）正規確率変数を含むモデルを用いる場合，高速 Gauss 変換による Broadie–Yamamoto 法が最善の選択であると考えられる．それは，計算速度は速く精度も高い，さらには実装がしやすいからである．

　しかし，独立な Gauss 確率変数の混合として簡単に表すことができないような非 Gauss 分布（例えば，両側指数分布のジャンプ拡散モデル）をもつ，より一般的な Lévy 過程におけるオプション価格の計算を行いたいときは，Feng–Linetsky 法，もしくは Spitzer の恒等式による Laplace 変換による方法が適当である．Feng–Linetsky 法は有効な方法であり，きわめて精度の高い結果を得ることができる．Laplace 変換法より計算速度は速いが，比較的多くのプログラム量を必要とする．さらに，計算法が簡便であり，追加的な計算コストは必要とせず，Spitzer の恒等式による Laplace 逆変換法用いることでオプションのリスク指標（グリークス）を計算することができる．

付録 A (8.1) の証明

事象 $\{\tau'(a/(\sigma\sqrt{T}), W) = 1\}$ と $\{\tau'(a/(\sigma\sqrt{T}), W) = 2\}$ を考えることによって,

$$V_3(H) = S(0) \sum_{i=1}^{2} \widehat{\mathbb{P}}\left(W_3 \geq \frac{\log(K/S(0))}{\sigma\sqrt{\Delta t}}, \tau'\left(\frac{a}{\sigma\sqrt{T}}, W\right) = i\right)$$

$$- Ke^{-rT} \sum_{i=1}^{2} \mathbb{P}^*\left(W_3 \geq \frac{\log(K/S(0))}{\sigma\sqrt{\Delta t}}, \tau'\left(\frac{a}{\sigma\sqrt{T}}, W\right) = i\right)$$

$$= S(0)\widehat{\mathbb{P}}\left(-W_1 \leq -\frac{\log(H/S(0))}{\sigma\sqrt{T}}\sqrt{3}, -W_3 \leq -\frac{\log(K/S(0))}{\sigma\sqrt{\Delta t}}\right)$$

$$+ S(0)\widehat{\mathbb{P}}\Big(W_1 < \frac{\log(H/S(0))}{\sigma\sqrt{T}}\sqrt{3},$$

$$-W_2 \leq -\frac{\log(H/S(0))}{\sigma\sqrt{T}}\sqrt{3}, -W_3 \leq -\frac{\log(K/S(0))}{\sigma\sqrt{\Delta t}}\Big)$$

$$- Ke^{-rT}\mathbb{P}^*\left(-W_1 \leq -\frac{\log(H/S(0))}{\sigma\sqrt{T}}\sqrt{3}, -W_3 \leq -\frac{\log(K/S(0))}{\sigma\sqrt{\Delta t}}\right)$$

$$- Ke^{-rT}\mathbb{P}^*\Big(W_1 < \frac{\log(H/S(0))}{\sigma\sqrt{T}}\sqrt{3},$$

$$-W_2 \leq -\frac{\log(H/S(0))}{\sigma\sqrt{T}}\sqrt{3}, -W_3 \leq \frac{\log(K/S(0))}{\sigma\sqrt{\Delta t}}\Big)$$

が得られる. 相関は

$$\varrho(W_1, W_2) = \varrho(Z_1, Z_1 + Z_2) = \sqrt{\frac{1}{2}} = \sqrt{\frac{t_1}{t_2}}$$

$$\varrho(W_1, -W_3) = \varrho(Z_1, -Z_1 - Z_2 - Z_3) = -\sqrt{\frac{t_1}{T}}$$

$$\varrho(W_2, -W_3) = \varrho(Z_1 + Z_2, -Z_1 - Z_2 - Z_3) = -\sqrt{\frac{t_2}{T}}$$

である. ただし,

$$\text{var}[W_k] = k, \qquad \widehat{\mathbb{E}}[W_k] = k\frac{r + (1/2)\sigma^2}{\sigma}\sqrt{\Delta t}$$

$$\mathbb{E}^*[W_k] = k\frac{r - (1/2)\sigma^2}{\sigma}\sqrt{\Delta t}, \quad k = 1, 2, 3$$

である. $\widehat{\mathbb{P}}$ に関する計算は

$$\pm \frac{\log(H/S(0))}{\sigma\sqrt{\Delta t}} - \frac{r+(1/2)\sigma^2}{\sigma}\sqrt{\Delta t}$$
$$= \frac{\pm\log(H/S(0)) - \{(r+(1/2)\sigma^2)\}t_1}{\sigma\sqrt{t_1}} \equiv \hat{a}_{1,H,\pm}$$
$$\frac{1}{\sqrt{2}}\left(\pm\frac{\log(H/S(0))}{\sigma\sqrt{\Delta t}} - 2\frac{r+(1/2)\sigma^2}{\sigma}\sqrt{\Delta t}\right)$$
$$= \frac{\pm\log(H/S(0)) - \{(r+(1/2)\sigma^2)\}t_2}{\sigma\sqrt{t_2}} \equiv \hat{a}_{2,H,\pm}$$
$$\frac{1}{\sqrt{3}}\left(-\frac{\log(K/S(0))}{\sigma\sqrt{\Delta t}} - 3\frac{r+(1/2)\sigma^2}{\sigma}\sqrt{\Delta t}\right)$$
$$= \frac{-\log(K/S(0)) - \{(r+(1/2)\sigma^2)\}T}{\sigma\sqrt{T}} \equiv \hat{a}_K$$

となり, $\mathbb{P}^*$ に関する計算は

$$\pm\frac{\log(H/S(0))}{\sigma\sqrt{\Delta t}} - \frac{r-(1/2)\sigma^2}{\sigma}\sqrt{\Delta t}$$
$$= \frac{\pm\log(H/S(0)) - \{(r-(1/2)\sigma^2)\}t_1}{\sigma\sqrt{t_1}} \equiv a^*_{1,H,\pm}$$
$$\frac{1}{\sqrt{2}}\left(\pm\frac{\log(H/S(0))}{\sigma\sqrt{\Delta t}} - 2\frac{r-(1/2)\sigma^2}{\sigma}\sqrt{\Delta t}\right)$$
$$= \frac{\pm\log(H/S(0)) - \{(r-(1/2)\sigma^2)\}t_2}{\sigma\sqrt{t_2}} \equiv a^*_{2,H,\pm}$$
$$\frac{1}{\sqrt{3}}\left(-\frac{\log(K/S(0))}{\sigma\sqrt{\Delta t}} - 3\frac{r-(1/2)\sigma^2}{\sigma}\sqrt{\Delta t}\right)$$
$$= \frac{-\log(K/S(0)) - \{(r-(1/2)\sigma^2)\}T}{\sigma\sqrt{T}} \equiv a^*_K$$

となる.

付録B 定数 β の計算

まずはじめに, (8.5) の級数を示す. すなわち,

$$\sum_{n=1}^{\infty}\left\{\frac{1}{\sqrt{n}} - \sqrt{\pi}\binom{-1/2}{n}(-1)^n\right\} \tag{8.15}$$

この級数は絶対収束する. Stirling の公式

$$n! = n^n e^{-n}\sqrt{2\pi n}\cdot\varepsilon_n, e^{1/(12n+1)} < \varepsilon_n < e^{1/12n}$$

を用いると (例えば, Chow and Teicher, 1997 を見よ)

$$\sqrt{\pi}\begin{pmatrix}-1/2\\n\end{pmatrix}(-1)^n = \sqrt{\pi}\frac{1}{2}\frac{3}{2}\cdots\frac{(2n-1)/2}{n!} = \sqrt{\pi}\frac{(2n)!}{2^{2n}}\frac{1}{n!n!}$$

$$= \sqrt{\pi}\frac{(2n)^{2n}e^{-2n}\sqrt{2\pi\cdot 2n}}{2^{2n}}\frac{1}{n^n e^{-n}\sqrt{2\pi n}\cdot n^n e^{-n}\sqrt{2\pi n}}\frac{\varepsilon_{2n}}{\varepsilon_n\varepsilon_n}$$

$$= \frac{1}{\sqrt{n}}\frac{\varepsilon_{2n}}{\varepsilon_n\varepsilon_n}$$

を得る. $\varepsilon_{2n}/\varepsilon_n\varepsilon_n = 1 + O(1/n)$ から (8.15) の級数は絶対収束するため, この級数の項

$$\frac{1}{\sqrt{n}} - \sqrt{\pi}\begin{pmatrix}-1/2\\n\end{pmatrix}(-1)^n = \frac{1}{\sqrt{n}} - \frac{1}{\sqrt{n}}\frac{\varepsilon_{2n}}{\varepsilon_n\varepsilon_n} = \frac{1}{\sqrt{n}}\left(1 - \frac{\varepsilon_{2n}}{\varepsilon_n\varepsilon_n}\right)$$
$$= O\left(\frac{1}{n\sqrt{n}}\right)$$

を得る.

次に, 標準正規分布の確率密度の場合,

$$\beta = \frac{\mathbb{E}[A_N^2]}{2\mathbb{E}[A_N]} = \frac{\omega_2}{\sqrt{2}} = \frac{1}{\sqrt{2}}\left(1 - \frac{1}{\sqrt{\pi}}\sum_{n=1}^{\infty}\left\{\frac{1}{\sqrt{n}} - \sqrt{\pi}\begin{pmatrix}-1/2\\n\end{pmatrix}(-1)^n\right\}\right)$$

を得る.

$$\lim_{x\uparrow 1}\sum_{n=1}^{\infty}\left(\frac{x^n}{n^s} - \Gamma(1-s)\left\{\log\left(\frac{1}{x}\right)\right\}^{s-1}\right) = \zeta(s)$$

は Hardy (1905) に示されている. $s = 1/2$ のとき, $\Gamma(1/2) = \sqrt{\pi}$ を用いると

$$\lim_{x\uparrow 1}\sum_{n=1}^{\infty}\frac{x^n}{\sqrt{n}} - \sqrt{\pi}\left\{\log\left(\frac{1}{x}\right)\right\}^{-1/2} = \zeta\left(\frac{1}{2}\right) \quad (8.16)$$

を得る.

さらに, $x = 1 - \varepsilon$ として $x \uparrow 1$ のとき

$$\frac{1}{\sqrt{1-x}} - \left\{\log\left(\frac{1}{x}\right)\right\}^{-1/2}$$
$$= \frac{\sqrt{\log(1/x)} - \sqrt{1-x}}{\sqrt{\log(1/x)}\sqrt{1-x}}$$
$$= \frac{\log(1/x) - (1-x)}{\sqrt{\log(1/x)}\sqrt{1-x}(\sqrt{\log(1/x)} + \sqrt{1-x})}$$
$$= \frac{-\log(1-\varepsilon) - \varepsilon}{\sqrt{-\log(1-\varepsilon)}\sqrt{\varepsilon}(\sqrt{-\log(1-\varepsilon)} + \sqrt{\varepsilon})}$$
$$= \frac{O(\varepsilon^2)}{O(\sqrt{\varepsilon})O(\sqrt{\varepsilon})\{O(\sqrt{\varepsilon}) + O(\sqrt{\varepsilon})\}} = O(\sqrt{\varepsilon}) \to 0$$

となる．それゆえ，

$$\lim_{x\uparrow 1}\left(\frac{1}{\sqrt{1-x}}-\left\{\log\left(\frac{1}{x}\right)\right\}^{-1/2}\right)=0$$

を得る．$x\uparrow 1$ のとき，$1/\sqrt{1-x}$ と $\{\log(1/x)\}^{-1/2}$ はそれぞれ無限大となるが，その差はゼロとなる興味深い結果となる．

上記の極限は (8.16) と同様に

$$\lim_{x\uparrow 1}\sum_{n=1}^{\infty}\frac{x^n}{\sqrt{n}}-\sqrt{\pi}\frac{1}{\sqrt{1-x}}=\zeta\left(\frac{1}{2}\right)$$

となる．$(1-x)^{-\alpha}=\sum_{n=0}^{\infty}\binom{-\alpha}{n}(-x)^n$ であるから

$$\lim_{x\uparrow 1}\sum_{n=1}^{\infty}\frac{x^n}{\sqrt{n}}-\sqrt{\pi}\sum_{n=1}^{\infty}\binom{-1/2}{n}(-x)^n-\sqrt{\pi}\binom{-1/2}{0}(-x)^0=\zeta\left(\frac{1}{2}\right)$$

を得る．すなわち，

$$\lim_{x\uparrow 1}\sum_{n=1}^{\infty}\left\{\frac{1}{\sqrt{n}}-\sqrt{\pi}\binom{-1/2}{n}(-1)^n\right\}x^n=\sqrt{\pi}+\zeta\left(\frac{1}{2}\right)$$

となり，級数 (8.15) は絶対収束するため，極限と和が可換であり

$$\sum_{n=1}^{\infty}\left\{\frac{1}{\sqrt{n}}-\sqrt{\pi}\binom{-1/2}{n}(-1)^n\right\}=\sqrt{\pi}+\zeta\left(\frac{1}{2}\right)$$

となる．

以上をまとめると

$$\beta=\frac{1}{\sqrt{2}}\left(1-\frac{1}{\sqrt{\pi}}\sum_{n=1}^{\infty}\left\{\frac{1}{\sqrt{n}}-\sqrt{\pi}\binom{-1/2}{n}(-1)^n\right\}\right)$$
$$=\frac{1}{\sqrt{2}}\left(1-\frac{1}{\sqrt{\pi}}\left\{\sqrt{\pi}+\zeta\left(\frac{1}{2}\right)\right\}\right)=-\frac{\zeta(1/2)}{\sqrt{2\pi}}$$

が得られる．

〈Steven G. Kou/髙嶋隆太〉

参 考 文 献

Abate, J., Whitt, W. (1992). The Fourier series method for inverting transforms of probability distributions. *Queueing Systems* 10, 5–88.
Ahn, D.G., Figlewski, S., Gao, B. (1999). Pricing discrete barrier options with an adaptive mesh. *Journal of Derivatives* 6, 33–44.
Ait-Sahalia, F., Lai, T.L. (1997). Valuation of discrete barrier and hindsight options. *Journal of Financial Engineering* 6, 169–177.
Ait-Sahalia, F., Lai, T.L. (1998). Random walk duality and valuation of discrete lookback options. *Applied Mathematical Finance* 5, 227–240.
Andricopoulos, A., Widdicks, M., Duck, P., Newton, D. (2003). Universal option valuation using quadrature methods. *Journal of Financial Economics* 67, 447–471.
Andreasen, J. (1998). The pricing of discretely sampled Asian and lookback options: A change of numeraire approach. *Journal of Computational Finance* 2, 5–30.
Asmussen, S., Glynn, P., Pitman, J. (1995). Discretization error in simulation of one-dimensional reflecting Brownian motion. *Annals of Applied Probability* 5, 875–896.
Babbs, S. (1992). Binomial valuation of lookback options. Working paper. Midland Global Markets, London.
Blanchet, J., Glynn, P. (2006). Complete corrected diffusion approximations for the maximum of random walk. *Annals of Applied Probability* 16, 951–983.
Black, F., Cox, J. (1976). Valuing corporate debts: Some effects of bond indenture provisions. *Journal of Finance* 31, 351–367.
Borovkov, K., Novikov, A. (2002). On a new approach to calculating expectations for option pricing. *Journal of Applied Probability* 39, 889–895.
Boyle, P.P., Lau, S.H. (1994). Bumping up against the barrier with the binomial method. *Journal of Derivatives* 2, 6–14.
Boyle, P.P., Tian, Y. (1998). An explicit finite difference approach to the pricing of barrier options. *Applied Mathematical Finance* 5, 17–43.
Boyle, P.P., Tian, Y. (1999). Pricing lookback and barrier options under the CEV process. *Journal of Financial and Quantitative Analysis* 34, 241–264.
Broadie, M., Yamamoto, Y. (2005). A double-exponential fast Gauss transform algorithm for pricing discrete path-dependent options. Working paper. Columbia University. *Operations Research* 53, 764–779.
Broadie, M., Glasserman, P., Kou, S.G. (1997). A continuity correction for discrete barrier options. *Mathematical Finance* 7, 325–349.
Broadie, M., Glasserman, P., Kou, S.G. (1999). Connecting discrete and continuous path-dependent options. *Finance and Stochastics* 3, 55–82.
Cao, M., Kou, S.G. (2007). Continuity correction for two dimensional and partial barrier options. Working paper. Columbia University.
Carr, P., Madan, D.B. (1999). Option valuation using the fast Fourier transform. *Journal of Computational Finance* 2, 61–73.
Chance, D.M. (1994). The pricing and hedging of limited exercise of caps and spreads. *Journal of Financial Research* 17, 561–584.
Chang, J.T., Peres, Y. (1997). Ladder heights, Gaussian random walks and the Riemann zeta function. *Annals of Probability* 25, 787–802.
Chen, N., Kou, S.G. (2005). Credit spreads, optimal capital structure, and implied volatility with endogenous default and jump risk. Preprint. Columbia University. *Mathematical Finance*, in press.
Chernoff, H. (1965). Sequential Tests for the Mean of a Normal Distribution IV. *Annals of Mathematical Statistics* 36, 55–68.

Cheuk, T., Vorst, T. (1997). Currency lookback options and the observation frequency: A binomial approach. *Journal of International Money and Finance* 16, 173–187.

Choudhury, G.L., Lucantoni, D.M., Whitt, W. (1994). Multidimensional transform inversion with applications to the transient M/M/1 queue. *Annals of Applied Probability* 4, 719–740.

Chow, Y.S., Teicher, H. (1997). *Probability Theory: Independence, Interchangeability, Martingales*, third ed. Springer, New York.

Chuang, C.S. (1996). Joint distributions of Brownian motion and its maximum, with a generalization to corrected BM and applications to barrier options. *Statistics and Probability Letters* 28, 81–90.

Comtet, A., Majumdar, S.N. (2005). Precise asymptotic for a random walker's maximum. Working paper. Institut Henri Poincaré, Paris, France.

Conze, R., Viswanathan, R. (1991). Path-dependent options: The case of lookback options. *Journal of Finance* 46, 1893–1907.

Davydov, D., Linetsky, V. (2001). Pricing and hedging path-dependent options under the CEV process. *Management Science* 47, 949–965.

Duan, J.C., Dudley, E., Gauthier, G., Simonato, J.G. (2003). Pricing discrete monitored barrier options by a Markov chain. *Journal of Derivatives* 10, 9–32.

Feng, L., Linetsky, V. (2008). Pricing discretely monitored barrier options and defaultable bonds in Lévy process models: A Hilbert transform approach. Working paper. Northwestern University. *Mathematical Finance* 18, 337–384.

Figlewski, S., Gao, B. (1999). The adaptive mesh model: A new approach to efficient option pricing. *Journal of Financial Economics* 53, 313–351.

Fusai, G., Recchioni, M.C. (2003). Analysis of quadrature methods for the valuation of discrete barrier options. Working paper. Universita del Piemonte.

Gatto, M., Goldman, M.B., Sosin, H. (1979). Path-dependent options: "buy at the low, sell at the high". *Journal of Finance* 34, 1111–1127.

Glasserman, P. (2004). *Monte Carlo Methods in Financial Engineering*. Springer, New York.

Goldman, M.B., Sosin, H., Shepp, L. (1979). On contingent claims that insure ex post optimal stock market timing. *Journal of Finance* 34, 401–414.

Hardy, G.H. (1905). A method for determining the behavior of certain classes of power series near a singular point on the circle of convergence. *Proceedings London Mathematical Society* 2, 381–389.

Haug, E.G. (1999). Barrier put-call transformations. Working paper. Tempus Financial Engineering.

Heynen, R.C., Kat, H.M. (1994a). Crossing barriers. *Risk* 7 (June), 46–49. Correction (1995), *Risk* 8 (March), 18. Reprinted in: Jarrow, R. (Ed.), *Over the Rainbow: Developments in Exotic Options and Complex Swaps*. RISK/FCMC, London, pp. 179–182.

Heynen, R.C., Kat, H.M. (1994b). Partial barrier options. *Journal of Financial Engineering* 3, 253–274.

Heynen, R.C., Kat, H.M. (1995). Lookback options with discrete and partial monitoring of the underlying price. *Applied Mathematical Finance* 2, 273–284.

Hörfelt, P. (2003). Extension of the corrected barrier approximation by Broadie, Glasserman, and Kou. *Finance and Stochastics* 7, 231–243.

Hogan, M. (1986). Comment on a problem of Chernoff and Petkau. *Annals of Probability* 14, 1058–1063.

Howison, S. (2005). A matched asymptotic expansions approach to continuity corrections for discretely sampled options. Part 2: Bermudan options. Preprint. Oxford University.

Howison, S., Steinberg, M. (2005). A matched asymptotic expansions approach to continuity corrections for discretely sampled options. Part 1: Barrier options. Preprint. Oxford University.

Hull, J.C. (2005). *Options, Futures, and Other Derivative Securities*, fourth ed. Prentice Hall, Englewood Cliffs, NJ.

Hull, J., White, A. (1993). Efficient procedures for valuing European and American path-dependent options. *Journal of Derivatives* 1, 21–31.

Karatzas, I., Shreve, S. (1991). *Brownian Motion and Stochastic Calculus*, second ed. Springer, New York.

Kat, H. (1995). Pricing lookback options using binomial trees: an evaluation. *Journal of Financial Engineering* 4, 375–397.

Kou, S.G. (2003). On pricing of discrete barrier options. *Statistica Sinica* 13, 955–964.

Kou, S.G., Wang, H. (2003). First passage times of a jump diffusion process. *Advances in Applied Probability* 35, 504–531.

Kou, S.G., Wang, H. (2004). Option pricing under a double exponential jump diffusion model. *Management Science* 50, 1178–1192.

Kuan, G., Webber, N.J. (2003). Valuing discrete barrier options on a Dirichlet lattice. Working paper. University of Exester, UK.

Kunitomo, N., Ikeda, M. (1992). Pricing Options with Curved Boundaries. *Mathematical Finance* 2, 275–298.

Lai, T.L. (1976). Asymptotic moments of random walks with applications to ladder variables and renewal theory. *Annals of Probability* 11, 701–719.

Leland, H.E., Toft, K. (1996). Optimal capital structure, endogenous bankruptcy, and the term structure of credit spreads. *Journal of Finance* 51, 987–1019.

Longstaff, F.A. (1995). How much can marketability affect security values? *Journal of Finance* 50, 1767–1774.

Merton, R.C. (1973). Theory of rational option pricing. *Bell Journal of Economic Management Science* 4, 141–183.

Merton, R.C. (1974). On the pricing of corporate debts: the risky structure of interest rates. *Journal of Finance* 29, 449–469.

Merton, R.C. (1976). Option pricing when underlying stock returns are discontinuous. *Journal of Financial Economics* 3, 125–144.

Ohgren, A. (2001). A remark on the pricing of discrete lookback options. *Journal of Computational Finance* 4, 141–147.

Petrella, G. (2004). An extension of the Euler method for Laplace transform inversion algorithm with applications in option pricing. *Operations Research Letters* 32, 380–389.

Petrella, G., Kou, S.G. (2004). Numerical pricing of discrete barrier and lookback options via Laplace transforms. *Journal of Computational Finance* 8, 1–37.

Reiner, E. (2000). Convolution methods for path-dependent options. Preprint. UBS Warburg Dillon Read.

Rich, D. (1996). The mathematical foundations of barrier option pricing theory. *Advances in Futures Options Research* 7, 267–312.

Ritchken, P. (1995). On pricing barrier options. *Journal of Derivatives* 3, 19–28.

Rubinstein, M., Reiner, E. (1991). Breaking down the barriers. *Risk* 4 (September), 28–35.

Schroder, M. (1999). Changes of numeraire for pricing futures, forwards and options. *Review of Financial Studies* 12, 1143–1163.

Siegmund, D. (1979). Corrected diffusion approximation in certain random walk problems. *Advances in Applied Probability* 11, 701–719.

Siegmund, D. (1985). *Sequential Analysis: Tests and Confidence Intervals*. Springer-Verlag, New York.

Siegmund, D., Yuh, Y.-S. (1982). Brownian approximations for first passage probabilities. *Zeitschrift für Wahrsch. verw. Gebiete* 59, 239–248.

Spitzer, F. (1956). A combinatorial lemma and its application to probability theory. *Transactions of the American Mathematical Society* 82, 323–339.

Spitzer, F. (1957). The Wiener–Hopf equation whose kernel is a probability density. *Duke Mathematical Journal* 24, 327–343.

Spitzer, F. (1960). The Wiener–Hopf equation whose kernel is a probability density (II). *Duke Mathematical Journal* 27, 363–372.

Sullivan, M.A. (2000). Pricing discretely monitored barrier options. *Journal of Computational Finance* 3, 35–52.

Tian, Y. (1999). Pricing complex barrier options under general diffusion processes. *Journal of Derivatives* 6 (Fall), 51–73.

Tse, W.M., Li, L.K., Ng, K.W. (2001). Pricing discrete barrier and hindsight options with the tridiagonal probability algorithm. *Management Science* 47, 383–393.

Woodroofe, M. (1982). *Nonlinear Renewal Theory in Sequential Analysis*. Society for Industrial and Applied Mathematics, Philadelphia.

Zhang, P.G. (1998). *Exotic Options*, second ed. World Scientific, Singapore.
Zvan, R., Vetzal, K.R., Forsyth, P.A. (2000). PDE methods for pricing barrier options. *Journal of Economic Dynamics and Control* 24, 1563–1590.

III. 金利および信用リスクの モデルとデリバティブ

第9章

金利理論におけるトピックス

概　要

本章の目的は金利理論の近年におけるいくつかの進展の概観を行うことである．いくつかの基本的な結果の要約を行った後，Heath–Jarrow–Morton の枠組みでフォワードレートモデルについて議論する．そして，一致性の問題や有限次元の理解といったフォワードレート式の幾何学性のより詳しい研究について述べる．LIBOR マーケットモデルは別の節で説明を行う．最後に正の金利モデルを構築し分析するために，どのように確率ポテンシャル理論が使われるかを示す．

1. はじめに

本章の目的は金利理論の近年におけるいくつかの進展の概観を行うことである．読者は裁定理論とショートレートやアフィン期間構造のためのマルチンゲールモデルを含む基本的な金利理論に通じていることを前提とする．Heath–Jarrow–Morton についての知識は前提としていない．扱うトピックは主観的であり，著者の個人的な興味を大きく反映している．本文中ではしばしば理解に対するヒューリスティック（発見的）な議論を行い，目標は「十分に標準的」で「十分に統一的」であることを前提としているので，読者の必要な数学的レベルはそれほど高くなくてもよい．

各節の終わりに参考文献とともにノートをつけている．無裁定理論の一般的な情報については，Bingham and Kiesel (2004), Björk (2003, 前川功一訳『ビョルク 数理ファイナンスの基礎—連続時間モデル—』2006, 朝倉書店), Duffie (2001) などのテキストを参照せよ．これらのテキストには金利理論の章も割かれている．金利理論の専門書については Brigo and Mercurio (2001) や Cairns (2004) を参照せよ．

2. 基本事項

フィルター付確率空間 $(\Omega, \mathcal{F}, \mathbb{F}, \mathbb{P})$, $\mathbb{F} = \{\mathcal{F}_t\}_{t \geq 0}$ 上での金融市場を考える．標準 m 次元 Wiener 過程 W を仮定し，フィルトレーション $\mathbb{F}$ は W によって生成される．ここまでは $\mathbb{P}$ について特別な仮定をしていない．つまり，$\mathbb{P}$ は客観的確率とも同値マル

チンゲール確率とも解釈される．また，$\mathbb{Q}$ をマルチンゲール確率とする．本章の目的はゼロクーポン債市場の分析であるので，次にいくつかの定義を行う．

定義 9.1 満期 T のゼロクーポン債（zero-coupon bond, T ボンドとも呼ばれる）とは，時間 T において 1 ドルの支払いを保証する契約のことである．満期 T の t における価格を $p(t,T)$ と書く．

ここで，十分成熟した債券市場の存在を保証することとする．

仮定 9.1 以下を仮定する．
1. 任意の $T > 0$ に関する T ボンドの（取引摩擦のない）市場が存在する．
2. 任意の T に対して，$\{p(t,T); 0 \leq t \leq T\}$ は任意の確率過程をもつ．ただし，すべての t に関して $p(t,t) = 1$ である．
3. 任意の t に対して，$p(t,T)$ は $\mathbb{P}$-a.s. に T 変数に関して連続微分可能である．この偏微分関数は

$$p_T(t,T) = \frac{\partial p(t,T)}{\partial T}$$

と表される．

上記の債券市場のもと，驚くほどたくさんの無リスク金利を定義できる．基本的な考え方は以下のとおりである．現時点を t とし，$t < S < T$ である S と T の 2 時点を考える．ここで S で 1 ドルを投資し，$[S,T]$ の期間運用し確定的なリターンを得る契約を t において行うことを考える．これは以下の方法で簡単に可能である．

1) t において S ボンド 1 枚を売る．これにより $p(t,S)$ ドルを得る．
2) この資金により $p(t,S)/p(t,T)$ 枚の T ボンドを購入する．よって，t におけるネット取引はゼロである．
3) S において S ボンドは満期を迎え 1 ドルを支払う．
4) T において，T ボンドが満期を迎え $p(t,S)/p(t,T)$ ドルを受け取る．
5) これらの取引によるネット効果は t での取引契約により，S に 1 ドルの投資を行い T に $p(t,S)/p(t,T)$ ドルを受け取ったことになる．

上記の考え方により計算される金利を次に紹介する．引用されるフォワードレートの（たくさんありうるうちの）2 つの方法を使う．一つは連続複利，他方は単利である．

フォワード単利（または，LIBOR レート）L とは，

$$1 + (T-S)L = \frac{p(t,S)}{p(t,T)}$$

の解であり，連続複利フォワードレート R とは

$$e^{R(T-S)} = \frac{p(t,S)}{p(t,T)}$$

2. 基本事項

の解である.

単利の表記は市場で使われており，複利の表記は理論の文脈で使われる．もちろん，これらは論理的には等しく，正確な定義は以下のとおりである．

定義 9.2

1) t で契約される $[S, T]$ の単利フォワードレート，つまり LIBOR フォワードレート (LIBOR forward rate) は
$$L(t; S, T) = -\frac{p(t,T) - p(t,S)}{(T-S)p(t,T)}$$
で定義される．

2) $[S, T]$ における単利スポットレート，つまり LIBOR スポットレート (LIBOR spot rate) は
$$L(S, T) = -\frac{p(S,T) - 1}{(T-S)p(S,T)}$$
で定義される．

3) t で契約される $[S, T]$ における連続複利フォワードレートは
$$R(t; S, T) = -\frac{\log p(t,T) - \log p(t,S)}{T-S}$$
で定義される．

4) $[S, T]$ における連続複利スポットレート $R(S, T)$ は
$$R(S, T) = -\frac{\log p(S,T)}{T-S}$$
で定義される．

5) t で契約される満期 T の瞬間的なフォワードレート (instantaneous forward rate) は
$$f(t, T) = -\frac{\partial \log p(t,T)}{\partial T}$$
で定義される．

6) t における瞬間的なショートレート (instantaneous short rate) は
$$r(t) = f(t, t)$$
で定義される．

金利が効果をもつ期間の始まりと契約時点が同じ，つまり $t = S$ であればスポットレートとフォワードレートは同じになる．連続複利フォワードレートで $T \to S$ とした極限が瞬間的なフォワードレートである．瞬間的なフォワードレートは微小な時間 $[T, T + dT]$ に対して t で契約した無リスク金利として解釈できる．

次に，銀行勘定過程 B を定義する．

定義 9.3 銀行勘定（money account）過程は

$$B_t = e^{\int_0^t r(s)\mathrm{d}s}$$

すなわち，

$$\mathrm{d}B(t) = r(t)B(t)\mathrm{d}t, \quad B(0) = 1$$

で定義される．

銀行勘定は確率的なショートレートが r の銀行と考えられる．銀行勘定に投資することは自己充足的に預金して投資する，つまり各 t において，ちょうど満期を迎える（$t + \mathrm{d}t$ に満期を迎える）債券に投資することに等しい．

無裁定理論における以下の基本的事項を思い出そう．

定理 9.1 $X \in \mathcal{F}_T$ を T において支払いのある条件付請求権とし，$\mathbb{Q}$ をニューメレール B のリスク中立マルチンゲール測度とする．無裁定価格は

$$\Pi(t; X) = \mathbb{E}^{\mathbb{Q}}\Big[e^{\int_0^t r(s)\mathrm{d}s} X \mid \mathcal{F}_t\Big] \tag{9.1}$$

で与えられる．特に，

$$p(t, T) = \mathbb{E}^{\mathbb{Q}}\Big[e^{\int_0^t r(s)\mathrm{d}s} \mid \mathcal{F}_t\Big] \tag{9.2}$$

が得られる．

定義の結果として以下の有益な公式を得る．

補題 9.1 $t \leq s \leq T$ において，

$$p(t, T) = p(t, s) \cdot \exp\left\{-\int_s^T f(t, u)\mathrm{d}u\right\}$$

である．特に，

$$p(t, T) = \exp\left\{-\int_t^T f(t, s)\mathrm{d}s\right\}$$

である．

3. フォワードレートモデル

本章では Heath–Jarrow–Morton (1992) に沿ってフォワードレートモデル（forward rate model）を概説する．

3.1 Heath–Jarrow–Morton フレームワーク

ここでは Heath–Jarrow–Morton（以下 HJM とする）フレームワーク（Heath et al., 1992）の詳細を述べる．観測確率 $\mathbb{P}$ のもとで考えていく．

仮定 9.2 任意の固定された $T > 0$ に対して観測確率 $\mathbb{P}$ のもとでのフォワードレート $f(\cdot, T)$ の確率微分方程式は，

$$\mathrm{d}f(t,T) = \alpha(t,T)\mathrm{d}t + \sigma(t,T)\mathrm{d}\bar{W}(t) \tag{9.3}$$

$$f(0,T) = f^\star(0,T) \tag{9.4}$$

で与えられる．ここで，$\bar{W}$ は（d 次元）$\mathbb{P}$-Wiener 過程で，$\alpha(\cdot, T)$ と $\sigma(\cdot, T)$ は適合過程である．

(9.3) は概念的には固定された各 T に対して t が 1 つの変数の確率微分方程式である．T は見ている満期を示すための「印」または「パラメータ」としての役目しかない．初期条件として観測されるフォワードレートカーブ $\{f^\star(0,T); T \geq 0\}$ を使う．これにより，$t = 0$ において観測される債券価格と理論価格を完全に一致させることができ，イールドカーブからインプライする労力は必要としない．

注意 9.1 金利における HJM アプローチは，例えば Vasiček モデルなどのように，ある特定のモデルを提案しているわけではない点は重要である．HJM アプローチは金利モデルを分析するために使われるフレームワークである．すべてのショートレートモデルはフォワードレートモデルで同等に定式化でき，すべてのフォワードレートモデルに対して，T 条件付請求権 $\mathcal{X}$ の無裁定価格は

$$\Pi(0;\chi) = \mathbb{E}^{\mathbb{Q}}\Big[e^{\int_0^T r(s)\mathrm{d}s} \cdot \mathcal{X}\Big]$$

で与えられる．ここでショートレートは通常どおり $r(s) = f(s,s)$ である．

ここで，フォワードレートモデルの特定化により，どのように債券価格式を導出するのかを示す．

命題 9.1 フォワードレートのダイナミクスが (9.3) で与えられたとき，導かれる債券価格のダイナミクスは

$$\mathrm{d}p(t,T) = p(t,T)\left\{r(t) + A(t,T) + \frac{1}{2}\|S(t,T)\|^2\right\}\mathrm{d}t$$
$$+ p(t,T)S(t,T)\mathrm{d}W(t)$$

で与えられる．ここで $\|\cdot\|$ は Euclid ノルムを表し，

$$A(t,T) = -\int_t^T \alpha(t,s)\mathrm{d}s, \qquad S(t,T) = -\int_t^T \sigma(t,s)\mathrm{d}s \qquad (9.5)$$

である.

証明 ここでは少しヒューリスティックな議論を行う. 完全な証明 (Heath et al., 1992) はここで行う証明を統一的にまとめたものであるが, ここでの短い証明はより理解しやすいものとなっている. フォワードレートの定義を使って

$$p(t,T) = e^{Y(t,T)} \qquad (9.6)$$

と書くことができる. ここで Y は

$$Y(t,T) = -\int_t^T f(t,s)\mathrm{d}s \qquad (9.7)$$

で与えられる. 伊藤の公式より, 債券のダイナミクスは

$$\mathrm{d}p(t,T) = p(t,T)\mathrm{d}Y(t,T) + \frac{1}{2}p(t,T)(\mathrm{d}Y(t,T))^2 \qquad (9.8)$$

で得られ, $\mathrm{d}Y(t,T)$ は

$$\mathrm{d}Y(t,T) = -\mathrm{d}\left(\int_t^T f(t,s)\mathrm{d}s\right)$$

である. ここでの問題は, 積分に t 変数が 2 カ所 (積分の下限と被積分関数 $f(t,s)$) 出てくることである. これは標準的な伊藤の公式では認められていないが, 答えを予測してみよう. 積分の下限に出てくる t は

$$\frac{\partial}{\partial t}\left(\int_t^T f(t,s)\mathrm{d}s\right)\mathrm{d}t$$

の項である. さらに, 確率微分は線形の計算であるから, この項は積分の中に入れることができ,

$$\int_t^T \mathrm{d}f(t,s)\mathrm{d}s$$

が得られる. よって,

$$\mathrm{d}Y(t,T) = -\frac{\partial}{\partial t}\left(-\int_t^T f(t,s)\mathrm{d}s\right)\mathrm{d}t - \int_t^T \mathrm{d}f(t,s)\mathrm{d}s$$

であり, 積分学の基本定理を使うと, 同様にしてフォワードレートのダイナミクスは

$$\mathrm{d}Y(t,T) = f(t,t)\mathrm{d}t - \int_t^T \alpha(t,s)\mathrm{d}t\mathrm{d}s - \int_t^T \sigma(t,s)\mathrm{d}W_t\mathrm{d}s$$

で与えられる．ここで，dt と dW を ds と交換できる Fubini の定理を使う．また，$f(t,t)$ はショートレート $r(t)$ であるから

$$dY(t,T) = r(t)dt + A(t,T)dt + S(t,T)dW_t$$

が得られる．ただし，A と S は上と同じである．よって，

$$(dY(t,T))^2 = \|S(t,T)\|^2 dt$$

が得られ，これらを (9.8) に代入して目的の式が得られる． □

3.2 無 裁 定

ある特定の α, σ, $\{f^\star(0,T); T \geq 0\}$ を仮定し，全フォワードレートの構造を特定化する．

$$p(t,T) = \exp\left\{-\int_t^T f(t,s)ds\right\} \tag{9.9}$$

により，全期間構造 $\{p(t,T); T > 0, 0 \leq t \leq T\}$ が実際に特定化される．d 個の自由度（各 Wiener 過程に 1 つ）と無限個の取引資産（各 T 満期に 1 債券）があるから，債券市場での裁定の可能性が存在するリスクがある．最初の疑問は自然なもので，導かれた債券価格のシステムが無裁定であるためには α や σ の過程はどのような関係になければならないか，である．これに対する答えは下記の HJM のドリフト条件式で与えられる．

定理 9.2（HJM ドリフト条件） フォワードレートは (9.3) で与えられ，導かれる債券市場は無裁定であると仮定する．このとき，すべての $T \geq 0$ とすべての $t \leq T$ に対して，

$$\alpha(t,T) = \sigma(t,T)\int_t^T \sigma(t,s)^\top ds - \sigma(t,T)\lambda(t) \tag{9.10}$$

となる d 次元列ベクトル過程

$$\lambda(t) = [\lambda_1(t), \cdots, \lambda_d(t)]^\top$$

が存在する．ただし，これら式中の $^\top$ は転置を表す．

証明 命題 9.1 より，債券価格のダイナミクスは

$$dp(t,T) = p(t,T)\left\{r(t) + A(t,T) + \frac{1}{2}\|S(t,T)\|^2\right\}dt$$
$$+ p(t,T)S(t,T)d\bar{W}(t) \tag{9.11}$$

ただし

$$\begin{cases} A(t,T) = -\int_t^T \alpha(t,s)\mathrm{d}s \\ S(t,T) = -\int_t^T \sigma(t,s)\mathrm{d}s \end{cases}$$

ここで，尤度過程のダイナミクスを

$$\mathrm{d}L(t) = L(t)\lambda(t)^\top \mathrm{d}\bar{W}(t), \quad L(0) = 1 \tag{9.12}$$

ただし，

$$L(t) = \frac{\mathrm{d}\mathbb{Q}}{\mathrm{d}\mathbb{P}} \text{ on } \mathcal{F}_t$$

と特定化することにより Girsanov 変換を行い，マルチンゲール測度 $\mathbb{Q}$ の候補を探す．Girsanov の定理より

$$\mathrm{d}\bar{W}(t) = \lambda(t)\mathrm{d}t + \mathrm{d}W(t)$$

が得られ，これを (9.11) に代入して債券価格の $\mathbb{Q}$ ダイナミクスが

$$\begin{aligned}\mathrm{d}p(t,T) &= p(t,T)\left\{r(t) + A(t,T) + \frac{1}{2}\|S(t,T)\|^2 + S(t,T)\lambda(t)\right\}\mathrm{d}t \\ &+ p(t,T)S(t,T)\mathrm{d}W(t)\end{aligned} \tag{9.13}$$

のように得られる．さらに，$\mathbb{Q}$ が B をニューメレールにもつマルチンゲール測度であることと，$\mathbb{Q}$ のもとでのすべての資産価格の収益率がショートレートに等しいことは同値である．よって，

$$r(t) + A(t,T) + \frac{1}{2}\|S(t,T)\|^2 + S(t,T)\lambda(t) = 0$$

を得る．この式を T で微分して (9.10) が得られる． □

3.3 マルチンゲールのモデル化

特別なケースとして，マルチンゲールのモデル化の疑問に戻り，フォワードレートがマルチンゲール測度 $\mathbb{Q}$ のもとで

$$\mathrm{d}f(t,T) = \alpha(t,T)\mathrm{d}t + \sigma(t,T)\mathrm{d}W(t) \tag{9.14}$$
$$f(0,T) = f^*(0,T) \tag{9.15}$$

と特定化されるとする．ここで，W は d 次元 $\mathbb{Q}$-Wiener 過程である．マルチンゲール測度は自動的に無裁定価格を与えるので，無裁定の問題はもはやない．しかし，その代わり違う問題が存在する．すなわち，以下の 2 つの異なる債券価格式が得られる．

$$p(0,T) = \exp\left\{-\int_0^T f(0,s)\mathrm{d}s\right\}$$

$$p(0,T) = \mathbb{E}^{\mathbb{Q}}\left[\exp\left\{-\int_0^T r(s)\mathrm{d}s\right\}\right]$$

ショートレート r とフォワードレート f は $r(t) = f(t,t)$ という関係がある.これらの式が同時に成り立つためには,フォワードレートダイナミクスにおいて α と σ の間にある一致した関係をもたせなければならない.結果は有名な Heath–Jarrow–Morton のドリフト条件である.

命題 9.2(**HJM ドリフト条件**) マルチンゲール測度 $\mathbb{Q}$ のもとで,α と σ の過程は任意の t と $T \geq t$ について,以下の関係を満たさなければならない.

$$\alpha(t,T) = \sigma(t,T)\int_t^T \sigma(t,s)^\top \mathrm{d}s \tag{9.16}$$

証明 マルチンゲール測度のもとで直接モデル化することから始めた場合,命題 9.1 で $\lambda = 0$ を当てはめるだけでよい. □

$\mathbb{Q}$ のもとでのフォワードレートのダイナミクスを特定化したとき,ボラティリティ構造を自由に特定化してよいということを命題 9.2 の結果は示している.

この命題がどのように働くのかを見るために,考えられる最も単純な例である σ が定数の場合を考える.表記法を少し乱用して,$\sigma(t,T) \equiv \sigma$,$\sigma > 0$ と書く.(9.16) によりドリフト過程は

$$\alpha(t,T) = \sigma\int_t^T \sigma \mathrm{d}s = \sigma^2(T-t) \tag{9.17}$$

であるから,(9.3) を積分して

$$f(t,T) = f^\star(0,T) + \int_0^t \sigma^2(T-s)\mathrm{d}s + \int_0^t \sigma \mathrm{d}W(s) \tag{9.18}$$

すなわち,

$$f(t,T) = f^\star(0,T) + \sigma^2 t\left(T - \frac{t}{2}\right) + \sigma W(t) \tag{9.19}$$

を得る.特に,r は

$$r(t) = f(t,t) = f^\star(0,t) + \sigma^2\frac{t^2}{2} + \sigma W(t) \tag{9.20}$$

で与えられるので,

$$\mathrm{d}r(t) = \{f_T(0,t) + \sigma^2 t\}\mathrm{d}t + \sigma \mathrm{d}W(t) \tag{9.21}$$

と表され,これはまさに初期期間構造に合致した Ho–Lee モデルである.初期期間構造に完全に,かつ簡単に合致している点に注意されたい.

3.4 Musielaパラメータ化法

多くの実務的な応用においては,債券とフォワードレートのパラメータ化のためには,満期の時点よりも満期までの時間を使うほうがより自然である.現時点 t,満期時点 T,満期までの時間を x とすると $x = T - t$ と表され,x に関してフォワードレートは以下のように定義される.

定義 9.4 すべての $x \geq 0$ についてフォワードレート $r(t,x)$ は

$$r(t,x) = f(t, t+x) \tag{9.22}$$

の関係により定義される.

ここで,マルチンゲール測度 $\mathbb{Q}$ のもとで,フォワードレートは標準的 HJM タイプのモデル

$$df(t,T) = \alpha(t,T)dt + \sigma(t,T)dW(t) \tag{9.23}$$

であると仮定する.ここでの疑問は $r(t,x)$ に対する $\mathbb{Q}$ ダイナミクスを見つけることであり,Musiela パラメータ化法として知られる以下の結果が得られる.

命題 9.3(Musiela 式) マルチンゲール測度 $\mathbb{Q}$ のもとで,フォワードレートは (9.23) により与えられるとする.このとき,

$$dr(t,x) = \{\mathbf{F}r(t,x) + D(t,x)\}dt + \sigma_0(t,x)dW(t) \tag{9.24}$$

ただし,

$$\sigma_0(t,x) = \sigma(t, t+x), \quad D(t,x) = \sigma_0(t,x)\int_0^x \sigma_0(t,s)^\top ds, \quad \mathbf{F} = \frac{\partial}{\partial x}$$

である.

証明 ここでは,厳密な証明を簡略化して説明する.伊藤の公式の変形版を使えば,

$$dr(t,x) = df(t, t+x) + \frac{\partial f}{\partial T}(t, t+x)dt$$

が得られる.ここで,$df(t, t+x)$ に関する微分は最初の t についてのみ行う.よって,

$$dr(t,x) = \alpha(t, t+x)dt + \sigma(t, t+x)dW(t) + \frac{\partial}{\partial x}r(t,x)dt$$

を得る.HJM のドリフト条件を使えば命題の結果が得られる. □

Musiela パラメータ化法のポイントは (9.24) を無限次元確率微分方程式(stochastic differential equation; SDE)とした点である.これは現代金利理論の不可欠な道具となっており,以下で繰り返し使用する.

3.5 ノート

フォワードレートの方法論は有名な論文 Heath et al. (1992) で紹介されている．Musiela パラメータ化法は Brace and Musiela (1994) と Musiela (1993) により開発された．

4. ニューメレールの変更

本節ではニューメレールを変更するテクニックの説明を行う．この結果を次節で使う．すべての結果は標準的なものである．詳細については Björk (2003) や参考文献の論文を参照せよ．

4.1 一 般 論

通常の無リスク資産 B とリスク中立マルチンゲール測度 $\mathbb{Q}$ をもつ金融市場（債券市場とは限らない）を考える．測度は，ある選ばれたニューメレール資産に対してのみマルチンゲール測度となることを思い出そう．また，S が任意の取引資産の無裁定価格過程とすると，銀行勘定 B をニューメレールとするリスク中立マルチンゲール測度は，$S(t)/B(t)$ の形のあらゆる過程をマルチンゲールにするという性質をもつ．

仮定 9.3 $\mathbb{Q}$ を固定されたリスク中立マルチンゲール測度とし，$S_0(t)$ を確率過程 $S_0(t)/B(t)$ が $\mathbb{Q}$ マルチンゲールとなる性質をもつ狭義正過程とする．

本仮定の経済学的解釈は $S_0(t)$ が取引資産の無裁定価格過程であるということである．次に，任意の無裁定価格過程 $\Pi(t)$ に対し，確率過程 $\Pi(t)/S_0(t)$ が $\mathbb{Q}^\star$ マルチンゲールとなる測度 $\mathbb{Q}^\star$ を探す．

$\mathbb{Q}^\star$ がどのような形になるかの見通しを得るために，固定された T と T 契約 X を考える．積分可能であることを仮定すると，$t=0$ における X の無裁定価格は

$$\Pi(0;X) = \mathbb{E}^{\mathbb{Q}}\left[\frac{X}{B(T)}\right] \tag{9.25}$$

で与えられる．他方，Radon–Nikodym 微分係数過程

$$L(t) = \frac{d\mathbb{Q}^\star}{d\mathbb{Q}} \text{ on } \mathcal{F}_t$$

のもと，測度 $\mathbb{Q}^\star$ の存在を仮定する．

確率過程 $\Pi(t;X)/S_0(t)$ の $\mathbb{Q}^\star$ マルチンゲールの仮定より，

$$\frac{\Pi(0;X)}{S_0(0)} = \mathbb{E}^{\star}\left[\frac{\Pi(T;X)}{S_0(T)}\right] = \mathbb{E}^{\star}\left[\frac{X}{S_0(T)}\right] = \mathbb{E}^{\mathbb{Q}}\left[L(T)\frac{X}{S_0(T)}\right]$$

であることがわかる.よって,

$$\Pi(0;X) = \mathbb{E}^{\mathbb{Q}}\left[L(T)\frac{X \cdot S_0(0)}{S_0(T)}\right] \tag{9.26}$$

であり,(9.25) と (9.26) を比べると,予測される測度変換に対する尤度の自然な候補は $L(t) = S_0(t)/\{S_0(0)B(t)\}$ で与えられることがわかる.

ここで,きちんとした定義と結果をまとめておく.

定義 9.5 仮定 9.3 のもとで,任意の固定された t に対して

$$\frac{\mathrm{d}\mathbb{Q}^\star}{\mathrm{d}\mathbb{Q}} = L(t) \tag{9.27}$$

により,$\mathcal{F}_t$ における測度 $\mathbb{Q}^\star$ を定義する.ここで,尤度過程 L は

$$L(t) = \frac{S_0(t)}{S_0(0)B(t)} \tag{9.28}$$

で定義される.

L は $L(0) = 1$ の正の $\mathbb{Q}$ マルチンゲールなので,測度 $\mathbb{Q}^\star$ は確率測度である.$\Pi(t)$ が任意の無裁定価格過程であるとき,$\mathbb{Q}^\star$ が $\Pi(t)/S_0(t)$ の形のすべての確率過程をマルチンゲールにすることを証明したい.このアイデアを定型化したものが以下の結果である.

命題 9.4 上記のように $\mathbb{Q}^\star$ を定義する.$\Pi(t)$ を $\Pi(t)/B(t)$ が $\mathbb{Q}$ マルチンゲールになる確率過程であるとすると,確率過程 $\Pi(t)/S_0(t)$ は $\mathbb{Q}^\star$ マルチンゲールである.

証明 $\mathbb{Q}^\star$ に関する期待値を $\mathbb{E}^\star$ で表し,Bayes の公式を使うと

$$\mathbb{E}^\star\left[\frac{\Pi(t)}{S_0(t)}\,\bigg|\,\mathcal{F}_s\right] = \frac{\mathbb{E}^{\mathbb{Q}}[L(T)\Pi(t)/\{S_0(t)\}\mid \mathcal{F}_s]}{L(s)} = \frac{\mathbb{E}^{\mathbb{Q}}[\Pi(t)/\{B(t)S_0(t)\}\mid \mathcal{F}_s]}{L(s)}$$
$$= \frac{\Pi(s)}{B(s)S_0(0)L(s)} = \frac{\Pi(s)}{S_0(s)}$$

が得られる.　□

また,次の命題を得る.

命題 9.5 上記のように $\mathbb{Q}^\star$ を定義し,$X/B(T) \in L^1(\mathbb{Q})$ を満たす T 請求権 X を考える.この価格過程 $\Pi(t;X)$ は

$$\Pi(t;X) = S_0(t)\mathbb{E}^\star\left[\frac{X}{S_0(T)}\,\bigg|\,\mathcal{F}_t\right] \tag{9.29}$$

で与えられる.

注意 9.2 $\mathbb{Q}$ を $\mathbb{Q}^\star$ に変換する Girsanov 変換を見つけるのは簡単であることを付け足しておく. $\mathbb{Q}^\star$ は確率過程 $S_0(t)/B(t)$ をマルチンゲールにするので, S_0 の $\mathbb{Q}^\star$ ダイナミクスは

$$dS_0(t) = r(t)S_0(t)dt + S_0(t)v(t)dM(t) \tag{9.30}$$

の形となる. ここで, M は S_0 の $\mathbb{Q}$ マルチンゲール (典型的には M は Wiener 過程) であり, v は S_0 のボラティリティである. (9.30) と (9.28) より, 尤度過程 L は $\mathbb{Q}$ ダイナミクス

$$dL(t) = L(t)v(t)dM(t) \tag{9.31}$$

をもつことがわかる. よって, S_0 過程のボラティリティより, 直接関連する Girsanov カーネルを簡単に読み取ることができる.

4.2 フォワード測度

本項では, 前項で導出した理論を, 新しく選ばれたニューメレールが満期 T の債券であるケースに当てはめてみる. 予想されるように, このニューメレールの選択は金利デリバティブを扱う際に特に有益である. 固定されたマルチンゲール測度 $\mathbb{Q}$ のもと, ある特定の債券市場モデルを考える. 固定された満期 T に対して, 確率過程 $p(t,T)$ を新しいニューメレールとして選ぶ.

定義 9.6 T フォワード測度 $\mathbb{Q}^T$ は

$$d\mathbb{Q}^T = L^T(t)d\mathbb{Q} \text{ on } \mathcal{F}_t, \quad 0 \leq t \leq T$$

ただし,

$$L^T(t) = \frac{p(t,T)}{B(t)p(0,T)} \tag{9.32}$$

で定義される.

$P(T,T) = 1$ であるから, 命題 9.5 の系として以下の有益な価格公式が得られる.

命題 9.6 T 請求権 X が $X/B(T) \in L^1(\mathbb{Q})$ の性質をもつとすると, X の価格は

$$\Pi(t;X) = p(t,T)\mathbb{E}^T[X \mid \mathcal{F}_t] \tag{9.33}$$

である. ここで, $\mathbb{E}^T$ は $\mathbb{Q}^T$ に関する期待値とする.

5. LIBOR マーケットモデル

前節では,瞬間的ショートレートや瞬間的フォワードレートなど,微小時間の金利をベースにした金利モデルを中心に学んできた.これらは数学的な観点からは扱いやすいのであるが2つの主なデメリットがある.
- 瞬間的ショートレートやフォワードレート金利は実際の世界では観察できない.
- 瞬間的な金利モデルを使った場合,モデルをキャップやスワップションデータにカリブレーションしようとすると,数値処理は非常に複雑になる.

理論的な観点からも実際の世界に当てはめる上では,以下のような不都合な点がある.
- 長い間,実務では Black (1976) の公式を拡張し,キャップやフロアーやスワップションなどの価格計算を行ってきた.典型的な拡張では,一方でショートレートを確定的と近似しているのに,LIBOR は確率的であると仮定して計算を行っている.もちろん,これは論理的な一貫性がない.
- それにもかかわらず,市場はキャップやフロアーやスワップションなどを Black (1976) を使って価格計算することを続けている.

このように,実務での取扱いが学術上の結果と食い違っている状況下では,理論家としてとりうる2つの態度がある.実務の取扱いに賛同するか,それを乗り越えようとするかである.債券市場は Black (1976) を使っていることで崩れることはなさそうであるから,より現実的な選択肢は賛同することでありそうではあるが.

そこで,キャップやフロアーやスワップションなどを Black (1976) のモデルによって価格付けし,論理的にも一貫性のある(そして無裁定な)モデルを構築するという自然な欲求が現れてきた.この試みは実際には Miltersen et al. (1997), Brace et al. (1997), Jamshidian (1997) らによって始められ,非常に成功を収めた.基本的なモデルの仕組みは以下のとおりである.
- 瞬間的な金利をモデル化する代わりに,LIBOR マーケットモデルでは LIBOR レート,スワップマーケットモデルではフォワードスワップレートのような離散的な市場レートをモデル化する.
- 適切なニューメレールを選択すると,これら市場レートを実際に対数正規分布に従うモデルとすることが可能である.
- マーケットモデルはキャップやフロアー(LIBOR モデル)やスワップション(スワップマーケットモデル)などに対し,Black (1976) タイプの価格公式を当てはめることができる.これは実務での慣行に沿っている.
- マーケットモデルは,キャップやフロアーやスワップション,それぞれに対して市場データをカリブレーションすることが非常に簡単である.これらのモデルは,さらにエキゾチックタイプの商品の価格付けにも使うことができる.しかし,この後の価格付けの項では,計算はモンテカルロシミュレーションのような数値的

方法に頼らざるをえない．

5.1 キャップ：定義と実務での取扱い

本項では LIBOR キャップとその実務での価格付けの方法について議論する．ここでは，固定された満期を $T_0, T_1, \cdots, T_N$ とし，α_i を

$$\alpha_i = T_i - T_{i-1}, \quad i = 1, \cdots, N$$

と定義する．α_i は時間間隔で，典型的には，1 年間を 4 半期の等間隔に区切る．

定義 9.7 割引債価格 $p(t, T_i)$ を $p_i(t)$ と表し，$L_i(t)$ を期間 $[T_{i-1}, T_i]$ に対して t で契約される LIBOR フォワードレートとする．すなわち，

$$L_i(t) = \frac{1}{\alpha_i} \cdot \frac{p_{i-1}(t) - p_i(t)}{p_i(t)}, \quad i = 1, \cdots, N \tag{9.34}$$

である．

キャップレート R の支払い時点 $T_0, \cdots, T_N$ のキャップとは，T_i においてキャップ保有者に

$$X_i = \alpha_i \cdot \max[L_i(T_{i-1}) - R, 0] \tag{9.35}$$

の額を各 i について支払う契約であることを確認しておこう．キャップは個々のキャプレット $X_1, \cdots, X_N$ のポートフォリオである．フォワードレート $L_i(T_{i-1})$ は区間 $[T_{i-1}, T_i]$ に対し T_{i-1} 時点においてはスポットレートであり，T_{i-1} 時点においては既知である．よって X_i の額は T_{i-1} 時点においてすでに決まっている．しかし，T_i まではその額は支払われない．形式的には，キャプレット X_i はスポットレートのコールオプションである．

実務ではキャプレットの価格は Black (1976) を使って行われている．

定義 9.8（キャプレットの **Black** の公式） キャプレット

$$X_i = \alpha_i \cdot \max[L_i(T_{i-1}) - R, 0] \tag{9.36}$$

の Black (1976) の公式は

$$\mathbf{Capl}_i^{\mathbf{B}}(t) = \alpha_i \cdot p_i(t)\{L_i(t)N[d_1] - RN[d_2]\}, \quad i = 1, \cdots, N \tag{9.37}$$

で与えられる．ただし，

$$d_1 = \frac{1}{\sigma_i \sqrt{T_i - t}} \left[\ln\left(\frac{L_i(t)}{R}\right) + \frac{1}{2}\sigma_i^{\,2}(T - t) \right] \tag{9.38}$$

$$d_2 = d_1 - \sigma_i \sqrt{T_i - t} \tag{9.39}$$

である．定数 σ_i はキャプレット i に対する Black のボラティリティである．Black のボラティリティ σ_i への依存関係を明示するために，キャプレット価格をしばしば $\mathbf{Capl}_\mathbf{i}^\mathbf{B}(t;\sigma_i)$ と書く．

フォワードレートがある確率測度のもとで対数正規分布に従うことは，Black の公式では明示的ではないが，最近までキャプレットに Black (1976) が使われることの確固たる理論的な裏付けはなかった．本章の主な目的の一つは，キャプレットの価格に対して Black タイプの公式を導く無裁定モデルを構築できるかどうかを調べることである．

市場ではキャップ価格は金額で表示されるのではなく，インプライド Black ボラティリティとして表され，これらのボラティリティはフラットボラティリティ，またはスポットボラティリティ（フォワードボラティリティとしても知られる）として表される．それらは以下のように定義される．

固定された t, $t \leq T_0$ の固定された時点 $T_0, T_1, \cdots, T_N$，および固定されたキャップレート R を考える．各 $i = 1, \cdots, N$ に対し，支払い時点 $T_0, T_1, \cdots, T_i$ の取引キャップが存在すると仮定し，観測されるそれぞれの市場価格を $\mathbf{Cap}_\mathbf{i}^\mathbf{m}$ と表す．これよりキャプレットの市場価格は簡単に

$$\mathbf{Capl}_\mathbf{i}^\mathbf{m}(t) = \mathbf{Cap}_\mathbf{i}^\mathbf{m}(t) - \mathbf{Cap}_{\mathbf{i-1}}^\mathbf{m}(t), \quad i = 1, \cdots, N \tag{9.40}$$

のように計算される．ここで，$\mathbf{Cap}_\mathbf{0}^\mathbf{m}(t) = 0$ である．一方，市場のキャプレット価格からキャップの価格も計算できる．

定義 9.9 上記の設定のもと，インプライド Black ボラティリティは以下のように定義される．

- インプライドフラットボラティリティ $\bar{\sigma}_1, \cdots, \bar{\sigma}_N$ は以下の式の解である．

$$\mathbf{Cap}_\mathbf{i}^\mathbf{m}(t) = \sum_{k=1}^{i} \mathbf{Capl}_\mathbf{k}^\mathbf{B}(t;\bar{\sigma}_i), \quad i = 1, \cdots, N \tag{9.41}$$

- インプライドフォワードまたはスポットボラティリティ $\bar{\sigma}_1, \cdots, \bar{\sigma}_N$ は以下の式の解である．

$$\mathbf{Cap}_\mathbf{i}^\mathbf{m}(t) = \mathbf{Capl}_\mathbf{i}^\mathbf{B}(t;\bar{\sigma}_i), \quad i = 1, \cdots, N \tag{9.42}$$

インプライドボラティリティ $\bar{\sigma}_1, \cdots, \bar{\sigma}_N$ はボラティリティの期間構造と呼ばれる．ここでは，インプライドフラットボラティリティとスポットボラティリティについて同じ記号 $\bar{\sigma}_i$ を使っている．使用の際には，文脈からどちらを指すかは明らかであろう．

上記の形式的な定義を要約すると，フラットボラティリティ $\bar{\sigma}_i$ は満期 T_i のキャップにおいて，各キャプレットに対して同じボラティリティを当てはめた場合に Black の

公式からインプライされるボラティリティである．スポットボラティリティ$\bar{\sigma}_i$ は番号 i のキャプレットから単純にインプライされるボラティリティである．フラットボラティリティとフォワードボラティリティの違いはイールドとフォワードレートとの違いに似ている．支払い時点間隔3カ月のキャップの典型的なボラティリティの期間構造（フラットおよびスポット）は，2～3年付近の満期で上向きのこぶのある形であるが，曲線の長期の部分は右下がりの形状となっている．

5.2 LIBOR マーケットモデル

市場における実務の話から，いわゆる LIBOR マーケットモデルの構築へと話を移そう．これらのモデルを使ってキャップの無裁定理論価格を考えよう．標準的なリスク中立評価公式により，番号 i のキャプレットの価格 $c_i(t)$ は

$$\mathbf{Cap_i}(t) = \alpha_i \mathbb{E}^{\mathbb{Q}}\left[e^{-\int_0^{T_i} r(s)\mathrm{d}s} \cdot \max[L_i(T_{i-1}) - R, 0] \mid \mathcal{F}_t\right], \quad i = 1, \cdots, N$$

であるが，T_i フォワード測度を使って

$$\mathbf{Cap_i}(t) = \alpha_i p_i(t)\mathbb{E}^{T_i}\left[\max[L_i(T_{i-1}) - R, 0] \mid \mathcal{F}_t\right], \quad i = 1, \cdots, N \qquad (9.43)$$

と書くほうが自然であろう．ここで，$\mathbb{E}^{T_i}$ は $\mathbb{Q}^{T_i}$ のもとでの期待値を表す．もっと簡便な表記方法をとり，ここからは $\mathbb{Q}^{T_i}$ を $\mathbb{Q}^i$ と書くことにする．

LIBOR モデルの重要な点は，以下の簡単な結果にある．

補題 9.2 任意の $i = 1, \cdots, N$ に対し，LIBOR 過程 L_i は対応するフォワード測度 $\mathbb{Q}^i$ のもとで期間 $[0, T_{i-1}]$ においてマルチンゲールである．

証明 (9.34) から

$$\alpha_i \cdot L_i(t) = \frac{p_{i-1}(t)}{p_i(t)} - 1$$

と書ける．1 は過程として明らかにすべての測度のもとでマルチンゲールである．過程 p_{i-1}/p_i はニューメレール p_i により基準化された T_{i-1} ボンドの価格である．p_i はマルチンゲール測度 $\mathbb{Q}^i$ に対するニューメレールであるから，p_{i-1}/p_i は期間 $[0, T_{i-1}]$ においてマルチンゲールである．よって，$\alpha_i L_i$ はマルチンゲールであり，L_i もマルチンゲールである． □

基本的な考え方は各 i に対して，$L_i(T)$ は対応する $\mathbb{Q}^i$ のもとで対数正規分布に従い，これにより (9.43) で表されるすべてのキャプレット価格は Black タイプの公式で与えられる．このために以下の項目を所与と考える．

- 支払い時点 $T_0, \cdots, T_N$

- 満期 $T_0, \cdots, T_N$ の無裁定債券価格
- k 次元 $\mathbb{Q}^N$-Wiener 過程 W^N
- 各 $i = 1, \cdots, N$ に対し，時間に関して確定的な関数 $\sigma_i(t)$
- 正の初期フォワードレート期間構造 $L_1(0), \cdots, L_N(0)$
- 各 $i = 1, \cdots, N$ に対し，W^N によって生成される k 次元 $\mathbb{Q}^i$-Wiener 過程として，Girsanov 変換 $\mathbb{Q}^N \to \mathbb{Q}^i$ のもとで W^i を定義する．

定義 9.10 LIBOR フォワードレートがダイナミクス

$$dL_i(t) = L_i(t)\sigma_i(t)dW^i(t), \quad i = 1, \cdots, N \tag{9.44}$$

を満たすとする．ここで，W^i は上記の $\mathbb{Q}^i$-Wiener 過程である．つまり，ボラティリティ $\sigma_1, \cdots, \sigma_N$ の LIBOR マーケットモデルであるといえる．

上記の定義から，所与の $\sigma_1, \cdots, \sigma_N$ に対し，対応する LIBOR マーケットモデルが存在するかどうかは明らかでない．基本的な価格公式に手早く到達するためには，いまのところモデルの存在性の問題は無視しておこう．しかし，後にこの問題に戻ってくることとする．

5.3 LIBOR モデルでのキャップの価格付け

LIBOR マーケットモデルが与えられたとき，キャプレットの価格付け，すなわちキャップの価格付けは簡単である．(9.44) の L_i は幾何 Brown 運動（以下 GBM とする）であるから

$$L_i(T) = L_i(t) \cdot e^{\int_t^T \sigma_i(s)dW^i(s) - (1/2)\int_t^T \|\sigma_i(s)\|^2 ds}$$

を得る．σ_i は確定的であると仮定されているので，$\mathcal{F}_t$ の条件のもとで $L_i(T)$ は対数正規分布に従う．すなわち

$$L_i(T) = L_i(t) e^{Y_i(t,T)}$$

と書くことができる．ここで，$Y_i(t,T)$ は期待値

$$m_i(t,T) = -\frac{1}{2}\int_t^T \|\sigma_i(s)\|^2 ds \tag{9.45}$$

と分散

$$\Sigma_i^2(t,T) = \int_t^T \|\sigma_i(s)\|^2 ds \tag{9.46}$$

をもつ正規確率変数である．

この結果と (9.43) を使うと,簡単な計算でキャップの価格公式が得られる.これは,原資産が上記の対数正規分布をもち,ショートレートがゼロの世界において,(9.43) で計算された期待値 $\mathbb{E}^i$ のキャップ価格が Black–Scholes の枠組みで計算可能なコールオプションであることを示す.

命題 9.7 LIBOR マーケットモデルにおいて,キャプレット価格は

$$\mathbf{Capl}_i(t) = \alpha_i \cdot p_i(t)\{L_i(t)N[d_1] - RN[d_2]\}, \quad i = 1, \cdots, N \quad (9.47)$$

$$d_1 = \frac{1}{\Sigma_i(t, T_{i-1})}\left[\ln\left(\frac{L_i(t)}{R}\right) + \frac{1}{2}\Sigma_i^2(t, T_{i-1})\right] \quad (9.48)$$

$$d_2 = d_1 - \Sigma_i(t, T_{i-1}) \quad (9.49)$$

で与えられる.ただし,Σ_i は (9.46) で定義される.

各キャプレット価格は Black タイプの公式で与えられることがわかる.

注意 9.3

$$dL_i(t) = L_i(t)\sigma_i(t)dW^i(t), \quad i = 1, \cdots, N \quad (9.50)$$

の形の LIBOR マーケットモデルのほうがより便利である.ここで,$\sigma_i(t)$ は 1 次元の確定的な関数で,W^i は 1 次元 $\mathbb{Q}^i$-Wiener 過程である.$\|\sigma_i^2\|$ を σ_i^2 に置き換えると,上記の公式は満たされる.また,Wiener 過程の間に相関も入れられるが,これはキャップやフロアーの価格には影響しない.このような相関は,より複雑な商品の価格には影響を与える.

5.4 終端測度ダイナミクスと存在性

特定された確定的なボラティリティ $\sigma_1, \cdots, \sigma_N$ すべてに対して,常に LIBOR マーケットモデルが存在するか,という疑問に戻ろう.議論を始めるためには,すべての LIBOR レート $L_1, \cdots, L_N$ を,ある 1 つの共通する測度のもとで特定化しなくてはならない.標準的な方法では終端測度 $\mathbb{Q}^N$ を選ぶ.

ここでの問題を 2 つの段階に分けて考える.

- すべての LIBOR レートを $\mathbb{Q}^N$ のもとで特定化し,

$$dL_i(t) = L_i(t)\mu_i(t, L(t))dt + L_i(t)\sigma_i(t)dW^N(t), \quad i = 1, \cdots, N \quad (9.51)$$

と表す.ここで,$L(t) = [L_1(t), \cdots, L_N(t)]^\top$ で μ_i はある確定的な関数である.
- ある適切に選ばれた $\mu_1, \cdots, \mu_N$ に対して,(9.51) の $\mathbb{Q}^N$ ダイナミクスが (9.44) の $\mathbb{Q}^i$ ダイナミクスを導くことを示す.

この問題を実行するために,測度を $\mathbb{Q}^N$ から $\mathbb{Q}^i$ に変換すると W^N はどのように W^i に変換されるのかを調べる必要がある. $\mathbb{Q}^i$ から $\mathbb{Q}^{i-1}$ への Girsanov 変換の効果を考えることにより帰納的に考える.

注意 9.4 些細なことではあるが,気になる記号表記上の問題がある.LIBOR レートは L で表すのが一般的であるが,尤度過程の表記も L で行うのが一般的である.混乱を避けるため,本節のみの限定ということで,尤度過程の表記を η で表す.特に,

$$\eta_i^j(t) = \frac{\mathrm{d}\mathbb{Q}^j}{\mathrm{d}\mathbb{Q}^i} \text{ on } \mathcal{F}_t, \quad i,j = 1, \cdots, N \tag{9.52}$$

としよう.

(9.51) の LIBOR レートの $\mathbb{Q}^N$ ドリフトをどのように選ぶかについてアイデアを得るために,少し正確ではない計算を実行することにする.つまり,$\mathbb{Q}^N$ のもとで LIBOR ダイナミクスは (9.51) の形であり,自身のマルチンゲール測度のもとでも (9.44) の形であるということを(少し正確ではないが)仮定する.Radon–Nikodym 微分係数 η_i^j は

$$\eta_i^j(t) = \frac{p_i(0)}{p_j(0)} \cdot \frac{p_j(t)}{p_i(t)} \tag{9.53}$$

で与えられることは容易にわかり,特に

$$\eta_i^{i-1}(t) = a_i \cdot \frac{p_{i-1}(t)}{p_i(t)} = a_i(1 + \alpha_i L_i(t)) \tag{9.54}$$

である.ここで,$a_i = p_i(0)/p_{i-1}(0)$ である.この公式より,$\mathbb{Q}^i$ のもとでの η_i^{i-1} のダイナミクスを

$$\mathrm{d}\eta_i^{i-1}(t) = a_i \alpha_i \mathrm{d}L_i(t) \tag{9.55}$$

のように簡単に計算できる.(少し正確ではないが)L_i ダイナミクスは (9.44) の形であり,(9.34) を使って

$$\begin{aligned}
\mathrm{d}\eta_i^{i-1}(t) &= a_i \alpha_i L_i(t) \sigma_i(t) \mathrm{d}W^i(t) \\
&= a_i \alpha_i \frac{1}{\alpha_i} \left(\frac{p_{i-1}(t)}{p_i(t)} - 1 \right) \sigma_i(t) \mathrm{d}W^i(t) \\
&= \eta_i^{i-1}(t) a_i \alpha_i \frac{1}{\eta_i^{i-1}(t)} \left(\frac{p_{i-1}(t)}{p_i(t)} - 1 \right) \sigma_i(t) \mathrm{d}W^i(t)
\end{aligned} \tag{9.56}$$

を得ることができる.

(9.54) を使って

$$\mathrm{d}\eta_i^{i-1}(t) = \eta_i^{i-1}(t)\frac{\alpha_i L_i(t)}{1+\alpha_i L_i(t)}\sigma_i(t)\mathrm{d}W^i(t) \tag{9.57}$$

が得られる．よって，η_i^{i-1} の Girsanov カーネルは

$$\frac{\alpha_i L_i(t)}{1+\alpha_i L_i(t)}\sigma_i(t)^\top \tag{9.58}$$

で与えられ，Girsanov の定理より

$$\mathrm{d}W^i(t) = \frac{\alpha_i L_i(t)}{1+\alpha_i L_i(t)}\sigma_i(t)^\top \mathrm{d}t + \mathrm{d}W^{i-1}(t) \tag{9.59}$$

の関係が得られる．これを帰納的に適用して，

$$\mathrm{d}W^i(t) = -\sum_{k=i+1}^{N}\frac{\alpha_k L_k(t)}{1+\alpha_k L_k(t)}\sigma_k(t)^\top \mathrm{d}t + \mathrm{d}W^N(t) \tag{9.60}$$

が得られ，(9.44) に代入すると L_i の $\mathbb{Q}^N$ ダイナミクスが得られる（下の (9.61) を参照せよ）．

これは (9.44) と (9.51) を同時に満たす LIBOR マーケットモデルが存在することを非公式に仮定して得られたものである．しかし，議論をうまく行えば，以下の存在性の結果を得ることができる．

命題 9.8 各 σ_i が有限のボラティリティ構造 $\sigma_1,\cdots,\sigma_N$，確率測度 $\mathbb{Q}^N$，標準 $\mathbb{Q}^N$-Wiener 過程 W^N が与えられたとき，過程 $L_1,\cdots,L_N$ を

$$\begin{aligned}\mathrm{d}L_i(t) = &-L_i(t)\left(\sum_{k=i+1}^{N}\frac{\alpha_k L_k(t)}{1+\alpha_k L_k(t)}\sigma_k(t)\sigma_i(t)^\top\right)\mathrm{d}t \\ &+ L_i(t)\sigma_i(t)\mathrm{d}W^N(t),\quad i=1,\cdots,N\end{aligned} \tag{9.61}$$

のように定義する．ただし，$\sum_N^N(\cdots)=0$ とする．このとき，L_i の $\mathbb{Q}^i$ ダイナミクスは (9.44) で与えられる．したがって，所与のボラティリティ構造のもとで LIBOR マーケットモデルは存在する．

証明 (9.61) は $i=1,\cdots,N$ に対して解をもち (9.58) の Girsanov カーネルは Novikov 条件を満たすとすると，証明は上記の計算から導かれる．(9.61) の解が存在するためには $i=N$ についての式が

$$\mathrm{d}L_N(t) = L_i(t)\sigma_N(t)\mathrm{d}W^N(t)$$

であり，これは GBM そのもので σ_N は有限であるから解が存在し，命題は成立する．そこで，(9.61) は $k=i+1,\cdots,N$ に対して解が存在すると仮定する．すると，(9.61)

の i 番目の要素は

$$dL_i(t) = L_i(t)\mu_i[t, L_{i+1}(t), \cdots, L_N(t)]dt + L_i(T)\sigma_i(t)dW^N(t)$$

と書くことができる．ここでのポイントは μ_i が $L_k, k = i+1, \cdots, N$ のみに依存し，L_i に依存していない点である．ベクトル $(L_{i+1}, \cdots, L_N)$ を L_{i+1}^N で表すと，解が

$$L_i(t) = L_i(0) \exp\left\{\int_0^t \left(\mu_i[s, L_{i+1}^N(s)] - \frac{1}{2}\|\sigma_i\|^2(s)\right)ds\right\}$$
$$\times \exp\left\{\int_0^t \mu_i[s, L_{i+1}^N(s)]dW^N(s)\right\}$$

と得られ，帰納法により解の存在が証明された．帰納法により，所与の正の LIBOR 期間構造のもとで，すべての LIBOR レート過程は正であることが示される．これにより (9.58) の Girsanov カーネルは有限であり Novikov 条件を満たすことがわかる．
□

5.5 キャリブレーションとシミュレーション

バミューダンスワップションのような，あるエキゾチック（キャップやフロアーではない）金利デリバティブの価格付けをしたいと仮定しよう．LIBOR マーケットモデルでの価格付けは，以下の 2 ステップで行うのが一般的である．

- 市場データにモデルパラメータをキャリブレーションするために，インプライド Black ボラティリティを使う．
- エキゾチック商品の価格を求めるためにモンテカルロ法（あるいは他の数値的方法）を使う．

本項ではキャリブレーションの部分を主に議論し，数値的側面については手短にコメントするにとどめる．

支払い時点 $T_0, \cdots, T_N$ に対して，インプライドフォワードボラティリティ $\bar{\sigma}_1, \cdots, \bar{\sigma}_N$（すなわち，すべてのキャプレットに対するインプライド Black ボラティリティ）の期間構造が与えられていると仮定する．単純化のため現時点を $t = 0$ とする．Black の公式 (9.37) と (9.47) を比べると，モデルをキャリブレーションするためには

$$\bar{\sigma}_i = \frac{1}{T_i} \int_0^{T_{i-1}} \|\sigma_i(s)\|^2 ds, \quad i = 1, \cdots, N \qquad (9.62)$$

のような確定的な LIBOR ボラティリティ $\sigma_1(\cdot), \cdots, \sigma_N(\cdot)$ を選ぶ必要がある．もしくは，各 LIBOR レートに対し，1 次元 Wiener 過程を使っている場合には，

$$\bar{\sigma}_i = \frac{1}{T_i} \int_0^{T_{i-1}} \sigma_i^2(s) ds, \quad i = 1, \cdots, N \qquad (9.63)$$

のような関数 $\sigma_i(\cdot)$ を選ぶ必要がある.これはボラティリティ式が決められたシステムであり,実際にもボラティリティ関数の形について,構造上の仮定をおくのが普通である.以下は不完全ではあるが,よく知られた特定化の例である.各フォワードレートに対し,1次元 Wiener 過程の形式を使っており,L_i は区間 $0 \leq t \leq T_{i-1}$ において有効である.ここでのみ有効とするが $T_{-1} = 0$ とする.

1) 各 $i = 1, \cdots, N$ に対し,対応するボラティリティは時間に関して一定である.すなわち,
$$\sigma_i(t) = \sigma_i, \quad 0 \leq t \leq T_{i-1}$$

2) 各 $i = 1, \cdots, N$ に対し,対応するボラティリティは各時間に関して一定である.すなわち,
$$\sigma_i(t) = \sigma_{ij}, \quad T_{j-1} < t \leq T_j, \ j = 1, \cdots, i-1$$

3) 2) と同様であるが,ボラティリティは満期までの残りの支払い時点の数のみに依存する.すなわち,
$$\sigma_{ij} = \beta_{i-j}, \quad T_{j-1} < t \leq T_j, \ j = 1, \cdots, i-1$$
ここで,$\beta_1, \cdots, \beta_N$ は定数である.

4) 2) と同様であるが,さらなる特定化として
$$\sigma_{ij} = \beta_i \gamma_i, \quad T_{j-1} < t \leq T_j, \ j = 1, \cdots, i-1$$
とする.ここで,β_i と γ_i は定数である.

5) ボラティリティの単純な関数でのパラメータ化を仮定する.たとえば,
$$\sigma_i(t) = q_i(T_{i-1} - t) e^{\beta_i(T_{i-1} - t)}$$
ここで,$q_i(\cdot)$ はある多項式で β_i は実数である.

モデルが市場データにカリブレーションされたと仮定すると,モンテカルロシミュレーションがエキゾチック商品の価格計算のための標準的な道具となる.SDE (9.61) は解析的な解を求めるには複雑すぎるので,式を離散化してシミュレーションを行うしかない.

5.6 ノ ー ト

LIBOR マーケットモデルとスワップマーケットモデルの基本的な論文は Miltersen et al. (1997), Brace et al. (1997), Jamshidian (1997) である.これらの論文が出されてから,このトピックを扱った論文が数多く出版された.非常に読みやすい説明が Kennedy (2000), Protter (2000) に掲載されており,百科事典的なテキストとして Brigo and Mercurio (2001) がある.

6. 幾何学的金利理論

本節の目的は近年の金利理論の幾何学的側面の研究を紹介することである.

6.1 設　定

リスク中立マルチンゲール測度 $\mathbb{Q}$ のもとで与えられたフォワードレートモデルについて考える. Musiela パラメータ化法を採用し, 表記を

$$r(t,x) = f(t,t+x)$$

とする. Musiela パラメータ化法における HJM ドリフト条件である以下の結果を思い出そう.

命題 9.9（フォワードレート式）　マルチンゲール測度 $\mathbb{Q}$ のもとでの r のダイナミクスは

$$dr(t,x) = \left\{\frac{\partial}{\partial x}r(t,x) + \sigma(t,x)\int_0^x \sigma(t,u)^\top du\right\}dt + \sigma(t,x)dW(t) \quad (9.64)$$

$$r(0,x) = r^\star(0,x) \quad (9.65)$$

で与えられる. ここで, $\top$ は転置を表す.

6.2 主 な 問 題

ボラティリティ過程 σ が具体的に特定化される上記のフレームワークで, 具体的にモデル $\mathcal{M}$ が与えられているとする. ここで, いくつかの自然な問題を定式化する.

1) $\mathcal{M}$ に加えてフォワードレートカーブのパラメータ族 $\mathcal{G}$ が与えられているとする. いかなる条件のもとで $\mathcal{G}$ の族は $\mathcal{M}$ のダイナミクスに一致（consistent）しているか. ここでの一致とは, $\mathcal{G}$ の初期フォワードレートカーブが与えられたとき, 金利モデル $\mathcal{M}$ が $\mathcal{G}$ の族に属するフォワードレートカーブのみをつくり出すという意味である.

2) 本来無限次元である金利モデル $\mathcal{M}$ が有限次元状態空間モデルとして書かれるのはどのようなときか. さらに正確にいうと, モデル $\mathcal{M}$ から生成されるフォワードレート過程 $r(t,x)$ が

$$dZ_t = a(Z_t)dt + b(Z_t)dW_t \quad (9.66)$$

$$r(t,x) = G(Z_t, x) \quad (9.67)$$

の形のシステムにより表現できる条件を探す. ここで, Z（状態ベクトル過程と

解釈される）は有限次元拡散過程で，$a(z), b(z), G(z,x)$ は確定的な関数，W は (9.64) と同じ Wiener 過程である．

以下で見るように，これら 2 つの問題は本質的に関連しており，本章の主な目的はこの分野の最近のいくつかの研究をサーベイすることである．

7. 一致性と不変多様性

本節ではフォワードレートカーブの与えられた部分多様体（submanifold）が，（上記の意味で）所与の金利モデルにいつ一致しているかを調べる．この問題は応用の面からも，理論的な面からも興味深いものである．特に，フォワードレートの形での金利モデルの有限次元ファクターモデルの存在性の問題を分析するために本節の結果を使う．

この問題に関しては多くの学ぶべき問題がある．

I. 所与の金利モデル $\mathcal{M}$ とフォワードレートカーブ $\mathcal{G}$ の族のもと，一致性の必要十分条件は何か．

II. フォワードレートカーブに特定の族 $\mathcal{G}$（例えば，Nelson–Siegel 族）が与えられているとしたとき，$\mathcal{G}$ に一致する金利モデル $\mathcal{M}$ は存在するか．

III. 所与の金利モデル $\mathcal{M}$（例えば，Hull–White モデル）の族のもと，$\mathcal{M}$ に一致する有限次元パラメータをもつフォワードレートカーブ族 $\mathcal{G}$ が存在するか．

上記で議論された一致性の正確な数学的定義をここで与える．この定義により，不変多様体（invariant manifold）の概念が生まれる．

定義 9.11（**不変多様体**） フォワードレート過程のダイナミクス (9.64) が与えられているとする．フォワードレートカーブ $\mathcal{G}$ の固定された族を考える．各点 $(s,r) \in \mathbb{R}_+ \times \mathcal{G}$ に対して，条件 $r_s \in \mathcal{G}$ が正の長さの時間後に $r_t \in \mathcal{G}$ を意味するならば，$\mathcal{G}$ は r の振舞いのもと，局所不変（locally invariant）であると呼ぶ．r が $\mathcal{G}$ に永久にとどまるとき，$\mathcal{G}$ は大域的不変（globally invariant）と呼ぶ．

本節の目的は $\mathcal{G}$ と $\mathcal{M}$ の局所的な性質における不変性を特徴づけることにあり，その意味では不変性は望まれる最善なものである．スペース省略のため，局所不変性を不変性と書くことにする．

7.1 定型化された問題

7.1.1 空 間

フォワードレートカーブの基本的な空間として，生成点を r と書く重み付け Sobolev 空間を使う．

定義 9.12 ある固定された実数 $\gamma > 0$ を考える．空間 $\mathcal{H}_\gamma$ を，ノルム条件 $\|r\|_\gamma < \infty$ を満たすすべての微分可能な関数

$$r : \mathbb{R}_+ \to \mathbb{R}$$

の空間であると定義する．ノルムは

$$\|r\|_\gamma^2 = \int_0^\infty r^2(x) e^{-\gamma x} \mathrm{d}x + \int_0^\infty \left(\frac{\mathrm{d}r}{\mathrm{d}x}(x)\right)^2 e^{-\gamma x} \mathrm{d}x$$

と定義される．

注意 9.5 変数 x は以前同様，満期までの時間と解釈される．内積を

$$(r, q) = \int_0^\infty r(x) q(x) e^{-\gamma x} \mathrm{d}x + \int_0^\infty \left(\frac{\mathrm{d}r}{\mathrm{d}x}(x)\right)\left(\frac{\mathrm{d}q}{\mathrm{d}x}(x)\right) e^{-\gamma x} \mathrm{d}x$$

とすると，$\mathcal{H}_\gamma$ は Hilbert 空間になる．指数重み付け関数より，すべての定数フォワードレートカーブはこの空間に属する．これ以降は下付き γ の表記をやめ，$\mathcal{H}_\gamma$ の代わりに $\mathcal{H}$ と書く．

7.1.2 フォワードレートカーブ多様体

パラメータ空間 $\mathcal{Z}$ が $\mathbb{R}^d$ の連結開集合である場合に，所与の写像

$$G : \mathcal{Z} \to \mathcal{H} \tag{9.68}$$

を考える．すなわち，各パラメータ値 $z \in \mathcal{Z} \subseteq \mathbb{R}^d$ に対して，曲線 $G(z) \in \mathcal{H}$ が存在する場合を考える．点 $x \in \mathbb{R}_+$ におけるこの曲線の値を $G(z, x)$ と書くと，G は写像

$$G : \mathcal{Z} \times \mathbb{R}_+ \to \mathbb{R} \tag{9.69}$$

とも見ることができる．写像 G はフォワードレートカーブが有限次元のパラメータでパラメータ化された族としての定式化であり，フォワードカーブ多様体をこの族によってつくられるすべてのフォワードレートカーブの集合として定義する．

定義 9.13 フォワードカーブ多様体（forward curve manifold）$\mathcal{G} \subseteq \mathcal{H}$ は

$$\mathcal{G} = Im(G)$$

で定義される．ここで，$Im(G)$ は G の像を表す．

7.1.3 金利モデル

ボラティリティ関数 σ を

$$\sigma : \mathcal{H} \times \mathbb{R}_+ \to \mathbb{R}^m$$

の形として所与とする．つまり $\sigma(r,x)$ は無限次元の r 変数と実数 x の関数であるとする．時間 t におけるフォワードレートカーブを r_t と書くと，以下のフォワードレート式を得る．

$$\mathrm{d}r_t(x) = \left\{\frac{\partial}{\partial x}r_t(x) + \sigma(r_t,x)\int_0^x \sigma(r_t,u)^\top \mathrm{d}u\right\}\mathrm{d}t + \sigma(r_t,x)\mathrm{d}W_t \quad (9.70)$$

注意 9.6 記号表記の簡単化のため，r のダイナミクスは斉時的であると仮定するが，σ が $\sigma(t,r,x)$ の形であるときも同様に扱うことができる．Björk and Cristensen (1999) を参照せよ．

いくつかの通常の仮定が必要であるが，主な仮定は以下のとおりである．技術的な詳細については Björk and Cristensen (1999) を参照せよ．

仮定 9.4 以下を仮定する．
- ボラティリティ写像 $r \longmapsto \sigma(r)$ は滑らかである．
- 写像 $z \longmapsto G(z)$ は滑らかであり，特に Frechet 微分 $G'_z(z)$ はすべての $z \in \mathcal{Z}$ に対して単射である．
- すべての初期点 $r_0 \in \mathcal{G}$ に対して，(9.70) の $\mathcal{H}$ における一意の強解が存在する．

7.1.4 問題

本節の主な問題は以下のとおりである．
- 以下を所与とする．
  - (9.70) の形として与えられる金利モデル $\mathcal{M}$ を特定化するボラティリティ σ
  - フォワードカーブ多様体 $\mathcal{G}$ を特定化する写像 G
- $\mathcal{G}$ は r のダイナミクスのもとで不変的であるか．

7.2 不変性条件

不変性の問題を調べるために，簡単な記号表記を導入する必要がある．

定義 9.14 $\mathbf{H}\sigma$ を

$$\mathbf{H}\sigma(r,x) = \int_0^x \sigma(r,s)\mathrm{d}s$$

で定義する．

変数 x を省略して，フォワードレートの伊藤ダイナミクスは

$$\mathrm{d}r_t = \left\{\frac{\partial}{\partial x}r_t + \sigma(r_t)\mathbf{H}\sigma(r_t)^\top\right\}\mathrm{d}t + \sigma(r_t)\mathrm{d}W_t \quad (9.71)$$

で与えられ，これをさらに簡略化して

$$\mathrm{d}r_t = \mu_0(r_t)\mathrm{d}t + \sigma(r_t)\mathrm{d}W_t \tag{9.72}$$

と書く．ここで，ドリフト μ_0 は (9.71) の括弧によって与えられる．いくつかの直観を得るために，

$$\frac{\mathrm{d}r}{\mathrm{d}t} = \mu_0(r_t) + \sigma(r_t)\dot{W}_t \tag{9.73}$$

とする．ここで，形式的な時間微分 $\dot{W}_t$ は偶然に選ばれる「入力信号」として解釈される．よって，関連する確定的制御システム

$$\frac{\mathrm{d}r}{\mathrm{d}t} = \mu_0(r_t) + \sigma(r_t)u_t \tag{9.74}$$

を調べる必要がある．直観的なアイデアは $\mathcal{G}$ が (9.72) のもとで不変的であることと，入力信号 u のあらゆる選択に対して，(9.74) のもとで $\mathcal{G}$ が不変的であることは同値であるというものである．これが起こることと速度ベクトル $\mu(r) + \sigma(r)u$ がすべての点 $r \in \mathcal{G}$ とすべての $u \in \mathbb{R}^m$ の選択において $\mathcal{G}$ に接するということが同値であるということは幾何学的に明らかである．G'_z が Frechet 微分（ヤコビアン）であるとき，点 $G(z)$ において $\mathcal{G}$ の接する空間 $\mathcal{G}$ が $Im[G'_z(z)]$ により与えられるので，$\mathcal{G}$ が不変的であることと条件

$$\mu_0(r) + \sigma(r)u \in Im[G'_z(z)]$$

がすべての $u \in \mathbb{R}^m$ に対して満たされることは同値であるという予測が立てられる．これは，また

$$\mu_0(r) \in Im[G'_z(z)], \qquad \sigma(r) \in Im[G'_z(z)]$$

として書くことができる．ここで，最後の式は σ の項ごとに解釈される．

しかし，上記の議論は (9.74) で使われる通常の微分と (9.72) で使われている伊藤解析の違いを無視しているので，この結果は正しくない．このギャップを埋めるために，分析を伊藤積分から Stratonovich 積分へ書き直さなければならない．

定義 9.15 所与のセミマルチンゲール X, Y に対して，Y に関する X の Stratonovich 積分 $\int_0^t X_s \circ \mathrm{d}Y_s$ は

$$\int_0^t X_s \circ \mathrm{d}Y_s = \int_0^t X_s \mathrm{d}Y_s + \frac{1}{2}\langle X, Y\rangle_t \tag{9.75}$$

で定義される．

右辺の初項は伊藤積分である．いまのケースでは，ノイズは Wiener 過程のみであるから (9.75) の 2 次変分 $\langle X, Y\rangle$ を

7. 一致性と不変多様性

$$d\langle X, Y\rangle_t = dX_t dY_t \tag{9.76}$$

で定義でき，通常の積のルールにより $dWdt = dtdt = 0$, $dWdW = dt$ である．ここで，Stratonovich 積分の主な結果を思い出す．

命題 9.10（連鎖公式） 関数 $F(t, y)$ を滑らかと仮定すると，

$$dF(t, Y_t) = \frac{\partial F}{\partial t}(t, Y_t)dt + \frac{\partial F}{\partial y} \circ dY_t \tag{9.77}$$

が得られる．

よって，Stratonovich 積分での伊藤の公式は，常微分の標準的な連鎖公式（合成関数の微分）の形をとる．

(9.72) に戻ると，Stratonovich ダイナミクスは

$$dr_t = \left\{\frac{\partial}{\partial x}r_t + \sigma(r_t)\mathbf{H}\sigma(r_t)^\top\right\}dt - \frac{1}{2}d\langle\sigma(r_t), W_t\rangle + \sigma(r_t) \circ dW_t \tag{9.78}$$

により与えられる．上記の Stratonovich 修正項を計算するために，無限次元の伊藤の公式を使い

$$d\sigma(r_t) = \{\cdots\}dt + \sigma'_r(r_t)\sigma(r_t)dW_t \tag{9.79}$$

を得る．ここで，σ'_r は無限次元の r 変数に関する σ の Frechet 微分を表す．これより，すぐに

$$d\langle\sigma(r_t), W_t\rangle = \sigma'_r(r_t)\sigma(r_t)dt \tag{9.80}$$

が得られる．

注意 9.7 Wiener 過程 W が多次元ならば σ はベクトル $\sigma = [\sigma_1, \cdots, \sigma_m]$ であり，(9.80) の右辺は

$$\sigma'_r(r_t)\sigma(r_t, x) = \sum_{i=1}^{m}\sigma'_{ir}(r_t)\sigma_i(r_t)$$

と解釈される．よって，(9.78) は

$$dr_t = \left\{\frac{\partial}{\partial x}r_t + \sigma(r_t)\mathbf{H}\sigma(r_t)^\top - \frac{1}{2}\sigma'_r(r_t)\sigma(r_t)\right\}dt + \sigma(r_t) \circ dW_t \tag{9.81}$$

となる．ここで，(9.81) を

$$dr_t = \mu(r_t)dt + \sigma(r_t) \circ dW_t \tag{9.82}$$

と書く. ただし,

$$\mu(r,x) = \frac{\partial}{\partial x}r(x) + \sigma(r_t,x)\int_0^x \sigma(r_t,u)^\top du - \frac{1}{2}[\sigma'_r(r_t)\sigma(r_t)](x) \quad (9.83)$$

である.

上記の説明によれば,ここでの主要な結果は驚くべきものではない. いくらか技術的ではあるが,きちんとした証明はここではせずに残しておく. Björk and Cristensen (1999) を参照せよ.

定理 9.3(主要定理) フォワードカーブ多様体 $\mathcal{G}$ が $\mathcal{M}$ のフォワードレートカーブ過程 $r(t,x)$ に対して局所不変であることと

$$G'_x(z) + \sigma(r)\mathbf{H}\sigma(r)^\top - \frac{1}{2}\sigma'_r(r)\sigma(r) \in Im[G'_z(z)] \quad (9.84)$$

$$\sigma(r) \in Im[G'_z(z)] \quad (9.85)$$

がすべての $z \in \mathcal{Z}$, $r = G(z)$ について成り立つことは同値である.

ここで,G'_z, G'_x はそれぞれ z と x に関する G の Frechet 微分である. 条件 (9.85) は σ の項ごとに解釈される. 条件 (9.84) は一致ドリフト条件,(9.85) は一致ボラティリティ条件と呼ばれる.

注意 9.8 もし,族 $\mathcal{G}$ が x 変数のシフトにおいて不変であるならば,関係

$$G'_x(z) \in Im[G'_z(z)]$$

は自動的に得られる. よって,このケースでは,関係 (9.84) は通常の $r = G(z)$ のもとで,

$$\sigma(r)\mathbf{H}\sigma(r)^\top - \frac{1}{2}\sigma'_r(r)\sigma(r) \in Im[G'_z(z)]$$

で置き換えられる.

7.3 例

上記の結果を具体的な状況に当てはめるのは非常に簡単である. テストケースとして,フォワードレートカーブの Nelson–Siegel 族(Nelson and Siegel, 1987 を参照せよ)を考える. この族の Ho–Lee モデルと Hull–White モデルとの一致性を分析しよう.

7.3.1 Nelson–Siegel 族

Nelson–Siegel フォワードカーブ多様体（以下 NS 多様体）$\mathcal{G}$ は $z \in R^4$ をパラメータとしてもち，曲線 $x \longmapsto G(z,x)$ は

$$G(z,x) = z_1 + z_2 e^{-z_4 x} + z_3 x e^{-z_4 x} \tag{9.86}$$

として表現される．$z_4 \neq 0$ に対して，Frechet 微分は簡単に

$$G'_z(z,x) = [1, e^{-z_4 x}, x e^{-z_4 x}, -(z_2 + z_3 x)x e^{-z_4 x}] \tag{9.87}$$

$$G'_x(z,x) = (z_3 - z_2 z_4 - z_3 z_4 x)e^{-z_4 x} \tag{9.88}$$

として得られる．

さらに簡単なケースとして $z_4 = 0$ のときは

$$G(z,x) = z_1 + z_2 + z_3 x \tag{9.89}$$

となる．以下でこのケースに戻る．

7.3.2 Hull–White モデルと Ho–Lee モデル

テストケースとして，Vasiček モデルの応用である Hull–White（以下 HW）モデルを分析する．ショートレートで表すと，このモデルは

$$dR(t) = \{\Phi(t) - aR(t)\}dt + \sigma dW(t) \tag{9.90}$$

で与えられる．ここで，$a, \sigma > 0$ である．よく知られているように，対応するフォワードレートで表せば

$$dr(t,x) = \beta(t,x)dt + \sigma e^{-ax} dW_t \tag{9.91}$$

となる．よって，ボラティリティ関数は $\sigma(x) = \sigma e^{-ax}$ で与えられ，定理 9.3 の条件は

$$G'_x(z,x) + \frac{\sigma^2}{a}[e^{-ax} - e^{-2ax}] \in Im[G'_z(z,x)] \tag{9.92}$$

$$\sigma e^{-ax} \in Im[G'_z(z,x)] \tag{9.93}$$

となる．

NS 多様体が HW ダイナミクスのもとで不変かどうかを調べるために，(9.93) と固定された z ベクトルからスタートする．よって，すべての $x \geq 0$ に対して

$$\sigma e^{-ax} = A + B e^{-z_4 x} + Cx e^{-z_4 x} - D(z_2 + z_3 x)x e^{-z_4 x} \tag{9.94}$$

となるような定数（もしくは，z に依存することも可能）A, B, C, D を探す．これは $z_4 = a$ であることと必要十分であり，(9.93) は $z \in \mathcal{Z}$ のあらゆる選択に対して成り立たなければならないから，HW モデルは NS 多様体に対して一致していないことがすぐにわかる（下のノートを参照せよ）．

命題 9.11（**Nelson–Siegel** と **Hull–White**） Hull–White モデルは NS 族に一致しない．

よって，われわれは HW モデルに対してよくない結果を得た．もし，初期フォワードレートカーブが多様体にある場合，任意の微小時間に対して HW ダイナミクスの場合には期間構造が多様体外に存在することになるという意味で，NS 多様体は HW モデルに対して小さすぎる．もっとよい結果に関しては Björk and Cristensen (1999) を参照せよ．

注意 9.9 HW モデルに一致する最小の多様体は

$$G(z,x) = z_1 e^{-ax} + z_2 e^{-2ax}$$

で与えられるということを確かめるのは簡単な練習問題となろう．

7.4 一致性に対する Filipović 状態空間アプローチ

上で簡単に調べたとおり，HW モデルも HL モデルもフォワードレートカーブの Nelson–Siegel 族に一致しない．さらに難しい問題は，すべての金利モデルが Nelson–Siegel 族に一致しないかどうかを調べることである．一般的な設定のもと，このような逆一致性の問題は Filipović (1999, 2000a, 2000b) によって詳細に研究されてきた．本項では，逆一致性の問題に対して Filipović の状態空間アプローチを紹介し，簡単な例を考えてみる．

この研究はファクターモデルの枠組みの中で行われる．

定義 9.16 フォワードレート過程 r に対するファクターモデルは以下の要素からなる．
- d 次元ファクター，または状態過程 Z（$\mathbb{Q}$ ダイナミクス）は

$$dZ_t = a(Z_t)dt + b(Z_t)dW_t \tag{9.95}$$

で与えられる．W は m 次元 Wiener 過程である．a_i を列ベクトル a の i 番目の要素，b_i を行列 b の i 番目の行ベクトルとする．
- 滑らかな写像を

$$G: \mathbb{R}^d \to \mathcal{H}$$

とする．各 $z \in \mathbb{R}^d$ に対して，$G(z)$ は実数値 C^∞ 関数であり，$x \in \mathbb{R}$ における値は $G(z,x)$ で表される．
- フォワードレート過程は

$$r_t = G(Z_t) \tag{9.96}$$

によって定義される．もしくは，要素の表示形で

$$r_t(x) = G(Z_t, x) \tag{9.97}$$

と表される．

Z のダイナミクスはマルチンゲール測度のもとで所与であるから，(9.96) の r が $\mathbb{Q}$ のもとでフォワードレートの特定化になるためには a, B, G の間の関係になんらかの一致性の条件が必要であることは明らかである．一致性の条件を求めるための明確な方法は (9.95), (9.96) から r のダイナミクスを計算して，(9.64) のフォワードレート式の一般形の結果と比べることである．記号表記の簡便化のため以下の簡略表示を使う．

$$G_x = \frac{\partial G}{\partial x}, \quad G_i = \frac{\partial G}{\partial z_i}, \quad G_{ij} = \frac{\partial^2 G}{\partial z_i \partial z_j} \tag{9.98}$$

伊藤の公式，(9.95), (9.96) より，

$$\begin{aligned} \mathrm{d}r_t &= \left\{ \sum_{i=1}^d G_i(Z_t) a_i(Z_t) \mathrm{d}t + \frac{1}{2} \sum_{i,j=1}^d G_{ij}(Z_t) b_i(Z_t) b_j^\top(Z_t) \right\} \mathrm{d}t \\ &\quad + \sum_{i=1}^d G_i(Z_t) b_i(Z_t) \mathrm{d}W_t \end{aligned} \tag{9.99}$$

を得る．ここで $\top$ は転置を表す．(9.64) のフォワードレート式に戻ると，ボラティリティ過程を

$$\sigma_t = \sum_{i=1}^d G_i(Z_t) b_i(Z_t)$$

と特定化できる．これを (9.64) のドリフト部分に代入する．$\mathbf{F}r_t = G_x(Z_t)$ と推定して (9.96) を使い，これを (9.64) のドリフト部分に代入する．求めた式を (9.99) と比較して，一致性の条件を得る．

命題 9.12 (Filipović) マルチンゲール測度のもとで，(z, x) に対して以下の関係が成り立たなければならない．

$$\begin{aligned} G_x(z, x) &+ \sum_{i,j=1}^d b_i(z) b_j^\top(z) G_i(z, x) \int_0^x G_j(z, s) \mathrm{d}s \\ &= \sum_{i=1}^d G_i(z, x) a_i(z) + \frac{1}{2} \sum_{i,j=1}^d G_{ij}(z, x) b_i(z, x) b_i(z) b_j^\top(z) \end{aligned} \tag{9.100}$$

(9.100) の一致性の条件を3つの異なる角度から見ることができる．

- 所与の特定化された G, a, b に対して，一致性をチェックすることができる．
- a と b を特定化することができ，(9.100) を一致性出力関数 G を決定するための偏微分方程式（partial defferential equation; PDE）と見る．
- G を特定する．すなわちフォワードレートカーブの有限次元多様体を特定することができ，一致性状態ベクトル過程 Z が存在するかどうかを調べるために (9.100) を使う．もし存在するならば a と b も (9.100) により見つける．

上記 3 番目の逆問題に焦点を当て，いかに一致性の条件が使われるかを見るために簡単な例を調べてみよう．

例 9.1 この例では，線形フォワードレートカーブの 2 次元多様体を考える．すなわち，出力関数 G は

$$G(z,x) = z_1 + z_2 x \tag{9.101}$$

のように定義される．

これは，ファイナンスの観点からは自然な例ではないが，技術上の好例である．ここでの疑問は線形フォワードレートカーブのクラスに一致するフォワードレートモデルが存在するかどうか，もし存在するならファクターダイナミクスはどのような形かという点である．簡単化のために 1 次元 Wiener 過程のケースに限定して考えるが，（おそらく，もっと自然な）ファクターダイナミクスが 2 つの式のケースを分析する．

ファクターダイナミクスを

$$dZ_{1,t} = a_1(Z_t)dt + b_1(Z_t)dW_t \tag{9.102}$$
$$dZ_{2,t} = a_1(Z_t)dt + b_2(Z_t)dW_t \tag{9.103}$$

とモデル化する．このケースでは

$$G_x(z,x) = Z_2, \quad G_1(z,x) = 1, \quad G_2(z,x) = x$$
$$G_{11}(z,x) = 0, \quad G_{12}(z,x) = 0, \quad G_{22}(z,x) = 0$$

であり，

$$\int_0^x G_1(z,s)ds = x, \quad \int_0^x G_2(z,s)ds = \frac{1}{2}x^2$$

となるから，一致性の条件 (9.100) は

$$\begin{aligned} z_2 + b_1^2(z)x + b_1(z)b_2(z)\frac{1}{2}x^2 + b_2(z)b_1(z)x^2 + b_2^2(z)\frac{1}{2}x^3 \\ = a_1(z) + a_2(z)x \end{aligned} \tag{9.104}$$

となる．係数は $b = 0$ と決められるので，上式は

$$z_2 + b_1^2(z)x = a_1(z) + a_2(z)x \tag{9.105}$$

のように簡単になる．これより，$a_1 = z_2$ と $a_2 = b_1^2$ が得られる．よって，G をこのように選択したとき，一致性のファクターモデルのクラスが存在し，ファクターダイナミクスは

$$\mathrm{d}Z_{1,t} = Z_{2,t}\mathrm{d}t + b_1(Z_t)\mathrm{d}W_t \tag{9.106}$$
$$\mathrm{d}Z_{2,t} = b_1^2(Z_t)\mathrm{d}t \tag{9.107}$$

のように与えられる．ここで，b_1 は完全に自由に（制約条件のみによる）選ぶことができる．$b_1(z) = 1$ を選ぶと，ファクター Z_2 は本質的に経過時間となり，モデルはHo–Lee モデルの特別なケースとなる．

7.5 ノート

本節の大部分は Björk and Cristensen (1999) と Filipović (1999) によっている．説明の中では無限次元フォワードレート SDE の強解を使ってきた．これはもちろん制限的な議論である．弱解の不変性の問題は Filipović (2000b, 2001) によって詳しく研究されている．不変性の研究の別の方法は Stroock–Varadhan サポート定理のなんらかのバージョンを使うものであり，この方法は Zabczyk (2001) によって詳細に研究されている．

8. 非線形モデルの存在

6.2 項の問題 2) に戻ろう．すなわち，どのようなときに所与のフォワードレートモデルが有限次元ファクターモデルになるかという問題である．簡単化のため，単一 Wiener 過程で斉時的なフォワードレートダイナミクスのケースに議論を絞る．微分幾何学からのいくつかのアイデアと概念を使う．一般的な参考文献は Warner (1979) である．本節は Björk and Svensson (2001) をもとにしている．ボラティリティ $\sigma : \mathcal{H} \to \mathcal{H}$ を所与として，導出されるフォワードレートモデル（Stratonovich の形式で）

$$\mathrm{d}r_t = \mu(r_t)\mathrm{d}t + \sigma(r_t) \circ \mathrm{d}W_t \tag{9.108}$$

を考える．ここで，以前同様（7.2 項を参照せよ）

$$\mu(r) = \frac{\partial}{\partial x}r + \sigma(r)\mathbf{H}\sigma(r)^\top - \frac{1}{2}\sigma'_r(r)\sigma(r) \tag{9.109}$$

とする．

注意 9.10 空間に $\mathcal{H}$ を選ぶ理由は，線形オペレータ $\mathbf{F} = \partial/\partial x$ はこの空間で有限であるからである．上記の仮定とともに，これは μ と σ ともに $\mathcal{H}$ で滑らかなベクトル場である．よって，すべての初期点 $r^o \in \mathcal{H}$ に対して，フォワードレート式の強解の存在が保証される．

8.1 幾何学的問題

所与の特定化されたボラティリティ写像 σ と初期フォワードレートカーブ r^o のもとで，いつ（そして，どのように）対応するフォワードレート過程が有限次元モデルをもつのかを調べていく．よって，局所時間に対して r が

$$dZ_t = a(Z_t)dt + b(Z_t)dW_t, \quad Z_0 = z_0 \tag{9.110}$$

$$r(t,x) = G(Z_t, x) \tag{9.111}$$

と書けるような滑らかな d 次元ベクトル場 a, b と初期点 $z_0 \in \mathbb{R}^d$ と写像 $G: \mathbb{R}^d \to \mathcal{H}$ を探す．

注意 9.11 いくつかのポイントを整理しよう．第一に所与の特定化された σ のもとで，r モデルは初期フォワードレートカーブ r^o により有限次元モデルをもつ一方，r^o の近隣でのすべての他の初期フォワードレートカーブでは無限次元となることは起こりうる．そのようなモデルは一般的でない，もしくは偶然の有限次元モデルという．他方，r^o の近隣のすべての初期点に対して，r が有限次元モデルをもつなら，そのモデルを一般有限次元モデルと呼ぶ．本項では一般的な問題しか考えない．第二に，（時間）局所的なモデルしか探さない．

次に，モデルの存在問題と不変多様体の研究を結び付けよう．

命題 9.13 フォワードレート過程が有限次元モデルをもつことと $r^o \in \mathcal{G}$ の不変有限次元部分多様体 $\mathcal{G}$ が存在することは同値である．

証明 完全な証明は Björk and Cristensen (1999) を参照せよ．直観的な議論は以下のとおりである．$r^o \in \mathcal{G}$ の有限次元不変多様体 $\mathcal{G}$ が存在すると仮定する．$\mathcal{G}$ は局所座標系をもち，Z 過程を r 過程に対する局所座標過程として定義する．他方，もし r が (9.110), (9.111) のような有限次元モデルをもつならば，モデルからつくられるすべてのフォワードレートカーブはある z に対して $x \longmapsto G(z, x)$ の形になる．よって，初期フォワードレートカーブ r^o を含む $\mathcal{G} = \text{Im} G$ と呼ばれる有限次元不変部分多様体 $\mathcal{G}$ が存在する． □

定理 9.3 を使って有限次元モデルの存在性の幾何学的特徴付けをすぐに得ることができる．

系 9.1 フォワードレート過程が有限次元モデルをもつことと，各 $r \in \mathcal{G}$ に対して以下の条件が成り立つような r^o を含む有限次元多様体 $\mathcal{G}$ が存在することは同値である．

$$\mu(r) \in T_\mathcal{G}(r), \qquad \sigma(r) \in T_\mathcal{G}(r)$$

ここで，$T_\mathcal{G}(r)$ は点 r での $\mathcal{G}$ への接空間で，ベクトル場 μ と σ は上記のとおりである．

8.2 主要結果

所与のボラティリティベクトル場 σ とベクトル場 μ のもと，$\mathcal{G}$ の各点において μ と σ が $\mathcal{G}$ に接するような有限次元多様体 $\mathcal{G}$ が存在するかどうかを決める問題に直面する．考えている空間が有限次元のケースにおいて，微分幾何学ではこの問題は標準的であり，これよりこの問題を説明していく．

いくつかの直観を得るために，より簡単な問題から始め，空間 $\mathcal{H}$（もしくは他の Hilbert 空間）を考え，空間上の滑らかなベクトル場 f を考える．固定された各 $r^o \in \mathcal{H}$ に対して，f が各点において $\mathcal{G}$ に接するような $r^o \in \mathcal{G}$ の有限次元多様体 $\mathcal{G}$ が存在するかどうかの疑問が浮かぶ．これへの答えは「存在する」であり，多様体は実際 1 次元で選ぶことができる．このことを見るために，無限次元常微分方程式（ordinary differential equation; ODE）

$$\frac{\mathrm{d}r_t}{\mathrm{d}t} = f(r_t) \tag{9.112}$$
$$r_0 = r^o \tag{9.113}$$

を考える．r_t が t でこの ODE の解なら，

$$r_t = e^{ft} r^o$$

と表記しよう．

よって，オペレータ $\{e^{ft} : t \in \mathbb{R}\}$ の群を定義した．$\{e^{ft} r^o : t \in \mathbb{R}\} \subseteq \mathcal{H}$ の集合は r^o を通るベクトル場 f の積分曲線以外のなにものでもないことを述べておく．$\mathcal{G}$ をこの積分曲線として定義すると，f は構造上 $\mathcal{G}$ に接するからわれわれの問題は解決する．

ここで，2 つのベクトル場 f_1 と f_2 を所与とする．読者は f_1 を σ，f_2 を μ を読み替えてみてほしい．また，初期点 $r^o \in \mathcal{H}$ を固定する．ここでの疑問は f_1 と f_2 が $\mathcal{G}$ の各点において $\mathcal{G}$ に接するような r^o を含む有限次元多様体が存在するかどうかである．そのような多様体をベクトル場に対する接多様体と呼ぶ．一見，接多様体は常に存在するかのように見え，2 次元でもよさそうである．幾何学的なアイデアは r^o から始まり，f_1 が積分曲線 $\{e^{f_1 s} r^o : s \geq 0\}$ をつくる．この曲線上の各点 $e^{f_1 s} r^o$ に対して，f_2 がその点から始まる積分曲線をつくる．これにより目的の $e^{f_2 t} e^{f_1 s} r^o$ が得られ，$\mathcal{H}$ で 2 次元の表面 $\mathcal{G}$ を描くことができる．これは接多様体に対する明らかな候補である．

しかしながら，一般的なケースではこのアイデアはうまくいかない．基本的な問題

は以下のとおりである．上記の構造では，f_1 によりつくられた積分曲線から始め f_2 に適用したので，f_2 から始め f_1 に適用した場合，同じ表面を得られるかどうかはもちろん保証されていない．よって，交換可能性の問題が存在し，このことへの鍵となるコンセプトが Lie ブラケットである．

定義 9.17 $\mathcal{H}$ 上の所与の滑らかなベクトル場 f と g のもと，Lie ブラケット（Lie bracket）$[f, g]$ は

$$[f, g](r) = f'(r)g(r) - g'(r)f(r) \tag{9.114}$$

で定義されるベクトル場である．

Lie ブラケットは上記の幾何学上の問題において，微小区間での交換可能性の可否を判断する．その判断の際，交換可能性の欠如は小さいといえる条件が必要となる．関連する条件として，Lie ブラケットはベクトル場の線形表面にある必要がある，ということがわかる．

定義 9.18 ある空間 X 上の滑らかで独立なベクトル場を $f_1, \cdots, f_n$ とする．このようなシステムは分布と呼ばれ，

$$[f_i, f_j](x) \in \mathrm{span}\{f_1(x), \cdots, f_n(x)\}, \quad \forall i, j$$

ならば，分布は対合的（involutive）といわれる．ここで，右辺の範囲は要素の実数値倍の線形表面である．

ここで，有限次元微分幾何学からの古典的な結果を応用した以下の基本的な結果を得る．

定理 9.4（Frobenius） $\mathcal{H}$ の滑らかで独立なベクトル場を $f_1, \cdots, f_k$ とし，固定点 $r^o \in \mathcal{H}$ を考えると，以下は同値である．
- r^o の近隣の各点 r に対して，r を通る k 次元接多様体が存在する．
- ベクトル場の $f_1, \cdots, f_k$ システムは（局所）対合的である．

証明 Björk and Svensson (2001) を参照せよ．そこでは，Banach 空間での Frobenius 定理の自己完結した証明を与えている． $\square$

金利モデルに戻ろう．ベクトル場 μ, σ と初期点 r^o が与えられたとき，r^o を含む有限次元接多様体が存在するかどうかが問題である．無限次元 Frobenius 定理を使って，この状況を簡単に分析できる．もし $\{\mu, \sigma\}$ が対合的なら，2 次元接多様体が存在する．もし $\{\mu, \sigma\}$ が対合的でないなら，Lie ブラケット $[\mu, \sigma]$ は μ と σ の線形スパンにはないので，システム $\{\mu, \sigma, [\mu, \sigma]\}$ を考える．もしこのシステムが対合的なら，3 次元接多様体が存在する．もし，対合的でないなら，$[\mu, [\mu, \sigma]], [\sigma, [\mu, \sigma]]$ のうち

少なくとも 1 つのブラケットは $\{\mu, \sigma, [\mu, \sigma]\}$ のスパンにはないので，この（これら の）ブラケットを加える．この操作を続けていき，ブラケットのブラケットをつくり, 実際に得られたベクトル場のシステムが Lie ブラケット操作で閉じるまで，以前に得 られたベクトル場の線形表面にこれらを加える．

定義 9.19 ベクトル場 $f_1, \cdots, f_k$ を所与とする．$f_1, \cdots, f_k$ からつくられる Lie 代 数 (Lie algebra) とは，$f_1, \cdots, f_k$ を含むベクトル場の最小の ($\mathbb{R}$ 上の) 線形空間で あり，Lie ブラケットのもとで閉じている．この Lie 代数は

$$\mathcal{L} = \{f_1, \cdots, f_k\}_{LA}$$

で表される．

$\mathcal{L}$ の次元は，各点 $r \in \mathcal{H}$ に対して，

$$\dim[\mathcal{L}(r)] = \dim \text{span}\{f_1(r), \cdots, f_k(r)\}$$

と定義される．

これらすべての結果をまとめて，有限次元モデルに関する次の主要な結果を得る．

定理 9.5（主要結果） ボラティリティ写像 $\sigma = (\sigma_1, \cdots, \sigma_m)$ を所与とする．σ によ り生成されるフォワードレートモデルが有限次元モデルになることと，r^o の近傍で

$$\dim\{\mu, \sigma_1, \cdots, \sigma_m\}_{LA} < \infty$$

であることは同値である．

μ と σ により生成される Lie 代数を計算するとき，以下の事実はしばしば有益で ある．

補題 9.3 ベクトル場 $f_1, \cdots, f_k$ を所与とする．Lie 代数 $\mathcal{L} = \{f_1, \cdots, f_k\}_{LA}$ は以 下の操作において不変である．
- ベクトル場 $f_i(r)$ は $\alpha(r)f_i(r)$ によって置き換えてもよい．ここで，α はある滑 らかなゼロでないスカラー場である．
- ベクトル場 $f_i(r)$ は

$$f_i(r) + \sum_{j \neq i} \alpha_j(r) f_j(r)$$

で置き換えてもよい．ここで，α_j はある滑らかなスカラー場である．

証明 スカラー場による掛け算はベクトル場 f_i の長さのみを変え，方向は変えない，つ まり接多様体を変えないから，最初の主張は幾何学上明らかである．正しくは Leibnitz 則 $[f, \alpha g] = \alpha[f, g] - (\alpha' f)g$ から証明することができる．2 番目の主張は Lie ブラケッ トの双線型性と $[f, f] = 0$ という事実から成立する． □

8.3 応　　用

本項では上記で開発されたいくつかの定理の簡単な応用を紹介するが，最初に準指数関数についてのいくつかの事実を思い出す必要がある．

定義 9.20 準指数 (quasi-exponential; QE) 関数とは

$$f(x) = \sum_i e^{\lambda_i x} + \sum_j e^{\alpha_i x}[p_j(x)\cos(\omega_j x) + q_j(x)\sin(\omega_j x)] \quad (9.115)$$

の形の任意の関数である．ここで，$\lambda_i, \alpha_i, \omega_i$ は実数で p_j と q_j は多項式である．

QE 関数は何度も出てくるので，いくつかの簡単でよく知られている性質をまとめておく．

補題 9.4 準指数関数に関して以下が成立する．
- 関数が QE であることと，関数が定数係数のベクトル値線形 ODE の解の構成要素であることは同値である．
- 関数が QE であることと，関数が $f(x) = ce^{Ax}b$ という形で書けることは同値である．ここで，c は行ベクトルで A は正方行列，b は列ベクトルである．
- f が QE であるならば f' も QE である．
- f が QE であるならばその原始関数も QE である．
- f と g が QE であるならば fg も QE である．

8.3.1 定数ボラティリティ

ボラティリティ $\sigma(r,x)$ が $\mathcal{H}$ で定数ベクトルであるいちばん簡単なケースから始め，簡単化のため 1 つの Wiener 過程をもつと仮定する．この場合，Stratonovich 修正項はなく，ベクトル場は

$$\mu(r,x) = \mathbf{F}r(x) + \sigma(x)\int_0^x \sigma(s)\mathrm{d}s, \qquad \sigma(r,x) = \sigma(x)$$

で与えられる．ここで，以前同様 $\mathbf{F} = \partial/\partial x$ である．

Frechet 微分はこのケースでは簡単になる．$\mathbf{F}$ は線形（そして，この空間では有限）で σ は r の関数として定数であるから，

$$\mu'_r = \mathbf{F}, \qquad \sigma'_r = 0$$

を得る．よって，Lie ブラケット $[\mu, \sigma]$ は

$$[\mu, \sigma] = \mathbf{F}\sigma$$

で与えられる．同様にして，

$$[\mu, [\mu, \sigma]] = \mathbf{F}^2 \sigma$$

である．同様に続けていくと，関連する Lie 代数 $\mathcal{L}$ は

$$\begin{aligned}\mathcal{L} &= \{\mu, \sigma\}_{LA} = \mathrm{span}\{\mu, \sigma, \mathbf{F}\sigma, \mathbf{F}^2\sigma, \cdots\} \\ &= \mathrm{span}\{\mu, \mathbf{F}^n\sigma; n = 0, 1, 2, \cdots\}\end{aligned}$$

で与えられる．よって，$\mathcal{L}$ が有限次元（各点 r において）であることと，関数空間

$$\mathrm{span}\{\mathbf{F}^n\sigma; n = 0, 1, 2, \cdots\}$$

が有限次元であることは同値であるということは明らかである．したがって，以下の結果を得る．

命題 9.14 上記の仮定のもと，有限次元モデルが存在することと σ が準指数関数であることは同値である．

8.3.2 固定方向ボラティリティ

最も自然な拡張である，ボラティリティが

$$\sigma(r, x) = \phi(r)\lambda(x) \tag{9.116}$$

の形の確定的ボラティリティのケース（1 次元 Wiener 過程のケース）へ移ろう．

このケースでは個々のベクトル場 σ は固定方向 λ をもつが，ϕ により長さは変わる．ここで，ϕ はフォワードレートカーブ全体の任意の滑らかな関数であってもよい．些細なケースを排除するため，以下を仮定する．

仮定 9.5 すべての $r \in \mathcal{H}$ に関して $\phi(r) \neq 0$ を仮定する．

簡単な計算により，ドリフトベクトル μ は

$$\mu(r) = \mathbf{F}r + \phi^2(r)D - \frac{1}{2}\phi'(r)[\lambda]\phi(r)\lambda \tag{9.117}$$

であることがわかる．ここで，$\phi'(r)[\lambda]$ はベクトル λ 上で作用する Frechet 微分 $\phi'(r)$ で，定数ベクトル $D \in \mathcal{H}$ は

$$D(x) = \lambda(x) \int_0^x \lambda(s) \mathrm{d}s$$

で与えられる．

ここで，いかなる ϕ と λ の条件のもと，有限次元モデルとなるか，すなわち

$$\mu(r) = \mathbf{F}r + \phi^2(r)D - \frac{1}{2}\phi'(r)[\lambda]\phi(r)\lambda, \qquad \sigma(r) = \phi(r)\lambda$$

により生成される Lie 代数がいつ有限次元となるかが知りたい．仮定 9.5 のもとで，ベクトル場が

$$f_0(r) = \mathbf{F}r + \Phi(r)D, \qquad f_1(r) = \lambda$$

という簡単なシステムから，Lie 代数が実際に生成されることを見るために補題 9.3 を使うことができる．ここで，

$$\Phi(r) = \phi^2(r)$$

の表記を使った．ベクトル場 f_1 は定数であるから，その Frechet 微分はゼロである．よって，最初の Lie ブラケットは

$$[f_0, f_1](r) = \mathbf{F}\lambda + \Phi'(r)[\lambda]D$$

のように簡単に計算できる．次のブラケットの計算は $[[f_0, f_1], f_1]$ で，

$$[[f_0, f_1], f_1] = \Phi''(r)[\lambda; \lambda]D$$

で与えられる．$\Phi''(r)[\lambda; \lambda]$ はベクトルの対 $[\lambda; \lambda]$ 上で作用する Φ の 2 次 Frechet 微分である．これ（セミコロン）は Lie ブラケット $[\lambda, \lambda]$（コンマ）とは違う．Lie ブラケットはもちろんゼロになりうる．さらなる仮定をここでおこう．

仮定 9.6 すべての $r \in \mathcal{H}$ に対して $\Phi''(r)[\lambda; \lambda] \neq 0$ と仮定する．

この仮定のもと，Lie 代数が以下のベクトル場により生成されることを見るために補題 9.3 を再び使う．

$$f_0(r) = \mathbf{F}r, \quad f_1(r) = \lambda, \quad f_3(r) = \mathbf{F}\lambda, \quad f_4(r) = D$$

このベクトル場の中で f_0 以外はゼロであり，すべてのブラケットは簡単になる．簡単な計算により，実際

$$\{\mu, \sigma\}_{LA} = \mathrm{span}\{\mathbf{F}r, \mathbf{F}^n\lambda, \mathbf{F}^nD; n = 0, 1, \cdots\}$$

であることがわかる．これより，Lie 代数が有限次元となる必要条件は $\{\mathbf{F}^n\lambda; n \geq 0\}$ によりスパンされるベクトル空間が有限次元であるということがすぐにわかる．これと，λ が QE 関数であることは同値である．他方，λ が QE であるならば，D は QE 関数と QE 関数の積の積分であるから，補題 9.4 より D も QE であることがわかる．よって，空間 $\{\mathbf{F}^nD; n = 0, 1, \cdots\}$ もまた有限であり，以下の結果が証明できた．

命題 9.15 仮定 9.5, 9.6 より，ボラティリティが $\sigma(r, x) = \phi(r)\lambda(x)$ で与えられる金利モデルが有限次元モデルをもつことと，λ が準指数関数であることは同値である．スカラー場 ϕ は任意の滑らかな場でありうる．

8.4 ノート

本節の大部分は Björk and Svensson (2001) をもとにしている. Björk and Svensson (2001) では完全な証明とさらなる結果が含まれ，時間変化のケースが扱われている．上記の固定方向モデルの研究の中で，ϕ はフォワードレートカーブ全体の任意の滑らかな関数であることが許されている．ϕ がショートレートのより簡単なケースのとき，すなわち $\phi(r) = h(r(0))$ のケースは，Bhar and Chiarella (1997), Inui and Kijima (1998), Ritchken and Sankarasubramanian (1995) により研究されてきた．これらのケースは本節のフレームワークに入り，それらの結果は上記の一般理論の特別なケースに含まれる．Chiarella and Kwon (2001) によって扱われたケースは σ が有限点評価，つまり固定されたベンチマーク満期 $x_1, \cdots, x_k$ に対して $\sigma(t, r) = h(t, r(x_1), \cdots, r(x_k))$ であるときに起こるケースである．Chiarella and Kwon (2001) では，ベンチマークフォワードレートの対応する有限集合が Markov 過程である場合が研究された．

Lie 理論は HJM モデルがどのようなときに Markov ショートレートになるかを決めるのに使われる．Markov ショートレートの古典的な論文は Carverhill (1994) によって述べられ，Jeffrey (1995) により一般的な結果が証明された．Lévy 過程の例については Eberlein and Raible (1999) を参照せよ．

Lie 代数の構造が既知で，どのようにして具体的なモデルをつくるかという問題は Björk and Landén (2002) によって研究されてきた．確率ボラティリティモデルは Björk et al. (2002) によって扱われている．

上記の関数解析のフレームワークは Filipović and Teichmann (2002, 2003, 2004) によって発展してきた．特に，有限次元式（finite dimensional realization; FDR）を許す任意のフォワードレートモデルはアフィン期間構造をもたなければならないという注目に値する結果を証明した．

上記の説明と Björk and Svensson (2001) での幾何学的アイデアは，システム理論においてよく使われており，可制御性の問題に本質的には結び付いている（Isidori, 1989 を参照せよ）．それらはフィルタリング理論でも使われており，そこでの問題は，非標準化条件付密度過程の有限次元モデルを見つけることで，その過程の発展型は Zakai 式で与えられる．これらの分野の概要は Brocket (1981) を参照せよ．

9. ポテンシャルと正の金利

前節では，モデル化は同値マルチンゲール測度 $\mathbb{Q}$ のもとで行われてきた．観測確率測度 $\mathbb{P}$ のもとで，関連する確率過程をモデル化することはもちろん可能で，それを（唯一とは限らない）マルチンゲール測度 $\mathbb{Q}$ に結び付けることができる．このモデル化は実際に理論的および経験的資産価格付け理論で日常的に行われている．そこでは，マル

チンゲール測度の代わりに確率割引因子（stochastic discount factor; SDF）を使っている．本節の目的は，SDF をもとにした金利理論と確率ポテンシャル（potential）理論を使った関連する債券価格付けへの 2 つのアプローチを紹介する．

以下で述べるアプローチの注目すべき点は，それらが正の期間構造を生成する，すなわち導かれるすべてのフォワードレートが正となる債券価格を生成可能であることである．正であることは正のショートレートと同値であり，条件 $0 \leq p(t,T) \leq 1$ および $p_T(t,T) < 0$ であることと同値であることは容易にわかる．ここで，p_T は債券価格の満期 T に関する偏微分を表す．

本節の最後には，期間構造密度をもとにした正の金利モデルへの新しいアプローチを紹介する．このアプローチは直接的にはポテンシャルをもとにしてはいないが，正の金利ということで本節に含めた．

9.1 一 般 論

一般的なセットアップとして，$\mathbb{P}$ が観測確率である標準的なフィルター付確率空間 $(\Omega, \mathcal{F}, \mathbb{F}, \mathbb{P})$ を考える．市場がどのように様々な資産を価格付けするかという仮定が必要である．

仮定 9.7 銀行勘定をニューメレールとする固定されたマルチンゲール測度 $\mathbb{Q}$ を使って，原資産とデリバティブなどすべての資産を市場は価格付けすると仮定する．

T 請求権 Y に対して無裁定価格過程は

$$\Pi(t;Y) = \mathbb{E}^{\mathbb{Q}}\Big[e^{-\int_t^T r_s ds} \cdot Y \mid \mathcal{F}_t\Big]$$

で与えられることを思い出そう．特に，$t=0$ での価格は

$$\Pi(0;Y) = \mathbb{E}^{\mathbb{Q}}\Big[e^{-\int_0^T r_s ds} \cdot Y\Big] \tag{9.118}$$

である．

観測測度 $\mathbb{P}$ からマルチンゲール測度 $\mathbb{Q}$ への変換の尤度過程 L を

$$L_t = \frac{d\mathbb{Q}_t}{d\mathbb{P}_t} \tag{9.119}$$

と表わす．ここで，下付きの t は $\mathcal{F}_t$ に対する $\mathbb{P}$ と $\mathbb{Q}$ の制約を表す．もちろん (9.118) の価格を $\mathbb{P}$ のもとでの期待値として書くことができる．すなわち，

$$\mathbb{E}^{\mathbb{P}}\Big[e^{-\int_0^T r_s ds} \cdot L_T \cdot Y\Big] = \mathbb{E}^{\mathbb{P}}[Z_T \cdot Y] \tag{9.120}$$

これにより，以下を定義する．

定義 9.21 状態価格密度過程もしくは確率割引因子 Z は

$$Z(t) = e^{-\int_0^T r_s ds} \cdot L_t \tag{9.121}$$

で定義される.

ここで，以下の基本的な価格付けの結果を得る.

命題 9.16 任意の T 請求権 Y に対する無裁定価格過程は

$$\Pi(t;Y) = \frac{\mathbb{E}^{\mathbb{P}}[Z_T Y \mid \mathcal{F}_t]}{Z_t} \tag{9.122}$$

で与えられる. 特に，債券価格は

$$p(t,T) = \frac{\mathbb{E}^{\mathbb{P}}[Z_T \mid \mathcal{F}_t]}{Z_t} \tag{9.123}$$

により与えられる.

証明 Bayes の公式より，

$$\Pi(t;Y) = \mathbb{E}^{\mathbb{Q}}\left[e^{-\int_t^T r_s ds} Y \mid \mathcal{F}_t\right] = \frac{\mathbb{E}^{\mathbb{P}}\left[e^{-\int_t^T r_s ds} L_T Y \mid \mathcal{F}_t\right]}{\mathbb{E}^{\mathbb{Q}}[L_T \mid \mathcal{F}_t]}$$

$$= \frac{\mathbb{E}^{\mathbb{P}}\left[e^{-\int_t^T r(s)ds} L_T Y \mid \mathcal{F}_t\right]}{L_t} = \frac{\mathbb{E}^{\mathbb{P}}[Z_T Y \mid \mathcal{F}_t]}{Z_t}$$

を得る. □

ここで，以後よく使う以下の事実を得る.

命題 9.17 ショートレートが狭義正であり，経済学的に自然な条件である $T \to \infty$ に対して $p(0,T) \to 0$ が満たされると仮定する. このとき，確率割引因子 Z は確率的ポテンシャル (probabilistic potential), すなわち,
- Z は優マルチンゲールである
- $t \to \infty$ に対して $\mathbb{E}[Z_t] \to 0$

を満たす.

逆に任意のポテンシャルは確率割引因子として機能することを示すことができる. ここでの教訓は，正の金利の債券価格をモデル化することはポテンシャルをモデル化することに等しいということである. 次項では，これを行う2つの方法について述べる.

ダイナミクス Z からショートレートを簡単に求めることができることを述べておく.

命題 9.18 ダイナミクス Z が

$$dZ_t = -h_t dt + dM_t \tag{9.124}$$

と書けるなら（ただし，h は非負で M はマルチンゲール），ショートレートは

$$r_t = Z_t^{-1} h_t \tag{9.125}$$

で与えられる．

証明 伊藤の公式を Z の定義に適用して，

$$dZ_t = -r_t Z_t dt + e^{-\int_0^t r_s ds} dL_t \tag{9.126}$$

を得る． □

9.2 Flesaker–Hughston 分数モデル

所与の確率割引因子 Z と正のショートレートのもと，各固定された T に対して過程 $\{X(t,T); 0 \le t \le T\}$ を

$$X(t,T) = \mathbb{E}^{\mathbb{P}}[Z_T \mid \mathcal{F}_t] \tag{9.127}$$

として定義する．(9.123) により債券価格を

$$p(t,T) = \frac{X(t,T)}{X(t,t)} \tag{9.128}$$

と書く．

このとき，以下の結果を得る．

命題 9.19 各固定された t に対して，写像 $T \longmapsto X(t,T)$ は滑らかで

$$\frac{\partial}{\partial T} X(t,T) = -\mathbb{E}^{\mathbb{P}}[r_T Z_T \mid \mathcal{F}_t] \tag{9.129}$$

が成立する．さらに，各固定された T に対して，過程

$$X_T(t,T) = \frac{\partial}{\partial T} X(t,T)$$

はすべての $T \ge 0$ において

$$X_T(0,T) = -p_T(0,T) \tag{9.130}$$

を満たす負の $\mathbb{P}$ マルチンゲールである．

証明 Z の定義と伊藤の公式を使って，

$$\mathrm{d}Z_s = -r_s Z_s \mathrm{d}s + B_s^{-1} \mathrm{d}L_s$$

を得る．よって，

$$Z_T = Z_t - \int_t^T r_s Z_s \mathrm{d}s + \int_t^T B_s^{-1} \mathrm{d}L_s$$

である．L は $\mathbb{P}$ マルチンゲールであるから，

$$\mathbb{E}^{\mathbb{P}}[Z_T \mid \mathcal{F}_t] = Z_t - \mathbb{E}^{\mathbb{P}}\left[\int_t^T r_s Z_s \mathrm{d}s \,\bigg|\, \mathcal{F}_t\right]$$

であり，(9.129) をすぐに得ることができる．マルチンゲールの性質は (9.129) から直接得られる． □

Flesaker and Hughston (1996, 1997) の基本的な結果をここで述べることができる．

定理 9.6 期間構造は正であると仮定する．このとき，T と正の確定的な関数 Φ に対して

$$p(t,T) = \frac{\int_T^\infty \Phi(s) M(t,s) \mathrm{d}s}{\int_t^\infty \Phi(s) M(t,s) \mathrm{d}s} \tag{9.131}$$

を満たす正のマルチンゲール $M(t,T)$ の族が存在する．Φ の過程によりスケーリングされる M の族は

$$M(t,T) = -X_T(t,T) = \mathbb{E}^{\mathbb{P}}[r_T Z_T \mid \mathcal{F}_t] \tag{9.132}$$

として選ぶことができる．特に，Φ は

$$\Phi(s) = -p_T(0,s) \tag{9.133}$$

として選ぶことができる．ここで，任意の $s \geq 0$ に対して対応する M は $M(0,s) = 1$ に基準化されている．

証明 正のショートレートは $T \to \infty$ に対して $X(t,T) \to 0$ を意味するので

$$X(t,T) = -\int_T^\infty X_T(t,s) \mathrm{d}s$$

を得る．よって，(9.128) より

$$p(t,T) = \frac{\int_T^\infty X_T(t,s) \mathrm{d}s}{\int_t^\infty X_T(t,s) \mathrm{d}s} \tag{9.134}$$

である．$M(t,T)$ を

$$M(t,T) = -X_T(t,T) \tag{9.135}$$

により定義すると，(9.131) は $\Phi \equiv 1$ で (9.134) から成り立つ．Φ は任意に選ばれるただのスケーリングファクターであり，M 族を基準化するためには (9.133) の選択は自然である．X_T は負であるから，M は正となり証明できた． □

上記の結果の逆もまた存在する．

命題 9.20

$$p(t,T) = \frac{\int_T^\infty \Phi(s)M(t,s)\mathrm{d}s}{\int_t^\infty \Phi(s)M(t,s)\mathrm{d}s} \tag{9.136}$$

を特定すれば，正の債券価格の無裁定システムを定義することになる．さらに，債券価格を生成する確率割引因子 Z は

$$Z_t = \int_t^\infty \Phi(s)M(t,s)\mathrm{d}s \tag{9.137}$$

で与えられる．

証明 M 族のマルチンゲールの性質を使って，

$$\mathbb{E}^{\mathbb{P}}[Z_T \mid \mathcal{F}_t] = \int_T^\infty \mathbb{E}^{\mathbb{P}}[\Phi(s)M(T,s) \mid \mathcal{F}_t]\mathrm{d}s = \int_T^\infty \Phi(s)M(t,s)\mathrm{d}s$$

を得る．M と Φ が正であるから，これは Z がポテンシャルで確率割引因子として働くことを意味する．よって，導出される債券価格は

$$p(t,T) = \frac{\mathbb{E}^{\mathbb{P}}[Z_T \mid \mathcal{F}_t]}{Z_t}$$

で与えられ，上記の計算は導出された（無裁定）債券価格が (9.136) により与えられることを示す． □

このフレームワークで，フォワードレートも簡単に計算できる．

命題 9.21 (9.136) で与えられる債券価格において，フォワードレートは

$$f(t,T) = \Phi(T)M(t,T) \tag{9.138}$$

で与えられ，ショートレートは

$$r_t = \Phi(t)M(t,t) \tag{9.139}$$

の形で表される．

証明 (9.136) と公式 $f(t,T) = (\partial/\partial T)\ln p(t,T)$ より直接求められる. □

Flesaker–Hughston で最も使われる例は，合理的モデル (rational model) である．そのモデルでは，所与のマルチンゲール K と 2 つの確定的な関数 $\alpha(t), \beta(t)$ を考える．M 族を

$$M(t,T) = \alpha(T) + \beta(T)K(t) \tag{9.140}$$

により定義する．この M の特定化により，債券価格は

$$p(t,T) = \frac{A(T) + B(T)K(t)}{A(t) + B(t)K(t)} \tag{9.141}$$

の形になることは簡単にわかる．ここで，

$$A(t) = \int_t^\infty \Phi(s)\alpha(s)\mathrm{d}s, \qquad B(t) = \int_t^\infty \Phi(s)\beta(s)\mathrm{d}s$$

および

$$K(t) = e^{\int_0^t \gamma(s)\mathrm{d}W_s - (1/2)\int_0^t \gamma^2(s)\mathrm{d}s}$$

の形に仮定することで，特定化することができる．ここで，γ は確定的な関数である．よって，K は対数正規マルチンゲールであり，全期間構造は簡単に分析可能である．

9.3 測度変換

上記の議論は $\mathbb{P}$ が観測確率であると仮定される必要はまったくない．もし，代わりに他の基本測度 $\mathbb{P}^0 \sim \mathbb{P}$ を使ったとしても，

$$p(t,T) = \frac{\int_T^\infty \Phi(s)M^0(t,s)\mathrm{d}s}{\int_t^\infty \Phi(s)M^0(t,s)\mathrm{d}s} \tag{9.142}$$

の形の債券価格の Flesaker–Hughston 表現を得る．ここで，$M^0(t,T)$ は正 $\mathbb{P}^0$ マルチンゲールの族で，ここでの疑問は M^0 はどのように M と関係しているかということである．

命題 9.22 上の表記方法で，関係

$$M^0(t,T) = \frac{M(t,T)}{L_t^0} \tag{9.143}$$

が成立する．ここで，

$$L_t^0 = \frac{\mathrm{d}\mathbb{P}^0}{\mathrm{d}\mathbb{P}} \text{ on } \mathcal{F}_T \tag{9.144}$$

である．

証明 (9.132) より，スケーリングして

$$M(t,T) = \mathbb{E}^{\mathbb{P}}[r_T B_T^{-1} L_T \mid \mathcal{F}_t]$$

の関係が得られる．ここで，$L = d\mathbb{Q}/d\mathbb{P}$ であり，対称性より

$$M^0(t,T) = \mathbb{E}^{\mathbb{P}^0}\left[r_T B_T^{-1} \left\{\frac{d\mathbb{Q}}{d\mathbb{P}^0}\right\}_T \;\middle|\; \mathcal{F}_t\right]$$

である．さらに，

$$\left\{\frac{d\mathbb{Q}}{d\mathbb{P}^0}\right\}_T = \frac{d\mathbb{Q}}{d\mathbb{P}^0} \text{ on } \mathcal{F}_T$$

である．Bayes の公式より

$$\begin{aligned}
M^0(t,T) &= \mathbb{E}^{\mathbb{P}^0}\left[r_T B_T^{-1}\left\{\frac{d\mathbb{Q}}{d\mathbb{P}^0}\right\}_T \;\middle|\; \mathcal{F}_t\right] = \mathbb{E}^{\mathbb{P}^0}\left[r_T B_T^{-1}\left\{\frac{d\mathbb{Q}}{d\mathbb{P}}\right\}_T\left\{\frac{d\mathbb{P}}{d\mathbb{P}^0}\right\}_T \;\middle|\; \mathcal{F}_t\right] \\
&= \left\{\frac{d\mathbb{P}}{d\mathbb{P}^0}\right\}_t \cdot \mathbb{E}^{\mathbb{P}}\left[r_T B_T^{-1}\left\{\frac{d\mathbb{Q}}{d\mathbb{P}}\right\}_T \;\middle|\; \mathcal{F}_t\right] = \frac{M(t,T)}{L_t^0}
\end{aligned}$$

を得る． □

9.4 多通貨モデル

上記のポテンシャルの設定は多通貨の状況へ拡張可能である．N カ国があるとし，経済は無裁定で完備，各国に対して銀行勘定 B があり，国際貿易には摩擦がないと仮定する．

定義 9.22 為替過程 Y_t^{ij} は時間 t での通貨 i の 1 単位当たりの通貨 j の価格を表し，Z^i は国 i に対する（自国通貨に関する）SDF を表す．

ここで，通貨 i で表された，任意の固定された T 請求権 Ψ を選ぶ．この請求権の通貨 i に関する $t=0$ での無裁定価格はもちろん

$$\Pi(0;\Psi)^i = \mathbb{E}^{\mathbb{P}}[Z_T^i \Psi] \tag{9.145}$$

で表される．よって，通貨 j で表された無裁定価格は

$$\Pi(0;\Psi)^j = Y_0^{ij}\mathbb{E}^{\mathbb{P}}[Z_T^i \Psi] \tag{9.146}$$

で与えられる．

他方，時刻 T での請求権 Ψ は通貨 j について

単位分の価値があり,$t=0$ での j 価格を

$$\Pi(0;\Psi)^j = \mathbb{E}^{\mathbb{P}}[Z_T^j Y_T^{ij}\Psi] \tag{9.147}$$

と計算できる. よって,

$$Y_0^{ij}\mathbb{E}^{\mathbb{P}}[Z_T^i\Psi] = \mathbb{E}^{\mathbb{P}}[Z_T^j Y_T^{ij}\Psi]$$

であり, これが任意の T 請求権 Ψ に対して成り立つならば,

$$Y_0^{ij}Z_T^i = Z_T^j Y_T^{ij}$$

でなくてはならないので, 以下の結果を得る.

命題 9.23 上記の仮定のもとで, 為替レートは SDF と

$$Y_t^{ij} = \frac{Z_t^i}{Z_t^j} Y_0^{ij} \tag{9.148}$$

という関係をもつ.

この命題の示すところは, 各国における確率割引因子の一貫した特定化により為替レートが完全に決定されるということである. これらはすべて Flesaker–Hughston モデルで表すことができる. 国 i のマルチンゲールとスケール過程の Flesaker–Hughston 族をそれぞれ $M^i(t,T)$ と Φ^i で表すと, (9.137) よりすぐに

$$Y_t^{ij} = Y_0^{ij} \cdot \frac{\int_t^\infty \Phi^i(s) M^i(t,s)\mathrm{d}s}{\int_t^\infty \Phi^j(s) M^j(t,s)\mathrm{d}s} \tag{9.149}$$

を得ることができる.

9.5 Riesz 分解との関連

9.1 項ではもっともらしい債券市場を生成できるすべての SDF はポテンシャルであることを見た. よって, モデル化の視点から見ると, どのようにしたら簡単にポテンシャルをつくることができるかを考えることは自然である. ここで使われる主な結果は以下のとおりである.

命題 9.24 (Riesz 分解) Z がポテンシャルであるとすると,

$$Z_t = -A_t + M_t \tag{9.150}$$

と表記が可能である. ここで, A は増加過程で M は

$$M_t = \mathbb{E}^{\mathbb{P}}[A_\infty \mid \mathcal{F}_t] \tag{9.151}$$

で定義されるマルチンゲールである.

ポテンシャルをつくるために，ある積分可能な非負過程 a に対し，

$$A_t = \int_0^t a_s \mathrm{d}s \tag{9.152}$$

と仮定しよう．すると，ポテンシャルは

$$Z_t = \mathbb{E}^{\mathbb{P}}\left[\int_0^\infty a_s \mathrm{d}s \,\bigg|\, \mathcal{F}_t\right] - \int_0^t a_s \mathrm{d}s = \int_t^\infty \mathbb{E}^{\mathbb{P}}[a_s \mid \mathcal{F}_t]\mathrm{d}s \tag{9.153}$$

のように簡単に得ることができる．

ここで，これを Flesaker–Hughston のフレームワークと結び付けることができる．(9.127) で定義される過程 $X(t,T)$ の族は，現在のフレームワークでは

$$X(t,T) = \mathbb{E}^{\mathbb{P}}\left[\int_T^\infty \mathbb{E}^{\mathbb{P}}[a_s \mid \mathcal{F}_T]\mathrm{d}s \,\bigg|\, \mathcal{F}_t\right] = \int_T^\infty \mathbb{E}^{\mathbb{P}}[a_s \mid \mathcal{F}_t]\mathrm{d}s \tag{9.154}$$

の形で表される．よって，Flesaker–Hughston マルチンゲールの基本族は

$$M(t,T) = -\frac{\partial}{\partial T}X(t,T) = \mathbb{E}^{\mathbb{P}}[a_T \mid \mathcal{F}_t] \tag{9.155}$$

で与えられる．

9.6 条件付分散ポテンシャル

Hughston と彼の共著者により深く研究されてきた代表的なポテンシャルの代替は条件付分散である．固定された確率変数 $X_\infty \in L^2(\mathbb{P}, \mathcal{F}_\infty)$ を考える．マルチンゲール X を

$$X_t = \mathbb{E}^{\mathbb{P}}[X_\infty \mid \mathcal{F}_t] \tag{9.156}$$

と定義することができる．ここで，過程 Z を

$$Z_t = \mathbb{E}^{\mathbb{P}}[(X_\infty - X_t)^2 \mid \mathcal{F}_t] \tag{9.157}$$

と定義する．簡単な計算により，

$$Z_t = \mathbb{E}^{\mathbb{P}}[X_\infty^2 \mid \mathcal{F}_t] - X_t^2 \tag{9.158}$$

を得る．

最初の項はマルチンゲールで第 2 項は劣マルチンゲールであり，その差は優マルチンゲールであるから，定義によりこれはポテンシャルである．

ここでのポイントはポテンシャル Z，よって Z によって生成される完全な金利モデル，は実際には単一の確率変数 X_∞ の特定化により十分に特定されるということである．大変興味深いアイデアは X_∞ を Wiener 過程に拡張することである．9.9 項のノートを参照せよ．

9.7 Rogers の Markov ポテンシャルアプローチ

ここまで見てきたように，無裁定債券マーケットモデルをつくるためには，SDFとして働く正の優マルチンゲールを構築するだけで十分であり，前項ではこれを Riesz 分解で行う方法を見た．本項では，Markov 過程とその分解という点から，上記の方法でポテンシャルをつくる体系的な方法を説明する．このアイデアは Rogers (1994) によるもので，本項では彼の説明に従ってこれを紹介する．

観測測度 $\mathbb{P}$ のもとで，斉時的な Markov 過程 X と無限小生成作用素（infinitesimal generator）$\mathcal{G}$ を考える．

任意の積分可能な正の実数値関数 g と任意の正の数 α に対して，(9.150) の Riesz 分解の過程 A をここでは

$$A_t = \int_0^t e^{-\alpha s} g(X_s) ds \qquad (9.159)$$

と定義する．ここで，指数関数は少なくともすべての有界な関数 g を許容するために入れてある．(9.152) より

$$a_t = e^{-\alpha t} g(X_t) \qquad (9.160)$$

であり，(9.153) よりポテンシャル Z は

$$Z_t = \int_t^\infty e^{-\alpha s} \mathbb{E}^{\mathbb{P}}[g(X_s) \mid \mathcal{F}_t] ds \qquad (9.161)$$

で得られる．Markov の仮定を使って

$$Z_t = \mathbb{E}^{\mathbb{P}}\bigg[\int_t^\infty e^{-\alpha s} g(X_s) ds \,\bigg|\, X_t\bigg] \qquad (9.162)$$

を得る．この表現はよく知られた結果である．

定義 9.23 任意の非正 α に対し，分解 R_α はオペレータで，任意の有界で可測な関数 g に対して

$$R_\alpha g(x) = \mathbb{E}^{\mathbb{P}}_x\bigg[\int_0^\infty e^{-\alpha s} g(X_s) ds\bigg] \qquad (9.163)$$

で定義される．ここで，下付きの x は条件 $X_0 = x$ を表す．

ここで，分解とポテンシャルを結び付ける．

命題 9.25 任意の有界非負関数 g に対して，過程

$$Z_t = e^{-\alpha t} \frac{R_\alpha g(X_t)}{R_\alpha g(X_0)} \qquad (9.164)$$

は $Z_0 = 1$ でありポテンシャルである．

証明 標準化因子（分母）は本質的ではないので，残りの証明では無視する．斉時性を使って，(9.162) より

$$Z_t = \mathbb{E}^{\mathbb{P}}\left[\int_0^\infty e^{-\alpha(t+s)}g(X_{t+s})\mathrm{d}s \;\middle|\; X_t\right] = e^{-\alpha t}R_\alpha g(X_t) \tag{9.165}$$

を得る． □

上記の形の所与の SDF に対して，もちろん債券価格を計算できるし，ショートレートも計算できる．

命題 9.26 確率割引因子 Z が (9.164) で定義されるならば，債券価格は

$$p(t,T) = e^{-\alpha(T-t)}\frac{\mathbb{E}^{\mathbb{P}}[R_\alpha g(X_T) \mid \mathcal{F}_t]}{R_\alpha g(X_t)} \tag{9.166}$$

で与えられ，ショートレートは

$$r_t = \frac{g(X_t)}{R_\alpha g(X_t)} \tag{9.167}$$

で与えられる．

証明 公式 (9.166) は (9.164) と一般公式 (9.123) より直接求めることができる．(9.161) から簡単に

$$\mathrm{d}Z_t = -e^{-\alpha t}g(X_t)\mathrm{d}t + \mathrm{d}M_t$$

が得られる．ここで，M は

$$M_t = \mathbb{E}^{\mathbb{P}}\left[\int_0^\infty e^{-\alpha s}g(X_s) \;\middle|\; \mathcal{F}_t\right]\mathrm{d}s$$

により定義されるマルチンゲールで，(9.167) は命題 9.18 より求められる． □

このスキームの問題の一つは，具体的なケースでは (9.167) の比率を計算するのが困難なことがありうるということである．これを解決するために以下の標準的な結果を思い出そう．

命題 9.27 上記の記号表記のもと，

$$R_\alpha = (\alpha - \mathcal{G})^{-1} \tag{9.168}$$

を基本的に得ることができる．

基本的にという言葉は，この結果が事実上正しいことを意味している．しかし，作用素の定義域に関して注意しなければならない．この結果に対して簡単でヒューリスティックな議論をここでしてみよう．以下の議論のポイントは正確な証明を与えることではなく，結果を予想するための直観を与えるためのものである．正しい証明はMarkov過程の教科書を参照せよ．

証明の概略　オペレータ $\{S_t; t \geq 0\}$ の族を

$$S_t g(x) = \mathbb{E}_x^{\mathbb{P}}[g(X_t)] \tag{9.169}$$

で定義する．斉時性より

$$S_t g(x) = \mathbb{E}^{\mathbb{P}}[g(X_{u+t}) \mid X_u = x] \tag{9.170}$$

と書くことができるのは容易にわかる．特に，

$$S_{t+s} g(x) = S_t S_s g(x) \tag{9.171}$$

を得るためにMarkov性の仮定を使う．よって，$S_{t+s} = S_t S_s$ が得られ，族 S_t は半群を作る．定義により，無限小生成作用素 $\mathcal{G}$ は

$$\mathcal{G}g(x) = \left.\frac{\mathrm{d}}{\mathrm{d}t} S_t g(x) \right|_{t=0} \tag{9.172}$$

で与えられる．(9.171) と $S_0 = I$（ここで I は恒等演算子）を使って

$$\frac{S_{t+h} - S_t}{h} = \frac{S_h - I}{h} S_t \tag{9.173}$$

が得られ，(少なくとも，正式に) Kolmogorov 式

$$\frac{\mathrm{d}S_t}{\mathrm{d}t} = \mathcal{G} S_t \tag{9.174}$$

を得る．$\mathcal{G}$ は線形オペレータであるから，このODEを

$$S_t = e^{\mathcal{G}t} \tag{9.175}$$

と解くことができると予想し計算すると，これが実際正しいことが示される（もし，有限状態空間 X で考えているなら $\mathcal{G}$ は正方行列で問題はないが，一般的には $\mathcal{G}$ は非有限オペレータであり，注意が必要である）．

この定式化により，少なくとも事実上

$$R_\alpha g(X) = \int_0^\infty e^{-\alpha s} e^{\mathcal{G}s} g(x) \mathrm{d}s = \left(\int_0^\infty e^{(\mathcal{G}-\alpha)s} \mathrm{d}s\right) g(x) \tag{9.176}$$

と書くことができる.(あたかも,$\mathcal{G}$ が実数であるかのように)積分して

$$\int_0^\infty e^{(\mathcal{G}-\alpha)s}\mathrm{d}s = (\mathcal{G}-\alpha)^{-1}\{0-I\} = (\alpha-\mathcal{G})^{-1} \tag{9.177}$$

を得る.これが求める結果である. □

Rogers のスキームへ戻り,等式 $R_\alpha = (\alpha-\mathcal{G})^{-1}$ を使い $f = R_\alpha g$ のもと,

$$\frac{g(X_t)}{R_\alpha g(X_t)} = \frac{(\alpha-\mathcal{G})f(X_t)}{f(X_t)}$$

を得る.ここで,最後の比率を計算するのは通常容易である.これにより,以下のスキームを使うことができる.

1) Markov 過程 X,定数 α,非負関数 f を固定する.
2) g を

$$g = (\alpha-\mathcal{G})f$$

により定義する.
3) g が非負になるように α(とおそらく f のパラメータ)を選ぶ.
4) $f = R_\alpha g$ が得られ,ショートレートが

$$r(t) = \frac{(\alpha-\mathcal{G})f(X_t)}{f(X_t)}$$

で計算される.

この方法で Rogers は驚くほど多くの種類の,具体的で分析しやすい非負の金利モデルをつくった.そして,為替レートモデルは,上記 9.4 項のタイプの議論を使って同じように扱うことができる.

概観のため,ポテンシャルモデルの最も簡単で可能な例を考える.ここでの Markov 過程は

$$\mathrm{d}X_t = -AX_t\mathrm{d}t + \mathrm{d}W_t \tag{9.178}$$

で表される n 次元 Gauss 拡散過程をもつ.このケースでは

$$\mathcal{G}f(x) = \frac{1}{2}\triangle f(x) - \bigtriangledown f(x)Ax \tag{9.179}$$

で,$\triangle$ はラプラシアン,$\bigtriangledown f$ は行ベクトルとして見られるグラディアントである.ここで,ある行ベクトル $c \in R^n$ に対して f を

$$f(x) = e^{cx}$$

により定義する．すぐに，

$$g(x) = (\alpha - \mathcal{G})f(x) = f(x)\left(\alpha - \frac{1}{2}\|c\|^2 + cAx\right)$$

を得ることができる．対応するショートレートは

$$r_t = \alpha - \frac{1}{2}\|c\|^2 + cAx \tag{9.180}$$

で与えられる．よって，ガウシアンマルチファクターモデルが得られる．

Rogers 理論と Flesaker–Hughston フレームワークを結び付けることにより本節を終える．これは非常にわかりやすい．(9.155) と (9.160) を比べて

$$M(t,T) = e^{-\alpha T}\mathbb{E}^{\mathbb{P}}[g(X_T) \mid \mathcal{F}_t] \tag{9.181}$$

を得る．

9.8 期間構造密度アプローチ

フォワードレートの Heath–Jarrow–Morton フレームワークの主な問題点の一つは，正の金利を保証するようなボラティリティの特定化が簡単ではないことである．この問題（と他の問題）を述べるために，Brody and Hughston (2001, 2002, 2004) は「期間構造密度」をもとにした金利モデルの一連の論文を発表している．ここでは主なアイデアのいくつかを説明する．

定義 9.24 いつものとおり，$p(t,T)$ を満期 T の時間 t におけるゼロクーポン債価格とする．$p_t(x)$ と $q_t(x)$ を，それぞれ

$$p_t(x) = p(t, t+x) \tag{9.182}$$

$$q_t(x) = -\frac{\partial}{\partial x}p_t(x) \tag{9.183}$$

により定義する．$p_t(x)$ は Musiela パラメータ化法による債券価格である．

正の金利をもつモデルで $p_t(x)$ は x に関して減少関数で，$p_t(0) = 1, p_t(\infty) = 0$ である．言い方を変えると，p_t は生存確率関数のすべての特性をもっている．q_t は対応する密度（常に存在すると仮定する）で，Brody and Hughston のアイデアは q_t の変化を Wiener 過程のフレームワークで研究するものである．

観測測度 $\mathbb{P}$ のもとで，p_t のダイナミクスを簡単に導出することができる．一般理論より $p(t,T)$ のダイナミクスは

$$\mathrm{d}p(t,T) = p(t,T)r_t\mathrm{d}t + \Sigma^0(t,T)\{\mathrm{d}W_t + \lambda_t\mathrm{d}t\} \tag{9.184}$$

の形となる.ここで,Σ^0 はボラティリティ,λ はリスク過程の市場価格である.フォワードレートの Musiela パラメータ化法の導出で議論したように,p_t のダイナミクス

$$dp_t(x) = \{\mathbf{F}p(x) + r_t p_t(x)\}dt + \Sigma_t(x)\{dW_t + \lambda_t dt\} \quad (9.185)$$

を簡単に得ることができる.ここで,

$$\mathbf{F} = \frac{\partial}{\partial x}, \qquad \Sigma_t(x) = \Sigma^0(t, t+x)$$

である.

$\mathbf{F}p_t = q_t$ であるから,(9.184) を x で微分して

$$dq_t(x) = \{\mathbf{F}q_t(x) + r_t q_t(x)\}dt + \omega_t(x)\{dW_t + \lambda_t dt\} \quad (9.186)$$

を得る.ここで,

$$\omega_t(x) = \frac{\partial}{\partial x}\Sigma_t(x)$$

である.

ここで,任意の正モデルに対し $p_t(\infty) = 0$ であるから,$\Sigma_t(\infty) = 0$ でなくてはならないことを Brody and Hughston は利用した.(9.5) より $\Sigma_t(0) = 0$ であるから,ボラティリティ ω は

$$\int_0^\infty \omega_t(x)dx = 0 \quad (9.187)$$

という性質をもつ.よって,ω は自由に選ぶことはできず,自由度を分離するため ω_t を

$$\omega_t(x) = q_t(x)(\nu_t(x) - \bar{\nu}_t) \quad (9.188)$$

と書く.ここで,ν_t は自由に選ぶことができ,

$$\bar{\nu}_t = \int_0^\infty q_t(x)\nu_t(x)dx \quad (9.189)$$

である.

また,債券価格のボラティリティ Σ_t は $\nu_t(x) \to \nu_t(x) + \beta_t$ の形のすべての変換のもとで不変であり,$\bar{\nu}_t = \lambda_t$ と設定することにより標準化可能であることがわかる.よって,Brody and Hughston は,さらなる研究の出発点となっている以下の基本的な結果を導いた.

命題 9.28 正の金利モデルに対して,q のダイナミクスは

$$dq_t(x) = \{\mathbf{F}q_t(x) + r_t q_t(x)\}dt + q_t(x)(\nu_t(x) - \bar{\nu}_t)\{dW_t + \bar{\nu}_t dt\} \quad (9.190)$$

の形となる.

9.9 ノート

確率割引因子と資産価格付けの一般的な情報としては，Cochrane (2001) のテキストを参照せよ．Flesaker–Hughston の分数モデルは Flesaker and Hughston (1996, 1997) で開発され，一般ポテンシャル理論と Flesaker–Hughston アプローチの関係は Jin and Glasserman (2001) で議論されている．Brody and Hughston (2004) と Hughston and Rafailidis (2005) では条件付変動アプローチと Wiener カオスの拡張が深く研究されている．Rogers の Markov ポテンシャルアプローチは Rogers (1994) で最初に発表された．期間構造密度モデルは Brody and Hughston (2001, 2002) で研究されてきた． (**T. Björk**/丹波靖博)

参考文献

Bhar, R., Chiarella, C. (1997). Transformation of Heath–Jarrow–Morton models to Markovian systems. *The European Journal of Finance* 3, 1–26.

Bingham, N., Kiesel, R. (2004). *Risk Neutral Valuation*, second ed. Springer.

Björk, T. (2003). *Arbitrage Theory in Continuous Time*, second ed. Oxford Univ. Press.

Björk, T., Cristensen, B. (1999). Interest rate dynamics and consistent forward rate curves. *Mathematical Finance* 9 (4), 323–348.

Björk, T., Landén, C. (2002). On the construction of finite dimensional realizations for nonlinear forward rate models. *Finance and Stochastics* 6 (3), 303–331.

Björk, T., Svensson, L. (2001). On the existence of finite dimensional realizations for nonlinear forward rate models. *Mathematical Finance* 11 (2), 205–243.

Björk, T., Landén, C., Svensson, L. (2002). Finite dimensional Markovian realizations for stochastic volatility forward rate models. Working paper in Economics and Finance. Stockholm School of Economics.

Brace, A., Musiela, M. (1994). A multifactor Gauss Markov implementation of Heath, Jarrow, and Morton. *Mathematical Finance* 4, 259–283.

Brace, A., Gatarek, D., Musiela, M. (1997). The market model of interest rate dynamics. *Mathematical Finance* 7, 127–154.

Brigo, D., Mercurio, F. (2001). *Interest Rate Models*. Springer.

Brocket, P. (1981). Nonlinear systems and nonlinear estimation theory. In: Hazewinkel, M., Willems, J. (Eds.), *Stochastic Systems: The Mathematics of Filtering and Identification and Applications*. Reidel.

Brody, D., Hughston, L. (2001). Interest rates and information geometry. *Proceedings of the Royal Society of London, Series A* 457, 1343–1363.

Brody, D., Hughston, L. (2002). Entropy and information in the interest rate term structure. *Quantitative Finance* 2, 70–80.

Brody, D., Hughston, L. (2004). Chaos and coherence: A new framework for interest rate modelling. *Proceedings of the Royal Society of London, Series A* 460, 85–110.

Cairns, A.D. (2004). *Interest Rate Models*. Princeton Univ. Press.

Carverhill, A. (1994). When is the spot rate Markovian? *Mathematical Finance* 4, 305–312.

Chiarella, C., Kwon, O.K. (2001). Forward rate dependent Markovian transformations of the Heath–Jarrow–Morton term structure model. *Finance and Stochastics* 5, 237–257.

Cochrane, J. (2001). *Asset Pricing*. Princeton Univ. Press.

Da Prato, G., Zabczyk, J. (1992). *Stochastic Equations in Infinite Dimensions*. Cambridge Univ. Press.
Duffie, D. (2001). *Dynamic Asset Pricing Theory*, third ed. Princeton Univ. Press.
Eberlein, E., Raible, S. (1999). Term structure models driven by general Levy processes. *Mathematical Finance* 9 (1), 31–53.
Filipović, D. (1999). A note on the Nelson–Siegel family. *Mathematical Finance* 9 (4), 349–359.
Filipović, D. (2000a). Exponential-polynomial families and the term structure of interest rates. *Bernoulli* 6, 1–27.
Filipović, D. (2000b). Invariant manifolds for weak solutions of stochastic equations. *Probability Theory and Related Fields* 118, 323–341.
Filipović, D. (2001). *Consistency Problems for Heath–Jarrow–Morton Interest Rate Models*. Springer Lecture Notes in Mathematics, vol. 1760. Springer-Verlag.
Filipović, D., Teichmann, J. (2002). On finite dimensional term structure models. Working paper.
Filipović, D., Teichmann, J. (2003). Existence of invariant manifolds for stochastic equations in infinite dimension. *Journal of Functional Analysis* 197, 398–432.
Filipović, D., Teichmann, J. (2004). On the geometry of the term structure of interest rates. *Proceedings of the Royal Society* 460, 129–167.
Flesaker, B., Hughston, L. (1996). Positive interest. *Risk* 9, 46–49.
Flesaker, B., Hughston, L. (1997). International models for interest rates and foreign exchange. *Net Exposure* 3, 55–79.
Heath, D., Jarrow, R., Morton, A. (1992). Bond pricing and the term structure of interest rates: A new methodology for contingent claims valuation. *Econometrica* 60, 77–105.
Hughston, L., Rafailidis, A. (2005). A chaotic approach to interest rate modelling. *Finance and Stochastics* 9, 43–65.
Hunt, P., Kennedy, J. (2000). *Financial Derivatives in Theory and Practice*. Wiley.
Inui, K., Kijima, M. (1998). A Markovian framework in multi-factor Heath–Jarrow–Morton models. *Journal of Financial and Quantitative Analysis* 33, 423–440.
Isidori, A. (1989). *Nonlinear Control Systems*. Springer-Verlag.
Jamshidian, F. (1997). Libor and swap market models and measures. *Finance and Stochastics* 1, 293–330.
Jeffrey, A. (1995). Single factor Heath–Jarrow–Morton term structure models based on Markov spot interest rate dynamics. *Journal of Financial and Quantitative Analysis* 30, 619–642.
Jin, Y., Glasserman, P. (2001). Equilibrium positive interest rates: A unified view. *Review of Financial Studies* 14, 187–214.
Miltersen, K., Sandmann, K., Sondermann, D. (1997). Closed form solutions for term structure derivatives with log-normal interest rates. *Journal of Finance* 52, 409–430.
Musiela, M. (1993). Stochastic PDEs and term structure models. Preprint.
Nelson, C., Siegel, A. (1987). Parsimonious modelling of yield curves. *Journal of Business* 60, 473–489.
Protter, P. (2000). *Efficient Methods of Valuing Interest Rate Derivatives*. Springer-Verlag.
Ritchken, P., Sankarasubramanian, L. (1995). Volatility structures of forward rates and the dynamics of the term structure. *Mathematical Finance* 5 (1), 55–72.
Rogers, L. (1994). The potential approach to the term structure of interest rates and foreign exchange rates. *Mathematical Finance* 7, 157–176.
Warner, F. (1979). *Foundations of Differentiable Manifolds and Lie Groups*. Scott, Foresman, Hill.
Zabczyk, J. (2001). Stochastic invariance and consistency of financial models. Preprint. Scuola Normale Superiore, Pisa.

第10章

ポートフォリオの信用リスク計測

概　要

　本章ではポートフォリオの信用リスクに関連するモデリングと計算上の問題点を概観する．社債や銀行貸付のように信用リスクにさらされている資産からなるポートフォリオの損失分布を計算する問題について考えるが，さらに，バスケット型デフォルトスワップや債務担保証券のようなポートフォリオ型クレジットデリバティブの価格付けについても議論する．ポートフォリオの信用リスクを調べるときはその中に含まれる資産間の依存性を捉えることが必要なので，ここでは依存性の様々なモデルやそれらに関連する計算技術について議論する．標準的なモデリングの枠組みでは，潜在ファクターが与えられたとき資産は条件付独立であるとみなされるが，これは計算上便利な設定である．再帰的な畳み込みのテクニック，逆変換，鞍点近似，そしてモンテカルロシミュレーションのための加重サンプリング法について説明する．

1. はじめに

　本章ではポートフォリオの信用リスクに関連するモデリングと計算上の問題点を概観する．考察する設定の中でも単純な例は，社債や銀行貸付からなるポートフォリオである．これら原資産（underlying asset）の約定キャッシュフローは既知であるが，発行者や借手がデフォルトしたり，契約した支払いを履行できなくなるリスクがある．このタイプのリスクは市場リスク（market risk），すなわち市場における金利，為替レート，株価やその他の資産価格の水準の変動と対比されるべきものである．もちろん，社債もまた金利リスクおよびその他のリスクにさらされているが，ここではデフォルト（default）の可能性から生じる信用リスク（credit risk）に焦点を当てる．

　一般に，信用リスクモデルは資産価格のダイナミクスに使われるモデルよりもやや単純である．その大きな理由は，利用可能なデータに制約があるため複雑なモデルを裏付けることができないからである．株式や通貨であれば，量的にも時間的にも連続的な取引が現実の近似として妥当であり，新たな価格情報は事実上連続的に入手できる．これが価格の拡散モデルや動的複製あるいは動的ヘッジに基づくデリバティブ価格付けモデルへとつながる．一方，デフォルトは比較的まれな事象であり，そのメカ

ニズムはせいぜいごく一部程度しか観察できない会社の内部活動に依存する．最も普通に使われるモデルも本章で考察するモデルもかなり単純で，二値の確率変数を用いてデフォルト発生をモデル化したり，非負の確率変数を用いてデフォルトまでの時刻をモデル化するだけであることが多い．

信用リスクをポートフォリオ的な観点から見るときは，異なる借手または債務者（obligor）間の信用力の依存性を捉えることが必要であり，それが本章の焦点である．デフォルトが依存性を示すのは，企業が共通の経済環境の中で操業し（デフォルトは景気後退期のほうがよく発生する），ある特定の地域や産業に関連するリスクに同じようにさらされているからである．ポートフォリオモデルにはこのようなタイプのファクターが内在する．単一企業の信用力のモデルの中には，バランスシートの情報を含み，企業がデフォルトに至るメカニズムを記述するものがある．このタイプの分析は，信用格付（credit rating）や社債や転換証券の本源的価値を決定するために使われる．これに対して，ポートフォリオモデルでは個々の企業の信用力に関する情報（例えば，格付や債券スプレッド）が入力となることが多く，それが依存性のモデルと結び付けられてポートフォリオ全体の信用リスクが算出される．

ポートフォリオ信用リスクモデルはリスク管理，および多数の信用リスクにさらされているデリバティブの価格付けの両方に使われる．リスク管理への応用では，第一の目的はある固定されたホライズンにおけるポートフォリオの損失分布の計測である．この損失分布はたいていバリューアットリスク（value-at-risk; VaR）あるいは期待ショートフォールのような単一のリスク尺度に要約される．リスク管理における次の目的は，ポートフォリオ全体のリスクを個々の取引先あるいは個々の契約のリスク寄与度に分解することである．ポートフォリオクレジットデリバティブの例にはバスケット型クレジットデフォルトスワップや債務担保証券（本章中で後述）がある．これらの証券のキャッシュフローは，もとになる債券や企業の集団の中で生じるデフォルトのタイミングに依存する．

どちらへの応用においても，デフォルト間の依存性は損失分布の計算を複雑にする．われわれが考察するモデルでは，共通ファクターの集合が具体的に与えられたときデフォルトは条件付独立である．この構造は議論する計算手順において重要である．最も単純な場合，考察する計算上の問題は条件付独立な確率変数の和の分布の算出に縮約される．

本章の構成は以下のとおりである．次節では，考察するリスク管理と価格付けへの応用について詳細に記述する．3節では，デフォルト間の依存性のモデルについて記述する．4節では，条件付損失分布，すなわちデフォルトを独立にするファクターで条件づけられた損失分布の計算について議論する．5節では，4節の方法を無条件損失分布へと拡張する．6節では，ポートフォリオの信用リスク計測のための加重サンプリング法について議論し，7節で本章をまとめる．

2. 問題の設定

本章を通して，常に m 人の異なる債務者（obligor）によるデフォルトのリスクにさらされているポートフォリオまたは個々の証券について考察する．この債務者を取引先（counterparty），クレジット（credit），あるいは単にネーム（name）と呼ぶこともある．

$$\tau_k = 債務者 k のデフォルト時刻, \quad k=1,\cdots,m$$

とし，k 番目の債務者が決してデフォルトしないならば $\tau_k = \infty$ とする．ある固定したホライズンを T として，k 番目の債務者が $[0,T]$ にデフォルトすることを示す指標，すなわちデフォルト指標（default indicator）

$$Y_k = \mathbf{1}_{\{\tau_k \leq T\}}, \quad k=1,\cdots,m$$

を設定する．

デフォルトが損失の引き金を引く．最も単純な場合，債務者がデフォルトすると事前に既知のある一定金額，例えば貸付や債券価値の全額分の損失を生じる．実際には，いくつかのことを考慮すると，デフォルト損失はデフォルト時刻やその他のファクターに依存することになるかもしれない．もしも債務者が貸付で定期的な利払いや債券でクーポン払いをしていれば，そのときの損失はデフォルト時刻に依存する．また，債務者はしばしばデフォルト後に倒産手続きやデフォルト資産の売却により，貸付や債券やその他の信用リスク商品の価値の一部を埋め合わせるかもしれない．そのときの損失は埋め合わせられた金額分だけ縮小する．ここではデフォルト時の損失のモデリングは考えず，その代わりに

$$V_k = 債務者 k のデフォルト時の損失, \quad k=1,\cdots,m$$

とおく．実際にはこれらを一定とすることが多く，その場合には v_k で示す．V_k は非負とするが，例えばスワップの取引先がデフォルトしたときのように，損失にならずに収益が得られることもある．

信用リスクにおける 2 つの中心的な問題は，①個別債務者のデフォルト時刻の周辺分布のモデル化と②複数の債務者のデフォルト時刻の間の依存性のモデル化である．2 番目の問題で使われるモデルについては次節で詳細に説明する．最初の問題はしばしばハザード率（hazard rate），より一般的にはデフォルト強度を特定することにより取り扱われる．例えば，デフォルト時刻の分布は

$$\mathbb{P}(\tau_k \leq t) = 1 - \exp\left(-\int_0^t h_k(s)\mathrm{d}s\right) \tag{10.1}$$

のように表現されることが多い.ここで,h_k は（確定的な）ハザード率で,時刻 t までにデフォルトが発生していないときに $(t, t+\delta)$ の間にデフォルトする確率は $h_k(t)\delta + o(\delta)$ となる.より一般的なデフォルト時刻の確率強度（stochastic intensity）モデルでは,ハザード率は確率過程に置き換えられる.例えば,Duffie and Singleton (1999), Duffie and Garleanu (2001), Giesecke and Tomecek (2005) や Jarrow et al. (1997) を見よ.

デフォルトのハザード率はたいてい社債のイールドスプレッドや,実質的にはデフォルト保険契約であるクレジットデフォルトスワップ（credit default swap; CDS）のスプレッドから推定される.デフォルト時刻に関する情報は,経済変数や,もし入手できれば債務者の信用格付けや財務諸表から少しずつ集めることもできる.正確には,リスク調整後の確率測度のもとにおけるデフォルト時刻の分布と経験的に観測される分布を区別しなければならない.前者は市場価格や信用スプレッドを通して潜在的に観測される分布で,信用リスクのある商品の価格付けに関連する.後者はリスク管理への応用に関連する.リスク計測において重要な実際のデフォルト時刻の分布であるが,デフォルトリスクをとることに対する市場リスクプレミアムを補正せずに市場価格から推定することはできない.Das et al. (2005) は実際およびリスク調整後のデフォルト確率のモデルの推定を行い,その2つの関係が時間とともに大きく変動するとともに,たいていは後者が前者よりもかなり大きいことを示した.Jarrow et al. (1997) のように,取り扱いやすくするためにリスク調整に簡単な性質を仮定するモデルもある.また,十分なデータがないために,2つのタイプの確率の違いは時には無視されることもある.

ここではデフォルトにより生じる信用損失に焦点を当てるが,実務的には信用リスクに関して少なくともさらに2つの側面が重要である.例えば,社債スプレッドの変動は少なくとも一部は発行者の信用力の変化に由来するリスクの源であり,デフォルト時点だけでなくスプレッドの変化は絶えず価格に影響している（例えば Schönbucher, 2003 のモデルを見よ）.発行者の信用格付けの変化もまた信用力感応型商品の市場価値に影響する.デフォルト時刻に基づくモデルを自然に拡張したものが,多段階の格付けとその間の推移モデルである.これに関しては特に Jarrow et al. (1997) を見よ.こちらの視点から見ると,デフォルト時刻モデルは格付けを2段階にした特別な場合である.スプレッド変動や格付推移に関連する信用リスクは,債務者の契約払い不履行というよりも,むしろ市場価格の変化の結果として生じるものである.

それでは,信用リスク管理とクレジットデリバティブの価格付けの中に現れるいくつかの主要な問題に話を向けることにしよう.

2.1 ポートフォリオの信用リスクの計測

ある固定されたホライズン T までにある固定されたポートフォリオが被るデフォルトによる損失は

2. 問題の設定

$$L = Y_1 V_1 + Y_2 V_2 + \cdots + Y_m V_m \tag{10.2}$$

と書ける.ただし,これまでのように Y_k はデフォルト指標で,V_k は債務者 k のデフォルトにより引き起こされる損失である.ポートフォリオの信用リスク計測問題とは L の分布を計算する問題のことである.この分布はただ 1 つのリスク尺度(risk measure)に要約されることが多い.広く使われているリスク尺度は信頼水準 $1-\alpha$ の VaR(VaR_α)であり,α としては 1% または 0.01% がとられることが多い.これは分布の $1-\alpha$ パーセンタイル,すなわち

$$\mathbb{P}(L > x) \leq \alpha$$

となる x の下限にすぎない.したがって,連続な損失分布の場合には

$$\mathbb{P}(L > VaR_\alpha) = \alpha$$

が成立する.これと密接に関連するリスク尺度は

$$ES_\alpha = \mathbb{E}[L \mid L \geq VaR_\alpha]$$

で定義される期待ショートフォール(expected shortfall; ES)である.これらのリスク尺度の計算におけるキーポイントは,損失を示す確率変数 L の分布のテール(tail)の正確な計測である.それが困難な問題になるのは主に Y_k と V_k の間に仮定される依存性のためである.

2.2 限界リスク寄与度の計測

ポートフォリオの信用リスク計測後によく行われることは,全体のリスクを個別債務者,個々の部分ポートフォリオ,個別契約ごとのリスク寄与度(risk contribution)の和に分解することである.この分解は資本配賦や収益性計測のために使われる.VaR の標準的な分解では,

$$\begin{aligned}
VaR &= \mathbb{E}[L \mid L = VaR] \\
&= \mathbb{E}[Y_1 V_1 + Y_2 V_2 + \cdots + Y_m V_m \mid L = VaR] \\
&= \mathbb{E}[Y_1 V_1 \mid L = VaR] + \mathbb{E}[Y_2 V_2 \mid L = VaR] + \cdots \\
&\quad + \mathbb{E}[Y_m V_m \mid L = VaR]
\end{aligned} \tag{10.3}$$

とする.このとき,債務者 k のリスク寄与度は $\mathbb{E}[Y_k V_k \mid L = VaR]$ である.もちろんここでは事象 $\{L = VaR\}$ が正の確率をもつことを仮定するが,実務的には,ある $\epsilon > 0$ に対して $|L - VaR| < \epsilon$ という条件をつけて計算することが必要かもしれない.同様の議論により,ポートフォリオの期待ショートフォールは $\mathbb{E}[Y_k V_k \mid L \geq VaR]$ と

いう形のリスク寄与度に分解される.

(Artzner et al., 1999 にあるように) VaR も期待ショートフォールも正の 1 次同次なリスク尺度のクラスに属すが，それらのリスク尺度は正の同次関数の Euler の定理 (Euler's theorem) の結果，便利な形に分解することができる．例えば，損失 V_k が定数 v_k であるものとして，あるリスク尺度 ρ を $Y_1,\cdots,Y_m$ の同時分布をもつ $v_1,\cdots,v_m$ の関数とみなしてみよう．正の同次性 (positive homogeneity) とは，すべての $\gamma \geq 0$ に対して

$$\rho(\gamma v_1, \gamma v_2, \cdots, \gamma v_m) = \gamma \rho(v_1, v_2, \cdots, v_m)$$

が成り立つことを意味する．VaR と ES に加えて，損失の標準偏差もこの性質をもつ．リスク尺度を微分可能と仮定して，両辺を γ で微分して $\gamma=1$ とおくと，

$$\sum_{k=1}^m v_k \frac{\partial \rho}{\partial v_k} = \rho(v_1, v_2, \cdots, v_m)$$

が得られる．Garman (1999) や Litterman (1999) が示したように，この左辺に示す感応度の加重和は，右辺に示す全体のリスクを債務者ごとに分解したものである．この中で，$v_k \partial \rho / \partial v_k$ がポートフォリオ全体のリスクに対する k 番目の債務者の寄与である．

ある緩やかな条件に従いさえすれば，((10.3) のように) 条件付期待値として定義される VaR と ES に対するリスク寄与度は，それぞれのリスク尺度の重み付き感応度として得られるリスク寄与度と一致する．Gourieroux et al. (2000), Kurth and Tasche (2003), Tasche (1999) を見よ．また，重み付き感応度に基づくこれらの分解が意味あるリスク配分 (risk allocation) の公理系を満たすことも示されている．これについては Denault (2001) と Kalkbrener (2005) を見よ．計算に際しては条件付期待値としての表現が最もわかりやすいが，まれな事象で条件づけられた条件付期待値を数多く計算するには数値計算上，やっかいな問題が存在する．これについては Glasserman (2005), Kalkbrener et al. (2004), Martin et al. (2001b) を見よ．

2.3 nth-to-default スワップの価格付け

クレジットデフォルトスワップ (CDS) は最も活発に取引されているクレジットデリバティブの一つである．CDS は債券に対する保険契約のように機能する．このスワップにおけるプロテクションバイヤー (protection buyer) は，スワップが満期を迎えるか，あるいはスワップの参照債務者がデフォルトするまでプロテクションセラー (protection seller) に対して定期的にプレミアム (premium) を支払う．もしもスワップ契約期間中に参照債務者のデフォルトが発生するとプロテクションセラーはバイヤーに支払いを行うが，その支払額はスワップの参照債券の額面に等しいことが多い．このように，バイヤーにとっての CDS はデフォルト損失に対する保険となる．

債券ポートフォリオの保有者は，ポートフォリオに含まれるすべての債券に対して上述のプロテクションを購入しようと考えるかもしれないが，このような多数のスワップ契約により必要とされる支払額は高価になる．各債券を個々に保証することの代替案は，債券のバスケットを参照資産とするバスケットデフォルトスワップ（basket default swap）の締結であろう．それらのうち最も構造が単純なのは，バスケット中の最初のデフォルトに対するプロテクションを提供する first-to-default スワップである．このスワップは最初のデフォルトの発生（あるいはスワップの満期）により終了し，それ以降のデフォルトに対しては何もプロテクションを提供しない．個々の債券のプロテクションを別々に購入するよりもはるかに安価であり，多重デフォルトの可能性が小さければ適当な補償になる．

より一般的にいえば，nth-to-default スワップはバスケット中の n 番目のデフォルトに対してのみプロテクションを提供する．$\tau_1, \cdots, \tau_m$ をバスケット中のネームのデフォルト時刻とし，

$$\tau_{(1)} \leq \tau_{(2)} \leq \cdots \leq \tau_{(m)}$$

をその順序統計量（order statistic），すなわち $\tau_{(n)}$ は n 番目のデフォルト時刻とする．nth-to-default スワップのプロテクションバイヤーは $\min\{\tau_{(n)}, T\}$，すなわち n 番目のデフォルトまたは満期 T のどちらかがくるまでプロテクションセラーに対して定期的な支払いを行う．もしも $\tau_{(n)} \leq T$ ならば，n 番目のデフォルト発生時点でプロテクションセラーはプロテクションバイヤーに対して n 番目のデフォルトにより生じた損失を補償する支払いを行い，もしも $\tau_{(n)} > T$ ならば，プロテクションセラーは何も支払わない（図 10.1 を見よ）．したがって，$n > 1$ ならば，最初の $n-1$ 個のデフォルトによるリスクはプロテクションバイヤーが引き受ける．

nth-to-default スワップの価格は，主に n 番目のデフォルトが時刻 T 以前に起こる確率に依存する（価格付けのために適切なデフォルト確率はリスク調整後確率ある

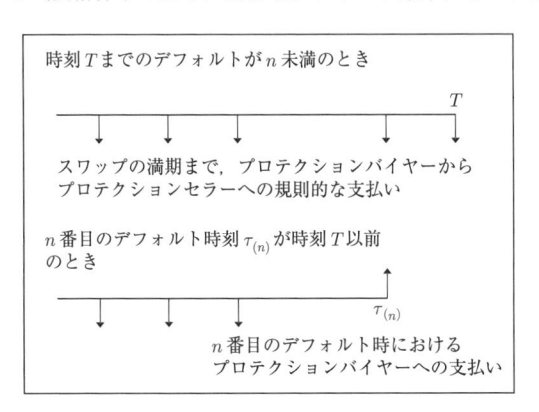

図 10.1　nth-to-default スワップのキャッシュフロー

いはリスク中立確率であり，経験確率ではない)．ここで「主に」と書いたのはデフォルトのタイミングもまた重要だからである．$\tau_{(n)}$ が T よりも小さい確率は，個々のデフォルト時刻 $\tau_1, \cdots, \tau_m$ の間の依存性に強く影響される．

もちろん個々の τ_i の周辺分布も重要である．τ_i の (リスク調整後の) 分布は i 番目の債務者の CDS の市場価格により少なくとも部分的には決定される．なぜならば，債務者 i を参照する満期 T の CDS は $\tau_i < T$ となる確率についての情報を含んでいるからである (社債の価格もまたその情報を含んでいる．Duffie and Singleton, 1999 や Jarrow and Turnbull, 1995 を見よ)．したがって，バスケットデフォルトスワップのモデリングで主に扱うことは，市場価格の中に観測される周辺デフォルト確率に関する情報を，デフォルト間の依存性を適切に表現するメカニズムと結合させることである．

2.4 債務担保証券の価格付け

債務担保証券または CDO (collateralized debt obligation) とは，債券やその他のクレジット商品のポートフォリオにより裏付けられた証券の集合のことである．個々の証券は，もとになる債券ポートフォリオから受け取るクーポン収入に基づく支払いを約束している．もとになる債券のデフォルトは CDO が受け取る支払いを低下させるとともに，CDO が発行した証券の保有者への支払いも (ある一連の配分規則を通して) 低下させる．

証券は異なる優先度のトランシェ (tranche) に分類され，優先するトランシェは劣後するトランシェがあることで原資産である債券のデフォルトから保護される．CDO では，原資産からのキャッシュフローを各トランシェに配分するためのルールを設定することにより，低格付のポートフォリオから高格付のシニアトランシェを生み出すことができる (シンセティック CDO では原資産は CDS で置き換えられる)．

簡単化のため，支払いが一度しかない CDO を考えよう．CDO の各トランシェは損失の上限 u と下限 ℓ により定義され，最も優先度の高いトランシェでは $u = \infty$，最も劣後する (エクイティ (equity)) トランシェでは $\ell = 0$ である．支払日までに CDO の原資産であるポートフォリオが被る損失を L とすると，u と ℓ を上下限とするトランシェが被る損失は

$$\min\{u, \max\{L - \ell, 0\}\} \tag{10.4}$$

である．このように，ポートフォリオの損失 L が下限 ℓ を超えなければトランシェは損失を被らず，ポートフォリオの損失が u を超えるとトランシェは全額毀損する．エクイティトランシェの下限は $\ell = 0$ であり，初期の損失を吸収する．エクイティトランシェの上限を超える損失は次のトランシェに吸収され，そのトランシェの上限を超える損失はその次のトランシェに吸収される．このように，より優先されるトランシェは，それより劣後するトランシェによって損失から保護されるので，原資産である債

務商品よりも高い信用格付けを獲得することができる．

支払いが一度しかない場合のトランシェの価値は，約定された支払いの現在価値とトランシェの損失 (10.4) の割引価値の期待値の差である．したがって，トランシェの価格付けのキーポイントは損失 L の（リスク調整後の）分布を決めることである．

実際には，CDO により裏付けられた証券は定期的な利払いを行う．しかし，多数回の支払いのある証券は支払いが一度の証券のポートフォリオとみなすことができて，その価格は支払いが一度の証券の価格の線形和となる．したがって，定期的な利払いのあるトランシェの価格付けはそれぞれの利払日における損失 L を求め，(10.4) の割引価値の期待値を求めることに帰着される．CDO やその他のクレジットデリバティブの詳細については Duffie and Singleton (2003) や Schonbucher (2003) を見よ．

3. 依存性のモデル

本節では，デフォルト時刻 $\tau_1, \cdots, \tau_m$ の間の依存性やデフォルト指標 $Y_1, \cdots, Y_m$ の間の依存性をモデル化するために使われるメカニズムについて記述する．構造モデル，確率強度モデル，コピュラモデル（特に広く使われているガウシアンコピュラ），混合 Poisson モデルについて順に議論する．

3.1 構造モデル

デフォルトの構造モデル (structural model) とは，企業の資金調達という内部活動により，どのようにしてデフォルトに至るかを記述するモデルである．Merton (1974) に始まるこのモデルの一般的な概略は以下である．会計学の基本的な恒等式により，企業の資本と負債の価値の和は企業が保有する資産の価値に等しい．資本は有限責任 (limited liability) なので負値をとることはありえず，企業の資産価値が債務価値以下に陥ると，株主は単純に債権者に会社を引き渡して債務を免れるかもしれない．これを株主が企業を債権者に債務価値で売却することであると考えると，株主は企業価値のプットオプションをもつことになり，彼らがこのプットを行使するときデフォルトが発生する．ここでは，株式価値 =（資産価値−債務価値）$^+$ = 資産価値−債務価値+（債務価値−資産価値）$^+$ として捉えている．

Merton (1974) のモデルでは，企業価値 $A(t)$ は幾何 Brown 運動

$$A(t) = A(0) \exp\left(\mu t + \sigma W(t)\right)$$

で記述される．ここで $\mu, \sigma > 0$ はパラメータ，W は標準 Brown 運動である．額面 D の企業の債務は時刻 T で満期を迎え，T 以前に支払いはないものとする．T において $A(T) < D$ のとき企業はデフォルトする．これは確率

$$\mathbb{P}(A(T) < D) = \mathbb{P}(\mu T + \sigma W(T) < \log(D/A(0)))$$
$$= \Phi\left(\frac{\log(D/A(0)) - \mu T}{\sigma\sqrt{T}}\right) \tag{10.5}$$

で発生する．ただし，Φ は標準正規分布の累積分布関数である．

このモデルはいくつかの方法で一般化されてきた．そのうちの一つの方針は企業の資金調達における特性をより正確に捉えようとするもので，もう一つは A のダイナミクスに現実性を加えようとするものである．Black and Cox (1976) のモデルでは，企業価値が（ある固定された満期日 T ではなく）ある境界を初めて下回るときにデフォルトが発生する，つまりデフォルト時刻を初到達時刻（first-passage time）とした．Leland (1994) や Leland and Toft (1996) のモデルでは，この境界は株式価値を最大化するように株主が決定する．企業価値のダイナミクスが幾何 Brown 運動よりも複雑なモデルとしては，Chen and Kou (2005), Hilberink and Rogers (2002), Kijima and Suzuki (2001) や Linetsky (2006) がある．Duffie and Lando (2001) や Giesecke (2004) は，市場で入手可能な企業情報を制限することにより構造モデルを強度ベースのモデルと結合させている．

（少なくとも原理的には）小さな変更を加えるだけで，単一企業のデフォルトの構造モデルから多企業間のデフォルト時刻の依存性モデルへ移行できる．m 個の企業の価値を示す多変量過程を $(A_1(t),\cdots,A_m(t))$ とする．これらは既存の単一企業モデルのどれかに従うものとし，企業 i のデフォルトは A_i の低下により引き起こされると仮定する．このアプローチではデフォルト時刻間の依存性を特定する問題を，表面的にはより簡単な企業価値間の依存性を特定する問題に変換しているが，経済的，地理的，産業的なファクターには企業価値のほうがより直接的に関連する．概念的な説得力はあるが，このアプローチは実務に直接適用されていない．なぜならば，企業価値は観測可能な量ではなく，しかも単一企業のデフォルトの構造モデルで十分に満足できるものはいまだ存在しないからである．それにもかかわらず，構造モデル的な考え方は，より単純なモデルを構築するための重要な概念的な枠組みを与えている．

3.2 コピュラモデル

コピュラ（copula）関数は多変量分布において依存構造を記述する方法にすぎない．確率変数 $X_1,\cdots,X_m$ が同時分布関数 F をもつとき，すなわち任意の $x_1,\cdots,x_m$ に対して
$$\mathbb{P}(X_1 \leq x_1,\cdots,X_m \leq x_m) = F(x_1,\cdots,x_m)$$
であるとき，
$$F(x_1,\cdots,x_m) = C(F_1(x_1),\cdots,F_m(x_m)) \tag{10.6}$$
を満たす関数 $C:[0,1]^m \to [0,1]$ が存在する．ここで F_i は X_i, $i=1,\cdots,m$ の周辺分布である．（本質的に一意な）関数 C が多変量分布 F に関するコピュラ関数である．

3. 依存性のモデル

表現 (10.6) では F の周辺的な特徴 (F_i) が, C により完全に決定される依存構造から分離されている. コピュラの背景に関しては Embrechts et al. (2000), Li (2000) や Nelsen (1999) を見よ.

デフォルト時刻の周辺分布は, (10.1) のハザード率による表現およびハザード率と信用スプレッド間の関係を通しておおよそわかるものと考えることが多い. それゆえ, デフォルト時刻の同時分布のモデルを構築するときは, コピュラによる表現 (10.6) を通してアプローチするのが自然である.

ガウシアンコピュラ (Gaussian copula) は相関行列 Σ により完全に表現できるので特に便利である. すべての周辺分布が平均 0, 分散 1 で相関行列が Σ の m 次元正規分布の同時分布関数を Φ_Σ, 1次元標準正規分布の分布関数を Φ と書く. このとき, 相関行列 Σ のガウシアンコピュラ関数 C_Σ は

$$\Phi_\Sigma(x_1,\cdots,x_m) = C_\Sigma(\Phi(x_1),\cdots,\Phi(x_m))$$

したがって, 任意の $u_i \in (0,1), i=1,\cdots,m$ に対して

$$C_\Sigma(u_1,\cdots,u_m) = \Phi_\Sigma(\Phi^{-1}(u_1),\cdots,\Phi^{-1}(u_m)) \tag{10.7}$$

である. 関数 C_Σ は, 他の周辺分布をもつ分布に使用するために多変量正規分布から抽出された依存構造である. デフォルト時刻のガウシアンコピュラモデルでは

$$\mathbb{P}(\tau_1 \leq t_1,\cdots,\tau_m \leq t_m) = C_\Sigma(F_1(t_1),\cdots,F_m(t_m)) \tag{10.8}$$

と設定する. ここで F_i は債務者 $i, i=1,\cdots,m$ のデフォルト時刻の周辺分布である.

この設定の解釈は, このモデルのもとでデフォルト時刻をシミュレートする際に使われるメカニズムを見れば明らかである. 図 10.2 は 2 変量のときの図解である. まず, $AA^\top = \Sigma$ となる $m \times m$ 行列 A を, 例えば Cholesky 分解 (Cholesky factorization) により見つけることから始める. 次に, 標準正規分布に従う独立な乱数 $Z_1,\cdots,Z_m$ を生成し, $Z = (Z_1,\cdots,Z_m)$ として $\xi = AZ$ とおく. このとき, ベクト

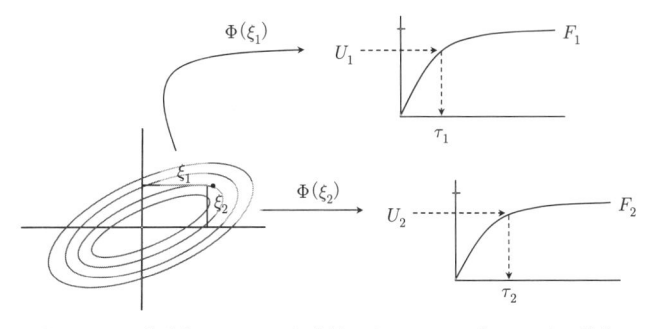

図 **10.2** 2 債務者のデフォルト時刻のガウシアンコピュラによる構成

ル ξ は期待値ベクトル 0, 分散共分散行列 Σ の m 変量正規分布 $N(0, \Sigma)$ に従う．図 10.2 の楕円は 2 変量正規分布 (ξ_1, ξ_2) の同時密度関数の等高線を示している．次に，$U_i = \Phi(\xi_i), i = 1, \cdots, m$ とおくと，各 U_i は 0〜1 に一様分布するが明らかに独立ではなく，ガウシアンコピュラによる依存性を保持している．最後に，F_i を τ_i の周辺分布関数として $\tau_i = F_i^{-1}(U_i), i = 1, \cdots, m$ とおく．もしも (10.1) が成立して $h_i > 0$ ならば，次の方程式

$$1 - \exp\left(-\int_0^{\tau_i} h_i(s) \mathrm{d}s\right) = U_i$$

を解けば τ_i が得られる．このアルゴリズムを使えば，各 τ_i は正しい周辺分布をもち，Σ により完全に指定される $\tau_1, \cdots, \tau_m$ の同時分布に従うことが保証される．

(Gupton et al., 1997 のように) 同様にして，デフォルト指標 $Y_1, \cdots, Y_m$ のためのガウシアンコピュラも定義できる．実際，$Y_i = \mathbf{1}_{\{\tau_i \leq T\}}, i = 1, \cdots, m$ とおけば，このデフォルト指標はデフォルト時刻を通してガウシアンコピュラの依存性を受け継ぐ．しかし，i 番目の債務者の周辺デフォルト確率を $p_i = \mathbb{P}(\tau_i \leq T)$ として

$$Y_i = \mathbf{1}_{\{\xi_i \leq x_i\}}, \quad x_i = \Phi^{-1}(p_i), \ i = 1, \cdots, m \tag{10.9}$$

とおくことにより，(デフォルト時刻を生成することなく) デフォルト指標を直接構成することも可能である．これを図 10.3 に示す．

$$\xi_i = \frac{\log(A_i(T)/A_i(0)) - \mu_i T}{\sigma_i \sqrt{T}}, \qquad x_i = \frac{\log(D_i/A_i(0)) - \mu_i T}{\sigma_i \sqrt{T}}$$

とおくと，この構成は Merton (1974) のデフォルトメカニズム (10.5) と一致することがわかる．ここで，添字 i は i 番目の企業に関する (10.5) のパラメータであることを示している．

この設定では，損失 $V_1, \cdots, V_m$ は互いに独立で，他のすべての確率変数とも独立であることを仮定している．しかし，$Y_k V_k$ をより一般的な損失を示す周辺分布が既知な確率変数 X_k で置き換え，さらにガウシアンコピュラにより $X_1, \cdots, X_m$ を関連

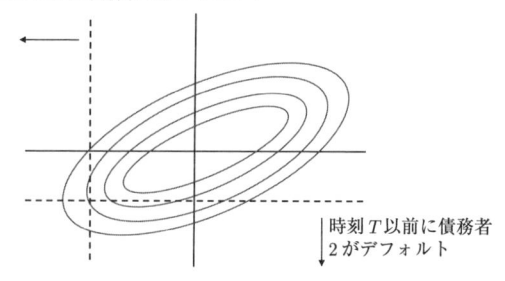

図 10.3　2 債務者のデフォルト指標のガウシアンコピュラによる構成

3. 依存性のモデル

づけることにより，ガウシアンコピュラにもち込むこともできる．

ガウシアンコピュラモデルの人気が高いのは，少なくともその単純さと経験的な有効性のためである．特に，依存構造が相関行列に集約されるという事実は少数のパラメータで表現できるということであり，（大量のデータが入手可能な）株式リターンの相関を（ほとんどデータを入手できない）デフォルト時刻間の依存性に読み替えるという手段を生み出した．

もとになる相関行列はファクター構造をもつと仮定される（または推定される）ことが多いが，これは $m \times m$ 対角行列 B と $m \times d$ 行列 A ($d \ll m$) を用いて

$$\Sigma = AA^\top + B^2$$

と表現できることを意味する．この場合，

$$\xi_k = a_{k1}Z_1 + \cdots + a_{kd}Z_d + b_k\epsilon_k, \quad k = 1, \cdots, m \tag{10.10}$$

と書ける．ここで，
- $Z_1, \cdots, Z_d$ は標準正規分布に従う独立な確率変数（ファクター）
- a_{kj}（ファクターローディング（factor loading））は行列 A （ローディング行列 (loading matrix)）の成分
- ϵ_k（個別リスク（idiosyncratic risk）を表現）は標準正規分布に従う確率変数で，互いに独立でファクターとも独立
- $b_k = \sqrt{1 - a_{k1}^2 - \cdots - a_{kd}^2}$，したがって ξ_k の分散は 1

である．

結果として得られる $\xi_1, \cdots, \xi_m$ は多変量正規分布 $N(0, \Sigma)$ に従う．このファクター表示の特徴は，$Z_1, \cdots, Z_d$ が与えられたとき，ξ_k が（したがって τ_k と Y_k も）条件付独立（conditional independence）となることである．時にはファクター構造はデフォルト確率に影響を与える（例えば産業セクターや地域に関連する）経済ファクターに由来する．

価格付けに応用するときは，シングルファクター構造 ($d = 1$) が仮定され，さらに係数 a_{k1} がすべて同じ値をとると仮定されることが多い．この場合，すべての係数 a_{k1} の共通の値を a とすると Σ の非対角成分はすべて a^2 に等しい．これに基づいて，nth-to-default スワップのようなクレジットデリバティブに対してインプライドコリレーション（implied correlation）という概念が生まれる．インプライドコリレーションはモデルによる価格が市場価格と一致するような a^2 の値のことである．概して，CDO の市場価格によるインプライドコリレーションはトランシェが違うと異なる値をとり，このことはガウシアンコピュラ（あるいは少なくともローディングを一定とするシングルファクターガウシアンコピュラ）がデフォルト時刻の同時分布を十分に記述できていないことを示している．それにもかかわらず，インプライドコリ

レーションとガウシアンコピュラは，クレジットデリバティブを比較し，価格付けし，ヘッジするための標準的な（そして便利な）手段である．

(10.7), (10.8) のようなモデリングは他のコピュラにも拡張できる．例えば，t コピュラは

$$C_{\Sigma,\nu}(u_1,\cdots,u_m) = F_{\Sigma,\nu}(F_\nu^{-1}(u_1),\cdots,F_\nu^{-1}(u_m)) \quad (10.11)$$

で与えられる．ここで，$F_{\Sigma,\nu}$ は自由度 ν,「相関」行列 Σ の多変量 t 分布の同時分布関数，F_ν は自由度 ν の 1 変量 t 分布の分布関数である．多変量 t 分布の同時密度関数は

$$f_{\Sigma,\nu}(x) \propto (1+x^\top \Sigma^{-1} x)^{-(m+\nu)}, \quad x \in \mathbb{R}^m$$

で与えられる．$\nu > 2$ ならば Σ は相関行列であるが，それ以外では分布の 2 次モーメントは無限大になる．

ガウシアンコピュラは t 分布の自由度を無限大とする極限のケースである．しかし，$\nu < \infty$ の場合と $\nu = \infty$ の場合では，極限事象に対して導入された依存性が定性的な違いを示す．完全相関の場合を除くとガウシアンコピュラではテール依存性（extreme tail dependence）はゼロになるが，t コピュラでは正になる．大雑把にいうと，ガウシアンコピュラで関連づけられた一対の確率変数は，その一方が極値をとる条件のもとでは独立になる．これに対して，t コピュラで関連づけられたときには依存性が残り，テール依存性は ν が小さくなるほど大きくなる．例えば Embrechts et al. (2000) を見よ．Mashal and Zeevi (2003) は，このため t コピュラのほうが市場リターンをよりよく表現できることを示した．Hull and White (2004) は CDO の価格付けに「ダブル t コピュラ」を提案した．Kalemanova et al. (2007) は多変量正規逆ガウシアン分布が多変量 t 分布と類似した性質をもち，しかもはるかに扱いやすいことを示した．Guegan and Houdain (2005) は正規逆ガウシアン分布からまた別のコピュラを構成した．

3.3 混合 Poisson 分布

依存性を導入するもう一つの方法は，Credit Suisse First Boston が開発した CreditRisk$^+$（Wilde, 1997）に見られるような混合 Poisson モデル（mixed Poisson model）である．このモデルはコピュラの枠組みで捉えることもできるが，別の方法とするに値するほど十分特徴のあるモデルである．

混合 Poisson モデルはガウシアンコピュラモデルなどよりもはるかに扱いやすいが，最初から重要な近似を必要とする．すなわち，それぞれのデフォルト時刻 τ_k は（条件付）Poisson 過程の到達時刻

$$\tau_k^1 = \tau_k < \tau_k^2 < \tau_k^3 < \cdots \quad (10.12)$$

で置き換えられるという近似である．このうち最初の時刻だけが意味をもつ．Poisson 過程の強度が小さければ，関心のある期間 $[0,T]$ の間に一度以上のデフォルトを観測する確率は無視できるほど十分に小さいであろう．同様に，この設定ではデフォルト指標は $[0,T]$ の間に訪れる数を計測する（条件付）Poisson 分布に従う確率変数で置き換えることができる．平均が非常に小さい Poisson 分布に従う確率変数は 0 または 1 以外の値をとる確率が小さいので，ほとんどデフォルト指標といってよい．

潜在確率変数 $\Gamma_1,\cdots,\Gamma_d$ で条件づけられたときにのみ，時刻の列 (10.12) は Poisson 過程の到達時刻になるので，(10.12) を条件付 Poisson 過程として記述する．これらの確率変数を（(10.10) における Z_i のように）デフォルトの背後に潜むリスクファクターとみなすが，それらは互いに独立で正でなければならない．後に各 Γ_i がガンマ分布に従う場合について詳説する．

これらの潜在変数で条件づけると，それぞれの Y_k は平均

$$R_k = a_{k0} + a_{k1}\Gamma_1 + \cdots + a_{kd}\Gamma_d \tag{10.13}$$

の Poisson 分布に従う．ただし $a_{k0},\cdots,a_{kd}$ は正係数である．このとき，それぞれの Y_k は確率的な平均値をもつ Poisson 確率変数，つまり混合 Poisson 確率変数とみなすことができる．以下では $\Gamma_1,\cdots,\Gamma_d$ を標準化してそれぞれの平均を 1，分散を $\sigma_1^2,\cdots,\sigma_d^2$ であるとする．

同様に，(10.12) の時刻は混合 Poisson 過程（mixed Poisson process），すなわち確率的な強度をもつ Poisson 過程の到達時刻である．Y_k は $[0,T]$ の間の到達回数の計測値なので，(10.13) と整合的な (10.12) の到達率は R_k/T である．

混合 Poisson モデルの応用には長い歴史がある．例えば Johnson et al. (1993, Section. 8.3.2) を見よ．混合 Poisson モデルの変数としてガンマ分布に従う潜在変数を使用することでモデルは扱いやすくなり，また 5.3 項に記すように，損失 L の確率母関数（probability generating function）を使うことで L の分布が容易に計算できるようになる．理解の一助として，モデルのシミュレーションについて簡単に述べる．

各シナリオの生成において，はじめに共通のリスクファクター $\Gamma_j \geq 0, j=1,\cdots,d$ を独立に発生させる．例えば，$\Gamma_j, j=1,\cdots,d$ として形状パラメータ α_j，スケールパラメータ β_j のガンマ分布を選ぶとしよう．ここで

$$\alpha_j = \frac{1}{\sigma_j^2}, \quad \beta_j = \sigma_j^2, \quad j=1,\cdots,d$$

とすると，Γ_j の平均は 1，分散は σ_j^2 になる．次に，(10.13) より R_k を計算し，平均 R_k の Poisson 分布から Y_k を発生させる．

もともとの CreditRisk$^+$ というモデルでは，デフォルト時の損失 v_k は固定値で整数値であった．個々の損失量 v_k は基準量の倍数で，すべての損失は基準量の倍数に丸めなければならなかった．それに対してこのモデルでは，すべての損失 V_k は互いに

独立で, Y_k とも独立な整数値をとる確率変数になっている. ポートフォリオの総損失額は (10.2) で与えられる.

4. 条件付損失分布

ガウシアンコピュラまたは類似のモデルを用いてポートフォリオの信用リスクによる損失分布を計算する（あるいはポートフォリオ形式のクレジットデリバティブの価格付けをする）ときの一般的なアプローチは，個々のデフォルトを独立にする潜在ファクターで条件づけられた損失分布を計算し，それを潜在ファクターの分布で積分して無条件損失分布を得るという手順をとる. 本節では，この手順の第 1 段階の計算，すなわち個々のデフォルトが独立になるように条件付けられたときの条件付損失分布の求め方について議論する.

例えば，(10.10) のようなファクター構造をもつガウシアンコピュラを考える. ひとたび潜在ファクターのベクトル $Z = (Z_1, \cdots, Z_d)^\top$ で条件付けると個々のデフォルトは独立になる. したがって, 条件付損失分布

$$\mathbb{P}(L \leq z \mid Z) = \mathbb{P}(Y_1 V_1 + \cdots + Y_m V_m \mid Z)$$

の計算では独立な確率変数の和の分布を求めることになる. 債務者 k の条件付デフォルト確率は

$$p_k(Z) = \mathbb{P}(Y_k = 1 \mid Z) = \mathbb{P}(\xi_k \leq x_k \mid Z) = \Phi\left(\frac{\Phi^{-1}(p_k) - a_k Z}{b_k}\right) \quad (10.14)$$

で与えられる. ここで $a_k = (a_{k1}, \cdots, a_{kd})$ は (10.10) の係数行列の行ベクトルである. ここまではデフォルト時損失 V_k は互いに独立で，ファクターとも独立であると仮定してきた. Z が与えられたとき損失 $Y_1 V_1, \cdots, Y_m V_m$ が条件付独立である限り, L の条件付分布は独立な確率変数の和の分布により与えられる.

議論を一般化するとともに表記を明確にするために，本節の残りでは $Y_1, V_1, \cdots,$ Y_m, V_m を単純に独立と仮定し，それらを独立にするための条件付けについては明示的に言及しない. 例えば，k 番目の債務者のデフォルト確率は（$p_k(Z)$ ではなく）p_k と書く. したがって，以下では独立な確率変数の和の分布の計算方法を扱うことになる.

4.1 再帰的畳み込み

Andersen et al. (2003) は，独立な（あるいは条件付独立な）デフォルトによる損失分布を計算する再帰的な方法を開発した. 同様のアイデアは Hull and White (2004) でも使用されている. この方法が最も単純な形になるのはデフォルトによる損失が定数 $v_1, \cdots, v_m$ のとき，さらにいえば損失が整数値をとる場合である. そのとき損失はある基準量の倍数として計測され，損失分布は 0 から $\ell_{max} = v_1 + \cdots + v_m$ までの

4. 条件付損失分布

整数値の上の確率関数 π である.

最初の k 番目までの債務者による損失分布を π_k とし, 再帰式により確率関数 $\pi_1,\cdots,\pi_m$ ($\pi_m = \pi$) の列を生成する. これらの分布の最初のものは, 単なる

$$\pi_1(x) = \begin{cases} p_1, & x = v_1 \\ 0, & x \neq v_1 \end{cases}$$

で与えられる. k 番目の債務者が加わると, ポートフォリオの損失は確率 p_k で v_k だけ増加し, 確率 $1-p_k$ で変わらない. したがって, $k = 2,\cdots,m$ において, 0 から $v_1 + \cdots + v_k$ のすべての整数 x に対して

$$\pi_k(x) = p_k \pi_{k-1}(x - v_k) + (1 - p_k)\pi_{k-1}(x) \qquad (10.15)$$

が成り立つ.

この方法は k 番目の債務者のデフォルトにより確率 $q_{k1},\cdots,q_{kn_k}$ で損失 $v_{k1},\cdots,v_{kn_k}$ が生じるモデルにも一般化される. 初期条件は

$$\pi_1(v_{1j}) = p_1 q_{1j}, \quad j = 1,\cdots,n_1$$

上記以外の x に対しては $\pi_1(x) = 0$ で与えられ, k 番目のステップの再帰式は

$$\pi_k(x) = p_k \sum_{j=1}^{n_k} q_{kj} \pi_{k-1}(x - v_{kj}) + (1 - p_k)\pi_{k-1}(x) \qquad (10.16)$$

で与えられる.

Andersen et al. (2003) に示されているように, この方法は感応度の計算にも使用できる. 例えば, デフォルト確率の小さな変化 (これは (10.1) によると信用スプレッドの小さな変化から生じる) の影響を考えよう. 確率 p_k はあるパラメータ θ に滑らかに依存するものとし, このパラメータによる微分をドットをつけて表示する. このとき,

$$\dot{\pi}_1(v_{1j}, \theta) = \dot{p}_1(\theta) q_{1j}, \quad j = 1,\cdots,n_1$$

であり, それ以外の x に対しては $\dot{\pi}_1(x,\theta) = 0$ である. (10.16) の両辺を微分すると

$$\dot{\pi}_k(x,\theta) = \dot{p}_k(\theta)\left(\sum_{j=1}^{n_k} q_{kj}\pi_{k-1}(x - v_{kj},\theta) - \pi_{k-1}(x,\theta)\right) \qquad (10.17)$$

$$+ p_k(\theta)\sum_{j=1}^{n_k} q_{kj}\dot{\pi}_{k-1}(x - v_{kj},\theta)$$

$$+ (1 - p_k(\theta))\dot{\pi}_{k-1}(x,\theta) \qquad (10.18)$$

が得られるので, この式を使えば感応度も同様に計算できる.

4.2 逆変換

4.1 項の再帰的アルゴリズムでは畳み込み列を計算する．つまり，k 番目のステップでは $1, \cdots, k$ の債務者による部分ポートフォリオの損失分布に $(k+1)$ 番目の債務者の損失分布を畳み込む．畳み込みの別の計算方法には，確率変数の和の分布を Fourier 変換（Fourier transform）あるいは Laplace 変換（Laplace transform）して，それを数値的に逆変換するという方法もある．このアプローチは個々の債務者の損失が一定の場合にも確率的な場合にも適用できる．

損失 L の分布は個々の損失 $V_1, \cdots, V_m$ の分布に依存する．それぞれの V_i の分布はキュムラント母関数（cumulant generating function）

$$\Lambda_i(\theta) = \log \mathbb{E}[\exp(\theta V_i)], \quad \theta \in \mathbb{R} \tag{10.19}$$

すなわち V_i の積率母関数（moment generating function）の自然対数で特徴づけられる．それぞれの V_i は債務者 i のデフォルト時における最大潜在損失額を超えないので，V_i は有界な確率変数とみなしてよい．$\Lambda_i(\theta)$ がすべての実数 θ に対して有限であるためにはこれで十分である．

本節では債務者は互いに独立とみなしていることを思い出そう（より一般的には，債務者はある潜在ファクターが与えられたときに条件付独立であり，その場合，ここで算出される損失分布は条件付損失分布と解釈される）．独立である結果，損失 L の積率母関数は

$$\phi_L(\theta) = \mathbb{E}\left[\exp\left(\theta \sum_{k=1}^{m} Y_k V_k\right)\right] = \prod_{k=1}^{m} \mathbb{E}[\exp(\theta Y_k V_k)]$$
$$= \prod_{k=1}^{m} (1 + p_k[\exp(\Lambda_i(\theta) - 1)])$$

となる．L の分布の Laplace 変換は関数 $s \mapsto \phi_L(-s)$ であり，L の特性関数（characteristic function）は関数 $\omega \mapsto \phi_L(i\omega), i = \sqrt{-1}$ である．

損失分布のテール

$$1 - F_L(x) = \mathbb{P}(L > x)$$

の計算に逆 Laplace 変換（Laplace transform inversion）を適用するが，逆 Laplace 変換について一般的に復習しておこう．ここでは，f は $[0, \infty)$ 上の関数で，

$$\hat{f}(s) = \int_0^\infty e^{-st} f(t) \mathrm{d}t$$

をもつとする．もとの関数 f は変換 $\hat{f}$ から Bromwich 積分

$$f(t) = \frac{1}{2\pi i}\int_{b-i\infty}^{b+i\infty} e^{st}\hat{f}(s)\mathrm{d}s \tag{10.20}$$

により復元できる．ここで b は，(複素平面状の関数として見たときの) $\hat{f}$ のすべての特異点 (singularity) が $b-i\infty$ から $b+i\infty$ の線の左側にくるような任意の実数である．上述のように L の積率母関数を ϕ_L とすると，$1-F_L(x)$ の Laplace 変換は

$$\frac{1-\phi_L(-s)}{s}$$

で与えられるので，Bromwich 積分より

$$\mathbb{P}(L>x) = \frac{1}{2\pi i}\int_{b-i\infty}^{b+i\infty} e^{st}\left(\frac{1-\phi_L(-s)}{s}\right)\mathrm{d}s$$

が得られる．さらに，ϕ_L は原点で微分可能なので $s\to 0$ における極限値が有限であることから，$[1-\phi_L(-s)]/s$ はすべての s において定義可能で有限であり，上述の式はすべての b に対して正しい．

Abate and Whitt (1995) は，逆 Laplace 変換の丸め誤差と近似誤差をユーザが制御できるような数値計算手順を開発した．彼らの方法では，複素数の実数部をとる演算 Re を用いて (10.20) を

$$f(t) = \frac{2e^{bt}}{\pi}\int_0^{\infty} \mathrm{Re}(\hat{f}(b+iu))\cos(ut)\mathrm{d}u$$

と書き換えて，ステップサイズ h の台形則を用いて積分を

$$f(t) \approx f_h(t) = \frac{he^{bt}}{\pi}\mathrm{Re}(\hat{f}(b)) + \frac{2he^{bt}}{\pi}\sum_{k=1}^{\infty}\mathrm{Re}(\hat{f}(b+ikh))\cos(kht)$$

で近似する．実際には無限和はどこかで打ち切らなければならないが，Abate and Whitt (1995) は打ち切り誤差の上限を示した．また，彼らは Euler 総和法 (Euler summation) を適用して収束を加速した．Abate–Whitt 法を用いて損失分布を計算するためには，

$$\hat{f}(s) = \frac{1-\phi_L(-s)}{s}$$

とおく．Glasserman and Ruiz-Mata (2006) は，ガウシアンコピュラモデルでこのアプローチを試みた結果を報告した．Gregory and Laurent (2003) は，逆 Fourier 変換の使用を示唆したが，逆変換のテクニックについては特に特定しなかった．

4.3 鞍点近似

鞍点近似 (saddlepoint approximation) では，数値積分を使わずに確率変数の分布を近似するために変換を使用する．このアプローチは確率変数のキュムラント母関

数,すなわち積率母関数の自然対数を用いると最も便利な形で定式化される.ここで L のキュムラント母関数は

$$\psi_L(\theta) = \log \phi_L(\theta) = \sum_{k=1}^{m} \log(1 + p_k[\exp(\Lambda_k(\theta)) - 1]) \quad (10.21)$$

である.この関数は(任意の非負の確率変数のキュムラント母関数のように)増加関数であり,凸であり,無限回微分可能であり,$\theta = 0$ で値がゼロになる.損失水準 $x > 0$ に関する鞍点は

$$\psi'_L(\theta_x) = x \quad (10.22)$$

の根 θ_x である.$\psi_L(x)$ の微分は増加関数であり,$\theta \to -\infty$ のとき $\psi'_L(\theta) \to 0$,$\theta \to \infty$ のとき $\psi'_L(\theta) \to \infty$ となるので,この方程式は $x > 0$ それぞれに対してただ 1 つの根をもつ.

鞍点 θ_x の重要性は,キュムラント母関数 ψ_L に関するもう少し一般的な説明を通して語るのが最もよい.原点における ψ_L の微分値は L のキュムラントを与え,1 次のキュムラントは平均に等しい.実際,

$$\psi'_L(0) = \sum_{k=1}^{m} p_k \Lambda'_k(0) = \sum_{k=1}^{m} p_k \mathbb{E}[V_k] = \mathbb{E}[L]$$

である.ここで損失が一定値 $V_k \equiv v_k$,$k = 1, \cdots, m$ の場合を考える.この場合,

$$\psi'_L(\theta) = \sum_{k=1}^{m} \frac{p_k e^{\theta v_k}}{1 + p_k(e^{\theta v_k} - 1)} v_k \quad (10.23)$$

であるが,これはもともとのデフォルト確率 p_k を

$$p_{k,\theta} = \frac{p_k e^{\theta v_k}}{1 + p_k(e^{\theta v_k} - 1)} \quad (10.24)$$

で置き換えたときの期待損失と解釈できる.V_k が確率変数の場合には,

$$\psi'_L(\theta) = \sum_{k=1}^{m} \frac{p_k e^{\Lambda_k(\theta)}}{1 + p_k(e^{\Lambda_k(\theta)} - 1)} \Lambda'_k(\theta)$$

となる.これは,デフォルト確率 p_k を

$$p_{k,\theta} = \frac{p_k e^{\Lambda_k(\theta)}}{1 + p_k(e^{\Lambda_k(\theta)} - 1)}$$

で置き換え,期待損失 $\mathbb{E}[V_k]$ を $\Lambda'_k(\theta)$ で置き換えたときの期待損失に対応する.Λ_k

は V_k のキュムラント母関数なので,もともとの期待損失 $\mathbb{E}[V_k]$ は $\Lambda'_k(0)$ に対応する.

したがって,θ の値により各債務者のデフォルト確率とデフォルト時の損失の修正値が定まる.それぞれの θ に対して,$\psi'_L(\theta)$ は θ により決まるパラメータのもとにおけるポートフォリオの期待損失である.(10.22) の鞍点 θ_x は期待損失を x にシフトさせる θ の値である.

鞍点近似は,確率分布を算出するときに出てくる逆変換の中に現れる経路積分の近似として導出される.それらは θ_x により確率をシフトさせて(指数的にツイストさせて,指数的に傾斜させて),さらに正規分布近似を適用した結果と解釈されることも多い.標準的な鞍点近似(例えば Jensen, 1995 を見よ)によると,$x > \mathbb{E}[L]$ に対して

$$\mathbb{P}(L > x) \approx \exp(-\theta_x x + \psi_L(\theta_x) + (1/2)\psi''_L(\theta_x))\Phi\left(-\theta_x\sqrt{\psi''_L(\theta_x)}\right)$$

となる.ここで Φ は標準正規分布の累積分布関数である.この式は Martin et al. (2001a, 2001b) で使われた.これと密接に関連する Lugannani–Rice 近似では,

$$\mathbb{P}(L > x) \approx 1 - \Phi(r(x)) + \phi(r(x))\left(\frac{1}{\lambda(x)} - \frac{1}{r(x)}\right)$$

ただし,

$$r(x) = \sqrt{2(\theta_x x - \psi_L(\theta_x))}, \qquad \lambda(x) = \theta_x\sqrt{\psi''_L(\theta_x)}$$

である.Gordy (2002) はこれを CreditRisk$^+$ モデルに適用した.Lugannani–Rice 式の改訂版は

$$\mathbb{P}(L > x) \approx 1 - \Phi\left(r(x) + \frac{1}{r(x)}\log\frac{\lambda(x)}{r(x)}\right) \tag{10.25}$$

である.この改訂版は常に 0～1 の間の値をとるという長所をもつ.これらの近似式はどれも十分に正確な結果を与えるが,特に損失の閾値 x が大きいとき,債務者数 m が大きいとき,そして債務者の損失 $Y_k V_k, k = 1, \cdots, m$ の分布が類似しているときには正確である.

5. 無条件損失分布

5.1 ファクターモデル

前節では債務者が独立な場合の損失分布の算出方法について議論したが,これを扱った動機は,潜在ファクターを与えると債務者が条件付独立になるようなファクターモデルへの適用を考えていたためである.その場合,前節の方法は条件付損失分布の算出に適用できて,無条件損失分布は条件付損失分布をファクターに関して積分すれば

得られる.

単純なモデルとして,デフォルト確率の高い局面と低い局面に対応する 2 組のパラメータからなる集合を考え,それぞれの局面では債務者は独立であるとすると,ポートフォリオの損失は 2 組のパラメータを混合することによりモデル化できる.このときの潜在「ファクター」は局面であり,無条件損失分布は 2 つの条件付損失分布の混合として算出される.この場合は有限個の独立な債務者のモデルの混合であり,簡単である.

(10.10) を使うガウシアンコピュラモデルでは,正規分布に従うファクター $Z_1, \cdots, Z_d$ で条件づけると債務者は独立になる.このとき,このモデルにおける損失分布を求めるにはファクターの影響を積分する必要がある.もしもファクター数 d が大きいならば,ほとんど常にモンテカルロシミュレーションが必要になる.

シミュレーションアルゴリズムは簡単で,以下のステップによるシナリオ生成を繰り返せばよい.

- ファクター $Z = (Z_1, \cdots, Z_d)$ を生成する.
- (10.10) を用いて潜在変数 $\xi_1, \cdots, \xi_m$ を生成する.
- (10.9) によりデフォルト指標 $Y_1, \cdots, Y_m$ を評価し,$Y_k = 1$ となる k それぞれに対してデフォルト時損失 V_k を生成する.
- ポートフォリオの損失 $L = Y_1 V_1 + Y_2 V_2 + \cdots + Y_m V_m$ を計算する.

様々な独立な損失シナリオからポートフォリオの損失分布が推定されて,その分布から任意の(VaR のような)分位点(quantile)が推定される.

ほかには,ファクター生成にのみシミュレーションを使用して,条件付損失分布の推定または近似には(10.4 項のような)確定的な数値計算方法を使うというアプローチがある.この場合のシナリオ生成は,ある与えられた閾値 $x_1, \cdots, x_n$ に対して以下の手順をとる.

- $Z = (Z_1, \cdots, Z_d)$ を生成する.
- $\mathbb{P}(L > x_i \mid Z), i = 1, \cdots, n$ を(近似的に)求める.

独立に発生させたファクターから得られる結果を平均すると無条件損失分布 $\mathbb{P}(L > x_i), i = 1, \cdots, n$ の推定値が得られる.

このアルゴリズムの 2 段目の手順は前節で述べた畳み込み,逆変換,あるいは鞍点近似で行うことができる.乱暴だが計算が速い方法は Shelton (2004) と Zheng (2004) により提案されたアイデアで,Z が与えられたときの L の条件付分布を最初の 2 つのモーメントを用いて正規分布で近似する方法である.

Glasserman and Ruiz-Mata (2006) は,普通のモンテカルロシミュレーションとファクターのシミュレーション,前節の計算テクニックをあわせた方法の計算効率を比較して,以下のことを指摘した.

(i) 数値計算による逆変換と鞍点近似では条件付損失分布に誤差があるので,ファクターのモンテカルロシミュレーションと組み合わせたときの推定値には偏り

が生じる．ただし，ここ（Glasserman and Ruiz-Mata, 2006）では一定の計算時間で得られた分布の平均二乗誤差で比較を行っている．

(ii) 畳み込み，逆変換，鞍点近似による条件付分布の算出は普通のモンテカルロシミュレーションのシナリオ生成に比べてはるかに時間がかかるので，一定の計算時間内に得られるシナリオは（実のところ，非常に）少ない．
(iii) 再帰的畳み込み法では個々のシナリオごとに条件付分布全体を計算するが，逆変換や鞍点近似では実際にはわずかな数の損失閾値 $x_1, \cdots, x_n$ に関してのみ計算しているはずである．
(iv) 普通のモンテカルロ法では，多大な損失の発生確率 $\mathbb{P}(L > x)$ を推定するために同じシナリオを追加的な負担なしで使い回すことができる．
(v) 鞍点近似では個々のシナリオで多くの鞍点パラメータ θ_{x_i} を求めなければならない．
(vi) 再帰的畳み込み法の計算時間は債務者数 m とともに急速に増加する．

これらの特性の結論として Glasserman and Ruiz-Mata (2006) では，計算時間を一定にして比較すると，損失水準が高い場合を除き，前節の方法とシミュレーションを結合した方法よりも普通のモンテカルロシミュレーションのほうが平均二乗誤差が小さくなる場合が多いことを示した．

ファクター数が小さいとき，例えば3か4までのときは，モンテカルロシミュレーションでファクターをサンプリングする代わりに Gauss 求積法（Gaussian quadrature）のような数値積分法を使うことができる．次数が中間的なとき，例えば 5～20 のときは準モンテカルロ（quasi-Monte Carlo）法によるファクターのサンプリングがお薦めである．ファクターに関する積分の別の方法として，積分における古典的な Laplace 近似のように，ファクターとして「最も重要な」ただ1つの値を使用する近似方法を Glasserman (2004) は提案した．Shelton (2004) と Zheng (2004) は，ファクター数が小さいと仮定して，条件付損失分布を最初の2つのモーメントが一致する正規分布で近似し，無条件損失分布を数値積分により計算した．

5.2 均質近似

ガウシアンコピュラモデルにおいて無条件損失分布をすべて計算することはやや時間の浪費である．それに代わる方法は，より単純な分布族を用いて無条件分布を近似することである．

一つのアプローチとして，均質な債務者からなる大規模ポートフォリオの極限分布（limiting distribution）を見てみよう．シングルファクター Z が与えられたときデフォルト指標 $Y_k, k = 1, 2, \cdots$ は条件付きで独立同一分布であるとし，損失 $V_k, k = 1, 2, \cdots$ も独立同一分布で Z と独立であるとする．潜在変数は

$$\xi_k = \rho Z + \sqrt{1 - \rho^2} \epsilon_k, \quad k = 1, 2, \cdots \tag{10.26}$$

で $0 < \rho < 1$ とする.つまり,全債務者は同様で,条件付独立である.ポートフォリオの損失 $L \equiv L_m = Y_1 V_1 + \cdots + Y_m V_m$ は確率 1 で

$$\frac{L_m}{m} \to \mathbb{E}[Y_1 V_1 \mid Z] = \mathbb{P}(Y_1 = 1 \mid Z)v \equiv p(Z)v, \quad v = \mathbb{E}[V_1]$$

を満たす.また,もしも無条件デフォルト確率が $\mathbb{P}(Y=1) = p$ であるならば,

$$p(Z) = \mathbb{P}(\xi_k < \Phi^{-1}(p) \mid Z) = \Phi\left(\frac{\Phi^{-1}(p) - \rho Z}{\sqrt{1-\rho^2}}\right) \tag{10.27}$$

である.したがって,$0 < q < 1$ に対して

$$\mathbb{P}\left(\frac{L_m}{m} \leq vq\right) \to \mathbb{P}(p(Z) \leq q)$$
$$= G_{p,\rho}(q) = \Phi\left(\frac{\sqrt{1-\rho^2}\Phi^{-1}(q) - \Phi^{-1}(p)}{\rho}\right) \tag{10.28}$$

となる.

この極限損失分布は Vasicek (1991) により提案され,規制の標準(Basel Committee on Bank Supervision, 2003)として他所でも用いられている.(債務者当たりの)デフォルト時の期待損失 v を一定とすると,p と q に対して

$$\mathbb{P}(L_m \leq x) \approx G_{p,\rho}\left(\frac{x}{\sum_{k=1}^m v_k}\right) \tag{10.29}$$

で定義される 2 パラメータ分布族は,より一般的なポートフォリオにおける損失分布の近似に使うことができる.

パラメータ p は分布 $G_{p,\rho}$ の平均

$$\int_0^\infty u \mathrm{d}G_{p,\rho}(u) = p$$

である.デフォルト確率 p_k,条件付期待損失 v_k,$k = 1, \cdots, m$ をもつ任意のポートフォリオの損失分布を近似するには p を用いて分布の平均を一致させるのが自然であり,それには

$$p = \frac{\sum_{k=1}^m p_k v_k}{\sum_{k=1}^m v_k}$$

とすればよい.

パラメータ ρ は分布の分散が一致するように選ぶことができる.Glasserman (2004) は,$\Phi_2(\cdot, \cdot; r)$ を相関 r の 2 変量標準正規分布の同時分布関数とすると,$G_{p,\rho}$ の分散は

5. 無条件損失分布

$$\sigma_{p,\rho}^2 = 2\Phi_2\left(0, \Phi^{-1}(p); -\frac{\sqrt{1-\rho^2}}{\sqrt{2}}\right) - p^2 \tag{10.30}$$

であることを示した．実際の損失分布の分散は

$$\sigma_L^2 = \text{var}[L] = \sum_{k=1}^m \text{var}[Y_k V_k] + 2\sum_{k=1}^{m-1}\sum_{j=k+1}^m v_k v_j \text{cov}[Y_k, Y_j]$$

ただし，

$$\text{var}[Y_k V_k] = p_k \mathbb{E}[V_k^2] - p_k^2 v_k^2$$

であり，(10.10) を考慮すると，$j \neq k$ に対して

$$\begin{aligned}\text{cov}[Y_k, Y_j] &= \mathbb{P}(\xi_k \leq \Phi^{-1}(p_k), \xi_j \leq \Phi^{-1}(p_j)) - p_k p_j \\ &= \Phi_2(\Phi^{-1}(p_k), \Phi^{-1}(p_j); a_k a_j^\top) - p_k p_j\end{aligned}$$

である．実際の分布と (10.29) の近似的な分布の分散を一致させるためには，ρ は $(\sum_{k=1}^m v_k)^2 \sigma_{p,\rho}^2 = \sigma_L^2$ を満たすことが必要である．

この 2 つのモーメントを用いた近似方法の有効性については Glasserman (2004) が議論しているが，そこでは近似分布として $G_{p,\rho}$ を使うときに ρ の値を決めるその他の方法についても議論している．Gordy (2004) は，有限な m に対する補正として，極限分布 $G_{p,\rho}$ から計算されるリスク尺度に対する「グラニュラリティ調整（granularity adjustment）」を開発した．Kalemanova et al. (2007) は，Hull and White (2004) のダブル t コピュラと正規逆ガウシアンコピュラのもとで極限均質近似を導出した．また，別のアプローチとして，相関展開（correlation expansion）を用いて無条件損失分布を近似する方法が Glasserman and Suchintabandid (2007) により開発された．

5.3 混合 Poisson モデル

次に，3.3 項で議論した混合 Poisson モデルによる無条件損失分布について考える．分布自体は閉じた形で得られないが，分布の Laplace 変換（およびキュムラント母関数）は明確に与えられる．これは，ガウシアンコピュラモデルでは条件付損失分布しか明確な Laplace 変換をもたないことと対照的である．

N を平均 λ の Poisson 確率変数とすると，そのモーメント母関数はすべての θ に対して

$$\mathbb{E}[\exp(\theta N)] = \exp(\lambda(e^\theta - 1))$$

で与えられる．3.3 項の混合 Poisson モデルでは，ファクターである確率変数 $\Gamma_1, \cdots, \Gamma_d$ が与えられたとき個々の Y_k は条件付独立であり，(10.13) の R_k が条件付平均となる．したがって，

$$\mathbb{E}[\exp(\theta Y_k) \mid \Gamma_1, \cdots, \Gamma_d] = \exp(R_k(e^\theta - 1))$$
$$= \exp\left(\sum_{j=0}^d a_{kj}\Gamma_j(e^\theta - 1)\right)$$

となる.ただし,$\Gamma_0 \equiv 1$ とする.さらに,$\Gamma_1, \cdots, \Gamma_d$ が与えられたとき $Y_1, \cdots, Y_m$ は条件付独立であるので,ポートフォリオの損失 $L = Y_1 v_1 + \cdots + Y_m v_m$ に対して

$$\mathbb{E}[\exp(\theta L) \mid \Gamma_1, \cdots, \Gamma_d] = \prod_{k=1}^m \mathbb{E}[\exp(\theta v_k Y_k) \mid \Gamma_1, \cdots, \Gamma_d]$$
$$= \exp\left(\sum_{k=1}^m \sum_{j=0}^d a_{kj}\Gamma_j(e^{v_k\theta} - 1)\right)$$

である.

L の積率母関数(あるいは Laplace 変換)の計算を完了させるため,Γ_j はキュムラント母関数 ψ_j をもつ,すなわち

$$\log \mathbb{E}[\exp(\alpha \Gamma_j)] = \psi_j(\alpha), \quad j = 1, \cdots, d$$

で,$\psi_0(\alpha) \equiv \alpha$ とする.$\psi_j(\alpha)$ はある $\alpha > 0$ で有限とする.このとき,

$$\phi_L(\theta) \equiv \mathbb{E}[\exp(\theta L)] = \mathbb{E}\left[\exp\left(\sum_{j=0}^d \alpha_j \Gamma_j\right)\right] = \exp\left(\sum_{j=0}^d \psi_j(\alpha_j)\right) \quad (10.31)$$

と書けて,

$$\alpha_j = \sum_{k=1}^m a_{kj}(e^{v_k\theta} - 1), \quad j = 0, 1, \cdots, d$$

である.$\psi_j(\alpha_j)$ は十分に小さなすべての $\alpha_j > 0$ に対して有限なので,(10.31) の L の積率母関数は十分に小さなすべての θ に対して有限である.

Γ_j を平均 1 で分散 σ_j^2, $j = 1, \cdots, d$ のガンマ分布とする特別なケースでは,

$$\psi_j(\alpha) = -\frac{1}{\sigma_j^2}\log(1 - \sigma_j^2 \alpha), \quad \alpha < \frac{1}{\sigma_j^2}$$

である.このケースが使われる CreditRisk$^+$ のフレームワーク(Wilde, 1997)は,$d = 1$(潜在変数をシングルファクター)として保険数理で使われる古典的モデル(例えば Greenwood and Yule, 1920, Section IV など)を一般化したものである.このモデルが取り扱いやすい理由の 1 つは,Johnson et al. (1993, p. 328) に説明されているように,Poisson 確率変数のガンマ分布による混合は負の二項分布(negative binomial distribution)に従うという事実に基づいている.

(10.31) の積率母関数 ϕ_L から Laplace 変換 $s \mapsto \phi_L(-s)$ と特性関数 $\omega \mapsto \phi_L(\sqrt{-1}\omega)$ が評価できて,これらのどちらかを数値的に逆変換すると L の分布が得られる.あるいは,Gordy (2002) のようにキュムラント母関数 $\log \phi_L$ に鞍点近似を適用してもよい.もしもすべての $v_1, \cdots, v_m$ が整数(基準損失額の倍数という意味)ならば,L は整数値をとり,確率母関数 $z \mapsto \phi_L(\log z)$ をもつ.このケースの保険数理の文献 Panjer (1981) では Panjer 漸化式が使われるが,それは Wilde (1997) でも応用されている.Haaf et al. (2005) は数値的に安定な逆変換の代替的手法を開発し,Haaf and Tasche (2002) は限界リスク寄与度の計算について議論した.

6. 加重サンプリング法

4 節では独立な債務者のポートフォリオにおける損失分布の計算法について議論した.これらの方法も,潜在ファクターで条件づけられて債務者が独立になるときの条件付損失分布を求める際に適用できる.5.1 項で述べたように,多くの潜在ファクターをもつモデルでは普通のモンテカルロシミュレーションがしばしば無条件損失分布を算出する最も効率的な方法になる.しかし,一般に,普通のモンテカルロシミュレーションは,リスク管理において非常に重要な巨大損失を生じる小さな確率の推定には非効率である.

本節では,信用リスクにおける発生のまれな事象のシミュレーションに対する加重サンプリング法 (importance sampling) の適用について議論する.加重サンプリング法では,本来はまれな事象をより多く発生させるためにシナリオを発生させるときに使う分布を変更し,その分布の変更を補正するためにそれぞれのシナリオにウェイトをつける.シミュレーションの「偏りをなくす」適切なウェイトは,もとの確率と新たな確率の尤度比 (likelihood ratio) である.信用リスクへの加重サンプリング法の適用については Avranitis and Gregory (2001), Joshi and Kainth (2004), Kalkbrener et al. (2004), Merino and Nyfeler (2004), Morokoff (2004), Glasserman and Li (2005), Glasserman et al. (2008) が示唆してきた.本節の議論は上述中の最後の 2 つの文献に基づくが,それらの論文には開発した手法の理論的背景についても記述されている.

6.1 債務者が独立な場合

債務者が独立なケースから考える.これは導入のための最も単純なケースであり,独立でない(ただし,潜在ファクターが与えられたときには条件付独立になる)債務者のケースを扱う際の基礎になる.

$\mathbb{P}(Y_k = 1) = p_k$ の独立なデフォルト指標 $Y_1, \cdots, Y_m$ を考える.さらに設定を単純にするためにデフォルト時損失 $v_1, \cdots, v_m$ を定数とすると,ポートフォリオの損失は $L = Y_1 v_1 + \cdots + Y_m v_m$ である.ここでの目的は大きな x に対する $\mathbb{P}(L > x)$ の推定

であるが, L のテールを正確に推定できれば VaR やその他のリスク尺度を推定できる. 分位点推定のための加重サンプリング法の分析については Glynn (1996) を見よ.

巨大な損失が生じるシナリオをより多く発生させるために, 個々のデフォルト確率 p_k を高めて新しい値 q_k にして, その高いデフォルト確率を用いてシミュレーションを行う. 任意の結果 $Y_1,\cdots,Y_m$ に対する尤度比は, もとのデフォルト確率と新しいデフォルト確率のもとでその結果が得られる確率の比であり,

$$\ell = \prod_{k=1}^{m} \left(\frac{p_k}{q_k}\right)^{Y_k} \left(\frac{1-p_k}{1-q_k}\right)^{1-Y_k} \tag{10.32}$$

で与えられる. 加重サンプリング法による $\mathbb{P}(L>x)$ の推定値は, 新しい確率を用いてデフォルト指標 Y_k を発生させてポートフォリオの損失 $L = Y_1 v_1 + \cdots + Y_m v_m$ を評価し, 推定量 $\mathbf{1}\{L>x\}\ell$ を返していくことにより得られる. ここで, $\mathbf{1}\{\cdot\}$ は括弧中の事象に対する定義関数である. 尤度比 ℓ を掛けることで, $q_k, 0 < q_k < 1, k = 1, \cdots, m$ をどのように選択しても偏りのない推定量になる.

デフォルト確率を高めると巨大損失シナリオはより多く発生するようになるものの, 推定量の分散の減少は保証されず, 実際, q_k の選択を誤ると分散は容易に増加しうる. どのような確率を選択すべきかに関する解説はシミュレーションについて述べた文献に書かれている.

この問題を一般化して, 独立な確率変数の和を扱うためにまれな事象をシミュレーションする問題はこれまで精力的に研究されてきた. 例えば, Sadowsky and Bucklew (1990) によると, この問題に対する特に効率的なアプローチは増分の分布に指数ツイスト (exponential twist) を適用することである. 指数ツイストを用いるときは, すべての点 x における確率密度あるいは確率関数の値を $\exp(\theta x)$ 倍にし (θ はパラメータ), 次に密度関数や確率関数の総和が 1 になるように標準化する.

ここでは増分を確率変数 $Y_k v_k$ とし, それぞれの増分は確率 p_k で v_k, 確率 $1-p_k$ で 0 をとるものとする. パラメータ θ の指数ツイストを適用するということは, 増分が v_k をとる確率に $\exp(\theta v_k)$ を掛けて, 0 をとる確率はそのままにする ($\exp(\theta 0) = 1$ を掛ける) ということであり, それから 2 つの確率の和が 1 になるように標準化する. この手順がまさに (10.24) の $p_{k,\theta}$ である. 言い換えると, 指数ツイストにより変更された確率は鞍点近似で使われる確率である.

$q_k = p_{k,\theta}$ として計算すると, (10.32) の尤度比は

$$\ell = \exp(-\theta L + \psi_L(\theta))$$

と書ける. ここで ψ_L は (10.21) のキュムラント母関数である ($V_k \equiv v_k$ のとき, (10.21) の $\Lambda_k(\theta) = v_k \theta$ になる). この表現から, すべての $\theta > 0$ に対して尤度比は L の減少関数であることがわかる. 分散を減少させる鍵は事象 $\{L > x\}$ の尤度比を小さくすることなので, これは魅力的である. より明確には, デフォルト確率 $p_{k,\theta}$ を用いて計算

した期待値を $\mathbb{E}_\theta$ で示すことにすると,加重サンプリング法による推定量の2次モーメントは

$$\mathbb{E}_\theta[\mathbf{1}\{L > x\}\ell^2] = \mathbb{E}[\mathbf{1}\{L > x\}\ell]$$

であり,$L > x$ のときの ℓ を小さくすることで分散は小さくなる.

ここで分散を最小にするパラメータ θ の選択について考える.正確に最小化するパラメータを得ることは一般には不可能であるが,推定量の2次モーメントを上限

$$\mathbb{E}[\mathbf{1}\{L > x\}\ell] = \mathbb{E}[\mathbf{1}\{L > x\}\ell\exp(-\theta L + \psi_L(\theta))]$$
$$\leq \exp(-\theta x + \psi_L(\theta))$$

で近似して,それを最小化することは可能である.ψ_X は凸関数なので上限は $\psi_L'(\theta_x) = x$ を解いた $\theta = \theta_x$ で最小化される.これはまさに (10.22) の鞍点である.(10.22) と (10.23) より,鞍点によって定義される確率 p_{k,θ_x} が期待損失を x に等しくするという性質をもつことを思い出そう.Glasserman and Li (2005) は,ポートフォリオサイズ m と閾値 x が比率一定のまま大きくなるとき,この測度変換を使ったときの分散減少が漸近的に最適であることを示した.

若干修正することにより,前述の議論は損失 V_k が確率的な場合にも拡張できる.デフォルト確率の変更に加えて今度は損失額も変更する.例えば,V_k が密度関数 f_k をもつならば,指数ツイストを適用して f_k を

$$f_{k,\theta} = e^{\theta v - \Lambda_k(\theta)} f_k(v)$$

で置き換える.ここで,4.3項のように Λ_k は V_k のキュムラント母関数である.その結果,尤度比は

$$\ell = \prod_{k=1}^m \left(\frac{p_k}{p_{k,\theta}}\right)^{Y_k} \left(\frac{1-p_k}{1-p_{k,\theta}}\right)^{1-Y_k} \prod_{k=1}^m \frac{f_k(V_k)}{f_{k,\theta}(V_k)}$$
$$= \exp(-\theta L + \psi_L(\theta))$$

となる.このように尤度比はこれまでと同じ形になるが,V_k が確率変数であることは (10.21) の ψ_L に現れる関数 Λ_k に反映されている.損失が一定のときの議論を用いると再び $\theta = \theta_x$ であることが導かれるが,これは損失水準 x に関する鞍点である.

6.2 ガウシアンコピュラにおける加重サンプリング法

独立な債務者のモデルは加重サンプリング法の議論を始めるにあたり役に立ったが,実務的にはデフォルトに依存性のあるモデルを考えることが必要である.ここでは依存性としてガウシアンコピュラモデルのケースを考える.デフォルトは潜在ファクター $Z = (Z_1, \cdots, Z_d)^\top$ で条件づけられると独立になるものとする.

k 番目の債務者の無条件デフォルト確率が p_k ならば,Z が与えられたときの条件付デフォルト確率は (10.14) で定義される $p_k(Z)$ である.上述の独立なケースにおける加重サンプリング法を率直に拡張すると,Z が与えられたときの条件付分布への適用が考えられる.つまり,$p_k(Z)$ を

$$p_{k,\theta}(Z) = \frac{p_k(Z)e^{\Lambda_k(\theta)}}{1+p_k(Z)(e^{\Lambda_k(\theta)}-1)}$$

に置き換え,密度関数 f_k を $f_{k,\theta}$ に置き換えるという方法である.この条件付分布の変更における条件付尤度比 (conditional likelihood ratio) は

$$\ell(Z) = \exp(-\theta L + \psi_L(\theta, Z))$$

である.(10.21) におけるもとのデフォルト確率 p_k を条件付デフォルト確率 $p_k(Z)$ で置き換えているので,ここでは ψ_L が Z に依存することがわかる.

さらに,鞍点 θ_x は Z に依存する方程式

$$\frac{\partial}{\partial \theta}\psi_L(\theta_x, Z) = x$$

の解なので,θ_x 自身が Z に依存する.Z のある値に対して $\theta_x(Z) < 0$ となることがあるが,これは $\mathbb{E}[L\mid Z] > x$ のときに発生する.しかし,負のパラメータを用いて確率をツイストさせる(このとき条件付デフォルト確率は低下する)よりも,$\theta_x(Z)$ を 0 で置換するほうが好ましい.このケースと通常の $\theta_x(Z) > 0$ のケースは,$\theta_x^+(Z) = \max\{\theta_x(Z), 0\}$ でツイストさせることにより結合できる.このパラメータ $\theta_x^+(Z)$ を使うと,条件付尤度比は

$$\ell(Z) = \exp(-\theta_x^+(Z)L + \psi_L(\theta_x^+(Z), Z))$$

となる.

(Z で条件付けしたときの)このアプローチは,独立な債務者の場合で述べたテクニックに対応している.しかし,独立なケースではこのアプローチが分散を相当減少させるのに対して,Glasserman and Li (2005) では,デフォルトが条件付独立でありさえすればこのアプローチが非常に有効というわけではないことを示した.この現象は,ガウシアンコピュラにおける巨大損失の発生には 2 つの場合があることに注目すると説明できるかもしれない.その 2 つとは,Z が原点近くの値をとり,デフォルト確率が低いにもかかわらず多数の債務者が偶然デフォルトする場合と,Z が原点から離れた値をとり,多くの条件付デフォルト確率 $p_k(Z)$ が大きな値をとる場合である.条件付指数ツイストはこの 2 つのうち最初の場合のみに対する処方であり,Z で条件づけられたときの条件付デフォルト確率を高めてデフォルトをより多く発生させる.しかし,2 番目の場合は最初の場合よりも重要である.一般に巨大損失は,膨大な数のデ

6. 加重サンプリング法

フォルト指標が例外的な値をとったから発生するというよりも，比較的少数の潜在ファクターが例外的な値をとったから発生するというほうがもっともらしいからである．

この第二のメカニズムは，条件付デフォルト確率 $p_k(Z)$ が高くなるシナリオがより多く発生するようにファクターの分布を変更することにより，加重サンプリング法の手順に組み込むことができる．Z が多変量標準正規分布に従うことを思い出そう．思いつく最も単純な分布の変更は，Z の平均を原点から他の点 μ に移動させることである．Z における $N(0, I)$ と $N(\mu, I)$ の密度比は $\exp(-\mu^\top Z + \mu^\top \mu/2)$ である．もしも最初に Z の平均を変更し，さらに Z が与えられたときの条件付デフォルト確率をツイストするならば，全体の尤度比は

$$\exp(-\theta_x^+(Z)L + \psi_L(\theta_x^+(Z), Z)) \exp\left(-\mu^\top Z + \frac{1}{2}\mu^\top \mu\right)$$

で与えられる．

まだ新たな平均 μ の選択の問題が残されている．Glasserman and Li (2005) は，

$$\mathbb{P}(L > x \mid Z = z) \exp\left(-\frac{1}{2}z^\top z\right) \tag{10.33}$$

を最大化する z の値を μ として選ぶべきであると示唆した．上式の第 2 項は標準正規分布の密度関数に比例するので，上式を最大化する z は巨大損失を発生させる「最もありそうな」ファクターの値と解釈されるかもしれない．同じような考え方で，

$$\min\ z^\top z \quad \text{subject to} \quad \mathbb{E}[L \mid Z = z] \geq x \tag{10.34}$$

となる z を探して選んでもよいかもしれない．

一般に (10.33) を解くことは実用的でなく，Glasserman and Li (2005) では，条件付損失確率を上限

$$\mathbb{P}(L > x \mid Z = z) \leq \exp(-\theta_x^+(z)x + \psi_L(\theta_x^+(z), z)) \equiv \exp(F_x(z))$$

で置き換えた．この上限を (10.33) の近似として使うことにより，彼らは最適化問題

$$\max_z \left\{ F_x(z) - \frac{1}{2}z^\top z \right\}$$

にたどり着き，この問題の解を新しい平均 $\mu = \mu_*$ とした．次の等価な関係

$$F_x(z) \geq 0 \Leftrightarrow F_x(z) = 0 \Leftrightarrow \theta_x^+(z) = 0 \Leftrightarrow \theta_x(z) \leq 0$$
$$\Leftrightarrow \mathbb{E}[L \mid Z = z] \geq x \tag{10.35}$$

が成り立つので，問題 (10.34) は

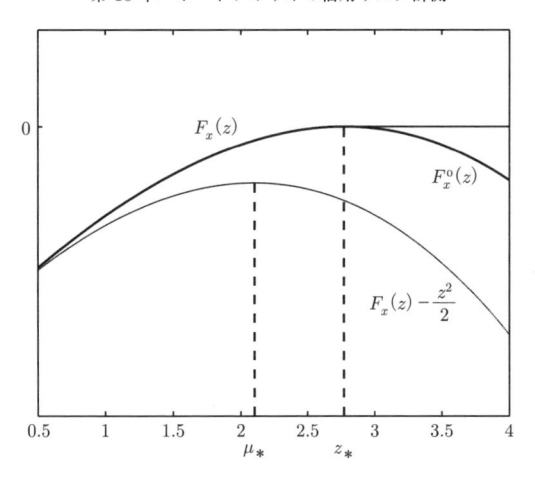

図 10.4　$p_k \equiv 0.02$, $v_k \equiv 1$, $\rho = -0.3$, $m = 100$, $x = 10$ のときのシングルファクターの均質ポートフォリオに対する関数 $F_x(z)$, $F_x^0(z)$, $F_x(z) - z^2/2$ のグラフ. μ_* は $F_x(z) - z^2/2$ を最大にする点で, z_* は $F_x(z) = 0$ になる最小の点.

$$\min\ z^\top z \quad \text{subject to} \quad F_x(z) \geq 0$$

に変更してもよい.

図 10.4 に, $p_k \equiv 0.02, v_k \equiv 1, m = 100, x = 10$ のときのシングルファクターの均質ポートフォリオに対する最適化問題の解 μ_* と z_* を示す. ((10.26) の表記の) ファクターローディングは $\rho = -0.3$ としたので, デフォルト確率 (と $F_x(z)$) は z の増加関数である. 図中の関数 F_x^o は, F_x の定義において θ_x^+ を θ_x に置換して得られる関数である.

Glasserman and Li (2005) は, シングルファクターの均質モデルにおいて μ_* を使って漸近的に最適な結果を求めた. マルチファクターモデルでは, Glasserman et al. (2008) が (10.34) を一般化して複数の新しい平均を求める手順を開発し, そこで得た平均へのシフトを混合して使用することにより, 漸近的に最適となる結果を得た. これらの論文の数値結果によると, $\mathbb{P}(L > x) \approx 1\%$ となる x において達成された分散減少効果は通常のモンテカルロ法の 50 倍程度であり, この分散減少効果は一般に事象が希少になるほど増大する. したがって, これらのテクニックは普通のモンテカルロシミュレーションでは正確に推定することが困難な領域において特に有効である. Bassamboo et al. (2008), Kang and Shahabuddin (2005), Kostadinov (2005) は, t コピュラやその他のモデルに対する加重サンプリング法のテクニックを開発した.

7. まとめ

　本章では，ポートフォリオの信用リスク計測やクレジットデリバティブの価格付けに使われる基本的なモデルと計算方法の概要について述べた．これらの応用で使われるモデルでは，一債務者のデフォルト確率あるいはデフォルト時刻の分布という周辺的な情報と，債務者間の依存性をうまく捉えるメカニズムを結合する．ここでは特にガウシアンコピュラモデルの依存性と混合 Poisson モデルに着目した．

　ガウシアンコピュラと混合 Poisson モデルに共通の特徴は，ある潜在ファクターで条件づけるとデフォルトが独立になる点である．これらのモデルで使われる計算手順においてこの特徴は重要な意味をもつ．ガウシアンコピュラモデルでは，潜在ファクターで条件づけるとデフォルトによる損失は独立な確率変数の和として与えられる．したがって，独立な確率変数の和の分布を計算または近似するすべての方法が条件付損失分布の計算に適用できる．これらの方法には再帰的畳み込み，逆変換，鞍点近似がある．さらに無条件損失分布を計算するにはファクターの分布の上で積分する必要がある．混合 Poisson モデルは非常に扱いやすいので，潜在ファクターの数にかかわらず無条件分布を直接計算できる．

　モンテカルロシミュレーションは確定的な数値計算手法と結合することもできる．ガウシアンコピュラモデルでは，潜在ファクターが与えられたときの条件付損失分布を計算するために確定的な手法が使われるが，そのときシミュレーションはファクターの分布で積分するために使われる．しかし，シミュレーションは無条件損失分布を直接計算するためにも使うことができる．普通のモンテカルロシミュレーションは無条件損失分布を推定するときに非常に有効となりうるが，まれにしか観察されない巨大損失の確率推定には有効ではない．まれな事象のシミュレーションのために設計された加重サンプリング法は，損失分布の上側テールの推定値を改善するためには非常に有効であろう．

（P. Glasserman／室町幸雄）

参 考 文 献

Abate, J., Whitt, W. (1995). Numerical inversion of Laplace transforms of probability distributions. *ORSA Journal on Computing* 7, 36–48.

Andersen, L., Basu, S., Sidenius, J. (2003). All your hedges in one basket. *Risk* 16 (November), 67–72.

Artzner, P., Delbaen, F., Eber, J.-M., Heath, D. (1999). Coherent measures of risk. *Mathematical Finance* 9, 203–228.

Avranitis, A., Gregory, J. (2001). *Credit: The Complete Guide to Pricing, Hedging and Risk Management*. Risk Books, London.

Basel Committee on Bank Supervision (2003). *The New Basel Capital Accord*. Third consultative document, http://www.bis.org.

Bassamboo, A., Juneja, S., Zeevi, A. (2008). Portfolio credit risk with extremal dependence: Asymptotic analysis and efficient simulation. *Operations Research* 56(3), 593–606.

Black, F., Cox, J. (1976). Valuing corporate securities: Some effects of bond indenture provisions. *Journal of Finance* 31, 351–367.

Chen, N., Kou, S.G. (2005). Credit spreads, optimal capital structure and implied volatility with endogenous default and jump risk. *Mathematical Finance*, in press.

Das, S., Duffie, D., Kapadia, N., Saita, L. (2005). Common failings: how corporate defaults are correlated. *Working paper*.

Duffie, D., Garleanu, N. (2001). Risk and valuation of collateralized debt obligations. *Financial Analysts Journal* 57, 41–59.

Duffie, D., Lando, D. (2001). Term structures of credit spreads with incomplete accounting information. *Econometrica* 69, 633–664.

Duffie, D., Singleton, K. (1999). Modeling term structures of defaultable bonds. *Review of Financial Studies* 12, 687–720.

Duffie, D., Singleton, K. (2003). *Credit Risk: Pricing, Measurement, and Management*. Princeton Univ. Press, Princeton, NJ.

Denault, M. (2001). Coherent allocation of risk capital. *Journal of Risk* 4, 1–34.

Embrechts, P., McNeil, A., Straumann, D. (2000). Correlation and dependence properties in risk management: Properties and pitfalls. In: Embrechts, P. (Ed.), *Extremes and Integrated Risk Management*. Risk Books, London, pp. 71–76.

Garman, M. (1999). Taking VAR to pieces. In: *Hedging with Trees*. Risk Publications, London.

Giesecke, K. (2004). Correlated default with incomplete information. *Journal of Banking and Finance* 28, 1521–1545.

Giesecke, K., Tomecek, P. (2005). Dependent events and changes of time. *Working paper*. School of ORIE, Cornell University.

Glasserman, P. (2004). Tail approximations for portfolio credit risk. *Journal of Derivatives* 12 (Winter), 24–42.

Glasserman, P. (2005). Measuring marginal risk contributions in credit portfolios. *Journal of Computational Finance* 9, 1–41.

Glasserman, P., Li, J. (2005). Importance sampling for portfolio credit risk. *Management Science* 51, 1643–1656.

Glasserman, P., Ruiz-Mata, J. (2006). A comparison of approximation techniques for portfolio credit risk. *Journal of Credit Risk* 2, 33–66.

Glasserman, P., Kang, W., Shahabuddin, P. (2008). Fast simulation of multifactor portfolio credit risk. *Operations Research* 56(5), 1200–1217.

Glasserman, P., Suchintabandid, S. (2007). Correlation expansions for CDO prising. *Journal of Banking and Finance* 31, 1375–1398.

Glynn, P.W. (1996). Importance sampling for Monte Carlo estimation of quantiles. In: *Mathematical Methods in Stochastic Simulation and Experimental Design: Proceedings of the Second St. Petersburg Workshop on Simulation*. St. Petersburg Univ. Press, St. Petersburg, Russia, pp. 180–185.

Gordy, M.B. (2002). Saddlepoint approximation of CreditRisk$^+$. *Journal of Banking and Finance* 26, 1335–1353.

Gordy, M.B. (2004). Granularity adjustment in portfolio credit risk measurement. In: Szegö, G. (Ed.), *Risk Measures for the 21st Century*. Wiley, New Yok.

Gourieroux, C., Laurent, J.P., Scaillet, O. (2000). Sensitivity analysis of values at risk. *Journal of Empirical Finance* 7, 225–245.

Greenwood, M., Yule, G.U. (1920). An inquiry into the nature of frequency distributions representative of multiple happenings with particular reference to the occurrence of multiple attacks of disease or of repeated accidents. *Journal of the Royal Statistical Society* 83, 255–279.

Gregory, J., Laurent, J.-P. (2003). I will survive. *Risk* 16 (June), 103–107.

Guegan, D., Houdain, J. (2005). Collateralized debt obligations pricing and factor models: A new methodology using normal inverse Gaussian distributions. *Working paper*. Ecole Normale Supérieure, Cachan, France.

Gupton, G., Finger, C., Bhatia, M. (1997). *CreditMetrics Technical Document*. J.P. Morgan & Co., New York.
Haaf, H., Tasche, D. (2002). Calculating value-at-risk contributions in CreditRisk+. *GARP Risk Review* 7, 43–47.
Haaf, H., Reiss, O., Schoenmakers, J. (2005). Numerically stable computation of CreditRisk+. In: Gundlach, M., Lehrbass, F. (Eds.), *CreditRisk+ in the Banking Industry*. Springer-Verlag, Berlin, pp. 67–76.
Hilberink, B., Rogers, L.C.G. (2002). Optimal capital structure and endogenous default. *Finance and Stochastics* 6, 237–263.
Hull, J., White, A. (2004). Valuation of a CDO and nth to default CDS without Monte Carlo. *Journal of Derivatives* 12 (Winter), 8–23.
Jarrow, R.A., Turnbull, S.M. (1995). Pricing derivatives on financial securities subject to credit risk. *Journal of Finance* 50, 53–85.
Jarrow, R.A., Lando, D., Turnbull, S.M. (1997). A Markov model for the term structure of credit risk spreads. *Review of Financial Studies* 10, 481–523.
Jensen, J.L. (1995). *Saddlepoint Approximations*. Oxford Univ. Press, Oxford, UK.
Johnson, N.L., Kotz, S., Kemp, A.W. (1993). *Univariate Discrete Distributions*, second ed. Wiley, New York.
Joshi, M., Kainth, D. (2004). Rapid computation of prices and deltas of nth to default swaps in the Li model. *Quantitative Finance* 4, 266–275.
Kalkbrener, M. (2005). An axiomatic approach to capital allocation. *Mathematical Finance* 15, 425–437.
Kalkbrener, M., Lotter, H., Overbeck, L. (2004). Sensible and efficient capital allocation for credit portfolios. *Risk* 17, S19–S24.
Kalemanova, A., Schmid, B., Werner, R. (2007). The normal inverse Gaussian distribution for synthetic CDO pricing. *Journal of Derivatives* 14(3), 80–93.
Kang, W., Shahabuddin, P. (2005). Simulation of multifactor portfolio credit risk in the t-copula model. In: *Proceedings of the Winter Simulation Conference*, pp. 1859–1868.
Kijima, M., Suzuki, T. (2001). A jump-diffusion model for pricing corporate debt securities in a complex capital structure. *Quantitative Finance* 1, 611–620.
Kostadinov, K. (2005). Tail approximations for portfolio credit risk with heavy-tailed risk factors. *Journal of Risk* 8, 81–107.
Kurth, A., Tasche, D. (2003). Contributions to credit risk. *Risk* March, 84–88.
Leland, H.E. (1994). Corporate debt value, bond covenants and optimal capital structure. *Journal of Finance* 49, 1213–1252.
Leland, H.E., Toft, K.B. (1996). Optimal capital structure, endogenous bankruptcy, and the term structure of credit spreads. *Journal of Finance* 51, 987–1019.
Li, D. (2000). On default correlation: A copula function approach. *Journal of Fixed Income* 9, 43–54.
Linetsky, V. (2006). Pricing equity derivatives subject to bankruptcy. *Mathematical Finance* 16, 255–282.
Litterman, R. (1999). Hot spots and hedges. In: *Hedging with Trees*. Risk Publications, London.
Martin, R., Thompson, K., Browne, C. (2001a). Taking to the saddle. *Risk* 14 (June), 91–94.
Martin, R., Thompson, K., Browne, C. (2001b). Who contributes and how much. *Risk* 14 (August), 99–103.
Mashal, R., Zeevi, A. (2003). Beyond correlation: Extreme co-movements between financial assets. *Working paper*. Columbia Business School.
Merino, S., Nyfeler, M.A. (2004). Applying importance sampling for estimating coherent credit risk contributions. *Quantitative Finance* 4, 199–207.
Merton, R.C. (1974). On the pricing of corporate debt: The risk structure of interest rates. *Journal of Finance* 29, 449–470.
Morokoff, W.J. (2004). An importance sampling method for portfolios of credit risky assets. In: *Proceedings of the Winter Simulation Conference*. IEEE Press, Piscataway, NJ, pp. 1668–1676.
Nelsen, R.B. (1999). *An Introduction to Copulas*. Springer-Verlag, New York.
Panjer, H. (1981). Recursive evaluation of a family of compound distributions. *ASTIN Bulletin* 12, 22–26.

Sadowsky, J.S., Bucklew, J.A. (1990). On large deviations theory and asymptotically efficient Monte Carlo estimation. *IEEE Transactions on Information Theory* 36, 579–588.

Schönbucher, P. (2003). *Credit Derivatives Pricing Models: Models, Pricing and Implementation*. Wiley, Chichester, UK.

Shelton, D. (2004). Back to normal – Proxy integration: A fast accurate method for CDO and CDO-squared pricing. *Citigroup Global Structured Credit Research*, London.

Tasche, D. (1999). Risk contributions and performance measurement. *Working paper*. TU München, Munich, Germany.

Vasicek, O. (1991). Limiting Loan Loss Probability Distribution. KMV Corporation, San Francisco, CA.

Wilde, T. (1997). *CreditRisk$^+$: A Credit Risk Management Framework*. Credit Suisse First Boston, London.

Zheng, H. (2004). Heterogeneous portfolio approximations and applications. Mathematics Department, Imperial College, London.

第11章

信用力の推移を考慮したバスケット型クレジットデリバティブの評価

概 要

本章では，格付を考慮した枠組みにおいて，Markov マーケットモデルに基づいた，バスケット型クレジットデリバティブや債券・ローンポートフォリオに関する評価とヘッジのための方法論を提示する．

1. はじめに

本章の目的は，格付を考慮した枠組みにおいて，バスケット型のクレジットデリバティブや債券・ローンポートフォリオの評価とヘッジに関する方法論と成果を提示することである．したがって，信用力の推移の依存関係，特にデフォルトの依存関係のモデル化を扱う．数学的にいえば，確率時刻間の依存関係のモデル化や確率時刻の汎関数の評価，さらに一般的にいえば，確率過程間の依存関係のモデル化や確率過程の汎関数の評価が目的である．これまでに多くの研究者によってデフォルトや信用力推移の依存関係のモデル化の研究がなされており，様々なアプローチが提唱されてきた．こうした方法を詳細に分析することは本章の範囲を超えるが，以下のように雑駁に分類できる．

- コピュラ（copula）による静的な枠組みにおけるデフォルトの依存関係のモデル化 (Hull and White, 2001; Gregory and Laurent, 2004)
- コピュラによる「動的」な枠組みにおけるデフォルトの依存関係のモデル化 (Schönbucher and Schubert, 2001; Laurent and Gregory, 2003; Giesecke, 2004)
- 代理変数を通じた信用力推移やデフォルトの依存関係の動的なモデル化 (Douady and Jeanblanc, 2002; Chen and Filipović, 2003, 2005; Albanese et al., 2003; Albanese and Chen, 2004a, 2004b)
- ファクター法 (Jarrow and Yu, 2001; Yu, 2007; Frey and Backhaus, 2004; Bielecki and Rutkowski, 2002b, 2003)
- 混合モデル（mixture model）による依存関係のモデル化 (Frey and McNeil, 2003; Schmock and Seiler, 2002)

- 投票者過程（voter process）による信用力推移の同時変動のモデル化（Giesecke and Weber, 2002）
- 動的な近似によるデフォルトの依存関係のモデル化（Davis and Esparragoza, 2004）

この分類はいくぶん恣意的で，決して網羅的なものではない．次節では，このうちのいくつかの方法について簡単にコメントする．本章で提示する Markov モデルはかなり一般的であり，原理的にいくつかの既存研究のモデルを含む．特に，ジャンプ拡散過程を含み，Lévy 過程の一部も含む．一方で，本章のモデルは複数の銘柄を扱うことができ，格付を考慮した枠組みにおけるバスケット型のクレジット商品（例えば，バスケット型クレジットデフォルトスワップ（basket credit default swap）や債務担保証券（collateralized debt obligation; CDO）など）の評価を扱うのに適している．さらに，実務的に重要なこととして，本章のモデルでは市場で観察可能な変数のみしか参照しない．また，この分野の他の多くの論文と比べて，確率測度の同値変換のもとでのモデルの Markov 構造の保存の問題について注意深く扱う．

1.1 クレジットデリバティブに関する条件付期待値

本章で提示するアプローチを概観するため，ここではファイナンスに関係する確率時刻の汎関数の評価について簡単に述べる．ただし，主要な概念を簡潔に述べるために，数学上の技術的な詳細については最低限にとどめる．

あるフィルトレーション $\mathbb{G}$（次節で詳細を述べる）をもつ確率空間 $(\Omega, \mathcal{G}, \mathbb{P})$ を考える．この空間上で定められた有界かつ厳密に正の確率時刻の族を $\tau_\ell, \ell = 1, 2, \cdots, L$ とおく．また，実数値確率変数である X と $\widetilde{X}$，および実数値過程である A（ただし有界変動）と Z をそれぞれ所与とする．さらに，ある可測関数 $g : \mathbb{R}_+^L \to \mathbb{R}_+^k$ を用いて，$\mathbb{R}_+^k$ に値をとる確率変数 $\zeta := g(\tau_1, \tau_2, \cdots, \tau_L)$ を考える．クレジットデリバティブの評価では，以下の形式の条件付期待値を評価することが目的になる．

$$\mathbb{E}_{\mathbb{P}^\beta}\left[\int_{]t,T]} \beta_u^{-1} \, dD_u \,\middle|\, \mathcal{G}_t\right] \tag{11.1}$$

ここで，β はあるニューメレール（numeraire）過程を表す．D は配当過程（divident process）で，一般的に以下の形式で与えられる．

$$D_t = (X\alpha_1(\zeta) + \widetilde{X}\alpha_2(\zeta))\mathbf{1}_{\{t \geq T\}} + \int_{]0,t]} \alpha_3(u; \zeta) \, dA_u + \int_{]0,t]} Z_u \, d\alpha_4(u; \zeta)$$

α_i の具体的な形式は，個々の適用に応じて定まる．確率測度 $\mathbb{P}^\beta$ は $\mathbb{P}$ と同値で，ニューメレール β に付随するマルチンゲール測度である（4.2 項を参照）．以下の 4 つの具体例を用いて，この一般的な設定を説明しよう．いずれの場合にも，α_i のほか，A と Z も容易に特定することができる．

1. はじめに

例 11.1（デフォルトの可能性のある債券） $L = 1, \tau = \tau_1$ とし，τ を社債発行体のデフォルト時刻と考える（$\zeta = \tau = \tau_1$ とおく）．債券の満期 T までにデフォルトが発生しなければ，満期に定額 X が債券保有者に支払われるものとする．加えて，デフォルト時刻か満期のいずれか早い時点まで，連続的にクーポン c_t が支払われるものとする．時刻 T までの間にデフォルトが発生した場合には，満期にまとめて $\widetilde{X}$ が支払われるか，あるいは，デフォルト時刻に Z_τ が支払われるものとする．$H_t = \mathbf{1}_{\{\tau \leq t\}}$ を用いて，前者の場合には，この債券の配当過程は以下になる．

$$D_t = (X(1-H_T) + \widetilde{X} H_T)\mathbf{1}_{\{t \geq T\}} + \int_{]0,T]} (1-H_u)c_u \, du$$

一方，後者の場合には以下になる．

$$D_t = X(1-H_T)\mathbf{1}_{\{t \geq T\}} + \int_{]0,T]} (1-H_u)c_u \, du + \int_{]0,t]} Z_u \, dH_u$$

例 11.2（格付ステップアップ社債） 社債には，発行体の信用力に応じてクーポンが変動するものがある．発行体の信用力が低下すると，クーポンが増加する．実務では，このような債券の信用力は，最低でも 1 社の格付機関（例えば，Moody's や Fitch Ratings や Standard & Poor's）によって付与される格付によって表される．時点 t における信用力の指標を X_t とする．時点 $t_i, i = 1, 2, \cdots, n$ に支払われるクーポンを $c_i = c(X_{t_{i-1}})$ として，$t_0 = 0$ とおく．ステップアップ社債の配当過程は以下になる．

$$D_t = X(1-H_T)\mathbf{1}_{\{t \geq T\}} + \int_{]0,T]} (1-H_u) \, dA_u + \text{デフォルト回収額}$$

ただし，$A_t = \sum_{t_i \leq t} c_i$ で，τ と X と H は例 11.1 と同様である．

例 11.3（**CDO** トランシェのデフォルトレグ） L 個の銘柄から構成されるポートフォリオを考える．それぞれの $\ell = 1, 2, \cdots, L$ について，想定元本を N_ℓ，デフォルト時刻を τ_ℓ，デフォルト時損失（loss given default）を $M_\ell = (1-\delta_\ell)N_\ell$ とおく．ただし δ_ℓ は銘柄 ℓ の回収率を表す．さらに $H_t^\ell = \mathbf{1}_{\{\tau_\ell \leq t\}}$ とおき，$\zeta = (\tau_1, \tau_2, \cdots, \tau_L)$ とする．このとき，累積損失過程（cumulative loss process）は

$$L_t(\zeta) = \sum_{\ell=1}^{L} M_\ell H_t^\ell$$

となる．Laurent and Gregory (2003) と同様に，CDO のメザニントランシェの累積デフォルト支払い過程を以下のように考える．

$$M_t(\zeta) = (L_t(\zeta) - a)\mathbf{1}_{[a,b]}(L_t(\zeta)) + (b-a)\mathbf{1}_{]b,N]}(L_t(\zeta))$$

ここで，a と b は閾値を表し，$0 \leq a \leq b \leq N := \sum_{\ell=1}^{L} N_\ell$ を満たす．$M_0 = 0$ と仮定すれば，CDO のメザニントランシェのデフォルトレグに関する配当過程は，$D_t = \int_{]0,t]} \mathrm{d}M_u(\zeta)$ である．

例 11.4（kth-to-default CDS のデフォルトレグ） デフォルトの可能性のある L 個の参照債券から構成されるポートフォリオを考える．それぞれの債券の元本 N_ℓ は確定的で，デフォルト回収率 δ_ℓ もまた確定的とする．各債券の満期 U_ℓ に対して，スワップの満期を $T < \min\{U_1, U_2, \cdots, U_L\}$ とする．さらに，$\zeta = (\tau_1, \tau_2, \cdots, \tau_L, \tau^{(k)})$ とおき，$\tau^{(k)}$ は $\{\tau_1, \tau_2, \cdots, \tau_L\}$ の k 番目の順序統計量を表す．

kth-to-default スワップの具体的な例として，k 番目のデフォルトのみに対してプロテクションの買い手が補填されるというものがある．この場合のデフォルトレグの配当過程は

$$D_t = (1 - \delta_{\iota(k)}) N_{\iota(k)} \mathbf{1}_{\{\tau^{(k)} \leq T\}} H_t^{(k)}$$

になる．ただし，$H_t^{(k)} = \mathbf{1}_{\{\tau^{(k)} \leq t\}}$ で，$\iota(k)$ は k 番目のデフォルト銘柄を表す．あるいは，

$$N_t(\zeta) = \int_{]0,t]} \sum_{\ell=1}^{L} (1 - \delta_\ell) N_\ell \mathbf{1}_{\tau_\ell}(u) \, \mathrm{d}H_u^{(k)}$$

を用いて，$D_t = \int_{]0,t]} \mathrm{d}N_u(\zeta)$ と書くこともできる．

1.2 デフォルトの依存関係のモデル化に関する既存研究

(11.1) の期待値を評価するためには，他の事項とともに，$\mathcal{G}_t$ のもとでの ζ の条件付分布を知る必要がある．このことは，一般的に確率時刻 $\tau_1, \tau_2, \cdots, \tau_L$ の間の条件付依存関係を知る必要があることを意味する．したがって，確率時刻間の依存関係を適切な方法でモデル化できることが重要になる．しかし，これは一般的には容易なことではない．既存研究で提案されている方法によってうまく扱われているのは，$\zeta = \tau^{(1)} = \min\{\tau_1, \tau_2, \cdots, \tau_L\}$ とした (11.1) の条件付期待値の評価である．実務では，これは first-to-default すなわち first-to-change 型のクレジットデリバティブに対応する．しかし，2 番目以降のデフォルトや信用力の変化が関係するクレジットデリバティブになると，確率時刻が条件付独立であるなどの制約的な仮定を設けない限り，実際には深刻な限界が生じることになる．そのために，例 11.3 や例 11.4 のような過程 D について，モデルに制約的な仮定を設けない限り，既存の方法では (11.1) の期待値計算をうまく扱うことができない．同様に既存の方法では，信用力の推移間の依存関係をモデル化することも一般的に難しく，参照債務の格付の変化に明示的に依存したペイオフをもつバスケット型のデリバティブをうまく扱うこともできない．

おそらく実務家に最もよく知られ，広く使われている方法は，コピュラであろう（例えば，Li, 2000; Schönbucher and Schubert, 2001; Laurent and Gregory, 2003 を

参照).このアプローチには様々なものがあるが,共通するアイデアは,コピュラ関数を用いて,なんらかの補助的な確率変数間の依存関係をモデル化するというものである.補助的な確率変数 $v_1, v_2, \cdots, v_L$ を $\tau_1, \tau_2, \cdots, \tau_L$ に関連づけて,前者の変数間の依存関係から,後者の変数間の依存関係を表現する.

現時点におけるコピュラ法の最大の欠点は,そのままではある特定の重要な条件付分布を計算することができないという点であろう.簡単な例を用いて,このことを説明する.$L=2$ として,条件付確率 $\mathbb{P}(\tau_2 > t+s|\mathcal{G}_t)$ を考える.コピュラ法により,$t_1 \leq t$ について,集合 $\{\tau_1 = t_1\}$ 上のこの確率を計算することは通常できる(コピュラ関数の偏微分により表現される).しかし,集合 $\{\tau_1 \leq t_1\}$ 上のものはできない.この議論は厳密でなくいくぶん曖昧ではあるが,特にこの事実はコピュラが「Markov」ではないことを意味する.さらに,コピュラ法は,そのままでは格付変化の依存関係のモデル化に適用することはできない.例えば,ステップアップ社債(例 11.2 を参照)からなるバスケットには用いることはできない.つまり,バスケットの構成銘柄の格付に明示的に依存させたい場合には,バスケットデリバティブの評価やヘッジにコピュラ法を適用することができない.格付変化の依存関係をモデル化するには,確率過程の依存関係をモデル化することが必要になる.

他のポピュラーな方法に,Lévy 過程などのなんらかの代理変数を用いて,確率時刻間の依存関係をモデル化するというものがある(例えば,Hull and White, 2001; Albanese et al., 2003; Chen and Filipović, 2003, 2005 を参照).こうした方法で主に問題となるのは,代理変数が観測不可能な仮想の状態を表す潜在変数であることである.加えて,信用力のモデル化に適用する際に,格付の推移(例えば,ある時点とその直後の格付の同時推移)をモデル化することはできない(後述の注意 11.1 の 2)を参照).

2. 表記法と予備結果

有限期間におけるすべての起こりうる事象を含む確率空間を $(\Omega, \mathcal{G}, \mathbb{P})$ により表す.ここで $\mathbb{P}$ は一般的な確率測度である.文脈に応じて,空間 $(\Omega, \mathcal{G})$ 上の様々な(互いに同値な)確率測度を考えていく.確率空間 $(\Omega, \mathcal{G}, \mathbb{P})$ はフィルトレーション $\mathbb{G} = \widetilde{\mathbb{H}} \vee \mathbb{F}$ をもつものとする.$\widetilde{\mathbb{H}}$ は各銘柄の格付変化などのクレジットイベントの時間発展に関する情報を表し,$\mathbb{F}$ はある参照フィルトレーションを表す.この 2 つのフィルトレーションを後にさらに具体的に定めるが,ここでは,いわゆる通常の条件(usual condition)を満たすことだけを仮定しておく.

本章で対象とするクレジットイベントは格付の変化で,特にデフォルトである.$(\Omega, \mathcal{G}, \mathbb{P})$ 上で定義される適切な確率過程を用いて,格付の変動をモデル化することができる.この過程の選択には,様々な方法がすでに既存研究で提案されている.本章では,2.1.1 で述べる意味での Markov 法を用いる.

2.1 格付の推移

L 個の債務者（あるいは銘柄）を考える．ℓ 番目の参照組織の現時点での格付が，K_ℓ 個の異なるカテゴリーのうちのいずれかに分類されるものとする．カテゴリーの集合を $\mathcal{K}_\ell = \{1, 2, \cdots, K_\ell\}$ とおくが，一般性を失うことなく，すべての $\ell = 1, 2, \cdots, L$ について，$\mathcal{K}_\ell = \mathcal{K} := \{1, 2, \cdots, K\}$ と仮定することができる．慣例に従い，カテゴリー K はデフォルトに対応するものとする．

X^ℓ, $\ell = 1, 2, \cdots, L$ を $\mathcal{K}$ に値をとる $(\Omega, \mathcal{G}, \mathbb{P})$ 上の過程とする．X^ℓ は ℓ 番目の参照組織の格付を表す．$X = (X^1, X^2, \cdots, X^L)$ とおく．X の状態空間を $\mathcal{X} := \mathcal{K}^L$ として，$\mathcal{X}$ の成分を x で表す．ここでは，過程 X を（同時）推移過程（(joint) migration process）と呼ぶ．すべての $\ell = 1, 2, \cdots, L$ について，$X_0^\ell \neq K$ と仮定し，ℓ 番目の参照組織のデフォルト時刻 τ_ℓ を以下で定義する．

$$\tau_\ell = \inf\{t > 0 : X_t^\ell = K\} \tag{11.2}$$

ただし，$\inf \emptyset = \infty$ である．デフォルト状態 K は吸収状態，つまり各銘柄について，デフォルト事象は1回のみ起こるものとする．言い換えれば，それぞれの ℓ について，過程 X^ℓ は τ_ℓ で停止する．連続時間で考えているので，実用上の一般性を失うことなく，同時にデフォルトが起こることは許容されないものと仮定する．すなわち，すべての $\ell' \neq \ell$ について，$\mathbb{P}(\tau_{\ell'} = \tau_\ell) = 0$ が成り立つものとする．

注意 11.1
1) $K = 2$ という特別な場合には，区別されるカテゴリーは2つ，すなわち，デフォルト前（$j = 1$）とデフォルト（$j = 2$）である．この場合，$H_t^\ell = \mathbf{1}_{\{\tau_\ell \leq t\}}$ を用いて，$X_t^\ell = H_t^\ell + 1$ となる．
2) それぞれの格付 j には，推移の履歴を含めることもできる．例えば，j を2次元にして，現時点の格付 j' と直前の格付 j'' により $j = (j', j'')$ とすることができる．

2.1.1 Markov の設定

ここからは，$\widetilde{\mathbb{H}} = \mathbb{F}^X$ とおく．つまり，$\widetilde{\mathbb{H}}$ は過程 X の自然なフィルトレーションである．さらに，関連がある（ベクトル値の）ファクター過程（Y とおく）によって生成されるフィルトレーション $\mathbb{F}^Y$ を参照フィルトレーション $\mathbb{F}$ とし，(X, Y) がその自然なフィルトレーション $\mathbb{G} = \mathbb{F}^X \vee \mathbb{F}^Y = \widetilde{\mathbb{H}} \vee \mathbb{F}$ に関して，$\mathbb{P}$ のもとで同時 Markov とするのが，おそらくは最も便利な設定である．すなわち，すべての $0 \leq t \leq s$, $x \in \mathcal{X}$ と，Y の状態空間上の任意の集合 $\mathcal{Y}$ について，

$$\mathbb{P}(X_s = x, Y_s \in \mathcal{Y} \mid \mathcal{G}_t) = \mathbb{P}(X_s = x, Y_s \in \mathcal{Y} \mid X_t, Y_t) \tag{11.3}$$

が成り立つものとする．これは，本章で採用する一般的な枠組みである．次節で具体的な Markov マーケットモデルを導入する．

任意の $k = 1, 2, \cdots, L$ について，k 番目のデフォルト時刻が本章で最も重要になる．デフォルト時刻 $\tau_1, \tau_2, \cdots, \tau_L$ の（それぞれの ω における）順序を $\tau^{(1)} < \tau^{(2)} < \cdots < \tau^{(L)}$ とおく．この定義から，k 番目のデフォルト時刻は $\tau^{(k)}$ である．

k 番目のデフォルト時刻に付随する様々な確率を累積デフォルト過程（cumulative default process）H を用いて表現すると便利である．H は以下で定義される増加過程である．

$$H_t = \sum_{\ell=1}^{L} H_t^\ell$$

ただし，すべての $t \in \mathbb{R}_+$ について，$H_t^\ell = \mathbf{1}_{\{X_t^\ell = K\}} = \mathbf{1}_{\{\tau_\ell \leq t\}}$ を表す．H が生成するフィルトレーションを $\mathbb{H}$ とすると，明らかに $\mathbb{H} \subseteq \widetilde{\mathbb{H}}$ である．また明らかに，過程 $S := (H, X, Y)$ は，フィルトレーション $\mathbb{G}$ に関して $\mathbb{P}$ のもとで Markov の性質をもつ．さらに，すべての ℓ と $k = 1, 2, \cdots, L$ について，$\{\tau^{(1)} > t\} = \{H_t = 0\}$，$\{\tau^{(k)} \leq t\} = \{H_t \geq k\}$，$\{\tau^{(k)} = \tau_\ell\} = \{H_{\tau_\ell} = k\}$ が成り立つ．

2.2 条件付期待値

後に (11.3) の意味での Markov の設定を扱うが，最初に，より一般的な設定で予備結果を導くことにする．このために，時点 t 以後の過程 X と Y によって生成される情報をそれぞれ $\mathcal{F}^{X,t} = \sigma(X_s; s \geq t)$ と $\mathcal{F}^{Y,t} = \sigma(Y_s; s \geq t)$ により表記する．任意の確率変数 $Z \in \mathcal{F}^{X,t} \vee \mathcal{F}^Y_\infty$ と，任意の有界な可測関数 g について，以下が成り立つことを仮定する．

$$\mathbb{E}_\mathbb{P}[g(Z) \mid \mathcal{G}_t] = \mathbb{E}_\mathbb{P}[g(Z) \mid \sigma(X_t) \vee \mathcal{F}^Y_t] \tag{11.4}$$

これは，推移過程 X が参照フィルトレーション $\mathbb{F}^Y$ に関して条件付 Markov，すなわちすべての $0 \leq t \leq s$ と $x \in \mathcal{X}$ について

$$\mathbb{P}(X_s = x \mid \mathcal{G}_t) = \mathbb{P}(X_s = x \mid \sigma(X_t) \vee \mathcal{F}^Y_t) \tag{11.5}$$

であることを意味する．Markov 条件 (11.3) は条件 (11.4) よりも強い．ここからは $t \geq 0$ と $x \in \mathcal{X}$ が $p_x(t) := \mathbb{P}(X_t = x \mid \mathcal{F}^Y_t) > 0$ を満たすものとする．まず，条件付期待値に関する以下の補題を得る．

補題 11.1 $k \in \{1, 2, \cdots, L\}$，$x \in \mathcal{X}$ とし，$Z \in \mathcal{F}^{X,t} \vee \mathcal{F}^Y_\infty$ を可積分な確率変数とする．このとき，すべての $0 \leq t \leq s$ について，以下が成り立つ．

$$\mathbf{1}_{\{X_t = x\}} \mathbb{E}_\mathbb{P}[\mathbf{1}_{\{H_s < k\}} Z \mid \mathcal{G}_t] = \mathbf{1}_{\{H_t < k, X_t = x\}} \frac{\mathbb{E}_\mathbb{P}[\mathbf{1}_{\{H_s < k, X_t = x\}} Z \mid \mathcal{F}^Y_t]}{p_x(t)} \tag{11.6}$$

したがって，

$$\mathbb{E}_{\mathbb{P}}\big[\mathbf{1}_{\{H_s<k\}}Z \mid \mathcal{G}_t\big] = \mathbf{1}_{\{H_t<k\}} \sum_{x\in\mathcal{X}} \mathbf{1}_{\{X_t=x\}} \frac{\mathbb{E}_{\mathbb{P}}\big[\mathbf{1}_{\{H_s<k,X_t=x\}}Z \mid \mathcal{F}_t^Y\big]}{p_x(t)} \qquad(11.7)$$

となる.

証明 A_t を $\mathcal{G}_t$ の任意の事象とする. 以下を確かめればよい.

$$\mathbb{E}_{\mathbb{P}}\big[\mathbf{1}_{A_t}\mathbf{1}_{\{X_t=x\}}\mathbf{1}_{\{H_s<k\}}Z\big]$$
$$=\mathbb{E}_{\mathbb{P}}\bigg[\mathbf{1}_{A_t}\mathbf{1}_{\{H_t<k,X_t=x\}}\frac{\mathbb{E}_{\mathbb{P}}\big[\mathbf{1}_{\{H_s<k,X_t=x\}}Z \mid \mathcal{F}_t^Y\big]}{p_x(t)}\bigg]$$

$\{H_s<k\}\subset\{H_t<k\}$ であることと, $\widetilde{Z}:=\mathbf{1}_{\{H_s<k,X_t=x\}}Z$ が $\mathcal{F}^{X,t}\vee\mathcal{F}_\infty^Y$ に属することから, 左辺は以下に等しい.

$$\mathbb{E}_{\mathbb{P}}\big[\mathbb{E}_{\mathbb{P}}\big[\mathbf{1}_{A_t}\mathbf{1}_{\{H_t<k,X_t=x\}}\mathbf{1}_{\{H_s<k\}}Z \mid \mathcal{G}_t\big]\big]$$
$$=\mathbb{E}_{\mathbb{P}}\big[\mathbf{1}_{A_t}\mathbf{1}_{\{H_t<k,X_t=x\}}\mathbb{E}_{\mathbb{P}}\big[\mathbf{1}_{\{H_s<k,X_t=x\}}Z \mid \mathcal{G}_t\big]\big]$$
$$=\mathbb{E}_{\mathbb{P}}\big[\mathbf{1}_{A_t}\mathbf{1}_{\{H_t<k,X_t=x\}}\mathbb{E}_{\mathbb{P}}\big[\mathbf{1}_{\{H_s<k,X_t=x\}}Z \mid \sigma(X_t)\vee\mathcal{F}_t^Y\big]\big]$$
$$=\mathbb{E}_{\mathbb{P}}\bigg[\mathbf{1}_{A_t}\mathbf{1}_{\{H_t<k,X_t=x\}}\frac{\mathbb{E}_{\mathbb{P}}\big[\mathbf{1}_{\{H_s<k,X_t=x\}}Z \mid \mathcal{F}_t^Y\big]}{p_x(t)}\bigg]$$

ただし, 2 番目の等号は (11.4) により, 最後の等号は以下による.

$$\mathbf{1}_{\{X_t=x\}}\mathbb{E}_{\mathbb{P}}\big[\widehat{Z} \mid \sigma(X_t)\vee\mathcal{F}_t^Y\big] = \mathbf{1}_{\{X_t=x\}}\frac{\mathbb{E}_{\mathbb{P}}\big[\mathbf{1}_{\{X_t=x\}}\widehat{Z} \mid \mathcal{F}_t^Y\big]}{\mathbb{P}(X_t=x \mid \mathcal{F}_t^Y)}$$

これは, 任意の可積分な確率変数 $\widehat{Z}$ について成り立つ. (11.7) は (11.6) からただちに得られる. □

個別銘柄の場合, つまり $L=1$ の場合には, 任意の $t\geq 0$ について, $\{H_t<1\}=\{H_t\neq 1\}=\{X_t\neq K\}$ である. したがって, 以下が成り立つ.

系 11.1 $L=1$ とし, $Z\in\mathcal{F}^{X,t}\vee\mathcal{F}_\infty^Y$ を可積分な確率変数とする. このとき, 任意の $0\leq t\leq s$ について, 以下が成り立つ.

$$\mathbb{E}_{\mathbb{P}}\big[\mathbf{1}_{\{X_s\neq K\}}Z \mid \mathcal{G}_t\big] = \sum_{x=1}^{K-1}\mathbf{1}_{\{X_t=x\}}\frac{\mathbb{E}_{\mathbb{P}}\big[\mathbf{1}_{\{X_s\neq K,X_t=x\}}Z \mid \mathcal{F}_t^Y\big]}{p_x(t)} \qquad(11.8)$$

任意の $0\leq t\leq s$ について,

$$q_{k,x;t}(s) = \mathbb{P}(H_s<k, X_t=x \mid \mathcal{F}_t^Y) = \mathbb{P}(\tau^{(k)}>s, X_t=x \mid \mathcal{F}_t^Y)$$
$$p_{k,x;t}(s) = \mathbb{P}(H_s\geq k, X_t=x \mid \mathcal{F}_t^Y) = \mathbb{P}(\tau^{(k)}\leq s, X_t=x \mid \mathcal{F}_t^Y)$$

とおく. したがって, 形式的に $\mathrm{d}p_{k,x;t}(s) = \mathbb{P}(\tau^{(k)}\in\mathrm{d}s, X_t=x \mid \mathcal{F}_t^Y)$ と書ける. 以下の命題は補題 11.1 を拡張したものに相当する.

2. 表記法と予備結果

命題 11.1 $k \in \{1, 2, \cdots, L\}$, Z を可積分で $\mathbb{F}^Y$ 可予測な過程とする. このとき, すべての $0 \leq t \leq s$ について, 以下が成り立つ.

$$\mathbb{E}_\mathbb{P}\big[\mathbf{1}_{\{t < \tau^{(k)} \leq s\}} Z_{\tau^{(k)}} \mid \mathcal{G}_t\big]$$
$$= \mathbf{1}_{\{H_t < k\}} \sum_{x \in \mathcal{X}} \frac{\mathbf{1}_{\{X_t = x\}}}{p_x(t)} \mathbb{E}_\mathbb{P}\bigg[\int_{]t,s]} Z_u \, dp_{k,x;t}(u) \, \bigg| \, \mathcal{F}_t^Y \bigg] \quad (11.9)$$

証明 $t < \alpha < \beta < s$ とする. まず最初に, $Z_u = \mathbf{1}_{]\alpha,\beta]}(u) Z_\alpha$ という形式の過程 Z について, (11.9) が成り立つことを示す. ここで, Z_α は $\mathcal{F}_\alpha^Y$ 可測かつ可積分な確率変数である. このとき, 以下を得る.

$$\mathbb{E}_\mathbb{P}\big[\mathbf{1}_{\{t < \tau^{(k)} \leq s\}} Z_{\tau^{(k)}} \mid \mathcal{G}_t\big]$$
$$= \mathbb{E}_\mathbb{P}\big[\mathbf{1}_{\{\alpha < \tau^{(k)} \leq \beta\}} Z_\alpha \mid \mathcal{G}_t\big]$$
$$= \mathbb{E}_\mathbb{P}\big[\mathbf{1}_{\{H_\alpha < k\}} Z_\alpha \mid \mathcal{G}_t\big] - \mathbb{E}_\mathbb{P}\big[\mathbf{1}_{\{H_\beta < k\}} Z_\alpha \mid \mathcal{G}_t\big]$$
$$= \mathbf{1}_{\{H_t < k\}} \sum_{x \in \mathcal{X}} \frac{\mathbf{1}_{\{X_t = x\}}}{p_x(t)} \mathbb{E}_\mathbb{P}[Z_\alpha [q_{k,x,t}(\alpha) - q_{k,x,t}(\beta)] \mid \mathcal{F}_t^Y]$$
$$= \mathbf{1}_{\{H_t < k\}} \sum_{x \in \mathcal{X}} \frac{\mathbf{1}_{\{X_t = x\}}}{p_x(t)} \mathbb{E}_\mathbb{P}\bigg[\int_{]t,s]} Z_u \, dp_{k,x;t}(u) \, \bigg| \, \mathcal{F}_t^Y \bigg]$$

ただし, 3番目の等号は (11.7) および $q_{k,x;t}(s)$ と $p_{k,x;t}(s)$ の定義による. 一般的な場合については, 標準的な近似の議論を使って示される. □

系 11.2 $L = 1$ とし, Z を可積分で $\mathbb{F}^Y$ 可予測な確率過程とする. このとき, すべての $0 \leq t \leq s$ について, 以下が成り立つ.

$$\mathbb{E}_\mathbb{P}\big[\mathbf{1}_{\{t < \tau \leq s\}} Z_\tau \mid \mathcal{G}_t\big]$$
$$= \mathbf{1}_{\{X_t \neq K\}} \sum_{x=1}^{K-1} \frac{\mathbf{1}_{\{X_t = x\}}}{p_x(t)} \mathbb{E}_\mathbb{P}\bigg[\int_{]t,s]} Z_u \, dp_{1,x;t}(u) \, \bigg| \, \mathcal{F}_t^Y \bigg] \quad (11.10)$$

$K = 2$ の場合, 系 11.1, 11.2 は, Bielecki and Rutkowski (2002a) の Lemma 5.1.2(i) と Proposition 5.1.1(i) にそれぞれ対応する.

2.2.1 Markov の場合

ここで, 2.1.1 の Markov の設定を仮定する. Z を $\mathcal{G}^t = \mathcal{F}^{X,t} \vee \mathcal{F}^{Y,t}$ 可測で可積分な確率変数とする. このとき, すべての $0 \leq t \leq s$ について, (11.7) から以下が得られる.

$$\mathbb{E}_\mathbb{P}\big[\mathbf{1}_{\{H_s < k\}} Z \mid \mathcal{G}_t\big] = \mathbf{1}_{\{H_t < k\}} \sum_{x \in \mathcal{X}} \frac{\mathbf{1}_{\{X_t = x\}}}{\bar{p}_x(t)} \mathbb{E}_\mathbb{P}\big[\mathbf{1}_{\{H_s < k, X_t = x\}} Z \mid Y_t\big] \quad (11.11)$$

ただし，$\bar{p}_x(t) = \mathbb{P}(X_t = x \mid Y_t)$ である．また，(11.9) は以下になる．

$$\mathbb{E}_{\mathbb{P}}\left[\mathbf{1}_{\{t < \tau^{(k)} \leq s\}} Z_{\tau^{(k)}} \mid \mathcal{G}_t\right]$$
$$= \mathbf{1}_{\{H_t < k\}} \sum_{x \in \mathcal{X}} \frac{\mathbf{1}_{\{X_t = x\}}}{\bar{p}_x(t)} \mathbb{E}_{\mathbb{P}}\left[\int_{]t,s]} Z_u \, \mathrm{d}\bar{p}_{k,x;t}(u) \,\Big|\, Y_t\right] \quad (11.12)$$

ただし

$$\bar{p}_{k,x;t}(u) = \mathbb{P}(H_u \geq k, X_t = x \mid Y_u) = \mathbb{P}(\tau^{(k)} \leq u, X_t = x \mid Y_u)$$

とおいた．

3. Markov マーケットモデル

ファクター過程 Y が $\mathbb{R}^n$ に値をとるものとして，過程 $M = (X, Y)$ の状態空間が $\mathcal{X} \times \mathbb{R}^n$ であるとする．直観的にいえば，Lévy タイプの過程 Y から影響を受ける Markov 連鎖 X と，Markov 連鎖 X から影響を受ける Lévy タイプの過程 Y の組として，過程 $M = (X, Y)$ をモデル化したい．具体的に，M の無限小生成作用素 (infinitesimal generator) $\mathbf{A}$ が以下により与えられるものとする．

$$\mathbf{A}f(x,y) = \frac{1}{2}\sum_{i,j=1}^n a_{ij}(x,y)\partial_i\partial_j f(x,y) + \sum_{i=1}^n b_i(x,y)\partial_i f(x,y)$$
$$+ \gamma(x,y) \int_{\mathbb{R}^n} \left(f\left(x, y + g(x,y,y')\right) - f(x,y)\right) \Pi(x,y;\mathrm{d}y')$$
$$+ \sum_{x' \in \mathcal{X}} \lambda(x,x';y) f(x',y)$$

ただし，すべての $x = (x^1, x^2, \cdots, x^L) \neq (x'^1, x'^2, \cdots, x'^L) = x'$ について $\lambda(x, x'; y) \geq 0$ で，

$$\lambda(x, x; y) = -\sum_{x' \in \mathcal{X}, x' \neq x} \lambda(x, x'; y)$$

である．また ∂_i は変数 y^i に関する偏微分を表す．生成作用素 $\mathbf{A}$ をもつ Markov 過程 M の存在と一意性は，マルチンゲール問題に関する結果から（適切な条件のもとで）成り立つ．Ethier and Kurtz (1986), Chapter 4, Theorem 4.1, 5.4 を参照されたい．

X を M の Markov 連鎖成分として，Y を M のジャンプ拡散成分として考えると便利である．任意の時刻 t における Markov 連鎖成分の強度行列は $\Lambda_t = [\lambda(x, x'; Y_t)]_{x, x' \in \mathcal{X}}$ により与えられる．ジャンプ拡散成分は以下の確率微分方程式 (stochastic differential equation; SDE) を満たす．

$$\mathrm{d}Y_t = b(X_t, Y_t)\,\mathrm{d}t + \sigma(X_t, Y_t)\,\mathrm{d}W_t + \int_{\mathbb{R}^n} g(X_{t-}, Y_{t-}, y')\pi(X_{t-}, Y_{t-}; \mathrm{d}y', \mathrm{d}t)$$

3. Markov マーケットモデル

ここで, $(x, y) \in \mathcal{X} \times \mathbb{R}^n$ を固定すると, $\pi(x, y; dy', dt)$ は強度測度 $\gamma(x, y)\Pi(x, y; dy') dt$ をもつ Poisson 測度を表し, $\sigma(x, y)$ は $\sigma(x, y)\sigma(x, y)^\top = a(x, y)$ を満たす.

注意 11.2 $g(x, y, y') = y'$ として, 係数 $\sigma = [\sigma_{ij}], b = [b_i], \gamma$ と測度 Π が x と y に依存しない場合には, ファクター過程 Y は特性要素 (a, b, ν) をもつ Poisson–Lévy 過程となる. ただし, 拡散行列は $a(x, y) = \sigma(x, y)\sigma(x, y)^\top$ で,「ドリフト」ベクトルは $b(x, y)$, Lévy 測度は $\nu(dy) = \gamma\Pi(dy)$ である. この場合, 推移過程 X はファクター過程 Y から影響を受けるが, 逆は成り立たない. ここでは, 無限活動 (infinite activity) の場合 (ジャンプ測度 π が Poisson 測度ではなく, Lévy 測度が無限測度の場合) は扱わない.

以下の通常の仮定を課し, 生成作用素 $\mathbf{A}$ の Markov 連鎖成分にさらに構造をもたせることにする.

仮定 (M) 過程 $M = (X, Y)$ の無限小生成作用素は以下の形式をもつものとする.

$$\mathbf{A}f(x, y) = \frac{1}{2}\sum_{i,j=1}^n a_{ij}(x, y)\partial_i\partial_j f(x, y) + \sum_{i=1}^n b_i(x, y)\partial_i f(x, y)$$

$$+ \gamma(x, y)\int_{\mathbb{R}^n} (f(x, y + g(x, y, y')) - f(x, y))\Pi(x, y; dy')$$

$$+ \sum_{\ell=1}^L \sum_{x'^\ell \in \mathcal{K}} \lambda^\ell(x, x'_\ell; y) f(x'_\ell, y) \tag{11.13}$$

ただし, $x'_\ell = (x^1, x^2, \cdots, x^{\ell-1}, x'^\ell, x^{\ell+1}, \cdots, x^L)$ である.

つまり x'_ℓ は, $x = (x^1, x^2, \ldots, x^L)$ の ℓ 番目の成分 x^ℓ を x'^ℓ で置き換えたベクトルである. 債務者数が 2 (すなわち $L = 2$) の場合には, 生成作用素は

$$\mathbf{A}f(x, y) = \frac{1}{2}\sum_{i,j=1}^n a_{ij}(x, y)\partial_i\partial_j f(x, y) + \sum_{i=1}^n b_i(x, y)\partial_i f(x, y)$$

$$+ \gamma(x, y)\int_{\mathbb{R}^n} (f(x, y + g(x, y, y')) - f(x, y))\Pi(x, y; dy')$$

$$+ \sum_{x'^1 \in \mathcal{K}} \lambda^1(x, x'_1; y) f(x'_1, y) + \sum_{x'^2 \in \mathcal{K}} \lambda^2(x, x'_2; y) f(x'_2, y)$$

で, $x = (x^1, x^2), x'_1 = (x'^1, x^2), x'_2 = (x^1, x'^2)$ である. また, 一般的な形式に戻れば, $x = (x^1, x^2)$ と $x' = (x'^1, x'^2)$ について

$$\lambda(x, x'; y) = \begin{cases} \lambda^1(x, x'_1; y), & x^2 = x'^2 \text{のとき} \\ \lambda^2(x, x'_2; y), & x^1 = x'^1 \text{のとき} \\ 0, & \text{それ以外} \end{cases}$$

となる.

同様の表現は,L が一般的な値の場合でも可能である.(11.13) で特定されるモデルでは,$\ell \neq \ell'$ について X^ℓ と $X^{\ell'}$ の同時ジャンプは起こり得ない.つまり,異なる銘柄の格付が同時に変化することはない.しかし,両者の格付が任意の微小な期間内にともに変化する可能性があるので,一般性を大きく損なうことはないであろう.過程 X のパスをシミュレートするうえで利点となるのは,$\mathcal{X} \times \mathcal{X}$ の強度行列 $[\lambda(x, x'; y)]$ を扱わずに,それぞれが $\mathcal{K} \times \mathcal{K}$ 次元の L 個の強度行列 $[\lambda^\ell(x, x'_\ell; y)]$ を扱える点である.本章を通じて,(11.13) の構造を仮定する.この設定においては,銘柄 ℓ の格付がその時点の銘柄 ℓ' の格付推移の強度に直接影響を与える(逆の影響も同様)ことを指摘しておく.この性質はフレイルティ(frailty)として知られるもので,デフォルトの感染の原因になりうる.

注意 11.3

1) このモデルでは,ファクター過程 Y のいくつか(あるいはすべて)の成分がそれ自体 Markov 連鎖に従うというものにすることもできる.これは重要な特徴で,例えば,景気循環のようなファクターを Markov 連鎖としてモデル化することができる.デフォルト率が景気循環と強い関連をもつことはよく知られている.

2) いくつかのファクター $Y^1, Y^2, \cdots, Y^d$ は,格付過程 X^ℓ がそれぞれの格付に滞在する累積期間を表すというものにすることもできる.例えば,$Y_t^1 = \int_0^t \mathbf{1}_{\{X_s^1 = 1\}} ds$ とすればよい.この場合には,$b_1(x, y) = \mathbf{1}_{\{x^1 = 1\}}(x)$ で,対応する係数成分 σ と g はゼロになる.

3) ストラクチャーアービトラージ(structural arbitrage)の分野では,いわゆる credit-to-equity(C2E)モデルや equity-to-credit(E2C)モデルが探求されている.本章のマーケットモデルは,C2E と E2C の両方のタイプの相互作用を含んでいる.例えば,ファクターの 1 つが銘柄の発行する株価過程で,信用力の推移の強度がこのファクターに(明示的または暗黙的に)依存するならば,E2C タイプの相互作用を表すことになる.一方で,ある債務者の格付が(この債務者や他の債務者の)株価の変動に影響を与えるならば,C2E タイプの相互作用を扱うことになる.

すでに述べたとおり,$S = (H, X, Y)$ は,状態空間 $\{0, 1, \cdots, L\} \times \mathcal{X} \times \mathbb{R}^n$ 上で自然なフィルトレーションをもつ Markov 過程である.過程 (X, Y) の生成作用素の形式を所与とすれば,過程 (H, X, Y) の生成作用素を容易に表すことができる.$H_t < L$ ならば(さもなければ,推移強度はゼロである),時刻 t における成分 H の状態 H_t から $H_t + 1$ への推移強度は $\sum_{\ell=1}^L \lambda^\ell(X_t, K; X_t^{(\ell)}, Y_t)$ に等しいためである.ただし,$X_t^{(\ell)} = (X_t^1, \cdots, X_t^{\ell-1}, X_t^{\ell+1}, \cdots, X_t^L)$ で,$\lambda^\ell(x^\ell, x'^\ell; x^{(\ell)}, y) = \lambda^\ell(x, x'_\ell; y)$ を表す.

3.1 格付推移強度の特定

通常，モデルに現実的な特徴をもたせるほど複雑になってしまうため，折衷案を見つける必要がある．この問題は，モデルの関数形のほか，パラメータ化の問題にも当てはまる．ここでは，格付の推移率の具体的なモデル化の例を示す．いくぶん恣意的な例ではあるが，比較的単純で推定やキャリブレーションは容易であろう．

以下のように，時点 t における平均格付を $\bar{X}_t$ とおく．

$$\bar{X}_t = \frac{1}{L}\sum_{\ell=1}^{L} X_t^\ell$$

$\widehat{L} < L$ とし，$\mathcal{L} = \{\ell_1, \ell_2, \cdots, \ell_{\widehat{L}}\}$ をすべての債務者からなる集合の部分集合とする．$\mathcal{L}$ を「主要なプレイヤー」の集まりとして考え，格付で表されるそれらの経済状況がプールに含まれる他のすべての銘柄に影響を与えるものとする．以下の指数線形回帰モデルは，格付推移強度のモデル化として十分なものであろう．

$$\begin{aligned}\ln \lambda^\ell(x, x'_\ell; y) &= \alpha_{\ell,0}(x^\ell, x'^\ell) + \sum_{j=1}^{n} \alpha_{\ell,j}(x^\ell, x'^\ell) y_j + \beta_{\ell,0}(x^\ell, x'^\ell) h \\ &+ \sum_{i=1}^{\widehat{L}} \beta_{\ell,i}(x^\ell, x'^\ell) x^i + \tilde{\beta}_\ell(x^\ell, x'^\ell) \bar{x} + \hat{\beta}_\ell(x^\ell, x'^\ell)(x^\ell - x'^\ell)\end{aligned} \quad (11.14)$$

ここで，h は H_t の値を表し，$h = \sum_{\ell=1}^{L} \mathbf{1}_{\{K\}}(x^\ell)$ である．また $\bar{x}$ は $\bar{X}_t$ の値を表し，$\bar{x} = (1/L)\sum_{\ell=1}^{L} x^\ell$ である．

(11.14) に含まれるパラメータの数は，推移行列の構造 (7.2 項を参照) のほかに，モデルの変数の数 (ファクター数や格付の数) によって，容易に制御することができる．さらに，L 個の全債務者からなるプールを同質的な少数のサブプールに分割すれば，パラメータの数を減らすことができる．こうした事項は，モデルの実際の適用上の問題である．例えば，同質的な債務者からなる $\widetilde{L} \ll L$ 個のサブプールがあり，(11.14) のパラメータ α, β, $\tilde{\beta}$, $\hat{\beta}$ が x^ℓ, x'^ℓ に依存しないものとすれば，(11.14) の推移強度は，$\widetilde{L}(n + \widehat{L} + 4)$ 個のパラメータによって特定される．

3.2 条件付独立な推移

すべての $\ell = 1, 2, \cdots, L$ について，強度 $\lambda^\ell(x, x'_\ell; y)$ が $x^{(\ell)} = (x^1, x^2, \cdots, x^{\ell-1}, x^{\ell+1}, \cdots, x^L)$ に依存しないものとする．さらに，ファクター過程 Y の変動が推移過程 X に依存しないことも仮定する．このとき，(11.13) の生成作用素の構造を前提にすれば，推移過程 X^ℓ, $\ell = 1, 2, \cdots, L$ は，過程 Y のサンプルパスを所与とする条件付独立になる．

これを説明するために，プールには 2 個の債務者のみ含まれ（すなわち $L=2$），ファクター過程がない場合を考えよう．このとき，推移過程 X^1 と X^2 は独立となる．状態空間 $\mathcal{K}$ に値をとる X^1 と X^2 を独立な Markov 連鎖と仮定し，それぞれの無限小生成作用素を Λ^1 と Λ^2 とする．明らかに，同時過程 $X=(X^1,X^2)$ は $\mathcal{K}\times\mathcal{K}$ 上の Markov 連鎖である．単純な計算から，過程 X の無限小生成作用素は

$$\Lambda = \Lambda^1 \otimes \mathrm{Id}_K + \mathrm{Id}_K \otimes \Lambda^2$$

になる．ここで，Id_K は次数 K の単位行列，$\otimes$ は行列のテンソル積を表す．これは (11.13) の構造に整合的である．

4. 測度変換と Markov ニューメレール

ファイナンスの問題では，様々の絶対連続な確率測度を扱うことが多い．先に導入したマーケットモデルの Markov 構造を価格評価に利用するためには，利用するうえで便利なものとなる特定のニューメレール過程 β に対応する価格付測度のもとで，モデルが Markov であることが必要になる．他の同値な確率測度，例えば統計的測度（$\mathbb{Q}$ とおく）やスポットマルチンゲール測度（$\mathbb{Q}^*$ とおく）のもとで，モデルが Markov である必要はない．しかし，例えば β から β' にニューメレールを変更する場合など，同値な確率測度へ変換する際に，マーケットモデルの Markov の構造が保たれることは望ましい場合がある．本節では，過程 M の Markov 性の保存の問題について述べる．

最終時点 $T^*>0$ を固定して，厳密に正で $\mathcal{G}_{T^*}$ 可測な確率変数を η とし，$\mathbb{E}_\mathbb{P}\eta=1$ を満たすものとする．以下により，$(\Omega,\mathcal{G}_{T^*})$ 上の同値な確率測度 $\mathbb{P}^\eta$ を定義する．

$$\frac{\mathrm{d}\mathbb{P}^\eta}{\mathrm{d}\mathbb{P}} = \eta, \quad \mathbb{P}\text{-a.s.}$$

4.1 確率測度の Markov 変換

2.1.1 の設定のもとで，以下の内容は Palmowski and Rolski (2002) に従う．ここでは，過程 $M=(X,Y)$ はフィルトレーション $\mathbb{G}$ に関して $\mathbb{P}$ のもとで Markov 性をもつことが仮定されている．M の拡張生成作用素（extended generator）を $(\mathbf{A},\mathcal{D}(\mathbf{A}))$ とおく．これは，過程

$$M_t^f = f(M_t) - \int_0^t \mathbf{A}f(M_s)\,\mathrm{d}s \tag{11.15}$$

が，$\mathcal{D}(\mathbf{A})$ の任意の関数 f について，$\mathbb{G}$ 局所マルチンゲールであることを意味する．

厳密に正である任意の関数 $h\in\mathcal{D}(\mathbf{A})$ について，次式により補助過程（auxiliary process）η^h を定義する．

$$\eta_t^h = \frac{h(M_t)}{h(M_0)} \exp\left(-\int_0^t \frac{(\mathbf{A}h)(M_s)}{h(M_s)}\,\mathrm{d}s\right), \quad t \in [0, T^*] \tag{11.16}$$

η^h がマルチンゲールとなる関数 h を $\mathbf{A}$ の良関数 (good function) という. このような関数 h について, すべての時刻 $t \in [0, T^*]$ で $\mathbb{E}_\mathbb{P}[\eta_t^h] = 1$ が成り立つ. また, 任意の定数関数 h は $\mathbf{A}$ の良関数で, 明らかにこの場合には $\eta^h \equiv 1$ である. 以下の補題は Palmowski and Rolski (2002) の結果による (その Lemma 3.1 を参照).

補題 11.2 h が $\mathbf{A}$ の良関数ならば, 過程 η^h は Doléans の指数マルチンゲール

$$\eta_t^h = \mathcal{E}_t(N^h)$$

として与えられる. ただし, N^h は以下の局所マルチンゲールで, $\kappa_t^h = 1/h(M_t)$ である.

$$N_t^h = \int_0^t \kappa_{s-}^h \,\mathrm{d}M_s^h$$

すなわち, 過程 η^h は以下の SDE を満たす.

$$\mathrm{d}\eta_t^h = \eta_{t-}^h \kappa_{t-}^h \,\mathrm{d}M_t^h, \quad \eta_0^h = 1 \tag{11.17}$$

証明 伊藤の補題により以下を得る.

$$\mathrm{d}\eta_t^h = \frac{1}{h(M_0)} \exp\left(-\int_0^t \frac{(\mathbf{A}h)(M_s)}{h(M_s)}\,\mathrm{d}s\right) \mathrm{d}M_t^h$$

ただし, M^h は (11.15) で与えられている局所マルチンゲールである. これは (11.17) を意味する. □

$\mathbf{A}$ の任意の良関数 h について, $(\Omega, \mathcal{G}_{T^*})$ 上の同値マルチンゲール測度 $\mathbb{P}^h$ を

$$\frac{\mathrm{d}\mathbb{P}^h}{\mathrm{d}\mathbb{P}} = \eta_{T^*}^h, \quad \mathbb{P}\text{-a.s.} \tag{11.18}$$

により定義する. Kunita and Watanabe (1963) から, 確率測度を $\mathbb{P}$ から $\mathbb{P}^h$ に置き換えても, 過程 M はフィルトレーション $\mathbb{G}$ に関して Markov 性が維持される. $\mathbb{P}^h$ のもとでの M の拡張生成作用素を見つけるために,

$$\mathbf{A}^h f = \frac{1}{h}\left[\mathbf{A}(fh) - f\mathbf{A}(h)\right]$$

とおき, 以下の 2 つの集合を定義する.

$$\mathcal{D}_\mathbf{A}^h = \left\{ f \in \mathcal{D}(\mathbf{A}) : fh \in \mathcal{D}(\mathbf{A}) \quad \text{かつ} \quad \int_0^{T^*} \left|\mathbf{A}^h f(M_s)\right| \mathrm{d}s < \infty, \mathbb{P}^h\text{-a.s.} \right\}$$

$$\mathcal{D}_{\mathbf{A}^h}^{h^{-1}} = \left\{ f \in \mathcal{D}(\mathbf{A}^h) : fh^{-1} \in \mathcal{D}(\mathbf{A}^h) \quad \text{かつ} \quad \int_0^{T^*} |\mathbf{A}f(M_s)| \mathrm{d}s < \infty, \mathbb{P}\text{-a.s.} \right\}$$

このとき, 以下が成り立つ (Palmowski and Rolski 2002, Theorem 4.2 を参照).

定理 11.1 $\mathcal{D}_\mathbf{A}^h = \mathcal{D}(\mathbf{A})$ かつ $\mathcal{D}_{\mathbf{A}^h}^{h^{-1}} = \mathcal{D}(\mathbf{A}^h)$ と仮定する.このとき,過程 M は $\mathbb{P}^h$ のもとで拡張生成作用素 $\mathbf{A}^h$ と $\mathcal{D}(\mathbf{A}^h) = \mathcal{D}(\mathbf{A})$ をもつ Markov 過程である.

次に,上記の定理を本章のモデルに適用する.$\mathcal{D}(\mathbf{A})$ の領域は,y に関して 2 回連続微分可能でコンパクトな台をもつすべての関数を含む.h を良関数とする.$\mathbf{A}$ の係数に関する弱い仮定のもとで,定理 11.1 の仮定は満たされる.$\mathbb{P}^h$ のもとでの M の生成作用素は以下で与えられる.

$$\mathbf{A}^h f(x,y) = \frac{1}{2} \sum_{i,j=1}^n a_{ij}(x,y) \partial_i \partial_j f(x,y) + \sum_{i=1}^n b_i^h(x,y) \partial_i f(x,y)$$
$$+ \gamma(x,y) \int_{\mathbb{R}^n} (f(x, y+g(x,y,y')) - f(x,y)) \Pi^h(x,y;\mathrm{d}y')$$
$$+ \sum_{x' \in \mathcal{X}} \lambda^h(x,x';y) f(x',y)$$

ただし,

$$b_i^h(x,y) = b_i(x,y) + \frac{1}{h(x,y)} \sum_{i,j=1}^n a_{ij}(x,y) \partial_j h(x,y)$$

$$\Pi^h(x,y;\mathrm{d}y') = \frac{h(x, y+g(x,y,y'))}{h(x,y)} \Pi(x,y;\mathrm{d}y')$$

$$\lambda^h(x,x';y) = \lambda(x,x';y) \frac{h(x',y)}{h(x,y)}, \quad x \neq x'$$

$$\lambda^h(x,x;y) = -\sum_{x' \neq x} \lambda^h(x,x';y) \tag{11.19}$$

とおいた.クレジットデリバティブの評価に進む前に,以下の便利な結果を述べておく.証明は容易なので省略する.

補題 11.3 h と h' を $\mathbf{A}$ の良関数とする.このとき,$\phi(h,h') := h'/h$ は $\mathbf{A}^h$ の良関数である.さらに,以下が成り立つ.

$$\frac{\mathrm{d}\mathbb{P}^{h'}}{\mathrm{d}\mathbb{P}^h} = \eta_{T^*}^{\phi(h,h')}, \quad \mathbb{P}^h\text{-a.s.} \tag{11.20}$$

ただし,$\eta^{\phi(h,h')}$ は,(11.16) で $\mathbf{A}$ を $\mathbf{A}^h$ で置き換えたものに相当する.

4.2 Markov ニューメレールと評価測度

最初に一般的な設定を考える.ここでの表記法や用語は Jamshidian (2004) に従う.期間 T^* を固定して,$\mathcal{G} = \mathcal{G}_{T^*}$ を仮定する.ある($\mathbb{G}$ 適合な)デフレータ過程 ξ を固定する.ξ は厳密に正かつ可積分なセミマルチンゲールで,$\xi_0 = 1$ である.$\xi_{T^*} C$ が

$\mathbb{P}$ のもとで可積分となる任意の $\mathcal{G}$ 可測な確率変数 C を請求権 (claim) と呼ぶ. 請求権 C の価格過程 C_t, $t \in [0, T^*]$ は,

$$C_t = \xi_t^{-1} \mathbb{E}_{\mathbb{P}}[\xi_{T^*} C \mid \mathcal{G}_t]$$

により定義される. このことから, 特に $C_{T^*} = C$ が成り立つ. ここでは暗黙的に, フィルトレーション $\mathbb{G}$ を生成する情報はすべての取引主体にとって入手可能なものと仮定する.

ある金融商品の評価式を与えることが目的で, ある特定のニューメレール (すなわち, 厳密に正の請求権) β を用いると便利であることがわかっているものとする. これに対応する $(\Omega, \mathcal{G})$ 上の評価測度 (valuation measure) $\mathbb{P}^\beta$ は

$$\frac{\mathrm{d}\mathbb{P}^\beta}{\mathrm{d}\mathbb{P}} = \frac{\xi_{T^*} \beta}{\beta_0} = \frac{\xi_{T^*} \beta_{T^*}}{\beta_0}, \quad \mathbb{P}\text{-a.s.} \tag{11.21}$$

により定義される. Bayes の公式から, 価格過程 C_t を以下のように表すことができる.

$$C_t = \beta_t \mathbb{E}_{\mathbb{P}^\beta}[\beta_{T^*}^{-1} C \mid \mathcal{G}_t]$$

これまでと同様に, マーケットモデル M は $\mathbb{P}$ のもとで Markov であることを仮定する. $\mathbb{P}$ には統計的確率測度 $\mathbb{Q}$ や, スポットマルチンゲール測度 $\mathbb{Q}^*$, あるいは他のマルチンゲール測度がなりうる. $\mathbb{P}^\beta$ のもとでも過程 M が斉時的 (time-homogeneous) な Markov 過程であることを維持させたい.

定義 11.1 評価測度 $\mathbb{P}^\beta$ のもとでも過程 M が斉時的 Markov 過程ならば, $\mathbb{P}^\beta$ を Markov 評価測度 (Markovian valuation measure) と呼ぶ. $\mathbb{P}^\beta$ が Markov 評価測度になるニューメレール過程 β を Markov ニューメレール (Markovian numéraire) と呼ぶ.

前項の結果から, $\mathbb{P}^\beta$ が Markov 評価測度であるためには, $\mathbf{A}$ のある良関数 h^β について, Radon–Nikodym 微分過程 $\eta_t^\beta = (\mathrm{d}\mathbb{P}^\beta / \mathrm{d}\mathbb{P}) \mid_{\mathcal{G}_t}$ が,

$$\eta_t^\beta = \frac{h^\beta(M_t)}{h^\beta(M_0)} \exp\left(-\int_0^t \frac{(\mathbf{A}h^\beta)(M_s)}{h^\beta(M_s)} \,\mathrm{d}s\right), \quad t \in [0, T^*]$$

を満たせば十分である. したがって, 対応するデフレータ過程は $\xi_t^\beta = \beta_0 \beta_t^{-1} \eta_t^\beta$ で与えられ, 任意の請求権 C について

$$C_t = \beta_t \mathbb{E}_{\mathbb{P}^\beta}[\beta_{T^*}^{-1} C \mid \mathcal{G}_t] = (\xi_t^\beta)^{-1} \mathbb{E}_{\mathbb{P}}[\xi_{T^*}^\beta C \mid \mathcal{G}_t]$$

となる. もし β と β' がともにこのようなニューメレールで, h^β と $h^{\beta'}$ が対応する良関数ならば, 補題 11.3 から以下が成り立つ.

$$\frac{d\mathbb{P}^{\beta'}}{d\mathbb{P}^{\beta}} = \eta_{T^*}^{\phi(h^{\beta}, h^{\beta'})}, \quad \mathbb{P}^{\beta}\text{-a.s.} \tag{11.22}$$

ここで,興味深い疑問が生まれる. ξ と β に関するどのような条件のもとで,確率測度 $\mathbb{P}^{\beta}$ は Markov 評価測度になるのであろうか？この問題を部分的に扱うために,ニューメレール β を定数,つまり $\beta \equiv \text{const} > 0$ とする. $\mathbb{P}^{\beta}$ が Markov 評価測度になる場合を考えよう.

命題 11.2 $\mathbf{A}$ のある良関数 h について,デフレータ過程が $\xi = \eta^{h}$ を満たすものとする.このとき,以下が成り立つ.

1) 任意の定数ニューメレール β について, $\mathbb{P}^{\beta}$ は Markov 評価測度である.
2) $\mathbf{A}$ のある良関数 χ について,ニューメレール β が $\beta = \beta_0 \eta_{T^*}^{\chi}/\eta_{T^*}^{h}$ を満たすならば, $\mathbb{P}^{\beta}$ は Markov 評価測度である.
3) $\mathbf{A}$ の良関数 χ と χ' について, β と β' が $\beta = \beta_0 \eta_{T^*}^{\chi}/\eta_{T^*}^{h}$ と $\beta' = \beta'_0 \eta_{T^*}^{\chi'}/\eta_{T^*}^{h}$ を満たすならば,

$$\frac{d\mathbb{P}^{\beta'}}{d\mathbb{P}^{\beta}} = \frac{\beta'/\beta'_0}{\beta/\beta_0} = \frac{\eta_{T^*}^{\chi'}}{\eta_{T^*}^{\chi}}, \quad \mathbb{P}^{\xi,\beta'}\text{-a.s.} \tag{11.23}$$

である.

証明 良関数 h を用いて $\xi = \eta^{h}$ とおく. η^{h} は (11.16) で与えられている.このとき,任意の定数ニューメレール β について, $\mathbb{P}^{\beta} = \mathbb{P}^{h}$ となる.したがって,Kunita and Watanabe (1963) の結果から,過程 M は評価測度 $\mathbb{P}^{\beta}$ のもとで Markov となる.ゆえに 1) が成り立つ.次に,

$$\frac{d\mathbb{P}^{\beta}}{d\mathbb{P}} = \frac{\xi_{T^*}\beta}{\beta_0} = \eta_{T^*}^{\chi}$$

であることと,Kunita and Watanabe (1963) の結果から 2) を得る. (11.23) は (11.21) からただちに成り立つ ((11.22) の特別な場合として考えることもできる). □

4.3 Markov マーケットモデルの例

次に,Markov マーケットモデルの 3 つの例をあげる.ここでは β を所与とするが, β の選択は扱う問題に依存する.

4.3.1 Markov 連鎖推移過程

ここではファクター過程 Y はないものとする.したがって,推移過程 X のみを扱う.この場合,格付の推移をモデル化する魅力的で有効な方法は, K を吸収状態とする出生死滅過程 (birth-and-death process) として X を仮定することであろう.このとき,強度行列 Γ は三重対角行列となる.表記の単純化のために,

$p_t(k,k') = \mathbb{P}^\beta(X_{s+t} = k' \mid X_s = k)$ と書くことにする. $t \geq 0$ と $k' \in \{1, 2, \cdots, K\}$ について, 推移確率 $p_t(k,k')$ は以下の常微分方程式 (ordinary differential equation; ODE) を満たす.

$$\frac{\mathrm{d}p_t(1,k')}{\mathrm{d}t} = -\lambda(1,2)p_t(1,k') + \lambda(1,2)p_t(2,k')$$

$$\frac{\mathrm{d}p_t(k,k')}{\mathrm{d}t} = \lambda(k,k-1)p_t(k-1,k')$$
$$\quad - (\lambda(k,k-1) + \lambda(k,k+1))\,p_t(k,k')$$
$$\quad + \lambda(k,k+1)p_t(k+1,k'), \quad k = 2, 3, \cdots, K-1$$

$$\frac{\mathrm{d}p_t(K,k')}{\mathrm{d}t} = 0$$

ただし, 初期条件は $p_0(k,k') = \mathbf{1}_{\{k=k'\}}$ である. 推移強度 $\lambda(k,k')$ を特定すれば, 上式を容易に解くことができる. $k' \neq K$ について, すべての t で $p_t(K,k') = 0$ であることに注意する. この表現の利点は, パラメータ数を少なく保つことができることである.

任意の状態からデフォルト状態 K にジャンプすることを許容すれば, さらにモデルを柔軟にすることができる. この場合には, $t \geq 0$ と $k' \in \{1, 2, \cdots, K\}$ について, ODE は以下の形式になる.

$$\frac{\mathrm{d}p_t(1,k')}{\mathrm{d}t} = -\left(\lambda(1,2) + \lambda(1,K)\right)p_t(1,k') + \lambda(1,2)p_t(2,k')$$
$$\quad + \lambda(1,K)p_t(K,k')$$

$$\frac{\mathrm{d}p_t(k,k')}{\mathrm{d}t} = \lambda(k,k-1)p_t(k-1,k')$$
$$\quad - (\lambda(k,k-1) + \lambda(k,k+1) + \lambda(k,K))\,p_t(k,k')$$
$$\quad + \lambda(k,k+1)p_t(k+1,k')$$
$$\quad + \lambda(k,K)p_t(K,k'), \quad k = 2, 3, \cdots, K-1$$

$$\frac{\mathrm{d}p_t(K,k')}{\mathrm{d}t} = 0$$

ただし, 初期条件は $p_0(k,k') = \mathbf{1}_{\{k=k'\}}$ である. 既存研究には, デフォルト状態へのジャンプをもつ（代理）拡散過程を用いて格付の推移をモデル化しているものがある. デフォルト状態へのジャンプをもつ出生死滅過程は, このような代理拡散モデルにあたる. Markov 連鎖モデルの利点は, 代理拡散モデルとは異なり, 格付が原則として観測可能な状態変数であることである.

4.3.2 拡散型のファクター過程

次に, ファクター過程 Y をモデルに加える. ファクターは拡散過程で, 過程 $M = (X, Y)$ の生成作用素が以下の形式をもつものと仮定する.

$$\mathbf{A}f(x,y) = \frac{1}{2}\sum_{i,j=1}^{n} a_{ij}(x,y)\partial_i\partial_j f(x,y) + \sum_{i=1}^{n} b_i(x,y)\partial_i f(x,y)$$
$$+ \sum_{x'\in\mathcal{K}, x'\neq x} \lambda(x,x';y)(f(x',y) - f(x,y))$$

M の推移確率を $\phi(t,x,y,x',y')$ とする．形式的に以下が成り立つ．

$$\phi(t,x,y,x',y')\mathrm{d}y' = \mathbb{P}^\beta(X_{s+t} = x', Y_{s+t} \in \mathrm{d}y' \mid X_s = x, Y_s = y)$$

関数 ϕ を定めるためには，次の Kolmogorov 方程式を扱う必要がある．

$$\frac{\mathrm{d}v(s,x,y)}{\mathrm{d}s} + \mathbf{A}v(s,x,y) = 0 \tag{11.24}$$

ここでの生成作用素 $\mathbf{A}$ について，(11.24) は反応拡散方程式（reaction-diffusion equation）としてよく知られている．このような方程式の解の存在と一意性は，近年，Becherer and Schweizer (2003) で論じられている．反応拡散方程式はより一般的な積分偏微分方程式（partial integro-differential equation; PIDE）の特別な場合であることを指摘しておく．将来，この種の方程式の実際の解法について扱うつもりである．

4.3.3 CDS スプレッドファクターモデル

ここでは，フォワード CDS スプレッドをファクター過程 $Y_t = \kappa^{(1)}(t, T^S, T^M)$ として（$\kappa^{(1)}(t, T^S, T^M)$ の定義は，後述の 5.3 項を参照），(X, Y) に関する生成作用素を以下で定義する．

$$\mathbf{A}f(x,y) = \frac{1}{2}y^2 a(x)\frac{\mathrm{d}^2 f(x,y)}{\mathrm{d}y^2} + \sum_{x'\in\mathcal{K}, x'\neq x} \lambda(x,x')(f(x',y) - f(x,y))$$

したがって，クレジットスプレッドは以下の SDE を満たす．

$$\mathrm{d}\kappa^{(1)}(t, T^S, T^M) = \kappa^{(1)}(t, T^S, T^M)\sigma(X_t)\,\mathrm{d}W_t$$

ただし，W は Brown 運動で，$\sigma(x) = \sqrt{a(x)}$ である．この例では，$\kappa^{(1)}(t, T^S, T^M)$ は推移過程 X のサンプルパスを所与とする条件付対数 Gauss 過程である．後に命題 11.3 でこれを利用する．

5. 個別銘柄クレジットデリバティブの評価

ここでも Markov の設定を保ち，$M = (X, Y)$ は $\mathbb{P}$ のもとで $\mathbb{G}$ に関して Markov 過程であるとする．本節では個別銘柄のみを扱う．すなわち $L = 1$ である．バスケット型クレジットデリバティブは次節で扱う．

5.1 生存請求権

定義 11.1 の意味で, β を Markov ニューメレールとする. $t \in [0, T]$ を固定して, 請求権 C と確率変数 β_t/β_{T^*} は $\mathcal{G}^t = \mathcal{F}^{X,t} \vee \mathcal{F}^{Y,t}$ に関して可測と仮定する. このとき,

$$\mathcal{V}_t^{\xi,\beta}(C) = \mathbb{E}_{\mathbb{P}^\beta}[\beta_t \beta_{T^*}^{-1} C \mid M_t]$$

を用いて, $C_t = \mathcal{V}_t^{\xi,\beta}(C)$ となる. 集合 $\{\tau \leq T\}$ 上で $C = 0$ を満たす請求権 C, すなわち

$$C = \mathbf{1}_{\{\tau > T\}} C = \mathbf{1}_{\{X_T \neq K\}} C = \mathbf{1}_{\{H_T < 1\}} C$$

を T 生存請求権 (T-survival claim) と呼ぶ. 生存請求権価格のより明示的な表現が得られる. ほとんどの標準的なクレジットデリバティブは生存請求権とみなすことができるので, 以下のシンプルな結果は便利なものとなる.

補題 11.4 請求権 C と確率変数 β_t/β_{T^*} が $\mathcal{G}^t$ に関して可測であるとする. C が T 生存請求権であれば,

$$C_t = \mathbf{1}_{\{X_t \neq K\}} \mathcal{V}_t^{\xi,\beta}(C) = \sum_{x=1}^{K-1} \mathbf{1}_{\{X_t = x\}} \frac{\mathbb{E}_{\mathbb{P}^\beta}[\mathbf{1}_{\{X_t = x\}} \beta_t \beta_{T^*}^{-1} C \mid Y_t]}{\mathbb{P}^\beta(X_t = x \mid Y_t)}$$

が成り立つ.

証明 最初の等号は明らかである. (11.11) に $L = 1$, $s = T$, $k = 1$, $Z = C$ を適用すれば 2 番目の等号を得る. □

注意 11.4 $K = 2$ とする. つまり, デフォルト前の状態 ($x = 1$) とデフォルト状態 ($x = 2$) のみを認識するものとする. このとき, 任意の T 生存請求権 C について

$$C_t = \mathbf{1}_{\{X_t \neq 2\}} \mathcal{V}_t^{\xi,\beta}(C) = \frac{\mathbf{1}_{\{X_t = 1\}} V_t^{\xi,\beta}(C)}{\mathbb{P}^\beta(X_t = 1 \mid Y_t)}$$

となる. ただし, $V_t^{\xi,\beta}(C) = \mathbb{E}_{\mathbb{P}^\beta}[\beta_t \beta_{T^*}^{-1} C \mid Y_t]$ である. Jamshidian (2004) は, 過程 $V_t^{\xi,\beta}(C)$ を C の事前価格 (pre-price) と呼んでいる.

5.2 クレジットデフォルトスワップ (CDS)

β が Markov ニューメレールで, 任意の $t \leq s$ について β_t/β_s が $\mathcal{G}^t$ 可測であることをここでも仮定する. 単純化のために, 割引社債を原資産とする標準的なクレジットデフォルトスワップ (credit default swap; CDS) を考える. 額面に対してある割合が回収されるものとする. 参照債券の満期を U とし, スワップの満期を $T < U$ とする.

5.2.1 デフォルトレグ

$N = 1$ を債券の名目元本とし，δ をデフォルトした場合の確定的な回収率とする．回収額はデフォルト時に支払われる．デフォルトレグ（参照レグとも呼ばれる）のキャッシュフローは，$(1-\delta)\mathbf{1}_{\{\tau \leq T\}}\mathbf{1}_\tau(t)$ により与えられる．τ は参照銘柄のデフォルト時刻を表す．したがって，時点 t におけるデフォルトレグの価値は

$$A_t^{(1)} = (1-\delta)\mathbb{E}_{\mathbb{P}^\beta}\big[\mathbf{1}_{\{t<\tau\leq T\}}\beta_t\beta_\tau^{-1} \mid M_t\big]$$
$$= (1-\delta)\sum_{x=1}^{K-1}\mathbf{1}_{\{X_t=x\}}\frac{\mathbb{E}_{\mathbb{P}^\beta}\big[\mathbf{1}_{\{X_t=x, X_T=K\}}\beta_t\beta_\tau^{-1} \mid Y_t\big]}{\mathbb{P}^\beta(X_t=x \mid Y_t)}$$

に等しい．$A^{(1)}$ は最初のデフォルト時刻を表す．ただし，ここでは 1 銘柄のみを扱っているので，形式上の表記である．$L = 1$ であることから，累積デフォルト過程 H は集合 $\{0, 1\}$ に値をとり，$\{H_t = 1\} = \{X_t = K\}$ である．

過程 $S = (H, X, Y)$ は $\mathbb{P}^\beta$ のもとで Markov 過程なので，時刻 t に $H_t = 0$ から $H_t + 1$ にジャンプする推移強度は $\lambda(X_t, K; Y_t)$ である．したがって，過程 S の生成作用素の形式を書き下すことは容易である．Chapman–Kolmogorov 方程式を用いて，条件付確率

$$\mathbb{P}^\beta(\tau \leq s \mid S_t) = \mathbb{P}^\beta(\tau \leq s \mid M_t)$$

を計算することができる（S_t の条件付きは M_t の条件付きと同値である）．条件付密度 $\mathbb{P}^\beta(\tau \in \mathrm{d}s \mid M_t)$ がわかれば，条件付期待値

$$\mathbb{E}_{\mathbb{P}^\beta}\big[\mathbf{1}_{\{t<\tau\leq T\}}\beta_t\beta_\tau^{-1} \mid M_t\big]$$

を評価することができる．例えば，もし β が時間の確定的関数ならば，以下が成り立つ．

$$\mathbb{E}_{\mathbb{P}^\beta}\big[\mathbf{1}_{\{t<\tau\leq T\}}\beta_t\beta_\tau^{-1} \mid M_t\big] = \beta_t \int_t^T \beta_s^{-1}\mathbb{P}^\beta(\tau \in \mathrm{d}s \mid M_t)$$

5.2.2 プレミアムレグ

プレミアムの支払い時刻を $\mathcal{T} = \{T_1, T_2, \cdots, T_J\}$ とする．ただし，$0 = T_0 < T_1 < \cdots < T_J < T$ である．プレミアムのアクルーアル（経過利子）条項がある場合，プレミアムレグのキャッシュフローは，

$$\kappa\left(\sum_{j=1}^J \mathbf{1}_{\{T_j<\tau\}}\mathbf{1}_{T_j}(t) + \sum_{j=1}^J \mathbf{1}_{\{T_{j-1}<\tau\leq T_j\}}\mathbf{1}_\tau(t)\frac{t-T_{j-1}}{T_j-T_{j-1}}\right)$$

である．κ は CDS プレミアム（CDS スプレッドとも呼ばれる）を表す．したがって，時点 t におけるプレミアムレグの価値は $\kappa B_t^{(1)}$ に等しい．ただし，

$$B_t^{(1)} = \mathbb{E}_{\mathbb{P}^\beta}\left[\mathbf{1}_{\{t<\tau\}}\left[\sum_{j=j(t)}^{J}\frac{\beta_t}{\beta_{T_j}}\mathbf{1}_{\{T_j<\tau\}} + \sum_{j=j(t)}^{J}\frac{\beta_t}{\beta_\tau}\mathbf{1}_{\{T_{j-1}<\tau\leq T_j\}}\frac{\tau-T_{j-1}}{T_j-T_{j-1}}\right]\Bigg| M_t\right]$$

を表す.$j(t)$ は $T_{j(t)>t}$ を満たす最小の整数である.条件付密度 $\mathbb{P}^\beta(\tau \in \mathrm{d}s \mid M_t)$ は既知なので,ニューメレール β を所与として,この期待値を計算することができる.

5.3 フォワード CDS

先と同様に,時刻 T を満期とするデフォルトの可能性がある債券を参照請求権とする.ここでは,$T^M < U$ を満期,$T^S < T^M$ を開始時刻とするフォワード(スタート)CDS を考える.もし,時刻 T^S 以前にデフォルトが発生した場合には,支払い交換はなく契約は終了する.したがって,この CDS の両レグは T^S 生存請求権で,フォワード CDS の評価は,前述の通常の CDS の評価とさほど変わらない.

5.3.1 デフォルトレグ

同様に $N=1$ を債券の名目元本とし,δ をデフォルトした場合の確定的な回収率とする.回収額はデフォルト時に支払われる.したがって,フォワード CDS のデフォルトレグのキャッシュフローは,

$$(1-\delta)\mathbf{1}_{\{T^S<\tau\leq T^M\}}\mathbf{1}_\tau(t)$$

と表すことができる.任意の $t \leq T^S$ について,時刻 t におけるデフォルトレグの価値は

$$A_t^{(1),T^S} = (1-\delta)\mathbb{E}_{\mathbb{P}^\beta}\left[\mathbf{1}_{\{T^S<\tau\leq T^M\}}\beta_t\beta_\tau^{-1} \mid M_t\right]$$

に等しい.前述と同様に,この条件付期待値を計算することができる.もし β が時間の確定的関数ならば,単に

$$\mathbb{E}_{\mathbb{P}^\beta}\left[\mathbf{1}_{\{T^S<\tau\leq T^M\}}\beta_t\beta_\tau^{-1} \mid M_t\right] = \beta_t\int_{T^S}^{T^M}\beta_s^{-1}\mathbb{P}^\beta(\tau \in \mathrm{d}s \mid M_t)$$

になる.

5.3.2 プレミアムレグ

プレミアムの支払い時刻を $\mathcal{T} = \{T_1, T_2, \cdots, T_J\}$ とする.ただし,$T^S < T_1 < \cdots < T_J < T^M$ である.同様にプレミアムのアクルーアル条項を仮定すると,プレミアムレグのキャッシュフローは,

$$\kappa\left(\sum_{j=1}^{J}\mathbf{1}_{\{T_j<\tau\}}\mathbf{1}_{T_j}(t) + \sum_{j=1}^{J}\mathbf{1}_{\{T_{j-1}<\tau\leq T_j\}}\mathbf{1}_\tau(t)\frac{t-T_{j-1}}{T_j-T_{j-1}}\right)$$

になる.したがって,任意の時点 $t \leq T^S$ におけるプレミアムレグの価値は $\kappa B_t^{(1),T^S}$ に等しい.ここで

$$B_t^{(1),T^S} = \mathbb{E}_{\mathbb{P}^\beta}\left[\mathbf{1}_{\{T_S<\tau\}}\left[\sum_{j=1}^J \frac{\beta_t}{\beta_{T_j}}\mathbf{1}_{\{T_j<\tau\}} + \sum_{j=1}^J \frac{\beta_t}{\beta_\tau}\mathbf{1}_{\{T_{j-1}<\tau\leq T_j\}}\frac{\tau-T_{j-1}}{T_j-T_{j-1}}\right] \bigg| M_t\right]$$

を表す.同様にして条件付密度 $\mathbb{P}^\beta(\tau \in \mathrm{d}s \mid M_t)$ を既知として,この条件付期待値を計算することができる.

5.4 CDS スワップション

前節と同様にスタート時刻を T^S,満期を $T^M > T^S$ とするフォワード CDS を考え,$T < T^S$ を行使日とする CDS スワップションの価値を求める.このスワップションの行使 CDS レートを K とすると,行使日時点 T におけるスワップションのキャッシュフローは

$$\left(A_T^{(1),T^S} - KB_T^{(1),T^S}\right)^+$$

である.したがって,任意の $t \leq T$ における価値は

$$\mathbb{E}_{\mathbb{P}^\beta}\left[\beta_t\beta_T^{-1}\left(A_T^{(1),T^S} - KB_T^{(1),T^S}\right)^+ \bigg| M_t\right]$$
$$= \mathbb{E}_{\mathbb{P}^\beta}\left[\beta_t\beta_T^{-1}B_T^{(1),T^S}(\kappa^{(1)}(T,T^S,T^M) - K)^+ \bigg| M_t\right]$$

になる.ここで,$\kappa^{(1)}(t,T^S,T^M) := A_t^{(1),T^S}/B_t^{(1),T^S}$ はフォワード CDS レートを表す.$t \leq T < T^S$ について,確率変数 $A_t^{(1),T^S}$ と $B_t^{(1),T^S}$ は集合 $\{\tau > T\}$ 上で厳密に正なので,$\kappa^{(1)}(t,T^S,T^M)$ も厳密に正である.

5.4.1 条件付 Gauss 過程の場合

CDS スワップションの価値をさらに明示的に表現するために,Markov ニューメレール β を固定し,$t \leq T$ について,フォワード CDS レート $\kappa^{(1)}(T,T^S,T^M)$ が $\mathbb{P}^\beta$ のもとで条件付対数 Gauss 過程に従うものと仮定する(このようなモデルの例については 4.3.3 を参照).このとき,以下が成り立つ.

命題 11.3 集合 $\{\tau > T\}$ 上で,任意の $t < t_1 < \cdots < t_n \leq T$ について,条件付分布

$$\mathbb{P}^\beta(\kappa^{(1)}(t_1,T^S,T^M) \leq k_1, \ \kappa^{(1)}(t_2,T^S,T^M) \leq k_2,$$
$$\cdots, \kappa^{(1)}(t_n,T^S,T^M) \leq k_n \mid \sigma(M_t) \vee \mathcal{F}_T^X)$$

が $\mathbb{P}^\beta$ のもとでほとんど確実に対数 Gauss であると仮定する.σ 集合体(σ-field)

$\sigma(M_t) \vee \mathcal{F}_T^X$ を所与にした $\kappa^{(1)}(s, T^S, T^M)$, $s \in [t, T]$ の条件付ボラティリティを $\sigma(s, T^S, T^M)$ とおく。このとき，$t < T$ について，CDS スワップションの価格は

$$\mathbb{E}_{\mathbb{P}\beta}\Big[\beta_t \beta_T^{-1} \left(A_T^{(1),T^S} - K B_T^{(1),T^S}\right)^+ \Big| M_t\Big]$$
$$= \mathbb{E}_{\mathbb{P}\beta}\bigg[\mathbf{1}_{\{\tau > T\}} \beta_t \beta_T^{-1} B_T^{(1),T^S} \bigg[\kappa^{(1)}(t, T^S, T^M)$$
$$\times N\left(\frac{\log\{\kappa^{(1)}(t, T^S, T^M)/K\}}{v_{t,T}} + \frac{v_{t,T}}{2}\right)$$
$$- KN\left(\frac{\log\{\kappa^{(1)}(t, T^S, T^M)/K\}}{v_{t,T}} - \frac{v_{t,T}}{2}\right)\bigg]\bigg| M_t\bigg]$$

になる．ただし，

$$v_{t,T}^2 = v(t, T, T^S, T^M)^2 := \int_t^T \sigma(s, T^S, T^M)^2 \, ds$$

とおいた．

証明　まず，以下が成り立つ．

$$\mathbb{E}_{\mathbb{P}\beta}\Big[\beta_t \beta_T^{-1} \left(A_T^{(1),T^S} - K B_T^{(1),T^S}\right)^+ \Big| M_t\Big]$$
$$= \mathbb{E}_{\mathbb{P}\beta}\Big[\mathbf{1}_{\{\tau > T\}} \beta_t \beta_T^{-1} \left(A_T^{(1),T^S} - K B_T^{(1),T^S}\right)^+ \Big| M_t\Big]$$
$$= \mathbb{E}_{\mathbb{P}\beta}\Big[\mathbf{1}_{\{\tau > T\}} \beta_t \beta_T^{-1} \mathbb{E}_{\mathbb{P}\beta}\Big[\left(A_T^{(1),T^S} - K B_T^{(1),T^S}\right)^+ \Big| \sigma(M_t) \vee \mathcal{F}_T^X\Big] \Big| M_t\Big]$$
$$= \mathbb{E}_{\mathbb{P}\beta}\Big[\mathbf{1}_{\{\tau > T\}} \beta_t \beta_T^{-1} B_T^{(1),T^S}$$
$$\times \mathbb{E}_{\mathbb{P}\beta}\Big[\left(\kappa^{(1)}(T, T^S, T^M) - K\right)^+ \Big| \sigma(M_t) \vee \mathcal{F}_T^X\Big] \Big| M_t\Big]$$

仮定から，

$$\mathbb{E}_{\mathbb{P}\beta}\Big[\left(\kappa^{(1)}(T, T^S, T^M) - K\right)^+ \Big| \sigma(M_t) \vee \mathcal{F}_T^X\Big]$$
$$= \kappa^{(1)}(t, T^S, T^M) N\left(\frac{\log\{\kappa^{(1)}(t, T^S, T^M)/K\}}{v_{t,T}} + \frac{v_{t,T}}{2}\right)$$
$$- KN\left(\frac{\log\{\kappa^{(1)}(t, T^S, T^M)/K\}}{v_{t,T}} - \frac{v_{t,T}}{2}\right)$$

なので，上式の結果から命題が成り立つ． □

6. バスケット型クレジットデリバティブの評価

本節では，複数の銘柄を参照するクレジットデリバティブについて考える．条件付期待値の解析的な取扱いといった閉形での計算の可能性は，利用したい情報のタイプや

量に大きく依存する．概して条件付期待値の正確な計算を効率的に行うためには，計算に用いる情報がより粗いフィルトレーションや場合によってはなんらかの代理フィルトレーションによって与えられるように，もとのモデルの仕様を修正する必要がある．

6.1 kth-to-default CDS

デフォルトの可能性のある L 個の債券からなるポートフォリオを参照する一般的な kth-to-default クレジットデフォルトスワップ（CDS）の評価を考える．i 番目の債券の額面と回収率を確定的として，それぞれ N_i, δ_i とおく．$U_1, U_2, \cdots, U_L$ を債券の満期とし，スワップの満期を $T < \min\{U_1, U_2, \cdots, U_L\}$ とする．

ここでは，この社債ポートフォリオを参照する標準的なバスケット型 CDS のみを議論する．債券額面のある割合が回収できるものとする．すなわち，$\tau^{(k)} < T$ の場合には，プロテクションの買い手は，時刻 $\tau^{(k)}$ に

$$\sum_{i \in \mathcal{L}_k} (1-\delta_i) N_i$$

を得るものとする．ただし，$\mathcal{L}_k$ は時間区間 $]0, \tau^{(k)}]$ にデフォルトしたすべての参照銘柄からなる確率的な集合を表す．したがって，プロテクションの買い手は，最初の k 個のデフォルトの累積損失から保護されることになる．ただし，モデルの仮定から同時デフォルトは除外されている．

6.1.1 デフォルトレグ

デフォルトレグのキャッシュフローは

$$\sum_{i \in \mathcal{L}_k} (1-\delta_i) N_i \mathbf{1}_{\{\tau^{(k)} \leq T\}} \mathbf{1}_{\tau^{(k)}}(t)$$

なので，時刻 t におけるデフォルトレグの価値は以下に等しい．

$$A_t^{(k)} = \mathbb{E}_{\mathbb{P}^\beta}\left[\mathbf{1}_{\{t < \tau^{(k)} \leq T\}} \beta_t \beta_{\tau^{(k)}}^{-1} \sum_{i \in \mathcal{L}_k} (1-\delta_i) N_i \,\middle|\, M_t\right]$$

一般的に，この期待値の計算には，シミュレーションによる数値的な評価が必要になる．

kth-to-default スワップの特別な場合として，最後の k 番目のデフォルトのみの損失に対して買い手がプロテクションを受けられるというものがある[1]．この last-to-default クレジットデフォルトスワップの場合，デフォルトレグのキャッシュフローは

$$(1-\delta_{\iota^{(k)}}) N_{\iota^{(k)}} \mathbf{1}_{\{\tau^{(k)} \leq T\}} \mathbf{1}_{\tau^{(k)}}(t) = \sum_{i=1}^L (1-\delta_i) N_i \mathbf{1}_{\{H_{\tau_i}=k\}} \mathbf{1}_{\{\tau^{(i)} \leq T\}} \mathbf{1}_{\tau^{(i)}}(t)$$

---

[1] 訳者注：実務では，むしろこのタイプを kth-to-default と呼ぶのが通常である．

になる. ここで, $\iota^{(k)}$ は k 番目のデフォルト銘柄を意味する. ニューメレール β を確定的と仮定すると, 時刻 t におけるデフォルトレグの価値は以下になる.

$$A_t^{(k)} = \sum_{i=1}^{L} \mathbb{E}_{\mathbb{P}^\beta}\big[\mathbf{1}_{\{t<\tau_i\leq T\}}\mathbf{1}_{\{H_{\tau_i}=k\}}\beta_t\beta_{\tau_i}^{-1}(1-\delta_i)N_i \mid M_t\big]$$

$$= \sum_{i=1}^{L} \beta_t(1-\delta_i)N_i \int_t^T \beta_s^{-1}\mathbb{P}^\beta(H_s=k\mid \tau_i=s,M_t)\mathbb{P}^\beta(\tau_i\in ds\mid M_t)$$

ここで, 条件付確率 $\mathbb{P}^\beta(H_s=k\mid \tau_i=s,M_t)$ は以下のように近似できることに留意する.

$$\mathbb{P}^\beta(H_s=k\mid \tau_i=s,M_t) \approx \frac{\mathbb{P}^\beta(H_s=k, X_{s-\epsilon}^i\neq K, X_s^i=K\mid M_t)}{\mathbb{P}^\beta(X_{s-\epsilon}^i\neq K, X_s^i=K\mid M_t)}$$

もし銘柄数 L が少なければ, 過程 (H,X,Y) の条件付分布に関する Kolmogorov 方程式を解くことができ, $A_t^{(k)}$ の値を解析的に近似することができる.

6.1.2 プレミアムレグ

プレミアム支払いの時点を $\mathcal{T}=\{T_1,T_2,\cdots,T_J\}$ で表す. ただし, $0=T_0<T_1<\cdots<T_J<T$ である. もし, プレミアムにアクルーアル条項があれば, プレミアムレグのキャッシュフローは以下になる.

$$\kappa^{(k)}\left(\sum_{j=1}^{J}\mathbf{1}_{\{T_j<\tau^{(k)}\}}\mathbf{1}_{T_j}(t) + \sum_{j=1}^{J}\mathbf{1}_{\{T_{j-1}<\tau^{(k)}\leq T_j\}}\mathbf{1}_{\tau^{(k)}}(t)\frac{t-T_{j-1}}{T_j-T_{j-1}}\right)$$

ここで, $\kappa^{(k)}$ は CDS プレミアムを表す. したがって, 時刻 t における価値は $\kappa^{(k)}B_t^{(k)}$ になる. ただし,

$$B_t^{(k)} = \mathbb{E}_{\mathbb{P}^\beta}\left[\mathbf{1}_{\{t<\tau^{(k)}\}}\sum_{j=j(t)}^{N}\frac{\beta_t}{\beta_{T_j}}\mathbf{1}_{\{T_j<\tau^{(k)}\}} \,\bigg|\, M_t\right]$$
$$+ \mathbb{E}_{\mathbb{P}^\beta}\left[\mathbf{1}_{\{t<\tau^{(k)}\}}\sum_{j=j(t)}^{N}\frac{\beta_t}{\beta_{\tau^{(k)}}}\mathbf{1}_{\{T_{j-1}<\tau^{(k)}\leq T_j\}}\frac{\tau^{(k)}-T_{j-1}}{T_j-T_{j-1}} \,\bigg|\, M_t\right]$$

とおいた. $j(t)$ は $T_{j(t)}>t$ を満たす最小の整数を表す. 先と同様に, 一般的には, 上記の条件付期待値をシミュレーションによって近似する必要がある. また, 銘柄数 L が少なく, もし Kolmogorov 方程式を厳密にあるいは数値的に導くことができれば, 期待値の解析的な計算をすることができる. この研究は今後の課題である.

6.2 フォワード kth-to-default CDS

フォワード kth-to-default CDS の構造は, フォワード CDS に類似している. 5.3 項や前項と同様の表記法をここでも用いる.

6.2.1 デフォルトレグ

デフォルトレグのキャッシュフローは

$$\sum_{i \in \mathcal{L}_k} (1-\delta_i) N_i \mathbf{1}_{\{T^S < \tau^{(k)} \leq T^M\}} \mathbf{1}_{\tau^{(k)}}(t)$$

なので，時刻 $t \leq T^S$ における価値は以下に等しい．

$$A_t^{(k), T^S} = \mathbb{E}_{\mathbb{P}^\beta}\left[\mathbf{1}_{\{T^S < \tau^{(k)} \leq T^M\}} \beta_t \beta_{\tau^{(k)}}^{-1} \sum_{i \in \mathcal{L}_k} (1-\delta_i) N_i \,\bigg|\, M_t \right]$$

6.2.2 プレミアムレグ

先と同様に，プレミアム支払いの時点を $\mathcal{T} = \{T_1, T_2, \cdots, T_J\}$ で表す．ただし，$T^S < T_1 < \cdots < T_J < T^M$ である．プレミアムにアクルーアル条項があれば，プレミアムレグのキャッシュフローは以下になる．

$$\kappa^{(k)} \left(\sum_{j=1}^J \mathbf{1}_{\{T_j < \tau^{(k)}\}} \mathbf{1}_{T_j}(t) + \sum_{j=1}^J \mathbf{1}_{\{T_{j-1} < \tau^{(k)} \leq T_j\}} \mathbf{1}_{\tau^{(k)}}(t) \frac{t - T_{j-1}}{T_j - T_{j-1}} \right)$$

ここで，$\kappa^{(k)}$ は CDS プレミアムを表す．したがって，時刻 t における価値は $\kappa^{(k)} B_t^{(k), T^S}$ になる．ただし，

$$B_t^{(k), T^S} = \mathbb{E}_{\mathbb{P}^\beta}\left[\mathbf{1}_{\{t < \tau^{(k)}\}} \left[\sum_{j=1}^J \frac{\beta_t}{\beta_{T_j}} \mathbf{1}_{\{T_j < \tau^{(k)}\}} + \sum_{j=1}^J \frac{\beta_t}{\beta_{\tau^{(k)}}} \mathbf{1}_{\{T_{j-1} < \tau^{(k)} \leq T_j\}} \frac{\tau^{(k)} - T_{j-1}}{T_j - T_{j-1}} \right] \,\bigg|\, M_t \right]$$

である．

7. モデルの実装

最後の節では，モデルの実装に関する問題について簡単に議論する．

7.1 次元の呪い

複数の銘柄に関するバスケット型商品を扱う際には，直接計算することが可能ではない場合がある．推移過程 X の状態空間 $\mathbf{K}$ の要素数は K^L である．したがって，例えば Moody's のように格付種別の数が $K = 18$ 個の場合に[2]，ポートフォリオの構成銘柄を $L = 100$ とすると，状態空間 $\mathbf{K}$ は 18^{100} 個の成分からなる[3]．条件付期待値の

---

[2] Moody's の格付の種別は，Aaa, Aa1, Aa2, Aa3, A1, A2, A3, Baa1, Baa2, Baa3, Ba1, Ba2, Ba3, B1, B2, B3, Caa, D（デフォルト）である．

[3] 10^{100} はグーゴル（googol）として知られる数である．グーゴルは観測される全宇宙に存在している原子の数よりも大きいといわれている．

閉形表現を目指すには K が大きくて，状態ベクトル $(X, Y) = (X^1, X^2, \cdots, X^L, Y)$ によってもたらされる情報や生成作用素 **A** を直接扱うことができない．情報量を減らして解析的な計算を可能にさせることが必要になる．格付の区分数を減らせば，これが可能になるかもしれない．典型的には，非デフォルトとデフォルトの2つの種別のみを考えることである．しかし，これでもまだ十分に有効とはいえず，さらにモデルの構造を単純化することが必要になることもあろう．Frey and Backhaus (2004) では，銘柄の同質グルーピング（homogeneous grouping）や，銘柄間の平均場相互作用（mean-field interaction）といったさらなる修正方法が述べられている[4]．

7.2 再帰的シミュレーション法

閉形での計算が可能ではないものの利用可能な情報を捨てたくない場合には，含まれる式を近似することや，もとになる確率過程のサンプルパスをシミュレートするといった近似的な方法を利用することが考えられる．ここではこうした方法について考える．

一般的には，次元の呪い（curse of dimensionality）のために過程 X の発展をシミュレートすることはできない．しかし，本章では，仮定した生成作用素 **A** の構造（(11.13) を参照）により，X のシミュレーションは，それぞれのサイズが K にすぎない状態空間をもつ過程 X^ℓ の発展に関する再帰的なシミュレーションに限定される．さらにシミュレーションを容易にするために，デフォルトを吸収状態とし，中間の状態からでもデフォルト状態にジャンプしうる出生死滅過程として，それぞれの推移過程 X^ℓ が振る舞うことを仮定する（4.3.1 を参照）．$X_t^{(\ell)} = (X_t^1, \cdots, X_t^{\ell-1}, X_t^{\ell+1}, \cdots, X_t^L)$ とおき，過程 $(X^{(\ell)}, Y)$ の状態 $(x^{(\ell)}, y)$ を所与とすると，ℓ 番目の推移過程の強度行列は劣確率的で，以下で与えられる．

$$\begin{array}{c} \\ 1 \\ 2 \\ 3 \\ \\ \vdots \\ K-1 \\ K \end{array} \begin{array}{cccccc} 1 & 2 & 3 & \cdots & K-1 & K \\ \begin{pmatrix} \lambda^\ell(1,1) & \lambda^\ell(1,2) & 0 & \cdots & 0 & \lambda^\ell(1,K) \\ \lambda^\ell(2,1) & \lambda^\ell(2,2) & \lambda^\ell(2,3) & \cdots & 0 & \lambda^\ell(2,K) \\ 0 & \lambda^\ell(3,2) & \lambda^\ell(3,3) & \cdots & 0 & \lambda^\ell(3,K) \\ \vdots & \vdots & \vdots & \ddots & \vdots & \vdots \\ 0 & 0 & 0 & \cdots & \lambda^\ell(K-1, K-1) & \lambda^\ell(K-1, K) \\ 0 & 0 & 0 & \cdots & 0 & 0 \end{pmatrix} \end{array}$$

ただし，$\lambda^\ell(x^\ell, x'^\ell) = \lambda^\ell(x, x'_\ell; y)$ とおいた．さらに，利便性のために，以下では $\lambda^\ell(x^\ell, x'^\ell; x^{(\ell)}, y) = \lambda^\ell(x, x'_\ell; y)$ とおく．

したがって，$x^\ell \neq K$ について，対角成分は

---

[4] 同質グルーピングは Bielecki (2003) でも導入されている．

$$\lambda^\ell(x,x;y) = -\lambda^\ell(x^\ell,x^\ell-1;x^{(\ell)},y) - \lambda^\ell(x^\ell,x^\ell+1;x^{(\ell)},y)$$
$$-\lambda^\ell(x^\ell,K;x^{(\ell)},y)$$
$$-\sum_{i\neq\ell}(\lambda^i(x^i,x^i-1;x^{(i)},y) + \lambda^i(x^i,x^i+1;x^{(i)},y)$$
$$+\lambda^i(x^i,K;x^{(i)},y))$$

になる.ただし,慣例に従い,すべての $\ell = 1, 2, \cdots, L$ に対して,$\lambda^\ell(1,0;x^{(\ell)},y) = 0$ である.

上記の表現では,任意の $\ell = 1, 2, \cdots, L$ と $x^\ell = 1, 2, \cdots, K$ に対して,$\lambda^\ell(K,x^\ell;x^{(\ell)},y) = 0$ が成り立っている.ここで,過程 (X,Y) の現在の状態を (x,y) と仮定すると,X のジャンプ強度は

$$\lambda(x,y) := -\sum_{\ell=1}^L \lambda^\ell(x,x;y)$$

に等しい.X のジャンプの発生を所与とした成分 X^ℓ,$\ell = 1, 2, \cdots, L$ のジャンプの条件付確率分布は,以下で与えられる.

- x^ℓ から $x^\ell-1$ へのジャンプ確率は,$p^\ell(x^\ell,x^\ell-1;x^{(\ell)},y) := \lambda^\ell(x^\ell,x^\ell-1;x^{(\ell)},y)/\lambda(x,y)$ に等しい.
- x^ℓ から $x^\ell+1$ へのジャンプ確率は,$p^\ell(x^\ell,x^\ell+1;x^{(\ell)},y) := \lambda^\ell(x^\ell,x^\ell+1;x^{(\ell)},y)/\lambda(x,y)$ に等しい.
- x^ℓ から K へのジャンプ確率は,$p^\ell(x^\ell,K;x^{(\ell)},y) := \lambda^\ell(x^\ell,K;x^{(\ell)},y)/\lambda(x,y)$ に等しい.

期待どおり,以下が成り立つ.

$$\sum_{\ell=1}^L (p^\ell(x^\ell,x^\ell-1;x^{(\ell)},y) + p^\ell(x^\ell,x^\ell+1;x^{(\ell)},y) + p^\ell(x^\ell,K;x^{(\ell)},y)) = 1$$

推移過程 X の一般的な状態 $x = (x^1, x^2, \cdots, x^L)$ に関して,$(K+1,\ell) = (K,\ell)$ とおいて,ジャンプ空間 $\mathcal{J}(x) = \bigcup_{\ell=1}^L \{(x^\ell-1,\ell),(x^\ell+1,\ell),(K,\ell)\}$ を定義する.(a,ℓ) という表記は,X の ℓ 番目の成分を表す.(X,Y) が状態 (x,y) にあり,X のジャンプの発生を所与とすると,$p(x,y)$ の確率分布と上記によって定められる確率分布 p^ℓ に応じて,X はジャンプ空間 $\mathcal{J}$ 上のある点にジャンプする.したがって,確率変数 J が $p(x,y)$ の分布を持つならば,任意の $(x'^\ell,\ell) \in \mathcal{J}(x)$ について,$\mathrm{Prob}(J = (x'^\ell,\ell)) = p^\ell(x^\ell,x'^\ell;x^{(\ell)},y)$ となる.

7.2.1 シミュレーションのアルゴリズム:特別な場合

ここでは,ファクター過程 Y の変動が格付推移過程 X には依存しないという特別な場合を詳細に論じる.一般的な場合を扱うのはかなり困難なように思われる.

7. モデルの実装

ファクター過程 Y の変動が X に依存しないという仮定のもとで，シミュレーションの手続きは 2 段階に分けられる．ステップ 1 で Y のサンプルパスをシミュレートし，その後，ステップ 2 で，Y のサンプルパスを所与として X のサンプルパスをシミュレートする．ここでは，ある一般的な時間区間 $[t_1, t_2]$（ただし，$0 \le t_1 < t_2$）上におけるサンプルパスのシミュレーションを考える．時点 t_1 におけるデフォルト数が k よりも少ないものとする．すなわち，$H_{t_1} < k$ を仮定する．k 番目のデフォルトが発生するまで，あるいは，時点 t_2 になるまでのいずれか早い時刻まで，シミュレーションを行う．

ステップ 1 ファクター過程の変動を以下の SDE によって与える．

$$dY_t = b(Y_t)\,dt + \sigma(Y_t)\,dW_t + \int_{\mathbb{R}^n} g(Y_{t-}, y)\pi(Y_{t-}; dy, dt), \quad t \in [t_1, t_2]$$

Y のサンプルパスのシミュレーションには，任意の標準的な方法を用いることができる（例えば，Kloeden and Platen, 1995 を参照）．シミュレートした Y のサンプルパスを $\widehat{Y}$ とおく．

ステップ 2 Y のサンプルパスをシミュレートした後に，k 番目のデフォルトが発生するまで，区間 $[t_1, t_2]$ 上で X のサンプルパスをシミュレートする．無限小生成作用素 $\mathbf{A}$ に関する仮定から，X の成分は同時にはジャンプしないことを利用する．したがって，X の変動をシミュレートするためには，以下のアルゴリズムが有効であろう．

ステップ 2.1 カウンターを $n = 1$ とし，区間 $[t_1, t_2]$ 内での X の最初のジャンプ時刻をシミュレートする．そのためには，まず標準指数確率変数 η_1 の値 $\hat{\eta}_1$ をシミュレートする．その後，最初のジャンプ時刻 τ_1^X のシミュレート値を以下によって得る．

$$\hat{\tau}_1^X = \inf\left\{t \in [t_1, t_2] : \int_{t_1}^t \lambda(X_{t_1}, \widehat{Y}_u)\,du \ge \hat{\eta}_1\right\}$$

ただし，空集合上の下限値については $+\infty$ とおく．$\hat{\tau}_1^X = +\infty$ の場合には，k 番目のデフォルト時刻のシミュレート値を $\hat{\tau}^{(k)} = +\infty$ とし，シミュレーションを終了させて，ステップ 3 に移る．さもなければ，ステップ 2.2 に進む．

ステップ 2.2 時刻 $\hat{\tau}_1^X$ におけるジャンプのシミュレート値を分布 $p(X_{t_1}, \widehat{Y}_{\hat{\tau}_1^X -})$ から抽出する（7.2 項での議論を参照）．これにより，$\widehat{X}_{\hat{\tau}_1^X}$ のシミュレート値だけでなく，デフォルト数のシミュレート値 $\widehat{H}_{\hat{\tau}_1^X}$ も得る．$\widehat{H}_{\hat{\tau}_1^X} < k$ ならば，$n := n+1$ とおき，ステップ 2.3 に進む．さもなければ，$\hat{\tau}^{(k)} = \hat{\tau}_1^X$ とおき，ステップ 3 に進む．

ステップ 2.3 X の n 番目のジャンプをシミュレートする．このために，まず標準指数確率変数 η_n の値 $\hat{\eta}_n$ をシミュレートする．n 番目のジャンプ時刻 τ_n^X の値は

$$\hat{\tau}_n^X = \inf\left\{t \in [\hat{\tau}_{n-1}^X, t_2] : \int_{\hat{\tau}_{n-1}^X}^t \lambda(X_{\hat{\tau}_{n-1}^X}, \widehat{Y}_u)\,du \ge \hat{\eta}_n\right\}$$

から得る. $\hat{\tau}_n^X = +\infty$ の場合には,k 番目のデフォルト時刻のシミュレート値を $\hat{\tau}^{(k)} = +\infty$ とおき,シミュレーション手続きを止めて,ステップ 3 に移る.さもなければ,ステップ 2.4 に進む.

ステップ 2.4 分布 $p(X_{\hat{\tau}_{n-1}^X}, \widehat{Y}_{\hat{\tau}_n^X-})$ から抽出することにより,時刻 $\hat{\tau}_n^X$ における X のジャンプをシミュレートする.この方法により,$\widehat{X}_{\hat{\tau}_n^X}$ の値だけでなく,デフォルト数のシミュレート値 $\widehat{H}_{\hat{\tau}_n^X}$ も得る.もし $\widehat{H}_{\hat{\tau}_n^X} < k$ ならば,$n := n+1$ とおいてステップ 2.3 に戻る.さもなければ,$\hat{\tau}^{(k)} = \hat{\tau}_n^X$ として,ステップ 3 に進む.

ステップ 3 関連する汎関数を計算する.例えば,kth-to-default CDS の場合には,以下を計算する.

$$\widehat{A}_{t_1}^{(k)} = \mathbf{1}_{\{t_1 < \hat{\tau}^{(k)} \leq T\}} \hat{\beta}_{t_1} \hat{\beta}_{\hat{\tau}^{(k)}}^{-1} \sum_{i \in \widehat{\mathcal{L}}_k} (1-\delta_i) N_i \tag{11.25}$$

$$\widehat{B}_{t_1}^{(k)} = \sum_{j=j(t_1)}^{N} \frac{\hat{\beta}_{t_1}}{\hat{\beta}_{T_j}} \mathbf{1}_{\{T_j < \hat{\tau}^{(k)}\}} + \sum_{j=j(t_1)}^{J} \frac{\hat{\beta}_{t_1}}{\hat{\beta}_{\hat{\tau}^{(k)}}} \mathbf{1}_{\{T_{j-1} < \hat{\tau}^{(k)} \leq T_j\}} \frac{\hat{\tau}^{(k)} - T_{j-1}}{T_j - T_{j-1}} \tag{11.26}$$

ただし,^の記号はシミュレート値を意味している.

7.3 モデルの推定とカリブレーション

マーケットモデル (11.13) は,価格付け測度と統計的測度の双方のもとで同様の構造をもっている.それぞれの測度(あるいは関連する任意の 2 つの測度)に対応するモデルのパラメータは,(11.19) を通じて関連する.

モデルの統計的パラメータ,すなわち統計的測度に対応するパラメータは,ファクター Y の変動の推定と,X の推移強度の推定という 2 つの別の問題に分けられる.前者に関しては,通常,ドリフト関数のパラメータの推定と,Poisson 測度のパラメータの推定は容易ではない.ボラティリティ関数 $\sigma(x,y)$ のパラメータの推定は,拡散成分の 2 次変分を推定すればよいため容易である.推移強度に関するパラメータの推定については,原理的には,主要な格付機関が算出している推移確率行列の統計的推定値から得ることができよう.

価格付けのためのモデルのパラメータ,すなわち価格付け測度に対応するパラメータのカリブレーションは,用いる市場クォートデータのタイプに依存する.バスケット型クレジットデリバティブの場合には,通常,閉形の評価式を導くことができないので,シミュレーションによるパラメータのカリブレーションが必要になる.例えば,kth-to-default スワップの市場クォートにモデルをカリブレートする場合には,(11.25),(11.26) のシミュレート値の平均を用いて,様々なパラメータ設定に対して最も当てはまりがよいモデルを選択することになる.その後,パラメータの推定値とカリブレート値から,(11.19) を用いて,信用リスクの市場価格(market price of credit risk)

を得ることができる．モデルの推定やキャリブレーションといったモデルの実装に関わる問題を扱うことは今後の課題としたい．Bielecki et al. (2006) では，こうした問題に対する重要な進展がすでになされている．

7.4 ポートフォリオの信用リスク

複数の銘柄の格付推移（特にデフォルト）に付随する汎関数を評価することは，ポートフォリオの信用リスクという観点からも重要である．クレジット市場では，債務（債券やローン）ポートフォリオ価値のデフォルトによる毀損のみが考慮されることが多い．実際，キャッシュ型やシンセティック型の債務担保証券（CDO）や，CDX.NA.IG や iTraxx Europe といった近年登場した CDS インデックスのトランシェなどがこれに該当する．それにもかかわらず，参照銘柄の信用力の変化をよりよく説明するには，デフォルトだけではなく，中間の格付推移の可能性も反映する評価モデルのほうがよいことは明白である．同様に，債務ポートフォリオのリスク管理のためにも，構成銘柄の格付の変化に伴うポートフォリオ全体の価値変化を説明する必要がある．

CDO トランシェや CDS インデックスのトランシェ評価の問題は，kth-to-default スワップの評価の問題ときわめて近い．本章のモデルをこうした問題に適用することは，今後の課題である．しかし，モデルの数値テストをすでに始めており，市場で観測されるいわゆる相関スキューを表現できるかどうかを確かめている．図 11.1 はこの

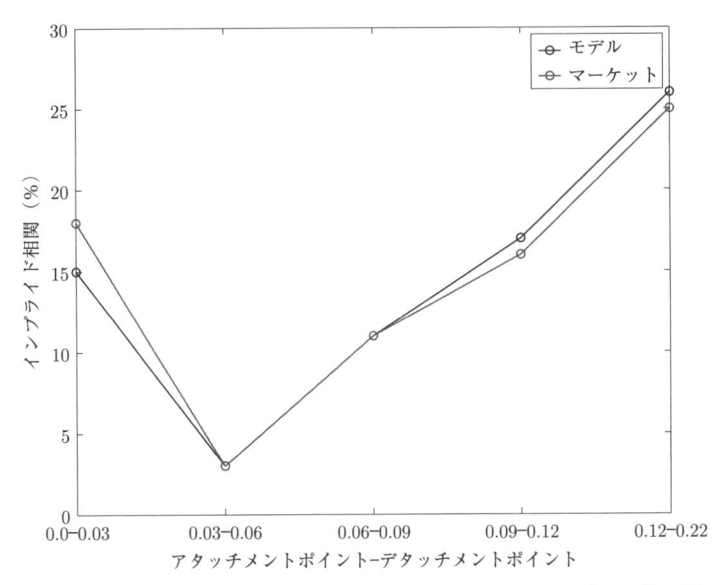

図 **11.1** インプライド相関スキュー：マーケット vs モデル（2005 年 11 月 5 日）

点に関してモデルのパフォーマンスが良好であることを示している[5].
(T. R. Bielecki, S. Crépey, M. Jeanblanc and M.Rutkowski/内山朋規)

参 考 文 献

Albanese, C., Campolieti, J., Chen, O., Zavidonov, A. (2003). Credit barrier model. *Risk* 16 (6), 109–113.
Albanese, C., Chen, O. (2004a). Discrete credit barrier models. *Quantitative Finance* 5, 247–256.
Albanese, C., Chen, O. (2004b). Pricing equity default swaps. *Risk* 18 (6), 83–87.
Becherer, D., Schweizer, M. (2003). Classical solutions to reaction-diffusion systems for hedging problems with interacting Itô and point processes. *Annals of Applied Probability* 15, 1111–1144.
Bielecki, T.R. (2003). A multivariate Markov model for simulating dependent credit migrations. *Working paper*.
Bielecki, T.R., Rutkowski, M. (2002a). *Credit Risk: Modeling, Valuation and Hedging*. Springer-Verlag, Berlin/Heidelberg/New York.
Bielecki, T.R., Rutkowski, M. (2002b). Intensity-based valuation of basket credit derivatives. In: Yong, J. (Ed.), *Mathematical Finance*. World Scientific, Singapore, pp. 12–27.
Bielecki, T.R., Rutkowski, M. (2003). Dependent defaults and credit migrations. *Applicationes Mathematicae* 30, 121–145.
Bielecki, T.R., Vidozzi, A., Vidozzi, L. (2006). An efficient approach to valuation of basket credit products and options on ratings triggered step-up bonds. *Working paper*. IIT.
Chen, L., Filipović, D. (2003). Pricing credit default swaps with default correlation and counterparty risk. *Working paper*.
Chen, L., Filipović, D. (2005). Simple model for credit migration and spread curves. *Finance and Stochastics* 9, 211–231.
Davis, M., Esparragoza, J.C. (2004). A queueing network approach to portfolio credit risk. *Working paper*. Imperial College, London.
Douady, R., Jeanblanc, M. (2002). A rating-based model for credit derivatives. *European Investment Review* 1, 17–29.
Ethier, H.J., Kurtz, T.G. (1986). *Markov Processes. Characterization and Convergence*. Wiley, New York.
Frey, R., Backhaus, J. (2004). Portfolio credit risk models with interacting default intensities: A Markovian approach. *Working paper*.
Frey, R., McNeil, A. (2003). Dependent defaults in models of portfolio credit risk. *Journal of Risk* 6 (1), 59–92.
Giesecke, K. (2004). Correlated default with incomplete information. *Journal of Banking and Finance* 28, 1521–1545.
Giesecke, K., Weber, S. (2002). Credit contagion and aggregate losses. *Journal of Economic Dynamics and Control* 30, 741–767.
Gregory, J., Laurent, J.-P. (2004). Analytical approaches to the pricing and risk management of basket credit derivatives and CDOs. *Journal of Risk* 7 (4), 103–122.
Hull, J.C., White, A. (2001). Valuing credit default swaps II. Modeling default correlations. *Journal of Derivatives* 8 (3), 12–22.
Jamshidian, F. (2004). Valuation of credit default swap and swaptions. *Finance and Stochastics* 8, 343–371.
Jarrow, R.A., Yu, F. (2001). Counterparty risk and the pricing of defaultable securities. *Journal of Finance* 56, 1765–1799.
Kloeden, P.E., Platen, E. (1995). *Numerical Solution of Stochastic Differential Equations, second ed*. Springer, Berlin/Heidelberg/New York.

---

[5] モデルの数値計算の実装やグラフの作成にあたり，イリノイ工科大学応用数学科の Andrea Vidozzi と Luca Vidozzi に感謝する．

Kunita, H., Watanabe, S. (1963). Notes on transformations of Markov processes connected with multiplicative functionals. *Memoirs of the Faculty of Science, Kyushu University A* 17, 181–191.

Laurent, J.-P., Gregory, J. (2003). Basket default swaps, CDOs and factor copulas. *Working paper*.

Li, D. (2000). On default correlation: A copula function approach. *Journal of Fixed Income* 9, 43–54.

Palmowski, Z., Rolski, T. (2002). A technique for exponential change of measure for Markov processes. *Bernoulli* 8 (6), 767–785.

Schönbucher, P.J., Schubert, D. (2001). Copula-dependent default risk in intensity models. *Working paper*. University of Bonn.

Schmock, U., Seiler, D. (2002). Modeling dependent credit risks with mixture models. *Working paper*.

Yu, F. (2007). Correlated defaults in intensity-based models. *Mathematical Finance* 17, 155–173.

IV. 非完備市場

第12章

非完備市場

概　要

　現実的には市場は非完備である．つまり市場で取引される証券で複製不可能なペイオフは存在する．古典的な完備市場における自己充足的（self-financing）な複製ポートフォリオの一意の価格をもとにした，無裁定価格理論による価格付けのフレームワークは，非完備市場における複製不可能なペイオフについては不十分である．ここでは店頭（over-the-counter）市場のデリバティブの価格付け理論に焦点を当て諸説を概観し，それらの理論の関係を導き，有用性を吟味する．

1. はじめに

　非完備市場（incomplete market）とは完全なリスクの移転が不可能な市場のことである．金融・保険市場は日々洗練されているにもかかわらず，かなりの部分がまだ非完備であり，その非完備性は市場参加者に重大な影響を及ぼしている．労働者や家計は所得や持家の価値変動，税金などのリスクにさらされており，投資家やポートフォリオマネージャーは，投資資産の選択が限られていることを，またデリバティブトレーダーはヘッジできない残余リスクを，それぞれ受け入れなければならない．また理論的見地から見れば，非完備市場は金融市場均衡，最適ポートフォリオ，デリバティブ理論などの研究を複雑にしている．

　完備市場におけるデリバティブ理論は十分に理解されており，多くのテキストの取り上げるところであるが，非完備市場においてのデリバティブの価格理論には，完全に展開されたといえるような堅固な理論的フレームワークが存在しない．この事実は売買，投機，ヘッジといった実際の取引に重大な結果をもたらすのである．本章では，デリバティブの価格付けおよびヘッジに焦点を当て非完備市場のいくつかのトピックを概観することにしよう．

　本章以外にも非完備市場のサーベイはいくつか存在し，非完備市場のいろいろな側面を扱っている．例えば，最適ポートフォリオ理論については，Skiadas (2006) を参照されたい．ファイナンスの分野においては，市場の効率性を含む（市場）均衡の存在と特徴が強調されている．これについて，Magill and Quinzii (1996) は1冊の書

籍をもって説明している．また Hens (1998) は，さほどテクニカルな説明を用いないサーベイである．本章の付録 B においては，金融工学では通常取り扱われないファイナンスの文献からの見地，実際どの程度市場が非完備なのか，そのことが社会厚生上どのような含意をもつかを説明する．

非完備市場におけるデリバティブの価格理論のサーベイには Jouini (2001) があるが，これは無裁定価格の上下限，効用最大化，均衡価格理論などを取り扱っており，これらのトピックに関する Journal of Mathematical Economics の特別号（Vol.35(2)）のイントロダクションの役割を果たしている．Cont and Tankov (2004, Chapter 10) は，これらのトピックに加えてクオドラティック（quadratic）あるいはエントロピー（entropy）の規準，カリブレーション（calibration）などをカバーしている．その他のサーベイとしては，Davis (2004b) があるが，これは「最大限の一般性を取り扱うのではなく，むしろ逆にヘッジや投資の最適戦略がどのような性質をもつかという問題についての洞察を与えるような特別なケースや解法可能な問題を中心に論述」している．これとは対照に，本章では非完備市場におけるデリバティブの価格理論についてすべての主要な方法論，加えてそれらの方法論を吟味し，互いの関係を理解しうるような十分な背景を提供したいと考えている．

この目的のため，紙面が限られているので，特定のデリバティブや市場モデルについて議論できないかもしれないが，重要なアイデアを説明するような簡単な例を取り上げるつもりである．同様に，個々の方法論の発展過程を詳述したり，網羅的な参考文献のリストを用意することはできないし，また非常に多くの重要な論文についても触れることはできない．代替案として，（紙幅がない場合には）ここで概観するすべての方法論の技術的な詳細の説明の代わりに，単に文献リストを付加することとする．しかしながら付録 A において非完備性を定義する技術論について議論する．

まず，非完備市場の問題の背景から始め，次節でデリバティブの店頭市場と金融工学上の問題を説明する．非完備性をもたらす原因については 3 節で触れる．価格付けと最適化理論の関係については 4 節で，無裁定価格の上下限，無差別価格（indifference price），グッドディールバウンド（good deal bound），そして最小距離価格測度（minimum-distance pricing measure）などをカバーする．5 節では期待効用に基づく簡単な諸例により価格付け，最適化の問題を説明する．その後の諸節は種々の個別方法論に当てられている．6 節はヘッジに関する 2 次関数的アプローチ，7 節は指数効用およびその相対エントロピー（relative entropy）との関係について，8 節は利益を無視して損失のみを考慮することによる方法論（クオンタイルヘッジ（quantile hedging）のような部分的複製スキームを含む）についてそれぞれ述べている．9 節はプライシングカーネル（pricing kernel）への制約について，低距離プライシングカーネル（low-distance pricing kernel）に基づく方法論を含めて説明する．モデルの曖昧さ（ambiguity）と頑健性（robustness）が 10 節のトピックである．モデルの市場価格への標準的なカリブレーションについては 11 節で述べる．12 節では結論として

方法論の評価，そして今後の研究の方向性を与えることとする．

2. 店頭（OTC）市場

自分自身が店頭取引されるデリバティブのマーケットメーカー（値付け業者）になったと想像していただきたい．このサーベイにおいては，このマーケットメーカーの見地から，価格付けとリスク管理の問題を解くための金融工学に焦点を当てて，非完備市場を論じることにする．同じ考察は店頭市場の顧客にも適用される．

2.1 店頭市場の仕組み

何種類かのデリバティブ，例えば株式オプション，商品あるいは通貨先物は，市場に上場されており原資産同様に取引されているのは事実であるが，多くのデリバティブはそうではない．これらのデリバティブを取引し，ヘッジしたいあるいは投機をしたいと考えるものは店頭市場のマーケットメーカー（普通は投資銀行）に電話をかけ，（マーケットメーカーが）買ったり（bid）売ったり（ask）したいと考える相場価格を聞くことになる．Duffie et al. (2006) は，店頭市場の摩擦（friction）と流動性（liquidity）の関係を価格付けに反映させている．ここではマーケットメーカーがこれらの価格を準備する過程に焦点を当てて論じることにする．なぜならば，同様な過程を経て，潜在的な顧客は提示された買い建値（bid price）の最高値で売るか，提示された売り建値（ask price）の最安値で買うか，あるいは何もしないかを判断するからである．

もしある顧客が実際にマーケットメーカーと取引するとすれば，マーケットメーカーはその取引に関連するリスクを受け入れなければならない．なぜなら市場は非完備であるからである．彼のポートフォリオのリスクを計測し，ヘッジによりリスクを管理するために，マーケットメーカーは彼がいま取引した店頭市場のデリバティブの将来価値をモデル化する必要がある．時間の経過とともに，現在の市場価格として更新されてくる店頭市場のデリバティブの価値をもとにして，彼のヘッジしたポートフォリオが生み出す利益あるいは損失がいくらであるかを常に記録していかなければならない．この過程は値洗い（mark to market）と呼ばれる．この際に，買い建値，あるいは買い建値と売り建値の中間値，あるいはデリバティブがその価格で売却されると考えられる気配値（unwind price）のいずれの値をどのようなときに使用するのが適切であるかについては，実務家の間では意見の分かれるところである．価格付けに比べるとこの値洗いに関する研究は少ないようであるが，Artzner et al. (2007) のリスク調整価値過程（risk-adjusted value processes）はこの点に関して有用であろう．

店頭市場のデリバティブの買い建値と売り建値を決定することは，新しい証券が証券取引所に上場される場合の均衡価格を決定すること（後者も非完備市場に関する文献においてしばしばその研究目的となっているが）とは同じではない．均衡価格を決定することは，初見で思うより，実際はとても困難である．なぜなら，新しい証券を

導入することは既存の証券の価格を変動させるからである（Boyle and Wang, 2001）．金融工学においては，均衡という概念は価格理論には有用とは考えられるものの，すべての取引参加者の選好（preference）や賦与（endowment）から均衡を構築しようとする試みは非常に曖昧な議論である．よって，均衡論はより単純化されたモデルで仮説を組み立てたり，ある現象を説明しようとするファイナンスの分野に適している．

2.2 標準的手法

完備市場，非完備市場のいずれのモデルを使うにせよ，デリバティブの取引者たちは市場が非完備であること，取引後に彼らが回避したいリスクを完全にヘッジすることは不可能であることを知っている．にもかかわらず，彼らの標準的な手法は，原資産や他のデリバティブの価格と矛盾のない価格を当該店頭市場のデリバティブにつけるものである．この手法については11節で詳細に議論し評価することとする．

金融工学の古典的理論からすると，完備市場ではペイオフが X であるデリバティブの一意の無裁定価格は，ペイオフのリスク中立確率測度 $\mathbb{Q}$ による割引期待値 $\mathbb{E}_{\mathbb{Q}}[DX]$ である．このリスク中立確率測度のもとでは，取引されている証券の期待収益率は無リスク金利に等しい．トレーダー（マーケットメーカー）は実際の市場価格とモデルから示される理論価格（つまりペイオフの割引期待値）との差異を最小にするように，確率測度 $\mathbb{Q}$ のパラメータを推計する．彼らは経費を回収しヘッジできないリスクを背負うことへの代償を稼ぐために，買い建値と売り建値の幅を割引期待値の周辺に合わせる．買い建値と売り建値の正確なレベルは，当該取引が彼らのポートフォリオのグリークス（Greeks；デリバティブ価格のパラメータに関する感応度を示す），今後の市場予測，競争相手の提示価格，顧客との関係といった要因に依存して決まる．デリバティブの分野における金融工学の最大の難問の一つは，非完備市場のモデルを用いた定量的リスク分析に基づく，この価格決定のための健全な理論的基礎をつくり上げることである．

もし市場が非完備であれば，完備市場のモデルを（マーケットに対して）カリブレートすることによる価格付けでは，ヘッジのコストやヘッジされずに残っているリスクを体系的に考慮に入れることができない．ヘッジできない部分をあたかもヘッジできるかのように誤って価格付けしてしまうのである．仮想的な複製ポートフォリオ（このポートフォリオがペイオフを実際には複製できないにもかかわらず）と同じ価格を当該デリバティブにつけてしまうことになる．Foldes (2000) によれば，

> 完備市場におけるデリバティブのヘッジと評価の方法およびこれに関連する計算方法に対する熱意というものは，これらのテクニックが一般的な価格理論を提示するものではなく，これらの適切な領域を超えて適用された場合は，不正確な結果を与えてしまうことになるという事実を曖昧にする．

残余リスクを計測し評価することの必要性は，非完備市場モデルによる実践的な価

格方法を希求する動機である．

2.3 表象的問題と真の問題

　非完備市場の表象的な問題は数学的なものである．統計上の確率測度 $\mathbb{P}$ を所与として，同値マルチンゲール測度 (equivalent martingale measure; EMM) の集合 $\mathcal{Q}$ が存在し，その要素である $\mathbb{Q}$ のもとで割引期待ペイオフ $\mathbb{E}_\mathbb{Q}[DX]$ が X の無裁定価格を与えるとする[1]．この場合，X の無裁定価格は一意に決定できないため，無裁定価格の区間が存在し，

$$\left(\inf_{\mathbb{Q}\in\mathcal{Q}} \mathbb{E}_\mathbb{Q}[DX], \sup_{\mathbb{Q}\in\mathcal{Q}} \mathbb{E}_\mathbb{Q}[DX]\right) \tag{12.1}$$

と表現できるが，この区間の幅は通常，買い建値と売り建値として有用な「無裁定価格の上下限」としては広すぎるのである．そこで問題は，ある測度 $\mathbb{Q}$ を選択する方法を求め，個々のペイオフ X に単一の価格を割り当てることとなる．

　この問題を別の視点から見ると，無裁定規準は価格を決定するプライシングカーネルが複数存在することを許容する．このプライシングカーネルは $\Pi = D d\mathbb{Q}/d\mathbb{P}$ と書かれる．ここで，$d\mathbb{Q}/d\mathbb{P}$ はある $\mathbb{Q} \in \mathcal{Q}$ と $\mathbb{P}$ の尤度比，つまり Radon–Nikodym 微分である．ある状態 ω に対する $\Pi(\omega)$ は，ω が起こったときに 1 ドル支払われる証券の価値と解釈できる．プライシングカーネルに何の制限もない場合には，無裁定価格の区間のうちいずれの値をもとりうるわけであるが，実際，経済学的な見地からはいくつかのプライシングカーネルは適切でないことがわかる．適切でないと思われるプライシングカーネルを除外することによる方法論については 9 節を参照されたい．

　非完備市場の実際の問題は，何を目的とするかによって異なってくる．例えば，買い建値と売り建値を決定するという問題であれば，それらの価格での取引が，そのマーケットメーカーにとって有利であることを確認しなければならない．その際，金融経済論における価格付けのスキームの基礎知識が必要になる．どのようにして単一の測度 $\mathbb{Q} \in \mathcal{Q}$ を選択すれば，この目的を達成できるかは明白ではない．実際，単一の価格 $\mathbb{E}_\mathbb{Q}[DX]$ を所与として，異なった買い建値と売り建値を導出するにはさらなる考察が必要となる．他の目的は値洗いに関することであり，この場合，デリバティブのポートフォリオに，会計上あるいは保険数理上の見地から見て正確な価値（価格ではなく）を付与することが必要となる．またリスク管理のためには，デリバティブの将来価値を査定することに関する別の目的が存在する．しかしながら，すべてのケースにおいて，無裁定価格の上下限に関する方法論は，計算上効率的で，取引されている証券の状態価格あるいは統計上の確率など，計算上のインプットを特定する際に起こりうる誤差に対して頑健なものが望ましい．

　買い値と売り値を建てる際に，非完備市場により起因する困難さは，逆選択（adverse selection）の存在のため，最初に思うより，重大であることがわかる．仮に売り建値

---

[1] 正確な詳細については付録 A を参照．本章では無裁定な示場を仮定する．

が高すぎるとしよう．それだけの高値を支払おうとする潜在的な顧客は少ないため，結果的には逸失利益となってしまう．逆にそれが低すぎる場合，結果は顧客には有利でマーケットメーカーにとっては不利な条件なので，多くの顧客が取引を行おうとし，当該マーケットメーカーの損失につながる．例えば Dunbar (2005) は，JP モルガンの 2 億ドルの損失の大部分がこの種の逆選択によるものと考えられている事例をあげている．

> ……非農業雇用者数統計の発表の前日に期限が切れるスワップションストラドルを売却し，すぐ翌日に期限がくる同種の契約を購入することにより，ヘッジファンドは潜在的なボラティリティから生じる利鞘を得ることができよう．しかし，この取引の相手側にいるディーラーは，そのような短い間隔のポジションをヘッジするのが困難であると判断し，そのリスクを取引に含めるか，あるいはまったく取引をしないのが賢明であろうと考える．しかし，JP モルガンは情報筋によれば，そのような注意深さを欠いており，結果的に市場に「当たりくじ」をオファーしてしまった．

この例から明らかなように，カリブレートされたモデルは誤った価格をつけてしまう可能性がある．このカレンダースプレッドの価格は市場価格とは整合的であるものの，統計上の確率測度 $\mathbb{P}$ の特異な性質（つまり金利変動は重要な統計値の発表日に集中するということ）を考慮していなかったのである．この議論については 11 節を参照されたい．

3. 非完備性の原因

非完備性の原因となるいくつかの現象がある．一つは，資産価格のジャンプやボラティリティ，あるいは市場価格に起因するものではない変動要因が存在するため，ヘッジしたいと考えるリスクに比して，市場で取引されている資産が不足していることがあげられる．また取引コストやポートフォリオ組成上での制約などといった摩擦は非完備性の原因の一つである．曖昧性，つまり市場価格をモデルで表現する際に真の定式化がわからないことも結果的に非完備性の要因となる．これはリスクを完全に移転することが不可能である，あるいはどのようにそのリスクを移転するかがわからないことと実質的には同じだからである．

3.1 市場資産の不足

天候デリバティブ（weather derivative），災害債券（catastrophe bond），国内総生産（GDP）などの経済変数を使ったデリバティブなどの市場は，ペイオフが市場で取引されている資産の価格では完全に決定されないため非完備である．企業の実物投資プロジェクトもまたこの一例である．リアルオプションによる分析は非完備市場のプロジェクト価値評価問題に適用される．

市場で取引される資産価格のジャンプや，ボラティリティ項が不確定であるという

ような特性をもつ場合，取引機会があるか否かに依存して，非完備性の原因となることがある．例えば Heston (1993) の確率ボラティリティ（stochastic volatility）をもつ株式と一定の金利を仮定したモデルにおいては，当該ボラティリティに関わるリスク要因をヘッジすることが不可能であるため非完備市場となる．しかし，もし株式に書かれたオプションが市場で取引されるならば，両方のリスク要因は株式とオプションを取引することによりヘッジできるので完備市場となる．ジャンプは非常に単純でかつ現実にはありそうもないモデル（例えば Dritschel and Protter, 1999）以外においては，非完備性を生じせしめる．Black–Scholes のモデルにおいては，デルタは株式価格の微小な変化に対するオプション価値の感応度を局所的に線形近似するヘッジ比率であるが，様々なサイズの異なる潜在的なジャンプに対してヘッジすることは容易ではない．なぜなら，オプション価値はこの場合（株価に対して）線形ではないからである．あらゆる大きさのジャンプが起こりうる市場を完備化するには，例えばすべての行使価格と満期をもつコールオプションなどの市場で取引される証券を大幅に増やす必要がある．

　ジャンプおよび確率ボラティリティは，ボラティリティスマイルをモデル化する方法として重要である．市場が完備な場合の主要な代替的モデルは局所ボラティリティモデルである．しかしこのモデルは現実にそぐわない，資産のボラティリティはその価格の関数であるという本質的な仮定のため批判されている（例えば Davis, 2004a）．なぜならば，第二のリスク要因が存在しないため（この事実により完備市場のモデルとなるのであるが）ボラティリティリスクやそのためのベガヘッジ（vega hedging）については何も論じることができないからである．

　株式あるいは株式インデックスのリターンを十分に描写する際に，ジャンプのみあるいはジャンプと確率ボラティリティをモデル化しなければならない必要性については Andersen et al. (2002) および Carr et al. (2002) を見よ．最も現実的なモデルは非完備市場を意味している．

3.2　市場における摩擦

　市場の制約は，あるペイオフを複製しようとするポートフォリオを排除するため非完備性を生み出す．例えば，ストックオプションを有する企業経営者は当該企業の株式を売却してはならないとされている．また，借入金利 (r_b) と貸出金利 (r_ℓ) の違いは市場制約という考えによりモデル化できる．つまり，$r_b > r_\ell$ のとき銀行預金勘定の正の部分のみが r_ℓ を支払い，負の部分のみが r_b を支払うと考えればよい．

　これに比べると取引コストが非完備性をもたらすことは，それほど単純ではない．連続時間のポートフォリオ戦略において，そのポートフォリオがリバランスされるたびに取引コストが加算されていく．これらのポートフォリオ戦略は，その取引コストが無限大になる場合，実質上排除されるべきである．無限大の取引コストは，例えばBlack–Scholes モデルの場合にも，幾何 Brown 運動の第 1 変分が無限大になるため起

こりうるのである．取引コストが固定費の場合と（取引額に）比例する場合は，最もよく研究されている．後者の場合は市場で取引されている証券の買い建値と売り建値のスプレッド（bid–ask spread）と同じことである．Hodges and Neuberger (1989) 以来，非常に多くの文献が存在する．より最近の研究には Clewlow and Hodges (1997) がある．

取引コストを明示的にモデル化するのではなく，取引があらかじめ決められた離散的な時点においてのみ可能であると仮定したモデルを利用することもできる．この制約も無限大の取引コストを生じるような連続時間のポートフォリオ戦略を排除し，またこのモデルのほうが取り扱いやすい．しかしながら（このモデルの欠点は）あらかじめ決められた時点にポートフォリオをリバランスすることは，ランダムな時点にリバランスするよりも結果がよくならないのである．

3.3 曖 昧 さ

ある株価インデックスがボラティリティ20% の幾何 Brown 運動に従うものとしよう．ドリフトの幅1% の95% 信頼区間を得るために何年間のデータが必要であろうか？答えは $2 \times 1.96 \times 20\%/\sqrt{6147} = 1\%$ であるので 6,147 年である．一方，Black–Scholes モデルによれば，オプション価格の導出にはドリフトに関する情報は不必要であり，ボラティリティはいつの時点間をとっても，それがいかに短い期間であっても，完全に推計が可能とされている．これは異なるボラティリティをもつ Black–Scholes モデルは異なるモデルであるということと関係しているが，これは単純に連続時間モデルの作為性からくる帰結にすぎない．事実，ボラティリティを高頻度データから推計するのはきわめて困難（Zhang et al., 2005）である．さらに金融資産の時系列データを少し調べてみれば，例えば日ごとのボラティリティは1年1年大きく変動していることがわかる．このボラティリティに関するモデルの曖昧さは非常に重要であり，Carr (2002) によれば，オプション価格理論において頻繁に受ける質問は，過去のボラティリティとインプライドボラティリティのどちらをもってヘッジすべきか，ということである．Carr (2002, Section IX) は，与えられた拡散過程によるモデルにおいて，誤ったボラティリティでデリバティブをヘッジした場合に生じる誤差の大きさを示す公式を求めている．そのヘッジ誤差は非常に大きくなることが示されている．

4. 価格付けと最適化

価格付けは，その根拠をポートフォリオの最適化（4.1，4.2 項）あるいは価格決定測度の中で最適な測度を選択する問題（4.4 項）に求めることができる．

4.1 ポートフォリオの最適化

最適ポートフォリオ戦略と関連する確率測度の存在条件という問題は多くの関心を集めてきた．もし実現可能集合から除外されている点に収束する列が存在する場合，あるいは最適化問題が有界でない場合には最適戦略，最適測度は存在しない可能性がある．もし収束していく戦略の列が実現不可能であれば，最適戦略の（実現可能である）近似解をもって満足するであろう．問題が有界でない場合，普通は問題自体が何かしら欠陥を内包していることが多い．例えば，もし投資を行うことで達成できる期待効用に上限がないとすれば，それは実行可能な戦略の集合は非現実的に大きすぎ，効用関数が不適当であるか，あるいは確率測度が誤っているのである．

単純化のために，本章では最適解の存在問題については取り扱わないこととする．興味のある読者は個々の方法論を論じた箇所にあげた文献を参照すれば，正確な結果を見出すことができるはずである．ここではある固定された将来の一時点におけるランダムな富の最適化，およびその時点でのペイオフの価格を決定するという関連する問題を主に議論することとする．同じアイデアは連続的な消費流列，アメリカンオプションといった問題にも適用できる．そしてポートフォリオ戦略の構造，つまりポートフォリオを決定する（保有資産の）ウェイトの一期間問題のスタティックなベクトル，あるいは連続時間の確率過程のベクトル，あるいはその中間のものについては考慮しないこととし，むしろ（これらのベクトルが与える）ペイオフに焦点を当てる．ポートフォリオ最適化問題の解説は Karatzas and Shreve (1998), Schachermayer (2002), そして Skiadas (2006) にある．

しかしながら，ここで簡単に最適解を得る際の 2 つの問題について考えることとする．1 つ目は，最適性は店頭市場取引証券そのもののマーケットリスクのみを考慮すべきか，あるいは将来の取引の機会までも含めて考慮すべきか，ということである．そして，2 つ目はそのポートフォリオ戦略は即時的，近視眼的（myopic）に最適であるべきか，全期間を通じて最適であるべきか，ということである．

4.1.1 投資機会

変化する投資機会を考慮に入れることは，よりよいポートフォリオ戦略につながる．最適ポートフォリオは，仮に資産のリターンが互いに独立であった場合に最適である項と，現在の資産リターンの相互依存性とすべての将来の資産リターンの条件付分布を考慮に入れる修正項に分解される．例えば，無リスク資産と，対数価格が確定的でないドリフトとボラティリティをもつ拡散過程に従うリスク資産である株式があるとする．ドリフトのボラティリティに対する比率が高い状態は（低い状態に比べて）より好ましい投資機会（Sharpe レシオと比較せよ）を構成し，よってより大きな確実性等価（certainty equivalent）な富が存在する．さらに，このドリフトとボラティリティ

の比率あるいは平均分散比率（mean–variance ratio）が資産のリターンと逆相関があると仮定する．株式への最適なアロケーションは，平均分散比率が確定的であったと仮定した場合より大きくなる．これは株式への投資から生じる損失が，大きくなった確実性等価によって和らげられるからである．この結果生じる株式への増加した需要がヘッジ需要である．この現象を2次ヘッジ（quadratic hedging）の文脈で明快かつ論理的に説明したものとしては，Schweizer (1995, 特に p. 16) を見よ．オプションのヘッジに関する豊富な数値結果は Brandt (2003) の論文の大半を占めている．後で見る例 12.1 はこの件に関連している．

同様に，店頭市場のマーケットメーカーにとって，店頭取引機会の確率過程が存在する．それは潜在顧客からの買い／売り建値の照会である．その際に顧客は買いたい，売りたいと考える価格より低ければ／高ければ，という留保価格（reservation price）をもっている．Routledge and Zin (2004) はこの方向性をとり大きな注目を得た．本サーベイで扱われた価格設定方法はすべて将来の取引への影響を考慮せず，個々の店頭取引がマーケットメーカーにとって魅力的であるか否かを論じている．しかし，いままさに成立した取引はトレーダーの将来のポートフォリオに影響を与え，この観点からトレーダーは将来の取引を考慮するであろう．例えば，もしとれるリスクに制限があれば，店頭取引を現在実行することはそのトレーダーが将来実行できるかもしれないより魅力的な取引機会を奪うことになる．よって，すべての取引機会は将来に発生するであろう取引機会という確率過程を考慮して評価されるべきであろう．ある取引を実行することによる代償は，直接的な損失およびこの取引に関連して生ずるリスクによって実行できなくなる将来の取引からの機会費用という間接的な損失をも反映すべきである．

4.1.2 局所的 対 大域的

店頭取引証券を価格付けするとき，大域的最適化（global optimization）とは全期間をカバーして最適なポートフォリオを選択することである．数値的，解析的にこの問題を解くことは（問題を設定することすらも）困難である．より単純な代替案は，目的関数と制約条件を静的な規準に制限した局所的最適化（local optimization）であり，1期間ごとの変化，あるいは瞬間的な変化率を問題にする．局所的最適化問題は，（実行可能な）現在のポートフォリオのウェイトの中での最適化を考える．動的にヘッジをしたいか否かにかかわらず，局所的最適化はある意味で静的な問題である．

大域的な規準は最終富，全期間を通じての消費からの効用，バリューアットリスク（value-at-risk），そして二乗ヘッジ誤差（squared hedging error）などである．大域的規準は目的関数であることもあるが，制約条件（例としては富過程（wealth process）が負にならないという制約条件）である場合もある．局所的規準はグリークスなどを含み，大域的規準と対となる場合がある．例えば2次ヘッジにおいて，局所的にリスクを最小化する戦略と，その大域的なバージョンである分散最適ヘッジ（variance-optimal

4. 価格付けと最適化

表 12.1 リスク資産価格

状態	確率	時点 0	時点 1	時点 2
1	1/9	$0	$1	$3
2	1/6	$0	$1	$2
3	1/18	$0	$1	$0
4	1/6	$0	$0	$1
5	1/6	$0	$0	−$1
6	1/6	$0	−$1	$0
7	1/6	$0	−$1	−$2

hedge) がある．例 12.5 を見よ．通常の期待効用最適化 (4.2.3) と同様なものとしては，局所的効用最大化 (Kallsen, 2002a) があり，これは 9.2 項で論ずるが，Schweizer (1995, Section 5) に基づく以下の例と同類（ただし連続時間）である．

例 12.1 価値が常に 1 ドルであるリスクのない銀行預金勘定があり，リスク資産のそれぞれの状態における価格は表 12.1 に与えられているものとする．投資家は 100 ドルの期初富と効用関数 $u(W) = -(W/100)^{-4}$ をもつとする．この投資家は自己充足的戦略の中で第 2 期の富から得られる期待効用を最大化する．ここで決定変数は第 1 期 (0〜1) に保有するリスク資産の株数 ξ_1，そして 1 期目の終わりのリスク資産の価格が，それぞれ $1, 0, -1$ であった場合に対応する第 2 期 (1〜2) に保有する株数 $\xi_2^{(+)}, \xi_2^{(0)}, \xi_2^{(-)}$ である．

1 期間の期待効用の局所的最適化では，(4 つの) シナリオのそれぞれにおいて $\xi_1 = \xi_2^{(0)} = \xi_2^{(-)} = 0$ および $\xi_2^{(+)} = 16.13$ となる．第 1 期の終わりの価格が 1 ドルである場合のみ，その 1 期間の期待リターンが正値であるため，局所的見解からは投資する価値があると考えられる．2 期間の期待効用の大域的最適化では $\xi_1 = -3.27$, $\xi_2^{(0)} = \xi_2^{(-)} = 0$ および $\xi_2^{(+)} = 15.60$ となる．最初の期においてリスク資産の保有株数がマイナスであるのは，もし価格が上昇した場合には 1 期目の終わりの富からくるであろう効用の上昇をヘッジするためである（この例の続きについては例 12.5 を見よ）．

つまり，局所的最適化ではヘッジ需要を無視するが，大域的最適化ではこれを考慮に入れる．途中（第 1 期目の終わり）の富は，よりよい投資機会がある状態において，より価値がある．そして大域的最適解においては，より悪い投資機会がある中途の状態において，(それまでに) より多くの富をもたせることによって最終的な富から得られる期待効用を大きくしようとするのである．

4.2 ポートフォリオ最適化からの価格付け

無裁定価格の上下限 (4.2.1) および無差別価格 (4.2.2) はグッドディールバウンド (4.2.2) という数学的構造の特殊な場合である．R を複製可能なペイオフの集合，$\pi(Y)$ をペイオフ $Y \in R$ を複製するポートフォリオの市場価格とし，現状に照らして許容可能と考えられるペイオフの許容集合 (acceptance set) を A で表す．ペイオフ

X の下限グッドディールバウンドは，買い建値とも解釈できるが，

$$b(X) = \sup_{Y \in R}\{-\pi(Y) \mid Y + X \in A\} \tag{12.2}$$

である．もし店頭市場でペイオフ X を $b(X)$ 以下で買うことができれば，市場で $\pi(Y)$ で手に入れられるペイオフ Y を買い，$b(X) + \pi(Y)$ というコストを支払って，合計 $X + Y$（これは許容範囲にある）を手に入れる．グッドディールバウンドの上限，あるいは売り建値は，

$$a(X) = -b(-X) = \inf_{Y \in R}\{\pi(Y) \mid Y - X \in A\} \tag{12.3}$$

である．X を売るということ，あるいは $-X$ を買うということは同じ結果になる．$a(X) = -b(-X)$ のもう一つのマイナス符号は，買い手が売り手に支払うという考え方の慣習を反映している．この $a(X) = -b(-X)$ という関係により，b が反対称 (antisymmetric) でない限り，異なる上下限を得るためには b または a どちらかを決定すればよいことになる．

$-b(X)$ は X を許容できるものとするためのコストと解釈され，リスク測度（risk measure）の一つと考えられる．Jaschke and Küchler (2001, n.6) によれば，価値の上下限を与えるすべての価値評価の原理はリスク測度を誘導し，また逆も成り立つ．実際，ある条件下では $-b$ はコヒーレントリスク測度（coherent risk measure）あるいは凸リスク測度（convex risk measure）(Artzner et al., 1999; Föllmer and Schied, 2002) である．無裁定の上下限はその一例である．一般化については Jaschke and Küchler (2001, Proposition 7) および Staum (2004, Proposition 4.2) を見よ．

この許容集合 A は $\{Z \mid Z \geq 0\}$，つまりリスクのないペイオフを含まなければならない．これは無裁定価格の上下限を生成する許容集合である．それはまったく利益が得られない純粋な損失のみからなる集合 $\{Z \mid Z < 0\}$ とは共有部分をもたない．最後に $Z \in A$ および $Z' \geq Z$ は $Z' \in A$ を意味しなければならない．これら3つの性質はコヒーレントリスク測度 (Artzner et al., 1999) を定義する公理のある部分に相応する．

また許容集合 A は市場価格 π と矛盾してはならない．さもなければ裁定が可能となってしまう．例えば，もし許容集合 A に属するペイオフ Y が存在して，その市場コストが負（$\pi(Y) < 0$）であったとしよう．この場合 $b(0) > 0$ となるのでトレーダーは何も得られないにもかかわらず金銭を支払おうとすることになる．期待効用による無差別価格を使った具体例については 5.2.1 を見よ．また双対性 (duality) に関連する一般的な説明については 4.2.5 を見よ．

4.2.1　無裁定価格

無裁定価格の上下限は (12.2) および (12.3) において許容集合を $A = \{Z \mid Z \geq 0\} = \{Z \mid \text{ess inf } Z \geq 0\}$ として得られ，

4. 価格付けと最適化

$$b_{NA}(X) := \sup_{Y \in R}\{-\pi(Y) \mid Y + X \leq 0\} = - \inf_{Y \in R}\{\pi(Y) \mid Y \geq -X\} \quad (12.4)$$

および

$$a_{NA}(X) := \inf_{Y \in R}\{\pi(Y) \mid Y - X \leq 0\} = \inf_{Y \in R}\{\pi(Y) \mid Y \geq X\} \quad (12.5)$$

となる.つまり,あるペイオフが許容できるということは統計上の確率測度$\mathbb{P}$のもとで損失のリスクがまったくないことと同値である.Xを$b_{NA}(X)$以下で買う,あるいはXを$a_{NA}(X)$以上で売ることは裁定取引となる.例えば,どのような$\epsilon > 0$に対しても,$Y_\epsilon \in R$が存在して,$\pi(Y) < \epsilon - b_{NA}(X)$および$Y_\epsilon \geq -X$となる.よって,もし$X$を$b_{NA}(X) - \epsilon$で購入し,$Y_\epsilon$を買えば,$Y_\epsilon + X \geq 0$(これは$-X$の優複製(super-replication))を負のコストで手に入れることとなる.この場合,損失のリスクなしで利益を得ることになる.El Karoui and Quenez (1995) は無裁定価格の上下限を計算するための動的計画法のアルゴリズムを与えている.

$-\text{ess inf } X$はXがこうむる可能な最悪の損失を計測するのに対して,$-b_{NA}$もやはりリスク測度であり,最悪の損失を防ぐヘッジをするためのコストを計測する.問題(12.4)の解であるY^*はXの最適ヘッジである.つまりY^*は,Xと組み合わせることにより損失確率ゼロのポートフォリオをつくるための最も安いペイオフである.完備市場での典型的な結果は$Y^* = -X$(Xは(12.5)の解)であり,$b_{NA}(X) = a_{NA}(X) = \pi(X)$($X$を複製するためのコスト)である.非完備市場では,店頭市場のマーケットメーカーがこれらを利用するには通常$b_{NA}(X)$が低すぎるか,あるいは$a_{NA}(X)$が高すぎるという結果になる.そのような価格で取引に応じる顧客はほとんどいないということである(例としてはEberlein and Jacod, 1997を見よ).

4.2.2 無差別価格

無差別価格は(12.2)および(12.3)の許容集合が$A = \{Z \mid P(Z) \geq P(0)\}$であるグッドディールバウンドのことである.ここで$P$は完備選好(complete preference)を定める選好関数である.選好の完備性は市場の完備性とは異なる.選好の完備性はいかなるペイオフのペアXとYにおいても,XをYより好む,XとYは無差別である,あるいはYをXより好むのいずれかであることを意味する.選好関数を用いると$P(X) > P(Y)$, $P(X) = P(Y)$ そして $P(X) < P(Y)$ という場合が対応する.Xを$b(X)$以下で購入することは,総計のペイオフ$X + Y$を手に入れるのに非負のコストを支払うことになるので,現状(status quo)と少なくとも同じくらい選好される.すなわち$P(X + Y) \geq P(0)$のはずである.

無差別価格の主要なポイントは選好関数と許容集合に関する数学ではない.これをリスク測度と許容集合についての数学に変換することができる(Jaschke and Kücher, 2001)点にある.許容集合Aを現状と少なくとも同じくらいよいすべてのペイオフの集合と解釈するのである.無裁定価格の上下限は無差別価格と解されるべきではない.

無裁定価格の上下限は P を本質的下限(essential infimum)と考えた場合の無差別価格であるが,それは保守的にすぎる.なぜならば,ゼロは損失が出る正の確率をもつペイオフよりも選好されるといっているにすぎないからである.

無差別価格は以下のポートフォリオ最適問題を背景として求められる.

$$\sup_{Y \in R} \{\widetilde{P}(W + Y) \mid \pi(Y) \leq c\} \tag{12.6}$$

ここで,当初の賦与は c ドルと確率変数である富 W からなり,$\widetilde{P}$ は(W に Y を加えた)総富に関する選好関数である.このとき $V^* = W + Y^*$ が最適ポートフォリオ戦略によって生成される(ランダムな)総富である.店頭取引により X を購入することができるトレーダーは無差別な買い建値を得るための以下の最適問題を定式化する.

$$b(X) = \sup_{Y \in R} \{-\pi(Y) \mid \widetilde{P}(V^* + X + Y) \geq \widetilde{P}(V)\} \tag{12.7}$$

もし Y^* が制約条件を等号によって満たしつつ,問題 (12.7) を解くのであれば,そのトレーダーは $V^* + X + Y^*$ と V^* を無差別と考えるのである.つまり $b(X)$ で取引することとしないことが無差別であるということである.

問題 (12.7) は $P(Z) = \widetilde{P}(V^* + Z) - \widetilde{P}(Z)$ のとき問題 (12.2) と一致する.つまり,ペイオフ(これは無差別価格を構成するときに使われる富の変化)間の選好というものは,より基本的なものである総富に関する選好から導出されるということである.それゆえ,ペイオフ間の選好は問題 (12.6) の最適総富 V^* に依存している.様々な理由(例えばその解法が非常に手間がかかる,あるいはその結果を信頼していないなど)によって,人は問題 (12.6) を解くことを避け,V^* の代わりに現状のポートフォリオによって決定される V を用いて問題 (12.7) を解こうとする.しかしながら,問題 (12.7) は V に対して非常に敏感である.もし $V \neq V^*$ であるならば,無差別価格は無裁定原理に違反する可能性がある.5.2.1 では例およびさらなる議論を紹介する.この状況を取り扱う他の方法は,最適ポートフォリオ問題 (12.6) を踏まえて,当初の予算 c をもとに,

$$b(X) = \sup_{Y \in R} \left\{ \{c - \pi(Y) \mid \widetilde{P}(X + Y) \geq \sup_{V \in R} \{\widetilde{P}(V) \mid \pi(V) \leq c\} \right\} \tag{12.8}$$

という無差別価格問題を定式化することである.

4.2.3 期待効用

期待効用(expected utility)理論は選好関数を $\widetilde{P}(W) = \mathbb{E}[u(W)]$ と定める.ここで効用関数 u は,財産は多ければ多いほど良いので増加関数であり,リスク回避のため凹関数である.典型的な複製不可能なペイオフ X について $a(X) \neq b(X)$ となることは期待効用による無差別価格の特徴である.期待効用による無差別価格は価格の上

4. 価格付けと最適化

下限を導くが一意的な価格を導くことはない．なぜなら，ヘッジすることができないリスク回避というものが存在するからである．Musiela and Zariphopoulou (2004b) が強調しているように，効用ベースの価格付けの概念と両立する線形の価格メカニズムは存在しない．したがって，売り建値 $a(X) = -b(-X)$ が買い建値 $b(X)$ と一致することは期待すべきではない．限界無差別価格 (marginal indifference pricing; 4.3 項) は期待効用に基づく一意的な価格を導く．

期待効用による無差別価格をデリバティブの価格付けという文脈で利用することは困難である．期待効用最大化の主要なインプットは賦与 V, 統計上の確率測度 $\mathbb{P}$, そして効用関数 u である．Carr et al. (2001, Section 1) が述べているように，

> 不運なことに，最大化はこれらのインプット (その定式化は当初から疑わしいが) に非常に敏感である．この短所がその方法論を潜在的には役に立たないものにしている．

店頭市場のトレーダーは，賦与 (endowment)，効用関数，$\mathbb{P}$ のパラメータを特定する必要がなく，価格測度 $\mathbb{Q}$ のみの形式を必要とするカリブレーション (11 節) を好む．特に，確率測度 $\mathbb{P}$ のもとでの (市場で取引されている) 資産の期待収益率を推計する (これは 3.3 項で見たように困難であるが，期待効用最大化にとっては最も重要なことである) 必要がない．マーケットメーカーが企業である場合，店頭市場のデリバティブにおいて値洗いする際に適切な効用関数を決定することもまた難しい．企業のリスク回避の基盤とは何であろうか？負債をもつ企業の株式を企業の資産の上に書かれたコールオプションと見る観点からすると，株主はコールオプションの価値を最大化するためにリスクを求めることとなる．では，企業のリスク回避は規制的な自己資本規制によるもの，あるいは財政難 (financial distress) によるコスト (これに関しては Jarrow and Purnanandam, 2004 および同論文内で示されている参考文献を見よ) によるものであろうか？もしそうであるならば，どのように定量化すればよいであろうか？企業の賦与をモデル化するためには，すべての証券，借入，帳簿に載っているすべての負債を含めるのみならず，継続企業としての将来の営業収益も含める必要がある．例えば (そのマーケットメーカー，つまり投資銀行の) ポートフォリオからのリターンと M&A の顧問業務からの収入の依存関係を知らなければならない．

モデル化する際のこれらの難問は別にしても，連続時間の期待効用最大化は難しいテクニカルな事項を含む．例えば，どのようなポートフォリオ戦略の集合を最適化の対象とすればよいかは容易な問題ではない (Delbaen et al., 2002; Kabanov and Stricker, 2002; Schachermayer, 2003)．この分野での研究，すなわち最適ポートフォリオと一意の価格の存在のための条件を明らかにすることは続けられている (Hugonnier and Kramkov, 2004; Hugonnier et al., 2005; Karatzas and Žitković, 2003)．Schachermayer (2002) および Skiadas (2006) は連続時間の非完備市場における期待効用最大化問題について，無差別価格のための基礎を提示しつつ，解説的に扱っている．

4.2.4 グッドディールバウンド

グッドディールバウンド (12.2), (12.3) に用いられる許容集合 A は現状に比べて選好されるペイオフのみを含んでいるが，そのようなすべてのペイオフを含んでいるわけではない．$b(X)$ より低い価格であれば買うことが選好され，$a(X)$ より高い価格であれば売ることが選好される．無差別価格による方法では，A は現状より選好されるすべてのペイオフを含んでいる．そこで $b(X)$ と $a(X)$ の間の価格であれば，何もしないことが選好される．そうでなければ，$b(X)$ は無差別価格による買い建値の下限となり，$a(X)$ は無差別価格による売り建値の上限となる．そして $b(X)$ と $a(X)$ の間の値について，最善の方策については何も答えない．これがグッドディールバウンドとその数学的に特殊ケースである無差別価格の解釈上の差異である．

2 つのグッドディールバウンドの解釈が存在する．一つは無差別価格のように，マーケットメーカーにとっての可能な買い建値と売り建値として扱う見方である．例えば Cochrane and Saá-Requejo (2000, p. 86), Carr et al. (2001, Section 7), Staum (2004) および Larsen (2005, Section 5) を見よ．これは，主観的な価格の範囲で取引をする（$b(X)$ より低く買い，$a(X)$ より高く売却する）ことにより，単に主観的に「良い案件 (good deal)」を行うことを目的とする金融工学の立場である．もう一つの解釈は，A を多くのトレーダーが現状より選好するペイオフの部分集合と考える見方である．そしてグッドディールバウンドを，無裁定価格の上下限のように扱い，ほとんどすべての取引者は「良い案件」をとるであろうから，そのような案件はありえないと考える．例えば Cochrane and Saá-Requejo (2000, p. 82), Carr et al. (2001, Section 1), および Černý and Hodges (2002) を見よ．これは無裁定の原理よりも非完備市場で観測される価格について，より正確な説明をしようとする数理ファイナンスの立場である．しかし，もしこれらの客観的なグッドディールバウンドが十分に狭いならば，実際，マーケットメーカーに価格について有用な情報をもたらす．つまり，彼らは $a(X)$ 以下で買い，$b(X)$ 以上で売るべきである．そのような取引においては，相手側は $a(X)$ 以下で売り，$b(X)$ 以上で買うので，当該マーケットメーカーから「良い案件」を得ることはできないのである．もし相手側も $a(X)$ 以下で買い，$b(X)$ 以上で売ることに固執すれば，取引は上下限の範囲内で成立することとなるので，どちら側も「良い案件」を得ることはできない．

いままでのところ，抽象的なフレームワークを議論してきた．許容集合 A を定めることによってどのように経済学的な内容が与えられるのであろうか？主要なアプローチはプライシングカーネルに制限を加えること（9 節）と頑健性（10 節）である．単純なものは，有限個の価値測度とフロア付きのストレス測度 (stress measure) によって形成される凸リスク測度である (Carr et al., 2001; Larsen et al., 2005)．これは複数の市場参加者の限界効用とリスク管理上の制約条件を見ることによって特定されることがある (Carr et al., 2001, Section 2)．8 節において，価格の上下限を与え，4.2 項にある公理に違反する許容集合 A を使用するという点を除いては，グッドディール

バウンドのような数学的な形式をもつ方法を考察する．（公理に反するため）店頭市場の証券の価格としては不適当であるが，他の利用価値がある．

4.2.5 双対性

双対性は無裁定価格の上下限のための (12.1)，そして (12.2) に見られるようなグッドディールバウンドあるいは無差別価格に関連する式を提供する．Jaschke and Küchler (2001, Section 4) および Staum (2004, Theorem 4.1) を見よ．双対性は計算上の利点や深い洞察を与える．例えば，連続的な取引を行うことを前提とした経路依存型のヨーロピアンオプションの価格付けにおいて，双対問題の最適化は，最終的なペイオフに関して，確率測度の集合の中から最適な測度を選ぶという形で行われる．価格付けの基礎を最適化に求める2つの主要な方法はこの双対性の側面をもつ．つまり，ポートフォリオの最適化はポートフォリオ集合の中から，あるいはそれらのポートフォリオが提供するペイオフの集合の中で最適なものを選択するのに対し，同値マルチンゲール測度（EMM）の集合 $\mathcal{Q}$ の中で最小距離測度を選択する方法は，確率測度の中での最適化問題である．無差別価格における双対性については，Frittelli (2000a, Section 3) を見よ．

凸双対性の観点で，非完備市場における最適ポートフォリオ選択の（同値マルチンゲール測度や限界無差別価格を含む）説明については Schachermayer (2002) を見よ．凸双対性はリスク測度の表現や最適化の中にも登場する（Ruszczyński and Shapiro, 2004）．価格の上下限 (12.2), (12.3) が裁定取引を与えないための条件は，双対性の観点から最もよく理解される．資産価格の第一基本定理の1つの形式については Staum (2004) を見よ．

ある条件のもとで（許容集合 A をコヒーレントなリスク測度に関連づけるものを含む）価格の上下限 (12.2), (12.3) は双対表現

$$\left(\inf_{\mathbb{Q}\in\mathcal{D}} \mathbb{E}_\mathbb{Q}[DX], \sup_{\mathbb{Q}\in\mathcal{D}} \mathbb{E}_\mathbb{Q}[DX]\right) \tag{12.9}$$

をもつ．ここで，$\mathcal{D}$ は EMM の集合 $\mathcal{Q}$ の部分集合である（Jaschke and Küchler, 2001）．無裁定価格の上下限については，$\mathcal{D} = \mathcal{Q}$ である．上限と下限が一致するとき，そして価格が線形のとき，$\mathcal{D}$ は1つの要素からなる．つまりこの方法は唯一の EMM を選択する（この議論については 2.3 項を見よ）．限界無差別価格および最小距離測度は，この単一の EMM を選択する主要な方法である．

4.3 限界価格

どのような価格の上下限に対しても，$\lim_{\gamma\downarrow 0}\gamma a(X/\gamma)$ と $\lim_{\gamma\downarrow 0}\gamma b(X/\gamma)$ が一致し，小規模な取引に適している一意の価格 $\tilde{p}(X)$ を与える可能性がある．グッドディールバウンドについての一般的な結果については Staum (2004, Proposition 5.2) を見よ．

期待効用選好のもとでは $\widetilde{P}(W) = \mathbb{E}[u(W)]$ である．この点は限界効用 u' を使って価格測度 $\mathbb{Q}$ を定義することに対応している．つまり，以下のように表される．

$$\tilde{p}(X) = \mathbb{E}_{\mathbb{P}}[u'(V)DX] = \mathbb{E}_{\mathbb{Q}}[DX] \qquad (12.10)$$

ここで，D は割引因子，$\mathrm{d}\mathbb{Q}/\mathrm{d}\mathbb{P} = u'(V)/\mathbb{E}[u'(V)]$ である．最もわかりやすいケースでは，限界無差別価格付けは，統計上の確率測度 $\mathbb{P}$ との尤度比が，最適ポートフォリオがもたらす最終時点での富からの限界効用に比例する単一の EMM を選択することとなる．

限界無差別価格は，1つの取引規模が小さくヘッジする必要はないという考えに基づいている．この議論は市場で取引されている無限に分割可能な証券の均衡価格を発見するのに適しているが，これについては 2.1 項を見よ．仮に小規模な取引がポートフォリオ全体のリスクプロファイルにとって無視しうる，例えばそれが限界効用にほとんど影響を与えないのであれば，それは一意の限界無差別価格を利用するための議論となる．この議論は店頭市場のマーケットメークにとっての一般的議論には適していない．ある小規模取引は限界無差別価格により的確に価格づけられているかもしれないが，多くの小規模取引は累積的に大きなリスクを含んでいるからである．起こりうるリスクの集積を無視することは，大きな需要のある店頭市場証券の当初の近視眼的な過小価格の原因となり，次いで関連するリスクの集中を招くため，ほとんど取引者がいなくなった時点で高い価格を設定する必要性が発生する（4.1.1 を見よ）．小規模取引全体のリスクへの貢献度はヘッジの機会に依存し，よって価格付けに影響を与えることになる．

4.4 最小距離価格測度

期待効用に基づく限界無差別価格は最小距離価格測度による価格付けの一例である．期待効用は統計上の確率測度 $\mathbb{P}$ のもとでの期待値であるが，限界無差別価格は，「ペイオフ V を $\mathbb{E}_{\mathbb{P}}[DV]$ で購入しようとする投資家にとって可能な限り最小の期待効用をもたらす」という意味で，$\mathbb{P}$ に最も近いミニマックスマルチンゲール測度 $\mathbb{Q} \in \mathcal{Q}$ のもとでのペイオフの割引期待値である．よって $\mathbb{Q}$ は「最も好ましくない市場の完備化」，つまりペイオフ V の価格が $\mathbb{E}_{\mathbb{Q}}[DV]$ である仮想的な完備市場において，最適投資から生じる効用が最小であるものをもたらす確率測度に相当する（Skiadas, 2006）．ミニマックスマルチンゲール測度 $\mathbb{Q}$ は

$$\min_{\mathbb{Q} \in \mathcal{Q}} \max_{V} \{\mathbb{E}_{\mathbb{P}}[u(V)] \mid \mathbb{E}_{\mathbb{Q}}[DV] \leq c\} \qquad (12.11)$$

の解である．局所効用（local utility）に基づく形式については Kallsen (2002b) および同論文中の参考文献を見よ．特定の効用を選択すると，6 および 7 節にある 2 次と指数的方法をもたらす．後者の距離は相対エントロピーという用語でも表現される．

4. 価格付けと最適化

同じ概念は 9 節でも現れるが,そこでは最小距離測度だけでなく,$\mathbb{P}$ に対して少ない距離をもつ EMM の集合が特筆される.最適ポートフォリオと最小距離測度については,Goll and Rüschendorf (2001) を見よ.

この議論といくぶん異なるのがカリブレーションの場合 (11 節) である.これは統計上の確率測度 $\mathbb{P}$ をもとにしていない.代わりに,パラメトリックな族 $\mathcal{P}$ から始めて,市場で取引されているデリバティブの価格を複製する場合に最小の誤差をもつという意味で $\mathcal{Q}$ に最も近い $\widehat{\mathbb{Q}} \in \mathcal{P}$ を選択する.つまり,同値マルチンゲール測度の集合 $\mathcal{Q}$ の中でゼロの複製誤差を生み出すものである.

図 12.1 は非完備市場において価格測度を抽出するときの 4 つのスキームの構造を図解したものである.非常に単純な 1 期間の設定で 3 つの状態と 2 種類の市場で取引されている証券があるものとする.証券は期初価格が 1 ドルで,どのような状態においても 1 ドル支払われる無リスクの債券と,期初価格が 0.8 ドルで,状態 1 では 2 ドル,状態 2 では 1 ドル,そして状態 3 では 0 ドルの価値をもつ株式である.2 次元で表すという目的でさらに事態を簡単にするために,債券は必ず正確にプライスされるものと仮定する.つまりペイオフ X に割り当てられる価格は $\mathbb{E}_{\mathbb{Q}}[DX] = \mathbb{E}_{\mathbb{Q}}[X]$ となる.ここで価格測度 $\mathbb{Q} = (q_1, q_2, q_3)$ は真の確率測度であり,3 つの状態が起こる確率の和は 1 となる $(q_1 + q_2 + q_3 = 1)$.よって $q_3 = 1 - (q_1 + q_2)$ であり,すべての可能な価格測度は図 12.1 の三角形によってパラメータ表示される $(q_1 \geq 0, q_2 \geq 0, q_1 + q_2 \leq 1)$.斜線 $2q_1 + q_2 = 0.8$ は,株式の価値からくる制約条件であり,三角形の内部にある部分はすべての状態に正の確率を当てはめる統計上の確率測度 $\mathbb{P}$ と同値なマルチンゲール測度の集合 $\mathcal{Q}$ である.三角形内部の垂直で $q_1 = 0.5$ で定義される線分はモデルのパラメータの集合 $\mathcal{P}$ である.無論,この例は非常に単純なので,株式の価格を付与するすべての測度を含まないような可能な価格付け測度の部分集合に限定する必要はない.また普通のモデルは原資産の期初価格をパラメータとしてもっているので,デリバティブのほうではなく,原資産の価格は正確につけられる.つまり,

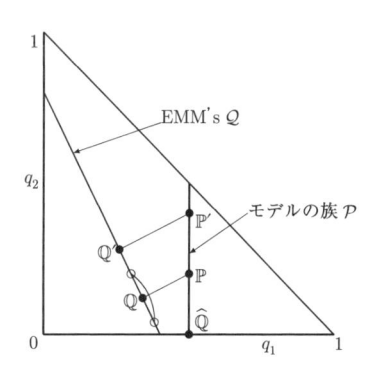

図 **12.1** 価格付け測度選択のためのスキーム

この図 12.1 の設定におけるポイントは，結果として現れる構造は単純なだけでなく実践的に見受けられるケースに近いものであるということである．つまり実際，われわれは EMM を含まないパラメータ表示されたモデルの族を扱っている．

モデルの族 $\mathcal{P}$ を株価に対してカリブレートすると $\hat{\mathbb{Q}} = (0.5, 0, 0.5)$ を価格付け測度として選択する．これは価格 1 ドルを割り当てることによって，株価の値付けの誤差を（モデルの中では）最小にする．他のスキームでは，まず統計上の確率測度 $\mathbb{P}$ からスタートする．この $\mathbb{P}$ は，経済学的推論によって，$\mathcal{P}$ の中から選択される．そして $\mathbb{P}$ に対して距離が最小な EMM である $\mathbb{Q}$ を選択する．図 12.1 においては $\mathbb{Q} = (0.34, 0.12, 0.44)$ は，Euclid 距離を最小にする．しかし複数の距離（エントロピーや期待効用に関連したもの）が提案されている．$\mathbb{P}$ との距離を最小にする $\mathbb{Q}$ のみを選択するのではなく，距離が小さい価格測度の集合を選ぶことも可能である．この際は価格の区間を得ることになる．$\mathbb{Q}$ の周りの弧でつながれた白抜きの点が，このスキームによって選ばれた両端の測度を示している．距離は $d\mathbb{Q}/d\mathbb{P}$ の関数であるが，このスキームはプライシングカーネルへの制約（9 節）に基づくアプローチを含んでいる．4 つ目のスキームは複数の確率測度，この場合は $\mathbb{P}$ と $\mathbb{P}'$ からスタートし，その統計上の確率測度についての曖昧さに対して頑健性を提供する（10 節）．この 2 つの統計上の確率測度は，ここではそれぞれ $\mathbb{Q}$ と $\mathbb{Q}'$ という最小距離 EMM を与える．結果として得られた EMM の集合は一意の価格，あるいは価格の幅を生み出すために用いられるのである．

5. 価格付けと期待効用の例における諸問題

本節の主要な例は Carr et al. (2001) からとったものである．

例 12.2 5 つの可能な状態と無リスク債券，株式，ストラドルの 3 つの資産からなる 1 期間の経済を考えることとする．債券と株式は市場で取引されており期初の価格はそれぞれ 0.9091 ドル，88.1899 ドルである．3 つの資産の期末の価格は表 12.2 に示すとおりである．ストラドルの無裁定価格の上下限は 2.72 ドルと 18.18 ドルである．効用関数は $u(W) = -(W/100)^{-4}, W > 0$ で，5 つの状態は同じ確率で起こるものとする．

期初の富がどのようなレベルであっても，市場で取引されている証券の最適ポートフォリオは債券に富の 70.55%，株式に 29.45% を投資することである[2]．限界効用によって価格付けをすると $\mathbb{Q} = (26.55, 22.68, 19.46, 16.78, 14.53)$（単位 %）となり，ストラドルの一意の価格は 11.06 ドルとなる．期初の富として 100 ドルあるいは 1,000 ドルを最適に配分したとすると，買い建値と売り建値の無差別価格はそれぞれ

---

[2] べき効用と対数効用は，相対的リスク回避度が一定なので，最適ポートフォリオをこれらの効用関数に基づいて作成すると，各資産への投資配分が，当初の富に依存しないという結果になる．Karatzas and Shreve (1998, Examples 3.6.6–7) を見よ．

5. 価格付けと期待効用の例における諸問題

表 12.2 最終資産価格

	状態 1	状態 2	状態 3	状態 4	状態 5
債券	\$1	\$1	\$1	\$1	\$1
株式	\$80	\$90	\$100	\$110	\$120
ストラドル	\$20	\$10	\$0	\$10	\$20

表 12.3 ストラドルの期待効用無差別価格

期初富	期初ポートフォリオ		取引のタイプ	ポートフォリオ調整		無差別価格
	債券	株式		債券	株式	
\$100	77.6	0.334	買い	−25.1	0.147	\$9.92
			売り	21.3	−0.082	\$12.11
\$1000	776	3.34	買い	−22.8	0.111	\$10.94
			売り	22.5	−0.105	\$11.17

(9.92, 12.11) および (10.94, 11.17) （単位ドル）となる．表 12.3 は最適ペイオフ Y^* を与えるそれぞれのポートフォリオの調整額を示している．

5.1 取引機会への依存関係

市場での取引機会の有無は無差別価格に影響を与える．例えば，株式が市場で取引されておらず，期初のポートフォリオに財産の 29.25% 分の株式があったと仮定する．100 ドルが期初の富であったとするとストラドルの無差別価格は (9.86, 12.14) となる．ポートフォリオをリバランスする機会がより少ないため，価格幅は広くなっている．(12.10) で与えられる限界無差別価格は変化しない．これは限界無差別価格がストラドルのペイオフによって規定される方向におけるポートフォリオの微小な変化およびポートフォリオをリバランスしないことに起因する．一方，最適ポートフォリオが株式と債券を両方含んでいる，あるいは債券のみから構成される，という違いによって，ポートフォリオの最適化を考慮した無差別価格 (12.8) から導出される限界無差別価格には違いが出る．後者の場合，最適ポートフォリオはすべての状態に同じ財産を与えることとなり，$\mathbb{Q} = (20, 20, 20, 20, 20)$ のもとで限界無差別価格は 12 ドルとなる．

5.2 現在のポートフォリオに関する依存

無差別価格と最適なポートフォリオの調整額は，期初のポートフォリオによって与えられるランダムな富 V にも依存する．トレーダーとして，現在のポートフォリオにあるヘッジできないリスクを悪化させるようなペイオフを，それを相殺するようなペイオフより，熱心に追い求めることはないということは直観的にも筋の通った話である．Rouge and El Karoui (2000) によれば，異なる賦与を受けた経済主体がリスクに対して同じ態度をとることは非現実的である．実際，店頭市場のマーケットメーカーは彼らのポートフォリオにあるヘッジ不可能なリスクを「斧 (axe)」と呼び，「粉々にすべき斧がある，あるいは腹に一物がある (having an axe to grind)」という表現を

表 12.4 期初ポートフォリオの期待効用無差別価格への影響

期初富	期初ポートフォリオ		取引のタイプ	ヘッジポートフォリオ		無差別価格
	債券	株式		債券	株式	
$100	52.5	0.481	買い	−33.5	0.258	$7.66
	プラスストラドル 1		売り	25.1	−0.147	$9.92
$1000	753	3.45	買い	−23.2	0.118	$10.72
	プラスストラドル 1		売り	22.8	−0.111	$10.94

使う.例えば,トレーダーが市場で取引されていない店頭市場のオプションにロングポジションを有していたとする.これらのオプションのインプライドボラティリティの下落(よってオプション価値の下落)をヘッジすることは容易ではない.そこで,このロングポジションはこのトレーダーが「粉々に (grind)」したい「斧」である.当該トレーダーは,このオプション売却の可能性を高め,リスクを減らすために売り建値を低く設定する.あるいは買い建値を低く設定し,リスクを増加させることとなる(オプションの)購入に十分な代償を得ようとする.

表 12.4 はこの点を例 12.2 において例証するものである.これは取引後,トレーダーがストラドルを購入しポートフォリオを再度最適化した状態を示すが,買い建値,売り建値は下落している.新しい売り建値は,もとの買い建値に等しい.これは道理にかなっている.この2つの取引をあわせれば,トレーダーにもとのポートフォリオを返すことになるからである.そして売買のネットのコスト(ゼロ)は無差別性を生み出す.ストラドルを購入し,最適にリバランスした後の限界無差別価格は 100 ドルの期初富の場合では 8.77 ドルとなる.これも下落している.なぜなら,ストラドルが役に立つ(将来の)ほとんどの状態において,ポートフォリオの変化は限界効用を低下させるからである.

無差別価格の期初ポートフォリオへの依存は,表 12.4 で相対リスク回避度一定の場合を例証したが,絶対リスク回避度一定の場合にも起こる(指数効用のケース;7節).これはしばしば投資とヘッジの意思決定を別々に行うために使われる.例 12.2 において,もし効用関数を $u(W) = -\exp(-0.0453W)$ とした場合,100 ドルの期初富の最適配分はほとんど同じとなり,買い建値と売り建値のスプレッドも $(9.89, 12.10)$ と近い値になる.トレーダーがストラドルを購入した後にポートフォリオを再度最適化した場合,その買い/売り建値のスプレッドは $(7.64, 9.89)$ となる.

5.2.1 無差別価格付けのための前提条件としての最適性

無差別価格は,店頭市場取引において裁定取引が起こらないように,無裁定価格の上下限の間に落ち着くはずである.(12.7) で決まる無差別価格がこの無裁定価格の幅を逸脱しないためには,期初ポートフォリオの価値 V は最適でなければならない.つまり $V = V^* = W + Y^*$ であるが,ここで Y^* は最適ポートフォリオ問題 (12.6) の解である.もし V が最適解でなければ,無差別価格は問題 (12.6) における選好関数

$\tilde{P}$ を増加させるような複製可能なペイオフの市場価格を超える可能性がある．同様に複製不可能なペイオフの無差別価格が，無裁定価格の上限を超える可能性がある．次の例 12.3 はこの状況を表している．

例 12.3 例 12.2 の続きであるが，仮に状態 1 の場合は資産価格が 60 ドル，その他の場合は 100 ドルになるとする．債券 100 単位のロングポジションと株式 1 単位のショートポジションからなるポートフォリオのペイオフ Y を考える．

限界効用に基づけば，状態 1 の確率は 76.28% となり，プットオプションの限界無差別価格は 6.93 ドルとなる．無差別価格は 8.42 ドルである．これらは両方ともその無裁定価格の上限である 5.23 ドルを超えている．ペイオフ Y を手に入れることは期待効用を上昇させる．その市場価格は 2.72 ドルであるが，限界無差別価格は 9.49 ドルであり，無差別価格は 7.28 ドルである．

無差別価格による価格付けは最適ポートフォリオに基づいて行う必要があるということは，期待効用を使用するうえで重大な困難を生じさせる．期待効用の最大化は統計上の確率測度 $\mathbb{P}$ (4.2.3) に関する曖昧性に対して頑健でないため，推定的に最適なポートフォリオを採用することはよい考えとはいえないのである．典型的には，V^* の真の期待値は $\mathbb{E}_{\mathbb{P}}[V^*]$ より低い．これは最適ポートフォリオは誤って高い期待収益を生むと考えられている資産に過剰投資するためである．結果として，トレーダーは彼のポートフォリオを最適にせず（$V \neq V^*$），しかし裁定取引を避けるため，無差別価格は V^* をベースにしなければならない．この結果は，これらの「無差別価格」においては取引することと取引しないことは無差別ではない（異なるポートフォリオをもつ第三者には無差別かもしれない）．効用無差別による価格付けの経済的正当性は失われる．

5.3 リスク対選好

問題 (12.7) において最適ポートフォリオ調整 Y^*（同問題の解）をペイオフ X のヘッジと見る誘惑に駆られる．しかし，ここまで見てきたように，Y^* および無差別価格 $b(X)$ は，現在のポートフォリオ戦略からのペイオフ V とペイオフ X そのものに依存する．グリークスの中立化のように特殊なケースにおいてのみ，ペイオフに対するヘッジはポートフォリオに関係なく行われる．例えば，ポートフォリオ内の個々の証券のデルタヘッジは，ポートフォリオ全体のデルタヘッジをした場合と同じ正味のポジションを生成する．しかし，ポートフォリオのリスクを最小にするヘッジは一般には個々の証券のヘッジの総和と一致しない．

問題 (12.7) あるいは (12.7) の最適な Y^* がヘッジではないというもう一つのポイントは，それが必ずしもリスクを減少させるものではないということである．よりリスクの小さい手段を定式化するために，市場価格 π は線形であり，無リスク債券のようなペイオフが 1 で表現される基準証券が存在すると仮定する．ペイオフ X を $b(X)$ で

購入するための資金は Y^* を手に入れる,より簡潔には $-(b(X)/\pi(\mathbf{1}))\mathbf{1}$ を手に入れることによって調達される.定義によれば,これは Y^* を手に入れるより選好される.つまり $P(V+X+Y^*) \geq P(V+X-(b(X)/\pi(\mathbf{1}))\mathbf{1})$.しかしこれは Y^* を手に入れるよりリスクが小さいとはいえない.リスク選好関数 P とリスク測度 ρ が, $P = \rho$ という関係にない限り, $\rho(V+X+Y^*) > \rho(V+X-(b(X)/\pi(\mathbf{1}))\mathbf{1})$ となる可能性がある.この点を示すために次の例を見る.

例 12.4 市場で取引されていないもう一つの資産(株式に書かれた行使価格 90 ドルのプットオプション)を含めて例 12.2 を拡張する.プットのゼロでないペイオフ 10 ドルは状態 1 のときのみであり,そのときの株式の価値は 80 ドルである.ペイオフ W のリスク測度として, $W - 100$ の条件付期待値(Artzner et al., 1999 を見よ),つまり 100 ドルを債券に投資したときに比較した場合のショートフォールを用いる.

プット価格の無裁定価格の幅は $(0, 5.23)$ である.期初富 100 ドルが最適に配分された場合の買い/売りの無差別価格は $(2.22, 2.60)$ で,限界無差別価格は 2.41 ドルである.表 12.5 は状態ごとの,もとの最適化されたポートフォリオ V,プットを 2.22 という価格で債券を売却することによって購入したときのポートフォリオである $V + X - (b(X)/\pi(\mathbf{1}))\mathbf{1}$,そして再最適化されたポートフォリオ $V + X + Y^*$ の価値をそれぞれ示している.表 12.6 はいくつかの確率水準でのテールの条件付期待値(状態 1〜5 の平均値に相当)である.

最後の列は 100% 水準でのテールの条件付期待値 $\mathbb{E}[110 - W]$ であるが,これは単にポートフォリオの期待値を測っているにすぎない.他の列はより適切なリスク計測である.これらは,債券を売却してプットを買うことによってリスクを減少させることを示している一方で,再度最適化されたポートフォリオはもとのポートフォリオのレベルを超えてリスクを上昇させることを示している.これはプットは状態 1(もとのポートフォリオにおいては最悪な状態である)に追加的な富を付与するので,再最適化ポートフォリオではより多くの富を株式に投資することになる.これは期待効

表 **12.5** プット 1 単位購入時のポートフォリオ価値

ポートフォリオ	状態 1	状態 2	状態 3	状態 4	状態 5
最初の最適ポートフォリオ	$104.32	$107.66	$111.00	$114.34	$117.68
プット購入/債券売却時	$111.88	$105.22	$108.55	$111.89	$115.23
再最適化後	$107.97	$103.61	$109.24	$114.88	$120.51

表 **12.6** プット購入時のリスク

ポートフォリオ	テール条件付期待値				
	20%	40%	60%	80%	100%
最初の最適ポートフォリオ	5.68	4.01	2.34	0.67	−1.00
プット購入/債券売却時	4.78	3.11	1.45	0.61	−0.56
再最適化後	6.39	4.21	3.06	1.07	−1.24

用を最大化するが，リスクを上昇させる．例えば，最も悪い状態での再最適化ポートフォリオの価値は 103.61 ドルとなり，最も悪い状態でのもとのポートフォリオの価値 104.32 ドルを下回っている．

リスク回避者であったとしても，この例が示すように選好とリスクは単純に逆の関係にあるわけではない．たとえ，より多くの富を得ることが常に選好されリスクが小さいとしても，である．リスク管理上の問題を考慮するために，リスク制約を加えることができる．トレーダーのポートフォリオ最適化問題 (12.6) を以下のように定める．

$$\sup_{Y \in R}\{\widetilde{P}(W+Y) \mid \pi(Y) \leq c, \rho(W+Y) \leq r\} \quad (12.12)$$

ここで，内部あるいは外部の規制担当者はリスク測度 ρ とトレーダーのポートフォリオのリスクに上限 r を課すとしている．この定式化を所与とすれば，問題 (12.6) の解を最適なポートフォリオの調整額，そして (12.6) と (12.12) の解の差をヘッジと考えるかもしれない．「ヘッジする」とはグリークスを中立化すること（他の選好を考えずに単にリスクを最小にすること）の別の表現である．リスクとは異なる選好を使って最適化するときは，ポートフォリオの再最適化はヘッジすることでは必ずしもない．

6.　クオドラティクス（quadratics）

2 次ヘッジ（quadratic hedging）は，よく研究された，数学的に洗練された非完備市場へのアプローチである．Pham (2000) および Schweizer (2001) のサーベイを見よ．この方法は期待効用無差別価格の特別なケース，つまり 2 次の効用関数 $u(x) = -x^2$ を用いた場合である．Dybvig (1992) などに指摘されるように，$x > 0$ の範囲でこの効用関数は減少するため現実的な選好モデルではない．2 次効用関数は，ヘッジすることによって，カバーされるべき負債を超過して得た収益と負債に関する不足による損失にペナルティーを課す．同じ批判は平均分散ポートフォリオ分析に対しても加えられている．Markowitz (2002, pp. 155–156) はこう答えている．

> 問題は，多期間の効用関数を最大化しようとする投資家による（あるいは投資家のための）1 期間の平均分散分析の利用を調和させることである．私の回答は，多くの効用関数またポートフォリオリターンの確率分布にとって，単に平均と分散だけを知ることによって（Bellman, 1957 によれば「導かれた」）効用関数の期待値を精密に近似できるという予測の中にある．

詳細については，この引用句の後にあげられた Markowitz (2002) の参考文献を見よ．店頭市場でのマーケットメーキングから生じるヘッジされたポートフォリオの効用を，平均と分散でどれくらい正確に近似できるかを調査することは興味深い．

取り扱いやすさのため 2 次アプローチを使ってヘッジの問題を解くことと，適切な効用関数を用いて最適投資の問題を解くことを区別する試みがあるかもしれない．し

かし Dybvig (1992) は，非完備性が非市場性リスクによる場合に否定的な結果を示している．絶対的リスク回避度一定（指数効用）の場合およびヘッジできない残余リスクと市場リスクが互いに独立である場合を除いてはこの区分はできないとしている．

Föllmer and Schweizer (1991) は，マルチンゲール分解定理を展開した．これにより，リスクが瞬間的な場合あるいは1期間の分散である場合のペイオフ X に対して局所的リスク最小化ヘッジ戦略を生成する．この解は最小マルチンゲール測度（minimal martingale measure）$\widehat{P}$ と関連する．$\widehat{P}$ が最小という意味については，2次およびエントロピーの規準からも Schweizer (1999) を見よ．局所的リスク最小化においては，ヘッジ戦略の中で，自己充足的でないものを含んで最適な戦略を選ぶのが基本である．自己充足的でないポートフォリオ戦略においては，$C(t)$ という時間 $[0,t]$ においてポートフォリオをリバランスするのに必要な累積的なキャッシュの流入を表すコスト過程を含んでいる．おのおのの瞬間 t において，局所的リスク最小化戦略は，過去のコストには注意を払わず累積的な将来コストの二乗の条件付期待値 $\mathbb{E}[(C(T)-C(t))^2 \mid \mathcal{F}_t]$ を最小にする．局所的リスク最小化戦略は，そのコスト過程がマルチンゲール $C(t) = \mathbb{E}[C(T) \mid \mathcal{F}_t]$ である（Schweizer, 2001, Lemma 2.3）という意味で「平均的には自己充足的」戦略である．さらに，局地的リスク最小化は累積的コストの条件付分散を最小にすることと同値である．離散時間の場合，後向き反復法（backward recursion）は，これが時刻 t_{i+1} におけるコストの条件付分散 $\mathrm{var}[(C(t_{i+1}) - C(t_i))^2 \mid \mathcal{F}_{t_i}]$ を最小化するポートフォリオを選択することと同値であることを示す．この方法は，1期間の最適化であること，そして局地的リスク最小化戦略の瞬間的な摂動が次の期間のコストの分散を上昇させねばならないという意味で局所的である．最適なコスト過程は，局所的リスク最小化戦略の収益過程（gains process）に垂直である．後者は X の $\widehat{P}$ 条件付期待値の射影である（Pham, 2000, Theorem 4.2）．

平均分散最適自己充足的（mean-variance optimal self financing）ヘッジ戦略は，ヘッジ残差の分散 $\mathbb{E}[(Y-X)^2]$ を最小にする．この大域的2次規準は分散最適マルチンゲール測度 $\widetilde{P}$ （Schweizer, 1996）と関連する．これは L^2 距離に基づく最小距離測度（4.4項）である．Bertsimas et al. (2001) は，平均分散最適ヘッジ戦略を計算するための確率的動的計画法のアルゴリズムを示している．このヘッジ問題はマルチンゲール測度あるいは後向き確率微分方程式による方法で研究されている．後者に関する最近の研究は，Lim (2004) およびそこで示されている参考文献を見よ．

Heath et al. (2001) は，理論的，数値的に局所的および大域的アプローチの比較を試みている．次の例は2次の規準における局所的／大域的アプローチの違いを示すものである．

例 12.5 先ほどの例 12.1 を続けよう．トレーダーが状態1に1ドル支払う請求権を売ったとして，これをヘッジしたいと考える．

局所的リスク最小ヘッジは $\xi_1 = 0.1$, $\xi_2^{(0)} = \xi_2^{(-)} = 0$, $\xi_2^{(+)} = 0.2$ である．分散最

適ヘッジは $\xi_1 = \xi_2^{(0)} = \xi_2^{(-)} = 0$ および $\xi_2^{(+)} = 0.33$ である．これらのヘッジに関連するコスト過程は表 12.7 に示されている．総コストはヘッジの残差である．その分散は分散最適ヘッジにより最小化され，0.037 である．状態 2 において異なる時間にかかるコストの局所的相殺を考慮に入れていないために，局所的リスク最小ヘッジは分散が 0.047 となる．リスク資産の価格が 0 あるいは -1 のとき，いずれのヘッジ方法においても，時刻 1 における時刻 2 にかかるコストの条件付分散はゼロである．リスク資産の価格が 1 の場合は，局所的リスク最小ヘッジの場合で 0.133，分散最適ヘッジの場合には 0.222 である．また時刻 1 にかかる（条件なし）分散は，局所的リスク最小ヘッジの場合で 0.007，分散最適ヘッジの場合で 0.037 である．

複製可能ペイオフの集合 R が線形空間であるとする．2 次の規準は，もしヘッジ Y がペイオフ X にとって最適であるとすると，いかなる数 $\gamma \in \mathbb{R}$ についても，γY は γX に対して最適であるという意味で，線形になる．結果として，2 次の規準は一意の価格を抽出し，唯一のマルチンゲール測度 $\widehat{P}$ あるいは $\widetilde{P}$ を選ぶ．

しかしながら，$\widehat{P}$ あるいは $\widetilde{P}$ のもとでの期待割引ペイオフを価格と解釈するのは適切ではない．前に示したように，2 次の効用関数はトレーダーの選好をうまくモデル化できないため，ここで導かれる価格はトレーダーの選好と矛盾しないとはいえない (Bertsimas et al., 2001)．さらに無裁定価格の上下限を超えるかもしれない．測度 $\widehat{P}$ および $\widetilde{P}$ は符号付，つまりある事象に負値を与える可能性がある．符号付測度のもとでの価格付けは，そのような事象に対して，現金を支払ってくじ（つまり Arrow–Debreu 証券）を与えることをよしとすることを意味するであろう (Schweizer, 1995)．この現象が起こる理由は，2 次の効用関数が損失と同時に収益にもペナルティーを課すので，限界効用が負になる可能性に起因している．2 次の効用関数から発生する裁定の例については Schweizer (1995, §5) あるいは Frittelli (2000b, p.50) を見よ．同様な理由で，連続時間におけるジャンプ過程は 2 次のアプローチに困難な問題を投げかける．市場で取引される資産価格にジャンプがあり，最適ポートフォリオの価値が負債 X を上回る状態における富の限界効用が負になる可能性があるためである．このことは先の例でも見られる．例 12.5 において $\widehat{P}(\omega_1) = \widetilde{P}(\omega_1) = 0$ であるか

表 12.7　2 次ヘッジコスト過程

状態	確率	局所リスク最小化			分散最適化		
		時点 1	時点 2	合計	時点 1	時点 2	合計
1	1/9	$0.1	$0.4	$0.5	$0.33	$0	$0.33
2	1/6	$0.1	$-$0.4	$-$0.3	$0.33	$-$0.67	$-$0.33
3	1/18	$0.1	$0	$0.1	$0.33	$0	$0.33
4	1/6	$0	$0	$0	$0	$0	$0
5	1/6	$0	$0	$0	$0	$0	$0
6	1/6	$0.1	$0	$0.1	$0	$0	$0
7	1/6	$0.1	$0	$0.1	$0	$0	$0

ら,状態 1 における Arrow–Debreu 証券の局所的/大域的な 2 次のヘッジのための最適期初資産はゼロである.

Biagini and Pratelli (1999) によれば,離散時間あるいはジャンプ付きモデルにおいて,局所的リスク最小化の結果はニューメレール (numéraire,基準財) に依存する.つまり,ヘッジ戦略は自己充足的でないポートフォリオのコストが現金,債券,株式のどれによって測られるかに依存する.これに対する一つの回答は,トレーダーは単純にそのニューメレールで測ったコストの分散が彼の選好を最も適切に説明するように,ニューメレールを選択すべきであるというものである.しかし,この事態は自己充足的でない戦略を使うことにおける理論的な欠点を露呈する.つまり,異時点に発生するキャッシュフローであるコストが,現金の時間的価値を無視して加算されることである.長い時間あるいは高い金利水準でなければ,このことは重大な問題ではないかもしれない.

7. エントロピーと指数効用

期待効用無差別価格の特別なケースは指数効用である.これは負値指数効用ともいわれ,$u(x) = 1 - \exp(-\alpha x)$ と書かれる.絶対リスク回避度一定という性質をもち,それゆえエレガントな結果,例えばヘッジと投資の意思決定の分離や,期初の予算 c から (12.8) の無差別価格が独立であることなどが導かれる.さらに興味深いのは,指数効用最大化と相対エントロピー $\mathbb{E}_\mathbb{Q}[\ln(d\mathbb{Q}/d\mathbb{P})]$ の関係である.限界指数効用無差別価格は最小距離測度 (4.4 項) のもとでの期待割引ペイオフであり,最小エントロピーマルチンゲール測度 (minimal entropy martingale measure; MEMM) は,統計上の確率測度 $\mathbb{P}$ に関する最小の相対エントロピーをもつ (Frittelli, 2000b; Rouge and El Karoui, 2000).相対エントロピーは 10 節においても曖昧さを定量化する一つの方法として現れる.

Delbaen et al. (2002) は,指数効用最大化と MEMM を通じた価値付けを,最適化を考えるポートフォリオ戦略の実行可能な集合に特別な注意を払って論じている.Becherer (2003) は,一般的な議論に加えて,完備な金融市場で金融市場とは独立しているリスクにも依存するペイオフの価値を求める場合において,より明示的な結果を示している.Mania et al. (2003) は,MEMM が明示的に構成できる特別な場合について議論している.他の直観に訴える例,また同様なセットアップでの無差別価格を求めるアルゴリズムについては,Musiela and Zariphopoulou (2004a, 2004b) を見よ.Fujiwara and Miyahara (2003) は原資産の確率過程が幾何 Lévy 過程 (Brown 運動プラス複合 Poisson 過程,安定過程 (stable process),そして分散ガンマ過程を例として) である場合に,MEMM を Esscher 変換の観点で論じている.

平均分散比率の形式をとる制約条件を含むある条件のもとでは,最小マルチンゲール測度は MEMM に一致する (Mania et al., 2003, Proposition 2.3).最小マルチン

ゲール測度 $\widehat{P}$（6節）は，期初の賦与が平均分散比率の倍数に等しい場合に指数効用を最大化する問題の双対問題の解である（Delbaen et al., 2002, Theorem 5.1）．相対エントロピーの代わりにエントロピー Hellinger 過程（entropy-Hellinger process）を最小化するという方法もある．Choulli and Stricker (2005) はこのアプローチを研究し，これは Kallsen (2002a) の中立デリバティブ価格（neutral derivative prices）に対応すること（これについては9節を見よ），およびこれは割引価格過程が連続の場合，最小マルチンゲール測度（前節）を選択することを示した．Choulli et al. (2006) は，この方法の拡張を行い，他の最小距離測度を含む，より一般的なフレームワークを与えている．

8. 損失，クオンタイル，および予見

本節でカバーされているアイデアを統一するものは，ペイオフ Y を得ることにより，ペイオフ X の売りをヘッジすることに関連する損失，あるいはショートフォール $(Y-X)^-$ である．これはヘッジにおける正の残余 $(Y-X)^+$ を無視する．残念なことに，これらの方法を取り巻く語用法は，やや混乱している．損失関数 ℓ (loss function) というものも存在し，これは効用を表す他の方法である（$\ell(x) = -u(-x)$）．期待損失を最小にするということは，期待効用を最大化することに等しくなり，期待損失最小化による価格付けは期待効用無差別価格の特別なケースとして理解できる．つまり，トレーダーは $\mathbb{E}[\ell((V+Y-X-B)^-)] \leq \mathbb{E}[\ell(V-B)^-]$ となる最も安価なヘッジ Y を求める．ここで，V は賦与量であり，B はゼロのケースもあるが，これに相対して損失が測られるベンチマークである（もし $V=B=0$ であれば，結果として求まる無差別価格は無裁定価格の上下限となる．なぜなら，収益は無視されて損失と相殺されないからである）．しかし，いま述べたことは通常，損失最小化を取り扱う方法ではない．

文献では賦与はペイオフ V には関係なく，負債をヘッジするために使われる固定された期初の予算を所与として，期待損失を最小にする問題を主に扱っている．焦点は単に近似したヘッジの不足分に当てられている．これと非常に緊密に関連する，期待損失がある規定された閾値を超えないように必要な最小の期初の予算を決定する問題についての文献も存在する．

後者の問題をいかにして非完備市場での価格付けに適用しうるかを考察する．この方法は許容集合 $A = \{Z \mid \mathbb{E}[\ell(Z^-)] \leq p\}$ を使った4.2項のフレームワークに当てはまる．損失関数は収益を無視するので，A が自明でない集合であれば，それはペイオフ $Z<0$ を含まねばならない．よって，ペイオフ X を期待損失が p 以下になるようにヘッジするのに必要な最小の期初予算として価格付けすることは，相手側に裁定の機会を与える可能性がある．例えば，複製可能なペイオフ Y のコストは，$\mathbb{E}[\ell(Y^-)] \leq p$, $p>0$

という条件下で負値になる可能性がある．この方法は例 12.6 に示すように店頭市場取引の価格付けの方法としては，一般的に健全とはいえない．

つづく 2 つの項では，損失関数の特別な場合について説明する．もともとは資本制約下におけるヘッジに適用されていたものである．期待損失の方法論を直接店頭市場取引の価格付けへ適用すべきではないことを示す．

8.1 期待ショートフォール

損失関数 $\ell(x) = x$ を選択することは，期待ショートフォールの最小化問題となる．理論的な結果については Cvitanić (2000) を見よ．そこでは確率ボラティリティあるいは取引上の制約により非完備市場となる場合に最適ヘッジの形を議論している．

例 12.6 先の例 12.2 を続ける．期待ショートフォールの制約条件付きでのストラドルをヘッジするのに必要な最小の資金を考察する．

図 12.2 は制約条件の水準 p の関数として最小の資金を表したものである．図の下側の曲線は p が大きい場合に負値をとることを示している．これは，いくつかの状態では最適の「ヘッジ」は負値であり，コストが負値になるためである．上側の曲線はヘッジが非負値でなければならないという追加的な条件のもとに，期待損失を達成するのに必要な最小の資金を示したものである．この追加条件はストラドルのように，非負のペイオフ X にのみ適切な条件である．結果，$p = 12$ ドルの場合，これはヘッジしない場合のストラドルの期待損失であるが，必要な最小の期初資金はゼロとなる．これは無裁定価格の下限 2.72 よりも小さい．また $p = 0$ の場合，期初の資金は無裁定価格の上限と一致する．複製可能なペイオフのヘッジのために必要な期初資金は，一般にはその市場価格ではない．例えば，株式 1 単位のロングポジションと債券約 97 単位のショートポジションからなるポートフォリオによって複製されるエクイティスワップの無裁定価格はゼロであるが，$p = 0.25$ という期待損失制約では，価格は -0.26 ド

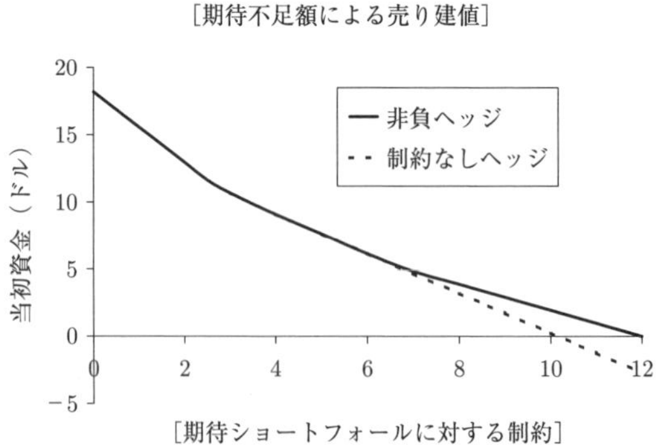

[期待不足額による売り建値]

図 **12.2** 期待ショートフォールに対する制約を達成するためのストラドルヘッジのコスト

ルとなる.

8.2 クオンタイルヘッジ

もう一つの特別な場合, $\ell(x) = \mathbf{1}\{x > 0\}$ はクオンタイルヘッジ (Föllmer and Leukert, 1999) として知られている. この損失関数では, ヘッジするものは, 不足額の大きさには関心を払わず, 正の不足額が発生する確率を最小化しようとする. 逆にいえば, 正の不足額が発生する確率が p を超えないようにヘッジするための最小の期初予算を計算することによってクオンタイルヘッジを価格付けに適用することを試みるであろう. 特別な場合である $p = 0$ は, 優複製である. つまり, $Y \geq X$ を満たす達成可能なすべてのヘッジ Y は, 無裁定価格の上限に相応する.

しかし, $p > 0$ のケースではこの方法はうまくいかない. $\mathbb{P}[F] \leq p$ となる事象 F および $Y_F 1_F \geq 0$ となる負の価格 $\pi(Y_F)$ の複製可能なペイオフ Y_F が存在する場合, $\min_{Y \in R}\{\pi(Y) \mid \mathbb{P}[Y - X < 0] \leq p\}$ という最適化問題は有界ではない. 例えば, 複製可能なペイオフの集合 R と市場価格 π が線形の場合, さらに $Y^* \geq X$ が優複製ペイオフである場合, $Y^* + \lambda Y_F$ はすべての $\lambda \in \mathbb{R}$ について実行可能であるので, 最適化問題は有界ではない. たとえポートフォリオ制約と非線形価格が最適化問題を有界にしたとしても, その結果は利用できないものとなる傾向がある. 最適解は, どのような X についても, X の買い手へ支払われる大きな負債 (これは十分に小さな確率で起こるある事象 F の大きな負債を負うことによって賄われるのであるが) を含むことになる. 市場が完備に近づけば近づくほど, この問題は悪化する. というのは, 低い確率で起こるが高い状態価格をもつ事象に, 負債を集中することが容易になるからである. この問題を回避する一つの方法はヘッジを非負に限定すること (Föllmer and Leukert, 1999) であるが, やはり期待ショートフォールの場合と同じ欠陥をこの方法に残すことになる.

8.3 統計的予測区間

クオンタイルヘッジに関連するものとして, 累積金利やオプションの期間中のボラティリティなどの金融変数に関する予測区間 (prediction interval) に基づく統計学的アプローチがある (Mykland, 2003a, 2003b). クオンタイルヘッジは確率 p で生起する (負債 X についての) 事象 F_X に関し, 負債 X をカバーするヘッジ Y を求めるものである. つまり $1_{F_X}(Y - X) \geq 0$, $\mathbb{P}(F_X) = p$ である. 対照的に, この統計学的アプローチは, ある決められた事象 G とすべてのペイオフ X について用いられる確率 p の予測区間を特定し, Y に $1_G(Y - X) \geq 0$ を満たすことを強いる. 2つのケースで同じ統計上の確率測度 $\mathbb{P}$ を仮定すれば, 同じ誤差水準 p での統計学的アプローチによる価格の上下限の幅はクオンタイルヘッジの場合のそれより大きくなる.

では, この統計的アプローチの利点は何かというと, 一つには単一の確率測度 $\mathbb{P}$ のみに依拠して考える必要がないことである. 確率ボラティリティや金利に関する特定

のモデルを仮定することなしに,Mykland (2003a, 2003b) は,ヨーロピアンオプションの価格の範囲および関連するヘッジ戦略を累積ボラティリティ $\int_0^T \sigma^2(t)dt$ あるいは前者と累積金利 $\int_0^T r(t)dt$ の両方の予測区間を所与として,拡散過程のセッティングで研究した.

この予測区間アプローチはクオンタイルヘッジと類似しているため,店頭市場取引証券の価格付けの方法として考えた場合にはクオンタイルヘッジと同様な欠点をもつ.つまり,予測区間においてゼロでその外側では正の値をとるペイオフに,ゼロ値を当てはめる.これが裁定を許すこととなる.予測区間アプローチはおそらくモデルリスクの軽減(Mykland, 2003b, Section 1)といったリスク管理の分野あるいは取引の流動化戦略を構成するといった分野で最も有益であろう.

9. プライシングカーネルへの制約

非完備市場における価格付けの問題を表現する一つの方法として,プライシングカーネル Π について何も知らないということは,実際の価格が無裁定価格の上下限の内側であればどのような値をもとりうるということを容認することである(2.3項).このことは価格の範囲を得るためにプライシングカーネル Π に制約を加えるという示唆を与える.主要なアイデアは,すべての市場で取引されている証券を価格付けすることができるプライシングカーネルのうち,いくつかのプライシングカーネルは経済学的にはありえないということである.この議論の1つのベースは,いくつかのプライシングカーネルは複製可能なペイオフのいくつかを客観的なグッドディール (4.2.4) の中に入れてしまう,そして,このようなグッドディールが存在することはありそうもないと主張することである.つまり,典型的なあるいはほとんどの投資家にとって非常に良すぎる取引になるプライシングカーネルを排除することができる.

グッドディールの考え方には関連しないが,初期のアプローチはプライシングカーネルのモーメントに直接制約を加えるのではなく,資産価格のモーメントに制約を加えることであった.もし統計上の確率測度 $\mathbb{P}$ が既知であれば,価格付け測度 $\mathbb{Q}$ への制約はプライシングカーネル $\Pi = Dd\mathbb{Q}/d\mathbb{P}$ への制約と同じことになる.Lo (1987) は,株式の $\mathbb{Q}$ のもとでの分散についての制約を当該株式のオプションの価格付けに適用した.その後の研究は,高次のモーメントへの制約を加味して,数値計算のためのアルゴリズムを展開したものがある.測度 $\mathbb{Q}$ のもとでのモーメントへの制約から求められた価格の範囲が統計上の測度 $\mathbb{P}$ に依存しない,つまり統計モデルの選択を要しない,ということはこの方法の利点であると考えられる.しかし $\mathbb{Q}$ のもとでのモーメントに関する知識はどこから得られるのであろうか? Lo (1987) は2つの簡単なモデルで,統計上の確率測度 $\mathbb{P}$ のもとでの分散から $\mathbb{Q}$ のもとでの分散を求めることが可能であること,そしてモーメント法による推計はその2つのモデルにおいて同じ結果をもたらすことを示した.しかしながら,一般には $\mathbb{Q}$ のもとでの分散を推計可能な変数へ

9.1 低距離価格測度：プライシングカーネルとグッドディール

最小距離測度（4.4 項）による価格付けは，統計上の確率測度 $\mathbb{P}$ からの距離が最小である一意の価格測度 $\mathbb{Q}$ を選択する．同じことであるが，$\mathbb{Q}$ に対応する距離最小のプライシングカーネルあるいは尤度比 $d\mathbb{Q}/d\mathbb{P}$ を選択する．例えば，相対エントロピー距離（relative entropy distance）は，尤度比の関数である．この方法を変化させたものとしては，$\mathbb{P}$ からの距離 d が小さい価格付け測度 $\{\mathbb{Q} \mid d(\mathbb{P}, \mathbb{Q}) < \epsilon\}$ の集合を選択することである．この距離制約はプライシングカーネルについての制約と同値である．プライシングカーネルに関して直接制約を加えるほうが，より扱いやすいと考えられる．

一つのアプローチは，プライシングカーネルのモーメントに制約を課すことである．これは資産のリターンに制約を課すことと解釈される．Hansen and Jagannathan (1991) は，プライシングカーネルの平均と分散を資産の Sharpe レシオと関連させて議論している．Cochrane and Saá-Requejo (2000) は，これらの結果を資産価格論に適用して，プライシングカーネルの分散の上限に基づいた価格の範囲としてグッドディールバウンドという用語を創造した．ポイントとしては，高すぎる Sharpe レシオはありえないという仮定に基づき，価格の上下限を決めることである．ここでペイオフの価格が「高すぎる」というのは，複製可能なペイオフの最も高い Sharpe レシオのある任意の倍数以上という意味である．同様のアプローチはこのセクションで議論されるすべての論文でもとられている．

Bernardo and Ledoit (2000) は，Cochrane and Saá-Requejo (2000) と非常に近いアプローチをとっているが，Sharpe レシオを制約するのではなく，ゼロのコストで複製可能なあらゆるペイオフの収益損失比率 $\mathbb{E}_{\mathbb{Q}}[X^+]/\mathbb{E}_{\mathbb{Q}}[X^-]$ を制約するものである．ここでの $\mathbb{Q}$ は，ベンチマークとなる価格付け測度である．この比率がすべての条件付請求権に一意の価格を割り当てるということは信用できないであろうが，ある取引の収益が損失を上回るという意味で「良い」か否かを判断するベースとして役に立つであろう．このベンチマークとなる価格付け測度の選択は主観的要因を加味して選択される．Bernardo and Ledoit (2000) は，収益損失比率の制約を，プライシングカーネルの分散への制約ではなく，プライシングカーネルとベンチマークカーネルの間の比率の範囲に対する制約に関連させている．しかし Černý (2003, pp. 195–196) が指摘しているように，そのような範囲を満足させるプライシングカーネルを見つけることは不可能かもしれない．例えば，Black–Scholes のモデルで $d\mathbb{Q}/d\mathbb{P} = \exp(-(\lambda^2/2)T - \lambda B(T))$（ここで，$\lambda$ はリスクの市場価格，B は $\mathbb{P}$ のもとでの Brown 運動，そして T は計画対象期間である）という式に基づけば，プライシングカーネル間の比率は株式価格の累乗に比例する．しかし $B(T)$ は有界でないため，その比率は有界ではない．

Sharpe レシオによるアプローチの欠点は，Sharpe レシオは選好を測定するには不

十分（特に非線形のペイオフをもつデリバティブについて）なことである．また，この点は Bernardo and Ledoit (2000, p. 166) が指摘するように，アウトオブザマネーのコールオプションのプライシングカーネルの分散に基づくグッドディールバウンドの下限がゼロになる可能性を引き起こす．なぜなら上方への分散は「良すぎる」からである．Černý (2003, p. 193) が示すように，あるペイオフ (A) は他のペイオフ (B) に対して確率優位 (stochastic dominance) であるが，ペイオフ B は A より高い Sharpe レシオをもつことがある．これらの問題は 2 次の効用関数（6 節）の欠点と関連する．

Bernardo and Ledoit (2000) と Cochrane and Saá-Requejo (2000) の主要な論点と数学的結果の要約は Geman and Madan (2004) にも見られる．Sharpe レシオに関連して Heston の確率ボラティリティモデルに従う株式のヨーロピアンオプションへ適用されたグッドディールバウンドの例については，Bondarenko and Longarela (2004, Section 4.2) を見よ．Björk and Slinko (2006) は，連続時間で原資産の価格過程がジャンプをもつ場合に Sharpe レシオに基づくグッドディールバウンドの数学的基礎を与えている．

Černý (2003) は，Cochrane and Saá-Requejo (2000) のアプローチを，(2 次の効用関数の欠点に関連する) Sharpe レシオをより適切な効用関数に基づく一般化された Sharpe レシオに切り替えて適用することを提案している．例えば，指数効用は相対エントロピーに関する価格の範囲に，べき効用はプライシングカーネルの負のべき乗の期待値に関する価格の範囲に，また対数効用はプライシングカーネルの対数の期待値に関する価格の範囲にそれぞれ相応する．コールオプションの 6 期間の例は，グッドディールバウンドは効用関数の選択に（つまり，どの一般化された Sharpe レシオを使うかに）は強く依存しないが，グッドディールの集合 A を定義する境界（範囲）の水準に強く依存することを示している（Černý, 2003, Section 4.2）．効用関数を変えることは集合 A の形状を変え，一方 A の境界を変えることは A の大きさを変えることであるから，納得できよう．

動学モデルにおいて，プライシングカーネルへの制約を大域的あるいは局所的 (4.1.2) に遂行することができる．連続時間の局所的アプローチは瞬間的なグッドディールを排除できる．もしトレーダーがあるプライシングカーネルによって決定された価値で摩擦なくすべての請求権を取引できるとして，どの瞬間においても速すぎるレートで期待効用が上昇するようなプライシングカーネルを排除できるからである．この点は Kallsen (2000a) の局所的効用の最大化と関連している．Kallsen の「中立的デリバティブの価格付け」は，店頭市場デリバティブを取引することの機会は市場で取引されている証券のみを取引することよりも，大きな局所的効用を与えないという形で価格が決められる．彼は最適ポートフォリオの中のデリバティブの制限された非ゼロのポジションと矛盾しない価格を考察することにより（デリバティブの）価格の範囲を求めた．局所的アプローチを使い Černý (2003, Section 5.1) は，ポートフォリオ戦略からの割引収益過程 (discounted gains process) が伊藤過程であれば，即時

的グッドディールを排除することは，同じ係数の絶対リスク回避度をもつすべての効用関数について，リスクの市場価格のベクトル λ のノルム $\|\lambda(t)\|$ に同じ範囲を課すことであると結論している．6 節の最小マルチンゲール測度がプライシングカーネル $d\mathbb{Q}/d\mathbb{P} = \exp(-\int_0^T \|\lambda(t)\|/2 dt - \int_0^T \lambda(t) dB(t)$（ここでそれぞれの t において $\|\lambda(t)\|$ が最小値をとっている）に相応するように，即時的グッドディールバウンドは常に最小マルチンゲール測度で与えられる数値を（その中に）含んでいる（Černý, 2003, Section 7）ことを意味する．

9.2 均衡および確率優位

その他のプライシングカーネルへの制約として，期待効用最大化を図る経済主体間の均衡に関連する構造的な考察からプライシングカーネルへの直接的な制約を課すことができ，複製不可能なペイオフの価格の範囲は複製可能なペイオフとの比較により構成できるというものである．

期待効用最大化の主体間の均衡の構造的な特徴は，プライシングカーネルは（主体の）富の総計（aggregate wealth）あるいは消費（どちらかはモデルによって異なる）の減少関数であることである．普通，正味の供給が正である資産の価格が上昇すると，プライシングカーネルは，総富と負の相関がない限り減少する．例えば，株式（正味の供給が正）と債券（正味の供給がゼロ）の 2 つの資産があるとする．この場合，可能なプライシングカーネルの集合は株式の価値の増加につれて減少するものに限定される．Chazal and Jouini (2004) は，この制約は Lo (1987) のように，最初の 2 つのモーメントに制約を加えることにより，オプション価格の範囲をかなり狭くできることを示した．このアプローチは少なくとも Perrakis and Ryan (1984) までさかのぼる．これはポートフォリオ間の比較に基づくオプション価格の範囲についての論文群の最初のものである．

その方法は相対的グッドディールを排除するものと考えられるかもしれない．Perrakis and Ryan (1984) は，CAPM による価格付けのルールに従った．そこではポートフォリオの期待リターンは，投資家の消費の限界効用とポートフォリオの最終価値の間の共分散のアフィン関数である．この限界効用とポートフォリオ価値の分布は知られていないが，3 つのポートフォリオを比較することで Perrakis and Ryan (1984) は，1 つの株式と債券からなるモデルにおいて，ヨーロピアンコールオプションの価格の範囲を定式化した．価格の下限と上限は，それぞれ安全資産の金利あるいは株式の期待収益率で割り引いた最終の株式価格のある関数の期待値に関連するものである．この上下限を使うには統計上の確率測度 $\mathbb{P}$ を知る必要はないが，最終の株価のある関数の $\mathbb{P}$ のもとでの期待値を知る必要がある．中間時点での取引，取引コスト，プットオプションなどを含む様々な発展形が試みられている．この方法論の明白な限界は，個々の新しい証券について新しく比較用のポートフォリオを特定する必要性のあることである．Perrakis and Ryan (1984) に関連するその後の文献の概説について

は，Constantinides and Perrakis (2002, Section 1) を見よ．

Bozid and Jouini (2005) は，非完備市場における様々な経済主体間の均衡が，その市場を完備化した場合の均衡とは必ずしも一致しないことを指摘した．彼らは価格カーネルが消費総額の非増加関数であることを仮定せずに，非完備市場で非常に弱い均衡条件を課すことによって得られる価格の範囲は，すべての可能なその市場の完備化を考慮した結果から導かれる範囲より広いことがありうることを示した．彼らは，Perrakis and Ryan (1984) の CAPM への依存を，可能であるが既知ではない市場の完備化を考えるものとみなした．他方で，CAPM は市場の完備性によって正当化されるものではなく，多様な投資家たちの近似的に 2 次の選好（quadratic preferences）を考察することで正当化されると考えた．さらに Constantinides and Perrakis (2002) は，CAPM でなく確率優位性に基づいて，Perrakis and Ryan (1984) の結果を再生し拡張した．

彼らは確率優位の概念を用い，すべての増加および凸の効用関数のもとで，期待効用を増加させるような（オプション）取引を可能にするオプションの価格を排除した．もしこの下限の価格より低い値でデリバティブがオファーされると，すべての期待効用最大化の主体はすべての財産を市場に投資するよりもこの証券を購入することを選好する．これはすべてのペイオフの Sharpe レシオが複製可能なペイオフの最大の Sharpe レシオのある倍数よりも大きくならないという制限と本質的には同じである．違いは，倍数は 1 で固定されていること，一般化された Sharpe レシオのような特定の尺度を用いず，どのような期待効用をも上昇させることになる場合に限ってその価格は排除されるという点にある．CAPM のアプローチは Sharpe レシオの代わりに超過リターン「アルファ」を使うだけで，(Sharpe レシオのアプローチに) 近いものであるといえる．

最適化における確率優位の制約条件については（これはポートフォリオ最適化あるいは価格付けにも適用できると考えられる），Dentcheva and Ruszcyński (2003) を見よ．

10. 曖昧さと頑健性

リスクは確率分布という方法で計量化できるものであるが，より無知の程度が大きい曖昧さ（ambiguity）あるいは Knight の不確実性（Knightian uncertainty）とは区別されなければならない（時に不確実性という言葉はリスクと曖昧さを含むものとして広く使われる）．確率分布を当てはめてリスクを計算できれば，われわれは何かを知っているといえる．例えば，潜在的には無限に繰り返して行うことのできる独立試行の実験において，ある事象 F の起こる確率はどの回も 30% であると仮定しよう．次の試行で事象 F が起こるのかは知らないが，大数の法則により F が起こる回数の割合は最終的には 29.99% と 30.01% の間であることを知っている．もしそのような

知識がなければ，この現象に確率測度を当てはめることはできないし，不正確な確率 (imprecise probability; Walley, 1991) のような概念を必要とするであろう．例えば集合 $\mathcal{P}$ に属する確率測度を，もっともらしい (plausible) 確率測度，集合 $\mathcal{P}$ に属さない確率測度をありそうもないもの (implausible) とし，$\inf_{\mathbb{P}\in\mathcal{P}} \mathbb{P}[F]$ と $\sup_{\mathbb{P}\in\mathcal{P}} \mathbb{P}[F]$ を F の確率の上下限として割り当てる．大量の文献が Ellsberg (1961) の問題にあてられている．ここで述べられているような考察はギャンブルに対する選好に影響を及ぼすと考えられている．主体は曖昧なギャンブルより，そうでないギャンブルに賭けることを選好するが，この選好はどのような期待効用最大化問題とも整合性がない．これは主体は1つの確率測度によって曖昧なギャンブルを描写することができるという信念をもっていないからであろう．

金融市場の不確実性のモデルに全幅の信頼をおけないことは，金融工学において，曖昧さという概念は重要な考慮すべき点であることを示唆している．3.3項において議論したように，すべてのペイオフを完全にヘッジするためには，ヘッジするトレーダーは完備市場にいて，市場で取引されている証券が従う確率過程を知っていなければならない．確率過程に関する曖昧さは結果的に非完備性をもたらす．なぜなら，完全なヘッジを行うことが不可能になるからである．

曖昧さを非完備市場に適用するというテーマは，最終的な結果に関する不確実性をリスクと曖昧さに分割することである．トレーダーが消費を遅らせること（異時点間代替）を，リスクを，そして曖昧さを回避することすべてが（トレーダーが）取引したいと考える価格を決定するのである．曖昧さの回避は，しばしば不確実性を示すモデルを正しく特定できないことに対する頑健性への欲求であるとされる．ファイナンスの文献 (Chen and Epstein, 2002; Anderson et al., 2003; Maenhout, 2004) における共通のアプローチはすべてのトレーダーが同じ選好をもつ場合の均衡を考え，資産の均衡期待リターンのリスクと曖昧さの市場価格という観点からの分析を行うことである．

Anderson et al. (2003) は，「平均リターンは推計困難なので，証券価格にはかなり大きなモデルの不確実性からくるプレミアムが存在している」と結論している．また Maenhout (2004) は，「経験的に，時系列データの普通の長さを所与として3～5%のウェッジ (wedge) を見つけるのは困難である．もっともらしいリスク回避そして不確実性回避の尺度を所与とすれば，均衡時のエクイティプレミアムは4～6%となるであろう」と同意している．Liu et al. (2005) は，同様な方法で，拡散係数ではなく，まれに起こるジャンプの事象についての曖昧さを考慮してオプションの価格への影響を研究した．このファイナンス研究のメインストリーム（10.1項）は均衡限界無差別価格 (equilibrium marginal indifference pricing) の例である．他の主観的なアプローチについては10.2項で議論する．

10.1 完備選好

4.2.3 において，期待効用最大化はポートフォリオの最適化やデリバティブの価格付けのベースとしては，確率測度といった既知でないインプットに対して非常に敏感であるという理由で適していないということを議論した．この欠点がロバスト効用（robust utility）の研究を引き起こしたのである．主な文献としては，Gilboa and Schmeidler (1989) にさかのぼる．彼らはランダムな富 V の期待効用 $\mathbb{E}[u(V)]$ を

$$U(V) = \inf_{\mathbb{P} \in \mathcal{P}} \mathbb{E}_{\mathbb{P}}[u(V)] \qquad (12.13)$$

で置き換えた．ここで，$\mathcal{P}$ は考えうるもっともらしい確率測度，あるいは複数の事前確率（multiple priors）の集合である．集合 $\mathcal{P}$ を所与として，(12.13) のロバスト効用を最大化するポートフォリオを選択することができる．この (12.13) は選好関数として完備な選好を規定し無差別価格 (4.2.2) の基盤となるものである．Talay and Zheng (2002) は，モデルのリスクを所与として，デリバティブの価格付けへのアプローチを示した．

(12.13) の形状は凸リスク測度（Föllmer and Schied, 2002）のように見えるが，すべての凸リスク測度が曖昧さあるいは頑健性の観点からの解釈を有しているわけではない．例えば Schied (2004) はロバスト効用関数を最大化する問題，あるいは同じことであるが，資金制約下で凸リスク測度を最小化する問題を示した．彼は確率法則不変（law-invariant）のリスク測度 ρ（ここで，$\rho(X)$ は参照確率測度 $\mathbb{P}_0$ のもとでの X の確率法則にのみ依存する）について明示的な結果を導いた．このことは曖昧さに関する解釈をもっていない．なぜならば，曖昧さには他の確率測度のもとでの X の確率法則もまた重要な事柄であるからである．確率法則不変のリスク測度の例は，期待ショートフォールであり，$\mathcal{P} = \{\mathbb{P} \mid d\mathbb{P}/d\mathbb{P}_0 \leq r\}$ で集合 $\mathcal{P}$ は定義される．これは尤度比に関する各点制約条件であり，ただ 1 つの確率測度 $\mathbb{P}_0$ を考慮するが，事象 F が $\mathbb{P}_0[F] \leq 1/r$ を満たすとき，すべての条件付確率測度 $\mathbb{P}_0[\cdot \mid F]$ を考慮している．

尤度比に対する ω ごとの各点制約は相対エントロピー $\mathbb{E}_{\mathbb{P}}[\ln(d\mathbb{P}/d\mathbb{P}_0)]$ への制約と対比される．集合

$$\mathcal{P} = \{\mathbb{P} \mid \mathbb{E}_{\mathbb{P}}[\ln(d\mathbb{P}/d\mathbb{P}_0)] < \epsilon\} \qquad (12.14)$$

は計量経済学的推論により $\mathbb{P}_0$ を最良の推計値であると判断したが，計量経済学者は $\mathbb{P}_0$ が真の確率測度かどうかは不確実と考えていると仮定したうえで，(真の確率測度として）可能性のある確率測度の集合と解釈できる．推計後，ある確率測度は他のものより高い p 値を有している，あるいは高い事後尤度を有しているという理由でもっともらしいと判断される．エントロピー規準は少なくとも (12.14) の集合 $\mathcal{P}$ が拡散過程などのモデルの族との共通集合をもつのであれば扱いやすい．しかし，エントロピーは

どの確率測度がもっともらしいかを描写する方法としては適さないかもしれない．異なる事象は異なる程度の曖昧さをもち，モデルのあるパラメータは他のモデルのそれよりさらに曖昧であるからである．例えば金融工学の実務家はボラティリティの推計値に比べて，相関係数や期待収益率の推計値に自信をもっていない．すべてのトレーダーが普段利用可能なデータから推計された確率測度を取り巻く曖昧さを説明するのに使う一意の正しいエントロピーのペナルティーや制約が存在するわけではないと考えることで興味深い結果が現れる．ある資産は他の資産より曖昧であることが，投資の分散不足（under-diversification）を招く（Uppal and Wang, 2003）．あるいは，短期のリターンに負の歪度や固有のボラティリティへのプレミアムを生じる原因となる（Epstein and Schneider, 2005）．異なるトレーダーは，資産に異なるレベルの曖昧さをもっていることが，投資のホームバイアスの問題 (home-bias puzzle; Epstein and Miao, 2003) および株式市場への参加が限定的であること（Cao et al., 2005）の説明となるかもしれない．

　Anderson et al. (2003) は，（ポートフォリオの）効用が真の確率測度に関する曖昧さに関して頑健である，つまり観測されたデータを所与として，排除できないすべての代替的な確率測度のもとでも効用が高いポートフォリオを構築しようとする計量経済学的問題を考察した．これは考慮されている個々のモデルと最良に適合するモデル間の相対エントロピーに比例するペナルティーを含む最適問題へと彼らを導いた．結果はあらゆるモデルの中で，最悪のケースのモデルを使って計算することができる．Maenhout (2004) は，この方法論で，より取り扱いやすいバージョンを考察した．つまり，最適ポートフォリオのウェイトが富とは独立になる方法でエントロピーのペナルティーが富に依存している場合を研究し，明示的な結果を示した．相対エントロピーに課されるペナルティーの代替としては，(12.14) のような相対エントロピーへの制約である．エントロピーのペナルティーおよびエントロピーへの制約は異なる選好をモデル化する．しかし，両者とも最悪のケースのモデルを使うという結果になるばかりではなく，2 つの問題は同じ解を共有（つまり最悪のケースのモデルと最適なポートフォリオを共有）することになる（Hansen et al., 2006, Section 5）．よって，トレーダーのポートフォリオがエントロピーのペナルティーか制約条件のどちらの問題を解法した結果であるかを推論することは不可能である．

　この問題は観測的同値性（observational equivalence）として知られており，ファイナンスの文献にしばしば登場する．Skiadas (2003) は，Brown 運動により駆動される市場においてエントロピーペナルティーの目的関数は，確率微分効用（stochastic differential utility; SDU）のそれと一致することを示した．Skiadas (2006) の要因に依存するリスク回避（source-dependent risk aversion）についての議論を見よ．Maenhout (2004) は，エントロピーペナルティーの定式化に似た形式が SDU と観測的同値であることを示した．しかし，この観測的同値性は 1 つのモデル内でのポートフォリオ選択と資産価格付けに限られることを強調している．観測的同値性が生じる

のは，ロバスト選好を用いた最適ポートフォリオの解が，最悪のケースのモデルを使用することに帰結する場合に，そのモデルにある特定の SDU が対応するからである．しかし，仮に市場における機会が変化すれば最悪のモデルも同じく変化し，他の SDU と同値になるであろう．つまり観測的同値性はより広い文脈の中では崩壊する（Chen and Epstein, 2002, Section 1.2）．

さらに金融工学の見地からは，異なるインプットを所与として同じ解を導く異なる方法は，やはり異なるものと考えられる．ある方法は，インプットを特定して有益な結果を計算しやすいという点で，記述的というよりむしろ道具として，他の方法より優れている．例えば，リスク回避および曖昧さ回避の両方を特徴としてもつ選好が，リスク回避だけを特徴としてもつ選好と観測的に同値であれば，後者のほうがリスク回避のレベルは大きい．内省によってリスク回避と曖昧さ回避の度合いを特定するほうが，リスク回避のどのレベルが同じ結果をもたらすのかと推測するよりも容易であろう．実際，Maenhout (2004) は，曖昧さ回避を用いてエクイティプレミアムパズルを説明している．このパズルは，過去の株式の平均リターンとマッチする期待収益率を正当化するのに必要なリスク回避度のレベルは，ほとんどの経済主体が曖昧さのないギャンブルに直面したときのリスク回避のレベルに比べて，ありそうもないほど高いというものである (Mehra, 2003; Mehra and Prescott, 2003)．しかし，経済主体は金融市場においては非常に大きなリスク回避度を示しているのかもしれないが，そのうちの多くは市場のもつ曖昧さへの回避によって生み出されているのかもしれない．Liu et al. (2005) は，総計された賦与に見られるジャンプを含む，まれにしか起こらない事象についての曖昧さ回避が，オプション価格のスマーク (smirk) を説明できることを発見した．Routledge and Zin (2004) は，複数の事前確率をもつマーケットメーカーによってもたらされる流動性の変動をモデル化して，明示的で単純な店頭市場におけるオプション取引の例（マーケットメーカーの買い／売り建値，およびロバスト効用に基づくヘッジなど）を与えている．

原理的にはエントロピーを用いなくとも，複数の事前確率の集合 $\mathcal{P}$ を構成することは可能である．取り扱いやすいエントロピーの方法論を使わない一つの大きな動機は動的整合性 (dynamic consistency) である．リスク測度の最近の文献では，様々な動的整合性について活発に議論されている．Roorda and Schumacher (2005) を見よ．大雑把にいうと，動的整合性は時点 T におけるペイオフ X と Y について時点 $t<T$ において X が Y より常に選好されるのであれば，X は $s<t$ であるどのような s においても Y より選好されなければならない．そうでなければ，異時点においての選択に一貫性がなくなってしまう．このような動的整合性の欠如が受け入れられるかどうかは，どの問題に適用されるかによって異なる．例えば店頭市場取引の証券の価格付けよりも，規制において動的整合性の欠如がある場合のほうが問題である．曖昧さを考慮する際のある種の信念を所与とすれば，整合性の欠如も適切であるという議論については Epstein and Schneider (2003, Section 4) および Roorda et al. (2005,

Section 4) を見よ.

　動的整合性は複数の事前確率の集合 $\mathcal{P}$ が「矩形 (rectangular)」であることを要求する．これは離散時間のモデルでは，$\mathcal{P}$ が以下の性質をもつことを意味する．時点 i のみに関連する任意の事象 F_i，時点 $1, 2, \cdots, i-1$ のみに関連する任意の事象 $F_{<i}$, そして任意の $\mathbb{P}_1, \mathbb{P}_2 \in \mathcal{P}$ について，$\mathbb{P}_3(F_i \cap F_{<i}) = \mathbb{P}_1(F_i)\mathbb{P}_2(F_{<i})$ を満たす $\mathbb{P}_3 \in \mathcal{P}$ が存在しなければならない．つまり任意の 1 時点の条件付確率は，時点 $1, 2, \cdots, i-1$ のすべての確率測度の組合せとして書き表せなければならないということである．例えば，もし $\mathcal{P}$ が，独立の増分をもつ対数株価の多期間二項モデルに適応する 2 つの確率測度を含んでいるとしよう．そして 1 つの測度は株価が上昇する確率が 40%，他方の測度は上昇する確率が 60% であるとしよう．この場合，$\mathcal{P}$ は矩形ではない．$\mathcal{P}$ が矩形になるには，取りも直さず，時点 1 のときの上昇確率が 40% で，時点 2 のときの上昇確率が 60% である確率測度を含んでいなければならない．

　この $\mathcal{P}$ に対する矩形性の要請は，「再帰的複数事前確率 (recursive multiple priors)」として知られる選好の構築につながる (Chen and Epstein, 2002; Epstein and Schneider, 2003)．これは SDU と (12.13) のロバスト効用の組合せと見ることができる．エントロピーへの制約条件から定義される $\mathcal{P}$ は矩形ではない (Epstein and Schneider, 2003; Hansen et al., 2006)．動的整合性の支持者は非矩形の事前確率測度の集合が矩形になるまで拡張することを提案するが，他の研究者（例えば Hansen et al., 2006, Section 9）は，このように拡張された結果の集合は大きすぎるために，確率に関する興味深い制約を課す柔軟性をモデル構築者から奪ってしまうと反対する．非完備市場での価格付けの観点でいえば，価格の上下限の幅が広すぎるということになる.

10.2 非完備選好

　(12.13) のロバスト効用を Gilboa and Schmeidler (1989) にあるように，完備な選好を定義するために使うことは，1 回のポートフォリオ最適化問題には適している．そこでは，$\mathcal{P}$ の中のどの確率測度が正しいかという点に関する曖昧さに直面し，悲観的態度からあるポートフォリオ戦略が選ばれる．その結果が最悪のケースのモデル $\mathbb{P}^* \in \mathcal{P}$ の選択となる．これは 4.4 項で論じた最も好ましくない完備化と同様の話である．10.1 項で議論した方法は，$\mathbb{P}^*$ から導出される均衡価格付け測度 $\mathbb{Q}^*$ のもとで，すべてのペイオフの価格付けを行うというものである．全期間においてペイオフにこの価格を割り当てることは最悪のケースのモデルにおいて期待効用を最大化することに腐心することを反映しており，他の可能な $\mathcal{P}$ の中のモデルのもとでの期待効用については何の関心も払わないことである．

　この点について，どんな不具合が生じるかを見るために，ランダムな総富の中で最適なものを選ぶ場合と，4.2.2 で議論したようにペイオフの中で最適なもの（富の変化分）を選ぶ場合の違いについて考えてみる．また無差別価格が完備な選好に基づくのに対

し,無裁定価格およびその他のグッドディールバウンドは非完備な選好(incomplete preference)に基づいている.無裁定価格は,ess inf$(V-W) \geq 0$ つまり $V \geq W$ のとき,V が W より弱い意味で選好されるというように,非完備な選好に基づいている.つまり $V \geq W$ でも $W \geq V$ でもない場合は,この選好構造は無差別についても V と W の選好についても何も表現できない.つまり,この2つのどちらにも決めることはできない.総富についての選好関数として,本質的下限(essential infimum)を使う完備な選好構造はポートフォリオを最悪のケースのシナリオに基づいて評価することになる.つまり ess inf $V >$ ess inf W であれば,V は W より選好される.これはファイナンスにおける意思決定に適した選好構造であるとはいえない.この選好関数によれば1セントを確実に得られるのであれば,それは 0.01% で何も得られず 99.99% で100万ドル得られるというくじより選好されることになってしまうためである.

同じ問題は Gilboa and Schmeidler (1989) のロバスト効用についても起こる.もし集合 $\mathcal{P}$ が,曖昧さの程度を反映して大きいとすると,最悪のケースの確率測度のもとでの期待効用を増加させるポートフォリオの中の変化は,他のありえそうな測度($\mathcal{P}$ の要素)のもとでの期待効用を減少させることがある.その場合,投資家はこの変化が改善であることに自信がもてないばかりか,悪い取引ではないかと疑ってしまう.別の言葉でいうと,主観的グッドディールバウンド(4.2項)に使われるロバスト効用により定義される許容集合

$$A_{GS} = \left\{ Z \mid \inf_{\mathbb{P} \in \mathcal{P}} \mathbb{E}[u(V+Z)] \geq \inf_{\mathbb{P} \in \mathcal{P}} \mathbb{E}[u(V)] \right\} \quad (12.15)$$

は,グッドディールの集合としては適さないかもしれない.

代替案としては,総富そのものではなく,その変化分の頑健な評価を行うことである.つまり無裁定価格の幅の議論に見られるような,非完備なポートフォリオ間の選好である.これは Bewley (2002) の非完備な選好スキームに対応する.この場合の許容集合は

$$A_B = \left\{ Z \mid \inf_{\mathbb{P} \in \mathcal{P}} \mathbb{E}[u(V+Z)] - \mathbb{E}[u(V)] \geq 0 \right\} \subseteq A_{GS} \quad (12.16)$$

と書かれる.つまりある変化は,もしそれがすべてのありえそうな確率測度のもとで期待効用を増大させるのであれば(単に最悪のケースの測度においてのみ期待効用を増大させるのでなく),グッドディールと考えられる.このより小さな許容集合は,より少ないグッドディールを認識するという点,つまりより広いグッドディールバウンドにつながるという点で保守的である.この Bewley (2002) のアプローチは,ありそうもない測度 $\mathbb{P}_x$ を $\mathcal{P} = \mathcal{P}' \cup \{\mathbb{P}_x\}$(ここで $\mathcal{P}'$ は真のありえそうな測度の集合)に含んでしまう誤りにもうまく対処できる.このとき $\inf_{\mathbb{P} \in \mathcal{P}} \mathbb{E}[u(V+Z)] > \inf_{\mathbb{P} \in \mathcal{P}} \mathbb{E}[u(V)] \geq \inf_{\mathbb{P} \in \mathcal{P}'} \mathbb{E}[u(V)] > \inf_{\mathbb{P} \in \mathcal{P}'} \mathbb{E}[u(V+Z)]$ となるペイオフ Z が存在し,$\mathbb{P}_x$ は最悪の

ケースのモデルとなる．Gilboa and Schmeidler (1989) のアプローチであれば，誤って V から $V+Z$ へ変更してしまうことになるが，これは実際のところ改悪である．これに対して Bewley (2002) のアプローチはいくつかのグッドディールを拒否してしまうという誤りを犯すのみで，悪いディールを誤って許諾してしまうことはない．

ここで問題は店頭市場のマーケットメークにおいて，曖昧さ回避がどの程度顕著に見られるかである．人は曖昧さのヘッジ（つまり期待効用の曖昧さを減らすためのペイオフ）に高い価格を支払うであろうか？それともポートフォリオを確実に改善するような十分に低い価格を払って，曖昧さのないグッドディールのみを受け入れるのであろうか？

11. カリブレーション

2.2 項で議論したように，非完備市場において価格付けを行うために，市場価格のついている証券を使って $\mathbb{Q}$ をカリブレートし，割引期待価値 $\mathbb{E}_\mathbb{Q}[DX]$ をペイオフ X の価値として割り当てるのが実務における標準的な手法である．もし真のモデルを含む完備市場のモデルの族に対してカリブレートすると，$\mathbb{Q}$ は一意の無裁定価格付け測度である．しかし市場が非完備であれば，$\mathbb{E}_\mathbb{Q}[DS]$ を市場で取引されている任意のペイオフ S の市場価格として $\mathbb{Q}$ を選択することは，必ずしも任意のペイオフ X の無裁定価格であることを保証しない．なぜなら，これは単にデータにカーブを合わせているにすぎず，無裁定価格は $\mathbb{Q}$ が統計上の確率測度 $\mathbb{P}$ と同値であることを要請する点を考慮していないからである．さらに１つ以上の測度 $\mathbb{Q}$ が無裁定価格を導出することも非完備市場の特徴である．

原資産の価格についての新しい非完備市場モデルを提案する研究者は，市場関係者にアピールするために一意のリスク中立価格の公式を提供する．典型的な方法は統計上の測度 $\mathbb{P}$ のためのモデルを書き，同じパラメータ形式を有する同値な測度 $\mathbb{Q}$ を求めるという想定のもとに，$\mathbb{P}$ と $\mathbb{Q}$ のもとでのパラメータの関係を叙述する．この最後のステップは特定されていないリスクの市場価格（例えば Heston, 1993）による方法あるいは期待効用最大化の主体間の均衡の構築によってなされる．後者の場合，特定されていない効用関数のパラメータが出現する（Madan et al., 1998; Kou, 2002）．最後のステップは実は実務上重要ではない．実務家は $\mathbb{Q}$ のパラメータを $\mathbb{P}$ とは無関係に市場価格によってカリブレートするからである．

通常何が起こるかというと，少ないパラメータの倹約的な（parsimonious）モデルでは，すべての市場証券の価格と完全に一致させることはできない．つまりモデルは完全ではない．複数の価格付け測度 $\mathbb{Q}$ が，観測される市場価格と整合しているとしても，いま考えられている確率測度のうち完全に整合しているものは１つもない．カリブレーションは最も整合している $\mathbb{Q}$ のメンバーを選択することである．店頭市場取引においてカリブレーションをもとにした価格を使う論拠は，これらの価格は市場価格

とほとんど整合しており，裁定を回避し市場価格が正当なものであれば，店頭市場証券のペイオフの正当な価格を割り当てることができるというものである．

つまり，市場価格が裁定やグッドディールを許さないのであれば，市場価格にカリブレートされた店頭市場価格は，同様に裁定やグッドディールを回避する可能性が高いという議論である．しかし，この結論が正しいか否かは店頭市場証券のペイオフがどの程度市場価格のついている証券のそれに類似しているかにかかっている．もし店頭市場証券の価値を決めるのに重要な事象についての情報を与えるような市場証券の価格が入手できなければ，このスキームは信頼できなくなる．2.3項で見たスワップションストラドルのスプレッドの例を考えてみる．限られた日付の１つに満期を迎えるスワップションの価格の相場は存在するであろうが，それらの日付は２日以上も離れているのである．すなわち，これらのスワップションの価格へモデルをカリブレートすることは，$\mathbb{Q}$のもとでの隣り合う満期日の間の期間における金利のトータルボラティリティの情報を与えるだけで，そのボラティリティが満期日と満期日の間にどのように分布しているかという情報を与えない．典型的なカリブレーションは，ボラティリティがどこかに集中していると考える理由がないと仮定して，滑らかに補間する．しかしながら，$\mathbb{P}$のもとでの金利のボラティリティは主要な経済指標の発表日の周りに集中している．よってJPモルガンがスワップションストラドルのカレンダースプレッドを売ったその価格はスワップションの市場価格とは整合していたが，結果的に顧客にとってのグッドディール，JPモルガンにとってのバッドディールとなったのである．より良いモデルを有していればこの問題が解決できたというわけではない．なぜなら，モデルのカリブレーションに必要な情報を市場価格が有していないからである．必要なのは良い方法である．それは統計上の確率測度の評価に基づき，トレーダーに経済指標発表日の近傍のボラティリティの集中という情報をもとに価格付けをさせるような方法のことである．

12. 結　　論

人々は非完備市場におけるデリバティブのみならず，原証券の均衡価格やリアルオプションのアプローチを通じた企業の投資を含むような，条件付請求権の統一理論を夢見る．それらの応用には多くの共通点があるが，ここでは店頭市場で取引されているデリバティブのマーケットメークに焦点を当てた．これは適用分野が異なれば，実際の環境が非常に異なるため，いかなる価値評価の方法も，その利用目的に応じて別々に判断されなければならないという信念に基づくものである．例えばマーケットメークをする際，トレーダーは潜在的な顧客はより優れた情報をもっているかもしれないと懸念する．一方で，投資判断をする企業の幹部は将来のキャッシュフローについて部下が先入観にとらわれた情報を提供しているかもしれないことを懸念する．またヘッジはデリバティブの取引では最重要であるが，企業投資においては副次的な重要性し

かもたない.店頭市場デリバティブのマーケットメークという分野において,推論困難なインプットの特定ミスに対して頑健で,買い／売り建値での個々の取引が有益であり,迅速な計算を可能にするため,取り扱いやすい価格付けの方法論が求められている.

何を指して有益というかは,少なからず議論があるが,適切な価格付けの方法論は,期待効用無差別価格のように適切な経済学的基盤を有しているか,特定の状況に際しては確固とした方法の結論とよく適合しているものであるべきである.経済学的基盤は取引を考えているマーケットメーカーの現在のポートフォリオ,従事するリスク管理のフレームワーク,将来の取引機会という主観的な状態を含むものである.個人の状況を考慮に入れない客観的な方法論は,主観的に有益な結果を生むと示された場合においてのみ適切である.例えば,ある客観的なグッドディールバウンドがトレーダーの主観的なそれよりも広く,しかもなお使用に耐えられるに十分な狭さであれば適切であるといえる.「公正価格 (fair price)」を確認するより,トレーダーにとって,その価格で取引すれば有益である価格を見つけるほうが有用である.ある豪華な車にとって30万ドルは公正な価格であろうが,それを再度売却できないのであれば,その車をその価格あるいはそれに近い価格で買うことは有益ではない.

様々な方法が上記の要求リストをどの程度達成しているかを評価して本章を終えることにする.そのような評価を行うために,さらなる研究が必要な場合には,それについても言及する.ここではいくつかの主要な方法に焦点を当てる.一つは統計上の確率測度に関係なく市場価格にカリブレートする方法,次は期待効用最大化および無差別価格に基づくもので大域的／局所的規準による限界無差別価格あるいは最小距離測度を含む方法,第三は,最小距離測度ではなく,低距離測度による価格付けのようにプライシングカーネルに制限を加える方法,最後に,最悪のケースのモデルを使うものにせよ,すべてのもっともらしいモデルを考慮するものにせよ,曖昧さを考慮に入れる方法である.

最も使いやすい方法はカリブレーションである.1つのパラメトリックな最適化により計算された単一の確率測度のもとで期待値をとることにより,すべてのペイオフを価格付けすることができる.次に使いやすい方法は,期待効用に基づくものであれ,最悪のケースのモデルに帰着するロバスト効用に基づくものであれ,最小距離あるいは限界無差別価格のように単一の確率測度を用いる方法である.カリブレーションに必要な時間と労力より,これらの方法のために単一の確率測度を見つけるほうが大変である.これらの方法より扱いにくいのは,非限界無差別価格である.これは単一の測度のもとでの価格付けではなく,個々のペイオフの価格付けをするために個々の最適化を必要とする.局所的方法は大域的方法より扱いやすい.複数の価格測度の中で最適化を行うプライシングカーネルへの制約および頑健な方法は最も困難であると思われる.これらの最適化はノンパラメトリック(例えばすべての状態におけるプライシングカーネルの計算など)になる可能性がある.

頑健性は，複数の統計上の確率測度に基づく方法が目的とする性質である．しかし，今後の広範な実証研究によって，結果として得られる価格は統計上のサンプル抽出の誤差に対して頑健であると確認されなければならない．価格カーネルの制約による方法は低距離測度を特徴とするが，単一の統計上の確率測度 $\mathbb{P}$ と複数の価格付け測度を用いる．これらの頑健性も今後の問題である．期待効用無差別価格あるいは距離最小化（2次あるいは指数効用の特別な場合を含む）を含むあらゆる方法は，統計上の確率測度 $\mathbb{P}$ について頑健ではない．

カリブレーションは観測されたインプットに対してより頑健である．なぜなら，計量経済学的モデルのパラメータを推測するより，市場価格を観測するほうが容易であるからである．しかし価格データは古いものであったり，誤っていたり，市場のマイクロストラクチャーあるいは買い／売り建値のスプレッドなどから，ノイズを含んでいたりするので，データに対する頑健性はまだ問題事項である．より倹約的なモデルはより頑健である．カリブレーションはそれが行われるモデルの統計上の測度の集合 $\mathcal{P}$ の選択に関しては頑健ではない．この結果として残るリスクはモデルリスクといわれる．頑健な方法（10節）を用いて，異なる $\mathcal{P}$ の集合からカリブレートされた複数のモデル $\widehat{\mathbb{Q}}$ を使うことにより，このモデルリスクが軽減されるのか，あるいは低距離測度（9節）の方法を用いて，最小の誤差をもつ単一のものではなく，十分に小さい（カリブレーションの）誤差をもつ $\mathcal{P}$ の集合から抽出されるモデルを使うことにより，モデルリスクが軽減されるのかどうかは興味深い．

買い建値と売り建値で行われる取引が有益であることを確実にするためには，買い建値／売り建値として使用するのに適した価格の範囲を提供する方法を使うべきである．適切でない価格の範囲，あるいは単一の価格を生み出す方法を使用する場合に，トレーダーは単に買いと売りの建値を決める機構にすぎなくなり，取引がヘッジできないリスクを埋め合わせているかを判断できなくなる．

トレーダーの最適化されたポートフォリオに基づく期待効用無差別価格は有益な価格の範囲を生成する方法のパラダイムであるが，この方法の致命的な欠点は頑健でないことである．トレーダーは，信頼のおけない効用最大化に基づいて彼のポートフォリオを最大化しなければならないか，あるいは無差別価格は彼の実際のポートフォリオではなく，想像上の最適ポートフォリオに適したものとなる（5.2.1）．

限界無差別価格や最小距離測度に基づく方法は，期待効用無差別価格より弱い経済学的基盤によっている．単一の価格を生じること，不適切な効用関数を使用していること，トレーダーのポートフォリオを無視した客観的な姿勢によるものであること，という明白な欠陥はさておいて，これらの方法は期待効用無差別価格と近似的に同じ結果を得ることができるか，またその場合はどのような状況において可能であるかを示すことが残されている．この点は低距離測度に基づく方法にも影響を及ぼす．また，これらを使用する際の問題はどれくらいの距離が「低い」というのかということである．

カリブレーションの場合，その結果として求められた価格で取引することが有益で

あると信ずる理由は何もない．その成功はトレーダーの経験や直観をうまく使うこと，非常に競争的な店頭市場取引においてヘッジする能力，ヘッジが困難な状況における買い／売り建値のスプレッドなどに大きく関係している．カリブレーションの失敗はその限界を物語る．ヘッジファンドが知るように，すべての店頭市場証券を価格付けする能力は，カリブレーションが避けている統計上の確率測度 $\mathbb{P}$ の評価能力を含んでいなければならない．計量経済学との統合が望ましい．このことは，われわれを統計上の確率測度 $\mathbb{P}$ を特定するときの誤差に対する頑健性の問題に戻らせしめる．主観的な曖昧さに対する頑健方法は，例えばロバスト効用を使うことによって期待効用無差別価格の正当性を保持しつつ，この問題を乗り越えようとする．しかし，店頭市場証券の価格付けのための有用な方法を生み出すことにより，計量経済的推論のあとに残された曖昧さをいかにモデル化し計量化するかを示すことが課題である．

根本的な問題は，現在のデリバティブの価格から，そして原資産の過去の価格の計量分析から，いかに情報を引き出すかである．特にデリバティブの現在の価格が，統計上の確率測度 $\mathbb{P}$ で表現されているように，原証券の将来価格に関する信念と整合していない場合，どのように対応すればよいのであろうか？もし，単に店頭市場証券のマーケットメークをするのみでなく，取引されている証券に投機／投資したいと考える場合には認識されているミスプライスに対して取引をするよい機会であろう．この取引は，市場で取引されている証券の無差別価格の範囲が実際の市場価格を含むように適応するには，相応なリスクを生じるであろう．もし市場取引されている証券に投機／投資したいと考えないのであれば，単純にヘッジコストを計算する際に，現在の市場価格を考慮するのみでよいのか，あるいはグッドディールは存在しえないという信念のもとに $\mathbb{P}$ についてなにかを推論するのであろうか？後者であれば，$\mathbb{P}$ についての推論は単に統計上の尤度を最大化することを目的とするのではなく，この目的と EMM の集合 $\mathcal{Q}$ との距離を最小化するいうことをバランスさせるべきである．

謝辞

筆者は National Science Foundation による Grant No. DMS-0202958 のもとでのサポートおよび National Security Agency による Grant No. H98230-04-1-0047 のもとでのサポートに謝意を表したい．筆者は Philippe Artzner, Aleš Černý, Dmitry Kramkov，そして Costis Skiadas に，価値ある議論と参考文献を教示していただいたことを感謝する．筆者はここでの見識とすべての誤りにおいて責任を有する．

付録 A　非完備性の定義と基本定理

われわれは完備市場を任意のキャッシュフローを複製できる市場として定義することを好むであろうが，これはいくつかの質問を喚起する．複製したいと考えるキャッシュフローの集合 C とはどのようなものであろうか？複製するのに使う可能なポート

フォリオ戦略の集合 Θ とは何か？また複製とは何を意味するのであろうか？

まず，複製されるべきキャッシュフローの集合 C を特定しなければならない．通常どおり，最終時点 T におけるペイオフを表現する確率変数であるキャッシュフローに焦点を当てる．市場がどの程度完備性を有するかを見積もるとき，時間 $[0,T]$ において観測される金融変数の関数であるペイオフの複製のみを考慮することは理にかなっている．数学的都合から，この集合でも大きすぎるとされるし，文献では考慮すべきペイオフは可積分あるいは有界であるというさらなる制限を課すのが通常である．この有界条件には経済学的理由も存在する．

二番目の質問はどのポートフォリオ戦略が許容されるか，そして無限に借入ができないという条件で，価値が下に有界でないポートフォリオ戦略を実行するのは不可能であるということである．許容条件（admissibility, tameness）といった制限と同時に（あらゆる取引コストを支払った後で）自己充足的であるポートフォリオ戦略にのみ注意を払う．これは無裁定価格と資産価格の第一基本定理（fundamental theorem of asset pricing; FTAP）の研究で制約を課すことと同じ理由からである．当初のコストが有限であるポートフォリオ戦略のみを考える．これは無限の市場取引証券が存在するモデルにおいては大きな制約である．また他の制約を課すことも考えねばならない．たとえば「停止時間シンプル（stopping time simple）」なポートフォリオ戦略である．これはポートフォリオが有限回数のみリバランスされる戦略を含む．なぜなら，連続時間のヘッジは不可能だからである．同様な理由で，モデルでは無限個の市場取引されている証券が存在していても，ポートフォリオに含まれる市場取引可能な証券の数は有限であるように制約を加えることも可能であろう．実行可能なポートフォリオ戦略の集合 Θ を定義することの結果，複製可能なペイオフの集合 $R := \{Y \mid \theta \in \Theta : Y = \theta_T S_T\}$（ここで，$S$ は市場で取引される証券の確率過程で $\theta_T S_T$ はポートフォリオ戦略 θ の最終価値である）が決まる．

第三に，複製するとはいかなることであろうか？正確な複製は集合 R の定義につながり，完備性の 1 つの候補となる定義は $C = R$ である．つまりすべてのペイオフは正確に複製される．Jarrow et al. (1999) はこの性質を「代数的完備性（algebraic completeness）」と呼び，「この定義は強すぎるし，実際ほとんど満足されることはない」という．代数的完備性は強すぎるため，適切な数学を使って完備性を別の方法で定義すべきであると議論した．

数理ファイナンスの文献は，当初この代数的完備性に焦点を当てていたが，第二 FTAP に関して困難を生じた．第二 FTAP は価格カーネルの一意性と市場の完備性に関するものである．第一 FTAP についての困難は，裁定より弱い概念である消滅するリスクをもつフリーランチ（free lunch with vanishing risk; Delbaen and Schachermayer, 1999; Protter, 2006）を導入することで解決された．裁定は Θ の中のポートフォリオ（非正の期初コストをもつ）でその最終の価値が非負かつゼロでないものであるが，消滅するリスクをもつフリーランチは，非正の期初コストとその最終の価値

の収束値が非負かつゼロでない Θ の中のポートフォリオ戦略の列である．数学的には，この考え方により無裁定の条件をより強いもの，すなわちこのフリーランチのように近似的裁定を排除すべきものによって置き換えたこととなる．「近似的」な裁定を構成するものはペイオフの空間上の位相によって決められる．閉包や極限といった概念はこの位相に依存する (Cherny, 2005; Staum, 2004)．同様に第二 FTAP についても，代数的完備性をより弱い位相概念 (Batting and Jarrow, 1999; Jarrow et al., 1999; Jarrow and Madan, 1999) で置き換えることは理にかなう．この結果，第二 FTAP は任意のペイオフ $Y \in C$ の複製可能性を近似するためのある位相に関して，Y の近傍 U についてその最終価値が U の中に存在するポートフォリオ戦略が Θ の中に存在するという意味で，連続なプライシングカーネルの一意性と結び付いている．

つまり，より広く認められている完備性の概念は，ターゲットのペイオフ C と複製可能なペイオフ R を，近似的な複製が意味するところを特定する位相によって結び付けるものである．これは著しく実践的な概念である．なぜなら，ペイオフが近似的に複製されるか否かに関心があるからである．もし任意に小さなヘッジ誤差を生じるヘッジ方法を発見できれば，それで満足するのである．よって非完備市場は，近似的にも複製できないターゲットペイオフが存在する市場である．ヘッジ後に残る無視できない残余リスクに対処する方法を発見しなければならない．

付録 B 非完備性についてのファイナンス的見地

B.1 叙述的分析：市場は非完備か？どの程度非完備か？

金融工学は非完備性につながる要因 (3.1 項) を求めて金融の時系列データをテストするが，ファイナンスの文献においては市場の非完備性のテストはしばしば消費のデータにその証拠を求める．Saito (1999, Section II) は次のように述べている．「市場が完備であれば，経済主体の間で異時点間の代替性が同じになる．」もしそうであればカリブレートされた経済主体のモデルは統計の選好を反映して，ミクロ経済的データは，家計が個別リスク (idiosyncratic risks) に対して自分たちを完全に保護できることを示すであろう．総計されたデータへのカリブレーションに焦点を当てるアプローチは，カリブレートされたパラメータはありそうもない選好を反映していることを示す．これはエクイティプレミアムパズルの一つの姿である．一つの結論は，結局市場は完備であるはずがないということである．しかし，このパズルを非完備市場をもとに説明しようとする試みは広範に受け入れられているわけではない (Mehra, 2003; Mehra and Prescott, 2003)．代替的な結論は，カリブレートされたモデルは誤っており，テストは正確に市場の完備性を算定していないというものである．しかし Hansen and Jagannathan (1991) は，より少ない仮定のもとで，特定のモデルによらないテストを考案し，もし市場が完備であれば，パズルが存在するという結論を導いた．テスト

についての他のアプローチは，ミクロ経済的データを使って家計の消費は個別リスクに対して完全に保護されているわけではないことを示すことである．ここでのとりあえずの結論は，市場はかなりの程度非完備であるが，若干の疑問を残しているとすることである．他の参考文献については Saito (1999, Section II) を見よ．

B.2　規範的分析：非完備性に対してどう対処すべきか？

市場を完備化することは社会厚生（welfare）を増加させる．しかし，完備化することをせず，非完備市場において（ペイオフの複製を）達成できる範囲を増やすことは，厚生を増大させるか減少させるかは不明である．定性的な要約については Huang (2000, Section III.A)，および数学的要約については Duffie and Rahi (1995, Section 2.2) を見よ．厚生の増大という見た目には複雑ではない事柄ですら，明白な規範的含意がない．非完備市場が厚生を減少させる一つの経路は，経済主体をして，リスクに対する適切な保険がないことの代替として，予防のための貯蓄をさせることである．その結果，投資は今日存在している経済主体の最大の厚生と整合性のあるレベルを超えてしまい，この意味で過度な経済成長を引き起こす（Saito, 1999, Section IV.B）．しかし，このことは次の世代により大きな厚生をもたらすかもしれない．

また非完備性による厚生の損失がどの程度なのかも明白でない．多くの要因が非完備市場の均衡モデルの中で生じる厚生の損失に影響を及ぼしている．例えば，どれくらいの商品が市場で取引されているのか，システム全体のリスクが存在するのかあるいは個別のリスクが存在するのか，計画期間やショックの持続性は無限なのかあるいは経済主体の忍耐（patience）に対して短いのか長いのか，レイオフされた後に新しい職を見つけることができるのか，およびビジネスサイクルの長さとなんらかの関係があるのか，などである．Levine and Zame (2002) は，「市場の非完備性は重要か？」と問う．彼らは答えていわく，単一の非耐久財，異時点間の効用関数における低い割引率をもち忍耐強く無限の計画期間をもつ主体，そして持続しないショック，および個別のリスクなどからなる交換経済のモデルにおいては非完備性は重要な問題ではない．非完備性は，総計のリスクが複数の財の相対的価格に対して保険をかけることを妨げるときに重要となる．彼らの問いに Kübler and Schmedders (2001) は，たとえ経済主体が忍耐強くとも「社会厚生上，非完備市場は重要な問題である」とはっきり答えている．Kim et al. (2003) は，簡単な二国間モデルを研究し，主体が忍耐強くショックが一時的であれば，厚生の損失は無視しうるが，忍耐強さと持続的なショックに関してより現実的なケースにおいては損失は大きく，モデルのパラメータに対して非常に敏感であるとしている．

取引できない条件付請求権についての制約を所与とすれば，非完備市場の均衡はパレート非効率（Pareto inefficient）ですらある．なぜなら，経済主体は現在の均衡価格に基づいて意思決定するが，全員の厚生は他の価格システムと財の分配を考えた場合には，増大するかもしれないためである．Hens (1998, Section 4), Huang (2000,

Section III.B) および Duffie and Rahi (1995, Section 3.3) を見よ．これは適切でたくみに練られた規制の介入が厚生を増加させる可能性を示唆している（簡単な例としては Huang, 2000, Appendix を見よ）．しかし関連する中央政府の計画は非常に多くの情報を必要とするので，このような提言は細心の注意をもって取り扱われなければならない．Huang (2000, Section IV–VI) そして Herings and Polemarchakis (2005) を見よ．

パレート非効率と非完備市場の黒点均衡（sunspot equilibria）のトピックには関連がある．黒点均衡については，例えば Hens (1998, Section 9) を見よ．黒点均衡は財の分配は太陽の黒点のような外生的な事象に依存しており，選好，財産，生産可能性とは何の関係もない均衡点のことである．経済主体はこれらの外生的事象と関連する自己達成的期待をもち，経済のファンダメンタルズによって保証されているレベルを超えるとボラティリティが発生する（Prescott and Shell, 2002）．Hens (1998, Section 9.2) によれば，「黒点はもし市場が非完備なら，またそのときに限って重要である．」黒点均衡は過度の不確実性を生みパレート非効率であり，強凸の経済においては非黒点均衡に対して劣位である（Prescott and Shell, 2002）．黒点および非黒点均衡のパレート効率性は活発な研究のテーマとして残っている．例えば Pietra (2004) を見よ．黒点および非黒点均衡の存在はオプションと興味深い関係がある．Antinolfi and Keister (1998) によると，少数のオプションを市場に導入すると「強い黒点の免疫（strongly sunspot immune）」を市場に与える．つまり，どんな外生的な現象が黒点を構成しようとも，黒点均衡の可能性を排除すると報告している．これは彼らが引用している，オプションには安定を奪う効果（destabilizing effect）があるという過去の結果と対照をなしている．例えば Bowman and Faust (1997) によれば，たとえ市場がすでに完備であっても，オプションを市場に付加することは経済が過去にはもっていなかった黒点均衡を導入することがありうるとしている．これはオプションがデリバティブとして原資産に関連したペイオフをもち，直接に経済状態に関連しているという事実に関連がある．

公共の価格は私的な情報を開示し，どの程度私的な情報をある市場構造が表すかを分析できる（Duffie and Rahi, 1995, Section 3.2）．このトピックについての最近の研究は Kübler et al. (2002) である．完全な情報公開は，効率的市場仮説の意味で（パレート効率の意味ではなく）市場の効率性を増加させ，よって資源を生産的な使用に配分するのを助長するので，望ましいと考える誘惑に駆られるかもしれない．しかし，情報公開を取り巻く規範的問題はそれほど単純ではない．情報が公開されなければ，知らされていない投資家は取引をためらうかもしれない．これがインサイダー取引を禁止する論拠であり，レモン（欠陥品）に関する有名な論文（Akerlof, 1970）によって生み出された広範な経済学の文献に内在する洞察である．しかし，私的情報は個人の所有財産についての不確実性を解決するような方法で公開されると，個人はうまくリスクをヘッジできなくなる．Hirshleifer (1971) は，どのようにして公的な情

報が，市場でヘッジすることを妨げるかを説明している．例えば，収穫されるとうもろこしの価格に関しての唯一の不確実性が作付面積についての無知からくるものとしよう．この場合，農民は自分たちを先物市場で価格リスクから保護することができない．なぜならば作物をヘッジしようとするまさにその行為が，収穫量を公表してしまい，価格についてのすべての不確実性を解消してしまうからである．Marin and Rahi (2000) および Dow and Rahi (2003) は，この葛藤を研究した．これらの相反する情報の影響の大きさはまだ知られていない． (**J. Staum**/江上雅彦)

参 考 文 献

Akerlof, G.A. (1970). The market for lemons – Quality uncertainty and market mechanism. *Quarterly Journal of Economics* 84 (3), 488–500.
Andersen, T.G., Benzoni, L., Lund, J. (2002). An empirical investigation of continuous-time equity return models. *Journal of Finance* 57 (3), 1239–1284.
Anderson, E.W., Hansen, L.P., Sargent, T.J. (2003). A quartet of semigroups for model specification, robustness, prices of risk, and model detection. *Journal of the European Economic Association* 1 (1), 68–123.
Antinolfi, G., Keister, T. (1998). Options and sunspots in a simple monetary economy. *Economic Theory* 11, 295–315.
Artzner, P., Delbaen, F., Eber, J.-M., Heath, D. (1999). Coherent measures of risk. *Mathematical Finance* 9, 203–228.
Artzner, P., Delbaen, F., Eber, J.-M., Heath, D., Ku, H. (2007). Coherent multiperiod risk adjusted values and Bellman's principle. *Annals of Operations Research* 152, 5–22.
Battig, R.J., Jarrow, R.A. (1999). The second fundamental theorem of asset pricing: A new approach. *Review of Financial Studies* 12 (5), 1219–1235.
Becherer, D. (2003). Rational hedging and valuation of integrated risks under constant absolute risk aversion. *Insurance Mathematics and Economics* 33, 1–28.
Bernardo, A.E., Ledoit, O. (2000). Gain, loss, and asset pricing. *Journal of Political Economy* 108 (1), 144–172.
Bertsimas, D., Kogan, L., Lo, A.W. (2001). Hedging derivative securities and incomplete markets: An ϵ-arbitrage approach. *Operations Research* 49 (3), 372–397.
Bewley, T.F. (2002). Knightian decision theory: Part I. *Decisions in Economics and Finance* 25, 79–110. First appeared in 1986 as Cowles Foundation Discussion Paper No. 807.
Biagini, F., Pratelli, M. (1999). Local risk minimization and numéraire. *Journal of Applied Probability* 36 (4), 1126–1139.
Bizid, A., Jouini, E. (2005). Equilibrium pricing in incomplete markets. *Journal of Financial and Quantitative Analysis* 40 (4), 833–848.
Björk, T., Slinko, I. (2006). Towards a general theory of good-deal bounds. *Review of Finance* 10 (2), 221–260.
Bondarenko, O., Longarela, I.R. (2004). Benchmark good-deal bounds: An application to stochastic volatility models of option pricing. *Working paper*.
Bowman, D., Faust, J. (1997). Options, sunspots, and the creation of uncertainty. *Journal of Political Economy* 105 (5), 957–975.
Boyle, P., Wang, T. (2001). Pricing of new securities in an incomplete market: The Catch 22 of no-arbitrage pricing. *Mathematical Finance* 11 (3), 267–284.
Brandt, M.W. (2003). Hedging demands in hedging contingent claims. *Review of Economics and Statistics* 85 (1), 119–140.
Cao, H.H., Wang, T., Zhang, H.H. (2005). Model uncertainty, limited market participation and asset prices. *Review of Financial Studies* 18 (4), 1219–1251.

Carr, P. (2002). Frequently asked questions in option pricing theory. *Journal of Derivatives*, in press.
Carr, P., Geman, H., Madan, D.B. (2001). Pricing and hedging in incomplete markets. *Journal of Financial Economics* 62, 131–167.
Carr, P., Geman, H., Madan, D.B., Yor, M. (2002). The fine structure of asset returns: An empirical investigation. *Journal of Business* 75 (2), 305–332.
Černý, A. (2003). Generalised Sharpe ratios and asset pricing in incomplete markets. *European Finance Review* 7, 191–233.
Černý, A., Hodges, S. (2002). The theory of good-deal pricing in financial markets. In: Geman, H., Madan, D., Pliska, S., Vorst, T. (Eds.), *Mathematical Finance – Bachelier Congress 2000*. Springer-Verlag, Berlin, pp. 175–202.
Chazal, M., Jouini, E. (2004). Equilibrium pricing bounds on option prices. *Working paper*.
Chen, Z., Epstein, L. (2002). Ambiguity, risk, and asset returns in continuous time. *Econometrica* 70 (4), 1403–1443.
Cherny, A.S. (2005). General arbitrage pricing model: probability approach. *Working paper*.
Choulli, T., Stricker, C. (2005). Minimal entropy-Hellinger martingale measure in incomplete markets. *Mathematical Finance* 15 (3), 465–490.
Choulli, T., Stricker, C., Li, J. (2006). Minimal Hellinger martingale measures of order q. *Working paper*.
Clewlow, L., Hodges, S. (1997). Optimal delta-hedging under transactions costs. *Journal of Economic Dynamics and Control* 21, 1353–1376.
Cochrane, J.H., Saá-Requejo, J. (2000). Beyond arbitrage: Good-deal asset price bounds in incomplete markets. *Journal of Political Economy* 108 (1), 79–119.
Constantinides, G.M., Perrakis, S. (2002). Stochastic dominance bounds on derivatives prices in a multi-period economy with proportional transaction costs. *Journal of Economic Dynamics and Control* 26, 1323–1352.
Cont, R., Tankov, P. (2004). *Financial Modelling with Jump Processes*. Financial Mathematics Series. Chapman & Hall/CRC, London.
Cvitanić, J. (2000). Minimizing expected loss of hedging in incomplete and constrained markets. *SIAM Journal on Control and Optimization* 38 (4), 1050–1066.
Davis, M.H.A. (2004a). Complete-market models of stochastic volatility. *Proceedings of the Royal Society of London (A)* 460, 11–26.
Davis, M.H.A. (2004b). Valuation, hedging and investment in incomplete financial markets. In: Hill, J.M., Moore, R. (Eds.), *Applied Mathematics Entering the 21st Century: Invited Talks from the ICIAM 2003 Congress*. In: *Proceedings in Applied Mathematics*, vol. 116. Society for Industrial and Applied Mathematics, Philadelphia. Chapter 4.
Delbaen, F., Schachermayer, W. (1999). Non-arbitrage and the fundamental theorem of asset pricing: Summary of main results. In: Heath, D.C., Swindle, G. (Eds.), *Introduction to Mathematical Finance*. In: *Proceedings of Symposia in Applied Mathematics*, vol. 57. American Mathematical Society, Providence, RI, pp. 49–58.
Delbaen, F., Grandits, P., Rheinländer, T., Samperi, D., Schweizer, M., Stricker, C. (2002). Exponential hedging and entropic penalties. *Mathematical Finance* 12 (2), 99–123.
Dentcheva, D., Ruszczyński, A. (2003). Optimization with stochastic dominance constraints. *SIAM Journal on Optimization* 14 (2), 548–566.
Dow, J., Rahi, R. (2003). Informed trading, investment, and welfare. *Journal of Business* 76 (3), 439–454.
Dritschel, M., Protter, P. (1999). Complete markets with discontinuous security price. *Finance and Stochastics* 3 (2), 203–214.
Duffie, D., Rahi, R. (1995). Financial market innovation and security design: An introduction. *Journal of Economic Theory* 65, 1–42.
Duffie, D., Gârleanu, N., Pedersen, L.H. (2006). Valuation in over-the-counter markets. *Working paper*.
Dunbar, N. (2005). JP Morgan reorganises US operations after trading losses. *RISK Magazine* 0, 12–13. January.
Dybvig, P.H. (1992). Hedging non-traded wealth: When is there separation of hedging and investment? In: Hodges, S. (Ed.), *Options: recent advances in theory and practice, vol. 2*. Manchester Univ. Press, NY, pp. 13–24. Chapter 2.

Eberlein, E., Jacod, J. (1997). On the range of options prices. *Finance and Stochastics* 1, 131–140.
El Karoui, N., Quenez, M.-C. (1995). Dynamic programming and pricing of contingent claims in an incomplete market. *SIAM Journal on Control and Optimization* 33 (1), 29–66.
Ellsberg, D. (1961). Risk, ambiguity, and the Savage axioms. *Quarterly Journal of Economics* 75, 643–669.
Epstein, L.G., Miao, J. (2003). A two-person dynamic equilibrium under ambiguity. *Journal of Economic Dynamics and Control* 27, 1253–1288.
Epstein, L.G., Schneider, M. (2003). Recursive multiple-priors. *Journal of Economic Theory* 113, 1–31.
Epstein, L.G., Schneider, M. (2005). Ambiguity, information quality and asset pricing. *Working paper*.
Foldes, L. (2000). Valuation and martingale properties of shadow prices: An exposition. *Journal of Economic Dynamics and Control* 24, 1641–1701.
Föllmer, H., Leukert, P. (1999). Quantile hedging. *Finance and Stochastics* 3, 251–273.
Föllmer, H., Schied, A. (2002). Convex measures of risk and trading constraints. *Finance and Stochastics* 6 (4), 429–447.
Föllmer, H., Schweizer, M. (1991). Hedging of contingent claims under incomplete information. In: Davis, M.H.A., Elliott, R.J. (Eds.), *Applied Stochastic Analysis*. In: *Stochastics Monographs*, vol. 5. Gordon and Breach, New York, pp. 389–414.
Frittelli, M. (2000a). Introduction to a theory of value coherent with the no-arbitrage principle. *Finance and Stochastics* 4, 275–297.
Frittelli, M. (2000b). The minimal entropy martingale measure and the valuation problem in incomplete markets. *Mathematical Finance* 10, 39–52.
Fujiwara, T., Miyahara, Y. (2003). The minimal entropy martingale measures for geometric Lévy processes. *Finance and Stochastics* 7, 509–531.
Geman, H., Madan, D.B. (2004). Pricing in incomplete markets: From absence of good deals to acceptable risk. In: Szegö, G. (Ed.), *Risk Measures for the 21st Century*. Wiley, Hoboken, NJ, pp. 451–474. Chapter 21.
Gilboa, I., Schmeidler, D. (1989). Maxmin expected utility with non-unique prior. *Journal of Mathematical Economics* 18, 141–153.
Goll, T., Rüschendorf, L. (2001). Minimax and minimal distance martingale measures and their relationship to portfolio optimization. *Finance and Stochastics* 5, 557–581.
Hansen, L.P., Jagannathan, R. (1991). Implications of security market data for models of dynamic economies. *Journal of Political Economy* 99 (2), 225–262.
Hansen, L.P., Sargent, T.J., Turmuhambetova, G.A., Williams, N. (2006). Robust control and model misspecification. *Journal of Economic Theory* 128 (1), 45–90.
Heath, D., Platen, E., Schweizer, M. (2001). A comparison of two quadratic approaches to hedging in incomplete markets. *Mathematical Finance* 11 (4), 385–413.
Hens, T. (1998). Incomplete markets. In: Kirman, A. (Ed.), *Elements of General Equilibrium Analysis*. Blackwell, Oxford, pp. 139–210. Chapter 5.
Herings, P.J.-J., Polemarchakis, H. (2005). Pareto improving price regulation when the asset market is incomplete. *Economic Theory* 25, 135–154.
Heston, S.L. (1993). A closed-form solution for options with stochastic volatility with applications to bond and currency options. *Review of Financial Studies* 6 (2), 327–343.
Hirshleifer, J. (1971). Private and social value of information and reward to inventive activity. *American Economic Review* 61 (4), 561–574.
Hodges, S.D., Neuberger, A. (1989). Optimal replication of contingent claims under transactions costs. *Review of Futures Markets* 8, 222–239.
Huang, P.H. (2000). A normative analysis of new financially engineered derivatives. *Southern California Law Review* 73 (471), 471–521.
Hugonnier, J., Kramkov, D. (2004). Optimal investment with random endowments in incomplete markets. *Annals of Applied Probability* 14 (2), 845–864.
Hugonnier, J., Kramkov, D., Schachermayer, W. (2005). On utility-based pricing of contingent claims in incomplete markets. *Mathematical Finance* 15 (2), 203–212.
Jarrow, R.A., Madan, D.B. (1999). Hedging contingent claims on semimartingales. *Finance and Stochastics* 3, 111–134.

Jarrow, R.A., Purnanandam, A. (2004). The valuation of a firm's investment opportunities: A reduced form credit risk perspective. *Working paper.*

Jarrow, R.A., Jin, X., Madan, D.B. (1999). The second fundamental theorem of asset pricing. *Mathematical Finance* 9 (3), 255–273.

Jaschke, S., Küchler, U. (2001). Coherent risk measures and good-deal bounds. *Finance and Stochastics* 5, 181–200.

Jouini, E. (2001). Arbitrage and control problems in finance: A presentation. *Journal of Mathematical Economics* 35, 167–183.

Kabanov, Y.M., Stricker, C. (2002). On the optimal portfolio for the exponential utility maximization: Remarks to the six-author paper. *Mathematical Finance* 12 (2), 125–134.

Kallsen, J. (2002a). Derivative pricing based on local utility maximization. *Finance and Stochastics* 6, 115–140.

Kallsen, J. (2002b). Utility-based derivative pricing in incomplete markets. In: Geman, H., Madan, D., Pliska, S., Vorst, T. (Eds.), *Mathematical Finance – Bachelier Congress 2000*. Springer-Verlag, Berlin, pp. 313–338.

Karatzas, I., Shreve, S.E. (1998). *Methods of Mathematical Finance. Applications of Mathematics*, vol. 39. Springer-Verlag, New York.

Karatzas, I., Žitković, G. (2003). Optimal consumption from investment and random endowment in incomplete semimartingale markets. *Annals of Probability* 31 (4), 1821–1858.

Kim, J., Kim, S.H., Levin, A. (2003). Patience, persistence, and welfare costs of incomplete markets in open economies. *Journal of International Economics* 61, 385–396.

Kou, S.G. (2002). A jump-diffusion model for option pricing. *Management Science* 48 (8), 1086–1101.

Kübler, F., Schmedders, K. (2001). Incomplete markets, transitory shocks, and welfare. *Review of Economic Dynamics* 4, 747–766.

Kübler, F., Chiappori, P.-A., Ekeland, I., Polemarchakis, H.M. (2002). The identification of preferences from equilibrium prices under uncertainty. *Journal of Economic Theory* 102, 403–420.

Larsen, K., Pirvu, T.A., Shreve, S.E., Tütüncü, R. (2005). Satisfying convex risk limits by trading. *Finance and Stochastics* 9 (2), 177–195.

Levine, D.K., Zame, W.R. (2002). Does market incompleteness matter? *Econometrica* 70 (5), 1805–1839.

Lim, A.E.B. (2004). Quadratic hedging and mean–variance portfolio selection with random parameters in an incomplete market. *Mathematical Methods of Operations Research* 29 (1), 132–161.

Liu, J., Pan, J., Wang, T. (2005). An equilibrium model of rare-event premia and its implication for option smirks. *Review of Financial Studies* 18 (1), 131–164.

Lo, A. (1987). Semiparametric upper bounds for option prices and expected payoffs. *Journal of Financial Economics* 19 (2), 373–388.

Madan, D.B., Carr, P.P., Chang, E.C. (1998). The variance gamma process and option pricing. *European Finance Review* 2, 79–105.

Maenhout, P.J. (2004). Robust portfolio rules and asset pricing. *Review of Financial Studies* 17 (4), 951–983.

Magill, M., Quinzii, M. (1996). *Theory of Incomplete Markets, vol. 1*. MIT Press, Cambridge, MA.

Mania, M., Santacroce, M., Tevzadze, R. (2003). A semimartingale BSDE related to the minimal entropy martingale measure. *Finance and Stochastics* 7, 385–402.

Marin, J.M., Rahi, R. (2000). Information revelation and market incompleteness. *Review of Economic Studies* 67, 455–481.

Markowitz, H.M. (2002). Efficient portfolios, sparse matrices, and entities: A retrospective. *Operations Research* 50 (1), 154–160.

Mehra, R. (2003). The equity premium: Why is it a puzzle? *Financial Analysts Journal* 59 (1), 54–69.

Mehra, R., Prescott, E.C. (2003). The equity premium puzzle in retrospect. In: Constantinides, G., Harris, M., Stulz, R. (Eds.), *Handbook of the Economics of Finance*. Elsevier, Amsterdam, pp. 887–936. Chapter 14.

Musiela, M., Zariphopoulou, T. (2004a). An example of indifference prices under exponential preferences. *Finance and Stochastics* 8, 229–239.

Musiela, M., Zariphopoulou, T. (2004b). A valuation algorithm for indifference prices in incomplete markets. *Finance and Stochastics* 8, 399–414.
Mykland, P.A. (2003a). Financial options and statistical prediction intervals. *Annals of Statistics* 31, 1413–1438.
Mykland, P.A. (2003b). The interpolation of options. *Finance and Stochastics* 7, 417–432.
Perrakis, S., Ryan, P.J. (1984). Option pricing bounds in discrete time. *Journal of Finance* 39 (2), 519–525.
Pham, H. (2000). On quadratic hedging in continuous time. *Mathematical Methods of Operations Research* 51, 315–339.
Pietra, T. (2004). Sunspots, indeterminacy and Pareto inefficiency in economies with incomplete markets. *Economic Theory* 24, 687–699.
Prescott, E.C., Shell, K. (2002). Introduction to sunspots and lotteries. *Journal of Economic Theory* 107, 1–10.
Protter, P. (2006). A partial introduction to financial asset pricing theory. In: Birge, J.R., Linetsky, V. (Eds.), *Financial Engineering*. In: *Handbooks in Operations Research and Management Science*. Elsevier, Amsterdam.
Roorda, B., Schumacher, H. (2005). Time consistency conditions for acceptability measures, with an application to tail value at risk. *Working paper*.
Roorda, B., Schumacher, H., Engwerda, J. (2005). Coherent acceptability measures in multiperiod models. *Mathematical Finance* 15 (4), 589–612.
Rouge, R., El Karoui, N. (2000). Pricing via utility maximization and entropy. *Mathematical Finance* 10 (2), 259–276.
Routledge, B.R., Zin, S.E. (2004). Model uncertainty and liquidity. *Working paper*.
Ruszczyński, A., Shapiro, A. (2004). Optimization of convex risk functions. *Working paper*.
Saito, M. (1999). Dynamic allocation and pricing in incomplete markets: A survey. *Monetary and Economic Studies* 17 (1), 45–75.
Schachermayer, W. (2002). Optimal investment in incomplete financial markets. In: Geman, H., Madan, D., Pliska, S., Vorst, T. (Eds.), *Mathematical Finance – Bachelier Congress 2000*. Springer-Verlag, Berlin, pp. 427–462.
Schachermayer, W. (2003). A super-martingale property of the optimal portfolio process. *Finance and Stochastics* 7, 433–456.
Schied, A. (2004). On the Neyman–Pearson problem for law-invariant risk measures and robust utility functionals. *Annals of Applied Probability* 14 (3), 1398–1423.
Schweizer, M. (1995). Variance-optimal hedging in discrete time. *Mathematics of Operations Research* 20 (1), 1–32.
Schweizer, M. (1996). Approximation pricing and the variance-optimal martingale measure. *Annals of Probability* 24, 206–236.
Schweizer, M. (1999). A minimality property of the minimal martingale measure. *Statistics and Probability Letters* 42, 27–31.
Schweizer, M. (2001). A guided tour through quadratic hedging approaches. In: Jouini, E., Cvitanić, J., Musiela, M. (Eds.), *Option Pricing, Interest Rates and Risk Management*. In: *Handbooks in Mathematical Finance*. Cambridge University Press, Cambridge, pp. 538–574. Chapter 15.
Skiadas, C. (2003). Robust control and recursive utility. *Finance and Stochastics* 7, 475–489.
Skiadas, C. (2006). Dynamic portfolio theory. In: Birge, J.R., Linetsky, V. (Eds.), *Financial Engineering*. In: *Handbooks in Operations Research and Management Science*. Elsevier, Amsterdam.
Staum, J. (2004). Fundamental theorems of asset pricing for good deal bounds. *Mathematical Finance* 14 (2), 141–161.
Talay, D., Zheng, Z. (2002). Worst case model risk management. *Finance and Stochastics* 6, 517–537.
Uppal, R., Wang, T. (2003). Model misspecification and underdiversification. *Journal of Finance* 58 (6), 2465–2486.
Walley, P. (1991). *Statistical Reasoning with Imprecise Probabilities*. Chapman & Hall, New York.
Zhang, L., Mykland, P.A., Aït-Sahalia, Y. (2005). A tale of two time scales: Determining integrated volatility with noisy high-frequency data. *Journal of the American Statistical Association* 100 (472), 1394–1411.

第13章

オプションの価格付け：実分布とリスク中立分布

概　要

　Black and Scholes (1973) と Merton (1973) のオプションの価格付け理論における核となる前提条件は，市場が動的に完備となるような原資産株式と無リスク資産の自己充足的動的取引戦略が存在することである．この前提条件は，市場が完備かつ完全であることを必要としている．本章では，市場が非完備であること，もしくは取引コストが存在するなどの理由で市場が不完全であることのいずれか（もしくは両方）が成立することにより，動的取引が不可能になるケースについて考える．市場が非完備な場合，リスク中立確率は複数存在するため，オプション価格に対しては，上下限のみを決めることしかできない．また，取引コストを考慮する場合，リスク中立確率測度の概念における定義や使い方を修正する必要がある．このような条件下における市場では，自己充足的な動的複製取引戦略は存在しない．ここでは，1期間モデルからスタートし，2期間モデル，さらには，一般的な多期間モデルについて，取引コストがある場合とない場合について，順次，理論を説明していく．また，これらの制約が広範囲にわたって成立しないことを裏付ける実証結果について概観する．

　キーワード：デリバティブの価格付け，リスク中立確率分布，非完備市場，確率優越バウンド，取引コスト，インデックスオプション，ボラティリティスマイル

1.　は じ め に

　Black and Scholes (1973) と Merton (1973)（以降，BSM と呼ぶ）のオプション価格付けモデルの背後にある，ノーベル賞を獲得した独創的な考え方は，無裁定のもと，オプション価格が，オプションペイオフを複製するように構成されたポートフォリオの初期価値によって与えられることである．
　BSM 理論における核となる前提条件は，市場が動的に完備（dynamically complete）となるような原資産株式と無リスク資産の自己充足的動的取引戦略が存在することである．この前提条件は，市場が完備（complete）かつ完全（perfect）であることを必要としている．BSM モデルにおいては，市場が完備となる2つの仮定がおかれている．1つ目は，原資産価格がジャンプのない連続的なサンプルパスをもつことである．

2つ目は，株式収益のボラティリティが一定であることである．これらの仮定は，本質的に原資産価格が幾何 Brown 運動に従うことを意味する．さらに，BSM モデルにおいては，取引に摩擦がないことが市場を完備とする仮定としておかれている．また，BSM モデルでは，任意の有限時間間隔における取引量は無限であってもかまわない．この場合，任意に与えられる正の比例取引コストに対し，自己充足的動的取引戦略における取引コストは無限となりうる．

摩擦がない市場で裁定機会が存在しないことは，形式上，リスク中立確率測度が存在することを意味する．ただし，リスク中立確率測度とは，任意の資産価格がペイオフを無リスク利子率で割り戻したものの期待値として与えられるような（必ずしも唯一ではない）確率測度である．もし市場が完備であれば，リスク中立確率は唯一であり，オプション価格も唯一となる．BSM モデルにおいては，原資産価格は幾何 Brown 運動に従い，結果として市場は完備となりオプション価格も唯一になる．

リスク中立確率測度とは，実確率測度において，原資産の期待収益率を無リスク利子率で置き換えたものによって与えられる．株式収益の実確率測度は，過去の収益の時系列を用いて推定することができる．また，株式収益のリスク中立確率測度は，オプション価格のクロスセクションから推定することができる．ところが，10 節の実証で詳しく述べられているとおり，この BSM 理論における予測はうまく当てはまらず，理論の前提条件についてさらに吟味するきっかけを与えている．

本章では，市場が非完備であること，もしくは取引コストが存在するなどの理由で市場が不完全であることのいずれか（もしくは両方）が成立することにより，動的複製取引が不可能になるケースについて考える．市場が非完備な場合，リスク中立確率は複数存在するため，オプション価格に対しては，上下限のみを決めることしかできない．また，取引コストを考慮する場合，リスク中立確率測度の概念における定義や使い方を修正する必要がある．

次節では，無裁定の示唆することについて議論する．そこでは，リスク中立確率の概念，ならびにこれらと深い関係にある状態価格密度とプライシングカーネルの概念を導入する．また，無裁定のもと，完備もしくは非完備な市場におけるオプション価格を導出するために，これらの理論を適用する．3 節では，非完備でありかつ取引コストが存在するため，不完全な市場におけるオプションの価格付けのための一般的なフレームワークを導出する．これらの条件下における市場では，自己充足的な動的複製戦略は存在しない．にもかかわらず，プライシングカーネルに対するさらなる制約を課すことや，オプション価格に検定可能な制約を与えることは可能である．4〜9 節では，1 期間モデルに始まり，2 期間モデル，さらに一般的な多期間モデルについて，取引コストがある場合とない場合の理論を，順次説明していく．10 節では実証結果を示し，11 節で結論を述べる．

2. 無裁定の意味

2.1 一般的な理論

　摩擦がない市場で裁定機会が存在しないことは，リスク中立確率測度が存在することを意味する．ただし，リスク中立確率測度とは，任意の資産価格がペイオフを無リスク利子率で割り戻したものの期待値として与えられるような（必ずしも唯一ではない）確率測度である．リスク中立確率測度が存在する場合，リスク中立確率密度と実確率密度の比を無リスク利子率で割り戻したものは，プライシングカーネル，もしくは確率割引因子（stochastic discount factor; SDF）と呼ばれる．これらの考え方は，Black and Scholes (1973) と Merton (1973) のオプションの価格付け理論に内在するもので，Ross (1976), Cox and Ross (1976), Constantinides (1978), Harrison and Kreps (1979), Harrison and Pliska (1981), Delbaen and Schachermayer (1994) においてさらに発展している．

　考え方を明確にするため，J 個の証券が存在するものとして議論を進める．証券 $j, j = 1, \cdots, J$ の期間はじめにおける価格を P_j，期間末における状態 i でのペイオフを X_{ij} とする．また，投資家は，タイプ $j, j = 1, \cdots, J$ の証券に対して，支払コストがなるべく小さくなるように，θ_j ずつ投資を行うものとする．ただし，ポートフォリオのペイオフはすべての状態で正であるとする．このとき，投資家は以下の線形計画（linear programming; LP）問題を解くことになる．

$$\inf_{\theta_j} \sum_{j=1}^{J} \theta_j P_j \tag{13.1}$$

$$\text{subject to} \quad \sum_{j=1}^{J} X_{ij} > 0, \ \forall i \tag{13.2}$$

仮に支払コストの最小値が負であれば，裁定機会が生じる．

　無裁定であることは，上記問題が

$$\sum_{j=1}^{J} \theta_j P_j < 0 \tag{13.3}$$

に対して解をもたないことを意味する．このとき，この LP 問題の双対問題は可解となる．このことは，

$$P_j = \sum_{i=1}^{I} \pi_i X_{ij}, \ \forall j \tag{13.4}$$

および

$$\pi_i > 0, \quad \forall i \tag{13.5}$$

を満たす正の状態価格 $\{\pi_i\}_{i=1,\cdots,I}$ が存在することを意味する．もし，状態の数が線形独立なペイオフをもつ証券の数を超えなければ，市場は完備であるといい，状態価格は唯一である．そうでなければ，市場は非完備であり，状態価格は唯一ではない．

状態価格を正規化した $q_i \equiv \pi_i / \sum_{k=1}^{I} \pi_k$ は，正でありかつ足して 1 となるため，確率とみなすことができる．また，状態価格の和の逆数 $R \equiv 1/\sum_{k=1}^{I} \pi_k$ は，無リスク利子率に 1 を足したものとして解釈可能である．このとき，(13.4) は，

$$P_j = R^{-1} \sum_{i=1}^{I} q_i X_{ij} = R^{-1} \mathbb{E}^{\mathbb{Q}}[X_j], \quad \forall j \tag{13.6}$$

のように書き表され，j 証券の価格は，確率測度 $\mathbb{Q} = \{q_i\}$ 上での期待ペイオフを無リスク利子率で割り戻したものとして与えられることがわかる．ここで，確率測度 $\mathbb{Q}$ は，リスク中立（もしくはリスク調整済み）確率測度と呼ばれる．したがって，裁定機会が存在しないことは，リスク中立確率測度が存在することを意味する．無裁定の性質は，この単純な例が示すよりももう少し一般的である．

$\mathbb{P} = \{p_i\}$ を状態に対する実確率測度とする．このとき，$m_i \equiv \pi_i/p_i$ は状態価格密度（state price density），もしくは確率割引因子，プライシングカーネル，異時点間の限界代替率などと呼ばれる．プライシングカーネルを用いると，(13.4) は，以下のように書き表される．

$$P_j = \sum_{i=1}^{I} p_i m_i X_{ij} = \mathbb{E}^{\mathbb{P}}[m_i X_j], \quad \forall j \tag{13.7}$$

ただし，期待値は実確率測度 $\mathbb{P}$ 上のものである．

2.2 オプションの価格付けへの応用

S_0 を期間はじめにおける株式市場インデックスの価格，S_i を期間末の配当後の状態 i, $i=1,\cdots,I$ における価格，$(1+\delta)S_i$ を期間末の配当込みの価格とする．また，j 番目（$j=1,\cdots,J$）のデリバティブの期間はじめの価格を P_j，期間末で状態 i をとる場合の現金支払額 X_{ij} を $G_j(S_i)$（期末時点の原資産価格の関数）とする．このとき，無裁定であることは，次式を満たす厳密に正のプライシングカーネル m: m_i, $i=1,\cdots,I$ が存在することを意味する．

$$1 = R \sum_{i=1}^{I} p_i m_i \tag{13.8}$$

$$S_0 = \sum_{i=1}^{I} p_i m_i (1+\delta) S_i \tag{13.9}$$

$$P_j = \sum_{i=1}^{I} p_i m_i G_j(S_i), \quad j=1,\cdots,J \tag{13.10}$$

厳密に正であるプライシングカーネルが存在しないことは，Merton (1973) におけるオプション価格に対する無裁定条件が成り立たないような，裁定機会が存在することを意味する．

実確率測度 $\mathbb{P}$ は，実用上，過去のインデックス収益の時系列データから推定することができる．よって，デリバティブの価格付けモデルとは，適切なプライシングカーネル $m: m_i > 0, i = 1, \cdots, I$ と推定された確率測度 $\mathbb{P}$ を関連づけるための理論である．

無裁定のもと，市場が完備であれば ($J \geq I$)，線形独立なペイオフをもつ J 個の証券価格から，唯一のプライシングカーネルを導くことができる．このとき，任意のデリバティブ価格は，I 個の証券価格から求められる．このことが，市場が完備である場合のデリバティブの価格付けの本質である．このような完備市場の例が，次に述べる二項モデルである．

1期間二項モデルにおいては状態は2つのみであり，プライシングカーネルは無リスク資産とオプションの原資産である株式（もしくはインデックス）の価格から導かれる．このとき，任意のデリバティブは，無リスク利子率と株式（もしくはインデックス）価格を用いて，唯一に価格付けされる．このような1期間二項モデルの拡張は，Cox and Ross (1976), Cox et al. (1979), Rendleman and Bartter (1979) などによる多期間二項モデルとして広く用いられている．オプションの生存期間において，株式価格を多段階二項ツリー上で推移させることにより，株式価格は広い範囲の値をとることができるが，各期間においては2つの状態しかとらないため，市場は完備である．二項過程における各ステップにおいて，株式と無リスク資産の保有量を調整することにより，オプションをヘッジ（もしくは複製）することは可能である．このようなタイプの取引は動的取引と呼ばれ，市場を動的に完備とするものである．これらの基本的な考え方は，オリジナルな結果である Black and Scholes (1973) や Merton (1973) のオプション価格付けモデルの基礎となるものである．二項モデルは，Hull (2006) や McDonald (2005) など，テキストにおける教育上のツールとしてしばしば用いられる．また，二項モデル自体，アメリカンオプションやエキゾチックオプションを数値的に解く際の強力なツールでもある．

本章では，市場が非完備であること，もしくは取引コストが存在するなどの理由で市場が不完全であることのいずれか（もしくは両方）が成立することにより，動的取引が不可能になるケースについて考える．このようなケースにおいて，ここでは，デリバティブが取引されている経済条件を考慮することにより，プライシングカーネルに対しさらなる制約を与えていく．

3. 効用最大化による付加的条件

3.1 比例取引コストがある場合の多期間投資行動

複数の異なるエージェントが存在するような市場において,ある特別なクラスの効用最大化を行う投資家(ここでは単に投資家と呼ぶことにする)がオプション価格に与える影響について考察する.ここでは,すべての投資家が効用を最大化する投資家であるという仮定はおかない.そのため,ここでの結果は,効用を最大化する投資家とは異なる信念や,賦与,選好,取引制約および取引コストスケジュールをもつエージェントの存在からは影響を受けない.

Constantinides (1979) のように,有限個の取引日数[1] $t = 0, 1, \cdots, T, \cdots, T'$ において取引が行われるものとする.効用最大化投資家は,この期間において,債券と株式の2つの主要証券のみ保有することが許される.株式は,市場インデックスとして解釈される.なお,デリバティブは次項で導入する.債券は無リスク,かつ固定利子率 $R - 1$ を各期に支払い,取引コストなしに投資家は債券の売買が可能であるものとする.また,δ_t を配当利回りとすると,t 日目において,配当を含めた株式価格は $(1 + \delta_t) S_t$,現金配当は $\delta_t S_t$,配当後の株式価格は S_t で与えられる.また,株式収益率 $(1 + \delta_{t+1}) S_{t+1} / S_t$ は,同一かつ独立な確率分布 (identically and independently distributed; i.i.d.) に従うとする.

収益率が i.i.d. であるという仮定は制約を与える条件であり,確率ボラティリティ,確率的リスク回避度,配当や消費における確率的条件付平均や成長率などの状態変数を考慮しないものである.本章では,市場非完備性や市場不完全性(取引コスト)がインデックスオプション価格に与える影響のみを考察するため,これらの状態変数については除外するものとする.これらの状態変数を含むモデルについては,10節で議論する.

株式取引に対しては,比例取引コストが以下のように債券口座に課せられるものとする.投資家は,t 日目において,配当後の株式1単位購入するのに $(1 + k) S_t$ を債券口座から支払い,同じく配当後の株式1単位を売却(もしくは空売り)すれば,$(1 - k) S_t$ が債券口座に入金されるものとする.また,取引コストレート k は,$0 \leq k < 1$ を満たす.なお,すべてのエージェントが,投資家と同じ取引コストスケジュールで行動するわけではないことに注意する.

t 日目において,投資家は債券口座に x_t ドル保有し,さらに配当後の株式を y_t / S_t 単位保有した状態にあるものとする.これらの金額は,時点 t において株式が配当を支

---

[1] 取引期間のカレンダー上の長さは N 年であり,取引日間のカレンダー上の長さは N/T' 年である.後ほど T' を変化させ,取引日間のカレンダー上の長さに関する異なる仮定のもとでの,オプションのミスプライシングについて考察する.

払った後の総額である[2]．株式口座におけるドル保有額を y_t から $y'_t = y_t + v_t$ へ増額する（もしくは減額する）ことは，債券口座の保有額を x_t から $x'_t = x_t - v_t - k|v_t|$ へ減額する（もしくは増額する）ことを意味する．また，決定変数 v_t は，t 日目の情報に関して可測である．このとき，債券口座の変動は，

$$x_{t+1} = \{x_t - v_t - k|v_t|\}R + (y_t + v_t)\frac{\delta_t S_{t+1}}{S_t}, \quad t \leq T' - 1 \qquad (13.11)$$

であり，株式口座の変動は，

$$y_{t+1} = (y_t + v_t)\frac{S_{t+1}}{S_t}, \quad t \leq T' - 1 \qquad (13.12)$$

のように記述される．

最終時点において，株式口座は清算され（$v_{T'} = -y_{T'}$），最終残高価値は $x_{T'} + y_{T'} - k|y_{T'}|$ となる．各 t 日において，投資家は，最終残高価値の期待効用 $\mathbb{E}[u(x_{T'} + y_{T'} - k|y_{T'}||S_t)]$ を最大化するように v_t を選ぶ[3]．また，ここでは，効用関数 $u(\cdot)$ は単調増加かつ凹関数であり，正負両方の最終残高価値に対して定義されるという，通常の仮定がおかれる[4]．ただし，この単調性と選好の凹性という弱い制約でさえ，ここではすべてのエージェントに対してではなく，投資家と呼ぶ一部のエージェントが満たしていればよい仮定である．

ここでは，価値関数 $V(t) = V(x_t, y_t, t)$ を，$t \leq T' - 1$ に対して，

$$V(x_t, y_t, t) = \max_v \mathbb{E}\bigg[V\bigg(\{x_t - v - k|v|\}R + (y_t + v)\frac{\delta_t S_{t+1}}{S_t},$$
$$(y_t + v)\frac{S_{t+1}}{S_t}, t+1\bigg)\bigg|S_t\bigg] \qquad (13.13)$$

および

$$V(x_{T'}, y_{T'}, T') = u(x_{T'} + y_{T'} - k|y_{T'}|) \qquad (13.14)$$

が満たされるように，再帰的に定義する．各変数は，価値関数が存在し，かつ 1 階微分可能性などのテクニカルな条件を満たしているものとする．

---

[2] 厳密に事象を説明すれば，以下のとおりである．投資家は，t 日目において，債券口座に $x_t - \delta_t y_t$ ドル，および配当を含めた株式を y_t/S_t 単位保有している．その後，株式から $\delta_t y_t$ だけ配当が支払われ，債券口座の残額が x_t になる．結果として，投資家は，債券口座に x_t ドル，および配当後の株式を y_t/S_t 単位保有することになる．

[3] これらの結果は，各取引日において消費が発生し，効用が各取引日における消費と最終残高価値上で定義される場合に対し，自然な形で拡張される．詳細は，Constantinides (1979) を参照されたい．最終残高価値のみに対して効用を定義するモデルは，金融機関における目的関数を表現するうえで，より現実的なモデルである．

[4] 仮に効用が非負の残高価値に対してのみ定義されるのであれば，決定変数は残高価値の非負性を保証する凸集合の要素でなければならないという制約を受ける．ところが，デリバティブ価格の上下限の導出は，まったく異なるアプローチになってしまい，より保守性の高い上下限となってしまう．この問題は，Constantinides and Zariphopoulou (1999, 2001) において議論されている．

与えられた効用関数と株式収益分布に対し, (13.11)〜(13.14) は, 数値的に解くことが可能な動的計画問題を定義しているが, ここでは, この動的計画問題を解くわけではない. なぜなら, ここでの目的は, 投資家の効用関数が (その形状は何であれ) 最終的な富に対して単調増加かつ凹関数であるという仮定のもと, オプション価格における制約を導くことであるからである.

Constantinides (1979) に示されるように, 価値関数は, (x_t, y_t) について単調増加かつ凹, すなわち, 効用関数の単調性と凹性から導かれる以下の性質をもつ.

$$V_x(t) > 0, \quad V_y(t) > 0, \quad t = 0, \cdots, T, \cdots, T' \tag{13.15}$$

$$V(\alpha x_t + (1-\alpha) x'_t, \alpha y_t + (1-\alpha) y'_t, t) \geq \alpha V(x_t, y_t, t) (1-\alpha) V(x_t, y_t, t)$$
$$0 < \alpha < 1, \quad t = 0, \cdots, T, \cdots, T' \tag{13.16}$$

各期日において, 投資家は, 債券口座と株式口座の間で資金を移動することができ, その都度, 取引コストが発生するものとする. 結果として, 債券口座と株式口座間の限界代替率は, たかだか取引コストの分だけずれる. すなわち,

$$(1-k) V_x(t) \leq V_y(t) \leq (1+k) V_x(t), \quad t = 0, \cdots, T, \cdots, T' \tag{13.17}$$

が成り立つ. また, 保有債券に対する限界分析により, t 日と $t+1$ 日の間の保有債券に対する限界代替率における以下の条件を得る.

$$V_x(t) = R\mathbb{E}_t[V_x(t+1)], \quad t = 0, \cdots, T, \cdots, T' \tag{13.18}$$

最後に, 保有株式に対する限界分析により, t 日と $t+1$ 日の間の保有債券および保有株式に対する限界代替率における以下の条件を得る.

$$V_y(t) = \mathbb{E}_t\left[\frac{S_{t+1}}{S_t} V_y(t+1) + \frac{\delta_t S_{t+1}}{S_t} V_x(t+1)\right], \quad t = 0, \cdots, T, \cdots, T' \tag{13.19}$$

以下では, 価値関数に対するこれらの条件について考察し, オプション価格における制約を導く.

3.2 オプションの価格付けへの応用

株式インデックス価格に対して, 共通の満期 T $(T \leq T')$ をもち, かつペイオフが $G_j(S_T)$, $j = 1, 2, \cdots, J$ で与えられる J 個のヨーロピアンデリバティブを考える. 投資家は, 時点 0 において j 番目のデリバティブを, 取引コストを加算し, 価格 $P_j + k_j$ で購入する, もしくは $P_j - k_j$ で売却することができるとする. このとき, $2k_j$ はビッドアスクスプレッドに j 番目のデリバティブの往復取引コスト (round-trip transaction cost) を足し合わせたものになっている. なお, すべてのエージェントが, 投資家と同じビッドアスクスプレッドと取引コストで取引するわけではないことに注意する.

3. 効用最大化による付加的条件

ここで，投資家は J 個すべてのデリバティブに対し限界的（marginal）であるものとする．さらに，投資家が有限個（正もしくは負の値）のデリバティブを保有する際，ポジションは債券や株式の保有量に比べれば相対的に小さいものとし，結果として単調性および凸性の条件 (13.15), (13.16) は成り立つものとする[5]．

限界分析より，オプション価格に対して以下の関係が成り立つ．

$$(P_j - k_j) V_x(0) \leq \mathbb{E}_0[G_j(S_T)V_x(T)] \leq (P_j + k_j) V_x(0), \quad j = 1, 2, \cdots, J \tag{13.20}$$

同様の関係は，$t = 1, \cdots, T - 1$ 日のオプション価格に対しても成り立っている．

以下，重要と考えられる様々なケースにおけるオプション価格に対する制約を示す．まず最初に，オプション生存期間における債券と株式の取引がない $T = 1$ の場合（1期間ケースと呼ぶことにする）を考える．なお，1期間ケースは，投資家にとってオプション満期以降の取引がないというわけではなく，単にオプション生存期間における取引がないということに注意する．ここでは，取引コストがある場合とない場合に対し，1期間ケースについて議論する．

制約を満たさない状態（もしくはそれに近い状態）になりやすいオプションを特定する具体的な方法は，「テストオプション」を抽出（例えば J 番目のオプション）し，(13.15)〜(13.20) の制約下で，以下の問題を解くことである．

$$\min_{\{V_x(t), V_y(t)\}_{t=0,\cdots,T}} \mathbb{E}_0\left[G_J(S_T)\frac{V_x(T)}{V_x(0)}\right] \tag{13.21}$$

ただし，(13.20) における添字 j は 1〜$(J-1)$ の整数である．仮に，この問題が可解であれば，最小値は以下のように解釈される．このテストオプションを最小値より低い価格で購入することができれば，少なくとも（すべてとは限らない）一部の投資家は，このテストオプションを取引することにより期待効用を増加させることができる．

同様に，(13.15)〜(13.20) の制約のもとで，以下の問題を解く．

$$\max_{\{V_x(t), V_y(t)\}_{t=0,\cdots,T}} \mathbb{E}_0\left[G_J(S_T)\frac{V_x(T)}{V_x(0)}\right] \tag{13.22}$$

ただし，(13.20) における添字 j は 1〜$(J-1)$ の整数である．仮に，この問題が可解であれば，最大値は以下のように解釈される．このテストオプションを最大値より高い価格で発行することができれば，少なくとも（すべてとは限らない）一部の投資家は，このテストオプションを取引することにより期待効用を増加させることができる．

取引日数 T を増加させれば，計算量は急激に増加する．このような計算量の増加を抑える一つの方法は，$J = 1$（オプションの数は 1）かつペイオフ関数が凸（例えばコールやプットのペイオフ）のみに焦点を絞ることである．このような特別な場合に

---

[5] (13.17)〜(13.19) は，デリバティブの保有量が小さくなくても成り立つ．

対しては，取引コストがある（もしくはない）際の解析解が示される．また，多くの場合，中間時点の取引回数を無限大とすることによって，オプション価格の極限を用いた表現を導くことができる．

4. 特別な場合：取引コストを含まない1期間ケース

4.1 一般的なペイオフの場合

株式インデックスにおいて，期間はじめの価格を S_0，期間末で状態 $i, i=1,\cdots,I$ に確率 p_i で推移する際の配当後価格を S_i，配当を含めた価格を $(1+\delta)S_i$ とする．また，配当後の価格比を $z_i \equiv S_i/S_0$ で定義し，S_i は i とともに増加するように並べられているものとする．さらに，j 番目のデリバティブ（ただし $j=1,\cdots,J$）の期間はじめの価格を P_j とし，状態 i でのペイオフは，$G_j(z_i)$ で与えられるものとする．また，$V^i(t)$ は t 日において状態 i をとる場合の価値関数を表す．

取引コストは 0 とおいているので，$V_x(0) = V_y(0), V_x(1) = V_y(1)$ である．ここでは，先に定義した確率割引因子（もしくはプライシングカーネル）を，状態 i の異時点間限界代替率に一致させ，$m_i = V_x^i(1)/V_x(0)$ とする．このとき，条件 (13.18)～(13.20) は，以下のように書き表される．

$$1 = R\sum_{i=1}^{I} p_i m_i \tag{13.23}$$

$$1 = \sum_{i=1}^{I} p_i m_i (1+\delta) z_i \tag{13.24}$$

$$P_j = \sum_{i=1}^{I} p_i m_i G_j(z_i), \quad j=1,\cdots,J \tag{13.25}$$

価値関数に対する凹性条件 (13.16) は，プライシングカーネルにさらに付加的な制約を与える．過去のデータからは，債券と比べた場合の株式収益に対する期待プレミアムは正であると考えられる．このような正の期待プレミアムの仮定のもと，投資家は株式を保有する．1期間モデルにおいては，オプションの生存期間において債券口座と株式口座間の取引は行われないため，投資家の期間末における富は株式収益とともに増加する．なお，この結果は，オプションの生存期間において債券口座と株式口座間の取引は行われないという仮定に大きく依存していることに注意する．ここで，株式収益は状態 i とともに増加するとしているので，T 日における投資家の富も i とともに増加する．よって，価値関数の凹性は，限界代替率が状態 i とともに減少することを意味する．すなわち，

$$m_1 \geq m_2 \geq \cdots \geq m_I > 0 \tag{13.26}$$

が成り立つ．

(13.23)〜(13.26) を満たすプライシングカーネルは，単調増加かつ凹の効用を最大化する投資家の異時点間限界代替率を定義し，オプション，インデックス，無リスク債券の限界収益点を与える．(13.23)〜(13.26) を満たすプライシングカーネルが存在しない場合，単調増加かつ凹の効用を最大化する任意の投資家は，オプション，インデックス，無リスク債券を取引することにより，期待効用を増加させることができる．したがって，均衡は存在しない．すべてのリスク回避的な投資家が，効用関数に対する適切な仮定のもと，2次確率優越を比較し確率優越するポートフォリオを選択することと同じように，このような戦略を確率優越（stochastic dominance）であると呼ぶことにする．よって，(13.23)〜(13.26) を満たすプライシングカーネルが存在することは，観測される価格間では確率優越が存在しないことに相当する．

確率優越が存在しないことによって得られるオプション価格の制約は，経済学的にしばしば与えられる，投資家に対して仮定した性質と同じ性質を保有するエージェントが，経済主体の中に少なくとも1人はいるという前提とも関連する．このような前提は，すべてのエージェントが投資家と同じ性質をもつという条件と比べれば，弱い前提条件であるといえる．このような条件下で，確率優越は，少なくとも1人のエージェント（必ずしもすべてのエージェントではない）は，取引を行うことによって期待効用を増加することができることを意味する[6]．

先と同様に，「テストオプション」（例えば J 番目のオプション）を選び，テストオプション価格が上下限から外れる際に可解でなくなるような限界領域を導く．この問題の一般的な定式化は，(13.21), (13.22) ですでに行われている．オプションの生存期間において取引が行われず，かつ取引コストが存在しない特殊なケースにおける，状態 i のペイオフが $G_J(z_i)$ のテストオプションの上下限は以下のように与えられる．

$$\max_{\{m_i\}} \left(\text{または} \min_{\{m_i\}} \right) \sum_{i=1}^{I} p_i m_i G_J(z_i) \tag{13.27}$$
subject to (13.23)〜(13.26)

ただし，(13.25) における添字 j は 1〜$(J-1)$ の整数である．

4.2 ペイオフが凸関数の場合の結果

オプションが，プットやコールのように，ペイオフ $G_j(z_i)$ が期間末収益（もしくは株式価格）に対して凸関数であるという特別な場合において，関係 (13.23)〜(13.26) における可解性条件は解析的に表現可能である．Ryan (2000, 2003) は，行使価格の

---

[6] また，確率優越が存在しないという仮定は，資本資産価格付けモデル（CAPM）が成り立つという制約に比べれば弱い仮定であることを強調しておく．CAPM は，プライシングカーネルがインデックス価格に対して線形に減少することを必要としている．一方，確率優越が存在しないことは，プライシングカーネルがインデックス価格に対して単調減少することのみを制約条件としている．

近い 2 つのオプション価格を考えることにより,それぞれのオプションの許容価格領域を定義する不等式を導いた.また,Huang (2005) は,この不等式条件をよりタイトなものにした.このことは,一度に多くのオプションが取引されるという最も現実的な状況においては,実用上,(13.23)〜(13.26) は満たされなくなることを意味する.

$J = 1$ かつ,オプションがプットやコールのようにペイオフ $G_1(z_i)$ が期間末収益 (もしくは株式価格) に対して凸関数であるという特別な場合において,Perrakis and Ryan (1984), Levy (1985), Ritchken (1985) は (13.27) の上下限を以下のように解析的に表現した.行使価格 K,ペイオフ $G_1(z_i) = [S_0 z_i(1+\delta) - K]^+ \equiv c_i$,価格が $P_1 = c$ で与えられるヨーロピアンコールオプションを考える.$\hat{z} \equiv \sum_{i=1}^{I} p_i z_i$ とし,$(1+\delta)\hat{z} \geq R$ を仮定する.このとき,(13.23)〜(13.27) は以下のように書き直される.

$$\max_{\{m_i\}} \left(\text{または } \min_{\{m_i\}}\right) \sum_{i=1}^{I} p_i m_i c_i \tag{13.28}$$

$$\text{subject to } \sum_{i=1}^{I} p_i m_i (1+\delta) z_i = 1$$

$$R \sum_{i=1}^{I} p_i m_i = 1, \quad m_1 \geq \cdots \geq m_I > 0 \tag{13.29}$$

(13.28), (13.29) の解は,最小値 $z_{\min} = z_1$ に大きく依存する.$z_{\min} > 0$ である場合,コールオプション価格に対する上限と下限は,

$$\bar{c}_0 = \frac{1}{R}\left[\frac{R - (1+\delta)z_{\min}}{(1+\delta)(\hat{z} - z_{\min})}\hat{c}_I + \frac{(1+\delta)\hat{z} - R}{(1+\delta)(\hat{z} - z_{\min})}c_1\right]$$
$$\underline{c}_0 = \frac{1}{R}\left[\frac{R - (1+\delta)\hat{z}_h}{(1+\delta)(\hat{z}_{h+1} - \hat{z}_h)}\hat{c}_{h+1} + \frac{(1+\delta)\hat{z}_{h+1} - R}{(1+\delta)(\hat{z}_{h+1} - \hat{z}_h)}\hat{c}_h\right] \tag{13.30}$$

で与えられる.上式において,h は $(1+\delta)\hat{z}_h \leq R \leq (1+\delta)\hat{z}_{h+1}$ を満たす状態であり,条件付期待値は以下のように記述される.

$$\hat{c}_k = \frac{\sum_{i=1}^{k} c_i p_i}{\sum_{i=1}^{k} p_i} = \mathbb{E}[c_T \mid S_T \leq S_0(1+\delta)z_k]$$
$$\hat{z}_k = \frac{\sum_{i=1}^{k} z_i p_i}{\sum_{i=1}^{k} p_i} = \mathbb{E}[z_T \mid z_T \leq z_k] \tag{13.31}$$

(13.30), (13.31) から,上下限はともに 2 つの異なる分布 ($\mathbb{U} = \{u_i\}, \mathbb{L} = \{l_i\}$) 上でのコールオプションの割引期待値によって与えられることがわかる.これらの分布は,$R^{-1}\sum_{i=1}^{I} u_i(1+\delta)z_i = R^{-1}\sum_{i=1}^{I} l_i(1+\delta)z_i = 1$ を満たすことが容易に確認できるため,ともにリスク中立的である.これらの分布は以下のように与えられる.

$$u_1 = \frac{R-(1+\delta)z_{\min}}{(1+\delta)(\hat{z}-z_{\min})}p_1 + \frac{(1+\delta)\hat{z}-R}{(1+\delta)(\hat{z}-z_{\min})}$$

$$u_i = \frac{R-(1+\delta)z_{\min}}{(1+\delta)(\hat{z}-z_{\min})}p_i, \quad i=2,\cdots,I$$

$$l_i = \frac{(1+\delta)\hat{z}_{h+1}-R}{(1+\delta)(\hat{z}_{h+1}-\hat{z}_h)}\frac{p_i}{\sum_{k=1}^{h}p_k} + \frac{R-(1+\delta)\hat{z}_h}{(1+\delta)(\hat{z}_{h+1}-\hat{z}_h)}\frac{p_i}{\sum_{k=1}^{h+1}p_k}, \quad i=1,\cdots,h$$

$$l_{h+1} = \frac{R-(1+\delta)\hat{z}_h}{(1+\delta)(\hat{z}_{h+1}-\hat{z}_h)}\frac{p_{h+1}}{\sum_{k=1}^{h+1}p_k} \tag{13.32}$$

状態数が増加すれば, z の分布は $[z_{\min},\infty)$ 上で連続 (実分布 $\mathbb{P}(z)$, 期待値 $\mathbb{E}[z]$) となる. $\mathbb{U}$ と $\mathbb{L}$ は,

$$\mathbb{U}(z) = \begin{cases} \mathbb{P}(z) & \left(\text{確率は}\ \dfrac{R-(1+\delta)z_{\min}}{(1+\delta)(\mathbb{E}[z]-z_{\min})}\right) \\ 1_{z_{\min}} & \left(\text{確率は}\ \dfrac{(1+\delta)\mathbb{E}[z]-R}{(1+\delta)(\mathbb{E}[z]-z_{\min})}\right) \end{cases}$$

$$\mathbb{L}(z) = \mathbb{P}\left(z \mid (1+\delta)\mathbb{E}[z] \leq R\right) \tag{13.33}$$

のように表現される. このとき, 2 つのオプションの上下限は以下に示す単調増加かつ凸の関数として与えられる.

$$\overline{c}(S_0) = \frac{1}{R}\mathbb{E}^{\mathbb{U}}\left[(S_0(1+\delta)z - K)^+\right]$$

$$\underline{c}(S_0) = \frac{1}{R}\mathbb{E}^{\mathbb{L}}\left[(S_0(1+\delta)z - K)^+\right] \tag{13.34}$$

$z_{\min}=0$ という重要かつ特殊なケースにおいては, (13.34) における上限は,

$$\overline{c}(S_0) = \frac{1}{(1+\delta)\mathbb{E}[z]}\mathbb{E}^{\mathbb{P}}\left[(S_0(1+\delta)z - K)^+\right] \tag{13.35}$$

と書き直される. 同様の結果は, プットオプションに対しても成立する. 以上, 期間中に取引がない場合, オプション価格が 2 つの極限分布のもとでの割引ペイオフの期待値によって定義される上下限をもつことを示した. Oancea and Perrakis (2006) は, $(1+\delta)\hat{z} \leq R$ の場合に対して, 対応する上下限を与えている.

5. 特別な場合：取引コストがありかつ一般的なペイオフをもつ 1 期間ケース

取引コストがありかつ一般的なペイオフをもつ 1 期間ケースにおいて, (13.18)～(13.20) の条件は以下のように与えられる.

$$V_x(0) = R\sum_{i=1}^{I} p_i V_x^i(1) \tag{13.36}$$

$$V_y(0) = \sum_{i=1}^{I} p_i \left[\frac{S_i}{S_0} V_y^i(1) + \frac{\delta S_i}{S_0} V_x^i(1)\right] \tag{13.37}$$

$$(P_j - k_j) V_x(0) \le \sum_{i=1}^{I} p_i G_j(S_i) V_x^i(1) \le (P_j + k_j) V_x(0), \quad j = 1, \cdots, J \tag{13.38}$$

また，条件 (13.15)〜(13.17) は，

$$V_x(0) > 0, \quad V_y(0) > 0, \quad V_x^i(1) > 0, \quad V_y^i(1) > 0, \quad i = 1, \cdots, I \tag{13.39}$$

$$V_y^1(1) \ge V_y^2(1) \ge \cdots \ge V_y^I(1) > 0 \tag{13.40}$$

$$(1-k) V_x^i(1) \le V_y^i(1) \le (1+k) V_x^i(1), \quad i = 1, \cdots, I \tag{13.41}$$

で与えられる[7]．

先と同様に，制約を満たさない状態（もしくはそれに近い状態）になりやすいオプションを特定するには，「テストオプション」を抽出し，(13.36)〜(13.41) の制約下で (13.21), (13.22) の問題を解けばよい．

取引コストを導入することによって生じる定式化の違いに焦点を当てるため，ここでは (13.23)〜(13.27) と同様の記法を用いることにする．時点 0 と時点 1 の状態 i における債券口座の限界代替率を $m_i \equiv V_x^i(1)/V_x(0)$，時点 0 の債券口座と時点 1 の状態 i における株式口座の限界代替率を $\lambda_i \equiv V_y^i(1)/V_x(0)$ とする．このとき，(13.36)〜(13.41) は以下のように書き直される．

$$1 = R\sum_{i=1}^{I} p_i m_i \tag{13.42}$$

$$1 - k \le \sum_{i=1}^{I} p_i z_i (\lambda_i + \delta m_i) \le 1 + k \tag{13.43}$$

$$P_j - k_j \le \sum_{i=1}^{I} p_i m_i G_j(z_i) \le P_j + k_j, \quad j = 1, \cdots, J \tag{13.44}$$

$$\lambda_1 \ge \lambda_2 \ge \cdots \ge \lambda_I > 0 \tag{13.45}$$

$$(1-k) m_i \le \lambda_i \le (1+k) m_i, \quad i = 1, \cdots, I \tag{13.46}$$

状態 i におけるペイオフが $G_n(z_i)$ で与えられる，n 番目のオプションの上下限は次式

---

[7] 期間末における債券口座の価値は状態 i とは無関係であるため，凹性の条件 $V_{xx}(t) < 0$, $V_{xx}(1)V_{yy}(1) - (V_{xy}(1))^2 > 0$ は適用されない．$V_{yy}(t) < 0$ だけが凹性の条件として適用される．

から計算される.

$$\max_{\{m_i,\lambda_i\}} \left(\text{または} \min_{\{m_i,\lambda_i\}} \right) \sum_{i=1}^{I} p_i m_i G_n(z_i) \quad (13.47)$$

取引コストを導入することは，解くべき問題の変数の数を2倍にする．さらに，取引コストは，任意に与えられるオプション価格の集合に対するプライシングカーネルの可解領域を広げる．実際，$k=0$, $k_j=0$, $j=1,\cdots,J$ に対して，問題 (13.42)〜(13.47) は (13.23)〜(13.27) に一致することが容易に確認できる．したがって，(13.23)〜(13.27) を満たす解が存在すれば，この解は $m_i=\lambda_i$, $i=1,\cdots,I$ に対して (13.42)〜(13.46) を満たす．このことは，(13.27) の2つの目的関数の値は (13.47) の2つの目的関数の値の間に入ることを意味する．

6. 特別な場合：取引コストがなくかつ一般的なペイオフをもつ2期間ケース

取引コストのない1期間モデルでは，期間末における富が株式価格に対して増加関数であり，結果として，プライシングカーネルは期間末の株式価格に対して減少関数となることを示した．同様に，取引コストのある1期間モデルでは，期間末における株式口座の価値が株式価格に対して増加関数であり，結果として，株式口座における富に対する限界効用が期間末の株式価格に対して減少関数となることを示す．

Constantinides and Zariphopoulou (1999) は，途中時点で取引が可能であれば，これらの性質は取引コストありもしくはなしの両方において成り立たなくなると指摘している．なぜなら，期間末における富（もしくは期間末における株式口座の価値）は，オプション満期時点の株式価格のみではなく，サンプルパス上のすべての株式価格の関数となるためである[8]．Constantinides and Perrakis (2002) では，途中時点において取引可能な場合に1期間モデルを再帰的に解くことで，取引コストがある（もしくはない）場合に対し，確率優越による上下限を導くことが可能であると述べている．

本節では，取引コストがない2期間モデルについて，また次節では取引コストがある2期間モデルについて考察する．取引コストがない場合には，(13.11)〜(13.14) で定義された価値関数 $V(x_t, y_t, t)$ は，投資家の富の合計の関数 $V(x_t + y_t, t)$ になる．よって，$V_x(t) = V_y(t)$, $t=0,1,2$ である．先と同様に，第1期のプライシングカーネルを $m_{1i} \equiv V_x^i(1)/V_x(0)$ のように定義する．また，第2期のプライシングカーネルを $m_{2ik} \equiv V_y^{ik}(2)/V_x(0)$, $i,k=1,\cdots,I$ とする．このとき，(13.15)〜(13.21) は以下のように書き表される．

---

[8] 収益が i.i.d. であるとか，べき効用，取引コストが0のような特殊な場合は，期間末の富は株式価格のみの関数になる．しかし，このような仮定をおくことにより，モデルの一般性は著しく失われる．

576　第 13 章　オプションの価格付け：実分布とリスク中立分布

$$1 = R \sum_{i=1}^{I} p_i m_{1i}, \quad 1 = R \sum_{k=1}^{I} p_k \frac{m_{2ik}}{m_{1i}}, \quad i = 1, \cdots, I \tag{13.48}$$

$$1 = \sum_{i=1}^{I} p_i m_{1i} (1+\delta) z_i, \quad 1 = \sum_{k=1}^{I} p_k \frac{m_{2ik}}{m_{1i}} (1+\delta) z_k, \quad i = 1, \cdots, I \tag{13.49}$$

$$P_j = \sum_{i=1}^{I} \sum_{k=1}^{I} p_i p_k m_{2ik} G_j (z_i z_k), \quad j = 1, \cdots, J \tag{13.50}$$

$$m_{11} \geq m_{12} \geq \cdots \geq m_{1I} > 0, \quad m_{2i1} \geq m_{2i2} \geq \cdots \geq m_{2iI} > 0, \quad i = 1, \cdots, I \tag{13.51}$$

また，可解性は以下の問題を解くことにより判定できる．

$$\max_{\{m_{1i}, m_{2ik}\}} \left(\text{または} \min_{\{m_{1i}, m_{2ik}\}} \right) \sum_{i=1}^{I} \sum_{k=1}^{I} p_i p_k m_{2ik} G_n (z_{1i} z_{2k}) \tag{13.52}$$

(13.48)〜(13.52) の 3 期間以上の場合への拡張は，計算が急激に増加する可能性がある．8 節では 4.2 項で導出した表現を用いて，ペイオフ $G_j(S_T)$ が凸（コールもしくはプット）かつ $j=1$ の特殊なケースに対して，ヨーロピアンオプション価格の上下限の解析的表現を示す．

7. 特別な場合：取引コストがありかつ一般的なペイオフをもつ 2 期間ケース

では，次に取引コストがありかつ一般的なペイオフをもつ 2 期間ケースを考えよう．前節の場合と異なり，この場合は，$V_x(t) \neq V_y(t)$，$t = 0, 1, 2$ である．ここで，第 1 期の限界代替率を $m_{1i} \equiv V_x^i(1)/V_x(0)$，$\lambda_{1i} \equiv V_y^i(1)/V_x(0)$，$i = 1, \cdots, I$ のように定義する．さらに，第 2 期の限界代替率を $m_{2ik} \equiv V_x^{ik}(2)/V_x(0)$，$\lambda_{2ik} \equiv V_y^{ik}(2)/V_x(0)$，$i, k = 1, \cdots, I$ のように定義する．このとき，(13.15)〜(13.21) は以下のように書き表される．

$$1 = R \sum_{i=1}^{I} p_i m_{1i}, \quad 1 = R \sum_{k=1}^{I} p_k \frac{m_{2ik}}{m_{1i}}, \quad i = 1, \cdots, I \tag{13.53}$$

$$1 - k \leq \sum_{i=1}^{I} p_i z_{1i} (\lambda_{1i} + \delta m_{1i}) \leq 1 + k$$

$$\lambda_{1i} = \sum_{k=1}^{I} p_k z_{2k} (\lambda_{2ik} + \delta m_{2ik}), \quad i = 1, \cdots, I \tag{13.54}$$

$$P_j - k_j \leq \sum_{i=1}^{I} \sum_{k=1}^{I} p_i p_k m_{2ik} G_j (z_i z_k) \leq P_j + k_j, \quad j = 1, \cdots, J \tag{13.55}$$

$$\lambda_{11} \geq \lambda_{12} \geq \cdots \geq \lambda_{1I} > 0, \quad \lambda_{2i1} \geq \lambda_{2i2} \geq \cdots \geq \lambda_{2iI} > 0, \quad i = 1, \cdots, I \quad (13.56)$$

$$(1-k)\, m_{1i} \leq \lambda_{1i} \leq (1+k)\, m_{1i}$$

$$(1-k)\, m_{2ik} \leq \lambda_{2ik} \leq (1+k)\, m_{2ik}, \; i = 1, \cdots, I, \; k = 1, \cdots, I \quad (13.57)$$

先と同様に,可解性は条件 (13.53)〜(13.57) のもと,以下の問題を解くことにより判定できる.

$$\max_{\{m_{1i}, \lambda_{1i}, m_{2ik}, \lambda_{2ik}\}} \left(\text{または} \min_{\{m_{1i}, \lambda_{1i}, m_{2ik}, \lambda_{2ik}\}} \right) \sum_{i=1}^{I} \sum_{k=1}^{I} p_i p_k m_{2ik} G_n(z_{1i} z_{2k}) \quad (13.58)$$

Constantinides et al. (2007) は,確率優越条件 (13.53)〜(13.58) が満たされない場合について考察している.

9 節では 4.2 項で導出した表現を用いて,ペイオフ $G_j(S_T)$ が凸(コールもしくはプット)かつ $j = 1$ の特殊なケースに対して,ヨーロピアンオプション価格の上下限の解析的表現を示す.

8. 取引コストがなくペイオフ関数が凸である多期間ケース

$J = 1$ かつペイオフ関数が凸の場合には,解析解 (13.30)〜(13.34) の特殊性を用いて,任意の T に対する一般的な問題を一連の 1 期間問題を解く問題に帰着することができる.実際に,(13.32) もしくは (13.33) で定義される $\mathbb{U}$ 分布と $\mathbb{L}$ 分布を考え,以下の再帰関数を定義する.

$$\bar{c}_t(S_t) = \frac{1}{R} \mathbb{E}^{\mathbb{U}}[\bar{c}_{t+1}(S_t(1+\delta)z_{t+1} \mid S_t)]$$

$$\underline{c}_t(S_t) = \frac{1}{R} \mathbb{E}^{\mathbb{L}}[\underline{c}_{t+1}(S_t(1+\delta)z_{t+1} \mid S_t)]$$

$$\bar{c}_T(S_T) = \underline{c}_T(S_T) = (S_{T-1} z_T (1+\delta) - K)^+ \quad (13.59)$$

(13.59) において,$c_t(S_t)$ の S_t に対する凸性が任意の t について保存されるのであれば,連続する 2 つの価格の比である $z_{t+1} = S_{t+1}/S_t$ は,現時点におけるインデックスの価値 S_t に依存していてもよい.

z_{t+1} は,時点 $t+1$ における状態を決める I 個の(順序づけられた)値 $z_{t+1,i}$, $i = 1, \cdots, I$ をとるものとし,$c_{t+1,i} \equiv c_t(S_t(1+\delta)z_{t+1,i})$, $i = 1, \cdots, I$ かつ,時点 t において変数 m_{t+1}: $m_{t+1,i} \equiv V_y^i(t+1)/V_x(t)$, $i = 1, \cdots, I$ を定義する.このとき,任意の t に対して,(13.59) が $c_t(S_t)$ の上下限を定義することを帰納的に示すことができる[9].明らかに,

---

[9] (13.59) における多期間の場合の上限は,Perrakis (1986) で最初に導出されている.また,下限は,Ritchken and Kuo (1988) で導かれている.

$$c_t(S_t) = \sum_{i=1}^{I} p_{t+1,i} m_{t+1,i} c_{t+1,i} \mathbb{E}^{\mathbb{P}}[m_{t+1} c_t(S_t(1+\delta) z_{t+1}) \mid S_t] \qquad (13.60)$$

が成り立つ[10].

これらの定義のもとで,以下の問題を考える.

$$\min(\text{または}\ \max)_{\{m_{t+1,i}\}} c_t = \sum_{i=1}^{I} c_{t+1,i} p_{t+1,i} m_{t+1,i}$$

$$\text{subject to}\quad \begin{aligned} &1 = \sum_{i=1}^{I} (1+\delta) z_{t+1,i} p_{t+1,i} m_{t+1,i} \\ &1 = R \sum_{i=1}^{I} p_{t+1,i} m_{t+1,i} \\ &m_{t+1,1} \geq m_{t+1,2} \geq \cdots \geq m_{t+1,I} > 0 \end{aligned} \qquad (13.61)$$

与えられた $c_{t+1} = c_t(S_t(1+\delta)z_{t+1})$ の凸性の仮定のもとで,(13.61) の解は $c_t(S_t)$ の上限値と下限値を与え,それらは,(13.32) もしくは (13.33) で定義される $\mathbb{U}$ 分布と $\mathbb{L}$ 分布上での $c_t(S_t(1+\delta)z_{t+1})$ の割引条件付期待値(ただし条件は S_t)である. c_t の上下限は,(13.59) の再帰式の関係によって与えられる.

Oancea and Perrakis (2006) は,取引日数が増加した場合における,多期間に対する上下限 (13.59) の漸近的性質について示している.そこでは,連続時間極限において,特殊な確率過程へ分布が収束するケースについて考察している.また,オプションの原資産価格に対する凸性のもと,$\mathbb{P}$ 分布が一般化拡散過程(2 次元であってもよい)に収束すれば,(13.33) で定義される $\mathbb{U}$ 分布,$\mathbb{L}$ 分布ともにある(1 つの)リスク中立過程へ収束することが示されている[11].離散過程が拡散過程に収束するための必要十分条件は,Lindeberg 条件であり,Merton (1982) はこの条件を用いて二項(もしくはより一般的に多項)離散時間過程の収束条件を示している.

Oancea and Perrakis (2006) は,改良を少し加えることによって,株式価格が確率ボラティリティや GARCH モデルによって与えられる場合に対して上下限が成り立つことを示し,$\mathbb{P}$ 分布の極限が混合ジャンプ拡散過程である際,$\mathbb{U}$ 分布と $\mathbb{L}$ 分布が異なる極限をもつことを示した.また,そこでは,確率優越の上下限を,ジャンプサイズの対数 G が $G \in [G_{\min}, G_{\max}]$,$G_{\min} < 0 < G_{\max}$ を満たす分布で与えられるような混合ジャンプ拡散過程に収束する離散時間過程に対して適用している.オプションに対する 2 つの上下限が 2 つの異なる値に収束することは,それほど驚くべきことではない.先に導いた上下限は,Merton (1976) による分散可能なジャンプリスクの仮定や,Bates (1991) や Amin (1993) による代表的投資家におけるべき効用関数のリ

---

[10] (13.60) において,条件付期待値は与えられた S_t に対してのものである.実際には,モデルはより一般的であり,凸性が保存され各投資家の効用関数が同一である限りにおいては,$\mathbb{P}$ 分布はボラティリティなどの他の変数に依存してもよい.

[11] Bergman et al. (1996) は,凸性が保存される条件を最初に示した.凸性は,すべての 1 次元拡散過程,および,オプションの価格付けに関するほとんどの文献で用いられるような 2 次元拡散過程に対して保存される.

スク回避パラメータにも依存していることに注意する．これらの先行研究によって得られたオプション価格は，(13.59) で与えられる確率優越の上下限に対する連続時間極限の範囲に存在する特殊なケースである．

9. 取引コストがありペイオフ関数が凸である多期間ケース

Constantinides and Perrakis (2002) は，途中時点において取引可能かつ取引コストがある場合に対し，1 期間モデルを再帰的に解くことで，確率優越による上下限を導くことができることを示している．これらの上下限は，T が大きい場合における (13.15)～(13.20) の可解性条件を，凸性の仮定をおかずにチェックすることに比べれば，以下の 2 つの理由から計算は容易である．1 つ目の理由は，取引コストがない場合と同様に，上下限の導出は，コールもしくはプットのペイオフが株式価格に対して凸であるという問題の特殊性を利用することである．2 つ目の理由は，資産の集合が債券，株式，およびオプション（テストオプション）の 3 つに限定されている点である．以下，証明はしないがこれらの上下限を示す．

満期前の任意の時点 t において，次式はコール価格の上限を与える．

$$\overline{c}(S_t,\ t) = \frac{1+k}{(1-k)\left\{(1+\delta)\hat{z}\right\}^{T-t}} \mathbb{E}\left[\left((1+\delta)S_T - K\right)^+ \mid S_t\right] \tag{13.62}$$

ただし，$(1+\delta)\hat{z}$ は単位時間における株式の期待収益率である．(13.62) は，$z_{\min} = 0$ の場合の (13.35) に往復取引コストを掛けたものになっている．(13.30), (13.33), (13.59) で与えられるよりタイトな上限においては取引コストは残らず，結果として，(13.62) によって支配されることがわかる．

投資期間がオプション満期に一致する場合（$T = T'$）に限り，取引間隔に依存しないコールオプションの下限も導出することができる．この場合，プットコールパリティにおける取引コストは無関係になり，下限は以下のように与えられる[12]．

$$\underline{c}(S_t,\ t) = (1+\delta)^{t-T} S_t - \frac{K}{R^{T-t}} + \frac{\mathbb{E}\left[(K - S_T)^+ \mid S_t\right]}{\left\{(1+\delta)\hat{z}\right\}^{T-t}} \tag{13.63}$$

ただし，R は 1 期間当たりの無リスク利子率に 1 を加えたものである．

同様に，取引頻度に依存しないプットオプションの上下限も存在する．それらは以下のように与えられる．

$$\overline{p}(S_t,\ t) = \frac{K}{R^{T-t}} + \frac{1-k}{1+k} \left((1+\delta)\hat{z}\right)^{t-T} \mathbb{E}\left[[K - S_T]^+ - K \mid S_t\right] \tag{13.64}$$

$$\underline{p}(S_t,\ t) = \begin{cases} \left((1+\delta)\hat{z}\right)^{t-T} \dfrac{1-k}{1+k} \mathbb{E}\left[[K - S_T]^+ \mid S_t\right], & t \leq T-1 \\ [K - S_T]^+, & t = T \end{cases} \tag{13.65}$$

---

[12] 取引コストが 0 である特別な場合には，プットコールパリティのため，$T = T'$ の仮定は必要でなくなる．

取引頻度が任意に与えられる場合，(13.62)〜(13.65) に示される上下限は，最もタイトな上下限というわけではないかもしれない．しかし，これらの上下限は，オプションの生存期間における取引頻度に依存しないという特徴をもつ．これらの上下限，および取引頻度に依存するよりタイトな可能性のある上下限の導出と詳細な議論は，Constantinides and Perrakis (2002) で述べられている．また，アメリカンスタイルのオプションや先物オプションへの拡張は Constantinides and Perrakis (2007) を参照されたい．

10. 実証結果

BSM オプションの価格付けモデルにおける強い仮定は，市場価格からインプライされるボラティリティが，異なる行使価格に対して一定であるということである．Rubinstein (1994) は，シカゴオプション取引所（BSM モデルで仮定される動的完備かつ完全市場に近いとされる取引所）で取引される S&P500 インデックスオプション（SPX）に対し，この仮説が成り立つかどうかを調べた．1986 年 4 月から始まる取引所取引の開始から 1987 年 10 月の株式市場暴落まで，インプライドボラティリティは，行使価格に対して少しずつ減少する関数であった．このパターンはボラティリティスマイルと呼ばれ，国際市場でも観測されたのであるが，個別株式のオプションに対しては，より規模の小さいものが観測されていた．このボラティリティスマイルは，暴落の後，より大きなものとなった[13]．

BSM モデルにおけるボラティリティが定数であるとの仮定は，リスク中立確率に関する株価分布が対数正規であることと等価である．Aït-Sahalia and Lo (1998), Jackwerth and Rubinstein (1996), Jackwerth (2000) は，オプション価格のクロスセクションデータから，リスク中立確率に関する株価分布を推定した[14]．Jackwerth and Rubinstein (1996) では，1987 年より前は，リスク中立確率に関する株価分布は対数正規に近く，小さなボラティリティスマイルしか観測されないことが確認された．それ以降，分布は左に歪曲し，より大きなスマイルが観測されるようになった．

BSM モデルの拡張もいくつか提案され，テストされてきた．これらのモデルでは，株価のジャンプであるとか確率ボラティリティを考慮したより一般的な株価過程への拡張が行われている．これらのモデルについては，Hull (2005), McDonald (2005) などのテキストにおいて詳しく解説されている．

経済理論は，均衡モデルに対して，単に裁定機会を除去するということ以上の制約を与えている．3 節で示したように，効用を最大化する投資家によって価格が決めら

---

[13] Brown and Jackwerth (2004), Jackwerth (2004), Shefrin (2005), Whaley (2003) は文献をレビューし，理由について考察している．
[14] Jackwerth (2004) は，リスク中立確率分布を推定するためのパラメトリックもしくはノンパラメトリックな手法について考察している．

れるとすれば,プライシングカーネルは市場インデックス価格に対して単調減少関数でなければならない.このことを確認するため,プライシングカーネルは,各取引期間において,代表的エージェントの異時点間限界代替率に等しいものとする.仮に,代表的エージェントが状態とは無関係な富の効用をもつとすれば,効用関数の凹性は,プライシングカーネルが富の減少関数であることを意味する.限界投資家(marginal investor)の富の効用は状態とは無関係であり,富は市場インデックスレベルに関して単調増加であるという2つの仮定のもと,プライシングカーネルは市場インデックスレベルについて減少関数である.

代表的投資家が支配する摩擦のない経済において,Aït-Sahalia and Lo (2000), Jackwerth (2000), Rosenberg and Engle (2002) などは,富の関数(ただし,富はS&P500インデックスによって与えられる)として観測されるS&P500インデックスオプション価格の,クロスセクションデータによってインプライされるプライシングカーネルを推定した.Jackwerth (2000) では,暴落前の1986～1987年の期間は,プライシングカーネルがいたるところで減少していたが,暴落後の1987～1995年の期間は広い範囲で成り立たなくなることが報告されている.Aït-Sahalia and Lo (2000) は1993年に対し,Rosenberg and Engle (2002) は1991～1995年の期間に対して,同様の結果を報告している.一方,Bliss and Panigirtzoglou (2004) は,べき効用を用いることにより,プライシングカーネルは富に対して減少するとの制約のもとではあるが,代表的投資家のリスク回避係数の(信頼度の高いと考えられる)数値を推定している.

BSMモデルとの不整合やプライシングカーネルの単調性が成り立たないことを説明するため,これまでいくつかのモデルが提案されてきた.Bollen and Whaley (2004) は,買い圧力(buying pressure)がボラティリティスマイルの原因であると述べ,Han (2004) と Shefrin (2005) は心理学的な見地から行動ファイナンスによる説明を行っている.

Bates (2001) は,期末の富に対する依存性に加え,株式市場の暴落の数に効用関数を依存させることにより,複数の異なる(異質な)エージェントを導入した.しかし,カリブレーションによる結果からは,BSMモデルとの不整合性は説明されたがプライシングカーネルの非単調性は見られなかった.Brown and Jackwerth (2004) は,プライシングカーネルの単調性が成り立たないとの報告は,プライシングカーネルは状態依存するとの対立仮説から得られる結果であり,ボラティリティはプライシングカーネルにおいて省略されるべき状態変数ではないと述べている.

Pan (2002), Garcia et al. (2003), Santa-Clara and Yan (2004) などは,S&P500オプションのパネルデータを用いて,プライシングカーネルが状態依存するモデルを推定した.また,オプション価格におけるボラティリティスマイルのパターンを生成する均衡モデルをカリブレーションした結果も存在する.Liu et al. (2005) は,カリブレーションされた均衡モデルの中の不確実性回避によるまれな事象に対するプレミ

アムを調べ，オプション価格におけるボラティリティスマイルのパターンを彼らのモデルが生成することを示した．Benzoni et al. (2005) は，不確実性回避が必ずしもモデルに必要な要素ではないことを示すため，上記のアプローチを拡張した．さらに重要なことであるが，そこでは，1987年の暴落時に明確なレジームシフトがモデルによって生成されることが示されている．これらの論文のすべてがプライシングカーネルの単調性を陽に扱っているわけではないが，これらの結果は，オプション価格をインデックスの過去の実績値に一致させることの問題点を示唆するものである．

これらの結果は興味深いものであるが，S&P500 オプションのクロスセクションにおける月ごとの確率優越不成立の有無を示すには至っていない．この問題は，Constantinides et al. (2009) （CJP と呼ぶことにする）で焦点が当てられている．CJP は，クロスセクションにおける S&P500 オプションの価格が，動的に非完備かつ取引コストやビッドアスクスプレッドを許すようなモデルによって説明されるかを実証的に検証した．論文の前半部分において，CJP はインデックスやオプションの取引コスト（取引にかかる費用とビッドアスクスプレッド）を導入し，確率優越の不成立が取引コストによってどの程度説明されるかについて調べた．そこでは，取引コストは確率優越が不成立となる頻度を低減化するが，1987年10月の暴落の前後では，確率優越の不成立は数カ月間続いたことが示されている．

次に，CJP では，オプション満期における経済主体の富が，同じ日の S&P500 インデックス価格に対し単調増加であるという2つ目の対立仮説について検討している．この仮定は，オプションの生存期間中（1カ月）に取引が発生するのであれば，保証されない仮定である．中間時点の取引が存在すれば，投資家のオプション満期時点における富は，満期日における市場インデックス価格のみではなく経路上のすべてのインデックス価格に依存する．したがって，プライシングカーネルも，満期日における市場インデックス価格のみではなく経路上のすべてのインデックス価格に依存する．CJP は，プライシングカーネルがインデックス価格のパスに依存するとの仮定のもとで，月ごとにおける確率優越の不成立について調べた．

S&P500 インデックス収益の実分布を推定するうえで，CJP は分布の形状を特定のパラメトリックなものとして設定するのではなく，以下の4つのアプローチを採用した．1つ目のアプローチでは，条件なし分布を，1928～1986年の期間と1972～1986年の期間をカバーするインデックスデータの2つの異なる実績値から生成されるヒストグラムを用いて推定した．2つ目のアプローチでは，1987年10月の市場暴落をカバーする1987～2002年の期間と市場暴落をカバーしない1988～2002年の2つの異なる期間における先見的情報を含むデータ (forward-looking sample) によって生成されるヒストグラムを用いて，条件なし分布を推定した．3つ目のアプローチでは，インデックス収益の分散を GARCH(1,1) 過程としてモデル化し，1972～2002年の期間における条件付分散を，条件付収益分布に正規性の仮定をおかない Engle and Gonzalez-Rivera (1991) のセミパラメトリックな手法を用いて推定した．4つ目のア

10. 実証結果

プローチでは，VIX インプライドボラティリティを条件付分散の推定値として用いた．

上記 4 つのアプローチから生成された収益分布に基づき，CJP は市場の非完備性，取引コスト，およびオプション生存期間における途中時点取引を順次導入した場合の，モデルの予測値とオプション価格の対応関係を検定した．

CJP の実証分析は，状態に対する依存性について少なくとも 3 つのことを示唆する．1 つ目は，各月において，月ごとのプライシングカーネルの時系列的性質に制約を与えずに，1 カ月オプションのクロスセクションを価格付けするためのプライシングカーネルを計算している点である．したがって，プライシングカーネルは状態依存することが許される．2 つ目は，後半の分析で途中時点の取引を可能としているため，投資家のオプション満期時点における富は，満期日の市場インデックス価格のみではなく経路上のすべてのインデックス価格に依存し，結果として，プライシングカーネルが状態依存となる点である．3 つ目として，インデックスの収益分散は状態依存であるものとし，推定した条件付分散を用いた点である．

これらの分析から得られる新たな発見は以下のとおりである．暴落前の価格がBSMモデルにある程度は従っていたとしても，これらのオプションが正しく価格付けされているわけではない．もし，インデックス収益に対する期待が過去の実績値をもとに形成されていたとするならば，暴落前のオプションは誤って価格付けされている．さらに，これらの価格の一部は理論上の上下限より下にあり，ヒストリカルボラティリティは BSM モデルにおいてオプション価格を低めに見積もるとの，よく知られた見解とは逆の結果になっている．

もう一つの新たな発見は，暴落後からスマイルの形状が過度に急になるとの誤解を払拭するものである．暴落後に確率優越の不成立が観測されたほとんどのケースにおいて，インデックス価格に対する期待と比べると，実際のところ，暴落後のオプションスマイルは十分な勾配をもつとはいえない．BSM モデルがスマイルはないと仮定しているとしても，暴落後の分布を適切に把握している投資家は，実際のオプション価格に見られるより急勾配なスマイルをもつように，本来，オプション価格を決めるべきであった．

すべての場合において，アウトオブザマネーのコール（もしくはインザマネーのプット）のほうがより高い頻度で，確率優越が不成立である月が観測されており，結果として，価格付けが誤って行われているのは，左側のテールではなく右側のテールの影響であることが示されている．これは新しい見解であり，現実の市場で観測されるインプライドボラティリティに影響を与えるのはインデックス収益分布の左側のテールであるというよく知られた結論とは矛盾するものである．

最後に，CJP はオプションの生存期間において 1 回だけ中間取引を許すことは，各期間における制約条件を満たす月の数を減少させるように影響することを示した．CJP は，中間時点の取引は，1 期間における確率優越がシステマティックに成り立たない根拠をさらに裏付けるものであると結論している．

Constantinides et al. (2007) では，CJP での結果を S&P500 インデックス先物に対するアメリカンオプションの場合へ拡張し，同様に確率優越が不成立である場合や，そのことを利用した取引戦略を示している．

11. 結論

本章では，市場の非完備性や不完全性を考慮したオプション価格付けの統合アプローチを示してきた．BSM オプション価格付けモデルは，完備かつ完全な市場に限定されたケースである．市場が非完備もしくは不完全（もしくはその両方）であれば，無裁定であること自体は，オプション価格付けやデータに対する仮説検定において，非常に弱い制約を与えるのみで実用的ではない．

ここでは，BSM モデルの背景にある無裁定の原則の代わりに，オプションと原資産に対して限界的であるリスク回避的な投資家が，少なくとも 1 人は存在するという経済的な制約を導入した．オプション価格のクロスセクションデータと原資産収益の実確率分布に対し，これらの条件が与える制約は，線形計画問題を解くことによって調べることができる．また，与えられた原資産株式とオプションの価格に対して，これらの経済的な制約は，オプション価格の上下限という形で表現されることを示した．

非完備かつ不完全な市場を考慮したオプション価格付けに対する統合アプローチを提案することにより，ここでは BSM モデルを特別な場合として含むオプション価格に対する検定可能な制約を導いた．さらに，S&P500 インデックスオプション価格に対して実証分析を行った．多くの場合，経済的制約は成り立たず，BSM モデルにおいて市場の非完備性や現実的な取引コストが考慮されないことのみで，オプションの価格付け誤差を説明できるわけではないことが示される．これらはたいへん興味深い結果であり，このような月ごとのオプション価格が制約を満たさないことを説明する理論的もしくは実証的な研究は，今後さらに活性化していくであろう．

謝辞

Constantinides は，Center for Research in Security Prices of the University of Chicago からの，Perrakis は，Social Sciences and Humanities Research Council of Canada からの財政支援に謝意を表する．

（**G. M. Constantinides, J. C. Jackwerth and S. Perrakis**/山田雄二）

参 考 文 献

Aït-Sahalia, Y., Lo, A. (1998). Nonparametric estimation of state price densities implicit in financial asset prices. *Journal of Finance* 53, 499–547.
Aït-Sahalia, Y., Lo, A. (2000). Nonparametric risk management and implied risk aversion. *Journal of Econometrics* 94, 9–51.
Amin, K.I. (1993). Jump diffusion option valuation in discrete time. *Journal of Finance* 48, 1833–1863.
Bates, D.S. (1991). The crash of '87: Was it expected? The evidence from option markets. *Journal of Finance* 46, 1009–1044.
Bates, D.S. (2001). The market for crash risk. Working paper. University of Iowa, Iowa City.
Benzoni, L., Collin-Dufresne, P., Goldstein, R.S. (2005). Can standard preferences explain the prices of out-of-the-money S&P 500 options? Working paper. University of Minnesota.
Bergman, Y.Z., Grundy, B.D., Wiener, Z. (1996). General properties of option prices. *The Journal of Finance* 51, 1573–1610.
Black, F., Scholes, M. (1973). The pricing of options and corporate liabilities. *Journal of Political Economy* 81, 637–659.
Bliss, R.R., Panigirtzoglou, N. (2004). Option-implied risk aversion estimates. *Journal of Finance* 59, 407–446.
Bollen, N., Whaley, R. (2004). Does net buying pressure affect the shape of implied volatility functions? *Journal of Finance* 59, 711–753.
Brown, D.P., Jackwerth, J. (2004). The kernel puzzle: Reconciling index option data and economic theory. Working paper. University of Wisconsin, Madison.
Constantinides, G.M. (1978). Market risk adjustment in portfolio valuation. *Journal of Finance* 33, 603–616.
Constantinides, G.M. (1979). Multiperiod consumption and investment behavior with convex transactions costs. *Management Science* 25, 1127–1137.
Constantinides, G.M., Perrakis, S. (2002). Stochastic dominance bounds on derivatives prices in a multiperiod economy with proportional transaction costs. *Journal of Economic Dynamics and Control* 26, 1323–1352.
Constantinides, G.M., Perrakis, S. (2007). Stochastic dominance bounds on American option prices in markets with frictions. *Review of Finance* 11, 71–115.
Constantinides, G.M., Zariphopoulou, T. (1999). Bounds on prices of contingent claims in an intertemporal economy with proportional transaction costs and general preferences. *Finance and Stochastics* 3, 345–369.
Constantinides, G.M., Zariphopoulou, T. (2001). Bounds on derivative prices in an intertemporal setting with proportional transaction costs and multiple securities. *Mathematical Finance* 11, 331–346.
Constantinides G.M., Czerwonko M., Jackwerth J., Perrakis S. (2007). Are options on index futures profitable for risk averse investors? Empirical Evidence. *Working paper*. University of Chicago, Chicago.
Constantinides, G.M., Jackwerth, J., Perrakis, S. (2009). Mispricing of S&P 500 index options. *Review of Financial Studies* 22, 1247–1277.
Cox, J., Ross, S.A. (1976). The valuation of options for alternative stochastic processes. *Journal of Financial Economics* 3, 145–166.
Cox, J., Ross, S.A., Rubinstein, M. (1979). Option pricing: A simplified approach. *Journal of Financial Economics* 7, 229–263.
Delbaen, F., Schachermayer, W. (1994). A general version of the fundamental theorem of asset pricing. *Mathematische Annalen* 300, 463–520.
Engle, R.F., Gonzalez-Rivera, G. (1991). Semiparametric ARCH models. *Journal of Business and Economic Statistics* 9/4, 345–359.

Garcia, R., Luger, R., Renault, E. (2003). Empirical assessment of an intertemporal option pricing model with latent variables. *Journal of Econometrics* 116, 49–83.

Han, B. (2004). Limits of arbitrage, sentiment and index option smile. Working paper. Ohio State University.

Harrison, J.M., Kreps, D.M. (1979). Martingales and arbitrage in multiperiod securities markets. *Journal of Economic Theory* 20, 381–408.

Harrison, J.M., Pliska, S.R. (1981). Martingales and stochastic integrals in the theory of continuous trading. *Stochastic Processes and their Applications* 11, 215–260.

Huang, J. (2005). Option bounds and second order arbitrage opportunities. Working paper. Lancaster University.

Hull, J.C. (2006). *Options, Futures, and Other Derivatives*. Prentice Hall.

Jackwerth, J. (2000). Recovering risk aversion from option prices and realized returns. *Review of Financial Studies* 13, 433–451.

Jackwerth, J. (2004). Option-implied risk-neutral distributions and risk aversion. ISBN 0-943205-66-2, Research Foundation of AIMR, Charlotteville, USA.

Jackwerth, J., Rubinstein, M. (1996). Recovering probability distributions from option prices. *Journal of Finance* 51, 1611–1631.

Levy, H. (1985). Upper and lower bounds of put and call option value: Stochastic dominance approach. *Journal of Finance* 40, 1197–1217.

Liu, J., Pan, J., Wang, T. (2005). An equilibrium model of rare-event premia and its implications for option smirks. *Review of Financial Studies* 18, 131–164.

McDonald, R.L. (2005). *Derivatives Markets*. Addison–Wesley.

Merton, R. (1973). Theory of rational option pricing. *Bell Journal of Economics and Management Science* 4, 141–184.

Merton, R.C. (1976). Option pricing when underlying stock returns are discontinuous. *Journal of Financial Economics* 3, 125–144.

Merton, R.C. (1982). On the mathematics and economics assumptions of continuous-time models. In: *Essays in Honor of Paul Cootner*. Prentice Hall, Englewood Cliffs, NJ.

Oancea, I., Perrakis, S. (2006). Stochastic dominance and option pricing: An alternative paradigm. Working paper. Concordia University.

Pan, J. (2002). The jump-risk premia implicit in options: Evidence from an integrated time-series study. *Journal of Financial Economics* 63, 3–50.

Perrakis, S. (1986). Option bounds in discrete time: Extensions and the pricing of the American put. *Journal of Business* 59, 119–141.

Perrakis, S., Ryan, P.J. (1984). Option pricing bounds in discrete time. *Journal of Finance* 39, 519–525.

Rendleman, R., Bartter, B. (1979). Two-state option pricing. *Journal of Finance* 34, 1092–1110.

Ritchken, P.H. (1985). On option pricing bounds. *Journal of Finance* 40, 1219–1233.

Ritchken, P.H., Kuo, S. (1988). Option bounds with finite revision opportunities. *Journal of Finance* 43, 301–308.

Rosenberg, J., Engle, R. (2002). Empirical pricing kernels. *Journal of Financial Economics* 64, 341–372.

Ross, S.A. (1976). Options and efficiency. *Quarterly Journal of Economics* 90, 75–89.

Rubinstein, M. (1994). Implied binomial trees. *Journal of Finance* 3, 771–818.

Ryan, P.J. (2000). Tighter option bounds from multiple exercise prices. *Review of Derivatives Research* 4 (2), 155–188.

Ryan, P.J. (2003). Progressive option bounds from the sequence of concurrently expiring options. *European Journal of Operational Research* 151, 193–223.

Santa-Clara, P., Yan, S. (2004). Jump and volatility risk and risk premia: A new model and lessons from S&P 500 options. Working paper. UCLA.

Shefrin, H. (2005). *A Behavioral Approach to Asset Pricing*. Elsevier/North-Holland, Amsterdam.

Whaley, R.E. (2003). Derivatives. In: Constantinides, G.M., Harris, M., Stulz, R. (Eds.), *Financial Markets and Asset Pricing: Handbook of the Economics of Finance, vol. 1B*. In: *Handbooks in Economics*, vol. 21. Elsevier/North-Holland, Amsterdam.

第14章

モンテカルロシミュレーションを用いた全リスク最小化

概　要

　非完備市場において，オプションの完全複製は一般的には不可能である．このような場合に，自己充足的戦略（self-financing strategy）の中でその最終価値がオプションの支払いを最もうまく近似するものを最適戦略として選択するのが全リスク最小化（total risk minimization）である．全リスク最小化は動的確率計画問題（dynamic stochastic programming problem）であり，一般的に問題を解くのは容易ではない．直接的な方法では計算量が大きくなってしまうからである．

　本章では，区分線形な基準を用いた全リスク最小化の研究を行う．モンテカルロシミュレーションとスプライン近似を利用して，この確率計画問題の最適ヘッジ戦略を計算する方法について説明する．なお，モデルの枠組みとして，Black–Scholes モデルと確率ボラティリティ（stochastic volatility）モデルを用いる．また，区分線形リスク（piecewise linear risk）最小化に基づく戦略，従来の 2 次リスク（quadratic risk）最小化戦略，ショートフォールリスク（shortfall risk）最小化戦略のそれぞれのヘッジ戦略のパフォーマンスを比較する．数値検証結果からわかることは，区分線形リスク最小化によって導かれる戦略は，ヘッジコストが小さく，他とは大きく異なり，よりよい可能性のあるヘッジ戦略になりうるということである．また，区分線形リスク最小化戦略におけるショートフォールリスクの値から，区分線形リスク最小化戦略はオプションを過小ヘッジする傾向のある戦略であることがわかる．

1. はじめに

　ヘッジとは，市場変動に対するポートフォリオの感度を下げる手法である．特にオプションをヘッジするときは，初期コストのみ，つまり途中で資金を出し入れせずにオプションの支払いを複製する取引戦略を構築することが試みられる．Black–Scholes の枠組みでは，オプションは原資産と債券のみを用いて複製することが可能であるが，瞬間的な無リスク状態を維持するためには投資家は連続的にポジションを調整する必要がある．現実には連続的にヘッジを行い続けるのは不可能であり，取引コストを考慮すれば可能な限りヘッジを少なくしたいということもありうる．また，もし離散時間

のみにヘッジが許容されれば，無リスク状態を維持することはできない．ヘッジは瞬間的に無リスク状態をつくり出すだけであり，次の取引時刻まで無リスク状態は継続しないのである．そのうえ，ジャンプリスクなどさらなるリスクが存在する場合，市場は非完備（incomplete）となる．以上のような状況下，完全複製できないオプションに内在するリスクを完全にヘッジするのは不可能である．最適ヘッジ戦略の選択やオプションの適正価格の決定には，多くの不確実性が伴うのである．

El Karoui and Quenez (1995) は非完備市場における価格付けとヘッジに優複製（super-replication）法を用いた．優複製法では，自己充足的戦略の中でその最終価値がオプションの支払いを常に上回り，初期コストが最小になる戦略を選択する．この最小初期コストがオプションの売り手の価格である．同様にしてオプションの買い手の価格を定めることもできる．しかしながら，この手法では無裁定価格となる値の区間しか決定することができない．そのうえ，オプションのヘッジに優複製法を用いることはファイナンス的な観点から興味がわかない場合もある．例えば，Hull–White (1987) の確率ボラティリティモデルでは，コールオプションの優複製戦略は原資産をもつことである（Frey, 1997）．また，優複製戦略の最小初期コストは非常に大きくなるかもしれないのである．

非完備市場における価格付けとヘッジのもう一つの方法は，特定の測度によってオプションに内在するリスクを最小化する戦略を最適戦略とする方法である．Föllmer and Schweizer (1989), Schäl (1994), Schweizer (1995, 2001), Mercurio and Vorst (1996), Heath et al. (2001a, 2001b), Bertsimas et al. (2001) ではリスク最小化に2次基準を用いる研究を行っている．この方法についてここでは簡単に述べるだけとし，1.2 項でより詳しい説明を行う．

支払いが H となるオプションのヘッジについて考える．ヘッジは有限回，$t_0, \cdots, t_M$ に行われるとする．金融市場はフィルター付き確率空間 $(\Omega, \mathcal{F}, \mathbb{P}), (\mathcal{F}_k)_{k=0,1,\cdots,M}$ によってモデル化し，割引原資産価格過程は二乗可積分過程とする．時刻 t_k におけるヘッジポートフォリオの価値を V_k，ヘッジ戦略に伴う時刻 t_k までの累積コスト（ヘッジポートフォリオ構築の初期コストと $t_0, \cdots, t_k$ におけるポートフォリオ組み替えコストの合計）を C_k とする．

2次リスク最小化によって最適戦略方法を選ぶには，いまのところ，2つの主要な方法がある．一つは L^2 ノルム $\mathbb{E}[(H - V_M)^2]$ 最小化によって，全リスクを制御する方法である．ここで，$\mathbb{E}[\cdot]$ は確率測度 $\mathbb{P}$ のもとでの期待値である．この方法が全リスク最小化基準である．この方法による最適戦略は自己充足的であり，累積コスト過程は一定である．割引原資産価格過程が有界な平均分散トレードオフ（mean–variance tradeoff）をもつという仮定を付加すれば，最適戦略は存在し，最適戦略は解析式で与えられる．全リスク最小化における最適戦略の存在と一意性については，Schweizer (1995) によって広く研究されている．

もう一つはすべての $0 \leq k \leq M-1$ において $\mathbb{E}[(C_{k+1} - C_k)^2 \mid \mathcal{F}_k]$ を最小化して

1. はじめに

局所的な増加リスクを制御する方法である．これが局所2次リスク（local quadratic risk）最小化基準である．明示的な局所リスク最小化戦略が存在するためには，同じ仮定，つまり割引原資産価格過程が有界な平均分散トレードオフをもつという仮定があれば十分である（Schäl, 1994 を参照）．この戦略は自己充足的ではないが，平均自己充足的である．つまり，累積コスト過程がマルチンゲールになる．一般的には局所リスク最小化と全リスク最小化では初期コストが異なるが，割引原資産価格過程が確定的な平均分散トレードオフをもつときには一致することが Schäl (1994) によって示されている．彼はこの初期コストをオプションの適正価格と主張している．しかしながら，Schweizer (1995) が指摘するように，この主張は常に適切なわけではない．

2次全リスク最小化戦略，2次局所リスク最小化戦略は多くの理論的な性質がわかっており，存在や一意性について広く研究されている．また，存在する場合は，解析式での表現が与えられている．しかし，最適ヘッジ戦略はリスクを測る基準によって変化する．したがって，異なるリスク測度のもとでヘッジ戦略がどのように異なるかという自然な疑問に答えることは重要なことである．さらにいえば，リスク測度をどのように選ぶべきなのだろうかということも重要な問題である．

Black–Scholes の枠組みでは，初期コスト以外の資金を途中で出し入れせず，オプションを無リスクに完全にヘッジ可能である．ポートフォリオ組み替えが離散時間のみに限定されたとき，自然な最適ヘッジ戦略はキャッシュフローの大きさの期待値を最小化する戦略である．これは $\mathbb{E}[|H - V_M|]$ または $\mathbb{E}[|C_{k+1} - C_k| \,|\, \mathcal{F}_k]$ を最小化する最適化問題に帰着される．

Coleman et al. (2003) は，局所リスク最小化における区分線形基準について研究している．彼らは，区分線形局所リスク最小化は他とは大きく異なり，よりよい可能性のあるヘッジ戦略を導くかもしれないという事実を示した．従来の2次リスク最小化戦略と比較して，この戦略にはより大きなヘッジコストとリスクが発生する可能性がごくわずかにあるが，小さなコストとリスクが発生する大きな可能性がある．区分線形局所リスク最小化問題では解析解はないが，最適戦略の計算は容易である．

本章では，区分全リスク最小化に基づくヘッジ戦略の研究を行う．区分線形リスク $\mathbb{E}[|H - V_M|]$ の最小化と区分2次リスク $\mathbb{E}[|H - V_M|^2]$ の最小化は大きく異なる解を導く傾向にある．$p(S)$ を時刻 $T(=t_M)$ における原資産価格の条件付確率密度関数とする．$\mathbb{E}[|H - V_M|^2]$ の最小化は $\sqrt{p(S)}|H - V_M|$ の最大値を減少させることに重きをおき，$\mathbb{E}[|H - V_M|]$ の最小化は密度で加重したキャッシュフローの増分である $p(S)|H - V_M|$ を各原資産の価格 S に対して均等に減少させようとする．

上記の議論をより詳細に説明するために，$\mathbb{E}[|H - V_M|]$ に関する区分線形リスク最小化と $\mathbb{E}[|H - V_M|^2]$ に関する2次リスク最小化の比較を行う．原資産価格過程は以下の確率微分方程式を満たすとする．

$$\frac{dS_t}{S_t} = \mu dt + \sigma dZ_t$$

ここで,Z_t は Wiener 過程である.原資産の初期値 $S_0 = 100$,瞬間的期待収益率 $\mu = 0.2$,ボラティリティ $\sigma = 0.2$,無リスク金利 $r = 0.1$ とする.ディープインザマネーおよびディープアウトオブザマネーの満期 $T = 1$ のプットオプションの静的ヘッジについて考える.つまり,時点 0 において 1 回のみヘッジ機会がある.区分線形および 2 次局所リスク最小化によって得られるそれぞれの戦略に対して満期のヘッジポートフォリオ価値を求め,満期のデリバティブの支払いと比較する.満期のデリバティブの支払いとヘッジポートフォリオ価値は,資産の密度関数を乗じて時点 0 まで割り引く.図 14.1 の最初の図は,インザマネーのプットオプションの密度を加重した支払いと密度を加重したヘッジポートフォリオの価値を示している.2 番目の図はアウトオブザマネーのプットオプションの同様のデータを表している.

インザマネーのプットオプションの場合,加重支払いは対数正規分布に近く,容易にフィッティングできる.この場合,両方の基準のヘッジポートフォリオ価値の図は同じような形状となり,オプション支払いに比較的よくフィットする.一方,アウトオブザマネーのプットオプションの加重支払いへのフィッティングはより難しくなるようである.10^{-3} のオーダーという小さな値ではあるが,加重支払いとヘッジポートフォ

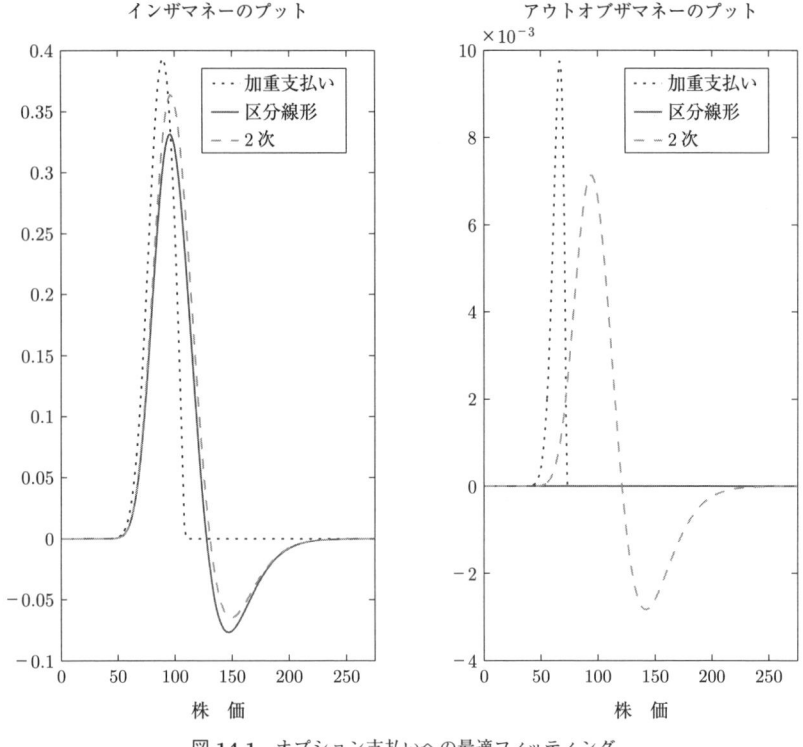

図 14.1 オプション支払いへの最適フィッティング

リオの加重価値の間の相対的な差が大きいことは重要なことである(アウトオブザマネーのプットのコストはインザマネーのプットのコストよりはるかに小さい).ここでは,1単位のみのアウトオブザマネーのプットオプションのヘッジを例示しているが,もし100単位の同じオプションをヘッジしたい場合,加重支払いとヘッジポートフォリオの加重価値の間の絶対的な差は大きなものになる.2つの戦略のヘッジスタイルは大きく異なる.L^2ノルム(2次リスク最小化)は大きなヘッジ誤差に過大にペナルティーを課そうとするため,大部分のシナリオでフィットがより悪いものになっている.実際,プットオプションがアウトオブザマネーで満期になる可能性は0.97と非常に大きいが,L^2ヘッジ戦略はオプション支払いを過大または過小に複製している.一方,L^1ヘッジ戦略ではアウトオブザマネーで満期になるとき,正確にオプション支払いをヘッジしている.ここで,アウトオブザマネーのプットオプションをショートすることを考える.オプション満期において,起こりうる損失はストライク価格より大きくなることはない.このときにL^2ヘッジ戦略によってオプションをヘッジしたとする.オプションがインザマネーで満期になるわずかな可能性に伴うリスクを過剰に減らそうとして,ごくわずかではあるが,無制限の損失が発生する可能性が生じていることが図からわかる.もしL^1ヘッジ戦略を使用すればこのような問題は生じない.

区分線形全リスク最小化基準で最適戦略を計算する際に最も難しいのは,$H-V_M$が株価の経路全体に依存することである.これは最適戦略が自己充足的であることに起因する.全リスク最小化は動的確率計画問題であり,計算機によって問題を解くのは容易ではない.ツリーを用いて将来の不確実性を表現した場合,ツリーの格子点の数は取引機会の増加に伴い指数的に増加するため,この動的確率計画問題を解くための計算量は非常に大きなものになる.本章では,区分線形全リスク最小化のヘッジ戦略を計算する方法として,モンテカルロシミュレーションとヘッジポートフォリオの株式保有数の3次スプライン(cubic spline)による近似を用いる方法を提案する.なお,3次スプライン関数は最適化問題の解として決定される.

本章の方法の根底にある考え方は,アメリカンオプションの評価方法におけるLongstaff–Schwartz法の考え方と類似している(Longstaff and Schwartz, 2001).本質的に,アメリカンオプションの最適行使戦略はオプションを保有し続けたときに生じる支払いの条件付期待値によって決定される.Longstaff–Schwartz法では,オプション保有によって生じる支払いの条件付期待値を状態変数の関数で近似する.Longstaff and Schwartz (2001) はモンテカルロ法とこの近似によってアメリカンオプションの最適行使戦略を計算している.

本章で提案する最適区分線形全リスク最小化戦略の計算方法は,確率ボラティリティモデルなどの2次全リスク最小化戦略の計算にも役立つと思われる.Schweizer (1995) は株価が有界な平均分散トレードオフをもつとき,2次リスク最小化戦略の解析式を求め,Bertsimas et al. (2001) はベクトル値Markov価格過程の仮定を付加し,動的計画法に基づく式を提示した.しかし,確率ボラティリティモデルの枠組みにおいて,

これらの式を数値的に求めるにはかなり複雑な計算が必要と思われる．

本章では，Black–Scholes モデルと確率ボラティリティモデルの枠組みで提案手法について説明する．また，区分線形と 2 次リスク最小化に基づく取引戦略のヘッジスタイルの違いについて研究する．全リスク最小化における 2 つの戦略の違いは，局所リスク最小化の場合と同じような特徴がある（Coleman et al., 2003 を参照）．区分線形全リスク最小化のヘッジコストとリスクは，たいていの場合，2 次基準と比較して小さくなる．ただし，ごくわずかではあるが，より大きなコストとリスクを発生する可能性もある．

2 次および区分線形リスク最小化は，損失と利益に同じようにペナルティーを課すという意味で対称なリスク測度といえる．しかし，オプションをヘッジするときには，ポジションの損失のみにペナルティーを課すほうがより興味深いかもしれない．この場合，問題はショートフォールリスク $\mathbb{E}[(H-V_M)^+]$ の最小化となる．ただし，全リスク最小化はヘッジと価格付けの両方に有用なのに対して，ショートフォールリスク最小化はヘッジにのみ有用である．本章では，ショートフォールリスク最小化に関する研究を行い，その最適戦略と 2 次および区分線形リスク最小化戦略との比較を行う．最適戦略のパフォーマンスはオプションのマネーネス（moneyness）とポートフォリオ組み替え機会の数に依存する．なお，全リスク最小化戦略におけるショートフォールリスクの値を分析すると，2 次全リスク最小化は過大ヘッジや過小ヘッジのような特定の傾向を示さないが，区分線形リスク最小化戦略には過小ヘッジの傾向が見られる．

本章の主要部分を要約する．本章では，まず L^1 リスク測度における全リスク最小化の最適ヘッジ戦略の近似計算方法を提案する．次に L^1, L^2，ショートフォールリスク測度による全リスク最小化ヘッジ戦略の比較を行う．

次節では離散時間ヘッジにおける様々なリスク最小化基準について説明する．3 節では区分線形全リスク最小化戦略の計算方法を示す．この方法を Black–Scholes モデルの枠組みで説明し，全リスク最小化における異なる基準の比較を行う．4 節では確率ボラティリティモデルの枠組みで同様の分析を行う．5 節ではショートフォールリスク基準について研究し，区分線形および 2 次全リスク最小化におけるヘッジ戦略のパフォーマンスをショートフォールリスクによって比較する．6 節で結論を述べる．

2. 離散時間ヘッジ基準

リスク資産（株式）と無リスク資産（債券）が取引される金融市場を考える．$T>0$ とし，$[0,T]$ の間に有限回しかヘッジできないと仮定する．離散ヘッジ時刻は $0=t_0<t_1<\cdots<t_M=T$ で表す．金融市場はフィルター付き確率空間 $(\Omega,\mathcal{F},\mathbb{P})$, $(\mathcal{F}_k)_{k=0,1,\cdots,M}$ によってモデル化する．ここで $\mathcal{F}_k$ はヘッジ時刻 t_k に対応し，一般性を失うことなく $\mathcal{F}_0=\{\emptyset,\Omega\}$ とする．株価は確率過程 $(S_k)_{k=0,1,\cdots,M}$ によって表され，すべての $0\leq k\leq M$ において，S_k は $\mathcal{F}_k$ 可測とする．また，割引株価過程

2. 離散時間ヘッジ基準

$(X_k)_{k=0,1,\cdots,M}, X_k = S_k/B_k, \forall 0 \leq k \leq M$ を用いることにより $B \equiv 1$ としてよい．

満期 T, 支払いが $\mathcal{F}_M$ 可測な確率変数 H で与えられるヨーロピアンオプションのヘッジについて考える．例えば満期 T, 割引ストライク価格 K のヨーロピアンプットの場合，$H = (K - X_M)^+$ である．

取引戦略は 2 つの確率過程 $(\xi_k)_{k=0,1,\cdots,M}, (\eta_k)_{k=0,1,\cdots,M}$ によって与えられる．ここで，ξ_k は t_k における株式保有数であり，η_k は t_k における債券保有額である．すべての $0 \leq k \leq M$ において，ξ_k, η_k は $\mathcal{F}_k$ 可測とし，$\xi_M = 0$ とする．この取引戦略によって与えられる株式と債券によって構成されるポートフォリオについて考える．なお，$\xi_M = 0$ は t_M においてオプション支払いに備えてポートフォリオを清算することを意味する．

任意の時刻 $t_k, 0 \leq k \leq M$ におけるポートフォリオの価値は以下によって与えられる．

$$V_k = \xi_k X_k + \eta_k$$

すべての $0 \leq j \leq M-1$ において $\triangle X_j = X_{j+1} - X_j$ とする．この表記法を用いると，$\xi_j \triangle X_j$ は t_{j+1} における株価の変化に対するポートフォリオ価値の変動を表している．したがって，累積利益 G_k は以下によって与えられる．

$$G_k = \sum_{j=0}^{k-1} \xi_j \triangle X_j, \quad 1 \leq k \leq M$$

なお，$G_0 = 0$ である．

t_k における累積コスト C_k は以下によって定義される．

$$C_k = V_k - G_k, \quad 0 \leq k \leq M$$

累積コスト過程 $(C_k)_{k=0,1,\cdots,M}$ が一定，つまり $C_0 = C_1 = \cdots = C_M = 0$ のとき，取引戦略は自己充足的であるという．これはすべての $0 \leq k \leq M-1$ において $(\xi_{k+1} - \xi_k)X_{k+1} + \eta_{k+1} - \eta_k = 0$ a.s. が成立するのと同じことである．言い換えれば，途中で資金を出し入れせずに ξ と η を組み替えることで，株式のあらゆる変動を吸収できるということである．自己充足的ポートフォリオの価値は任意の時刻 $0 \leq k \leq M$ において，$V_k = V_0 + G_k$ で与えられる．

任意の請求権 H が達成可能 (attainable)，つまり $V_M = H$ a.s. となる自己充足的戦略が存在するとき，市場は完備であるという．もし市場が非完備，例えば離散時間ヘッジのような場合，請求権は一般的には達成可能ではない．したがって，ヘッジ戦略を何らかの基準を設けて選択する必要がある．

非完備市場においてヘッジを行う一つの方法は $V_M = H$ という条件を課すことである．そのような条件を実現する戦略は自己充足的ではないので，ヘッジ時刻において発生するコスト増加を最小化する戦略を選択すべきである．これが局所リスク最小

化である.従来から局所リスク最小化の基準として,以下を最小化する2次基準が利用されている.

$$\mathbb{E}[(C_{k+1} - C_k)^2 \mid \mathcal{F}_k], \quad 0 \leq k \leq M-1 \tag{14.1}$$

この基準は Föllmer and Schweizer (1989), Schäl (1994), Schweizer (1995, 2001) で詳細に論じられている.

H が二乗可積分な確率変数,X が有界な平均分散トレードオフをもつ二乗可積分過程という仮定のもと,2次局所リスク最小化戦略は存在が保証される.なお,X が有界な平均分散トレードオフをもつとは以下を満たすことである.

$$\frac{(\mathbb{E}[\triangle X_k \mid \mathcal{F}_k])^2}{\mathrm{var}(\triangle X_k \mid \mathcal{F}_k)} \text{ が } \mathbb{P}\text{-a.s. に一様に有界である.}$$

さらに,このヘッジ戦略は以下の式によって明示的に与えられる.

$$\begin{cases} \xi_M^{(l)} = 0, \quad \eta_M^{(l)} = H \\ \xi_k^{(l)} = \dfrac{\mathrm{cov}(\xi_{k+1}^{(l)} X_{k+1} + \eta_{k+1}^{(l)}, X_{k+1} \mid \mathcal{F}_k)}{\mathrm{var}(X_{k+1} \mid \mathcal{F}_k)}, \quad 0 \leq k \leq M-1 \\ \eta_k^{(l)} = \mathbb{E}[(\xi_{k+1}^{(l)} - \xi_k^{(l)}) X_{k+1} + \eta_{k+1}^{(l)} \mid \mathcal{F}_k], \quad 0 \leq k \leq M-1 \end{cases} \tag{14.2}$$

リスク最小化のために,2次基準を選択することは主観的なことである.代わりに以下を最小化することも考えられる.

$$\mathbb{E}[|C_{k+1} - C_k| \mid \mathcal{F}_k], \quad 0 \leq k \leq M-1 \tag{14.3}$$

上記の区分線形リスク最小化問題に解析解がないとしても,Coleman et al. (2003) が示したように最適ヘッジ戦略の計算は容易に行うことができる.区分線形局所リスク最小化に基準 (14.3) を用いることによって,他とは大きく異なり,よりよい可能性のあるヘッジ戦略が導かれる.

非完備市場においてヘッジを行うもう一つの方法は自己充足的戦略だけを考えることである.満期のポートフォリオ価値 V_M が H を最もうまく近似する戦略を最適自己充足的戦略として選択する.全リスク最小化の2次基準は以下の L^2 ノルムによって与えられる.

$$\mathbb{E}[(H - V_M)^2] = \mathbb{E}\left[\left(H - V_0 - \sum_{j=0}^{M-1} \xi_j \triangle X_j\right)^2\right] \tag{14.4}$$

全リスク最小化問題 (14.4) を解くことにより,ポートフォリオの初期価値 V_0 と株式保有数 $(\xi_0, \xi_1, \cdots, \xi_{M-1})$ を得ることができる.自己充足的戦略の条件から債券への投資額 $(\eta_0, \eta_1, \cdots, \eta_M)$ は一意に決定される.もし割引株価が有界な平均分散トレー

ドオフをもつ二乗可積分過程で与えられ，オプション支払いが二乗可積分な確率変数として与えられたならば，問題 (14.4) は一意の解をもつ．2 次基準における全リスク最小化戦略の存在と一意性は Schweizer (1995) によって広く研究されている．

Schweizer (1995) は 2 次全リスク最小化に基づく解（取引戦略，ポートフォリオ価値）と 2 次局所リスク最小化の解を関連づける以下の解析式を示した．

$$\begin{cases} V_0^{(t)} = \dfrac{\mathbb{E}[H \prod_{j=0}^{M-1}(1-\beta_j \triangle X_j)]}{\mathbb{E}[\prod_{j=0}^{M-1}(1-\beta_j \triangle X_j)]} \\ \xi_M^{(t)} = 0 \\ \xi_k^{(t)} = \xi_k^{(l)} + \beta_k(V_k^{(l)} - V_0^{(t)} - G_k(\xi^{(t)})) + \gamma_k, \quad 0 \le k \le M-1 \end{cases} \quad (14.5)$$

ここで，$(\beta_k)_{k=0,1,\cdots,M-1}$, $(\gamma_k)_{k=0,1,\cdots,M-1}$ は以下によって与えられる．

$$\beta_k = \frac{\mathbb{E}[\triangle X_k \prod_{j=k+1}^{M-1}(1-\beta_j \triangle X_j) \mid \mathcal{F}_k]}{\mathbb{E}[\triangle X_k^2 \prod_{j=k+1}^{M-1}(1-\beta_j \triangle X_j)^2 \mid \mathcal{F}_k]}$$

$$\gamma_k = \frac{\mathbb{E}[(V_T^{(l)} - G_T(\xi^{(l)}) - V_k^{(l)} + G_k(\xi^{(l)}))\triangle X_k \prod_{j=k+1}^{M-1}(1-\beta_j \triangle X_j) \mid \mathcal{F}_k]}{\mathbb{E}[\triangle X_k^2 \prod_{j=k+1}^{M-1}(1-\beta_j \triangle X_j)^2 \mid \mathcal{F}_k]}$$

Bertsimas et al. (2001) は，ベクトル値 Markov 価格過程の場合に，動的計画法を使用して 2 次全リスク最小化戦略を示した．

対応する区分線形全リスク最小化基準は以下の L^1 ノルムによって与えられる．

$$\mathbb{E}[|H - V_M|] = \mathbb{E}\left[\left|H - V_0 - \sum_{j=0}^{M-1} \xi_j \triangle X_j\right|\right] \quad (14.6)$$

区分線形全リスク最小化問題 (14.6) の最適ヘッジ戦略の計算に興味がある．これは動的確率計画問題であり，一般的には解くのは非常に困難である．$H - V_0 - \sum_{j=0}^{M-1} \xi_j \triangle X_j$ が株価の経路全体に依存するため，直接的な方法で問題 (14.6) を解くと非常に大きな計算量になる可能性がある．このことを考慮して，モンテカルロシミュレーションを利用し，L 本の独立した株価シナリオを生成することにする．この場合，全リスク最小化問題 (14.6) は，以下のようなすべてのシナリオに対する期待全リスク最小化問題に対応する．

$$\min_{\substack{V_0, \xi_0, \xi_j^{(k)} \\ \xi_j : \mathcal{F}_j 可測}} \sum_{k=1}^{L} \left| H^{(k)} - V_0 - \xi_0 \triangle X_0^{(k)} - \sum_{j=1}^{M-1} \xi_j^{(k)} \triangle X_j^{(k)} \right| \quad (14.7)$$

表記 $^{(k)}$ は k 番目のシナリオに対応するオプション支払い，株価，株式保有数を意味する．ここで注意すべきは，時刻 0 の株価は確定的なので，すべてのシナリオにお

ける時刻 0 のヘッジポートフォリオの株式保有数は同一である必要があるということである．

問題 (14.7) の未知数の数は $L \cdot M$ である．ここで，L はシナリオの数，M はポートフォリオ組み替え回数である．それゆえ，シナリオ数が大きく，ポートフォリオ組み替えが頻繁に行われるとき，この問題を直接的に解くための計算量は非常に大きい．

問題 (14.7) の複雑さを軽減するために，株式保有数 ξ_j の近似を試みる．スプライン関数は数値計算の観点から非常に魅力的な方法なので，関数近似に広く用いられている．したがって，株式保有数 ξ_j の近似に 3 次スプラインを用いることとする．

問題 (14.7) の各ヘッジ時点における未知数の数はシナリオ数に等しい．3 次スプラインによって株式保有数を近似した場合，各ヘッジ時点における未知数の数は 3 次スプラインのパラメータ数まで減少し，通常，この数はとても小さな数である．

3 次スプラインによってヘッジ戦略の株式保有数を近似するときに考慮すべき重要なことは，最適ヘッジ戦略が経路依存すべきことである．実際，最適ヘッジ戦略によって最小化した全リスク

$$H - V_M = H - V_0 - \sum_{j=0}^{M-1} \xi_j \triangle X_j$$

は株価の経路全体に依存する．株価保有数 $(\xi_j)_{j=0,1,\cdots,M-1}$ は時点 0 で計算され，任意の可測な $(\xi_j)_{j=0,1,\cdots,M-1}$ は許容可能なヘッジ戦略である．しかし，直観的に考えて，任意の時点 $t_j, 0 \leq j \leq M-1$ において最適株式保有数 ξ_j は株価の過去情報と t_j までの最適株式保有数の情報を内包している．

本章では問題 (14.6) の解法について説明する．問題を解くために 3 次スプラインで最適ヘッジ戦略の株式保有数を近似し，簡単なスプライン式で戦略の経路依存性の捕捉を試みる．3 次スプラインの未知数は，株価シナリオ集合上で全リスクを最小化する最適化問題の解として決定される．この方法によって計算される戦略は準最適なので，その最適度を分析する必要がある．また，区分線形全リスク最小化基準に基づくヘッジ戦略と従来の 2 次全リスク最小化に基づく戦略の比較も行う．

3. Black–Scholes モデルの枠組みにおける全リスク最小化

最初に Black–Scholes モデルの枠組みによって本章の手法を説明する．株価は以下の確率微分方程式によって与えられるとする．

$$\frac{\mathrm{d}S_t}{S_t} = \mu \mathrm{d}t + \sigma \mathrm{d}Z_t \tag{14.8}$$

ここで，Z_t は Wiener 過程である．満期 T のヨーロピアンオプションの売り手は $0 = t_0 < t_1 < \cdots < t_{M-1} < t_M := T$ において原資産の株式と債券を使用した M 回の

ヘッジ機会をもつとする．

モンテカルロシミュレーションを用いて，(14.8) に基づく株価の L 本の独立なサンプルを発生させる．すべてのシナリオに対する期待全リスクを最小化するヘッジ戦略の株式保有数を決定したい．

区分線形基準に基づく期待全リスク最小化問題は次のようになる．

$$\min_{\substack{V_0, \xi_0, \xi_j^{(k)} \\ \xi_j : \mathcal{F}_j 可測}} \sum_{k=1}^{L} \left| H^{(k)} - V_0 - \xi_0 \triangle X_0^{(k)} - \sum_{j=1}^{M-1} \xi_j^{(k)} \triangle X_j^{(k)} \right| \tag{14.9}$$

先に述べたように，表記 $^{(k)}$ は k 番目のシナリオに対応する．

3.1 第一の定式化

株式保有数 ξ_k の近似によって，上記問題の複雑性を緩和したい．まず，ヘッジ戦略が経路依存することを無視して，任意の時点 t_j において株式への投資額 $\xi_j X_j$ はそのときの株価にのみ依存すると仮定する．この仮定のもとで達成可能な最適度について調査し，次にこの仮定の改良を検討する．ポートフォリオ組み替え時には現時点の株価を考慮するはずなので，この仮定は自然である．そこで以下を仮定する．

$$\xi_j = D_j(X_j), \quad \forall j = 1, \cdots, M-1 \tag{14.10}$$

ここで，D_j は未知の関数である．株価保有数は株価に連続的に依存すると仮定する，つまり，$D_j, \forall j = 1, \cdots, M$ は連続関数である．また，D_0 を恒等的に ξ_0 に等しい定数関数とする．区分線形基準に基づく全リスク最小化問題は次のようになる．

$$\min_{V_0, D_0, \cdots, D_{M-1}} \sum_{k=1}^{L} \left| H^{(k)} - V_0 - \sum_{j=0}^{M-1} D_j(X_j^{(k)}) \triangle X_j^{(k)} \right| \tag{14.11}$$

上記問題が数値計算に適した問題になるように，D_j を株価に関する節点（spline knot）をもつ固定端（fixed-end condition）の 3 次スプライン関数であると仮定する．D_j は節点における値から一意に決定される．D_j は節点における値の線形関数であることに注意する．このように，問題 (14.11) は未知数が V_0, D_0 および 3 次スプラインの値（$D_j, j \geq 1$ の節点における値）である L_1 最適化問題となる．

今回の近似における各スプラインの節点の数は通常はとても小さく（8 前後），シナリオ数に依存しない．したがって，L_1 最適化問題 (14.11) の未知数の数のオーダーはポートフォリオ組み替え回数 M である．以上により問題を解くことは可能であり，また，株式保有数に特定の形を用いる仮定 (14.10) を満たす区分線形リスク最小化戦略を計算することも可能である．

仮定 (14.10) がどの程度良い仮定かという疑問がある．この疑問に答えるために，

2 次全リスク最小化問題 (14.4) について分析する．2 次リスク最小化戦略は，問題 (14.11) と同様な最適化問題を解く，または理論式 (14.5) を用いることによって，計算することが可能である．これらの 2 種類の方法によるヘッジ戦略を比較することによって，仮定 (14.10) の有効性の主張を試みる．

区分線形リスク最小化問題に用いた上記方法と同様の方法で 2 次リスク最小化問題 (14.4) を修正することができる．$D_0 = \xi_0, \xi_j = D_j(X_j), \forall j = 1, \cdots, M-1$ の仮定のもと，問題は次のようになる．

$$\min_{V_0, D_0, \cdots, D_{M-1}} \sum_{k=1}^{L} \left(H^{(k)} - V_0 - \sum_{j=0}^{M-1} D_j(X_j^{(k)}) \triangle X_j^{(k)} \right)^2 \quad (14.12)$$

したがって，仮定 (14.10) を満たす最適 2 次リスク最小化ヘッジ戦略を得ることができる．

問題 (14.4) のもう一つの解法は Schweizer の解析式 (14.5) を使うことであり，株式保有数に特定の形を仮定せず，一般的に最適 2 次リスク最小化戦略を計算することができる．Black–Scholes モデルにおいて，株価の平均分散トレードオフは有界かつ確定的である．Schweizer の論文（Schweizer, 1995）で述べられているように，この場合の (14.5) は次のように単純になる．

$$\begin{cases} V_0^{(t)} = V_0^{(l)} \\ \xi_M^{(t)} = 0 \\ \xi_k^{(t)} = \xi_k^{(l)} + \alpha_k(V_k^{(l)} - V_0^{(t)} - G_k(\xi^{(t)})), \quad 0 \leq k \leq M-1 \end{cases} \quad (14.13)$$

ここで，α_k は以下によって与えられる．

$$\alpha_k = \frac{\mathbb{E}[\triangle X_k \mid \mathcal{F}_k]}{\mathbb{E}[\triangle X_k^2 \mid \mathcal{F}_k]}$$

最初に，(14.2) によって与えられる 2 次リスク局所最小化戦略を計算する．この計算の詳細は Coleman et al. (2003) によって与えられている．次に (14.13) を用いて各シナリオの全リスク最小化ヘッジヘッジポートフォリオの株式保有数を得る．

仮定 (14.10) の有効性を評価するために，上記方法によって解析式 (14.13) から計算される全リスク最小化ヘッジ戦略を 2 次リスク最小化問題 (14.12) に対する基準として利用する．

また，区分線形リスク最小化，2 次リスク最小化，それぞれに基づくヘッジ戦略の有効性を比較したい．

以下の数値計算では，満期 $T = 1$ とし，ストライクの異なるプットオプションのヘッジについて考える．初期株価 $S_0 = 100$，株式の瞬間的期待収益率 $\mu = 0.15$，ボラティリティ $\sigma = 0.2$，無リスク金利 $r = 0.04$ とする．株価のモンテカルロシミュレーションにおけるシナリオ数 $L = 40,000$ とし，シミュレーションの時間ステップ数は

3. Black–Scholes モデルの枠組みにおける全リスク最小化

600 とする.

以下の 3 種類のリスク最小化ヘッジ戦略について計算する.
- 戦略 1：仮定 (14.10) を満たす区分線形リスク最小化戦略
- 戦略 2：仮定 (14.10) を満たす 2 次リスク最小化戦略
- 戦略 3：解析式 (14.13) から得られる 2 次リスク最小化戦略

それぞれの戦略とシナリオに対して次の計算を行う.
- 全コスト

$$H - \sum_{k=0}^{M-1} \xi_k \triangle X_k \qquad (14.14)$$

これはオプションの売り手が自己充足的ヘッジ戦略を実行して満期にオプションの支払いを引き受けるのに必要な資金の総量である. ヘッジ戦略は自己充足的なので, ヘッジポートフォリオを組み替えるための中間的なコストはない.
- 全リスク

$$|H - V_M| \qquad (14.15)$$

これはヘッジポートフォリオの最終的価値とオプション支払いの差を測るものである. 戦略は自己充足的なので, 計画外の支出または収入のみを表している.

表 14.1, 14.2 は 4 万回のシミュレーションによって発生したシナリオにおいて, 組み替え間隔別の全コストと全リスクの平均値を表している. この表の最終列は静的ヘッジに対応し, 時点 0 において 1 回のみヘッジ機会が存在する.

戦略 1 の場合, いくつかのプットオプションで, 表 14.1 の全コストと表 14.2 の全リスクの平均価値は等しい. 例えば, ヘッジ機会が 1, 2 回のアウトオブザマネーのオプションがそれにあたる. 最適ヘッジポートフォリオの株式保有数が 0 なので, このようなことが起きる. したがって, プットオプションがインザマネーでなく, 組み替え回数が十分に少なければ, 最適ヘッジ戦略 1 ではまったくヘッジしない. このような場合, オプションがアウトオブザマネーのまま満期を迎える可能性が高く, ヘッジポートフォリオを調整する機会がないので, これは直観的に十分合理的である. 一方, 戦略 2, 3 では, これらの特殊なオプションに対してもヘッジすることを選択する. よりヘッジ機会の多いアウトオブザマネーの場合には, 戦略 1 でもヘッジが行われることに注意が必要である. また検証結果は, 満期により近いアウトオブザマネーのプットオプションがヘッジ戦略 1 によってヘッジされることを示している.

組み替えがめったに行われないとき, 2 次リスク最小化の戦略 2, 3 の全リスクの平均値は非常に近い. 同様なことが全コストにおいても観測される. しかし, 組み替え回数が十分に大きくなるにつれて, 戦略 2 の全リスクは戦略 3 よりも大きくなっていく. スプラインの節数を増加させたり, その位置を変えたりしても結果には同じ傾向が見られる. このことは, 株式保有数の形式に対する仮定 (14.10) はさらなるリスクを生じさせており, よりよい仮定を見つける必要があることを意味している.

表 14.1　40,000 シナリオに対する全コストの平均値

ストライク	戦略	1 回の組み替え当たりの時間ステップ数				
		25	50	100	300	600
90	1	2.2194	1.9764	1.0876	0.9398	0.9398
	2	2.4540	2.4033	2.3155	2.0400	1.7421
	3	2.4838	2.4387	2.3474	2.0429	1.7454
95	1	3.7878	3.6356	3.2435	1.6648	1.6648
	2	3.9512	3.8830	3.7647	3.4006	2.9735
	3	3.9770	3.9188	3.8022	3.4018	2.9745
100	1	5.8421	5.7082	5.5074	4.0392	2.7269
	2	5.9183	5.8396	5.6983	5.2566	4.6948
	3	5.9413	5.8773	5.7399	5.2565	4.6928
105	1	8.3549	8.2549	8.1113	7.2494	5.5301
	2	8.3613	8.2809	8.1280	7.6307	6.9449
	3	8.3866	8.3221	8.1724	7.6303	6.9392
110	1	11.2609	11.1988	11.0950	10.6364	9.2160
	2	11.2566	11.1789	11.0264	10.4994	9.7148
	3	11.2858	11.2221	11.0713	10.5007	9.7072

満期 $T = 1$，ストライク価格別，組み替え間隔別のプットオプションの平均全コスト．戦略 1：仮定 (14.10) を満たす区分線形，戦略 2：仮定 (14.10) を満たす 2 次，戦略 3：解析式から得られる 2 次；$S_0 = 100$, $\mu = 0.15$, $\sigma = 0.2$, $r = 0.04$.

表 14.2　40,000 シナリオに対する全リスクの平均値

ストライク	戦略	1 回の組み替え当たりの時間ステップ数				
		25	50	100	300	600
90	1	0.6031	0.7822	0.9276	0.9398	0.9398
	2	0.6312	0.8410	1.1212	1.5727	1.7707
	3	0.5336	0.7450	1.0377	1.5799	1.7759
95	1	0.7761	1.0419	1.3829	1.6648	1.6648
	2	0.7918	1.0771	1.4687	2.1945	2.6222
	3	0.6885	0.9641	1.3592	2.1993	2.6251
100	1	0.9790	1.2921	1.7293	2.5544	2.7269
	2	0.9877	1.3144	1.7784	2.7944	3.5117
	3	0.8295	1.1636	1.6479	2.7914	3.5119
105	1	1.1000	1.4535	1.9668	3.1622	3.9566
	2	1.1068	1.4677	2.0051	3.2892	4.3184
	3	0.9465	1.3180	1.8694	3.2774	4.3170
110	1	1.1240	1.5192	2.0798	3.4688	4.7912
	2	1.1308	1.5344	2.1240	3.6189	4.9366
	3	1.0147	1.4171	2.0036	3.6027	4.9355

ストライク価格別，組み替え間隔別のプットオプションの平均全リスク．3 種類の戦略，設定は表 14.1 と同じ．

表 14.1, 14.2 の数値検証結果は，平均全コストと全リスクの点で，区分線形，各 2 次リスク最小化に基づくヘッジ戦略が異なる振舞いを見せることを示している．インザマネーのプットオプションの場合，3 戦略で全コストの平均値にほとんど違いはない．しかし，オプションがアウトオブザマネーになり，組み替え頻度が低くなると，戦略 1 の全コストの平均値は 2 次の戦略のほぼ半分になる．全リスクの平均値にも同じ傾向が見られる．(14.10) より弱い制約を用いることによって戦略 1, 2 の全リスクの一部を除去できる可能性があるので，上記結果は区分線形リスク最小化戦略と 2 次リスク最小化戦略の違いを明確に示しているとはいえない．株式保有数にもっとよい仮定を用いて数値検証を行えば，この問題の議論は深まるであろう．

3.2 第二の定式化

上に示したように，t_j における株式保有数を $\xi_j = D_j(X_j)$ として，そのときの株価のみに依存させる制約は強すぎるかもしれない．定式化を改善するために仮定 (14.10) を満たす株式保有数についてより詳しく分析する．6 回のヘッジ機会のあるアットザマネーのプットオプションについて考える．図 14.2 は 3 回の組み替え機会後の戦略 2, 3 における最適ヘッジポートフォリオの株式保有数を示している．

戦略 3 の場合，取引時点の株価が同じでも，シナリオの違いによってヘッジポートフォリオの株数が異なる場合があることがわかる．このことは，このヘッジ戦略が取引時点の株価だけでなく，それまでの株価の経路に依存することを示している．しか

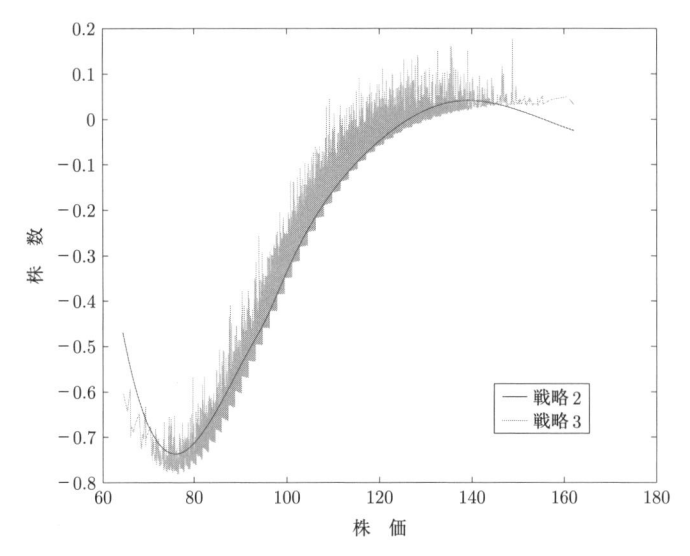

図 **14.2** 6 回の組み替え機会のあるアットザマネーのプットオプションにおける 3 回の組み替え後のヘッジポートフォリオの株数 (1)

し，戦略2の株式保有数は仮定 (14.10) を満たすために取引時点の株価にのみ依存しており，この仮定は強すぎる制約といえる．ただし，仮定 (14.10) のもとでも株式保有数は最適保有数の傾向をよく捉えている点には注意が必要である．制約に伴うリスクを減らすために，株価の経路への依存度も株式保有数の仮定の中に組み込む必要がある．

戦略2では，時点 t_j における株式への投資金額はその時点の株価 X_j にのみ依存するヘッジ戦略だけを考えている．しかし，t_j における株価への投資は t_j までの累積利益にも依存すると仮定するのはより自然なことであろう．株式保有数は，次のように線形に過去の利益にも依存すると仮定する．

$$\xi_j = D_j(X_j) + \frac{1}{X_j}\sum_{i=0}^{j-1}\xi_i \triangle X_i, \quad \forall j = 1, \cdots, M-1$$

ここで，D_j は未知の3次スプラインである．前と同様に，$D_0 \equiv \xi_0$ とする．代数的な操作を行い，$\triangle X_{i_1}\triangle X_{i_2}$ を含むより高次の項を無視すると，以下の式を得る．

$$\xi_j = D_j(X_j) + \frac{1}{X_j}\sum_{i=0}^{j-1}D_i(X_i)\triangle X_i, \quad \forall j = 1, \cdots, M-1$$

上式の自由度を上げるため，t_j における株式保有数に対する株価 X_j の影響が過去の株価 $X_0, \cdots, X_{j-1}$ からの影響とは異なることも許容する．

株式保有数 ξ_j の形状への仮定は以下のようになる．

$$\xi_j = D_j(X_j) + \frac{1}{X_j}\sum_{i=0}^{j-1}\widetilde{D}_i(X_i)\triangle X_i, \quad \forall j = 1, \cdots, M-1 \qquad (14.16)$$

ただし，$j \geq 1$ に対して D_j と $\widetilde{D}_j$ は固定端の未知のスプライン関数であり，D_0 と $\widetilde{D}_0$ は定数関数である．この定式化によって，区分線形リスク最小化問題 (14.6) は次のようになる．

$$\min_{V_0, D_j, \widetilde{D}_j}\sum_{k=1}^{L}\left| H^{(k)} - V_0 - \sum_{j=0}^{M-1}\left(D_j(X_j^{(k)}) + \sum_{i=0}^{j-1}\widetilde{D}_i(X_i^{(k)})\frac{\triangle X_i^{(k)}}{X_j^{(k)}}\right)\triangle X_j^{(k)}\right| \qquad (14.17)$$

問題 (14.17) は問題 (14.11) と同様，未知数が $V_0, D_0, \widetilde{D}_0$ および3次スプラインの値（$D_j, \widetilde{D}_j, j \geq 1$ の節点における値）である L^1 最適化問題と解釈することができる．

2次リスク最小化基準に対応する定式化は次のようになる．

$$\min_{V_0, D_j, \widetilde{D}_j}\sum_{k=1}^{L}\left(H^{(k)} - V_0 - \sum_{j=0}^{M-1}\left(D_j(X_j^{(k)}) + \sum_{i=0}^{j-1}\widetilde{D}_i(X_i^{(k)})\frac{\triangle X_i^{(k)}}{X_j^{(k)}}\right)\triangle X_j^{(k)}\right)^2 \qquad (14.18)$$

3. Black–Scholes モデルの枠組みにおける全リスク最小化 603

それぞれのスプラインの節点の数は通常は小さい (8 前後). 上記問題の未知数の数は前の定式化における未知数の数の 2 倍程度になる.

最適化問題 (14.17), (14.18) によって, ヘッジポートフォリオの株式保有数の仮定 (14.16) を満たす区分線形および 2 次リスク最小化戦略の計算が可能になる. 以下の 3 種類の戦略を用いてこの仮定の有効性を検討する.

- 戦略 1：仮定 (14.16) を満たす区分線形リスク最小化戦略
- 戦略 2：仮定 (14.16) を満たす 2 次リスク最小化戦略
- 戦略 3：解析式 (14.13) から得られる 2 次リスク最小化戦略

最初に図 14.3 の 6 回のヘッジ機会のあるアットザマネーのプットオプションの場合について再検証する. 図 14.3 は 3 回の組み替え機会後の戦略 2, 3 における最適ヘッジポートフォリオの株式保有数を示している. 仮定 (14.16) を満たす最適 2 次戦略 2 の株式保有数は, 理論的最適解である 2 次戦略 3 の株式保有数と非常に近い値をとることがわかる.

表 14.3, 14.4 は 4 万回のシミュレーションによって発生したシナリオにおいて, 上記戦略における組み替え間隔別の全コストと全リスクの平均値を表している.

ヘッジ機会が 1 回のときは, 株式保有数における仮定 (14.10) と仮定 (14.16) は一

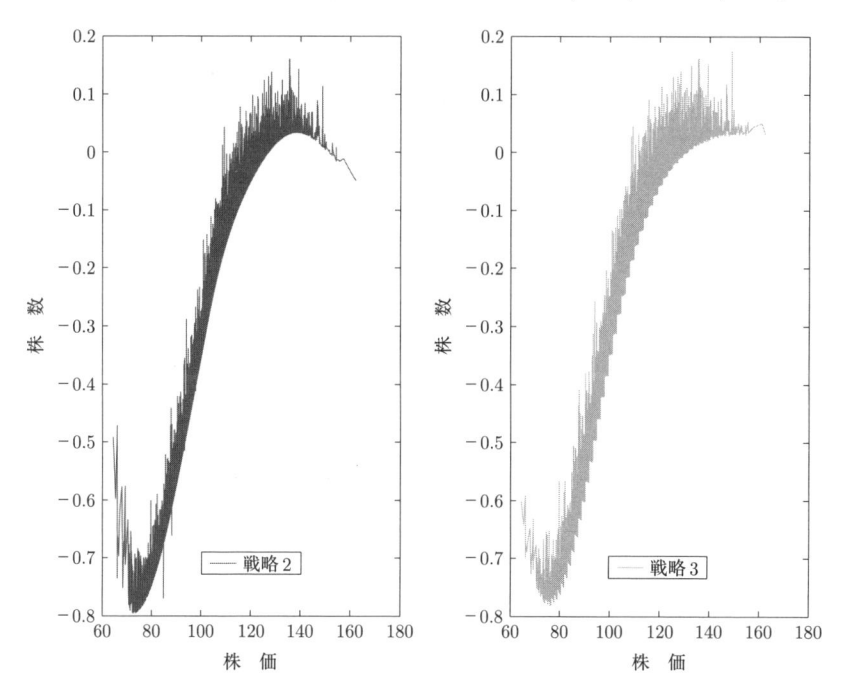

図 **14.3** 6 回の組み替え機会のあるアットザマネーのプットオプションにおける 3 回の組み替え後のヘッジポートフォリオの株数 (2)

致するので，表 14.3, 14.4 の最終列は表 14.1, 14.2 の最終列の結果と同じになる．

前と同様，インザマネーでなく，組み替え回数が少ないいくつかのプットオプションにおいて，最適ヘッジ戦略1ではまったくヘッジしない．このことは，これらのオプションのヘッジ戦略の株式保有数は0である事実から示される．また，この事実は平均全コストと平均全リスクが一致することも意味している．

一方，前の数値計算結果とは対照的に，2次戦略 2, 3 は表 14.3 の全コスト，表 14.4 の全リスクともに非常に近い値をとる．ヘッジポートフォリオの株式保有数に仮定 (14.16) を課すことは，4万回のシミュレーションによって発生したシナリオにおける平均全リスクの最適値に大きな影響を与えないという結論が得られた．

数値計算結果は，仮定 (14.16) のほうが，仮定 (14.10) より小さな平均全リスクとなることを示している．2次リスク最小化の場合，平均全リスクは最適値にとても近い．したがって，区分線形および 2 次リスク最小化基準における最適ヘッジ戦略を計算するために，最適化問題 (14.17), (14.18) を用いることにする．

表 14.3, 14.4 によって，2つのリスク最小化基準のヘッジ戦略をよりはっきりと比較することができる．これらの戦略のパフォーマンスはオプションのマネーネスとポートフォリオ組み替え機会の数に依存する．検証したほとんどすべてのオプションに対して，区分線形リスク最小化戦略の全コストと全リスクの平均値はより小さくなる．しかし，インザマネーのプットオプションの場合，3 戦略で全コスト，全リスクの平

表 **14.3** 40,000 シナリオに対する全コストの平均値

ストライク	戦略	1 回の組み替え当たりの時間ステップ数				
		25	50	100	300	600
90	1	2.2728	2.1093	1.5031	0.9398	0.9398
	2	2.4504	2.4086	2.3224	2.0388	1.7421
	3	2.4838	2.4387	2.3474	2.0429	1.7454
95	1	3.7964	3.6640	3.4080	1.6648	1.6648
	2	3.9443	3.8885	3.7741	3.3983	2.9735
	3	3.9770	3.9188	3.8022	3.4018	2.9745
100	1	5.8223	5.6896	5.5067	4.0644	2.7269
	2	5.9118	5.8455	5.7119	5.2530	4.6948
	3	5.9413	5.8773	5.7399	5.2565	4.6928
105	1	8.2982	8.1835	8.0393	7.2893	5.5301
	2	8.3584	8.2882	8.1412	7.6261	6.9449
	3	8.3866	8.3221	8.1724	7.6303	6.9392
110	1	11.2072	11.1146	10.9945	10.6934	9.2160
	2	11.2569	11.1881	11.0413	10.4945	9.7148
	3	11.2858	11.2221	11.0713	10.5007	9.7072

ストライク価格別，組み替え間隔別のプットオプションの平均全コスト．戦略 1：仮定 (14.16) を満たす区分線形，戦略 2：仮定 (14.16) を満たす 2 次，戦略 3：解析式から得られる 2 次．設定は表 14.1 と同じ．

3. Black–Scholes モデルの枠組みにおける全リスク最小化

表 14.4 40,000 シナリオに対する全リスクの平均値

ストライク	戦略	1 回の組み替え当たりの時間ステップ数				
		25	50	100	300	600
90	1	0.5033	0.6819	0.8874	0.9398	0.9398
	2	0.5450	0.7497	1.0325	1.5722	1.7707
	3	0.5336	0.7450	1.0377	1.5799	1.7759
95	1	0.6575	0.9062	1.2512	1.6648	1.6648
	2	0.6952	0.9662	1.3551	2.1908	2.6222
	3	0.6885	0.9641	1.3592	2.1993	2.6251
100	1	0.8246	1.1269	1.5635	2.5524	2.7269
	2	0.8563	1.1789	1.6518	2.7843	3.5117
	3	0.8295	1.1636	1.6479	2.7914	3.5119
105	1	0.9380	1.2800	1.7897	3.1551	3.9566
	2	0.9722	1.3319	1.8802	3.2738	4.3184
	3	0.9465	1.3180	1.8694	3.2774	4.3170
110	1	1.0140	1.3806	1.9099	3.4619	4.7912
	2	1.0460	1.4279	2.0079	3.6025	4.9366
	3	1.0147	1.4171	2.0036	3.6027	4.9355

ストライク価格別，組み替え間隔別のプットオプションの平均全リスク．3 種類の戦略．設定は表 14.3 と同じ．

均値はかなり近い値になる．オプションがアウトオブザマネーになり，組み替え頻度が低くなるにつれて，戦略の違いは増加する傾向にある．組み替え機会が 1，2 回のアウトオブザマネーのプットオプションの場合，戦略 1 の全コストの平均値は戦略 2，3 の全コストのほぼ半分になる．全リスクの平均値にも同じ傾向が見られる．

離散時間ヘッジのために市場が非完備になるときでも，多くの実務家は Black–Scholes モデルの枠組みの中でオプションをヘッジするためにデルタヘッジ（delta hedging）を用いている．彼らは Black–Scholes 公式によって計算された t_0 におけるオプション価値をヘッジポートフォリオの初期値 V_0 とし，ヘッジ時点 t_k において株式保有数 ξ_k が以下のデルタと等しい自己充足的戦略を選択している．

$$\xi_k = \left(\frac{\partial V}{\partial S}\right)_{t_k}$$

ここで，V は Black–Scholes 公式によって与えられるオプション価値を意味する．しかし，デルタヘッジはヘッジが連続的に行われるときのみ，オプションの無リスクな複製を保証する．離散時間に組み替えが行われる場合，デルタヘッジはもはや最適ではない．なぜなら，対応するポートフォリオは瞬間的に無リスクなだけで，次の取引時刻まで無リスク状態は継続しないのである．表 14.5，14.6 は 4 万回のシミュレーションによって発生したシナリオにおいて，デルタヘッジ戦略における組み替え間隔別の全コストと全リスクの平均値を表しており，仮定 (14.16) を満たす区分線形および 2 次リスク最小化戦略である戦略 1，2 と比較している．

組み替えが頻繁に行われるとき，デルタヘッジの全コストと全リスクは，区分線形および2次リスク最小化戦略におけるそれらの値よりわずかに大きいだけで，非常に近い値をとる．しかし，組み替え機会の数が減少するにつれて，デルタヘッジのコストやリスクは，全リスク最小化に基づく2戦略に比べて非常に大きなものになっていく．

次に，6回のヘッジ機会のあるアットザマネーのプットオプションの全コストと全リスクの分布を分析する．表14.3の全コストの平均値は，戦略1で5.5067，戦略2で5.7119，戦略3で5.7399である．各戦略における全コストの40,000シナリオに対するヒストグラムは図14.4のとおりである．3戦略すべてにおいて，非常にわずかではあるが，全コストは図14.4の範囲以上の大きな値をとることがあるが，図をわかりやすくするためにこの範囲を選択した．

戦略1の全コストの分布は戦略2，3と比較して，平均に対してより非対称になっている．2次戦略2，3の場合，中央値は平均とほぼ等しいが，戦略1の場合，全コストの約60%が平均より小さい．分布の歪度はデータの非対称性を表す指標であるが，戦略1は1.9012，戦略2は0.8017，戦略3は0.8394である．

戦略1は戦略2，3と比較してより大きなヘッジコストとリスクが発生する可能性がごくわずかにあるが，より小さなコストが発生する大きな可能性がある．

次の図14.5では，シミュレーションしたシナリオに基づく各戦略における全リスクのヒストグラムを表している．戦略すべてにおいて，非常にわずかではあるが全リス

表 14.5 40,000シナリオに対する全コストの平均値

ストライク	戦略	1回の組み替え当たりの時間ステップ数				
		25	50	100	300	600
90	1	2.2728	2.1093	1.5031	0.9398	0.9398
	2	2.4504	2.4086	2.3224	2.0388	1.7421
	Delta	2.5583	2.5859	2.6454	2.8838	3.2819
95	1	3.7964	3.6640	3.4080	1.6648	1.6648
	2	3.9443	3.8885	3.7741	3.3983	2.9735
	Delta	4.0702	4.1028	4.1763	4.4830	4.9793
100	1	5.8223	5.6896	5.5067	4.0644	2.7269
	2	5.9118	5.8455	5.7119	5.2530	4.6948
	Delta	6.0483	6.0897	6.1734	6.5382	7.1098
105	1	8.2982	8.1835	8.0393	7.2893	5.5301
	2	8.3584	8.2882	8.1412	7.6261	6.9449
	Delta	8.5011	8.5505	8.6407	9.0457	9.6607
110	1	11.2072	11.1146	10.9945	10.6934	9.2160
	2	11.2569	11.1881	11.0413	10.4945	9.7148
	Delta	11.4019	11.4537	11.5484	11.9712	12.5952

ストライク価格別，組み替え間隔別のプットオプションの平均全コスト．戦略1：仮定(14.16)を満たす区分線形，戦略2：仮定(14.16)を満たす2次，戦略3：デルタヘッジ．設定は表14.3と同じ．

3. Black–Scholes モデルの枠組みにおける全リスク最小化

表 14.6 40,000 シナリオに対する全リスクの平均値

ストライク	戦略	1 回の組み替え当たりの時間ステップ数				
		25	50	100	300	600
90	1	0.5033	0.6819	0.8874	0.9398	0.9398
	2	0.5450	0.7497	1.0325	1.5722	1.7707
	Delta	0.6366	0.8935	1.2681	2.2099	3.2836
95	1	0.6575	0.9062	1.2512	1.6648	1.6648
	2	0.6952	0.9662	1.3551	2.1908	2.6222
	Delta	0.8042	1.1325	1.6160	2.8786	4.2846
100	1	0.8246	1.1269	1.5635	2.5524	2.7269
	2	0.8563	1.1789	1.6518	2.7843	3.5117
	Delta	0.9481	1.3385	1.9128	3.4582	5.1359
105	1	0.9380	1.2800	1.7897	3.1551	3.9566
	2	0.9722	1.3319	1.8802	3.2738	4.3184
	Delta	1.0576	1.4881	2.1282	3.8736	5.7216
110	1	1.0140	1.3806	1.9099	3.4619	4.7912
	2	1.0460	1.4279	2.0079	3.6025	4.9366
	Delta	1.1144	1.5725	2.2450	4.0892	5.9833

ストライク価格別,組み替え間隔別のプットオプションの平均全リスク.3 種類の戦略,設定は表 14.5 と同じ.

クは図 14.5 の範囲以上の大きな値をとることがあるが,図 14.4 と同じように図をわかりやすくするためにこの範囲を選択した.

3 戦略の全リスクの分布は同様の形状をしている.しかし,戦略 1 の平均は 2 次戦略の平均より小さい.表 14.4 の全リスクの平均値は,それぞれ,1.5635, 1.6518, 1.6479 である.戦略 1 では全リスクの 65% が平均より小さく,戦略 2, 3 では 62% が小さい.戦略 1 の歪度は 3.4414 であり,戦略 2 の 2.0153,戦略 3 の 2.1058 よりも大きい.しかし,全コストのときと同様,戦略 1 が戦略 2, 3 より大きなリスクになる可能性は小さい.また,戦略 2, 3 の分布は全コスト,全リスクとも非常に似ており,このことは (14.16) はリスクを把握するのに十分柔軟であることを示している.

Coleman et al. (2003) によれば,局所リスク最小化において,区分線形および 2 次リスク基準に基づく戦略に関して同様の特徴が観測される.比較のため,表 14.7 は区分線形局所リスク最小化戦略(戦略 1)および 2 次局所リスク最小化戦略(戦略 2)の 40,000 シナリオの平均全コストを表している.局所リスク最小化と全リスク最小化のリスク測度は意味が異なるので,ここでは平均リスクの結果は示していない.

Schäl (1994) が示したように,株価が確定的な平均分散トレードオフをもつとき,最適 2 次局所リスク最小化戦略における期待全ヘッジコストは,最適 2 次全リスク最小化戦略における期待全ヘッジコストに等しい.すべてのプットオプションで,表 14.7 の 2 次局所リスク最小化戦略 2 の全コストは,表 14.3 の 2 次全リスク最小化戦略 2, 3 の全コストに非常に近い.Schäl (1994) はヘッジ初期コストをオプションの

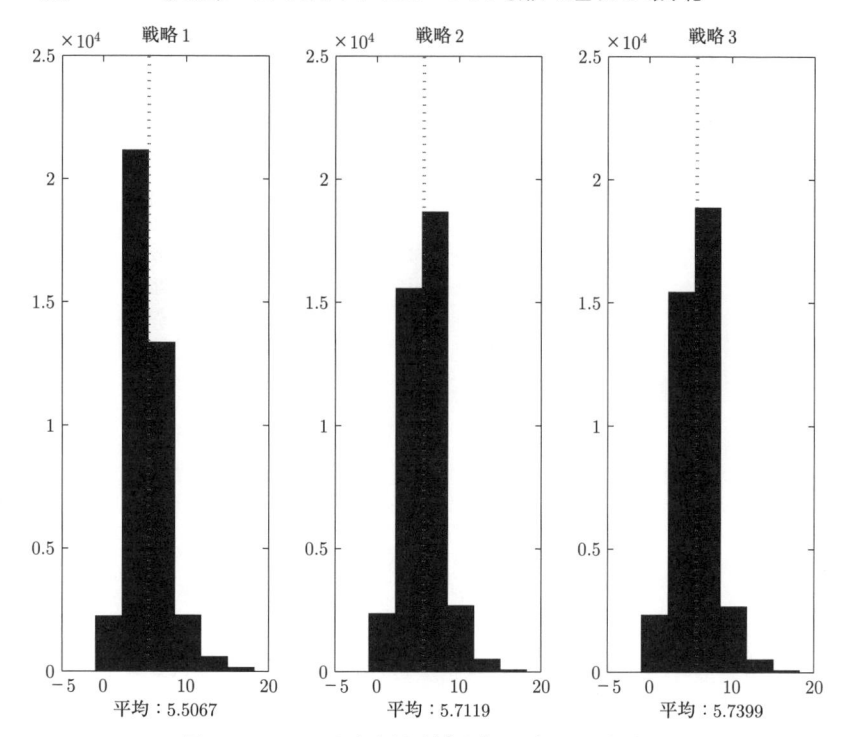

図 14.4 40,000 シナリオに対する全コストのヒストグラム

適正価格と解釈することを主張している.しかし,Mercurio and Vorst (1996) の例は,この主張は必ずしも適切ではないことを示している.

静的ヘッジの場合,つまり1回のみヘッジ機会がある場合,局所リスク最小化と全リスク最小化は同じである.このため,表 14.3 の最終列にある区分線形および理論上の2次リスク最小化戦略の数値計算結果は,表 14.7 の対応部分の結果に一致する.

局所リスク最小化の場合,最適戦略のヘッジパフォーマンスはオプションのマネーネスとポートフォリオ組み替え機会の数に依存する.アウトオブザマネー,アットザマネーのプットオプションでは,区分的線形局所リスク最小化戦略のほうが,平均全コストが小さくなる.しかし,インザマネーのプットオプションの場合,2次局所リスク最小化戦略のほうがわずかながら良好となる.全リスク最小化によって,区分線形基準の全コストの改善が見られ,特にインザマネーのプットオプションで改善している.結果として,区分線形全リスク最小化戦略の平均全コストは検証したほとんどすべてのオプションで最小になっている.

Coleman et al. (2003) が示すように,局所リスク最小化の最適ヘッジポートフォリオ価値において,離散時間ヘッジのプットコールパリティが成立する.このことは,

3. Black–Scholes モデルの枠組みにおける全リスク最小化

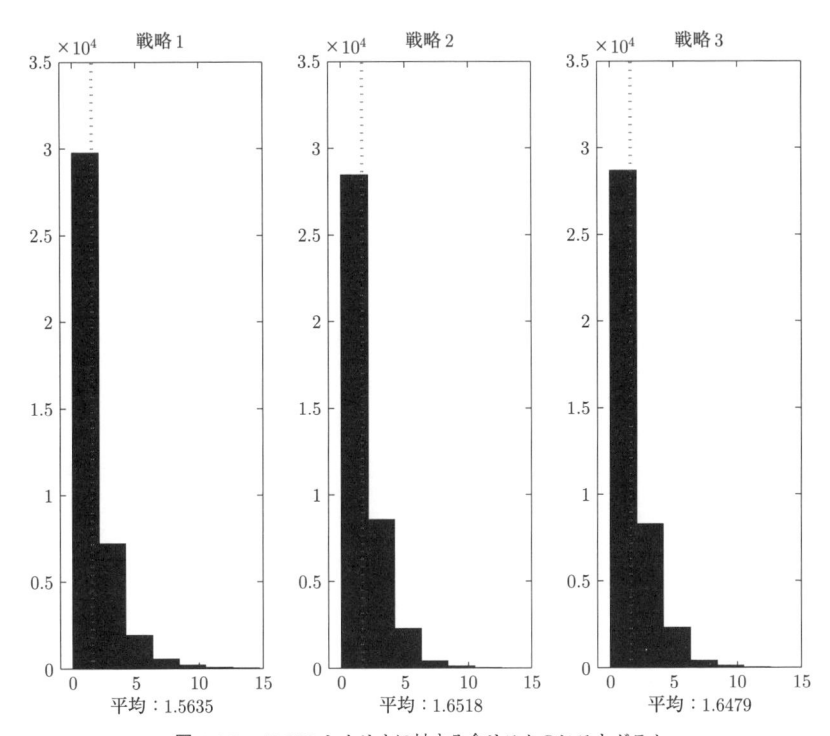

図 14.5 40,000 シナリオに対する全リスクのヒストグラム

表 14.7 局所リスク最小化における 40,000 シナリオに対する全コストの平均値

ストライク	戦略	1 回の組み替え当たりの時間ステップ数				
		25	50	100	300	600
90	1	2.1933	2.1043	1.8592	1.1690	0.9398
	2	2.4846	2.4377	2.3487	2.0424	1.7454
95	1	3.7284	3.6485	3.3907	2.1243	1.6648
	2	3.9785	3.9178	3.8036	3.4008	2.9745
100	1	5.7803	5.7698	5.5225	4.2964	2.7269
	2	5.9433	5.8765	5.7414	5.2550	4.6928
105	1	8.3483	8.4152	8.1908	7.4178	5.5301
	2	8.3889	8.3220	8.1738	7.6285	6.9392
110	1	11.3760	11.5276	11.3383	11.0652	9.2160
	2	11.2883	11.2226	11.0723	10.4989	9.7072

ストライク価格別,組み替え間隔別のプットオプションの平均全コスト.戦略 1:区分線形局所リスク最小化,戦略 2:2 次局所リスク最小化.設定は表 14.3 と同じ.

同様の証明によって全リスク最小化でも成立する．

満期 T，割引ストライク価格 K のプットオプションのヘッジポートフォリオにおける株式保有数 ξ^p，債券額 η^p の計算を行う．なお，ヘッジ機会は $0 = t_0 < t_1 < \cdots < t_M := T$ の M 回とする．これらのポートフォリオと原資産，満期，ストライク価格，ヘッジ機会が同じコールオプションの ξ^c，η^c の関係を導くことができる．すべての $0 \leq k \leq M-1$ において，

$$\begin{cases} \xi_k^c = \xi_k^p + 1 \\ \eta_k^c = \eta_k^p - K \end{cases}$$

が成立する．

さらに，プットオプションとコールオプションのヘッジポートフォリオの割引価値（V_k^p と V_k^c）について，プットコールパリティが成立する．つまり，すべての $0 \leq k \leq M$ において，

$$V_k^c - V_k^p = X_k - K$$

同様に，コールオプションとプットオプションの全コストで次の関係が成立する．すべての $0 \leq k \leq M$ において，

$$C_k^c = C_k^p + X_0 - K$$

したがって，もしプットオプションの最適ヘッジ戦略がわかれば，最適化問題を解くことなく，直接的にコールオプションの最適戦略が計算できる．

4. 確率ボラティリティモデルの枠組みにおける全リスク最小化

本節では，株価は Heston 型の確率ボラティリティモデル（Heston, 1993）に従うと仮定する．割引株価 X とそのボラティリティ Y は以下の確率微分方程式を満たす．

$$\frac{dX_t}{X_t} = \alpha dt + Y_t dZ_t$$
$$dY_t = \left(\frac{4\beta\theta - \delta^2}{8Y_t} - \frac{\beta}{2}Y_t\right)dt + \frac{\delta}{2}dZ_t' \tag{14.19}$$

ここで，Z_t と Z_t' は瞬間的相関 ρ の Brown 運動である．

Heston 型モデルでは，ボラティリティの二乗 $F := Y^2$ は以下の確率微分方程式を満たす Cox–Ingersoll–Ross 型の確率過程となる．

$$dF_t = \beta(\theta - F_t)dt + \delta\sqrt{F_t}dZ_t' \tag{14.20}$$

前節と同様に，ヨーロピアンオプションの売り手は原資産の株式と債券のみを使用してポジションをヘッジしたいと思っていると仮定する．ただし，ヘッジ機会は有限

4. 確率ボラティリティモデルの枠組みにおける全リスク最小化

回のみとする.

Schweizer (1995) によって与えられた (14.5) または Bertsimas et al. (2001) によって与えられた式を使用して, 最適2次全リスク最小化戦略を計算することができる. また, モンテカルロ法によって最適化問題 (14.17), (14.18) を解くことで区分線形及び2次リスク最小化戦略の両方を計算する.

問題 (14.17), (14.18) の定式化は株価の経路全体に依存しているので, 確率微分方程式 (14.19), (14.20) に強収束するように経路を離散的に近似して生成することに関心がある. そこで (14.19), (14.20) に Euler の方法を用いて株価とボラティリティのシナリオを生成する.

Heath et al. (2001a, 2001b) は全2次リスクおよび局所2次リスク基準で連続ヘッジの研究を行い, 数値検証によって確率ボラティリティモデルのクラスで比較検討を行ったが, 今回の数値検証におけるパラメータは彼らと同様のものを選択する. パラメータの値は $\alpha = 0.5, \beta = 5, \theta = 0.04, \delta = 0.6, \rho = 0$ とする. Heath et al. (2001a, 2001b) で強調されているように, これらのパラメータは確率微分方程式 (14.20) の正の解を保証する Feller の爆発テスト (test for explosions) $\beta\theta \geq (1/2)\delta$ を満たす. 1,024 のタイムステップ数の Euler 法で 10,000 シナリオを生成する. なお, 20,000 シミュレーションの数値実験も行ったが, 結果は以下に示す結果と酷似している. 初期株価とボラティリティは $X_0 = 100, Y_0 = 0.2$ とする. また, 無リスク金利 $r = 0.04$ とする. 前と同様, ストライク価格の異なる満期 $T = 1$ のプットオプションのヘッジについて考える.

まず, ヘッジポートフォリオの株式保有数はそのときの株価, 過去の収益に依存し, その形式は以下の制約 (14.16) を満たすことを仮定する.

$$\xi_j = D_j(X_j) + \frac{1}{X_j} \sum_{i=0}^{j-1} \widetilde{D}_i(X_i) \triangle X_i, \quad \forall j = 1, \cdots, M-1$$

この制約は株式保有数がボラティリティと独立であることを仮定している. ボラティリティは市場で観測できないので, このことは魅力的である. 一方, この枠組みでボラティリティはもはや一定ではないので, 株式保有数の形式に影響を与えると仮定するのが合理的である. ボラティリティを考慮した別の株式保有数の制約については後で検討する. ただし, 新しい制約を実行する計算量は大きく, 平均全ヘッジコストとリスクに対する改善効果はそれほど大きなものではない.

仮定 (14.16) を満たす以下の全リスク最小化戦略を計算する.

- 戦略1：区分線形リスク最小化戦略
- 戦略2：2次リスク最小化戦略

表 14.8, 14.9 は1万回のシミュレーションによって発生したシナリオに対する全コストと全リスクの平均値を表している. これらの表の最終列は, ヘッジ機会が時点 0 の1回だけの静的ヘッジに対応する.

表 14.8 10,000 シナリオに対する全コストの平均値

ストライク	戦略	1 回の組み替え当たりの時間ステップ数				
		16	64	128	512	1024
90	1	1.9433	1.5446	1.1637	1.0199	1.0199
	2	2.3366	2.2365	2.2137	1.9469	1.7340
95	1	3.4682	3.2307	3.0079	1.7710	1.7738
	2	3.7234	3.6141	3.5726	3.2049	2.9003
100	1	5.4967	5.2277	5.1111	3.8699	2.8902
	2	5.5977	5.4786	5.4225	4.9567	4.5512
105	1	7.9197	7.7034	7.6502	7.0733	5.8629
	2	8.0112	7.8777	7.8106	7.2709	6.7681
110	1	10.8262	10.7099	10.6651	10.5153	9.5471
	2	10.9231	10.7769	10.7051	10.1219	9.5382

満期 $T=1$, ストライク価格別, 組み替え間隔別のプットオプションの平均全コスト. 戦略 1：仮定 (14.16) を満たす区分線形, 戦略 2：仮定 (14.16) を満たす 2 次; $X_0 = 100$, $Y_0 = 0.2$, $r = 0.04$, $\alpha = 0.5$, $\beta = 5$, $\theta = 0.04$, $\delta = 0.6$, $\rho = 0$.

表 14.9 10,000 シナリオに対する全リスクの平均値

ストライク	戦略	1 回の組み替え当たりの時間ステップ数				
		16	64	128	512	1024
90	1	0.8395	0.9099	0.9901	1.0199	1.0199
	2	0.9727	1.0942	1.2546	1.7399	1.8985
95	1	1.1469	1.2728	1.4854	1.7737	1.7738
	2	1.2599	1.4251	1.6598	2.4190	2.7518
100	1	1.4342	1.5745	1.8701	2.7670	2.8902
	2	1.5274	1.7164	2.0283	3.1000	3.6495
105	1	1.6076	1.7925	2.1315	3.4513	4.1089
	2	1.7032	1.9303	2.3000	3.6521	4.4442
110	1	1.7004	1.9156	2.2754	3.7799	4.8597
	2	1.7915	2.0499	2.4533	4.0204	5.0373

ストライク価格別, 組み替え間隔別のプットオプションの平均全リスク. 2 種類の戦略. 設定は表 14.8 と同じ.

上記数値計算結果では, Black–Scholes の枠組みと同様の傾向が観測される. アウトオブザマネー, アットザマネーのプットオプションでは, 区分線形リスク最小化戦略における平均全コストとリスクは, 2 次リスク最小化戦略と比較して非常に小さい. この違いは組み替え回数が少なくなるにつれて増加する. 組み替え回数が少ないディープアウトオブザマネーのプットオプションでは, 区分線形リスク最小化戦略の平均全コストとリスクは, 2 次リスク最小化戦略のほぼ半分になる.

インザマネーのプットオプションの場合, 2 戦略における平均全コストとリスクは非常に近い値をとる. ただし, 大部分の場合, 区分線形リスク最小化のほうがよりよい結果となる.

4. 確率ボラティリティモデルの枠組みにおける全リスク最小化

また, 2 戦略の全ヘッジコストとリスクの分布を分析することができる. 8 回のヘッジ機会のあるアットザマネーのプットオプションの場合, 各戦略における全コストの 10,000 シナリオに対するヒストグラムは図 14.6 のとおりである.

表 14.8 で示すとおり, 平均全コストは戦略 1 で 5.1111, 戦略 2 で 5.4225 である. Black–Scholes の枠組みのとき同様, 区分線形リスク最小化戦略の全コストの分布は 2 次リスク最小化戦略と比較して, 平均に対してより非対称になっている. 戦略 1 では全コストの 65% が平均より小さく, 戦略 2 では 55% が小さい. 戦略 1 の歪度は 2.7526 であり, 戦略 2 は 1.3711 である. しかし, 区分線形リスク最小化の全コストが 2 次リスク最小化より大きくなる可能性は小さい.

8 回のヘッジ機会のある同じアットザマネーのプットオプションの全リスクのヒストグラムは図 14.7 のとおりである. 表 14.9 で示すとおり, 平均全リスクは戦略 1 で 1.8701, 戦略 2 で 2.0283 である.

両戦略の全リスクの分布は平均に対して非対称である. しかし, 戦略 1 の平均は戦略 2 より小さい. 戦略 1 では全コストの 67% が平均より小さく, 戦略 2 では 62% が小さい. 戦略 1 の歪度は 4.0549 であり, 戦略 2 は 2.5346 である. 区分線形リスク最小化の全リスクが 2 次リスク最小化より大きくなる可能性は小さい.

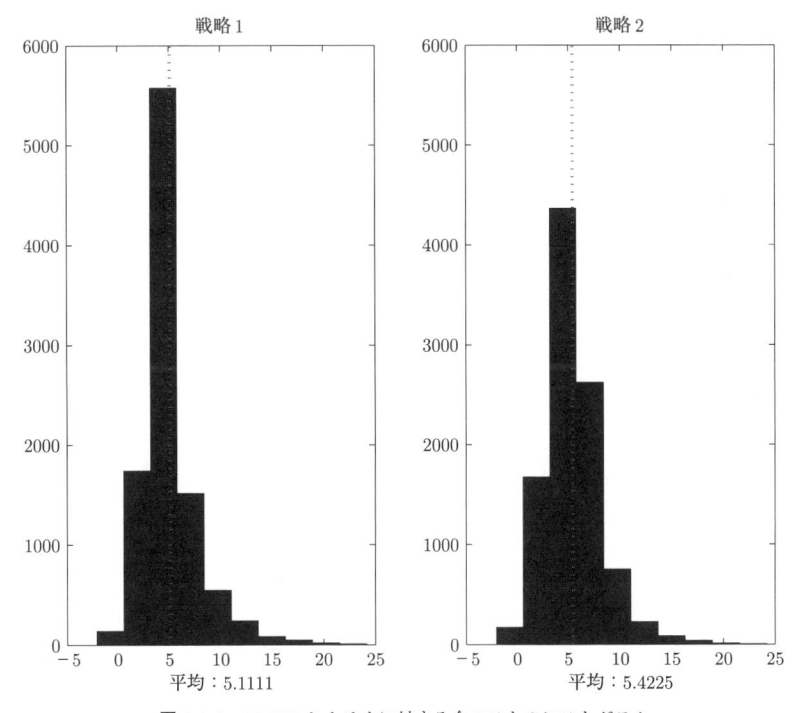

図 **14.6** 10,000 シナリオに対する全コストのヒストグラム

両戦略で全コストと全リスクは図 14.6, 14.7 の範囲以上の大きな値をとることがあるが，図をわかりやすくするためにこの範囲を選択した．

ヘッジ機会を増加させて 2 次リスク最小化戦略 2 を分析し，連続取引における 2 次リスク最小化戦略と比較するのは興味深い．しかし，そのような分析には徹底的な調査が必要であり，より多くのシナリオ数でのシミュレーションが必要である．ごく簡単な比較のために，満期 $T=1$, ストライク価格 $100*\exp(r\cdot T)$ のインザマネーのプットオプションの場合の説明をする．ここで，r は無リスク金利である．Heath et al. (2001a, 2001b) では，2 次リスク測度でこのオプションの連続ヘッジにおける期待全ヘッジコストと期待二乗純損失 $\mathbb{E}[(H-V_M)^2]$ を計算している．彼らは期待ヘッジコスト 7.691, 期待二乗純損失 3.685 を得ている．表 14.10 は，1 回の組み替え当たりの時間ステップ数を減少させたときの 2 次リスク最小化戦略 2 の全ヘッジコストと二乗純損失の 1 万回のシナリオに対する平均値を表している．ヘッジ機会数が増加するとき，表 14.10 の全ヘッジコストと二乗純損失の平均値は Heath et al. (2001a, 2001b) によって与えられた値に近づいていく．

本節のはじめの部分で，株式保有数の形式に対する制約 (14.16) はボラティリティ

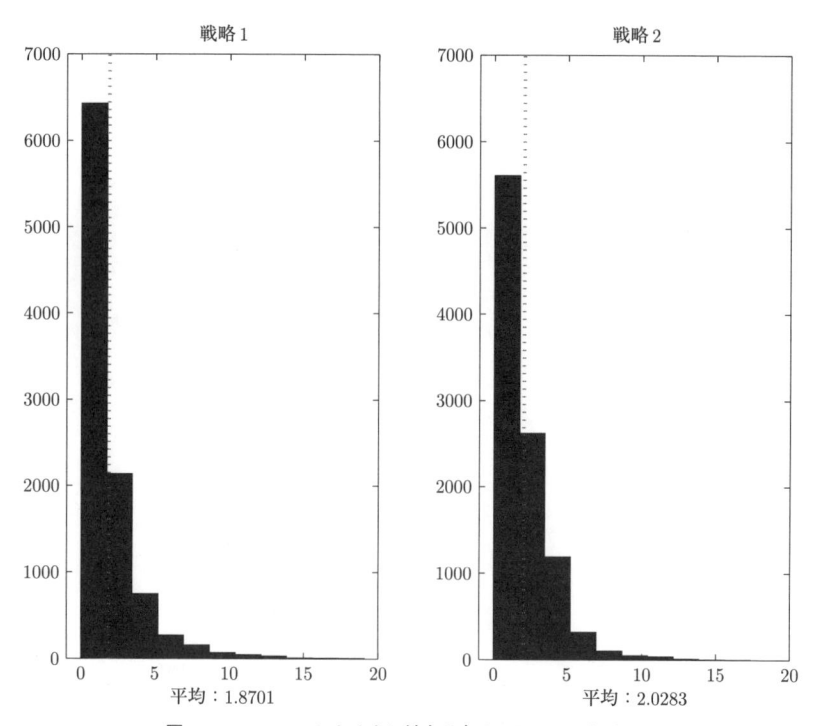

図 **14.7** 10,000 シナリオに対する全リスクのヒストグラム

表 14.10 10,000 シナリオに対する戦略 2 の全ヘッジコストと二乗純損失の平均値

時間ステップ数	コスト	純損失
1024	6.3182	32.9453
512	6.8041	22.5713
128	7.2715	9.5157
64	7.3155	6.4883
16	7.3260	3.7875

満期 $T = 1$, ストライク価格 $100 * \exp(r \cdot T)$ のプットオプションの 2 次リスク最小化戦略における全ヘッジコストと二乗純損失の平均値. 設定は表 14.8 と同じ.

Y_t を考慮していないことを述べた. ヘッジポートフォリオの株式保有数に対するボラティリティ効果を考慮し, 以下の制約を用いるのは合理的であろう.

$$\xi_j = D_j(X_j, Y_j) + \frac{1}{X_j} \sum_{i=0}^{j-1} \widetilde{D}_i(X_i, Y_i) \triangle X_i, \quad \forall j = 1, \cdots, M-1 \quad (14.21)$$

未知の関数 $D_j, \widetilde{D}_j, j = 1, \cdots, M-1$ は, 株価とボラティリティに関する節点をもつ固定端の双 3 次スプラインである. $D_j, \widetilde{D}_j, j = 1, \cdots, M-1$ は株価とボラティリティに依存している. 前と同様, D_0 と $\widetilde{D}_0$ は定数関数とする.

(14.17) と同様の L^1 最適化問題, (14.18) と同様の L^2 最適化問題を解くことにより, 仮定 (14.21) を満たす全リスク最小化戦略を計算する.

- 戦略 1：区分線形リスク最小化戦略
- 戦略 2：2 次リスク最小化戦略

仮定 (14.21) は双 3 次スプラインを含んでいるので, 上記最適化戦略を計算することは (14.16) を満たす最適化戦略を計算するよりはるかに負担が大きい.

表 14.11, 14.12 は 1 万回のシミュレーションによって発生したシナリオに対する 2 戦略の全コストと全リスクの平均値を表している. 比較を簡単にするため, 表 14.8, 14.9 の対応する結果を再掲しておく. 静的ヘッジの場合, 仮定 (14.16) と (14.21) は一致する. したがって, 表 14.11, 14.12 において, 1 回の組み替え当たりの時間ステップ数が 1,024 の列は静的ヘッジに対応しているので, 両結果は一致する.

株式保有数に対する仮定 (14.21) を満たす最適戦略の計算量は大きいが, これらの戦略で全コストや全リスクはそれほど大きくは改善しない. これらの戦略の全コストや全リスクと制約 (14.16) を満たす最適ヘッジ戦略の対応する値を比較することにより, このことがわかる. そのうえ, 仮定 (14.21) は市場では直接観測できないボラティリティに依存している. 結果として, 問題 (14.17), (14.18) の定式化ではヘッジポートフォリオの株式保有数が株価経路にのみ依存しているが, これらの問題を解くことによってこの枠組みの最適ヘッジ戦略を計算することは合理的なように思える.

本節の数値計算結果ではプットオプションのヘッジを扱っている. しかし, 3 節の最後で述べたように, コールオプションをヘッジすることは, 同じ原資産, 同じ満期,

第 14 章 モンテカルロシミュレーションを用いた全リスク最小化

表 14.11　10,000 シナリオに対する全コストの平均値

ストライク	戦略	1 回の組み替え当たりの時間ステップ数					
		仮定 (14.21)			仮定 (14.16)		
		128	512	1024	128	512	1024
90	1	1.2055	1.0186	1.0199	1.1637	1.0199	1.0199
	2	2.1913	1.9507	1.7340	2.2137	1.9469	1.7340
95	1	2.9708	1.7715	1.7738	3.0079	1.7710	1.7738
	2	3.5455	3.2149	2.9003	3.5726	3.2049	2.9003
100	1	5.0478	3.9188	2.8902	5.1111	3.8699	2.8902
	2	5.3959	4.9729	4.5512	5.4225	4.9567	4.5512
105	1	7.6027	7.0814	5.8629	7.6502	7.0733	5.8629
	2	7.7734	7.2961	6.7681	7.8106	7.2709	6.7681
110	1	10.6063	10.5019	9.5471	10.6651	10.5153	9.5471
	2	10.6836	10.1544	9.5382	10.7051	10.1219	9.5382

ストライク価格別，組み替え間隔別のプットオプションの平均全コスト．戦略 1：仮定 (14.21) を満たす区分線形，戦略 2：仮定 (14.21) を満たす 2 次：設定は表 14.8 と同じ．

表 14.12　10,000 シナリオに対する全リスクの平均値

ストライク	戦略	1 回の組み替え当たりの時間ステップ数					
		仮定 (14.21)			仮定 (14.16)		
		128	512	1024	128	512	1024
90	1	0.9464	1.0193	1.0199	0.9901	1.0199	1.0199
	2	1.2028	1.7407	1.8985	1.2546	1.7399	1.8985
95	1	1.4197	1.7726	1.7738	1.4854	1.7737	1.7738
	2	1.6107	2.4152	2.7518	1.6598	2.4190	2.7518
100	1	1.8175	2.7492	2.8902	1.8701	2.7670	2.8902
	2	1.9414	3.0880	3.6495	2.0283	3.1000	3.6495
105	1	2.1104	3.4145	4.1089	2.1315	3.4513	4.1089
	2	2.2950	3.6276	4.4442	2.3000	3.6521	4.4442
110	1	2.2754	3.7335	4.8597	2.2754	3.7799	4.8597
	2	2.4102	3.9797	5.0373	2.4533	4.0204	5.0373

ストライク価格別，組み替え間隔別のプットオプションの平均全リスク．2 種類の戦略，設定は表 14.11 と同じ．

同じストライク価格のプットオプションをヘッジすることに深く関連している．最適ヘッジポートフォリオの値は離散時間ヘッジのプットコールパリティを満たす．そのうえ，もしプットオプションのヘッジに対する最適ポートフォリオの株式保有数がわかれば，最適化問題を解くことなく，コールオプションの株式保有数を直接的に計算することができる．

5. ショートフォールリスク最小化

2次リスク最小化基準への重要な批判として，損失と利益に（対称的に）同じようにペナルティーを課すという事実がある．この批判は区分線形リスク測度にも当てはまる．

オプションの価格付けの場合，オプションが売られるか買われるか事前にわからないので，対称的なリスク測度は自然な選択であるという議論がなされている（Bertsimas et al., 2001 を参照）．しかし，オプションをヘッジするときは，ヘッジポートフォリオを構築してオプションの支払いの複製を試みるのが通常なので，ポートフォリオで発生する利益ではなく，コストに対してペナルティーを課すことにのみ興味がある．

ここでは，オプションの売り手の視点のみで検討を行う．支払い H，満期 T のオプションのヘッジに自己充足的戦略を用いるとき，支払い H とヘッジ戦略の最終価値 V_M の差によって，オプションの売り手の全リスクは与えられる．V_M が正確に H に一致しなくても，$V_M \geq H$ ならば，売り手は安全側にいることになる．つまり，追加資金なしにオプションの支払いを行うことができる．それゆえ，オプションの売り手は全リスク $\mathbb{E}[|H - V_M|]$, $\mathbb{E}[(H - V_M)^2]$ ではなく，以下のようにショートフォールリスク $\mathbb{E}[(H - V_M)^+]$ のみを最小化するヘッジ戦略を選択するかもしれない．

$$\min \mathbb{E}[(H - V_M)^+] \tag{14.22}$$

$V_M \geq H$ a.s. となる自己充足的ヘッジ戦略は，優複製戦略と呼ばれる．残念ながら，優複製戦略の最小初期コストはしばしば非常に高くなる．そのうえ，実際には，損失のリスクを受け入れることによって高い利益が得られる場合，優複製戦略を使用しない傾向があるようである．

オプションを優複製することが非常に高価になりうることを確認するために，優複製戦略の最小初期コスト（$\mathbb{E}[(H - V_M)^+]$ を最小化），3.1 項の全リスク最小化戦略の初期コスト（$\mathbb{E}[|H - V_M|]$, $\mathbb{E}[(H - V_M)^2]$ を最小化）を比較する．数値検証結果では，ヘッジ機会は $0 = t_0 < t_1 < \cdots < t_{M-1} < t_M := T$ の有限回とし，ストライク価格が異なる満期 $T = 1$ のプットオプションのヘッジについて考える．株価は瞬間的期待収益 $\mu = 0.15$，ボラティリティ $\sigma = 0.2$ の Black–Scholes モデルに従う．初期株価 $S_0 = 100$ とする．モンテカルロシミュレーションを用いて，40,000 シナリオの株価を生成する．無リスク金利 $r = 0.04$ とする．

3.1 項の全リスク最小化戦略の計算と同様にして，最適株式保有数が特別な形式 (14.16) になると仮定し，(14.22) を満たす最適優複製戦略を得ることができる．さらに，

$$(H - V_M)^+ = \frac{1}{2}(H - V_M + |H - V_M|) \tag{14.23}$$

が成立するので，(14.22) は線形計画問題として処理することができる．

表 14.13 は仮定 (14.16) を満たす優複製戦略の最小初期コストを示しており，同じ仮定を満たす区分線形全リスク最小化戦略（戦略 1）の初期コストと 2 次全リスク最小化戦略（戦略 2）の初期コストを比較している．

表 14.13 から，優複製戦略の初期ポートフォリオの構築は，全リスク最小化より非常に高価であることがわかる．したがって，優複製戦略はオプションの満期における損失のリスクを防ぐことができるが，単にショートフォールリスク $\mathbb{E}[(H-V_M)^+]$ を最小化するヘッジ戦略を計算することは，実務的な視点からはあまり魅力的でない．このような状況下，投資家がショートフォールリスクのみにペナルティーを課したいが，初期コストは与えられており，損失のリスクを受け入れるならば，投資家は以下の問題の最適自己充足的ヘッジ戦略を選択するかもしれない．

$$\min \mathbb{E}[(H-V_M)^+]$$
$$\text{s.t. } V_0 \text{ は所与} \qquad (14.24)$$

上のショートフォールリスク最小化基準は，Föllmer and Leulert (2000) と Runggaldier (2001) によって研究されている．

$\mathbb{E}[(H-V_M)^+]$ の最小化によって $H-V_M$ の正の値にペナルティーを課す代わりに，その平均値を上回る値にペナルティーを課す試みも考えられる．これは以下の最

表 14.13　初期ポートフォリオコスト

ストライク	戦略	1 回の組み替え当たりの時間ステップ数			
		50	100	300	600
90	super-replicate	7.4806	10.3742	19.5669	28.1378
	1	1.9022	1.0070	0.0000	0.0000
	2	2.4086	2.3224	2.0388	1.7421
95	super-replicate	9.7100	12.7437	22.2787	32.2861
	1	3.5152	3.0875	0.0000	0.0000
	2	3.8885	3.7741	3.3983	2.9735
100	super-replicate	12.3146	15.3754	24.9454	35.7017
	1	5.5279	5.2248	2.7110	0.0000
	2	5.8455	5.7119	5.2530	4.6948
105	super-replicate	15.3226	18.1656	27.7273	39.3592
	1	8.0693	7.8209	6.5076	3.2595
	2	8.2882	8.1412	7.6261	6.9449
110	super-replicate	18.9710	21.4535	30.8217	43.1454
	1	11.0098	10.9945	10.1126	7.6382
	2	11.1881	11.0413	10.4945	9.7148

ストライク価格別，組み替え間隔別のプットオプションの初期ポートフォリオコスト．優複製戦略，戦略 1：区分線形，戦略 2：2 次；設定は表 14.1 と同じ．

小化に対応する．

$$\mathbb{E}\bigl[(H - V_M - \mathbb{E}[H - V_M])^+\bigr] \qquad (14.25)$$

ところで，自己充足的戦略は $V_M = V_0 + \sum_{k=0}^{M-1} \xi_k \triangle X_k$ なので，以下が成立する．

$$\begin{aligned}
&H - V_M - \mathbb{E}[H - V_M] \\
&= H - \mathbb{E}[H] - \sum_{k=0}^{M-1} \xi_k \triangle X_k + \mathbb{E}\left[\sum_{k=0}^{M-1} \xi_k \triangle X_k\right]
\end{aligned}$$

したがって，ヘッジポートフォリオの初期価値 V_0 は (14.25) の最小化によって決定することはできない．このような状況下，以下の制約を課すことは自然なことである．

$$\mathbb{E}[H - V_M] = 0 \quad \Leftrightarrow \quad V_0 = \mathbb{E}\left[H - \sum_{k=0}^{M-1} \xi_k \triangle X_k\right] \qquad (14.26)$$

すなわち，ヘッジポートフォリオの初期価値はオプションの支払いとポートフォリオの累積利益の差の期待値に等しい．この制約によって，基準 (14.25) は次のようになる．

$$\begin{aligned}
&\min \mathbb{E}\bigl[(H - V_M)^+\bigr] \\
&\text{s.t. } \mathbb{E}[H - V_M] = 0
\end{aligned} \qquad (14.27)$$

(14.23) より，この基準は以下に等しい．

$$\begin{aligned}
&\min \mathbb{E}[|H - V_M|] \\
&\text{s.t. } \mathbb{E}[H - V_M] = 0
\end{aligned} \qquad (14.28)$$

株式保有数に (14.16) によって与えられた特別な形式を仮定する．

$$\xi_j = D_j(X_j) + \frac{1}{X_j} \sum_{i=0}^{j-1} \widetilde{D}_i(X_i) \triangle X_i, \quad \forall j = 1, \cdots, M-1$$

上記問題の最適戦略は区分線形全リスク最小化問題 (14.6) と同様の方法で計算することができる．

　(14.27) は最適株式保有数 ξ_k とヘッジポートフォリオの初期値 V_0 の関係に条件を課しているので，ショートフォールリスク最小化問題 (14.27) は問題 (14.24) と同じではない．

　ショートフォールリスク最小化基準 (14.24) と (14.27) について検討するために，最初に第 2 基準 (14.27) の最適ヘッジ戦略を計算し，そのヘッジ戦略に対応する初期値 V_0 を用いて，第 1 基準 (14.24) に基づく戦略の最適株式保有数を計算する．

- 戦略3：1番目のショートフォールリスク最小化問題 (14.24) の解となる最適戦略
- 戦略4：2番目のショートフォールリスク最小化問題 (14.27) の解となる最適戦略

初期ポートフォリ価値 V_0 は2戦略で同じであるが，株式保有数 ξ_k は異なる．優複製戦略の最小初期コストと比較するために，表 14.13 と同じプットオプションに対する戦略 4 の V_0 の値を表 14.14 に示している．

戦略3，4の初期ポートフォリオ価値は優複製戦略よりはるかに小さく，全リスク最小化戦略に匹敵する．

戦略3，4は優複製戦略と比較して合理的な初期コストになる．しかし，この初期コストの削減は損失の確率がゼロでないことを許容することによって達成される．優複製戦略はすべての損失を防ぐが，戦略3，4のショートフォールリスクはゼロではない．表 14.15 は戦略3，4において，40,000 シナリオに対するショートフォールリスク $(H - V_M)^+$ の平均値を表している．オプションがインザマネーになり，組み替

表 14.14 初期ポートフォリオコスト

ストライク	1回の組み替え当たりの時間ステップ数			
	50	100	300	600
90	2.2065	2.0562	1.4911	1.2486
95	3.7236	3.5833	2.8130	2.3168
100	5.7089	5.5760	4.8485	3.9832
105	8.1940	8.0620	7.5616	6.3626
110	11.1355	11.0106	10.7330	9.5202

ストライク価格別，組み替え間隔別のプットオプションの初期ポートフォリオコスト．(14.27) の解となるショートフォールリスク最小化戦略; 設定は表 14.1 と同じ．

表 14.15 40,000 シナリオに対するショートフォールリスクの平均値

ストライク	戦略	1回の組み替え当たりの時間ステップ数			
		50	100	300	600
90	3	0.2826	0.4280	0.6768	0.7578
	4	0.3437	0.4735	0.6904	0.7632
95	3	0.3638	0.5571	0.9822	1.1761
	4	0.4570	0.6391	1.0279	1.1957
100	3	0.4349	0.6782	1.2353	1.6182
	4	0.5597	0.7847	1.3547	1.6781
105	3	0.4944	0.7534	1.3846	1.9844
	4	0.6498	0.9008	1.6037	2.1252
110	3	0.5288	0.8007	1.4518	2.1905
	4	0.7035	0.9693	1.7426	2.4653

ストライク価格別，組み替え間隔別のプットオプションのヘッジにおけるショートフォールリスクの平均値．(14.24) と (14.27) を解くことによって得られるショートフォールリスク最小化戦略; 設定は表 14.1 と同じ．

え頻度が低下するにつれ，ショートフォールリスクが増大することがわかる．そのうえ，戦略3は与えられた初期コストに対するショートフォールリスクを最小化するので，同じ初期コストの戦略4よりショートフォールリスクが小さくなる．

区分線形および2次全リスク最小化戦略1, 2に対して，同じ40,000パスにおけるショートフォールリスク $(H-V_M)^+$ の平均値を計算することができる．これらの値はショートフォールリスク最小化戦略3, 4よりたしかに大きい．しかし，結果は全リスク最小化戦略の性質に関する興味深い情報を与えている．戦略1, 2における平均ショートフォールリスクは表14.16のとおりである．

表14.16から2次全リスク最小化戦略2は，平均ショートフォールリスクが区分線形リスク最小化戦略1より常に小さくなることがわかる．

$$|H - V_M| = (H - V_M)^+ + (V_M - H)^+ \tag{14.29}$$

の関係を用いて，表14.4の全リスク $|H-V_M|$ の平均値と比較することにより，表14.16のショートフォールリスク $(H-V_M)^+$ の平均値を分析することができる．戦略2の場合，平均ショートフォールリスクは平均全リスクの約半分になる．しかし，戦略1の場合，これらの値は近くなり，アウトオブザマネーのプットオプションで特に近くなる．(14.29)によって，戦略1は過小ヘッジする傾向のある戦略であることがわかる．なお，戦略2は過小ヘッジまたは過大ヘッジのどちらかの傾向を示してはいない．

全ヘッジコストについて検討する．表14.17はショートフォールリスク最小化戦略3, 4において，40,000シナリオに対する全コストの平均値を表している．比較のため，(14.16)を満たす区分線形および2次リスク最小化戦略の対応する表14.3の数値を再掲しておく．

表14.17で示したように，2つのショートフォールリスク最小化戦略は同じ初期コ

表 14.16 40,000 シナリオに対する区分線形および 2 次全リスク最小化戦略のショートフォールリスクの平均値

ストライク	戦略	1回の組み替え当たりの時間ステップ数			
		50	100	300	600
90	1	0.4446	0.7533	0.9398	0.9398
	2	0.3920	0.5299	0.7868	0.8854
95	1	0.5306	0.8057	1.6648	1.6648
	2	0.4905	0.6850	1.0966	1.3111
100	1	0.6222	0.9088	1.9555	2.7269
	2	0.5868	0.8259	1.3938	1.7558
105	1	0.7043	0.9979	1.9898	3.1136
	2	0.6690	0.9420	1.6385	2.1592
110	1	0.7650	1.0773	2.0424	3.1845
	2	0.7214	1.0160	1.8026	2.4683

ストライク価格別，組み替え間隔別のプットオプションのヘッジにおけるショートフォールリスクの平均値．最適全リスク最小化戦略1, 2；設定は表14.1と同じ．

表 14.17　40,000 シナリオに対する全コストの平均値

ストライク	戦略	1 回の組み替え当たりの時間ステップ数			
		50	100	300	600
95	1	3.6640	3.4080	1.6648	1.6648
	2	3.8885	3.7741	3.3983	2.9735
	3	3.2156	3.1629	2.5151	2.1555
	4	3.7236	3.5833	2.8130	2.3168
100	1	5.6896	5.5067	4.0644	2.7269
	2	5.8455	5.7119	5.2530	4.6948
	3	5.0506	5.0474	4.2289	3.6124
	4	5.7089	5.5760	4.8485	3.9832
105	1	8.1835	8.0393	7.2893	5.5301
	2	8.2882	8.1412	7.6261	6.9449
	3	7.3748	7.3405	6.5371	5.6365
	4	8.1940	8.0620	7.5616	6.3626

ストライク価格別，組み替え間隔別のプットオプションのヘッジにおける全コストの平均値．戦略 1：区分線形全リスク最小化戦略，戦略 2：2 次全リスク最小化戦略，戦略 3：(14.24) の解となるショートフォールリスク最小化戦略，戦略 4：(14.27) の解となるショートフォールリスク最小化戦略；設定は表 14.1 と同じ．

ストであるが，$\mathbb{E}[H - V_M] = 0$ の制約を満たす必要がある戦略 4 の平均全コストは戦略 3 より大きくなる．また，戦略 2 のコストとその他の 3 戦略のコストを比較してわかるように，リスク最小化に 2 次リスク基準を用いるとヘッジコストは最大になる．ヘッジ戦略のパフォーマンスはオプションのマネーネスとポートフォリオ組み替え機会の数に依存する．プットオプションがアウトオブザマネーでポートフォリオ組み替え回数が少ないとき，区分線形全リスク最小化が最小コストとなる．しかし，オプションがインザマネーになり，ヘッジ機会の数が増大すると，ショートフォールリスク最小化基準 (14.24) が平均的に最もコストが小さくなる．

3.1 項のように，6 回のヘッジ機会のあるアットザマネーのプットオプションのとき，ショートフォールリスク最小化戦略 3，4 におけるショートフォールリスクと全コストの分布について検討する．40,000 回のシミュレーションによって発生したシナリオに対するショートフォールリスク $(H - V_M)^+$ のヒストグラムは図 14.8 のとおりである．ショートフォールリスクは図の範囲以上の大きな値をとることがわずかにあるが，図をわかりやすくするためにこの範囲を選択した．

表 14.15 からショートフォールリスクの平均値は戦略 3 で 0.6782，戦略 4 で 0.7847 である．選択領域において，2 戦略のショートフォールリスクの分布はとてもよく似ている．しかし，戦略 3 は領域の外で右テールがより長くなっている．このことは歪度の値で確認できる．戦略 3 の歪度は 6.6456，戦略 4 の歪度は 4.2451 である．

ショートフォールリスク最小化戦略 3，4 の全コストのヒストグラムは図 14.9 のとおりである．前と同様，図の範囲はわかりやすくなるように選択した．

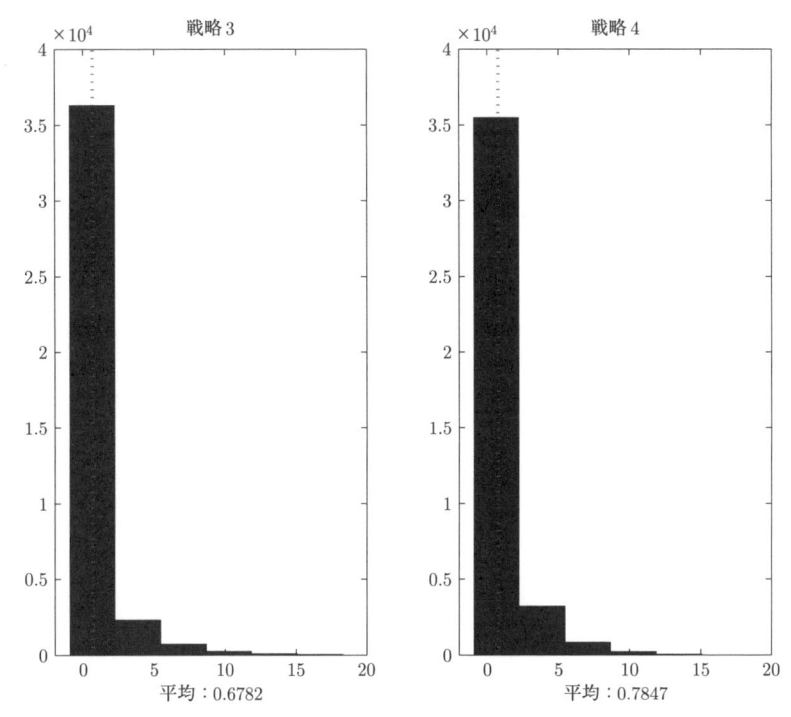

図 14.8　40,000 シナリオに対するショートフォールリスクのヒストグラム

表 14.17 から全コストの平均値は戦略 3 で 5.0474，戦略 4 で 5.5760 である．戦略 3 は戦略 4 より非対称である．歪度の値は，戦略 3 で 3.2878，戦略 4 で 1.7171 であり，戦略 3 がより長い右テールをもつことを示している．

本節で説明してきたように，ショートフォールリスク最小化戦略は魅力的な性質をもっている，つまり，全リスク最小化戦略より平均損失が小さく，全コストが小さくなる可能性が高い．しかし，ショートフォールリスク最小化と全リスク最小化のどちらかを選択するとき，ショートフォールリスクはヘッジ目的にしか使用できないことを考慮しなくてはならない．全リスク最小化の初期価値はオプションの「適正価格」と考えることができるかもしれないので，全リスク最小化はヘッジと価格付けの両方に利用できる．オプションをヘッジするとき，利益にはペナルティーを課さず，コストのみにペナルティーを課したいならば，ショートフォールリスク測度は適している．損失と利益の両方にペナルティーを課したいと思うならば，全リスク測度のような対称的なリスク測度を選択する必要がある．

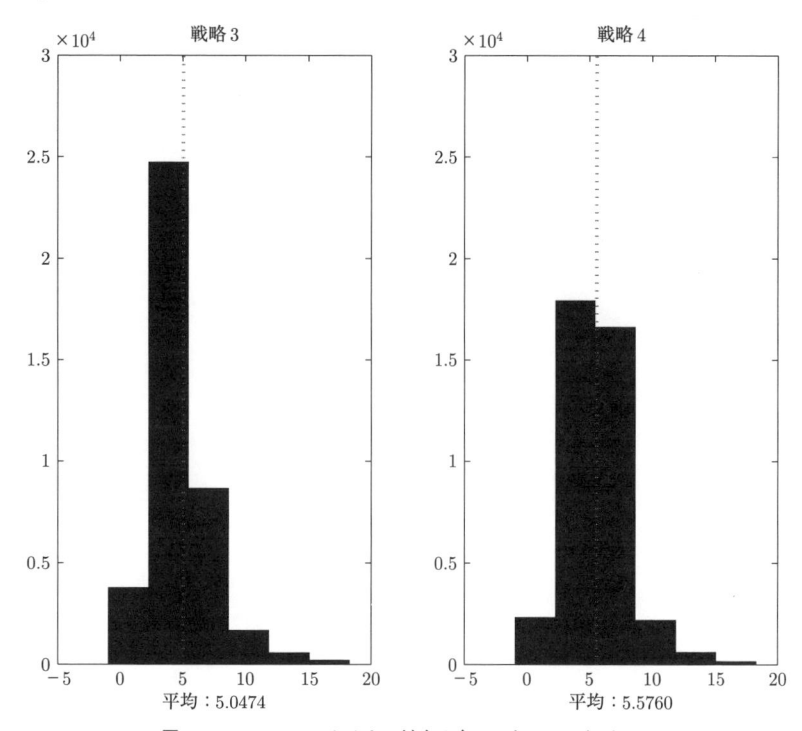

図 14.9　40,000 シナリオに対する全コストのヒストグラム

(戦略3: 平均 5.0474 / 戦略4: 平均 5.5760)

6. 結　　論

　完備市場において，オプションの支払いを正確に複製する自己充足的戦略が一意に存在する．しかし，市場の完備性は現実的な仮定ではない．例えば，市場データを説明するために Black–Scholes モデルに確率ボラティリティやジャンプを導入したり，離散時間ヘッジを考えたりするとき，市場は非完備となる．市場が非完備であれば，オプションの最適ヘッジ戦略はリスクを計測するための基準に依存する．従来の文献に見られる戦略は 2 次リスク測度に基づいている．

　本章では，全リスク最小化のための代替的基準として，区分線形リスク最小化基準について検討した．残念ながら，区分線形リスク最小化問題には解析解は存在しない．この動的確率計画問題の直接的な解法の計算量はとても大きくなるかもしれないので，モンテカルロシミュレーションを用いるとともに，ヘッジポートフォリオを株式保有数の 3 次スプラインによって近似し，最適区分線形リスク最小化戦略を求めた．また，Black–Scholes モデルと確率ボラティリティモデルの枠組みでこの方法の分析を

行った.

　数値計算結果によれば，局所リスク最小化の場合と同じように，区分線形全リスク最小化基準では，平均コストとリスクが小さくなる傾向が見られた．なお，最適戦略のヘッジパフォーマンスはオプションのマネーネスとポートフォリオ組み替え機会の数に依存する．区分線形リスク最小化と従来の2次リスク最小化を比較すると，区分線形リスク最小化に基づくヘッジ戦略はしばしばまったく異なる好ましい性質を有している．全コストと全リスクの分布が示すことは，これらの新しい戦略はより大きなヘッジコストとリスクが発生する可能性がごくわずかにあるが，小さなコストとリスクが発生するより大きな可能性があるということである．また，本章で分析した確率ボラティリティモデルの枠組みでは，ボラティリティはヘッジ戦略の全コストと全リスクに大きな影響を与えない.

　区分線形および2次全リスク最小化の最適戦略のヘッジパフォーマンスをショートフォールリスク最小化戦略のパフォーマンスと比較すると，2次リスク基準は最大の平均全ヘッジコストを発生させることがわかる．パフォーマンスはマネーネスとポートフォリオ組み替え機会の数に依存するが，ショートフォールリスク最小化のほうが区分線形リスク最小化より小さな平均全ヘッジコストとなる傾向が見られる.

　区分線形および2次全リスク最小化戦略のショートフォールリスクの値を分析すると，2次全リスク最小化はオプションの過大ヘッジや過小ヘッジのような特定の傾向を示さないが，区分線形リスク最小化戦略は過小ヘッジの傾向があると推定できる.

　ポジションのコストにのみペナルティーを課してオプションのヘッジを試みるとき，ショートフォールリスク測度は全リスク測度より魅力的である．しかし，ショートフォールリスク最小化はオプションの価格付けには使用できず，全リスク最小化はヘッジと価格付けの両方に使用できる．また，損失と利益の双方にペナルティーを課したいとき，ショートフォールリスク測度はもはや適切な測度ではない.

〔T. F. Coleman, Y. Li and M.-C. Patron／松本浩一〕

参　考　文　献

Bertsimas, D., Kogan, L., Lo, A. (2001). Hedging derivative securities and incomplete markets: An ϵ-arbitrage approach. *Operations Research* 49, 372–397.
Coleman, T.F., Li, Y., Patron, M. (2003). Discrete hedging under piecewise-linear risk-minimization. *Journal of Risk* 5 (3), 39–65.
Föllmer, H., Leukert, P. (2000). Efficient hedging: Cost versus shortfall risk. *Finance and Stochastics* 4, 117–146.
Föllmer, H., Schweizer, M. (1989). Hedging by sequential regression: An introduction to the mathematics of option trading. *ASTIN Bulletin* 1, 147–160.
Frey, R. (1997). Derivative asset analysis in models with level-dependent and stochastic volatility. *CWI Quarterly* 10 (1), 1–34.

Heath, D., Platen, E., Schweizer, M. (2001a). A comparison of two quadratic approaches to hedging in incomplete markets. *Mathematical Finance* 11, 385–413.

Heath, D., Platen, E., Schweizer, M. (2001b). Numerical comparison of local risk-minimisation and mean–variance hedging. In: Jouini, E., Cvitanic, J., Musiela, M. (Eds.), *Option Pricing, Interest Rates and Risk Management*. Cambridge Univ. Press, pp. 509–537.

Heston, S.L. (1993). A closed-form solution for options with stochastic volatility with applications to bond and currency options. *Review of Financial Studies* 6, 327–343.

Hull, J.C., White, A. (1987). The pricing of options on assets with stochastic volatilities. *Journal of Finance* 42, 281–300.

El Karoui, N., Quenez, M.C. (1995). Dynamic programming and pricing of contingent claims in an incomplete market. *SIAM Journal on Control and Optimization* 33 (1), 27–66.

Longstaff, F., Schwartz, E.S. (2001). Valuing American options by simulation: A simple least-squares approach. *Review of Financial Studies* 14 (1), 113–147.

Mercurio, F., Vorst, T.C.F. (1996). Option pricing with hedging at fixed trading dates. *Applied Mathematical Science* 3, 135–158.

Runggaldier, W.J. (2001). Adaptive and robust control procedures for risk minimization under uncertainty. In: Menaldi, J.L., Rofman, E., Sulem, A. (Eds.), *Optimal Control and Partial Differential Equations, Volume in Honour of Prof. Alain Bensoussan's 60th Birthday*. IOS Press, pp. 549–557.

Schäl, M. (1994). On quadratic cost criteria for option hedging. *Mathematics of Operation Research* 19 (1), 121–131.

Schweizer, M. (1995). Variance-optimal hedging in discrete time. *Mathematics of Operation Research* 20, 1–32.

Schweizer, M. (2001). A guided tour through quadratic hedging approaches. In: Jouini, E., Cvitanic, J., Musiela, M. (Eds.), *Option pricing, interest rates and risk management*. Cambridge Univ. Press, pp. 538–574.

第 15 章

金融資産の価格変動に対する待ち行列理論を用いた分析

概　要

　市場価格の確率的変動の分析に対する一つの方法は，市場全体で集約された総量における結果を抽出することを目的として，投資家の行動特性と市場参加者間の複雑な相互作用をモデル化することである．ファイナンスにおけるこのエージェントベースの観点は，少なくとも Garman (1976) の研究までさかのぼり，自然科学における統計力学と考え方を共有する．本章では，市場のマーケットマイクロストラクチャーモデルにおける最近の展開について議論する．これらのモデルを用いると，多くの場合，数値シミュレーションによってハーディング行動の出現やボラティリティクラスタリング，およびテールの厚い収益分布など定型化された事実を説明することができる．また，これらのモデルは典型的には待ち行列タイプのモデルである．すなわち，効用を最大化する合理的な「代表的」投資家を仮定した古典的経済均衡定理とは対照的に，注文フローをモデル化している．数学的には，汎関数中心極限定理の強近似や弱収束を用いて分析する．本章における主要な例では，様々な行動特性の中でもしばしば報告されている特性である投資家の不活発性 (inertia) に焦点を当て，セミ Markov スイッチ過程を用いたモデル化を行う．特に，株価の長期的依存性を不活発性からどのように導くことができるのかを示す．

1.　はじめに

　多数の個人投資家が総需要と価格形成に及ぼす影響を理解することを目的とした市場の微小構造 (market microstructure) のモデル化は，経済学における古典的研究領域であると同時に様々な学問分野の研究者によって近年研究が急速に活発化している分野である．その活発化の一因には，最近のコンピュータの進歩によって大規模なシミュレーションを行うことができるようになったことと，価格と注文記録データの利用が可能となったことがあげられる．この種の分析のもつ長所には，数学的解析あるいはシミュレーションのいずれに基づくかに関係なく，（各投資家レベルの）ミクロ的特徴に基づいて形成される金融市場のマクロ的変数，例えば価格形成についてより質の高いモデル設計ができることにある．このようなモデルは予測や投資，政策決定

の改良に活用されている.

本章で議論する手法は,例えば長期にわたる取引欠如や不活発性 (inertia) など,多くの投資家に共通する性質を認識し,注文の流れが生み出す価格変動を研究することである.本章では特に,多数の投資家が存在する経済において確率過程の極限定理を用いた近似により,総量に対するミクロ構造の効果を理解することに関心がある.

われわれはこの観点から,個々の効用最大化問題に対する解として経済主体の投資決定を特徴づけるのではなく,個々の投資家の行動を直接的にモデル化する.この種の手法は,例えば Garman (1976), Föllmer and Schweizer (1993), Lux (1998), Föllmer et al. (2005) によっても採用されてきた.O'Hara が,有名な著書である "*Market Microstructure Theory*" (O'Hara, 1995) の中で指摘しているように,「市場ミクロ構造の明確な研究の出発点となった」のは Garman の 1976 年の論文 (Garman, 1976) であった.彼はその論文で次のようにこの手法の考え方を説明している.「標準的な議論展開に従うならば,個人の選択理論から始めるべきであろう.このような理論にはおそらく不確実な所得の流れと(それに伴う)確率的な予算制約の仮定が含まれている…しかしここで,われわれはむしろ市場全体の行動を注視しているので,統計力学と同様に個々の粒子の大きな集合体の行動を正確に示す限り,個々の粒子プロセスの合理性,自由意志,盲目の無知,あるいはその他何であれ,個々の粒子がそれらの性質を有しているかどうかについて関心のない物理学者と同様な態度をとることに問題はない.」この手法は経済物理学の文献の大多数(例えば Farmer et al., 2005 の議論を参照せよ)にも共通するものであり,電話やインターネット通信の待ち行列モデル (queuing model) でも当然ながらよく見られる (Chen and Yao, 2001).そこでの興味の対象は電話をかけた理由や帯域幅需要の中身ではなく,現象学的なモデルとその全般的な意味付けである.ある経済物理学者が,旧態依然とした経済学者のいつもながらの合理的行動についての声高の反論に答えて説明したように,AT&T 社が(電話会社の利用状況などをモデル化するに際して)待ち行列モデルを使うときには,なぜお祖母さんに電話するのかは尋ねないのである.

本章では,動的システムに基づくエージェントベースの計算モデルおよび解析モデルについての最近の研究の概略を述べるとともに,他方では投資家行動の待ち行列モデルに対する極限定理の議論展開に注力する.すなわち,経済学的直観および実証的証拠に基づいて,確率論的分析における最新の手法をモデル構築に適用するものである.その上で,個々の投資家の典型的な行動特性から価格形成を理解することによって市場のダイナミクスに対する洞察を得ることを本章の目的とする.

本章の次節以降の内容を簡単にまとめると以下のとおりである.次節ではエージェントベースモデルに関する最近の研究を簡潔に述べる.これらのモデルは,投資家の行動特質と株価過程の数量的特性を関連づける.2.3 項では,株価変動のモデル化に対する待ち行列理論的アプローチについて関連文献を概説する.2.4 項では金融市場での投資家の不活発性の証拠を議論し,さらにその株価変動に対する影響を 3 節で研究

する．重要となる手法は，セミ Markov 過程（semi-Markov process）に対する汎関数中心極限定理（functional central limit theorem）とフラクショナル Brown 運動（fractional Brownian motion）の積分に対する近似結果であり，これらが投資家の不活発性と株価収益の長期的依存性（long range dependence）とを結び付ける．3.2 項では，状態依存型待ち行列ネットーワーク（state dependent queuing network）の方法を利用して，エージェントの投資決定における株価のフィードバックが可能となるように拡張する．本章では，エージェントの注文が株価および外生的に与えられた投資家の心理状態に依存するという非 Walras 的枠組みの中で，株価に対する近似結果を確立する．4節では，結論と今後の研究について述べる．

2. 金融市場のエージェントベースモデル

数理ファイナンスにおいて資産価格の変動は，基本となる確率空間 $(\Omega, \mathcal{F}, \mathbb{P})$ 上で定義され，しばしば外生的要因によって特定化された確率過程の軌跡によってモデル化されている．幾何 Brown 運動（geometric Brownian motion）は，長い間金融資産の価格変動モデルの中で標準的に参照されるモデルとされてきた．現実には価格は市場参加者の需要によって形成されるので，相互に影響を与えうるエージェントからなるミクロ経済学モデルの手法を用いて資産価格モデルを支持することは興味深い問題である．相互作用によって変化する選好と期待をもつ多数のエージェントからリスク資産に対する需要がもたらされる金融市場のエージェントベースモデルは，近年関心が高まっている．これらのモデルは多くの場合，数値シミュレーションによって，ハーディング行動（herding behavior）の出現（Föllmer et al., 2005; Lux, 1998），ボラティリティクラスタリング（volatility clustering; Cont, 2004; Lux and Marchesi, 2000），テールの厚い（fat-tailed）収益分布（Cont and Bouchaud, 2000）など，金融データで観察される多くの「定型化された事実」を再生することができる．

効用最大化を目的とする代表的個人が存在する伝統的な経済の枠組みとは対照的に，典型的なエージェントベースモデルではいわゆる限定合理的（boundedly rational）な多数の異質的投資家によって構成される．行動ファイナンスモデルでは，市場参加者は資産価格の将来の動向に関する期待や株式の基本的価値に対する評価について，必ずしも同じ認識を共有していない．そうではなく，エージェントは投資決定の際，経験則的な投資戦略を利用し，時間の経過とともに任意に戦略を変更することができるとしている．Frankel and Froot (1986) の独創的な論文によれば，通常は投資家をファンダメンタリスト（fundamentalist），ノイズトレーダー（noise trader），およびチャーティスト（chartist）[1]に分類する．ファンダメンタリストは，配当や四半期収益，GDP 成長率のような市場の基礎的要因と経済全体の要因に基づいて将来の資産

---

[1] 金融参加者の中でチャーティストの投資戦略の重要性を示す調査データは，例えば Taylor and Allen (1992) や Frankel and Froot (1987) で示されている．

価格を予測し,過小評価されていると考える資産に投資する,すなわち,基本的価値に対する彼の主観的評価を価格が下回っている資産に投資する.これに対してチャーティストは,トレンドのような過去に観察された価格パターンの観察に基づいて売買戦略を立てる.例えば,テクニカルトレーダー (technical trader) は過去の観察結果から将来の資産価格の動向を推定しようと試みる.エージェントは投資成果または他の市場参加者の選択に対応して自己の戦略を変更できるので,ファンダメンタリストとチャーティストは通常,その比率を時間とともに変化させつつ共存している.エージェントがより成功している戦略またはエージェントに追随する傾向があるときには,このような変化が自己決定的 (self reinforcing) となる.これによって基準となる基本的価値や合理的期待価格 (rational expectations price) から価格が一時的に乖離し,テクニカル売買が支配的となる期間は,バブルの発生あるいは崩壊を引き起こすことがある.ファンダメンタリストは,通常株式価格に安定的な影響を与える.

本節では,金融市場のいくつかのエージェントベースモデルを概説する.本章では,投資家の心理状態が確率的に変化する環境のもとで,資産価格変動を確率過程としてモデル化する確率モデルの分野に注目する.このモデルから得られる結果はおそらく最も数学的厳密さを有しているといえる.決定論的動学システムに基づく行動ファイナンスモデルについては,Hommes (2006) の最近の調査で詳細に検討されているので簡単に触れるのみとする.金融市場における(価格以外の)動的変動に関する結果については,Hens and Schenk-Hoppé (2005), Estigneev et al. (2006), Sandroni (2000) およびこれらの参考文献を参照する.

2.1　確率的状況における一時的均衡としての株価

Föllmer and Schweizer (1993) は,投資家の心理状態が確率的に変化するもとでの一時的な均衡価格の列として資産価格を考えるべきであると論じた(Föllmer, 1994 も参照せよ).時点 t に提示された価格 p に反応して,タイプ $a \in \mathbb{A}$ のエージェントは確率的な超過需要 $e_t^a(p, \omega)$ を形成し,現実の資産価格 $P_t(\omega)$ は,超過需要の総和がゼロであるという市場の清算条件によって決定される.Föllmer and Schweizer (1993) では,個人の超過需要の一部には外生的要因による流動性需要 (liquidity demand) と,提示価格 p を参考水準 $\widehat{S}_t^a$ と比較することによって内生的に決まる需要量が含まれている.ここでは,それらの依存関係を対数で測ったときに線形であり,個人の超過需要が非負の確率の係数 $c_t^a(\omega)$ をもつ以下の形であると仮定する.

$$e_t^a(p, \omega) := c_t^a(\omega)(\log \widehat{S}_t^a(\omega) - \log p) + \eta_t^a(\omega) \tag{15.1}$$

ここで,$\eta_t^a(\omega)$ は個人の流動性需要である.したがって対数均衡価格 $S_t(\omega) := \log P_t(\omega)$ は,市場の清算条件 $\sum_{a \in \mathbb{A}} e^a(P_t(\omega), \omega) = 0$ によって決定される.すなわち,個人の価格に対する評価と流動性需要の集約によって価格が形成される.もしエージェントが市場の方向性を考慮せず,参照レベルとして単純に前時点における対数価格 S_{t-1} を

採用するとき，すなわち $\log \widehat{S}_t^a = S_{t-1}$ の場合には，対数価格の変動は以下の形に簡略化される．

$$S_t = S_{t-1} + \eta_t$$

ただし，η_t は総流動性需要を表す．もし総流動性需要が時間を通じて独立で同一な分布に従うならば，この事例での対数価格の変動は単純なランダムウォーク（random walk）モデルになる．これは単なる Blach–Scholes–Samuelson の幾何 Brown 運動モデルの離散版にすぎない．

ファンダメンタリストは，資産価格が自分の主観的な基準としての基本的価値 F^a に近づく動きをするという考え方に基づき投資決定を行う．簡単な対数線形の場合として，ある確率的係数 $0 < \alpha_t^a < 1$ に対して次式を仮定する．

$$\log \widehat{S}_t^a := S_{t-1} + \alpha_t^a (F^a - S_{t-1}) \tag{15.2}$$

このような情報トレーダー（information trader）だけが市場で活動的である場合には，対数株価過程は確率的な環境 $\{\alpha_t\}_{t \in \mathbb{N}}$（ただし，$\alpha_t = \{\alpha_t^a\}_{a \in \mathbb{A}}$）のもとで平均回帰ランダムウォークの形をとる．エージェントの一部が市場で示された価格を基本的価値についてのシグナルであると認識し，(15.2) において F^a を p に置き換えるという単純な形のノイズ取引を仮定すると，情報取引とノイズ取引との結合は，離散時間 Ornstein–Uhlenbeck 過程のクラスを導く．単純化のために主観的ファンダメンタルズがゼロに等しいと仮定すれば，対数価格過程はランダム係数 $\widetilde{\gamma}_t$ と γ_t をもつ以下の形となる．

$$S_t - S_{t-1} = \widetilde{\gamma}_t S_{t-a} + \gamma_t \tag{15.3}$$

これらの係数はファンダメンタリストとノイズトレーダー間の比率の変動によって値を変化させる．ノイズ取引が優位を占めるとき，$\widetilde{\gamma}_t$ は負となり，価格過程は過渡的（transient）となる．エージェントの大部分がファンダメンタリストの投資基準を採用するとき，資産価値の動きは安定的となる．

2.1.1 相互作用的な Markov 過程によって決定される確率的環境

ここで株価変動を規定する環境がどのような確率的要素から生じるのかについて議論する．Horst (2005b) では，Föllmer (1994) の初期の手法を拡張して，整数格子 $\mathbb{A}$ 上にたかだか可算無限のエージェントが配置され，相互作用的変化を伴う Markov 連鎖によって環境が生成されるモデルを考えている．いまモデル上，考える特性または売買戦略の集合を C と表す．また，あるエージェントの状態 $x_t^a \in C$ は，次の時点の参照レベルを特定するとする．すなわち，このモデルでの環境は以下の Markov 連鎖によって決定される．

$$\Pi(x_t; \cdot) = \prod_{a \in \mathbb{A}} \pi_a(x_t; \cdot) \tag{15.4}$$

ここで，$x_t = (x_t^a)_{a \in \mathbb{A}}$ は参照レベルについての現時点における配置を表す．次の期間のエージェントの状態の分布 $\pi_a(x_t; \cdot)$ は，何人かの「隣人」の現在の状態および個々人の行動が集約された経済全体の反応によってもたらされる公的情報に依存する．経済全体で集約された反応についての公的情報は，経験的分布 $\varrho(x_t)$ または，より一般的には配置 x_t に関連した経験場（empirical field）である $R(x_t)$ に関連づけられる．すなわち，経験場は，有限の部分母集団の増加列 $\mathbb{A}_n \uparrow \mathbb{A}$ を用いて弱収束の意味での極限

$$R(x_t) := \lim_{n \to \infty} \frac{1}{|\mathbb{A}_n|} \sum_{a \in \mathbb{A}_n} \delta_{\theta^a x_t}(\cdot)$$

として定義づけられる．ただし，$(\theta^a)_{a \in \mathbb{A}}$ はすべての配置空間上の正準移動群（canonical shift group）を表す．推移確率 $\pi_a(x_t; \cdot)$ は集約された反応に依存するので，カーネル Π は Feller 特性をもたず，したがってコンパクト状態空間上の Feller 過程に対する収束についての標準的結果を適用できない．Föllmer and Horst (2001) および Horst (2002) が示したように，経験場レベルでの集約された振舞いの変化は Markov 連鎖によって記述できる．Horst (2005b) によれば，環境を生成するのは $\{R(x_t)\}_{t \in \mathbb{N}}$ 過程であり，適当な確率カーネル Z に対して

$$(\widetilde{\gamma}_t, \gamma_t) \sim Z(R(x_t); \cdot)$$

である[2]．相互作用に関する弱い仮定のもとでも，過程 $\{R(x_t)\}_{t \in \mathbb{N}}$ は一意的な極限分布に落ち着く．その結果，漸近的には資産価格が定常かつエルゴード的な確率的環境のもとで変化する．これによって，離散時間過程 $\{S_t\}_{t \in \mathbb{N}}$ を確率微分方程式

$$dZ_t = Z_t dX_t + d\widetilde{X}_t$$

の一意な強解によって近似することができる．ここで，X および $\widetilde{X}$ はドリフトとボラティリティをもつ Brown 運動である．詳細については Föllmer and Schweizer (1993) または Horst (2005b) を参照せよ．

2.1.2 フィードバック効果

Horst (2005b) における確率的な環境は，個人の行動と特性の変化を記述する Markov 過程によって生成されている．この手法により，市場での出来事に関係がない口コミ広告などに伴って生じる相互作用や模倣の効果を捉えることはできるが，$\{x_t\}_{t \in \mathbb{N}}$ の変動は資産価格変動の影響を受けていない．Föllmer et al. (2005) のモデルは，上の環境において株価からのフィードバック効果を捕捉すると同時に，トレンドの追従も組み入れることを可能にしている．トレンド追従者すなわちチャーティストは，トレ

---

[2] 訳者注：$\gamma \sim Z$ は γ が分布 Z に従うという意味である．p.642 における記号と意味が異なることに注意．

ンドのような観察された過去の価格パターンをもとに将来の資産価格の見通しと売買戦略を決定する．例えば，Föllmer et al. (2005) によれば，チャーティストのベンチマーク水準は以下の形をとる．

$$\log \widehat{S}_t^a := S_{t-1} + \beta_t^a (S_{t-1} - S_{t-2}) \tag{15.5}$$

取引戦略 (15.2) と (15.5) を結合させることにより，より高次の確率差分方程式によって記述される資産価格過程の類をつくり出すことができる．Föllmer et al. (2005) では，エージェントが将来の価格動向を予想するために，金融業界の「専門家」(guru) から得られる多くの予測材料の1つを利用するとしている．エージェントは長年にわたる専門家の実績を評価するとし，さらに実績は，その戦略が生み出した過去の利益の加重和によって評価されるとする．ある専門家を選択する確率は，その専門家の実績に関連づけられる．その結果，ある時点 t での個人選択の配置 x_t は，現時点における実績レベルを表すベクトル U_{t-1} に依存する分布をもつ確率変数である．このエージェントの選択の実績への依存性は，確率的環境における過去の価格からのフィードバックを導入する．大まかにいえば，適当な確率カーネル Z に対して

$$(\widetilde{\gamma}_t, \gamma_t) \sim Z(U_t; \cdot)$$

を満たす (15.3) の形の差分方程式が得られる．Föllmer et al. (2005) の主要な結果は，価格は基本価値から一時的には乖離することもあるが，価格過程は一意的な定常分布をもち，トレンド追従の影響が十分弱いときには，時間平均は定常測度のもとでその期待値に収束することを示した．

2.1.3 均衡の多様性

Kirman (1992) が主張するように，多数の異質的エージェントが存在する確率的な経済では，均衡の自然な概念は特定の状態というよりはむしろ，経済が各状態にとどまっている時間の比率を反映する状態分布である．流動取引 (liquidity trading) や相互作用効果によって資産価格がパスごとにある定常状態に収束することが妨げられるミクロ構造モデルにおいては，資産価格の定常分布が均衡の自然な概念となる．この意味で Föllmer et al. (2005) の主要な結果は，異質なエージェントが存在する金融市場の均衡の存在と一意性を示したものと見ることができる．Horst and Wenzelburger (2005) では，投資実績を過去の実現収益あるいは Sharpe レシオ (Sharpe ratio) によって評価する多数の個人投資家が存在する関連モデルを研究している．エージェントの数が無限であるという極限では，資産価格の変動は経路依存型の以下の線形確率差分方程式によって記述できる．

$$Y_t = A(\varrho_{t-1})Y_{t-1} + B(\varrho_{t-1}, \epsilon_t)$$

ここで，$\{\epsilon_t\}_{t\in\mathbb{N}}$ は互いに独立で同一の分布に従うノイズトレーダーの需要を表す確率変数列で，ϱ_{t-1} は確率ベクトル $Y_0, Y_1, \cdots, Y_{t-1}$ の経験的分布を表す．このモデルは Horst (2005b) や Föllmer et al. (2005) で示された多くの定性的特長をもつと同時に，資産価格の多様な極限分布を可能にしている．異質的なエージェント間の相互作用が十分強いときは，資産価格は確率的極限測度（random limiting measure）に分布収束する．極限分布のランダム性は，相互作用による伝播効果を原因とする市場の不完全性の一形態と見ることもできる．

2.1.4 重複世代的枠組みにおける相互作用エージェントモデル

Horst and Wenzelburger (2005) の研究は，Böhm et al. (2000), Böhm and Wenzelburger (2005), Wenzelburger (2004) が行った先行研究に基づく．これらの研究では，エージェントが2つの期間にわたり存続し，リスク資産に対する需要は若い世代の家計から発生する重複世代経済を前提とする，外生的要因による資産価格形成の動学的分析が展開された．そこでは，エージェントが近視眼的であり，したがって限定合理的な平均分散型効用の最大化を目的とするとの仮定のもとで，資産価格と富の変動に対する様々な予測基準の影響を検討した．Böhm et al. (2000) は，様々な数値パラメータに対する資産価格と株式プレミアムを研究し，リスク回避度と主観的および合理的信念の役割を考察し，現実的なパラメータの値が Mehra and Prescott のエクイティプレミアムパズル（Mehra and Prescott, 1985）を説明することを論じている．このモデルは Wenzelburger (2004) によって，任意の数のリスク資産と異質的信念を許すモデルに一般化され，これにより古典的 CAPM の一般化となった．その主な研究結果は，他の投資家たちが非合理的な信念を抱いている場合に，ある投資家にとって学習形態が合理的期待値に収束するための条件を示したことである．第二の主な研究結果は，証券市場線の一般化を伴った「修正市場ポートフォリオ」の概念であり，異質で近視眼的な投資家の世界では他のエージェントの信念の多様性にかかわらず，修正市場ポートフォリオが「CAPM の古典的な意味において平均分散効率的」であることを示したものである．関連する手法については Böhm and Chiarella (2005) を参照せよ．

2.1.5 プログラム売買，大口エージェント，非流動性のフィードバック

数理ファイナンスの分野において，市場に多数存在する「プログラムトレーダー」や，影響力の大きい大口投資家の行動に起因する様々な種類のフィードバック効果がモデル化されてきた．1987 年の株式市場の暴落の原因の一部は，ポートフォリオインシュアランス戦略に従う機関投資家によるプログラム売買にあるとした Brady の報告書の後を受けて，1990 年代に研究者たちは，市場参加者の大部分によって行使されるオプションのデルタヘッジが原証券の価格変動に与えるフィードバック効果を分析した．例えば，Frey and Stremme (1997), Sircar and Papanicolaou (1998), Schönbucher and Wilmott (2000), Platen and Schweizer (1998) を参照せよ.

これらに関連した研究として，彼らの行動が価格を動かす大口投資家が存在するモデル，例えば Jonsson and Keppo (2002)，および注文量が価格へ与える影響を記述する市場の厚み（market depth）関数が存在するモデル，例えば Cetin et al. (2004) などがある．しかしこの種のすべてのモデルについては，現実的に妥当な条件のもとで，オプション市場で見受けられるインプライドボラティリティのスマイル／スキュー（smile/skew）曲線の両者を説明できていないことに注意を要する（実際は彼らは逆スマイル曲線を予測している）．このことは，プログラム売買，大口投資家，あるいは非流動性の影響がデリバティブ市場に関する限り，証券価格の非連続的変化（ジャンプ）や確率的ボラティリティの影響などと比較して第二義的な現象であることを示唆している．

最近，市場の厚み関数，特に注文量が売買価格に影響する仕組みを支配するテールの分布を推定する実証的研究もいくつか行われている．例えば，Farmer and Lillo (2004) および Gabaix et al. (2003) を参照せよ.

2.2 株価と確率的動学システム

エージェントベースの金融市場モデルに関する文献の中の重要な一分野は，資産価格の変動を決定論的動学システムによって記述することのできる金融市場を分析する研究である．これはエージェントベースモデルを高次の非線形の決定論的動学システムとみなし，投資家の期待と売買戦略が市場変動に関連づけられているとする「複雑系適応システム（complex adaptive system）」として市場を見る考え方である．この種のモデルの多くは，シミュレーションを行ったとき，一つの期待値による均衡体系からもう一つの均衡体系へ移るような価格の時系列パスをつくり出すことができる．これは，「確率的振舞いへの合理的な道筋」を示すものである，すなわち，カオス的な価格変動の一つの合理的な説明となる．これらのモデルは前説で検討したモデルに比べてかなり複雑なので，資産価格過程の解析的な特徴付けを通常行うことができない．しかし，これらのモデルは，シミュレーションを行うと実際の金融市場で観察される種々の定型化された事実の説明となりうる，はるかに現実的な価格の時系列パスを生成する．

特に関連性がある貢献には，Day and Huang (1990), Frankel and Froot (1986) の初期の研究，および Brock and Hommes (1997) の研究がある．後者は，限定合理的なエージェントが2つの予測ルールあるいは投資戦略のうち1つを利用できるモデルを検討したものである．一方のルールはコストは高いが，すべてのエージェントが利用した場合の価格過程が安定的になり，他方のルールはコストは安いが，多くの個人が利用した場合の価格過程が不安定化するとしている．彼らのモデルでは，安定した時期の間にバブル的な行動が散発的に発生する．Brock and Hommes (1998) はABS（adaptive belief system，適応信念システム）という概念を導入したが，これ

は Brock and Hommes (1997) が分析した「期待値ルール選択の時間的変化の金融市場への適用」である．ABS は，異質的信念をもつ投資家の平均分散最適化から導かれる資産価格モデルと見ることができる．Hommes (2006) で指摘されているように，ABS の便利な点は，基準となる基本的価値からの（価格の）偏差によって定式化でき，（合理的期待値の）標準からの偏差の実験的・実証的テストに利用できることである．近年，ABS についてのいくつかの改良が研究された．Brock and Hommes (1998) の研究では，リスク資産の需要は相対的リスク回避度一定の効用関数を有するエージェントから発生し，トレーダーの種類は少ない設定となっているが，Chiarella and He (2001) と Brock et al. (2005) は，異質的エージェントの選好を対数効用などの相対的リスク回避度一定効用関数（CRRA utility function）および多くの種類のトレーダーによってそれぞれ表現し，ポートフォリオ決定と富の変動の相互作用モデルを開発した．Gaunersdorfer (2000) は，Brock and Hommes (1997) の研究を，条件付株式収益の分散の期待値が時間変動する場合に拡張した[3]．

2.3 待ち行列モデルと注文記録の変動

上述のモデルはその複雑さと解析的容易さについては程度の違いがあるものの，これらはすべて，資産価格の変動が一時的な価格均衡状態によって記述されるという考え方をもとにしている．すべてのエージェントは需要曲線をマーケットメーカーに提出し，マーケットメーカーは市場が清算するように個々の需要を結び付ける．この手法は動学的ミクロ経済理論と一致するが，大規模な金融市場における資産価格形成のより現実的なモデル化に向けた第一歩にすぎないとみなされるべきである．現実の市場では売り注文と買い注文は異なった時点に発生しており，したがって各取引期間終了時に市場ですべての取引が成約する価格を Walras 的競売人が設定できるという経済学的枠組みを，通常は適用できない．実際，自動化した金融取引システムのほとんどは連続的ダブルオークション市場（continuous double auctions）として機能している．これは，執行を待つすべての未成約の指値注文が保存され表示された電子注文記録に基づいて行われる．注文板の変動を解析的に扱いやすくしたモデルの価値は高いといえるが，指値注文市場固有の複雑さから，そのようなモデルが構築されているとはいまだいえない．いままでのところ，厳密な数学的な成果は，例えば Mendelson (1982), Luckock (2003), および Kruk (2003) のように，総注文量についての非常に制約的な条件を課すことによってモデル化できたものだけである．ダブルオークション市場の統計的特性は，しばしば経済物理学の文献で解析されている．例えば，Smith et al. (2003) とその参考文献を参照せよ．

注文が対応する反対注文を待たずに即時に執行され，市場の不均衡により資産価格が注文価格に推移するような非同期的な注文到来を仮定したミクロ構造モデルについ

---

[3] 動的システム理論を利用して金融行動モデルの資産価格変動を解析した論文は多数ある．詳細な調査に興味ある読者は Hommes (2006) を参照せよ．

ては，例えば Garman (1976) や Lux (1995,1998,1997), Bayraktar et al. (2006) によって研究されている．これらのモデルは，電子商取引システムのより現実的なモデル化への中間段階とみなすことができる．

この種のモデルに有用な数学的枠組みは，3.2 項で詳細に説明するが，状態依存型の待ち行列ネットワーク理論に基づいている（Markov 型待ち行列ネットワークの詳細な議論については，Mandelbaum et al., 1998 または Mandelbaum and Pats, 1998 を参照せよ）．この手法の基礎になっているのは，注文到着のダイナミクスが価格に依存する強度をもつ Poisson 型過程に従い，買い（売り）注文は株価を（負の価格を避けるために場合によっては対数尺度で）一定金額だけ上昇（下落）させるという考え方である．

より正確には，市場全体の買い注文および売り注文の到着時刻が，それぞれ価格と時間に依存する強度 λ_+ と λ_- をもつ独立な Poisson 過程 Π_+ および Π_- によって特徴づけられるとしている．それぞれの強度は，投資家の特性や不確実な経済的ファンダメンタルズに依存させることもできる．最も単純な場合には，対数価格過程 $\{S_t\}_{t\geq 0}$ は以下の形をとる．

$$S_t = S_0 + \Pi_+\left(\int_0^t \lambda_+(S_u,u)\mathrm{d}u\right) - \Pi_-\left(\int_0^t \lambda_-(S_u,u)\mathrm{d}u\right)$$

超過注文強度 $\lambda_+(S_u,u) - \lambda_-(S_u,u)$ は総超過需要の指標とみなすことができる．ここで，$\Pi_+(\int_0^t \lambda_+(S_u,u)\mathrm{d}u) - \Pi_-(\int_0^t \lambda_-(S_u,u)\mathrm{d}u)$ は時刻 t までのネット累計注文量を表す．多数のエージェントを伴うモデルに適当な尺度調整（rescaling）を行うことにより，資産価格過程は確定過程で近似できるが，この 1 次近似周りの変動は通常 Ornstein–Uhlenbeck 拡散過程によって記述できる．

最近この種の待ち行列モデルは，Davis and Esparragoza (2004) によって，大型ポートフォリオの信用リスクのモデル化にも応用されている．彼らは，長期にわたる信用リスク証券の大型ポートフォリオの損失分布の変動を近似した．次節では，株価変動に対する待ち行列理論的手法をさらに詳しく述べる．これに先立って，投資家共通の特性である投資家の不活発性を紹介し，この共通の特性が株価に与える影響を示す．

2.4 金融市場の不活発性

これまで言及したモデルでは，エージェントは各時点で常に資産を売買すると仮定した．各売買期間の終わりに，エージェントは今後の株価展開についての予想を見直し，次時点における超過需要を形成する．しかし，現実には個人投資家はそれほど効率的な投資決定を行うとは限らない．彼らは通常は不活発であり，実際常に売買を行っているわけではない．これには，将来の株式購入のために十分な資金が貯蓄されるのを待っていたり，ポートフォリオの見直しをまれにしか行わなかったり，単に誤った投資を選択することをこわがっていたり，長期投資家として行動を引き延ばすことが

できると考えていたり，十分な情報に基づくポートフォリオを選択するのに必要な時間のかかる調査を先送りにしているなど，様々な理由がありうる．売買がない状態が長期間継続するのは，投資家の不活発性の一形態とみなすことができる．

2.4.1 不活発性の証拠

投資家の不活発性はわれわれが日常的に経験していることであり，十分に実証されている．ニューヨーク証券取引所が行った米国個人投資家調査「株式所有状況 2000」(Grasso, 2000) では，多くの投資家の売買活動がきわめて低い水準にあることが示されている．例えば，「証券口座をもつ株式保有者の 23% はまったく売買しておらず，35% は昨年を通じて一度または二度しか売買していない」と報告している．また同取引所の調査は，株式の平均保有期間は長く，例えば 1990 年代初頭では 2.9 年であったとも報告している (Table 28)．不活発性の実証的証拠は経済学の文献にも現れる．例えば Madrian and Shea (2001) は従業員個人の 401 (k) 企業（退職）年金制度における資産の再分配を調査した結果，「従業員が最適な貯蓄方法の意思決定や実行に優柔不断であることから現状維持への偏向がある」ことを発見した．Hewitt Associates （経営コンサルタント会社）の関連する調査では，2001 年にこの制度の加盟者の 4/5 が自己の 401 (k) においてまったく売買をしていないことを見出した．Madrian and Shea は「もし 401 (k) 口座についての意思決定を行うために必要な情報を取得し，評価する費用がこれによる短期的な利益を上回るならば，個人は意思決定を先延ばしする」と説明している．投資家は損をする株式を保持する期間が長すぎる傾向があるというプロスペクト理論 (Kahneman and Tversky, 1979 を参照せよ) の予測は，Shefrin and Statman (1985) でも観察されている．もう一つの典型的な原因は，大衆紙でも議論されているように，個人投資家はいったんなされた投資決定を覆すことは難しいと感じることである．(2003 年 11 月 30 日付，Arizona Ripublic 紙の Russ Wiles による) 最近の新聞のコラムには，「おそらく何よりも投資家の不活発性が（金融市場における）原動力である．悪材料が伝えられると，人々は売り逃げるよりは買い控える．2002 年は，この世代で最も市場環境が厳しく，ウォール街はかなりのスキャンダルに見舞われた年であったが，株式ファンドからの資金流出はわずか 1% であった」とある．

2.4.2 不活発性と金融時系列での長期依存性

投資家の不活発性に対するエージェントモデルの極限的解析の結果の一つは，フラクショナル Brown 運動に基づく株価過程であり，この解析が長期依存性（すなわち相関関係，収益の記憶性）を示す．この点については 3.1 項で議論する．特に，極限における変動過程はフラクショナル Brown 運動である．

ここで，Hurst 指数 $H \in (0, 1]$ のフラクショナル Brown 運動はほとんど確実に連続的で，自己相関

$$\mathbb{E}[B_t^H B_s^H] = \frac{1}{2}(|t|^{2H} + |s|^{2H} - |t-s|^{2H}) \tag{15.6}$$

をもつ中心化 Gauss 過程（centered Gaussian process）になることを確認する．

注意 15.1 $H = 1/2$ の場合，標準 Brown 運動を示す．さらに，自己相関関数が正定値であることは，$H \in (0,1]$ であることの必要十分条件である．

Bayraktar et al. (2004) は，Hurst 指数に対するウェーブレット（wavelet）に基づく漸近的有効推定量（asymptotically efficient estimator）を研究し，11.5 年にわたる期間（1989～2000 年）について頻度の高い S&P500 指数のデータを分析した．これによると，Hurst 指数は 1990 年代中頃までは効率的市場の値 $H = 1/2$ よりもかなり高いが，1997～2000 年の期間にはその水準に低下し始めている（図 15.1 を参照せよ）．これは当時のインターネット売買の増加によって説明できるかもしれない．このことは，例えば NYSE の「株式所有状況 2000」（Grasso, 2000; Barber and Odean, 2001; Choi et al., 2002）で報告されており，その中で「18 カ月間のアクセスの後，ウェブの効果はきわめて大きく，売買頻度は倍増した」ことが示されている．実際，Barber and Odean (2002) で報告されたように，オンライン取引開始後，投資家は以前より積極的に，より投機的に，より薄い利幅で売買する．Bayraktar et al. (2004) の結果と類似した実証的研究結果が，まったく異なった統計的手法を用いて Bianch (2005) によって得られた．

このように，1990 年代後半における推定した Hurst 指数の大幅な低下は，Bayraktar et al. (2006) の極限理論が提供した，投資家の不活発性と株価の長期的依存性の間を

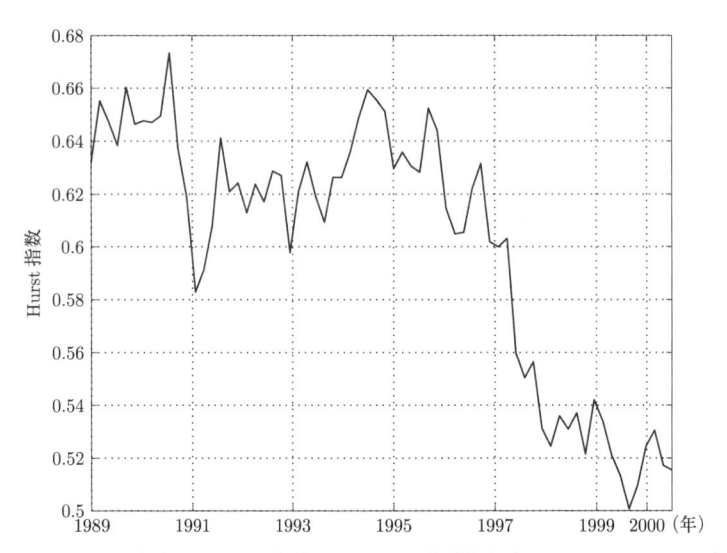

図 15.1 1990 年代の S&P500 指数による Hurst 指数推定（Bayraktar et al., 2004）

結ぶ依存関係の事後検証と考えることができる.このモデルは 3.1 項で検討する.セミ Markov スイッチを伴う状態依存型待ち行列ネットワークに基づく拡張は 3.2 項で議論する.

3. 不活発性投資家を伴うミクロ構造モデル

小口の気まぐれな市場参加者に共通する特徴である投資家の不活発性に焦点を当て,極限定理を組み合わせたミクロ構造モデル,すなわちエージェントベースモデルの一例について説明する.次項では,不活発性と株式収益における長期的依存性,および他の「洗練された」経済主体にとっての潜在的な短期的裁定機会の 3 つについての数学関係を確立した初期の研究(Bayraktar et al., 2006)について概略を述べる.3.2 項では,現在の価格がエージェントの注文率に及ぼすフィードバック効果を可能にする拡張について言及する.

3.1 フィードバックを伴わないミクロ構造モデル

ここでは,Bayraktar et al. (2006) によって分析された市場ミクロ構造モデルの基本概念と表記法を導入する.このモデルは,次項のより高度なモデルの基礎を提供する.まず,1 つのリスク資産を取引するエージェントの集合 $\mathbb{A} := \{a_1, a_2, \cdots, a_N\}$ からなる金融市場から始める.各エージェント $a \in \mathbb{A}$ は,売買活動の積極性を表す有限状態空間 E 上の連続時間確率過程 $x^a = \{x_t^a\}_{t \geq 0}$ と関連づけられるとする.

ここでは,需要を特定化するために実用的なアプローチを用いる.エージェントの予算制約のもとで個々の最適化問題を定式化する代わりに,直接的にエージェントの瞬間的注文量(注文率)を考える.エージェント $a \in \mathbb{A}$ は,時刻 $t \geq 0$ において資産に対して $\Psi_t x_t^a$ の注文率によって売買を行うものとする.ここで,x_t^a は負であってもよく,これはエージェントが資産を売却することを表す.確率過程 $\Psi = \{\Psi_t\}_{t \geq 0}$ は,典型的な取引における売買量の変動を表す.これは確率的弾力性係数(市場不均衡に対する価格の反応)とも解釈できる.Ψ は過程 x^a と独立な連続非負セミマルチンゲールであるとし,$0 \in E$ と仮定する.$x_t^a = 0$ のときは,エージェントは売買しないことを意味する.したがって,時刻 t におけるエージェント $a \in \mathbb{A}$ の保有量と「市場不均衡」はそれぞれ以下のように表現できる.

$$\int_0^t \Psi_s x_s^a \mathrm{d}s, \qquad \sum_{a \in \mathbb{A}} \int_0^t \Psi_s x_s^a \mathrm{d}s \qquad (15.7)$$

注意 15.2 この連続時間モデルにおいては,売り手と買い手は異なる時刻に到着する.したがって,Walras 的競売人が各取引期間の終わりに市場の需給を均衡させるように価格を決定する経済規範は適用されず,むしろ一時的な需給の不均衡が発生する.このとき,価格は市場不均衡の程度を反映するであろう.

すべての注文は，1人のマーケットメーカーが受け取るものとする．マーケットメーカーはすべての売買を成約し，資産の価格を誘導する唯一の要素である市場の需給不均衡の変化に対応して価格付けを行う．投資家の数が多くなると個々のエージェントが市場のダイナミクスに与える影響は減少するという考え方を反映し，個々の注文の影響は市場に参加しうる投資家の数に反比例すると仮定する．すなわち，資産1単位の買い手（売り手）の注文は，対数株価を $1/N$ だけ増加（減少）する．対数株価過程 $S^N = \{S_t^N\}_{t \geq 0}$ の変動に対応する価格付けルールは線形であり，次式が成立するとする．

$$\mathrm{d}S_t^N = \frac{1}{N}\sum_{a \in \mathbb{A}}\Psi_t x_t^a \mathrm{d}t \tag{15.8}$$

市場不活発性の考え方を取り込むために，エージェントの売買活動は独立で同一な分布をもつセミ Markov 過程 x^a によってモデル化されるとする．セミ Markov 過程は，持続（滞在）時間にテールの薄い指数分布であることの仮定を除くことによって，Markov 過程を一般化したもので，個々の投資家の不活発性をモデル化するにあたって自由に設定できる．過程 x^a は独立で同一な分布をもつので，ある代表的な過程 $x = \{x_t\}_{t \geq 0}$ のダイナミクスを特定するだけで十分である．

3.1.1 セミ Markov 過程

確率空間 $(\Omega, \mathcal{F}, \mathbb{P})$ 上で定義されるセミ Markov 過程 x は，ほとんど確実に $0 = T_1 \leq T_2 \leq \cdots$，かつ各 $n \in \mathbb{N}, j \in E$ とすべての $t \in \mathbb{R}_+$ に対して

$$\mathbb{P}\{\xi_{n+1} = j, T_{n+1} - T_n \leq t \mid \xi_1, \cdots, \xi_n; T_1, \cdots, T_n\}$$
$$= \mathbb{P}\{\xi_{n+1} = j, T_{n+1} - T_n \leq t \mid \xi_n\}$$

を満足する確率変数 $\xi_n : \Omega \to E$ と $T_n : \Omega \to \mathbb{R}_+$ を用いて，以下の式によって記述されるとする．

$$x_t = \sum_{n \geq 0}\xi_n \mathbf{1}_{[T_n, T_{n+1})}(t) \tag{15.9}$$

経済学用語を用いれば，任意の時間間隔 $[T_n, T_{n+1})$ におけるある代表的個人の心理状態が ξ_n で与えられる．時間間隔 $T_{n+1} - T_n$ の分布は，状態 ξ_n と ξ_{n+1} を通じて列 $\{\xi_n\}_{n \in \mathbb{N}}$ に依存してもよい．このことは，エージェントの活発な，あるいは不活発な期間の長さの分布が異なると仮定することを可能にし，特にゼロ状態にテールの厚い滞在時間を仮定することにより不活発性をモデル化することができる．

注意 15.3 本章における投資家不活発性の分析では，価格がエージェントの投資決定に及ぼすフィードバック効果を考慮していない．この仮定は専門家ではない個人投資家に対しては正当であるかもしれないが，活発なトレーダーの投資決定が資産価格に影響を受けるようなモデル化が望ましいことは明らかである．このような拡張は次節で扱う．

x は測度 $\mathbb{P}$ のもとで時間的に一様であると仮定する．すなわち，

$$Q(i,j,t) \triangleq \mathbb{P}\{\xi_{n+1} = j, T_{n+1} - T_n \leq \tau \mid \xi_n = i\} \tag{15.10}$$

は $n \in \mathbb{N}$ に独立であるとする．Çinlar (1975, Proposition 1.6) より，このことは $\{\xi_n\}_{n\in\mathbb{N}}$ が次式で与えられる推移確率行列 $P = (p_{i,j})$ をもつ E 上の斉時的 Markov 連鎖であることを意味する．

$$p_{i,j} = \lim_{t\to\infty} Q(i,j,t)$$

いま，Q が以下の形をとるとする．

$$Q(i,j,t) = p_{i,j}(1 - e^{-\lambda_i t}) \tag{15.11}$$

このとき，x は明らかに通常の斉時的 Markov 過程である．さらに，隠れ Markov 連鎖 (embedded Markov chain) $\{\xi_n\}_{n\in\mathbb{N}}$ が唯一の定常分布をもつように，$p_{i,j} > 0$ であると仮定する．ξ_{n+1} と ξ_n が与えられたもとでの n 番目の滞在時間 $T_{n+1} - T_n$ の条件付分布関数は，セミ Markov カーネル $\{Q(i,j,t); i, j \in E, t \geq 0\}$ と推移行列 P を用いると次式によって特定される．

$$G(i,j,t) := \frac{Q(i,j,t)}{p_{i,j}} = \mathbb{P}\{T_{n+1} - T_n \leq t \mid \xi_n = i, \xi_{n+1} = j\} \tag{15.12}$$

セミ Markov 過程は，以下の条件を満たすと仮定する．

仮定 15.1

i) 状態 $i \in E$ における平均滞在時間は有限である．

$$m_i := \mathbb{E}[T_{n+1} - T_n \mid \xi_n = i] < \infty \tag{15.13}$$

ここで，$\mathbb{E}$ は確率測度 $\mathbb{P}$ に対する期待値作用素を表す．

ii) ある定数 $1 < \alpha < 2$，および任意の $x > 0$ に対して

$$\lim_{t\to\infty} \frac{L(xt)}{L(t)} = 1$$

を満たす関数 $L : \mathbb{R}_+ \to \mathbb{R}_+$（これは，無限大の極限において非常に緩やかに変化する関数であることを意味しており，例えば log 関数などがあげられる）が存在し，以下の条件を満足する．

$$\mathbb{P}\{T_{n+1} - T_n \geq t \mid \xi_n = 0\} \sim t^{-\alpha} L(t) \tag{15.14}$$

ここで，関数 $f, g : \mathbb{R}_+ \to \mathbb{R}_+$ に対する表記 $f(t) \sim g(t)$ は $\lim_{t\to\infty} f(t)/g(t) = 1$ を意味する．

iii) 状態 $i \neq 0$ における滞在時間分布は以下を満足する.

$$\lim_{t \to 0} \frac{\mathbb{P}\{T_{n+1} - T_n \geq t \mid \xi_n = 1\}}{t^{-(\alpha+1)} L(t)} = 0 \qquad (15.15)$$

iv) 任意の状態における滞在時間分布は,$\mathbb{R}_+$ 上の Lebesgue 測度に関して連続かつ有界な密度関数をもつ.

重要なパラメータは,不活発の状態を表すゼロの滞在時間分布のテールの指数 α である.例えば,状態 $0 \in E$ の滞在時間の長さが Pareto 分布に従うならば,条件 (15.14) は満たされる.このとき,不活発性の概念は (15.15) に反映されている.すなわち,売買期間が連続した長い期間になる確率は,個々のエージェントが長期間不活発になる確率に比べて小さい.実際,通常個人投資家が持続的に売買することはないので,様々な活発な状態において滞在時間が指数分布と同じくらい薄いテールをもつと考えるのは自然である.

3.1.2 不活発性投資家が存在する金融市場のための極限定理

セミ Markov 過程 x^a は定常であると仮定する.定常性は,初期状態と初期滞在時間の一般分布を適当に定めることによって表現可能である.この結果得られる標準的パスの空間上の測度を $\mathbb{P}^*$ と表す.セミ Markov 過程の独立性と定常性は,エージェント数が無限に増加するとき,対数価格過程は以下で定義される過程 $\{s_t\}_{t \geq 0}$ によって各経路ごとに近似できることを保証する.

$$s_t = \mu \int_0^t \Psi_s \mathrm{d}s$$

ただし,$\mu := \mathbb{E}^* x_0^a$ である.定常セミ Markov 過程の汎関数中心極限定理を用いると,適当な尺度変換によって $(s_t)_{t \geq 0}$ 周りの変動を長期依存性をもつ過程によって分布の意味で近似できる.ここで用いる収束の概念は,すべて右連続な過程の Skorohod 空間 $\mathbb{D}$ の測度 $\mathbb{P}^*$ に関する弱収束である.$\{Y^n\}_{n \in \mathbb{N}}$ が,過程 Y に弱収束する $\mathbb{D}$ 値確率過程の列であるとき,$\mathcal{L}\text{-}\lim_{n \to \infty} Y^n = Y$ と書く.

収束結果は,過程 $\{x_{Tt}^a\}_{t \geq 0}, T \in \mathbb{N}$ のスケーリング極限 (scaling limit) によって定式化される.T が大きい場合,x_{Tt}^a は「高速 (speeded-up)」セミ Markov 過程である.言い換えると,投資家個人の売買注文率は Ψ より高速のスケールで変化する.しかし,モデルの主要な定性的特徴は変化したわけではなく,エージェントが活発な状態よりも不活発な状態に相対的に非常に長くとどまることには変わりない.スケール変換したモデルにおいては,対数資産価格過程は次式によって与えられる.

$$S_t^{N,T} = \frac{1}{N} \int_0^t \sum_{a \in \mathbb{A}} \Psi_u x_{Tu}^a \mathrm{d}u \qquad (15.16)$$

中心極限定理によって，$N \to \infty$ のときの 1 次近似（$\{s_t\}_{t\geq 0}$）の周りの変動を近似することができる．すなわち，$H = (3-\alpha)/2$ とおき，

$$X_t^T \triangleq \mathcal{L}\text{-}\lim_{n\to\infty} T^{1-H} \frac{1}{\sqrt{N}} \sum_{a=1}^N (x_{Tt}^a - \mu t) \quad \text{および} \quad Y_t^T \triangleq \int_0^t X_s^T \mathrm{d}s \qquad (15.17)$$

によって定義される Gauss 過程 X^T と Y^T を用いると，1 次近似の周りの変動は Y^T に関する弾力性係数の積分によって近似できる．

$$\mathcal{L}\text{-}\lim_{n\to\infty} \sqrt{N}\{S_t^{N,T} - \mu t\}_{0\leq t\leq 1} = \left\{\int_0^t \Psi_s \mathrm{d}Y_s^T\right\}_{0\leq t\leq 1}$$

投資家の不活発性の影響をより明確に調べるために，空間と時間で価格過程をスケール変換し，T を無限に近づける．$\Psi \equiv 1$ における多数のエージェントからなる標準モデルでは，$T \to \infty$ のとき，これらの価格変動は適切な正規化を行うとフラクショナル Brown 運動 B^H によって記述できる．Hurst 指数は投資家の不活発性の程度に関係がある．

定理 15.1（Bayraktar et al., 2006 を参照）　$H = (3-\alpha)/2$ とする．$\Psi \equiv 1$，仮定 15.1 の条件，および $\mu \neq 0$ を仮定する．このとき，次式を満たす $\sigma > 0$ が存在する．

$$\mathcal{L}\text{-}\lim_{T\to\infty} \mathcal{L}\text{-}\lim_{N\to\infty} T^{1-H} \frac{\sqrt{N}}{\sqrt{L(T)}} \{S_t^{N,T} - \mu t\}_{0\leq t\leq 1} = \{\sigma B_t^H\}_{0\leq t\leq 1} \qquad (15.18)$$

この結果を，(15.8) にあるようにエージェントの注文率が確率的弾力性係数と連結されるような市場に一般化するためには，以下に示すフラクショナル Brown 運動に対する連続セミマルチンゲールの確率積分の近似結果が必要である．

定理 15.2（Bayraktar et al., 2006 を参照）　$\{\Psi^n\}_{n\in\mathbb{N}}$ を良好な（good）セミマルチンゲールの列[4]とし，$\{Z^n\}_{n\in\mathbb{N}}$ を以下を満足する $\mathbb{D}$ 値確率過程の列とする．
 i) 過程 Z^n のサンプルパスは，ほとんど確実にコンパクト集合上で 2 次変分がゼロであり，$\mathbb{P}\{Z_0^n = 0\} = 1$ である．
 ii) 確率積分 $\int \Psi^n \mathrm{d}Z^n$ と $\int Z^n \mathrm{d}Z^n$ は，Stieltjes 和の確率の極限として存在し，サンプルパス $t \mapsto \int_0^t Z_s^n \mathrm{d}Z_s^n$ および $t \mapsto \int_0^t \Psi_s^n \mathrm{d}Z_s^n$ は càdlàg である．
もし，Ψ が連続セミマルチンゲールで，B^H が Hurst 指数 $H > 1/2$ のフラクショナル Brown 運動であるならば，収束 $\mathcal{L}\text{-}\lim_{n\to\infty}(\Psi^n, Z^n) = (\Psi, B^H)$ のとき，

$$\mathcal{L}\text{-}\lim_{n\to\infty}\left(\Psi^n, Z^n, \int \Psi^n \mathrm{d}Z^n\right) = \left(\Psi, B^H, \int \Psi \mathrm{d}B^H\right)$$

が成立する．

---

[4] 訳者注：良好なセミマルチンゲールの定義は Bayraktar et al. (2006) を参照せよ．

3. 不活発性投資家を伴うミクロ構造モデル

定理 15.2 からすぐに得られる系として，価格過程 (15.16) の 1 次近似の周りの変動は，フラクショナル Brown 運動に関する確率積分に分布収束することがわかる．

系 15.1 Ψ を Doob–Meyer 分解可能な連続セミマルチンゲールとし，その分解を $\Psi = M + A$ で表す．もし，$\mathbb{E}[[M,M]_T] < \infty$ および $\mathbb{E}[|A|_T] < \infty$ でありかつ $\mu \neq 0$ ならば，次式を満たす $\sigma > 0$ が存在する．

$$\mathcal{L}\text{-}\lim_{T\to\infty} \mathcal{L}\text{-}\lim_{N\to\infty} T^{1-H} \frac{\sqrt{N}}{\sqrt{L(T)}} \left\{ S_t^{N,T} - \mu \int_0^t \Psi_s \mathrm{d}s \right\}_{0 \le t \le 1}$$
$$= \left\{ \sigma \int_0^t \Psi_s \mathrm{d} B_s^H \right\}_{0 \le t \le 1} \tag{15.19}$$

Hurst 指数が $H \in (1/2, 1]$ のフラクショナル Brown 運動の増分は，正の相関をもつ．この相関は H に関して単調増加である．したがって，極限定理それ自体から，投資家の不活発性が資産収益の長期的依存性を導くことが明らかになる．実際，不活発な程度が高まるほどテールの指数 α は小さい値を示し，より大きな H の値を導くので，収益の間により大きい正の相関が生じる．フラクショナル Brown 運動はセミマルチンゲールではないので，その影響がこれまでモデルで考慮されてこなかった他のトレーダーに対する裁定取引機会をも導く可能性がある．様々なモデルに対する明示的な裁定戦略は，例えば Bayraktar and Poor (2005a) において構築されている．

注意 15.4 すべての滞在時間が薄いテールをもつような，不活発性が存在しないモデルでは対数株価変動を次式の過程によって近似することができる．

$$\left\{ \int_0^t \Psi_s \mathrm{d} W_s \right\}_{0 \le t \le 1} \tag{15.20}$$

ここで，W は標準 Brown 運動である．したがって，すべての投資家の心理状態が標準 Markov 過程で，Ψ が定数であれば，極限において標準的な Black–Scholes–Samuelson 型の幾何 Brown 運動モデルが再現される．

極限における振る舞いによって待ち行列を考察する手法は，様々な応用分野において長い歴史をもつ．例えば，Whitt (2002) を参照されたい．本項での投資家不活発性の分析は，インターネットトラフィックに関する Taqqu et al. (1997) の研究をもとに構築されている．しかし，これまで議論してきた単純なモデルでさえ，経済学的応用において新しい数学的難問があることを示してくれる．すなわち，通信トラフィックの応用では 2 つの状態（on/off）空間を考えれば十分であるが，エージェントが購入するか，売却するか，何もしないかの場合，少なくとも 3 つの状態が存在する．このことによって，2 状態の場合とは異なる技術が必要となる．本項の定常セミ Markov 過程に対する汎関数中心極限定理は，例えば Duffield and Whitt (1998a, 1998b) で研究されている多段階ネットワークモデルの重トラフィック極限 (heavy-traffic limit) に対する数学的基礎を提供するかもしれない．

3.2 フィードバックを考慮した極限定理

前項のモデルでは,投資家の行動が価格に影響を及ぼすが,価格はエージェントの需要に影響しないことを仮定した.この仮定は,現実において本源的な基本的価値についての正確な情報を利用できないインターネットやその他の新しい産業における株式に対しては正当であるかもしれない.このような状況では,価格は必ずしもよい数値指標ではなく,しばしば知識の足りない個人投資家によって無視される.しかし一般には,現在の価格がエージェントの注文量に影響するフィードバックを可能にすることが望ましいことは確かである.本項では,前項のモデルを価格がエージェントの売買注文に影響するフィードバックを可能にするように拡張する.それと同時に,注文の到着が同時には行われず,逐次的であるようなミクロ構造モデルを分析するための統一した数学的枠組みを提供する.ここで取り上げる手法は,状態に依存する Markov 型サービスネットワークの方法をもとにしている.数学的には,既存研究である Anisimov (2002) の結果を,薄いテールの滞在時間分布をもつセミ Markov モデルを超えて扱うことができるように拡張したものである.

3.2.1 対数資産価格のダイナミクス

ここで扱うモデルの確率的構造を,より正確にしておこう.エージェントの注文は,価格と投資家の心理状態に依存する注文強度に従って到着すると仮定する.各注文は,株式 1 単位の売買のみとする.具体的には,各エージェント $a \in \mathbb{A}$ に 2 つの独立な標準 Poisson 過程 $\{\Pi_+^a(t)\}_{t \geq 0}$ と $\{\Pi_-^a(t)\}_{t \geq 0}$,仮定 15.1 を満足する E 上の定常セミ Markov 過程 x^a,そして有界で Lipschitz 連続な強度関数 $\lambda_\pm : E \times \mathbb{R} \to \mathbb{R}^+$ を関連づける.強度関数は,Poisson 過程 $\Pi_\pm^a$ とともに売買注文の到着時刻を特定化する.時刻 $t \geq 0$ でのエージェントの証券保有量は次式で与えられる.

$$\Pi_+^a \left(\int_0^t \lambda_+(x_u^a, S_u^N) du \right) - \Pi_-^a \left(\int_0^t \lambda_-(x_u^a, S_u^N) du \right) \tag{15.21}$$

ここで,$\{S_t^N\}_{t \geq 0}$ は対数資産価格過程を表す.前項までと同様に,買い手(売り手)の注文は,対数価格を $1/N$ 増加(減少)させる.単純化のため $S_0^N = 0$ を仮定すると,次式を得る.

$$S_t^N = \frac{1}{N} \sum_{a \in \mathbb{A}} \Pi_+^a \left(\int_0^t \lambda_+(x_u^a, S_u^N) du \right) - \frac{1}{N} \sum_{a \in \mathbb{A}} \Pi_-^a \left(\int_0^t \lambda_-(x_u^a, S_u^N) du \right) \tag{15.22}$$

注意 15.5

i) 前項で考察したモデルでは,エージェントがセミ Markov 過程によって特定される注文率で株式を連続的に売買していた.本項のモデルでは,任意の時点で

3. 不活発性投資家を伴うミクロ構造モデル

離散的に株式が購入されると仮定する．売買時刻の到着間隔は，現在の価格と外因的なセミ Markov 過程に依存するランダムな到着率（強度）によって条件づけられる指数分布に従う．

ii) 以前と同じように，x_a を投資家の売買する「心理状態」過程と考える．大まかにいえば，エージェントの売買に対する心理状態 x_t^a が与えられたとき，$\lambda_+(x_t^a, s) - \lambda_-(x_t^a, s)$ は時刻 t の対数価格水準 s における，エージェントの超過需要とみなすことができる．

iii) 参加者が不活発である場合の相互作用モデルを (15.11) から構築するために，$\lambda_\pm(0, s) \equiv 0$ と，購入強度 $\lambda_+(x, \cdot)$ と売却強度 $\lambda_-(x, \cdot)$ が 2 番目の変数のそれぞれ減少関数と増加関数になることを仮定するのは自然である．すなわち，高価格（低価格）は購入強度（売却強度）を抑制することを意味する．

独立な Poisson 分布の和は，それぞれの Poisson 分布の強度の和を強度とする Poisson 分布になる．したがって，対数価格過程は分布の意味で次式を満足する．

$$S_t^N = \frac{1}{N}\Pi_+\left(\sum_{a=1}^N \int_0^t \lambda_+(x_u^a, S_u^N)du\right) - \frac{1}{N}\Pi_-\left(\sum_{a=1}^N \int_0^t \lambda_-(x_u^a, S_u^N)du\right) \tag{15.23}$$

ここで，Π_+ と Π_- は独立な標準 Poisson 分布を表す．エージェント数が無限になったときの価格過程分布の極限の結果に注目しているので，一般性を失わず，対数価格過程を (15.22) よりも (15.23) で定義することができる．

仮定 15.2

i) 強度関数 $\lambda_\pm$ は一様に有界である．

ii) 各 $x \in E$ に対して，強度関数 $\lambda_\pm(x, \cdot)$ は連続微分可能であり，1 階微分の絶対値はある定数 L によって抑えられる．

ここで紹介する収束結果は，同じ確率空間上の標準 Brown 運動によって Poisson 分布のパスごとの近似を可能にする強近似結果（strong approximation result）に基づいている．

補題 15.1 (Kurts, 1978 を参照) 標準 Poisson 過程 $\{\Pi(t)\}_{t \geq 0}$ は標準 Brown 運動 $\{B(t)\}_{t \geq 0}$ と同じ確率空間上で以下を満たすように構築することができる．すなわち，ほとんど確実に有限な確率変数

$$\sup_{t \geq 0} \frac{|\Pi(t) - t - B(t)|}{\log(2 \vee t)}$$

が原点周りと有限値である平均周りの両方の近傍において有限な積率母関数をもつようにできる．

仮定 15.2 (i) を考慮すると，上の強近似結果は次式に示す対数資産価格過程の別の表現を与える．

$$S_t^N = \frac{1}{N}\left\{\sum_{a=1}^N \int_0^t \lambda(x_u^a, S_u^N)\mathrm{d}u + B_+\left(\sum_{a=1}^N \int_0^t \lambda_+(x_u^a, S_u^N)\mathrm{d}u\right)\right.$$
$$\left.- B_-\left(\sum_{a=1}^N \int_0^t \lambda_-(x_u^a, S_u^N)\mathrm{d}u\right)\right\} + \mathcal{O}\left(\frac{\log N}{N}\right) \quad (15.24)$$

ただし，$\lambda(x_u^a, \cdot)$ はエージェント $a \in \mathbb{A}$ の売買に対する心理状態 x_u^a が与えられたもとでの超過注文強度を表し，$\mathcal{O}(\log N/N)$ はコンパクトな時間間隔にわたって一様に成り立つ．ここでは，この対数価格過程の表現を用いて過程 $\{S_t^N\}_{t\geq 0}$ の近似結果を証明することが目標である．最初のステップでは，この過程がほとんど確実に常微分方程式（流体極限，fluid limit）の軌跡によって近似されることを示す．次のステップでは（Bayraktar et al., 2006）の結果を適用して，適当なスケーリングの後，この 1 次近似の周りの変動は

$$\mathrm{d}Z_t = \mu_t Z_t \mathrm{d}t + \sigma_t \mathrm{d}B_t^H$$

の形をしたフラクショナル過程 $\{Z_t\}_{t\geq 0}$ を用いて記述できることを示す．注文強度が現在の価格に依存しないような，フィードバックを伴わない標準モデルでは，過程 $\{Z_t\}_{t\geq 0}$ はフラクショナル Brown 運動に帰着する．すなわち，3.1.2 で示したタイプの結果は，ここで示した代替モデルを用いても再現できる．

3.2.2　1 次近似

第一の収束結果を証明するにあたって，対数価格水準 $s \in \mathbb{R}$ と心理状態 $x \in E$ が与えられた下でのネット注文強度を

$$\lambda(x, s) \triangleq \lambda_+(x, s) - \lambda_-(x, s) \quad (15.25)$$

で表し，期待超過注文フローを

$$\bar{\lambda}(s) \triangleq \bar{\lambda}_+(s) - \bar{\lambda}_-(s)$$

で表す．ただし，

$$\bar{\lambda}_\pm(s) \triangleq \int_E \lambda_\pm(x, s)\nu(\mathrm{d}x)$$

であり，ν はセミ Markov 過程 x_t の定常分布である．はじめに，多数のエージェントが存在する金融市場における対数価格過程のダイナミクスが，初期条件 $s_0 = 0$ における常微分方程式

$$\frac{\mathrm{d}}{\mathrm{d}t}s_t = \bar{\lambda}(s_t) \quad (15.26)$$

の解 $\{s_t\}_{t\geq 0}$ によって近似できることを示す.このためには,超過注文率の市場全体での平均が,コンパクトな時間間隔上で上の期待超過注文強度にほとんど確実に一様収束することを証明する必要がある.

補題 15.2 コンパクトな時間間隔の上で一様に次式が成立する.

$$\lim_{N\to\infty}\frac{1}{N}\sum_{a=1}^N\int_0^t\lambda_\pm(x_u^a,s_u)\mathrm{d}u=\int_0^t\bar\lambda_\pm(s_u)\mathrm{d}u,\quad\mathbb{P}^*\text{-a.s.}\tag{15.27}$$

証明 定常セミ Markov 過程 x^a は独立であるので,確率変数 $\int_0^t\lambda(x_u^a,s_u)\mathrm{d}u$, $a=1,2,\cdots$ も独立である.したがって,(総和と積分を交換するための) Fubini の定理,(極限と積分を交換するための) 有界収束定理とともに,独立な確率変数に対する大数の法則を用いることにより,おのおのの t に対する収束を導くことができる.コンパクトな時間間隔にわたって一様収束が成立することを証明するために,Potscher and Prucha (1989) の大数の一様法則 (uniform law of large numbers) を用いる.すべての càdlàg 関数 $y:[0,t]\to E$ のクラスを $D_E[0,t]$ と表すと,

$$q_\pm=\int_0^t\lambda_\pm(y(u),s_u)\mathrm{d}u$$

で定義される写像 $q_\pm:D_E[0,t]\times[0,t]\to\mathbb{R}$ が連続であることを示す必要がある.強度関数は有界なので,写像 $y\mapsto\int_0^t\lambda_\pm(y(u),s_u)\mathrm{d}u$ がコンパクトな時間間隔にわたり一様連続であることを示せば十分である.

このために,Ethier and Kurtz (1986, (3.5.2)) で定義されている,$D_E[0,t]$ の Skorohod 位相を導く距離を d で表す.ここで,適当な狭義増加時間移動の列 $\{\tau_n\}$ に対して,

$$\lim_{n\to\infty}\sup_{0\leq s\leq t}|y_n\circ\tau_n(s)-y(s)|=0\tag{15.28}$$

は $\lim_{n\to\infty}d(y_n,y)=0$ であるための必要十分条件であることを確認する.詳細は Ethier and Kurtz (1986, p.117) を参照せよ.$\{y_n\}$ を y に収束する $D_E[0,t]$ の列とし,

$$\lambda_\pm^n(u)\stackrel{\triangle}{=}\lambda_\pm^n(y_n(u),s_u)$$

とおく.Lebesgue 積分に対する変換公式を考慮し,また $\tau(0)=0$ かつ $\tau_n^{-1}\leq t$ であるので,次式を得る.

$$\begin{aligned}\int_0^t[\lambda_\pm^n(u)+\lambda_\pm(u)]\mathrm{d}u&=\int_0^{\tau_n^{-1}(t)}[\lambda_\pm^n(u)\circ\tau_n(u)\tau_n'(u)-\lambda_\pm(u)]\mathrm{d}u-\int_{\tau_n^{-1}(t)}^t\lambda_\pm\mathrm{d}u\\&=\int_0^{\tau_n^{-1}(t)}[\lambda_\pm^n(u)\circ\tau_n(u)-\lambda_\pm(u)]\mathrm{d}u\\&\quad+\int_0^{\tau_n^{-1}(t)}\lambda_\pm\circ\tau_n(u)[\tau_n'(t)-1]\mathrm{d}u-\int_{\tau_n^{-1}(t)}^t\lambda_\pm\mathrm{d}u\end{aligned}$$

また,Ethier and Kurtz (1986, (3.5.5)〜(3.5.7)) より

$$\lim_{n\to\infty}\sup_{0\le u\le t}|\tau'_n(u)-1|=0 \text{ および } \lim_{n\to\infty}\sup_{0\le u\le t}|\tau_n^{-1}(u)-u|=0$$

であるので,上式右辺の最後の2つの項はコンパクトな時間間隔の上で一様にゼロとなる.第1項に関しては,第2変数における強度関数の導関数の有界性から次式を導けることがわかる.

$$|\lambda_\pm(y_n\circ\tau_n(u),s_{\tau_n(u)})-\lambda_\pm(y(u),s_u)|$$
$$\le L|(y_n\circ\tau_n(u)-y(u)|+L|(s\circ\tau_n(u)-s(u)|$$

連続関数 s はコンパクトな時間間隔にわたり一様連続である.このことと (15.28) より,

$$\lim_{n\to\infty}\sup_{0\le u\le t}|\lambda_\pm(y_n\circ\tau_n(u),s_{\tau_n(u)})-\lambda_\pm(y(u),s_u)|=0$$

を導くことができ,そのため写像 $q_\pm$ はたしかに連続である.したがって,大数の一様法則から,ほとんど確実にコンパクトな時間間隔にわたり一様に

$$\lim_{N\to\infty}\frac{1}{N}\sum_{a=1}^N q_\pm(x_u^a,u)=\lim_{N\to\infty}\frac{1}{N}\sum_{a=1}^N\int_0^u\lambda_\pm(x_v^a,s_v)\mathrm{d}v=\lambda_\pm(\mu,s_u)$$

であるといえる. □

これで,大数の汎関数法則(functional law of large numbers)を述べたうえで証明する準備ができた.

定理 15.3 $N\to\infty$ のとき,確率過程 $\{S_t^N\}_{t\ge 0}$, $N\in\mathbb{N}$ の列は確定的な関数(過程) $\{s_t\}_{t\ge 0}$ にほとんど確実に収束する.すなわち,

$$\lim_{N\to\infty}S_t^N=s_t,\quad \mathbb{P}^*\text{-a.s.}$$

である.ここで,収束はコンパクトな時間間隔の上で一様である.

証明 補題 15.1 で定式化した強近似の結果を考慮し,また強度関数は一様有界であることから,

$$\left|\Pi_\pm\left(\sum_{a=1}^N\int_0^u\lambda_\pm(x_u^a,S_u^N)\mathrm{d}u\right)-\sum_{a=1}^N\int_0^u\lambda_\pm(x_u^a,S_u^N)\mathrm{d}u\right.$$
$$\left.-B_\pm\left(\sum_{a=1}^N\int_0^u\lambda_\pm(x_u^a,S_u^N)\mathrm{d}u\right)\right|$$

は，ほとんど確実にオーダー $\mathcal{O}(\log N)$ である．ここで，$B_\pm$ は (15.24) で用いた Brown 運動である．強度関数は一様に有界であるので，Brown 運動に対する重複対数の法則から，

$$\lim_{n\to\infty}\sup_{u\le t}\frac{1}{N}B_\pm\left(\sum_{a=1}^N\int_0^u\lambda_\pm(x_v^a,S_v^N)\mathrm{d}v\right)=0,\quad \mathbb{P}^*\text{-a.s.}$$

が得られる．この結果と補題 15.2 より，

$$B_t^N \triangleq \frac{1}{N}\left|B_+\left(\sum_{a=1}^N\int_0^t\lambda_+(x_u^a,S_u^N)\mathrm{d}u\right)-B_-\left(\sum_{a=1}^N\int_0^t\lambda_-(x_u^a,S_u^N)\mathrm{d}u\right)\right|$$

および

$$\Lambda_t^N \triangleq \left|\frac{1}{N}\sum_{a=1}^N\int_0^t\{\lambda(x_u^a,s_u)-\bar\lambda(s_u)\}\mathrm{d}u\right|$$

は，$N\to\infty$ のときコンパクトな時間間隔にわたってゼロに一様収束する．

ここで，$\epsilon>0$ を固定する．補題 15.1 より，すべての $N\ge N^*$ に対しかつコンパクトな時間集合上で $l\le t$ に対し，一様に次式が成立するような $N^*\in\mathbb{N}$ が存在する．

$$|S_l^N-s_l|\le\left|\frac{1}{N}\sum_{a=1}^N\int_0^l\lambda(x_u^a,S_u^N)\mathrm{d}u-\int_0^l\bar\lambda(s_u)\mathrm{d}u\right|+B_l^N+\epsilon$$

$$\le\left|\frac{1}{N}\sum_{a=1}^N\int_0^l\{\lambda(x_u^a,S_u^N)-\lambda(x_u^a,s_u)\}\mathrm{d}u\right|+\Lambda_l^N+B_l^N+\epsilon,\quad\mathbb{P}^*\text{-a.s.}$$

強度関数の Lipschitz 連続性により，ある $L>0$ に対して

$$|S_l^N-s_l|\le L\int_0^l\sup_{0\le r\le u}|S_r^N-s_r|\mathrm{d}u+\Lambda_l^N+B_l^N+\epsilon$$

$$\le L\int_0^l\sup_{0\le r\le u}|S_r^N-s_r|\mathrm{d}u+\sup_{0\le r\le t}\Lambda_r^N+\sup_{0\le r\le t}B_r^N+\epsilon,\quad\mathbb{P}^*\text{-a.s.}$$

であり，したがって次式が成り立つ．

$$\sup_{0\le r\le t}|S_r^N-s_r|\le L\int_0^t\sup_{0\le r\le u}|S_r^N-s_r|\mathrm{d}u$$
$$+\sup_{0\le r\le t}\Lambda_r^N+\sup_{0\le r\le t}B_r^N+\epsilon,\quad\mathbb{P}^*\text{-a.s.} \quad(15.29)$$

ここで，Gronwall の補題を適用すると，すべての $N\ge N^*$ に対して

$$\sup_{0\le r\le t}|S_r^N-s_r|\le\left(\sup_{0\le r\le t}\Lambda_r^N+\sup_{0\le r\le t}B_r^N+\epsilon\right)e^{Lt},\quad\mathbb{P}^*\text{-a.s.}$$

が成り立つ．これで，定理が証明された． □

3.2.3　2次近似

ここでは，対数価格過程の 1 次近似周りの変動を分析する．具体的には，$N \to \infty$ のときの 1 次近似周りの資産価格の分布に興味がある．(15.14) の表現と Brown 運動の自己相似性 (self-similarity) を考慮すると，$\{S_t^N\}_{t\geq 0}$ は積分方程式

$$S_t^N = \frac{1}{N}\sum_{a=1}^N \int_0^t \lambda(x_u^a, S_u^N)\mathrm{d}u + \frac{1}{\sqrt{N}}B_+\left(\frac{1}{N}\sum_{a=1}^N \int_0^t \lambda_+(x_u^a, S_u^N)\mathrm{d}u\right)$$
$$-\frac{1}{\sqrt{N}}B_-\left(\frac{1}{N}\sum_{a=1}^N \int_0^t \lambda_-(x_u^a, S_u^N)\mathrm{d}u\right) + \mathcal{O}\left(\frac{\log N}{N}\right) \quad (15.30)$$

によって定義できる．明らかになるように，1 次近似周りの変動は 2 つの Gauss 過程によって導かれる．第一に，

$$X_t \triangleq B_+\left(\int_0^t \bar{\lambda}_+(s_u)\mathrm{d}u\right) - B_-\left(\int_0^t \bar{\lambda}_-(s_u)\mathrm{d}u\right) \quad (15.31)$$

はエージェントの売買時刻の確率的振舞いを捉えている．第二に，$\{Y_t\}_{t\geq 0}$ はその共分散関数が 1 次近似に依存するような非定常 Gauss 過程の積分を用いて定義される．この Gauss 過程は，エージェントの売買活動によって生成される確率的振舞いの第二の原因であることを示している．具体的には，

$$Y_t \triangleq \int_0^t y_s \mathrm{d}s \quad (15.32)$$

で，$\{y_t\}_{t\geq 0}$ はその共分散関数 γ が以下で定義される確率過程 $\{\lambda(x_t, s_t)\}_{t\geq 0}$ の共分散関数によって与えられる中心化 Gauss 過程を表す．すなわち，

$$\gamma(t, u) \triangleq \mathbb{E}\left[\lambda(x_t, s_t)\lambda(x_u, s_u)\right] - \bar{\lambda}(s_t)\bar{\lambda}(s_u) \quad (15.33)$$

この確率的振舞いは，積分方程式

$$Z_t = \int_0^t \bar{\lambda}'(s_u)Z_u \mathrm{d}u + Y_t + X_t \quad (15.34)$$

を満足する過程 $\{Z_t\}_{t\geq 0}$ によって分布の意味で近似できることがわかる．

ここでの目標は，以下に示す多数の市場参加者が存在する経済における資産価格の 2 次近似式を構築することである．

定理 15.4　市場不均等 $\{S_t\}_{0\leq t\leq 1}$ の 1 次近似周りの変動は，(15.34) で定義される過程 $\{Z_t\}_{0\leq t\leq 1}$ によって記述できる．より正確には，

$$\mathcal{L}\text{-}\lim_{N\to\infty} \sqrt{N}\{S_t^N - s_t\}_{0\leq t\leq 1} = \{Z_t\}_{0\leq t\leq 1}$$

が成立する．

3. 不活発性投資家を伴うミクロ構造モデル

定理 15.4 を証明するには，いくつかの準備が必要である．表記を簡単にするため，それぞれ次式で定義される確率過程 $Q^N = \{Q^N_t\}_{0 \leq t \leq 1}$, $Y^N = \{Y^N_t\}_{0 \leq t \leq 1}$, $X^N = \{X^N_t\}_{0 \leq t \leq 1}$ を導入する．

$$Q^N_t \triangleq \sqrt{N}(S^N_t - s_t)$$
$$Y^N_t \triangleq \sum_{a=1}^{N} \int_0^t \frac{\lambda(x^a_u, s_u) - \bar{\lambda}(s_u)}{\sqrt{N}} du \quad (15.35)$$
$$X^N_t \triangleq B_+ \left(\frac{1}{N} \sum_{a=1}^{N} \int_0^t \lambda_+(x^a_u, S^N_u) du \right)$$
$$- B_- \left(\frac{1}{N} \sum_{a=1}^{N} \int_0^t \lambda_-(x^a_u, S^N_u) du \right) \quad (15.36)$$

はじめに，列 $\{(X^N, Y^N)\}_{N \in \mathbb{N}}$ が (X, Y) に分布収束することを証明する．

命題 15.1 列 $\{(X^N, Y^N)\}_{N \in \mathbb{N}}$ は，(15.31) と (15.32) で定義される過程 (X, Y) に分布収束する．

証明 任意の $\alpha \in (0, 1/2)$ と $T > 0$ に対して，積分可能，かつそれゆえほとんど確実に有限な確率変数 $M_\pm$ が存在し，すべての $t_1, t_2 \leq T$ に対して以下を満たす．

$$|B_\pm(t_1) - B_\pm(t_2)| \leq M_\pm |t_1 - t_2|^\alpha, \quad \mathbb{P}^*\text{-a.s.}$$

例えば，Karatzas and Shreve (1991) の Remark 2.12 を参照せよ．したがって，1 次近似の結果から過程 $\{X^N\}_{N \in \mathbb{N}}$ の列が任意のコンパクトな時間間隔の上で X にほとんど確実に収束することがわかる．ここで，過程

$$\int_0^t \frac{\lambda(x^a_u, s_u) - \bar{\lambda}(s_u)}{\sqrt{N}} du$$

は Lipschitz 連続なサンプルパスをもち，セミ Markov 過程は独立であるから，Lipschitz 過程に対する中心極限定理 (Whitt, 2002, Corollary 7.2.1) を用いて $\{Y^N\}_{N \in \mathbb{N}}$ が Gauss 過程 Y に分布収束することがわかる．この結果，列 $\{X^N\}_{N \in \mathbb{N}}$ と $\{Y^N\}_{N \in \mathbb{N}}$ はともに緊密 (tight) である．また，$\{X^N\}_{N \in \mathbb{N}}$ は C 緊密 (C-tight) でもある[5]ので，列 $\{(X^N, Y^N)\}_{N \in \mathbb{N}}$ は緊密である．したがって，過程 (X^N, Y^N) の有限次元分布が (X, Y) の有限次元分布に弱収束することを証明すれば十分である．

1 次元分布の弱収束を構築するために，コンパクトな台 (support) をもつ Lipschitz 連続関数 $F : \mathbb{R}^2 \to \mathbb{R}$ について考える．一般性を失わず，Lipschitz 定数および F の台の直径を 1 とする．この場合，

---

[5] 訳者注：連続関数空間上で緊密である．

$$\left|\int F(X_t^N, Y_t^N) d\mathbb{P}^* - \int F(X_t, Y_t^N) d\mathbb{P}^*\right| \leq \int \min\{|X_t^N - X_t|, 1\} d\mathbb{P}^*$$

となる. 列 $\{X^N\}_{N \in \mathbb{N}}$ の収束における性質を考えると,任意の ϵ に対して次式を満足するようなある定数 $N^* \in \mathbb{N}$ が存在する.

$$\text{すべての } N \geq N^* \text{ に対して} \quad \sup_{0 \leq t \leq 1} \int \min\{|X_t^N - X_t|, 1\} d\mathbb{P}^* \leq \epsilon$$

これより次式が得られる.

$$\lim_{N \to \infty} \left|\int F(X_t^N, Y_t^N) d\mathbb{P}^* - \int F(X_t, Y_t^N) d\mathbb{P}^*\right| = 0$$

また,確率変数 X_t と Y_t^N は独立であるから,次式も成立する.

$$\lim_{N \to \infty} \int F(X_t^N, Y_t^N) d\mathbb{P}^* = \int F(X_t, Y_t) d\mathbb{P}^*$$

この結果, (X^N, Y^N) の 1 次元周辺分布が (X, Y) の 1 次元周辺分布に漠収束(vague convergence)する[6]こと,つまり弱収束することが証明された.有限次元分布の弱収束も同様な考え方で証明できる. □

以下に示す「コンパクト包含条件(compact containment condition)」が 2 次近似において重要である.

補題 15.3

i) 確率過程 $\{Q^N\}_{N \in \mathbb{N}}$ の列は確率有界である.すなわち,任意の $\epsilon > 0$ に対して,次式を満足するような $N^* \in \mathbb{N}$ と $K < \infty$ が存在する.

$$\text{すべての } N \geq N^* \text{ に対して} \quad \mathbb{P}^*\left\{\sup_{0 \leq t \leq 1} |Q_t^N| > K\right\} < \epsilon \quad (15.37)$$

ii) $f^N = \{f_t^N\}_{t \geq 0}$ を,以下を満たす非負確率過程の列とする.

$$\lim_{N \to \infty} \int_0^1 f_u^N du = 0 \text{ (確率収束)} \quad (15.38)$$

このとき,すべての $\delta > 0$ に対して次式が成り立つ.

$$\lim_{N \to \infty} \mathbb{P}^*\left\{\sup_{0 \leq t \leq 1} \left|\int_0^t Q_t^N f_u^N du\right| > \delta\right\} = 0$$

---

[6] 有界の台をもつすべての連続関数 f に対して, $\lim_{n \to \infty} \int f d\mu_n = \int f d\mu$ が成り立つとき,確率測度 $\{\mu_n\}$ の列は漠位相において測度 μ に収束する.漠極限 μ は必ずしも確率測度ではない.しかし, μ が確率測度となる先験的な理由があれば, $\{\mu_n\}$ の μ への弱収束は連続,それゆえ有界の台をもつ Lipschitz 連続な関数によって構築することができる.例えば,Bauer (1992), Billingsley (1995) を参照せよ.

3. 不活発性投資家を伴うミクロ構造モデル

証明 (i) Brown 運動の強近似式から次式を得る.

$$Q_t^N = \frac{\int_0^t \sum_{a=1}^N \{\lambda(x_u^a, S_u^N) - \lambda(x_u^a, s_u)\}du}{\sqrt{N}} + Y_t^N + X_t^N + \mathcal{O}\left(\frac{\log N}{\sqrt{N}}\right) \quad (15.39)$$

命題 15.1 より,列 $\{(X^N, Y^N)\}_{N^* \in \mathbb{N}}$ は緊密であり,よって確率有界である(例えば,Duffield and Whitt, 1998a を参照せよ).この結果,強度関数の Lipschitz 連続性より,ある $L > 0$ に対して次式を得る.

$$\sup_{0 \le t \le 1} |Q_t^N| \le L \int_0^T \sup_{0 \le t \le 1} |Q_t^N| du + \sup_{0 \le t \le 1} |Y_t^N| + \sup_{0 \le t \le 1} |X_t^N| + \mathcal{O}\left(\frac{\log N}{\sqrt{N}}\right)$$

したがって,Gronwall の不等式から,

$$\sup_{0 \le t \le 1} |Q_t^N| \le e^{LT}\left[\sup_{0 \le t \le 1} |Y_t^N| + \sup_{0 \le t \le 1} |X_t^N| + \mathcal{O}\left(\frac{\log N}{\sqrt{N}}\right)\right], \quad \mathbb{P}^*\text{-a.s.}$$

が導かれ,(i) を証明することができる.

(ii) $\epsilon > 0$ を固定する.このとき,以下を満たす正の整数 N^*,および集合 Ω_N, A_N が存在する.すなわち,$N \ge N^*$ のとき,$\mathbb{P}^*(\Omega_N) \ge 1 - \epsilon/2$ かつ

$$\int_0^1 f_u^N du < \frac{\epsilon}{2}$$

となり,$\mathbb{P}^*(A_N) \ge 1 - \epsilon/2$ かつ

$$\sup_{0 \le t \le 1} |Q_t^N| < K$$

となる.したがって,$A_N \cap \Omega_N$ 上で

$$\sup_{0 \le t \le 1} \left| \int_0^t Q_u^N f_u^N du \right| \le \sup_{0 \le t \le 1} |Q_t^N| \int_0^1 f_u^N du < K\epsilon$$

である. □

定理 15.4 の証明 まず,確率過程 $\widetilde{Q}^N = \{\widetilde{Q}_t^N\}_{0 \le t \le 1}$ の列を

$$\widetilde{Q}_t^N \triangleq \int_0^t \bar{\lambda}'(s_u) \widetilde{Q}_u^N du + Y_t^N + X_t^N$$

によって定義する.連続写像定理(continuous mapping theorem)と補題 15.3 より,列 $\{\widetilde{Q}^N\}_{N \in \mathbb{N}}$ は (15.34) で定義した過程 Z に分布収束する.よって,次式を示せば十分である.

$$\lim_{N \to \infty} \sup_{0 \le t \le 1} |Q_t^N - \widetilde{Q}_t^N| = 0 \ (確率収束) \quad (15.40)$$

これを示すために，$E_t^N = Q_t^N - \widetilde{Q}_t^N$ とおく．$\widetilde{Q}_t^N$ の定義と Q_t^N の表現 (15.39) より次式を得る．

$$E_t^N = \int_0^t \bar{\lambda}'(s_u) E_u^N du + \frac{1}{\sqrt{N}} \int_0^t \sum_{a=1}^N \{\lambda(x_u^a, S_u^N) - \lambda(x_u^a, s_u)\} du - \int_0^t \bar{\lambda}'(s_u) Q_u^N du$$

$$= \int_0^t \bar{\lambda}'(s_u) E_u^N du + \int_0^t \left(\frac{1}{N} \sum_{a=1}^N \lambda'(x_u^a, s_u) - \bar{\lambda}'(s_u) \right) Q_u^N du$$

$$+ \int_0^t \left(\frac{1}{N} \sum_{a=1}^N \lambda'(x_u^a, \xi_u^N) - \lambda'(s_u) \right) Q_u^N du$$

第2の等号は $\lambda(x_u^a, \cdot)$ に対する平均値の定理

$$\lambda(x_u^a, S_u^N) - \lambda(x_u^a, s_u) = \frac{1}{\sqrt{N}} \lambda'(x_u^a, \xi_u^N) Q_u^N$$

から導かれる．ただし，ξ_u^N は $(1/N) S_u^N$ と s_u の間に位置する．いま，

$$f_u^{N,1} \triangleq \frac{1}{N} \sum_{a=1}^N \lambda'(x_u^a, s_u) - \bar{\lambda}'(s_u)$$

および

$$f_u^{N,2} \triangleq \frac{1}{N} \sum_{a=1}^N \lambda'(x_u^a, \xi_u^N) - \bar{\lambda}'(x_u^a, s_u)$$

とおくと，次式が得られる．

$$\sup_{0 \le s \le t} |E_s^N| \le L \int_0^t \sup_{0 \le s \le u} |E_s^N| du + \left| \sup_{0 \le s \le t} \int_0^s |f_u^{N,1}| Q_u^N du \right|$$

$$+ \left| \sup_{0 \le s \le t} \int_0^s |f_u^{N,2}| Q_u^N du \right|$$

過程 $|f_u^{N,1}|$ と $|f_u^{N,2}|$ は，大数の法則により補題 15.3 の条件 (15.38) を満足する．したがって，Gronwall の補題から (15.40) が得られる．□

3.2.4　フラクショナル Ornstein–Uhlenbeck 過程による近似

これまで，対数価格過程の1次近似周りの変動は，2つの Gauss 過程 X と Y によって決定される Ornstein–Uhlenbeck 過程 Z によって記述されることを示した．投資家の不活発性が資産過程に与える影響をより明らかにするためには，Y のダイナミクスについてもっと理解する必要がある．上で議論したように，このことはセミ Markov 過程 x^a を時間において，また価格過程を空間において適切な尺度調整を行うことによって達成される．具体的には，

3. 不活発性投資家を伴うミクロ構造モデル

$$S_t^{N,T} = \frac{1}{NT}\left\{\Pi_+\left(T\sum_{a=1}^N \int_0^t \lambda'_+(x_{Tu}^a, S_u^{N,T})\mathrm{d}u\right)\right.$$
$$\left. - \Pi_-\left(T\sum_{a=1}^N \int_0^t \lambda'_-(x_{Tu}^a, S_u^{N,T})\mathrm{d}u\right)\right\}$$

によって,初期値 0 の過程 $S_{N,T}$, $T \in \mathbb{N}$ の族を導入する. Brown 運動に関する Poisson 過程の強近似結果は, (15.24) においてセミ Markov 過程 $\{x_t^a\}_{t \geq 0}$ を「高速」過程 $\{x_{Tt}^a\}_{t \geq 0}$ に置き換えた式によって過程 $\{S_t^{N,T}\}_{t \geq 0}$ を表現することを可能にする. さらに補題 15.2 より,確率過程の列

$$\Lambda_t^{N,T} \triangleq \left|\frac{1}{N}\sum_{a=1}^N \int_0^t \{\lambda(x_{Tu}^a, s_u) - \bar{\lambda}(s_u)\}\mathrm{d}u\right|$$

は, $N \to \infty$ のときコンパクトな時間間隔にわたりゼロに一様収束する. 定理 15.3 の証明と同様の議論により,任意の $T > 0$ に対して次式を示すことができる.

$$\lim_{N \to \infty} S_t^{N,T} = s_t, \quad \mathbb{P}^*\text{-a.s.} \tag{15.41}$$

ここで, $\{s_t\}_{t \geq 0}$ は,初期条件 $s_0 = 0$ をもつ常微分方程式 (15.26) によって定義される確定過程を表し,収束はコンパクトな時間間隔にわたり一様に成立する. したがって,1 次近似は T とは独立である. (15.30)〜(15.34) と同様に

$$Y_t^T \triangleq \int_0^t y_s^T \mathrm{d}s \tag{15.42}$$

によって Gauss 過程を導入する. ここで, $\{y_t^T\}_{t \geq 0}$ は共分散関数

$$\gamma^T(t,u) = \mathbb{E}[\lambda(x_{Tt}, s_t)\lambda(x_{Tu}, s_u)] - \bar{\lambda}(s_t)\bar{\lambda}(s_u)$$

をもつ中心化 Gauss 過程である. 定理 15.4 の証明と同様の議論により,エージェントの数が無限に増加するに従って,流体極限の周りの価格変動は

$$Z_t^T = \int_0^t \bar{\lambda}'(s_u)Z_u^T \mathrm{d}u + Y_t^T + \frac{1}{\sqrt{T}}X_t$$

で表される過程 $\{Z_t^T\}_{t \geq 0}$ により分布の意味で近似できることがわかる.

命題 15.2 任意の T に対して,1 次近似周りの対数価格過程 $\{S_t^{N,T}\}_{0 \leq t \leq 1}$ の変動は,過程 $\{Z_t^T\}_{0 \leq t \leq 1}$ によって記述できる. より正確にいえば,

$$\mathcal{L}\text{-}\lim_{N \to \infty} \sqrt{N}\{S_t^{N,T} - s_t\}_{0 \leq t \leq 1} = \{Z_t^T\}_{0 \leq t \leq 1}$$

T の極限をとるためには，強度関数の構造に対して以下の仮定が必要である．

仮定 15.3 (15.25) で定義される強度関数 λ は次式で表現できる．

$$\lambda(x,s) = f(x)g(s) + h(s) \tag{15.43}$$

さらに，(15.43) の関数 f は 1 対 1 対応であり，$\hat{\mu} = f(0) \neq \mathbb{E}^* f(x_0)$ である．

例 15.1 もし $(x_t^a)_{t \geq 0}$ が定常オン／オフ過程であれば，すなわち $E = \{0, 1\}$ であれば，仮定 15.3 は常に成り立つ．このとき，

$$x_t^a = \frac{\lambda(x_t^a, s_t) - \lambda(0, s_t)}{\lambda(1, s_t) - \lambda(0, s_t)}$$

であり，(15.43) は $f(x) = x$，$g(s) = \lambda(1,s) - \lambda(0,s)$ および $h(s) = \lambda(0,s)$ として成立する．

以上で，1 次近似周りの対数株式価格の変動がフラクショナル Ornstein–Uhlenbeck 過程のように振る舞うことを示す準備ができた．

定理 15.5 仮定 15.2, 15.3 のもとで次式が成立する．

$$\mathcal{L}\text{-}\lim_{T \to \infty} \mathcal{L}\text{-}\lim_{N \to \infty} T^{1-H} \frac{\sqrt{N}}{\sqrt{L(T)}} \{S_t^{N,T} - s_t\}_{0 \leq t \leq 1} = \{\widehat{Z}_t\}_{0 \leq t \leq 1}$$

ここで，$\widehat{Z}$ は初期状態 0 における確率微分方程式

$$\mathrm{d}\widehat{Z}_t = \bar{\lambda}'(s_t)\widehat{Z}_t \mathrm{d}t + \sigma g(s_t)\mathrm{d}B_t^H$$

の一意解で，B^H は Hurst 係数 $H = (3-\alpha)/2$ のフラクショナル Brown 運動である．ただし，B^H に対する積分は，Stieltjes 和の確率収束の極限として定義する．

証明 この証明では，定理 15.4 の証明で用いた議論を修正して Bayraktar et al. (2006) のフラクショナル Brown 運動に対する積分の近似結果を用いる．

(i) 最初のステップでは，

$$Y_t^{N,T} = \sum_{a=1}^{N} \int_0^t \frac{\lambda(x_{Tu}^a, s_u) - \bar{\lambda}(s_u)}{\sqrt{N}} \mathrm{d}u$$

で定義される過程 $\{Y_t^{N,T}\}_{t \geq 0}$ のダイナミクスを考える．仮定 15.3 のもとでは，次式のように書くことができる．

3. 不活発性投資家を伴うミクロ構造モデル

$$Y_t^{N,T} = \sum_{a=1}^{N} \int_0^t \frac{1}{\sqrt{N}}[f(x_{Tu}^a)g(s_u) + h(s_u) - \bar{\lambda}(s_u)]\mathrm{d}u$$

$$= \sum_{a=1}^{N} \int_0^t \frac{1}{\sqrt{N}}[f(x_{Tu}^a) - \hat{\mu}]g(s_u)\mathrm{d}u \tag{15.44}$$

f は 1 対 1 であるので，$(f(x_t^a))_{t\geq 0}$ はもととなるセミ Markov 過程 $(x_t^a)_{t\geq 0}$ と同じ滞在時間構造をもつセミ Markov 過程である．特に，$f(0)$ は滞在時間分布が厚いテールをもつ状態である．したがって Bayraktar et al. (2006, Theorem 4.1) より，$\hat{\mu} \neq f(0)$ であるので，ある $\sigma > 0$ に対して次式が成立する．

$$\mathcal{L}\text{-}\lim_{T\to\infty} \mathcal{L}\text{-}\lim_{N\to\infty} T^{1-H}\left\{\frac{1}{\sqrt{L(T)}}Y^{N,T}\right\}_{0\leq t\leq 1}$$
$$= \left\{\sigma \int_0^t g(s_u)\mathrm{d}B_u^H\right\}_{0\leq t\leq 1} \tag{15.45}$$

(ii) 次に，

$$\widetilde{Q}_t^{N,T} \triangleq \int_0^t \bar{\lambda}'(s_u)\widetilde{Q}_u^{N,T}\mathrm{d}u + \frac{T^{1-H}}{\sqrt{L(T)}}Y_t^{N,T} + \frac{T^{1/2-H}}{\sqrt{L(T)}}X_t^N$$

によって確率過程の族 $\widetilde{Q}^{N,T} = \{\widetilde{Q}_t^{N,T}\}_{0\leq t\leq 1}$ を定義する．強度関数は有界であり，$H > 1/2$ であるので，確率 1 で

$$\lim_{T\to\infty} \sup_N \sup_{0\leq t\leq 1} \frac{T^{1/2-H}}{\sqrt{L(T)}}X_t^N = 0, \quad \mathbb{P}^*\text{-a.s.}$$

となり，連続写像定理と (i) によって次式を導くことができる．

$$\mathcal{L}\text{-}\lim_{T\to\infty} \mathcal{L}\text{-}\lim_{N\to\infty}\{\widetilde{Q}_t^{N,T}\}_{0\leq t\leq 1} = \{\widehat{Z}_t\}_{0\leq t\leq 1}$$

(iii) いま，$Q_t^{N,T}$ を以下のように定義する．

$$Q_t^{N,T} \triangleq T^{1-H}\frac{\sqrt{N}}{\sqrt{L(T)}}(S_t^{N,T} - s_t)$$

$\log N/\sqrt{N}$ の項まで考慮すると次式を得る．

$$Q_t^{N,T} = \frac{\int_0^t \sum_{a=1}^N \{\lambda(x_{Tu}^a, S_u^{N,T}) - \lambda(x_{Tu}^a, s_u)\mathrm{d}u}{\sqrt{N}}$$
$$+ \frac{T^{1-H}}{\sqrt{L(T)}}Y_t^N + \frac{T^{1/2-H}}{\sqrt{L(T)}}X_t^N$$

定理 15.4 の証明と同様な論拠を用いると，すべての $T \in \mathbb{N}$ に対して

$$\lim_{T\to\infty}\sup_{0\le t\le 1}|Q_t^{N,T}-\widetilde{Q}_t^{N,T}|=0 \text{ (確率収束)}$$

となることがわかる.したがって,(ii) より定理が証明される. □

注意 15.6 Markov スイッチングの場合,すなわち過程 x_t が Markov 過程のとき,標準的な Ornstein–Uhlenbeck 過程を得る.すなわち,

$$\mathcal{L}\text{-}\lim_{T\to\infty}\mathcal{L}\text{-}\lim_{N\to\infty}\sqrt{T}\frac{\sqrt{N}}{\sqrt{L(T)}}\{S_t^{N,T}-s_t\}_{0\le t\le 1}=\{\widetilde{Z}_t\}_{0\le t\le 1}$$

である.ここで,$\widetilde{Z}$ は標準 Brown 運動 B を伴う確率微分方程式

$$d\widetilde{Z}_t=\bar{\lambda}'(s_t)\widetilde{Z}_t dt+\sigma g(s_t)dB_t$$

の一意解である.

4. 今後の展望と結論

本節では,今後の研究において考えられる 2 つの拡張,すなわちフラクショナルボラティリティのミクロ構造モデルおよび「大口投資家間」の戦略的相互作用について概観する.

4.1 フラクショナルボラティリティ

本章では,1990 年代後半の S&P500 指数の Hurst 指数の低下を説明しうる金融価格変動に対するミクロ経済学的な手法を提案した.ここでは,株価収益率における長期記憶性が様々な形で示されていることに注意する.すなわち,実証的金融研究に長期記憶性の存在を証拠づける論文が存在する一方で,これらの実証結果と矛盾する論文も存在する.この論争についての説明と参考文献については Bayraktar et al. (2004) を参照せよ.しかし,長期記憶性はボラティリティ(収益率の二乗や絶対値)および取引量においてよく認識されている特性である(Cont, 2001 と Ding et al., 1993 を参照せよ).以下に,本章で示した数学的結果がいかにしてこの現象に対するミクロ構造の基礎付けに向けた中間段階とみなすことができるかについて説明しよう.表記の複雑さを軽減し,不必要な専門的事項を避けるために,注文強度が資産価格に依存しない単純な場合だけに限定する.具体的には,(N の極限をとった後の)資産価格過程のダイナミクスが以下の形式の確率方程式によって記述されると仮定する.

$$S_t^T=\frac{1}{T}\left\{\Pi_+\left(T\int_0^t\lambda_+(Y_u^T)du\right)-\Pi_-\left(T\int_0^t\lambda_-(Y_u^T)du\right)\right\}$$

ただし,(15.17) で定義される Gauss 過程 Y^T はフラクショナル Brown 運動に分布収束するとする.Brown 運動による Poisson 分布の強近似を考慮すると,強度関数は

有界であることから，価格の推移はフラクショナル Brown 運動によって生成される確率的環境における常微分方程式によって以下のように記述できる．

$$\mathcal{L}\text{-}\lim_{T\to\infty}\{S_t^T\}_{0\leq t\leq 1} = \{\hat{s}_t\}_{0\leq t\leq 1}$$

ただし，$d\hat{s}_t = \lambda(B_t^H)dt$ である．$\log T/\sqrt{T}$ の項までとると，この 1 次近似の周りの変動は次式を満足する．

$$\sqrt{T}\left(S_t^T - \int_0^t \lambda(Y_u^T)du\right) = B_+\left(\int_0^t \lambda_+(Y_u^T)du\right) - B_-\left(\int_0^t \lambda_-(Y_u^T)du\right)$$

Gauss 過程 Y^T がフラクショナル Brown 運動に収束することと，強度関数の連続性から，次式を導くことができる．

$$\mathcal{L}\text{-}\lim_{T\to\infty}\left\{B_\pm\left(\int_0^t \lambda_\pm(Y_u^T)du\right)\right\}_{0\leq t\leq 1} = \left\{\int_0^t \sqrt{\lambda_\pm(B_u^H)}dB_u^\pm\right\}_{0\leq t\leq 1}$$

したがって，大きい T に対して，対数資産価格は次式を満足する[7]．

$$S_t^T \stackrel{\mathbb{D}}{\approx} \int_0^t \lambda(Y_u^T)du + \frac{1}{\sqrt{T}}\int_0^t \sqrt{\lambda_+(Y_u^T)}dB_u^+ - \frac{1}{\sqrt{T}}\int_0^t \sqrt{\lambda_-(Y_u^T)}dB_u^-$$

$$\stackrel{\mathbb{D}}{\approx} \int_0^t \lambda(B_u^H)du + \frac{1}{\sqrt{T}}\int_0^t \sqrt{\lambda_+(B_u^H)}dB_u^+ - \frac{1}{\sqrt{T}}\int_0^t \sqrt{\lambda_-(B_u^H)}dB_u^-$$

すなわち，ボラティリティは Wiener 過程 B^+ および B^- に独立なフラクショナル Brown 運動によって導出される．フラクショナルボラティリティのミクロ構造に関しては，別の論文で詳細に説明する．

4.2 戦略的相互作用

価格受容者である個人投資家とともに，価格に影響を及ぼす大口投資家の効果を取り込むことも可能である．大口エージェントの価格効果の存在は，いくつかの論文によって実証的に説明されてきた．例えば，Kraus and Stoll (1972), Holthausen et al. (1987), Chan and Lakanishok (1993) は，機関投資家の取引の株価への影響を説明している．大口エージェントが存在するもとでは，株式保有量が少数の大口投資家の手に集中するので，市場において流動性が無限でなくなる．このとき，大口投資家の取引はその注文量の大きさから株価に影響を及ぼすことになる．

4.2.1 戦略的に支配される環境下での確率方程式

Horst (2004, 2005a) は，確率的な環境下におけるダイナミクスが完全情報のもとで割引確率ゲームをプレイしながら戦略的に影響を及ぼし合うエージェントの行動によっ

---

[7] 訳者注：表記 $\stackrel{\mathbb{D}}{\approx}$ は Skorohod 空間 $\mathbb{D}$ における近似の意味であろう．

て同時に支配されるとき，(15.3) の形の線形確率差分方程式を分析する数学的枠組みを提供した．Horst (2004) では，ある「大口経済主体」の行動に反応して個人投資家が彼らの最新の行動基準を選択するような単純なミクロ構造モデルを考えた．これは，例えば「市場全体の心理状態」が過度に楽天的になるのを防ごうとし，必要ならばバブルが浮かび上がることを市場参加者に警告しようとする中央銀行であると考えることもできるし，エージェントに株式売買をさせるように仕向けるアドバイスをする金融専門家のことであると考えることもできる．これらの市場参加者は，彼ら自身は実際には株を取引しないで，個人投資家の行動に対する影響力を通して株価過程に影響を及ぼす．大口経済主体が彼らの行動が株価の推移に作用するフィードバック効果を予想し，それゆえ戦略的なやり方で互いに影響し合うことを仮定するのは自然である．相互作用についての弱い条件のもとで，結果として生じる確率ゲームは Markov 的戦略における斉時的 Nash 均衡 (homogeneous Nash equilibrium) をもつ．Föllmer and Schweizer (1993), Föllmer et al. (2005), Horst (2005b) によって研究されたモデルの重要な定性的特性，すなわち株価の漸近安定性は，戦略的相互作用モデルにおいても保たれる．しかし，株価の長期の分布は，均衡戦略に依存し，それゆえ一意的に定まるとは限らない．したがって，戦略的に互いに影響し合う市場参加者の存在は，新たな不確実性の原因になりうる．

4.2.2　非 Markov 設定における確率ゲーム

Bayraktar and Poor (2005b) は，大口投資家の戦略的相互作用を考え，大口投資家の価格に対するフィードバック効果を考慮に入れた均衡株価を得た．大口投資家は，小口（それゆえ価格受容）投資家の取引がもたらす確率的な環境にいることになる．Bayraktar and Poor (2005b) の論文では，機関投資家は彼らがフラクショナル Brown 運動によって導かれる確率微分方程式の係数に行使する支配力を通して，戦略的に互いに影響を与える．ここでフラクショナル Brown 運動は，価格受容投資家が価格に与える影響をモデル化している．観察された株価は，この確率的な環境における機関投資家の戦略的相互作用の結果して生じる Nash 均衡価格であることを論じることができる．Bayraktar and Poor (2005b) は，Duncan et al. (2000) で開発されたフラクショナル Brown 運動に対する確率解析を用いて，非 Markov 環境における確率微分ゲームの解析を行った．この解析は，大口投資家のフィードバック効果や戦略的相互作用を株価変動の記述に取り込む最初のステップとみなすことができる．

謝辞

W. Massey 氏と Bielefeld 大学で開催されたワークショップ "Microscopic Stochastic Dynamics in Economics" および "Complexity and Randomness in Economic Dynamical Systems" の出席者の有益なコメントと討論に対し，感謝の意を表する．

(E. Bayraktar, U. Horst and R. Sircar/山下英明・西出勝正)

参 考 文 献

Anisimov, V.V. (2002). Diffusion approximation in overloaded switching queuing models. *Queuing Systems* 40, 143–182.
Barber, B., Odean, T. (2001). The Internet and the investor. *Journal of Economic Perspectives* 15, 41–54.
Barber, B., Odean, T. (2002). Online investors: Do the slow die first? *Review of Financial Studies* 15, 455–487.
Bauer, H. (1992). *Mass-Und Integrationstheorie*. De Gruyter, New York.
Bayraktar, E., Horst, U., Sircar, R. (2006). A limit theorem for financial markets with inert investors. *Mathematics of Operations Research* 31 (4), 798–810.
Bayraktar, E., Poor, H.V. (2005a). Arbitrage in fractal modulated Black–Scholes models when the volatility is stochastic. *International Journal of Theoretical and Applied Finance* 8 (3), 1–18.
Bayraktar, E., Poor, H.V. (2005b). Stochastic differential games in a non-Markovian setting. *SIAM Journal on Control and Optimization* 43, 1737–1756.
Bayraktar, E., Poor, H.V., Sircar, R. (2004). Estimating the fractal dimension of the S&P 500 index using wavelet analysis. *International Journal of Theoretical and Applied Finance* 7, 615–643.
Bianchi, S. (2005). Pathwise identification of the memory function of multifractional Brownian motion with applications to finance. *International Journal of Theoretical and Applied Finance* 8, 255–281.
Billingsley, P. (1995). Probability and Measure. In: *Wiley Series in Probability and Mathematical Statistics*. Wiley, New York.
Böhm, V., Chiarella, C. (2005). Mean variance preferences, expectations formation, and the dynamics of random asset prices. *Mathematical Finance* 15, 61–97.
Böhm, V., Deutscher, N., Wenzelburger, J. (2000). Endogenous random asset prices in overlapping generations economies. *Mathematical Finance* 10, 23–38.
Böhm, V., Wenzelburger, J. (2005). On the performance of efficient portfolios. *Journal of Economic Dynamics and Control* 29 (4), 721–740.
Brock, W.A., Hommes, C. (1997). A rational route to randomness. *Econometrica* 65, 1059–1095.
Brock, W.A., Hommes, C. (1998). Heterogeneous beliefs and routes to chaos in a simple asset pricing model. *Journal of Economic Dynamics and Control* 22, 1235–1274.
Brock, W.A., Hommes, C., Wagener, F. (2005). Evolutionary dynamics in financial markets with many trader types. *Journal of Mathematical Economics* 41, 95–132.
Çinlar, E. (1975). Markov renewal theory: A survey. *Management Science* 21, 727–752.
Cetin, U., Jarrow, R., Protter, P. (2004). Liquidity risk and arbitrage pricing theory. *Finance and Stochastics* 8, 311–341.
Chan, L.K.C., Lakanishok, J. (1993). Institutional trades and intraday stock price behavior. *Journal of Financial Economics* 33, 173–199.
Chen, H., Yao, D. (2001). *Fundamentals of Queuing Networks: Performance, Asymptotics, and Optimization*. Springer.
Chiarella, C., He, X.Z. (2001). Asset pricing and wealth dynamics under heterogeneous expectations. *Quantitative Finance* 1, 509–526.
Choi, J., Laibson, D., Metrick, A. (2002). How does the Internet affect trading? Evidence from investor behavior in 401(k) plans. *Journal of Financial Economics* 64, 397–421.
Cont, R. (2001). Empirical properties of asset returns: Stylized facts and statistical issues. *Quantitative Finance* 1, 223–236.
Cont, R. (2004). Volatility clustering in financial markets: Empirical facts and agent based models. *Preprint*.
Cont, R., Bouchaud, J.P. (2000). Herd behavior and aggregate fluctuations in financial markets. *Macroeconomic Dynamics* 4, 170–196.

Davis, M., Esparragoza, J.C. (2004). A queuing network approach. *Preprint*. Department of Mathematics, Imperial College.
Day, R., Huang, W. (1990). Bull, bears, and market sheep. *Journal of Economic Behavior and Organization* 14, 299–329.
Ding, Z., Granger, C.W.J., Engle, R.F. (1993). A long memory property of stock market returns and a new model. *Journal of Empirical Finance* 1, 83–106.
Duffield, N.G., Whitt, W. (1998a). Network design and control using on-off and multi-level source traffic models with heavy tailed distributions. In: Park, K., Willinger, W. (Eds.), *Self-Similar Network Traffic and Performance Evaluation*. Wiley, Boston, pp. 421–445.
Duffield, N.G., Whitt, W. (1998b). A source traffic model and its transient analysis for network control. *Stochastic Models* 14, 51–78.
Duncan, T.E., Hu, Y., Pasik-Duncan, B. (2000). Stochastic calculus for fractional Brownian motion. *SIAM Journal on Control and Optimization* 38, 582–612.
Estigneev, I., Hens, T., Schenk-Hoppé, K.R. (2006). Evolutionary stabile stock markets. *Economic Theory* 27 (2), 449–468.
Ethier, S.N., Kurtz, T.G. (1986). Markov Processes: Characterization and Convergence. In: *Wiley Series in Probability and Statistics*. Wiley, New York.
Farmer, J.D., Lillo, F. (2004). On the origin of power law tails in price fluctuations. *Quantitative Finance* 4 (1), 7–11.
Farmer, J.D., Patelli, P., Zovko, I.I. (2005). The predictive power of zero intelligence in financial markets. *Proceedings of the National Academy of Sciences of the United States of America* 102 (6), 2254–2259.
Föllmer, H. (1994). Stock price fluctuations as a diffusion model in a random environment. *Philosophical Transactions of the Royal Society of London, Series A* 374, 471–483.
Föllmer, H., Horst, U. (2001). Convergence of locally and globally interacting Markov chains. *Stochastic Processes and Their Applications* 96, 99–121.
Föllmer, H., Horst, U., Kirman, A. (2005). Equilibria in financial markets with heterogeneous agents: A probabilistic perspective. *Journal of Mathematical Economics* 41, 123–155.
Föllmer, H., Schweizer, M. (1993). A microeconomic approach to diffusion models for stock prices. *Mathematical Finance* 3, 1–23.
Frankel, J.A., Froot, K.A. (1986). The dollar as an irrational speculative bubble: A tale of fundamentalists and chartists. *The Marcus Wallenberg Papers on International Finance* 1, 27–55.
Frankel, J.A., Froot, K.A. (1987). Using survey data to test standard propositions regarding exchange rate expectations. *American Economic Review* 77, 133–153.
Frey, R., Stremme, A. (1997). Market volatility and feedback effects from dynamic hedging. *Mathematical Finance* 7, 351–374.
Gabaix, X., Gopikrishnan, P., Plerou, V., Stanley, H.E. (2003). A theory of power law distributions in financial market fluctuations. *Nature* 423, 267–270.
Garman, M. (1976). Market microstructure. *Journal of Financial Economics* 3, 257–275.
Gaunersdorfer, A. (2000). Endogenous fluctuations in a simple asset pricing model with heterogeneous expectations. *Journal of Economic Dynamics and Control* 24, 799–831.
Grasso, R., et al. (2000). *Shareownership 2000*. http://www.nyse.com/pdfs/shareho.pdf.
Hens, T., Schenk-Hoppé, K.R. (2005). Evolutionary stability of portfolio rules in incomplete financial markets. *Journal of Mathematical Economics* 41, 123–155.
Holthausen, R., Leftwich, R., Mayers, D. (1987). The effect of large block transactions on security prices: A cross-sectional analysis. *Journal of Financial Economics* 19, 237–267.
Hommes, C. (2006). Heterogeneous agent models in economics and finance. In: Judd, K., Tesfatsion, L. (Eds.), *Handbook of Computational Economics II: Agent-Based Computational Economics*. North-Holland.
Horst, U. (2002). Asymptotics of locally interacting Markov chains with global signals. *Advances in Applied Probability* 34, 1–25.
Horst, U. (2004). Stability of linear stochastic difference equations in strategically controlled random environments. *Advances in Applied Probability* 35, 961–981.

Horst, U. (2005a). Equilibria in discounted stochastic games with weakly interacting players. *Games and Economic Behavior* 52, 83–108.

Horst, U. (2005b). Financial price fluctuations in a stock market model with many interacting agents. *Economic Theory* 25 (4), 917–932.

Horst, U., Wenzelburger, J. (2005). Non-ergodic price dynamics in financial markets with heterogeneous agents. *Working paper*.

Jonsson, M., Keppo, J. (2002). Option pricing for large agents. *Applied Mathematical Finance* 9, 261–272.

Kahneman, D., Tversky, A. (1979). Prospect theory: An analysis of decision under risk. *Econometrica* 47, 263–291.

Karatzas, I., Shreve, S.E. (1991). *Brownian Motion and Stochastic Calculus*. Springer-Verlag, New York.

Kirman, A. (1992). Whom or what does the representative individual represent? *Journal of Economic Perspectives* 6, 117–136.

Kraus, A., Stoll, H. (1972). Price impacts of block trading on the New York Stock Exchange. *Journal of Finance* 27, 569–588.

Kruk, L. (2003). Functional limit theorems for a simple auction. *Mathematics of Operations Research* 28 (4), 716–751.

Kurtz, T.G. (1978). Strong approximation theorems for density dependent Markov chains. *Stochastic Processes and Their Applications* 6, 223–240.

Luckock, H. (2003). A steady-state model of continuous double auction. *Quantitative Finance* 3, 385–404.

Lux, T. (1995). Herd behavior, bubbles and crashes. *Economic Journal* 105, 881–896.

Lux, T. (1997). Time variation of second moments from a noise trader/infection model. *Journal of Economic Dynamics and Control* 22, 1–38.

Lux, T. (1998). The socio-economic dynamics of speculative markets: Interacting agents, chaos, and the fat tails of return distributions. *Journal of Economic Behavior and Organization* 33, 143–165.

Lux, T., Marchesi, M. (2000). Volatility clustering in financial markets: A microsimulation of interacting agents. *International Journal of Theoretical and Applied Finance* 3, 675–702.

Madrian, B., Shea, D. (2001). The power of suggestion: Inertia in 401(k) participation and savings behavior. *The Quarterly Journal of Economics* 116, 1149–1187.

Mandelbaum, A., Massey, W., Reiman, M. (1998). Strong approximations for Markovian service networks. *Queuing Systems* 30, 149–201.

Mandelbaum, A., Pats, G. (1998). State-dependent stochastic networks, part I: Approximations and applications with continuous diffusion limits. *The Annals of Applied Probability* 8, 569–646.

Mehra, R., Prescott, E.C. (1985). The equity premium: A puzzle. *Journal of Monetary Economics* 15, 145–161.

Mendelson, H. (1982). Market behavior in a clearing house. *Econometrica* 50 (6), 1505–1524.

O'Hara, M. (1995). *Market Microstructure Theory*. Blackwell, MA.

Platen, E., Schweizer, M. (1998). On feedback effects from hedging derivatives. *Mathematical Finance* 8, 67–84.

Potscher, B.M., Prucha, I.R. (1989). A uniform law of large numbers for dependent and heterogeneous data processes. *Econometrica* 57, 675–683.

Sandroni, A. (2000). Do markets favour agents able to make accurate predictions? *Econometrica* 69, 1303–1341.

Schönbucher, P., Wilmott, P. (2000). The feedback effect of hedging in illiquid markets. *SIAM Journal of Applied Mathematics* 61 (1), 232–272.

Shefrin, H., Statman, M. (1985). The disposition to sell winners too early and ride losers too long: Theory and evidence. *Journal of Finance* 40, 777–790.

Sircar, K.R., Papanicolaou, G.C. (1998). General Black–Scholes models accounting for increased market volatility from hedging strategies. *Applied Mathematical Finance* 5 (1), 45–82.

Smith, E., Farmer, J.D., Gillemot, L., Krishnamurthy, S. (2003). Statistical theory of continuous double auctions. *Quantitative Finance* 3, 481–514.

Taqqu, M.S., Willinger, W., Sherman, R. (1997). Proof of a fundamental result in self-similar traffic modeling. *Computer Communications Review* 27, 5–23.

Taylor, M.P., Allen, H. (1992). The use of technical analysis in the foreign exchange market. *Journal of International Money and Finance* 11, 304–314.

Wenzelburger, J. (2004). Learning to predict rationally when beliefs are heterogeneous. *Journal of Economic Dynamics and Control* 28, 2075–2104.

Whitt, W. (2002). *Stochastic Process Limits*. In: Springer Series in Operations Research. New York.

V. リスク管理

第16章

信用リスク経済資本の配分とリスク寄与度

概　要

　金融機関は，予想外の損失を吸収するために，経済資本（economic capital; EC）と呼ばれるバッファーを備えている．経済資本により，預金者や債権者は保護され，投資家や格付機関の信用を得ることができる．経済資本は，その適正な水準が決定された後，リスクの度合いに応じてポートフォリオを構成する各部門（企業部門，ビジネス部門，相対部門，個人部門）へ配分される．経済資本を配分することは，経営判断への支援や事業計画を策定するための重要なツールであり，価格の決定，収益の評価，極度額の設定，ポートフォリオのリスク・リターンの最適化戦略，リスク調整後のパフォーマンス評価などを行ううえで重要となる．
　本章では，信用リスク経済資本の計測手法と資本配分への応用を実務の観点から概観する．主要なリスク尺度やモデルのメリットとデメリット，その資本政策への含意およびこれらに必要となる数値計算の問題などを扱う．主な内容は以下の4点である．第一に，限界リスク寄与度は，資本配分方法の中でもポートフォリオの分散効果を反映していることや加法性を満たすことから，ECの配分を考えるうえで有益かつ基本的な原理を与えてくれる．第二に，資本配分の結果は，資本配分方法の選択だけでなく，リスク尺度の選択にも依存する．特に，ボラティリティによるリスク寄与度では不整合で意味のない配分が起こりうるが，バリューアットリスク（value-at-risk; VaR）や期待ショートフォール（expected shortfall; ES）による寄与度ではそうした不都合を避けることができる．また，資本配分の結果は，リスクを計測する際の信頼水準の選び方にも大きく依存する．第三に，簡単なモデルの場合には，VaR寄与度やES寄与度は解析的に計算することが可能となる．これは計算速度を速くするだけでなくリスク寄与度の性質をより深く理解したい場合に役立つ．しかし，これら簡易モデルには実務上で重要となる限界が存在する．最後に，より現実的な信用リスクモデルのリスク寄与度を計算する方法としてモンテカルロシミュレーションによる手法を紹介する．ただしこの方法では，VaRとESの寄与度の計算が容易でなく，特に信用リスク資本で使われる極端な分位点において問題は顕著となる．寄与度の推計精度を改善させるためには，一般的なモデルに対する条件付独立の枠組みを開発することが必要であり，分位推定量を拡張した方法（特にVaRに対する改善）や加重サンプリング法などの分散減少法を使うことが有効である．

1. はじめに

　金融機関は，予想外の損失を吸収するために，経済資本（economic capital; EC）と呼ばれるバッファーを備えている．経済資本により，預金者や債権者は保護され，投資家や格付機関の信用を得ることができる．これに対して規制資本とは，金融監督機関が定める規制の中で，金融機関が確保することを義務づけているものであり，最小必要資本（minimum capital requirement）と呼ばれている．監督者が資本規制で目標としているのは，金融機関に一定レベルの活躍の場を提供することだけでなく，金融機関の健全性を確保することや，持続的な成長を確実にすることである．一例をあげると，国際基準銀行に対する規制がバーゼル合意（Basel Accord）で定められている．バーゼル合意は，銀行監督者のバーゼル会合（Basel Committee on Banking Supervision; BCBS）で決定されたものであり，世界における銀行規制の基礎となっている（BCBS, 1998, 2004）．

　EC は，金融機関の債務不履行のリスク（例えば，市場リスク，信用リスク，オペレーショナルリスク，事業リスク）をすべてカバーしている．本章で説明する手法や概念の多くは，これらのリスクに広く通用するものであるが，本章では，信用リスク資本（economic credit capital）に焦点を絞って解説する．すなわち，債務者のデフォルト（default），信用力の低下（credit migration），信用スプレッドの変動などのリスクに備えた EC を中心に説明する．

　伝統的に，資本は非期待損失（unexpected loss）をある一定水準まで吸収できるように設定されている．このうち，貸倒引当金（credit reserve）が，期待損失（expected loss）に対応する資本である．このため，EC の定義は，ポートフォリオのバリューアットリスク（VaR）から期待損失を引いた量とすることが普通である．VaR の水準（すなわち信頼水準の設定）は，株主の資本効率性（return of capital; ROC）と預金者の安全性のトレードオフで決定される（その他，金融機関の信用格付維持も勘案する）．

　リスク資本額を決定した後は，信用ポートフォリオを構成する各部門（企業部門，ビジネス部門，相対部門，個人部門）に対してリスクの度合いに応じた資本を配分する．これは，リスク・リターンを最適化するためのポートフォリオ構成や戦略を考えるうえで重要となるだけでなく，経営判断の支援や事業計画の策定，各部門におけるリスク勘案後のパフォーマンス評価，価格の決定，収益性評価，極度額の設定を考えるうえできわめて重要なプロセスである．

　EC の配分には唯一絶対的な方法があるわけではなく，適用する分野によってそれぞれメリットとデメリットがある．例えば，限界リスク寄与度（marginal risk contribution）と呼ばれる手法では，総和が EC と等しくなるように配分を行うことが可能であり，ポートフォリオの分散効果を説明することができる．一方で，近年，実務家

1. はじめに

が最も頻繁に使うのは，損失分布のボラティリティ（標準偏差）を使用する方法である．ただし，この方法は信用リスクのように損失分布が正規分布でない場合にはあまり有効でなく，例えば，限界リスク寄与度が与信額を超える可能性があるなどの不都合が生じる（Praschnik et al., 2001; Kalkbrener et al., 2004）．

EC を以上のように（VaR により）定義するのであれば，リスク資本の配分は VaR による寄与度で行うのが自然であろう．しかし，以下で示すように，VaR はコヒーレント（coherent）と呼ばれる性質を満たさないリスク尺度であるため，いくつかの欠点がある．特に，VaR は損失分布が正規分布でない限り一般に劣加法性（subadditivity）を満たさない．信用リスクの分野では，損失分布は正規分布から遠く連続ですらないためこの制約は重要な意味をもつ．さらに，VaR は特定の信頼水準における損失額（すなわち損失分布の1点）として定義されるため，モンテカルロシミュレーションで精緻かつ安定したリスク寄与度を計算することが難しい．

近年，期待ショートフォール（expected shortfall; ES）と呼ばれるリスク尺度により EC を配分する研究が進んでいる（例えば Kalkbrener et al., 2004）．ES はコヒーレント性を満たすリスク尺度であるため，リスク尺度としても資本配分方法としても VaR の代替となる優れた尺度である．特に Kalkbrener et al. (2004) は，ES を用いて資本を配分すると，配分した資本の総和が全体の EC に等しくなることを示している．ES を扱う場合，経済資本の考え方を少し修正する必要があるが，特定の信頼水準を超える損失額の期待値に修正すればよい．

ポートフォリオに含まれる個別資産の限界リスク寄与度を計算する場合，ポートフォリオのリスク量を個別資産の与信額で微分することが基本となる．微分は常に存在するわけではないが，VaR や ES に代表される分位尺度（quantile measure）の場合，微分を損失分布の条件付期待値で表現できることが知られている（Gouriéroux et al., 2000; Tasche, 2000, 2002）．また，VaR や ES の限界リスク寄与度を準解析的な手法で計算する研究も進んでおり（Martin et al., 2001; Kurth and Tasch, 2003），単純なモデルの場合には解析解の導出も可能である（Gordy, 2003a; Emmer and Tasche, 2005; Garcia Cespedes et al., 2006）．

ポートフォリオの性質をより現実的に表現するモデルとして，モンテカルロシミュレーションによる信用リスクモデルをあげることができる．このモデルは，与信額（exposure）やデフォルト時損失額（loss given default; LGD）の確率的な表現を可能とするだけでなく（相関も考慮する），複数のファクターやより柔軟な相関構造の導入により多様表現を可能とし，複数資産や複合デフォルトモデルの構築が可能となる．ただし，条件付期待値の計算をする場合には，データがノイズを含むことや個別資産の損失額が不連続であることから計算上の問題点が生じる．

シミュレーションによるリスク寄与度の計算精度を改善するために，様々な計算法が提案されている．例えば，標準的な分位推定量（quantile estimator）では，一度のシミュレーションだけで推計を行うのでは信頼性が低いことが知られている（Mausser and Rosen, 1998).特に VaR のリスク寄与度の場合,複数の観測データで推計したほうがよいことをいくつかの先行研究が指摘している (Praschnik et al., 2001; Hallerbach, 2003; Mausser, 2003; Mausser and Rosen, 2005).この点に関して,加重サンプリング法 (importance sampling) では,損失分布の観測値を多く発生させることができるため,より安定した推計結果を得ることが可能である (Kalkbrener et al., 2004; Merino and Nyfeler, 2004; Glasserman, 2005).

本章では,信用リスク経済資本の計測手法と資本配分への応用を実務的な観点から概観する.リスク寄与度の計算手法を解説するだけでなく,様々なリスク尺度およびモデルのメリットとデメリット,資本政策への含意なども議論する.

VaR や ES に対するリスク寄与度の計算については,解析的手法やシミュレーション法を含む多様な手法を紹介する.例えば後者の場合,条件付期待値を計算する際の問題点を述べたうえで,準解析的な手法,L 推定量 (L-estimator),加重サンプリング法などの計算手法により問題点を解決できることを説明する.また,限界リスク寄与度により EC の配分を行うことの利点を理解するために,いくつかの例を紹介する.特に,VaR や ES のような分位リスク尺度の寄与度を計算する場合,ボラティリティによる寄与度の計算では不都合が生じることを確認する.

信用ポートフォリオのモデリングや計算技術に関してさらに進んだ議論を知りたい読者には,Martin (2004) や Glasserman(本書の第 10 章)が参考になる.また,経済資本や規制資本について基礎から知りたい読者は,Aziz and Rosen (2004) や Rosen (2004) およびその参考文献を参照されたい.信用ポートフォリオの最適化に関しては,Mausser and Rosen (2000, 2001) が参考になる.

本章の構成は以下のとおりである.次節では,信用ポートフォリオモデルの一般的な枠組みを概観し,よく知られた正規コピュラモデルの解説を行う.3 節では,資本配分に関する解説を行い,配分方法の一つである限界リスク寄与度を中心に解説を行う.4 節では,限界リスク寄与度を解析的に導出できるモデルを3つ紹介する.具体的には,バーゼル II のシングルファクター信用リスクモデル,それにグラニュラリティ(リスクの集中度合いを表す指標)を考慮したモデル,マルチファクターに拡張したモデルである.5 節では,シミュレーションの手法を用いてより一般的なリスク寄与度の計算を行う問題に取り組む.6 節ではいくつかの計算例を紹介する.7 節では,本章のまとめや留意点,今後の研究課題を述べる.

2. 信用ポートフォリオモデルに関する一般論

この 10 年間で,信用リスクの経済資本を計測するために,いくつかの信用ポートフォリオモデルが開発されてきた.具体的には,CreditMetrics (Gupton et al., 1997),CreditRisk$^+$ (Credite Suisse Financial Products, 1997),Credit Portfolio View (Wilson, 1997a, 1997b),KMV Portfolio Manager (Crosbie, 1999) など一般によ

く知られた産業モデル（industry model）である．これらは表面的には異なるモデルであるが，数学的に見た場合の本質は同じである（Koyluoglu and Hickman, 1998; Gordy, 2000; Frey and McNeil, 2003）．すなわち，損失分布の仮定，制約条件，パラメータの推計，問題の解法という点では異なるが，入力データを同等な条件にそろえることで同じような数値結果を得ることができる．

以上のモデルはすべて1期間モデルであり，金利のような市場リスクファクターは定数と仮定している．1期間という仮定は，貸出や社債のような単純な商品からなるポートフォリオの場合には妥当であるが，デリバティブやオプション性のある商品（例えばコミットメントライン），与信額が変動する商品（デフォルトの時期によりポートフォリオの損失額が異なるもの）を含む場合には，誤差を無視できなくなる可能性がある．これに対して Iscoe et al. (1999) は，市場リスクによる与信額の変動を信用リスクに統合した多期間のモデルを提案している．

以上の信用ポートフォリオモデルでは，条件付独立（conditional independence）と呼ばれる枠組みを用いており，大まかには以下の5つの要素から構成されている．

1) 共通ファクターのシナリオ（経済の状況）(systematic scenarios)：当該モデルは，期中の与信額を変動させる市場ファクターだけでなく，信用力を変化させる共通ファクターと産業別の固有ファクターによって表現される．

2) 条件付デフォルト確率と条件付格付推移確率（conditional default probability, credit migration probability）：デフォルト確率や格付推移確率は経済の状況により変化し，各時点では経済の状況（共通ファクター）に関する条件付確率となっている．債務者間のデフォルト相関はデフォルト（格付）相関モデルで導入し，共通ファクターの変化が条件付確率に与える影響を記述する．

3) 条件付与信額と回収率や損失率（conditional obligor exposure, recovery and loss）：金融機関が債務者をデフォルトと判断する将来時点の貸出額を債務者の与信額と定義する．回収率の定義は一般的な場合と同様に，倒産手続きや倒産市場への資産売却により回収が見込める与信額（の割合）とする．債券のようにオプション性がない金融商品の場合，与信額をシナリオによらず一定とすることは妥当であるが，デリバティブやクレジットライン，完全なヘッジや担保がされていない為替商品などの場合には，シナリオにより与信額を変更する必要がある．

4) ポートフォリオの条件付損失分布（conditional portfolio loss distribution）：シナリオが与えられた場合，各債務者がデフォルト（格付推移）する確率は互いに独立である．この性質のおかげでポートフォリオの条件付損失分布を算出することは，独立な確率変数（各債務者の損失分布）の和の分布を求める問題に帰着され，計算が容易となる．

5) ポートフォリオの無条件損失分布（unconditional portfolio loss distribution）：各シナリオで求めた条件付損失分布をすべてのシナリオにわたって平均するこ

とでポートフォリオの無条件損失分布を求めることができる.

以下では,従来,CreditMetrics や KMV portfolio model が使い始めたことで有名になった正規コピュラモデルの枠組みを説明する.

2.1 多変数正規コピュラモデル

N 人の債務者からなるポートフォリオを1期間モデルで考える.一般性を失うことなく,債務者 j は1本の借入をしており,そのデフォルト時損失額とデフォルト時与信額 (exposure at default; EAD) をそれぞれ LGD_j, EAD_j と表す.

各債務者ごとの財務の健全性を表す指標として,信用力指標 (creditworthiness index; CWI) を連続的な確率変数で定義し標準正規分布に従うとする.各債務者の CWI は,マルチファクターモデルに基づいて d 個の共通ファクター(互いに独立な標準正規分布に従う)に依存しているとし,

$$Y_j = \beta_{j1}Z_1 + \beta_{j2}Z_2 + \cdots + \beta_{jd}Z_d + \sigma_j \varepsilon_j$$
$$\sigma_j = \sqrt{1 - \left(\beta_{j1}^2 + \beta_{j2}^2 + \cdots + \beta_{jd}^2\right)} \quad (16.1)$$

とする($d = 1$ の場合,シングルファクターモデルと呼ばれる).ここで,

- $Z_1 \sim Z_d$ は互いに独立な標準正規分布に従う共通ファクター
- ε_j は標準正規分布に従う債務者 j に固有の個別ファクター
- $\beta_{j1} \sim \beta_{jd}$ は債務者 j の共通ファクターに対する感応度

である.

各債務者には信用力に応じた R 段階の格付が付与され,それらの間を推移すると仮定する(R の数字が大きいほど信用力が高い.デフォルトのみのモデルでは,$R = 2$ が生存,$R = 1$ がデフォルトを意味する).債務者 j が格付 r に推移する無条件確率を p_{jr} で表す.

各債務者のデフォルトは Merton 型モデルにより与えられる.すなわち,債務者 j の CWI を表す Y_j が特定の閾値を下回った場合にデフォルトと定義する.債務者の(無条件)デフォルト確率が PD_j の場合 ($PD_j = p_{j1}$) には,デフォルトの閾値を $\Phi^{-1}(PD_j)$ で与えればよい ($\Phi(\cdot)$ は標準正規分布の累積分布関数).また,シナリオがリスクファクター Z で外生的に与えられている場合,債務者 j の条件付デフォルト確率は以下のように表される.

$$\begin{aligned}p_{j1}(Z) &= \mathbb{P}[Y_j < \Phi^{-1}(PD_j) \mid Z] \\ &= \Phi^{-1}\left(\frac{\Phi^{-1}(PD_j) - (\beta_{j1}Z_1 + \beta_{j2}Z_2 + \cdots + \beta_{jd}Z_d)}{\sigma_j}\right)\end{aligned} \quad (16.2)$$

なお,条件付格付推移確率の場合も同様の式が成立する(例えば Gupton et al., 1997 を参照)[1].

---

[1] このモデルは「順序プロビットモデル (ordered probit model)」とも呼ばれる.

その他の信用リスクモデルにおいても (16.2) に類似した関数表現を求めることができる．例えばロジットモデル（logit model）では，条件付デフォルト確率を以下のように表現できる[2]．

$$p_{j1}(Z) = \left[1 + a \cdot \exp\left(b \cdot \left(\sum_{j=1}^{d} \beta_{ij} Z_j\right)\right)\right]^{-1}$$

なお，これらのモデルでも，(16.2) に類似した方法で格付推移を扱うことができる（いわゆる順序ロジットモデル（ordered logit model））．

c_{jr} を債務者 j の格付が r へ推移したときの損失額とする[3]．市場リスクと信用リスクの統合モデルでは，信用力低下時の損失が共通ファクター Z に依存するため，債務者 j の格付が r へ低下したときの損失額は $c_{jr}(Z)$ と表現できる（例えば Iscoe et al., 1999）．ただし，以下では簡単のため，損失額が Z に依存していることを無視する．

条件付独立モデルを理解するために，共通ファクター Z を用いて無作為抽出を行い，抽出されたデータ Z^m, $m = 1, \cdots, M$ をそれぞれシナリオと考えることにする．これらの記号のもとで，シナリオ Z^m に対応する債務者 j の条件付損失額を確率変数 L_j^m で表す．同様に，債務者 j の格付が r へ推移する条件付推移確率を p_{jr}^m，条件付損失額を c_{jr}^m で表す．これらを用いると債務者 j の条件付損失分布は，以下のような離散分布として表現することができる．

$$L_j^m \sim D_j^m = \left\{(c_{jr}^m, p_{jr}^m) \mid r = 1, \cdots, R\right\} \tag{16.3}$$

債務者間では条件付独立を仮定しているため，ポートフォリオのシナリオ m に関する損失額は独立な確率変数の和となり，その分布は各債務者の損失分布の畳み込み積となる．すなわち，

$$L^m \equiv \sum_{j=1}^{N} L_j^m \sim D^m = D_1^m \otimes \cdots \otimes D_N^m \tag{16.4}$$

D^m の分布関数のサポート C^m は，r^N 個の要素からなる有限集合である（実際には，各損失額の組合せにより損失の合計が一致することもあるため r^N 以下になる）．

ポートフォリオの条件付損失分布 (16.4) の計算は，ポートフォリオの損失頻度（すなわち C^m）が多いほど数値計算が難しくなる．ただし，この問題を解決するためには，独立変数の和の分布を求めるためのあらゆる計算手段を応用することが可能である．例えば，以下のような畳み込み積の近似を効率的に行う手法もこれに属する[4]．

- 高速 Fourier 変換法（fast Fourier transform）（損失額を一定幅にまとめて離散化する方法との組合せ）

---

[2] Wilson (1997a, 1997b) や Bucay and Rosen (2000) を参照．
[3] 格付がデフォルトに推移した場合の損失額はネットの回収額である．
[4] 例えば Finger (1999), Martin (2004), Glasserman（本書の第 10 章）やそれらに含まれる参考文献を参照．

- 鞍点法（saddlepoint method）：必要となる分位点の周辺で分布を解析的に近似する方法
- ポートフォリオの条件付損失分布を簡単な分布で解析的に近似する方法：例えば，ポートフォリオが十分大きく均質である場合，大数の法則により，ポートフォリオの条件付損失分布は各債務者の損失額の平均値を合計した値に確率が集中する（その他のモーメントは消滅する）．すなわち，この仮定のもとでは，中心極限定理により，すべての条件付損失は正規分布に従うことがわかる．
- 各債務者の条件付損失分布（D_j^m）に基づいて無作為抽出を行い，それを集計することで D^m の経験分布を求める．

無条件損失分布を求めるためには，各シナリオで求めた条件付損失分布をすべてのシナリオにわたり積分する必要がある（共通ファクターの結合分布）．すなわち，M 個の条件付損失分布の平均である（そのサポートは C^m の結合集合であり，全体の確率は $1/M$ になっている）．シングルファクターモデルの場合，ファクターに関する積分を解析的に求めることが可能であるが，マルチファクターモデルの場合には，数値計算が必要となることが多い（もっとも，準解析的な近似方法はいくつか存在する．例えば Pykhtin, 2004 を参照）．

信用リスク資本の信頼水準には，高めの分位点（例えばバーゼル II では 99.9% 点としている）を用いることが多い．このため，標準的なモンテカルロシミュレーションにより信用ポートフォリオの VaR や期待ショートフォールを計算する場合には，正確でかつ安定した計算結果を得ることは容易でない．この問題はリスク寄与度を計算する際により顕著となる（次節参照）．モンテカルロシミュレーション法の分散を減少させるためには，加重サンプリング法（IS）や制御変量法（control variates）といった分散減少法を応用することができる．例えば IS を用いれば，極端な分位の観測値が多くなるため，損失分布のテール（tail）を正確に把握することが可能となる（例えば，Glasserman and Li, 2005 を参照）．Tchistiakov et al. (2004) では，制御変量法をポートフォリオのリスク計測に応用しており，近似して得た均質ポートフォリオの極限分布（Vasicek 損失分布）を制御変数として用いている．

3. 資本配分とリスク寄与度

ポートフォリオの総リスク資本（EC）を計測するだけでなく，この資本を事後的に企業部門，ビジネス部門，相対部門，個人部門などの部分ポートフォリオへ配分する枠組みを整備しておくことは重要である．これはリスク控除後の収益を最大にする資本配分を事前に把握しておくという意味でも重要である．

部分ポートフォリオや個別資産の単独 EC（単独資産と考えて算出した EC）を合計すると，分散効果のため一般的には全体の EC より大きくなる．EC を配分する方法はただ 1 つ存在するわけではなく，現在のところ実務で使われている資本配分方法は

大きく3つに分類される[5].

- 単独リスク寄与度（stand-alone capital contribution）：各部分ポートフォリオを単独の資産と考えて資本を割り当てる方法．分散効果を反映していないため，単独リスク寄与度の合計は全体の EC より大きくなる．
- 差分リスク寄与度（離散限界リスク寄与度）（incremental capital contribution, discrete marginal capital contribution）：ポートフォリオ全体から部分ポートフォリオを除いたポートフォリオを考え，「全体の EC − 部分ポートフォリオを除いたポートフォリオの EC」をリスク寄与度とする．この方法は，部分ポートフォリオの売却や購入によるリスク量の変化を把握したものであり，ポートフォリオの売買を想定したリスク量という意味では自然な尺度である．ただし，この手法でも分解されたリスク寄与度の合計が全体の EC に一致しないという欠点がある．
- 限界リスク寄与度（分散リスク寄与度）（marginal capital contribution, diversified capital contribution）：加法性を満たすリスク寄与度である．すなわち，部分ポートフォリオに配分されたリスク寄与度の合計が全体の EC に一致することが構成方法により担保されている．限界リスク寄与度では，部分ポートフォリオの限界的な変化量を部分ポートフォリオそのものとみなし，部分ポートフォリオの相関効果を含めてリスクを配分するように設計されている．

その他，ゲーム理論の立場から加法性を満たすリスク寄与度が提案されている（Denault, 2001; Koyluoglu and Stoker, 2002）．例えば，Shapley の方法は，それぞれが単独で行動するよりグループで提携したほうが多くの利益を得られるという考え方に基づいている．この方法は，計算を実行するのが容易でなく，部分ポートフォリオの数が少ない場合でも実用向きではない．これと異なる Aumann–Shapley の方法は，計算負荷を軽減しているため実用向きな可能性はある．2つの手法で算出したリスク寄与度はほとんどの場合（常にというわけではないが）同様の結果を導く．最近これらの手法が学会で注目されているが，金融機関の実務ではほとんど使われていないようである．

以下では，限界リスク寄与度を用いた資本配分の方法を説明し，ポートフォリオのリスク量を加法的に分解する方法を導く．

3.1 定　義

N 人の債務者からなる信用ポートフォリオを考える（ポートフォリオの債務者としては関心の高いものを想定して議論を進めるが，これ以外に個人ローンや相対取引を想定してもよい）．債務者 j に対する与信額の大きさを x_j で表し（単位の倍数で表示），単位与信額当たりの損失額を確率変数 ℓ_j で表す．信用リスクの原因としては，債務者のデフォルトや格付の変化，より一般的にはスプレッドの変動を考える．

---

[5] リスク寄与度に対する分類方法も1つではない．ここでは Aziz and Rosen (2004) に従った．

債務者 j の損失額を L_j と表すと，ポートフォリオ全体の損失額は以下のように表現できる．

$$L = \sum_{j=1}^{N} L_j = \sum_{j=1}^{N} \ell_j \cdot x_j \tag{16.5}$$

解析的な表現の有無にかかわらず，ポートフォリオの損失分布を F で表現する（例えば，モンテカルロシミュレーションにより実験的に求めた分布など）．損失分布 F から算出されるポートフォリオのリスク尺度を $\rho(L)$ とする．リスク量 $\rho(L)$ の加法的な分解を以下のように表現する．

$$\rho(L) = \sum_{j=1}^{N} C_j^\rho \tag{16.6}$$

ここで，C_j^ρ は債務者 j に関するリスク寄与度である．また，総リスク量に対する相対的なリスク寄与度を以下のように定義する．

$$R_j^\rho = \frac{C_j^\rho}{\rho(L)}$$

関数 $\rho(L)$ が 1 次同次かつ微分可能な場合，Euler の定理により以下が導出される．

$$C_j^\rho = x_j \frac{\partial \rho}{\partial x_j} \tag{16.7}$$

(16.7) を大まかに解釈すると，各債務者の限界リスク寄与度は，債務者の与信額を 1% 変化させたときの，ポートフォリオのリスク量の変化率である，と解釈することができる．

3.2 リスク尺度とコヒーレントな資本配分

実務的には，貸倒引当金が期待損失（EL）を吸収するための資本であり，経済資本がある信頼水準 α の非期待損失を吸収するための資本である．このため経済資本の典型的な推計式は，以下のように特定期間におけるポートフォリオ損失額の α 分位点[6]（VaR_α）から期待損失を引いたものとすることが多い．

$$EC_\alpha = VaR_\alpha - EL \tag{16.8}$$

この定義は実務家がよく使う方法であり，一般的には EC を保守的に推計したものとなる．より正確には，(16.8) は真の EC に対する簡便な近似式にすぎない（Kupiec, 2002; Aziz and Rosen, 2004）．EL を控除する理由は，信用リスク商品の価格付けを行う場合，正味金利収入が非金利費用を下回る部分を損失と考えて EL（と要求収益

---

[6] バーゼル II 規制では 99.9% VaR を基準としている（BCBS, 2004）．

率) がカバーするように計算しているためである. より正確には, 経済資本に適した VaR の計測をするためには, 満期時点の EL を基準とした相対的な損失額を考えるのではなく, ポートフォリオの時価 (mark to market; MtM) を基準とした相対的な損失額とすべきである. さらに, 信用 VaR を計測する場合, 債務者からの金利支払は無視することが普通であるが, これらの金利支払も EC に加えるべきである.

ポートフォリオのリスク量を各債務者 (各部門) へ配分する際によく使われる方法は 3 つある. すなわち, ボラティリティと VaR と期待ショートフォール (CVaR, 条件付テール期待値 (conditional tail expectation) とも呼ばれる) である. これら 3 つのリスク尺度はすべて 1 次同次であり導出されるリスク寄与度は加法性を満たす.

資本を各部門へ配分する方法として, 最近の実務で最もよく知られているのは, まずボラティリティに対する寄与度を計算し, それを一般のリスク尺度で計算した経済資本に合うようにスケール変換する方法である (例えば, Smithson, 2003). 特に (16.7) において $\rho(L) = \sigma(L)$ とすると以下のよく知られた公式になる.

$$C_j^\sigma = \frac{\text{cov}(L_j, L)}{\sigma(L)} \tag{16.9}$$

また, 債務者 j に配分される資本は以下のようになる.

$$C_j^{EC_\alpha} = R_j^\sigma \cdot EC_\alpha$$

損失額が正規分布に従う場合, 分位点がボラティリティの定数倍で表現されるため[7], 以上の方法がうまく適用できる. しかし, 信用リスクの場合, 損失分布が正規分布ではないため, ボラティリティによって資本配分を行うと, 時として非整合な割当額となる (Praschnik et al., 2001 を参照). 特に, Kalkbrener et al. (2004) では, 貸出ポートフォリオの場合に, 資本配分額が与信額より大きくなりうることを示している.

債務者 j に対する VaR の寄与度は以下のようになる.

$$C_j^{VaR_\alpha} = \mathbb{E}[L_j \mid L = VaR_\alpha] \tag{16.10}$$

この式は条件付期待値と偏微分の関係式から導出することができる (例えば Tasche, 1999; Gouriéroux et al., 2000). これにより債務者 j に対する資本の割当額は以下のようになる.

$$C_j^{EC_\alpha} = C_j^{VaR_\alpha} - \mathbb{E}[L_j] \tag{16.11}$$

各債務者に対する EL の寄与度とは, 単に債務者ごとに計算した EL のことであり, 解析式を使って簡単に計算できる. このように資本配分の問題は, 本質的には, より計算が難しい VaR の寄与度計算 (すなわち (16.10)) に帰着することができる.

VaR は, よく知られているように, コヒーレントなリスク尺度ではない (Artzner

---

[7] この性質は楕円分布 (elliptic distributions) に対して一般に成立するものである.

et al., 1999 の意味で）ためいくつかの欠点がある．特に，VaR は正規分布の場合を除けば，一般的には劣加法性を満たさない[8]．信用リスクの場合，損失分布が正規分布から遠く連続ですらないため，この制約は重要な意味をもつ．これに加えて，個別債務者の損失分布が離散的であることから限界寄与度も連続ではなくなる．

一方，期待ショートフォール（ES）はコヒーレントなリスク尺度であり，リスク計測法としても資本配分法としても VaR やボラティリティの代替となる優れた尺度である．ES のリスク寄与度は，VaR の場合と同様に，以下の条件付期待値として表現することができる（Tashe, 2002; Scaillet, 2004）

$$C_j^{ES_\alpha} = \mathbb{E}[L_j \,|\, L \geq VaR_\alpha] \tag{16.12}$$

ES は，ある分位点を超える損失額の期待値に備えたバッファーであるため，経済資本の配分には，ボラティリティの場合と類似したスケール変換が必要となる．すなわち，債務者 j に対する資本割当額は以下のようになる．

$$C_j^{EC_\alpha} = R_j^{ES_\alpha} \cdot VaR_\alpha - \mathbb{E}[L_j] \tag{16.13}$$

VaR や ES は常に微分可能とは限らない[9]が，(16.10) や (16.12) を通じて一般的にリスク寄与度を定義してしまうという合理的な手段がある（例えば Kurth and Tasche, 2003; Hallerbach, 2003）．

Kalkbrener et al. (2004) は，コヒーレントな資本配分（coherent capital allocation）と呼ばれる概念を公理に基づいて定義した．これは以下の3つの公理にまとめられる．

- 線形的（加法的）な配分（linear (or additive) allocation）：各部分ポートフォリオの資本配分の合計は，ポートフォリオ全体の資本配分と等しくなる．
- 分散的な配分（diversifying allocation）：X をあるポートフォリオ Y の部分ポートフォリオと考えて資本配分すると，その値は X を単独のポートフォリオと考えた場合のリスク資本より大きくならない．
- 連続的な配分（continuous allocation）：ポジションを少し増やすだけであれば，そのポジションに対するリスク資本の配分額も少しだけしか影響を受けない．

原論文によれば，以上3つの公理を満たす資本配分法がただ1つ定まることが知られており，本質的には，限界寄与度による資本配分法と一致する．また，以上の公理を満たす資本配分は，すべてコヒーレントなリスク尺度となることも知られている．特に ES は，線形的（加法的）かつ分散的かつ連続的な資本配分であるが，VaR は加法的であるが分散的ではないことを注意しておく．

---

[8] 訳者注：正確には，分散が存在する楕円分布（正規分布はこれに含まれる）は劣加法性を満たす．
[9] Laurent (2003) では，損失分布が離散的な場合のリスク尺度の微分可能性について議論している．

4. 解析的なモデルにおけるリスク寄与度

限界リスク資本は，個別債務者の寄与度であっても，ポートフォリオ全体の分散効果を反映しているため，ポートフォリオの構成に依存した配分額となる．このため，限界寄与度による資本配分額は，一般に個別債務者やポートフォリオに不変な量ではなく，単独のポートフォリオとみなした場合の資本配分額（単独 EC）と異なる．ここで興味深い問題を1つ考えてみよう．どのような条件を満たすポートフォリオであればポートフォリオに不変な資本配分となるであろうか？

Gordy (2003a) によると，VaR によって経済資本を定義した場合，ポートフォリオに不変な寄与度となるための必要かつ十分な条件は，以下の2条件である．

- ポートフォリオは，漸近的に均質である（asymptotically fine-grained）．すなわち，個別債務者の与信額は，どのように小さな部分ポートフォリオをとってきても，その与信額より小さい．
- 共通ファクターはシングルファクターである．

「シングルファクター」でかつ「漸近的に均質」なポートフォリオモデルは，新バーゼル II の信用リスク規制でコアとなるモデルである（BCBS, 2004）．このモデルで算出された資本は，共通ファクターによる信用リスク（systematic credit risk）のみを勘案しているだけで，与信が個別債務者に集中する非均質ポートフォリオの個別リスクは勘案していない．この点を改善するために，Gordy (2003a, 2003b) や Martin and Wilde (2002) は，必ずしも均質でないポートフォリオの個別リスクを，漸近的な近似式により表現している（いわゆるグラニュラリティ調整 (granularity adjustment)）．この場合の限界リスク寄与度は，個別リスクが勘案されたことで，ポートフォリオの構成（特に個別債務者への集中度合い）により変化するようになる[10]．

以下では，バーゼル II の信用リスクモデルや個別リスクを考慮した拡張モデル（いわゆるグラニュラリティ調整）を例にとり，シングルファクターモデルの信用リスク寄与度を解析的に表現する．その後，バーゼル II モデルを簡単にマルチファクター化したモデルにより資本配分を行う方法を検討する．分散ファクター（diversification factor）という概念を，ポートフォリオと個別債務者または個別セクターの両方へ明示的に導入することで，マルチファクターモデルのリスク寄与度に直観的な解釈を与える．

4.1 バーゼル II モデルのリスク寄与度

N 人の債務者からなるポートフォリオを1期間モデルで考える．一般性を失うことなく，債務者 j の（無条件）デフォルト確率を PD_j とし，倒産時損失額が LGD_j，倒

---

[10] グラニュラリティ調整されたシングルファクターモデルのリスク寄与度に関しては，例えば Emmer and Tasche (2005) を参照．

産時エクスポージャーが EAD_j の借入を行っているとする[11].

債務者 j のデフォルトは，2 節で説明した Merton モデルに従い期間満期（例えば 1 年後）において発生するが，ここでは，デフォルトの発生が単一の共通ファクターによると仮定する．債務者 j のデフォルトは，信用力指標が閾値 $\Phi^{-1}(PD_j)$ を下回った場合に発生する．

債務者 j の信用力指標は，以下のような単一の共通ファクターにより与えられると仮定する．

$$Y_j = b_j Z + \sqrt{1-b_j^2}\varepsilon_j \qquad (16.14)$$

ここで，Z は標準正規分布に従う確率変数で，経済の状況を表す単一の共通ファクターとする．ε_j は Z と独立な標準正規分布に従う確率変数とし，各債務者に固有の信用力を表すものとする．b_j^2 は通常，債権者 j の資産相関となる．

Gordy (2003a) によれば，信頼水準 $\alpha\%$ の共通ファクターによるポートフォリオの損失額（すなわち，ポートフォリオが均質であると仮定した場合の損失額）VaR_α は，共通ファクターの水準が信頼水準 $\alpha\%$ まで低下した場合の各債務者の損失を合計したものに等しくなる．すなわち，

$$VaR_\alpha = \sum_j LGD_j \cdot EAD_j \cdot \Phi\left(\frac{\Phi^{-1}(PD_j) - b_j z^\alpha}{\sqrt{1-b_j^2}}\right) \qquad (16.15)$$

ここで，z^α は標準正規分布に従う確率変数の α パーセント値を表す．

EC は，定義により非期待損失のみをカバーするものであり（すなわち (16.8)，期待損失は $\mathbb{E}[L] = \Sigma_{j=1}^N LGD_j \cdot EAD_j \cdot PD_j$ である[12]．したがって，ポートフォリオに必要とされる経済資本は以下のように表せる．

$$EC_\alpha = \sum_{j=1}^N C_j^{EC_\alpha} \qquad (16.16)$$

ここで，$C_j^{EC_\alpha}$ は債務者 j に対するリスク寄与度を表し，以下のように定義される．

$$C_j^{EC_\alpha} = LGD_j \cdot EAD_j \cdot \left[\Phi\left(\frac{\Phi^{-1}(PD_j) - b_j z^\alpha}{\sqrt{1-b_j^2}}\right) - PD_j\right] \qquad (16.17)$$

(16.17) のリスク寄与度は，ポートフォリオにおけるその他の債務者の構成に依存していない．6 節では，このモデルによる資本配分の数値例を紹介し，信頼水準の選び方が資本配分にどのような影響を与えるかを議論する．

---

[11] ここでは，バーゼル II で用いられている記号を使った．2 節の記号を使うと 2 つの積は，$EAD_j \cdot LGD_j = c_{j1}$ と書ける．これらが確定的な変数である場合には，シナリオ m に依存しない．

[12] EC=VaR−EL であるため，以降の EC に関して成立する結果は，VaR に関しても成立する．

4.2 個別リスクがある場合のリスク寄与度（グラニュラリティ調整）

共通ファクターが単一でありポートフォリオが均質である（サイズが無限）場合，信用リスクポートフォリオの損失分布には解析的な表現が存在する．リスク寄与度は，与信の集中度合いなどポートフォリオの構成要因に依存しないポートフォリオに不変な量であった．一方，ポートフォリオのサイズが有限でかつ均質でない（個別債務者に与信が集中している）場合には，個別リスクが存在する．この場合，シングルファクターであったとしても一般には解析解が存在しないため，損失分布を近似するために様々な手段が用いられる．

一般に，リスク尺度（VaR や ES など）は，共通ファクターの寄与度と個別リスクの寄与度に分解することができる．例えば，ポートフォリオの損失分布の分散は，条件付期待値の分散と条件付分散の期待値の和として表現することができる．すなわち，

$$V[L] = V[\mathbb{E}[L \mid Z]] + \mathbb{E}[V[L \mid Z]]$$

第1項は共通ファクターの寄与度，第2項は個別リスクの寄与度と解釈することが可能であり，ポートフォリオの債務者数が無限大に近づくと第2項の効果は消える（個別リスクが分散される）．ただし，ポートフォリオが適度に大きいだけでは，個別リスクも無視できない大きさとして残る（共通ファクターの寄与度よりは小さくなるが）．

VaR と ES の場合，個別リスクの寄与度を一般的な解析式として表現することはできないが，上と同様の考えで分解を行うことは可能である．非均質的なポートフォリオの場合でも，損失分布の条件付分散が小さい場合には，均質ポートフォリオに小さな調整を加えたポートフォリオとみなせるため，VaR と ES の解析的な近似を求めることができる．グラニュラリティ調整法とは，本質的には損失分布の分位点を2次まで Taylor 展開したものである（展開の中心は無限均質なポートフォリオを使う）[13]．

（非均質）ポートフォリオの VaR を VaR_α で，共通ファクターの寄与度（ポートフォリオを均質とみなした場合の VaR）を $VaR_\alpha^S = VaR_\alpha(\mathbb{E}[L \mid Z])$ で表す．このとき，ポートフォリオの VaR は以下のように近似できる．

$$VaR_\alpha \approx VaR_\alpha^S + GA_\alpha \qquad (16.18)$$

グラニュラリティ調整項は，以下のような一般的な公式で表現される．

$$GA_\alpha = -\frac{1}{2f(y)} \frac{\partial}{\partial y} \left[\sigma^2(z^\alpha) f(y)\right]\big|_{y=VaR_\alpha^S} \qquad (16.19)$$

ここで，$f(y)$ は無限に均質化されたポートフォリオの損失分布の密度関数である．

---

[13] このアプローチは Gordy (2003a, 2003b) により導入され改良されている（例えば Martin and Wilde, 2002）．Pykhtin (2004) はこれをマルチファクターに拡張している．

$\sigma^2(z^\alpha)$ は,共通ファクターの水準を均質化ポートフォリオの損失額 (VaR_α^S) にあわせた場合の(個別リスクの)条件付分散である.ES の場合も同様の表現が得られる.

(16.18) と (16.19) を(シングルファクターの)ポートフォリオモデルへ直接応用することで,ポートフォリオの VaR とリスク寄与度の近似式を解析的に求めることができる.シングルファクター Merton モデルでは,VaR の共通ファクター寄与度である VaR_α^S は (16.15) により与えられ,グラニュラリティ調整項は以下のように表現できる[14].

$$GA_\alpha = \sum_{j=1}^{N} C_j^{GA_\alpha} \tag{16.20}$$

$$C_j^{GA_\alpha} = \frac{EAD_j^2 \cdot LGD_j^2}{2(VaR_\alpha^S)'} \left[\left(\sqrt{\frac{b_j^2}{1-b_j^2}} \cdot \phi\left(PD_j^\alpha\right) \cdot \left(1 - 2\Phi\left(PD_j^\alpha\right)\right) \right) \right.$$
$$\left. + \left(z^\alpha + \frac{(VaR_\alpha^S)''}{(VaR_\alpha^S)'} \right) \cdot \left(\Phi\left(PD_j^\alpha\right) - \Phi\left(PD_j^\alpha\right)^2 \right) \right] \tag{16.21}$$

ここで,$PD_j^\alpha = (\Phi^{-1}(PD_j) - b_j z^\alpha)/\sqrt{1-b_j^2}$ であり,$(VaR_\alpha^S)'$ と $(VaR_\alpha^S)''$ はそれぞれ (16.15) の 1 階と 2 階の微分を表す.

$C_j^{GA_\alpha}$ で表される項は,債務者 j に関する個別リスクの寄与度と解釈できる.この場合,リスク寄与度は,$(VaR_\alpha^S)'$ と $(VaR_\alpha^S)''$ という項があるために,ポートフォリオに不変量ではなくなる(ポートフォリオにおけるその他の債務者の構成に依存する).

4.3 マルチファクターへ拡張した場合のリスク寄与度

リスク寄与度が,各ポートフォリオに対して不変な量である(各ポートフォリオへの与信集中度合いなどポートフォリオの構成に依存しない)ことは,規制を目的とした場合や経営の透明性を考えた場合,計算上の扱いやすさを考えた場合には望ましい性質である.しかし,このようなモデルは,分散効果を完全な形で勘案できているわけではないため,資本配分を行う際には有用とはいえない.また,マルチファクターの場合にポートフォリオの分散効果を理解したり計測するための新たな道具立てが必要である.近年,Pykhtin (2004) は,バーゼル II のシングルファクターモデルをマルチファクターへ拡張したエレガントでかつ解析的な方法を提案している.この方法は,リスク寄与度を効率的に計算できるという意味でも有用である(解析解が存在する).しかし,リスク寄与度に対する解析解の形は非常に複雑である.

Garcia Cespedes et al. (2006) は,マルチファクターモデルの分散効果を理解しやすくするモデルを提案した.このモデルでは,ポートフォリオの分散効果の寄与度(分散寄与度)を表現するために,分散ファクター(diversification factor)と呼ばれ

---

[14] Emmer and Tasche (2005) を参照.

る概念を,ポートフォリオだけでなく個別債務者や部分ポートフォリオといった階層ごとに導入している.さらに Tasche (2006) は,分散ファクターの基本的な理論付けや分散寄与度を解析的に計算する方法を提案している[15].

Garcia Cespedes et al. (2006) のモデルを説明するために,K 個の同質なセクター(各セクターは業種や地域を表す)を 1 期間モデルで考える.バーゼル II モデルと同様に,債務者 j がセクター k に属しているとし,債務者のデフォルトはシングルファクターの Merton モデルにより決定されるとする[16].ただし,セクターモデルの場合,セクター k に属する債務者 j の信用力指標は以下のような単一の共通ファクターにより与えられるとする.

$$Y_j = b_k Z_k + \sqrt{1-b_k^2}\varepsilon_j \qquad (16.22)$$

ここで,Z_k はセクター k の共通ファクターを表す標準正規分布に従う確率変数とする.ε_j は Z_k と独立な標準正規分布に従う確率変数とし,債務者 j に固有な信用力の変化を表す変数である.バーゼル II モデルでは,すべてのセクターが同一の共通ファクターにより変動していたが,ここでは,セクターごとに異なるファクターで変動を表現する.

さらに,これらの共通ファクターは,単一のマクロファクター Z により互いに相関しているとする.すなわち,

$$Z_k = B_k Z + \sqrt{1-B_k^2}\eta_k, \quad k = 1,\cdots,K \qquad (16.23)$$

ここで,η_k は独立な標準正規分布に従う確率変数であり,マクロファクター Z との相関係数 B_k はセクターごとに異なると仮定している.

これまでと同様に,債務者 j は倒産時損失額が LGD_j,倒産時エクスポージャーが EAD_j の借入をしているとする.各セクターにおけるデフォルトは,シングルファクターにより与えられるため,セクター k に割り当てられる信頼水準 $\alpha\%$ の単独資本 $EC_{\alpha,k}$ は,漸近的に均質化されたポートフォリオのモデルにより以下のように表現できる.

$$EC_{\alpha,k} = \sum_{j \in Sector\ k} LGD_j \cdot EAD_j \cdot \left[\Phi\left(\frac{\Phi^{-1}(PD_j) - b_k z^\alpha}{\sqrt{1-b_k^2}}\right) - PD_j\right] \qquad (16.24)$$

バーゼル II のモデルやあるいは全セクターが完全に相関しているとしたモデルでも同じことであるが,その場合の総リスク資本は,各セクターを単独ポートフォリオと考えて算出したリスク資本を単純に合計したものに等しくなる(簡単のため以降では

---

[15] この論文では 2 次元の場合に解析解を導出している.一般の N 次元では $N-1$ 次元の積分を数値計算する必要がある.
[16] ここでは 1 期間の Merton モデルについて説明する.ここで説明する方法論と結果は一般にも成立するもので,他の信用リスクモデルや格付により信用力が低下する場合にも通用するものである.

パラメータ α を省略する）．すなわち，

$$EC^{1f} = \sum_{k=1}^{K} EC_k \qquad (16.25)$$

マルチファクターモデルで算出した必要資本と単独ポートフォリオとみなして算出した資本の比率を資本分散ファクター DF（capital diversification factor）として定義する．この場合 $DF \leq 1$ である．この概念を用いると（分散された）経済資本を以下のように表現することができる．

$$EC = DF \cdot EC^{1f} \qquad (16.26)$$

このように，経済資本は以下の2つの要素の関数となっている．

- シングルファクターモデル（バーゼル II モデル）によって「加法的」に積み上げられた資本 EC^{1f}
- DF：ポートフォリオの分散効果を表現する「ファクター調整項」

このモデルの基本的なアイデアは，上で定義した DF を，変数の少ないスカラー関数で近似することである．これにより，マルチファクター信用リスク資本を合理的に近似することが可能となり比較静学も容易になる．

このモデルによれば，分散効果は基本的に以下の2つの要素からなると考えられる．

- セクター間におけるポートフォリオサイズの不均一性：ポートフォリオの大半を占める巨大セクターがある場合，与信集中リスクは明らかに高くなり分散効果は限界的になる．このようなサイズの影響を説明するために「有効セクター数」のような本質的な指標を見つける必要がある．
- セクター間相関：マルチファクターモデルに自然なパラメータは，（本節の後半で説明するように）セクター間の相関係数をある方法で平均したものである．

理想的には，分散の1次要因を表す「集中インデックス（concentration index）」のような指標を用いて，経済資本に影響を与える与信額の大きさや，信用特性の違いを説明すべきである．多くの与信額が高格付債務者に集中しているセクターには，資本寄与度を大きく割り当てる必要はない．

Garcia Cespedes et al. (2006) のモデルでは，経済資本に関する (16.26) を，与えられた信頼水準において

$$EC = DF(CDI, \bar{B}^2) \cdot \sum_{k=1}^{K} EC_k \qquad (16.27)$$

と表現している．ここで，分散ファクターに含まれる2つのパラメータは以下のとおりである．

- 資本分散指標（capital diversification index; CDI）：各セクターの資本ウェイト

の二乗和により

$$CDI = \frac{\sum_k EC_k^2}{(EC^{1f})^2} = \sum_k w_k^2 \qquad (16.28)$$

と定義される．ここで，w_k はセクター k のシングルファクターに割り当てられた寄与度である．

- （資本加重）平均セクター相関（(capital weighted) average cross-sector correlation）： $\bar{B}^2$

CDI はよく知られた Herfindahl 集中指標の考え方を各セクターの単独資本 (stand-alone capital) に応用したものである（通常は与信額 EAD に適用される）．直観的には，セクター間におけるポートフォリオの分散度合いを表した指標である（セクター間の相関は考慮されていない）．例えば 2 ファクターの場合，CDI の値は 0.5（最も分散されている）から 1（最も集中している）の間をとる．CDI の逆数は，資本配分の観点から見たポートフォリオの「有効セクター数（effective number of sectors）」と解釈できる．

相関パラメータの平均を求める場合も，各セクターへの寄与度をより正確に反映するために（与信額が均一でないことを信用リスクへ反映するために）資本額で加重平均を行う．セクター相関の平均を求める方法は多数存在するが，ここでは以下の方法を選ぶ．各セクターを表すファクター間の相関行列を Q（(16.23) を用いて得られる $Q_{ij} = \beta_i \beta_j, i \neq j$ より一般な場合でもよい）と仮定し，ポートフォリオのウェイトを表すベクトルを $W = (w_1, \cdots, w_S)^\top$ で表す．これらを用いてセクター相関の平均は以下のように定義される．

$$\bar{B}^2 = \frac{\sum_i \sum_{j \neq i} Q_{ij} w_i w_j}{\sum_i \sum_{j \neq i} w_i w_j} = \frac{\sigma^2 - \delta^2}{\vartheta^2 - \delta^2}$$

ここで，$\sigma^2 = W^\top Q W$ は確率変数の分散を表すものであり，ファクターの加重和の形をしている．$\delta^2 = \Sigma_i w_i^2$, $\vartheta^2 = (\Sigma_i w_i)^2$ である．すべての非対角成分が $\bar{B}^2$ に等しい相関行列 B により $W^\top B W = W^\top Q W = \sigma^2$ という関係式が成立するという意味で，$\bar{B}^2$ は相関の平均を表しているといえる．特別な場合として各ポートフォリオのウェイトが各セクターの単独資本に等しい場合を考えると $\delta^2 = \Sigma_i EC_i^2$ や $\vartheta^2 = (\Sigma_i EC_i)^2 = (EC^{sf})^2$ という等式が成立する．

Garcia Cespedes et al. (2006) は，モンテカルロシミュレーションの数値結果を用いて (16.27) をキャリブレーションし，相関係数や CDI を変化させた場合に，分散ファクターがどのように変化するかという比較静学を行っている（図 16.1 を参照）．

分散ファクターモデルは，分散効果を各セクターに均等に配分する傾向があるため，各セクターに配分される寄与度は $DF \cdot C_k$ となる．これらを調整前リスク寄与度（unadjusted capital contribution）と呼ぶ．こうした結果は，ポートフォリオ全体の分散に対して各セクターの寄与度が異なることを反映したものではない．この代わり

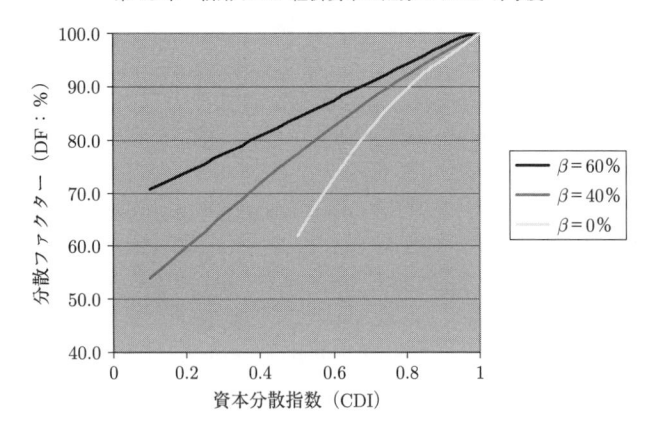

図 16.1 Garcia Cespedes et al. (2006) のモデルによる分散ファクターのカリブレーション

に以下のような形の資本配分式を探す必要がある.

$$EC^{mf} = \sum_{k=1}^{K} DF_k \cdot EC_k \tag{16.29}$$

(16.29) に含まれる DF_k をセクター別限界分散ファクター (marginal sector diversification factor) と呼ぶ.

(16.26) のような一般的なモデルに対して DF が EC_k に関する 0 次同次関数であると仮定した場合, (16.29) の資本配分式は Euler の定理から以下のような形で成立する.

$$DF_k = \frac{\partial EC^{mf}}{\partial EC_k}, \quad k = 1, \cdots, K \tag{16.30}$$

(16.27) のモデルの特殊ケースとして, DF が CDI と $\bar{B}^2$ に関する 0 次同次関数である場合を考える. (16.30) の微分を実行することでセクター別限界分散ファクターは以下のように求められる.

$$\begin{aligned} DF_k =& DF + 2\frac{\partial DF}{\partial CDI} \cdot \left[\frac{EC_k}{EC^{sf}} - CDI \right] \\ &+ 2\frac{\partial DF}{\partial \bar{B}^2} \cdot \frac{1 - (EC_k/EC^{sf})}{1 - CDI} \cdot [\bar{Q}_k - \bar{B}^2] \end{aligned} \tag{16.31}$$

ここで,

$$\bar{Q}_k = \frac{\sum_{j \neq k} Q_{kj} EC_j}{\sum_{j \neq k} EC_j}$$

はセクター k とその他の全共通ファクターとの平均的な相関係数と解釈できる.

このモデルで求めた限界リスク配分では, 分散効果を直観的な 3 つの要素に分解す

ることができる.すなわち,全体ポートフォリオの分散,セクターのサイズ,セクター間相関の3つの要素であり,

$$DF_k = DF + \Delta DF_{Size} + \Delta DF_{Corr}$$

と書ける.また,この3つの要素は以下のように解釈できる.

- 全体ポートフォリオの DF
- 全体ポートフォリオに対する各セクターの「相対的なサイズ」の調整.直観的に理解するために,$DF > 0$ であり各セクターが同じ相関 $\bar{B}^2$ をもつ場合を考えると,単独資本が小さいセクター($w_k < CDI$)の全体ポートフォリオに対する資本寄与度は,その分だけ小さくなる.このため分散効果 DF_k は高くなる.
- セクター間相関の調整:平均的な相関より低い相関をもつセクターには,直観に合うように高い分散効果が与えられる.

5. リスク寄与度の数値計算法

信用ポートフォリオの損失分布やリスク寄与度の計算を行う際に,シミュレーションが必要となるのは,マルチファクターにより豊富な依存関係が導入されている場合や,個別債務者に与信が集中している(すなわち均質でない)場合,損失が格付推移やスプレッドの変動に依存している場合,与信額やLGD(とその相関)が確率的に変動する場合などである.シミュレーションによりリスク寄与度を計算する方法は,大きく2つのクラスに分類できる.

- フルモンテカルロシミュレーション:信用事象や損失額を直接サンプリングする方法.この場合,シミュレーションの結果は,全債務者の損失額を表す独立同一分布に従う M 個のサンプルである(ポートフォリオの損失額は債務者の損失額の合計).サンプリングの背景にあるモデルに特段の仮定を必要としないのが特徴である.
- 信用ポートフォリオモデルの条件付独立フレームワーク(2節)を用いた2段階の数値計算法:この場合,まず共通ファクターに関するシミュレーションを行い,その後,ポートフォリオの無条件損失分布を様々な数値計算法で計算する.共通ファクターのシナリオごとに各債務者の条件付損失分布が決まり,それらの畳み込み積としてポートフォリオの条件付損失分布が得られる.すでに説明したように,ポートフォリオの条件付損失分布を計算する際には様々な計算テクニックを使うことができる.

以下では,これらの計算手法を応用して,信用リスク寄与度の計算(VaR や ES の枠組みで)を行う方法を概観する.

5.1 信用事象の直接サンプリングとモンテカルロシミュレーション

直接シミュレーション法では,VaR や ES は,抽出されたポートフォリオ損失額の順序統計量として推計される[17].信用リスクの計測で用いられるような極端な分位点でリスク寄与度を計算する場合には,まれにしか起こらない事象に関して条件付期待値((16.10) と (16.12))を計算する必要があるため,正確に計算することは容易でない.この問題は VaR 寄与度のように単一の損失額から算出する場合のほうが,一定レンジの損失額を条件付きとして算出する ES 寄与度の場合より顕著となる.このように VaR 寄与度を正確に計算するためには,推計法にどのような分位点を選ぶかが決め手となる.特に実務でよく使われる標本分位点(sample quantile)を使用する方法は,1 つの順序統計量(order statistic)だけで推計するという意味で説明力に欠ける.これに対し L 推定量により VaR 寄与度を推計する方法ではより頑健な推計結果が得られる.

5.1.1 標本分位推定量

モンテカルロシミュレーションで発生させた独立な 100 個のサンプルを用いてポートフォリオの VaR や ES を信頼水準 95% で求める問題を考える.実務において 95% VaR を推計する場合,標本分位値(すなわち 96 番目の順序統計量 $L^{(96)}$)は,このサンプルの中では $\mathbb{P}(L \geq L^{(96)}) = 0.05$ を満たすという理由でしばしば VaR の推計値として用いられる.95% ES は,96~100 番目の順序統計量の算術平均として推計される.

以上のように定義される標本分位推定量は,いわゆる経験累積分布関数の上限値(upper empirical cumulative distribution value; UECV)に対応する推定量である.より一般的にサンプルが M 個の場合に,信頼水準が α の損失分布の UECV 推定量は以下のように与えられる.

$$\overline{VaR}_\alpha = L^{(\lfloor M\alpha \rfloor + 1)}$$

ここで,$\lfloor x \rfloor$ は x を超えない最大の整数を表す.信頼水準 α の ES は以下のように与えられる.

$$\overline{ES}_\alpha = \frac{1}{M(1-\alpha)} \left[(\lfloor M\alpha \rfloor + 1 - M\alpha) L^{(\lfloor M\alpha \rfloor + 1)} + \sum_{k=\lfloor M\alpha \rfloor + 2}^{M} L^{(k)} \right]$$

この計算例を見ると,どのシナリオにおいても,ポートフォリオの損失額は債務者の損失額の合計として表現されている.このため,95% VaR に対する債務者 j の寄与度は $L_j^{(96)}$(すなわちポートフォリオの損失額が 5 番目に大きくなるようなシナリオ

---

[17] k 番目に少ない損失額を k 番目の順序統計量とする.

における債務者 j の損失額)として推計される.また,95% ES に対する債務者 j の寄与度は,ポートフォリオの損失額が大きい上位 5 個のシナリオにおける債務者 j の損失額を平均したものとして推計される.

さらに (16.10) を用いた場合,VaR に対する債務者 j の寄与度は,損失額が VaR の推計値に等しくなるすべてのシナリオおいて債務者 j の損失額を考え,その平均として寄与度が推計される.形式的に $k_\alpha^{\min} \leq k \leq k_\alpha^{\max}$ に対して $L^{(k)} = \overline{VaR_\alpha}$ とすると以下のように表される.

$$\bar{C}_j^{VaR_\alpha} = \mathbb{E}\left[L_j \mid L = \overline{VaR_\alpha}\right] + \frac{1}{k_\alpha^{\max} - k_\alpha^{\min} + 1} \sum_{k=k_\alpha^{\min}}^{k_\alpha^{\max}} L_j^{(k)}$$

損失額が VaR の推計値と等しくなるシナリオが 1 つしかない場合には(モンテカルロシミュレーションにおいて典型的に起こる),$k_\alpha^{\max} = k_\alpha^{\min} = \lfloor M\alpha \rfloor + 1$ となり,VaR の寄与度は 1 つの観測値から推計される.すなわち,以下の式が成立する.

$$\bar{C}_j^{VaR_\alpha} = L_j^{(\lfloor M\alpha \rfloor + 1)}$$

標本分位法では,与えられたポートフォリオの損失額は,債務者の損失額を複数組み合わせたものであるため,VaR 寄与度の推計があてにならないことがある(例えば,Mausser and Rosen, 1998; Mausser, 2003).これら推計方法を改善する方法は 2 つある.

- 複数の順序統計量を平均するような分位推定量を使う(例えば L 推定量).
- $\overline{VaR_\alpha}$ を実現する損失ポートフォリオの数を増やすようなサンプリング戦略を使う(例えば加重サンプリング)[18].

一方,ES 寄与度の推計は,以下のように表される.

$$\bar{C}_j^{ES_\alpha} = \frac{1}{M(1-\alpha)} \left[\left(k_\alpha^{\max} - M\alpha\right) \bar{C}_j^{VaR_\alpha} + \sum_{k=k_\alpha^{\max}+1}^{M} L_j^{(k)} \right]$$

この定義は,複数の順序統計量の平均値で与えられているため,推計値がより頑健となる傾向がある.しかし,ES 寄与度の推計の場合にも,L 推定量と加重サンプリング法は,推計の改善に役立てることができる.

5.1.2 L 推定量

VaR 寄与度の計算精度を改善する方法として,標本分位点の周辺にある損失額の順序統計量を加重平均する方法が,いくつかの論文で提案されている(例えば,Praschnik

---

[18] Glasserman (2005) で指摘されているように,条件付期待値を推計するために必要なサンプル数を集めるためには,$\overline{VaR_\alpha}$ の周辺に小さな「窓」を定義する必要がある.

et al., 2001; Hallerbach, 2003). これらは，概念的には，分位推定量のより一般的なクラスとして知られる L 推定量と一致するものである.

L 推定量の一つとして複数の順序統計量を加重平均して分位点を推計する方法がある（例えば Sheather and Marron, 1990）[19]. 具体的には，サンプル数が M 個の VaR_α を推計する場合，以下のような式となる.

$$\overline{VaR}_\alpha = \sum_{k=1}^{M} w_{\alpha,M,k}^{VaR} L^{(k)} \tag{16.32}$$

ここで，加重ウェイトは VaR の信頼水準とサンプル数のみに依存する. 債務者 j に対する VaR 寄与度は，以下のように推計される[20].

$$\bar{C}_j^{VaR_\alpha} = \sum_{k=1}^{M} w_{\alpha,M,k}^{VaR} L_j^{(k)} \tag{16.33}$$

ES_α を推計する場合には，以下のような式変形ができることに注意する.

$$ES_\alpha = \mathbb{E}\left[F^{-1}(p) \mid p \geq \alpha\right] = \frac{1}{1-\alpha} \int_\alpha^1 F^{-1}(p)\,\mathrm{d}p \tag{16.34}$$

(16.34) における $F^{-1}(p)$ を (16.32) で推計されたものと置き換えることで以下の式が導かれる.

$$\overline{ES}_\alpha = \frac{1}{1-\alpha} \int_\alpha^1 \left(\sum_{k=1}^{M} w_{p,M,k}^{VaR} L^{(k)}\right) \mathrm{d}p = \sum_{k=1}^{M} \left(\frac{1}{1-\alpha} \int_\alpha^1 w_{p,M,k}^{VaR} \mathrm{d}p\right) L^{(k)} \tag{16.35}$$

(16.35) が期待ショートフォールに対する L 推定量の定義であり，加重ウェイトは以下のように定義される.

$$w_{\alpha,M,k}^{ES} = \frac{1}{1-\alpha} \int_\alpha^1 w_{p,M,k}^{VaR} \mathrm{d}p$$

債務者 j に対する ES 寄与度は以下のように推計される.

$$\bar{C}_j^{ES_\alpha} = \sum_{k=1}^{M} w_{\alpha,M,k}^{ES} L_j^{(k)}$$

---

[19] L 推定量とスペクトルリスク尺度の関係は興味深いため述べておく（Acerbi, 2002）. 加重ウェイトが非負かつ非減少（損失額に対して）かつ合計が 1 であれば L 推定量で計算される量はスペクトルリスク尺度（すなわちコヒーレント）である.
[20] 複数の債務者で損失が発生しているサンプルの場合，そのウェイトはすべての順序統計量に等しく分布する. 例えば $L_{(j)} = L_{(j+1)}$ の場合 (16.33) の順序統計量を平均した $(w_{\alpha,S,j}^{VaR} + w_{\alpha,S,j+1}^{VaR})/2$ をウェイトとして用いればよい.

同じ損失額がある場合には，加重ウェイトは再度調整するものとする（脚注 20 を参照）．

実務的にうまく機能している L 推定量として Harrell and Davis (1982) の手法をあげることができる．経験則ではあるが，VaR 寄与度の推計を行う場合には，標本分位推定量より Harrell–Davis (HD) 推定量を使うほうが精度が高いことが知られている[21] (Mausser, 2003; Mausser and Rosen, 2005). HD 法による VaR と ES の推計法やその加重ウェイトの算出については付録 A で解説する．

VaR 寄与度を条件付期待値として定義した (16.10) と，順序統計量の加重平均として表現した (16.33) を比較することは有益である．この比較から，L 推定量に使われる加重ウェイトの直観的な意味がわかる．加重ウェイトは，推計したい分位点で VaR と順序統計量が等しくなる確率を反映したものである．すなわち以下の式が成立する．

$$\bar{C}_j^{VaR_\alpha} = \sum_{k=1}^M \mathbb{P}\left[L^{(k)} = VaR_\alpha\right] \mathbb{E}\left[L_j \mid L = L^{(k)}\right]$$

実際，Sheather and Marron (1990) で指摘されているように，HD 推定量は，実質的には $\mathbb{E}\left[L^{([M+1]\alpha)}\right]$ のブートストラップ推定量であり，期待値部分を再サンプリングでなく解析的に評価したものといえる．

損失分布の極端な分位点で，ポートフォリオの VaR や ES の寄与度を推計する場合，標準的な MC で極端な分位の観測値を正確に発生させることは難しく，分位推定量の援用などが必要となる．さらに，以下に示す 2 つの手法を組み合わせれば，より正確なリスク寄与度の推計が可能となる．

- モデルの構造を利用して条件付独立の枠組みを活用する．
- 加重サンプリング法，制御変量法，準モンテカルロ（quasi Monte Carlo）シミュレーション法[22]といった分散減少法を応用する．

5.2 条件付独立モデルにおけるリスク寄与度

2 節で説明した条件付独立の枠組みを考える．この場合，リスク寄与度は以下のように表現できる．ただし，確率変数

$$\bar{L}_j^m = L^m - L_j^m$$

はシナリオ m における債務者 j を除く全債務者の損失額を組み合わせたものを表す．L_j^m と $\bar{L}_j^m$ は独立なので，シナリオ m における債務者 j の VaR 寄与度は

$$\mathbb{E}\left[L_j^m \mid L^m = VaR_\alpha\right] = \frac{\sum_{r=1}^R c_{jr}^m p_{jr}^m \mathbb{P}\left[\bar{L}_j^m = VaR_\alpha - c_{jr}^m\right]}{\mathbb{P}[L^m = VaR_\alpha]} \tag{16.36}$$

---

[21] 訳者注：Inui et al. (2005) によると，ファットテールな分布の場合，極端に端の点では HD 推計量のほうが精度が落ちることもある．
[22] 訳者注：正確には準モンテカルロシミュレーションは分散減少法に分類されない．

となる.債務者 j の無条件寄与度は,以下のように算出される.

$$\mathbb{E}[L_j \mid L = VaR_\alpha] = \sum_{m=1}^{M} \mathbb{E}[L_j^m \mid L^m = VaR_\alpha] \, \mathbb{P}[Z^m \mid L = VaR_\alpha] \quad (16.37)$$

期待ショートフォール寄与度の算出も同様に,(16.36) と (16.37) における条件を VaR を下回らない損失額という条件に置き換えたものとして算出される.すなわち,(16.36) に含まれる確率計算の分子と分母を以下のものに置き換えればよい.

$$\mathbb{P}[\bar{L}_j^m \geq VaR_\alpha - c_{jr}^m], \qquad \mathbb{P}[L^m \geq VaR_\alpha] \quad (16.38)$$

(16.36) によると,債務者 j の条件付寄与度は,L_j^m と $\bar{L}_j^m$ の畳み込み積を含んでいることがわかる.ポートフォリオの条件付損失分布 (16.4) の算出に関して,この畳み込み積を効率的に近似するために,様々な数値計算法を応用することができる.例えば,鞍点法 (saddlepoint method) を用いると,VaR や ES の寄与度を準解析的に計算することができる (Martin et al., 2001 参照).また,中心極限定理を応用することで,ポートフォリオの条件付損失分布がおおよそ正規分布に従うと仮定し,リスク寄与度の解析解を導出することができる.中心極限定理を使って VaR や ES 寄与度の解析解を算出する方法については,付録 A で詳細を解説する.

条件付独立モデルの本質は,(各シナリオにおいて個別債務者の損失が条件付独立であることから発生する) 個別リスクを把握することにある.このため,非常に大きな均質ポートフォリオ (ポートフォリオの損失の大部分が共通ファクターによって変動する) のリスク寄与度や,極端に端の分位点を観測する場合,これらの手法を単独で用いるのでは,それほどの効果は得られない.この場合は,共通ファクターの実現シナリオを発生させることがより重要であり,そのためには,分散減少法のほうが重要な改善策となってくる.

5.3 分散減少法

分散減少法を用いると,リスク寄与度の推計精度を飛躍的に改善することが可能であり,特に極端な分位点の推計において有効である.特に,加重サンプリング法を用いた場合,共通ファクター,個別ファクターどちらに関しても,より適切な形で分布のテールにおけるシナリオを発生させることが可能となる.以下では,リスク寄与度の推計に応用可能な代表例をいくつかリストアップする.

- Merino and Nyfeler (2004) は,(16.38) の確率部分を加重サンプリング法で推計することでデフォルトのみのモデルにおける ES 寄与度の算出を行っている.この手法では,まず,信頼水準 α のポートフォリオの無条件損失 VaR_α を算出する.次に,VaR_α が $\mathbb{E}[L^m]$ を超える場合には,各条件付確率 p_{j1}^m を調整することで,調整後の確率による L^m の平均値と VaR_α が等しくなるようにする (いわ

ゆる「指数ツイスト（exponential twist）」を用いる)[23]．このように，シナリオごとの個別リスクの算出に加重サンプリング法を応用することができる．
- Kalkbrener et al. (2004) においても，デフォルトのみの場合に ES 寄与度の算出が行われているが，共通ファクターに加重サンプリング法を適用している点が異なっている．すなわち，極端な損失額を多く発生させるために，平均をシフトさせた正規分布からサンプル $Z_1, \cdots, Z_d$ を抽出している．共通シナリオを条件としたポートフォリオの条件付損失分布を算出し，その分布からサンプリングを行うことで効率的に条件付期待値（(16.36) を参照）を推計できる（すなわち，共通シナリオの数 M 回分だけシミュレーションを行う）．
- Glasserman (2005) は，加重サンプリング法を共通ファクター（平均と分散の両方をシフトさせる）と個別ファクター（指数ツイストを用いる）の両方に応用することで VaR と ES の寄与度を計算している．また，条件付期待値の計算に関して，シフトさせた分布からサンプリングを行うのではなく，直接的な計算を行うことで，解析的な近似解が導出できることも示している．

6. 応 用 事 例

本節では，限界リスク寄与度による資本配分方法についていくつかの数値例を紹介し，実務的な問題が存在することを明らかにする．とりわけリスク寄与度の問題で重要となる各種リスク尺度の経営への含意や数値計算の問題を中心に扱う．特に，以下のような数値例を説明する．
- 最初の数値例では，シングルファクターの場合や均質ポートフォリオの場合に，VaR や ES 寄与度がどのような性質をもつかを説明する．分位点の選択により資本配分が大きな影響を受けることがわかる．
- 2 番目の数値例では，マルチファクターモデルによりポートフォリオの資本や資本寄与度を考えることで分散効果の影響を分析する．また，部分ポートフォリオの大きさや分散の水準に対する限界資本の感応度を示す．
- 3 番目の数値例では，国際的な債券ポートフォリオに対してシミュレーション法を用いた分析を行う．個別債券の信用損失が離散的であることからリスク寄与度の計算が困難となり，これらの影響を緩和するために L 推定量を使う．
- 最後の数値例では，ボラティリティによる債券ポートフォリオのリスク寄与度と，VaR や ES による寄与度の比較を行う．ボラティリティによる寄与度の場合は，資本配分が非効率的になることを示し経営への含意を議論する．

---

[23] 彼らの論文ではデフォルトのみの場合を扱っているが，指数ツイストの考え方は，格付が変化する一般的なモデルにも応用することができる．

6.1 シングルファクターモデルのリスク寄与度：分位点選択の影響

資本の計測に用いるリスク尺度やリスク寄与度の計測方法は，資本配分の意思決定に大きな影響を与える．以下では，信頼水準に対する資本配分の感応度を VaR 型のリスク尺度の場合に分析する．期待ショートフォールの場合も類似の結果が得られる．

最初の例として，表 16.1 に示すような信用ポートフォリオを考える．ポートフォリオは，10 個の均質なプールまたはセクターから構成され，各セクターには十分多くの債務者が含まれていると仮定する．各セクターが全与信額に占める割合は一定であると仮定しその割合は 10% とする．一般性を失うことなく，すべてのセクターで LGD は 100% と仮定する．ポートフォリオの損失はシングルファクター Merton モデルによりモデル化し，資産相関は一律 15%（この水準はバーゼル II における住宅ローンポートフォリオと同じである）と仮定する．モデル化のために，ポートフォリオは無限に均質化され共通ファクターのリスクのみに影響を受けるものとする．

ポートフォリオの期待損失額は総与信額の 3.5% であり，セクターの大きさがすべて同じと仮定しているため，EL の寄与度は各セクターの PD に比例する．このポートフォリオの VaR 損失額は (16.15) で示した解析解を通じて算出され，セクターの寄与度はポートフォリオに不変なものとして得られる．ポートフォリオの 99.9% 点の損失額は 19% 強であり，総資本額は 16% 弱となる．上から 4 番目までのセクターで全体の VaR の 80% を占める[24]．3 番目までのセクターで EL のおよそ 86%，VaR の 72% を占める．

図 16.2 は，ポートフォリオの損失分布のテールを示したものである．信頼水準

表 16.1　サンプルポートフォリオ（与信額が均一の場合）

セクター	与信額 (EAD)	倒産時損失率 (LGD)	デフォルト確率 (PD)	相関	EL	VaR (99.9%)
1	10	100%	11.00%	0.15	31.3%	25.2%
2	10	100%	10.00%	0.15	28.4%	24.0%
3	10	100%	9.00%	0.15	25.6%	22.7%
4	10	100%	2.00%	0.15	5.7%	9.1%
5	10	100%	1.50%	0.15	4.3%	7.5%
6	10	100%	1.00%	0.15	2.8%	5.7%
7	10	100%	0.30%	0.15	0.9%	2.4%
8	10	100%	0.20%	0.15	0.6%	1.8%
9	10	100%	0.10%	0.15	0.3%	1.0%
10	10	100%	0.05%	0.15	0.1%	0.6%
計	100				3.5	19.3

資本額 15.8．

---

[24] この結果は，EL 寄与度も含む VaR 寄与度に対する結果であるが，資本の寄与度（期待損失を除いて定義したもの）に対しても類似の結果が得られる．

100% に対応する最大損失額は総与信額の 100 に等しい．さらにテールの 90% 点から 99.99995% の部分を拡大した図を対数目盛で示している（この範囲では，損失分布が指数分布に従っていることがよくわかる）．

分位点の選択は，資本配分に相応の影響を与える．これについては，VaR 寄与度を分位点の関数（分位点を変化させたときの寄与度の比較静学）として表した図 16.3 により理解できる．図 16.3 から以下の特徴が観測される．

- すべての債務者の与信額が同一であるため，信頼水準 100% の場合は債務者の信用力に関係なく，各セクターの寄与度は全損失額の 1/10 となる．信頼水準が 100% 以外の場合，損失額は常に PD の影響を受ける．
- 信頼水準 66% において，PD が高い（信用力が低い）上位 3 セクターが，全 VaR の 87% を占める．上位 3 セクターの占有率は，99.9% 水準（バーゼル II の水準）では 72% まで低下し，99.999% 水準では 63% まで低下する．
- 一般的に，分位点を大きくした場合，信用力の低いセクターに配分されていた資本が信用力の高いセクターへ移動する．例えば，99% 点から 99.99% 点に変化させた場合，およそ 10% くらいの資本が信用力の低いセクターから高いセクターへ動くという結果が得られる．

さらに図 16.3 では，資本寄与度を説明するために，((16.28) で定義された) CDI の逆数で定義される「有効セクター数」も示している．この指標は，分位点がリスク寄与度に与える影響を概観するための，簡単な見方を与えてくれる．信頼水準が 99% の場合，有効セクター数は 4.2 である．信頼水準が 99.9% では 5.2 に増加し，信頼水準 99.999% では 6.2，信頼水準 100% では 10（これは与信額ベースで見た有効セクター数に等しい）に達する．

以上の数値例においてセクターごとに変化するのは信用力（PD）のみであった．分

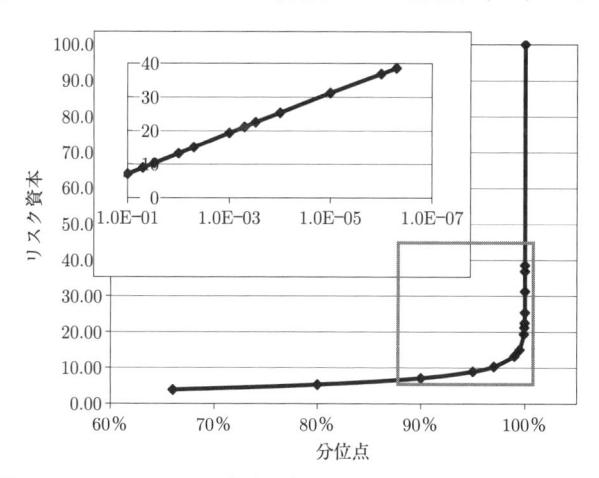

図 **16.2** ポートフォリオの損失分布のテール部分（与信額が均一の場合）

	分位点					
	90%	99%	99.9%	99.99%	99.999%	100%
1	30.1%	27.4%	25.2%	23.3%	21.7%	10%
2	27.7%	25.7%	24.0%	22.4%	21.0%	10%
3	25.3%	24.0%	22.7%	21.4%	20.2%	10%
4	6.4%	8.0%	9.1%	10.0%	10.6%	10%
5	4.9%	6.4%	7.5%	8.5%	9.2%	10%
6	3.3%	4.6%	5.7%	6.6%	7.4%	10%
7	1.0%	1.7%	2.4%	3.1%	3.8%	10%
8	0.7%	1.2%	1.8%	2.3%	2.9%	10%
9	0.3%	0.7%	1.0%	1.5%	1.9%	10%
10	0.2%	0.4%	0.6%	0.9%	1.2%	10%
1/CDI	4.2	4.7	5.2	5.8	6.2	10.0

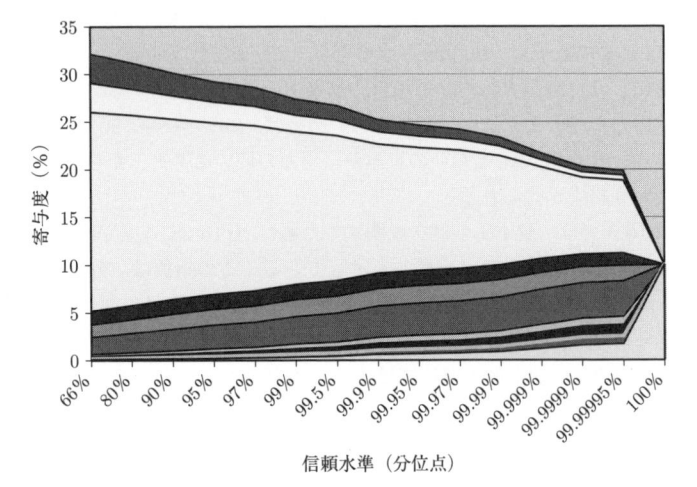

図 **16.3** 分布のテールにおけるリスク寄与度（与信額が均一の場合）
CDI：資本分散指標．

位点を変化させた場合，リスク寄与度はセクターごとに変化するが，セクター間のリスク寄与度の順序（同一の分位点で比較したもの）は変化しない．このような現象は，信用力以外の指標がセクターごとに異なる場合には成立しない．以下では，表 16.2 に示したようなポートフォリオを考える．

総与信額と PD の分布は表 16.1 の場合と同じである（少なくとも信頼水準 100% では同じ）．しかし，表 16.2 の場合，信用力に比例して与信額が分布しているため（いわゆるバランスのとれたポートフォリオ），EL と信頼水準 99.9% の資本は表 16.1 の場合より少ない．

表 16.2 の場合，信用力だけでなく与信額もセクターごとに異なるため，分位点の変化が資本配分へ与える影響はより複雑になる．これを示したものが図 16.4 である．このポートフォリオには以下のような特徴が観測される．

6. 応 用 事 例

表 16.2 サンプルポートフォリオ（与信額が不均一の場合）

セクター	与信額 (EAD)	倒産時損失 (LGD)	デフォルト確率 (PD)	相関	EL	VaR (99.9%)
1	2	100%	11.00%	0.15	25.5%	16.2%
2	2	100%	10.00%	0.15	23.6%	15.4%
3	2	100%	9.00%	0.15	21.2%	14.6%
4	2	100%	2.00%	0.15	4.7%	5.9%
5	5	100%	1.50%	0.15	8.8%	12.1%
6	5	100%	1.00%	0.15	5.9%	9.2%
7	5	100%	0.30%	0.15	1.8%	3.8%
8	10	100%	0.20%	0.15	2.4%	5.7%
9	30	100%	0.10%	0.15	3.5%	10.0%
10	37	100%	0.05%	0.15	2.2%	7.1%
計	100				0.85	6.0

資本額 5.2.

- 信頼水準が低い場合は，信用力の低い上位 3 セクターが資本の大部分を占める．信頼水準 66% では損失の 75% を占める．信頼水準が 99% の場合には 55% を占めるにとどまり，信頼水準が 99.99% の場合には 39% まで低下する．信頼水準が高い場合は，これらのセクターの寄与度はもはや最も高いというわけではなくなる．信頼水準 100% では，与信額が大きい（信用力がよい）上位 3 セクターが資本の 77% を占める結果となる．
- 分位点が変化すると，各セクターが占めるリスク寄与度の順序は変化する．これは図 16.4 のグラフの線がそれぞれ交わっていることからも読み取ることが可能で，上の表からも読み取れる．
- 有効セクター数（CDI の逆数）は分位点の単調関数とはならない．有効セクター数は，信頼水準 99.999% でピークを迎え，信頼水準が 100% に近づくと値が 4 近くまで減少する．

CDI は，与えられた分位点におけるリスク寄与度の「分散度合い」を表す尺度と考えることができる．したがって，分散度合いが最小な分位点において CDI の値も最小となる．ポートフォリオが最も分散されて見えるのは，基本的にはこの分位点においてである．すべてのセクターで資本寄与度が等しい場合に有効セクター数は最大となり，実際のセクター数と一致する（ケース 10 がその場合である）．

6.2 分散ファクターと資本寄与度

前項の表 16.1 に示したポートフォリオを再び考える．すなわち，ポートフォリオは同質かつ均質な 10 個のセクターからなるとし，セクター間のウェイトはすべて等しい（各セクターの寄与度は全体の 10%）とする．シングルファクター信用モデルを用いて表の上のほうから（PD が高いほうから）3 つのセクターの寄与度を考えると，信

	分位点						
	90%	99%	99.9%	99.99%	99.999%	99.9999%	100%
1	24.2%	19.6%	16.2%	13.5%	11.4%	9.7%	2%
2	22.3%	18.4%	15.4%	13.0%	11.1%	9.5%	2%
3	20.3%	17.2%	14.6%	12.4%	10.6%	9.2%	2%
4	5.2%	5.7%	5.9%	5.8%	5.6%	5.3%	2%
5	9.8%	11.4%	12.1%	12.3%	12.1%	11.7%	5%
6	6.7%	8.3%	9.2%	9.6%	9.8%	9.7%	5%
7	2.1%	3.1%	3.8%	4.5%	4.9%	5.3%	5%
8	2.8%	4.3%	5.7%	6.8%	7.7%	8.5%	10%
9	4.2%	7.1%	10.0%	12.6%	15.0%	17.1%	30%
10	2.6%	4.8%	7.1%	9.5%	11.8%	13.9%	37%
1/CDI	5.9	7.4	8.5	9.1	9.2	9.0	4.1

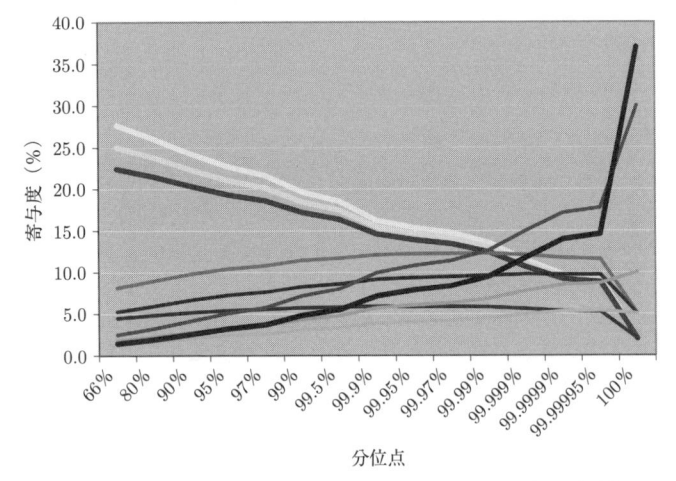

図 16.4 分布のテールにおけるリスク寄与度(与信額が不均一の場合)
CDI:資本分散指標.

頼水準 99.9% の損失額全体の 72% を超え,リスク資本のおおよそ 69%(EL 寄与度が高いにもかかわらず)を占める結果となる.

以下では,ポートフォリオの変動が,(16.22) や (16.23) で定義されるマルチファクターモデルによって与えられるとする.各セクターでは,前項で用いた例のように,セクター内の相関が 15% のシングルファクターにより与えられるとする.さらに,単一の共通ファクター (16.23) と各セクターの相関は,すべてのセクターで同じ水準であるとする.図 16.5 は,セクター間の相関を 100%, 60%, 40% とした場合の資本とその配分を示したものである.

ポートフォリオの資本分散指標 (CDI) は 0.18 であり,これから算出される有効セクター数は 5.6 である(与信額ベースでの Herfindahl 指数は 0.1 である).すべての

6. 応 用 事 例

セクター	与信額	EL	VaR
1	10%	31.3%	25.2%
2	10%	28.4%	24.0%
3	10%	25.6%	22.7%
4	10%	5.7%	9.1%
5	10%	4.3%	7.5%
6	10%	2.8%	5.7%
7	10%	0.9%	2.4%
8	10%	0.6%	1.8%
9	10%	0.3%	1.0%
10	10%	0.1%	0.6%
計	100	3.52	19.33

資本分散指標	0.180
有効セクター数	5.6

リスク寄与度		
相関100%	相関60%	相関40%
23.9%	25.1%	26.7%
23.0%	24.0%	25.3%
22.0%	22.8%	23.8%
9.9%	9.2%	8.3%
8.3%	7.5%	6.6%
6.3%	5.7%	4.8%
2.7%	2.4%	1.9%
2.0%	1.7%	1.4%
1.2%	1.0%	0.8%
0.7%	0.6%	0.5%
15.81	11.58	9.28

DF	100%	73.2%	40.0%
差		0.34	0.59

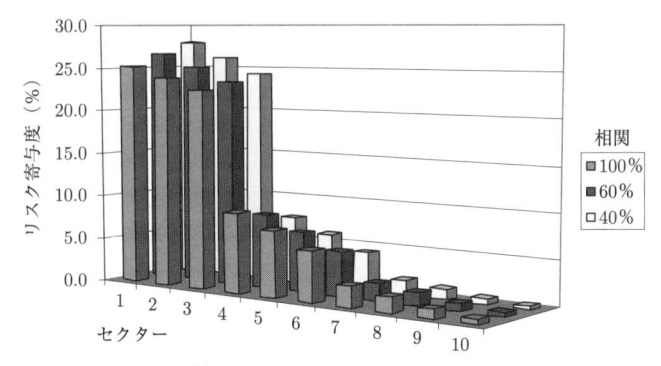

図 **16.5** マルチファクターモデルにおけるリスク寄与度（与信額が均一の場合）

　セクター相関を100%にした場合はシングルファクターモデルを考えることに対応しており，この場合の分散ファクター（DF）は100%となる．相関が60%や40%の場合，必要となる資本はそれぞれ27%，60%だけ少なくてすむ（DFはそれぞれ73.2%と40%）．

　最後の3列（およびグラフ）は，相関が異なる場合に資本配分がどのように違うかを示したものである．シングルファクターモデルの場合（100%相関の場合），各セクターの寄与度はそれぞれの単独資本（各セクターを単独のポートフォリオと考えて算出した資本額）に等しくなる．(16.27) より，リスクの集中が見られる場合には，各セクターの限界分散寄与度（marginal diversification factor; DF_k）は，セクターの相対的な大きさ（単独リスク資本の意味で）やセクター間の相対的な相関関係（この例ではすべてのセクターにおいて同じである）に依存することがわかる．小さいセクターのほうが分散全体への寄与がより大きく，資本配分の割合は単独資本の寄与度と比較してより小さくなることがわかる．一方，ポートフォリオが大きいほうが寄与（寄与

率)もより大きくなる.グラフで見る限り,このような効果は分散されたポートフォリオのほうが大きくなる(すなわち相関が小さいほど大きくなる).このように,シングルファクターモデルの場合には,サイズが大きい上位3つのポートフォリオの寄与度は69%であったが,この寄与度が76%まで大きくなる.

6.3 VaR寄与度,損失分布の離散性とL推定量

本項では,マルチファクターモデルを用いて,エマージング市場の債券から構成されるポートフォリオの信用リスクを分析する.ポートフォリオは,86の発行体による197の長期債やソブリン債から構成され,時価総額は83億USドル,デュレーションはおよそ5年であるとする.信用リスクモデルとしては,デフォルトと時価変動により損失が発生するモデルを用いている.各債務者の信用力の変化は,デフォルトを含む8段階の格付により表され,その推移確率はS&Pの推移行列を使用する.相互依存関係は,資産収益率に関するマルチファクターモデルにより表現する(詳細はBucay and Rosen, 1999).説明を簡単にするため,数値例は単純なものとし,2万本のシナリオを発生させるモンテカルロシミュレーションによりポートフォリオの信用損失分布を計算する[25].

図16.6はいくつかの信頼水準に対応したVaRとESを,UECVとHDの両手法により推計した結果を示したものである[26].どちらの推定量も実質的には同じ結果を導いている.

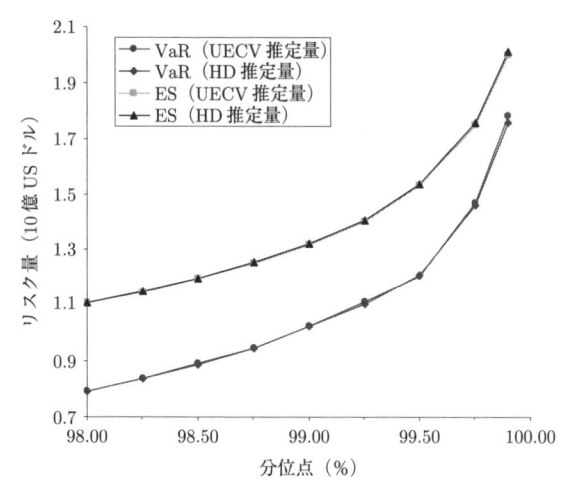

図 **16.6** 債券ポートフォリオのリスク量

---

[25] このシナリオ数は極端な分位点(例えば99.9%点)を正確に推計するためには比較的少ないサンプルである.実際には,多くのシナリオを発生させるか,準モンテカルロ法や加重サンプリング法を使う.

[26] この分析では,ウェイトが10^{-6}より小さいものはゼロとみなしている.

リスク寄与度の算出に UECV や HD 推定量を応用した場合，ES ではともに似たような結果となるが，VaR の場合には似たような結果とはならない．図 16.7 は，ブラ

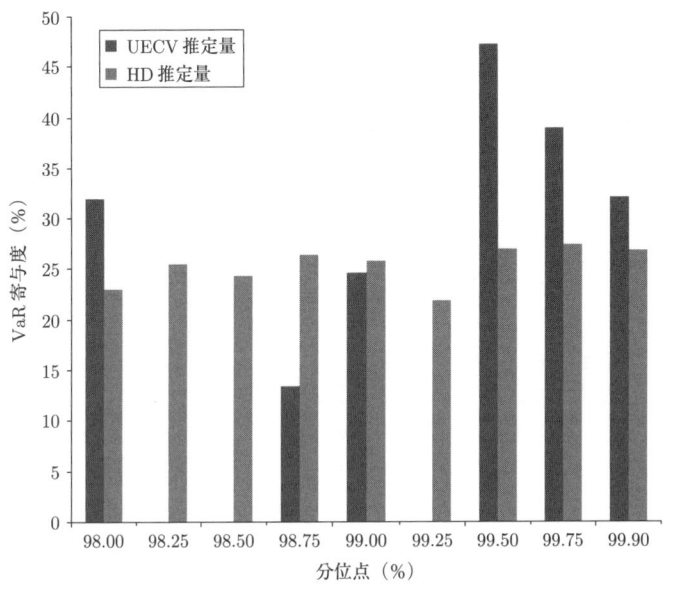

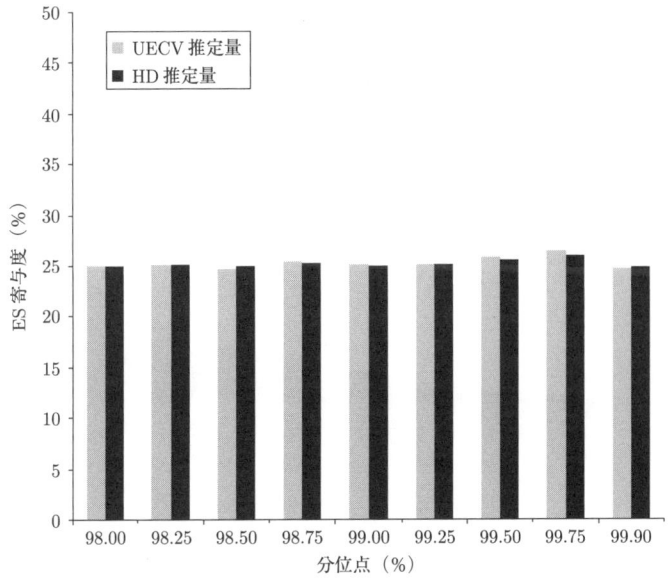

図 **16.7** ブラジル債のリスク寄与度

ジル債に対するリスク寄与度を表したグラフである．HD 推定量の場合はどちらのリスク尺度でも整合的で，ブラジル債が重要なリスク源であるという結果が得られるが，UECV 推定量の場合，ブラジル債の VaR 寄与度が不規則となり寄与度がゼロとなることもある．

図 16.8 は，ポートフォリオの損失額が大きい上位 400 のシナリオと，そのときのブラジル債の損失額を示したものである（すなわち経験分布の 98% 点を超えるテール部分）．ポートフォリオの損失分布が比較的スムーズな一方で，ブラジル債の損失分布は，ある順序統計量から次の順序統計量までしばしば極端に変化している（このモデルで債務者が被る可能性のある損失額はシナリオごとに 8 つの信用格付に対応した 8 段階の損失額がある）．

実務的には，単純な順序統計に基づいた分位推定量（例えば UECV）の場合でも，サンプル数を十分多くとればポートフォリオの VaR 値は頑健となる．さらに，サンプル数を増やすほどポートフォリオの損失分布は滑らかになるため，VaR の推計値もその分改善される．これに対して UECV による VaR 寄与度の推計値では，サンプルの数を増やしても，個別債務者の損失分布の滑らかさには影響しないため推定値はあてにならず正確性が改善されるわけではない．

このような特性は，信用リスクモデルの中でも典型的な，債権の損失がデフォルトや低格付へのダウングレードにより発生するモデルで重要な意味をもつ．債務者の格付は，もとの格付から動かない確率が相対的に高いため，1 つのシナリオを発生させ

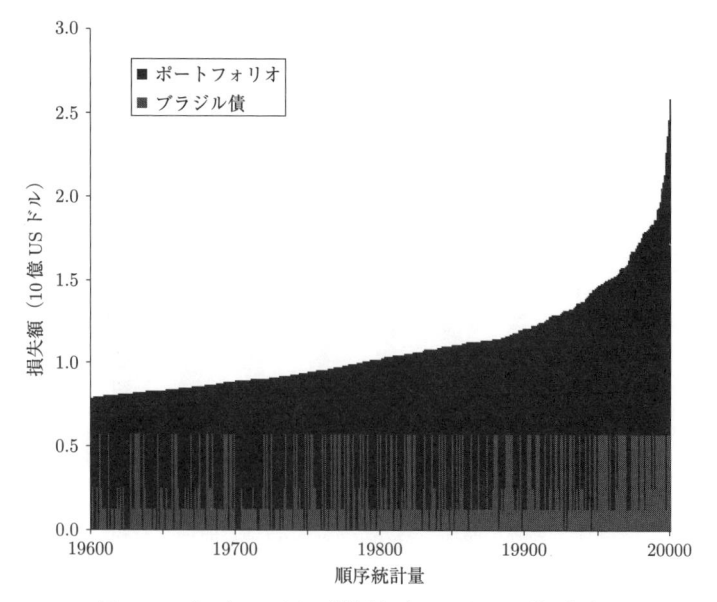

図 **16.8** ポートフォリオの損失額に占めるブラジル債の損失額

ただけでは多くの債務者が損失を被らない。結果としてUECV推定量で推計した場合，VaR寄与度がゼロという結果が極端に多くなってしまう．

これに対してESは，損失分布の中から一定幅の順序統計量を抽出し，それを平均したものとして定義される．ES寄与度の場合，債務者の損失額を平均することで滑らかになるため，UECV推定量でも信頼できる結果が得られる．

HD推定量では，これと類似した平均アプローチをVaRの推計に応用している．これによりHDVaR寄与度の安定度は改善されるが，ES寄与度と比較すると，まだ大きな変動が見られる（例えば，図16.7上図の99.25%点は周辺と比較してくぼんでいる）．これは加重平均法の中でも異なる方法を用いているためである．すなわち，ESの加重ウェイトは，ウェイトの大きさは異なるが，与えられた分位点を超える順序統計量のすべてにウェイトが割り当てられている．一方で，VaRの加重ウェイトは，与えられた分位点の周辺にある小さな「窓」に焦点を当てている．サンプルの数を多くすれば，加重ウェイトを割り当てる順序統計量の数も多くなるため，サンプル数を増やすことでVaR寄与度とES寄与度のどちらの場合も，より信頼できる推定量を得ることが可能となる．

図16.9は，ブラジル債に対するリスク寄与度をESとVaRにより推計した結果である．信頼水準は99.25%としている（アイコンが大きめになっている点は，19,850番目の順序統計に対するリスク寄与度を表した点である）．グラフは，400個からなる全ポートフォリオに対するブラジル債の相対的な寄与度を示したものである（すなわち，全ポートフォリオの損失のうちブラジル債の割合）．グラフの色の濃さは，割り当てられた加重ウェイトの大きさを表している．ES寄与度は，本質的には，ポートフォリオの損失額の上位200を加重平均したものである．これに対して，VaRの加重ウェイトは19,790〜19,900番目の順序統計量に対して割り当てられており，そのウェイトは19,850番目の周辺に集中している．

6.4　分位寄与度とボラティリティによる寄与度の比較

ボラティリティによって資本配分をする場合，ボラティリティに対する債務者の寄与度では分布のテール部分を表現することが難しく，その点が問題となる（例えばPraschnik et al., 2001; Kurth and Tasche, 2003; Kalkbrener et al., 2004）．リスク寄与度はリスク尺度や信頼水準の選び方により変化することを理解するのが重要である．以上のことは図16.10で明らかになる．図16.10は，上位6つの債務者に対するリスク寄与度を，ボラティリティの場合とVaRやESの場合に2つの対応関係をプロットしたものであり，信頼水準が98〜99.9%にある場合のレンジを示している．例えば，ブラジル債の場合，VaR寄与度は21.9〜27.4%の間を動くが，ES寄与度は24.8〜26.0%の間を動き，ボラティリティの場合は単に20.6%だけで説明される．

寄与度の大きいブラジル債とロシア債を見ると，VaRやESのリスク寄与度はどちらもボラティリティの寄与度より大きくなるという点で一致している．さらに，ロシ

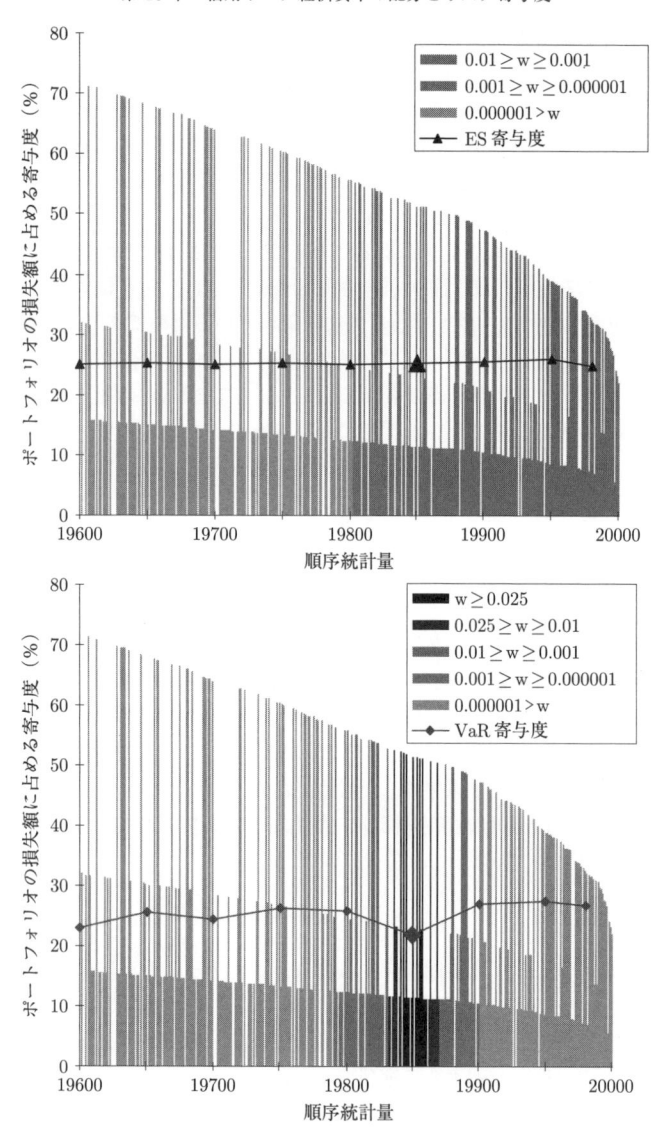

図 16.9 ブラジル債の ES 寄与度と VaR 寄与度の推計

ア債とベネズエラ債の順序はボラティリティの場合に逆転している．また，VaR 寄与度のレンジは基本的には ES 寄与度のレンジより広い．これは，すでに議論したように，HD 推定量の場合でも VaR 寄与度のほうが精度に欠けること（ランダムな誤差に敏感である）を反映したものである．

図 16.10　主要なリスク寄与度

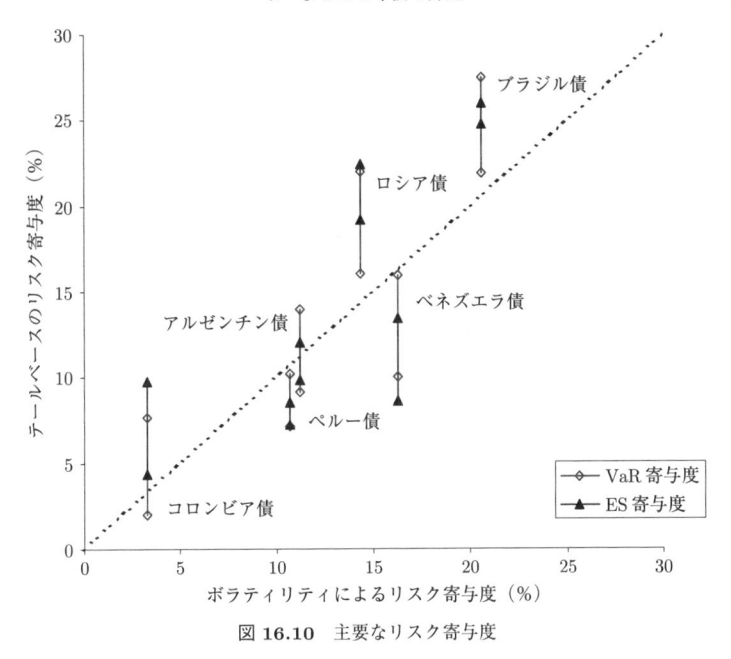

7. まとめと今後の課題

　金融機関において，経済資本を配分することは，経営判断の支援や事業計画を策定するための重要なツールであり，例えば，価格の決定，収益の評価，極度額の設定，ポートフォリオのリスク・リターンの最適化や最適化戦略，リスク調整後のパフォーマンス評価などを行ううえで重要となる．本章では，信用リスク資本寄与度の計測手法や資本配分への応用について，実務的な観点から概観した．様々なリスク尺度やモデルに関するメリットとデメリット，資本配分戦略に対する含意，これらに付随する数値計算の問題に関して議論を行った．これらの主要な内容をまとめると以下のとおりである．

- 限界リスク寄与度は，ポートフォリオの分散効果を反映していることや加法性を満たすことから，EC の配分を行う際に有益でかつ基本的な原理を与えてくれる．
- 資本配分の結果はリスク尺度の選択にそれなりの影響を受ける．特に，ボラティリティによる寄与度では不整合で意味のない配分が起こりうるが，VaR 寄与度や ES 寄与度ではそうした不都合を避けることができる．また，資本配分の結果は，リスク計測を行う際の信頼水準の選び方にも大きく依存する．
- VaR 寄与度や ES 寄与度は，簡単なモデルの場合に解析的に計算することができる（例えばバーゼル II のモデルやその拡張モデル）．これは計算速度を速くする

ことだけでなくリスク寄与度の性質をより深く理解したい場合に役立つ.しかし,これらのモデルにも実務上重要な限界が存在する.例えば,単一の共通ファクターモデルでは,加法的に配分された資本配分がポートフォリオに不変な量となる.さらに細かくモデリングを行うためには,マルチファクターモデルを用いて非均質ポートフォリオや分散効果を扱う必要があり,これを用いることでより豊かな分散効果を表現することやより現実的な資本戦略を考えることが可能となる.

- ポートフォリオの性質をより現実的に表現するモデルとして,モンテカルロシミュレーションによる信用リスクモデルをあげることができる.ただしこのモデルでは,VaR と ES の寄与度の計算が容易でなく,特に信用リスク資本でよく使われる極端な分位点において問題は顕著となる.寄与度の推計精度を改善するためには3つの方法がある.1つ目は,条件付独立のフレームワークであり,独立な確率変数の畳み込み積の計算方法を応用した手法といえる.2つ目は,推計値を安定させるための L 推定量を使う手法であり,特に VaR の場合に有効である.3つ目は,分散減少法であり,例えば加重サンプリング法は,より極端な分位点においてより正確な寄与度を知りたい場合に有効である.

最近注目を集めている研究に,資本配分に関する実務的な問題を扱ったものがある.例えば,以下のようなものである.

- マルチファクターモデルの統計的な推計方法とその資本配分や集中リスクへの影響を扱った研究.資本配分方法は PD,与信額,LGD を正確に推計するだけでなく,信用イベントの相関をどのようにモデルへ組み込むかに敏感に反応する.経済ファクターと信用イベントの関係だけでなく,共通リスクや個別リスクの相関を理解するうえで実証的な研究は重要である(例えば Wendin and McNeil, 2005).
- ポートフォリオが巨大な場合(かつ各部分ポートフォリオは小さい)の資本寄与度の整合性.寄与度が非常に小さい場合(例えばポートフォリオが巨大),どのようにすればリスク寄与度を正確に計測できるであろうか.場合によっては,リスク寄与度の大きさが推計誤差の幅(あるいはモデルパラメータ)より小さくなることがある.例えば,債務者が 100 万人にも及ぶリテールポートフォリオや債務者数の多い事業ポートフォリオの場合などである.実践的な解決方法としては,例えば,より簡便な(カリブレーションされた)解析的なモデルや巨大ポートフォリオの配分に使われる各階層で整合性がとれた方法(例えば均質かつ同質なポートフォリオの基本的な性質を用いるなど)が考えられる.
- 即時性のある限界寄与度の計算.貸出や契約を新規に実行した場合,「即時」に整合性のとれた(分散効果を正確に勘案した)限界寄与度を計算するためにはどうすればよいか?この場合,フルシミュレーション法は,解析的な方法との組合せでパフォーマンスを改善できるかもしれないが,典型的なものは選択肢に入らない.実践的な解決方法としては,例えば Garcia Cespedes et al. (2006) で導入された単純な(総資本にカリブレートした)解析的モデルの応用が考えられる.これ

- らのモデルが受け入れられるためには，直観的でかつパラメータ数が少なく，期間を通じて頻繁に再カリブレーションする必要がある．
- 共通ファクターの寄与度に関する研究．本章では部分ポートフォリオのリスク寄与度を考えてきたが，実務家にとっては，マルチファクターモデル（KMV や CreditMetrics など）の核心である共通ファクター（信用リスクの変動要因）の寄与度にも関心があるであろう．これらのファクターは，ポートフォリオ全体のうちシステマティックな部分しか説明していない[27]．さらに，総資本額が共通ファクターの同次関数ではないため，限界資本寄与度の標準的な理論は適用できない．また，最も興味深いケースを計算するためには，マルチファクターモデルをシミュレーションする必要がある．共通ファクターの寄与度やヘッジ技術に関してさらに進んだ議論を知りたい場合は，Rosen and Saunders (2006a, 2006b) を参照されたい．

付　録　A

A.1　Harrell–Davis 推定量

Harrell–Davis（HD）推定量の考え方は以下のとおりである．$0 < \alpha < 1$ に対して $(M+1)\alpha$ 個の順序統計量を平均すると，平均値はサンプル数を増やすことで $F^{-1}(\alpha)$ に収束させることができる[28]．この事実に基づいて，HD 推定量では，VaR_α の計算を $\mathbb{E}[L^{((M+1)\alpha)}]$ として計算するため，$(M+1)\alpha$ 個の和を直接計算する必要はない．これにより導出される加重ウェイトは以下のとおりである．

$$
\begin{aligned}
w^{VaR}_{\alpha,M,k} &= \frac{1}{\beta[(M+1)\alpha, (M+1)(1-\alpha)]} \\
&\quad \times \int_{(k-1)/M}^{k/M} y^{(M+1)\alpha - 1} (1-y)^{(M+1)(1-\alpha) - 1}\, dy \\
&= I_{k/M}[(M+1)\alpha, (M+1)(1-\alpha)] \\
&\quad - I_{(k-1)/M}[(M+1)\alpha, (M+1)(1-\alpha)]
\end{aligned}
\tag{16.39}
$$

ここで，$I_X(a,b)$ は不完全ベータ関数である．図 16.11 は 95% VaR に対して HD 推定量と UECV 推定量の加重ウェイトを比較したものであり，サンプル数は 100 個としている．同様に 95% ES で比較した場合の結果を示したものが図 16.12 である．

---

[27] さらに，これらのファクターの線形和は共通ファクターのリスクのうちの一部しか説明していない（Rosen and Saunders, 2006a を参照）．
[28] 実際には，$L^{((M+1)\alpha)}$ は順序統計量 $L^{(\lfloor(M+1)\alpha\rfloor)}$ と $L^{(\lceil(M+1)\alpha\rceil)}$ の加重平均で計算する．

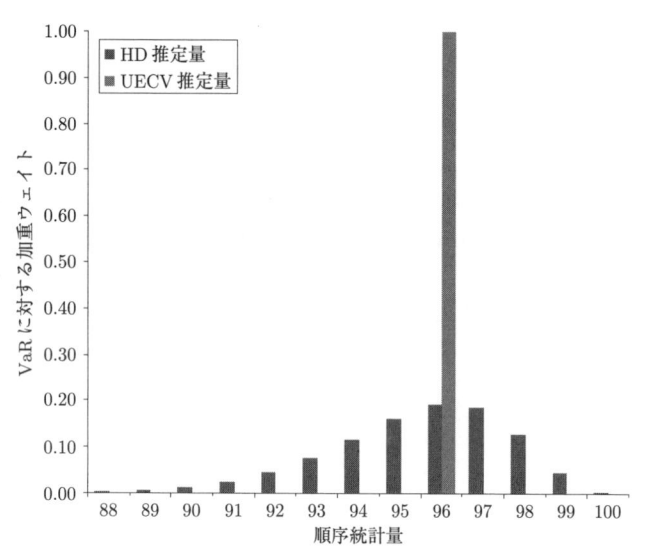

図 16.11　95% VaR に対する加重ウェイト（サンプル数が 100 の場合）

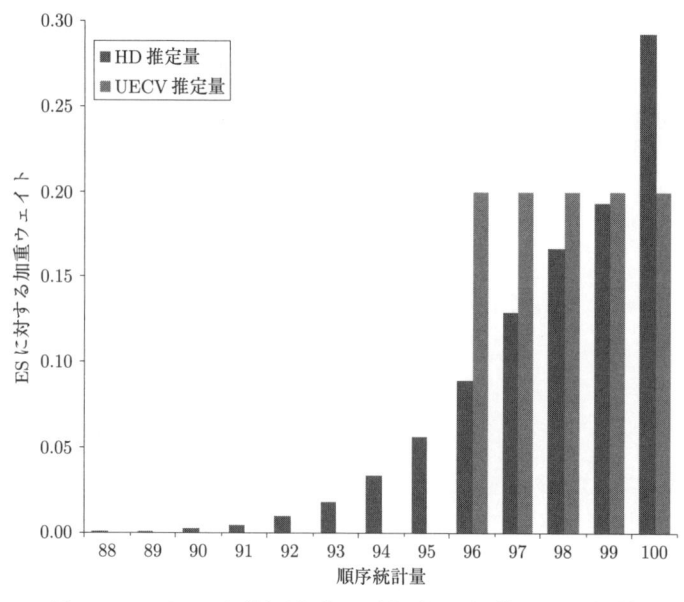

図 16.12　95% ES に対する加重ウェイト（サンプル数が 100 の場合）

A.2 VaR と ES の寄与度と条件付独立モデルにおける中心極限定理

条件付損失分布が正規分布に従う場合,ポートフォリオの損失額が損失分布のテールに含まれる確率は以下のように与えられる.

$$\mathbb{P}[L < y] = \frac{1}{M} \sum_{m=1}^{M} \Phi\left(\frac{y - \mu^m}{\sigma^m}\right) \tag{16.40}$$

ここで,$\Phi(\cdot)$ は標準正規分布の累積分布関数であり,

$$\mu^m = \sum_{j=1}^{N} \mu_j^m, \qquad (\sigma^m)^2 = \sum_{j=1}^{N} (\sigma_j^m)^2$$

と定義する.個別債務者の損失額 L_i^m ((16.3) を参照) の平均と分散は

$$\mu_j^m = \sum_{r=1}^{R} c_{jr}^m p_{jr}^m, \qquad (\sigma_j^m)^2 = \sum_{r=1}^{R} p_{jr}^m (c_{jr}^m - \mu_j^m)^2$$

同じ意味であるが $\Phi_{\mu,\sigma}$ を $N(\mu,\sigma)$ の累積分布関数(密度関数は $\varphi_{\mu,\sigma}$ で表す)とすると,(16.40) は推計された $VaR_\alpha(L)$ を用いて以下のように表現することができる.

$$\frac{1}{M} \sum_{m=1}^{M} \Phi_{\mu^m, \sigma^m}\left(\overline{VaR_\alpha}(L)\right) = \alpha \tag{16.41}$$

(16.41) に対して,条件付期待値の計算や VaR に関する微分を行うことで,個別債務者に対する VaR と ES の寄与度を以下のように解析的に表現することができる(例えば,Kreinin and Mausser, 2003; Martin, 2004 を参照).

$$\mathbb{E}\left[L_j \mid L = \overline{VaR_\alpha}\right]$$
$$= \frac{1}{\varphi_{\mu,\sigma}\left(\overline{VaR_\alpha}\right)} \sum_{m=1}^{M} \frac{\varphi_{\mu^m,\sigma^m}\left(\overline{VaR_\alpha}\right)}{M} \left(\mu_j^m + \frac{(\sigma_j^m)^2}{\sigma^m} Z_\alpha^m\right) \tag{16.42}$$

および

$$\mathbb{E}\left[L_j \mid L \geq \overline{VaR_\alpha}\right]$$
$$= \frac{1}{1-\alpha} \sum_{m=1}^{M} \frac{1}{M} \left(\mu_j^m \left(1 - \Phi_{0,1}(Z_\alpha^m)\right) + \frac{(\sigma_j^m)^2}{\sigma^m} \varphi_{0,1}(Z_\alpha^m)\right) \tag{16.43}$$

ここで

$$Z_\alpha^m = \frac{\overline{VaR_\alpha} - \mu^m}{\sigma^m}$$

(**H. Mausser and D. Rosen**/山田哲也)

参　考　文　献

Acerbi, C. (2002). Spectral measures of risk: A coherent representation of subjective risk aversion. *Journal of Banking and Finance* 26 (7), 1505–1518.

Artzner, P., Delbaen, F., Eber, J.M., Heath, D. (1999). Coherent measures of risk. *Mathematical Finance* 9 (3), 203–228.

Aziz, A., Rosen, D. (2004). Capital allocation and RAPM. In: Alexander, C., Sheedy, E. (Eds.), *The Professional Risk Manager's Handbook*. PRMIA Publications, Wilmington, DE, pp. 13–41. www.prmia.org.

Basel Committee on Banking Supervision (BCBS) (1988), *International Convergence of Capital Measurement and Capital Standards*. Available at http://www.bis.org.

Basel Committee on Banking Supervision (BCBS) (2004). *International Convergence of Capital Measurement and Capital Standards: A Revised Framework*. Available at http://www.bis.org.

Bucay, N., Rosen, D. (1999). Credit risk of an international bond portfolio: A case study. *Algo Research Quarterly* 2 (1), 9–29.

Bucay, N., Rosen, D. (2000). Applying portfolio credit risk models to retail portfolios. *Algo Research Quarterly* 3 (1), 45–73.

Credite Suisse Financial Products (1997). *CreditRisk$^+$: A Credit Risk Management Framework*. New York, NY.

Crosbie, P.J. (1999). Modeling default risk. *Manuscript*. KMV Corporation, January 1999.

Denault, M. (2001). Coherent allocation of risk capital. *Journal of Risk* 4 (1), 1–34.

Emmer, S., Tasche, D. (2005). Calculating credit risk capital charges with the one-factor model. *Journal of Risk* 7 (2), 85–101.

Finger, C. (1999). Conditional approaches for CreditMetrics portfolio distributions. *CreditMetrics Monitor* (April), 14–33.

Frey, R., McNeil, A.J. (2003). Dependent defaults in models of portfolio credit risk. *Journal of Risk* 6 (1), 59–92.

Garcia Cespedes, J.C., de Juan Herrero, J.A., Keinin, A., Rosen, D. (2006). A simple multi-factor "factor adjustment" for the treatment of credit capital diversification. *Journal of Credit Risk* 2 (3), 57–85.

Glasserman, P., Li, J. (2005). Importance sampling for portfolio credit risk. *Management Science* 51 (11), 1643–1656.

Glasserman, P. (2005). Measuring marginal risk contributions in credit portfolios. *Journal of Computational Finance* 9, 1–41.

Glasserman, P. (本書に収録). Calculating portfolio credit risk. In: Linetsky, V., Birge, J. (Eds.), *Handbook of Financial Engineering*.

Gordy, M. (2000). A comparative anatomy of credit risk models. *Journal of Banking and Finance* 24 (1-2), 119–149.

Gordy, M. (2003a). A risk-factor model foundation for ratings-based bank capital rules. *Journal of Financial Intermediation* 12 (3), 199–232.

Gordy, M. (2003b). Granularity. In: Szegö, G. (Ed.), *New Risk Measures for Investment and Regulation*. Wiley.

Gouriéroux, C., Laurent, J.P., Scaillet, O. (2000). Sensitivity analysis of values at risk. *Journal of Empirical Finance* 7 (3-4), 225–245.

Gupton, G., Finger, C.A., Bhatia, M. (1997). *CreditMetrics Technical Document*. J.P. Morgan & Co., New York.

Hallerbach, W. (2003). Decomposing portfolio value-at-risk: A general analysis. *Journal of Risk* 5 (2), 1–18.

参 考 文 献

Harrell, F., Davis, C. (1982). A new distribution-free quantile estimator. *Biometrika* 69 (3), 635–640.
Inui, K., Kijima, M., Kitano, A. (2005). VaR is subject to a significant positive bias. *Statistics and Probability Letters* 72 (4), 299–311.
Iscoe, I., Kreinin, A., Rosen, D. (1999). An integrated market and credit risk portfolio model. *Algo Research Quarterly* 1 (2), 21–37.
Kalkbrener, M., Lotter, H., Overbeck, L. (2004). Sensible and efficient capital allocation for credit portfolios. *Risk* (January), S19–S24.
Kupiec, P. (2002). Calibrating your intuition: Capital allocation for market and credit risk. *Working paper WP/02/99*. IMF, available at http://www.imf.org.
Koyluoglu, U., Hickman, A. (1998). Reconcilable differences. *Risk* 11 (10), 56–62 (October).
Koyluoglu, U., Stoker, J. (2002). Honour your contribution. *Risk* (April), 90–94.
Kreinin, A., Mausser, H. (2003). Computation of additive contributions to portfolio risk. *Working paper*. Algorithmics Inc.
Kurth, A., Tasche, D. (2003). Contributions to credit risk. *Risk* (March), 84–88.
Laurent, J.P. (2003). Sensitivity analysis of risk measures for discrete distributions. *Working paper*. http://laurent.jeanpaul.free.fr/var_risk_measure_sensitivity.pdf.
Martin, R. (2004). *Credit Portfolio Modelling Handbook*. Credit Suisse First, Boston.
Martin, R., Thompson, K., Browne, C. (2001). VAR: who contributes and how much? *Risk* (August), 99–102.
Martin, R., Wilde, T. (2002). Unsystematic credit risk. *Risk* 15 (11), 123–128.
Mausser, H. (2003). Calculating quantile-based risk analytics with L-estimators. *Journal of Risk Finance* 4 (3), 61–74.
Mausser, H., Rosen, D. (1998). Beyond VaR: From measuring risk to managing risk. *Algo Research Quarterly* 1 (2), 5–20.
Mausser, H., Rosen, D. (2000). Efficient risk/return frontiers for credit risk. *Journal of Risk Finance* 2 (1), 66–78.
Mausser, H., Rosen, D. (2001). Applying scenario optimization to portfolio credit risk. *Journal of Risk Finance* 2 (2), 36–48.
Mausser, H., Rosen, D. (2005). Scenario-based risk management tools. In: Wallace, S.W., Ziemba, W.T. (Eds.), *Applications of Stochastic Programming*. In: *MPS-SIAM Series in Optimization*, pp. 545–574.
Merino, S., Nyfeler, M.A. (2004). Applying importance sampling for estimating coherent credit risk contributions. *Quantitative Finance* 4, 199–207.
Pykhtin, M. (2004). Multi-factor adjustment. *Risk* (March), 85–90.
Praschnik, J., Hayt, G., Principato, A. (2001). Calculating the contribution. *Risk* (October), S25–S27.
Rosen, D. (2004). Credit risk capital calculation. In: Alexander, C., Sheedy, E. (Eds.), *The Professional Risk Manager's Handbook*. PRMIA Publications, Wilmington, DE, pp. 315–342. http://www.prmia.org.
Rosen, D., Saunders, D. (2006a). Analytical methods for hedging systematic credit risk with linear factor portfolios. *Working paper*. Fields Institute for Mathematical Research and University of Waterloo.
Rosen, D., Saunders, D. (2006b). Measuring capital contributions of systemic factors in credit portfolios. *Working paper*. Fields Institute for Mathematical Research and University of Waterloo.
Scaillet, O. (2004). Nonparametric estimation and sensitivity analysis of expected shortfall. *Mathematical Finance* 14, 115–129.
Sheather, S.J., Marron, J.S. (1990). Kernel quantile estimators. *Journal of the American Statistical Association* 85, 410–416.
Smithson, C.W. (2003). Economic capital – How much do you really need? *Risk* (November), 60–63.
Tasche, D. (1999). Risk contributions and performance measurement. *Working paper*. Zentrum Mathematik (SCA), TU München.
Tasche, D. (2000). Conditional expectation as quantile derivative. *Working paper*. Technische Universität München.
Tasche, D. (2002). Expected shortfall and beyond. Working paper. Technische Universität München.
Tasche, D. (2006). Measuring sectoral diversification in an asymptotic multi-factor framework. *Journal of Credit Risk* 2 (3), 33–35.

Tchistiakov, V., de Smet, J., Hoogbruin, P.P. (2004). A credit loss control variable. *Risk* (July), 81–85.
Wendin, J., McNeil, A.J. (2005). Dependent credit migrations. *Working paper*. Department of Mathematics, ETH Zurich.
Wilson, T. (1997a). Portfolio credit risk I. *Risk* 10 (9), 111–117.
Wilson, T. (1997b). Portfolio credit risk II. *Risk* 10 (10), 56–61.

第17章

流動性リスクとオプション価格付け理論

概　要

本章では，Çetin (2003) や Çetin et al. (2004, 2006), Blais (2006)，および Blais and Protter (2006) など，流動性リスクを考慮したオプション価格付け理論に関する最近の研究についての簡潔な解説を行う．本研究は，実務でのリスク管理において，連続時点ファイナンスモデルで用いられている古典的な手法と流動性リスクとの関連性について，新しい視点を与えるものである．

1.　はじめに

古典的な資産価格付け理論では，経済主体は価格受容者（price taker）である，すなわち投資家の取引が売買価格に影響を与えないとの仮定がおかれている．価格受容の仮定を緩和したとき，資産価格モデルにおいて取引行動が実現リターンに与える影響のことを流動性リスク（liquidity risk）と呼ぶ．流動性リスクは，マーケットマイクロストラクチャーの分野で広く研究がなされてきたが，資産価格付け理論では研究が進んでいなかった．マーケットマイクロストラクチャーでは，取引数量の価格への影響が非対称情報やリスク許容度の相違によって引き起こされうることがよく知られている（例えば Kyle, 1985; Glosten and Milgrom, 1985; Grossman and Miller, 1988 など）．他方，流動性リスクは市場操作（market manipulation）に関する文献などでも研究が行われてきた（例えば Cvitanic and Ma, 1996; Jarrow, 1992; Bank and Baum, 2004 など）．また，Çetin (2003) で議論されているように，取引費用の存在によって実現取引価格が変化するという観点から，流動性リスクは取引費用についての研究と関連づけられてきた（当該分野では，例えば Barles and Soner, 1998; Constantinides and Zariphopoulou, 1999; Cvitanic and Karatzas, 1996; Cvitanic et al., 1999; Jouini, 2000; Jouini and Kallal, 1995; Jouini et al., 2001; Soner et al., 1995 などがある）．

本章の目的は，Çetin (2003) や Çetin et al. (2004, 2006) など，流動性リスクを考慮したオプション価格付け理論に関する近年の研究や，取引所における板情報の分析によってこれらの理論モデルの解釈を試みている Blais (2006) や Blais and Protter

(2006) などの近年の成果について概説することである.これらの論文では,投資家が C^2 級の株式供給曲線に対して価格受容者として行動すると仮定することで流動性リスクを古典的理論に組み込んでいる.言い換えると,取引する株式の価格が一意ではなく,投資家は2階連続微分可能な価格/数量曲線に直面していることになる.この枠組みでは,取引価格に対する取引注文の影響は一時的なものである[1].この拡張のもと,Çetin et al. (2004) では,資産価格の第一および第二基本定理についての自然な一般化が成立することが示されている.簡単にいえば,この流動性リスクを取り込んだモデルにおいても,市場が無裁定であることと同値マルチンゲール測度が存在することが必要十分条件となる.さらに,マルチンゲール測度が一意であれば,(L^2 空間の意味で)市場は近似的に完備となる.ただし,一意性に関する逆命題は成り立たない.

このモデルにおいて第一および第二基本定理が拡張できるのは,任意の可予測な取引戦略が連続的かつ有界変動をもつ取引戦略として(L^2 空間の意味で)近似できるという事実に依拠している.そして,連続的かつ有界変動な近似的取引戦略では流動性費用がまったく発生しないことを示すことができる.その結果,任意のデリバティブの無裁定価格はリスク中立測度のもとでの利得の期待値と等しいことがわかる.これは,流動性リスクのない古典的な経済モデルにおける価格と一致する.しかし,流動性が存在する世界では,オプションを複製するために古典的なヘッジ手法を使うことはできない.その代わりとして,連続的かつ有界変動な近似的取引戦略を用いるのである.これらの結果は,古典的な無裁定価格付け手法をもとに実務家が用いているヘッジ法と合致している.しかしながら,以上の結果は,実務に対してより強力な示唆を与えている.

取引数量がオプション市場における価格に与える影響についての考察に興味があるとすると,この理論を安易に適用することはできない.事実,原資産の供給曲線が C^2 級であり,連続的取引戦略が可能であるとの仮定のもとでは,原資産を取引することでオプションにおける流動性費用をすべて除去することができる.流動性費用は,市場に存在しているにもかかわらず,まったく拘束的でなくなる (nonbinding).その結果,このような経済では,オプション価格への取引数量の影響がまったくないか[2],そうでなければ裁定機会が存在するかのどちらかになる.オプションについて右上がりの供給曲線を描くためには,原資産である株式の供給曲線が0で不連続であるか(これは C^2 級であるとの仮定に反する),連続的取引戦略を排除するかのどちらかが必要である.第一の拡張は取引費用に関する研究と関連している(例えば Çetin, 2003).第二の拡張については Çetin et al. (2006) で考察されている.連続的取引戦略は実務上はありえない戦略であり,単純取引戦略(単純過程で表される取引戦略)の近似

---

[1] 価格に対する取引数量の恒久的な影響については,上であげた市場操作についての文献と関連しており,ここでは考察しない.
[2] これまでの伝統的理論では(売り取引と買い取引に共通の)オプション価格が一意に存在し,原資産の取引数量と独立であることに注意せよ.

のみが実務上適用可能であるから,第二の拡張は重要である.また,この場合には,単純取引戦略を用いたとしても流動性費用は拘束的(binding)である.流動性費用の存在は,市場がもはや完備ではないために完全な複製が不可能となり,その結果オプションについての右上がりの供給曲線が存在することを意味する.以上の状況において,Çetin et al. (2006) は,最小限の流動性費用でどのようにオプションを超複製(super-replication)するかを示した.超複製戦略の費用はオプション市場についての供給曲線の上限を与えるものである.

本章の構成は以下のとおりである.次節では,基本となる経済モデルを説明する.3,4 節ではそれぞれ,資産価格の第一基本定理と第二基本定理について考察する.5 節では例として拡張 Black–Scholes 経済を与える.6 節では,オプションが供給曲線をもつモデルについて考える.7 節では供給曲線と取引費用との関連性について考察し,8 節ではデータ分析から示唆されるいくつかの事例について議論する.9 節において,本章を結論づける.

2. 設　　　定

本節ではモデル設定を行う.フィルター付き確率空間 $(\Omega, \mathcal{F}, (\mathcal{F}_t)_{0\leq t\leq T}, \mathbb{P})$ が与えられ,通常条件(usual condition)を満足しているとする.ただし,満期 T は固定されているとする.$\mathbb{P}$ は統計的あるいは経験的な確率測度と考える.また,$\mathcal{F}_0$ は自明とする.すなわち,$\mathcal{F}_0 = \{\emptyset, \Omega\}$ である.

本章では配当支払のない 1 種類のリスク証券を取引する市場を考える.以後,当該証券を株式と呼ぶ.また,安全利子率で運用可能な銀行預金勘定が取引可能であるとする.一般性を失うことなく,安全利子率はゼロと仮定することができる.このとき,銀行預金勘定の単位当たり価値は常に 1 である[3].

2.1 供 給 曲 線

取引期間内における株式売買数量に対して供給曲線が外生的に与えられているとし,この供給曲線に対して価格受容者として行動する任意の経済主体を考える.より正式には,$S(t, x, \omega)$ を,時点 $t \in [0, T]$ において経済主体が $x \in \mathbb{R}$ の売買注文を出したとき,状態が $\omega \in \Omega$ である場合の株式 1 単位当たりの株価とする.ここで,正の注文量($x > 0$)は買い注文を意味し,負の注文量($x < 0$)は売り注文を意味する.また,注文量ゼロ($x = 0$)は限界的な取引(保有量に不連続性のない連続的な取引)に対応する.以上の設定から,経済主体は,古典的理論における水平的供給曲線(任意の注文量において同一の価格)ではなく,注文量に応じた供給曲線に直面することになる[4].ここで,供給曲線関数は,経済主体の過去の行動や賦存量,リスク回避度および

---
[3] ニューメレール選択に関する不変性定理は Çetin et al. (2004) で証明されている.
[4] これに対し,銀行預金市場では経済主体の取引数量の影響はないと仮定する.

主観確率などの他の要因とは独立であるとしていることに注意する．この仮定は，投資家の投資戦略が価格過程に永続的な影響を与えないことを意味している．

ここで，供給曲線の構造に関するいくつかの条件を課す．

仮定 17.1（供給曲線）
1) $S(t,x,\omega)$ は $\mathcal{F}_t$ 可測な非負関数である．
2) $x \mapsto S(t,x,\omega)$ はほとんどすべての t および ω において x に関して非減少である（すなわち，$x \leq y$ ならば，ほとんどすべての t および ω で $S(t,x,\omega) \leq S(t,y,\omega)$ である）．
3) S は第 2 変数に関して C^2 級である．$\partial S(t,x)/\partial x$ は t に関して連続である．また，$\partial^2 S(t,x)/\partial x^2$ も t に関して連続である．
4) $S(\cdot,x)$ はすべての x に対して連続なサンプルパスをもつ（時点 0 を含む）．

条件 2) を除いて，これらの制約を課す理由はほぼ自明である．2) は，より多くの売買注文量によって株価により大きな価格インパクトが生じる状況を意味している．この条件は，取引注文の価格への影響が，情報による効果や需給バランスによる効果によって引き起こされるという，資産価格市場が直面している通常の状況を表している（Kyle, 1985; Glosten and Milgrom, 1985; Grossman and Miller, 1988 などを見よ）．本モデルは水平的供給曲線を特別な場合として含んでいる[5]．

例 17.1（供給曲線） 供給曲線の具体的な例を以下に述べる．$S(t,x) \equiv f(t,D_t,x)$ とする．ただし，D_t は n 次元 $\mathcal{F}_t$ 可測なセミマルチンゲールで，$f : \mathbb{R}^{n+2} \to \mathbb{R}^+$ は Borel 可測な，t に関して C^1 級で他の変数に対しては C^2 級の関数とする．この非負関数 f は，複雑な動的経済における市場均衡過程によって誘導される供給曲線とみなすことができる．上記の解釈では，ベクトル確率過程 D_t は経済の不確実性を表す状態変数であり，しばしば拡散過程あるいは少なくとも Markov 過程であると仮定される（例えば，Lévy 過程として記述される確率微分方程式の解など）．

2.2 取引戦略

最初に，投資家の取引戦略を定義する．

定義 17.1 取引戦略とは 3 つの変数の組 $((X_t, Y_t : t \in [0,T]), \tau)$ で定義される．ただし，X_t は時点 t における投資家の株式総保有量（株式の保有単位数）を，Y_t は時点 t における投資家の銀行預金保有量（預金の保有単位数）を，τ は株式保有の清算時点をそれぞれ表し，以下の制約を満たすものとする．(a) X_t と Y_t はそれぞれ可予測（predictable）過程，良可測（optional）過程とし，$X_{0-} \equiv Y_{0-} \equiv 0$ を満たす．(b) $X_T = 0$ とし，τ は可予測な（$\mathcal{F}_t : 0 \leq t \leq T$）停止時刻で $\tau \leq T$ とする．また，X

---

[5] 以上の構造は，市場で取引されている証券の購入価格と売却価格がそれぞれ別の確率過程に従うとした Jouini (2000) のモデルの一般化と考えることができる．

2. 設定

はある可予測過程 $H(t,\omega)$ を用いて $X = H1_{[0,\tau]}$ と表現できる.

ここで特に興味のある取引戦略は自己充足的な (self-financing) 取引戦略である. 自己充足的取引戦略では, 任意の時点 $t \in [0,T)$ で資金の出入りがない. すなわち, 株式の購入や売却は銀行預金勘定における借入あるいは預入を通じて行われる. この条件は, (X_t, τ) によって Y_t が一意に定まることを意味している. 以下, 自己充足的戦略において, 任意の株式保有戦略 (X_t, τ) が与えられたときに Y_t が満たすべき条件を提示する.

定義 17.2 自己充足的戦略とは以下の条件を満たす取引戦略 $((X_t, Y_t : t \in [0,T]), \tau)$ のことをいう. すなわち, (a) すべての t で $\partial S(t,0)/\partial x \equiv 0$ ならば X_t は càdlàg (t に関して右連続で左極限を有する確率過程) であり, そうでない場合には 2 次変分が有界 ($[X,X]_T < \infty$) な càdlàg である. (b) $Y_0 = -X_0 S(0, X_0)$ を満たす. (c) $0 < t \leq T$ に対して

$$Y_t = Y_0 + X_0 S(0, X_0) + \int_0^t X_{u-} \mathrm{d}S(u,0) - X_t S(t,0)$$
$$- \sum_{0 \leq u \leq t} \Delta X_u [S(u, \Delta X_u) - S(u,0)] - \int_0^t \frac{\partial S}{\partial x}(u,0) \mathrm{d}[X,X]_u^c \quad (17.1)$$

が成り立つ.

条件 (a) は, 本章で許される取引戦略の集合に関する制約を課すものである. X_t が有界 2 次変分をもつ càdlàg であるとの仮定のもとでは, 仮に (17.1) の最終 2 項 (常に非正) が負の無限大をとるとしても, 常に (17.1) を定義することができる. 古典的理論では無摩擦で完全競争的市場であるから, このような制約は不要である. 古典的理論では許されているが本考察では認められない取引戦略の例として, 例えば $S(t,0)$ が Brown 運動に従うときに, ある定数 $K > 0$ に対して $X_t = 1_{\{S(t,0) > K\}}$ とする戦略があげられる. 価格が Brown 運動に従うという仮定のもとでは, 当該取引戦略では $S(t,0) = K$ に到達直後に株式保有量が無限回不連続な動きをする (このジャンプは 2 次の総和が有界ではない). したがって, この取引戦略では Y_t が定義できない.

条件 (b) は, 自己充足的戦略において時点 0 における初期純投資金額がゼロであることを意味している. 4 節で完備市場を考察するときには, この制約を外す場合がある. この制約がない場合, $Y_0 + X_0 S(0, X_0) \neq 0$ である.

条件 (c) は時点 t における自己充足性条件を意味している. 銀行預金勘定は時点 0 における銀行預金勘定の価値と (限界的取引によって評価された) 累積取引利潤の和から, 現在の保有量を達成するための総費用と株式保有量の不連続的変化に伴う価格インパクトの費用, および連続的変化に伴う価格インパクト分を差し引いたものである. この表現は供給曲線が水平的であるとの仮定をおいている古典的理論に基づく自己充足性条件の拡張形となっている. このことは, 以下の点に注意することによって

確認できる．すなわち，(17.1) と条件 (b) によって，自己充足条件を以下のより簡潔な形に書き換えることができる．

$$Y_t + X_t S(t,0) = \int_0^t X_{u-} \mathrm{d}S(u,0) - \sum_{0 \leq u \leq t} \Delta X_u[S(u, \Delta X_u) - S(u,0)] \\ - \int_0^t \frac{\partial S}{\partial x}(u,0) \mathrm{d}[X,X]_u^c, \quad 0 \leq t \leq T \tag{17.2}$$

(17.2) の左辺は古典的理論における時点 0 のポートフォリオ価値を表しており，右辺はこの価値がいくつかの要素に分解できることを意味している．右辺最終 2 項は非流動性による影響を表しており，どちらも負の符号をもっている．

2.3 自己充足的取引戦略の時価評価と流動性費用

本項では，自己充足的取引戦略の時価評価（mark-to-market value）と流動性費用について定義する．清算以前の任意の時点において，取引戦略やポートフォリオの価値を一意に決めることはできない．実際，供給曲線上の任意の価格を価値評価に用いることができるからである．ただし，少なくとも経済学的に意味のある 3 つの評価手法が考えられる[6]．(i) 即時清算価値（$X_t > 0$ ならば $Y_t + X_t S(t, -X_t)$)，(ii) ポートフォリオ構築における総費用（Y_t），(iii) 限界的取引価格によるポートフォリオ評価（$Y_t + X_t S(t,0)$）．最後の評価手法による価値を自己充足的取引戦略 (X, Y, τ) の時価評価額と定義する．この評価額は，古典的な価格受容性条件のもとでのポートフォリオ価値を表している．

ここで，(17.2) の表現をもとに，すべての経済主体が限界的取引における価格 $S(t,0)$ で取引を行った場合のポートフォリオの累積利潤／損失とポートフォリオの時価評価との差として流動性費用を定義する．

定義 17.3 自己充足的取引戦略 (X, Y, τ) の流動性費用（liquidity cost）を以下で定義する．

$$L_t \equiv \int_0^t X_{u-} \mathrm{d}S(u,0) - [Y_t + X_t S(t,0)]$$

この定義を用いると，以下の補題を得る．

補題 17.1（流動性費用の別表現）

$$L_t = \sum_{0 \leq u \leq t} \Delta X_u[S(u, \Delta X_u) - S(u,0)] + \int_0^t \frac{\partial S}{\partial x}(u,0) \mathrm{d}[X,X]_u^c \geq 0$$

---

[6] これら 3 つの評価方法は（一般的に）1 つの時点，すなわち清算時点を除いてポートフォリオ価値が異なる．清算時点 τ では，$X_\tau = 0$ より 3 つのすべての手法でポートフォリオ価値が一致する．

ただし，$L_{0-} \equiv 0$, $L_0 = X_0[S(0, X_0) - S(0,0)]$ とする．L_t は t に関して非減少である．

証明 最初の等式は定義より直接示すことができる．第2の不等式とその他の結果は，$S(u, x)$ が x に関して増加関数であるという事実からわかる．

流動性費用は非負の値をとり，t に関して非減少である．また，流動性費用は2つの要素から成り立っている．第一が株式保有の不連続的変化によるものである．第二は連続的な変化によるものである．この表現は非常に直観的にもわかりやすい．また，$X_{0-} = Y_{0-} = 0$ より，$\Delta L_0 = L_0 - L_{0-} = L_0 > 0$ となりうることに注意する．□

3. 拡張された第一基本定理

本節では，無裁定市場の性質を考察し，資産価格の第一基本定理を流動性リスクが存在する経済に拡張する．自己充足的取引戦略を評価するためには，清算後の価値を考えることが不可欠である．これは，時価評価や簿価とは異なり，ポートフォリオの真の価値を考察することと同義である．詳細は Jarrow (1992) を参照せよ．この視点に立って，裁定機会を定義することができる．

定義 17.4 裁定機会とは，$\mathbb{P}\{Y_T \geq 0\} = 1$ かつ $\mathbb{P}\{Y_T > 0\} > 0$ を満たす自己充足的取引戦略 (X, Y, τ) のことである．

最初に，いくつかの数学記号を定義する必要がある．いま，$s_t \equiv S(t, 0)$ とし，$(X_- \cdot s)_t \equiv \int_0^t X_{u-} \mathrm{d}S(u, 0)$ と定義する．また，$\alpha > 0$ に対して，

$$\Theta_\alpha \equiv \{\text{自己充足的戦略}\ (X, Y, \tau)|\ \text{すべての}\ t\ \text{に対して確率}\ 1\ \text{で}\ (X_- \cdot s)_t \geq -\alpha\}$$

とする．

定義 17.5 与えられた $\alpha > 0$ に対して，自己充足的戦略 (X, Y, τ) が α 許容的（α-admissible）であるとは，$(X, Y, \tau) \in \Theta_\alpha$ であることをいう．自己充足的戦略がある正数 α に対して α 許容的であるとき，その戦略は許容的であるという．

補題 17.2 ($Y_t + X_t S(t, 0)$ の優マルチンゲール性) 確率測度[7] $\mathbb{Q} \sim \mathbb{P}$ が存在して $S(\cdot, 0)$ が $\mathbb{Q}$ 局所マルチンゲールであるとき，ある正数 α に対して $(X, Y, \tau) \in \Theta_\alpha$ ならば $Y_t + X_t S(t, 0)$ は優マルチンゲールである．

証明 定義 17.3 から，$Y_t + X_t S(t, 0) = (X_- \cdot s)_t - L_t$ が成り立っている．ここで，測度 $\mathbb{Q}$ のもとでは $(X_- \cdot s)_t$ が局所マルチンゲールである．また，$(X, Y, \tau) \in \Theta_\alpha$ より，$(X_- \cdot s)_t$ が（下に有界なので）優マルチンゲールであることがわかる (Duffie, 1996)．

---

[7] 訳者注：2つの確率測度 $\mathbb{P}$ と $\mathbb{Q}$ が同値であるとき，$\mathbb{P} \sim \mathbb{Q}$ と表す．

しかし,補題 17.1 より L_t は非負非減少過程である.以上より,$Y_t + X_t S(t,0)$ が優マルチンゲールとなる.□

定理 17.1(無裁定の十分条件) $S(\cdot,0)$ が $\mathbb{Q}$ 局所マルチンゲールとなる確率測度 $\mathbb{Q} \sim \mathbb{P}$ が存在するならば,任意の α に対して $(X,Y,\tau) \in \Theta_\alpha$ は無裁定である.

証明 定理の仮定および補題 17.2 より,$Y_t + X_t S(t,0)$ は優マルチンゲールとなる.ここで,清算時点の定義より $Y_\tau + X_\tau S(\tau,0) = Y_\tau$ が成り立っていることに注意する.これより,この自己充足的戦略に対して $\mathbb{E}^\mathbb{Q}[Y_\tau] = \mathbb{E}^\mathbb{Q}[Y_\tau + X_\tau S(\tau,0)] \leq 0$ がいえる.しかし,裁定機会が存在するならば $\mathbb{E}^\mathbb{Q}[Y_\tau] > 0$ である.以上より,この経済では裁定機会が存在しない.□

この定理の直観的な理解は明らかである.時価評価したポートフォリオは流動性費用を含まない仮想的なポートフォリオである(定義 17.3 を見よ).もし $S(\cdot,0)$ が同値マルチンゲール測度をもつならば,この仮想的ポートフォリオは無裁定を許さない.しかしながら,実際のポートフォリオと仮想的ポートフォリオとの違いは非負の流動性費用を減じている点のみであり(補題 17.1),実際のポートフォリオも裁定を許さない.

同値局所マルチンゲール測度の存在についての十分条件を得るためには,Delbaen and Schachermayer (1994) と同様の FLVR (free lunch with vanishing risk) の概念を定義する必要がある.

定義 17.6 FLVR とは,以下のいずれかが成立することをいう.(i) 許容的かつ自己充足的戦略が裁定機会をもつ.(ii) 各 n に対して ϵ_n 許容的となる取引戦略の列 $\{(X^n, Y^n, \tau_n)\}_{n \geq 1}$ と,ゼロでない非負の $\mathcal{F}_T$ 可測な確率変数 f_0 が存在し,$\epsilon_n \to 0$ のとき,f_0 に確率収束する[8].

以下で与えられる定理を示すために,仮想的な経済を導入する必要がある.上で設定した経済モデルで $S(t,x) \equiv S(t,0)$ となる経済を考える.以下,特に混同するおそれがない場合には $S(t,0)$ を単に s_t と表す.この仮想的な市場では古典的理論における条件を満たすことから,自己充足取引 (X, Y^0, τ) は,$X_0 = 0$ とすると任意の時点 $0 \leq t \leq T$ において $Y_t^0 = (X \cdot s)_t - X_t s_t$ が成り立ち,ポートフォリオの価値が $Z_t^0 \equiv Y_t^0 + X_t s_t$ で与えられる.また,X は $S(\cdot,0) \equiv s$ に関して可積分な可予測過程となる((17.1) の後の本文を見よ).したがって,この仮想的な経済では,本章で定義した裁定機会,許容的戦略および NFLVR (no free lunch with vanishing risk) は Delbaen and Schachermayer (1994) の定義に縮約される.

定理 17.2(第一基本定理) 仮想的経済において裁定機会がないとする.このとき,

---

[8] Delbaen and Schachermayer (1994, Proposition 3.6, p.477) では,この定義が古典的経済理論の FLVR と同値であることが示されている.

NFLVR であることの必要十分条件は，確率測度 $\mathbb{Q} \sim \mathbb{P}$ が存在して $S(\cdot, 0) \equiv s$ が $\mathbb{Q}$ 局所マルチンゲールとなることである．

証明は付録 A に示す．

4. 拡張された第二基本定理

本節では，本モデルにおける完備市場の意味と特徴付けについて考察し，資産価格の第二基本定理を流動性リスクのある経済に拡張する．本節を通じて，同値局所マルチンゲール測度 $\mathbb{Q}$ が存在する，すなわち NFLVR であると仮定する．

また，以下では自己充足的取引戦略 (X, T, τ) の定義をやや一般化し，時点 0 における投資額がゼロでない場合を許すことにする．具体的には，本節における自己充足的取引戦略 (X, T, τ) は定義 17.2 の条件 (b) を除いた他の条件を満足しているとする．すなわち，ポートフォリオの初期価値はゼロではある必要はない $(Y_0 + X_0 S(0, X_0) \neq 0)$ [9]．

議論を進めていくにあたって，同値局所マルチンゲール測度 $\mathbb{Q}$ に関するセミマルチンゲールの集合 $\mathcal{H}^2$ を定義する必要がある[10]．過程 Z を，標準的な分解 $Z = N + A$ が可能な特殊セミマルチンゲール（special semimartingale）[11]とする．ただし，N は $\mathbb{Q}$ のもとで局所マルチンゲールとし，A は可予測な有界変動過程とする．Z の $\mathcal{H}^2$ ノルムを以下で定義する．

$$\|Z\|_{\mathcal{H}^2} = \left\| [N,N]_\infty^{1/2} \right\|_{L^2} + \left\| \int_0^\infty |dA_s| \right\|_{L^2}$$

ただし，L^2 ノルムは測度 $\mathbb{Q}$ に関するものである．

本節を通じて，$s(\cdot) = S(\cdot, 0) \in \mathcal{H}^2$ の仮定をおく．この $s(\cdot) \in \mathcal{H}^2$ の仮定より，$(X \cdot s)$ が下から一様に有界であるとの条件が不要になる[12]．

定義 17.7 条件付請求権とは，$\mathcal{F}_T$ 可測な確率変数 C で $\mathbb{E}^{\mathbb{Q}}[C^2] < \infty$ を満たすものをいう．

条件付請求権は時点 T において考慮されているが，投資家の株式保有量は時点 T 以前ですべて清算されていることに注意する．もし条件付請求権の利得が時点 T の株価に依存するならば，時点 T において購入／売却する株式数と利得との関係を明示しなければならない．そうでないとすると，条件付請求権の利得が定義できない．以上の

---

[9] 本節では，定義 17.1 における条件 (b) を緩め，$X_T = 0$ の条件を課さないとすることも可能である．しかしながら，以下で見るように $X_T = 0$ となる戦略を用いて任意の確率変数を近似することが常に可能である．この結果，一般性を失うことなく条件 (b) を含めておいても問題はない．流動性費用のある世界において裁定機会の定義を意味のあるものにするためにこの条件を課している．
[10] 訳者注：原著では $\mathcal{H}^2$ の表記について $\mathcal{H}^2_{\mathbb{Q}}$ としているものがあるが，ここでは $\mathcal{H}^2$ に統一した．
[11] 訳者注：特殊セミマルチンゲールについては，Protter (2005, Chapter Ⅲ, Section 7) を見よ．
[12] 訳者注：原著では $(X \cdot s)$ の表記についてしばしば $X \cdot s$ としているが，ここでは $(X \cdot s)$ に統一した．

必要性を以下の例を用いて明らかにしたい．

行使価格[13]が K で満期[14]が $T_0 \le T$ の，株式を原資産とするヨーロピアンコールオプション 1 単位を考える．株式の供給曲線を考慮してこのオプションの境界条件を示すためには差金決済と現物決済の以下の 2 つの場合を考えなければならない．

1) このオプションを差金決済したとすると，満期でインザマネーの場合にオプションの買い手は満期において現金を受け取る．決済資金を調達するために，オプション契約に対応するための現物保有（以下，代用的オプション）は時点 T_0 以前に清算する必要がある．代用的オプション保有を清算するということは原資産である株式を清算することを意味している．したがって，時点 T_0 における株式保有量はゼロである．

　もし，時点 T_0 で株式を売却して保有量をゼロにしたとすると，オプションは株式 1 単位に対する権利であるから，境界条件が $\Delta X_{T_0} = -1$ として $C \equiv \max\{S(T_0, -1) - K, 0\}$ となるはずである．しかしながら，以下で見るように連続的有界戦略を用いて時点 T_0 直前に株式を売却／清算することも可能であり，その場合には $\Delta X_{T_0} = 0$ となる．この戦略は時点 T_0 での流動性費用を回避する目的で選択されたものである．この場合，境界条件は $C \equiv \max\{S(T_0, 0) - K, 0\}$ となる．ただし，後者の戦略を採用した場合には，清算が時点 T_0 の直前に生じるので，オプションの利得は近似的にのみ（ある与えられた正確性の水準まで）到達できるものである．

2) オプションを現物決済したとすると，代用的オプションはオプション契約の現物決済に対応していなければならない．現物決済においては，オプション契約の売り手は株式現物を引き渡すことにより売りポジションが生じる．この現物決済に対応するために，売り手は代用的オプションの構築のために保有している株式を売却しない．ところが，残念ながら，このモデルにおいて（オプションの買い手は）時点 T_0 で株式を清算する必要がある．より正式には，このモデルの構成では現物決済が不可能である．しかし，本設定では近似戦略を用いて現物決済を近似することで，$\Delta X_{T_0} = 0$ として境界条件を $C \equiv \max\{S(T_0, 0) - K, 0\}$ とおくことができる．この境界条件は時点 T_0 で流動性費用が発生しないとした先ほどの結果と一致している．以上が，現物決済における境界条件である[15]．

---

[13] これまでの設定と整合的にするために，行使価格 K は時点 T_0 における銀行預金勘定で評価した相対価値として理解する．

[14] 利子率をゼロとおいているので，時点 T_0 で清算した保有株式の価値と時点 T で清算した価値は等しい．

[15] 本章では，株式および銀行預金勘定市場においてのみ取引が行われている経済を考えている．この経済にオプションが取引されている市場を含めると，時点 T_0 以降での清算が可能となる．清算方法の選択肢を拡大すると，オプション契約と現物保有を相殺することによって現物株式の引渡しができることになり，時点 T での流動性費用を回避することができる．第二の事例は，(株式と銀行預金勘定のみ取引可能との) 制限された設定において流動性費用を伴わない取引を理解する手段として述べたものである．

4. 拡張された第二基本定理

定義 17.8 市場が完備であるとは，任意の条件付請求権 C に対して，ある自己充足的取引戦略 (X, Y, τ) が存在し，$\mathbb{E}^{\mathbb{Q}}[\int_0^T X_u^2 d[s,s]_u] < \infty$ かつ $Y_T = C$ を満たすことである．

いま，条件付請求権の複製問題に関連する問題を理解するために $L^2(d\mathbb{Q})$ 上の条件付請求権 C を考える．ただし，自己充足的戦略 (X, Y, τ) が存在し，ある定数 $c \in \mathbb{R}$ に対して $\mathbb{E}^{\mathbb{Q}}[\int_0^T X_u^2 d[s,s]_u] < \infty$ かつ $C = c + \int_0^T X_u ds_u$ を満たすとする．時点 0 における s の連続性により，$\int_0^0 X_u ds_u = \Delta X_0 \Delta s_0 = 0$ となり，$\mathbb{E}^{\mathbb{Q}}[C] = c$ が成り立つことに注意する．これは，流動性費用が存在しない場合には条件付請求権 C が冗長（redundant）であるという状況を意味する．この場合，Y_0 は $Y_0 + X_0 s_0 = c$ となるように選択すればよい．しかし，この株式保有の取引における流動性費用は（補題 17.1 より）以下の式となる．

$$L_t = \sum_{0 \le u \le t} \Delta X_u [S(u, \Delta X_u) - S(u, 0)] + \int_0^t \frac{\partial S}{\partial x}(u, 0) d[X, X]_u^c \ge 0$$

また，定義 17.2 によって

$$Y_T = Y_0 + X_0 s_0 + \int_0^T X_{u-} ds_u - X_T s_T - L_T + L_0$$

および $\int_0^T X_{u-} ds_u = \int_0^T X_u ds_u$ である[16]から，

$$Y_T = C - X_T s_T - L_T + L_0$$

を得る．

仮定より，時点 T までに株式を清算する，すなわち $X_T = 0$ である．これより，

$$Y_T = C - (L_T - L_0) \le C$$

が導かれる．すなわち，流動性費用を考慮すると，この投資戦略が条件付請求権保有の利得に対して劣複製（sub-replicate）していることがわかる．同様にして，この条件付請求権の売りポジションをヘッジするために $-X$ の株式保有を選択したとすると，

$$\bar{Y}_T = -C - (\bar{L}_T - \bar{L}_0) \le -C$$

の利得が生じる．ただし，$\bar{Y}$ は銀行預金勘定の価値であり，$\bar{L}$ は株式保有 $-X$ に伴う流動性費用である．この取引戦略（買いと売りのポジション）の清算価値は条件付請求権の利得を得るための上下限を与える．

---

[16] $\int_0^T X_u ds_u = \int_0^T X_{u-} ds_u + \sum_{0 \le u \le T} \Delta X_u \Delta s_u$ であるが，任意の u において s の連続性より $\Delta s_u = 0$ であるから $\Delta X_u \Delta s_u = 0$ となる．

注意 17.1

1) もし $\partial S/\partial x(\cdot,0) \equiv 0$ であれば,連続的株式保有戦略 X に対して $L = L_0$ である.よって,利得 C をもつ条件付請求権に対して自己充足的戦略 (X,Y,τ) が存在し,X が連続かつ $C = c + \int_0^T X_u ds_u$ とできるなら,この条件付請求権は完全に複製できる.例えば,もし $S(\cdot,0)$ が幾何 Brown 運動だとする(拡張 Black–Scholes 経済)と,コールオプションは完全に複製できる.なぜなら,Black–Scholes のヘッジ戦略は連続的であるからである.

2) 一般的に,もし $\partial S/\partial x(\cdot,0) \geq 0$ であれば,X が連続的かつ有界変動な取引戦略の場合には $L = L_0$ となる.よって,自己充足的戦略 (X,Y,τ) が存在し,X が有界変動で連続かつ $C = c + \int_0^T X_u ds_u$ となるならば,条件付請求権は複製できる.

注意 17.1 によって,有界変動かつ連続的な取引戦略を用いて X を近似できるなら,複製戦略によって極限の意味において流動性費用を回避することができる.この意味で,以下の補題には意味がある.

補題 17.3(連続的かつ有界変動な自己充足的戦略による近似) いま,$C \in L^2(d\mathbb{Q})$ とする.また,$\mathbb{E}^{\mathbb{Q}}[\int_0^T X_u d[s,s]_u] < \infty$ となる可予測過程 X が存在し,ある定数 $c \in \mathbb{R}$ によって $C = c + \int_0^T X_u ds_u$ と表されるとする.このとき,自己充足的取引戦略の列 $(X^n, Y^n, \tau^n)_{n \geq 1}$ が存在し,すべての n に対して X^n が有界,連続かつ有界変動をもち $\mathbb{E}^{\mathbb{Q}}[\int_0^T (X_u^n)^2 d[s,s]_u] < \infty$, $X_0^n = 0$, $X_T^n = 0$, $Y_0^n = \mathbb{E}^{\mathbb{Q}}[C]$ で

$$Y_T^n = Y_0^n + X_0^n S(0, X_0^n) + \int_0^T X_{u-}^n ds_u - X_T^n S(T,0) - L_T^n$$
$$\to c + \int_0^T X_u ds_u = C \tag{17.3}$$

とできる.ただし,収束は $L^2(d\mathbb{Q})$ の意味である.

証明 s に関して積分可能な任意の可予測過程 X に対して,$\int_0^T X_u ds_u = \int_0^T X_u 1_{(0,T]}(u) ds_u$ である.なぜなら,$\int_0^T 1_{(0,T]} X_u ds_u = \int_0^T X_u ds_u - X_0 \Delta s_0$ かつ $\Delta s_0 = 0$ であるからである.したがって,一般性を失うことなく $X_0 = 0$ と仮定することができる.

与えられた任意の $H \in \mathbb{L}$(確率 1 で左連続右極限をもつ適合過程の集合)かつ $H_0 = 0$ に対して,H^n を以下で定義する.すなわち,$t \geq 0$ に対して

$$H_t^n(\omega) = n \int_{t-1/n}^t H_u(\omega) du$$

とし,$u < 0$ では H_u はゼロとする.このとき,有界変動かつ連続な可測過程の列 H^n は各点で H に概収束する.また,すべての n に対して $H_0^n = 0$ である.したがっ

て，Protter（2005, Chapter IV）の Theorem 2 を適用するためには，$\mathbf{b}\mathbb{L}$ がコンパクトな時間集合上の有界で連続かつ有界変動過程の集合で置き換えられることを確認すればよい．いま，X を可予測で $X_0 = 0$, $\mathbb{E}^{\mathbb{Q}}[\int_0^T X_u^2 \mathrm{d}[s,s]_u] < \infty$ とする．このとき，$(X \cdot s)$ を $\lim_{k \to \infty}(\bar{X}^k \cdot s)$ と定義することができる．ただし，極限は $L^2(\mathrm{d}\mathbb{Q})$ の意味であり，$\bar{X}^k = X 1_{\{|X| \le k\}}$ である．この結果を用いると，ある有界で連続かつ有界変動過程の列 $(X^n)_{n \ge 0}$ が存在し，任意の n に対して $\mathbb{E}^{\mathbb{Q}}[\int_0^T (X_u^n)^2 \mathrm{d}[s,s]_u] < \infty$, $X_0^n = 0$ かつ

$$\int_0^T X_u^n \mathrm{d}s_u \to \int_0^T X_u \mathrm{d}s_u$$

とできる（Protter, 2005, Chapter IV の Theorem 2, 4, 5, 14 を見よ）．ただし，収束は $L^2(\mathrm{d}\mathbb{Q})$ の意味である．

さらに，付録 A の定理 17.12 と系 17.3 によって，任意の n に対して $X_0^n = 0$ とできる．いま，任意の n に対して $Y_0^n = \mathbb{E}^{\mathbb{Q}}[C]$ とし，$t > 0$ で Y_t^n を (17.1) で定義する．このとき，$(X^n, Y^n, \tau^n)_{n \ge 1}$ は (17.3) を満たす．また，すべての n に対して $L^n \equiv 0$ かつ $\int_0^T X_{u-}^n \mathrm{d}s_u = \int_0^T X_u^n \mathrm{d}s_u$ である． □

以上の補題より，以下の定義と資産価格の第二基本定理の拡張を考えることができる．

定義 17.9 市場が近似的に完備（approximately complete）であるとは，任意の条件付請求権 C に対して，自己充足的取引戦略の列 (X^n, Y^n, τ^n) が存在し，すべての n に対して $\mathbb{E}^{\mathbb{Q}}[\int_0^T (X_u^n)^2 \mathrm{d}[s,s]_u] < \infty$ かつ $n \to \infty$ のとき $Y_T^n \to C$ となることである．ただし，収束は $L^2(\mathrm{d}\mathbb{Q})$ の意味である．

定理 17.3（第二基本定理） 一意な測度 $\mathbb{Q} \sim \mathbb{P}$ が存在し，$S(\cdot, 0) = s$ が $\mathbb{Q}$ 局所マルチンゲールとする．このとき，市場は近似的に完備である．

証明 証明は 2 つのステップで行う．ステップ 1 では，定理の仮定のもとで流動性費用のない仮想的な経済が完備であることを示す．ステップ 2 では，ステップ 1 の結果によって流動性費用が存在する場合の経済において近似的に完備であることを示す．

ステップ 1： 上で設定した経済において，$S(\cdot, x) \equiv S(\cdot, 0)$ であるとする．この仮想的な経済においては，自己充足的取引戦略 (X, Y^0, τ) は古典的理論における条件および $Y_t^0 = Y_0 + X_0 S(0,0) + \int_0^t X_{u-} \mathrm{d}s_u - X_t s_t$ を満たす．したがって，古典的な第二基本定理を適用することができる（Harrison and Pliska, 1981 を見よ）．この仮想的な経済の完備性の必要十分条件は $\mathbb{Q}$ が一意となることである．

ステップ 2： ステップ 1 より，$\mathbb{Q}$ が一意であれば仮想的な経済は一意であり，さらに s にはマルチンゲール表現定理を用いることができる．したがって，可予測過程 X が存在し，$C = c + \int_0^T X_u \mathrm{d}s_u$ かつ $\mathbb{E}^{\mathbb{Q}}[\int_0^T X_u^2 \mathrm{d}[s,s]_u] < \infty$ とできる（Protter, 2005, Chapter IV, Section 3 を見よ）．このとき，先ほどの補題を適用することがで

き，市場が近似的に完備となる．　　　　　　　　　　　　　　　　　□

マルチンゲール測度が一意であるとする．このとき，上の定理から任意の条件付請求権 C に対して，自己充足的取引戦略の列 $(X^n, Y^n, \tau^n)_{n\geq 1}$ が存在し，すべての n に対して $\mathbb{E}^{\mathbb{Q}}[\int_0^T (X_u^n)^2 d[s,s]_u] < \infty$ かつ

$$Y_T^n = Y_0^n + X_0^n S(0, X_0^n) - L_T^n + \int_0^T X_{u-}^n dS(u, 0) \to C$$

とできる．ただし，収束は $L^2(d\mathbb{Q})$ の意味である．この自己充足的取引戦略の列 $(X^n, Y^n, \tau^n)_{n\geq 1}$ を C についての近似列（approximating sequence）ということにする．

定義 17.10 C を条件付請求権とし，Ψ^C を C についての近似列の集合とする．条件付請求権 C の初期時点価値を以下で定義する．

$$\inf\left\{\liminf_{n\to\infty} Y_0^n + X_0^n S(0, X_0^n) : (X^n, Y^n, \tau^n)_{n\geq 1} \in \Psi^C\right\}$$

系 17.1（条件付請求権の価値評価）　マルチンゲール測度 $\mathbb{Q} \sim \mathbb{P}$ が一意に存在し，$S(\cdot, 0) = s$ が $\mathbb{Q}$ 局所マルチンゲールとする．このとき，条件付請求権 C の初期時点価値は $\mathbb{E}^{\mathbb{Q}}[C]$ に等しい．

証明　$(X^n, Y^n, \tau^n)_{n\geq 1}$ を C についての近似列とする．このとき，$\mathbb{E}^{\mathbb{Q}}[(Y_T^n - C)^2] \to 0$ であるから $\mathbb{E}^{\mathbb{Q}}[Y_T^n - C] \to 0$ である．一方，すべての n に対して $\mathbb{E}^{\mathbb{Q}}[\int_0^T (X_u^n)^2 d[s,s]_u] < \infty$ であるから，$\int_0^{\cdot} X_{u-}^n ds_u$ は任意の n において $\mathbb{Q}$ マルチンゲールである．これより，$\mathbb{E}^{\mathbb{Q}}[Y_T^n] = Y_0^n + X_0^n S(0, X_0) - \mathbb{E}^{\mathbb{Q}}[L_T^n]$ を得る．この結果と，任意の n について $L^n \geq 0$ および $\mathbb{E}^{\mathbb{Q}}[Y_T^n - C] \to 0$ であることを合わせると，すべての C についての近似列に対して，$\liminf_{n\to\infty} Y_0^n + X_0^n S(0, X_0) \geq \mathbb{E}^{\mathbb{Q}}[C]$ であることがわかる．しかしながら，補題 17.3 で証明したように，すべての n に対して $\bar{L}^n = 0$ となる近似列 $(\bar{X}^n, \bar{Y}^n, \bar{\tau}^n)_{n\geq 1}$ が存在する．この近似列に対して $\liminf_{n\to\infty} Y_0^n + X_0^n S(0, X_0) = \mathbb{E}^{\mathbb{Q}}[C]$ である．　　　□

注意 17.2

1) 上の価格は無裁定条件と整合的である．実際，条件付請求権が $p > \mathbb{E}^{\mathbb{Q}}[C]$ で売却可能であるとすると，条件付請求権を価格 p で空売りして連続で有界変動な自己充足的取引戦略の列 $(X^n, Y^n, \tau^n)_{n\geq 1}$ を $Y_0^n = \mathbb{E}^{\mathbb{Q}}[C]$, $X_0^n = 0$, $\lim_{n\to\infty} Y_T^n = C$, ただし収束は L^2（したがって，確率収束）として構築すれば，FLVR を構成できる．しかしながら，$\mathbb{Q}$ が s に対する同値マルチンゲール測度なので，これは許されない．同様に，条件付請求権の価格が $\mathbb{E}^{\mathbb{Q}}[C]$ より小さいこともありえないことが示される．

2) 本章で仮定する供給曲線が与えられたとき，上記の系によって連続な有界変動戦略を以下の2点を満たすように構築できることがわかる．(i) 条件付請求権を近似的に複製する，(ii) 流動性費用を回避する．このことは，連続時間モデルにおける連続的（限界的）取引の特殊な性質を明らかにしている．

5. 例（拡張 Black–Scholes 経済）

上の定理をより明確にするために，流動性リスクを組み込んだ拡張 Black–Scholes 経済を考える．この例は，拡張 Black–Scholes 経済におけるオプションの取引価格に関する実証結果とともに，Çetin et al. (2006) で取り上げられている．

5.1 経済モデル

以下を仮定する．

$$S(t,x) = e^{\alpha x} S(t,0), \quad \alpha > 0 \tag{17.4}$$

$$S(t,0) \equiv \frac{s_0 e^{\mu t + \sigma W_t}}{e^{rt}} \tag{17.5}$$

ただし，μ および σ は定数とし，W は標準 Brown 運動である．

本節を通して，瞬間的安全利子率は定数で r とする．また，限界的取引に対する株価は幾何 Brown 運動に従うと仮定する．銀行預金勘定による相対価格は (17.5) で明示的に示されている．2つの式 (17.4), (17.5) が拡張 Black–Scholes 経済を特徴づけている．上の供給曲線が2節における仮定 17.1 を満たしていることは容易に確認できる．

以上の仮定のもとでは，$S(\cdot, 0) = s$ に対する一意なマルチンゲール測度が存在する (Duffie, 1996 を見よ)．したがって市場は無裁定であり，かつ近似的に完備である．

5.2 コールオプション評価

上の株式を原資産とする行使価格 K，満期 T で差金決済を行うヨーロピアンコールオプションを考える．差金決済であるから，時点 T における流動性費用を回避し，時点 T におけるオプションの利得[17]としては $C_T = \max\{S(T,0) - K, 0\}$ が選択される．

以上の設定から，資産価格の第二基本定理における系を用いて，このオプション契約保有の価値は

$$C_0 = e^{-rt} \mathbb{E}^{\mathbb{Q}}[\max\{S(T,0) - K, 0\}]$$

---

[17] この行使価格は銀行預金勘定にて相対化する必要がある．

となる[18]．よく知られているように，上式の期待値は Black–Scholes–Merton 公式によって以下で与えられる．

$$s_0 N(h(0)) - Ke^{-rt} N\left(h(0) - \sigma\sqrt{T}\right)$$

ただし，$N(\cdot)$ は標準正規分布の累積分布関数を表し，

$$h(t) \equiv \frac{\log s_t - \log K + r(T-t)}{\sigma\sqrt{T-t}} + \frac{\sigma}{2}\sqrt{T-t}$$

である．伊藤の公式を適用すると，古典的 Black–Scholes–Merton 公式によって導出される複製戦略は

$$X_t = N(h(t)) \tag{17.6}$$

で与えられる．このヘッジ戦略は連続であるが，有界変動ではない．

この経済では $\partial S/\partial x(t,0) = \alpha e^0 s_t = \alpha s_t$ である．したがって，コールオプションの価値は Black–Scholes 公式そのものであるが，標準的なヘッジ戦略ではこの価値に到達することはできない．実際，この標準的戦略を用いると，((17.1) より) 古典的 Black–Scholes ヘッジによって以下のゼロでない流動性費用が生じる[19]．

$$L_T = X_0(S(0, X_0) - S(0,0)) + \int_0^T \frac{\alpha(N'(h(u)))^2 s_u}{T-u} du \tag{17.7}$$

一方，流動性費用がゼロである連続で有界変動な近似的ヘッジ戦略は，自己充足的取引戦略の列 $(X^n, Y^n, \tau_n)_{n \geq 1}$ において

$$\begin{aligned}
X_t^n &= 1_{[1/n, T-1/n]}(t) n \int_{(t-1/n)^+}^t N(h(u)) du, & 0 \leq t \leq T - \frac{1}{n} \\
X_t^n &= nT X_{(T-1/n)}^n - n X_{(T-1/2)}^n t, & T - \frac{1}{N} \leq t \leq T
\end{aligned} \tag{17.8}$$

および $Y_0^n = \mathbb{E}^{\mathbb{Q}}[C_T]$ を満たすものである．極限では，この戦略は時点 t におけるコールの利得を実現する．すなわち，$Y_T^n = Y_T^0 + \int_0^T X_{u-}^n ds_u \to C_T = \max\{S(T,0) - K, 0\}$，ただし，収束は $L^2(d\mathbb{Q})$ である．

6. デリバティブの供給曲線

C^2 級の供給曲線をもち，連続的取引が可能な経済においては拡張された第一，第二基本定理が成立し，その結果として株式を原資産とするオプションの価格は一意であっ

---

[18] 訳者注：以下 (17.6) までの議論では，株価および行使価格はニューメレールである銀行預金勘定で相対化されていないことに注意せよ．すなわち，(17.5) は $S(t,0) = s_0 e^{\mu t + \sigma W_t}$ である．
[19] L_T および Y_T^n は銀行預金勘定にて相対化されたものであることに注意せよ．

た．これは，オプションを取引する際の供給曲線が水平的であり，取引量がオプション価格には影響を与えないことを表している．もしそうでないとすると，(オプションと株式を取引することで) 裁定機会が生じる．このことは実務と非整合的であり，流動性リスクの分析には株式およびオプション両方に対して意味のある供給曲線が提示されるべきであろう．

供給曲線が株式のみに存在してオプションには存在しない理由は，投資家が連続で有界変動な投資戦略を選択することで，株式取引における流動性費用をすべて回避することができるからである．したがって，流動性費用が存在したとしてもそれは拘束的ではなく，(修正された近似的な意味であるが) 古典的な理論が適用できる．流動性費用が (実務であるように) 拘束的であるためには，供給曲線の C^2 条件を取り除くか，連続的取引を認めないかのどちらかが必要である．C^2 条件の排除については取引費用に関する文献で研究がなされてきた (例えば，Çetin, 2003; Barles and Soner, 1998; Constantinides and Zariphopoulou, 1999; Cvitanic and Karatzas, 1996; Cvitanic et al., 1999; Jouini and Kallal, 1995; Jouini et al., 2001; Soner et al., 1995 などを参照せよ)．本章では，次節では直接的に，8 節では Blais (2006) や Blais and Protter (2006) を概説する際の供給曲線の推定問題の文脈において，この問題を議論する．供給曲線の C^2 条件を残したまま連続的取引を排除するという問題は Çetin et al. (2006) で考察されている．この条件の排除は，連続的取引が実際には不可能であるが単純取引戦略の近似としては行いうるという点で実務と整合的である．しかし，単純取引戦略では流動性費用が拘束的となる．以下では連続的取引を排除した場合について考える．

いま，先ほどの設定において，株式の保有戦略を以下の単純過程 X_t のみに限定して考える．

$$X_t \in \left\{ x_{\tau_0} 1_{\{\tau_0\}} + \sum_{j=1}^{N} x_{\tau_j} 1_{(\tau_{j-1}, \tau_j]} \;\middle|\; \begin{array}{l} 1.\;\; \text{各}\,j\,\text{に対して，}\tau_j\,\text{は}\,(\mathcal{F}_t)\,\text{停止時刻} \\ 2.\;\; \text{各}\,j\,\text{に対して，}x_{\tau_j}\,\text{は}\,\mathcal{F}_{\tau_{j-1}}\,\text{可測} \\ \quad\;\; (\text{可予測}) \\ 3.\;\; \tau_0 \equiv 0\,\text{かつある定数}\,\delta > 0\,\text{に対して} \\ \quad\;\; \tau_j > \tau_{j-1} + \delta \end{array} \right\}$$

この取引戦略は，Cheridito (2003) にあるように，取引が一度行われたとすると少なくともその時点から $\delta > 0$ 経過後に次の取引が行われるという設定であり，取引戦略は不連続的である．本章における以下の議論では，この離散的取引戦略を小文字 x および y で表すことにする．

上記のように取引戦略空間を制限することで，取引間の最小間隔 δ によって，市場がもはや近似的にすら完備ではないものの，無裁定の環境を保持することができる (したがって，拡張された第一基本定理が成り立つ)．非完備 (近似的にも完備でない) 市場においては，オプションの複製費用は選択した取引戦略に依存する．したがって，拡

張された第二基本定理は成り立たない．この事実は，取引数量がオプション価格へ影響しうることを意味する．すなわち，オプションにおける供給曲線がもはや水平的ではない．

この供給曲線に対する無裁定制約を考察するに際して，離散的取引戦略を用いたオプションの超複製を考えることができる．任意の離散的取引戦略に対して，流動性費用は以下に等しい．

$$L_T = \sum_{j=0}^{N} [x_{\tau_{j+1}} - x_{\tau_j}][S(\tau_j, x_{\tau_{j+1}} - x_{\tau_j}) - S(\tau_j, 0)] \tag{17.9}$$

この離散的取引戦略について，$x_T = 0$ とすると，ヘッジ誤差は

$$C_T - Y_T = C_T - \left[y_0 + x_0 S(0,0) + \sum_{j=0}^{N} x_{\tau_{j+1}} [S(\tau_{j+1}, 0) - S(\tau_j, 0)] \right] + L_T$$

で与えられる．したがって，ヘッジ誤差は2つの要素に分解することができる．第一の要素である

$$\left[y_0 + x_0 S(0,0) + \sum_{j=0}^{N} x_{\tau_{j+1}} [S(\tau_{j+1}, 0) - S(\tau_j, 0)] \right] - C_T \tag{17.10}$$

は，オプション利得 C_T の複製における誤差である．第二の要素は (17.9) における流動性費用 L_T である．

特定の取引数量に対するオプション価格についての上限を与えるために，超複製の最小費用問題を考える．例えば，コールオプション1単位に対しては以下の戦略によって達成可能である．すなわち，時点 t における複製ポートフォリオの時価評価を $Z_t = X_t S(t,0) + Y_t$ と定義する．このとき，最適化問題は

$$\min_{(X,Y)} Z_0, \quad \text{s.t.} \ Z_T \geq C_T = \max\{S(T,0) - Ke^{-rT}, 0\} \tag{17.11}$$

で与えられる[20]．ただし，

$$Z_T = y_0 + x_0 S(0,0) + \sum_{j=0}^{N-1} x_{\tau_{j+1}} [S(\tau_{j+1}, 0) - S(\tau_j, 0)] - L_T$$

である．この問題の解法は，数値的な近似を必要とする．二項近似による数値計算手法については Çetin et al. (2006) で議論されている[21]．

---

[20] 訳者注：株価は銀行預金勘定に関する相対価格であることに注意せよ．
[21] 株式オプションを複数単位保有している場合には，上式の右辺は対応するオプションの保有単位数を掛けておけばよい．

原資産である株式の流動性費用は取引数量に依存していることから,超複製の費用も取引数量に依存する.各取引数量に対するオプションの超複製費用は(各単位数を引数とする関数として)完全なオプションの供給曲線を与える.Çetin et al. (2006)では,市場で取引されている様々なオプションに対して,古典的理論に基づく価格とオプションの超複製費用との差が経済学的に有意な水準であるとの実証結果を得ている.

7. 取引費用

前節までに述べたように,取引費用は,供給曲線の C^2 性が成り立たないような流動性費用の定式化についての特別な場合と考えることができる.本節では,取引費用が本モデルの枠組みを用いて考察できることを示す.ここでは,特に断らない場合,株式1単位当たりの費用に関して以下の3種類の取引費用を考える.すなわち,固定取引費用,比例的取引費用,および固定取引費用と比例取引費用の両方がある場合である.本節では流動性という問題からひとまず離れ,取引費用を考察するためにのみ供給曲線における数学的構造を用いる.この違いを明確にするため,供給曲線をここでは取引曲線 (transaction curve) と呼ぶ.本節での目的は,連続的取引が可能となる条件について考察することである[22].本節は,大部分を Umut Çetin の学位論文 (Çetin, 2003) によっている.

定義 17.11 以下の3種類の取引費用を定義する.
1) 固定取引費用とは,(単位当たりの株価に対して)取引曲線が以下で与えられているものと定義する.

$$S(t,x) = S(t,0) + \frac{a}{x}$$

2) 比例取引費用とは,取引費用が取引金額1単位に対して比例的に依存しており,以下で与えられるものをいう.

$$S(t,x) = S(t,0)(1 + \beta \mathrm{sign}(x))$$

ただし,$\beta > 0$ は取引金額1単位に対する比例取引費用である.

3) 固定比例混在取引費用とは定式化に応じて様々に定義できる.以下に例を2つあげる[23].

---

[22] 実務では,物理的に連続的な取引ができないので連続取引は明らかに不可能である.しかしながら,離散的取引戦略を用いて連続取引を任意に近い水準に近似することができるかどうかという問題は残っている.もし連続取引によって無限の取引費用が生じるならば,その戦略の近似列も十分に大きな費用を伴うものになり,近似を用いる動機がなくなる.以下の議論ではまさにこの近似列を用いる動機があるかどうかを分析している.

[23] これらの特徴付けは,2004年の Fidelity と Vanguard のウェブサイトで提供されている情報から得たものである.

- Fidelity

$$S(t,x) = S(t,0) + \frac{\beta}{x} + \text{sign}(x)\gamma 1_{\{|x|>\delta\}}$$

ただし，β と γ および δ は正数である．

- Vanguard

$$S(t,x) = S(t,0) + \frac{\max\{\alpha, |x|c\}}{x}$$

ただし，α および c は正数である．

以下の最初の結果は，固定費用が存在する場合には，区分的に一定な取引戦略（piecewise constant trading strategies）のみをモデル化に際して考察すればよいことを示唆している．

定理 17.4 固定費用が存在する場合には，連続取引によって有限時間で無限大の費用が生じる．

証明 以下，定義 17.11 の 1) における固定費用を仮定する．まず，株式取引戦略 X が取引時間列 $0 = T_0 \leq T_1 \leq \cdots \leq T_n = T$ を用いて $X = \sum_{i=0}^{N} X_i 1_{[T_i, T_{i+1})}$ と表されるとする．このとき，累積取引費用は $\sum_{i=0}^{n-1} a 1_{\{X_i \neq X_{i-1}\}}$ である．さらに，常に $X_i \neq X_{i-1}$ であるとすると，累積取引費用は単に na に等しくなる．

ここで，取引戦略 X が連続的な経路をもつとする．また，戦略 X に伴う累積取引費用を $TC(X)$ と表す．このとき，

$$TC(X) = \limsup_{n\to\infty} \sum_{T_i^n \in \Pi_k} a 1_{\{X_{T_i^n} \neq X_{T_{i-1}^n}\}} = \limsup_{n\to\infty} a N_{\Pi_n}(X)$$

である．ただし，Π_n は確率的時間分割で恒等変換（identity）[24]に収束するものをいい，$N_{\Pi_n}(X)$ は停止時刻集合 Π_n において $X_{T_i^n} \neq X_{T_{i-1}^n}$ となる回数を表している．ここで，X が区分的に一定でない限り $\limsup_{n\to\infty} N_{\Pi_n}(X) = \infty$ であることに注意する．したがって，連続的取引は無限大の取引費用を伴う．最後に，本章で考察する取引戦略は連続および不連続項の両方の項からなるので，総取引費用は各項に関連する取引費用よりも高いことから，無限大であることがわかる． □

比例取引費用の状況はより複雑である．この場合，有界変動な取引戦略に従うとすると（これは，例えばヨーロピアンコールおよびプットオプションの標準的な Black–Scholes ヘッジ戦略においては成り立たない），連続的な取引が可能となる．

---

[24] これは Protter (2005) の用語を踏襲した．すなわち，各 Π_n は区間 $[0, T]$ における有限な停止時刻の増加列とし，$n \to \infty$ のとき Π_n の時間間隔がゼロになるものを意味する．

定理 17.5 比例的取引費用が存在する場合に,有界変動でない場合には連続取引によって無限大の費用が生じる.戦略 X が Ω の部分集合 Λ 上で $[0,T]$ において有界変動となるならば,累積取引費用は Λ 上で $b\int_0^T S(s,0)|\mathrm{d}X_s|$ となる(b は定義 17.11 の2)における定数である).ただし,$|\mathrm{d}X_s|$ は,経路ごとの総変動による Stieltjes 積分を表す.また,Λ^c 上では費用が無限大となる.

証明 Π_n を恒等変換に収束する $[0,T]$ での確率的時間分割とする.また,X を連続的取引とする.比例的取引費用における累積総費用は以下のように書くことができる.

$$TC(X) = \limsup_{n\to\infty} \sum_{T_i^n \in \Pi_k} S(T_k^n, 0)|\Delta X_{n,k}|b$$

ただし,$\Delta X_{n,k} = X_{T_k^n} - X_{T_{k-1}^n}$ である.X が有界変動な経路をもつとすると,この値は Stieltjes 積分 $b\int_0^T S(s,0)|\mathrm{d}X_s|$ に経路ごとに収束し,X の総変動が無限大の場合,この値も無限大に収束する.この結果は経路ごとに成り立つ結果であるから,定理を示すことができた. □

定理 17.6 固定比例混在取引費用の場合には,連続取引によって有限時間に無限大の費用が生じる.

証明 取引戦略 X が連続的経路をもつとする.また,戦略 X に伴う累積取引費用を $TC(X)$ と表す.このとき,ある定数 δ を用いて

$$TC(X) \geq \limsup_{n\to\infty} \sum_{T_i^n \in \Pi_k} \delta 1_{\{X_{T_i^n} \neq X_{T_{i-1}^n}\}} \geq \limsup_{n\to\infty} \delta N_{\Pi_n}(X)$$

となる.ただし,Π_n を恒等変換に収束する $[0,T]$ での確率的時間分割とし,$N_{\Pi_n}(X)$ は停止時刻集合 Π_n において $X_{T_i^n} \neq X_{T_{i-1}^n}$ となる回数を表している.以上より,定理 17.4 と同様に無限大費用になることがわかる. □

8. 供給曲線の例

本節では,Blais (2006) および Blais and Protter (2006) などの最新の結果について議論する.これらの論文で得られた結果は Morgan Stanley から Robert Ferstenberg 事務所を通じて Blais and Protter に提供された取引の板情報(Ferstenberg, 2004 を見よ)の分析から着想を得たものである.データの詳細な情報やより意味のある示唆については Blais (2006) および Blais and Protter (2006) を参照せよ.古典的理論では流動性が無限大であり,前節までの設定でいうと,標準的な価格過程 $S_t = S(t,0)$ を用いていることに注意する.この場合,供給曲線として

$$x \to S(t,x) \text{ が } x \to S(t,0) \text{ に縮約されている}$$

ことになる.すなわち,これは水平的な直線であり,縦軸上において $S(t,0)$ を切片としている.もし,供給曲線が線形であると仮定すると,以下のような関数形で表される.

$$x \to S(t,x) = M_t x + b_t$$

古典的な理論は $M_t = 0$ のときに正しいことがわかる.この命題を帰無仮説として,Blais (2006) は 0.9999 の有意水準で $M_t = 0$ が棄却されることを示した.この結果から,供給曲線は現実に存在し,自明ではないことを結論づけることができる.

さらに Blais (2006) は,線形回帰を用いて流動性の高い株式[25]では供給曲線が線形であり,傾きと切片が時間変化することを示した.したがって,流動性の高い株式における供給曲線を

$$x \to S(t,x) = M_t x + b_t$$

と書くことができる.ただし,$b_t = S(t,0)$ ある.さらに,$(M_t)_{t \geq 0}$ 自身も連続な経路をもつ確率過程と仮定しても妥当であろう.このとき,付録 A における定理 17.11 の特殊な場合として以下の定理を得ることができる.

定理 17.7 流動性の高い株式における供給曲線が以下の線形供給曲線で与えられているとする.

$$x \to S(t,x) := M_t x + b_t$$

また,X を càdlàg で 2 次変分が有界な取引戦略とする.このとき,自己充足的取引戦略における銀行預金勘定の価値は以下で与えられる.

$$Y_t = -X_t S(t,0) + \int_0^t X_{u-} \mathrm{d}S(u,0) - \int_0^t M_u \mathrm{d}[X,X]_u$$

上記定理において,2 次変分の微分形式で表される項が不連続なジャンプをもつ可能性がある点に注意する.

流動性の低い株式の場合には新しい問題に直面する.すなわち,前節までに構築した定理がある 1 点において不成立となる.なぜなら,上の議論における供給曲線 $x \to S(t,x)$ が C^2 級であるとの仮定が満たされていないからである.実際,データから得られた結果では,供給曲線は 1 つの不連続点をもつ区分的に線形な関数であり,この不連続点はビッドアスクスプレッドに起因していると考えられる.幸いなことに,Çetin et al. (2004) においては自己充足的戦略の導出の際にのみ C^2 級の仮定を用いて

---

[25] ここでは流動性の高い株式の定義を曖昧なままにしておく.厳密な定義については Blais and Protter (2006) を見よ.例えば,BP や ATT,IBM などが流動性の高い株式に含まれる.

おり，ゼロでのみ不連続点をもつ不連続線形関数は比較的単純な構造なので，C^2 級の仮定を除いたとしても Blais and Protter (2006) と同様の議論が可能となる[26]．いま，供給曲線が連続であるとの仮定を排除し，$S(t,0^-)$ を限界的なアスク価格，$S(t,0^+)$ を限界的なビッド価格として $\gamma(t) = S(t,0^-) - S(t,0^+)$ をビッドアスクスプレッドとする．供給曲線は 1 つ不連続点をもつ線形関数とし，以下で与えられていると仮定する．

$$S(t,x) = \begin{cases} \beta(t)x + S(t,0^+), & x \geq 0 \\ \alpha(t)x + S(t,0^-), & x < 0 \end{cases} \tag{17.12}$$

ただし，α と β は連続な確率過程とする．次に

$$b^+(t) = S(t,0^+) \quad \text{および} \quad b^-(t) = S(t,0^-) \tag{17.13}$$

と定義し，b^+ と b^- は時間 t についての（確率的な）連続関数であるとする．次に示す定理では，有界変動な経路をもつ取引戦略にのみ焦点を当てている．というのは，流動性が低い場合には有界変動性を考えるほうが合理的であるからである．このような取引戦略 X に対して，排反な台集合（support）をもつ 2 つの単調非減少過程の差として経路ごとに Lebesgue 分解した以下の表現を考える．

$$X_t = X_0 + C_t - A_t \tag{17.14}$$

ここで，A と C はもちろん不連続的ジャンプをもつことがありうることに注意する．また，上記のような X に対して，$[X,X]_t = \sum_{s \leq t}(\Delta X_s)^2$ である．このとき，以下の結果を得る（Blais and Protter, 2006）．

定理 17.8 (17.12) の不連続的線形供給曲線をもつ流動性の低い株式と (17.14) で表される有界変動な経路をもつ càdlàg な取引戦略 X に対して，自己充足的取引戦略における銀行預金勘定は以下で与えられる．

$$\begin{aligned} Y_t = & Y_0 - X_t S(t,0^+) + \int_0^t X_{u-}\mathrm{d}S(u,0^+) \\ & - \int_0^t \{\beta(s)1_{\Lambda^c}(s) + \alpha(s)1_\Lambda(s)\}\mathrm{d}[X,X]_s \\ & - \int_0^t \{b^+(s)1_{\Lambda^c}(s) + b^-(s)1_\Lambda(s)\}\mathrm{d}X_s \end{aligned}$$

ただし，Λ は (17.14) における増加過程 A の（確率的）台集合を表す．

---

[26] 供給曲線における状態変数に関する C^2 級の仮定は線形供給関数の場合はもちろん不要であるが，実務においてはおそらくまったく不要というわけにはいかないであろう．

証明 銀行預金過程 Y が以下の式を満たすのはほぼ明らかである.

$$\begin{aligned}Y_t &= Y_0 - \lim_{n\to\infty}\sum_{k\geq 1}\left(X_{T_k^n} - X_{T_{k-1}^n}\right)S(T_k^n, X_{T_k^n} - X_{T_{k-1}^n}) \\ &= -X(0)S(0,X_0) \\ &\quad - \lim_{n\to\infty}\sum_{k\geq 1}\left(X_{T_k^n} - X_{T_{k-1}^n}\right)\left[S(T_k^n, X_{T_k^n} - X_{T_{k-1}^n}) - S(T_k^n, 0)\right] \\ &\quad - \lim_{n\to\infty}\sum_{k\geq 1}\left(X_{T_k^n} - X_{T_{k-1}^n}\right)S(T_k^n, 0)\end{aligned}$$

付録 A の例 17.2 からわかるように,上の右辺最終項は $-X_0 S(0,0) + X_t S(t,0) - \int_0^t X_{u-}\mathrm{d}S(u,0)$ に収束する.ここで,以下の項に注目する.

$$-\lim_{n\to\infty}\sum_{k\geq 1}\left(X_{T_k^n} - X_{T_{k-1}^n}\right)\left[S(T_k^n, X_{T_k^n} - X_{T_{k-1}^n}) - S(T_k^n, 0)\right] \quad (17.15)$$

供給曲線における不連続的線形性の仮定から (17.15) の総和は以下のように書き替えることができる.

$$\begin{aligned}&\sum_{k\geq 1}\left(X_{T_k^n} - X_{T_{k-1}^n}\right)\left[S(T_k^n, X_{T_k^n} - X_{T_{k-1}^n}) - S(T_k^n, 0)\right] \\ &= \sum_{k\geq 1}\Delta X_{n,k}1_{\{\Delta X_{n,k}\geq 0\}}[\beta(T_k^n)\Delta X_{n,k} - b^+(T_k^n)] \\ &\quad + \sum_{k\geq 1}\Delta X_{n,k}1_{\{\Delta X_{n,k}<0\}}[\alpha(T_k^n)\Delta X_{n,k} - b^-(T_k^n)] \\ &= \sum_{k\geq 1}(\Delta X_{n,k})^2 1_{\{\Delta X_{n,k}\geq 0\}}\beta(T_k^n) + \sum_{k\geq 1}(\Delta X_{n,k})^2 1_{\{\Delta X_{n,k}<0\}}\alpha(T_k^n) \\ &\quad - \sum_{k\geq 1}\Delta X_{n,k}1_{\{\Delta X_{n,k}\geq 0\}}b^+(T_k^n) - \sum_{k\geq 1}\Delta X_{n,k}1_{\{\Delta X_{n,k}<0\}}b^-(T_k^n)\end{aligned}$$

ただし,$\Delta X_{n,k}$ は $X_{T_k^n} - X_{T_{k-1}^n}$ を表している.

ここで,(17.15) の極限をとる.b^+ と b^- の連続性を用いると,確率解析の標準的な定理(例えば,Protter, 2005 を見よ)から,(17.15) はコンパクトな時間集合上において一様に以下の表現に確率収束する.

$$-\int_0^t\{\beta(s)1_{\Lambda^c}(s) + \alpha(s)1_\Lambda(s)\}\mathrm{d}[X,X]_s - \int_0^t\{b^+(s)1_{\Lambda^c}(s) + b^-(s)1_\Lambda(s)\}\mathrm{d}X_s$$

以上で定理が証明された. □

9. おわりに

本章では,古典的な無裁定価格理論に流動性リスクを取り込んだ Çetin (2003), Çetin et al. (2004, 2006), Blais (2006) および Blais and Protter (2006) の研究概要を解

説した.これらの研究は,証券価格が取引数量に依存している経済を考察することによって進められてきた.そして,拡張された資産価格の第一,第二基本定理が成り立つことを示した.第一基本定理については,経済が無裁定であることの必要十分条件は,限界的取引における価格の確率過程が同値マルチンゲール確率測度をもつことであることを示した.第二基本定理についても,近似的には成り立つことがわかった.すなわち,マルチンゲール測度が一意であれば市場は近似的に完備である.近似的に完備な市場においては,デリバティブの価格は当該証券の古典的理論における無裁定価格に等しいことを示した.この結果は,株式の上に書かれたデリバティブの供給曲線が水平的であることを表している.デリバティブが取引量に応じた右上がりの供給曲線をもつためには,連続的取引を排除しなければならない.この拡張によって市場は非完備となる.この場合,最小費用超複製戦略について議論した.最後に,これまでの理論を流動性の高い株式と低い株式の双方のデータに対してどのように適用するかについて概説した.

謝辞

定理17.8における当初の定式化についての誤りをご指摘くださったSam Ehrlichman氏に対して感謝申し上げたい.

付 録 A

A.1 第一基本定理の証明

この定理では仮定17.1における $S(t,x)$ の各サンプルパスでの連続性を用いる.証明は2つのステップを踏む.ステップ1では,すべての経済主体が限界的株式価格で取引を執行できるという仮想的経済を構築する.古典的理論の結果によって,この仮想的経済においては定理が成り立つ.ステップ2ではこの仮想的市場での定理が,本章で考えている経済における結果を得るのに十分であることを示す.

証明に入る前に,古典的理論を用いるために以下の結果について言及しておく.古典的理論(Delbaen and Schachermayer, 1994 あるいは Protter, 2001 における解説を参照せよ)では,$X_0 = 0$ で取引戦略を開始するが,本章の設定では $X_{0-} = 0$ であるが $X_0 = 0$ ではない.ただし,以下の証明では,一般性を失うことなく $X_0 = 0$ を満たす可予測過程についてのみ考えることができる.その根拠は以下のとおりである.まず,$s_u = S(u, 0)$ であることに注意する.本章の設定において,Y^0 を $X_0 S(0,0) + Y_0^0 = 0$ および

$$X_t S(t,0) + Y_t^0 = X_0 S(0,0) + Y_0^0 + \int_{0+}^{t} X_u \mathrm{d}s_u = \int_{0+}^{t} X_u \mathrm{d}s_u$$

を満たすように選択する.また,$\widehat{X} = 1_{(0,T]} X$ と定義する.このとき,$\widehat{X}$ は可予測で

$\widehat{X}_0 = 0$ かつ $\int_{0+}^{T} X_u ds_u = \int_{0}^{T} \widehat{X}_u ds_u$ である.したがって,以降は $\widehat{X}$ に対する議論であると考えればよい.

A.1.1　ステップ1（仮想的経済）

3節で導入した仮想的経済について考える.Delbaen and Schachermayer (1994, Section 4) は以下のことを示した.

定理 17.9　仮定 17.1 と無裁定のもとで,仮想的経済において NFLVR であることの必要十分条件は測度 $\mathbb{Q} \sim \mathbb{P}$ が存在し,$S(\cdot, 0)$ が $\mathbb{Q}$ 局所マルチンゲールとなることである.

可予測過程の確率積分は連続有界変動過程を被積分関数とする確率積分の（コンパクト集合上で一様に確率収束するという意味での）極限である（付録 A.3 を見よ）から,以下の系を得る[27].

系 17.2　仮想的経済において裁定機会がないとする.仮定 17.1 のもとで仮想的経済において NFLVR であるとすると,取引戦略の列で ϵ_n 許容的かつ連続有界変動戦略 X_n と恒等的にゼロでない非負 $\mathcal{F}_T$ 可測確率変数 f_0 が存在し,$\epsilon_n \to 0$ のとき $(X^n \cdot S)_T \to f_0$ に確率収束する.

この系の証明は非常に容易であるから省略する.

A.1.2　ステップ2（非流動的経済）

流動性リスクがある経済において X が有界変動連続過程であるとし,そのような自己充足的取引戦略 (X, Y, τ) に制限して考えると,補題 17.1 より $Y_t = (X \cdot s)_t - X_t S(t, 0)$ である.また,時点 T では $Y_T = (X \cdot s)_T$ である.これは,仮想的経済における自己充足的取引戦略の価値に等しい.ここで,以下の結果を用いる.

補題 17.4　仮定 17.1 のもとで,X が仮想的経済において連続有界変動過程である α 許容的取引戦略とする.このとき,非流動的経済において取引戦略の列で $(\alpha + \epsilon_n)$ 許容的かつ $[0, \tau^n)$ 上で連続かつ有界変動な戦略 $(H^n, Y^n, \tau^n)_{n \geq 1}$ が存在し,$\epsilon_n \to 0$ のとき,Y^n が $(X \cdot S)_T$ に確率収束する.

証明[28]　$T_n = T - 1/n$ とし,以下を定義する.

---

[27] Delbaen and Schachermayer (1994) の原論文では,この系の仮定についての言及が省略されている.本章では無裁定についての（省略された）必要な仮定を下記および他の結果において明示している.この仮定がたしかに必要であることを示す反例をわれわれにご教示くださった Delbaen 教授に感謝する (Delbaen, 2003).

[28] 訳者注：X の連続有界変動性より取引期中では流動性費用は発生しない.したがって,清算時点で流動性費用の取扱いのみに注意すればよい.また,以上の点から期中の取引株価 S は常に限界的取引で評価した株価 s に等しいことに注意せよ.

$$f_n(t) = 1_{\{T_n \leq t \leq T_{n+1}\}} \frac{X_{T_n}}{T_n - T_{n+1}}(t - T_{n+1}) \tag{17.16}$$

このとき，$f_n(T_n) = X_{T_n}$ かつ $f_n(T_{n+1}) = 0$ である．また，任意の t について確率 1 で $f_n(t) \to 0$ である．次に以下を定義する．

$$X_t^n = X_t 1_{\{t < T_n\}} + f_n(t) \tag{17.17}$$

定義から X^n は連続で有界変動である．また，T は確定値（停止時刻ではない）なので X^n は可予測である．さらに，

$$(X^n \cdot S)_t = (X \cdot S)_{t \wedge T_n} + \int_0^t f_n(s) \mathrm{d}S(s, 0) \tag{17.18}$$

である．ここで，X が $[0, T]$ 上で連続なので $|f_n(\omega)| \leq \sup_t |X_t(\omega)| \equiv K(\omega) \in \mathbb{R}$ であることに注意する．よって，f_n は $S(\cdot, 0)$ 可積分関数によっておさえられている．したがって，確率積分に対する優収束定理（Protter, 2005 を見よ）から，$\int f_n(s) \mathrm{d}S(s, 0)$ はコンパクトな時間集合 $[0, T]$ 上で一様に 0 に確率収束し，$(X^n \cdot S)$ は $(X \cdot S)$ に一様に確率収束する[29]．

いま，$(\epsilon_n)_{n \geq 1}$ を 0 に収束する正の数列で $\sum_n \epsilon_n < \infty$ を満たすとする．また，$\tau^n = \inf\{t > 0 \mid (X^n \cdot S)_t < \alpha - \epsilon_n\} \wedge T$ とする．$S(\cdot, x)$ の連続性から τ_n は可予測な停止時刻である．$(X^n \cdot S)$ は $(X \cdot S)$ にコンパクト集合上で一様に確率収束するので，適当な部分列をとることで以下の結果を得る．

$$\mathbb{P}\left\{\sup_{0 \leq t \leq T} |(X^n \cdot S)_t - (X \cdot S)| \geq \epsilon_n\right\} \leq \epsilon_n \tag{17.19}$$

ここで，$\mathbb{P}\{\tau^n < T\} \leq \epsilon_n$，すなわち τ^n が T に確率収束することに注意する．さらに，時点 T_n では $X^n = X$ であるから $\tau^n \geq T_n$ である．いま，$H^n = X^n 1_{[0, \tau^n]}$ と選択し，取引戦略の列 $(H^n, \tau^n)_{n \geq 1}$ を考える．すべての n において $H_{\tau^n}^n = 0$ であるから，任意の $t \in [0, \tau^n]$ に対して $(H^n \cdot S)_t \geq -\alpha - \epsilon_n$ である．したがって，$(H^n, \tau^n)_{n \geq 1}$ は $(\alpha + \epsilon_n)$ 許容的取引戦略であることがわかる．戦略 X の連続性から，各 n に対して H^n は有界変動で時点 τ^n のみで不連続であるから，各取引戦略の清算時におけるポートフォリオ価値は

$$Y_{\tau^n}^n = X^n(\tau^n)[S(\tau^n, -X^n(\tau^n)) - S(\tau^n, 0)] + (X^n \cdot S)_{\tau_n} \tag{17.20}$$

で与えられる．したがって，2 つの確率収束 $\tau^n \to T$ および $X^n(\tau^n) \to 0$ が示されれば十分である．実際，$\sum_n \mathbb{P}\{\tau^n < T\} \leq \sum_n \epsilon < \infty$ より，Borel–Cantelli の補題が適用できて $\mathbb{P}\{\tau^n < T \text{ i.o.}\} = 0$ である．このことから，たかだか有限の n を除いて確率 1 で $X^n(\tau^n) = X^n(T) = 0$ が示される． □

---

[29] 部分積分を用いても同じ結果を示すことができる．

補題 17.5 仮想的経済において無裁定であるとする．仮定 17.1 のもとでは，仮想的経済における NFLVR と非流動的経済における NFLVR は同値である．

証明 仮想的経済において NFLVR とする．非流動的経済における任意の自己充足的取引戦略 (X, Y, τ) に対して $Y_\tau \leq (X \cdot S)_\tau$ であるから，非流動的経済のもとでも NFLVR である．逆に，仮想的経済において FLVR とする．系 17.2 の結果から，取引戦略の列で有界変動で連続かつ各 n に対して ϵ_n 許容的な $(X^n)_{n \geq 1}$ が存在し，$(X^n \cdot S)_t$ が f_0 に確率収束するものが存在する．ただし，f_0 はこれまでと同様であり，$\epsilon_n \to 0$ である．しかし，先ほどの補題から，取引戦略の列でそれぞれが α_n 許容的な $(H^n, Y^n, \tau^n)_{n \geq 1}$ が存在し，$\alpha_n \to 0$ のとき $(X^n \cdot S)_t \to f_0$ と確率収束するものが存在する．これは非流動的経済において FLVR であることを意味している． □

定理 17.10（第一基本定理） 仮想的経済において裁定機会がないとする．仮定 17.1 のもとでは，非流動的経済において NFLVR であることの必要十分条件は測度 $\mathbb{Q} \sim \mathbb{P}$ が存在し，$S(\cdot, 0)$ が $\mathbb{Q}$ 局所マルチンゲールとなることである．

証明 上の補題から，非流動的市場における NFLVR と仮想的市場における NFLVR は同値である．定理 17.9 より，仮想的市場における NFLVR はマルチンゲール測度の存在と同値である． □

A.2 自己充足性条件の構築

本節の目的は，本文中の定義 17.2 の正当性を与えることである．この証明には，仮定 17.2 よりもゆるい仮定を用いる[30]．

いま，t を確定的な時刻とし，(σ_n) を恒等変換に収束する $[0, t]$ での確率的時間分割で以下の形式をもつとする．

$$\sigma_n : 0 = T_0^n \leq T_1^n \leq \cdots \leq T_{k_n}^n = t$$

ただし，各 T_k^n は停止時刻である．連続する取引時点 t_1 と t_2 に対して，自己充足性条件は以下のように書くことができる．

$$Y_{t_2} - Y_{t_1} = -(X_{t_2} - X_{t_1})S(t_2, X_{t_2} - X_{t_1})$$

ここで，すべての n に対して，$Y_t = Y_0 + \sum_{k \geq 1}(Y_{T_k^n} - Y_{T_{k-1}^n})$ である．したがって，Y_t を以下の極限（存在する限り）として定義する．

$$Y_0 - \lim_{n \to \infty} \sum_{k \geq 1}(X_{T_k^n} - X_{T_{k-1}^n})S(T_k^n, X_{T_k^n} - X_{T_{k-1}^n}) \tag{17.21}$$

---

[30] 8 節において，不連続線形供給関数をもつ流動性の低い株式における自己充足的戦略の概念に対する正当化をすでに行っていることに注意する．

例 17.2 古典的なモデルではすべての $x \in \mathbb{R}$ に対して $S(t,x) = S(t,0)$ である．したがって，自己充足性条件は

$$Y_{t_2} - Y_{t_1} = -[X_{t_2} - X_{t_1}]S(t_2, 0)$$

となり，最初の取引は $Y(0) = -X(0)S(0,0)$ を満たしている．したがって，

$$\begin{aligned}Y_t &= Y_0 - \lim_{n \to \infty} \sum_{k \geq 1} (X_{T_k^n} - X_{T_{k-1}^n}) S(T_k^n, 0) \\ &= Y_0 - \lim_{n \to \infty} \left[\sum_{k \geq 1} X_{T_k^n} S(T_k^n, 0) - \sum_{k \geq 1} X_{T_{k-1}^n} S(T_k^n, 0) \right] \\ &= Y_0 - \lim_{n \to \infty} \left[\sum_{k \geq 1} X_{T_k^n} S(T_k^n, 0) \right. \\ &\quad \left. - \sum_{k \geq 1} X_{T_{k-1}^n} (S(T_k^n, 0) - S(T_{k-1}^n, 0)) - \sum_{k \geq 1} X_{T_{k-1}^n} S(T_{k-1}^n, 0) \right] \\ &= Y_0 - X_t S(t, 0) + X_0 S(0, 0) + \lim_{n \to \infty} \sum_{k \geq 1} X_{T_{k-1}^n} (S(T_k^n, 0) - S(T_{k-1}^n, 0)) \\ &= -X_t S(t, 0) + \int_0^t X_{u-} \mathrm{d}S(u, 0)\end{aligned}$$

となる．極限では Y_t の値が古典的な場合と一致することに注意する．よって，本章の設定が既存の理論を含む枠組みであることがわかる．

定理 17.11 株式保有量 X が càdlàg で有界2次変分をもつとすると，銀行預金勘定の価値は以下で与えられる．

$$\begin{aligned}Y_t = &-X_t S(t,0) + \int_0^t X_{u-} \mathrm{d}S(u,0) - \int_0^t S_x^{(1)}(u-,0) \mathrm{d}[X,X]_u^c \\ &- \sum_{0 \leq u \leq t} [S(u, \Delta X_u) - S(u, 0)] \Delta X_u\end{aligned} \quad (17.22)$$

ただし，$S_x^{(n)}$ は x に関する S の n 次偏導関数である．

証明 この定理の証明は定理17.8の証明と同様に行えばよい．いま，(17.21) は

$$\begin{aligned}Y_t =& Y_0 - \lim_{n \to \infty} \sum_{k \geq 1} (X_{T_k^n} - X_{T_{k-1}^n}) S(T_k^n, X_{T_k^n} - X_{T_{k-1}^n}) \\ =& -X(0)S(0, X(0)) \\ & - \lim_{n \to \infty} \sum_{k \geq 1} (X_{T_k^n} - X_{T_{k-1}^n}) [S(T_k^n, X_{T_k^n} - X_{T_{k-1}^n}) - S(T_k^n, 0)] \\ & - \lim_{n \to \infty} \sum_{k \geq 1} (X_{T_k^n} - X_{T_{k-1}^n}) S(T_k^n, 0)\end{aligned}$$

と書き換えることができる．例17.2より，上式右辺最終項は $-X_0 S(0,0) + X_t S(t,0) - \int_0^t X_{u-} dS(u,0)$ に収束する．ここで，$A = A(\epsilon, t)$ をたかだか有限回の不連続点をもつ X における不連続時点の集合とし，$B = B(\epsilon, t)$ を $\sum_{s \in B} (\Delta X_s)^2 < \epsilon^2$ となる集合で，A と B は互いに排反となり $A \cup B$ が $(0, t]$ までの X の不連続ジャンプをすべて含むようにとる．詳細は Protter (2005) の伊藤の公式の証明を見よ．このとき，

$$\lim_{n \to \infty} \sum_{k \geq 1} \left(X_{T_k^n} - X_{T_{k-1}^n} \right) \left[S(T_k^n, X_{T_k^n} - X_{T_{k-1}^n}) - S(T_k^n, 0) \right]$$

$$= \lim_{n \to \infty} \sum_{k, A} \left(X_{T_k^n} - X_{T_{k-1}^n} \right) \left[S(T_k^n, X_{T_k^n} - X_{T_{k-1}^n}) - S(T_k^n, 0) \right]$$

$$+ \lim_{n \to \infty} \sum_{k, B} \left(X_{T_k^n} - X_{T_{k-1}^n} \right) \left[S(T_k^n, X_{T_k^n} - X_{T_{k-1}^n}) - S(T_k^n, 0) \right]$$

であることがわかる．ただし，$\sum_{k,A}$ は $\sum_{k \geq 1} 1_{\{A \cap (T_{k-1}^n, T_k^n] \neq \emptyset\}}$ を表し，$\sum_{k,B}$ は $\sum_{k \geq 1} 1_{\{B \cap (T_{k-1}^n, T_k^n] \neq \emptyset\}}$ を表すものとする．集合 A は各 ω ごとにたかだか有限個の要素をもつので，上式の右辺第 1 項は

$$\sum_{u \in A} [S(u, \Delta X_u) - S(u, 0)] \Delta X_u \tag{17.23}$$

に等しい．また，各 $S(T_k^n, \cdot)$ に対して Taylor の公式を用いると，第 2 項は

$$\lim_{n \to \infty} \sum_{k, B} S_x^{(1)}(T_k^n, 0) \left(X_{T_k^n} - X_{T_{k-1}^n} \right)^2$$

$$+ \lim_{n \to \infty} \sum_{k, B} \left(X_{T_k^n} - X_{T_{k-1}^n} \right) R\left(T_k^n, |X_{T_k^n} - X_{T_{k-1}^n}| \right)$$

$$= \lim_{n \to \infty} \sum_{k \geq 1} S_x^{(1)}(T_k^n, 0) \left(X_{T_k^n} - X_{T_{k-1}^n} \right)^2$$

$$- \lim_{n \to \infty} \sum_{k, A} S_x^{(1)}(T_k^n, 0) \left(X_{T_k^n} - X_{T_{k-1}^n} \right)^2$$

$$+ \lim_{n \to \infty} \sum_{k, B} \left(X_{T_k^n} - X_{T_{k-1}^n} \right) R\left(T_k^n, |X_{T_k^n} - X_{T_{k-1}^n}| \right)$$

$$= \lim_{n \to \infty} \sum_{k \geq 1} S_x^{(1)}(T_{k-1}^n, 0) \left(X_{T_k^n} - X_{T_{k-1}^n} \right)^2$$

$$+ \lim_{n \to \infty} \sum_{k \geq 1} [S_x^{(1)}(T_k^n, 0) - S_x^{(1)}(T_{k-1}^n, 0)] \left(X_{T_k^n} - X_{T_{k-1}^n} \right)^2$$

$$- \lim_{n \to \infty} \sum_{k, A} S_x^{(1)}(T_k^n, 0) \left(X_{T_k^n} - X_{T_{k-1}^n} \right)^2$$

$$+ \lim_{n \to \infty} \sum_{k, B} \left(X_{T_k^n} - X_{T_{k-1}^n} \right) R\left(T_k^n, |X_{T_k^n} - X_{T_{k-1}^n}| \right) \tag{17.24}$$

となる.ただし,R は Taylor の公式の剰余項である.上式の第 1〜3 項は以下に収束する[31].

$$\int_0^t S_x^{(1)}(u-,0)\mathrm{d}[X,X]_u + \left[S_x^{(1)}(\cdot,0),[X,X]\right]_t - \sum_{u\in A} S_x^{(1)}(u,0)(\Delta X_u)^2$$
$$= \int_0^t S_x^{(1)}(u-,0)\mathrm{d}[X,X]_u + \sum_{0\leq u\leq t}\Delta S_x^{(1)}(u,0)(\Delta X_u)^2 - \sum_{u\in A} S_x^{(1)}(u,0)(\Delta X_u)^2 \tag{17.25}$$

次に,ϵ がゼロに収束するとき,(17.24) の最終項が消えることを示す.仮に任意の x と t に対して一様に $|S_x^{(2)}| < K < \infty$ であると仮定すると,

$$\left|R\bigl(T_k^n,|X_{T_k^n}-X_{T_{k-1}^n}|\bigr)\right|$$
$$\leq \sup_{0\leq |x|\leq |X_{T_k^n}-X_{T_{k-1}^n}|} \left|S_x^{(1)}(T_k^n,x)-S_x^{(1)}(T_k^n,0)\right|\left|X_{T_k^n}-X_{T_{k-1}^n}\right|$$
$$\leq \sup_{0\leq |y|\leq |x|\leq |X_{T_k^n}-X_{T_{k-1}^n}|} \left|S_x^{(2)}(T_k^n,y)x\bigl(X_{T_k^n}-X_{T_{k-1}^n}\bigr)\right|$$
$$\leq K\bigl(X_{T_k^n}-X_{T_{k-1}^n}\bigr)\bigl(X_{T_k^n}-X_{T_{k-1}^n}\bigr)$$

が成り立つ.ただし,2 番目の不等式では中間値の定理を用いた.したがって,(17.24) の最終項の絶対値は以下の値と等しいか小さい.

$$K\lim_{n\to\infty}\sum_{k,B}\bigl(|X_{T_k^n}-X_{T_{k-1}^n}|\bigr)^3$$
$$< K\lim_{n\to\infty}\sup_{k,B}|X_{T_k^n}-X_{T_{k-1}^n}|\sum_k|X_{T_k^n}-X_{T_{k-1}^n}|^2$$
$$\leq K\epsilon[X,X]_t$$

ここで,ϵ は任意に小さくとることができ,また X は有界な 2 次変分をもつことに注意する.さらに,すべての項は正であるから,$\epsilon\to 0$ のとき (17.23) は

$$\sum_{0\leq u\leq t}[S(u,\Delta X_u)-S(u,0)]\Delta X_u$$

に収束し,(17.25) は

---

[31] $S_x^{(1)}(\cdot,0)$ が連続のときには,$S_x^{(1)}(\cdot,0)$ が有限な 2 次変分をもつという仮定は不要である.この場合,第 2 項目の極限はゼロとなる.なぜなら,コンパクト集合 $[0,T]$ 上では各 ω ごとに X が有界な 2 次変分をもち,$S_x^{(1)}(\cdot,0)$ は一様連続となるからである.

$$\int_0^t S_x^{(1)}(u-,0)\mathrm{d}[X,X]_u + \sum_{0\le u\le t}\Delta S_x^{(1)}(\Delta X_u)^2 - \sum_{0\le u\le t} S_x^{(1)}(u,0)\Delta S_x^{(1)}(\Delta X_u)^2$$
$$=\int_0^t S_x^{(1)}(u-,0)\mathrm{d}[X,X]_u - \sum_{0\le u\le t} S_x^{(1)}(\Delta X_u)^2$$
$$=\int_0^t S_x^{(1)}(u-,0)\mathrm{d}[X,X]_u^c$$

に収束する.

一般的な場合については,$V_k^x = \inf\{t>0 \mid S^{(2)}(t,x) > k\}$ とし,$\widetilde{S}(t,x) \equiv S(t,x)1_{[0,V_k^x)}$ とする.このとき,任意の k に対して,$\widetilde{S}$ は (17.22) を満たす.Protter (2005) の伊藤の公式の証明にあるように和集合を用いた標準的な議論によって,S に対する (17.22) を示すことができる. □

A.3 確率積分の連続的有界変動積分による近似

以下の補題はよく知られたものであり,Protter (2005) でも議論されている.

補題 17.6 X を標準的な分解 $X = N + A$ をもつ特殊セミマルチンゲールとする.ただし,N は局所マルチンゲールとし,A は可予測とする.X の不連続点が完全に到達不可能(totally inaccesible)とする.このとき,A は連続である.

ここで以下の仮定をおく(この仮定はすべての古典的モデルにおいて成り立つものである.なぜなら,Lévy 過程の不連続ジャンプは完全に到達不可能であり,実際 P.A. Meyer の古典的定理によると,一般的に考察されている強 Markov 過程は完全に到達不可能な不連続ジャンプのみをもつからである).

仮定 17.2 $S(\cdot,0)$ は完全に到達不可能な不連続ジャンプのみをもつ.

また,以下の定義を述べておく.

定義 17.12 X を標準的な分解 $X = \bar{N} + \bar{A}$ をもつ特殊セミマルチンゲールとする.X の $\mathcal{H}^2$ ノルムを以下で定義する.

$$\|X\|_{\mathcal{H}^2} = \left\|[\bar{N},\bar{N}]_\infty^{1/2}\right\|_{L^2} + \left\|\int_0^\infty |\mathrm{d}\bar{A}_u|\right\|_{L^2}$$

セミマルチンゲールの集合 $\mathcal{H}^2$ は有限な $\mathcal{H}^2$ ノルムをもつ特殊セミマルチンゲールによって構成される.

定義 17.13 $\mathbb{L}$ は左連続で右極限の経路をもつ確率過程の集合とし,$\mathbb{R} \times \Omega$ 上の可予測な可算加法族 $\mathcal{P}$ を $\mathbb{L}$ 可測なすべての過程によって生成される可算加法族とする.また,$\mathrm{b}\mathcal{P}$ を $\mathcal{P}$ 可測な有界過程の集合とする.

付 録 A

定義 17.14 $X \in \mathcal{H}^2$ とし, X は標準的な分解 $X = \bar{N} + \bar{A}$ をもつとする. また, $H, J \in \mathsf{b}\mathcal{P}$ とする. $d_X(H, J)$ を以下で定義する.

$$d_X(H, J) = \left\| \left(\int_0^T (H_u - J_u)^2 \mathrm{d}[\bar{N}, \bar{N}]_u \right)^{1/2} \right\|_{L^2} + \left\| \int_0^T |H_u - J_u| |\mathrm{d}\bar{A}_u| \right\|_{L^2}$$

以降, $s \in \mathcal{H}^2$ は標準的分解 $s = \bar{N} + \bar{A}$ をもつと仮定する.

定理 17.12 $\epsilon > 0$ とする. 有界で連続かつ有界変動をもつ任意の過程 H に対して, 有界で連続かつ有界変動をもつ過程 H^ϵ が存在し, $H^\epsilon_T = 0$ で $d_s(H, H^\epsilon) < \epsilon$ とできる.

証明 以下を定義する.

$$H^m_t = H_t 1_{[0, T_m]} + H_{T_m} \frac{T - t}{T - T_m} 1_{(T_m, T]}$$

ただし, $T_m = T - 1/m$ とする. まず, $m \to \infty$ のとき $d_s(H, H 1_{[0, T_m]}) \to 0$ となることを示す.

いま, $\|(\int_0^T (H_u(\omega) - H_u(\omega) 1_{[0, T_m]})^2 \mathrm{d}[\bar{N}, \bar{N}]_u(\omega))^{1/2}\|_{L^2} \to 0$ を示すに際して, $[\bar{N}, \bar{N}] = \langle \bar{N}, \bar{N} \rangle + M$ であることに注意する. ただし, $\langle \bar{N}, \bar{N} \rangle$ はコンペンセーターであり, M は局所マルチンゲールである. M が局所マルチンゲールであるから, 無限大に単調に収束する停止時刻の列 $(T_n)_{n \geq 1}$ が存在し, 各 n に対して, 停止過程 (stopped process) M^{T_n} がマルチンゲールとなる. よって, ある有界な過程 G に対して, $(G \cdot M^{T_n})$ はマルチンゲールであり, 任意の t に対して $\mathbb{E}[(G \cdot M^{T_n})_t] = 0$ が成り立つ. さらに, 以下の不等式が成立する.

$$|(G \cdot M^{T_n})_t| \leq (|G| \cdot [\bar{N}, \bar{N}]^{T_n})_t + (|G| \cdot \langle \bar{N}, \bar{N} \rangle^{T_n})_t$$
$$\leq (|G| \cdot [\bar{N}, \bar{N}])_t + (|G| \cdot \langle \bar{N}, \bar{N} \rangle)_t \qquad (17.26)$$

ただし, 最初の不等式は三角不等式を用いており, 第 2 の不等式は $[\bar{N}, \bar{N}]$ と $\langle \bar{N}, \bar{N} \rangle$ が増加過程であることを用いている. また, 確率積分の優収束定理より $G 1_{[0, T_n]}$ は G に収束し, $(G \cdot M^{T_n})$ はコンパクト集合上で一様に $(G \cdot M)$ に確率収束する. さらに, G は有界で $[\bar{N}, \bar{N}]$ と $\langle \bar{N}, \bar{N} \rangle$ が可積分であるから, (17.26) より通常の優収束定理を用いて, すべての t に対して $\mathbb{E}[(G \cdot M^{T_n})_t]$ が $\mathbb{E}[(G \cdot M)_t]$ に収束する. したがって, 任意の t に対して $\mathbb{E}[(G \cdot M)_t] = 0$ である. これより,

$$\mathbb{E}[(G \cdot [\bar{N}, \bar{N}])_t] = \mathbb{E}[(G \cdot \langle \bar{N}, \bar{N} \rangle)_t]$$

を得る. $[\bar{N}, \bar{N}]$ のジャンプ回数は $\bar{N}$ のジャンプ回数に等しく, また補題 17.6 の系として $\bar{N}$ のジャンプが完全に到達不可能であることがわかる. 以上より, 同じ補題に

よって $\langle \bar{N}, \bar{N} \rangle$ が連続である.いま,すべての m とほとんどすべての ω に対して

$$\int_0^T (H_u(\omega) - H_u(\omega)1_{[0,T_m]})^2 \mathrm{d}\langle \bar{N}, \bar{N} \rangle_u(\omega) \le \int_0^T (H_u(\omega))^2 \mathrm{d}\langle \bar{N}, \bar{N} \rangle(\omega) < \infty$$

が成り立っている.$\langle \bar{N}, \bar{N} \rangle$ の連続性によって,Lebesgue の優収束定理により確率 1 で

$$\int_0^T (H_u(\omega) - H_u(\omega)1_{[0,T_m]})^2 \mathrm{d}\langle \bar{N}, \bar{N} \rangle_u(\omega) \to 0$$

である.さらに,$(H \cdot s) \in \mathcal{H}^2$ より,

$$\left\| \left((H - H1_{[0,T_m]})^2 \cdot \langle \bar{N}, \bar{N} \rangle \right)_T^{1/2} \right\|_{L^2} \le \left\| \left(H^2 \cdot \langle \bar{N}, \bar{N} \rangle \right)_T^{1/2} \right\|_{L^2} < \infty$$

を得る.再度,優収束定理を適用することで,

$$\left\| \left(\int_0^T (H_u(\omega) - H_u(\omega)1_{[0,T_m]})^2 \mathrm{d}\langle \bar{N}, \bar{N} \rangle_u(\omega) \right)^{1/2} \right\|_{L^2} \to 0$$

が示される.

任意の有界過程 G に対して,すべての t で $\mathbb{E}[(G \cdot [\bar{N}, \bar{N}])_t] = \mathbb{E}[(G \cdot \langle \bar{N}, \bar{N} \rangle)_t]$ であるから,

$$\left\| \left(\int_0^T (H_u(\omega) - H_u(\omega)1_{[0,T_m]})^2 \mathrm{d}[\bar{N}, \bar{N}]_u(\omega) \right)^{1/2} \right\|_{L^2} \to 0$$

も成立している.補題 17.6 より,$\bar{A}$ は連続であるから,上の議論と同様にして $\| \int_0^T |H_u - H_u 1_{[0,T_m]}| |\mathrm{d}\bar{A}_u| \|_{L^2} \to 0$ であることもわかる.したがって,$m \to \infty$ のとき $d_s(H, H1_{[0,T_m]}) \to 0$ となる.

最後に $m \to \infty$ のとき,$d_s(H_{T_m}\{(T-t)/(T-T_m)\}1_{(T_m,T]}, 0) \to 0$ であることを示せば十分である.まず,H の有界性より,以下の不等式が成り立つことに注意する.

$$\int_0^T H_{T_m}^2(\omega) \left(\frac{T-u}{T-T_m} \right)^2 1_{(T_m,T]} \mathrm{d}\langle \bar{N}, \bar{N} \rangle_u(\omega) \le \int_0^T K \mathrm{d}\langle \bar{N}, \bar{N} \rangle_u(\omega) < \infty$$

ただし,$K = \| \max_{0 \le t \le T} H_t^2(\omega) \|_{L^\infty} < \infty$ である[32].優収束定理より,確率 1 で

$$\int_0^T H_{T_m}^2(\omega) \left(\frac{T-u}{T-T_m} \right)^2 1_{(T_m,T]} \mathrm{d}\langle \bar{N}, \bar{N} \rangle_u(\omega) \to 0$$

---

[32] 訳者注:原書では $K = \| \max_{0 \le t \le T} H_t^2(\omega) \|_\infty < \infty$ となっているが,他の表記との統一性を考え,ノルムを $\| \cdot \|_{L^\infty}$ とした.

となる.さらに優収束定理を用いると,

$$\lim_{m\to\infty} \mathbb{E}\left[\int_0^T H_{T_m}^2(\omega) \left(\frac{T-u}{T-T_m}\right)^2 1_{(T_m,T]} d\langle \bar{N},\bar{N}\rangle_u(\omega)\right] \to 0$$

を得る.
同様の議論によって

$$\left\|\int_0^T \left|H_{T_m}\left(\frac{T-u}{T-T_m}\right)\right| 1_{(T_m,T]} |dA_u|\right\|_{L^2} \to 0$$

がわかる.以上で定理が証明された. □

系 17.3 $\epsilon > 0$ とする.有界で連続かつ有界変動をもつ確率過程 H に対して,有界で連続かつ有界変動をもつ確率過程 H^ϵ が存在し,$H_T^\epsilon = 0$ かつ $\|(H \cdot s) - (H^\epsilon \cdot s)\|_{\mathcal{H}^2} < \epsilon$ とできる.

証明 定理 17.12 および Protter (2005, Chapter IV, Theorem 5) より明らかである.
□

(R. A. Jarrow and P. Protter/西出勝正)

参 考 文 献

Bank, P., Baum, D. (2004). Hedging and portfolio optimization in illiquid financial markets with a large trader. *Mathematical Finance* 14, 1–18.
Barles, G., Soner, H. (1998). Option pricing with transaction costs and a nonlinear Black–Scholes equation. *Finance and Stochastics* 2, 369–397.
Blais, M. (2006). Liquidity and data. *Ph.D. thesis*, Cornell University.
Blais, M., Protter, P. (2006). An analysis of the supply curve for liquidity risk through book data, in preparation.
Çetin, U. (2003). Default and liquidity risk modeling. *Ph.D. thesis*, Cornell University.
Çetin, U., Jarrow, R., Protter, P. (2004). Liquidity risk and arbitrage pricing theory. *Finance and Stochastics* 8, 311–341.
Çetin, U., Jarrow, R., Protter, P., Warachka, M. (2006). Pricing options in an extended Black Scholes economy with illiquidity: Theory and empirical evidence. *Review of Financial Studies* 19 (2), 493–529.
Cheridito, P. (2003). Arbitrage in fractional Brownian motion models. *Finance and Stochastics* 7, 417–554.
Constantinides, G., Zariphopoulou, T. (1999). Bounds on prices of contingent claims in an intertemporal economy with proportional transaction costs and general preferences. *Finance and Stochastics* 3, 345–369.
Cvitanic, J., Karatzas, I. (1996). Hedging and portfolio optimization under transaction costs: A martingale approach. *Mathematical Finance* 6, 133–165.
Cvitanic, J., Ma, J. (1996). Hedging options for a large investor and forward–backward SDEs. *Annals of Applied Probability* 6, 370–398.

Cvitanic, J., Pham, H., Touze, N. (1999). A closed-form solution to the problem of super-replication under transaction costs. *Finance and Stochastics* 3, 35–54.

Delbaen, F. (2003). Personal communication.

Delbaen, F., Schachermayer, W. (1994). A general version of the fundamental theorem of asset pricing. *Mathematische Annalen* 300, 463–520.

Duffie, D. (1996). *Dynamic Asset Pricing Theory*, second ed. Princeton University Press, New Jersey.

Ferstenberg, R. (2004). Private communication.

Glosten, L., Milgrom, P. (1985). Bid, ask and transaction prices in a specialist market with heterogeneously informed traders. *Journal of Financial Economics* 14 (March), 71–100.

Grossman, S., Miller, M. (1988). Liquidity and market structure. *Journal of Finance* 43 (3), 617–637.

Harrison, J.M., Pliska, S. (1981). Martingales and stochastic integrals in the theory of continuous trading. *Stochastic Processes and Their Applications* 11, 215–260.

Jarrow, R. (1992). Market manipulation, bubbles, corners and short squeezes. *Journal of Financial and Quantitative Analysis,* September, 311–336.

Jouini, E. (2000). Price functionals with bid–ask spreads: An axiomatic approach. *Journal of Mathematical Economics* 34 (4), 547–558.

Jouini, E., Kallal, H. (1995). Martingales and arbitrage in securities markets with transaction costs. *Journal of Economic Theory* 66 (1), 178–197.

Jouini, E., Kallal, H., Napp, C. (2001). Arbitrage in financial markets with fixed costs. *Journal of Mathematical Economics* 35 (2), 197–221.

Kyle, A. (1985). Continuous auctions and insider trading. *Econometrica* 53, 1315–1335.

Protter, P. (2005). *Stochastic Integration and Differential Equations, second ed., Version 2.1.* Springer-Verlag, Heidelberg.

Protter, P. (2001). A partial introduction to financial asset pricing theory. *Stochastic Processes and Their Applications* 91, 169–203.

Soner, H.M., Shreve, S., Cvitanic, J. (1995). There is no nontrivial hedging portfolio for option pricing with transaction costs. *Annals of Applied Probability* 5, 327–355.

第18章

金融工学の保険分野への適用

概　要

本章では，保険という研究分野を紹介するとともに，保険における金融工学の適用事例について考える．保険商品の中に存在するリスクと銀行業務で扱われるリスクには，その性質にいくつかの重要な違いがある．歴史的には，保険リスクは保険数理的な手法によって扱われてきたが，そこで用いられている手法について示すとともに，金融工学手法との比較を行う．特に生命保険の事例に焦点を当てて議論を進める．生命保険商品には，株式ポートフォリオやインデックスポートフォリオのパフォーマンスに連動するような，様々な投資のオプションが含まれている場合がある．このような保険契約の価格評価とリスク管理は，伝統的な保険数理手法に対して難題を提示するものであった．本章では，リスク管理に対する現代のアプローチが，近代金融経済学の概念と伝統的な保険数理手法のアイデアに基づく計量経済学手法とを，いかに融合したものであるかを解説する．特に，2つの応用事例，すなわち変額年金と保証付年金オプションについて議論する．

1. はじめに

生命保険会社や年金制度の発展初期の段階において，それぞれの組織が負うべき債務を確実に果たすためには，科学的なアプローチが必要であることが明らかになっていった．当初，この役割は，それぞれの企業が支払い能力を維持するために必要な適正保険料を計算する数学者によって行われていたが，時間が経つにつれて，この役割は保険数理人，すなわち，アクチュアリーという新しい職種として確立されていった．アクチュアリーという単語が最初に公式に使用されたのは，1762年，後にエクイタブル生命として知られるようになった新しい生命保険会社[1]の役員として Edward Rowe Mores を紹介する際であった．保険会社や年金企業の支払い能力を維持するための役割はアクチュアリーに託されたが，彼らこそが，最初の金融エンジニアとみなされるべき職種であり，多くの司法制度では，アクチュアリーという専門的職業には，生命保険会社と年金制度の支払い能力を認証する法令上の役割を有している．

---

[1] Ogborn (1956) を参照のこと．世界で初めて設立されたこの保険会社は，もともと The Society for Equitable Assurances on Lives and Survivorships として知られていた．

もともと，アクチュアリーという職種は，保険会社と年金制度の支払い能力を保証するための専門職として位置づけられていたが，時間が経つにつれて，金融エンジニアとしてさらに主体的な役割を担い，リスク管理技術の開発の過程で重要な貢献を果たすようになった．こうしたアクチュアリーとしては，Macauley や Redington らが有名である．しかしながら，いくつかの例外を除いて，アクチュアリーはここ 30 年に起こった金融工学革命には，あまり深く関わっていない．近代的な金融工学手法の保険リスクへの応用が広く実施されるようになったのは，過去 10 年程度のことである．現代の保険に含まれる派生商品としての性質は，標準的な資本市場における派生商品と，ある側面においては非常に類似しているが，同時にいくつかの重要な差異も存在する．

　保険市場には，完全で摩擦がない市場という概念に必要とされる属性の多くが欠落している．保険や年金の契約は，他のほとんどの金融契約より，はるかに長い契約期間をもつ．保険契約に内在する様々なオプションに対しては，市場で取引されているオプションのような合理的権利行使を仮定することはできない．保険商品の市場は非完備である．保険契約では，逆選択やモラルハザードのような現象についても，他のほとんどの金融契約よりはるかに多く存在する．標準的な金融工学手法は，主にもっと契約期間が短く，市場性の高い商品に対して開発されたものであり，これらの手法を保険契約に適用するためには，かなりの調整が必要になる．

　近年の生命保険商品は，伝統的な死亡保険金給付に加え，より投資に焦点を当てた商品を組み合わせる傾向にある．これらの保険契約は，伝統的な商品の市場が不振になることに伴って開発が進められたものであるが，保険会社は，銀行や投資信託のような他の金融業態が提供するリテール商品と競合できるような保険商品を開発することで，販売拡大が見込めることを認識していた．このような商品を開発する場合，保険会社としては保証を組み込むことが，ごく自然に行われた．金融保証を組み込む理由としては，まず，保険商品が常に保証された給付を伴う商品であるということがあげられる．加えて，いくつかの法制度において，保険契約には，純粋な投資商品にはない税制上の優遇措置が認められていた．保険会社は，投資信託に見られる従来型商品にはない保証を提供することによって，好ましい税務的な扱いを確保することが可能であった．

　以降，本章ではアクチュアリーがどのようにして資本市場の手法を取り入れたか，また，いかに伝統的な保険数理手法と融合させて，保険リスクに対する効果的分析手法を開発したかを解説する．次節では，保険契約の変遷，すなわち確定的な給付や生命保険といった商品から，近年よく見られる市場パフォーマンスに直接連動し保証が付帯しているような商品への進化について議論する．3 節では，リスクをカバーするために課すべき適正なプレミアムを計算するために，早くからアクチュアリーが用いていた方法についてまとめる．これらはリスク測度に対応するプレミアム原理と呼ばれている．4 節では，保険会社によるリスク管理の近代的手法について検証するとと

もに，資本をクッションとして活用する保険数理手法と，ダイナミックヘッジによる金融工学手法の比較を行う．5節では，変額年金として知られる重要な商品クラスの詳細について示し，これらの商品に対するリスク管理の一つの形態について議論したうえで，保険数理アプローチとダイナミックヘッジアプローチを解説する．6節では，保証付き年金のオプション性を示す事例として，保険契約に含まれる長期間の内在オプションの複雑さと，それらが示すリスク管理への新たな挑戦について解説する．

2. 保険商品と保険市場

　伝統的なタイプの保険契約と，より近代的な商品との大きな違いは，伝統的な保険の負債は広く分散が可能であり，一方，近代的商品の多くには，かなりの投資要素が含まれ，これらは分散不可能であるという点である．独立な死亡リスクをもつ多くの被保険者が伝統的な定期保険に加入すれば，発生する保険金の支払いは高い精度で予測することができる．大数の強法則より保険事故の発生は平均に近づき，中心極限定理から支払い保険金の分布は正規分布に近づく．より多くの保険契約を販売すれば，相対的なリスクも小さくなる．死亡リスクをヘッジする最も簡単な方法は，より多くの保険契約を販売することである[2]．

　伝統的な生命保険商品は，契約期間中の死亡，あるいは特定の年齢までの生存に対して，一定金額のプロテクションを提供するものであった．定期保険は定められた期間における生命保険をカバーするものであり，終身保険は被保険者の生涯にわたる生命保険を提供する．養老保険では，保険期間内の死亡事故，あるいは契約満了までの生存に対して保険金が支払われる．契約時において保険金額が決定され，平準払い保険料，あるいは一時払い保険料の水準に応じて，資金が積み立てられる．

　非常に簡単な例からスタートしよう．保険会社が1期間の定期保険を1つ販売したとする[3]．保険料を1,050ドル，保険金額を100,000ドルとする．保険金は，被保険者が保険期間内（この場合1年以内）に死亡した場合にのみ支払われるものとする．さらに，対象とする被保険者が1年以内に死亡する確率は0.01であると仮定する．このとき，被保険者は1年後まで生存するか，あるいは1年以内に死亡するかのいずれかとなる．前者の場合，保険会社は保険料を収入として計上し，その後も存続することができる．後者の場合には，保険会社は100,000ドルの保険金を支払わなくてはならない．保険会社がこの金額を支払うだけの資本をもっていないということは，同時に倒産を意味する．この場合，保険会社は1％の倒産確率を有することになる．

　今度は，保険会社が，100万人の独立な死亡リスクに対して同じ契約を販売したと仮定する．個々の死亡確率は0.01で，保険金額は先の例と同様とする．このとき，保険会社は1,050×100万ドルの総保険料を集めることができる．この金額は，保険事故

---

[2] 別の方法としては，長寿リスクと死亡リスク（生命保険）を同時に販売することである．
[3] もちろん，保険会社はこのような事業を行わない．リスクを分散するために複数の契約を販売する．

が 10,500 件以内であれば,すべての保険金支払いを賄うことのできる金額であるが,10,500 件を超えるような事故が発生する確率は 10^{-6} 以下である.さらに多くの契約を獲得することにより,保険会社が倒産するリスクは無視できるほどに減少する.また,中心極限定理により,より多くの契約を獲得することで,支払うべき保険金額が期待損失額に非常に近くなることが示される.これが,アクチュアリーが期待損失を重要な評価尺度の一つとして用いることの理由である.

保険商品の進化における重要な成果として,利益配当付き保険,あるいは有配当保険と呼ばれる商品の開発があげられる.保険会社が確実に保険金の支払いを実行していくために,現実的には給付額の期待値より大きい額の保険料が必要とされる.これは,多くの場合,保険料を決定する際に保守的な前提をおくことによって実行されてきた.この仕組みは,保険会社にとって好ましくない事象が発生することに対するクッションとしての役割を提供し,その結果,利益やサープラスの積立てが行われた.契約者は,保険会社にとって好ましい事象が起こることのメリットを,以降の保険料の削減といった形で共有できる保険商品であった.

英国の保険会社が優勢な保険市場では,配当は保険金額に特別手当を追加することで実施された.定期的な保険金の増加は,特別配当 (reversionary bonus) と呼ばれ,一度この配当の支払いが宣言されると,契約者が満期以前に解約しないという条件のもとで,確定した給付金となる仕組みである.配当保険の導入によって,自由な投資政策が許容され,契約者は結果として得られた利益を共有できるようになった.英国の保険会社が,株式投資への自由度をいっそう活用するようになるにつれて,特別配当の定期的な実施では,依然として制限が多すぎることが明らかになっていった.1960 年代には,保険会社の多くが,配当のかなりの部分の支払いを保険契約の満了時点,すなわち死亡事故発生か満期日到達の時点まで,延期するようになった.この消滅時特別配当 (terminal bonus) には保証は付加されていないが,最終的な給付金の 50% もの割合を占めるような場合も多かった.このように,伝統的な生命保険契約,特に養老保険においては,投資に焦点を当てた特性がより多く含まれるようになった.原則的には,英国におけるこのような有配当保険は,現実に発生する投資リターンの変動を取り除くように設計されているが,現実には,有配当保険は,不透明かつ温情主義的であることに対する批判が多い[4].

ここ数十年の間に多くの保険市場において,投資の運用実績が,より明示的に原資産のパフォーマンスに連動するような,新しいタイプのリテール向け保険商品が開発されてきた.このようなビジネスが成長したことの要因の一つとして,銀行や他の金

---

[4] 2004 年に英国の規制当局担当者であった Callum McCarthy は,次のようにコメントしている.実際に販売されている有配当保険を慣習的に不透明にしているベールを取り払う必要がある.将来的には,どのように配当積立ファンドが管理されるか,配当額(満期,あるいは解約時における)の決定方法,収益の平滑化のポリシー,投資戦略と資産配分の変更といった情報が,包括的に活用できるようになることが期待される.これは,顧客が競合会社との間で選択を行う場合には必要な情報であり,さらにいえば,競合する投資機会の選択においても必要である (McCarthy, 2004).

2. 保険商品と保険市場

融機関が提供する個人投資家向け貯蓄商品との競合が激化したことがあげられる．別の要因としては，金融サービスのグローバル化の進展がある．このような投資に連動した商品では，保険による給付金額が特定のベンチマークポートフォリオやインデックス，例えばS&P500のような指数に直接的に連動する．このような商品は，法令の異なる地域では，それぞれ異なる名前で呼ばれている．例えば，米国における変額年金（variable annuity）や株価指数型年金（equity-indexed annuity），カナダにおける分離型ファンド（segregated fund），英国やその他の欧州諸国のおけるユニットリンク保険（unit linked contract），そしてアジアにおけるストラクチャー商品（structured product）などがある．これらすべての商品の給付金が，株式ポートフォリオや別の株式インデックス（あるいは，株式と他の投資対象との複合）の運用実績に直接的に連動することから，これらの商品は総称して，株価連動型生命保険（equity-linked life insurance）と呼ばれている．

ここで，株価連動型保険の事例を示そう．この事例では，契約期間は7年とし，契約者が支払う保険料は一時払いである．7年間の契約が満期を迎えた時点の給付金は，以下の2つの大きい額である．

- 一時払い保険料
- 一時払い保険料をS&P500指数リターンの60%の利回りで，7年間運用した金額

保険としての特性を維持するするために，契約期間中には死亡保障が付帯する．また，契約者は失効，すなわち途中解約して，解約返戻金を受け取るオプションを有している．このような契約は，内在オプション（embedded option）のパッケージとみなすことができる．このようなオプションは，以下の性質を有する．

- 非常に長期間であることが多い．
- 流通市場において独立に取引されることはなく，契約に付帯している．
- 合理的な権利行使が行われることを想定できない．これは，モーゲージ証券の期限前解約オプションの権利行使が完全には合理的に行われないことと同様である．

株価連動型保険は，投資のリスクと死亡リスクの両方を含んでいるが，同種の契約を数多くプールすることによって分散できるのは，死亡リスクだけである．投資リスクはプールするだけでは減少させることはできない．例えば，先ほど示した契約は，7年の利付債券，S&P指数に対する一種のコールオプション，および7年満期の定期保険から構成される一つのパッケージとみなすことができるが，死亡リスクについては分散可能であるものの，支払われる金額の大きさは，もはや不確実でインデックスの運用成績に依存する．このタイプの投資リスクは分散可能ではない．このような契約のために，保険会社は，ますます金融工学ソリューションを必要とするようになる．

このようなオプションを評価することは，市場で取引されている金融オプションの評価に比べて，いくつかの点でよりチャレンジングである．保険に内在するオプションと，金融市場における標準的なオプションの主な相違点は以下のとおりである．

- 保険契約は非常に長期間となる傾向にある．契約によっては30年以上の契約期

- 保険に内在するオプションは，生命の不確実性に依存する．先に説明した変額年金の保証は，契約者の死亡により満期となる．したがって，契約期間はランダムである．一般に，オプションの満期までの期間は，契約者の生死状態に依存する．
- これらオプションの権利行使に影響を与える要因は，市場で取引されるオプションの場合より複雑であり，合理的な権利行使が完全に行われると仮定することはできない．個別の消費者が権利行使を行うかどうかは，先に示したモーゲージの期限前償還オプションの場合よりも，はるかに予測が難しい．
- 保証が締結される時点においては，その多くがディープアウトオブザマネーである．
- 金融オプションを価格付けする場合には，裁定の機会は存在せず，かつ市場は完備であると仮定することが多いが，保険に内在する長期のオプションでは，これら両方の仮定が成立しないと思われる．

これらの違いは，標準的な金融工学手法の適用と実施が容易ではないことを意味する．

3. プレミアム原理とリスク測度

保険数理への画期的な貢献の一つとして，1909年に，いわゆる集合的リスク理論 (collective risk theory) を提唱したF. Lundbergの業績をあげることができる (Lundberg, 1909)．Lundbergは，ある前提のもとで，付加保険料の総額が，いかに保険会社が倒産，あるいは破綻する確率と結び付いているかを示す数理モデルを構築した．このような破綻確率を用いる方法は，バリューアットリスク[5] (VaR) の概念を予示するものであった．現代の視点で見れば，Lundbergのモデルは経済的リアリズムを欠いているものではあったが，それは特筆すべき貢献をもたらした．彼のモデルは，請求すべき保険料と保険会社が経営を維持していくことの，正確な科学的関係を示すものであった．

Lundbergの業績は，リスク測度をいかに構築するかということについて早くから取り組んだ事例である．リスク測度は保険請求額の分布を実数に写像するもので，なんらかの基準に応じてリスクの大きさを定量化するために用いられる．期待値[6]はリスク測度の一つの例である．リスク測度を必要自己資本額を見積もるために活用するという考え方は，保険でははるかに長い歴史があり，そこで用いられるリスク測度はプレミアム原理 (premium principle) として知られている (Bühlmann, 1970; Gerber, 1979)．プレミアム原理は保険損失分布に適用される測度であり，したがって，銀行で用いられるような損益分布を取り込むべき尺度とは若干異なっている．損失を表す確率変数 $X > 0$ に対して，Gerber (1979) が示した標準的なプレミアム原理は，正の値をもつ

---

[5] 金融市場においては，バリューアットリスク (VaR) は頻繁に用いられるリスク測度となってきた．現在では，金融機関や企業，規制当局においてリスクの尺度として用いられている．
[6] 付加保険料を加えたもの．

パラメータ $\alpha \geq 0$ を用いて，以下のように定義される．
- 期待値原理：$(1+\alpha)\,\mathbb{E}[X]$
- 標準偏差原理：$\mathbb{E}[X] + \alpha\sqrt{\mathrm{var}[X]}$
- 分散原理：$\mathbb{E}[X] + \alpha \mathrm{var}[X]$
- ゼロ効用原理：ある効用関数 $u(x)$ とサープラス w に対して，このプレミアム原理は次式を満たす P である．

$$u(w) = \mathbb{E}[u(w+P-X)]$$

一般的な $u(x)$ の選択肢として指数効用がある．この場合，当初のサープラスは計算には影響を与えず，以下の指数原理と一致する．

$$\frac{1}{\alpha}\log(\mathbb{E}[e^{\alpha X}])$$

- クオンタイル原理：$F_X^{-1}(\alpha)$．ただし，$F_X(x)$ は X の分布関数であり，α は $0 \leq \alpha \leq 1$ を満たすパラメータである．

Bühlmann と Gerber が既存のプレミアム原理の分類を行って以来，保険数理学者は新しい原理の研究を進展させた．Wang (1995) は，損失分布に対して，生存関数の歪み (distortion) を用いた新しいリスク計測（プレミアム原理）の手法を開発した．

損失を表す非負の確率変数 X に対して，生存関数 $S(x) = \mathbb{P}[X > x]$ を用いて，平均損失は次のように表現される．

$$\int_0^\infty S(x)\mathrm{d}x$$

Wang の貢献は，歪み関数 $g(S(x))$ に基づくリスク測度を提案したことである．歪み関数は，$g(0)=0$ かつ $g(1)=1$ を満たす増加関数である．歪みリスク測度とでも呼ぶべき $H(X)$ は以下のように表現される．

$$H(X) = \int_0^\infty g\left(S(X)\right)\mathrm{d}x$$

Wang (1995) では，$g(u) = u^{1/\rho}$ とする比例ハザードリスク測度を提案した．ただし，$\rho \geq 1$ である．この ρ は，付加保険料を決定するパラメータである．これとは別に，Wang (2002) では，パラメータ $k > 0$ を用いて，$g(u) = \Phi(\Phi^{-1}(u)+k)$ とする正規分布–正規分布変換を提案した．この手法は，特定の条件において適当な k を選ぶことで，Black–Scholes–Merton のオプション評価式を導出できることが示される．リスク測度は，個別リスクやポートフォリオへの適用が考えられる．特筆すべき興味深い点として，クオンタイル原理は広く用いられている VaR 指標に対応している．

これらのプレミアム原理は便利なツールである一方，保険市場のいくつかの重要な側面を捉えていない．通常，保険の売り手は，なんらかの公式に従って，単純に価格

を定めるといった需要側を無視した決定はできない．このような批判は新しいものではなく，Karl Borch の時代にまでさかのぼる．より経済的なアプローチが，Borch や Bühlmann らの学者によって主張されている．

　これらの測度は，価格計算と経済資本（economic capital）計算のいずれか，あるいは両方に用いることができる．特に生命保険では，期待値原理は両方に用いることができる測度であり，経済資本を計算する場合には，より大きな α の値が用いられる．このようなリスク管理はかなり消極的なものであり，累積保険料に対して発生するあらゆる超過負債は，付加的に保有する経済資本に吸収される．損害保険では，時として他のプレミアム原理が用いられる．生命保険におけるリスク管理は，元来，相対的に消極的なものであった．保険会社は特定の確率で発生する負債額に対応できることを保証するように，別途，十分な資本を積み立てる．もちろん，アクチュアリーは，負債の特性に対応して適切な形で，保険料を証券に投資すべきであることを認識していた．

　Redington (1952) は，ダイナミックヘッジの理論に先駆けて，イミュニゼーション（immunization）の概念を用いて，この考えをより完全な形で発展させた．Redington は，資産選択において，負債のデュレーションに一致，かつ負債のコンベクシティを超えるように構成することで，金利の微小変動に対するヘッジが可能であることを示した．イミュニゼーションは保険数理のリスク管理において重要なツールとなり，今日においても資産負債管理戦略に用いられている．当初より，金利のシフトが発生した場合には，資産ポートフォリオに対してなんらかのリバランスが必要であることが指摘されていた．また，様々な不確実性の存在や，理論が金利の期間構造を無視していることから，完全なイミュニゼーションを実施することは不可能であることも認識されていた．それにもかかわらず，イミュニゼーションは長期の保険債務に対する重要なリスク管理ツールとして認識されていた．

4. 生命保険のリスク管理

　保険会社は内在オプションに起因する金融リスクを管理するために異なる手法を用いるが，これらは2つの主な手法に分類できる．すなわち，

- 保険数理的な準備金による方法で，保証のある債務を高い確率でカバーできるように金融機関が付加的な資本を別途，積み立てる手法である．この場合，金額の推定は，$\mathbb{P}$ 測度と呼ばれる実測度（real-world measure）のもとで行われる．
- 2番目の手法は，投資銀行で用いられる金融工学手法である．保険会社が市場で取引できる資産による複製ポートフォリオを構築し，時間の経過に対して動的なヘッジを実施することで，満期における負債額と一致させる方法である．この場合，複製ポートフォリオの投資比率は，同値マルチンゲール測度，すなわち $\mathbb{Q}$ 測度のもとで計算される．

実際には，これらの手法を組み合わせた方法が用いられる．これらの各手法について，順に説明する．

4.1 保険数理的な手法

アクチュアリーが最初に分散不可能なリスク管理に取り組み始めたのは，1960年代後半から1970年代前半にかけて，株価連動型保険が最初に普及したときであった．リスク管理に対する Black–Scholes–Merton のアプローチが提案されたのは1973年であったが，当初，多くのアクチュアリーはこの手法に懐疑的であった[7]．

その代わりに，保険業界は準消極的な手法を採用した．実測度のモデルによりモンテカルロシミュレーションを用いて負債分布の推定が行われた．負債額は，「保守的な」割引率（無リスク金利の近似値）を用いて推定される．この場合のリスク測度は，必要資本額を決定するための負債の現在価値分布をシミュレーションするために適用される．このプロセスは，アクチュアリー協会の満期保証に関する作業部会（MGWP; Maturity Guarantees Working Party, 1980）によるレポートに記載されている．この報告書ではリスク測度が適用され，その後の作業の多くがクオンタイル測度に費やされており，必要資本額は99%あるいは99.9%分位点に設定されている．この手法は本質的には消極的であるが，実際に毎年の必要資本を再計算する場合には，より動的な手法を用いることが強いられた．

内在オプションに対する負債のモデル化には，アクチュアリーが用いていたものに比べて，より洗練されたモデルが必要となった．その結果，保証に対するリスク管理手法開発の重要課題として，負債の将来分布評価に用いることができるような，洗練された資産と負債の統合モデル構築に関心が注がれた．これらはすべて実測度のモデルであった．1970年代後半に，英国における満期保証作業部会の負債評価のために，Wilkie (1986, 1995) モデルの初期バージョンが発表された．Wilkie モデルは，インフレ，株式価格と配当，債券価格の統合モデルであり，資産と負債評価のための一般的な基準であることが示されている．他の実測度のモデルについては，4.5項で議論する．

伝統的な $\mathbb{P}$ 測度のモデルは，次のように総括することができる．L_t は保険契約において，時点 t で支払い可能な金額であるとする．内在プットオプションについては，保証額 G_t が参照ファンドの価値 F_t を上回っているならば，その超過額が債務に含まれる．契約開始時点において x 歳の人の時点 t における瞬間的死亡率[8]を $\mu_x(t)$ とする．x 歳から $x+t$ 歳までの生存率を $_tp_x$ と表記する．契約の満期までの残存期間を n，無リスク金利を r とする．満期，あるいはそれ以前に発生する死亡事故に対して

---

[7] このような見解については，満期保証作業部会（MGWP, 1980）から引用した次の表現に総括されている．「作業部会は，この議題の研究に多くの時間を費やし，数学の妥当性について，様々な角度から信頼できるという結論に達した．この見解について，いくつかのケースでは，誰も真剣にこの理論に取り組んだことがないと思われるという事実から推論された．」

[8] 他分野では，ハザードレートとして知られている．

支払われる保証契約の場合，負債の契約開始時点 ($t=0$) における割引現在価値は次のとおりである．

$$A_0 = \int_0^n {}_tp_x\mu_x(t)L_te^{-rt}dt + {}_np_xL_ne^{-rn}$$

このとき，価格および期初の必要資本額は，A_0 の分布に適当なリスク測度を用いて決定される．

実務では，A_0 の分布はシミュレーションにより推定され，シミュレーション分布に対してリスク測度が適用される．

4.2 ダイナミックヘッジ手法

生命保険に含まれる内在オプションは比較的わかりやすいものではあるが，前項で説明した手法は，リスクを軽減するためのダイナミックヘッジ戦略の活用をまったく伴わない．この理由としては，そもそも，認識が不足していたこと，あるいはたいへん新しく，非常に革新的な手法に対する信頼性が欠如していたことがあげられる．

より最近になって，アクチュアリーはダイナミックヘッジ手法を用いるようになったが，その際，保険に適用するための調整が加えられた．Black–Scholes の方法を純粋に適用する場合，2節で列挙した問題点（オプションの非常に長い契約期間の特性，死亡リスクへの依存，オプションが発行時点においてディープアウトオブザマネーであることが多い）などに対する調整への取組みが必要になる．その結果，保険会社では，銀行で活用されている金融工学手法と，保険分野で開発されたモデルや手法を組み合わせて用いているのが現状であると思われる．このような手法をハイブリッドアプローチと呼ぶ．

負債の長期特性と資金性の問題は，次を意味する．

- 標準的な Black–Scholes のモデルを，保険保証にそのまま適用するのは適切ではない．
- リスク管理を成功させるためには，計量経済モデルが重要である．
- 離散的なヘッジと取引コストに関する実務上の問題は，負債に重要な影響を与える可能性がある．
- 寿命要因の存在は，契約者の生死に依存して，契約期間がランダムになることを意味する．

4.3 死亡率に依存するオプション

死亡率の問題を最初に扱った研究として，Brennan and Schwartz (1976) や Boyle and Schwartz (1977) があげられる．確定的な満期時点 n をもつオプションの，時点 0 における価値を $H(n)$ とする．このとき，時点 0 において x 歳で契約した人が，満期時点 n まで生存していることを条件に支払われるオプションの価値は，x 歳の人

の寿命を表す確率変数を T_x として，単純に $H(n)\mathbb{P}[T_x > n]$ と表記される．すなわち，死亡リスクに対するリスク中立測度は，それが完全に分散可能，かつ保証債務から独立であるならば，単純に実測度になる．同様に，時点 n で支払われる保証額が，$(n - \epsilon, n)$ の間に死亡することを条件に支払われるのであれば，オプションの価値は次のようになる．

$$H(n)\mathbb{P}[n - \epsilon < T_x \leq n]$$

一般に，期間が n 年で保証ペイオフが $H(T_x, n)$ である契約の価値は，それが生存期間を表す確率変数 T_x と独立である場合には，次のように表現できる．

$$\mathbb{E}[T_x]\left[\mathbb{E}_{\mathbb{Q}}[e^{-rn}H(T_x, n) \mid T_x]\right]$$

ここで，T_x に対する期待値は，死亡に関する実測度，また，$\mathbb{Q}$ に対する期待値は，金融に関するリスク中立測度に対して計算される．

将来の生存期間に対して，$\mathbb{P}$ 測度を用いることができる理由については，Boyle and Schwartz (1977) や Lin and Tan (2003) により詳しく説明されている．直観的には，完全に分散可能なリスクに対しては，価格付けに対して $\mathbb{P}$ 測度を用いることができるということである．

4.4 ハイブリッド手法：$\mathbb{P}$ 測度と $\mathbb{Q}$ 測度の結合

離散時間ヘッジの問題や，長期オプションに対する現実的な計量モデルのニーズに対する1つのアプローチとして，現実的な $\mathbb{P}$ 測度のもとでのヘッジ戦略コストのモデル化がある．これは，ヘッジ戦略の決定には $\mathbb{Q}$ 測度を，ヘッジの算定には $\mathbb{P}$ 測度を使用し，離散ヘッジ誤差や取引コスト，モデル誤差から発生するアンヘッジ負債（負債のヘッジされない部分）の推定を行う．

もし，ヘッジポートフォリオが事前に決められた動的戦略に従い，単位時間間隔でリバランスされるとするならば，モンテカルロシミュレーションのプロセスには，各単位時間において以下のステップが必要になる．

1) 実測度を用いて，リスク資産の価値をシミュレーションで更新する．
2) 前回のタイムステップから繰り越されたヘッジポートフォリオの価値を更新する．
3) 更新された情報に基づいて，必要なヘッジの価値を計算する．
4) 次期へ繰り越すべきヘッジの価値と，繰り越されたヘッジ価値の差が，ヘッジ誤差，またはトラッキング誤差である．アンヘッジ負債の一部として，すべてのヘッジ誤差を割り引いた価値を計算する．
5) ヘッジポートフォリオをリバランスするための取引コストを計算する．アンヘッジ負債の2つ目の部分として，取引コストについても割引き価値を計算する．

最後のタイムステップで必要なヘッジが，シミュレーションによるオプション債務額となる．

ヘッジ誤差の現在価値と取引コストの現在価値を組み合わせることで，アンヘッジ負債の額が計算される（他にもアンヘッジキャッシュフローの要素はあるかもしれないが，ここでは簡単なケースを扱う）．

　保険会社はヘッジ誤差と取引コストを考慮して，追加資本を準備することができる．平均的なヘッジ誤差はゼロに近づくであろうと想像するかもしれないが，より高いリスクを補強するようなリスク測度を用いる場合には，ヘッジ誤差が生じる可能性は，資本の必要性へと結び付く．例えば，ヘッジ誤差の分布の 99% 点を必要資本と選んだ場合には，ヘッジポートフォリオと並行して，このファンドを設定する．ヘッジ誤差が負の場合には，剰余金がファンドに払い込まれる．ヘッジ誤差が正，すなわちヘッジを構成するために追加的な資金が必要な場合には，ファンドから資金が引き上げられる．ヘッジ誤差によるコストを賄うために，ファンドを使い切ってしまう可能性は（大雑把にいって）1% 程度しかない．順調に進んで，資本のすべてが必要でない場合には，過剰資金は会社に戻される．契約開始当初に必要な資本総額は，ヘッジポートフォリオ構築のコストに，アンヘッジコストをカバーするために必要な資本額を足した金額となる．このようなリスク管理に対するハイブリッドアプローチは，カナダにおいて保証付株価連動型保険を販売している保険会社に適用が認められている．

4.5　価格推定のための現実的モデル

　保険数理的な手法を用いるにせよ，ハイブリッドアプローチを用いるにせよ，参照ポートフォリオの現実の分布が必要になる．例えば，株価連動型保険に含まれる株価変動に対して標準的な対数正規モデルを適用すると，一般に，アウトオブザマネーのオプションに対するリスクを過小評価してしまう．これは，対数正規分布を実際の分布に当てはめるためにはテールが薄すぎること，さらに特定の商品に対しては，確率ボラティリティが潜在的負債の重要な原因となっていることによる．これらの問題は，対象とするリスクが非常に長期であり，契約開始時点においてはディープアウトオブザマネーである傾向にあることなどによるもので，分布のテールは特に重要となる．その結果，株価のファットテールと不確実性をもつボラティリティを適切に捉えることができるモデルの識別は，いまやリスク管理の重要な構成要素となっている．

　アクチュアリーに普及しているモデルには，先に紹介した Wilkie モデル（Wilkie, 1986, 1995）や，Whitten and Thomas (1999) のような，Wilkie モデルから派生した様々なモデルが含まれる．一般的な形態の株価連動型保険に対しては，複雑な統合モデルは不要で，重要なリスクとして株価の変動から生じる部分を考えればよい．Hardy (2001) は，2 つの局面（regime）からなるレジームスイッチング対数正規モデルが，過去 40 年間の S&P500 指数の月次リターンに対して当てはまりがよいことを示した．Hardy のモデルは，GARCH モデルを含む他の比較候補より，優れていると主張されている．レジームスイッチングモデル（Hamilton, 1989 で提案されたフレームワークに基づく）のもとでは，価格過程は 2 つの局面の間をランダムにジャンプする．各局

4. 生命保険のリスク管理

面の中では，価格はそれぞれ対数正規分布に従うが，2つの局面ではパラメータが異なっている．一般的な局面は，低いボラティリティと高い平均をもち，もう一つのあまり一般的でない局面は，高いボラティリティと低い平均（相場の大暴落に伴う高いボラティリティとの関連を捉えている）をもつ．このようなスイッチング過程は，隠れMarkov過程（hidden Markov process）であり，低いボラティリティから高いボラティリティの局面へ移る可能性は比較的低いが，ひとたび変化した場合に，反対に戻る可能性はそれに比べてはるかに高い．

4.6 リスク測度

負債の分布がシミュレーションされると，適正な価格や必要資本を決定するためのリスク測度が必要になる．必要資本額の計算には，VaRのようなクオンタイル測度が一般的であったが，最近では，条件付テール期待値，すなわちCTE（conditional tail expectation）に取って代わられるようになった．この測度は期待ショートフォール，あるいはテールVaRといった呼び方でも知られている．

CTEリスク測度は，損失分布のうち最も悪い $(1-\alpha)$ 部分に陥った場合の，平均損失額と定義される．$Q_\alpha(X)$ を損失の α 分位点であるとする．ただし，$X > 0$ である．さらに，分位点は確率塊（probability mass）に陥ることはない．したがって，$\gamma > \alpha$ に対して，以下が成り立つと仮定する．

$$Q_\gamma(X) > Q_\alpha(X) \tag{18.1}$$

このとき，CTEは次のように定義される．

$$CTE_\alpha(X) = \mathbb{E}[X \mid X > Q_\alpha(X)] \tag{18.2}$$

(18.1) の制約が満たされない場合，

$$\beta' = \max\{\beta : Q_\beta(X) = Q_\alpha(X)\} \geq \alpha$$

を用いることで，CTEのより完全な定義を以下のように与えることができる．

$$CTE_\alpha(X) = \frac{(1-\beta')\mathbb{E}[X \mid X > Q_\alpha(X)] + (\beta'-\alpha)Q_\alpha(X))}{(1-\alpha)} \tag{18.3}$$

この定義では，分位点を超えるすべての分布を用いていることに加え，期待値をとる範囲がもとの分布のちょうど $(1-\alpha)$ に対応するように重み付けが行われている．

確率シミュレーションを用いて，下位 $100\alpha\%$ の結果の期待値をとることで，簡単にCTEの推定を行うことができる[9]．CTE測度がクオンタイル測度より優れている

---

[9] 訳者注：山井・吉羽 (2001) によると，推定値の安定性はVaRの推定に比べると極端に落ちると報告されている（参考文献：山井康浩・吉羽要直（2001），「期待ショートフォールによるポートフォリオの比較分析」，『金融研究』，日本銀行金融研究所）．

点については，Artzner et al. (1999) で議論されている．CTE はカナダにおける分離型ファンドの必要資本額の基準となっているほか，米国における変額年金ビジネスでの活用が提案されている．

5. 変額年金

変額年金は米国で非常に人気のある商品で，退職所得を向上させるために設計された投資・保険商品である．この商品により，投資保証が付帯した状態で，株式市場への参加が可能になる．本節では，まず変額年金の主要な種類について紹介した後，特に最低満期給付保証型（GMMB）と呼ばれるタイプの契約について議論する．その後，GMMB に含まれる内在オプションのリスク管理について説明する．

5.1 主なタイプの変額年金

変額年金は，保険と保証とともに，投資信託タイプの投資要素を内包している．事業の競争が高まるにつれて，保証商品の範囲と複雑さも増大してきた．いくつかの一般的な保証のタイプについて簡単に紹介する．

- 最低死亡給付保証型（guaranteed minimum death benefit; GMDB）：もし，契約者が契約期間中に死亡した場合，保険金額として少なくとも初期投資額，さらに可能であればなんらかの利子をつけた額が支払われる．この保証は，確率的な行使時点をもつ内在プットオプションに対応する．
- 最低満期給付保証型（guaranteed minimum maturity benefit; GMMB）：この契約では，契約が終了する時点で支払われる額が，初期投資額やこれに金利を加えた額のような，なんらかの最低額と少なくとも等しくなるように保証されている．この場合のプットオプションは固定された満期をもつ．
- 最低解約給付保証型（guaranteed minimum withdrawal benefit; GMWB）：GMWB では，初期投資額の一定割合までの払い戻しが何回か発生し，その払い戻し総額が少なくとも初期投資額になることが保証されている．この給付をより基本的なオプション契約に分解するには，いくつかの方法が考えられる．
- 最低年金年額保証型（guaranteed minimum income benefit; GMIB）：この契約では，当初の契約期間が満期を迎えると，契約者は支払い額を年金として受け取ることができる．GMIB 保証では，最低年金年額以上の支払いが保証される．
- 最低積立金保証型（guaranteed minimum accumulation benefit; GMAB）：これは GMMB の一形態である（GMDB にも適用できる）．最初の契約期間が終了すると，契約者は当初の契約形態で契約を更新することができる．契約者のファンド価値が当初保証額を上回っている場合には，新しい契約はより高い保証水準で継続される．契約者のファンドの市場価値が，当初保証水準より少ない場合には，保険会社が差額をファンドに補塡し，契約は当初保証水準で継続される．

- リセットオプション：これは保証ではないが，保証水準を特定の時点で更新するようなオプションである．一般に契約期間は延長され，実質的に更新日において新しい契約が発効される．これは，保険用語では失効再加入オプション（lapse and re-entry option），金融用語ではシャウトオプション（shout option）と呼ばれる商品の一形態である．

変額年金（VA）契約の期間は少なくとも 10 年，それ以上の期間である場合も多い．すべての変額年金商品はなんらかの GMDB を提供するものであるが，GMMB の人気がより高まっている．GMMB は GMDB よりかなり多くのリスクを伴っている．これは一般に，契約期間中に死亡する契約者に比べて，満期まで生存する契約者のほうが多いこと，また死亡時点は分散されていることによる．GMMB の場合には，特定の契約集団（コーホート，cohort）に含まれる生存者の契約満期は同時点であり，このとき市場が下落していれば，すべての契約に対するオプションがインザマネーになってしまう．

以下，本節では，VA 保証のリスク管理に対する，ハイブリッド型の保険数理／金融工学アプローチのいくつかの事例を紹介する．以降の事例では，すべてのキャッシュフロー発生とヘッジのためのリバランス実施は月次と仮定し，したがって，時間の単位として月（すべて 1/12 年とする）を用いる．また，リバランスについても，株価の変動幅をトリガーとして，ヘッジポートフォリオのリバランスを行う変動ベースの離散ヘッジを用いるほうが，一定の時間間隔でリバランスを行う時間ベースのヘッジより妥当性が高いと思われる．保険に関する議論における，変動ベースのヘッジと時間ベースのヘッジの比較については Boyle and Hardy (1997) を参照されたい．

5.2 最低満期給付保証型の事例

この事例では，以下のような表記や仮定を用いる．これらは簡略化されたものであるが，事例を紹介するうえでの適正さを維持している．

- 初期投資額は 100 ドルであるとする．契約は一時払い，すなわち，いかなる追加的投資も，実態的には別の保証をもつ新たな契約であることを意味している．契約期間は n 年である．
- 保険料はファンドに投資され，その時点 t における市場価値は F_t である．ファンドのリターンは，株価インデックス S_t よりもたらされる．管理手数料は，年間 $100\,m\%$ であり，契約者の口座から減ぜられる．株価インデックスの初期値は $S_0 = 100$ である．
- 契約満了時点まで生存した場合に，ただちに支払われる保証給付額は，利子のつかない初期保険料の額であるとする．
- 契約開始時点で契約者の年齢は x 歳である．死亡までのランダムな時間を T_x と表記し，この確率変数の分布は既知であるとする．
- 従来の保険数理の表記によって，T_x に対する t 年間の生存確率を $_tp_x$ と表し，

t 年後の死力 (force of mortality) は $\mu_x(t)$ である.すると,T_x の密度関数は ${}_tp_x\mu_x(t)$ となる.また,以降の議論で用いる事実として,任意の $t,u>0$ に対して,${}_{t+u}p_x = {}_tp_x\,{}_up_{x+t}$ という関係が成り立つ.
- 無リスク金利は年率 r とする(連続複利).
- 契約の最長期間は n とする.

この GMMB に内在するオプションは,満期 n 年,行使価格 $G=100$ のプットオプションである.

5.3 $\mathbb{P}$ 測度アプローチ

GMMB 負債を算定するために,現実的な株価モデルを用いることとし,死力 μ(ハザード率)は決定論的であるとする.インデックス価格 S_t の各シミュレーションパスに対する負債の現在価値は,以下のとおりである.

$$PVAL = {}_np_x(G-F_n)^+e^{-rn} = {}_np_x(100 - S_ne^{-mn})^+e^{-rn}$$

契約に対する初期必要資本は,PVAL のシミュレーション分布に対する 95% の CTE 水準として決定される.保証の価格は,それがかなり小さい値になる傾向にあるにもかかわらず(発行時においてオプションはアウトオブザマネーにあるため),さらに低い CTE 水準で決定される場合が多い.現実的には,価格は競争上の要件にも影響を受ける.

5.4 ハイブリッドアプローチ

ハイブリッドアプローチでは $\mathbb{Q}$ 測度が用いられ,ヘッジポートフォリオの初期価格が決定される.その上で,ヘッジ戦略は $\mathbb{P}$ 測度で算出されるが,これはアクチュアリーが離散ヘッジと取引コストから生じるアンヘッジ負債の分布を,現実的な $\mathbb{P}$ 測度で計算できることを表している.以下の事例では,$\mathbb{Q}$ 測度は標準的な Black–Scholes 測度であるとし,したがって,満期までの生存を前提とすると,任意の状態におけるヘッジポートフォリオの価格は,単純な Black–Scholes プットオプション価格となる.σ をインデックス価格のボラティリティとすると,発行時点の価格は

$$\mathbb{E}_{T_x}\bigl[\mathbb{E}_{\mathbb{Q}}[e^{-rn}(G-F_n)^+ \mid T_x > n]\bigr]$$

となる.ここで,

$$\mathbb{E}_{\mathbb{Q}}\bigl[e^{-rn}(G-F_n)^+\bigr] = \mathbb{E}_{\mathbb{Q}}\bigl[e^{-rn}(G-S_ne^{-mn})^+\bigr]$$

である.この期待値は,管理費用(実態的には負の配当)を考慮した場合の,インデックス S_t に対する行使価格 G の Black–Scholes プットオプション価格である.
$BSP(K,t,T)$ をインデックス S_t を原資産とした,満期 T,年率の管理費用 m の

プットオプションに対する，時点 t における Black–Scholes 価格であるとする．すなわち，
$$BSP(K,t,T) = Ke^{-r(T-t)}\Phi(-d_2(t)) - S_t e^{-mT}\Phi(-d_1(t))$$
ここで，
$$d_1 = \frac{\log(S_t e^{-mT}/K) + (r + \sigma^2/2)(T-t)}{\sigma\sqrt{T-t}}$$
$$d_2 = d_1(t) - \sigma\sqrt{T-t}$$
である．もし死亡の影響を無視すれば，GMMB の初期価格 $H(0)$ は，以下のとおりである．
$$H(0) = BSP(100, 0, n)$$

価格は，通常の手続きに従って，デルタヘッジの要素に分解できる．発行時点において，デルタヘッジポートフォリオには，$HS(0)$ の株式と $HB(0)$ の無リスク債券が含まれるが，これらは，それぞれ以下のように表現できる．

$$HB(0) = 100e^{-rn}\Phi(-d_2(0)), \quad HS(0) = -S_0 e^{-mn}\Phi(-d_1(0))$$

ヘッジのリバランスは月次で行われると仮定しているので，1 カ月後に契約者が生存している場合，必要なデルタヘッジは，そのときのインデックスの値に依存する．1 カ月後のヘッジポートフォリオは以下のとおりである．

$$H\left(\frac{1}{12}\right) = HB\left(\frac{1}{12}\right) + HS\left(\frac{1}{12}\right)$$

ここで，
$$HB\left(\frac{1}{12}\right) = 100e^{-r(n-1)}\Phi\left(-d_2\left(\frac{1}{12}\right)\right)$$
$$HS\left(\frac{1}{12}\right) = -S_1 e^{-mn}\Phi\left(-d_1\left(\frac{1}{12}\right)\right)$$

である．一方，最初の月から繰り越されたヘッジの価値は，以下のとおりである．

$$HF\left(\frac{1}{12}\right) = HBF\left(\frac{1}{12}\right) + HSF\left(\frac{1}{12}\right)$$

ここで，$HBF(1/12)$ は時点 0 で構築された債券ヘッジの時点 $t = 1/12$ における価値，$HSF(1/12)$ は時点 0 で構築された株式ヘッジの時点 $t = 1/12$ における価値を表しており，それぞれ以下のとおりである．

$$HBF\left(\frac{1}{12}\right) = 100e^{-r(n-1/12)}\Phi(-d_2(0))$$

$$HSF\left(\frac{1}{12}\right) = -S_{1/12}e^{-mn}\Phi(-d_1(0))$$

これを月次で繰り返す．各月，すなわち $t = 1/12, 2/12, \cdots, n$ において，必要なヘッジ額 $H(t)$ と繰り越されたヘッジ額 $HF(t)$ の差が時点 t におけるヘッジ誤差であり，アンヘッジ負債の一部である．したがって，$T_x > n$ であるとすると，ヘッジ誤差は $H(t) - HF(t)$ である．

次に，死亡の影響を組み込んで考える．発行時点において必要なヘッジ額は，次のとおりである．

$$\mathbb{E}_{T_x}[H(0) \mid T_x > n] = {}_n p_x H(0)$$

契約者が時点 t まで生存した場合の必要ヘッジ額は ${}_{n-t}p_{x+t}H(t)$ となる．この生存確率は ${}_t p_x$ であるから，時点 t におけるヘッジの期待コストは，以下のように表現できる．

$${}_{n-t}p_{x+t}\,{}_t p_x H(t) = {}_n p_x H(t)$$

同様に，契約者が時点 $t-1/12$ まで生存したという条件のもとで，時点 t まで繰り越されたヘッジの額は ${}_{n-(t-1/12)}p_{x+(t-1/12)}HF(t)$ となる．時点 t におけるヘッジ誤差は，契約者が時点 t まで生存した場合には ${}_{n-t}p_{x+t}H(t) - {}_{n-(t-1/12)}p_{x+(t-1/12)}HF(t)$ となり，契約者が $t-1/12$ から t の間に死亡した場合には $0 - {}_{n-(t-1/12)}p_{x+(t-1/12)}HF(t)$ となる．発行時点で期待値をとると，時点 t における期待ヘッジ誤差は以下のように計算される．

$$he_t = {}_n p_x \left(H(t) - HF(t) \right)$$

これはたいへん都合の良い結果である．この式は，ヘッジやヘッジ誤差の計算では，死亡の影響を無視できて，単純にすべてに n 年間の生存確率を乗じればよいことを意味している．

株価のプロセス S_t に対して，より現実的な $\mathbb{P}$ 測度を用いることで，ヘッジ誤差は暗黙のうちに，アンヘッジ負債の2つの原因，すなわち長期のモデルに対して対数正規モデルを用いることの不適切さと，離散ヘッジから発生する誤差を捉えることができる．

ヘッジプロセスをシミュレーションするのと同様に，取引コストのシミュレーションも可能であるが，これは非常に長期の契約においては重要な意味をもつ場合がある．一般に，取引コストはヘッジの株式部分の価値変動に対する固定割合と仮定できる．すなわち，時点 $t = 1/12, 2/12, \cdots, n$ において株式の価値が $HSF(t)$ であるならば，$HS(t)$ の株式ポジションにリバランスする必要があり，取引コストが株価1ドル当たり α であると仮定する（債券の取引コストは0%とする）ならば，取引コストは

5. 変額年金

$$\alpha|HS(t) - HSF(t)|$$

となる．死亡の影響を考慮する場合には，先のヘッジ誤差の場合と同様に，単純に $_np_x$ を乗じればよいので，時点 t における取引コストは以下のようになる．

$$tc_t = {}_np_x\alpha|HS(t) - HSF(t)|$$

時点 t におけるアンヘッジ負債の総額は $tc_t + he_t$ としてモデル化される．これを無リスク金利で割り引くことで，発行時点の現在価値 $PVUL$ を計算できる．ファンド価値に対して $\mathbb{P}$ 測度の確率シミュレーションを用いることで，$PVUL$ の分布推定が可能になり，クオンタイル測度や CTE 測度などのリスク測度を適用することができる．

契約発行時点での必要な資本総額は，ヘッジコストと必要資本の合計である．価格はヘッジの価格と，アンヘッジ負債に対して必要な付加的資本を保持するためのコスト準備額の合計である．

図 18.1 は，α のとりうるすべての値 $0 \le \alpha < 1$ に対して，将来支出の現在価値を，保険数理アプローチとダイナミックヘッジアプローチの両方で算出した結果を示したものである．$\alpha = 0$ の CTE は，将来支出の平均現在価値を表している．平均的には，保険数理による方法のほうが価値は低い．しかし，一方の端の部分，α がおよそ 80% を超える部分においては，保険数理によるテール平均値は，ダイナミックヘッジアプローチに比べてかなり大きくなっていることがわかる．これらの事実はリスクとリターンの原則にすべて一致している．ダイナミックヘッジアプローチは，より高い平均コストを犠牲にして，テールリスクを減少させる．ダイナミックヘッジアプローチの普及度は高まっているが，アクチュアリーの間では最良の手法に関して，まだ多少，意見が分かれている．

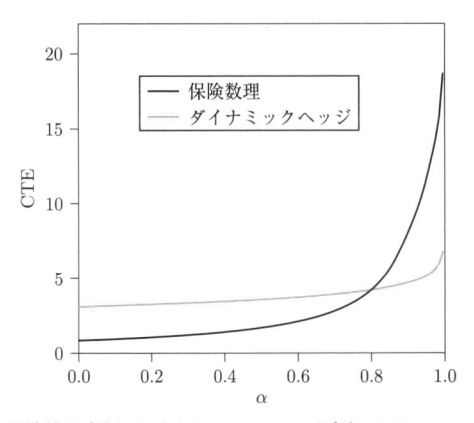

図 **18.1** 保険数理手法およびダイナミックヘッジ手法による GMMB の CTE 100 ドルの単一契約に対するコストで表示．

6. 保証付年金オプション

本節では，保証付年金オプションについて議論する．これらの保証商品には，退職後の収入を確保するために設計された商品なども含まれる．保証の一つの形態として，毎年支払われる年金額が，定められた最低額を下回らないような商品がある．保証部分の価値は金利が低下すると増加する傾向にある．このような意味では，保証は金利のプットオプションに類似しているが，これから紹介するように，保険会社が提供する保険数理的な保証ははるかに複雑であることが多く，その価値は金利以外の他の変数にも依存する．これらの保証の重要性を示す最も印象的な事例は，エクイタブル生命（英国）のケースであり，これが本節のトピックである．これらの保証商品は，世界で最も古い保険会社であるエクイタブル生命の終焉の原因となった．

保証付年金オプションは，保険会社にとって無視しうる価値しかもっていないとみなされて，商品の価格付けをする際に考慮されなかったり，準備金を設定する際にも無視されたりする場合が多かった．これらのオプションは30~40年という長期間に設定されるが，そのような長い期間の間には，オプション価値に影響を及ぼす経済変数も重要な変動を起こしうる．英国における保証付年金オプションのケースは，このような現象を劇的に示す事例であった．保証付年金オプションは英国のいくつかの保険会社に対して，重要なリスク管理に対する取組みの必要性を提示した．Bolton et al. (1997) は，これら保証の源泉と本質について説明している．これらのオプション価値に影響を与えた主要な要因には，長期金利の低下と死亡率の改善があげられる．多くの契約では，負債は株価の運用成績にも関連している．

以下では，これらの商品の仕組みと，それがなぜこのような厳しい問題になったのかを説明する．保証付年金では，保険会社は満期収入を固定利率の終身年金に変換することを保証している．通常，これらの契約は契約者が特定の年齢になると満期を迎える．英国では，男性で65歳の場合，最も一般的な保証利率は年率111/1000であったので，以下の事例でもこの利率を用いることにする．満期における年金の利率が111/1000以上であれば，合理的な契約者はその市場利率を選択するであろう．反対に，満期の年金利率が111/1000以下であれば，合理的な契約者は保証利率を選ぶと考えられる．終身年金は債券と同様に金利変動の影響を受ける．金利が上昇すれば，一時払い金1,000で購入できる年金額が上昇し，金利が下落すれば1,000当たりで購入できる年金の額も下落する．したがって，保証は金利のプットオプションに対応する．

これらの保証は，50年以上前に，英国においていくつかの契約に含まれるようになったのが始まりであり，1970年代と1980年代には非常に人気が高まった．1970年代および1980年代当時，長期金利は世界を通じてきわめて高い水準にあった．この20年間で，英国における長期金利の平均水準は約11%もあった．保証付年金オプションに含まれる金利の損益分岐点は，死亡率の前提にも依存するが，設計当初の死亡率

をもとにすると5〜6%の範囲にあった．この損益分岐利率はオプションの行使価格とみなすことができる．したがって，これらのオプションは契約開始時点では，ディープアウトオブザマネーの状態にあり，保険会社は明らかに，金利は二度とこのような低い水準に下落することはないだろうと想定していた．この憶測は不正確で，1990年代には金利はまさに下落した．

保証付年金の変換利回りは，予定利率と予定死亡率の関数である．1970〜2000年の期間，英国の人口のうち関連するセグメントの死亡率は空前の改善となった．この死亡率の改善により，保証が適用される損益分岐利率は上昇した．この点について以下の事例で考えてみよう．1,000という金額は，金利5.70%のとき，確定した111という金額を13年間毎年受け取れる年金の価値に等しい．この金額は，同じ111という金額を16年間受け取れる年金に照らし合わせると，金利は7.72%に対応する．死亡率が改善すると，年金を支払う予想期間は長くなり，オプションがインザマネーになるような損益分岐利率は上昇する．

このほかにも，保証債務の大きさに影響を与える別の要因も存在した．満期（時点 T) におけるベンチマーク契約の保証価値は，以下のとおりである．

$$S(T)\max\left[\left(\frac{a_{65}(T)}{9}-1\right),0\right] \quad (18.4)$$

ここで，$S(T)$ は時点 T における収益金の大きさであり，$a_{65}(T)$ は時点 T における65歳を対象にした年金レートである[10]．市場の年金レートは，長期金利と計算に用いる予定死亡率に依存する．満期におけるオプションの価値は，現在の年金ファクターが保証水準（この場合9）を超えていれば，正の価値をもつ（インザマネーとなる）ことがわかる．

(18.4) より，保証が有効であるとき，オプションの大きさは明らかに $S(T)$ に比例する．$S(T)$ の大きさは契約の性質に加え，契約に影響を与える投資利回りにも依存する．投資利回りを決定する手続きは，契約期間に依存する．これらの保証は2つの代表的な契約である有配当保険とユニットリンク保険に適用される．以下では簡潔のため，ユニットリンク保険について説明する．

ユニットリンク保険では，投資の損益が契約者の利益に直接的に反映される．このような特徴をもつ契約は，その透明性から，近年，多くの国において人気が高まっている．ユニットリンク保険では，保証が有効であるときのオプション債務の大きさは，ファンドが投資されている資産の投資収益に依存する．英国では，投資資産として株式への投資が慣例化されており，1980〜2000年の間の主要な英国の株式指数の成長率は，年率18%にも及んだ．

このように，3つの主な要因が，ここ数十年間にわたる英国の保証付年金オプショ

---

[10] 言い換えると，$a_{65}(T)$ は，65歳の人が（時点 T において）生存期間中，毎年1支払われる年金の時点 T における価値を表す．

ン債務が増加する原因となった．1つ目はこの期間の長期金利の大きな下落があげられる．2つ目は寿命の改善であり，これは当初の保険数理計算には要因として考慮されていなかった．3つ目はこの期間の高い株式運用成績であり，これがさらに債務の大きさを増加させた．保証が実施された時点では，これらの事象が発生することは考慮されていなかったと思われる．このような商品に見られる，期限が定められていない長期間の保証を容認することが軽率であったことは，いまとなっては明らかである．

これらの保証価値は，手遅れになるような事態まで無視されていたが，多くの論文では，4節で紹介した手法を用いて，より優れたリスク管理を行う方法について論じている．Yang (2001) や Wilkie et al. (2003) では，主に保険数理アプローチに焦点を当てて議論を行っているが，ダイナミックヘッジについても検討を行っている．彼らは，保険数理アプローチを当初から適用するなら，少なくとも部分的には問題を解決できると結論づけており，この手法を用いることで，オプションがインザマネーになっていくのと同じように，かなり早い段階で，会社に対して保証のコストについて最低限の警告がなされたであろうと指摘している．また，ダイナミックヘッジアプローチについては，必要な証券が取引可能でなかったため，機能しなかったであろうと結論づけている．Boyle and Hardy (2003) では，保証に対するヘッジの問題について議論したうえで，現在の金融工学知識をもってしても，非常に難しい課題であると結論づけている．Pelsser (2003) は長期のスワップション購入に基づくヘッジ戦略について分析している．この手法は保証に含まれる構成要素のうち，金利に関する部分だけを取り扱うものである．その他の可能性として，保険会社が別の金融機関とともに，債務に対して再保険する方法がある．Dunbar (1999) では，この手法の詳細について議論し，スコティッシュウィドウズ社（Scottish Widows）が投資銀行からストラクチャード商品を購入することで，年金債務保証を相殺した方法について解説している．

7. 結　び

本章では，金融工学手法の保険分野への適用事例について簡単に紹介した．保険商品に内在するオプション性はきわめて複雑であり，これがリスク管理のチャレンジングな問題へとつながることを確認した．また，保険数理手法をダイナミックヘッジ手法と対比して，GMMB や保証付年金オプションのリスク管理について議論を行った．このような特性のサーベイ部分では論点を絞る必要性から，議論できなかったいくつかの重要なトピックがある．

例えば，現在，保険数理学者が興味をもっている研究分野として，非完備市場における価格付けがある．このようなケースでは，通常の無裁定条件による方法では，価格を一意に決定することはできないことが知られている．Föllmer–Schweizer (1991) による方法では，ヘッジの二乗誤差を最小にするように契約の価格が決定される．El Karoui and Quenez (1995) では，優ヘッジングの手法を提案する一方，Föllmer and

Leukert (1999) では，クオンタイルヘッジングの方法について解説している．Moeller (1998) は，これらの方法を保険契約の価格決定に適用している．さらに，Kolkiewicz and Tan (2004) では，レジームスイッチングモデルにおける非完備性を扱うために，ロバストヘッジング手法を実施している．

別の興味深い分野として，最適な保険契約設計の問題がある．Arrow (1973) や Raviv (1979) では，損害保険の場合について，最適な保険契約設計問題の研究を行っている．Brennan (1993) では，英国の有配当保険は，非効率な契約設計であることを示した．個人投資家が，市場の上昇を期待するのと同様に，下落に対するプロテクションを保有する傾向にあることについては，広範囲な実証結果が示されている．株価連動型保険の最適設計に関する特性調査も興味深い．Boyle and Tian (2006) は，このような方向性の研究の第一歩を示した．彼らは，投資家が最低保証と，最適な株式市場への参加を条件として，期待効用を最大化するような商品設計を提案している．

謝辞

筆者2名は，カナダ自然科学工学研究機構（The Natural Sciences and Engineering Research Council of Canada）の支援に感謝する．また，Shannon Kennedy の研究援助にも感謝する．

(P. Boyle and M. Hardy/小守林克哉)

参 考 文 献

Arrow, K.J. (1973). Optimal insurance and generalized deductibles. Rand Corporation.
Artzner, P., Delbaen, F., Eber, J.-M., Heath, D. (1999). Coherent measures of risk. *Mathematical Finance* 9 (3), 203–228.
Bolton, M.J., Carr, D.H., Collins, P.A., George, C.M., Knowles, V.P., Whitehouse, A.J. (1997). Reserving for annuity guarantees. *Report of the Annuity Guarantees Working Party*, Faculty and Institute of Actuaries Technical Report.
Boyle, P.P., Hardy, M.R. (1997). Reserving for maturity guarantees: Two approaches. *Insurance: Mathematics and Economics* 21 (2), 113–127.
Boyle, P.P., Hardy, M. (2003). Guaranteed annuity options. *Astin Bulletin* 33 (2), 125–152.
Boyle, P.P., Schwartz, E.S. (1977). Equilibrium prices of guarantees under equity-linked contracts. *Journal of Risk and Insurance* 44 (4), 639–660.
Boyle, P.P., Tian, W. (2006). Optimal equity indexed annuity design. *Working paper*, University of Waterloo.
Brennan, M.J. (1993). Aspects of insurance, intermediation and finance. *Geneva Papers on Risk and Insurance* 18, 7–30.
Brennan, M.J., Schwartz, E.S. (1976). The pricing of equity-linked life insurance policies with an asset value guarantee. *Journal of Financial Economics* 3, 195–213.
Bühlmann, H. (1970). *Mathematical Methods in Risk Theory*. Springer-Verlag, New York.
Dunbar, N. (1999). Sterling swaptions under new scrutiny. *Risk* December, 33–35.
El Karoui, Quenez (1995). Dynamic programming and pricing of contingent claims in an incomplete market. *SIAM Journal of Control and Optimization* 33, 29–66.
Föllmer, H., Leukert, P. (1999). Quantile hedging. *Finance and Stochastics* 3, 251–273.

Föllmer, Schweizer (1991). Hedging of contingent claims under incomplete information. In: Davis, M.H., Elliot, R.J. (Eds.), *Applied Stochastic Analysis*. In: *Stochastic Monographs*, vol. 5. Gordon and Breach, New York/London, pp. 387–414.

Gerber, H.U. (1979). *An Introduction to Mathematical Risk Theory*. Huebner Foundation Monograph, vol. 8. Wharton School, University of Pennsylvania.

Hamilton, J.D. (1989). A new approach to the economic analysis of non-stationary time series. *Econometrica* 57, 357–384.

Hardy, M.R. (2001). A regime switching model of long term stock returns. *North American Actuarial Journal* 5 (2), 41–53.

Kolkiewicz, W.A., Tan, K.S. (2004). Volatility risk for regime switching models. *North American Actuarial Journal* 8, 127–145.

Lin, X., Tan, K.S. (2003). Valuation of equity-indexed annuities under stochastic interest rate. *North American Actuarial Journal* 7 (4), 72–91.

Lundberg, F. (1909). Über die Thoerie der Rückversichung. *Transactions VI International Congress of Actuaries*, 877–895.

Maturity Guarantees Working Party (MGWP) (1980). Report of the Maturity Guarantees Working Party. *Journal of the Institute of Actuaries* 107, 103–209.

McCarthy, C. (2004). *Talk at the Insurance Institute of London Luncheon*. The Mansion House, London.

Moeller, T. (1998). Risk minimizing hedgeing strategies for unit linked life insurance contracts. *ASTIN Bulletin* 28, 17–47.

Ogborn, M.E. (1956). The professional name of actuary. *Journal of the Institute of Actuaries* 82, 833–846.

Pelsser, A. (2003). Pricing and hedging guaranteed annuity options via static option replication. *Insurance: Mathematics and Economics* 33 (2), 283–296.

Raviv, A. (1979). The design of an optimal insurance policy. *American Economic Review* 69, 84–96.

Redington, F.M. (1952). A review of the principles of life office valuation. *Journal of the Institute of Actuaries* 78, 286–315.

Wang, S.X. (1995). Insurance pricing and increased limits ratemaking by proportional hazards transform. *Insurance: Mathematics and Economics* 17, 43–54.

Wang, S.X. (2002). A universal framework for pricing financial and insurance risks. *ASTIN Bulletin* 32 (2), 213–234.

Whitten, S.P., Thomas, R.G. (1999). A non-linear stochastic model for actuarial use. *British Actuarial Journal* 5, 919–953.

Wilkie, A.D. (1986). A stochastic investment model for actuarial use. *Transactions of the Faculty of Actuaries* 39, 341–381.

Wilkie, A.D. (1995). More on a stochastic asset model for actuarial use. *British Actuarial Journal* 1 (V), 777–964.

Wilkie, A.D., Waters, H.R., Yang, S. (2003). Reserving, pricing and hedging for policies with guaranteed annuity options. *British Actuarial Journal* 9 (2), 263–291.

Yang, S. (2001). Reserving, pricing and hedging for guaranteed annuity options. Ph.D. thesis, Department of Actuarial Mathematics and Statistics, Heriot Watt University, Edinburgh.

VI. ポートフォリオ最適化

第19章

動的ポートフォリオ選択とリスク回避

概　要

　本章では，リスク回避性を一般化した再帰的効用でモデル化することに焦点を当てて，連続的な情報のもとで最適消費・ポートフォリオ選択理論を示す．学術的に新たな点は，リスク要因に依存する1次あるいは2次のリスク回避性の概念を意思決定論的に発展させた点である．後向き確率微分方程式（backward stochastic differential equations; BSDE）を情報ツリー上での後向き再帰式の連続情報版としてヒューリスティックに説明し，効用関数とともに最適性の条件を定式化する．取り扱いやすい解を得る際の規模不変性と2次BSDEの役割も説明する．最終節では，取引制約のもとでの最適性の条件や，取引できない収入がある際の取り扱いやすい定式化を含めて，いくつかの拡張を概説する．

1. は じ め に

　本章では，投資機会の確率的な集合が与えられたときのリスク回避性（risk aversion）のモデル化に重点をおいて，リスク回避的な投資家の最適な消費・ポートフォリオ選択を分析する．分析の主な部分はSchroder and Skiadas (2003) をもとにしている．学術的に新たな点は，Schroder and Skiadas (2003) で示した効用の表現に内在している，リスク要因に依存した1次あるいは2次のリスク回避性の概念を意思決定論的に発展させたことである．これらの考え方は，標準的なリスク回避の考え方と，この分野で最近注目されている曖昧さ回避（ambiguity aversion）あるいは頑健性（robustness）のモデルを，少なくとも連続情報のもとで，統一的に扱うものである．提示する動的ポートフォリオの手法は，動的な設定でリスク要因と独立な伝統的リスク回避性のみに興味がある読者にも有益であろう．

　Merton (1969, 1971) の画期的な研究に従って動的ポートフォリオ選択を扱った多くの論文では，投資家は時間加法的な期待効用を最大化すると仮定している．本章では，議論の都合上この仮定を「加法的効用（additive utility）」と呼ぶことにする．リスク回避性をモデル化するときの加法的効用の限界はよく知られている（例えばEpstein, 1992を参照）．ここでは，確定的な計画に対して同じ選好をもつ2つの加法的効用はどれも順序の観点では等価でなければならず，そして，それゆえに同じようにリスク

回避的でなければならないとする．本章では，確定的な計画に対しては，その効用価値を変えることなく，リスク回避性を考慮できる効用関数を考える．確率的な設定として，情報は有限個の Brown 運動で連続的に開示されていくものとする．効用は，外生的に与えられた計画期間と初期賦存量のもと，一つの非耐久財に関する消費計画に従って定義される．市場は非完備でありうるが，投資家に与えられる収入の流列は取引可能であるという意味で十分に完備であり，他に取引制約や取引コストはないものとする．6 節では，取引制約や取引できない収入を扱う拡張について概観し，その文脈の中で，上記の仮定の様々な組合せ（典型的には他の制約コストについて）を緩和するような，より深い拡張についても言及する．

（様々な拡張を施さない）最も単純な形として，本章で採用する効用関数は，Kreps and Porteus (1978) の再帰的効用（recursive utility）の連続情報極限である Duffie and Epstein (1992) の効用関数である．この効用関数は，広く用いられている Epstein and Zin (1989) の相似な再帰的効用（homothetic recursive utility）表現を含んでいる（特殊な場合はべき効用や対数効用の期待割引効用となる[1]）．Kreps–Porteus の定式化では，現在の効用は，現在の消費と消費せずに資産を持ち続けることの効用（継続効用）に関する von Neumann–Morgenstern (1944) の確実性等価（certainty equivalent）とで与えられる．十分に滑らかな関数を所与とすると，古典的な Arrow (1965, 1970) や Pratt (1964) の微小リスクの分析を用いれば，連続情報の極限では確実性等価は 2 次基準で置き換えることができる．これは，Markowitz (1952) のもともとの 1 期間での平均分散ポートフォリオ分析が Duffie–Epstein 効用を用いた連続情報のもとでも有効な理由である．相対的リスク回避度が一定であると仮定すると，最適なポートフォリオは，瞬間的に平均分散効率的なポートフォリオと，投資機会の集合の確率的な性質を説明するヘッジポートフォリオ（瞬間的なリターンが独立同一分布に従うときにはこの要素は消える）との加重和となる．

Duffie–Epstein 効用の拡張として本章で考えるものは，リスク回避性がリスク要因に依存することを許容するものである．例えば，投資家は，国内株，製品がよく知られた企業，その地方の企業，勤務先の株など，よく知っているものに投資する傾向があると指摘されている[2]．よく知られた Ellsberg (1961) の実験結果やそれに続く多くの文献で，被験者は確率がより明瞭に与えられているリスク要因に賭けることを好むこと，すなわち曖昧さの回避という現象が示されている[3]．リスクとして，仮定したリスク要因のモデルでの条件付きのリスクだけでなく，モデルの正当性に関する不確実性ということも考えられる．その不確実性はモデル化することが難しいものである．モデルリス

---

[1] ある正則条件のもとでは，相似な加法的効用は必ず Epstein–Zin 効用の加法的な特殊ケースになる．一方，Epstein–Zin 効用は，より広いクラスである相似な Duffie–Epstein 効用のパラメトリックな特殊ケースでしかない．

[2] Daniel et al. (2002) では，そのような心理的なバイアスが資産市場にあると概観している．

[3] リスク回避性の一つの形として曖昧さの回避という考え方は，Klibanoff et al. (2002) の議論でも支持されている．

1. はじめに

クはリスク要因とともに変化しうるため，要因依存型のリスク回避性を考えることは有益である．こうした動機から，本章では，確実性等価を，それぞれ別々の Brown 運動に起因する継続効用のベクトル全体の関数とすることによって，Kreps–Porteus の再帰的効用を拡張する．Duffie–Epstein 効用のもとでの局所 2 次解析はこのケースに拡張されるが，各リスク要因にそれぞれ違ったリスク回避性の係数がつくようになる．

Skiadas (2003) で示されたように，Duffie–Epstein 効用は Anderson et al. (2000), Hansen et al. (2001), Maenhout (1999) の「頑健性の」定式化を含んでいる．同様に，Uppal and Wang (2003) の基準は要因依存のリスク回避性をもった再帰的な効用の特殊な形 (Schroder and Skiadas, 2003 の「準 2 次比例アグリゲータ (quasi-quadratic proportional aggregator)」表現に含まれる) と等価である．これらの文献の複数事前分布 (multiple-prior) 表現は，リスク回避性を頑健性として解釈できることを示唆している．逆に，それらの複数事前分布に対する頑健性の解釈は，再帰的な効用の文脈でのリスク回避性と考えることができる．こうした意味上の冗長さを避けるため，本章ではリスク回避性だけを公式なものとして定義する．そして，頑健性あるいは曖昧さの回避を，所与のリスク要因に対するリスク回避性の程度を選ぶときに非公式に考慮するものとする．

Duffie–Epstein 表現を拡張する別の方法としては，Segal and Spivak (1990) で示された静的な設定のもとでの 1 次と 2 次のリスク回避性の違いに関するものがある．Arrow–Pratt の分析と，Kreps–Porteus 効用を Duffie–Epstein の極限に拡張したものによる分析は，von Neumann–Morgenstern の確実性等価の滑らかさに依存しており，意思決定論的に強力に正当化できない場合の前提になっている．滑らかな期待効用は局所的なリスク中立性を意味している．すなわち，投資家は，十分に小さな規模では保険数理的に有利なものに投資しようとし，十分に小さなリスクに対して保険数理的に不利な条件でも完全には保険をかけようとしないということを意味している．本章では，滑らかではない確実性等価をもった Kreps–Porteus 効用をリスク要因に依存して拡張し，こうした結論が無効になることを示す．そして，対応する最適な取引戦略表現を導出して，1 次のリスク回避性とポートフォリオ保有の関係を明確にする．

曖昧さの回避の考え方に即して，Epstein and Schneider (2003) は複数事前分布をもつ効用を定式化した．この連続情報での極限は，Chen and Epstein (2002) で研究されたものである．リスク回避性の一つの形としての曖昧さの回避という観点と整合的に，Chen–Epstein の「κ 同値（κ-ignorance）」の定式化は，前述の Duffie–Epstein 効用を要因依存の 1 次リスク回避性をもったものに拡張したものと数学的に等価である．Lazrak and Quenez (2003) は一般的な後向き確率微分方程式 (backward stochastic differential equation; BSDE) の解として定義された効用で，Chen–Epstein の定式化を含む効用の性質を分析した．Lazrak and Quenez (2003) は，比較されるリスク回避性はリスクの「方向性 (direction)」に依存するという重要な結果を導いている．Lazrak–Quenez 分析の補足として，本章では，彼らが提案した効用形について，意思

決定論の基礎をヒューリスティックに与える．これらの効用形は以下では単に「再帰的効用（recursive utility）」として引用する．上記で議論したリスク回避性の特定のモデルは再帰的効用の特定の関数に対応する．

Schroder and Skiadas (2003) での成果に従い，まず最適性の条件を一般的な凹再帰的効用に対して，前向き後向き確率微分方程式（forward-backward stochastic differential equation; FBSDE）の一つの系として導出する．この系での前向きの要素は富の過程であり，これは投資家の予算制約に従っている．一方，後向きの要素は効用と富の潜在価格（shadow-price-of-wealth）過程である．この FBSDE の系は，問題が（富に関して）規模不変（scale-invariant）であると，解くことができる．規模不変性を上記で議論した様々な型のリスク回避性と組み合わせることにより，一つの BSDE の解として，いくつかの興味深い最適取引戦略の表現を定式化することができる．さらに，本章では，最適条件の BSDE が 2 次形式となり，その解が扱いやすい常微分方程式系に帰着できるような選好や確率的投資機会集合のいくつかの例を示す．平行移動不変な再帰的効用（translation-invariant recursive utility，これは期待割引指数効用を一般化したもの）に基づいた同様の理論は Schroder and Skiadas (2005) を参照されたい．本章でも 6 節で簡単に議論する．

Merton は，最適制御理論の Hamilton–Jacobi–Bellman 方程式を用いて動的な最適ポートフォリオ選択問題を考察した．その説明は，Fleming and Soner (1993) や Yong and Zhou (1999) に示されている．Epstein–Zin 効用に関してこの手法を用いた解の例が Giovannini and Weil (1989), Svensson (1989), Obstfeld (1994), Zariphopoulou and Tiu (2002), Chacko and Viceira (2005) などに示されている．Cox and Huang (1989) や Karatzas et al. (1987) では最適解における限界効用の状態価格密度の性質を用いて，効用の加法性に依存する手法で，Merton の解を再導出した．この「効用勾配アプローチ（utility gradient approach）」は，Duffie and Skiadas (1994), Schroder and Skiadas (1999), El Karoui et al. (2001), Schroder and Skiadas (2003, 2005, 2008) では，再帰的効用を含むように一般化されている．本章でもその手法を採用している（規模不変な解の動的計画法による別の導出は Schroder and Skiadas, 2003 でサーベイされている）．この分野のより先進的な研究を 6 節で示すが，本章の目的は文献サーベイではなく，包括的な説明を試みているわけでもない．動的なポートフォリオ選択に関するモノグラフや論文集は Merton (1990), Korn (1997), Sethi (1997), Karatzas and Shreve (1998), Gollier (2001), Campbell and Viceira (2002) などを参照されたい．ポートフォリオ選択の計量経済的なサーベイは Brandt (forthcoming) で示されている．

本章の数学的な背景は，Duffie (2001) の Appendix にまとめられており，Karatzas and Shreve (1988) で詳細に扱っている．あまり広く知られていないこととしては，BSDE や FBSDE に関するごく最近の数学的技法がある．その一般的な展望は El Karoui et al. (1997) や Ma and Yong (1999) といった文献で示されている．

本章の残りは5つの節で構成される．次節では，問題設定を行い，消費計画に関する選好について最小限の制約のもとで最適性の分析を行う．3節では再帰的効用と関連する最適性の条件を示す．4節では，上記で紹介したいくつかの型のリスク回避性を表現した，より特定化された再帰的効用の形を示す．5節では，効用の相似性を仮定して，これら特定の再帰的効用の形に対する最適性の条件を定式化する．6節では，いくつかの拡張を概観して結論を述べる．

2. 最適性と状態価格付け

本節では，確率的な設定，投資家の問題，そして，基本的な最適性の正当化の議論を効用優勾配密度（utility supergradient density）の状態価格密度（state price density）の性質という観点で紹介する．ここでは，線形 BSDE という本質的な道具を状態価格付けの文脈で導入する．本節では，最小限の選好の制約しかおかずに，リスク回避性の表現として加法的効用が不適切であることを議論する．再帰的効用の議論は次節から始めることとする．

2.1 動的な投資機会の集合

不確実性は確率空間 $(\Omega, \mathcal{F}, \mathbb{P})$ で表現され，その空間上で d 次元の Brown 運動 $B = (B^1, \cdots, B^d)^\top$ が有限時間間隔 $[0, T]$ で定義されているとする．本章のすべてのベクトルと同様に，B は列ベクトルである．情報は，Brown 運動 B で生成される（増大）フィルトレーション $\{\mathcal{F}_t : t \in [0, T]\}$ で表現されるものとする．直観的に，時点 t のノードが，時点 t までの B の可能なパスに相当するような情報ツリー（information tree）を考える．すなわち，時点 t のノードは，$\omega^t : [0, t] \to \mathbb{R}^d$ という形の連続関数である．時点 t の情報 $\mathcal{F}_t$ を所与とした条件付期待値を $\mathbb{E}_t$ と表記する．同様に，$\mathcal{F}_t$ を所与とした共分散（分散）を cov_t（var_t）と表記する．本章では $\mathcal{F} = \mathcal{F}_T$ を仮定する．つまり，どのような確率変数 x に対しても $\mathbb{E}_T[x] = x$ が成立する．

本章での過程は定義により $\{\mathcal{F}_t\}$ に関して発展的可測な（progressively measurable）確率過程である．どのような過程 x に対しても，時点 t の値 x_t（$x(t)$ とも表現する）は，実現したノード ω^t の関数として考える．（零集合に関する問題を無視した）ヒューリスティックな説明としては，$x[\omega^t]$ と書いてこの依存性を示す．ある Euclid 空間で任意の部分集合 S を所与として，$\mathcal{L}(S)$ は $x : \Omega \times [0, T] \to S$ の形の過程の集合を示すものとする．任意の整数 p に関して，典型的には $p = 1$ あるいは 2 に関して，すべての $x \in \mathcal{L}(S)$ に対し，確率 1 で $\int_0^T |x_t|^p \, dt < \infty$ となるような集合 $\mathcal{L}_p(S)$ を定義する（ここで，$|\cdot|$ は Euclid ノルムを示す）．

金融市場に，過程 r で与えられる連続複利で瞬間的にデフォルトのない借入・貸出があると考える．時点 t から時点 $t + dt$ に 1 ドルを投資すると $r_t dt$ の金利収入が得られる．この投資は $\mathrm{var}_t[r_t dt] = 0$ という意味でリスクがない．しかし，その価値は時

点 t の情報に依存する．説明の簡単化のため，r は有界であるとする（ただし，この前提は後述のいくつかの分析では仮定しない）．市場は他に m 個のリスクのある資産から構成されるとする．それらのリスク資産の累積の超過リターン（excess return）は m 次元過程 $R = (R^1, \cdots, R^m)^\top$ で表現される．時点 t でリスク資産 i に投資した 1 ドルは，時点 $t + \mathrm{d}t$ では $1 + r_t \mathrm{d}t + \mathrm{d}R_t^i$ の価値をもつ．

本章では，R は次のダイナミクスをもつ伊藤過程と仮定する．

$$\mathrm{d}R_t = \mu_t^R \mathrm{d}t + \sigma_t^{R\top} \mathrm{d}B_t, \quad \mu^R \in \mathcal{L}_1(\mathbb{R}^m), \quad \sigma^R \in \mathcal{L}_2(\mathbb{R}^{d \times m}) \tag{19.1}$$

すなわち，各リスク資産に対して σ^R の 1 つの列ベクトルがあり，Brown 運動 B の各要素に対して 1 つの行ベクトルがある．投資機会集合は 3 つ組 (r, μ^R, σ^R) で定義され，それらの値はノードごとに変化しうる．(19.1) を瞬間的な線形ファクターモデルと考え，次式を与える．

$$\mu_j^R(t)\mathrm{d}t = \mathbb{E}_t[\mathrm{d}R_t^j] \quad \text{および} \quad \sigma_{ij}^R(t)\mathrm{d}t = \mathrm{cov}_t[\mathrm{d}B_t^i, \mathrm{d}R_t^j]$$
$$i = 1, \cdots, d, \quad j = 1, \cdots, m$$

$\mathbb{E}_t[\mathrm{d}B_t] = 0$ および $\mathbb{E}_t[\mathrm{d}B_t \mathrm{d}B_t^\top] = I\mathrm{d}t$（ここで I は単位行列）であるので，$\mathrm{d}R_t$ の条件付分散共分散行列は次式となる．

$$\mathbb{E}_t[(\mathrm{d}R_t - \mathbb{E}_t[\mathrm{d}R_t])(\mathrm{d}R_t - \mathbb{E}_t[\mathrm{d}R_t])^\top] = \sigma_t^{R\top} \sigma_t^R \mathrm{d}t$$

時点 t の資産配分は，$\mathcal{F}_t$ 可測な確率ベクトル $\psi_t = (\psi_t^1, \cdots, \psi_t^m)^\top$ で与えられる．ここで，ψ_t^i は時点 t でリスク資産 i に投資された富の割合を示す．消費されていない残りの富は無リスク資産に投資されているものとする．負の割合はショートポジションであることを示す．時点 t の資産配分の選択は，時点 t の情報に依存しうるので，ψ_t を時点 t で実現したノードの関数として考える．時点 t で投資された 1 ドルは ψ_t の資産配分に従って，

$$1 + r_t \mathrm{d}t + \psi_t^\top \mathrm{d}R_t = 1 + (r_t + \psi_t^\top \mu_t^R)\mathrm{d}t + (\sigma_t^R \psi_t)^\top \mathrm{d}B_t$$

の価値を時点 $t + \mathrm{d}t$ でもつ．ベクトル $\sigma_t^R \psi_t$ は資産配分 ψ_t のリスクプロファイルを示している．なぜならば，この値は，瞬間的な超過リターン $\psi_t^\top \mathrm{d}R_t$ のファクター $\mathrm{d}B_t$ への負荷を示しているからである．

もし，σ^R の列が張る空間が常に $\mathbb{R}^d$ であれば，市場は完備である．すなわち，常になんらかの資産配分で任意のリスクプロファイルを構成することができる．本章では，市場が完備であることを仮定せず，σ^R のランクが d よりも小さいことを許すとする．σ^R がランク落ちしていたとしても，実質的には市場は完備である一方で，市場の非完備性が意味のある制約になるような応用を考える．σ^R のランクがノードご

とに変わる状況は考えず，情報ツリーのどのノードでも無限小の時間ではどの資産も冗長にはなっていないものとする．これが，以下に示す条件の経済学的な内容であり，本章を通じて仮定される．

資産の非冗長性 σ^R の列は m 個のリスク資産に対応し，どのノードでも線形独立である．それゆえ，$m \leq d$ である．

この前提の結果として，$m \times m$ の瞬間的な分散共分散率行列 $\sigma^{R\top}\sigma^R$ は，どこでも逆行列をもつ．もし，σ_t が資産配分 ψ_t を通じて達成できるリスクプロファイルであれば，すなわち，$\sigma_t^R \psi_t = \sigma_t$ であれば，ψ_t はこの性質をもった一意な資産配分であり，次式で与えられる．

$$\psi_t = (\sigma_t^{R\top}\sigma_t^R)^{-1}\sigma_t^{R\top}\sigma_t \tag{19.2}$$

伝統的な Markowitz (1952) のポートフォリオ分析は，情報ツリー上のノードごとに条件付きで適用されうる．資産配分 ψ_t を選べば，次の条件付期待値と分散をもった瞬間的な超過リターンを得る．

$$\mathbb{E}_t[\psi_t^\top dR_t] = \psi_t^\top \mu_t^R dt \quad \text{および} \quad \text{var}_t[\psi_t^\top dR_t] = \psi_t^\top \sigma_t^{R\top} \sigma_t^R \psi_t\, dt$$

μ_t を任意の $\mathcal{F}_t$ 可測な確率変数とする．$\mathbb{E}_t[\psi_t^\top dR_t] = \mu_t dt$ の制約のもとで $\text{var}_t[\psi_t^\top dR_t]$ を最小化すると，次の形の資産配分となる．

$$\psi_t = k_t(\sigma_t^{R\top}\sigma_t^R)^{-1}\mu_t^R$$

ここで，k_t は $\mathcal{F}_t$ 可測な確率変数であり，μ_t の選択によるものである．この形の資産配分を瞬間的に最小分散効率的 (instantaneously minimum-variance efficient) と呼ぶ．対応する条件付瞬間二乗 Sharpe レシオ (squared conditional instantaneous Sharpe ratio) は最大化され，以下のように与えられる．

$$\frac{\mathbb{E}_t[\psi_t^\top dR_t]^2}{\text{var}_t[\psi_t^\top dR_t]} = \mu_t^{R\top}(\sigma_t^{R\top}\sigma_t^R)^{-1}\mu_t^R dt \tag{19.3}$$

2.2 戦略・効用・最適性

最適な投資戦略とは，実行可能でそれよりも望ましい消費計画がないような消費計画を満たす（ファイナンスする）ものである．本項では，投資家の選好に最小限の制約だけをおいて，こうした考え方を定式化する．

内積を

$$(x \mid y) = \mathbb{E}\left[\int_0^T x_t y_t dt + x_T y_T\right], \quad x, y \in \mathcal{H}$$

として，$(x \mid x) = \mathbb{E}[\int_0^T x_t^2 dt + x_T^2] < \infty$ を満たすすべての $x \in \mathcal{L}(\mathbb{R})$ からなる

Hilbert 空間を $\mathcal{H}$ とする．$\mathcal{H}$ の要素の狭義正の集合[4]を $\mathcal{H}_{++} = \mathcal{H} \cap \mathcal{L}(\mathbb{R}_{++})$ とする．常に 1 である $\mathcal{H}$ の要素を **1** と記述する．

消費計画の凸錐 $\mathcal{C} \subseteq \mathcal{H}_{++}$ を仮定する．ここでは，$\mathbf{1} \in \mathcal{C}$ であり，任意の $x \in \mathcal{H}$，$y,z \in \mathcal{C}$ に対して $y \le x \le z$ ならば $x \in \mathcal{C}$ となる．任意の $c \in \mathcal{C}$ と時点 $t<T$ に対して，c_t は時点 t の消費率とし，c_T は終端での一括の消費あるいは遺産を表すものとする．典型的な応用では，$\mathcal{C}$ は，効用関数がうまく定義できるための可積分制約によって特定化される．消費計画が狭義正であることは，消費の非負性の条件に拘束力がないことを示している．後の節では，最適消費の正値性は，ゼロでの限界効用が無限大であることを仮定することで必ず満たされるようにする．

投資家は初期富 $w_0 > 0$ をもち，その後の収入はないものとする（これには，賦与された収入流列も，それが取引可能である限り含まれる）．消費戦略は，$\rho_T = 1$ を満たす任意の過程 $\rho \in \mathcal{L}_1(\mathbb{R}_{++})$ で与えられる．$t<T$ では，ρ_t を投資家の時点 t での富に対する消費率として解釈でき，$\rho_T = 1$ という慣例は，最終富が終端の消費と等しいという前提を表すものとして以下で用いられる．取引戦略は，ψ_t が時点 t での資産配分を表すものとして，$\psi^\top \mu^R \in \mathcal{L}_1(\mathbb{R})$ と $\sigma^R \psi \in \mathcal{L}_2(\mathbb{R}^d)$ を満たす任意の過程 $\psi \in \mathcal{L}(\mathbb{R}^m)$ で与えられる．消費戦略と取引戦略の対 (ρ,ψ) を戦略と呼ぶ．

ある戦略 (ρ,ψ) で生成された富の過程（wealth process）W は，次の予算制約式（budget equation）を通じて定義される．

$$\frac{dW_t}{W_t} = (r_t - \rho_t)dt + \psi_t^\top dR_t, \quad W_0 = w_0 \qquad (19.4)$$

消費計画 c は，もし $c = \rho W$，すなわち，すべての時点 t で $c_t = \rho_t W_t$ を満たす（したがって，$c_T = W_T$）ならば，戦略 (ρ,ψ) でファイナンスされる（満たされる）．消費計画はある戦略によってファイナンスされうるならば実行可能（feasible）である．

投資家の問題は，可能な消費計画で最適なものを選択することである．最適性を定義するために，効用関数を導入する．ω^t の実現値の条件下で，現状では計画 a を選んでいる投資家に，コストなく計画 b に移る機会が与えられたときに，その投資家が計画 b に移る場合，投資家はノード ω^t で計画 a よりも計画 b を「好む」と呼ぶ．いずれの計画についても他方の計画よりも好むということがなければ，投資家はその 2 つの計画について無差別である．

1 単位の消費計画 $c = \mathbf{1}$ を実行することで，効用を具体的に計測していこう．以下，投資家は消費しないことよりも消費することを好むものとする．したがって，所与の $\beta > \alpha > 0$ を満たすどのようなスカラー α, β に対しても，その投資家はどのノードでも $\alpha\mathbf{1}$ よりも $\beta\mathbf{1}$ を好む．さらに，所与のどのような消費計画 c とノード ω^t に対しても，ノード ω^t の実現値の条件下で，その投資家にとって計画 c と $\alpha\mathbf{1}$ が無差別にな

---

[4] より正確には，$(x - y \mid x - y) = 0$ を満たす任意の 2 つの過程 x, y が $\mathcal{H}$ の要素として特定化される．$\mathcal{H}$ の狭義正の要素は，このように $\mathcal{L}(\mathbb{R}_{++})$ の中の過程として特定化される．

るようなスカラー α が（必然的に一意に）存在することを仮定する．この α の値を消費 c のノード ω^t における基数的効用（cardinal utility）と呼び，それを $U(c)[\omega^t]$ で表す．情報ツリーのすべてのノードでの値を特定化すると，計画 c の基数的効用過程 $U(c)$ が定義される．定義により，$U_T(c) = c_T$ となることに注意しておく．

採用する選好のもう一つの前提として，投資家が a と a'，b と b' で無差別であるとき，その投資家が a よりも b を好むことと，その投資家が a' よりも b' を好むことが等価であるという前提をおく．この条件を $a' = U(a)[\omega^t]\mathbf{1}$ と $b' = U(b)[\omega^t]\mathbf{1}$ とすると，ノード ω^t の実現値の条件下で，その投資家が a よりも b を好む必要十分条件は，$U(b)[\omega^t] > U(a)[\omega^t]$ で与えられる．ノード ω^t での投資家の目的は，ノード ω^t における効用 $U(c)[\omega^t]$ が最大となる実行可能な消費計画 c を選ぶことである．

すべてのノードでの効用最大化は整合性が保たれない可能性がある．なぜならば，投資家はあるノードで，より以前のノードで選択された戦略から離れる誘引をもつかもしれないからである．以下では，次のような主要な条件を前提とすることにより，こうした可能性を排除する．

動的整合性（dynamic consistency） 2つの消費計画 a と b はある停止時 τ まで一致しているとし，$\mathbb{P}[U_\tau(b) \geq U_\tau(a)] = 1$ とする．このとき，$U_0(b) \geq U_0(a)$ であり $\mathbb{P}[U_\tau(b) > U_\tau(a)] > 0$ ならば，不等号が厳密に成立する．

時点 0 の効用は戦略 (ρ, ψ) で最大化されるとし，この戦略は消費計画 c をファイナンスし，富の過程 W を生成するものとする．このとき，停止時 τ と取引戦略 $(\tilde{\rho}, \tilde{\psi})$ で，消費計画 $\tilde{c}$ をファイナンスし，$W_\tau = \widetilde{W}_\tau$, $\mathbb{P}[U_\tau(\tilde{c}) \geq U_\tau(c)] = 1$, $\mathbb{P}[U_\tau(\tilde{c}) > U_\tau(c)] > 0$ を満たす富の過程 $\widetilde{W}$ を生成するようなものは存在しえない．存在したとすると，動的整合性より，(ρ, ψ) から始まって時点 τ で $(\tilde{\rho}, \tilde{\psi})$ に移る戦略は，$U_0(c)$ よりも時点 0 の効用が高くなり，戦略 (ρ, ψ) の時点 0 での最適性に矛盾することになる．

動的整合性は，時点 0 での 1 つの効用関数 $U_0 : \mathcal{C} \to \mathbb{R}$ の観点で，次の最適性の定義を正当化する．

定義 19.1 消費計画 c は，それが実行可能であり，$U_0(\tilde{c}) > U_0(c)$ となるような実行可能な消費計画 $\tilde{c}$ が存在しないならば最適である．戦略 (ρ, ψ) は，最適な消費計画をファイナンスするものであれば最適である．最後に，消費あるいは取引戦略は，それが最適な戦略の一部であるならば最適である．

関数 $\widetilde{U}_0 : \mathcal{C} \to \mathbb{R}$ は，ある狭義増加関数 $f : \mathbb{R} \to \mathbb{R}$ に対して $\widetilde{U}_0 = f \circ U_0$ であれば，$U_0 : \mathcal{C} \to \mathbb{R}$ と序数的に等価（ordinally equivalent）である．このような関数 $\widetilde{U}_0$ を投資家の時点 0 における選好の序数的効用（ordinal utility）表現と呼ぶ．U_0 と序数的に等価などのような効用についても U_0 と同じ性質が成り立つならば，U_0 の性質は序数的である．U_0 に対する所与の消費計画の最適性は，U_0 の序数的性質の一例である（序数的等価の概念をすべてのノードの効用に拡張すると，動的整合性は効用過

程 U 全体の序数的な性質となる).

以下,時点 0 での効用関数は $U_0 : \mathcal{C} \to \mathbb{R}$ で与えられ,序数あるいは基数をとりうるものとし,その違いに意味があるときにのみ違いを明確にすることとする.本章では,次の 2 つの性質を仮定する.

単調性 任意の $c, c+x \in \mathcal{C}$ に対して,$0 \neq x \geq 0$ であれば $U_0(c+x) > U_0(c)$ となる.

凹性 すべての $c^0, c^1 \in \mathcal{C}$ に対して,$\alpha \in (0,1)$ であれば $U_0(\alpha c^1 + (1-\alpha)c^0) \geq \alpha U_0(c^1) + (1-\alpha)U_0(c^0)$ となる.

単調性は序数的な性質であるが,凹性はそうではない.基数的な効用に対して,凹性は消費の平滑化に対する選好の表現として考えることができる.後ほど,規模不変な問題という重要なクラスを導入するが,そこでは U_0 は追加的に相似の序数的性質をもつと仮定されている.基数的効用が相似的である必要十分条件は,それが 1 次同次性をもつことであり,その場合,凹性は準凹性(quasiconcavity)という序数的性質と等価である.

富過程 W を生成し,消費計画 $c = \rho W$ をファイナンスする最適戦略の 1 つの候補を (ρ, ψ) とする.c における効用の優勾配密度(これは c における状態価格密度でもある)を構築することにより,c の最適性を確かめていく.これらの概念は以下のように定義される.

定義 19.2 (a) 過程 $\pi \in \mathcal{H}$ は,$c + x$ が実行可能な消費計画である任意の $x \in \mathcal{H}$ に対して $(\pi \mid x) \leq 0$ が成立するとき,c における状態価格密度である.

(b) 過程 $\pi \in \mathcal{H}$ は,$c + x \in \mathcal{C}$ を満たすすべての $x \in \mathcal{H}$ に対して $U_0(c+x) \leq U_0(c) + (\pi \mid x)$ であれば,c における U_0 の優勾配密度(supergradient density)である.

$(\pi \mid x)$ を x の現在価値と解釈すると,状態価格密度の性質は,c に対して正の現在価値をもつ実行可能な増加消費計画はないということを示している.優勾配密度は,限界効用を一般化した概念として捉えることができる.U_0 は(狭義)増加関数で凹関数であるため,U_0 のどのような優勾配密度も厳密に正でなければならない.参照計画を所与とすると,状態価格密度の性質は市場の裁定機会に依存し選好には依存しないが,優勾配密度の性質は選好に依存し市場の裁定機会には依存しない.

以下の結果は,本章での最適性の確認の基礎となるものである(本章では最適性の条件の必要性については議論しないが,(次の命題の)部分的な必要性は Schroder and Skiadas, 2003 で与えられている).

命題 19.1 c を実行可能な消費計画と仮定し,$\pi \in \mathcal{H}_{++}$ を c における U_0 の優勾配密度であり,かつ,状態価格密度でもあるとする.このとき,計画 c は最適である.

証明 $c+x \in \mathcal{C}$ が実行可能な消費計画であれば,$U_0(c+x) \leq U_0(c) + (\pi \mid x) \leq U_0(c)$ が成立する. □

2.3 状態価格のダイナミクスと線形の後向き確率微分方程式(BSDE)

命題19.1の最適性の確認の議論を適用するため,以下では,状態価格密度のダイナミクスを考察する.その際,線形の後向き確率微分方程式(BSDE)という数学的道具を導入する.これは,本章や一般的な資産価格付け理論で基本的な役割を果たすものである.

状態価格密度のダイナミクスを理解する鍵は,リスクの価格付けに関する次の考え方である.

定義 19.3 リスクの市場価格は次の条件を満たす過程 $\eta \in \mathcal{L}_2(\mathbb{R}^d)$ である.

$$\mu^R = \sigma^{R\top}\eta \tag{19.5}$$

線形ファクターモデルの解釈 (19.1) を思い出して,η_t^i が瞬間的な線形ファクター dB_t^i に対する時点 t の価格を表現しているものとすれば,上記の式は(厳密な)ファクターに対する価格付けとして捉えられる.σ^R は常にフルランクと仮定されているため,リスクの市場価格が一意であるための必要十分条件は $m = d$ となる.

裁定機会は存在しないことから,リスクの市場価格が存在することになる.この条件の厳密な説明と証明は Karatzas and Shreve (1998) に記述されているが,本質的なアイデアを思い出すことが重要である.裁定機会のない市場では,瞬間的に正の超過リターンをもたらす無リスクの資産配分はありえない.すなわち,

$$\sigma_t^R \psi_t = 0 \quad \Rightarrow \quad \psi_t^\top \mu_t^R = 0 \tag{19.6}$$

リスクの市場価格の存在は (19.6) と双対等価 (dual equivalent) である.明らかに (19.5) ならば (19.6) である.逆に,直交分解 (orthogonal decomposition) $\mu_t^R = \sigma_t^{R\top}\eta_t + \varepsilon_t, \sigma_t^R \varepsilon_t = 0$ を定義する.もし,(19.6) が成立すれば,$\varepsilon_t^\top \mu_t^R = 0$ となり,$\varepsilon_t^\top \varepsilon_t = \varepsilon_t^\top \mu_t^R = 0$ となる.これは,$\mu_t^R = \sigma_t^{R\top}\eta_t$ を意味する.

過程 $\pi \in \mathcal{H}_{++}$ が,あるリスクの市場価格 η に対して,次式のダイナミクスに従うと仮定する.

$$\frac{d\pi_t}{\pi_t} = -r_t dt - \eta_t^\top dB_t, \quad t \in [0,T] \tag{19.7}$$

以下,π は任意の所与の消費計画で可積分条件を満たす状態価格密度とする.

任意の戦略 (ρ, ψ),生成する富の過程 W とそれらをファイナンスする消費計画 $c = \rho W$ を考える.予算制約式 (19.4) で $\Sigma = W\sigma^R\psi$ とし,$\mu^R = \sigma^{R\top}\eta$ の前提を用いると,次式を得る.

$$dW_t = -(c_t - r_t W_t - \eta_t^\top \Sigma_t)dt + \Sigma_t^\top dB_t, \quad W_T = c_T \tag{19.8}$$

これは線形 BSDE である．もし，ある $\Sigma \in \mathcal{L}_2(\mathbb{R}^d)$ に対して (19.8) が満たされるならば，伊藤過程 W はその BSDE を解く．解 W が与えられると，対応する $\Sigma \in \mathcal{L}_2(\mathbb{R}^d)$ は一意に決定される（伊藤表現の一意性による）ため，$(W, \Sigma) \in \mathcal{L}_1(\mathbb{R}) \times \mathcal{L}_2(\mathbb{R}^d)$ という対で解を考えることもできる．次節で非線形 BSDE を導入する．そこでは，BSDE は本質的に情報ツリーの後向きの再帰式であると説明している．線形の場合には，その後向きの再帰式という解釈は，次の補題で与えられる現在価値の公式で示されている．この文脈では特定の意味しかもたないが，この補題は一般的な線形 BSDE に適用できるように述べられている．

補題 19.1 ある $c \in \mathcal{H}, r \in \mathcal{L}_1(\mathbb{R}), \eta \in \mathcal{L}_2(\mathbb{R}^d)$ に対して，W は BSDE (19.8) の解であり，$\pi \in \mathcal{H}_{++}$ は (19.7) のダイナミクスに従っているとする．

(a) もし $W \in \mathcal{L}(\mathbb{R}_+)$ ならば，
$$W_t \geq \frac{1}{\pi_t} \mathbb{E}_t\left[\int_t^T \pi_s c_s \mathrm{d}s + \pi_T c_T \right], \quad t \in [0, T] \tag{19.9}$$

(b) もし $\mathbb{E}[\sup_t \pi_t | W_t |] < \infty$ ならば，
$$W_t = \frac{1}{\pi_t} \mathbb{E}_t\left[\int_t^T \pi_s c_s \mathrm{d}s + \pi_T c_T \right], \quad t \in [0, T] \tag{19.10}$$

証明 (W, Σ) は (19.8) を満たすと仮定する．部分積分により，$\mathrm{d}(\pi W) = -\pi c \mathrm{d}t + \cdots \mathrm{d}B$ となる．$\{\tau_n\}$ を停止時の増大列でほぼ確実に T に収束するものとし，τ_n で停止された $\cdots \mathrm{d}B$ の項はマルチンゲールになるものとする．最後の等式を $t \sim \tau_n$ まで積分し，オペレータ $\mathbb{E}_t$ を両辺に作用させると，
$$\pi_t W_t = \mathbb{E}_t\left[\int_t^{\tau_n} \pi_s c_s \mathrm{d}s + \pi_{\tau_n} W_{\tau_n} \right]$$
を得る．もし $W \geq 0$ であれば，$n \to \infty$ の極限をとり，Fatou の補題を適用して (19.9) を得る．$\mathbb{E}[\sup_t \pi_t | W_t |] < \infty$ であれば，優収束定理を適用して (19.10) を得る．$\square$

注意 19.1 逆に，W が (19.10) で与えられれば，W は BSDE (19.8) の解になる．これは，(19.10) を再整理し，部分積分とマルチンゲール表現定理を用いることで示される．

W が消費計画 c をファイナンスする戦略から生成された富過程であるというここでの文脈では，補題 19.1 は状態価格密度 π の性質を示している．

命題 19.2 $\pi \in \mathcal{H}_{++}$ がリスクの市場価格 η に対して (19.7) のダイナミクスに従っていると仮定する．$\mathbb{E}[\sup_t \pi_t W_t] < \infty$ ならば，π は c における状態価格密度となる．

証明 $c + x$ が実行可能な消費計画と仮定する．補題 19.1 より，$\pi_0 w_0 \geq (\pi \mid c + x)$ と $\pi_0 w_0 = (\pi \mid c)$ が成立する．したがって，$(\pi \mid x) \leq 0$ となる．$\square$

2. 最適性と状態価格付け

注意 19.2 ある伊藤過程 $\pi \in \mathcal{H}_{++}$ が消費計画 c で状態価格密度になるために (19.7) の条件が必要であることは,ある正則条件のもとで Schroder and Skiadas (2003) で示されており,取引制約も許容するように拡張されている.例えば,$\mathcal{C} = \mathcal{H}_{++}$ で $c \in \mathcal{C}$ が連続な場合は必要性が示される.

補題 19.1 では,BSDE (19.8) の線形項 $rW + \eta^\top \Sigma$ が現在価値公式 (19.10) での確率的割引に相当していることがわかった.また,その 2 つの項は別々に解釈することもでき,rW は時間的な割引に対応し,$\eta^\top \Sigma$ は測度変換に対応するとも解釈できる.そのことを理解するために,所与の任意の $\eta \in \mathcal{L}_2(\mathbb{R}^d)$ に対して,過程 ξ^η と B^η を次のように定義する.

$$\frac{d\xi_t^\eta}{\xi_t^\eta} = -\eta_t^\top dB_t, \quad \xi_0^\eta = 1 \quad \text{および} \quad dB_t^\eta = dB_t + \eta_t dt, \quad B_0^\eta = 0 \quad (19.11)$$

ξ^η は正の優マルチンゲールであり,マルチンゲールである必要十分条件は $\mathbb{E}\xi_T^\eta = 1$ であることを思い出そう.$\eta \in \mathcal{L}_2(\mathbb{R}^d)$ は ξ^η がマルチンゲールになるようなものと仮定する.この場合,$\mathbb{P}$ と同値な確率測度 $\mathbb{P}^\eta$ と期待値オペレータ $\mathbb{E}^\eta$ は,測度変換の公式 $\mathbb{E}^\eta[x] = \mathbb{E}[\xi_T x]$(あるいは $d\mathbb{P}^\eta/d\mathbb{P} = \xi_T$)を使って定義できる.Girsanov の定理により,B^η は測度 $\mathbb{P}^\eta$ のもとで標準 Brown 運動である.線形 BSDE (19.8) は,等価な表現として,次式のように表現できる.

$$dW_t = -(c_t - r_t W_t)dt + \Sigma_t^\top dB_t^\eta, \quad W_T = c_T$$

補題 19.1 と注意 19.1 を確率測度 $\mathbb{P}^\eta$ のもとでこの BSDE に適用すると,$\mathbb{E}^\eta[\sup_t \exp(-\int_0^t r_\tau d\tau)|W_t|] < \infty$ ならば,W が BSDE (19.8) を解くことと次式は同値である.

$$W_t = \mathbb{E}_t^\eta\left[\int_t^T e^{-\int_t^s r_\tau d\tau} c_s ds + e^{-\int_t^T r_\tau d\tau} c_T\right] \quad (19.12)$$

(19.12) は,よく知られた現在価値公式 (19.10) のリスク中立価格付け表現であり,金融資産の富はこの富がファイナンスする将来のキャッシュフローの現在価値に等しいことを述べている.Markov 過程の設定では,そうした現在価値は(ある正則条件のもとで)対応する偏微分方程式の解として計算でき,Feynman–Kac の解とも呼ばれる(Duffie, 2001 を参照).この偏微分方程式は,W を時間と原資産の Markov 状態の関数として表現し,伊藤の補題を適用し,その線形 BSDE (19.8) の項と合わせることで導出される.このタイプの構成は,より一般の BSDE に適用され,最適ポートフォリオの特徴付けに利用される.例えば,5 節では規模不変な解のクラスについて概説する.

2.4 時間加法的な期待効用とその問題点

これまでで状態価格のダイナミクスを理解し,それが選好と関係しないことがわかったが,ここで効用のほうに焦点を移す.ここでの目的は,リスク回避性の概念を適切に捉える効用関数の構造を特定化し,その優勾配密度のダイナミクスを求めることである.後者を状態価格密度のダイナミクスと組み合わせることで,最適性の条件を得る.

広く利用されている時点 0 の効用関数 $U_0 : \mathcal{C} \to \mathbb{R}$ の形は,ある $\beta \in \mathbb{R}$ と凹な増加関数 $u, v : \mathbb{R}_{++} \to \mathbb{R}$ に対して,

$$U_0(c) = \mathbb{E}\left[\int_0^T e^{-\beta t} u(c_t) \mathrm{d}t + e^{-\beta T} v(c_T)\right] \tag{19.13}$$

と表現されるものである.u が凹であればあるほど,その効用はリスク回避的である.この定式化の長所は,優勾配密度が各ノードと独立に計算できる点であり,少なくとも完備市場のもとでは,投資家の問題が単純になる.例えば,(19.13) において $u = v$ であり,その微分 $u' : \mathbb{R}_{++} \to \mathbb{R}_{++}$ が存在し,最適な消費計画 c は $u'(c) \in \mathcal{H}_2$ を満たすと仮定する.過程 $e^{-\beta t} u'(c_t)$ が c で U_0 の優勾配密度となることはすぐに確かめられる.市場が完備 ($m = d$) であれば,$\pi_0 = 1$ を満たす状態価格密度 π が一意に存在し,そのダイナミクス (19.7) は $\eta = \sigma^{R\top -1} \mu^R$ で与えられる.最適な消費は $c_t = u'^{-1}(e^{\beta t} k \pi_t)$ となり,ここでスカラー $k > 0$ は $(\pi \mid c) = w_0$ となるように選ばれる.対応する富の過程 W は現在価値公式 (19.10) で与えられる.$\mathrm{d}W/W = \cdots \mathrm{d}t + \sigma^\top \mathrm{d}B$ ならば,対応する最適な取引戦略 ψ は (19.2) で与えられることを見てきた.これは本質的に Cox and Huang (1989) や Karatzas et al. (1987) での Merton 問題の分析になっている.後述するように,上記の議論の単純さは市場が非完備であるときには失われることがわかる.

時間加法的効用の定式化 (19.13) は,よく用いられるものであるが,リスク回避性の表現としては本質的に欠点があることを示す.これが,再帰的効用の研究に注力する一つの理由である.消費の時間的な側面に重点をおいて,本節では以下,終端での消費あるいは遺産を固定したときの消費計画の選好に焦点を当てる.それゆえ,(19.13) は $v = 0$ で成立するものと仮定する.以下,この場合は投資家の確定的な選択に関する選好が,序数的な等価性までは,投資家の効用全体を決め,特に投資家のリスク回避性を決めることを示す.一方,再帰的効用を用いて,2 人の投資家が確定的な状況では同一の選好をもっていても,一方の投資家が他方よりもリスク回避的でありうることを示す.

加法的な表現理論から得られる標準的な次の一意性の結果を用いる.証明は Narens (1985) や Wakker (1989) に示されている.

補題 19.2 任意の $N > 1$ と各 $i \in \{1, 2\}$ に対して,関数 $F^i : \mathbb{R}_{++}^N \to \mathbb{R}$ が加法

的な構造 $F^i(x_1,\cdots,x_N) = \sum_{n=1}^{N} f_n^i(x_n)$, $x \in \mathbb{R}_{++}^N$ をもつと仮定する．ただし，$f_n^i : \mathbb{R}_{++} \to \mathbb{R}$, $n = 1,\cdots,N$ である．また，F^1 と F^2 は序数的に等価であると仮定する．すなわち，$F^1(x) \geq F^1(y)$ と $F^2(x) \geq F^2(y)$ は同値であるとする．このとき，$f_n^1 = \alpha f_n^2 + \beta_n$, $n = 1,\cdots,N$ を満たす $\alpha \in \mathbb{R}_{++}$ と $\beta \in \mathbb{R}^N$ が存在する．

命題 19.3 各 $i \in \{1,2\}$ に対して，効用関数 $U_0^i : \mathcal{C} \to \mathbb{R}$ が $U_0^i(c) = \mathbb{E}[\int_0^T v^i(t,c_t)\mathrm{d}t]$ という形をしていると仮定する．ここで，$v^i : [0,T] \times \mathbb{R}_{++} \to \mathbb{R}$ は連続である．また，任意の確定的[5]消費計画 $a,b \in \mathcal{C}$ に対して，$U_0^1(a) \geq U_0^1(b)$ と $U_0^2(a) \geq U_0^2(b)$ が同値であるとする．このとき，効用関数 U_0^1 と U_0^2 は空間 $\mathcal{C}$ 全体で序数的に等価である．

証明 U_0^i を $U_0^i - U_0^i(\mathbf{1})$ に置き換えると，すべての t に対して $v^i(t,1) = 0$ を仮定できるので，そのように仮定する．所与の任意の整数 $N > 1$ に対して，時間間隔 $J^n = [(n-1)T/N, nT/N), n = 1,\cdots,N$ を定義して，$[0,T)$ を分割する．D_N を $\sum_{n=1}^{N} x_n 1_{J^n}$ という形の確定的な計画の集合とする．U_0^1 と U_0^2 は D_N の要素を等しく順序付けるため，上記の補題を $f_n^i(x) = \int_{J^n} v^i(t,x)\mathrm{d}t$ について適用すると，ある $\alpha \in \mathbb{R}_{++}$ とすべての n に対して，次の式を得る．

$$\int_{J^n} v^1(t,x)\mathrm{d}t = \alpha \int_{J^n} v^2(t,x)\mathrm{d}t \tag{19.14}$$

この議論を N の代わりに $2N$ として繰り返すと，D_N は D_{2N} に埋め込まれうるため，同じ関係が同じ定数 α について得られる．それゆえ，任意の $x > 0$ に対して，x を含む区間の列 $\{J^n : n = 1,2,\cdots\}$ をとることができ，その長さはゼロに収束し，すべての n に対して (19.14) が成立する．(19.14) の両辺を J_n の長さで分割し，$n \to \infty$ の極限をとると，$v^1(t,x) = \alpha v^2(t,x)$ が得られる． □

リスク回避性を捉えるうえでの加法的効用の限界は，よく知られている例を使って以下のように例示される（筆者はこれを Duffie and Epstein, 1992 から学んだ）[6]．

例 19.1 $T = 100$ とし，ある連続関数 $v : [0,100] \times \mathbb{R}_{++} \to \mathbb{R}$ に対して $U_0(c) = \mathbb{E}[\int_0^{100} v(t,c_t)\mathrm{d}t]$ が成立すると仮定する．計画 a と b は次式のように定義されるとする．

$$a_t = 1 + 1{,}000 \times 1_{\{t>1,\ B_1>0\}}$$

$$b_t = 1 + 1{,}000 \times \sum_{n=1}^{99} 1_{\{1+n \geq t > n,\ B_n - B_{n-1} > 0\}}$$

---

[5] すべての時点 t に対して x_t が $\mathcal{F}_0$ 可測ならば，過程 x は確定的（deterministic）であると呼ぶ．

[6] Duffie and Epstein (1992) は，その Introduction で，Kreps and Porteus (1978) の不確実性の解消時点に対する選好の概念をもとに，加法的効用の限界の別の例をあげている．その概念は Skiadas (1998) で消費計画と情報流列（フィルトレーション）の対に対する選好という観点で拡張されている．加法性はフィルトレーションの議論では効用の独立性に関するものである．

すべての t に対して $\mathbb{E}a_t = \mathbb{E}b_t$ である一方,計画 b は計画 a よりも安全であると考えられる.にもかかわらず,$U_0(a) = U_0(b)$ は容易に確かめられる.

3. 再帰的効用

本節では,再帰的効用を導入・定義し,その基本的な性質を導出する.効用の優勾配ダイナミクスの計算と前節の状態価格ダイナミクスの計算を組み合わせることにより,再帰的効用のもとでの最適性の条件を FBSDE 系として得る.最後に,相似の再帰的効用を導入し,最適性の条件として FBSDE 系を解く際のその役割を示す.連続時間の再帰的効用は,最初に Duffie and Epstein (1992) で定義され分析された.そこでは,リスク回避性をモデル化するのに役立つある特殊な構造を仮定している.ここでは,Lazrak and Quenez (2003) に従って,一般的な BSDE の解として再帰的効用のより広い定義を採用する.次節では,その再帰的効用のより広い定義により,Duffie–Epstein の定式化を超えたリスク回避性の興味深いモデル化が可能になることを示す.

3.1 再帰的効用と BSDE

再帰的効用を一般的な原則からヒューリスティックに導出することから始める.その議論は,BSDE を情報ツリーの後向き再帰での連続時間における表現として明確に解釈するのに役立つはずである.

非公式には 2.2 項で選好の観点から構築した動的な基数的効用関数 $U : \mathcal{C} \to \mathbb{R}$ を考える.$U(c)$ はすべての $c \in \mathcal{C}$ に対して伊藤過程であると仮定する.これまでの前提である動的整合性,単調性,凹性に加えて,次の単純化のための制約を課す.

過去あるいは未実現の消費の無関係性(irrelevance of past or unrealized consumption) 任意の消費計画 a と b,任意の時点 $t \leq T$,任意の事象 $A \in \mathcal{F}_t$ に対して,$A \times [t, T]$ で $a = b$ ならば[7],$A \times [t, T]$ で $U(a) = U(b)$ となる.

この前提は,再帰的効用構造の本質的な側面ではないが,リスク回避性に焦点を当てた分析では自然なベンチマークとして使われる.動的な整合性とともに考えると,任意の消費計画 c と時点 $t < u$ に対して,時点 t の事象 A 上の $U_t(c)$ の制約は,$A \times [t, u]$ での c の制約と A での $U_u(c)$ の制約の関数として表現されることになる.より正確には,以下のように示される.

補題 19.3 所与の時点 $t < u \leq T$ と事象 $A \in \mathcal{F}_t$ に対して,消費計画 a と b が $A \times [t, u]$ では等しく,A では $U_u(a) = U_u(b)$ であると仮定する.このとき,A で

---

[7] これは,$\{(\omega, u) : \omega \in A,\ u \in [t, T],\ a(\omega, u) \neq b(\omega, u)\}$ の定義域が $\mathcal{H}$ の要素としてゼロであることを意味する.

3. 再帰的効用

$U_t(a) = U_t(b)$ となる[8].

ヒューリスティックに進めて，1 つのノード ω^t と $u = t + \mathrm{d}t$ に対応させ，時点・事象 (t, A) に関する上記の関数関係を適用する．ここで，$\mathrm{d}t$ は無限小の時間間隔である．任意の $c \in \mathcal{C}$ を固定し，$U = U(c)$ とする．所与の瞬間的なファクター分解

$$U_{t+\mathrm{d}t} = m_t + \Sigma_t^\top \mathrm{d}B_t, \quad \text{ただし}$$

$$m_t = \mathbb{E}_t[U_{t+\mathrm{d}t}] \quad \text{および} \quad \Sigma_t^i = \mathrm{cov}_t[U_{t+\mathrm{d}t}, \mathrm{d}B_t^i], \quad i = 1, \cdots, d \quad (19.15)$$

から，背景の情報構造に適合したある（状態依存でもありうる）関数 $\Phi : \Omega \times [0, T] \times \mathbb{R}_{++} \times \mathbb{R}^{1+d} \to (0, \infty)$ に対して，関数制約

$$U_t = \Phi(t, c_t, m_t, \Sigma_t) \quad (19.16)$$

を得る．効用の単調性と凹性から，ヒューリスティックに $\Phi(\omega, t, c, m, \Sigma)$ は (c, m) の増加関数であり，(c, m, Σ) の凹関数になる[9]．所与の $U_{t+\mathrm{d}t}$ に対して，(19.16) は，(19.15) で定義した m_t と Σ_t とともに，U_t を計算するのに利用される．それゆえ，(19.16) は情報ツリーのヒューリスティックな後向きの再帰式であり，与えられた終端価値 U_T から効用過程 U 全体を決めるものである．

効用の再帰式を厳密に定式化するため，(無限小) アグリゲータ（aggregator）と呼ばれる関数 F が，任意の状態 ω と時点 $t < T$ で，暗に次のように定義されていると仮定する．

$$\mu = -F(\omega, t, c, U, \Sigma) \quad \Leftrightarrow \quad U = \Phi(\omega, t, c, U + \mu \mathrm{d}t, \Sigma) \quad (19.17)$$

条件付期待値の議論での Φ の単調性から，(19.17) の右式を満たす最大でも 1 の値 μ があり，それゆえ所与の Φ で F が一意に決まる．さらに，Φ の単調性と凹性から，$F(\omega, t, c, U, \Sigma)$ が c の増加関数であり，(c, U, Σ) の凹関数となる（Φ が m に関して狭義凹関数であれば，F は U の減少関数ということにもなる[10]．この条件は，技術的

---

[8] 証明 $D = A \cap \{U_t(a) > U_t(b)\}$ とし，停止時 $\sigma = t1_D + T1_{\Omega \setminus D}$ と $\tau = u1_D + T1_{\Omega \setminus D}$ を定義する．計画 a'（同様に b'）が a（同様に b）と $D \times [t, T]$ 上で等しくなり，$D \times [t, T]$ の外ではある任意の計画 c と等しくなるように定義する．$[\sigma, T]$ で $a = a'$ であることから，$[\sigma, T]$ で $U(a) = U(a')$ が成立し，それゆえほぼ確実に (a.s.) $U_\tau(a') = U_\tau(a)$ となる．同様に，ほぼ確実に $U_\tau(b') = U_\tau(b)$ であり，ほぼ確実に $U_\tau(a') = U_\tau(b')$ である．a' と b' は停止時 τ までは等しいため，動的整合性から $U_0(a') = U_0(b')$ となる．一方，a' と b' は σ まで等しく，D で $U_\sigma(a') > U_\sigma(b')$ であり，$\Omega \setminus D$ で $U_\sigma(a') = U_\sigma(b')$ である．$\mathbb{P}(D) > 0$ ならば，動的整合性から $U_0(a') > U_0(b')$ ということになり，矛盾である．したがって，$\mathbb{P}(D) = 0$ となる．これより，A で $U_t(a) \leq U_t(b)$ が示された．逆の不等号は対称性により成立する．

[9] $\Phi(\omega, t, c, m, \Sigma)$ の (c, m, Σ) への依存性は，(c, U) を通じたものという考え方である．ただし，$U = m + \Sigma^\top \mathrm{d}B$ である．ノード ω^t ((ω, t) に対応) で c と同じ計画であり，ノード ω^t が生じたという条件のもとでは $[t + \mathrm{d}t, T]$ で U の値をとり，他のノードでは値 1 をとるものとして，ヒューリスティックに (c, U) を特定化できる．そのような計画の集合に対する効用の単調性と凹性は対応する $\Phi(\omega, t, \cdot)$ の性質に置き換えられる．

[10] このことを確かめるために，U の関数として $\Phi(\omega, t, c, U + \mu \mathrm{d}t, \Sigma)$ をプロットする．その凹関数のグラフは U で $45°$ 線と交差する．μ が上昇すると，グラフは上に移動し，$45°$ 線との交差点は右側に移動する．

な正則条件を確かめるには役立つが，仮定する必要はない)．$U_T = F(T, c_T)$ という表記を用いて終端の効用の終端の消費への依存性を表現する（これは基数的効用に対する恒等式である)．

伊藤分解 $dU = \mu dt + \Sigma^\top dB$，すなわち，$m = U + \mu dt$ を仮定すると，再帰式 (19.16) はドリフト制約 $\mu_t = -F(t, c_t, U_t, \Sigma_t)$ と等価になり，効用のダイナミクスは次式のようになる．

$$dU_t = -F(t, c_t, U_t, \Sigma_t)dt + \Sigma_t^\top dB_t, \quad U_T = F(T, c_T) \qquad (19.18)$$

(19.18) は，(適合) 過程の対 (U, Σ) に関して同時に解かれる BSDE である．関数 $f(\omega, t, y, z) = F(\omega, t, c(\omega, t), y, z)$ は BSDE ドライバー (driver) として知られている．(19.18) を満たす（必然的に一意な）$\Sigma \in \mathcal{L}_2(\mathbb{R}^d)$ が存在するならば，伊藤過程 U は BSDE (19.18) を解くという．基数的効用の観点で BSDE (19.18) を考えてきたが，次の例のように，序数的に等価な別の効用を用いて特徴づけることもできる．

例 19.2（期待割引効用）　上記のヒューリスティックな議論で，以下の式を仮定する．

$$\Phi(\omega, t, c, m, \Sigma) = u(\omega, t, c)dt + m \exp(-\beta(\omega, t)dt)$$
$$F(\omega, t, c, U, \Sigma) = u(\omega, t, c) - \beta(\omega, t)U, \quad t < T$$

補題 19.1 により，正則条件のもとで，BSDE (19.18) の解は次式で与えられる．

$$U_t = \mathbb{E}_t\left[\int_t^T \exp\left(-\int_t^s \beta_\tau d\tau\right) u(s, c_s) ds + \exp\left(-\int_t^T \beta_\tau d\tau\right) F(T, c_T)\right]$$

BSDE の解の存在や一意性に関する当初の結果は，確率微分方程式論でよく知られている．ドライバーに対する Lipschitz 成長に関する仮定のタイプに基づいており，Pardoux and Peng (1990) や Duffie and Epstein (1992) で得られた結果である．Pardoux–Peng の議論を改良したものは El Karoui et al. (1997) で与えられている．これらの条件は，ここでの主要な相似な再帰的効用への応用では満たされないが，その相似な再帰的効用は広く使われている Epstein–Zin 効用（Epstein and Zin, 1989 で用いられた再帰的効用関数表現の連続版）を含むものである．連続時間の Epstein–Zin 効用に対する存在性，一意性と基本的な性質は，Schroder and Skiadas (1999) の Appendix A に与えられている．BSDE 理論は，さらに，Hamadene (1996), Lepeltier and Martín (1997, 1998, 2001), Kobylanski (2000) などによって発展してきた（El Karoui and Mazliak, 1997 も参照)．さらに BSDE の数値解法は，Douglas Jr. et al. (1996), Chevance (1997), Bally and Pages (2002), Ma et al. (2002), Zhang (2004), Bouchard and Touzi (2004), Bouchard and Elie (2005), Gobet et al. (2005), Lemor et al. (2006) などの成果により注目を集めている．本章では，存

3. 再帰的効用

在性，一意性あるいは数値解法の話題はここまでとしておく．

上記の動機から，ここで本章の以下で使う効用のクラスを正式に定義する．効用は開区間 $I_U \subseteq \mathbb{R}$ に値をとると仮定する．これは，基数的効用では $\mathbb{R}_{++}$ と等しくなる．効用の過程は，基本的なものとして，線形部分空間 $\mathcal{U} \subseteq \mathcal{L}(I_U)$ の要素とみなすことができる．以下，すべての $U \in \mathcal{U}$ は伊藤過程であり，$\mathbb{E}[\sup_t U_t^2] < \infty$ を満たすと仮定する．以下で，効用過程 $U(c)$ 全体が計画 c に割り当てられるものとして，動的効用 (dynamic utility) を定義する．後で確かめるように，動的整合性は満たされており，それゆえ，時点ゼロの効用を最大化すれば十分である．

定義 19.4 （消費に関して増加関数かつ凹な）アグリゲータは，$F : \Omega \times [0,T] \times \mathbb{R}_{++} \times I_U \times \mathbb{R}^d \to \mathbb{R}$ という形の発展的可測な関数であり，以下を満たす．

1) $F(\omega, t, c, U, \Sigma)$ は c に関して狭義増加関数であり，(c, U, Σ) に関して凹関数である．
2) $F(\omega, T, c, U, \Sigma)$ は (U, Σ) に依存せず，それゆえ $F(\omega, T, c)$ と表記される．

関数 $U : \mathcal{C} \to I_U$ は，任意の $c \in \mathcal{C}$ に対して $U(c)$ が $\mathcal{U}$ で BSDE (19.18) を一意に解くならば，アグリゲータ関数 F をもつ再帰的効用である．アグリゲータ F は，それが状態変数に依存しなければ，確定的である．再帰的効用 U は，対応するアグリゲータ F が確定的で，任意の確定的計画 c に対して，$U(c)$ が常微分方程式 $dU_t = -F(t, c_t, U_t, 0)dt$, $U_T = F(T, c_T)$ を解く $\mathcal{U}$ の一意な確定的要素であるならば，状態独立 (state-independent) である．

注意 19.3 （アグリゲータと信念）U がアグリゲータ F をもつ再帰的効用であり，過程 $b \in \mathcal{L}(\mathbb{R}^d)$ が（簡単化のため）有界であると仮定する．修正された次式のアグリゲータを考える．

$$F^b(\omega, t, c, U, \Sigma) = F(\omega, t, c, U, \Sigma) + b(\omega, t)^\top \Sigma$$

(19.11) での考え方を思い出して，次式に注意する．

$$dU_t = -F^b(t, c_t, U_t, \Sigma_t)dt + \Sigma_t^\top dB_t^b$$
$$dR_t = (\mu_t^R - \sigma_t^{R\top} b_t)dt + \sigma_t^{R\top} dB_t^b$$

B^b は確率測度 $\mathbb{P}^b$ のもとでの Brown 運動（ここで $d\mathbb{P}^b/d\mathbb{P} = \xi_T^b$）であるから，$\mathbb{P}^b$ の事前分布をもつ投資家は，同じリスクプロファイル σ^R を評価するものの，瞬間的な期待リターンは $\mu^R - \sigma^{R\top} b$ であると信じている．$(\mathbb{P}, B, \mu^R) \to (\mathbb{P}^b, B^b, \mu^R - \sigma^{R\top} b)$ で置き換えれば，投資家の $b = 0$ に対する問題の解法を任意の値 b の解法に拡張することができる．

3.2 再帰的効用のいくつかの基本的性質

本項では，正則条件のもと，再帰的効用のいくつかの基本的性質を導出する．まず，動的整合性，単調性，凹性，過去あるいは未実現の消費の無関係性を確認する．次に，相対的なリスク回避度を議論し，最後に，効用の優勾配密度のダイナミクスを導出する．

以下の表記は有用であろう．$f : \Omega \times [0,T] \times S \to \mathbb{R}$ の形の任意の関数（ただし，S は Euclid 空間 X の凸部分集合）に対して，次の優微分（super-differential）を定義する．

$$\partial f(\omega, t, s) = \{\delta \in X : s + h \in S \text{ を満たすすべての } h \in X \text{ に対して}$$
$$f(\omega, t, s+h) \leq f(\omega, t, s) + \delta' h\}$$

所与の任意の過程 $d \in \mathcal{L}(X)$ と $x \in \mathcal{L}(S)$ に対して，表記 $d \in \partial f(x)$ は，$d(\omega, t) \notin \partial f(\omega, t, x(\omega, t))$ を満たすすべての (ω, t) の集合の定義関数が $\mathcal{H}$ のゼロ要素になることを意味する．所与の任意の $d = (a,b) \in \mathcal{L}_1(\mathbb{R}) \times \mathcal{L}_2(\mathbb{R}^d)$ に対して，$\mathcal{E}(d)$ あるいは $\mathcal{E}(a,b)$ を以下の確率微分方程式の解とする．

$$\frac{\mathrm{d}\mathcal{E}_t(a,b)}{\mathcal{E}_t(a,b)} = a_t \mathrm{d}t + b_t^\top \mathrm{d}B_t, \quad \mathcal{E}_0(a,b) = 1$$

再帰的効用の性質を導出する鍵はいわゆる比較原理（comparison principle）であり，以下で（発展的可測な）ドライバー関数 $f^i : \Omega \times [0,T] \times I_U \times \mathbb{R}^d \to \mathbb{R}, i = 0, 1$ の観点から述べられる．

条件 19.1（比較原理） 各 $i \in \{0,1\}$ に対して，$(U^i, \Sigma^i) \in \mathcal{U} \times \mathcal{L}(\mathbb{R}^d)$ が BSDE

$$\mathrm{d}U_t^i = -f^i(t, U_t^i, \Sigma_t^i)\mathrm{d}t + \Sigma_t^{i\top} \mathrm{d}B, \quad t \in [0,T], \ U_T^i \text{ は所与}$$

を解くと仮定する．$\sigma \leq \tau$ a.s. を満たす所与の σ, τ に対して，次式も仮定する[11]．

$$[\sigma, \tau] \text{ において } f^0(t, U^1, \Sigma^1) \leq f^1(t, U^1, \Sigma^1) \quad \text{および} \quad U_\tau^0 \leq U_\tau^1 \text{ a.s.}$$

このとき，$U_\sigma^0 \leq U_\sigma^1$ a.s. となる．さらに $\mathbb{P}[U_\tau^0 < U_\tau^1] > 0$ を仮定すると，$\mathbb{P}[U_\sigma^0 < U_\sigma^1] > 0$ となる．

比較補題（あるいは Duffie and Epstein の用語では確率的な Gronwall–Bellman 不等式）は，比較原理が成立するように十分な正則条件を課している．様々な比較補題が過去の BSDE の研究で与えられてきた．以下では，適用可能性がここでの凹性の仮定に依存する新しい型の比較補題を示す．

---

[11] 過程 x, y に対して，$x(\omega, t) > y(\omega, t)$ と $\sigma(\omega) \leq t \leq \tau(\omega)$ を満たすすべての (ω, t) の集合の定義関数が $\mathcal{H}$ の要素としてゼロであるとき，$[\sigma, \tau]$ において $x \leq y$ が成立するという．

3. 再帰的効用

補題 19.4（比較補題） $d \in \partial f^0(U^1, \Sigma^1)$ a.e. かつ $\mathbb{E}[\sup_t \mathcal{E}_t(d)^2] < \infty$ を満たす $d \in \mathcal{L}_1(\mathbb{R}) \times \mathcal{L}_2(\mathbb{R}^d)$ が存在するならば，比較原理（条件 19.1）は成立する．

証明 表記上 (ω, t) の項を省略して，過程 $y = U^1 - U^0 \in \mathcal{U}$, $z = \Sigma^1 - \Sigma^0$, $p = f^1(U^1, \Sigma^1) - f^0(U^1, \Sigma^1)$ を定義し，次式に注目する．

$$\mathrm{d}y = -(f^0(U^1, \Sigma^1) - f^0(U^0, \Sigma^0) + p)\mathrm{d}t + z^\top \mathrm{d}B$$

$d = (d_U, d_\Sigma)$ を本補題のとおりとし，過程 $q = f^0(U^1, \Sigma^1) - f^0(U^0, \Sigma^0) - (d_U y + d_\Sigma^\top z)$ を定義する．このとき，y に対する上記のダイナミクスは次のように書き換えられる．

$$\mathrm{d}y = -(\delta + d_U y + d_\Sigma^\top z)\mathrm{d}t + z^\top \mathrm{d}B$$

ただし，$\delta = p + q$ である．仮定より，$[\sigma, \tau]$ において $\delta \geq 0$ であり，$y_\tau \geq 0$ a.s. である．補題 19.1 の証明における議論と同様に，$\tau_n \uparrow \tau$ a.s. を満たす停止時の列 $\{\tau_n\}$ を選ぶことができ，

$$\mathcal{E}_\sigma(d) y_\sigma = \mathbb{E}_\sigma \left[\int_\sigma^{\tau_n} \mathcal{E}_t(d) \delta_t \mathrm{d}t + \mathcal{E}_{\tau_n}(d) y_{\tau_n} \right] \geq \mathbb{E}_\sigma [\mathcal{E}_{\tau_n} y_{\tau_n}] \text{ a.s.}$$

を満たす．仮定により，$y \in \mathcal{U}$ から $\mathbb{E}[\sup_t y_t^2] < \infty$ が成立することを思い出して，優収束定理を用いると，$y_\sigma \geq 0$ a.s. が成立する． $\square$

次に，比較補題を適用して興味のある効用の性質を導出できるように，ある正則条件を導入する．専門的な部分を省きたい読者は，「正則」を「比較原理を適用すべきところに適用できる」と読み替えることができる．

任意のアグリゲータ F と $c \in \mathcal{C}$ を所与とし，$F^c(\omega, t, y, z) = F(\omega, t, c(\omega, t), y, z)$ という表記を用いる．$\mathrm{d}U = \cdots \mathrm{d}t + \Sigma^\top \mathrm{d}B$ を満たす所与の任意の $(c, U) \in \mathcal{C} \times \mathcal{U}$ に対して，$d \in \partial F^c(U, \Sigma)$ a.e. であり $\mathbb{E}[\sup_t \mathcal{E}_t(d)^2] < \infty$ を満たす $d \in \mathcal{L}_1(\mathbb{R}) \times \mathcal{L}_2(\mathbb{R}^d)$ が存在するならば，アグリゲータ F は正則（regular）であるという．例えば，F が微分可能で $F_U \leq 0$（これは (19.16) の Φ の狭義凹性から導かれる）と仮定する．この場合，F の正則条件は F_Σ に対する可積分性の制約になり，それは F_Σ が有界ならば満たされる．しかしながら，F_Σ の有界性は通常は強すぎる仮定であり，正則条件を確かめることはさらに挑戦的なことである．

命題 19.4 正則なアグリゲータをもつ再帰的効用は動的に整合的であり，単調増加で凹である．また，過去あるいは未実現の消費の無関係性を満たす．

証明 U はアグリゲータ F をもつ再帰的効用であり，$c^0, c^1 \in \mathcal{C}$ であると仮定する．$U^i = U(c^i)$ と $\mathrm{d}U^i = \cdots \mathrm{d}t + \Sigma^{i\top} \mathrm{d}B$ という表記を用いる．単調性を示すために，$c^1 \geq c^0$ と仮定する．$f^i = F^{c^i}$ に関する比較原理より $U^1 \geq U^0$ となる．凹性を示す

ために,任意の $\alpha \in (0,1)$ を固定し,表記 $x^\alpha = (1-\alpha)x^0 + \alpha x^1$ を定義する.表記上 (ω, t) の項を省略し,過程 $p = F(c^\alpha, U^\alpha, \Sigma^\alpha) - (1-\alpha)F(c^0, U^0, \Sigma^0) - \alpha F(c^1, U^1, \Sigma^1)$ を定義し,次式に注意する.

$$\mathrm{d}U^\alpha = -(F(c^\alpha, U^\alpha, \Sigma^\alpha) - p)\mathrm{d}t + \Sigma^\alpha \mathrm{d}B, \quad U_T^\alpha = F(T, c_T^\alpha) - p_T$$

F に関する凹性の仮定より,$p \geq 0$ となる.$f^1 = F^{c^\alpha}$ と $f^0 = F^{c^\alpha} - p$ について補題 19.4 を適用すると,$U(c^\alpha) \geq U^\alpha$ が成立し,凹性を満たすことがわかる.残りの証明は補題 19.4 の応用問題として残しておく. □

アグリゲータ F をもつ状態独立な再帰的効用は,確定的な計画を関数 $(t, c, U) \mapsto F(t, c, U, 0)$ で順位づける.一方,F の Σ への依存性はリスク回避性を調整し,確定的な計画の効用に影響を与えることはない.この性質を正式に述べると,効用関数の以下の半順序(partial order)に基づいている.

相対的なリスク回避性 効用関数 $U_0^1 : \mathcal{C} \to \mathbb{R}$ は,以下を満たすとき,効用関数 $U_0^2 : \mathcal{C} \to \mathbb{R}$ よりリスク回避的である.

- 任意の確定的計画 $a, b \in \mathcal{C}$ に対して,

$$U_0^1(a) \geq U_0^1(b) \Leftrightarrow U_0^2(a) \geq U_0^2(b)$$

- 任意の $c \in \mathcal{C}$ と確定的な $\bar{c} \in \mathcal{C}$ に対して,

$$U_0^2(\bar{c}) \geq U_0^2(c) \Rightarrow U_0^1(\bar{c}) \geq U_0^1(c)$$

注意 19.4 U_0^1 と U_0^2 が基数的効用ならば,U_0^1 が U_0^2 よりもリスク回避的である必要十分条件は,すべての確定的計画 c に対して $U_0^1(c) = U_0^2(c)$ であり,すべての計画 c に対して $U_0^1(c) \leq U_0^2(c)$ を満たすことである.

命題 19.5 $i \in \{1, 2\}$ に対して,U^i はアグリゲータ F^i をもつ状態独立な再帰的効用とし,F^1 は正則であると仮定する.すべての (t, c, U, Σ) に対して,$F^1(t, c, U, 0) = F^2(t, c, U, 0)$ および $F^1(t, c, U, \Sigma) \leq F^2(t, c, U, \Sigma)$ であるならば,U_0^1 は U_0^2 よりリスク回避的である.

証明 定義より,$F^1(t, c, U, 0) = F^2(t, c, U, 0)$ であるから,すべての確定的計画 c に対して $U^1(c) = U^2(c)$ が成立する.補題 19.4 を用いれば題意は示される. □

最後に,再帰的効用に対する効用の優勾配密度表現を導出する.これは最適性の条件を導く鍵となるものである.

命題 19.6 U はアグリゲータ F をもつ再帰的効用であり,$F_c, F_U \in \mathcal{L}_1(\mathbb{R})$ と $F_\Sigma \in \mathcal{L}_2(\mathbb{R}^d)$ は次式を満たすとする.

$$(F_c, F_U, F_\Sigma) \in \partial F(c, U, \Sigma) \tag{19.19}$$

また $\mathbb{E}[\sup_t \mathcal{E}_t(F_U, F_\Sigma)^2] < \infty$ であると仮定する．もし，

$$\pi = \mathcal{E}(F_U, F_\Sigma) F_c$$

で定義される過程 π が $\mathcal{H}$ に属するとすれば，過程 π は c における U_0 の優勾配密度である．

証明 $c + x \in \mathcal{C}$ と仮定して，$\delta = U(c + x) - U(c)$, $\Delta = \Sigma(c + x) - \Sigma(c)$, $p = F(c, U, \Sigma) + F_c x + F_U \delta + F_\Sigma^\top \Delta - F(c + x, U + \delta, \Sigma + \Delta) \geq 0$ と定義する．ここで最後の不等式は前提条件 (19.19) によるものである．$U(c+h)$ と $U(c)$ に対する BSDE から次の線形 BSDE が成り立つ．

$$\mathrm{d}\delta = -(F_c x + F_U \delta + F_\Sigma^\top \Delta - p)\mathrm{d}t + \Delta^\top \mathrm{d}B, \quad \delta_T = F_c(T) x_T - p_T$$

練習問題として，補題 19.1 と 19.4 を使えば，$\delta_0 \leq (\pi \mid x)$ が示される． □

3.3 再帰的効用下の最適性

命題 19.1 から，c における効用の優勾配密度と状態価格密度の双方の過程の存在をもとに，実行可能な消費計画 c の最適性を確認できる．本項では，この議論を再帰的効用に特化して，伊藤の補題を命題 19.6 の優勾配密度の表現に適用し，命題 19.2 の状態価格のダイナミクスを用いて再帰的効用に対する最適性の十分条件を FBSDE 系として導出する．

参照するアグリゲータ F をもつ再帰的効用 $U : \mathcal{C} \to I_U$ を固定し，それと相対的な最適性は定義されているとする．定義により，$F(\omega, t, \cdot)$ は凹関数であるが，必ずしも微分可能であるとは限らない．次節では，$F(\omega, t, c, U, \Sigma)$ が (U, Σ) で滑らかではないことが 1 次のリスク回避性をモデル化するのに有用であることを示す．他方，消費の項では F が滑らかでないことには意味がなく，それゆえ，対応する偏微分 F_c が存在することを仮定する．さらに，ゼロ近辺で限界効用が無限大になるような通常の技法を使って，消費の非負制約の問題を回避する．最後に，消費が無限大になると限界効用はゼロに収束すると仮定する．これらの仮定と関連するいくつかの表記は以下のようにまとめられ，本章の残りの主要部分で採用される．

正則性の仮定と表記 偏微分 F_c は至るところで存在し，任意の (ω, t, U, Σ) に対して，関数 $F_c(\omega, t, \cdot, U, \Sigma) : \mathbb{R}_{++} \to \mathbb{R}_{++}$ は狭義減少関数である．それゆえ，関数 $\mathcal{I} : \Omega \times [0, T] \times (0, \infty) \times I_U \times \mathbb{R}^d \to (0, \infty)$ は陰関数として次式で定義される．

$$F_c(\omega, t, \mathcal{I}(\omega, t, \lambda, U, \Sigma), U, \Sigma) = \lambda, \quad \lambda \in (0, \infty)$$

(U, Σ) に関する F の優微分（superdifferential）は，次式で定義される．

$$\partial_{U,\Sigma} F(\omega, t, c, U, \Sigma)$$
$$= \{(a,b) \in \mathbb{R} \times \mathbb{R}^d : (F_c(\omega, t, c, U, \Sigma), a, b) \in \partial F(\omega, t, c, U, \Sigma)\}$$

参照戦略 (ρ, ψ) を固定し，これは富の過程 W を生成し，消費計画 $c = \rho W$ をファイナンスするものとする．c の最適性に対する十分条件を導くために，次の狭義正の過程を定義する．

$$\lambda_t = F_c(t, c_t, U_t, \Sigma_t) \tag{19.20}$$

この等式は次式と同値である．

$$c_t = \mathcal{I}(t, \lambda_t, U_t, \Sigma_t) \tag{19.21}$$

ミクロ経済学における通常の包絡線の議論より，c が最適ならば λ_t は時点 t の富の制約に対する潜在価格（shadow price）を表す．こうした解釈を定式化する必要はないが，λ が富の潜在価格の過程であることに留意しておくと有益である．λ のダイナミクスは次式で表される．

$$\frac{d\lambda_t}{\lambda_t} = \mu_t^\lambda dt + \sigma_t^{\lambda\top} dB_t \tag{19.22}$$

（正則条件のもとで）$\pi = \mathcal{E}\lambda$ は c における優勾配密度である．ただし，$\mathcal{E} = \mathcal{E}(F_U, F_\Sigma)$ は命題 19.6 のように計算されることがわかっている．部分積分により次式が得られる．

$$\frac{d\pi}{\pi} = (F_U + \mu^\lambda + \sigma^{\lambda\top} F_\Sigma) dt + (F_\Sigma + \sigma^\lambda)^\top dB$$

π が c における状態価格密度でもあることを確認するために，命題 19.2 のダイナミクスの項を合わせると，次の制約を得る．

$$r = -(F_U + \mu^\lambda + \sigma^{\lambda\top} F_\Sigma), \quad \eta = -(F_\Sigma + \sigma^\lambda), \quad \mu^R = \sigma^{R\top}\eta \tag{19.23}$$

上記の制約と効用および富のダイナミクスを組み合わせることで，(19.21), (19.22) と同様に，最適性の条件は以下のようにまとめられる．

条件 19.2（再帰的効用に対する最適性の条件）　取引戦略 ψ と過程 $(U, \Sigma, \lambda, \sigma^\lambda, W) \in \mathcal{U} \times \mathcal{L}_2(\mathbb{R}^d) \times \mathcal{L}(\mathbb{R}_{++}) \times \mathcal{L}_2(\mathbb{R}^d) \times \mathcal{L}(\mathbb{R}_{++})$ は以下の方程式を解く．

$$dU = -F(\mathcal{I}(\lambda, U, \Sigma), U, \Sigma) dt + \Sigma^\top dB, \quad U_T = F(T, W_T)$$
$$\frac{d\lambda}{\lambda} = -(r + F_U + \sigma^{\lambda\top} F_\Sigma) dt + \sigma^{\lambda\top} dB, \quad \lambda_T = F_c(T, W_T)$$
$$dW = (W(r + \psi^\top \mu^R) - \mathcal{I}(\lambda, U, \Sigma)) dt + W\psi^\top \sigma^{R\top} dB, \quad W_0 = w_0$$
$$\mu^R + \sigma^{R\top}(F_\Sigma + \sigma^\lambda) = 0, \quad (F_U, F_\Sigma) \in (\partial_{U,\Sigma} F)(\mathcal{I}(t, \lambda, U, \Sigma), U, \Sigma)$$

命題 19.7 条件 19.2 が成立していると仮定し，$c_t = \mathcal{I}(t, \lambda_t, U_t, \Sigma_t)$，$\rho_t = c_t/W_t$ とする．$c \in \mathcal{C}$，$\pi = \mathcal{E}(F_U, F_\Sigma)\lambda \in \mathcal{H}$，$\mathbb{E}[\sup_t \pi_t W_t] < \infty$ が成立しているならば，戦略 (ρ, ψ) は最適であり，富過程 W を生成し，消費計画 c をファイナンスし，その効用過程は U となる．

証明 (ρ, ψ) が富過程 W を伴う c をファイナンスすることを確認するために W のダイナミクスを用いる．命題 19.6 より，π は c における効用の優勾配密度である．命題 19.2 より，π は c における状態価格密度でもある．命題 19.1 より，c は最適である．U のダイナミクスから $U = U(c)$ であることがわかる． □

注意 19.5 Schroder and Skiadas (2003) では，上記の条件が凸の取引制約を含むように拡張されており，必要条件はある正則条件のもとでの滑らかなアグリゲータに対して議論されている．期中や終端での消費がない場合も，定式化において該当する消費の項を省けば，本質的に上記と同じである．

条件 19.2 は FBSDE 系になっている．富のダイナミクスは，時間に関して前向きに，$W_0 = w_0$ を出発点として再帰的に計算される．一方，(U, λ) のダイナミクスは，それらの終端での値を出発点として，情報ツリーを後向きに再帰的に計算される．その前向きの要素と後向きの要素は対で考えられている．次項では，FBSDE 系を解く手法として，規模不変性を導入する．Markov の設定では，FBSDE 系の偏微分方程式版が Ma et al. (1994) で記述されているように得られる．その構成方法は Schroder and Skiadas (2003) で概説されており，本章でも後ほど，より特殊な，相似な再帰的効用のクラスに対して説明する．

3.4 相似な再帰的効用

任意の $c^1, c^2 \in \mathcal{C}$ に対して，

$$U_0(c^1) = U_0(c^2) \Rightarrow \text{すべての } k \in (0, \infty) \text{ に対して } U_0(kc^1) = U_0(kc^2)$$

が成立するならば，効用関数 $U_0 : \mathcal{C} \to \mathbb{R}$ は相似（homothetic, あるいは規模不変, scale-invariant）であると呼ぶ．U_0 が相似で基数的であれば，1 次同次である[12]．再帰的効用に対して，$I_U = (0, \infty)$ として，U_0 の同次性は，アグリゲータの効用の引数に関する同次性から導かれる（また本質的に両者は等価である）．すなわち，ある関数 $G : \Omega \times [0, T] \times (0, \infty) \times \mathbb{R}^d \to \mathbb{R}$ に対して，

$$F(\omega, t, c, U, \Sigma) = UG\left(\omega, t, \frac{c}{U}, \frac{\Sigma}{U}\right), \quad F(\omega, T, c) = c \tag{19.24}$$

が成立し，この形の F を比例アグリゲータ（proportional aggregator）と呼ぶ．

---

[12] 証明 任意の $c \in \mathcal{C}$ と $k \in (0, \infty)$ に対して，$U_0(c) = U_0(U_0(c)\mathbf{1})$ より $U_0(kc) = U_0(kU_0(c)\mathbf{1}) = kU_0(c)$ が導かれる．

上記のアグリゲータの形を前提として，(ρ,ψ) が対応する富の過程 W と効用の過程 U をもつ最適な戦略と仮定する．過程 λ を時点 t の富に対する時点 t の最適な効用値の感応度との解釈を思い出すと，効用関数の同次性から次式が導かれる．

$$U = \lambda W \tag{19.25}$$

この関係の背後にある解釈は明解である．あるノード ω^t で 1 単位の富をもつ投資家は消費計画 $\bar{c}$ が最適であることがわかり，結果として，ノード ω^t 最適な効用価値 $\lambda[\omega^t]$ を得ると仮定する．もし，代わりに同じ投資家の ω^t での富が $W[\omega^t]$ であれば，効用関数の同次性と予算制約から，その投資家は消費計画 $W[\omega^t]\bar{c}$ が ω^t で最適であるとわかり，最適効用価値 $U[\omega^t] = \lambda[\omega^t]W[\omega^t]$ を得る．言い換えると，すべてのノードでのこの最適化問題は，単位富での問題の規模を変えたものである．

(19.25) から，λ に対する単一の BSDE の最適性の条件は緩和され，一般的な形は Schroder and Skiadas (2003) で与えられている．ここでは一般的な場合を扱わず，後に 5 節で，次節でのリスク回避性のモデルから導出されるような特殊な比例アグリゲータの形のもとでの最適性を考える．

比例アグリゲータの一例をあげて本節を終えることとしたい．そのアグリゲータのもとで最適な消費戦略は，任意の投資機会集合に対して所与の過程となる．

例 19.3（頑健で最適な消費戦略）　アグリゲータ F が (19.24) で与えられる比例アグリゲータとし，G は次の形であるとする．

$$G(t,x,\sigma) = \beta(t)\log(x) + H(t,\sigma), \quad t < T \tag{19.26}$$

ここで，β は狭義正であり，(簡単化のため) 有界な過程とする．最適取引戦略は H の定式化や投資機会集合に依存する一方，最適な消費戦略は双方と独立であり，単純に β と等しくなる．技術的な詳細を無視して，最適条件の必要十分性や最適戦略の存在を前提とする．この議論の本質的な部分を理解するために，(ρ,ψ) は最適戦略であり，対応する富の過程 W，消費計画 $c = \rho W$，効用過程 $dU = \cdots dt + \Sigma^\top dB$ と富の潜在価格過程 λ をもつとする．(19.25) より，次式を得る．

$$\lambda_t = F_c(t,c,U,\Sigma) = \beta_t \frac{U_t}{c_t} = \beta_t \frac{W_t}{c_t} \frac{U_t}{W_t} = \frac{\beta_t}{\rho_t}\lambda_t$$

それゆえ，投資機会集合とは独立に $\rho = \beta$ となる (Schroder and Skiadas, 2003 では，この結論が取引制約のもとでも有効であることを示している)．

4. リスク回避性のモデル化

本節では，再帰的効用の文脈で，リスク要因に依存しうる 2 次あるいは 1 次のリスク回避性の，いくつかの具体的な表現を定式化する．これらの表現は次節で，最適取

4. リスク回避性のモデル化

引戦略の公式を導く際に用いられ，リスク回避性と最適なポートフォリオ配分との関係を明確化するのに役立つ．

4.1 条件付確実性等価

補題 19.3 で考察した，再帰的効用の定式化の本質的な直観を思い出そう．基数的効用過程 $U = U(c)$ をもつ消費計画 c を固定する．任意の時点 t のノード ω^t に対して，対応する効用値 $U_t[\omega^t]$ は，ω^t，瞬間的な消費 $c[\omega^t]\mathrm{d}t$ と確率変数 $U_{t+\mathrm{d}t}$ をノード ω^t に制約したもの（これを $U_{t+\mathrm{d}t}[\omega^t]$ と表記する）の関数として算出できる．

本節では，U_t の $U_{t+\mathrm{d}t}$ への関数としての依存性は，条件付確実性等価な $\nu_t(U_{t+\mathrm{d}t})$，すなわち，$\mathcal{F}_t$ 可測な確率変数で，$\nu_t(U_{t+\mathrm{d}t})[\omega^t]$ が $U_{t+\mathrm{d}t}[\omega^t]$ の制約を通じてのみ $U_{t+\mathrm{d}t}$ に依存し，もし $U_{t+\mathrm{d}t}[\omega^t]$ が定数であれば，その依存性は 1 となると仮定する．$\nu_t(U_{t+\mathrm{d}t})$ の値は，ノード ω^t と瞬間的な消費 $c[\omega^t]\mathrm{d}t$ の条件下では，投資家は残りの期間 $[t+\mathrm{d}t, T]$ に関して，計画 c の続行と定率の消費 $\nu_t(U_{t+\mathrm{d}t})[\omega^t]$ が無差別であるという意味で，条件付確実性等価 (conditional certainty equivalent) である．この前提のもとで，効用過程 $U = U(c)$ のヒューリスティックな再帰として，

$$U_t = \phi(t, \mathrm{d}t, c_t, \nu_t(U_{t+\mathrm{d}t})) \tag{19.27}$$

のように書くことができる．ここで，ϕ はノードに依存しうる．再帰の間隔 $\mathrm{d}t$ における ϕ の依存性は，それが従う近似の議論で重要である．さらに，ϕ は連続な偏微分 $\phi_{\mathrm{d}t}, \phi_c, \phi_U$ をもつと仮定する．選好は増加するため，ϕ_c と ϕ_U は狭義正である．

以下の 3 つの項で，確実性等価な ν の様々な定式化に対して，アグリゲータ F の関数形を導出する．それぞれのケースで，条件付確実性等価は，効用のダイナミクス $\mathrm{d}U_t = \mu_t \mathrm{d}t + \Sigma_t^\top \mathrm{d}B_t$ に関して次の形の局所的な表現をもつ．

$$\nu_t(U_{t+\mathrm{d}t}) = U_t + \mu_t \mathrm{d}t - \mathcal{A}(t, U_t, \Sigma_t)\mathrm{d}t \tag{19.28}$$

ただし，$\mathcal{A}(t, U, 0) = 0$ である．関数 $\mathcal{A}$ は ν に内在するリスク回避性を表現している．(19.16) と (19.27) を思い出して，ϕ の 1 次 Taylor 展開を用いると，次式を得る．

$$\begin{aligned} U_t &= \Phi(t, c_t, U_t + \mu_t \mathrm{d}t, \Sigma_t) \\ &= \phi(t, \mathrm{d}t, c_t, U_t + (\mu_t - \mathcal{A}(t, U_t, \Sigma_t))\mathrm{d}t) \\ &= U_t + [\phi_{\mathrm{d}t}(t, 0, c_t, U_t) + \phi_U(t, 0, c_t, U_t)(\mu_t - \mathcal{A}(t, U_t, \Sigma_t))]\mathrm{d}t \end{aligned}$$

(19.17) の Φ に関する F の定義と最後の式を用いると，次のアグリゲータの関数形を得る．

$$F(\omega, t, c, U, \Sigma) = f(\omega, t, c, U) - \mathcal{A}(\omega, t, U, \Sigma) \tag{19.29}$$

ただし，$f(\omega, t, c, U) = \phi_{\mathrm{d}t}(\omega, t, 0, c, U)/\phi_U(\omega, t, 0, c, U)$ である．

ここで，ϕ と $\mathcal{A}$ は状態独立であり，それゆえ f と F も状態独立であると仮定する．計画 c が確定的であれば $\Sigma = 0$ であり，($\mathcal{A}(t, U, 0) = 0$ なので) 効用はアグリゲータの項 $F(t, c, U, 0) = f(t, c, U)$ に関して算出することができる．それゆえ，関数 f (あるいは ϕ) は確定的な選択に関する投資家の選好を決めることになる．命題 19.5 より，f を所与とすると，$\mathcal{A}$ が大きいほど投資家はよりリスク回避的であるということになる．確定的な選択に対する選好とリスク回避性のこの階層的な分離は再帰形 (19.27) でも直接的に見ることができる．c が確定的であれば U，そしてそれゆえ，$\nu_t(U_{t+dt}) = U_{t+dt}$ も確定的である．これは，確定的な計画に対する効用が ϕ で決まることを示している．ϕ を所与とすると，増大する $\mathcal{A}$ は条件付確実性等価の価値，それゆえ U_t を下げ，よりリスク回避的な効用をもたらすことになる．

再帰形 (19.27) の前提で導入された重要な行動制約は，確定的な選択に対する投資家の選好を所与とすると，$\mathcal{A}(U, \Sigma)[\omega^t]$ で表現されるノード ω^t での投資家のリスク回避性が時点 t で消費される量 $c[\omega^t]dt$ には依存しないという制約である．現在の消費とリスク回避性に関するこの分離は分離表現 (19.29) に反映されている．

(19.29) の形のアグリゲータをもつ相似な効用は，さらに関数形の制約 (19.24) を課すことで得られる．この場合，比例アグリゲータ G は次の関数形をとる．

$$G(\omega, t, x, \sigma) = g(\omega, t, x) - \mathcal{R}(\omega, t, \sigma) \tag{19.30}$$

ただし，$g(\omega, t, x) = f(\omega, t, x, 1)$ であり，$\mathcal{R}(\omega, t, \sigma) = \mathcal{A}(\omega, t, 1, \sigma)$ である．

4.2　Kreps–Porteus 効用の Duffie–Epstein 極限

ここで考察するアグリゲータ形 (19.29) の最初の定式化は，Duffie and Epstein (1992) による Kreps and Porteus (1978) 効用の連続時間での定式化から得られたものである[13]．この定式化では，条件付確実性等価 ν_t は，ある狭義増加，凹関数で2階連続微分可能な関数 $u : I_U \to \mathbb{R}$ に対して，次式で定義される．

$$u(\nu_t(U_{t+dt})) = \mathbb{E}_t[u(U_{t+dt})] \tag{19.31}$$

絶対的リスク回避係数を次式で表す．

$$a(U) = -\frac{u''(U)}{u'(U)}$$

ここでの文脈では，微小リスクに対する期待効用の古典的な Arrow (1965, 1970) の分析や Pratt (1964) による近似は，以下のように伊藤の補題を通じて表現される．

---

[13] 実際，Duffie–Epstein 効用は，Kreps–Porteus クラスよりも広い離散時間効用のクラスの連続時間の極限として得られる．なぜならば，投資家の継続効用に対する確実性等価は，近似的に局所的な意味で von Neumann–Morgenstern 効用でありさえすればよいからである．しかしながら，ここでの目的では，Duffie–Epstein 効用を連続時間の (十分に滑らかな) Kreps–Porteus 効用として考えれば十分である．

4. リスク回避性のモデル化

$$u(U_{t+\mathrm{d}t}) = u(U_t) + u'(U_t)\mathrm{d}U_t + \frac{1}{2}u''(U_t)(\mathrm{d}U_t)^2$$

効用過程の伊藤分解 $\mathrm{d}U_t = \mu_t \mathrm{d}t + \Sigma_t^\top \mathrm{d}B_t$ を所与とすると，上記の結果より次式が得られる．

$$\mathbb{E}_t[u(U_{t+\mathrm{d}t})] = u(U_t) + u'(U_t)\mu_t \mathrm{d}t + \frac{1}{2}u''(U_t)\Sigma_t^\top \Sigma_t \mathrm{d}t$$

一方，1 次の Taylor 展開から次式が得られる．

$$u(\nu_t(U_{t+\mathrm{d}t})) = u(U_t) + u'(U_t)(\nu_t(U_{t+\mathrm{d}t}) - U_t)$$

最後の 2 つの式と確実性等価の定義 (19.31) を組み合わせると，次式の 2 次リスク回避性の成分をもった確実性等価表現 (19.28) を得る．

$$\mathcal{A}(\omega, t, U, \Sigma) = \frac{1}{2}a(U)\Sigma^\top \Sigma$$

対応するアグリゲータ (19.29) は次式の Duffie–Epstein 形となる．

$$F(\omega, t, c, U, \Sigma) = f(\omega, t, c, U) - \frac{1}{2}a(U)\Sigma^\top \Sigma \tag{19.32}$$

この効用の形をより深く分析するため Duffie and Epstein (1992) を引用する．そこでは，例えば，同じ再帰的な表現であるが $a = 0$ となるような序数的に等価な効用が常に存在することが示されている．この制約は解析的には有用であるが，確定的な計画に対する選択と命題 19.5 のリスク回避性を階層的に分離する際にはその有用性があまり使われない．例 19.2 で与えられたように，$a = 0$ と $F = f$ が U に関して線形であれば，時間加法的な期待割引効用を得ることができる．

相似な Duffie–Epstein 効用は，アグリゲータが相似な形 (19.24) であれば得られ，(19.30) の形の比例アグリゲータに対して，ある $\gamma \in \mathbb{R}_+$ に対し，$\mathcal{R}(\omega, t, \sigma) = (\gamma/2)\sigma^\top \sigma$ を満たす．この場合，効用過程 $U = U(c)$ を特定化する BSDE は次式で与えられる．

$$\frac{\mathrm{d}U_t}{U_t} = -\left(g\left(t, \frac{c_t}{U_t}\right) - \frac{\gamma}{2}\sigma_t^\top \sigma_t\right)\mathrm{d}t + \sigma_t^\top \mathrm{d}B_t, \quad U_T = c_T \tag{19.33}$$

係数 γ は次式を満たす確実性等価 (19.31) から得られる．

$$u(U) = \frac{U^{1-\gamma} - 1}{1 - \gamma} \tag{19.34}$$

ただし，$\gamma = a(U)U$ は von Neumann–Morgenstern 効用 u の相対的リスク回避係数を表す．以下，(19.34) で $\gamma = 1$ を満たすものとは，(19.34) で $\gamma \to 1$ の極限をとったものとして解釈し，$u(U) = \log U$ を得る．状態独立を仮定すると，関数 g は確定的な計画に対する投資家の選好を完全に決める．g を所与とすると，γ の値が大きくなれば，投資家はよりリスク回避的になる．

例 19.4 連続時間版の Epstein–Zin 効用は次の定式化に含まれている.

$$g(\omega,t,x) = \alpha + \beta \frac{x^{1-\delta}-1}{1-\delta}, \quad \alpha \in \mathbb{R},\ \beta \in (0,\infty),\ \delta \in [0,\infty) \qquad (19.35)$$

このクラスでは，効用が加法的であることと $\gamma = \delta$ は同値であり，相対的リスク回避係数 γ を確定的計画に対する投資家の選好で完全に決められる係数に結び付ける条件となっている．$\gamma = \delta$ を仮定し，$b = \beta - (1-\gamma)\alpha$ とし，序数的に等価な効用を考えると，次式を得る．

$$V_t(c) = \frac{1}{\beta}\frac{U_t(c)^{1-\gamma}-1}{1-\gamma} - \frac{\alpha}{\beta}\int_t^T e^{-b(s-t)}ds$$

伊藤の補題を用いた練習問題から次式を得る[14]．

$$V_t(c) = \mathbb{E}_t\left[\int_t^T e^{-b(s-t)}\frac{c_s^{1-\gamma}-1}{1-\gamma}ds + \frac{1}{\beta}e^{-b(T-t)}\frac{c_T^{1-\gamma}-1}{1-\gamma}\right] \qquad (19.36)$$

4.3 要因依存のリスク回避性

1 節で述べたように，例えば，所与のリスク要因に関する曖昧さの回避の定式化として，リスク要因に依存するリスク回避性を考察することは興味深い．命題 19.5 の変形として，Lazrak and Quenez (2003) では，一般的なアグリゲータ $F(t,c,U,\Sigma)$ の Σ への関数的な依存性によって，リスクの方向で変化するリスク回避性をモデル化できるという重要な結果を得ている．Σ は瞬間的に線形なファクターの負荷を表現しているので，そのような方向性をもつリスク回避性は要因依存のリスク回避性と解釈できる．本項と次項では，(相似な場合に対して) Schroder and Skiadas (2003) で導入された要因依存のリスク回避性を表現する特定のアグリゲータの関数形を考察する．

まず，要因依存のリスク回避性を表現できるように Duffie–Epstein 効用の単純な拡張を行う．ここでは，各 Brown 運動が別々のリスク要因として考えられる．Duffie–Epstein の定式化では，確実性等価 (19.31) は継続効用 $U_{t+dt} = U_t + \mu_t dt + \Sigma_t^\top dB_t$ に適用され，それはすべてのリスク要因をまとめたものになっている．ここで，投資家は様々なリスク要因にさらされており，個別のリスク項 $\Sigma_t^1 dB_t^1, \cdots, \Sigma_t^d dB_t^d$ について，それぞれ認識し懸念しているものと仮定する．この点を，2 階連続微分可能な凹関数 $u : \mathbb{R}^{1+d} \to \mathbb{R}$ を用いて，再帰的な定式化 (19.27) で示される時点 t の条件付確実性等価が次式で定義されるようなものを導入し，モデル化する．

$$u(\nu_t(U_{t+dt}),0,\cdots,0) = \mathbb{E}_t[u(U_t + \mu_t dt, \Sigma^1 dB^1, \cdots, \Sigma^d dB^d)] \qquad (19.37)$$

---

[14] $\gamma = 1$ に対して，この例の議論は $b = \beta$ の場合のみ有効である．しかしながら，(19.36) の形の任意の V は相似な Duffie–Epstein 効用 (19.33) と序数的に等価になり，g として，(19.35) での定式化のように ($\gamma = 1$ および $b \neq \beta$ であっても) $\alpha = 0$ と時間に関して確定的な関数 β をもつものが得られることが Schroder and Skiadas (2008) で示されている．

x_i に関する $u(x_0, x_1, \cdots, x_d)$ の 1 次および 2 次偏微分をそれぞれ u_i, u_{ii} と表記する. u は第 1 項に関して狭義増加関数であると仮定する. i 番目のリスク要因に関する絶対的リスク回避係数は次式で定義される.

$$a^i(U) = -\frac{u_{ii}(U, 0, \cdots, 0)}{u_0(U, 0, \cdots, 0)} \tag{19.38}$$

対角行列 $A(U) = \mathrm{diag}[a^1(U), \cdots, a^d(U)]$ を定義する. 伊藤の補題を適用し, 条件付期待値をとれば, 次式を得る.

$$\mathbb{E}_t[u(U_t + \mu_t \mathrm{d}t, \Sigma^1 \mathrm{d}B^1, \cdots, \Sigma^d \mathrm{d}B^d)]$$
$$= u(U_t, 0, \cdots, 0) + u_0(U_t, 0, \cdots, 0) \left(\mu_t - \frac{1}{2} \Sigma_t^\top A(U_t) \Sigma_t \right) \mathrm{d}t$$

同様に, 1 次の Taylor 展開は次のようになる.

$$u(\nu_t(U_{t+\mathrm{d}t}), 0, \cdots, 0) = u(U_t, 0, \cdots, 0) + u_0(U_t, 0, \cdots, 0)(\nu_t(U_{t+\mathrm{d}t}) - U_t)$$

最後の 2 つの式をあわせて簡略化すると, 以下の 2 次リスク回避成分をもつ確実性等価の表現 (19.28) と対応するアグリゲータ (19.29) を得る.

$$\mathcal{A}(\omega, t, U, \Sigma) = \frac{1}{2} \Sigma^\top A(U) \Sigma$$

すべての i に対して $a^i = a$ であれば Duffie–Epstein のケースが得られる. 上記の表現を相似の定式化 (19.24) と組み合わせれば (19.30) の形の比例アグリゲータを得て, $\mathcal{R}$ が 2 次形式となる.

注意 19.6 上記の議論の Brown 運動が新しい Brown 運動 $\bar{B}$ で置き換えられ, $\mathrm{d}\bar{B}$ が $\mathrm{d}B$ のノードに依存しうる回転 (rotation) であるとする. より厳密には, $\Phi_t^\top \Phi_t = I$ を満たすある $\Phi \in \mathcal{L}_2(\mathbb{R}^{d \times d})$ に対して, $\mathrm{d}\bar{B}_t = \Phi_t \mathrm{d}B_t$ を満たすと仮定する. この場合, $U_{t+\mathrm{d}t} = U_t + \mu_t \mathrm{d}t + \bar{\Sigma}_t^\top \mathrm{d}\bar{B}_t$ (ただし, $\bar{\Sigma}_t = \Phi_t \Sigma_t$) および

$$\mathcal{A}(t, U_t, \Sigma_t) = \frac{1}{2} \bar{\Sigma}_t^\top A(U_t) \bar{\Sigma}_t = \frac{1}{2} \Sigma_t^\top \Phi_t^\top A(U_t) \Phi_t \Sigma_t$$

が成立する. Duffie–Epstein の場合には, $\Phi^\top A \Phi = A$ となる. ただし, 要因依存のリスク回避性のもとでは, アグリゲータの形は Brown 運動の回転で変化する.

4.4　1 次のリスク回避性

1 期間の設定で von Neumann–Morgenstern (vNM) 型の期待効用を最大化する投資家を考える. vNM 効用のグラフの非常に小さな領域に焦点を当てると, 直線を観察できる. これは, 投資家が所与の富の水準に対して十分小さなリスクを加えることに

対して本質的にリスク中立であることを意味する．すなわち，そのような投資家は正の期待超過リターンを生むすべての投資機会への投資（エクスポージャ，exposure）を求めることになり，年金数理的に望ましくないリスク要因に対して完全には保険をかけないということになる．このような結論は，次節で明らかになるように，先の2つの節での再帰的効用の定式化に拡張される．実際のところ，投資家は必ずしも正のSharpeレシオをもつ投資機会に参加するとは限らないし，あるリスク（例えば，富の総量に比して無視しうるほどの価値しかない個別項目の損失に対するリスク）要因を完全に保証するような保険数理的には望ましくないプレミアムを支払ったりもすることが知られている．そのような行動は様々な問題と関係するが，Segal and Spivak (1990) の意味での1次のリスク回避性を表現する確実性等価の定式化と整合的になっている．本項では，1次のリスク回避性を表現する確実性等価をもった再帰的効用を定式化し，次節でポートフォリオ選択に対するその含意を議論する．

静的な期待効用の設定では，1次のリスク回避性は所与の富の水準の周りでvNM効用にキンク（kink）を導入することで，局所的なリスク中立性を取り除くことになる．リスク回避的なvNM効用は，最大で可算個のキンクをもつので，問題があるように見える．しかしながら，リスクの様々な要因を上記で導入した要因依存の確実性等価の中で追跡すると，この問題は生じない．前項のように，(19.37) での要因依存の確実性等価の定式化をもつ再帰的効用の定式化 (19.27) を仮定する．ただし，(19.37) の関数 u は次の関数で置き換えるものとする．

$$\hat{u}(x_0, x_1, \cdots, x_d) = u(x_0, x_1, \cdots, x_d) - \sum_{i=1}^{d} \delta^i(x_0)|x_i|\sqrt{\mathrm{d}t}$$

$\sqrt{\mathrm{d}t}$ のスケーリングファクターは，オーダー $\mathrm{d}t$ の条件付平均 $\mathrm{d}U_t$ とオーダー $\sqrt{\mathrm{d}t}$ の条件付絶対変動 $\Sigma^i \mathrm{d}B^i$ との意味のあるトレードオフとして必要である．各 δ^i は微分可能であり，非負の値をとり，u は厳密に前項のように与えられると仮定する．$\hat{u}(U, 0, \cdots, 0) = u(U, 0, \cdots, 0)$ を満たすので，条件付確実性等価 ν_t は次式で特定化される．

$$u(\nu_t(U_{t+\mathrm{d}t}), 0, \cdots, 0) = \mathbb{E}_t[u(U_t + \mu_t \mathrm{d}t, \Sigma^1 \mathrm{d}B^1, \cdots, \Sigma^d \mathrm{d}B^d)]$$
$$- \sum_{i=1}^{d} \mathbb{E}_t[\delta^i(U_t + \mu_t \mathrm{d}t)|\Sigma_t^i \mathrm{d}B_t^i|\sqrt{\mathrm{d}t}]$$

上式の左辺と右辺第1項は前項とまったく同じように計算される．最後の項を計算するために，まず $\mathbb{E}_t|\mathrm{d}B_t^i| = \sqrt{2\mathrm{d}t/\pi}$ が成り立つ（なぜなら，$\mathrm{d}B_t^i$ は平均0，分散 $\mathrm{d}t$ の正規分布に従う）ことに注目する．1次のTaylor展開 $\delta^i(U_t + \mu_t \mathrm{d}t) = \delta^i(U_t) + \delta^{i\prime}(U_t)\mu_t \mathrm{d}t$ と通常の伊藤解析を用いると，次式を得る．

$$\mathbb{E}_t[\delta^i(U_t + \mu_t \mathrm{d}t)|\Sigma_t^i \mathrm{d}B_t^i|\sqrt{\mathrm{d}t}] = u_0(U, 0, \cdots, 0)\kappa^i(U_t)|\Sigma_t^i|\mathrm{d}t$$

ただし，$\kappa^i(U) = \sqrt{2/\pi}\,\delta^i(U)/u_0(U,0,\cdots,0)$ である．これらの計算結果を上式に代入して ν_t を特定化すると，次式を満たす条件付確実性等価の表現 (19.28) と対応するアグリゲータ (19.29) を得る．

$$\mathcal{A}(\omega,t,U,\Sigma) = \kappa(U)^\top|\Sigma| + \frac{1}{2}\Sigma^\top A(U)\Sigma$$
$$\text{ただし}\quad \kappa(U) = (\kappa^1(U),\cdots,\kappa^d(U))^\top \quad \text{および}\quad |\Sigma| = (|\Sigma^1|,\cdots,|\Sigma^d|)^\top$$

相似の定式化 (19.24) に対しては，比例アグリゲータが (19.30) の形となり，そこでは，$\mathcal{R}(\omega,t,\sigma) = \kappa(1)^\top|\Sigma| + (1/2)\Sigma^\top A(1)\Sigma$ が成立する．次節でもう一度相似の場合を検討するが，そこでは 1 次のリスク回避性がポートフォリオ選択に及ぼす影響を議論する．

本項での効用の双対の定式化は Chen and Epstein (2002) の「κ 同値」の複数事前分布の定式化に対応する．再帰的効用の双対の議論の詳細は El Karoui et al. (2001) を参照されたい．

5. 規模不変な解

本節では，前節の相似な効用のケースのもとでの最適戦略について，3.4 項で導入した規模不変の簡略化と特定のリスク回避性のパラメータを利用して考察する．

本節では次の条件が成立すると仮定する．

条件 19.3 効用過程は $I_U = (0,\infty)$ に値をとり，関数[15] $g: [0,T] \times (0,\infty) \to \mathbb{R}$ と $\mathcal{R}: \Omega \times [0,T] \times \mathbb{R}^d \to \mathbb{R}$ の観点で定義される．ただし，$\mathcal{R}(\omega,t,0) = 0$ である．任意の $c \in \mathcal{C}$ に対して，効用過程 $U = U(c)$ は $\mathcal{U}$ で一意に次の BSDE を解く．

$$\frac{dU_t}{U_t} = -\left(g\left(t,\frac{c_t}{U_t}\right) - \mathcal{R}(t,\sigma_t)\right)dt + \sigma_t^\top dB_t, \quad U_T = c_T \qquad (19.39)$$

すべての時点 t に対して，$g(t,\cdot)$ は微分可能で狭義凹関数であり，微分 $g_x(t,\cdot)$: $(0,\infty) \to (0,\infty)$ をもつ．最後に，g は十分に正則であり，そのため，任意の確定的な $c \in \mathcal{C}$ に対して，常微分方程式 $dU/U = -g(t,c/U)dt, U_T = 1$ は $\mathcal{U}$ で一意の確定解 U をもつ．

関数 g は確定的な計画に対する選択を決定する．g を所与とすると，$\mathcal{R}$ が大きくなると投資家のリスク回避性は増加するが，確定的な計画に対する投資家の選好を変えることはない．g_x への制約は，F_c への前述の前提を反映したものであり，最適消費計画が狭義に正であることを保証するものである．

---

[15] 関数 g は経済において状態独立であると仮定する．しかしながら，最適性の条件は状態依存な g に対しても有効である．

上記の設定のもとで簡単化された最適性の条件を述べるために，いくつかの表記を導入する．関数 $\mathcal{I}^g, g^* : [0,T] \times (0,\infty) \to (0,\infty)$ は次式で定義される．

$$g_x(t, \mathcal{I}^g(t,\lambda)) = \lambda \quad \text{および}$$
$$g^*(t,\lambda) = \max_{x \in \mathbb{R}_{++}} (g(t,x) - \lambda x) = g(t, \mathcal{I}^g(t,\lambda)) - \mathcal{I}^g(t,\lambda)\lambda$$

任意の狭義正の伊藤過程 y（例えば，λ, U, W）に対して，記法 σ^y は次の伊藤分解で定義される．

$$\frac{dy}{y} = \cdots dt + \sigma^{y\top} dB$$

3.4 項で議論したように，効用は 1 次同次なので，最適点では，効用過程 U，富の過程 W と富の潜在価格過程 λ には $U = \lambda W$ の関係が成立している．最適性の条件が従う中心的な部分は，$(\lambda, \sigma^\lambda)$ で解かれる BSDE である．この BSDE の形は効用のパラメータ $(g, \mathcal{R})$ と投資機会集合のパラメータ (r, μ^R, σ^R) で特定化される．最適戦略 (ρ, ψ) は $(\lambda, \sigma^\lambda)$ に関して簡単な公式で算出される．最適消費戦略に対して，次式が成り立つことに注意する．

$$\rho = \frac{c}{W} = \frac{U}{W}\frac{c}{U} = \lambda x, \quad \text{ただし} \quad x = \frac{c}{U}$$

$\lambda = F_c(t, c, U, \Sigma) = g_x(t, x)$ が成り立つので，次式が成立する．

$$\rho_t = \lambda_t \mathcal{I}^g(t, \lambda_t) \tag{19.40}$$

それゆえ，最適消費戦略は λ と g で完全に決定される．一方，前節のリスク回避性のモデルに対して，最適取引戦略 ψ が σ^λ，リスク回避関数 $\mathcal{R}$ と超過リターンのパラメータ (μ^R, σ^R) で決定されることを考察していく．

5.1 滑らかな準 2 次比例アグリゲータ

考察する最初の定式化は，滑らかなアグリゲータをもち要因依存でもありうるリスク回避性の前節のモデルの相似版を含む．1 次のリスク回避性のケースは本節の最後で取り扱う．それまでは以下を仮定する．

条件 19.4（滑らかな準 2 次比例アグリゲータ） 条件 19.3 が，ある有界な $Q : \Omega \times [0,T] \to \mathbb{R}^{d \times d}$ に対して，

$$\mathcal{R}(\omega, t, \sigma) = \frac{1}{2}\sigma^\top Q(\omega, t)\sigma \tag{19.41}$$

を満たして成立する．ただし，$Q(\omega, t)$ はすべての (ω, t) に対して正定値対称行列である．

5. 規模不変な解

4.3 項のリスク回避関数 $A(U)$ に関して，$Q = A(1)$ が成り立ち，それゆえ，Q を相対的リスク回避過程として考えることができる．Duffie–Epstein ケースでは $Q = \gamma I$，ただし，γ は相対的リスク回避係数であり，すべてのリスク要因に共通である．Q が対角行列であれば，その i 番目の対角成分は i 番目の Brown 運動によって生成されるリスクに対する相対的リスク回避度に対応する．注意 19.6 から，Q が非対角の正定値行列でも考察することができる．前節のリスク回避性のパラメトリックな定式化では，条件付確実性等価は関数 u に関してノードと独立な方法で定義され，その結果，Q は定数となった．しかしながら，関数 u と関連する条件付確実性等価，すなわちノードに依存したものに対して同じ分析を進めると，確率的なリスク回避過程 Q を得る．

すべての $(\omega, t) \in \Omega \times [0, T]$ に対して，2 次関数 $\mathcal{Q}(\omega, t, \cdot) : \mathbb{R}^d \to \mathbb{R}$ を次式で定義する．

$$\mathcal{Q}(t, z) = z^\top Q_t z - (\mu_t^R - \sigma_t^{R\top}(Q_t - I)z)^\top (\sigma_t^{R\top} Q_t \sigma_t^R)^{-1}$$
$$\times (\mu_t^R - \sigma_t^{R\top}(Q_t - I)z), \quad z \in \mathbb{R}^d$$

条件 19.4 のもとで，最適性の条件（条件 19.2 で述べた）を満たす解は以下の手順で求められる．

1) 次の BSDE を解くことで $(\lambda, \sigma^\lambda)$ を計算する．

$$\frac{d\lambda_t}{\lambda_t} = -\left(r_t + g^*(t, \lambda) - \frac{1}{2}\mathcal{Q}(t, \sigma^\lambda)\right)dt + \sigma_t^{\lambda\top}dB_t, \quad \lambda_T = 1 \quad (19.42)$$

2) 解 $(\lambda, \sigma^\lambda)$ を所与とすると，最適消費戦略 ρ は (19.40) で与えられ，最適取引戦略は次式となる．

$$\psi_t = (\sigma_t^{R\top} Q_t \sigma_t^R)^{-1}(\mu_t^R - \sigma_t^{R\top}(Q_t - I)\sigma_t^\lambda) \quad (19.43)$$

3) 戦略 (ρ, ψ) で生成される富の過程 W は予算制約式 (19.4) から算出される．(ρ, ψ) でファイナンスされる最適消費計画は $c = \rho W$ となり，c の効用過程は $U = \lambda W$ となる．

この手順の証明（Schroder and Skiadas, 2003 で与えられている）は，特定のアグリゲータの形と同次の条件 $U = \lambda W$ を用いて直接的に計算することで得られる．最適取引戦略の表現は (19.23) から導かれ，この表現から，$\mu^R + \sigma^{R\top}(F_\Sigma + \sigma^\lambda) = 0$ となる．この式に $F_\Sigma = -Q\sigma^U$（F の定義より），$\sigma^U = \sigma^\lambda + \sigma^W$（$U = \lambda W$ より），$\sigma^W = \sigma^R \psi$（予算制約式より）を代入する．ψ に対して解くと，(19.43) を得る．

(19.43) の最適取引戦略は，2 つの想定しうる理由から，瞬間的に平均分散効率的な解からは乖離しうる．一つはリスク回避性の要因依存であり，Q に反映されている．もう一つは，確率的な投資機会集合あるいは確率的なリスク回避性から生じる σ^λ に関わる項である．以下の例では，瞬間的な平均分散効率性が再現されるような 2 つの

特殊ケースを示す．表記の簡略化のため，上記の最適性の条件を用いて最適点を非公式に特定化する（実際の等価性に求められる正則条件は無視する）．

例 19.5（確定的な投資機会集合とリスク回避） 投資機会のパラメータ (r, μ^R, σ^R) とリスク回避過程 Q はすべて確定的であると仮定する．このとき，$\sigma^\lambda = 0$ とおくと，解は非常に簡略化される．すなわち，λ は次の常微分方程式を解く確定的な過程となる．

$$\frac{\mathrm{d}\lambda_t}{\lambda_t} = -\left(r_t + g^*(t, \lambda) + \frac{1}{2}\mu_t^{R\top}(\sigma_t^{R\top} Q_t \sigma_t^R)^{-1} \mu_t^R\right)\mathrm{d}t, \quad \lambda_T = 1$$

λ は確定的であり，g は状態独立であると仮定されているため，最適消費戦略 $\rho = \lambda \mathcal{I}^g(\lambda)$ も確定的となる．最適取引戦略は $\psi = (\sigma^{R\top} Q \sigma^R)^{-1} \mu^R$ となる．

さらに，リスク回避性は要因に依存しないものとし，それゆえ，ある確定的な過程 γ に対して $Q = \gamma I$ を満たすと仮定する．このとき，最適取引戦略 $\psi = \gamma^{-1}(\sigma^{R\top} \sigma^R)^{-1} \mu^R$ は瞬間的に平均分散効率的である．ψ は g に依存していないので，それは $\gamma = \delta$ として例 19.4 で与えられる g の選択と同じである．言い換えると，最適取引戦略は，時間加法的なべき期待効用（Merton, 1971 で考察されている）に関するものと同じである．一方，λ と最適消費戦略は g の定式化に依存する．この特殊な文脈では投資機会集合は (19.3) の最大化された条件付二乗 Sharpe レシオを通じてのみ λ のダイナミクスに影響を与えることも注意しておく価値がある．

例 19.6（頑健な平均分散効率的最適取引戦略） 確率的な投資機会集合のもとであっても，瞬間的に平均分散効率的な戦略 $\psi = (\sigma^{R\top} \sigma^R)^{-1} \mu^R$ は $Q = I$（単位行列）であれば最適である．さらに，$Q = I$ に対して，投資機会集合は，λ と (19.3) の条件付最大二乗 Sharpe レシオを通じてのみ，λ の BSDE に影響を与える．時間加法性と仮定 $Q = I$ を組み合わせると，g が対数であり（$\gamma = \delta = 1$ とした例 19.4），それゆえ，最適消費戦略は例 19.3 のように効用割引率と等しくなる．時間加法性がなければ，g は制約をもたない．このタイプの離散時間の例は Giovannini and Weil (1989) で最初に与えられた．その構成は以下の例 19.8 でさらに拡張される．

前述のとおり，Markov の設定では，BSDE は対応する偏微分方程式によって（ある正則条件のもとで）特徴づけられる．λ の満たす BSDE (19.42) については以下のようにまとめられる．

例 19.7（**Markov の解**） ある潜在的な n 次元 Markov 過程 Z が与えられ，ある $z_0 \in \mathbb{R}^n$ と関数 $a : [0, T] \times \mathbb{R}^n \to \mathbb{R}^n$ および $b : [0, T] \times \mathbb{R}^n \to \mathbb{R}^{d \times n}$ に対して，次の確率微分方程式を一意に解くとする．

$$\mathrm{d}Z = a(t, Z)\mathrm{d}t + b(t, Z)^\top \mathrm{d}B, \quad Z_0 = z_0$$

便宜的な表記の乱用ではあるが，ある関数 $r : [0, T] \times \mathbb{R}^n \to \mathbb{R}$ および $\eta : [0, T] \times \mathbb{R}^n \to$

$\mathbb{R}^d$ に対して,次式を仮定する.

$$r_t = r(t, Z_t) \quad \text{および} \quad \eta_t = \eta(t, Z_t)$$

λ が時間と Markov 状態の関数として記述でき,その Markov 状態は伊藤の補題を適用するのに十分滑らかであると仮定する.いつもの表記の乱用で,$\lambda(\omega, t) = \lambda(t, Z(\omega, t))$ と書くことにする.(t, Z_t) の項を省略して,λ の下付き文字は偏微分を表すものとすると,伊藤の補題から次式を得る.

$$d\lambda = \left(\lambda_t + \lambda_z^\top a + \frac{1}{2}\mathrm{tr}[b\lambda_{zz}b^\top]\right) dt + (b\lambda_z)^\top dB$$

上記のダイナミクスと BSDE (19.42) を比較すると,$\sigma^\lambda = b\lambda_z/\lambda$ および λ が次の偏微分方程式を解くことが示される.

$$r + g^*(\lambda) - \frac{1}{2}\mathcal{Q}\left(b\frac{\lambda_z}{\lambda}\right) + \frac{\lambda_t}{\lambda} + a^\top \frac{\lambda_z}{\lambda} + \frac{1}{2}\mathrm{tr}\left[b\frac{\lambda_{zz}}{\lambda}b^\top\right] = 0, \quad \lambda(T, \cdot) = 1$$

ただし,先に λ で使われた同じ表記の形式で,r と $\mathcal{Q}$ は潜在的な Markov 状態の関数として見ることができる.上記のステップを逆に考えると,上記の偏微分方程式の解から BSDE (19.42) の解を構成することができる.

5.2 完備と非完備市場の解の関係

滑らかな準 2 次比例アグリゲータの前提(条件 19.4)を続けて,完備と非完備市場の解の間の関係を考察する(ここで議論する市場の非完備性のタイプは,分散不能な収入リスクのケースを除外している.後者を扱った問題の取り扱いやすいクラスについては,次節で概説する).

m が取引されているリスク資産の数であることを思い出そう.$n \times k$ の行列 A を所与として次のブロック行列表現を用いる.ただし,$n \geq m$ である.

$$A = \begin{bmatrix} A_M \\ A_N \end{bmatrix}, \quad A_M \in \mathbb{R}^{m \times k}, A_N \in \mathbb{R}^{(n-m) \times k}$$

特に,$R = R_M$,$\mu^R = \mu_M^R$,$\sigma^{R\top} = [\sigma_M^{R\top}, \sigma_N^{R\top}]$ とする.

BSDE (19.42) でまとめられる解は非完備市場でも有効であるが,B と同じフィルトレーションを生成し,市場性のある不確実性と市場性のない不確実性を分離する新しい Brown 運動を導入すると,市場性のない不確実性の役割がより明確になる.非公式には,各ノードで,$dR_M - \mu_M^R dt$ が張る線形空間が,dB を回転したものの最初の m 個の要素が張る線形空間として得られる.この変形(正式には Schroder and Skiadas, 2003 に記述されている)は注意 19.6 で示したノードごとの Brown 運動の回転のタイプに相当し,準 2 次比例アグリゲータの構造を保持する.それゆえ,一般

性を失うことなく，次式を仮定する．

$$dR_M = \mu_M^R dt + \sigma_M^{R\top} dB_M \quad \text{および} \quad \sigma_N^R = 0 \tag{19.44}$$

本節の残りでは，正規化されたリターンの構造 (19.44) を仮定し，M と N をそれぞれ，対応する市場性のある不確実性と市場性のない不確実性のインデックスの集合として考える．しかしながら，過程 r, μ_M^R, σ_M^R は B_M で生成されるフィルトレーションに適合している必要はない．

この文脈でリスクの市場価格の過程は次の形となる．

$$\eta = \begin{bmatrix} \eta_M \\ \eta_N \end{bmatrix}, \quad \text{ただし} \quad \eta_M = (\sigma_M^{R\top})^{-1} \mu_M^R \tag{19.45}$$

過程 η_M は市場性のあるリスクの価格（price of marketed risk）を表しており，制約のない過程 η_N は市場性のないリスクの価格（price of nonmarketed risk）を表している．後者は，所与の市場と整合的になるように，すべての状態価格密度 π の集合を以下のようにパラメータ化する．

$$\pi = \pi^M \xi^{\eta_N}, \quad \text{ただし} \quad \frac{d\pi^M}{\pi^M} = -rdt - \eta_M^\top dB_M$$
$$\text{および} \quad \frac{d\xi^{\eta_N}}{\xi^{\eta_N}} = -\eta_N^\top dB_N$$

π が状態価格密度であり，最適点で効用の優勾配密度でもあれば，以下の意味で，対応する η_N は市場性のないリスクの潜在価格を反映する．dB_N で生成されたリスクが η_N で価格付けされるような仮想的な市場の完備化を考える．そのような市場では，もともとの非完備市場の戦略がまだ最適であるので，投資家は dB_N で生成されたリスクを取引しないことが最適であることがわかる．もともとの戦略は η_N の別の選択のもとでは最適である必要がないため，非完備市場における最適効用は，(η_N でパラメータ化された) 完備化されたすべての市場における最適効用の最小値となる．完備市場と非完備市場の解のこの関係は以下の例 19.9 でより具体的に示されており，より一般の凸制約に拡張される（時間加法的期待効用のケースに対しては Cvitanić and Karatzas, 1992 と Karatzas and Shreve, 1998 を，再帰的効用のケースに対しては Schroder and Skiadas, 2003 と Schroder and Skiadas, 2008 の Appendix A を参照）．

表記の簡単化のため，本節の以下では，さらに相対的リスク回避過程 Q が次のブロック対角構造をもつと仮定する．

$$Q = \begin{bmatrix} Q_{MM} & 0 \\ 0 & Q_{NN} \end{bmatrix} \tag{19.46}$$

ただし，$Q_{MM} \in \mathcal{L}(\mathbb{R}^{m \times m})$ および $Q_{NN} \in \mathcal{L}(\mathbb{R}^{(d-m) \times (d-m)})$ とする．この文脈で，最適性の条件の BSDE (19.42) における関数 $\mathcal{Q}$ は次式のように表される．

$$\mathcal{Q}(\sigma^\lambda) = \sigma_N^{\lambda\top} Q_{NN} \sigma_N^\lambda + 2(\eta_M + \sigma_M^\lambda)^\top \sigma_M^\lambda \\ - (\eta_M + \sigma_M^\lambda)^\top Q_{MM}^{-1}(\eta_M + \sigma_M^\lambda) \tag{19.47}$$

対応する最適取引戦略は，

$$\psi_M = (Q_{MM} \sigma_M^R)^{-1}(\eta_M - (Q_{MM} - I_{MM}) \sigma_M^\lambda)$$

ただし，I_{MM} は $m \times m$ の単位行列となる．

例 19.8（平均分散効率性） $Q_{MM} = I_{MM}$ であれば，ψ_M は瞬間的に平均分散効率的であり，例 19.6 の拡張となる．

例 19.9（仮想的な市場の完備化と双対性） 上記の非完備市場の設定で，正規化されたリターンのダイナミクス (19.44) と (19.46) のブロック対角行列 Q をもつ設定を考える．ただし，$m < d$ とする．$(\lambda, \sigma^\lambda)$ が最適性の条件の BSDE を解き，(ρ, ψ_M) が対応する最適戦略であり，U が対応する最適な効用過程であると仮定する．市場性のないリスクの価格過程 η_N として任意に選択されたものを所与とすると，$d - m$ 個の仮想的な資産を導入することによって完備市場が得られ，その累積超過リターンの過程 R_N は $\mathrm{d}R_N = \eta_N \mathrm{d}t + \mathrm{d}B_N$ のダイナミクスに従うと考えられる．この仮想的な完備市場における一意なリスクの市場価格過程は (19.45) で与えられる．U^{η_N} を対応する完備市場の最適効用過程とする．簡単な代数計算により，

$$\eta_N = (Q_{NN} - I_{NN}) \sigma_N^\lambda$$

という特定の選択を行うと，$(\lambda, \sigma^\lambda)$ は，この η_N の選択で定義された仮想的な完備市場における最適性条件の BSDE を満たすことがわかる．さらに，この仮想的な完備市場における対応する最適戦略は (ρ, ψ) である．ただし，(ρ, ψ_M) は非完備市場における最適戦略で $\psi_N = 0$ である．言い換えると，上記の η_N の特定化は市場性のないリスクを価格付けし，投資家はその仮想的な資産をまったく取引しないことが最適であることがわかる．結果として，$U = U^{\eta_N}$ となる．η_N の別の選択に対しては，(ρ, ψ) は η_N で定義されたその仮想的な完備市場で最適である必要はなく，それゆえ $U \leq U^{\eta_N}$ となる．

非完備市場と完備市場の解の別のタイプの関係は以下の例で与えられる（これは Schroder and Skiadas, 2003 で一般化されている）．その例の特殊なケースは，投資家が $\gamma \in (0, 2)$ の時間加法的な期待べき効用 (19.36) をもつならば，非完備市場における投資家の問題の解は，（以下に明記するような意味で）取引されていない不確実性

をリスク中立的に価格付けし，市場性のない不確実性に対して投資家の相対的リスク回避度を $1/(2-\gamma)$ として得られた完備市場の問題の解と同値になる．それゆえ，もともとの非完備市場における加法的効用の問題は再帰的効用をもつ完備市場の問題と同値になる．

例 19.10（市場の非完備性と要因依存のリスク回避性） この例では，さらに次式を仮定して比例アグリゲータの準2次形式 (19.41) を特定化する．

$$Q = \gamma I, \quad \gamma \in (0, 2)$$

例 19.4 では，このクラスが Epstein–Zin 効用のケースと時間加法的期待割引べき効用のケースを含むことがわかった．(ρ, ψ_M) を非完備市場における最適戦略とし，対応する富の潜在価格過程を λ，富の過程を W，効用過程を U とする．

リスク中立的に価格付けされる仮想的な資産を導入することによって市場を完備化する．すなわち，市場性のないリスクの価格過程はゼロ（$\eta_N = 0$）とする．対応する超過リターンのダイナミクスは $R_N = B_N$ で与えられるとする．その結果得られた仮想的な完備市場では，もともとの投資家の最適戦略ではなく，次の比例アグリゲータをもつ仮想的な投資家の最適戦略を考える．

$$\bar{G}(t, c, \sigma) = g(t, c) - \frac{1}{2}\left(\gamma \sigma_M^\top \sigma_M + \frac{1}{2-\gamma}\sigma_N^\top \sigma_N\right) \tag{19.48}$$

言い換えると，市場性のないリスクに対する仮想的な投資家の相対的リスク回避度は γ から $1/(2-\gamma)$ に修正される．$(\bar{\rho}, \bar{\psi})$ をその仮想的な完備市場におけるその仮想的な投資家の最適戦略であるとし，$\bar{\lambda}, \bar{W}, \bar{U}$ をそれぞれ対応する富の潜在価格，富，効用の過程とする．最適性の条件を比較することで，次式を得る．

$$\bar{\lambda} = \lambda, \quad \bar{\rho} = \rho, \quad \bar{\psi}_M = \psi_M$$
$$\frac{\bar{W}_t}{W_t} = \frac{\bar{U}_t}{U_t} = \exp\left(\int_0^t \bar{\psi}_N^\top \mathrm{d}B_N\right)$$

それゆえ，非完備市場の解は直接的にその仮想的な完備市場の解から再現することができる．これは，たとえ仮想的な投資家の選好の特定化が市場価格に依存していなくても成立する！

5.3　2次 BSDE をもとにした解

本項では，$\log(\lambda)$ の満たす BSDE が2次形式となるような規模不変な定式化を議論する．あるリターンのダイナミクスの定式化に対して，その2次 BSDE の解は外生的な状態過程の2次関数で[16]，常微分方程式系を解く確定的な係数をもつものと

---

[16] Schroder and Skiadas (2008) で説明されているように，状態への2次の依存性は状態過程を適切に再定義することによりアフィン（線形）にすることができる．期間構造モデルの文脈での同様の構成は Cheng and Scaillet (2005) に記述されている．

5. 規模不変な解

して表現される．このタイプの解は主にリスク中立下での価格評価の文脈でファイナンスで知られたものであり（例えば，Duffie, 2005 や Piazzesi, 2005 を参照），該当する BSDE は線形である．ここでの応用では，その解法を 2 次 BSDE に拡張しており，2 次項がリスク回避性を反映したものになっている．表記の簡単化のため，以下ではいくつかの例だけを概説し，より一般的な取扱いについては Schroder and Skiadas (2003, 2005, 2008) を参照することとする．このタイプの解の例は Chacko and Viceira (2005), Kim and Omberg (1996), Liu (2005), Schroder and Skiadas (1999), Wachter (2002) でも記述されている．

相似な再帰的効用の仮定を続け，例 19.3 と 19.4 の双方で使われた効用の定式化を採用する．すなわち，比例アグリゲータは，ある定数 $\alpha \in \mathbb{R}$ と $\beta, \gamma \in \mathbb{R}_{++}$ に対して，

$$G(t, x, \sigma) = \alpha + \beta \log(x) - \frac{\gamma}{2}\sigma^\top \sigma \tag{19.49}$$

の形式とする．パラメータ (α, β) は確定的な選択に対する選好を決定する．(α, β) を所与とすると，パラメータ γ はリスク回避性を調整する．

注意 19.7 Schroder and Skiadas (2003) での取扱いは要因依存のリスク回避性を許容するものであり，パラメータ α, β は過程で，後者は確定的としている．$\beta = 0$ に対する上記の定式化では，終端の消費に対する期待べき効用と序数的に等価な効用を得る．ここでの定式化は期中での消費がない場合を含んではいないが，本質的に同じ分析を適用できる．

例 19.3 を思い出すと，上記の効用の定式化に対する最適戦略は次式で与えられる．

$$\rho = \beta \quad \text{および} \quad \psi = \frac{1}{\gamma}(\sigma^{R\top}\sigma^R)^{-1}(\mu^R - (\gamma-1)\sigma^{R\top}\sigma^\lambda)$$

$\gamma = 1$ に対しては単純な解が得られ，時間加法的な対数効用（例 19.3 と 19.6 の双方で採用されたもの）に対応する．この解は投資機会集合が確定的であるときにも簡単になり，その場合は $\sigma^\lambda = 0$（例 19.5）となる．確率的な投資機会集合かつ $\gamma \neq 1$ のときの最適戦略を算出するためには，BSDE (19.42) を解いて $(\lambda, \sigma^\lambda)$ を決める必要がある．便宜的な変数変換

$$\ell_t = \log(\lambda_t)$$

を行い，$g^*(t, \lambda) = \alpha - \beta + \beta \log(\beta) - \beta \ell_t$ が成立することに注意する．直接的な計算から BSDE (19.42) は ℓ を解く 2 次 BSDE として表現できる．

$$d\ell_t = -\left(p_t - \beta\ell_t + h_t^\top \sigma_t^\ell + \frac{1}{2}\sigma_t^{\ell\top} H_t \sigma_t^\ell\right)dt + \sigma_t^{\ell\top}dB, \quad \ell_T = 0 \tag{19.50}$$

ただし，

$$p = r + \alpha - \beta + \beta \log(\beta) + \frac{1}{2\gamma} \mu^{R\top} (\sigma^{R\top} \sigma^R)^{-1} \mu^R$$

$$h = \frac{1-\gamma}{\gamma} \sigma^R (\sigma^{R\top} \sigma^R)^{-1} \mu^R$$

$$H = (1-\gamma) \left[I + \frac{1-\gamma}{\gamma} \sigma^R (\sigma_t^{R\top} \sigma^R)^{-1} \sigma^{R\top} \right]$$

上記の 2 次 BSDE が常微分方程式に帰着するような一般的な条件は Schroder and Skiadas (2003) に与えられている．ここでは，2 つの代表的な例だけを考える．前項と同様に，正規化リターン $dR = \mu^R dt + \sigma_M^{R\top} dB_M$ を仮定し，それゆえ，市場性のあるリスクの価格過程は $\eta_M = (\sigma_M^{R\top})^{-1} \mu^R$ となることを仮定する．詳細は練習問題に残し，以下で解の形式を概説する．

例 19.11 ある $\mu \in \mathbb{R}^n$, $\Sigma \in \mathbb{R}^{d \times n}$, $\theta \in \mathbb{R}^{n \times n}$ に対して，潜在的な n 次元状態ベクトル Z が次のダイナミクスに従うことを所与とする．

$$dZ = (\mu - \theta Z) dt + \Sigma^\top dB$$

短期金利の過程と市場性のあるリスクの価格過程は次式で与えられると仮定する．

$$r = C_0^r + C_1^{r\top} Z + \frac{1}{2} Z^\top C_2^r Z \quad \text{および} \quad \eta_M = C_0^\eta + C_1^{\eta\top} Z$$

ただし，係数 C_i^r と C_i^η はすべての次元について定数であるとする．この場合，BSDE (19.50) の解は次の形であると推測される．

$$\ell_t = C_0(t) + C_1(t)^\top Z_t + \frac{1}{2} Z_t^\top C_2(t) Z_t$$

ただし，$C_i(t)$ は確定的で微分可能な過程である．伊藤の補題を上記の推測式に適用し，各項を集め，対応する BSDE (19.50) の係数と比較すると，係数 C_i が常微分方程式系を解いているとして，上記の解が本当に BSDE (19.50) を解いていることを確認できる．

例 19.12 次のダイナミクスを仮定して上記の例を修正する．

$$dZ = (\mu - \theta Z) dt + \Sigma^\top \text{diag}\left(\sqrt{v + VZ}\right) dB$$
$$r = C_0^r + C_1^{r\top} Z \quad \text{および} \quad \eta_M = \text{diag}\left(\sqrt{v_M + V_M Z_t}\right) \varphi$$

ただし，$\text{diag}(x)$ は x を対角要素にもつ対角行列とし，$\sqrt{x}$ は i 番目の要素が $\sqrt{x_i}$ となるベクトル，$\mu \in \mathbb{R}^n$, $\Sigma \in \mathbb{R}^{d \times n}$, $\theta \in \mathbb{R}^{n \times n}$, $C_0^r \in \mathbb{R}$, $C_1^r \in \mathbb{R}^n$, $v = [v_M^\top, v_N^\top]^\top \in \mathbb{R}^d$, $V = [V_M^\top, V_N^\top]^\top \in \mathbb{R}^{d \times n}$, $\varphi \in \mathbb{R}^m$ とする．この場合，推測解は次の形となる．

$$\ell_t = C_0(t) + C_1(t)^\top Z$$

ただし，例 19.11 と同様，$C_i(t)$ は微分可能で確定的な過程である．例 19.11 と同様に，C_1 単独で解かれた常微分方程式を得て，C_0 を満たす別の常微分方程式（最初の常微分方程式の解を利用する）を得る．その常微分方程式対を満たす (C_0, C_1) の対を所与とすると，上記のアフィン式は BSDE (19.50) の解を定める．

5.4　1 次のリスク回避性をもつ解

規模不変の解で考察する最後の集合は，4.4 項のキンクのある比例アグリゲータを利用するもので，そのアグリゲータは要因依存の 1 次のリスク回避性を表現しているものである．具体的には，次の表記を用いて以下の条件を仮定する．

$$|x|^\top = (|x_1|, \cdots, |x_d|), \quad x \in \mathbb{R}^d$$

条件 19.5（準 2 次比例アグリゲータ）　ある有界な過程 $\kappa : \Omega \times [0, T] \to \mathbb{R}^d$ と $Q : \Omega \times [0, T] \to \mathbb{R}^{d \times d}$ を考える．ただし，$Q(\omega, t)$ は対角行列ですべての (ω, t) に対して正定値とする．このとき，条件 19.3 が次式を満たして成立する．

$$\mathcal{R}(\omega, t, \sigma) = \kappa(\omega, t)^\top |\sigma| + \frac{1}{2} \sigma^\top Q(\omega, t) \sigma$$

ここでは 5.2 項の表記とリターンの正規化を採用する．特に，超過リターンのダイナミクスと市場性のあるリスクの価格過程を次式で与える．

$$dR = \mu^R dt + \sigma_M^{R\top} dB_M \quad \text{および} \quad \eta_M = (\sigma_M^{R\top})^{-1} \mu_M^R$$

この設定で最適性の条件を定式化するために，任意の $\kappa \in \mathbb{R}_+$ に対して，次のカラー関数（collar function）を定義する．

$$C(\alpha; \kappa) = \min\{\max\{0, \alpha - \kappa\}, \alpha + \kappa\}, \quad \alpha \in \mathbb{R}$$

この関数は $\kappa = 1$ に対して図 19.1 のようになる．

カラー関数はベクトルに対して座標ごとに適用される．

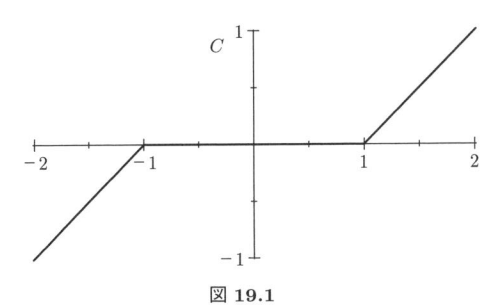

図 **19.1**

任意の $\alpha \in \mathbb{R}^m$ と $\kappa \in \mathbb{R}_+^m$ に対して $C(\alpha;\kappa) = (C(\alpha_1;\kappa_1), \cdots, C(\alpha_m;\kappa_m))^\top$

この場合，$\mathcal{Q}$ が次式で定義される関数 $\mathcal{K}: \Omega \times [0,T] \times \mathbb{R}^d \to \mathbb{R}$ で置き換えられる場合を除いて，λ に対する BSDE は滑らかな準 2 次のケースと同じ形となる．

$$\mathcal{K}(z) = 2\kappa_N^\top |z_N| + z_N^\top Q_{NN} z_N + 2(\eta_M + z_M)^\top z_M$$
$$- C(\eta_M + z_M; \kappa_M)^\top Q_{MM}^{-1} C(\eta_M + z_M; \kappa_M)$$

$\mathcal{Q}$ に対する表現 (19.47) は，$\kappa = 0$ とおくと再現される．

上記の表記とリターンの正規化を仮定すると，条件 19.5 のもとでの最適性の条件（条件 19.2）は以下のステップに帰着される．

1) 次の BSDE を解く富の潜在価格過程 λ を求める．

$$\frac{d\lambda_t}{\lambda_t} = -\left(r_t + g^*(t, \lambda_t) - \frac{1}{2}\mathcal{K}(t, \sigma_t^\lambda)\right) dt + \sigma_t^{\lambda\top} dB_t, \quad \lambda_T = 1$$

2) ステップ 1 での解 $(\lambda, \sigma^\lambda)$ を所与として，最適戦略を次式で与える．

$$\rho = \lambda \mathcal{I}^g(\lambda) \quad \text{および} \quad \psi = (\sigma_M^R)^{-1}[Q_{MM}^{-1} C(\eta_M + \sigma_M^\lambda; \kappa_M) - \sigma_M^\lambda]$$

3) 戦略 (ρ, ψ) で生成される富の過程は，予算制約式，対応する最適消費計画 $c = \rho W$ とその効用過程 $U = \lambda W$ によって算出される．

上記の手順の証明（Schroder and Skiadas, 2003 で与えられている）は特定のアグリゲータの形と最適点での同次の条件 $U = \lambda W$ を用いて直接的に計算できるものである．後者より，$dU/U = \cdots dt + \sigma^{U\top} dB$ ならば，

$$\sigma_M^U = (Q_{MM})^{-1} C(\eta_M + \sigma_M^\lambda; \kappa_M)$$

となる．結果として，任意の $i \in M$ に対して，$\eta_M^i + \sigma_M^{\lambda i} \in [-\kappa_i, +\kappa_i]$ であれば σ^{Ui} は消える．あるリスク要因に関するそのような効用リスクの完全ヘッジは，滑らかな確実性等価から導かれるアグリゲータでは生じない．以下の例（Schroder and Skiadas, 2003 より）は Chen and Epstein (2002) の Section 5.3 を拡張したものである．要因依存の 1 次のリスク回避性が式に含まれない他の例は Epstein and Miao (2003) や Schroder and Skiadas (2003) に示されている．

例 19.13（確定的な投資機会集合） $r, \mu^R, \sigma^R, \kappa, Q$ がすべて確定的であると仮定する．このとき，$\sigma^\lambda = 0$ とおくことで解は簡略化される．特に，最適取引戦略は $\psi = (Q_{MM} \sigma_M^R)^{-1} C(\eta_M; \kappa_M)$ となる．簡単化のため，さらに，σ_M^R は正の対角要素をもつ対角行列であると仮定する．任意の $i \in M$ に対して，$\eta_i \in [-\kappa_i, +\kappa_i]$ のとき $\psi_i = 0$ であり，そのリスクと比較した瞬間的な期待リターンが十分に 0 より大きくな

ければ，投資家はリスク要因 i の市場には参加しない．このタイプの解は，注意 19.3 のように，異なる信念の定式化と組み合わせて，最適ポートフォリオの保有集合を幅広いものにする．特に，ある（有界な）過程 b に対して，比例アグリゲータに項 $b^\top \sigma$ を加えると，その投資家がリスクの市場価格の過程を η ではなく $\eta - b$ と考えていることを意味し，それゆえ，その投資家は，$\eta_i \in [b_i - \kappa_i, b_i + \kappa_i]$ ならば，リスク要因 i の市場には参加しない．さらに，$b_i = -\kappa_i$ と仮定すれば，資産 i の最適保有量は（$\kappa = b = 0$ のときと同様に）$\mu_i^R > 0$ のときに $\psi_i = Q_{ii}^{-1} \mu_i^R / (\sigma_{ii}^R)^2$ となるが，$\mu_i^R < -2\kappa_i \sigma_{ii}^R$ のときには投資家は資産 i を売却（ショート）するだけである．言い換えると，この場合，最適ポートフォリオは正の期待超過リターンに対する Merton の解と等価であり，十分に小さな負の期待リターンに対してもなお売却しないことが最適である．

6. 拡　　　張

本節では，本章の主要な技法の 2 つの直接的な拡張と，より深い話題や関連文献の一覧を示して，結びとする．

6.1 凸の取引制約

本章の議論を凸の取引制約を含むように拡張したものについて，詳細は Schroder and Skiadas (2003) を参照しながら概説する．Hamilton–Jacobi–Bellman アプローチをもとに制約のある Merton 問題を分析した例としては，Zariphopoulou (1994) や Vila and Zariphopoulou (1997) がある．取引制約と加法的効用での凸双対性は He and Pearson (1991), Karatzas et al. (1991)（非完備市場），Shreve and Xu (1992a, 1992b)（空売り制約），Cvitanić and Karatzas (1992)（凸制約）で研究されている．再帰的選好についての関連する議論は，El Karoui et al. (2001) や Schroder and Skiadas (2003, 2008) に記述されている．ここでは，双対性については触れない．また，将来の収入に対して投資家が借入を行うことを妨げるような制約についてもここでは議論しない．後者の制約については，He and Pagès (1993), El Karoui and Jeanblanc-Picquè (1998), Detemple and Serrat (2003) で焦点が当てられている．

本章での設定に加え，投資家の取引戦略がすべての時点である所与の凸集合 $K \subseteq \mathbb{R}^m$ の中に値をとらなければならないという制約を与えて考察する．例えば，$K = \mathbb{R}^m_+$ は空売りができないことを表現している．ここで実行可能なキャッシュフローの定義は，そのキャッシュフローが K に値をとる取引戦略によってファイナンスされることの要請も含んでいる．$\delta_K(\varepsilon_t) = \sup\{k^\top \varepsilon_t : k \in K\}$ は K のサポート関数（support function）とする．

消費計画 c をファイナンスする実行可能な戦略 (ρ, ψ) を固定する．新しい可能解の概念を所与とし，c における状態価格密度の定義は前と同じとする．集合 K が小さく

なれば，実行可能な増加キャッシュフローの集合は小さくなり，それゆえ，c における状態価格密度の集合は大きくなる．ある正則条件のもとで，状態価格のダイナミクスは Schroder and Skiadas (2003) で次のように特徴づけられている．

$$\frac{d\pi_t}{\pi_t} = -(r_t + \delta_K(\varepsilon_t))dt - \eta_t^\top dB_t$$

$$\varepsilon_t = \mu_t^R - \sigma_t^{R\top}\eta_t, \quad \psi_t^\top \varepsilon_t = \delta_K(\varepsilon_t)$$

命題 19.1 はここでも有効であるので，上記のダイナミクスと効用の優勾配密度のダイナミクスを組み合わせると，制約のある FBSDE 系として最適性の十分条件が得られる．

制約のない場合と同様に，規模不変性は BSDE 系の前向きの成分と後向きの成分を分離する．例えば，条件 19.4 の滑らかな準 2 次比例アグリゲータをもつ規模不変な再帰的効用，すなわち，期待割引べき効用と Epstein–Zin 効用（例 19.4 を参照）を含む定式化を考える．Schroder and Skiadas (2003) で示されたように，この場合，最適性の条件は以下の制約のある BSDE として記述できる．

$$\frac{d\lambda_t}{\lambda_t} = -\left(r_t + \delta_K(\varepsilon_t) + g^*(t, \lambda_t) - \frac{1}{2}\sigma_t^{\lambda\top}Q_t\sigma_t^\lambda \right.$$
$$\left. + \frac{1}{2}\psi_t^\top \sigma_t^{R\top}Q_t\sigma_t^R\psi_t\right)dt + \sigma_t^{\lambda\top}dB_t, \quad \lambda_T = 1$$

$$\psi_t = (\sigma_t^{R\top}Q_t\sigma_t^R)^{-1}(\mu_t^R - \varepsilon_t - \sigma_t^{R\top}(Q_t - I)\sigma_t^\lambda) \in K$$

$$\psi_t^\top \varepsilon_t = \delta_K(\varepsilon_t)$$

例 19.14 条件 19.4 のもとで，$K = \{k \in \mathbb{R}^m : \alpha \leq l^\top k \leq \beta\}$ であれば，最適取引戦略に対する非常に単純な表現が得られる．ただし，$l \in \mathbb{R}^m$ であり，α と β は $[-\infty, +\infty]$ に値をとるとする．資産 i に対する空売り制約の場合は，$\alpha = 0, \beta = \infty$，$l$ は i 番目の要素のみ 1 でそれ以外は 0 のベクトルに対応する．借りる富の割合に対するキャップ，あるいは一定の割合の富に対する空売り制約を組み合わせたものの場合は，l は要素が 1 のベクトルと対応する．K は空集合ではないと仮定し，次式を定義する．

$$\psi_t^* = A_t(\mu_t^R - \sigma_t^{R\top}(Q_t - I)\sigma_t^\lambda), \quad A_t = (\sigma_t^{R\top}Q_t\sigma_t^R)^{-1}$$

上式は，制約のない場合 ($\alpha = -\infty, \beta = \infty$) に最適取引戦略を σ^λ の関数として与える．（制約のある）最適取引戦略 ψ と λ のダイナミクスにおける過程 ε は次式で与えられる．

$$\psi_t = \psi_t^* - A_t\varepsilon_t, \quad \varepsilon_t = -(l^\top A_t l)^{-1}[\min\{\max\{l^\top \psi_t^*, \alpha\}, \beta\} - l^\top \psi_t^*]l \quad (19.51)$$

これらの式は λ に対する BSDE の特定化を完成するのに利用され，数値的な手法（例えば，Markov 設定での数値的な偏微分方程式法など）によって解かれる．

6.2 平行移動不変の公式と取引できない収入

本章の規模不変の議論と並ぶ理論は，取引できない収入流列を許容する設定での平行移動不変性（translation invariance）の概念をもとにしたものである．このタイプの定式化は期待割引指数効用と Gauss ダイナミクスをもつ問題のサブクラスでは有名であり，例えば，Svensson and Werner (1993) や Musiela and Zariphopoulou (2004) で扱われている．以下で再帰的効用での定式化を概説するが，これは Schroder and Skiadas (2005, 2008)（ここでは，取引制約，非線形の富のダイナミクス，予測できないリターンのジャンプも考えられている）の特殊ケースになっている．

投資家は，初期富 w_0 に加え，取引できないかもしれないキャッシュフロー e を賦与されるという仮定をおいて，これまでの設定を修正する．本項での消費は負の値をとることを許し，金融資産の富は消えうるとする．それゆえ，富の割合でのポートフォリオの表現は，新しい設定では不適切である．そこで取引計画が過程 $\phi \in \mathcal{L}(\mathbb{R}^m)$ であると定義してこれを修正する．ただし，ϕ_t^i は時点 t で資産 i に投資される金額を示す．時点 t で金融市場に投資される金額は $W_t - \sum_{i=1}^{m} \phi_t^i$ である．ただし，W_t は時点 t での金融資産の富（e を除く）の総和である．ある可積分性の要請を無視すると，計画は消費 c，取引計画 ϕ，富の過程 W の 3 つ組 (c, ϕ, W) である．計画 (c, ϕ, W) は，次の予算制約式を満たせば実行可能である．

$$W_0 = w, \quad \mathrm{d}W_t = (r_t W_t + e_t - c_t)\mathrm{d}t + \phi_t^\top \mathrm{d}R_t, \quad c_T = W_T + e_T \quad (19.52)$$

この設定で，FBSDE 系としての最適性条件の導出とその形は，Schroder and Skiadas (2005, 2008) で説明されているように，本章での主要な分析と同様である．

市場と選好に狭義正の（有界）キャッシュフロー γ の観点で制約をおき，それを一貫して固定する．市場側では，配当流列として γ を生成する取引可能な基金があると仮定する．この基金を「γ 基金（γ-fund）」と呼び，Γ_t と κ_t をそれぞれ時点 t でのその価値と価値配分とする[17]．この γ 基金の予算制約式は次式で与えられる．

$$\mathrm{d}\Gamma_t = (r_t \Gamma_t - \gamma_t)\mathrm{d}t + \Gamma_t \kappa_t^\top \mathrm{d}R_t, \quad \Gamma_T = \gamma_T$$

例えば，r と γ が確定的であれば，γ 基金は（$\kappa = 0$ として）すべて金融市場を通じて調達されうる．r あるいは γ が確率的であれば，リスク資産 1 が γ 基金でのシェア，すなわち，$\kappa = (1, 0, \cdots, 0)$ となると仮定できる．

選好の側では，投資家の時点 0 での効用関数は γ に関して平行移動不変であると仮定する．すなわち，任意の消費計画 a と b に対して，

---

[17] Schroder and Skiadas (2005) では $\varrho = \Gamma \kappa$ が一般性を失うことなく仮定されており，表記の簡便化のため定数としている．そこでの分析は，ここや Schroder and Skiadas (2008)（そこでは表記の簡便化のため κ は定数としている）で仮定されているように，ϱ を確率的にしても，本質的に変化なく有効である．

$$U_0(a) = U_0(b) \quad \Rightarrow \quad \text{すべての } k \in \mathbb{R} \text{ に対して } U_0(a + k\gamma) = U_0(b + k\gamma)$$

とする．効用が正規化され，投資家が消費計画 c と消費計画 $U_0(c)\gamma$ で無差別であるならば，上記の性質は γ に関する準線形性を述べていることと同値である．すなわち，任意の消費計画 c とスカラー k に対して，$U_0(c + k\gamma) = U_0(c) + k$ となる．再帰的効用に対しては，後者の制約は本質的に次の BSDE の形と等価である．すなわち，絶対アグリゲータ（absolute aggregator）と呼ばれる，状態依存でありうる関数 G に対して，

$$dU_t = -G\left(t, \frac{c_t}{\gamma_t} - U_t, \Sigma_t\right) dt + \Sigma_t^\top dB_t, \quad U_T = \frac{c_T}{\gamma_T} \tag{19.53}$$

という BSDE である．上記の表現と滑らかな条件付確実性等価をもつ要因依存でありうるリスク回避性の前述の定式化を組み合わせることによって，次の準 2 次の絶対アグリゲータが特定化される．

$$G(t, x, \Sigma) = g(t, x) - \frac{1}{2}\Sigma^\top Q_t \Sigma \tag{19.54}$$

本項の残りでは，この絶対アグリゲータの形を仮定する．ただし，$g(t,x)$ は x に関して，狭義増加，凹で微分可能であるとし，偏微分 $g_x(t,\cdot)$ は $\mathbb{R}$ から $\mathbb{R}_{++}$ へ写像し，Q は正定値の $d \times d$ 行列の空間に値をとる（有界な）過程であるとする．

例 19.15（期待割引指数効用）β を任意の（有界な）過程であるとし，計画 c の効用過程 V は次式で定義されていると仮定する．

$$V_t = \mathbb{E}_t\left[\int_t^T -\exp\left(-\int_t^s \beta_u du - \frac{c_s}{\gamma_s}\right) ds - \exp\left(-\int_t^T \beta_u du - \frac{c_T}{\gamma_T}\right)\right]$$

このとき，序数的に等価な効用過程 $U_t = -\log(-V_t)$ は絶対アグリゲータ (19.54) をもつ BSDE (19.53) を解く．ただし，$Q(\omega, t) = 1$ および $g(\omega, t, x) = \beta(\omega, t) - \exp(-x)$ とする．

規模不変の議論から類推されるように，γ に関する平行移動不変性は FBSDE を 1 次の条件で解く．直観的には，ある所与の金融資産の富の水準であるノードでの投資家の問題が解けたとすると，すべての富の水準でも解けるということである．なぜならば，投資家は最適性を保持しながら γ 基金に任意の富をいつでも投資できるからである．

より具体的に，最適点では，効用過程 U，富の過程 W，富の潜在価格過程 λ は以下の関係をもつ．

$$U_t = \frac{1}{\Gamma_t}(Y_t + W_t) \quad \text{および} \quad \lambda_t = \frac{1}{\Gamma_t}$$

ここで，過程 Y は次の 2 次 BSDE を解く．

$$dY_t = -\left(e_t + p_t - r_t Y_t + \Sigma_t^{Y\top} h_t + \frac{1}{2}\Sigma_t^{Y\top} H_t \Sigma_t^Y\right) dt + \Sigma_t^{Y\top} dB_t$$
$$Y_T = e_T$$

ただし,

$$p = \Gamma g^*\left(\frac{\gamma}{\Gamma}\right) + \frac{\Gamma}{2}(\mu^R - \sigma_t^{R\top}\sigma_t^R \kappa)^\top (\sigma^{R\top} Q \sigma^R)^{-1}(\mu^R - \sigma_t^{R\top}\sigma_t^R \kappa)$$
$$h = -\sigma^R \kappa - Q\sigma^R(\sigma^{R\top} Q \sigma^R)^{-1}(\mu^R - \sigma_t^{R\top}\sigma_t^R \kappa)$$
$$H = \frac{1}{\Gamma}(Q\sigma^R(\sigma^{R\top} Q \sigma^R)^{-1}\sigma^{R\top} Q - Q)$$

最適な取引計画 ϕ と消費計画 c は次式のように記述できる.

$$\phi = \phi^0 + U\Gamma\kappa, \quad c = \gamma U + \gamma g_x^{-1}\left(\frac{\gamma}{\Gamma}, \frac{\sigma^R \phi^0 + \Sigma^Y}{\Gamma}\right)$$
$$ただし \quad \phi^0 = (\sigma^{R\top} Q \sigma^R)^{-1}[\Gamma(\mu^R - \sigma^{R\top}\sigma^R \kappa) - \sigma^{R\top} Q \Sigma^Y]$$

規模不変の定式化における 2 次 BSDE のケースと同じように,ある特定の価格ダイナミクスのクラスに対しては解が常微分方程式系に帰着する.その例や拡張については,Schroder and Skiadas (2005, 2008) を参照されたい(いくつかは以下で概説する).

6.3 別の方向性

動的ポートフォリオ理論に関するいくつか話題の一覧と,関連する多数の文献に導くような若干偏った参考文献を少し紹介して,本章の結びとする.Brandt (forthcoming) はポートフォリオ選択の計量経済学の研究をサーベイしている.

非線形な富のダイナミクス(nonlinear wealth dynamics) Cuoco and Cvitanić (1998), El Karoui et al. (2001), Schroder and Skiadas (2008) は,例えばマーケットインパクトや預貸金利差を反映した非線形性を許容するような富のダイナミクスでの最適性を特徴づけている.最後の文献はこのケースに対する本章での規模・平行移動不変性の議論の拡張を含んでいる.

不連続な情報(discontinuous information) Merton のもともとの成果は Poisson ジャンプから生成される不連続な情報の例を含んでいる.Hamilton–Jacobi–Bellman アプローチを用いて Merton の成果を Lévy 型の過程に拡張したものは,Øksendal and Sulem (2005) のモノグラフに記述されている.本章の議論は Schroder and Skiadas (2008) でフィルトレーションが Brown 運動とともにマーク付き点過程で生成されるように拡張されている.上記の文献はこの話題の他の論文への橋渡しになっている.

習慣形成(habit formation) 習慣形成を伴う資産価格付けのモデルは Sundaresan

(1989), Constantinides (1990), Detemple and Zapatero (1991) などに記述されている. Duffie and Skiadas (1994) は習慣形成をもつ再帰的効用を定義し, その勾配密度を算出している. 後者は, 本章での状態価格のダイナミクスと組み合わせることができ, FBSDE 系として最適性の条件を定式化できる. Schroder and Skiadas (2002) は, 消費を再定義することにより, 線形の習慣形成をもつ定式化が等価な習慣形成をもたない定式化に変形できることを示している. この技法を使えば, 本章での解を (確定的な短期金利の過程か完備市場を仮定して) 線形な習慣形成を取り込んだケースでの対応する解に自動的に変換できる. 同様の議論は消費の永続性 (durability of consumption) についても当てはまる.

取引できない収入 (nontradeable income) 取引できない収入を所与としたときの最適性の条件は, 平行移動不変性の定式化では簡単化され, 絶対的リスク回避度が定数になることがわかった. 取引できない収入のより一般的なモデルでは, 完全に不可分な FBSDE 系を扱う必要がある. 取引できない収入と加法的効用をもつ Merton 問題は, Hamilton–Jacobi–Bellman アプローチの観点で Duffie and Zariphopoulou (1993), Duffie et al. (1997), Koo (1998) で分析されている. 取引できない収入と加法的効用に関する関連する理論的な成果は Cuoco (1997), Kramkov and Schachermayer (1999, 2003), Cvitanić et al. (2001), Hugonnier and Kramkov (2002) に示されている.

内生的な労働供給と退職 (endogenous labor supply and retirement) Bodie et al. (1992), Bodie et al. (2004), Dybvig and Liu (2005), Farhi and Panageas (2005), Liu and Neis (2002) などでは, 内生的な労働供給かつ/あるいは退職を伴う生涯の消費ポートフォリオ問題が分析されている. この分野での再帰的効用の定式化はまだ研究されていない.

取引コスト (transaction cost) Merton の分析は, 線形の取引コストを含めて, Davis and Norman (1990), Shreve and Soner (1994), Liu and Loewenstein (2002) などで拡張されている. Grossman and Laroque (1990) と Cuoco and Liu (2000) では, 取引コストが耐久財の在庫の変化に影響を与える問題を研究している. 線形の取引コストは規模不変性を保ち, 上記の文献では期待割引べき効用を使う動機になっている. 他方, 固定の取引コストは規模不変性を壊してしまう. このため, 固定の取引コストをもった解析的に取り扱いやすい既存の定式化は平行移動不変性をもとにしており, いままでのところ, Vayanos (1998) や Liu (2004) のように加法的な指数効用を用いている. Øksendal and Sulem (2002) では, 独立同一分布に従うリターンで線形および固定の取引コストの両方の最適性条件を与えている. これは取引コストのある形式を取り扱った多数の文献の小さな標本にすぎない. 筆者の知る限りでは, 再帰的効用を用いた関連の理論的な成果はまだない.

謝辞

本章の基盤となっている共同研究を長年続け，今回の修正も行ってくれた Mark Schroder に謝意を表したい．また，貴重なフィードバックをいただいた Darrell Duffie, Flavio de Andrade, Ali Lazrak, Hong Liu, Jacob Sagi, George Skoulakis, Jeremy Staum, Jared Williams にも謝意を表したい．誤りはすべて筆者の責任である．本章の最新版は次のサイトを参照されたい．
http://www.kellogg.nwu.edu/faculty/skiadas/home.htm

（C. Skiadas/吉羽要直）

参 考 文 献

Anderson, E., Hansen, L., Sargent, T. (2000). Robustness, detection and the price of risk. *Working paper*, Department of Economics, University of Chicago.
Arrow, K.J. (1965). *Aspects of the Theory of Risk Bearing*. Yrjo Jahnssonin Saatio, Helsinki.
Arrow, K.J. (1970). *Essays in the Theory of Risk Bearing*. North-Holland, London.
Bally, V., Pages, G. (2002). A quantization algorithm for solving discrete time multidimensional optimal stopping problems. *Bernoulli* 9, 1003–1049.
Bodie, Z., Merton, R.C., Samuelson, W.F. (1992). Labor supply flexibility and portfolio choice in a life cycle model. *Journal of Economic Dynamics and Control* 16, 427–449.
Bodie, Z., Detemple, J.B., Otruba, S., Walter, S. (2004). Optimal consumption-portfolio choices and retirement planning. *Journal of Economic Dynamics and Control* 28, 1115–1148.
Bouchard, B., Elie, R. (2005). Discrete time approximation of decoupled forward–backward SDE with jumps. *Working paper*, LPMA, CNRS, UMR 7599, Université Paris 6 and CREST.
Bouchard, B., Touzi, N. (2004). Discrete-time approximation and Monte-Carlo simulation of backward stochastic differential equations. *Stochastic Processes and their Applications* 111, 175–206.
Brandt, M.W. (forthcoming). Portfolio choice problems. In: Ait-Sahalia, Y., Hansen, L.P. (Eds.), *Handbook of Financial Econometrics*, Elsevier/North-Holland, New York.
Campbell, J., Viceira, L. (2002). *Strategic Asset Allocation*. Oxford Univ. Press, New York.
Chacko, G., Viceira, L. (2005). Dynamic consumption and Portfolio Choice with Stochastic Volatility in Incomplete Markets. *Review of Financial Studies* 18, 1369–1402.
Chen, Z., Epstein, L. (2002). Ambiguity, risk, and asset returns in continuous time. *Econometrica* 70, 1403–1443.
Cheng, P., Scaillet, O. (2005). Linear-quadratic jump-diffusion modeling with application to stochastic volatility. *Working paper*, HEC Geneva, Switzerland.
Chevance, D. (1997). Numerical methods for backward stochastic differential equations. In: Rogers, L., Talay, D. (Eds.), *Numerical Methods in Finance*. Cambridge Univ. Press, Cambridge, UK, pp. 232–244.
Constantinides, G.M. (1990). Habit formation: A resolution of the equity premium puzzle. *Journal of Political Economy* 98, 519–543.
Cox, J., Huang, C.-F. (1989). Optimal consumption and portfolio policies when asset prices follow a diffusion process. *Journal of Economic Theory* 49, 33–83.
Cuoco, D. (1997). Optimal consumption and equilibrium prices with portfolio constraints and stochastic income. *Journal of Economic Theory* 72, 33–73.
Cuoco, D., Cvitanić, J. (1998). Optimal consumption choices for a large investor. *Journal of Economic Dynamics and Control* 22, 401–436.
Cuoco, D., Liu, H. (2000). Optimal consumption of a divisible durable good. *Journal of Economic Dynamics and Control* 24, 561–613.

Cvitanić, J., Karatzas, I. (1992). Convex duality in constrained portfolio optimization. *The Annals of Applied Probability* 2, 767–818.

Cvitanić, J., Schachermayer, W., Wang, H. (2001). Utility maximization in incomplete markets with random endowment. *Finance and Stochastics* 5, 259–272.

Daniel, K., Hirshleifer, D., Teoh, S.H. (2002). Investor psychology in capital markets: Evidence and policy implications. *Journal of Monetary Economics* 49, 139–209.

Davis, M., Norman, A.R. (1990). Portfolio selection with transaction costs. *Mathematics of Operations Research* 15, 676–713.

Detemple, J., Serrat, A. (2003). Dynamic equilibrium with liquidity constraints. *Review of Financial Studies* 16, 597–629.

Detemple, J., Zapatero, F. (1991). Asset prices in an exchange economy with habit formation. *Econometrica* 59, 1633–1657.

Douglas Jr., J., Ma, J., Protter, P. (1996). Numerical methods for forward–backward stochastic differential equations. *Annals of Applied Probability* 6, 940–968.

Duffie, D. (2001). *Dynamic Asset Pricing Theory*, third ed. Princeton Univ. Press, Princeton, New Jersey.

Duffie, D. (2005). Credit risk modeling with affine processes. *Journal of Banking and Finance* 29, 2751–2802.

Duffie, D., Epstein, L. (1992). Stochastic differential utility. *Econometrica* 60, 353–394.

Duffie, D., Skiadas, C. (1994). Continuous-time security pricing: A utility gradient approach. *Journal of Mathematical Economics* 23, 107–131.

Duffie, D., Zariphopoulou, T. (1993). Optimal investment with undiversifiable income risk. *Mathematical Finance* 3, 135–148.

Duffie, D., Fleming, V., Soner, M., Zariphopoulou, T. (1997). Hedging in incomplete markets with HARA utility. *Journal of Economic Dynamics and Control* 21, 753–782.

Dybvig, P.H., Liu, H. (2005). Lifetime consumption and investment: Retirement and constrained borrowing. *Working paper*, Olin School of Business, Washington University, St. Louis, MO.

El Karoui, N., Jeanblanc-Picquè, M. (1998). Optimization of consumption with labor income. *Finance and Stochastics* 2, 409–440.

El Karoui, N., Mazliak, L. (Eds.) (1997). *Backward Stochastic Differential Equations*. Addison–Wesley/Longman, Essex, UK.

El Karoui, N., Peng, S., Quenez, M.-C. (1997). Backward stochastic differential equations in finance. *Mathematical Finance* 7, 1–71.

El Karoui, N., Peng, S., Quenez, M.-C. (2001). A dynamic maximum principle for the optimization of recursive utilities under constraints. *Annals of Applied Probability* 11, 664–693.

Ellsberg, D. (1961). Risk, ambiguity, and the savage axioms. *Quarterly Journal of Economics* 75, 643–669.

Epstein, L. (1992). Behavior under risk: Recent developments in theory and applications. In: Laffont, J.-J. (Ed.), *Advances in Economic Theory*. Cambridge Univ. Press, Cambridge, UK.

Epstein, L., Miao, J. (2003). A two-person dynamic equilibrium under ambiguity. *Journal of Economic Dynamics and Control* 27, 1253–1288.

Epstein, L., Schneider, M. (2003). Recursive multiple priors. *Journal of Economic Theory* 113, 1–31.

Epstein, L., Zin, S. (1989). Substitution, risk aversion, and the temporal behavior of consumption and asset returns: A theoretical framework. *Econometrica* 57, 937–969.

Farhi, E., Panageas, S. (2005). Saving and investing for early retirement: A theoretical analysis. *Working paper*, Department of Economics, MIT, Cambridge, MA.

Fleming, W.H., Soner, H.M. (1993). *Controlled Markov Processes and Viscosity Solutions*. Springer, New York.

Giovannini, A., Weil, P. (1989). Risk aversion and intertemporal substitution in the capital asset pricing model. *NBER working paper No. 2824*, Cambridge, MA.

Gobet, E., Lemor, J., Warin, X. (2005). A regression-based Monte Carlo method to solve backward stochastic differential equations. *Annals of Applied Probability* 15, 2172–2202.

Gollier, C. (2001). *The Economics of Risk and Time*. MIT Press, Cambridge, MA.

Grossman, S.J., Laroque, G. (1990). Asset pricing and optimal portfolio choice in the presence of illiquid durable consumption goods. *Econometrica* 58, 25–51.
Hamadene, S. (1996). Équations différentielles stochastiques rétrogrades : Le cas localement Lipschitzien. *Annales de l'Institut Henri Poincaré* 32, 645–659.
Hansen, L., Sargent, T., Turmuhambetova, G., Williams, N. (2001). Robustness and uncertainty aversion. *Working paper*, Department of Economics, University of Chicago.
He, H., Pagès, H. (1993). Labor income, borrowing constraints and equilibrium asset prices: A duality approach. *Economic Theory* 3, 663–696.
He, H., Pearson, N. (1991). Consumption and portfolio policies with incomplete markets and short-sale constrains: The infinite dimensional case. *Journal of Economic Theory* 54, 259–304.
Hugonnier, J., Kramkov, D. (2002). Optimal investment with random endowments in incomplete markets. *Working paper*, HEC Montreal and Carnegie Mellon University.
Karatzas, I., Shreve, S. (1988). *Brownian Motion and Stochastic Calculus*. Springer, New York.
Karatzas, I., Shreve, S. (1998). *Methods of Mathematical Finance*. Springer, New York.
Karatzas, I., Lehoczky, J., Shreve, S. (1987). Optimal portfolio and consumption decisions for a 'small investor' on a finite horizon. *SIAM Journal of Control and Optimization* 25, 1557–1586.
Karatzas, I., Lehoczky, J., Shreve, S., Xu, G. (1991). Martingale and duality methods for utility maximization in an incomplete market. *SIAM Journal of Control and Optimization* 29, 702–730.
Kim, T., Omberg, E. (1996). Dynamic nonmyopic portfolio behavior. *Review of Financial Studies* 9, 141–162.
Klibanoff, P., Marinacci, M., Mukerji, S. (2002). A smooth model of decision making under ambiguity. *Working paper*, MEDS, Kellogg School of Management, Northwestern University.
Kobylanski, M. (2000). Backward stochastic differential equations and partial differential equations with quadratic growth. *The Annals of Probability* 28, 558–602.
Koo, H. (1998). Nontraded assets in incomplete markets. *Mathematical Finance* 8, 49–65.
Korn, R. (1997). *Optimal Portfolios*. World Scientific, River Edge, NJ.
Kramkov, D., Schachermayer, W. (1999). The asymptotic elasticity of utility functions and optimal investment in incomplete markets. *Annals of Applied Probability* 9, 904–950.
Kramkov, D., Schachermayer, W. (2003). Necessary and sufficient conditions in the problem of optimal investment in incomplete markets. *Annals of Applied Probability* 13, 1504–1516.
Kreps, D., Porteus, E. (1978). Temporal resolution of uncertainty and dynamic choice theory. *Econometrica* 46, 185–200.
Lazrak, A., Quenez, M.C. (2003). A generalized stochastic differential utility. *Mathematics of Operations Research* 28, 154–180.
Lemor, J., Gobet, E., Warin, X. (2006). Rate of convergence of an empirical regression method for solving generalized backward stochastic differential equations. *Bernoulli* 12, 889–916.
Lepeltier, J.-P., San Martín, J. (1997). Backward stochastic differential equations with continuous coefficient. *Statistics and Probability Letters* 32, 425–430.
Lepeltier, J.-P., San Martín, J. (1998). Existence for BSDE with superlinear–quadratic coefficient. *Stochastics and Stochastics Reports* 63, 227–240.
Lepeltier, J.-P., San Martín, J. (2002). On the existence or non-existence of solutions for certain backward stochastic differential equations. *Bernoulli* 8, 123–137.
Liu, H. (2004). Optimal consumption and investment with transaction costs and multiple risky assets. *Journal of Finance* 59, 289–338.
Liu, J. (2005). Portfolio selection in stochastic environments. *Working paper*, UCLA.
Liu, H., Loewenstein, M. (2002). Optimal portfolio selection with transaction costs and finite horizons. *Review of Financial Studies* 15, 805–835.
Liu, J., Neis, E. (2002). Endogenous retirement and portfolio choice. *Working paper*, UCLA.
Ma, J., Yong, J. (1999). *Forward–Backward Stochastic Differential Equations and Their Applications*. Springer-Verlag, Berlin/Heidelberg.
Ma, J., Protter, P., Yong, J. (1994). Solving forward–backward stochastic differential equations explicitly—A four step scheme. *Probability Theory and Related Fields* 98, 339–359.

Ma, J., Protter, P., San Martin, J., Torres, S. (2002). Numerical method for backward stochastic differential equations. *Annals of Applied Probability* 12, 302–316.
Maenhout, P. (1999). Robust portfolio rules and asset pricing. *Working paper*, INSEAD.
Markowitz, H. (1952). Portfolio selection. *Journal of Finance* 7, 77–91.
Merton, R. (1969). Lifetime portfolio selection under uncertainty: The continuous time case. *Review of Economics and Statistics* 51, 247–257.
Merton, R. (1971). Optimum consumption and portfolio rules in a continuous-time model. *Journal of Economic Theory* 3, 373–413;
Erratum *Journal of Economic Theory* 6 (1973) 213–214.
Merton, R. (1990). *Continuous Time Finance*. Blackwell, Malden, MA.
Musiela, M., Zariphopoulou, T. (2004). An example of indifference prices under exponential preferences. *Finance and Stochastics* 8, 229–239.
Narens, L. (1985). *Abstract Measurement Theory*. MIT Press, Cambridge, MA.
Obstfeld, M. (1994). Risk-taking, global diversification, and growth. *American Economic Review* 84, 1310–1329.
Øksendal, B., Sulem, A. (2002). Optimal consumption and portfolio with fixed and proportional transaction costs. *SIAM Journal of Control and Optimization* 40, 1765–1790.
Øksendal, B., Sulem, A. (2005). *Applied Stochastic Control of Jump Diffusions*. Springer, New York.
Pardoux, E., Peng, S. (1990). Adapted solution of a backward stochastic differential equation. *Systems and Control Letters* 14, 55–61.
Piazzesi, M. (2005). Affine term structure models. *Handbook of Financial Econometrics*. Elsevier/North-Holland, Amsterdam/New York.
Pratt, J.W. (1964). Risk aversion in the small and in the large. *Econometrica* 32, 122–136.
Schroder, M., Skiadas, C. (1999). Optimal consumption and portfolio selection with stochastic differential utility. *Journal of Economic Theory* 89, 68–126.
Schroder, M., Skiadas, C. (2002). An isomorphism between asset pricing models with and without linear habit formation. *Review of Financial Studies* 15, 1189–1221.
Schroder, M., Skiadas, C. (2003). Optimal lifetime consumption-portfolio strategies under trading constraints and generalized recursive preferences. *Stochastic Processes and Their Applications* 108, 155–202.
Schroder, M., Skiadas, C. (2005). Lifetime consumption-portfolio choice under trading constraints and nontradeable income. *Stochastic Processes and Their Applications* 115, 1–30.
Schroder, M., Skiadas, C. (2008). Optimality and state pricing in constrained financial markets with recursive utility under continuous and discontinuous information. *Mathematical Finance* 18, 199–238.
Segal, U., Spivak, A. (1990). First-order versus second-order risk aversion. *Journal of Economic Theory* 51, 111–125.
Sethi, S. (1997). *Optimal Consumption and Investment with Bankruptcy*. Kluwer Academic Publishers, Norwell, MA.
Shreve, S., Soner, H.M. (1994). Optimal investment and consumption with transaction costs. *Annals of Applied Probability* 4, 609–692.
Shreve, S., Xu, G. (1992a). A duality method for optimal consumption and investment under short-selling prohibition. I. General market coefficients. *Annals of Applied Probability* 2, 87–112.
Shreve, S., Xu, G. (1992b). A duality method for optimal consumption and investment under short-selling prohibition. II. Constant market coefficients. *Annals of Applied Probability* 2, 314–328.
Skiadas, C. (1998). Recursive utility and preferences for information. *Economic Theory* 12, 293–312.
Skiadas, C. (2003). Robust control and recursive utility. *Finance and Stochastics* 7, 475–489.
Sundaresan, S. (1989). Intertemporally dependent preferences and the volatility of consumption and wealth. *Review of Financial Studies* 2, 73–89.
Svensson, L. (1989). Portfolio choice with non-expected utility in continuous time. *Economic Letters* 30, 313–317.
Svensson, L., Werner, I. (1993). Nontraded assets in incomplete markets: Pricing and portfolio choice. *European Economic Review* 37, 1149–1168.

Uppal, R., Wang, T. (2003). Model misspecification and under-diversification. *Journal of Finance* 58 (6), 2465–2486.

Vayanos, D. (1998). Transaction costs and asset prices: A dynamic equilibrium model. *Review of Financial Studies* 11, 1–58.

Vila, J.-L., Zariphopoulou, T. (1997). Optimal consumption and portfolio choice with borrowing constraints. *Journal of Economic Theory* 77, 402–431.

von Neumann, J., Morgenstern, O. (1944). *Theory of Games and Economic Behavior*. Princeton Univ. Press, Princeton, NJ.

Wachter, J. (2002). Portfolio and consumption decisions under mean-reverting returns: An exact solution in complete markets. *Journal of Financial and Quantitative Analysis* 37, 63–91.

Wakker, P.P. (1989). *Additive Representations of Preferences*. Kluwer, Dordrecht.

Yong, J., Zhou, X.Y. (1999). *Stochastic Controls: Hamiltonian Systems and HJB Equations*. Springer-Verlag, New York.

Zariphopoulou, T. (1994). Consumption-investment models with constraints. *SIAM Journal on Control and Optimization* 32, 59–85.

Zariphopoulou, T., Tiu, C.-I. (2002). Optimization in incomplete markets with recursive utility. *Working paper*, University of Texas, Austin.

Zhang, J. (2004). A numerical scheme for BSDEs. *Annals of Applied Probability* 14, 459–488.

第20章

動的ポートフォリオマネジメントにおける最適化手法

概　要

本章では最適ポートフォリオと資産負債管理（ALM）モデルを離散時間確率計画問題として解くための様々な方法について説明する．一般的な制約，リターンの確率分布，取引コスト，課税を伴った資産負債の多くの選択肢に関する投資意思決定を扱う解法に焦点を当てる．それぞれの方法は近似の形式に依存し，その近似形式によって分類できる．近似方法に関する研究成果，その方法の数値計算上の利点，今後の研究として発展性のある領域について議論する．

1. はじめに

動的ポートフォリオマネジメントは，金融工学のほとんどすべての分野で現れてくる．例えば，デリバティブの価格付けのためのヘッジング，リスクマネジメントにおける資本保有とクレジットポジションの決定，負債の時系列的な発生に合わせた資産配分の決定などである．連続時間モデルは解の構造を提示し，しばしば有用な解析的な結果へとつながるが，取引コストや様々な制約条件などの実務的な制約から，一般的な適用のために単純化された構造を犠牲にする離散時間モデルが必要となってくる．このような一般的なモデルは，動的確率計画問題（あるいは，確率的動的計画問題）として，数値計算過程を扱いやすいものとするために，なんらかの近似形式を仮定することになる．本章では，そうした近似の形式，近似と最適化アルゴリズムの関係，さらなる研究のための諸問題などについて述べる．

次節では本章に出てくる一般的な定式化を示す．3節ではその問題の近似に対する様々なアプローチを考察する．4節では様々な近似方法に当てはまる最適化手法を議論する．5節ではまとめとさらなる研究領域について述べる．

2. 定式化

本節では，はじめに一般的な定式化を提示し，次に動的ポートフォリオマネジメント問題のための特定化を行う．一般的な定式化の詳細については，Birge and Louveaux

2. 定式化

(1997) のテキストブック,Dempster (1980) や Wets (1990) のサーベイ論文を参照されたい.この定式化は状態変数と制御変数を統合して,1 つの状態ベクトルにするもので,多くの制御理論の方法(例えば Varaiya and Wets, 1989 の議論を参照)とは異なったものである.また,この定式化はデータのプロセスが観測可能で,確率分布が既知と仮定するものである.この仮定は,Bayes 意思決定モデル (Bayesian decision model) (例えば Berger, 1985 を参照) のような他のモデルとは異なったものである.もちろん,ベイジアンアプローチへの拡張はただちに可能ではあるが,異なっている(これについては 5 節で論じる).他のモデルは,一般に,以下に示すモデルの変数,制約条件,あるいは目的関数構造を通して把握することができる.しかし,ここで焦点を当てるのは,(確率計画問題が通常そうであるように)最適化のために数値計算の手間が膨大にかかり,それゆえ適切な最適化手法を必要とする,高次元の意思決定である.

この一般モデルのために,データのプロセス $\omega := \{\omega_t : t = 0, 1, 2, \cdots\}$ と(規範的な)確率空間 (Ω, Σ, μ) を仮定する.また,意思決定変数のプロセス $x := \{x_t : t = 0, 1, 2, \cdots\}$ を仮定し,x が可測関数 $x : \omega \mapsto x(\omega)$ であるとする.多くの確率計画問題の想定と同じく,意思決定変数のプロセスの空間は,本質的に有限な (essentially bounded) 関数の空間 $L_\infty^n := L_\infty(\Omega \times \mathbb{N}, \Sigma \times \mathcal{P}(\mathbb{N}), \mu \times \#; \mathbb{R}^n)$ であると仮定する.ここで,$\mathcal{P}$ はべき乗集合,# は計数測度である(他の空間を考えることももちろん可能であるが,例えば Eisner and Olsen, 1975 に書かれている $L_p, p < \infty$ のような空間では,制約条件の特性を定義することがより困難になる.それは特に,正円錐の内点の欠如のためである).この(ベクトル)点列空間上のノルムは次のように定義される.

$$\|x\| := \sup_n \operatorname{ess\,sup} |x_n(\omega)|$$

このデータプロセスは,フィルター $\mathbb{F} := \{\Sigma_t\}_{t=0}^\infty$ をもつ.ここで,$\Sigma_t := \sigma(\omega^t)$ はデータプロセス $\omega^t := \{\omega_0, \cdots, \omega_t\}$ の σ 可算加法族であり,Σ_t は $\{0, \Omega\} \subset \Sigma_0 \subset \Sigma_1 \subset \cdots \subset \Sigma$ を満たす.意思決定変数プロセスの履歴 $x^t := (x_0, \cdots, x_t)$ も同様に定義される.

時刻 t における意思決定変数プロセスの根本的な性質は,それが時刻 t までのデータにのみ依存するものでなければならないということである.すなわち,x_t は Σ_t 可測であるか,あるいは,$\mathbf{x}_t(\omega) = \mathbb{E}[\mathbf{x}_t(\omega) \mid \Sigma_t]$ a.s., $t = 0, 1, 2, \cdots$ でなければならない.ここで,$\mathbb{E}[\cdot \mid \Sigma_t]$ は σ 可算加法族 Σ_t についての条件付期待値である.確率計画法では,この条件は非予想特性 (nonanticipative property) と呼ばれる(実施可能 (implementable) あるいは,x_t は Σ_t 適合である,としても知られている).ここでは,非予想の条件を L_∞^n の上に定義された射影演算子 $\Pi_t : z \mapsto \pi_t z := \mathbb{E}[z \mid \Sigma_t]$, $t = 0, 1, 2, \cdots$ を使った制約条件として次のように書くことにする.

$$(I - \Pi_t)x_t = 0, \quad t = 0, 1, 2, \cdots \tag{20.1}$$

$\mathcal{N}$ を非予想プロセスの L_∞^n 内の閉線形部分空間とする. $\Pi := (\Pi_0, \Pi_1, \cdots)$ によって, L_∞^n から $\mathcal{N}$ への射影演算子を表すことにする. 一般的な最適化モデルは次のように定義される.

$$\inf_{x \in \mathcal{N}} \mathbb{E}\left[\sum_{t=0}^{\infty} f_t(\omega, x_t(\omega), x_{t+1}(\omega))\right] \tag{20.2}$$

ここで, $\mathbb{E}$ は Σ 上の確率測度 μ についての期待値を表す (Σ は μ で完備化されていると仮定する). 多くの応用問題では, 有限な時間 H のみを考えることになり, そうした場合は, 総和を $t = H$ で打ち切る. これまでの文献の慣例に従い, 記号 $\mathbf{x}_t, \mathbf{f}_t$ を使って, それぞれ ω の関数としての x_t, f_t, すなわち確率変数を表す. 問題 (20.2) は, これにより, 次のように書ける.

$$\inf_{\mathbf{x} \in \mathcal{N}} \mathbb{E}\left[\sum_{t=0}^{\infty} \mathbf{f}_t(\mathbf{x}_t, \mathbf{x}_{t+1})\right] \tag{20.3}$$

ここでは, 目的関数を $F(\mathbf{x}) := \mathbb{E}[\sum_{t=0}^{\infty} \mathbf{f}_t(\mathbf{x}_t, \mathbf{x}_{t+1})]$ として書いていることになる. (20.3) において, 目的関数の構成要素である $\mathbf{f}_t$ は厳密に凸な標準被積分関数であると仮定する (Rockafellar, 1976 を参照).

多くのポートフォリオ問題は (20.3) の凸目的関数の代わりに, 凹 (上に凸) 効用関数の最大化を扱うが, それは, 目的関数の符号の入れ替えを要するのみである. 一般的な問題として, ここでは, 最小化と凸被積分関数で議論を進めることにしよう. これは, この分野の文献のほとんどがそのような設定になっていることによるものである. 効用関数の枠組みでは, (20.3) にあるような時間加算の形式が様々な選好公理系を満たすことができるかどうかという疑問が生じる. しかし, (20.3) の目的関数は, $\mathbf{x}_t$ の適切な定義によってデータプロセスを包含し, $\mathbf{f}_t$ を意思決定変数の履歴と不確実性の解消に一般的に依存するようにさせることによって, 幅広い目的関数に合致するように定義することができる. 特に, $\mathbf{f}_t$ が前期の消費と将来の保有財産の関数の積を含むとき, この目的関数は Kreps and Porteus (1978) における一時点効用形式 (temporal utility form) に当てはまるようにさせることができる (連続時間系における代わりの効用形式に関する議論は, 本書の Skiadis による第 19 章を参照されたい).

ポートフォリオマネジメント問題を特定化するために, x_t は次のような項をもつものとする. すなわち, 資産 $i, i = 1, \cdots, K$ への配分構成 $y_t(i)$, 資産 i の購入額 $b_t(i)$, 資産 i の売却額 $s_t(i)$, 製品あるいはサービスカテゴリー $j, j = 1, \cdots, m$ の消費額 $c_t(j)$ である (例えば, 個々人にとって, ハウジングなど 1 つのカテゴリーの消費効用は住宅不動産のような資産配分に依存するかもしれない). 一方, データプロセスは次のようなパラメータを決定するかもしれない. すなわち, 時刻 t における純外部キャッシュフロー (一般的には, 資産負債管理モデルにおける負債) $l_t(\omega^t)$, 資産 i に対する配当 (おそらく負) のベクトル $d_t(i)$ (ただし $i = 1, \cdots, K$), 資産 i のリターン (純配当) のベクトル $r_t(i)$ (ただし $i = 1, \cdots, K$), 資産 i を購入 ($\alpha^+(i)$), 売却

2. 定式化

($\alpha^-(i)$) することに伴う取引コストのベクトル $\alpha^\pm(i)$ (ただし $i=1,\cdots,K$) である. こうした定義と, (持続と習慣の形成をモデル化するために) 前期と今期の消費に依存する消費効用関数 $U_t(c_t, c_{t+1}, \omega^t)$ により, $x_t = (y_t, b_t, s_t, c_t)$ について次式を得る.

$$f_t(x_t, x_{t+1}, \omega^t) = \begin{cases} -U_t(c_t, c_{t+1}, \omega^t), \\ \quad \text{ただし} \quad \text{diag}(r(\omega^t))y_t = y_{t+1} + b_{t+1} - s_{t+1}, \\ \quad (e+\alpha^+)^T b_{t+1} + e^T c_{t+1} + l_t(\omega^t) - d_t(\omega^t)^T y_t \\ \quad -(e-\alpha^-)^T s_{t+1} = 0 \text{ のとき} \\ +\infty, \quad \text{それ以外} \end{cases} \quad (20.4)$$

この定義は, (y_{t+1} を制限する) 他のリスク要因, (b_{t+1} あるいは s_{t+1} を限定するかもしれない) 取引制約, (例えば, 特定の負債カテゴリーがある国に限定されていて, 現金または配当収入でしか支払い可能でないというように, 複数負債カテゴリーを要するような) 負債に対する貸付制約といったさらなるポートフォリオ制約条件を含むように拡張することもできる. 税を含むこともできるが, このためには, 一般に, すべての資産に対する課税ベースを保持する必要があり, 状態空間のサイズを急速に増大させることになる. これらすべての可能性を許容する一方で, ここでは, f_t が線形制約に従う凸目的関数として表現されると仮定する. すなわち,

$$f_t(x_t, x_{t+1}, \omega^t) = \begin{cases} g_t(x_t, x_{t+1}, \omega^t), \quad \text{ただし} \quad B_t(\omega^t)x_t + A_{t+1}x_{t+1} \\ \qquad\qquad\qquad\qquad = h_{t+1}(\omega^t), \; x_{t+1} \geq 0 \text{ のとき} \\ +\infty, \qquad\qquad\qquad \text{それ以外} \end{cases}$$
$$(20.5)$$

この定式化は, 一般的な形式に制限をつけるものではない (これでも g_t の定義に他の制約をつけることは可能である) が, 以下に論じるように, いくつかの方法が使える便利な形式を与えてくれる.

便宜上, 問題 (20.3) を動的計画として考えることもできる. そうした形式にするために, $V_t(x_t, \omega^t)$ を状態 x_t において履歴 ω^t をもつ価値関数であるとして, 次のように定義しよう.

$$V_t(x_t, \omega^t) = \sup_{x_{t+1}} [f_t(x_t, x_{t+1}, \omega^t) + \mathbb{E}_{\omega_{t+1}|\omega^t}[V_{t+1}(x_{t+1}, \omega^{t+1})]] \quad (20.6)$$

終端価値：$V_H(x_H, \omega^H)$

場合によっては, x_t を ω^t の実現値それぞれに対して定義するという間接的なモデル表現形式を使うこともできる. この場合には, 一般に, t における可能なデータプロセスの有限集合をシナリオ $1, \cdots, N_t$ として仮定する. t におけるシナリオ i に関連づけられるものは, $t-1$ における祖先シナリオ $a(i)$ と $t+1$ における子孫シナリオ

の集合 $\mathcal{D}(i)$ である.多くの場合,ω^t によって決定づけられる関連パラメータ ξ_t の集合を考え,確率変数ベクトル ξ_t を形成することも便利である.

この形式は離散時間の古典的な投資消費問題によく合っている(例えば Samuelson,1969 を参照).連続時間への拡張(例えば Merton, 1969)も可能であるが,ここでの焦点は,なんらかの離散化の形式を必要とするような数値計算法である.以下の議論では,この形式の一般モデルを扱う.ポートフォリオ問題としての特定の性質が関係する場合は,上記の記号を用いる.

3. 近 似 法

(20.3) の形式の問題は,当然ながら計算量が膨大になる.例えば,計算複雑性の観点から見ると,これらの問題は PSPACE 困難(Dyer and Stougie, 2006)であり,精度のよい近似に対して高い確率で,時間の長さ H に伴って指数関数的な計算量を要する(Swamy and Shmoys, 2005; Shmoys and Swamy, 2006).2 段階($H=2$)問題で,共通の平均分散目的関数をもつようなケースでさえも NP 困難である(Ahmed,2006).それゆえ,最悪の場合,結果はきわめて不満足なものとなる.しかし,(20.4) のポートフォリオ表現のような特定の形式なら,信頼性の高い近似と効率的な計算の可能性が出てくる.近似はどのような場合にも広く要求されるものであり,本節のテーマとなるものである.

ここで扱う様々な近似方法は以下のようなものである.
1) 時間,パス,状態の集約(aggregation),あるいはシナリオ生成と削減: これらの方法は大きな(しばしば連続的な)可能性集合から始めて,それらを統合(あるいは選別)して,より扱いやすい表現形式をつくるものである.
2) 価値関数(value function)近似: この方法はなんらかの簡略化された表現形式を伴った価値関数 V_t の形式に焦点を当てるものである.
3) 方策制限(policy restriction): この方法は可能な制御の集合を効率的な計算を可能にする簡易形式に限定するものである.
4) 制約条件緩和(constraint relaxation)と双対化(dualization): この方法は制約条件を緩和するか,あるいは,双対形式に着目するものである.一般に実施可能な方策を保証するものではないが,実施可能な方策の上下限(bounds)[1] またはガイドラインを与えてくれる.
5) モンテカルロ法: この方法はサンプリング結果に依存するが,同時にいかなる上記の方法にも応用できるものである.

---

[1] 訳者注:"bounds" には,解析学では通常「界」の字をあてるが,ここでは数理計画分野の慣習に従い「限」の字をあてる.これに伴い,upper bound や lower bound は,それぞれ「上限」,「下限」と訳すことにする.

3.1 時間,パス,状態の集約,あるいはシナリオ生成と削減

(20.3) の近似は多くの形式をとりうる.意思決定の時刻(連続時間制御の場合も含めて)を固定することは,時間軸にわたる「集約 (aggregation)」と見ることのできる近似の一形式を表す.集約は状態へ適用することもできる(特に (20.6) の動的計画法を用いる場合).この形式の確率計画法は,扱いやすい定式化を引き出すために,サンプルの選択か集約を必要とするサンプルパスあるいは事象のシナリオの表現形式である.ここでは動的ポートフォリオ最適化問題で使われる問題削減のこうした形式について論じる.

3.1.1 時間集約

期間の集約は $s, \cdots, s+k$ での意思決定の k 期間を 1 つの期間における意思決定に置き換えることである.すなわち,$x_{s+1}, \cdots, x_{s+k+1}$ は集約された意思決定変数 X_{s+1} によって置き換えられ,目的関数となる総和 $\sum_{i=s+1}^{s+k} f_i(x_i, x_{i+1})$ は $F_s(X_s, X_{s+1})$ によって置き換えられる.全体的なアプローチとしては,$(x_{s+1}, \cdots, x_{s+k+1}) \to X_s$ および $\sum_{i=s+1}^{s+k} f_i(x_i, x_{i+1}) \to F_s(X_s, X_{s+1})$ という集約のステップが最初にあり,つづいて $X_s \to (x_{s+1}, \cdots, x_{s+k+1})$ という分解のステップがあり,分解された解ともとの目的関数を用いた目的関数の値(あるいは価値関数の上下限)の算定がある.

様々な結果から,集約された問題の解とその分解された解から最適解の上下限が得られる.その値は双対法かあるいは状態から状態への遷移に設定される制約(通常,有限個の状態と意思決定の設定)を用いる.一般的な線形制約の場合,双対性に基づいて得られた上下限は,制約条件の侵害に対する既知のペナルティーか,あるいは,それぞれの制約条件に対応する Lagrange 乗数に対する上下限によって決まる.典型的には,X_s は $X_s = \sum_{\ell=s+1}^{s+k+1} x_\ell/k$ という形で下位レベルの意思決定ベクトルの平均を表し,その目的値は,もとの目的関数値の総和または積となる.例えば,$F_s(X_s, X_{s+1}) = f_s(X_s, X_{s+1}) + \sum_{\ell=s+1}^{s+k} f_\ell(X_s, X_{s+1})$ である.

(20.5) に見られるような線形制約は,集約して F_s を定義する際に,1 つの集約された制約条件を直接的につくり出すこともできる.例えば,期間 s の目的関数が割引率 ρ^s を含んでいるとき,制約条件式全体は,1 つの重み付け割引率を用いることによって集約することができる(例えば Grinold, 1986 や Birge, 1985a を参照).線形制約 $B_\ell x_\ell + A_{\ell+1} x_{\ell+1} = h_{\ell+1}, \ell = s+1, \cdots, s+k+1$ は $\widetilde{B}_s X_s + \widetilde{A}_{s+1} X_{s+1} = \tilde{h}_{s+1}$ によって置き換えられる.ここで,$\widetilde{B}_s = \sum_{\ell=s}^{s+k} \rho^{\ell-s} B_\ell, \widetilde{A}_{s+1} = \sum_{\ell=s+1}^{s+k+1} \rho^{\ell-s-1} A_\ell,$ $\tilde{h}_{s+1} = \sum_{\ell=s+1}^{s+k+1} \rho^{\ell-s-1} h_\ell$ である.この集約の形式は,特に,長期あるいは無限の時間の間隔をもつ問題に対して,有限時点で打ち切ることによる終端効果を制御する際に有用である.また,目的関数の形式について仮定をおくことにより有限になる.例えば,凸目的関数に対して平均をとる集約は,Jensen の不等式により,その集約された

問題の解が $V_0(x_0)$ の下限を与える.制約条件の侵害に対する最大のペナルティー,あるいは,その他の目的関数の性質は,$V_0(x_0)$ の上限を与える有限な乗数を伴う双対形式をつくり出す.こうした上下限算定手順(bounding procedures)の説明は,Birge (1985a), Wright (1994), Kuhn (2005) でなされている.

3.1.2 パス集約

連続時間モデルから離散時間モデルへの変換において,時間の集約はしばしば時間の離散化と呼ばれる.通常,実際にこれを行う場合,サンプルパスの離散化あるいは集約も必要となる.この手順は,3.5項で述べるモンテカルロサンプリング,あるいは,準モンテカルロ法(例えば Niederreiter, 1978; Glasserman, 2004 を参照)で用いられるようなサンプルパスのランダムではない抽出,あるいは,上で述べた時間集約手順に見られるような凸性と双対性の結果(Birge, 1985a; Kuhn, 2005)からも得られる上下限近似(例えば Birge and Wets, 1986; Birge and Louveaux, 1997 を参照)である.

下限(最小化問題の場合)は,パス集約がもとのパスの期待値(および適切に重み付けされた条件付期待値)に対応するとき,確率変数の凸関数の期待値についての Jensen タイプの不等式から得られる.例えば,もし $x_t^*(\omega)$ が (20.2) に対する最適解であり,時刻 t における集約が,$p_t(i) = \text{Prob}\{S_t(i)\}$, $x_t(i) = \mathbb{E}[x_t^*(\omega) \mid \omega \in S_t(i)]$ という形で,Σ_t の N_t 個の部分集合 $S_t(1), \cdots, S_t(N_t)$ への分割(partition)に対応し,f_t が $\mathbb{E}[\xi_t(\omega) \mid \omega \in S_t(i)] = \xi_t(i)$ という形でランダムパラメータ $\xi_t(\omega)$ の凸関数であるなら,任意の x_{t-1} に対して,$\mathbb{E}_{\Sigma_t}[f_{t-1}(x_{t-1}, x_t(\omega), \xi_t(\omega))] \geq \sum_i^{N_t} p_t(i) f_{t-1}(x_{t-1}, x_t(i), \xi_t(i))$ である.この不等式を逐次適用することによって,次のことがわかる.すなわち,最適解 $\mathbf{x}_t^*$ の条件付期待値は,パス集約形式で実行可能となり,より低い目的関数値を与える.その集約形式を最適化することによって,より小さい下限が得られるのである[2].

解とランダムパラメータ,あるいは,目的関数の傾斜(および制約条件侵害ペナルティー)が有限である(すなわち,ある点を超えたら既知の速さでたかだか線形に成長する)とき,有限な上限(最小化問題の場合)を求めることは,この場合にも同じく可能である.この仮定を緩和することも可能であるが,高次のペナルティー関数が自明な上下限につながってしまうこともあるので,より高次モーメントの上限が必要である.一般的な考え方は,再び,凸性(あるいは,双対問題に対する実行可能解を構成する双対性)を利用することである.こうした上下限に対する基本的で有用な結果は,Birge and Wets (1986) と Birge and Louveaux (1997) で示されている,次の定理である.

---

[2] この集約の形は,収入管理モデルでも現れてくる.そこでは,近似的な x_t は,異なった顧客クラスへの期待割当てのベクトルを表し,期待将来需要と全般的なキャパシティー制約の両方によって制約を受けることになる.この形式は,ビットプライスコントロール(Talluri and Van Ryzin, 1998)として知られ,線形価値関数近似(Adelman, 2007)としても解釈される.

3. 近似法

定理 20.1 $\xi \mapsto g(x,\xi)$ が凸で，Ξ がコンパクトであるとする．すべての $\xi \in \Xi$ に対して，$\phi(\boldsymbol{\xi},\cdot)$ を $(\text{ext}\,\Xi,\mathcal{E})$ 上の確率測度とし，

$$\int_{e \in \text{ext}\,\Xi} e\phi(\boldsymbol{\xi},\text{d}e) = \boldsymbol{\xi} \tag{20.7}$$

とする．また，すべての $A \in \mathcal{E}$ に対して，$\omega \mapsto \phi(\xi(\omega),A)$ を可測とする．このとき，

$$\mathbb{E}[g(x)] \leq \int_{e \in \text{ext}\,\Xi} g(x,e)\lambda(\text{d}e) \tag{20.8}$$

ここで，λ は $\mathcal{E}$ 上で次のように定義された確率測度である．

$$\lambda(A) = \int_\Omega \phi(\xi(\omega),A)\mathbb{P}(\text{d}\omega) \tag{20.9}$$

この定理は，Ξ の極限方向に沿って目的関数 g の値を考えることによって，コンパクトでない Ξ にも拡張することができる．この上下限算定問題は，時点 t の確率変数である $\Xi_t(\omega)$ 上のもとの測度を，それぞれの時点 t での Ξ_t の極限（と方向）上の測度 λ で置き換えることから導き出される．この方法は，Ξ_t のいくつかの分割上に適用することもでき，それにより上下限近似を改善することができる．単体（simplex）のように，極限値の扱いが可能な集合を保持する分割では，特に効率的なものとなる（例えば，Frauendorfer, 1992 の重心（barycentric）法を参照）．

このような形の上下限は，根底にある確率分布についてなんらかの限定されたモーメント情報を仮定し，その上で得られたモーメント問題に対する解を構築し，その限定された確率分布形式における上下限を得るという，一般的なセミパラメトリックな方法として捉えることもできる（例えば，Birge and Wets, 1986 を参照）．このようにパス集約を極限値と条件付期待値の形式に置き換えることは，(20.2) のもとの定式に対して上下限を算定するような確定的な近似になる．この場合の上下限の厳密さは，一般的には，価値関数の非線形性の相対的な程度に依存する．線形の振舞いに近い関数は精度のよい近似を与える一方で，非線形性の強い反応関数はきわめて悪い近似を与える．

3.1.3 状態集約

上に述べたようなパス集約，時間集約の両アプローチに関連するアプローチとして，動的計画定式化 (20.6) の中で，直接，状態を集約する方法がある．最も基本的なアプローチは，$x_t \in X_t$ と仮定し，X_t のいくつかの分割を N_t 部分集合の中に形成して，その部分集合それぞれに対して $x_t(i)$, $i = 1,\cdots,N_t$ を割り当てることである．この一般的なアプローチは上で述べたパス集約アプローチの場合と同様の解釈が与えられるものであり，概して同じ上下限算定の結果へと導かれる．

ポートフォリオ最適化の文脈で状態を減らす他の可能性は，最適な方策が一般的な

状態空間の低次元表現にのみ依存する場合である．例えば，取引コストなしの場合には，その方策は保有財産にのみ依存する．そうした場合には，動的計画の形 (20.6) は変数 y の K 次元から 1 次元へと縮減される．取引コストを伴うより現実的な設定では，もし目的関数が保有財産から独立であれば，状態は資産のクラスごとに保有される比率へと縮減される（例えば，Papi and Sbaraglia, 2006）．しかし，1 次元への縮減は，もとの次元がすでに十分低い場合にのみ有効である．より一般的な場合は，状態集約は最適性をいくらか犠牲にすることになる．

動的計画法の状態集約に基づいた上下限の他の算定として，状態間遷移目的関数寄与度への上下限の算定を使うものがある（例えば，Bean et al., 1987 および Shen and Caines, 2002 を参照）．他の状態集約方法としては，近似のためのグリッド点を表す状態間を補間する形式を利用する方法もある．この形式の近似による上下限の算定は，一般に，価値関数の特性（例えば，微分の上下限）を利用するものであるが，そうした特性は，微分が必ずしも連続ではない制約付き問題（ここで考えているような問題）では成り立たないかもしれない．

3.1.4 シナリオ生成と削減

これまでの項で述べた一般的なアプローチは，上下限近似を可能にする状態とパスの削減に関係している．多くの場合，このタイプの集約で確定的な上下限を得ることは，特に次元がきわめて高い問題において，手に負えないほど大きな問題になるか極端に上下限の幅の広いもののどちらかになってしまう．サンプルパスのうち代表的なサンプル（シナリオ）を発生させるような他の手法は，しばしば（立証可能な確定的誤差推定のない）本来的にヒューリスティックなものであるが，それでも経験的には有効な結果を示している．本項では，こうした基本的なアプローチのいくつかについて述べる．

このアプローチに対する一般的な用語はシナリオ生成であるが，それは (20.2) の扱いやすい定式化の基礎を形成するサンプルパスの（有限な）集合を発生させることを指す．こうしたシナリオは，いくつかの統計的な表現（詳しくは後述）をもつかもしれないが，多くの実例では，ある未知確率分布の簡略化された表現形式を生み出すことを意図した 1 つの確定的なプロセスとして見出される．

シナリオの木構造を設計するための一般的アプローチは，Høyland and Wallace (2001), Kouwenberg (2001), Gondzio and Kouwenberg (2001), Pflug (2001) などの論文に見られる．これらのアプローチは概して，確率分布のモーメントフィッティングを提唱するか，あるいは，Pflug (2001) の場合は，もとになる確率変数と近似の確率分布の間の距離の上に設定されたトランスポーテーション距離関数（transportation metric）を提唱するものである．これらの結果は，求解のために使われる木構造を動的な確率分布へ効率的にフィッティングさせる．資産負債管理のためのポートフォリオ最適化問題において，シナリオ生成は，生成された木構造に裁定機会が発生してし

まうことがないように注意が必要である．こうした問題を回避する方法は Klaassen (1998) に述べられており，Pflug (2001) によって提案された制約条件付最適化アプローチにも見られる．

こうした一般的なアプローチは，大きな木構造から始めて，異なった確率分布間の（トランスポーテーション距離関数のような）距離関数を用いることによって，より少ない枝をもつ近い木構造を見つけようとする，シナリオ削減テクニックによっても拡張される．こうしたアプローチは，例えば，Dupačová et al. (2003) や Heitsch and Römisch (2003) などに見られる．それらはまた，異なった根底的な確率分布をもつ確率計画問題のそれぞれの最適解の間の距離を測る感度分析結果に一定の正当性をもたせている（例えば，概略については Römisch, 2003 を，凸目的関数をもつ最近の結果については Römisch and Wets, 2006 を参照）．(20.2) のような多段形式（multi-stage form）の場合の結果の一般的な拡張は，目下研究されているところである．

3.2 価値関数近似

(20.6) のような動的計画問題を近似するアプローチの多くは，価値関数 V_t の近似を行うものである．こうしたアプローチは基底関数（basis function）（例えば，Tsitsiklis and Van Roy, 1997, 2001; Birge and Louveaux, 1997, Chapter 11.3; Frantzeskakis and Powell, 1993 に見られるような，分離可能型（separable）かつ区分線形（piecewise linear）な関数）の集合による近似，Trick and Zin (1997) や Judd (1998) に記されているような一般スプライン（spline）近似，外形線形化（outer linearization）による近似（例えば，Louveaux, 1980; Birge, 1985a, 1985b; Birge and Rosa, 1996）などを含むこともある．後者の 3 つのアプローチは目的関数の凸性に依存している．

一般的なポートフォリオ問題にとって，状態変数に対する目的関数の凸性は，一般的には，効用と制約条件の表現についての仮定によって決まる．例えば，凸取引コストと von Neumann–Morgenstern 効用が，(20.4) において凸の目的関数形を与えることになる．この場合の U_t の形は，(それが凹関数である限り) きわめて一般性が高い．実際には，効用関数の相対リスク回避度が適切に反映されている限り，特定の関数形がポートフォリオの解に与える全般的な影響はほとんどないようである（Kallberg and Ziemba, 1983）．

線形基底関数を用いた一般の価値関数近似は，$V_t(x_t, \omega^t)$ を $\widehat{V}_t(x_t, \omega^t) = \sum_{j=1}^{p} \phi_t^j(x_t, \xi_t(\omega^t))$ という形で近似する．ここで，ϕ_t^j は分離可能型線形または区分線形のような単純な構造をもち，効率的な数値計算と積分を可能にするものである．このアプローチは，ξ_t のなんらかの離散的表現に基づくか，ξ_t からサンプルを発生させるためにモンテカルロ法を用いるか，あるいは，$\widehat{V}_t$ の期待値を得るために ξ_t に関数関係（特に分離可能性）を仮定するかである．下限と上限を得ることは，パス集約の場合と同様の議論によって可能である．

外形近似（outer approximation）あるいは切断面法（cutting plane method）は，

V_t の局所的情報を用いて,凸性の仮定のもとで,大局的な近似をつくり出すものである.その一般的なアプローチは,下に有限な凸近似 $V_{t+1}^{\ell}(x_{t+1}, \omega^{t+1}) \leq V_{t+1}(x_{t+1}, \omega^{t+1})$ を仮定し,所与の x_t^k と ω^t に対して次式を解くものである.

$$V_t^{\ell}(x_t^k, \omega^t) = \inf_{x_{t+1}} [f_t(x_t^k, x_{t+1}, \omega^t) + \mathbb{E}_{\omega_{t+1}|\omega^t}[V_{t+1}^{\ell}(x_{t+1}, \omega^{t+1})]] \quad (20.10)$$

凸性を利用すれば,これは,所与の ω^t において,すべての x_t に対して次のような大局的近似を与える.

$$V_t(x_t, \omega^t) \geq V_t^{\ell}(x_t^k, \omega^t) + \eta_t^{k\top}(x_t - x_t^k) \quad (20.11)$$

ここで, η_t^k は所与の ω^t に対する x_t^k における V^{ℓ} の準傾斜(subgradient)である.時系列的な独立性がある場合(すなわち,リターンの確率分布を決定づけるランダムな要素に対してしばしば仮定されるように, ω_{t+1} の確率分布が ω^t に依存しないような場合), $V_t^{\ell}(x_t^k)$ を解くことは ω^t とは独立であって,すべての ω^t に対して大局的な上下限を与える.

(20.11) の上下限算定結果は,繰返し分解法(nested decomposition method)(例えば,Birge, 1985b; Birge and Louveaux, 1997, Chapter 11)の基礎であり,ポートフォリオ最適化と資産負債管理のモデルに広く使われているものである(例えば Cariño et al., 1994; Dempster et al., 2003).その方法は,(20.11) における更新された解が, $V_t^{\ell}(x_t^k)$ の前の値を改善するたびに,よりタイトな下限 V_t^{ℓ} を生成することによって収束する.もし改善が起きなければ,別の x_t^k が選ばれるか, $t-1$(あるいは $t+1$)においてその下限がテストされる.いかなる t においても可能な改善がないときには,その方法は収束したことになる.

3.3 方策制限

近似においてしばしば有用なもう一つのアプローチは,プロセスのそれぞれの段階でとられる可能性のある意思決定あるいは方策 x_t の集合を限定することである.これは,例えば,資産負債管理モデルにおいては,正味キャッシュフローがゼロでないときにはいつでもとられる借入あるいは投資の戦略をもつことである.このアプローチの結果として,与えられた投資戦略が実際のキャッシュフロー実現値とは関係なく導かれ,デフォルト戦略を使ってペナルティーが適用されることになる.このアプローチは,価値関数近似のところ(前項)で述べたように,分離可能型反応関数(最小化目的関数のための下限の算定)を生み出すことができる.

資産負債管理における一つの例は Kusy and Ziemba (1986) にある.その結果が示すことは, x_1 は目標とする投資プロファイル(この場合,銀行預金とローン残高の目標値)を表し,すべての将来の不確実性は,それ以降の全期間を通して実行される短期借入と投資の戦略として,第 2 段階の中で表されるということである.これは効率

3. 近　似　法

的求解法が適用できる 2 段階モデルの形をしている.

このアプローチは Dempster and Thompson (2002) にも見られる. 彼らは多期間モデルの大規模サンプルに対してテストすることのできる一般的な方策ルールを, いかにして導出するかを示した. この一般的なアイデアは, 限られた数のフルスケールの最適化問題あるいはリバランスポイントを部分的な時間集約の形式として考慮するものでもある. 各リバランス期間の間の中間的な時間に制限された方策は, モデルの動的特性を捉えることを考慮に入れることになる.

他の制限方策法としては, 固定混合最適化スキーム (fixed mix optimization scheme) があるが, それはそれぞれの資産カテゴリーに対して固定された資産比率をもつような連続時間定常解の上に構築されるものである (Merton, 1969). 取引コストと非定常的特性がなければ, そうした解は最適かもしれない. しかし, 最良の固定混合配分を一般に見つけることは, 非凸最適化問題になり, 大局的最適化手法を使えば取り扱うことができるかもしれない (例えば Maranas et al., 1997 を参照).

連続時間最適化アプローチをガイドとして利用することは, その他のアプローチ, 例えば Davis and Norman (1990) にも見られる. 彼らが使ったのは, 比例的な取引コストの場合の結果であるが, それは, 最適なポートフォリオ方策が最適比率配分の周りの非取引領域で構成され, ポートフォリオ価値がその非取引領域の境界に到達するときにはいつでも, そのポートフォリオが最適比率配分に対してリバランスされるべきであるというものである. 低い次元では, このアプローチは数値計算として追跡可能であるが, 非取引領域の境界線を一般的に発見することはたいへん複雑になる. しかし, モンテカルロ法を境界推定と組み合わせることによって得られた最近の結果 (Muthuraman and Zha, 2006) は, この方向が有望であることを示している.

連続時間の結果を一般化するその他の可能性としては, 取引コストの形式を緩和することである. Morton and Pliska (1995) は, 例えば, 次のことを示している. すなわち, それぞれの売買決済において全ポートフォリオ価値のある割合 (実際に取引される量の割合ではない) を失うと仮定することによって, 数値解が漸近的に最適 (Atkinson and Wilmott, 1995) な非取引コスト最適解 (Merton 点) 周辺の楕円領域として得られる. Korn (2004) は, この方法が実際の比例的取引コストの上限を決めるのに使うこともできることを示し, Morton–Pliska 法を用いた近似法を提案している.

3.4 制約条件緩和と双対化

先に記したように, 制約条件の緩和 (およびペナルティー化) を考える方法によって, 多くの場合, もとの最大化問題の目的関数値に対して上限を算定することができる. これらの緩和法のほとんどは, 配分制限 (例えば, 売り持ち排除) の緩和, 非完備市場の緩和, 取引コストの削減, その他の一般的な連続時間解法が通用しないようなやっかいな問題の緩和に焦点を当てている. Haugh et al. (2006) と Haugh and Kogan (2007, 本書の第 22 章) のアプローチは, こうした手順の一つの例を示すもので, 関連

する制約条件に乗数を使う双対解を利用するものである．双対実行可能性を得ることによって，これらの方法は解の下限を与える．それらの効率的な実行の鍵は，緩和された問題と実行可能双対解の生成が，例えば，連続時間解の構造的な結果を利用することによって簡単に解かれるということである．これらの方法は実質的に Lagrange 法の一種であり，それによれば，緩和された制約は目的関数に対する適切な乗数とともに現れる．これについては次節で記す．

3.5 モンテカルロ法

以上で述べたアプローチのほとんどは，モンテカルロ法を含む自然な拡張を行うことができるものである．サンプルされた問題と上下限算定評価の統計的性質は，Blomvall and Shapiro (2006) に示されている．多項式基底関数とモンテカルロ法に基づいた価値関数の近似は Brandt et al. (2005) と van Binsbergen and Brandt (2006) のアプローチの基礎である．また，連続時間形の直接解法は Detemple et al. (2007, 本書の第 21 章) で考慮されている方法の基礎となっている．これらの方法は，特定の問題構造に強く依存しているので，ここではこれ以上詳しくは述べない．ただ，それら連続時間系における解構造の利用は，より一般的な問題の解法にも有用である．

モンテカルロサンプリングを外形近似法の中に組み込む手順は，Pereira and Pinto (1991), Dantzig and Infanger (1991), Higle and Sen (1996), Donohue and Birge (2006) で述べられている．一般に，モンテカルロ法はサンプルされた問題の漸近的特性に依存している（Blomvall and Shapiro, 2006）．もし，(20.2) において，1 つの解 x^N がパス ω^H の N 個のサンプルから生成されるなら，一般的な結果は，$x^N \to D(x^*)$ である．ここで，$D(x^*)$ は最適解 x^* の周りで適切に定義された確率分布である．この収束の速さは，それぞれの時間 $t = 1, \cdots, H$ における枝分かれの数を通して，N と H の両方に依存する．時系列上の独立性がある場合には，ステージの数のバイアスは軽減される．

Pereira and Pinto (1991) および Donohue and Birge (2006) の方法もまた，効率的な解を考えるために，時系列上の独立性の仮定を用いている．これらの方法は，下限近似は，$t+1 = H$ から始まる次期確率パラメータ ξ_{t+1} の網羅的サンプルを解くことにより利用可能な V_t^ℓ であると仮定する．この凸目的関数を伴う下限算定アプローチは大局的近似をつくり出すので，この手順は，状態 x_t のいかなる選択に対しても下限をつくり出すすべてのステージ t を通して継続されうる．結果として得られる下限近似は，全サンプルパスをサンプルすることと結果として得られる目的関数値を利用することによって上限推定をつくり出すために使われる．その方法が終了するのは，上限サンプルと下限が十分に近くなるときである．

4. 求 解 法

前節では，(20.2) の一般的な最適化問題の近似を構築するための様々な方法について述べた．本節では，上の問題の構造を利用した全般的な最適化問題を解くための様々な最適化手法について述べる．ここでは，一般アクティブセット法，内点法，分解法，Lagrange 法を取り扱う．

4.1 アクティブセット法

アクティブセット法 (active set method) の目標は，制約条件の固定アクティブセットのための最適性条件によって生成される行列のスパースな構造を利用することである．これらのアプローチは，(20.2) の線形バージョンに対してはすでに適用されている（例えば Kall, 1979; Strazicky, 1980; Birge, 1985b）．(20.2) の構造に特化した線形代数手順は，数値計算上の効率性につながることもある．しかし，現在多くの商用最適化ソフトには，同様のパフォーマンスを達成する効率的線形代数手法が含まれている．

4.1.1 内点法

内点法 (interior point method) としては線形代数演算を行うものがあるが，そのためには直接適用の際には稠密 (dense) かもしれないような（アクティブセット基底から）構造化された行列を用いて求解を行う必要がある．Birge and Qi (1988) によって与えられた因数分解法は，その稠密行列を直接アプローチには用いないようにして，サンプルの数が線形に増大するような多項式複雑性の結果を利用している．内点法の大規模な実装は，Yang and Zenois (1997) と Czyzyk et al. (1995) に見られる．他の可能性としては，Berger et al. (1995) にあるように，対称不定拡張系を利用する方法がある．

4.2 分 解 法

分解法 (decomposition approach) の背後にある全般的な考え方は，上に述べた外形近似の利用である．この一般的なアプローチは Benders (1962) 分解の一形式である Van Slyke and Wets (1969) による L 字型 (L-shaped) と呼ばれる方法として始まった．このアプローチは，本質的には，(20.2) の線形2段階形式に対する双対形の Dantzig–Wolfe 分解（内部線形化）(1960) である．すでに述べたように，この方法は容易に多段階形式に一般化され（Birge, 1985b），それは繰返し L 字型あるいは Benders 分解法として知られている．

4.3 Lagrange 法に基づく方法

Lagrange 法に基づく方法（Lagrangian-based approach）は，本質的に，複雑な制約条件式を乗数とともに目的関数に持ち込み，その乗数を調整することによって，双対最適（あるいは近似的）解を得るという緩和戦略である．この複雑な制約条件式は，非予想性，状態制約（例えば，Haugh et al., 2006 の緩和法に関連して上に述べたような空売り），あるいは，緩和された問題の高速求解を可能にするなんらかの組合せに関係したものでよい．例えば，状態制約を緩和する場合には，連続時間最適解はしばしば容易に導出される．非予想性制約を緩和する場合には，最適化は別々のサンプルパスに対する問題へと分解され，これが別々のサンプルパスのシミュレーションとそれぞれの個別のパスの上での最適化の組合せを可能にする．

もし非予想性制約が緩和されるなら，その解は根底にあるパラメータ $\boldsymbol{\xi}$ のそれぞれの実現値に対する別々の問題へと縮減される．その手順がどのように進むかを見るために，（例えば Rockafellar and Wets, 1976 に見られるように適当な双対空間の上に定義された）乗数 π を仮定し，次の (20.2) に対する双対問題を得る．

$$\max_{\pi(\xi)} w = \theta(\pi) \tag{20.12}$$

ここで，

$$\theta(\pi) = \inf_{x \in X} z = \mathbb{E}\left[\sum_{t=0}^{H} f_{t+1}(x^t(\boldsymbol{\xi}), x_{t+1}(\boldsymbol{\xi}), \boldsymbol{\xi})\right] + \mathbb{E}\left[\sum_{t=0}^{H} \pi^t(\boldsymbol{\xi})(I - \Pi_t)x^t(\boldsymbol{\xi})\right] \tag{20.13}$$

であり，X は $X_t(\boldsymbol{\xi})$ におけるすべての制約条件を表し，π^t は π の最初の t 期間項を表す．

これらの方法における全般的な考え方は，適切な正則条件のもとで，主問題における最小値に対応する双対問題における最大値を目指して反復計算を行うことである．(20.12) が常に一意の解をもつと仮定すると，一つの基本的方法は，以下のものである（ここで，サンプルパスの数を有限な N とし，$\Pi_{\mathcal{N}}$ を非予想部分集合 $\mathcal{N}$ 上への射影であるとする）．

Lagrange 双対勾配法
- ステップ 0：$\pi^0, \nu = 0$ とセットし，ステップ 1 へいく．
- ステップ 1：(20.12) において，$\pi = \pi^\nu$ として，解 $(x_1^\nu, \cdots, x_N^\nu)$ を見出す．
- ステップ 2：もし $x_k^\nu - \Pi_{\mathcal{N}} x^\nu = 0, k = 1, \cdots, N$ なら，（最適であるので）停止．そうでなければ，$\hat{\pi}_k = x_k^\nu - \Pi_{\mathcal{N}} x^\nu$ として，ステップ 3 へいく．
- ステップ 3：λ^ν を，$\pi^\nu + \lambda \hat{\pi} \geq 0, \lambda \geq 0$ のもとで $\theta(\pi^\nu + \lambda \hat{\pi})$ を最小化するものとする．$\pi^{\nu+1} = \pi^\nu + \lambda^\nu \hat{\pi}, \nu = \nu + 1$ として，ステップ 1 へいく．

解の一意性を仮定すれば，この方法は常に θ の勾配の方向を与える．このアルゴリズムは最適解へ有限回で収束するか，最適解の集合が有限であると仮定して，すべて最適な極限点の無限点列を与える．(20.12) が複数の最適解をもつときには，微分可能でない手法（すなわち，準傾斜法）を使わなければならない．この場合，最大ノルム準傾斜は，勾配法か様々な方法が可能であることを保証する（例えば Lemaréchal, 1978; Kiwiel, 1983 を参照）．

双対勾配手順における数値計算の効率性については，双対反復の回数は，(20.2) を直接解くのに必要とされる関数評価の回数に比べて少ないことが予想される．計算時間は，主問題の代わりに双対問題について演算を行うことによって（リンクする制約条件を回避することによって）短縮されるが，多くの反復計算が必要とされる．この方法は収束を遅くさせるかもしれない θ の一点線形化を用いる．(20.2) に対する他の Lagrange 法は，より大局的な，あるいは，少なくとも 2 階の情報を用いるものもある．

Rockafeller and Wets (1986) は (20.2) の特別なケースに適用する手法を提案している．それは，f_0 が凸領域上の凸 2 次関数で，f_1 が線形制約をもった 2 次関数であるというケースである．この問題に対する拡張 Lagrange 法（例えば，Bertsekas, 1982）では，ペナルティー $(r/2)\|x_k - \Pi_{\mathcal{N}}x\|^2$ が $\theta(\pi)$ のそれぞれの項 k に追加され，反復計算は $\pi_k^{\nu+1} = \pi_k^{\nu} + rp_k(x_k - \Pi_{\mathcal{N}}x)$ という形で固定されたステップサイズでなされる．このアプローチの一つの利点は（Dempster, 1988 で述べられているように），非特異のヘッセ行列を保持したままで，Newton タイプのステップをとることができることである．これにより，収束の速さを改善することができる．

Dempster (1988) は新しい変数 x_0 を追加し，$\Pi_{\mathcal{N}}x$ に置き換えて，次を解くことを提案している．

$$\hat{\theta}(\pi) = \min_{x,y} f_0(x_0) + \sum_{k=1}^{N} p_k \Big[f_1(x_{1k}, x_{2k}, \xi_k) + \pi_k^{\nu} \cdot (x_{1k} - x_0) + \frac{r}{2} \|x_{1k} - x_0\|^2 \Big] \tag{20.14}$$

このアプローチでは，反復は，x_0 の探索とその後それぞれの k に対する分離可能型最適化の間でなされる．これにより，全体的な収束が改善されるのである．

この方法は Rockafeller and Wets (1991) の発展的ヘッジングアルゴリズム（progressive hedging algorithm; PHA）に似ている．それは，それぞれの反復計算に対して分離シナリオ問題の完全分離を達成するもので，1 回の反復当たりでは劇的に少ない計算量であるが，反復回数はずっと多くなるというものである．PHA は特に構造化された問題に対しては数値計算上の利点がある（例えば Mulvey and Vladimirou, 1991 を参照）．関連するアプローチである，Nielsen and Zenios (1993a, 1993b) による Censor and Lent (1981) の行アクションアルゴリズムの拡張も，ポートフォリオ問題に現れるようなネットワーク制約に対する特定の効率性をもっている．これらの方法にとっての鍵は，個別部分問題構造がアルゴリズム全体を通じて保持されるとい

うことである.

　拡張 Lagrange 法と PHA の一般構造は，目的関数（および暗黙裡に定義された制約条件式）に対する様々な条件を許容している．また，拡張 Lagrange 法は整数変数を伴う問題（例えば，固定取引コストや非ゼロポジションの数に対する制約など）にも適用できるかもしれない．こうしたケースでは，PHA は収束しないかもしれない (Takriti et al., 1996) が，PHA はそれでもなお良い解をたいへん効率的に導いてくれる.

　Mulvey and Ruszczyński (1995) も拡張 Lagrange 法の変形を提案している．それは，対角 2 次近似（diagonal quadratic approximation; DQA）と呼ばれるもので，非分離可能項を固定して，分離を許容するものである．彼らのアプローチは，置換 σ_k, $k = 1, \cdots, N$ の非予想性制約を 2 段階ケースにおいて $x_{1k} - x_{1\sigma(k)}, k = 1, \cdots, N$ とおき，目的関数の中の $\|x_{1k} - x_{1\sigma(k)}\|^2$ 項を現在の反復値 $\hat{x}_{1k}$ で近似するものである．その結果は，もとの拡張 Laglange 問題が，再びそれぞれの k に対する分離可能型部分問題へと分解される（これにより並列計算が可能になる）ということである．2 つの段階に対して，定式化は次のようになる.

$$\inf z_k = f_0(x_{1k}) + f_1(x_{1k}, x_{2k}, \xi_k) + (\pi_k - \pi_{\sigma^{-1}(k)}) \cdot (x_{1k}) \\ + \frac{r}{2} \Big[\|x_{1k} - \hat{x}_{1\sigma(k)}\|^2 + \|x_{1k} - \hat{x}_{1\sigma^{-1}(k)}\|^2 \Big] \quad (20.15)$$

ここで，$\sigma^{-1}(k)$ は $\sigma(j) = k$ となるシナリオ j を指す.

5. 拡張と結論

　本章では，資産負債管理のような文脈で現れる一般的なポートフォリオ問題に適用する解法に焦点を当てた．ここでの各アプローチの扱いは，一般に，確率分布が既知であるが，期待目的汎関数が意思決定変数 x_t について凸である限り，Pástor (2000) や Pástor and Stambaugh (2000) に見られるような Bayes 仮定を上記のアプローチにただちに組み込むことができるような状況を想定している．もし，意思決定変数が学習に影響を与えるなら（例えば，市場に乗らない資産の価格が，それが取引されるまで知られることがないとき），凸関係はもはや成り立たず，それによって，ここでの最適化手順が複雑になるかもしれない.

　確率分布の仮定のその他の形としては，max–min（あるいは min–max）目的関数，あるいは，ロバスト最適化（robust optimization）手法（例えば，Goldfarb and Iyengar, 2003; Tütüncü and Koenig, 2004; Garlappi et al., 2007）とロバスト推定 (robust estimation) に基づく最適化手法（DeMiguel and Nogales, 2006）がある．これらの方法は，その原理は動的ポートフォリオ最適化の一般的な設定にも同様に適用されうるのであるが，静的最適化モデルに適用される（あるいは動的環境において

近視眼的に適用される)のが一般的であった．ロバスト最適化手法では，目的関数は，max-min 効用表現の場合と同じように，分布の集合上の極端なケースも表すように書き換えられる（例えば，Ghilboa and Schmeidler, 1989）．この極端ケースでは，同じ台集合をもついかなる分布の集合も考慮されている．また，ロバスト推定に基づく方法では，推定に悪影響が及ばないように観測値にフィットする暗黙の分布を得るよう内部最適化を組み込む．これらの方法は上で述べた最適化手順に組み込まれることが可能であるが，凸性の保持については注意する必要がある．

　本章の議論では，様々な近似法と数値計算法が一般的な制約と目的関数をもつ動的ポートフォリオ最適化問題に適用できるということが示された．その方法は，サンプルパスの分布を表す基本的な原理，分布と最適値との関係，制限と緩和の効果，最適化における問題構造の利用に立脚している．連続時間の解をそれらの離散時間版に関連づける研究成果，最適化における推定とモデルにおける不確実性の影響を考慮する研究成果，確率分布表現と推定に対して最適化手法を適用させる研究成果など，さらなる研究成果について，多くの可能性が存在する．

謝辞
　この研究の一部は全米科学財団（助成 DMI-0200429 および 0422937）およびシカゴ大学経営大学院によって助成されている．　　　　　　　　（**J. R. Birge**/前田　章）

参 考 文 献

Adelman, D. (2007). Dynamic bid prices in revenue management. *Operations Research* 55 (4), 647–661.
Ahmed, S. (2006). Convexity and decomposition of mean-risk stochastic programs. *Mathematical Programming, Series A* 106, 433–446.
Atkinson, C., Wilmott, P. (1995). Portfolio management with transaction costs: An asymptotic analysis of the Morton and Pliska model. *Mathematical Finance* 5, 357–367.
Bean, J.C., Birge, J.R., Smith, R.L. (1987). Aggregation in dynamic programming. *Operations Research* 35, 215–220.
Benders, J.F. (1962). Partitioning procedures for solving mixed-variables programming problems. *Numerische Mathematik* 4, 238–252.
Berger, J.O. (1985). *Statistical Decision Theory and Bayesian Analysis*. Springer-Verlag, New York.
Berger, A.J., Mulvey, J.M., Rothberg, E., Vanderbei, R.J. (1995). Solving multistage stochastic programs using tree dissection, *Technical Report SOR 92-5*, Department of Civil Engineering and Operations Research, Princeton University, Princeton, NJ.
Bertsekas, D.P. (1982). *Constrained Optimization and Lagrange Multiplier Methods*. Academic Press, New York.
Birge, J.R. (1985a). Aggregation in stochastic linear programming. *Mathematical Programming* 31, 25–41.
Birge, J.R. (1985b). Decomposition and partitioning methods for multi-stage stochastic linear programs. *Operations Research* 33, 989–1007.
Birge, J.R., Louveaux, F. (1997). *Introduction to Stochastic Programming*. Springer, New York.
Birge, J.R., Qi, L. (1988). Computing block-angular Karmarkar projections with applications to stochastic programming. *Management Science* 34, 1472–1479.

Birge, J.R., Rosa, C.H. (1996). Parallel decomposition of large-scale stochastic nonlinear programs. *Annals of Operations Research* 64, 39–65.

Birge, J.R., Wets, R.J.-B. (1986). Designing approximation schemes for stochastic optimization problems, in particular, for stochastic programs with recourse. *Mathematical Programming Study* 27, 54–102.

Blomvall, J., Shapiro, A. (2006). Solving multistage asset investment problems by the sample average approximation method. *Mathematical Programming, Series B* 108, 571–595.

Brandt, M.W., Goyal, A., Santa-Clara, P., Stroud, J.R. (2005). A simulation approach to dynamic portfolio choice with an application to learning about return predictability. *Review of Financial Studies* 18, 831–873.

Cariño, D.R., Kent, T., Meyers, D.H., Stacy, C., Sylvanus, M., Turner, A.L., Watanabe, K., Ziemba, W.T. (1994). The Russel–Yasuda Kasai model: An asset/liability model for a Japanese insurance company using multistage stochastic programming. *Interfaces* 24, 29–49.

Censor, Y., Lent, A. (1981). An iterative row-action method for interval convex programming. *Journal of Optimization Theory and Applications* 343, 321–353.

Czyzyk, J., Fourer, R., Mehrotra, S. (1995). A study of the augmented system and column-splitting approaches for solving two-stage stochastic linear programs by interior-point methods. *ORSA Journal on Computing* 7, 474–490.

Dantzig, G.B., Infanger, G. (1991). Large-scale stochastic linear programs—Importance sampling and Benders decomposition. In: Brezinski, C., Kulisch, U. (Eds.), *Computational and Applied Mathematics*, vol. I. North-Holland, Amsterdam, pp. 111–120.

Dantzig, G.B., Wolfe, P. (1960). The decomposition principle for linear programs. *Operations Research* 8, 101–111.

Davis, M.H.A., Norman, A.R. (1990). Portfolio selection with transaction costs. *Mathematics of Operations Research* 15, 676–713.

DeMiguel, V., Nogales, F.J. (2006). Portfolio selection with robust estimates of risk. *London Business School working paper*.

Dempster, M.A.H. (1980). Introduction to stochastic programming. In: Dempster, M.A.H. (Ed.), *Stochastic Programming*. Academic Press, New York, pp. 3–59.

Dempster, M.A.H. (1988). On stochastic programming II: Dynamic problems under risk. *Stochastics* 25, 15–42.

Dempster, M.A.H., Thompson, G.W.P. (2002). Dynamic portfolio replication using stochastic programming. In: Dempster, M.A.H. (Ed.), *Risk Management: Value at Risk and Beyond*. Cambridge University Press, Cambridge, UK.

Dempster, M.A.H., Germano, M., Medova, E.A., Villaverde, M. (2003). Global asset liability management. *British Actuarial Journal* 9, 137–216.

Detemple, J., Garcia, R., Rindisbacher, M. (2007). Simulation methods for optimal portfolios. In: Birge, J.R., Linetsky, V. (Eds.), Financial Engineering. In: Handbooks in Operations Research and Management Science, vol. 15, Elsevier, Amsterdam, this volume.

Donohue, C.J., Birge, J.R. (2006). The abridged nested decomposition method for multistage stochastic linear programs with relatively complete recourse. *Algorithmic Operations Research* 1, 18–28.

Dupačová, J., Gröwe-Kuska, N., Römisch, W. (2003). Scenario reduction in stochastic programming: An approach using probability metrics. *Mathematical Programming, Series A* 95, 493–511.

Dyer, M., Stougie, L. (2006). Computational complexity of stochastic programming problems. *Mathematical Programming, Series A* 106, 423–432.

Eisner, M., Olsen, P. (1975). Duality for stochastic programming interpreted as l. p. in L_p-space. *SIAM Journal of Applied Mathematics* 28, 779–792.

Frantzeskakis, L.F., Powell, W.B. (1993). Bounding procedures for multistage stochastic dynamic networks. *Networks* 23, 575–595.

Frauendorfer, K. (1992). *Stochastic Two-Stage Programming. Lecture Notes in Economics and Mathematical Systems*, vol. 392. Springer-Verlag, Berlin.

Garlappi, L., Uppal, R., Wang, T. (2007). Portfolio selection with parameter and model uncertainty: A multi-prior approach. *Review of Financial Studies* 20, 41–81.

参 考 文 献

Ghilboa, I., Schmeidler, D. (1989). Maxmin expected utility with non-unique prior. *Journal of Mathematical Economics* 18, 141–153.
Glasserman, P. (2004). *Monte Carlo Methods in Financial Engineering*. Springer, New York.
Goldfarb, D., Iyengar, G. (2003). Robust portfolio selection problems. *Mathematics of Operations Research* 28, 1–38.
Gondzio, J., Kouwenberg, R. (2001). High-performance computing for asset-liability management. *Operations Research* 49, 879–891.
Grinold, R.C. (1986). Infinite horizon stochastic programs. *SIAM Journal of Control Optimization* 24, 1246–1260.
Haugh, M.B., Kogan, L. (2007). Duality theory and approximate dynamic programming for pricing American options and portfolio optimization. In: Birge, J.R., Linetsky, V. (Eds.), Financial Engineering. In: Handbooks in Operations Research and Management Science, vol. 15, Elsevier, Amsterdam, this volume.
Haugh, M.B., Kogan, L., Wang, J. (2006). Evaluating portfolio policies: A duality approach. *Operations Research* 54, 405–418.
Heitsch, H., Römisch, W. (2003). Scenario reduction algorithms in stochastic programming. *Computational Optimization and Applications* 24, 187–206.
Higle, J., Sen, S. (1996). *Stochastic Decomposition*. Kluwer Academic Publishers, Dordrecht.
Høyland, K., Wallace, S.W. (2001). Generating scenario trees for multistage decision problems. *Management Science* 47, 295–307.
Judd, K.L. (1998). *Numerical Methods in Economics*. MIT Press, Cambridge, MA.
Kall, P. (1979). Computational methods for solving two-stage stochastic linear programming problems. *Journal of Applied Mathematics and Physics* 30, 261–271.
Kallberg, J.G., Ziemba, W.T. (1983). Comparison of alternative utility functions in portfolio selection problems. *Management Science* 29, 1257–1276.
Kiwiel, K.C. (1983). An aggregate subgradient method for nonsmooth convex minimization. *Mathematical Programming* 27, 320–341.
Klaassen, P. (1998). Financial asset-pricing theory and stochastic programming models for asset/liability management: A synthesis. *Management Science* 44, 31–48.
Korn, R. (2004). Realism and practicality of transaction cost approaches in continuous-time portfolio optimisation: The scope of the Morton–Pliska approach. *Mathematical Methods of Operations Research* 60, 165–174.
Kouwenberg, R. (2001). Scenario generation and stochastic programming models for asset liability management. *European Journal of Operational Research* 134, 279–292.
Kreps, D., Porteus, E. (1978). Temporal resolution of uncertainty and dynamic choice theory. *Econometrica* 46, 185–200.
Kuhn, D. (2005). Aggregation and discretization in multistage stochastic programming. Institute for Operations Research and Computational Finance, University of St. Gallen, Switzerland.
Kusy, M., Ziemba, W.T. (1986). A bank asset and liability management model. *Operations Research* 34, 356–376.
Lemaréchal, C. (1978). Bundle methods in nonsmooth Optimization. In: Lemaréchal, C., Mifflin, R. (Eds.), *Nonsmooth Optimization. Proc. IIASA Workshop*. Pergamon, Oxford/Elmsford, NY, pp. 79–102.
Louveaux, F.V. (1980). A solution method for multistage stochastic programs with recourse with application to an energy investment problem. *Operations Research* 28, 889–902.
Maranas, C.D., Androulakis, I.P., Floudas, C.A., Berger, A.J., Mulvey, J.M. (1997). Solving long-term financial planning problems via global optimization. *Journal of Economic Dynamics and Control* 21, 1405–1425.
Merton, R.C. (1969). Lifetime portfolio selection under uncertainty: The continuous-time case. *The Review of Economics and Statistics* 51, 247–257.
Morton, A.J., Pliska, S.R. (1995). Optimal portfolio management with fixed transaction costs. *Mathematical Finance* 5, 337–356.
Mulvey, J.M., Ruszczyński, A. (1995). A new scenario decomposition method for large scale stochastic optimization. *Operations Research* 43, 477–490.

Mulvey, J.M., Vladimirou, H. (1991). Applying the progressive hedging algorithm to stochastic generalized networks. *Annals of Operations Research* 31, 399–424.
Muthuraman, K., Zha, H. (2006). Simulation based portfolio optimization for large portfolios with transaction costs. *Mathematical Finance* 16, 301–335.
Niederreiter, H. (1978). Quasi-Monte Carlo methods and pseudorandom numbers. *Bulletin of the American Mathematical Society* 84, 957–1041.
Nielsen, S.S., Zenios, S.A. (1993a). Proximal minimizations with D-functions and the massively parallel solution of linear stochastic network programs. *International Journal of Supercomputing and Applications* 7, 349–364.
Nielsen, S.S., Zenios, S.A. (1993b). A massively parallel algorithm for nonlinear stochastic network problems. *Operations Research* 41, 319–337.
Papi, M., Sbaraglia, S. (2006). Optimal asset-liability management with constraints: A dynamic programming approach. *Applied Mathematics and Computation* 173, 306–349.
Pástor, L. (2000). Portfolio selection and asset pricing models. *Journal of Finance* 55, 179–223.
Pástor, L., Stambaugh, R.F. (2000). Comparing asset pricing models: An investment perspective. *Journal of Financial Economics* 56, 335–381.
Pereira, M.V.F., Pinto, L.M.V.G. (1991). Multistage stochastic optimization applied to energy planning. *Mathematical Programming* 52, 359–375.
Pflug, G. (2001). Scenario tree generation for multiperiod financial optimization by optimal discretization. *Mathematical Programming, Series B* 89, 251–271.
Rockafellar, R.T. (1976). Integral Functionals, Normal Integrands and Measurable Selections. *Lecture Notes in Mathematics*, vol. 543. Springer, Berlin.
Rockafellar, R.T., Wets, R.J.-B. (1976). Stochastic convex programming: Basic duality. *Pacific Journal of Mathematics* 63, 173–195.
Rockafellar, R.T., Wets, R.J.-B. (1986). A Lagrangian finite generation technique for solving linear-quadratic problems in stochastic programming. *Mathematical Programming Study* 28, 63–93.
Rockafellar, R.T., Wets, R.J.-B. (1991). Scenarios and policy aggregation in optimization under uncertainty. *Mathematics of Operations Research* 16, 119–147.
Römisch, W. (2003). Stability of stochastic programming problems. In: Ruszczyński, A., Shapiro, A. (Eds.), *Stochastic Programming, Handbooks of Operations Research and Management Science*, vol. 10. Elsevier, Amsterdam, pp. 483–554.
Römisch, W., Wets, R.J.-B. (2006). Stability of ϵ-approximate solutions to convex stochastic programs. *Humboldt University working paper*.
Samuelson, P.A. (1969). Lifetime portfolio selection by dynamic stochastic programming. *The Review of Economics and Statistics* 51, 239–246.
Shen, G., Caines, P.E. (2002). Hierarchically accelerated dynamic programming for finite-state machines. *IEEE Transactions on Automatic Control* 47, 271–283.
Shmoys, D.B., Swamy, C. (2006). An approximation scheme for stochastic linear programming and its application to stochastic integer programs. *Journal of the ACM* 53, 978–1031.
Skiadis C. (2007). Dynamic portfolio choice and risk aversion. In: Birge, J.R., Linetsky, V. (Eds.), Financial Engineering. In: Handbooks in Operations Research and Management Science, vol. 15, Elsevier, Amsterdam, this volume.
Strazicky, B. (1980). Some results concerning an algorithm for the discrete recourse problem. In: Dempster, M.A.H. (Ed.), *Stochastic Programming*. Academic Press, New York.
Swamy, C., Shmoys, D.B. (2005). Sampling-based approximation algorithms for multi-stage stochastic optimization. In: *Proceedings of FOCS 2005*. IEEE Computer Society, Los Alamitos, CA, pp. 357–366.
Takriti, S., Birge, J.R., Long, E. (1996). A stochastic model for the unit commitment problem. *IEEE Transactions on Power Systems* 11, 1497–1508.
Talluri, K.T., Van Ryzin, G.J. (1998). An analysis of bid–price controls for network revenue management. *Management Science* 44, 1577–1593.
Trick, M.A., Zin, S.E. (1997). Spline approximations to value functions: Linear programming approach. *Macroeconomic Dynamics* 1, 255–277.

Tsitsiklis, J.N., Van Roy, B. (1997). An analysis of temporal-difference learning with function approximation. *IEEE Transactions on Automatic Control* 42, 674–690.

Tsitsiklis, J.N., Van Roy, B. (2001). Regression methods for pricing complex American-style options. *IEEE Transactions on Neural Networks* 12, 694–703.

Tütüncü, R.H., Koenig, M. (2004). Robust asset allocation. *Annals of Operations Research* 132, 157–187.

van Binsbergen, J.H., Brandt, M.W. (2006). Optimal asset allocation in asset liability management, Duke University, *Fuqua School working paper*.

Van Slyke, R., Wets, R.J.-B. (1969). L-shaped linear programs with application to optimal control and stochastic programming. *SIAM Journal on Applied Mathematics* 17, 638–663.

Varaiya, P., Wets, R.J.-B. (1989). Stochastic dynamic optimization approaches and computation. In: Iri, M., Tanabe, K. (Eds.), *Mathematical Programming: Recent Developments and Applications*. Kluwer, Dordrecht, pp. 309–332.

Wets, R.J.-B. (1990). Stochastic programming. In: Nemhauser, G.L., Rinnooy Kan, A.H.G., Todd, M.J. (Eds.), *Optimization, Handbooks in Operations Research and Management Science*, vol. 1. North-Holland, Amsterdam.

Wright, S.E. (1994). Primal–dual aggregation and disaggregation for stochastic linear programs. *Mathematics of Operations Research* 19, 893–908.

Yang, D.F., Zenios, S.A. (1997). A scalable parallel interior point algorithm for stochastic linear programming and robust optimization. *Computational Optimization and Applications* 7, 143–158.

第21章

最適ポートフォリオ選択問題におけるシミュレーション法

概　要

　本章では最適ポートフォリオ戦略を求めるための各種モンテカルロ法のサーベイと比較を行う．ここでは4種類の手法を取り上げる．Detemple et al. (2003) により提案された MCMD (Monte Carlo Malliavin derivative), Cvitanic et al. (2003) により提案された MCC (Monte Carlo covariation), Brandt et al. (2005) により提案された MCR (Monte Carlo regression), MCFD (Monte Carlo finite difference) である．各手法でのポートフォリオ推定量の漸近的な性質を調べる．また，解析解のある設定でのポートフォリオ選択問題において各方法での推定量の収束に関する数値実験を行っている．数値実験の結果により MCMD が他の方法よりも良いことを示している．

1. はじめに

　各種資産への富の最適な分配は，学者，実務家の双方にとって以前より重要な問題であり続けている．この分野で用いられているモデルは約50年間 Markowitz (1952) より考案された平均分散分析に基づいている．この簡単な枠組みにより各種証券，ポートフォリオの選択に関係する平均と分散とのトレードオフについて基礎的な理解がもたらされた．今日においても，平均分散分析に基づくポートフォリオ選択は投資会社やアドバイザーによる実務的な推奨戦略の核となっている．

　しかし，平均分散分析によるポートフォリオ選択は，この30年の間に欠陥があることが指摘されてきている．顕著なものとして，Merton (1971) は投資機会の集合（平均と分散）の確率変動を捉えていないことが大きな問題であると指摘している．この点は，短期の投資家であれば問題にならないが，長期の投資家にとっては重要である．実際に，相対リスク回避度が1である（対数効用関数をもつ）きわめて限られた種類の長期の投資家だけが，短期の投資家のように平均分散分析を用いることが最適となる．一般的な長期の投資家は平均分散分析に加えて多期間でのヘッジを考慮してポートフォリオ選択を行う．ヘッジの恩恵は直観的に明らかである．確率変動する環境においては，異なる時点間の関係を考慮し平均と分散の変動に対してヘッジを行うことは意味がある．

1. はじめに

ヘッジおよび最適なポートフォリオを計算するための数値解法の開発は遅れている．初期の文献の多くは簡単なモデル（少ない資産数，状態変数，簡単なダイナミクス）で解析的な解を求めることに重きをおいている．ポートフォリオ選択問題を数値的に解く最初の試みは Brennan et al. (1997) である．Brennan らは 3 つの資産，4 つの状態変数を仮定し，Merton により示された動的計画法による最適解に基づき偏微分方程式（PDE）の数値解法を用いている．この研究では動的なポートフォリオ選択問題の重要性を明らかにし，解決すべき困難な問題があることを示している．

シミュレーションによる方法は Detemple et al. (2003) により最初に提案された．Detemple et al. (2003) では伊藤過程に対して Ocone and Karatzas (1991) により導出された Malliavin 解析を用いてポートフォリオを表す式を利用している．ポートフォリオを表す式での期待値計算を行うために状態変数と Malliavin 微分とをシミュレーションする．この方法は MCMD（Monte Carlo Malliavin derivative）と呼ばれている．MCMD において収束性を高める改良として状態変数に変数変換（Doss 変換）を施す方法が Detemple et al. (2003, 2005a, 2006) で研究されている．Cvitanic et al. (2003) により提案された方法では，シミュレーションによる富と Brown 運動との共変動に基づいて最適ポートフォリオを近似する．この方法は MCC（Monte Carlo covariation）と呼ばれている．MCC では状態変数をシミュレーションするだけなので実装が容易である．Brandt et al. (2005) は動的計画法とシミュレーションによる回帰分析を組み合わせる近似方法を提案している．ポートフォリオの最適条件が離散的な動的計画法で近似できることと，条件付期待値がシミュレーションによる回帰分析で評価できることに依拠している．この MCR（Monte Carlo regression）は Longstaff and Schwartz (2001) により開発されたアメリカンオプションの回帰による評価方法と同類である．MCFD（Monte Carlo finite difference）では，Malliavin 微分と接過程との関係を利用し，そのときに現れる微分をすべて有限差分近似で評価する方法である．MCFD は Detemple et al. (2005c) で示されており，リスク管理の観点から MCMD と MCC との比較に用いられている．

本章では，最適ポートフォリオをシミュレーションから求める方法についてまとめる．上記の 4 つの方法（MCMD, MCC, MCR, MCFD）の詳細を示し問題点などを議論する．数値実験によるパフォーマンス比較の結果によると MCMD が他の方法よりも優れている．

次節では完備市場で von Neumann–Morgenstern 選好での消費・ポートフォリオ選択問題の概要とその解の複数種類の表現方法を記述する．3 節では最適ポートフォリオ計算のシミュレーションによる方法の詳細を示す．4 節では各方法でのポートフォリオの推定量の漸近的な特性を調べる．5 節では収束に関する数値実験の結果を示す．6 節はまとめと今後の課題である．付録 A では本章で必要となる Malliavin 解析の結果を記す．付録 B では本文中の命題の証明を記述する．

2. 消費・ポートフォリオ選択問題

Merton (1971) 流に連続時間での消費・ポートフォリオ選択問題を定式化する．満期は有限（T）で摩擦のない経済を考える．資産価格と状態変数は拡散過程に従うとする．

2.1 証券市場

証券市場には d 個のリスク資産と 1 個の無リスク資産があり，リスク資産の価格は次の確率微分方程式に従うと仮定する（初期値を S_{i0} とする）．

$$dS_{it} = S_{it}[(\mu_i(t, Y_t) - \delta_i(t, Y_t))dt + \sigma_i(t, Y_t)^\top dW_t] \quad (21.1)$$

ここで，μ_i は収益率のドリフト，δ_i は配当率，$\sigma_i^\top$ はボラティリティ（$1 \times d$ ベクトル）である．(21.1) の各係数は状態変数 $Y = (Y_1, \cdots, Y_k)^\top$（$k \times 1$ ベクトル）の関数である．無リスク資産の収益率 $r(t, Y_t)$ も状態変数に依存しているとする．表記を簡単にするために μ_t を時刻 t でのリスク資産の期待収益率ベクトル（$d \times 1$），δ_t を配当率ベクトル（$d \times 1$），σ_t をボラティリティ行列（$d \times d$），r_t を金利とする．任意の時刻において σ の逆行列が存在する（市場は完備である）と仮定する．

資産価格の式 (21.1) からリスクの市場価格 $\theta_t \equiv \sigma_t^{-1}(\mu_t - r_t 1_d)$（$d \times 1$ ベクトル）が一意に定まる．$1_d = (1, \cdots, 1)^\top$ は d 次元の要素がすべて 1 のベクトルを表している．

リスクの市場価格は経済に影響を与える不確実性の源泉（Brown 運動）に対して証券市場が与えているプレミアムを表している．

状態価格密度（SPD）$\xi_v \equiv \exp(-\int_0^v (r_s + (1/2)\theta_s^\top \theta_s)ds - \int_0^v \theta_s^\top dW_s)$ は時刻 v（≥ 0）で受け取るキャッシュフローの時刻 0 での価値を求めるときに必要となる確率割引因子（stochastic discount factor; SDF）である．相対的状態価格密度（relative state price density; PSPD）$\xi_{t,v} \equiv \exp(-\int_t^v (r_s + (1/2)\theta_s^\top \theta_s)ds - \int_t^v \theta_s^\top dW_s) = \xi_v/\xi_t$ は時刻 v で受け取るキャッシュフローの時刻 t（$t \leq v$）での価値を求めるときに必要となる確率割引因子である．

2.2 状態変数

状態変数 $Y = (Y_1, \cdots, Y_k)^\top$ は資産の収益率の係数と無リスク金利に影響を与える．状態変数の候補としてはリスクの市場価格，金利，配当率，企業の規模，売上高などがある．状態変数は次の確率微分方程式に従うと仮定する（Y_0 は所与とする）．

$$dY_t = \mu^Y(t, Y_t)dt + \sigma^Y(t, Y_t)dW_t \quad (21.2)$$

ここで，$\mu^Y(t, Y_t)$ はドリフト（$k \times 1$ ベクトル），$\sigma^Y(t, Y_t)$ はボラティリティ（$k \times d$ 行列）である．

2.3 消費，ポートフォリオ，富

投資家は富を消費する，もしくは富を資産に投資する．X_t を時刻 t での富とする．消費は c_t と表し，π_t は富に対するリスク資産への投資額の比率を表す $d \times 1$ ベクトルである．無リスク資産への投資額比率は $1 - \pi_t^\top \mathbf{1}_d$ となる．富は次の確率微分方程式に従うことがわかる．

$$\mathrm{d}X_t = (X_t r_t - c_t)\mathrm{d}t + X_t \pi_t^\top [(\mu_t - r_t \mathbf{1}_d)\mathrm{d}t + \sigma_t \mathrm{d}W_t] \tag{21.3}$$

ここで，初期条件は $X_0 = x$ とする．

2.4 選　　好

選好は時間分離な von Neumann–Morgenstern 表現で表されるとする．消費と最終富 (c, X_T) は次の基準により順序付けされる．

$$\mathbb{E}\left[\int_0^T u(c_v, v)\mathrm{d}v + U(X_T, T) \right] \tag{21.4}$$

ここで，効用関数 $u : [d_1, \infty) \times [0, T] \to \mathbb{R}$ と $U : [d_2, \infty) \to \mathbb{R}$ は厳密に増加，厳密に凹で，定義域において微分可能な関数である．また，$t \in [0, T]$ において $\lim_{c \to d_1} u'(c, t) = \lim_{X \to d_2} U'(X, T) = \infty$, $\lim_{c \to \infty} u'(c, t) = \lim_{X \to \infty} U'(X, T) = 0$ が成り立つと仮定する．定義域が $\mathbb{R}_+ \times [0, T]$ に含まれる（つまり $d_1, d_2 \leq 0$）のであれば，これ以上の制約を課さない．$[d_1, \infty)$ が $\mathbb{R}_+$ の真部分集合である場合（つまり $d_1 > 0$）には $c \in \mathbb{R}_+ \backslash [d_1, \infty)$ において $u(c, t) = -\infty$ として u を $\mathbb{R}_+ \times [0, T]$ に拡張する．U についても同様である．

上記の条件を満たす効用関数のクラスに次の HARA（hyperbolic absolute risk aversion）型効用関数が含まれる．

$$u(c, t) = \frac{1}{1 - R}(c + A)^{1 - R}$$

ここで，$R > 0$ である．$A \geq 0$ であれば，効用関数 $u(c, t)$ の定義域は $[d_1, \infty) = [-A, \infty)$ となる．$A < 0$ であれば，$[d_1, \infty) = [-A, \infty) \subset \mathbb{R}_+$ となるので，$c \leq d_1$ において $u(c, t) = -\infty$ として u を拡張する．これは基礎消費が $-A$ であるモデルに対応している．

以上の仮定のもとでは，限界効用関数 $u'(c, t)$, $U'(X, T)$ のそれぞれの逆関数 $I : \mathbb{R}_+ \times [0, T] \to [d_1, \infty)$, $J : \mathbb{R}_+ \to [d_2, \infty)$ が存在し一意となる．$I(y, t), J(y, T)$ は厳密に減少関数であり，$\lim_{y \to 0} I(y, t) = \lim_{y \to 0} J(y, T) = \infty$, $\lim_{y \to \infty} I(y, t) = d_1$, $\lim_{y \to \infty} J(y, T) = d_2$ である．

2.5 動的消費・ポートフォリオ選択問題

投資家は次のように期待効用最大化を行う.

$$\max_{(c,\pi)} \mathbb{E}\left[\int_0^T u(c_v, v)\mathrm{d}v + U(X_T, T)\right] \quad (21.5)$$

制約条件は,任意の時刻 $t \in [0, T]$ において

$$\mathrm{d}X_t = (r_t X_t - c_t)\mathrm{d}t + X_t \pi_t^\top[(\mu_t - r_t 1_d)\mathrm{d}t + \sigma_t \mathrm{d}W_t], \quad X_0 = x \quad (21.6)$$

$$c_t \geq 0, \quad X_T \geq 0 \quad (21.7)$$

である. 最初の制約 (21.6) は,与えられた消費・ポートフォリオ戦略 (c, π) に従って富が変化していくことを表している. 2 番目の制約 (21.7) は消費と終端での富が負にならないことを表している. この制約により,将来の消費の現在価値である富が負にならないことが保証される.

2.6 最適な消費,ポートフォリオ,富

Pliska (1986), Karatzas et al. (1987), Cox and Huang (1989) などにより示された標準的な解法によると,最適な消費は次のように表される(詳細については Karatzas and Shreve, 1998 を参照).

$$c_t^* = I(y^*\xi_t, t)^+ = \max\{I(y^*\xi_t, t), 0\} \quad (21.8)$$

$$X_T^* = J(y^*\xi_T, T)^+ = \max\{J(y^*\xi_T, T), 0\} \quad (21.9)$$

ここで,定数 y^* は次の静的な予算制約の一意な解である.

$$\mathbb{E}\left[\int_0^T \xi_v I(y\xi_v, v)^+ \mathrm{d}v + \xi_T J(y\xi_T, T)^+\right] = x \quad (21.10)$$

$$x \geq \max\left\{\mathbb{E}\left[\int_0^T \xi_v d_1 \mathrm{d}v + \xi_T d_2\right], 0\right\}$$

富の過程は,最適な将来の消費の現在価値として表される. $t \in [0, T]$ に対して,

$$X_t^* = \mathbb{E}_t\left[\int_t^T \xi_{t,v} I(y^*\xi_v, v)^+ \mathrm{d}v + \xi_{t,T} J(y^*\xi_T, T)^+\right] \equiv \mathbb{E}_t[F_{t,T}] \quad (21.11)$$

$$F_{t,T} \equiv \int_t^T \xi_{t,v} I(y^*\xi_v, v)^+ \mathrm{d}v + \xi_{t,T} J(y^*\xi_T, T)^+$$

となる. 最適ポートフォリオは次のように表される.

$$X_t^* \pi_t^* = X_t^*(\sigma_t^\top)^{-1}\theta_t + \xi_t^{-1}(\sigma_t^\top)^{-1}\phi_t \quad (21.12)$$

ここで，ϕ は以下のマルチンゲール M のマルチンゲール表現定理による可予測過程である．

$$M_t = \mathbb{E}_t[F] - \mathbb{E}[F]$$
$$F \equiv F_{0,T} = \int_0^T \xi_t c_t^* \mathrm{d}t + \xi_T X_T^*$$

2.7 最適ポートフォリオ：明示的な公式

最適ポートフォリオのより明示的な表現を求めるためには，(21.12) での過程 ϕ を特定する必要がある．このためには Clark–Ocone 公式（付録 A.5）が役に立つ．Clark–Ocone 公式によりマルチンゲール表現定理での被積分項を特定できる．よって，モデルのパラメータ（F の構造）を用いて最適ポートフォリオを表現することができる．Ocone and Karatzas (1991) は価格が伊藤過程に従う一般的なモデルに対して最適ポートフォリオの公式を導出している．拡散過程に特化したときの結果は Detemple et al. (2003) に示されている．

Clark–Ocone 公式と Malliavin 解析を用いると

$$\phi_t = \mathbb{E}_t[\mathcal{D}_t F]$$
$$\mathcal{D}_t F = \mathbb{E}_t\left[\int_t^T Z_1(y^*\xi_v, v)\mathcal{D}_t\xi_v \mathrm{d}v + Z_2(y^*\xi_T, T)\mathcal{D}_t\xi_T\right] \quad (21.13)$$

となる．ただし，

$$Z_1(y^*\xi_v, v) = I(y^*\xi_v, v)^+ + y^*\xi_v I'(y^*\xi_v, v)\mathbf{1}_{\{I(y^*\xi_v, v)\geq 0\}}$$
$$= c_v^*\left(1 - \frac{1}{R_u(c_v^*, v)}\right) \quad (21.14)$$
$$Z_2(y^*\xi_T, T) = J(y^*\xi_T, T)^+ + y^*\xi_T J'(y^*\xi_T, T)\mathbf{1}_{\{J(y^*\xi_T, T)\geq 0\}}$$
$$= X_T^*\left(1 - \frac{1}{R_U(X_T^*, T)}\right) \quad (21.15)$$

である．(21.14), (21.15) での微分 $I'(y^*\xi_v, v)$, $J'(y^*\xi_T, T)$ は 1 番目の変数 $y^*\xi$ での微分を意味している．また $R_u(x, v) = -u_{cc}(x, v)x/u_c(x, v)$, $R_U(x, T) = -U_{XX}(x, T)x/U_X(x, T)$ は相対的リスク回避係数である．

2.1 項の確率割引因子 ξ の定義より

$$\mathcal{D}_t\xi_v \equiv -\xi_v\left(\int_t^v (\mathcal{D}_t r_s + \theta_s^\top \mathcal{D}_t \theta_s)\mathrm{d}s + \int_t^v \mathrm{d}W_s^\top \cdot \mathcal{D}_t\theta_s + \theta_t^\top\right)$$

となる．Malliavin 解析の連鎖公式より

$$\mathcal{D}_t \xi_v = -\xi_v (H_{t,v}^\top + \theta_t^\top)$$
$$H_{t,v}^\top = \int_t^v (\partial r(s, Y_s) + \theta_s^\top \partial \theta(s, Y_s)) \mathcal{D}_t Y_s \mathrm{d}s + \int_t^v \mathrm{d}W_s^\top \cdot \partial \theta(s, Y_s) \mathcal{D}_t Y_s \quad (21.16)$$

となる．$\mathcal{D}_t Y_s$ は次の確率微分方程式を満たす．

$$\mathrm{d}\mathcal{D}_t Y_s = \left[\partial \mu^Y(s, Y_s) \mathrm{d}s + \sum_{j=1}^d \partial \sigma_j^Y(s, Y_s) \mathrm{d}W_s^j \right] \mathcal{D}_t Y_s$$
$$\mathcal{D}_t Y_t = \sigma^Y(t, Y_t) \quad (21.17)$$

ここで，f を p 次元ベクトル値関数，Y を k 次元ベクトルとすると，$\partial f(Y)$ は $p \times k$ 次元の Jacobi 行列を表している．(21.13)〜(21.17) を (21.12) に代入して整理すると最適ポートフォリオの明示的な公式が得られる．ここまでに得られた結果を命題 21.1 にまとめる（証明は付録 B を参照）．

命題 21.1 動的な消費・ポートフォリオ選択問題 (21.5)〜(21.7) を考える．このとき，最適な消費は

$$c_v^* = I(y^* \xi_v, v)^+, \qquad X_T^* = J(y^* \xi_T, T)^+ \quad (21.18)$$

となる．また，最適なポートフォリオ戦略は $X_t^* \pi_t^* = X_t^* [\pi_{1t}^* + \pi_{2t}^*]$ と表現される．π_{1t}^* は平均分散分析に基づくポートフォリオ，π_{2t}^* は平均分散の確率変動に対するヘッジのためのポートリオを表している．各要素は次のように表現される．

$$X_t^* \pi_{1t}^* = -\mathbb{E}_t[D_{t,T}](\sigma_t^\top)^{-1} \theta_t \quad (21.19)$$
$$X_t^* \pi_{2t}^* = -(\sigma_t^\top)^{-1} \mathbb{E}_t[G_{t,T}] \quad (21.20)$$

ただし，

$$D_{t,T} \equiv \int_t^T \xi_{t,v}(y^* \xi_v) I'(y^* \xi_v, v) \mathbf{1}_{\{I(y^* \xi_v, v) \geq 0\}} \mathrm{d}v$$
$$\qquad + \xi_{t,T}(y^* \xi_T) J'(y^* \xi_T, T) \mathbf{1}_{\{J(y^* \xi_T, T) \geq 0\}} \quad (21.21)$$
$$G_{t,T} \equiv \int_t^T \xi_{t,v} Z_1(y^* \xi_v, v) H_{t,v} \mathrm{d}v + \xi_{t,T} Z_2(y^* \xi_T, T) H_{t,T} \quad (21.22)$$

である．$Z_1(y^* \xi_v, v), Z_2(y^* \xi_T, T), H_{t,v}$ は (21.14)〜(21.16) で定義されている．$\mathcal{D}_t Y_s$ は確率微分方程式 (21.17) を満たす．y^* は (21.10) の解である．最適な富は $X_t^* = \mathbb{E}_t[F_{t,T}]$ である．

命題 21.1 は最適ポートフォリオが 2 つの要素に分解されることを示している．最初の要素である平均分散分析に基づくポートフォリオ π_1 は，資産価格過程でのリスクと

リターンとのトレードオフにより決まっている．このポートフォリオ選択は Markowitz (1952) に始まり現在に至るまでポートフォリオ理論で重要な役割を担っている．また，実務においても核となる理論である．2 番目の要素である π_2 は平均分散が確率変動することに対するヘッジを表している．これは Merton (1971) により示され，動的な最適ポートフォリオ理論の基礎となっており，現在における研究の中心テーマの一つである．

後で利用するために相対リスク回避度が定数である場合の結果を示す．

系 21.1 相対リスク回避度が定数 R，主観的割引率が $\eta_t \equiv \exp(-\beta t)$，$\beta$ は定数と仮定する．このとき最適消費は $c_v^* = (y^* \xi_v/\eta_v)^{-1/R}$, $X_T^* = (y^* \xi_T/\eta_T)^{-1/R}$ となる．また，最適ポートフォリオは $X_t^* \pi_t^* = X_t^*[\pi_{1t}^* + \pi_{2t}^*]$ となり

$$X_t^* \pi_{1t}^* = \frac{X_t^*}{R}(\sigma_t^\top)^{-1} \theta_t \tag{21.23}$$

$$X_t^* \pi_{2t}^* = -X_t^* \rho (\sigma_t^\top)^{-1} \frac{\mathbb{E}_t[\int_t^T \xi_{t,v}^\rho \eta_{t,v}^{1/R} H_{t,v} dv + \xi_{t,T}^\rho \eta_{t,T}^{1/R} H_{t,T}]}{\mathbb{E}_t[\int_t^T \xi_{t,v}^\rho \eta_{t,v}^{1/R} dv + \xi_{t,T}^\rho \eta_{t,T}^{1/R}]} \tag{21.24}$$

である．ただし，$\rho = 1 - 1/R$ であり $H_{t,v}$ は (21.16) で定義されている．

一般的なモデルでは，命題 21.1 や系 21.1 に現れる条件付期待値を明示的に計算することは困難である．そのため，最適ポートフォリオを計算するためには数値解法が必要となる．$\xi_{t,v}, H_{t,v}$ に関連する複雑さ，特に経路依存性を考えるとモンテカルロシミュレーションを用いるのが自然である．

2.8 Malliavin 解析を用いた表現と動的計画法との関係

Merton (1971) が最初に示した消費・ポートフォリオ選択問題に対する古典的な方法は動的計画法に基づいている．$V(t, X^*, Y)$ を動的計画法での価値関数とする．最適な消費，最適な終端での富，最適なポートフォリオは価値関数の微分 $V_t, V_x, V_y, V_{xx}, V_{xy}, V_{yy}$ で表現される．すなわち，

$$c_t^* = I(V_x(t, X_t^*, Y_t), t)^+, \qquad X_T^* = J(V_x(T, X_T^*, Y_T), T)^+ \tag{21.25}$$

$$X_t^* \pi_t^* = \frac{V_x(t, X_t^*, Y_t)}{-V_{xx}(t, X_t^*, Y_t)} (\sigma(t, Y_t)^\top)^{-1} \theta(t, Y_t)$$
$$+ (\sigma(t, Y_t)^\top)^{-1} \sigma^Y(t, Y_t)^\top \frac{V_{yx}(t, X_t^*, Y_t)}{-V_{xx}(t, X_t^*, Y_t)} \tag{21.26}$$

価値関数は次の偏微分方程式の解である．

$$u(I(V_x, t)^+, t) - V_x I(V_x, t)^+ + V_t + V_y \mu^Y + \frac{1}{2}\text{trace}\{V_{yy} \sigma^Y (\sigma^Y)'\}$$
$$- \frac{1}{2} V_{xx} \|\psi\|^2 = 0 \tag{21.27}$$
$$\psi \equiv \frac{V_x}{-V_{xx}} \theta + (\sigma^Y)^\top \frac{V_{yx}}{-V_{xx}}$$

境界条件は $V(T,x,y) = U(x,T)$, $V(t,0,y) = \int_t^T u(0,s)\mathrm{d}s + U(0,T)$ である.

次の命題は Merton の解と命題 21.1 で示した確率論的な解との関係を示している.

命題 21.2 状態価格密度は価値関数の富による微分に比例している.

$$y^*\xi_t = V_x(t, X_t^*, Y_t) \quad \text{または} \quad \xi_t = \frac{V_x(t, X_t^*, Y_t)}{V_x(0, X_0^*, Y_0)} \quad (21.28)$$

これにより (21.18) と (21.25) の最適消費と終端での富は一致する. 最適ポートフォリオにおける 2 つの要素 (21.19), (21.20) のスケーリングファクターは

$$-\mathbb{E}_t[D_{t,T}] = \frac{V_x(t, X_t^*, Y_t)}{-V_{xx}(t, X_t^*, Y_t)} \quad (21.29)$$

$$-\mathbb{E}_t[G_{t,T}] = \sigma^Y(t, Y_t)^\top \frac{V_{xy}(t, X_t^*, Y_t)}{-V_{xx}(t, X_t^*, Y_t)} \quad (21.30)$$

と与えられる. (21.18)〜(21.22) は (21.25)〜(21.27) の確率論的な表現方法である.

命題 21.2 は最適戦略 (21.18)〜(21.22) が Merton により導出された方程式の確率論的な表現となっていることを示している. これらの関係は Feynman–Kac 公式を用いて HJB 方程式の要素を確率変数の条件付期待値で表現していることになる. 特に (21.29) における $-\mathbb{E}_t[D_{t,T}]$ は間接効用関数 V (価値関数) の絶対リスク許容度の確率的表現になっている[1].

命題 21.2 の結果は, 価値関数と選好や状態価格密度などモデルの基本的な要素との関係を明らかにしている. 例えば, (21.30) から, 平均と分散の確率変動に対するヘッジポートフォリオがゼロになることと価値関数のクロス微分 V_{xy} がゼロになることが同値であることがわかる. 一方, Malliavin 微分を用いた表現 (21.22) からは, 平均分散の確率変動に対するヘッジポートフォリオがゼロになることと (r, θ) が確定的になる, もしくは投資家の相対リスク回避度が 1 になる ($R_u = R_U = 1$) ことが同値であることがわかる.

2.9 Malliavin 微分と接過程

状態変数の初期値での微分で最適ポートフォリオ戦略を表現することは解釈や計算を行ううえで都合がよい. この微分は接過程 (tangent process または first variation process) と呼ばれている (付録 A.8 を参照).

Y の接過程 $\nabla_{t,y}Y \equiv \{\nabla_{t,y}Y_v : v \in [t,T]\}$ は時刻 t で $Y_t = y$ であり y の微小シフトによる将来時点での Y の変化を表している. Y がある確率微分方程式の解である場合には接過程を特徴づけることは簡単である. 実際, 次のような確率微分方程式の解として接過程を求めることができる.

---

[1] 効用関数 u の絶対リスク回避度は $A(x) \equiv R(x)/x$ である. ただし, $R(x) = -u''(x)/u'(x)$ は相対リスク回避度である. 絶対リスク許容度は $1/A(x)$ である

2. 消費・ポートフォリオ選択問題

$$d(\nabla_{t,y}Y_v) = \left(\partial\mu^Y(v,Y_v)dv + \sum_{j=1}^{d}\partial\sigma_j^Y(v,Y_v)dW_v^j\right)\nabla_{t,y}Y_v \quad (21.31)$$

$$\nabla_{t,y}Y_t = I_k$$

I_k は k 次元の恒等行列である．(21.31) と (21.17) を比較すると，違いは初期条件だけ ($\nabla_{t,y}Y_t = I_k$ と $\mathcal{D}_t Y_t = \sigma^Y(t,Y_t)$) である．よって

$$\mathcal{D}_t Y_t = \nabla_{t,y}Y_v \sigma^Y(t,Y_t) \quad (21.32)$$

であることがわかる．接過程は Malliavin 微分を正規化したものとみなすことができる．逆に，Malliavin 微分は接過程の線形変換である．

(21.32) を用いて (21.20) を次のように書き換えることができる．

$$X_t^* \pi_{2t}^* = -(\sigma_t(t,Y_t)^\top)^{-1}\sigma^Y(t,Y_t)^\top \mathbb{E}[G_{t,T}(\Phi)] \quad (21.33)$$

ここで

$$G_{t,T}(\Phi) \equiv \int_t^T \xi_{t,v} Z_1(y^*\xi_v, v)\Phi_{t,v}dv + \xi_{t,T}Z_2(y^*\xi_T, T)\Phi_{t,T} \quad (21.34)$$

および

$$\Phi_{t,v}^\top \equiv \int_t^v \left(\partial r(s,Y_s) + \theta_s^\top \partial\theta(s,Y_s)\right)\nabla_{t,y}Y_s ds$$
$$+ \int_t^v dW_s^\top \cdot \partial\theta(s,Y_s)\nabla_{t,y}Y_s \quad (21.35)$$

この関係式を導出するときに $H_{t,v}^\top = \Phi_{t,v}^\top \sigma^Y(t,Y_t)$ を用いている．計算のためには，$\Phi_{t,v} = -\nabla_{t,y}\log(\xi_{t,v})$ を用いると便利である．この式は汎関数 $\Phi_{t,v}$ が $-\log(\xi_{t,v})$ の接過程であることを意味している．(21.33) は次のような一般的な表現をもつ．

$$X_t^* \pi_{2t}^* = -(\sigma_t(t,Y_t)^\top)^{-1}\sigma^Y(t,Y_t)^\top \mathbb{E}[(\nabla_{t,y}F_{t,T})^\top] \quad (21.36)$$

$F_{t,T}$ は (21.11) で定義されており，$(\nabla_{t,y}F_{t,T})^\top = G_{t,T}(\Phi)$ である．(21.33) と (21.30) を比べると

$$\frac{V_{xy}(t,X_t^*,Y_t)}{-V_{xx}(t,X_t^*,Y_t)} = -\mathbb{E}_t\left[\int_t^T \xi_{t,v}Z_1(y^*\xi_v,v)\Phi_{t,v}dv \right.$$
$$\left. + \xi_{t,T}Z_2(y^*\xi_T,T)\Phi_{t,T}\right] \quad (21.37)$$

となることがわかる．この関係式はヘッジの係数 ((21.37) の左辺) は最適な富の時刻 t での状態変数での微小変化 (富の時刻 t での状態変数での微分；(21.37) の右辺) に関係しているという直観を表現している．

3. シミュレーションによるポートフォリオ計算

本節は，資産配分を計算するためにモンテカルロシミュレーションを用いている各種評価手法についての要約である．

3.1 モンテカルロ Malliavin 微分（MCMD）

Detemple et al. (2003) のシミュレーション法は，2.7 項の方程式に基づいている．命題 21.1 において，予算制約式 (21.10) から y^* が陽に計算できない一般的な状況を考える．まず，数値的な方法で (21.10) から y^* が計算されたとする．このとき命題 21.1 でのヘッジ項を次のように書き換える．

$$X_t^* \pi_{2t}^* = -(\sigma_t^\top)^{-1} \mathbb{E}_t[G_{t,T}] \tag{21.38}$$

ここで

$$G_{t,T} \equiv G_{t,T}^c + G_{t,T}^x$$
$$G_{t,s}^c \equiv \int_t^s \xi_{t,v} Z_1(y^* \xi_v, v) H_{t,v} \mathrm{d}v$$
$$G_{t,T}^x \equiv \xi_{t,T} Z_2(y^* \xi_T, T) H_{t,T} \tag{21.39}$$

とおく．$X_t^* \pi_t^*$ を計算するために $V_{t,s}^\top \equiv (Y_s^\top, \mathrm{vec}(\mathcal{D}_t Y_s)^\top, K_{t,s}, H_{t,s}^\top, (G_{t,s}^c))$ を用いてヘッジ項の確率変数を表現する．$\mathrm{vec}(\cdot)$ は行列を列ベクトルに変換する作用素である．$V_{t,s}^\top$ の要素のうち $K_{t,s}, H_{t,s}^\top$ は次のようになる．

$$K_{t,v} \equiv \int_t^v \left(r_s + \frac{1}{2}\theta_s^\top \theta_s\right) \mathrm{d}s + \int_t^v \theta_s^\top \mathrm{d}W_s$$
$$H_{t,v}^\top \equiv \int_t^v \partial r(s, Y_s) \mathcal{D}_t Y_s \mathrm{d}s + \int_t^v \theta_s^\top \partial \theta(s, Y_s) \mathcal{D}_t Y_s \mathrm{d}s$$
$$+ \int_t^v \mathrm{d}W_s^\top \cdot \partial \theta(s, Y_s) \mathcal{D}_t Y_s$$

これより $\xi_{t,v} = \exp(-K_{t,v})$ である．伊藤の補題を用いると

$$\mathrm{d}K_{t,s} = \left(r_s + \frac{1}{2}\theta_s^\top \theta_s\right) \mathrm{d}s + \theta_s^\top \mathrm{d}W_s \tag{21.40}$$
$$\mathrm{d}H_{t,s}^\top = \partial r(s, Y_s) \mathcal{D}_t Y_s \mathrm{d}s + (\mathrm{d}W_s + \theta(s, Y_s) \mathrm{d}s)^\top \partial \theta(s, Y_s) \mathcal{D}_t Y_s \tag{21.41}$$
$$\mathrm{d}G_{t,s}^c = \xi_{t,s} Z_1(y^* \xi_s, s) H_{t,s} \mathrm{d}s \tag{21.42}$$

となる．ただし，$(Y_s, \mathcal{D}_t Y_s)$ は (21.2)，(21.17) を満たす．初期条件は $H_{t,t} = 0_d$，$G_{t,t}^c = 0_d$（0_d は d 次元のゼロベクトル），$K_{t,t} = 0$ である．

次にシミュレーションにより (21.40)〜(21.42), (21.2), (21.17) のパスを M 個発生させる。パスを発生させるときには Euler スキーム，Milshtein スキーム，その他高次のスキームなどを用いて離散化する。N を時間間隔 $[0,T]$ での分割数とする。このシミュレーションにより $\{V_{t,s} : s \in [t,T]\}$ の M 個のパス $\{V_{t,s}^{N,i} : s \in [t,T], i = 1, \cdots, M\}$ が生成される。y^* は既知と仮定しているのでシミュレーションから $G_{t,T}$ の M 個のパスごとの値を計算できる。よって，シミュレーションによる推定値は

$$\widehat{X_t^* \pi_{2t}^*} = -(\sigma_t^\top)^{-1} \frac{1}{M} \sum_{i=1}^{M} G_{t,T}^{N,i}$$

となる[2]。

y^* がわかっていない場合には，2段階のシミュレーションによりヘッジ項を計算することになる。まず，シミュレーションを繰り返すことにより反復法で y^* を推定する。ある y に対して (21.10) の左辺を計算するために $(K_{0,s}, F_{0,s}^c)$ をシミュレーションにより求める。ただし，

$$F_{0,s}^c = \int_0^s \xi_v I(y\xi_v, v)^+ dv$$

もし，シミュレーションの結果が初期富 x ((21.10) の右辺) を超えている場合には y を大きくして（下回る場合には y を小さくして）再び計算する。シミュレーションによる結果と初期富 x との差がある基準値以下になるまで繰り返す。次に，推定した y^* を用いて $X_t^* \pi_{2t}^*$ を推定するためのシミュレーションを行う。

y^* を推定するための繰返し計算を効率的に行うためにはいろいろな方法がある。Newton–Raphson 法，ブラケット法，二分法，セカント法，false position 法，Ridder 法，van Wijngaarden–Dekker–Brent 法などである（詳しくは Press et al., 1992 を参照）。

3.2 Doss 変換

最適ポートフォリオでの Malliavin 微分は Doss 変換と呼ばれる変数変換を用いることで計算できる。この変数変換により Malliavin 微分は常微分方程式を用いて表現される（Detemple et al., 2003, 2005a）。簡単のために $k = d$ と仮定する（一般の場合については Detemple et al., 2005a を参照）。

以下のような条件を満たす多次元拡散を考える。

条件 21.1
1. 微分可能性：$\mu^Y \in C([0,T] \times \mathbb{R}^d)$, $\sigma_j^Y \in C([0,T] \times \mathbb{R}^d)$
2. 有界性：$\mu^Y(t,0)$ と $\sigma_j^Y(t,0)$ が任意の $t \in [0,T]$ で有界

---

[2] $X_t^* \pi_{1t}^*$ も同様にしてシミュレーションにより求めることができる。

3. 正則性：(a) $\partial_2 \sigma_j^Y \sigma_i^Y = \partial_2 \sigma_i^Y \sigma_j^Y$, (b) $\text{rank}(\sigma) = d$ a.e.

条件 21.1 のもとで以下の正則な関数 $\Gamma : [0, T] \times \mathbb{R}^d \mapsto \mathbb{R}^d$ が存在する.

$$\partial_2 \Gamma(t, z) = \sigma(t, \Gamma(t, z)), \quad \Gamma(t, 0) = 0, \quad t \in [0, T] \tag{21.43}$$

また, d 次元確率過程 Z は次の方程式を満たす.

$$\mathrm{d}Z_v = A(v, Z_v) \mathrm{d}v + \mathrm{d}W_v, \quad \Gamma(0, Z_0) = Y_0 \tag{21.44}$$

ただし,

$$\begin{aligned}
A(t, z) &\equiv \sigma(t, \Gamma(t, z))^{-1} \\
&\quad \times \left[\mu^Y(t, y) - \frac{1}{2} \sum_{j=1}^d \partial_y \sigma_j^Y(t, y) \sigma_j(t, y) \right]\bigg|_{y = \Gamma(t, z)} \\
&\quad - \partial_1 \Gamma(t, z)
\end{aligned} \tag{21.45}$$

であり,

$$\mathcal{D}_t Y_v = \sigma(v, \Gamma(v, Z_v)) \mathcal{D}_t Z_v, \quad v \geq t \tag{21.46}$$

$$\mathrm{d}\mathcal{D}_t Z_v = \partial_2 A(v, Z_v) \mathcal{D}_t Z_v \mathrm{d}v, \quad \lim_{v \to t} \mathcal{D}_t Z_v = I_d \tag{21.47}$$

となる. Malliavin 微分に関する (21.46), (21.47) は確率積分を含んでいない. よって, (21.43)〜(21.47) に基づく Euler 近似は速く収束する (Detemple et al., 2005a, 2006).

条件 21.1 での 3(a) は 1 次元であれば常に満たされている. 多次元の場合には可換条件を表している. この条件は多次元拡散において Milshtein スキームを用いるときに必要となる (Detemple et al., 2006 を参照).

最適ポートフォリオの MCMD-Doss による推定は (21.43)〜(21.47) を用いることで得られる.

3.3 モンテカルロ共変動（MCC）

Cvitanic et al. (2003) のシミュレーションによる最適ポートフォリオの計算方法は最適富過程のボラティリティ係数の近似に基づいている. 最適ポートフォリオは富過程のボラティリティの線形変換であるので, このボラティリティの近似から計算されることになる.

この方法は次の極限による表現を基礎としている (導出は付録 B を参照).

$$X_t^* {\pi_t^*}^\top \sigma_t = \lim_{h\to 0} \frac{1}{h} \mathbb{E}_t[F_{t+h,T}(W_{t+h} - W_t)^\top] \qquad (21.48)$$

$$X_t^* {\pi_t^*}^\top \sigma_t = \lim_{h\to 0} \frac{1}{h} \mathbb{E}_t\left[F_{t,T} \frac{(W_{t+h} - W_t)^\top}{\xi_{t,t+h}}\right] \qquad (21.49)$$

$$X_t^* {\pi_t^*}^\top \sigma_t = X_t^* \theta_t^\top + \lim_{h\to 0} \frac{1}{h} \mathbb{E}_t[F_{t+h,T}(W_{t+h} - W_t)^\top] \qquad (21.50)$$

$F_{t,T}$ は (21.11) で定義されている．最適ポートフォリオの近似は h を有限の値に固定することにより得られる．すなわち，

$$X_t^* {\pi_t^*}^\top \sigma_t \approx \frac{1}{h} \mathbb{E}_t[F_{t+h,T}(W_{t+h} - W_t)^\top] \qquad (21.51)$$

$$X_t^* {\pi_t^*}^\top \sigma_t \approx \frac{1}{h} \mathbb{E}_t\left[F_{t,T} \frac{(W_{t+h} - W_t)^\top}{\xi_{t,t+h}}\right] \qquad (21.52)$$

$$X_t^* {\pi_t^*}^\top \sigma_t \approx X_t^* \theta_t^\top + \frac{1}{h} \mathbb{E}_t[F_{t+h,T}(W_{t+h} - W_t)^\top] \qquad (21.53)$$

(21.51)〜(21.53) の右辺の条件付期待値はシミュレーションにより求める．Cvitanic et al. (2003) によるもともとの方法では (21.51) か (21.52) のどちらか一方を利用していた．相対リスク回避度が定数で，終端での富に基づくモデルであれば (21.52)，途中での消費がある場合には (21.51) を用いており，同時に用いることはない．これらは系 21.1 での y が消える (21.24) の設定に含まれる．(21.53) は状態価格密度のボラティリティを用いて割り引かれた富のボラティリティを求める近似方法である．一般的な選好（リスク回避度）でこれらの近似を行うためには事前に y^* を計算する必要がある[3]．

この方法は Malliavin 微分の方法とは違って補助的な確率過程をシミュレーションする必要ない．よって，実装するのが簡単である．しかし，最適戦略の近似（h を有限の値とした）であるために解の収束に影響する．この方法を以下では MCC（Monte Carlo covariation）として参照する．MCC では (21.51)〜(21.53) で推定値は異なる．この違いは $h \to 0$ で消える．

3.4 モンテカルロ有限差分（MCFD）

モンテカルロ有限差分（Monte Carlo finite difference; MCFD）法は接過程を含む (21.33)〜(21.35) に基づいてヘッジ項を計算する．モンテカルロ有限差分法では原資産のシミュレーションと初期値をシフトさせた原資産のシミュレーションとを用いて接過程（初期値による原資産過程の微分）を有限差分により近似する．この計算はシミュレーションのパスごとに行う．よって，接過程を含む条件付期待値の計算はシ

---

[3] リスク回避度が定数であっても，途中での消費に対する効用関数と終端での富に対する効用関数とでリスク回避度の値が異なる場合には，系 21.1 が適用できない．よって，この場合にも y^* を事前に計算する必要がある．

ミュレートしたパスから平均をとることで計算できる[4]。

実装においては接過程を含む公式を用いる 3 つの方法がある。第一の方法は (21.33)〜(21.35) を用いる。$\Phi_{t,v}$ は状態変数の接過程 $\nabla_{t,y}V$ で表現されている。第二の方法は (21.33) と (21.34) を用いる。$\Phi_{t,v}$ は状態価格密度の対数の接過程で表現されている ($\Phi_{t,v} = -\nabla_{t,y}\log(\xi_{t,v})$)。第三の方法は $F_{t,T}$ の接過程 $\nabla_{t,y}F_{t,T}$ に基づく (21.36) を用いる。

接過程の有限差分は次のように計算する。

$$\nabla_{t,y_j}^{\tau_j,\alpha_j} Y_v = \frac{1}{\tau_j}\left(Y_v(Y_t + \alpha_j\tau_j e_j) - Y_v(Y_t - (1-\alpha_j)\tau_j e_j)\right)$$

$$\Phi_{t,v}^{\tau_j,\alpha_j} \equiv -\nabla_{t,y_j}^{\tau_j,\alpha_j}\log\left(\xi_{t,v}(Y)\right) = -\frac{1}{\tau_j}\left(\log(\xi_{t,T}(Y_t + \alpha_j\tau_j e_j))\right.$$
$$\left. - \log(\xi_{t,T}(Y_t - (1-\alpha_j)\tau_j e_j))\right)$$

$$\nabla_{t,y_j}^{\tau_j,\alpha_j} F_{t,T} = \frac{1}{\tau_j}\left(F_{t,T}(Y_t + \alpha_j\tau_j e_j) - F_{t,T}(Y_t - (1-\alpha_j)\tau_j e_j)\right)$$

ただし，$\alpha_j \in [0,1], \tau_j > 0$ である。$e_j \equiv [0,\cdots,0,1,0,\cdots,0]$ は j 番目の要素が 1 の単位ベクトルである。α_j の値で有限差分近似のタイプが決まる。$\alpha_j = 1$ は前進差分，$\alpha_j = 0$ は後退差分，$\alpha_j = 1/2$ は中心差分に対応する。

表記を簡単にするために，接過程のベクトルを $\nabla_{t,y}^{\tau,\alpha}Y_v$, $\Phi_{t,v}^{\tau,\alpha}$, $\nabla_{t,y}^{\tau,\alpha}F_{t,T}$ と表す。ただし，$\tau = (\tau_1,\cdots,\tau_k)$, $\alpha = (\alpha_1,\cdots,\alpha_k)$ である。$\tau \to 0$ とすると以下の極限が $\mathbb{P}$ a.s. で成立する。

$$\nabla_{t,y}^{\tau,\alpha}Y_v \to \nabla_{t,y}Y_v$$
$$\Phi_{t,v}^{\tau,\alpha} = -\nabla_{t,y}^{\tau,\alpha}\log(\xi_{t,v}(Y)) \to \Phi_{t,v} = -\nabla_{t,y}\log(\xi_{t,v}(Y))$$
$$\nabla_{t,y}^{\tau,\alpha}F_{t,T} \to \nabla_{t,y}F_{t,T}$$

極限と期待値の順番を交換できるための条件を満たしているときには

$$X_t^* \pi_{2t}^* = -(\sigma_t(t,Y_t)^\top)^{-1}\sigma^Y(t,Y_t)^\top \mathbb{E}_t[G_{t,T}(\Phi)]$$

における期待値は

$$\mathbb{E}_t[G_{t,T}(\Phi)] = \lim_{\tau \to 0} \mathbb{E}_t[G_{t,T}(\Phi_{t,v}^{\tau,\alpha})] \tag{21.54}$$

もしくは

$$\mathbb{E}_t[G_{t,T}(\Phi)] = \mathbb{E}_t[\nabla_{t,y}F_{t,T}] = \lim_{\tau \to 0} \mathbb{E}_t[\nabla_{t,y}^{\tau,\alpha}F_{t,T}] \tag{21.55}$$

---

[4] 有限差分法はオプション評価や資産配分などの応用において偏微分方程式や常微分方程式を解くときに主に用いられている。最近になり，モンテカルロ法と有限差分法を組み合わせる方法に対して関心が高まっている。

となる．(21.35) の左辺が接過程 $\nabla_{t,y}Y_v$ に依存していることを明示するために $\Phi_{t,v}^{\top}(\nabla_{t,y}Y_v)$ と書く．これより

$$\Phi_{t,v} = \lim_{\tau \to 0} \Phi_{t,v}(\nabla_{t,y}^{\tau,\alpha} Y_v)$$

となる．よって

$$\mathbb{E}_t[G_{t,T}(\Phi)] = \lim_{\tau \to 0} \mathbb{E}[G_{t,T}(\Phi_{t,v}(\nabla_{t,y}^{\tau,\alpha} Y_v))] \tag{21.56}$$

となる．ヘッジ項の有限差分近似は τ を固定し条件付期待値 $\mathbb{E}[G_{t,T}(\Phi)]$ を以下のように近似することで得られる．

$$\mathbb{E}_t[G_{t,T}(\Phi)] \approx \mathbb{E}_t[G_{t,T}(\Phi_{t,v}(\nabla_{t,y}^{\tau,\alpha} Y_v))] \tag{21.57}$$

$$\mathbb{E}_t[G_{t,T}(\Phi)] \approx \mathbb{E}_t[G_{t,T}(\Phi_{t,v}^{\tau,\alpha})] \tag{21.58}$$

$$\mathbb{E}_t[G_{t,T}(\Phi)] \approx \mathbb{E}_t[\nabla_{t,y}^{\tau,\alpha} F_{t,T}] \tag{21.59}$$

(21.57) は限界効用の逆関数，金利，リスクの市場価格のそれぞれの微分を直接計算し，状態変数の接過程を離散近似している．(21.58) は限界効用の微分を直接計算し，状態価格密度の対数の接過程を離散近似している．(21.59) は条件付期待値における限界効用を含むすべての汎関数を離散近似している．

(21.57)～(21.59) のような MCFD 推定量の数値的な実装は MCMD 推定量の実装に似ている．まずシミュレーションで期待値内の確率変数を M 個計算して平均をとることで条件付期待値を求める．多くの場合，シミュレーション対象の確率変数の条件付分布は未知である．そのため N 個の時間分割に基づく Euler 近似，Milshtein 近似を用いて分布を近似する．MCFD 推定量は確率変数のシミュレーションパスを平均することで計算される．α_j の値により異なる種類の有限差分近似となる．前進差分 ($\alpha_j = 1$) から計算される推定量を MCFFD 推定量と表し，同様に，後退差分 ($\alpha_j = 0$) から計算される推定量を MCBFD 推定量，中心差分 ($\alpha_j = 1/2$) から計算される推定量を MCCFD 推定量と表す．偏微分方程式や常微分方程式における有限差分法と同様に，MCCFD の計算量は MCFFD，MCBFD の計算量よりも大きい．これは MCCFD では初期値を前進，後退と 2 回シフトさせてシミュレーションする必要があるからである．次節では各方法の収束について調べる．

MCC 推定量と同じく，MCFD 推定量はヘッジ項の条件付期待値の近似に基づいている．MCFD 推定量では接過程，つまり Malliavin 微分を有限差分で近似している．よって，MCFD は MCMD の近似と考えることができる．MCFD の精度は収束パラメータ τ に依存することになる．ゆえに，パラメータ τ は MCFD 推定量の漸近的な誤差分布に影響する．

本項で説明した有限差分法は接過程に依存したヘッジ項を計算するために用いられている．平均分散分析による項も期待値で表現されるが，Malliavin 微分および接過

程を含まない．よって，平均分散項は原資産過程をシミュレーションする通常の方法で計算できる．

3.5 モンテカルロ回帰（MCR）

最後に離散時間でのポートフォリオ選択問題を解くために開発された方法を紹介する．Brandt et al. (2005) の方法は標準的な再帰的動的計画法に基づいている．価値関数を Taylor 展開してモンテカルロシミュレーションによる回帰分析で展開係数を推定し，条件付期待値を計算して近似的な「最適」戦略を求める．この方法は，経路依存性がある，確率過程が非定常過程，効用関数が任意の関数形となるような場合に用いられる．途中の消費による効用がない場合について評価ステップを示す．

この方法は，動的ポートフォリオ問題の価値関数の（離散時間での）以下の Bellmann 方程式に基づいており再帰的である．

$$V_t(X_t, Z_t) = \max_{\pi_t} \mathbb{E}[V_{t+1}(X_t(\pi_t^\top R_{t+1}^e + R^f), Z_{t+1})] \qquad (21.60)$$

ここで，X_t は時刻 t での富，Z_t は時刻 t での状態変数，R_{t+1}^e は時刻 $t \sim t+1$ でのリスク資産の超過リターンのベクトル，R^f は無リスク資産のリターン，π_t はポートフォリオである．簡単のために Brandt et al. (2005) に従い R^f を定数とする．ポートフォリオ選択問題の 1 階の条件（first-order condition; FOC）は

$$\mathbb{E}[\partial_1 V_{t+1}(X_t(\pi_t^\top R_{t+1}^e + R^f), Z_{t+1}) R_{t+1}^e] = 0 \qquad (21.61)$$

である．ここで，$\partial_1 V_{t+1}$ は将来の富による価値関数の微分である．

最適ポートフォリオ計算には 3 つのステップがある．

ステップ 1：(21.60) を時刻 t での富を無リスク資産で運用したときの時刻 $t+1$ の価値である $X_t R^f$ の近傍で Taylor 展開する．歪度，尖度を説明するために Brandt et al. (2005) は 4 次まで展開することを提案している[5]．すなわち，

$$\begin{aligned}
V_t^a(X_t, Z_t) = \max_{\pi_t} &\; \mathbb{E}_t[V_{t+1}^a(X_t R^f, Z_{t+1})] \\
&+ \mathbb{E}_t[\partial_1 V_{t+1}^a(X_t R^f, Z_{t+1})(X_t \pi_t^\top R_{t+1}^e)] \\
&+ \frac{1}{2} \mathbb{E}_t[\partial_1^2 V_{t+1}^a(X_t R^f, Z_{t+1})(X_t \pi_t^\top R_{t+1}^e)^2] \\
&+ \frac{1}{6} \mathbb{E}_t[\partial_1^3 V_{t+1}^a(X_t R^f, Z_{t+1})(X_t \pi_t^\top R_{t+1}^e)^3] \\
&+ \frac{1}{24} \mathbb{E}_t[\partial_1^4 V_{t+1}^a(X_t R^f, Z_{t+1})(X_t \pi_t^\top R_{t+1}^e)^4]
\end{aligned}$$

ここで，V^a はこの近似における価値関数を表している．π_t^a を近似における解とする

---

[5] Brandt et al. (2005) は $X_t R^f$ 近傍の 4 次の展開が彼らの例では非常に良い結果を生んでいると報告している．

と，1階の条件より π_t^a は以下のようになる．

$$\pi_t^a = -\{\mathbb{E}_t[\partial_1^2 V_{t+1}^a(X_t R^f, Z_{t+1}) R_{t+1}^e (R_{t+1}^e)^\top] X_t^2\}^{-1}$$
$$\times \{\mathbb{E}_t[\partial_1 V_{t+1}^a(X_t R^f, Z_{t+1}) R_{t+1}^e] X_t$$
$$+ \frac{1}{2}\mathbb{E}_t[\partial_1^3 V_{t+1}^a(X_t R^f, Z_{t+1})((\pi_t^a)^\top R_{t+1}^e)^2 R_{t+1}^e] X_t^3$$
$$+ \frac{1}{6}\mathbb{E}_t[\partial_1^4 V_{t+1}^a(X_t R^f, Z_{t+1})((\pi_t^a)^\top R_{t+1}^e)^3 R_{t+1}^e] X_t^4\}$$
$$\equiv -\{\mathbb{E}_t[B_{t+1}] X_t\}^{-1} \{\mathbb{E}_t[A_{t+1}] + \mathbb{E}_t[C_{t+1}(\pi_t^a)] X_t^2 + \mathbb{E}_t[D_{t+1}(\pi_t^a)] X_t^3\}$$
$$(21.62)$$

(21.62) は解がリターンのべき乗と近似価値関数の微分を含む条件付モーメントに依存していることを示している．ここで，これらのモーメントが計算可能であると仮定する．(21.62) は次のように計算される．
- 価値関数を2次まで展開したときの解を計算する．これを (21.62) を解くときの初期値として用いる．
- 初期値を (21.62) の右辺に代入すると，(21.62) の左辺が得られる．
- 上で得られた値を (21.62) の右辺に代入して (21.62) の左辺を求める．これを収束するまで繰り返す．

ステップ2：$Y_t = [R_t^e, Z_t]$ のサンプルパスを多数発生させる．このサンプルパスのセットによりポートフォリオの近似の再帰計算を行い，パスごとに (21.62) の解を求める．

ステップ3：ステップ2を満期時点をスタートとして後向きに繰り返す．時刻 t でのポートフォリオの近似は次のように行う．$s = t+1, \cdots, T-1$ において π_s^a が既知であるとする．そのときの終端での富は時点 $t+1$ での富を $X_t^a R^f$ とすると

$$X_T^a = X_t^a R^f \prod_{s=t+1}^{T-1} (\pi_s^a R_{s+1}^e + R^f) \tag{21.63}$$

となる．(21.62) における係数は次のように近似できる．

$$A_{t+1} \simeq \mathbb{E}_t\left[\partial u(X_T^a) \prod_{s=t+1}^{T-1} (\pi_s^a R_{s+1}^e + R^f)\right] R_{t+1}^e \tag{21.64}$$

B_{t+1}, C_{t+1}, D_{t+1} も同様に近似できる．(21.64) における確率変数を $a_{t+1} \equiv \partial u(X_T^a)$ $\prod_{s=t+1}^{T-1} (\pi_s^a R_{s+1}^e + R^f) R_{t+1}^e$ とおく．同様に b_{t+1}, c_{t+1}, d_{t+1} を定義する．このとき

$$\pi_t^a \simeq -\{\mathbb{E}_t[b_{t+1}] X_t^a\}^{-1} \{\mathbb{E}_t[a_{t+1}] + \mathbb{E}_t[c_{t+1}(\pi_t^a)](X_t^a)^2 + \mathbb{E}_t[d_{t+1}(\pi_t^a)](X_t^a)^3\}$$
$$(21.65)$$

と近似できる．この近似式を用いて π_t^a を求める．a,b,c,d の条件付期待値を計算するために Longstaff and Schwartz (2001) の回帰法を用いる．y をベクトル $[a,b,c,d]$ のある要素とする．y_{t+1} の条件付期待値は y_{t+1} を状態変数 Z_t の多項式を基底関数とした回帰分析で計算する．つまり，

$$\mathbb{E}_t[y_{t+1}] = \varphi(Z_t)^\top k_t$$

とおく．k_t は回帰係数であり，$\varphi(Z_t)$ は基底関数のベクトルである．回帰分析により回帰係数を求め，これを用いて時点 t での $a_{t+1}, b_{t+1}, c_{t+1}, d_{t+1}$ の条件付期待値を計算する．その結果を (21.65) に代入してポートフォリオの近似解 $\pi_t^{a,m}$ を求める．

4. ポートフォリオの推定値の漸近的性質

本節では，MCMD，MCC，MCFD 推定量の漸近的な誤差分布と MCR の収束について議論する．本節での設定は Detemple et al. (2005b, 2005c, 2006) を拡張して指数効用関数だけでなく，より広いクラスである滑らかな効用関数を考えて，途中での消費の効用と終端での富の効用の両方があるとする．

4.1 仮定と表記方法

本節では効用関数は 5 階微分可能な関数の空間に属する（$u, U \in \mathcal{C}^5$）と仮定する．また，限界効用は次の稲田条件を満たす．

$$\lim_{x \to 0} u'(x,t) = +\infty, \qquad \lim_{x \to 0} U'(x,T) = +\infty \qquad (21.66)$$

$\{t_n : n = 0, \cdots, N-1\}$ を $[t,T]$ での等間隔の時間分割として，$\Delta \equiv t_{n+1} - t_n = (T-t)/N$ とする．$[\cdot]$ は任意の実数の整数部分を表すとし，$v \in [t,T]$ に対して

$$\eta_v^N \equiv \left[\frac{v-t}{\Delta}\right]\Delta + t$$

とおく．これらの記号を用いると級数和を以下のように積分で表示することができる．

$$\sum_{n=0}^{N-1} f_{t_N}\Delta \equiv \int_t^T f_{\eta_v^N} dv$$

また，シミュレーションでは $\mathbb{E}^M[U] \equiv (\sum_{i=1}^M U^i)/M$ である．$\{U^i\}$ は確率変数 U の実現値である．

拡散過程の分布の解析的な公式は多くの場合において不明であるので，確率微分方程式の解を近似するために数値的な方法が必要となる．X^i を確率微分方程式の解として，$X^{i,N}$ を時間間隔を N 分割したときの近似解とする．$X^{i,N}$ が N が無限

大になると X^i に弱収束することは，すべての連続で有界な関数 $f \in \mathcal{C}_b$ に対して $\mathbb{E}[f(X^{i,N})] \to \mathbb{E}[f(X^i)]$ となるための必要十分条件である．

ポートフォリオの表記を簡単にするために最適な富の双対価格（shadow price）を $y_t^* \equiv y^*(t, X_t^*, Y_t)$ と定義する．これは次の非線形方程式の一意な解である．

$$X_t^* = \mathbb{E}_t\left[\int_t^T \xi_{t,v} I(y_t^* \xi_{t,v}, v) \mathrm{d}v + \xi_{t,T} J(y_t^* \xi_{t,T}, T)\right] \tag{21.67}$$

(21.67) の右辺は時刻 t での最適な消費の現在価値を表している．限界効用が減少関数で Inada 条件 (21.66) を満たしている場合には，(21.67) の解 y_t^* がすべての $X_t^* > 0$ に対して存在し一意である．また，$y_t^* = y^* \xi_t$ で，y^* は初期富の双対価格に対応することに注意する．

4.2 近似誤差の期待値

近似誤差の期待値について一般的な結果を示す．d_z 次元の確率過程 Z が以下の確率微分方程式を満たしていると仮定する．

$$\mathrm{d}Z_t = a(Z_t)\mathrm{d}t + \sum_{j=1}^d b_j(Z_t)\mathrm{d}W_t^j \tag{21.68}$$

初期値は Z_0 とする．係数の a,b は Lipschitz 条件と成長条件を満たしているとする（(21.68) の解の存在と一意性が保証される）．Z^N を時間分割数 N での Euler 近似による (21.68) の数値解とする．

近似誤差の期待値を表現するために Z の接過程（付録 A.8 を参照）を定義する．

$$\nabla_{t,z} Z_v = \mathcal{E}^R\left(\int_t^\cdot \partial a(Z_s)\mathrm{d}s + \sum_{j=1}^d \int_t^\cdot \partial b_j(Z_s)\mathrm{d}W_s^j\right)_v$$

ここで，$\mathcal{E}^R(\cdot)$ は確率指数関数である（$\mathrm{d}\mathcal{E}^R(M)_v = \mathrm{d}M_v \mathcal{E}^R(M)_v$）．$f \in \mathcal{C}^3(\mathbb{R}^{d_z})$ に対して，次の確率変数 V_1, V_2 を定義する．

$$\begin{aligned}
V_1(t,v) \equiv & -\nabla_{t,z} Z_v \int_t^v (\nabla_{t,z} Z_s)^{-1} \left(\partial a(Z_s)\mathrm{d}Z_s\right. \\
& + \sum_{j=1}^d \left[\partial b_j a - \sum_{i=1}^d (\partial b_j)(\partial b_j) b_i\right](Z_s)\mathrm{d}W_s^j \Big) \\
& + \nabla_{t,z} Z_v \int_t^v (\nabla_{t,z} Z_s)^{-1} \\
& \times \sum_{j=1}^d \left[\partial b_j \partial b_j a - \sum_{k,l=1}^d \partial_k(\partial_l a b_{l,j}) b_{k,j}\right](Z_s)\mathrm{d}s \\
& + \nabla_{t,z} Z_v \int_t^v (\nabla_{t,z} Z_s)^{-1}
\end{aligned}$$

$$\times \sum_{i,j=1}^{d} [\partial(\partial b_j \partial b_j b_i)b_i - \partial b_i \partial b_j \partial b_j b_i](Z_s)\mathrm{d}s \tag{21.69}$$

および

$$V_2(t,v) \equiv -\int_t^v \sum_{i,j=1}^d v_{i,j}(s,v)\mathrm{d}s \tag{21.70}$$

ただし,

$$\begin{aligned}v_{i,j}(s,v) &\equiv \left[h^{i,j}\left(\nabla_{t,z}Z\right)^{-1}[(\partial b_j)b_i](Z),W^i\right]_s \\ h_t^{i,j} &\equiv \mathbb{E}_t[\mathcal{D}_{j,t}(\partial f(Z_T)\nabla_{t,z}Z_T e_i)]\end{aligned} \tag{21.71}$$

で, e_i は第 i 要素の単位ベクトルである ($v_{i,j}(s,v)$ の具体的な表現は Detemple et al., 2006 を参照). $v \in [t,T]$ において

$$K_{t,v}(Z_t) \equiv \frac{1}{2}\mathbb{E}_t[\partial f(Z_v)V_1(t,v) + V_2(t,v)] \tag{21.72}$$

$$k_{t,v}(Z_t) \equiv -\mathbb{E}_t\left[\int_t^v \left(\partial f(Z_s)\left[a + \sum_{j=1}^d (\partial b_j)b_j\right](Z_s)\right.\right.$$
$$\left.\left.+ \sum_{j=1}^d \left[b_j' \partial^2 f b_j\right](Z_s)\right)\mathrm{d}s\right] \tag{21.73}$$

$$\kappa_{t,v}(Z_t) \equiv K_{t,v}(Z_t) + k_{t,v}(Z_t) \tag{21.74}$$

とする.

命題 21.3 関数 $f \in \mathcal{C}^3(\mathbb{R}^{d_z})$ が以下の一様可積分性を満たすとする.

$$\lim_{r\to\infty}\limsup_N \mathbb{E}_t\big[\mathbf{1}_{\{\|N(f(Z_T^N)-f(Z_T))\|>r\}}N\|f(Z_T^N)-f(Z_T)\|\big] = 0 \tag{21.75}$$

$$\lim_{r\to\infty}\limsup_N \mathbb{E}_t\bigg[\mathbf{1}_{\{\|N\int_t^T(f(Z_{\eta_v^N}^N)-f(Z_v))\mathrm{d}v\|>r\}}N$$
$$\times \left\|\int_t^T \left(f(Z_{\eta_v^N}^N)-f(Z_v)\right)\mathrm{d}v\right\|\bigg] = 0 \tag{21.76}$$

このとき $N \to \infty$ とすると

$$N\mathbb{E}_t[f(Z_T^N) - f(Z_T)] \to \frac{1}{2}K_{t,T}(Z_t) \tag{21.77}$$

$$N\mathbb{E}_t\left[\int_t^T f(Z_{\eta_v^N}^N)\mathrm{d}v - \int_t^T f(Z_v)\mathrm{d}v\right] \to \frac{1}{2}\int_t^T \kappa_{t,v}(Z_t)\mathrm{d}v \tag{21.78}$$

となる. ここで, $K_{t,\cdot}(Z_t)$ は, (21.72), $\kappa_{t,\cdot}(Z_t)$ は (21.74) で定義されている.

この命題は確率微分方程式の近似解を用いたときの関数（汎関数）における誤差の期待値を与えている．この結果は，Talay and Tubaro (1990) で示された偏微分方程式を数値的に解いて条件付期待値を計算するときの誤差公式の確率論版である．後で明らかになるように，近似誤差の期待値には2次のバイアスが現れる．このバイアスは拡散過程の関数の条件付期待値のモンテカルロによる有効推定量に関係している．命題21.3の公式は2次のバイアスを計算するために用いられ，そこから2次のバイアスを補正する推定量が導かれる．

4.3 MCMD 推定量の漸近的誤差分布

(21.67) の解 y_t^* を用いて，MCMD 推定量は次のように表現することができる．

$$\widehat{X_t^* \pi_t^*}^{N,M} = -(\sigma_t^\top)^{-1}\bigg(\mathbb{E}_t^M[g_1^{MV}(Z_{t,T}^N; y_t^*)]$$
$$+ \mathbb{E}_t^M\bigg[\int_t^T g_2^{MV}(Z_{t,\eta_v^N}^N; y_t^*)\mathrm{d}v\bigg]\bigg)$$
$$- (\sigma_t^\top)^{-1}\bigg(\mathbb{E}_t^M[g_1^H(Z_{t,T}^N; y_t^*)]$$
$$+ \mathbb{E}_t^M\bigg[\int_t^T g_2^H(Z_{t,\eta_v^N}^N; y_t^*)\mathrm{d}v\bigg]\bigg) \quad (21.79)$$

ここで，$\{Z_{t,v}^N : v \in [t,T]\}$ は $d_z (= 2 + d(k+1) + k)$ 次元過程 $\{Z_{t,v}^\top \equiv [\xi_{t,v}, H_{t,v}^\top, \mathrm{vec}(\mathcal{D}_t Y_v)^\top, Y_v^\top, v] : v \in [t,T]\}$ の近似である（H は (21.16) で定義されている）．確率過程 $Z_{t,v}$ は次の確率微分方程式の解である．ただし，初期値 $Z_{t,t}$ は与えられているとする．

$$\mathrm{d}Z_{t,v} = a(Z_{t,v})\mathrm{d}v + \sum_{j=1}^d b_j(Z_{t,v})\mathrm{d}W_v^j$$

関数 $g_1^{MV}, g_2^H, g_2^{MV}, g_2^H$ は3階微分可能な関数（C^3）で次のように定義される．

$$g_1^{MV}(z; y) \equiv z_1 J'(yz_1, z_5), \quad g_1^H(z; y) \equiv z_1 J'(yz_1, z_5)z_2$$
$$g_2^{MV}(z; y) \equiv z_1 I'(yz_1, z_5), \quad g_2^H(z; y) \equiv z_1 I'(yz_1, z_5)z_2$$

g_1^{MV} と g_1^H は終端での富に関係したポートフォリオの要素，g_2^{MV} と g_2^H は途中での消費に関係したポートフォリオの要素である．

各ポートフォリオの要素で誤差が生じる．全体での誤差を調べるために次のように $e_{1,t,T}^{MV,M,N}, e_{1,t,T}^{H,M,N}, e_{2,t,T}^{MV,M,N}, e_{2,t,T}^{H,M,N}$ を定義する．

$$e_{1,t,T}^{MV,M,N} \equiv -(\mathbb{E}_t^M[g_1^{MV}(Z_{t,T}^N; y_t^*)] - \mathbb{E}_t[g_1^{MV}(Z_{t,T}; y_t^*)])(\sigma_t^\top)^{-1}\theta_t \tag{21.80}$$

$$e_{1,t,T}^{H,M,N} \equiv -(\sigma_t^\top)^{-1}(\mathbb{E}_t^M[g_1^H(Z_{t,T}^N; y_t^*)] - \mathbb{E}_t[g_1^H(Z_{t,T}; y_t^*)]) \tag{21.81}$$

$$e_{2,t,T}^{MV,M,N} \equiv -\left(\mathbb{E}_t^M\left[\int_t^T g_2^{MV}(Z_{t,\eta_v^N}^N; y_t^*)dv\right] - \mathbb{E}_t\left[\int_t^T g_2^{MV}(Z_{t,v}; y_t^*)dv\right]\right)(\sigma_t^\top)^{-1}\theta_t \tag{21.82}$$

$$e_{2,t,T}^{H,M,N} \equiv -(\sigma_t^\top)^{-1}\left(\mathbb{E}_t^M\left[\int_t^T g_2^H(Z_{t,\eta_v^N}^N; y_t^*)dv\right] - \mathbb{E}_t\left[\int_t^T g_2^H(Z_{t,v}; y_t^*)dv\right]\right) \tag{21.83}$$

$j \in \{1,2\}$ として，$(e_{j,t,T}^{M,N})^\top = [(e_{j,t,T}^{MV,M,N})^\top, (e_{j,t,T}^{H,M,N})^\top]$ とおく．$(e_{j,t,T}^{M,N})^\top$ は $1 \times 2d$ 次元の近似誤差のベクトルであり，$j=1$ が終端富に関する誤差，$j=2$ が途中での消費に関する誤差である．$(e_{t,T}^{M,N})^\top = [(e_{1,t,T}^{M,N})^\top, (e_{2,t,T}^{M,N})^\top]$ とおく．$(e_{t,T}^{M,N})^\top$ は $1 \times 4d$ 次元の近似誤差のベクトルである．$1 \times 4d$ ベクトル $C_{t,T}^\top \equiv [C_{1,t,T}^\top, C_{2,t,T}^\top]$ を次のように定義する．

$$C_{1,t,T}^\top \equiv [-g_1^{MV}(Z_{t,T}; y_t^*)\theta_t^\top \sigma_t^{-1}, -g_1^H(Z_{t,T}; y_t^*)^\top \sigma_t^{-1}]$$

$$C_{2,t,T}^\top \equiv \left[-\int_t^T g_2^{MV}(Z_{t,v}; y_t^*)dv\theta_t^\top \sigma_t^{-1}, -\int_t^T g_2^H(Z_{t,v}; y_t^*)^\top dv\sigma_t^{-1}\right]$$

確率変数 $C_{t,T}$ は漸近的な誤差分布での共分散に関係している．

$D^{1,2}$ を Malliavin 微分が定義される確率変数の空間とする（付録 A.3 を参照）．次の命題では推定量の誤差の漸近的な振舞いを示す．

命題 21.4 $g \in \mathcal{C}^3(\mathbb{R}^{d_z})$ とし，任意の $v \in [t,T]$ に対して $g(Z_{t,v}; y_t^*) \in \mathbb{D}^{1,2}$ とする．命題 21.3 の仮定が成り立つとし，$j \in [1,2]$, $\alpha \in [MV, H]$ に対して

$$\lim_{r \to \infty} \mathbb{E}_t\big[\mathbf{1}_{\{\|g_j^\alpha(Z_{t,v}; y_t^*) - \mathbb{E}_t[g_j^\alpha(Z_{t,v}; y_t^*)]\| > r\}}$$
$$\times \left\|g_j^\alpha(Z_{t,v}; y_t^*) - \mathbb{E}_t[g_j^\alpha(Z_{t,v}; y_t^*)]\right\|^2\big] = 0 \tag{21.84}$$

とする．このとき，$M \to \infty$ に対して

$$\sqrt{M} e_{t,T}^{M,N_M} \to \epsilon^{md} \frac{1}{2} \begin{bmatrix} -K_{1,t,T}^{MV}(Y_t; y_t^*)(\sigma_t^\top)^{-1}\theta_t \\ -(\sigma_t^\top)^{-1}[K_{i,1,t,T}^H(Y_t; y_t^*)]_{i=1,\cdots,d} \\ -\int_t^T \kappa_{2,t,v}^{MV}(Y_t; y_t^*)dv(\sigma_t^\top)^{-1}\theta_t \\ -(\sigma_t^\top)^{-1}\int_t^T [\kappa_{i,2,t,v}^H(Y_t : Y_t^*)]_{i=1,\cdots,d}dv \end{bmatrix}$$
$$+ \begin{bmatrix} L_{1,t,T}^{MV}(Y_t; y_t^*) \\ L_{1,t,T}^H(Y_t; y_t^*) \\ L_{2,t,T}^{MV}(Y_t; y_t^*) \\ L_{2,t,T}^H(Y_t; y_t^*) \end{bmatrix} \tag{21.85}$$

となる. ただし, $M \to \infty$ のとき $N_M \to \infty$ であり, $\epsilon^{md} = \lim_{M \to \infty} \sqrt{M}/N_M$ および

$$L_{t,T}(Y_t; y_t^*)^\top \equiv [L_{1,t,T}^{MV}(Y_t; y_t^*)^\top, L_{1,t,T}^{H}(Y_t; y_t^*)^\top, L_{2,t,T}^{MV}(Y_t; y_t^*)^\top, L_{2,t,T}^{H}(Y_t; y_t^*)^\top] \tag{21.86}$$

である. $L_{t,T}$ は Gauss 型マルチンゲールの終端での値であり, その2次変分と条件付分散は次のようになる.

$$[L,L]_{t,T}(Y_t; y_t^*) = \int_t^T \mathbb{E}_t[N_s(N_s)^\top] ds = \mathbf{var}_t[C_{t,T}] \tag{21.87}$$

$$N_s = \mathbb{E}_s[\mathcal{D}_s C_{t,T}] \tag{21.88}$$

終端での富に関する平均分散分析の要素である $g_1^{MV}(z; y_t^*)$ は (21.72) で定義されている2次のバイアス関数 $K_{1,t,T}^{MV}(Y_t; y_t^*)$ を引き起こす. 同様に終端での富に関するヘッジ項の要素である $[g_1^H(z; y_t^*)]_i$ も2次のバイアス関数 $K_{i,1,t,T}^{H}(Y_t; y_t^*)$ を引き起こす. 一方, 途中の消費に関する平均分散分析の要素である g_2^{MV} は (21.74) で定義されている2次のバイアス関数 $\kappa_{2,t,v}^{MV}(Y_t; y_t^*)$ を引き起こす. $\kappa_{2,t,v}^{MV}(Y_t; y_t^*)$ には2つの関数が含まれていることに注意する. 同様に途中の消費に関するヘッジ項の要素である $[g_2^H(z; y_t^*)]_i$ は2次のバイアス関数 $\kappa_{i,2,t,v}^{H}(Y_t; y_t^*)$ を引き起こす.

漸近的な誤差分布 (21.85) には「近似誤差の期待値」と「2次のバイアスを表す関数」との2つの要素がある. パラメータ ϵ^{md} と2次のバイアスの役割を示す. $i = 1, \cdots, d$ に対して有意水準 $1 - \alpha$ の信頼区間は Gauss 過程 L をもとに計算でき,

$$[\psi_i^-(M, N_M, \alpha), \psi_i^+(M, N_M, \alpha)]$$

$$\psi_i^\pm(M, N_M, \alpha) \equiv \sqrt{M}\widehat{\pi_{it}^* X_t^*}^{M,N_M} \pm \Phi^{-1}\left(\frac{\alpha}{2}\right) \frac{\sigma_{ii}^{M,N_M}}{\sqrt{M}}$$

となる. ただし, Φ は正規分布の分布関数, σ_{ii}^{M,N_M} は (21.87) の Gauss マルチンゲール $[L_{t,T}]_i$ の分散の推定量である. $M \to \infty$ のとき, 信頼区間の確率は次のように収束する.

$$\mathbb{P}(\pi_{it}^* X_t^* \in [\psi_i^-(M, N_M, \alpha), \psi_i^+(M, N_M, \alpha)]) \to \Psi(\alpha, \delta_i^{md}) \tag{21.89}$$

$$\Psi(\alpha, x) \equiv \Phi\left(\Phi^{-1}\left(\frac{1-\alpha}{2}\right) - x\right) - \Phi\left(\Phi^{-1}\left(\frac{\alpha}{2}\right) - x\right) \tag{21.90}$$

$$\delta_i^{md} \equiv \frac{1}{2}\epsilon^{md}\left[\mathbf{var}[L_{t,T}]^{-1/2} K_{t,T}(Y_t; y_t^*)\right]_i \tag{21.91}$$

$$K_{t,T}(Y_t; y_t^*) \equiv -K_{1,t,T}^{MV}(Y_t; y_t^*)(\sigma_t^\top)^{-1}\theta_t - (\sigma_t^\top)^{-1}K_{1,t,T}^H(Y_t; y_t^*)$$
$$- \int_t^T \kappa_{2,t,v}^{MV}(Y_t; y_t^*)\mathrm{d}v(\sigma_t^\top)^{-1}\theta_t - (\sigma_t^\top)^{-1}\int_t^T \kappa_{2,t,v}^H(Y_t; y_t^*)\mathrm{d}v$$
(21.92)

終端での富のヘッジ項に関連する 2 次のバイアス ($d\times 1$ ベクトル) は $K_{1,t,v}^H(Y_t; y_t^*)^\top \equiv [K_{1,1,t,v}^H(Y_t; y_t^*), \cdots, K_{d,1,t,v}^H(Y_t; y_t^*)]$ であり, 途中の消費のヘッジ項に関連する 2 次のバイアス ($d\times 1$ ベクトル) は $\kappa_{2,t,v}^H(Y_t; y_t^*)^\top \equiv [\kappa_{1,2,t,v}^H(Y_t; y_t^*), \cdots, \kappa_{d,2,t,v}^H(Y_t; y_t^*)]$ である.

極限 (21.89) は Gauss 過程 L に基づく有意水準 α での信頼区間が 2 次のバイアスで歪められることを示している. つまり, $M \to \infty$ としても信頼区間に真の値が入る確率は $1-\alpha$ ではなく $\Psi(\alpha, \delta_i^{md})$ となる. 歪みの程度は次の量で表現される.

$$s(\delta_i^{md}) = 1 - \alpha - \Psi(\alpha, \delta_i^{md})$$

$\Psi(\alpha, \cdot)$ が厳密に単調であり $\Psi(\alpha, 0) = 1 - \alpha$ であることから, 信頼区間に入る確率が $1-\alpha$ となることと 2 次のバイアスがゼロ ($\delta_i^{md} = 0$) となることは同値である. 1 次元の場合では, 歪みの程度 $s(\delta_1^{md})$ はモンテカルロシミュレーションによる漸近的な分散 $\mathrm{var}_t[L_{t,T}]$ と逆相関であり, 確率微分方程式の離散近似による 2 次のバイアス ($\epsilon^{md}/2)K_{t,T}(Y_t; y_t^*)$ と正相関である.

$\delta_i^{md} \neq 0$ の場合, 漸近的な信頼区間の幅 $\psi_i^+(M, N_M, \alpha) - \psi_i^-(M, N_M, \alpha)$ に基づいて有効性の比較をすることは不適切である. 理由は漸近的な信頼区間に入る確率が $1-\alpha$ よりも小さくなるからである. 各パラメータの影響を考慮した結論を得るためには注意が必要である. 例えば, 1 次元の場合には, 推定量の分散を減らすと 2 つの効果が生じることに注意しなければならない. 一つは信頼区間の幅が小さくなることであり, もう一つは 2 次バイアスが存在するときには信頼区間に入る確率が小さくなることである. シミュレーション回数 M と離散化の刻み数 N を変えたときにも, この種のトレードオフが発生する. M を大きくして推定量の分散を小さくすると有効性が改善したように見えるが, 実は信頼区間に入る確率が小さくなっている. 計算時間が一定の制約のもとでは, 離散化の刻み数 N を大きくする (シミュレーション数 M は小さくなる) と推定量の信頼区間は歪みがなくなる ($\epsilon^{md} = \lim_{M\to\infty} \sqrt{M}/N_M = 0$) が, 信頼区間の幅が大きくなってしまう ($\sigma_{ii}^{M,N_M}/\sqrt{M} \to \infty$).

M と N のトレードオフは, 有効な方法が離散化の刻み数を 2 倍にするときにはシミュレーション回数を 4 倍にすることであることを示している ($\epsilon^{md} = \lim_{M\to\infty} \sqrt{M}/N_M$ なので). さらに, 有効性を比較するためには漸近的な 2 次のバイアスを考慮する必要がある. 2 次のバイアスを補正するためには関数 K を計算しなければならない. バイアスを補正した推定量が Detemple et al. (2006) に示されている.

これと同じような議論が Doss 変換を利用した MCMD 推定量に適用できる. Doss

変換は Euler 近似の収束率を向上させるが期待近似誤差の収束率は向上させない．Doss 変換を用いたポートフォリオの推定量の収束率は Doss 変換を用いない推定量の収束率と同じであり誤差の漸近的な共分散も同じであるが 2 次のバイアスが異なる．同様に Milshtein 法を用いても Euler 法に比べて収束率は向上せず，誤差の漸近的な共分散は同じであり，2 次のバイアスは異なる（詳細は Detemple et al., 2006 を参照）．

4.4 MCC 推定量の漸近的性質

MCC 推定量は (21.51)～(21.53) で示されている．本項では (21.53) の誤差について調べる．(21.51) と (21.52) の誤差の挙動は (21.53) と同様である．準備として以下のように定義する．

$$F_{t,T} \equiv f_1(Z_{t,T}; y_t^*) + \int_t^T f_2(Z_{t,v}; y_t^*) \mathrm{d}s \tag{21.93}$$

$$f_1(z; y) = z_1 J(yz_1, z_5) \tag{21.94}$$

$$f_2(z; y) = z_1 I(yz_1, z_5) \tag{21.95}$$

推定誤差は $(e_{t,T}^{M,N,h})^\top = [(e_{1,t,T}^{M,N,h})^\top, (e_{2,t,T}^{M,N,h})^\top]$ である．

$$e_{1,t,T}^{M,N,h} \equiv (\sigma_t^\top)^{-1} \bigg(\frac{1}{h} \mathbb{E}_t^M [f_1(Z_{t,T}^N; y_t^*) \Delta_h W_t]$$
$$- \big(\mathbb{E}_t[\mathcal{D}_t f_1(Z_{t,T}; y)]_{y=y_t^*} \big)^\top \bigg) \tag{21.96}$$

$$e_{2,t,T}^{M,N,h} \equiv (\sigma_t^\top)^{-1} \bigg(\frac{1}{h} \mathbb{E}_t^M \bigg[\int_t^T f_2(Z_{t,\eta_v^N}^N; y_t^*) \mathrm{d}v \Delta_h W_t \bigg]$$
$$- \bigg(\mathbb{E}_t \bigg[\mathcal{D}_t \int_t^T f_2(Z_{t,v}; y) \mathrm{d}v \bigg]_{y=y_t^*} \bigg)^\top \bigg) \tag{21.97}$$

$$\Delta_h W_t \equiv W_{t+h} - W_t$$

誤差の漸近的な挙動について次の命題 21.5 で示す．

命題 21.5 $f_1, f_2 \in C^3(\mathbb{R}^{d_z})$ と仮定し，$f_1(Z_{t,v}; y_t^*), f_2(Z_{t,v}; y_t^*) \in D^{1,2}$ とする．$K_{1,t,v}(Y_t; y_t^*)$ は (21.72) で，$\kappa_{2,t,v}(Y_t; y_t^*)$ は (21.74) で定義されている．次のように事象を定義する．

$$F_1(N, h, r) = \bigg\{ \bigg\| Q_{1,t,T}^{N,h}(y_t^*) - \frac{1}{2} \mathbb{E}_t[Q_{1,t,T}^{N,h}(y_t^*)] \bigg\| > r \bigg\}$$

$$F_2(N, h, r) = \bigg\{ \bigg\| \int_t^T \bigg(Q_{2,t,\eta_v^N}^{N,h}(y_t^*) - \frac{1}{2} \mathbb{E}_t[Q_{2,t,\eta_v^N}^{N,h}(y_t^*)] \bigg) \mathrm{d}v \bigg\| > r \bigg\}$$

$$G_1(h, r) = \bigg\{ \bigg\| f_1(Z_{t,T}; y_t^*) \frac{\Delta_h W_t}{h} - \mathbb{E}_t \bigg[f_1(Z_{t,T}; y_t^*) \frac{\Delta_h W_t}{h} \bigg] \bigg\| > r \bigg\}$$

$$G_1(h, r) = \bigg\{ \bigg\| \int_t^T f_2(Z_{t,v}; y_t^*) \mathrm{d}v \frac{\Delta_h W_t}{h} - \mathbb{E}_t \bigg[\int_t^T f_2(Z_{t,v}; y_t^*) \mathrm{d}v \frac{\Delta_h W_t}{h} \bigg] \bigg\| > r \bigg\}$$

また，$Q_{j,t,\cdot}^{N,h}, j=1,2$ を

$$Q_{j,t,v}^{N,h}(y_t^*) \equiv N(f_j(Z_{t,v}^N; y_t^*) - f_j(Z_{t,v}; y_t^*))\frac{\Delta_h W_t}{h} \tag{21.98}$$

とおく．さらに，以下の条件が成立すると仮定する．

$$\lim_{r\to\infty} \limsup_{h,N} \mathbb{E}_t\left[\mathbf{1}_{F_1(N,h,r)}\left\|Q_{1,t,T}^{N,h}(y_t^*) - \frac{1}{2}\mathbb{E}_t[Q_{1,t,T}^{N,h}(y_t^*)]\right\|\right] = 0 \tag{21.99}$$

$$\lim_{r\to\infty} \limsup_{h,N} \mathbb{E}_t\left[\mathbf{1}_{F_2(N,h,r)}\left\|\int_t^T \left(Q_{2,t,\eta_v^N}^{N,h}(y_t^*) - \frac{1}{2}\mathbb{E}_t[Q_{2,t,\eta_v^N}^{N,h}(y_t^*)]\right)dv\right\|\right] = 0 \tag{21.100}$$

$$\lim_{r\to\infty} \limsup_{h} \mathbb{E}_t\left[\mathbf{1}_{G_1(h,r)}\left\|f_1(Z_{t,T}; y_t^*)\frac{\Delta_h W_t}{h} - \mathbb{E}_t\left[f_1(Z_{t,T}; y_t^*)\frac{\Delta_h W_t}{h}\right]\right\|^2\right] = 0 \tag{21.101}$$

$$\lim_{r\to\infty} \limsup_{h} \mathbb{E}_t\left[\mathbf{1}_{G_2(h,r)}\left\|\int_t^T f_2(Z_{t,v}; y_t^*)dv\frac{\Delta_h W_t}{h}\right.\right.$$
$$\left.\left.-\mathbb{E}_t\left[\int_t^T f_2(Z_{t,v}; y_t^*)dv\frac{\Delta_h W_t}{h}\right]\right\|^2\right] = 0 \tag{21.102}$$

このとき，$M \to \infty$ に対して

$$M^{1/3}e_{t,T}^{M,N_M,h_M} \Rightarrow \epsilon_1^c(\sigma_t^\top)^{-1}\left(\partial_s \mathbb{E}_s\left[\begin{array}{c}\mathcal{D}_s f_1(Z_{t,T}; y_t^*) \\ \mathcal{D}_s \int_t^T f_2(Z_{t,v}; y_t^*)dv\end{array}\right]\right)^\top\bigg|_{s=t}$$
$$+ \epsilon_2^c \frac{1}{2}(\sigma_t^\top)^{-1}\left(\mathcal{D}_t\left[\begin{array}{c}K_{1,t,T}(Y_t; y) \\ \int_t^T \kappa_{2,t,v}(Y_t; y)dv\end{array}\right]\right)^\top\bigg|_{y=y_t^*}$$
$$+ (I_2 \otimes (\sigma_t^\top)^{-1})O_{t,T}(Y_t; y_t^*) \tag{21.103}$$

が成立する．ただし，$\otimes$ は Kronecker 積[6]を表す．(21.103) において収束パラメータ N_M, h_M は $M\to\infty$ のとき $N_M, 1/h_M \to \infty$ であり，定数 $\epsilon_1^c, \epsilon_2^c$ はそれぞれ $\epsilon_1^c = \lim_{M\to\infty} M^{1/3}h_M$, $\epsilon_2^c = \lim_{M\to\infty} M^{1/3}/N_M$ で定義される．$O_{t,T}$ は 2 次元の Gauss 型マルチンゲールで以下の確定的な 2 次変分をもつ．

$$[O,O]_{t,T}(Y_t; y_t^*)$$
$$= \mathbb{E}_t\left[\begin{array}{cc} f_1(Z_{t,T}; y_t^*)^2 I_d & f_1(Z_{t,T}; y_t^*)\int_t^T f_2(Z_{t,v}; y_t^*)dv I_d \\ f_1(Z_{t,T}; y_t^*)\int_t^T f_2(Z_{t,v}; y_t^*)dv I_d & (\int_t^T f_2(Z_{t,v}; y_t^*)dv)^2 I_d \end{array}\right]$$

---

[6] $m \times n$ 次元行列 A と $p \times q$ 次元行列 B の Kronecker 積は $mp \times nq$ 次元行列 $[A_{ij}B]_{i=1,\cdots,m}^{j=1,\cdots,n}$ である．

漸近的な誤差分布には 3 つの要素がある．(21.103) の右辺の最初の項と 2 番目の項は 2 次のバイアスを表している．最初の項は Brown 運動の離散近似から生じている．2 番目の項は確率微分方程式の離散近似から生じている．3 番目の項は平均の推定に関連するマルチンゲールである．

4.5 MCFD 推定量の漸近的性質

$Z_{4,t,v} \equiv Y_v$ であり，Y の任意の汎関数 $H_{t,v}$ に対して，$\nabla_{t,z_j,4} H_{t,v}$ は状態変数 $Y_{j,t}$ の微小変化に関する接過程の j 番目の要素を表すことに注意する．表記を簡単にするために $\gamma_t^\top \equiv \gamma(t, Y_t)^\top \equiv [(\sigma^\top)^{-1}(\sigma^Y)^\top](t, Z_{4,t,t})$ とする．$\gamma_t^\top$ は $d \times k$ 次元の行列過程である．MCFD の近似誤差 $e_{t,T}^{M,N,\tau,\alpha}$ は

$$(e_{t,T}^{M,N,\tau,\alpha})^\top = [(e_{1,t,T}^{M,N,\tau,\alpha})^\top, (e_{2,t,T}^{M,N,\tau,\alpha})^\top]$$

$$e_{1,t,T}^{M,N,\tau,\alpha} \equiv e_{1,t,T}^{MV,M,N} + e_{1,t,T}^{H,M,N,\tau,\alpha} \tag{21.104}$$

$$e_{2,t,T}^{M,N,\tau,\alpha} \equiv e_{2,t,T}^{MV,M,N} + e_{2,t,T}^{H,M,N,\tau,\alpha} \tag{21.105}$$

となる．$e_{1,t,T}^{MV,M,N}$ は (21.80)，$e_{2,t,T}^{MV,M,N}$ は (21.82) で定義されている．ヘッジ項の近似誤差は

$$e_{1,t,T}^{H,M,N,\tau,\alpha} \equiv \gamma_t^\top \big[\mathbb{E}_t^M \big[\nabla_{t,z_j,4}^{\tau,\alpha} f_1(Z_{t,T}^N; y_t^*) \big] - \mathbb{E}_t \big[\nabla_{t,z_j,4} f_1(Z_{t,T}; y_t^*) \big] \big]_{j=1,\cdots,k} \tag{21.106}$$

$$e_{2,t,T}^{H,M,N,\tau,\alpha} \equiv \gamma_t^\top \bigg[\mathbb{E}_t^M \bigg[\nabla_{t,z_j,4}^{\tau,\alpha} \int_t^T f_2(Z_{t,\eta_v^N}^N; y_t^*) dv \bigg] - \mathbb{E}_t \bigg[\nabla_{t,z_j,4} \int_t^T f_2(Z_{t,v}; y_t^*) dv \bigg] \bigg]_{j=1,\cdots,k} \tag{21.107}$$

である．MCFD と MCMD では平均分散分析の要素は同じであり，収束の性質は命題 21.4 で示されている．MCFD のヘッジ項の誤差の漸近的な特性は以下の命題 21.6 で示す．簡単のために，すべての $j = 1, \cdots, k$ に対して $(\tau_j, \alpha_j) = (\tau, \alpha)$ とする．

命題 21.6 $f_1, f_2 \in C^3(\mathbb{R}^{d_z}), f_1(Z_{t,T}; y_t^*), f_2(Z_{t,T}; y_t^*) \in \mathbb{D}^{1,2}$ とする．$K_{1,t,v}(Y_t; y_t^*)$ は (21.72) で定義され，$\kappa_{2,t,v}(Y_t; y_t^*)$ は (21.74) で定義されている．以下のように事象を定義する．

$$F_1^j(N, \tau, r) = \bigg\{ \bigg| N \nabla_{t,z_j,4}^{\tau,\alpha} f_1(Z_{t,T}^N; y_t^*) - \frac{1}{2} \partial_{y_j} K_{1,t,T}(Y_t; y_t^*) \bigg| > r \bigg\}$$

$$F_2^j(N, \tau, r) = \bigg\{ \bigg| N \nabla_{t,z_j,4}^{\tau,\alpha} \int_t^T f_2(Z_{t,\eta_v^N}^N; y_t^*) dv - \frac{1}{2} \int_t^T \partial_{y_j} \kappa_{2,t,\eta_v^N}(Y_t; y_t^*) dv \bigg| > r \bigg\}$$

$$G_1^j(\tau, r) = \big\{ \big| \nabla_{t,z_j,4}^{\tau,\alpha} f_1(Z_{t,T}; y_t^*) - \mathbb{E}_t \big[\nabla_{t,z_j,4}^{\tau,\alpha} f_1(Z_{t,T}; y_t^*) \big] \big| > r \big\}$$

$$G_2^j(\tau, r) = \bigg\{ \bigg| \nabla_{t,z_j,4}^{\tau,\alpha} \int_t^T f_2(Z_{t,v}; y_t^*) dv - \mathbb{E}_t \bigg[\nabla_{t,z_j,4}^{\tau,\alpha} \int_t^T f_2(Z_{t,v}; y_t^*) dv \bigg] \bigg| > r \bigg\}$$

$j = 1, \cdots, k$ に対して次の条件が成立していると仮定する.

$$\lim_{r \to \infty} \limsup_{1/\tau, N} \mathbb{E}_t \left[\mathbf{1}_{F_1^j(N,\tau,r)} \left| N \nabla_{t,z_j,4}^{\tau,\alpha} f_1(Z_{t,T}^N; y_t^*) - \frac{1}{2} \partial_{y_j} K_{1,t,T}(Y_t; y_t^*) \right| \right] = 0 \quad (21.108)$$

$$\lim_{r \to \infty} \limsup_{1/\tau, N} \mathbb{E}_t \left[\mathbf{1}_{F_2^j(N,\tau,r)} \left| N \nabla_{t,z_j,4}^{\tau,\alpha} \int_t^T \left(f_2(Z_{t,\eta_v^N}^N; y_t^*) \right. \right. \right.$$
$$\left. \left. \left. - \frac{1}{2} \partial_{y_j} \kappa_{2,t,\eta_v^N}(Y_t; y_t^*) \right) dv \right| \right] = 0 \quad (21.109)$$

$$\lim_{r \to \infty} \limsup_{1/\tau} \mathbb{E}_t \left[\mathbf{1}_{G_1^j(\tau,r)} |\nabla_{t,z_j,4}^{\tau,\alpha} f_1(Z_{t,T}; y_t^*) - \mathbb{E}_t[\nabla_{t,z_j,4}^{\tau,\alpha} f_1(Z_{t,T}; y_t^*)]|^2 \right] = 0 \quad (21.110)$$

$$\lim_{r \to \infty} \limsup_{1/\tau} \mathbb{E}_t \left[\mathbf{1}_{G_2^j(N,\tau,r)} \left| \nabla_{t,z_j,4}^{\tau,\alpha} \int_t^T f_2(Z_{t,v}; y_t^*) dv \right. \right.$$
$$\left. \left. - \mathbb{E}_t \left[\nabla_{t,z_j,4}^{\tau,\alpha} \int_t^T f_2(Z_{t,v}; y_t^*) dv \right] \right|^2 \right] = 0 \quad (21.111)$$

このとき,$M \to \infty$ とすると
(i) $\alpha = 1/2$ (MCCFD) の場合

$$M^{1/2} e_{t,T}^{H,M,N_M,\tau_M,\alpha}$$
$$\Rightarrow \frac{\varepsilon_1^{fcd}}{24} \begin{bmatrix} \gamma_t^\top \mathbb{E}_t [\nabla_{t,z_j,4}^3 f_1(Z_{t,T}; y_t^*)]_{j=1,\cdots,k} \\ \gamma_t^\top \mathbb{E}_t [\nabla_{t,z_j,4}^3 \int_t^T f_2(Z_{t,v}; y_t^*) dv]_{j=1,\cdots,k} \end{bmatrix}$$
$$+ \frac{\varepsilon_2^{fcd}}{2} \begin{bmatrix} \gamma_t^\top [\partial_{y_j} K_{1,t,T}(Y_t; y_t^*)]_{j=1,\cdots,k} \\ \gamma_t^\top [\partial_{y_j} \int_t^T \kappa_{2,t,\eta_v^N}(Y_t; y_t^*) dv]_{j=1,\cdots,k} \end{bmatrix}$$
$$+ (I_2 \otimes \gamma_t^\top) P_{t,T}(Y_t; y_t^*) \quad (21.112)$$

となる.ただし,$M \to \infty$ に対して $N_M, 1/\tau_M \to \infty$ であり,$\varepsilon_1^{fcd} = \lim_{M \to \infty} M^{1/4} \tau_M$,$\varepsilon_2^{fcd} = \lim_{M \to \infty} M^{1/2} / N_M$ である.

(ii) $\alpha \neq 1/2$ (MCBFD, MCFFD) の場合

$$M^{1/2} e_{t,T}^{H,M,N_M,\tau_M,\alpha}$$
$$\Rightarrow \varepsilon_1^{fd} \delta(\alpha) \begin{bmatrix} \gamma_t^\top \mathbb{E}_t [\nabla_{t,z_j,4}^2 f_1(Z_{t,T}; y_t^*)]_{j=1,\cdots,k} \\ \gamma_t^\top \mathbb{E}_t [\nabla_{t,z_j,4}^2 \int_t^T f_2(Z_{t,v}; y_t^*) dv]_{j=1,\cdots,k} \end{bmatrix}$$
$$+ \frac{\varepsilon_2^{fd}}{2} \begin{bmatrix} \gamma_t^\top [\partial_{y_j} K_{1,t,T}(Y_t; y_t^*)]_{j=1,\cdots,k} \\ \gamma_t^\top [\partial_{y_j} \int_t^T \kappa_{2,t,\eta_v^N}(Y_t; y_t^*) dv]_{j=1,\cdots,k} \end{bmatrix}$$
$$+ (I_2 \otimes \gamma_t^\top) P_{t,T}(Y_t; y_t^*) \quad (21.113)$$

4. ポートフォリオの推定値の漸近的性質

となる. ただし, $M \to \infty$ に対して $N_M, 1/\tau_M \to \infty$ であり, $\varepsilon_1^{fd} = \lim_{M \to \infty} M^{1/2} \tau_M$, $\varepsilon_2^{fd} = \lim_{M \to \infty} M^{1/2}/N_M$, $\delta(\alpha) = (2\alpha - 1)/2$ である.

確率変数 $P_{t,T}(Y_t; y_t^*)$ は $2d \times 1$ 次元の Gauss 型マルチンゲールの時点 T での値である. Gauss 型マルチンゲールの 2 次変動は

$$[P, P]_{t,T}(Y_t; y) = \mathbb{E}_{t, Y_t}\left[\int_t^T L(v, Z_{t,v}; y) L(v, Z_{t,v}; y)^\top dv\right]$$

$$L(v, Z_{t,v}; y) = \mathbb{E}_{t, Z_{t,v}}\left[\mathcal{D}_v \begin{bmatrix} (\nabla_{v, Z_{t,v}} f_1(Z_{t,T}; y))^\top \\ (\nabla_{v, Z_{t,v}} \int_t^T f_2(Z_{t,s}; y) ds)^\top \end{bmatrix}\right]$$

である.

MCC 推定量では,漸近的誤差分布は 3 つの要素をもつ.最初の 2 項が接過程と原資産過程の有限差分近似よる 2 次のバイアス項である. MCMD 推定量と MCC 推定量では,これらの誤差項の間にトレードオフがある.また, MCFD 推定量の収束率は MCC 推定量の収束率よりも良い.差分法(前進,後退,中心)の違いは 2 次のバイアスに影響するだけである. 3 番目の要素である $P_{t,T}$ は Gauss 型マルチンゲールの時刻 T での値である.これは,条件付期待値の真の値と状態変数のシミュレーションから求めた条件付期待値との差の漸近的な分布を表している.この要素は状態変数の真の分布がわかっている場合でのシミュレーションでも存在する.

連続な関数に関しては, MCFD 推定量と MCMD 推定量の収束速度は同じである. しかし,真の分布からサンプリングが可能であっても MCFD 推定量では接過程の有限差分近似の影響による 2 次のバイアス項が余分に存在する.不連続な関数に関しては, MCFD 推定量は MCMD 推定量よりも遅く収束する (Detemple et al., 2005c). MCCFD は $M^{-2/5}$ で収束し, MCFFD と MCBFD は MCC と同じく $M^{-1/3}$ で収束する.

4.6 解釈と注釈

MCMD 推定量の漸近的な誤差分布はモンテカルロシミュレーションの試行回数 M と時間軸の離散化でのステップ数 N に依存している. Duffie and Glynn (1995) が示しているように,条件付期待値の有効モンテカルロ推定量は $\sqrt{M}/N =$ ある定数となるように M, N を選ぶと得られる.有効モンテカルロ推定量は非心な誤差分布のために 2 次のバイアスが発生する. 4.3 項で議論したように, 2 次のバイアスは異なるモンテカルロ推定量の有効性を比較するときには無視できない. MCMD 推定量において Detemple et al. (2006) では 2 次バイアスの解析的な表現と 2 次バイアスを補正した推定量を求めている.また, 2 次バイアスを補正した推定量は漸近的に状態変数の未知の真の分布からサンプリングした推定量(一般には計算不可能)と等価であることを示している.命題 21.5, 21.6 では MCC と MCFD が MCMD では存在しない離

散化のパラメータに依存しているため，MCC と MCFD では MCMD よりも 2 次バイアスがさらに重要となっていることを明らかにしている．離散化のパラメータによる追加的な 2 次バイアスは補正が困難である．

ここでは富の双対価格 y_t^* が既知と仮定していることに注意する必要がある．選好が非相似な場合には当てはまらない．この場合には，双対価格を推定するためにモンテカルロと定点反復法を組み合わせて用いる．命題 21.3 では双対価格 y_t^* の推定誤差が $\lim_{M\to\infty} \sqrt{M}/N_M = \epsilon, \epsilon \in (0, \infty)$ であれば $1/\sqrt{M}$ のオーダーであることを示している．MCC 推定量では収束率はより遅い $1/M^{1/3}$ である（命題 21.5 を参照）ため，漸近的な誤差分布は双対価格 y_t^* が既知の場合でも推定した場合でも同じである．MCMD 推定量と MCFD 推定量では双対価格が既知の場合には収束率は $1/\sqrt{M}$ である（命題 21.4，21.6 を参照）ため，双対価格 y_t^* を推定した場合の近似誤差は漸近的に無視できない．双対価格の推定による 2 次のバイアスは漸近的な信頼区間に影響する．この影響についての分析は本章では扱わない．

4.7 MCR 推定量の漸近特性

Brandt et al. (2005) のポートフォリオ推定量には 3 つの誤差項がある．価値関数の Taylor 展開の打ち切り誤差，条件付期待値の多項式近似での誤差，状態変数のモンテカルロ法での誤差である．MCR 推定量の収束の振る舞いについてはまだ研究されていない．

アメリカンオプション評価での最適停止問題に対しては条件付期待値の多項式近似を含むモンテカルロ法の収束については研究がなされている（Tsitsiklis and Van Roy, 2001; Clément et al., 2002; Egloff, 2005; Glasserman and Yu, 2004）．これらの研究結果は Brandt et al. (2005) に直接適用できない．ポートフォリオ選択問題での制御は 2 値ではないため最適停止問題での制御よりも複雑になる．さらに，Tsitsiklis and Van Roy (2001) と Clément et al. (2002) では収束は証明しているが収束率については示していない．命題 21.3 で示したモンテカルロの試行回数と離散点の数との関係と同様に，Brandt et al. (2005) と Longstaff and Schwartz (2001) においてモンテカルロの試行回数と基底関数の数との間に最適な関係が存在する．Glasserman and Yu (2004) は，Brown 運動／幾何 Brown 運動での最適停止問題において収束性を上げるためには，必要となる基底関数の数が驚くほどの速さで増大することを示している．Brown 運動では試行回数 M で正確な推定量を得るために必要な多項式の項の数 $K = K_M$ は $O(\log M)$ となる．幾何 Brown 運動では $O(\sqrt{\log M})$ である．必要なパスの数は基底関数の数に関して指数的に増大する．

これらはアメリカンオプションでの分析結果である．資産配分問題はアメリカンオプションよりも複雑なためにアメリカンオプションよりも収束性がよくなるとは考えづらい．Egloff (2005) は有界な基底関数を用いると収束性が改善されることを示して

いる[7]．Egloff (2005) では近似誤差が時間のステップ数に関して指数的に増大することも示している．このことからポートフォリオの組み替えの数があまり多くない場合でも MCR の誤差が大きくなる可能性があることがわかる．この推測は Detemple et al. (2005b) での数値実験からも示されている．

5. 数値実験による比較

5.1 設定

各手法の比較を行うために解析解が存在するモデルを用いる．相対リスク回避度 R は定数とし，市場には無リスク資産とリスク資産（株式）が 1 種類存在すると仮定する．Brown 運動は 1 つ存在する．金利 r は定数とする．リスクの市場価格 θ は次のような Ornstein–Uhlenbeck（OU）過程に従うとする（初期値は θ_0 とする）．

$$d\theta_t = A(\bar{\theta} - \theta_t)dt + \Sigma dW_t \tag{21.114}$$

ここで，$A, \bar{\theta}, \Sigma$ は正の定数である．株価リターンのボラティリティ σ は定数とする．投資家は満期での富からの期待効用のみを考える（途中での消費がない）．

このときの最適ポートフォリオ戦略の解析解は Wachter (2002) に示されている[8]．以下の条件が満たされていると仮定する．

$$\Sigma^{-2}A^2 + \rho\left(1 + 2\Sigma^{-1}A\right) \geq 0 \tag{21.115}$$

ただし，$\rho = 1 - 1/R$ である．また，次のように定数 G, α を定義する．

$$G = -\Sigma^{-1}A - \sqrt{\Sigma^{-2}A^2 + \rho(1 + 2\Sigma^{-1}A)}$$
$$\alpha = 2(A + \Sigma G)$$

最適な株式の保有比率は $\pi_t^* = \pi_{1t}^* + \pi_{2t}^*$ である．π_{1t}^* は平均分散分析による項で $\pi_{1t}^* = (1/R)(\sigma_t)^{-1}\theta_t$ である．π_{2t}^* はヘッジによる項で

$$\pi_{2t}^* = -\frac{\rho}{R}[B(t,T) + C(t,T)\theta_t]\Sigma\sigma^{-1}$$

$$B(t,T) = \frac{2(1-\exp(-(1/2)\alpha(T-t)))^2}{\alpha(\alpha + (\rho - G)\Sigma(1-\exp(-\alpha(T-t))))}A\bar{\theta} \tag{21.116}$$

$$C(t,T) = \frac{1-\exp(-\alpha(T-t))}{\alpha + (\rho - G)\Sigma(1-\exp(-\alpha(T-t)))} \tag{21.117}$$

である．

---

[7] 同様の結果が後向き確率微分方程式を解くためのモンテカルロ回帰法に関して得られている（Gobet et al., 2005）．彼らの分析では $\mathbf{L}^2$ 誤差と中心極限定理による収束の解析が行われている．
[8] Wachter (2002) は，この問題が連立 Riccati 方程式になることを示している．Liu (1998) と Schroder and Skiadas (1999) は状態変数がアフィン過程のときに同様の方程式を導いている．

5.2 数値実験結果

ここで MCMD, MCC, MCFD, MCR の比較結果を示す. MCFD では 3 種類の差分法, つまり前進差分 (MCFFD), 後退差分 (MCBFD), 中心差分 (MCCFD) について調べる. MCR でも 3 種類のタイプで調べている. 1 つ目が 1 期間での超過リターンで回帰するタイプ (MCR-lin-1), 2 つ目が 2 期間での超過リターンで回帰するタイプ (MCR-lin-2), 3 つ目が 4 期間での超過リターンで回帰するタイプ (MCR-lin-3) である.

異なるモンテカルロによる方法の効率性について結論を得るために, 独立な一様分布からパラメータ (R, T, θ_0, r) を 10,000 セット生成する. 各パラメータセットと手法に対して, 相対誤差と計算時間を記録している. 正確さの指標として平均二乗誤差のルートをとったもの (root mean sqaure relative error; RMSRE), 計算速度の指標として平均時間の逆数 (inverse average time; IAT)[9]を用いる. この実験を時間分割数 N とモンテカルロの試行回数 M を変化させて行う. 計算速度と精度とのトレードオフは相対的なパフォーマンスとしてグラフ化されている.

状態価格密度が正となるように Euler 近似を用いるために $\log \xi$ を離散化する. 高次多項式回帰法の実装における困難 (Detemple et al., 2005b を参照) を考慮して, 線形近似 MCR-lin-1, MCR-lin-2, MCR-lin-3 を用いる.

数値実験は以下のように行う. リスク回避度のパラメータ R は $[0.5, 5]$ の一様分布から生成する. 満期 T は $\{1, 2, \cdots, 5\}$ の一様分布から生成する. リスクの市場価格の初期値 θ_0 は $[0.30, 1.50]$ の一様分布から生成する. 金利 r は $[0.01, 0.10]$ の一様分布から生成する. これらの一様分布は独立とする. モンテカルロの試行回数 M と時間分割数 N の組合せは $(M, N) = \{(1000, 10), (4000, 20), (9000, 30), (16000, 40)\}$ である. これは $\sqrt{M}/N$ が一定になる組合せである[10]. MCC と MCFD では決めるべきパラメータが残っている. MCC での極限を有限で近似するための時間ステップ h は Cvitanic et al. (2003) のように $1/N$ とする. MCFD での極限を有限で近似するための時間 τ は 0.1 とする. 命題 21.5, 21.6 での漸近収束の結果において示した h_M, τ_M のように M, N が増大するときに h, τ は減少する. MCC では N が 2 倍, M が 8 倍になるときに h を半分にする. MCFD では N が 2 倍, M が 4 倍になるときに τ を半分にする.

RMSRE と IAT の標本統計量は 10,000 試行のうち, すべての手法で現実的な結果が得られた 6415 サンプルで計算されている. 非現実的な結果はすべて MCR によるものである. よって非現実的な結果を除くことは MCR での不具合を取り除くことになっていることに注意する.

---

[9] IAT は 1 秒当たりに計算されるポートフォリオの数として測定する.

[10] $\sqrt{M}/N$ は MCMD に対して効率的な比率である. この比率を一定にして M, N を増大させると 2 次バイアスの構造を変化させることなく真の値に収束する (Detemple et al., 2006 を見よ).

5. 数値実験による比較

図21.1に実験結果を示す．MCMDがMCR，MCC，MCFDよりも優れている（グラフでいちばん左上にある）ことがわかる．MCRはMCCよりも良いといえる（グラフで左上となる範囲が広い）．MCCはMCFDよりも良い結果となっている．MCMDはMCRよりも10倍以上良い結果となっている．計算速度（グラフの縦軸）が10の近辺でMCMDのRMSREは10^{-2}であるのに対して，MCCのRMSREは3×10^{-1}程度である．MCMDとMCRでの計算速度とRMSREとの傾きから，M, Nが大きくなると，両者の差はさらに大きくなると予想される．

次に各手法における異なる実装方法による比較を行う．

図21.2はMCRでの3つの方法が同じような結果となることを示している．つまり多期間で回帰しても改善しないことがわかる．多期間にすることでBrandt et al. (2005)による不動点アルゴリズムでは失敗することが多くなる．$[R, T, \theta, r]$の10,000セットのうちでMCR-lin-1では7229セットで現実的な結果，MCR-lin-2では6984

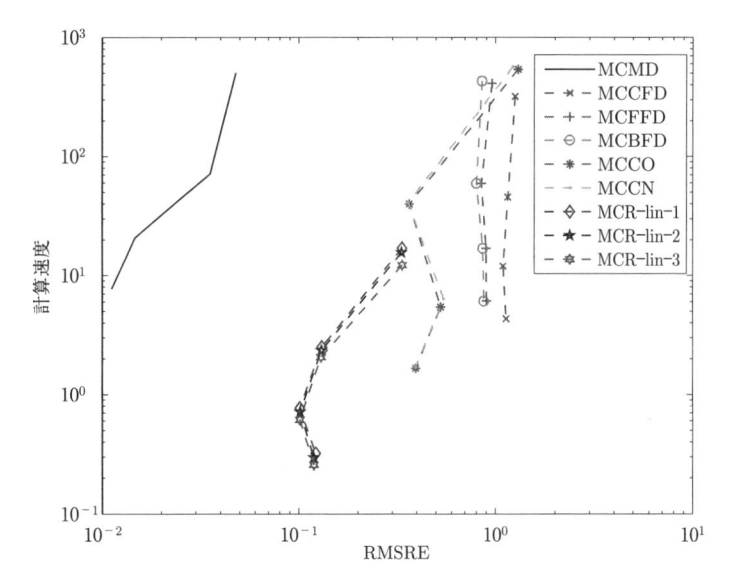

図 **21.1** この図では MCMD，MCFD，MCC，MCR での計算速度と精度のトレードオフを示している．MCCOは(3.15)に対応しMCCNは(3.16)に対応する．MCFDのすべての推定量（MCFFD，MCCFD，MCBFD）は(3.22)に基づいている．計算速度は平均計算時間の逆数ではかり，精度は平均二乗相対誤差のルート（RMSRE）ではかっている．各方法のグラフでの4点はシミュレーション回数Mと離散化の刻み数Nとの4つのペア$(M, N) = \{(1000, 10), (4000, 20), (9000, 30), (16000, 40)\}$に対応している．MCCでのパラメータ$h$は$h = 1/N$としMCFDでのパラメータ$\tau$は$\tau = 0.1$としている．命題21.5，21.6で記したように$h$と$\tau$が減少すると有効性が向上する．

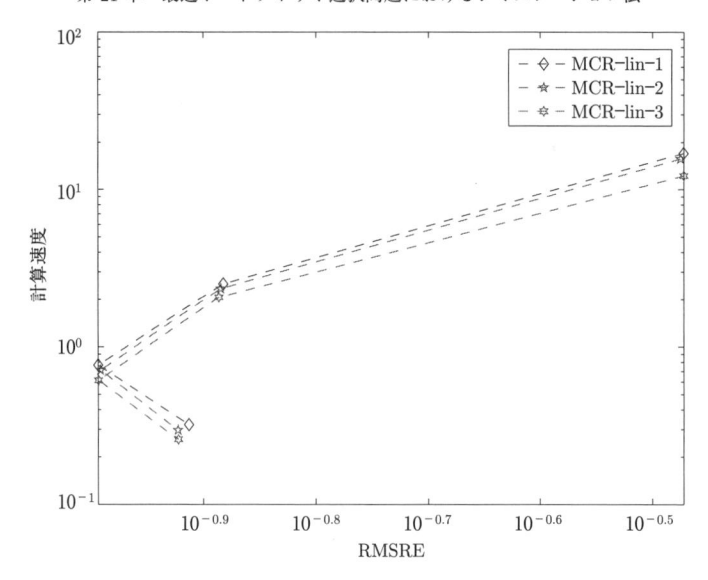

図 21.2 この図では MCR-lin の 3 つの方法での計算速度と精度とのトレードオフを示している．縦軸は平均計算時間の逆数，横軸は平均二乗相対誤差のルートである．各方法のグラフでの 4 点は $(M, N) = \{(1000, 10), (4000, 20), (9000, 30), (16000, 40)\}$ に対応している．

セットで現実的な結果となっている．Longstaff and Schwartz (2001) のアメリカンオプション評価の結果と同様に，MCR-lin のパフォーマンスは基底関数の選択に依存しないように思われる．しかし，これは一般的な結果ではない．この例では真のポートフォリオ戦略がリスクの市場価格に線形であることを示唆している．よって，MCR-lin-1 は真のポートフォリオ戦略の関数形に最も近いものになる．

図 21.3 は MCC での同様の比較結果である．MCC の 2 つの方法は同じパフォーマンスであることがわかる．詳細に調べてみると (21.53) に基づく修正 MCC のパフォーマンスは (21.52) に基づく Cvitanic et al. (2003) のオリジナルの方法のパフォーマンスよりも若干良いことがわかる．修正 MCC ではヘッジ項の比率を直接推定しているために RMSRE が小さくなっている．一方，オリジナルの MCC ではポートフォリオ全体での比率を計算しており，選好が CRRA のときに平均分散分析による項が解析的に求められることを利用していない．満期が 1～5 年においてはヘッジ項のサイズが小さいことが修正 MCC での小さな相対誤差の要因の可能性がある．

最後は MCFD での 3 つの方法（前進差分，後退差分，中心差分）の比較である．図 21.4 に結果を示す．MCBFD が MCFDD と MCCFD よりも良い結果となっている．MCCFD がいちばん良くない．これは，MCCFD では上側と下側と 2 回シフトさせる必要があるため片側シフトですむ MCFFD と MCBFD よりも計算コストが大

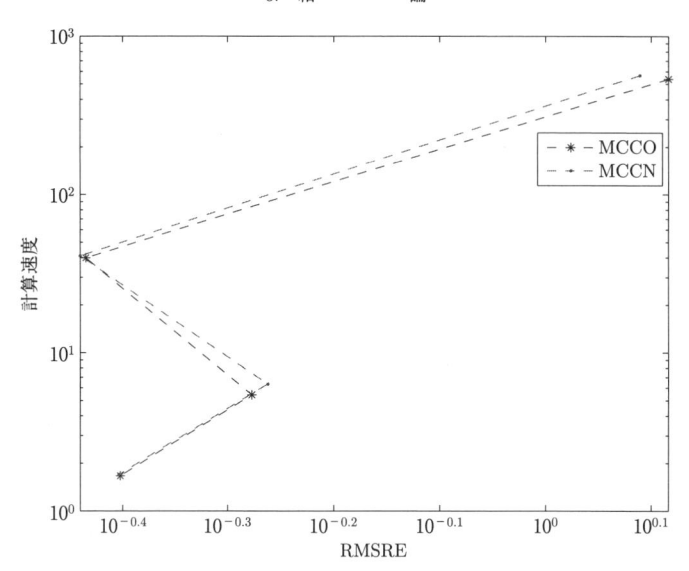

図 21.3 この図では MCC の 2 つの方法での計算速度と精度とのトレードオフを示している．MCCO は (3.15) に対応し MCCN は (3.16) に対応する．縦軸は平均計算時間の逆数，横軸は平均二乗相対誤差のルートである．各方法のグラフ上の 4 点は $(M, N, h) = \{(1000, 10, 1/10), (4000, 20, 1/20), (9000, 30, 1/30), (16000, 40, 1/40)\}$ に対応している．時間のステップ幅 h は離散化の刻み幅 $1/N$ と同じにしている．

きくなるためである．命題 21.6 で示したように収束のスピードは 3 つの方法で同じである．MCFD の 3 つの方法では 2 次のバイアスのみ違いがある．しかし，この差を理論的に順序づけることは困難である．図 21.4 の結果は MCCFD の 2 次バイアスは MCBFD と MCFFD の 2 次バイアスよりも大きいことを示唆している．

6. 結 論

モンテカルロシミュレーションは複数の状態変数を伴う多次元の問題に対して有効な方法である．格子法（有限差分法，有限要素法，Markov 連鎖近似，補間型公式など）では多次元になると計算量が爆発的に増大する次元の呪い（curse of dimensionality）があることがよく知られている．モンテカルロシミュレーションでは「次元の呪い」を避けることができる．よって，多次元での最適ポートフォリオ選択問題においてはモンテカルロシミュレーションが数値解法としての有力な候補となる．MCMD，MCC，MCFD，MCR は最近になり研究され提案されたシミュレーションによる方法である．これらの方法の中で MCMD が優れた特性をもっていることを示した．MCMD が中心極限定理から導かれる収束率を達成できる唯一の方法である点は重要である．数値

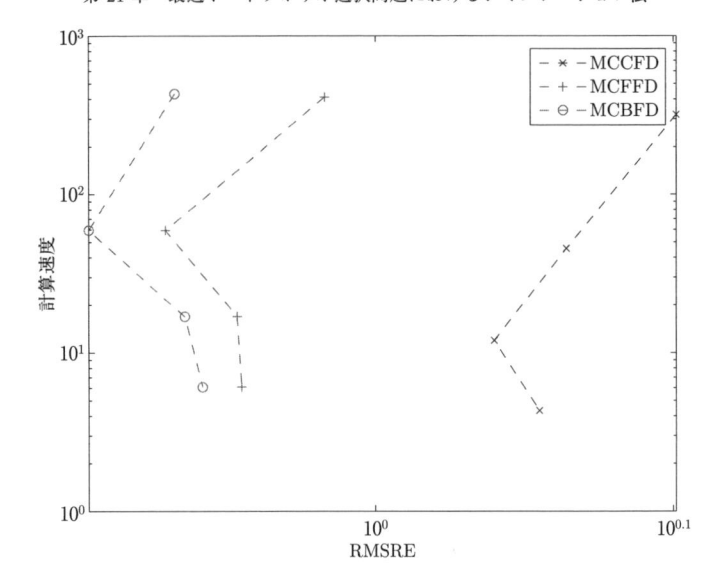

図 21.4 この図では MCFD の 3 つの方法での計算速度と精度とのトレードオフを示している．これら 3 つの方法は (3.22) に基づいている．縦軸は平均計算時間の逆数，横軸は平均二乗相対誤差のルートである．各方法のグラフ上の 4 点は $(M, N, \tau) = \{(1000, 10, 1/10), (4000, 20, 1/20), (9000, 30, 1/30), (16000, 40, 1/40)\}$ に対応している．

実験において計算速度と精度による評価で他の方法より優れていることが示された．

完備市場で状態変数が拡散過程である場合の資産配分モデルに対して MCMD が応用できる可能性が高い．このような資産配分モデルでは，最適ポートフォリオは状態変数とその Malliavin 微分との汎関数の条件付期待値で表現され，モンテカルロシミュレーションを用いて数値的に計算されることが多い．非完備市場でポートフォリオの制約が一般的な場合は困難な問題である．双対問題が明示的な解をもつ場合には MCMD をこの問題に拡張することができる．この条件が満たされる例としては，アフィンモデルでポートフォリオ制約がある問題（Detemple and Rindisbacher, 2005）がある．双対問題が明示的な解をもたない場合についての拡張は今後の課題である．

謝辞

MITACS による助成に感謝する．

付録 A　Malliavin 解析入門

Malliavin 解析は確率過程における変分計算である．Malliavin 解析は Wiener (Brown) 汎関数に適用される．Brown 汎関数は Brown 運動の軌跡に依存した確

率変数または確率過程である．Malliavin 微分は Brown 運動の軌跡の微小変化による Wiener 汎関数の値の変化を表している．

A.1 滑らかな Brown 汎関数

d 次元の Brown 運動 $W = (W_1, \cdots, W_d)^\top$ で張られる Wiener 空間を考える．各状態が Brown 運動の軌跡に対応することはよく知られている．$(t_1, \cdots, t_n)$ は時間間隔 $[0, T]$ での時間分割とする．$F(W)$ は確率変数で次のように表現する．

$$F(W) \equiv f(W_{t_1}, \cdots, W_{t_n})$$

ただし，f は連続で微分可能な関数である．確率変数 $f(W)$ は d 次元 Brown 運動の軌跡のうちで有限個の点に（滑らかに）依存する．これは滑らかな Brown 汎関数と呼ばれている．

A.2 滑らかな Brown 汎関数の Malliavin 微分

F の Malliavin 微分は W のパスでの変化による F の変化を表している．簡単のために 1 次元の Brown 運動を考える．時刻 t 以降で W の軌跡を ε だけシフトさせる．$k = 1, \cdots, n-1$ において $t_k \leq t < t_{k+1}$ と仮定する．時刻での F の Malliavin 微分は次のように定義される．

$$\begin{aligned}\mathcal{D}_t F(W) &\equiv \left.\frac{\partial f(W_{t_1} + \varepsilon \mathbf{1}_{[t,\infty[}(t_1), \cdots, W_{t_n} + \varepsilon \mathbf{1}_{[t,\infty[}(t_n))}{\partial \varepsilon}\right|_{\varepsilon=0} \\ &= \lim_{\varepsilon \to 0} \frac{F(W + \varepsilon \mathbf{1}_{[t,\infty[}) - F(W)}{\varepsilon}\end{aligned} \qquad (21.118)$$

ただし，$\mathbf{1}_{[t,\infty[}$ は集合 $[t, \infty)$ の指示関数である．

$$\mathbf{1}_{[t,\infty[}(s) = \begin{cases} 1, & s \in [t, \infty) \\ 0, & その他 \end{cases}$$

簡潔に表現すると

$$\mathcal{D}_t F(W) = \sum_{j=k}^n \partial_j f(W_{t_1}, \cdots, W_{t_k}, \cdots, W_{t_n}) \mathbf{1}_{[t,\infty[}(t_j) \qquad (21.119)$$

となる．ただし，$\partial_j f$ は f の j 要素での微分を表している．

Malliavin 微分の簡単な例を示す．Black–Scholes モデルでの株価を考える．時刻 T での株価は

$$S_T = S_0 \exp\left(\left(\mu - \frac{1}{2}\sigma^2\right)T + \sigma W_T\right)$$

と与えられる．W_T は 1 次元 Brown 運動の時刻 T での値である．$S_T = f(W_T)$,

$f(x) = S_0 \exp((\mu - (1/2)\sigma^2)T + \sigma W_T)$ なので，S_T が滑らかな Brown 汎関数であることは明らかである．Malliavin 微分の定義より

$$\mathcal{D}_t S_T = \partial f(W_T) \mathbf{1}_{[t,\infty[}(T) = \sigma S_0 \exp\left(\left(\mu - \frac{1}{2}\sigma^2\right)T + \sigma W_T\right) = \sigma S_T$$

となる．この例では株価が時刻 T での Brown 運動の値にのみ依存しているため Malliavin 微分は W_T に関する微分となっている．このことは時刻 t 以降の Brown 運動のパスのシフトが時刻 T での Brown 運動の値 W_T だけを通じて S_T に影響していることを意味している．

次に多次元（$d > 1$）の場合を考える．時刻 t での F の Malliavin 微分は $1 \times d$ 次元ベクトルとなり $\mathcal{D}_t F = (\mathcal{D}_{1t}F, \cdots, \mathcal{D}_{dt}F)$ である．i 番目の要素 $\mathcal{D}_{it}F$ は時刻 t で W_i のパスを微小シフトしたときの影響を表している．$t_k \leq t \leq t_{k+1}$ において

$$\mathcal{D}_{it}F = \sum_{j=k}^n \frac{\partial f}{\partial x_{ij}}(W_{t_1}, \cdots, W_{t_k}, \cdots, W_{t_n})\mathbf{1}_{[t,\infty[}(t_j) \qquad (21.120)$$

となる．ただし，$\partial f / \partial x_{ij}$ は f の j 番目の引数の i 番目の要素での微分（W_{it_j} での微分）を表している．

A.3 Malliavin 微分作用素の定義域

前項での定義は時間間隔 $[0, T]$ における Brown 運動の連続的なパスに依存する確率変数の場合に拡張できる．この拡張ではパスに依存する汎関数が滑らかな Brown 汎関数の適切な列で近似できることを利用する．パス依存の汎関数の Mallaivin 微分は近似列である滑らかな Brown 汎関数の微分の極限で与えられる．Malliavin 微分が定義される確率変数の空間は $D^{1,2}$ と表される．この空間はノルムが $\|F\|_{1,2} = (\mathbb{E}[F^2] + \mathbb{E}[\int_0^T \|\mathcal{D}_t F\|^2 dt])^{1/2}$，$\|\mathcal{D}_t F\|^2 = \sum_i (\mathcal{D}_{it})^2$ である滑らかな Brown 汎関数の完備な集合である．

A.4 Riemann 積分，Wiener 積分，伊藤積分の Malliavin 微分

Malliavin 微分の連続時間での Brown 運動のパスに依存する確率積分への拡張を示す．例として，W を 1 次元の Brown 運動，$h(t)$ を時間の関数として確率 Wiener 積分 $F(W) = \int_0^T h(t) dW_t$ を考える．部分積分を行うと $F(W) = h(T)W_T - \int_0^T W_s dh(s)$ となる．この式を利用すると

$$\begin{aligned}F(W + \varepsilon \mathbf{1}_{[t,\infty[}) - F(W) &= h(T)(W_T + \varepsilon \mathbf{1}_{[t,\infty[}(T)) \\ &\quad - \int_0^T (W_s + \varepsilon \mathbf{1}_{[t,\infty[}(s)) dh(s) \\ &\quad - \left(h(T)W_T - \int_0^T W_s dh(s)\right)\end{aligned}$$

$$= h(T)\varepsilon - \int_0^T \varepsilon \mathbf{1}_{[t,\infty[}(s)\mathrm{d}h(s) = \varepsilon h(t)$$

となる．定義 (21.118) から $\mathcal{D}_t F = h(t)$ であることがわかる．時刻 t での F の Malliavin 微分は時刻 t での確率積分のボラティリティ $h(t)$ である．このボラティリティは時刻 t での Brown 運動の変化に対する確率変数 F の感応度を表している．

次に被積分関数が Brown 運動のパスに依存している確率 Riemann 積分について考える．この Brown 汎関数は h_s を発展的可測な過程（時間と Brown 運動の時刻 s までの軌跡に依存する過程）として $F(W) \equiv \int_0^T h_s \mathrm{d}s$ と表す．積分が存在するように $\int_0^T |h_s|\mathrm{d}s < \infty$ とする．このとき，

$$F(W + \varepsilon \mathbf{1}_{[t,\infty[}) - F(W) = \int_0^T (h_s(W + \varepsilon \mathbf{1}_{[t,\infty[}) - h_s(W))\mathrm{d}s$$

である．$\lim_{\varepsilon \to 0}(h_s(W + \varepsilon \mathbf{1}_{[t,\infty[}) - h_s(W))/\varepsilon = \mathcal{D}_t h_s(W)$ であるので，$\mathcal{D}_t F = \int_t^T \mathcal{D}_t h_s \mathrm{d}s$ であることがわかる．

最後に伊藤積分 $F(W) = \int_0^T h_s(W)\mathrm{d}W_s$ について考える．表記を簡単にするために，$h^\varepsilon \equiv h(W + \varepsilon \mathbf{1}_{[t,\infty[})$，$W^\varepsilon \equiv W + \varepsilon \mathbf{1}_{[t,\infty[}$ とする．部分積分により

$$\begin{aligned}
F^\varepsilon - F &= \int_0^T (h_s^\varepsilon - h_s)\mathrm{d}W_s + \int_0^T h_s^\varepsilon \mathrm{d}(W_s^\varepsilon - W_s) \\
&= \int_t^T (h_s^\varepsilon - h_s)\mathrm{d}W_s + h_T^\varepsilon(W_T^\varepsilon - W_T) - \int_0^T (W_s^\varepsilon - W_s)\mathrm{d}h_s^\varepsilon \\
&\quad - \int_0^T \mathrm{d}[W^\varepsilon - W, h^\varepsilon]_s \\
&= \int_t^T (h_s^\varepsilon - h_s)\mathrm{d}W_s + h_T^\varepsilon \varepsilon - \varepsilon \int_t^T \mathrm{d}h_s^\varepsilon \\
&= \int_t^T (h_s^\varepsilon - h_s)\mathrm{d}W_s + \varepsilon h_t^\varepsilon
\end{aligned}$$

となる．2 番目の等式での第 1 項は $s < t$ において $h_s^\varepsilon = h_s$ となることを用いている．第 2, 3 項は部分積分の結果である．3 番目の等式では $W_s^\varepsilon - W_s = \varepsilon \mathbf{1}_{[t,\infty[}(s)$ と $\mathbf{1}_{[t,\infty[}(s)$ の全変動が有界であることから共変動がゼロ（$[W^\varepsilon - W, h^\varepsilon]_T = 0$）になることを用いている．最後の等式では部分積分から第 2 項を得ている．$\lim_{\varepsilon \to 0}(h_s^\varepsilon - h_s)/\varepsilon = \mathcal{D}_t h_s$ であるから，$\mathcal{D}_t F = h_t + \int_t^T \mathcal{D}_t h_s \mathrm{d}W_s$ となることがわかる．

多次元の Brown 運動に依存する Wiener 積分，Riemann 積分，伊藤積分の Malliavin 微分も同様に定義できる．A.2 項と同様に Malliavin 微分は要素ごとに定義される d 次元の確率過程である．

A.5 マルチンゲール表現と Clark–Ocone 公式

Wiener 空間では有界な分散をもつマルチンゲールは Brown 運動の増分の和で表現することができる[11]．つまり，発展的可測な過程 ψ を用いて $M_t = M_0 + \int_0^t \psi_s dW_s$ と表現される．この結果はマルチンゲール表現定理として知られている．Malliavin 解析の重要な利点の一つは表現定理の ψ を特定できることである．これが Clark–Ocone 公式の意味である．

Clark–Ocone 公式では，任意の確率変数 $F \in \mathbb{D}^{1,2}$ が次のように表される．

$$F = \mathbb{E}[F] + \int_0^T \mathbb{E}_t[\mathcal{D}_t F] dW_t \tag{21.121}$$

ここで，$\mathbb{E}_t[\cdot]$ は時刻 t での条件付期待値である．(21.121) の両辺において時刻 t での条件付期待値をとり $M_t = \mathbb{E}_t[F]$ とすると $M_t = \mathbb{E}[F] + \int_0^t \mathbb{E}_s[\mathcal{D}_s F] dW_t$ となる．

この公式 (21.121) の直観的な導出は次のようになる．$F \in \mathbb{D}^{1,2}$ を仮定する．マルチンゲール表現定理より $F = \mathbb{E}[F] + \int_0^T \phi_s dW_s$ である．両辺の Malliavin 微分をとると $\mathcal{D}_t F = \phi_t + \int_t^T \mathcal{D}_t \phi_s dW_s$ となる．さらに条件付期待値をとると $\mathbb{E}_t[\mathcal{D}_t F] = \phi_t$ である（$\mathbb{E}_t[\int_t^T \mathcal{D}_t \phi_s dW_s] = 0$ であることに注意）．これを $F = \mathbb{E}[F] + \int_0^T \phi_s dW_s$ に代入すれば (21.121) が得られる．

上記の結果では Malliavin 微分と条件付期待値が可換としている．$F \in \mathbb{D}^{1,2}$, $M_t = \mathbb{E}_t[F], v \geq t$ とする．上記の M と F から，$\mathcal{D}_t M_v = \int_t^v \mathcal{D}_t \mathbb{E}_s[\mathcal{D}_s F] dW_s + \mathbb{E}_t[\mathcal{D}_t F]$ と $\mathcal{D}_t F = \int_t^T \mathcal{D}_t \mathbb{E}_s[\mathcal{D}_s F] dW_s + \mathbb{E}_t[\mathcal{D}_t F]$ となる．2 番目の式の両辺を時刻 v での条件付期待値をとると $\mathbb{E}_v[\mathcal{D}_t F] = \int_t^v \mathcal{D}_t \mathbb{E}_s[\mathcal{D}_s F] dW_s + \mathbb{E}_t[\mathcal{D}_t F]$ となる．これと 1 番目の式から $\mathcal{D}_t M_v = \mathbb{E}_v[\mathcal{D}_t F]$ となることがわかる．M_v の定義より $\mathcal{D}_t \mathbb{E}_v[F] = \mathbb{E}_v[\mathcal{D}_t F]$ となる．これより Malliavin 微分と条件付期待値が可換であることがわかる．

A.6 Malliavin 解析での連鎖公式

応用において，パスに依存した確率変数の関数の Malliavin 微分を計算する必要があることが多い．通常の解析と同様に Malliavin 解析でも連鎖公式がある．$F = (F_1, \cdots, F_n) \in \mathbb{D}^{1,2}$ とし，ϕ を微分可能で微分が有界な F の関数とする．$\phi(F)$ の Malliavin 微分は

$$\mathcal{D}_t \phi(F) = \sum_{i=1}^n \frac{\partial \psi}{\partial x_i}(F) \mathcal{D}_t F_i$$

となる．ここで，$\partial \phi / \partial x_i$ は ϕ の i 番目の要素での微分を表す．

---

[11] Wiener 空間とは標準確率空間 $(\mathcal{C}_0(\mathbb{R}_+; \mathbb{R}^d), \mathcal{B}(\mathcal{C}_0(\mathbb{R}_+; \mathbb{R}^d)), \mathbb{P})$ のことである．$\mathcal{C}_0$ は微分不可能な連続関数，$\mathcal{B}$ は Borel 集合族，$\mathbb{P}$ は Wiener 測度である．Wiener 測度は写像過程が Brown 運動となるような測度である．

A.7 確率微分方程式の Malliavin 微分

ポートフォリオ配分への応用において，確率微分方程式の解の Malliavin 微分の計算は必須である．

状態変数 Y_t が拡散過程 $dY_t = \mu^Y(Y_t)dt + \sigma^Y(Y_t)dW_t$ に従うと仮定する．ただし，初期値 Y_0 は所与，$\sigma^Y(Y_t)$ はスカラー，W は 1 次元 Brown 運動とする．積分形で表現すると

$$Y_t = Y_0 + \int_0^t \mu^Y(Y_s)ds + \int_0^t \sigma^Y(Y_s)dW_s$$

となる．よって，Y_t の Mallaivin 微分は

$$\mathcal{D}_t Y_s = \mathcal{D}_t Y_0 + \int_t^s \partial \mu^Y(Y_v)\mathcal{D}_t Y_v dv$$
$$+ \int_t^s \partial \sigma^Y(Y_v)\mathcal{D}_t Y_v dW_v + \sigma(Y_t)$$

となる．$\mathcal{D}_t Y_0 = 0$ なので，$\mathcal{D}_t Y_s$ は次の確率微分方程式に従うことがわかる．

$$d(\mathcal{D}_t Y_s) = [\partial \mu^Y(Y_s)ds + \partial \sigma^Y(Y_s)dW_s](\mathcal{D}_t Y_s) \qquad (21.122)$$

初期条件は $\lim_{s \to t} \mathcal{D}_t Y_s = \sigma(Y_t)$ である．

$\sigma^Y(Y_t)$ が $1 \times d$ 次元ベクトル（W は d 次元 Brown 運動）の場合でも (21.122) と同様の結果が得られる．この場合には，$\partial \sigma^Y(Y_s)$ は $\partial \sigma^Y(Y_s) \equiv (\partial \sigma_1^Y(Y_s), \cdots, \partial \sigma_d^Y(Y_s))$ と $1 \times d$ 次元ベクトルである．Malliavin 微分 $\mathcal{D}_t Y_s$ も $\mathcal{D}_t Y_s \equiv (\mathcal{D}_{1t} Y_s, \cdots, \mathcal{D}_{dt} Y_s)$ と $1 \times d$ 次元ベクトルとなる．

A.8 確率流と接過程

実装のことを考慮すると，Malliavin 微分と確率微分方程式の確率流（stochastic flow）とそれに関連する接過程とを関係づけておくことは有益である．これらについては Kunita (1986) や Malliavin (1997) を含む多くの研究者により調べられている．位相同型の確率流（以下では確率流と表記する）とは $\mathbb{R}^d$ 値の確率場 $\{\Psi_{t,v}(y,\omega) : 0 \leq t \leq v \leq T, y \in \mathbb{R}^d\}$ で，すべての ω に対して次の条件が成り立つものである．

- $\psi_{t,v}(y)$ は t, v, y に関して連続である．
- 任意の $t \leq v \leq u, y \in \mathbb{R}^d$ に対して，$\psi_{v,u}(\psi_{t,v}(y)) = \psi_{t,u}(y)$ となる．
- 任意の $t \leq T$ に対して，$\psi_{t,t}(y) = y$ となる．
- 任意の t, v に対して，写像 $\psi_{t,v} : \mathbb{R}^d \mapsto \mathbb{R}^d$ は位相同型である[12]．

---

[12] 関数 f が位相同型とは，f が 1 対 1 写像かつ連続で逆写像 f^{-1} が連続となることである

確率流の重要なクラスは次の確率微分方程式の解として与えられるものである．

$$dY_v = \mu^Y(Y_v)dv + \sigma^Y(Y_v)dW_v$$

ただし，$v \in [t,T]$, $Y_t = y$ である．

確率流 $\psi_{t,v}(y,\omega)$ は時刻 t で $Y_t = y$ としたときに，時刻 v で状態 ω であるときの Y の位置を表している．$\psi_{t,v} : \mathbb{R}^d \mapsto \mathbb{R}^d$ が微分同相写像[13]であるならば，位相同型な確率流の部分集合が得られる．この部分集合の要素は微分同相写像の確率流と呼ばれる．確率微分方程式の解により定まる微分同相写像の確率流に対して，初期条件での微分 $\nabla_{t,y}\psi_{t,\cdot}(y)$ は $v \in [t,T]$ において

$$d(\nabla_{t,y}\psi_{t,v}(y)) = \left(\partial \mu^Y(Y_v)dv + \sum_{j=1}^{d} \partial \sigma_j^Y(Y_v)dW_v^j\right)\nabla_{t,y}\psi_{t,v} \quad (21.123)$$

$$\nabla_{t,y}\psi_{t,t}(y) = I_d$$

を満たす．$\nabla_{t,y}\psi_{t,\cdot}(y)$ は接過程と呼ばれている．(21.122) と (21.123) とを比べると

$$\mathcal{D}_t Y_t = \mathcal{D}_t \psi_{t,v}(y) = \nabla_{t,y}\psi_{t,v}(y)\sigma^Y(y)$$

となる．これより Malliavin 微分は接過程の線形変換であることがわかる．

付録 B 証 明

命題 21.1 の証明 割引最適富の過程が $\xi_t X_t^* = \mathbb{E}_t[\int_t^T \xi_v I(y^*\xi_v,v)^+ dv + \xi_T J(y^*\xi_T,T)^+]$ で与えられている．これに伊藤の補題と Clark–Ocone 公式を適用すると

$$\xi_t X_t^* \pi_t^{*\top} \sigma_t - \xi_t X_t^* \theta_t^\top$$

$$-\mathbb{E}_t\left[\int_t^T \xi_v Z_1(y^*\xi_v,v)dv + \xi_T Z_2(y^*\xi_T,T)\right]\theta_t^\top$$

$$-\mathbb{E}_t\left[\int_t^T \xi_v Z_1(y^*\xi_v,v)H_{t,v}^\top dv + \xi_T Z_2(y^*\xi_T,T)H_{t,T}^\top\right]$$

$$Z_1(y^*\xi_v,v) = I(y^*\xi_v,v)^+ + y^*\xi_v I'(y^*\xi_v,v)\mathbf{1}_{\{I(y^*\xi_v,v)\geq 0\}}$$

$$Z_2(y^*\xi_T,T) = J(y^*\xi_T,T)^+ + y^*\xi_T J'(y^*\xi_T,T)\mathbf{1}_{\{J(y^*\xi_T,T)\geq 0\}}$$

$$H_{t,v}^\top = \int_t^v (\mathcal{D}_t r_s + \theta_s^\top \mathcal{D}_t \theta_s)ds + \int_t^v dW_s^\top \cdot \mathcal{D}_t \theta_s$$

となる．ただし，$\mathcal{D}_t r_s, \mathcal{D}_t \theta_s$ は金利およびリスクの市場価格の Malliavin 微分である．Malliavin 解析の連鎖公式と確率微分方程式の Malliavin 微分の結果を用いると

---

[13] 微分同相写像とは多様体から多様体への微分可能な写像で逆像も微分可能な写像のことである．

(21.16) と (21.17) が得られる．

最適富 X^* の定義より

$$X_t^* - \mathbb{E}_t\left[\int_t^T \xi_{t,v} Z_1(y^*\xi_v, v)\mathrm{d}v + \xi_{t,T} Z_2(y^*\xi_T, T)\right] = -\mathbb{E}_t[D_{t,T}]$$

$$D_{t,T} = \int_t^T \xi_{t,v} I'(y^*\xi_v, v)\mathbf{1}_{\{I(y^*\xi_v, v)\geq 0\}}\mathrm{d}v + \xi_{t,T} J'(y^*\xi_T, T)\mathbf{1}_{\{J(y^*\xi_T, T)\geq 0\}}$$

となる．よって

$$X_t^* \pi_t^{*\top}\sigma_t = -\mathbb{E}_t[D_{t,T}]\theta_t^\top$$
$$- \mathbb{E}_t\left[\int_t^T \xi_{t,v} Z_1(y^*\xi_v, v) H_{t,v}^\top \mathrm{d}v + \xi_{t,T} Z_2(y^*\xi_T, T) H_{t,T}^\top\right]$$

である．両辺に σ_t^{-1} を掛けて転置をとれば，右辺の第 1 項が π_1^*，第 2 項が π_2^* となる．
□

系 21.1 の証明 相対リスク回避度が定数の場合，すなわち $u(c, t) = \eta_t c^{1-R}/(1-R)$，$U(X, T) = \eta_T X^{1-R}/(1-R)$ には

$$I(y\xi_v, v) = (y\xi_v/\eta_v)^{-1/R}$$
$$J(y\xi_T, T) = (y\xi_T \eta_T)^{-1/R}$$
$$y\xi_v I'(y\xi_v, v) = -(1/R)(y\xi_v/\eta_v)^{-1/R} = -(1/R)I(y\xi_v, v)$$
$$y\xi_T J'(y\xi_T, T) = -(1/R)(y\xi_T/\eta_T)^{-1/R} = -(1/R)J(y\xi_T, T)$$
$$Z_1(y\xi_v, v) = (1 - 1/R)I(y\xi_v, y)$$
$$Z_2(y\xi_T, T) = (1 - 1/R)J(y\xi_T, T)$$

となる．ただし，$n_t \equiv \exp(-\beta t)$ である．これらを命題 21.1 の結果に代入すれば系 21.1 の結果が得られる．
□

命題 21.2 の証明 最適消費 (21.18) は次の予算制約を満たす．

$$\mathbb{E}_t\left[\int_t^T \xi_{t,v} I(y^*\xi_t\xi_{t,v}, v)^+ \mathrm{d}v + \xi_{t,T} J(y^*\xi_t\xi_{t,T}, T)^+\right] = X_t^* \quad (21.124)$$

$y > 0$ において関数 $\mathcal{L}(t, y, Y_t)$ を次のように定義する．

$$\mathcal{L}(t, y, Y_t) \equiv \mathbb{E}_t\left[\int_t^T \xi_{t,v} I(y\xi_{t,v}, v)^+ \mathrm{d}v + \xi_{t,T} J(y\xi_{t,T}, T)^+\right] \quad (21.125)$$

このとき $\mathcal{L}(t, y, Y_t)$ には次の条件を満たす一意な逆関数 $y^*(t, X_t, Y_t)$ が存在する．

$$\mathbb{E}_t\left[\int_t^T \xi_{t,v} I(y^*(t, X_t^*, Y_t)\xi_{t,v}, v)^+ \mathrm{d}v + \xi_{t,T} J(y^*(t, X_t^*, Y_t)\xi_{t,T}, T)^+\right] = X_t^* \tag{21.126}$$

よって，$y^*\xi_t = y^*(t, X_t^*, Y_t)$ a.s. である．時刻 t での富の双対価格 $y^*(t, X_t^*, Y_t)$ と最適消費戦略 (21.18) を価値関数に代入すると

$$V(t, X_t^*, Y_t) = \mathbb{E}_t\bigg[\int_t^T [u \circ I^+](y^*(t, X_t^*, Y_t)\xi_{t,v}, v)\mathrm{d}v$$
$$+ [U \circ J^+](y^*(t, X_t^*, Y_t)\xi_{t,T}, T)\bigg] \tag{21.127}$$

となる．(21.127) を X_T^* に関して微分し $y^*\xi_t = y^*(t, X_t^*, Y_t)$ であることを利用すると

$$V_x(t, X_t^*, Y_t) = \mathbb{E}_t[D_{t,T}]\partial_x y^*(t, X_t^*, Y_t) \tag{21.128}$$

となる．$D_{t,T}$ は (21.21) で定義されている．(21.126) を富で微分すると

$$\mathbb{E}_t[D_{t,T}]\frac{\partial_x y^*(t, X_t^*, Y_t)}{y^*(t, X_t^*, Y_t)} = 1 \tag{21.129}$$

となるので，

$$V_x(t, X_t^*, Y_t) = y^*(t, X_t^*, Y_t) \tag{21.130}$$

となり，(21.28) が成立することがわかる．さらに (21.130) の両辺の対数をとり微分して (21.129) を用いると (21.29) が得られる．

(21.126) を状態変数で微分して $y^*\xi_t = y^*(t, X_t^*, Y_t)$ を用いると

$$\mathbb{E}_t\bigg[\int_t^T Z_1(y^*\xi_v, v)\nabla_{t,y}\xi_{t,v}\mathrm{d}v + Z_2(y^*\xi_T, T)\nabla_{t,y}\xi_{t,T}\bigg]$$
$$+ \mathbb{E}_t[D_{t,T}]\frac{\partial_y y^*(t, X_t^*, Y_t)}{y^*(t, X_t^*, Y_t)} = 0$$

となる．$[V_{xy}/V_{xx}](t, X_t^*, Y_t) = [\partial_y y^*/\partial_x y^*](t, X_t^*, Y_t)$ であり，(21.29) から

$$\frac{V_{xy}(t, X_t^*, Y_t)}{-V_{xx}(t, X_t^*, Y_t)} = \mathbb{E}_t\bigg[\int_t^T \xi_{t,v} Z_1(y^*\xi_v, v)\nabla_{t,y}\log\xi_{t,v}\mathrm{d}v$$
$$+ \xi_{t,T} Z_2(y^*\xi_T, T)\nabla_{t,y}\log\xi_{t,T}\bigg] \tag{21.131}$$

となることがわかる．$\nabla_{t,y}\log\xi_{t,\cdot}$ は $\log\xi_{t,\cdot}$ の接過程である（付録 A を参照）．Markov 過程の場合には，接過程と Malliavin 微分の間に関係 $\nabla_{t,y}\log\xi_{t,v}\sigma^Y(t, Y_t) = \mathcal{D}_t\log\xi_{t,v}$, $\mathcal{D}_t\log\xi_{t,\cdot} = -H'_t$ が成り立っている．これより (21.30) が得られる． □

(21.48)〜(21.50) の証明 最適富過程の定義より

$$X_{t+h}^* - X_t^* + \int_t^{t+h} c_v^* dv = \int_t^{t+h} r_v X_v^* dv \\ + \int_t^{t+h} X_v^*(\pi_v^*)^\top [(\mu_v - r_v 1_d)dv + \sigma_v dW_v]$$

である．伊藤の公式より

$$\left(X_{t+h}^* - X_t^* + \int_t^{t+h} c_v^* dv\right)(W_{t+h} - W_t)^\top \\ = \int_t^{t+h} (W_v - W_t)^\top (dX_v^* + c_v^* dv) \\ + \int_t^{t+h} \left(X_v^* - X_t^* + \int_t^v c_s^* ds\right) dW_v^\top + \int_t^{t+h} X_v^*(\pi_v^*)^\top \sigma_v dv$$

であるので，これを用いると

$$\mathbb{E}_t\!\left[\left(X_{t+h}^* - X_t^* + \int_t^{t+h} c_v^* dv\right)(W_{t+h} - W_t)^\top\right] \\ = \mathbb{E}_t\!\left[\int_t^{t+h} (W_v - W_t)^\top (dX_v^* + c_v^* dv) + \int_t^{t+h} X_v^*(\pi_v^*)^\top \sigma_v dv\right] \\ = \mathbb{E}_t\!\left[\int_t^{t+h} \left((W_v - W_t)^\top (r_v X_v^* + X_v^*(\pi_v^*)^\top (\mu_v - r_v 1_d)) + X_v^*(\pi_v^*)^\top \sigma_v\right) dv\right]$$

となる．これより極限をとると

$$\lim_{h \to 0} \frac{1}{h} \mathbb{E}_t\!\left[\left(X_{t+h}^* - X_t^* + \int_t^{t+h} c_v^* dv\right)(W_{t+h} - W_t)^\top\right] = X_t^*(\pi_t^*)^\top \sigma_t \quad (21.132)$$

となる．また，

$$\mathbb{E}[X_t^*(W_{t+h} - W_t)^\top] = 0$$
$$\lim_{h \to 0} \frac{1}{h} \mathbb{E}_t\!\left[\left(\int_t^{t+h} c_v^* dv\right)(W_{t+h} - W_t)^\top\right] = 0$$

であり，

$$\mathbb{E}_t[X_{t+h}^*(W_{t+h} - W_t)^\top] = \mathbb{E}_t[\mathbb{E}_{t+h}[F_{t+h,T}](W_{t+h} - W_t)^\top] \\ = \mathbb{E}_t[\mathbb{E}_{t+h}[F_{t+h,T}(W_{t+h} - W_t)^\top]] \\ = \mathbb{E}_t[F_{t+h,T}(W_{t+h} - W_t)^\top]$$
$$F_{t+h,T} \equiv \int_{t+h}^T \xi_{t+h,v} c_v^* dv + \xi_{t+h,T} X_T^*$$

である．これらを用いると (21.132) は

$$X_t(\pi_t^*)^\top \sigma_t = \lim_{h \to 0} \frac{1}{h} \mathbb{E}_t[F_{t+h,T}(W_{t+h} - W_t)^\top] \tag{21.133}$$

となり (21.48) が得られる．

次に (21.49) の導出を行う．$F_{t+h,T}$ を次のように変形する．

$$\begin{aligned}F_{t+h,T} &\equiv \int_{t+h}^T \xi_{t+h,v} c_v^* dv + \xi_{t+h,T} X_T^* = \left(\int_{t+h}^T \xi_{t,v} c_v^* dv + \xi_{t,T} X_T^* \right) \xi_{t+h,t} \\ &= \left(F_{t,T} - \int_t^{t+h} \xi_{t,v} c_v^* dv \right) \xi_{t+h,t}\end{aligned}$$

これを (21.133) に代入すると

$$\begin{aligned}X_t(\pi_t^*)^\top \sigma_t &= \lim_{h \to 0} \frac{1}{h} \mathbb{E}_t[F_{t+h,T}(W_{t+h} - W_t)^\top] \\ &= \lim_{h \to 0} \frac{1}{h} \mathbb{E}_t\left[\left(F_{t,T} - \int_t^{t+h} \xi_{t,v} c_v^* dv \right) \xi_{t+h,t}(W_{t+h} - W_t)^\top \right] \\ &= \lim_{h \to 0} \frac{1}{h} \mathbb{E}_t[F_{t,T} \xi_{t+h,t}(W_{t+h} - W_t)^\top] \\ &\quad - \lim_{h \to 0} \frac{1}{h} \mathbb{E}_t\left[\left(\int_t^{t+h} \xi_{t,v} c_v^* dv \right) \xi_{t+h,t}(W_{t+h} - W_t)^\top \right] \end{aligned} \tag{21.134}$$

部分積分公式を用いると

$$\begin{aligned}&\mathbb{E}_t\left[\left(\int_t^{t+h} \xi_{t,v} c_v^* dv \right) \xi_{t+h,t}(W_{t+h} - W_t)^\top \right] \\ &= \mathbb{E}_t\bigg[\left(\int_t^{t+h} \xi_{t,v} c_v^* dv \right) \bigg(\int_t^{t+h} \xi_{v,t} dW_v + \int_t^{t+h} (W_v - W_t)^\top d\xi_{v,t} \\ &\qquad\qquad + \int_t^{t+h} d[W_v^\top, \xi_{v,t}] \bigg) \bigg]\end{aligned}$$

となり，これより

$$\lim_{h \to 0} \frac{1}{h} \mathbb{E}_t\left[\left(\int_t^{t+h} \xi_{t,v} c_v^* dv \right) \xi_{t+h,t}(W_{t+h} - W_t)^\top \right] = 0$$

であることがわかる．よって (21.134) は

$$X_t(\pi_t^*)^\top \sigma_t = \lim_{h \to 0} \frac{1}{h} \mathbb{E}_t[F_{t,T} \xi_{t+h,t}(W_{t+h} - W_t)^\top]$$

となり (21.49) が得られる．

最後に (21.50) の導出を行う．最適な富過程は $F_{0,T}$ の定義を用いると次のように表

現できる.

$$\xi_t X_t^* + \int_0^t \xi_v c_v^* \mathrm{d}v = X_0 + \int_0^t \xi_v X_v^* ((\pi_v^*)^\top \sigma_v - \theta_v^\top) \mathrm{d}W_v = \mathbb{E}_t[F_{0,T}]$$

これより

$$\begin{aligned}
&\mathbb{E}_t[\mathbb{E}_{t+h}[F_{0,T}](W_{t+h} - W_t)^\top] \\
&= \mathbb{E}_t\left[\left(X_0 + \int_0^{t+h} \xi_v X_v^* ((\pi_v^*)^\top \sigma_v - \theta_v^\top) \mathrm{d}W_v \right) (W_{t+h} - W_t)^\top \right] \\
&= \mathbb{E}_t\left[\left(\int_0^{t+h} \xi_v X_v^* ((\pi_v^*)^\top \sigma_v - \theta_v^\top) \mathrm{d}W_v \right) (W_{t+h} - W_t)^\top \right] \\
&= \mathbb{E}_t\left[\int_t^{t+h} \xi_v X_v^* ((\pi_v^*)^\top \sigma_v - \theta_v^\top)^\top \mathrm{d}v \right]
\end{aligned}$$

これと $\mathbb{E}_t[\mathbb{E}_{t+h}[F_{0,T}](W_{t+h} - W_t)] = \mathbb{E}_t[F_{0,T}(W_{t+h} - W_t)]$ を用いると

$$\lim_{h \to 0} \frac{1}{h} \mathbb{E}_t[F_{0,T}(W_{t+h} - W_t)] = \xi_t X_t^* (\sigma_t^\top (\pi_t^*) - \theta_t)$$

となる. 左辺に $\mathbb{E}_t[F_{0,T}(W_{t+h} - W_t)] = \xi_t \mathbb{E}_t[F_{t,T}(W_{t+h} - W_t)]$ を代入して整理すると

$$X_t^* \pi_t^* = (\sigma_t^\top)^{-1} \left(X_t^* \theta_t + \lim_{h \to 0} \frac{1}{h} \mathbb{E}_t[F_{t,T}(W_{t+h} - W_t)] \right) \tag{21.135}$$

となり (21.50) が得られる. □

命題 21.3 の証明　Detemple et al. (2006) の Theorem 4 と Corollary 2 を参照. □

命題 21.4 の証明　関数 g_i^α, $(i, \alpha) \in \{1, 2\} \times \{MV, H\}$ は Detemple et al. (2005c) の Theorem 1 の条件を満たしている. □

命題 21.5 の証明　関数 $f_i, i \in \{1, 2\}$ の導入により Detemple et al. (2005c) の Theorem 2 と同じ設定となる. □

命題 21.6 の証明　Detemple et al. (2005c) の Theorem 3 を参照. □

〔**J. Detemple, R. Garcia and M. Rindisbacher**／藤原　哉〕

参 考 文 献

Brandt, M.W., Goyal, A., Santa-Clara, P., Stroud, J.R. (2005). A simulation approach to dynamic portfolio choice with an application to learning about return predictability. *Review of Financial Studies* 18, 831–873.
Breeden, D. (1979). An intertemporal asset pricing model with stochastic consumption and investment opportunities. *Journal of Financial Economics* 7, 265–296.
Brennan, M., Schwartz, E., Lagnado, R. (1997). Strategic asset allocation. *Journal of Economic Dynamics and Control* 21, 1377–1403.
Clément, E., Lamberton, D., Protter, P. (2002). An analysis of a least squares regression method for American option pricing. *Finance and Stochastics* 5, 449–471.
Cox, J.C., Huang, C.-f. (1989). Optimal consumption and portfolio policies when asset prices follow a diffusion process. *Journal of Economic Theory* 49, 33–83.
Cvitanic, J., Goukasian, L., Zapatero, F. (2003). Monte Carlo computation of optimal portfolio in complete markets. *Journal of Economic Dynamics and Control* 27, 971–986.
Detemple, J.B., Rindisbacher, M. (2005). Explicit solutions for a portfolio problem with incomplete markets and investment constraints. *Mathematical Finance* 15, 539–568.
Detemple, J.B., Garcia, R., Rindisbacher, M. (2003). A Monte-Carlo method for optimal portfolios. *Journal of Finance* 58, 401–446.
Detemple, J.B., Garcia, R., Rindisbacher, M. (2005a). Representation formulas for Malliavin derivatives of diffusion processes. *Finance and Stochastics* 9, 349–367.
Detemple, J.B., Garcia, R., Rindisbacher, M. (2005b). Intertemporal asset allocation: A comparison of methods. *Journal of Banking and Finance* 29, 2821–2848.
Detemple, J.B., Garcia, R., Rindisbacher, M. (2005c). Asymptotic properties of Monte Carlo estimators of derivatives of diffusion processes. *Management Science* 51, 1657–1675.
Detemple, J.B., Garcia, R., Rindisbacher, M. (2006). Asymptotic properties of Monte Carlo estimators of diffusion processes. *Journal of Econometrics* 134, 1–68.
Duffie, D., Glynn, P. (1995). Efficient Monte Carlo simulation of security prices. *Annals of Applied Probability* 5, 897–905.
Egloff, D. (2005). Monte Carlo algorithms for optimal stopping and statistical learning. *Annals of Applied Probability* 15, 1396–1432.
Glasserman, P., Yu, B. (2004). Number of paths versus number of basis functions in American option pricing. *Annals of Applied Probability* 14, 2090–2119.
Gobet, E., Lemor, J.-P., Warin, X. (2005). A regression-based Monte-Carlo method to solve backward stochastic differential equations. *Annals of Applied Probability* 15, 2002–2172.
Karatzas, I., Shreve, S.E. (1998). *Methods of Mathematical Finance*. Springer-Verlag, New York.
Karatzas, I., Lehoczky, J.P., Shreve, S.E. (1987). Optimal portfolio and consumption decisions for a "small investor" on a finite horizon. *SIAM Journal of Control and Optimization* 25, 1557–1586.
Kunita, H. (1986). *Lectures on Stochastic Flows and Applications*. Springer-Verlag, Berlin/Heidelberg/New York/Tokyo.
Liu, J. (1998). Portfolio selection in stochastic environments. *Working paper*, Stanford University.
Longstaff, F., Schwartz, E. (2001). Valuing American options by simulation: A simple least-squares approach. *Review of Financial Studies* 14, 113–147.
Malliavin, P. (1997). *Stochastic Analysis*. Springer-Verlag, Berlin/Heidelberg/New York.
Markowitz, H. (1952). Portfolio selection. *Journal of Finance* 7, 77–91.
Merton, R.C. (1971). Optimum consumption and portfolio rules in a continuous time model. *Journal of Economic Theory* 3, 273–413.
Ocone, D., Karatzas, I. (1991). A generalized Clark representation formula, with application to optimal portfolios. *Stochastics and Stochastics Reports* 34, 187–220.

Press, W., Teukolsky, S., Vetterling, W., Flannery, B. (1992). Numerical Recipes in C: The Art of Scientific Computing, second ed. Cambridge University Press, Cambridge.

Pliska, S. (1986). A stochastic calculus model of continuous trading: Optimal portfolios. *Mathematics of Operations Research* 11, 371–382.

Schroder, M., Skiadas, C. (1999). Optimal consumption and portfolio selection with stochastic differential utility. *Journal of Economic Theory* 89, 68–126.

Talay, D., Tubaro, L. (1990). Expansion of the global error for numerical schemes solving stochastic differential equations. *Stochastic Analysis and its Application* 8, 483–509.

Tsitsiklis, J., Van Roy, B. (2001). Regression methods for pricing complex American-style options. *IEEE Transactions on Neural Networks* 12, 694–703.

Wachter, J. (2002). Portfolio and consumption decisions under mean-reverting returns: An exact solution for complete markets. *Journal of Financial and Quantitative Analysis* 37, 63–91.

第22章

アメリカンオプションの価格付けとポートフォリオ最適化のための双対定理と近似動的計画法*

概 要

本章では，双対定理法と近似動的計画 (approximate dynamic programming; ADP) 法が金融工学でどのように用いられるかについて記述する．ここでは，原資産の状態空間が多次元の場合のアメリカンオプションの価格付け問題とポートフォリオ最適化問題を題材とする．「次元の呪い」と呼ばれる現象のため，一般にこうした問題を正確に解くことは不可能であり，近似解法が必要となる．こうした問題に対する良い近似解を構成・評価する方法として，ADP法や双対定理法が提案された．本章では，これらの方法を解説する．また，今後の研究課題に関するいくつかの方向性についても概観する．

1. はじめに

ポートフォリオ最適化問題とアメリカンオプションの価格付け問題は金融工学で最も重要な問題の一つである．ポートフォリオ最適化問題は，年金基金 (pension fund)，ミューチュアルファンド (mutual fund)，保険会社，寄付基金 (endowment) や他の金融機関での様々な金融サービスにおいて用いられる．これらすべての金融機関は特定の目的を達成するために，自社の金融資源を様々な証券に動的に配分するという根源的な問題に直面している．動的で確率的な性質，多次元性，現実世界における複雑な制約条件のために，これらの問題はしばしばとても複雑となる．研究者はこれらの問題を解く数多くの洗練されたモデルを開発してきたが，現在の到達状況を見ると，解析解があるのはごく一部のとても特殊な条件下のみである (例えば，Merton, 1990; Cox and Huang, 1989; Karatzas and Shreve, 1997; Liu, 1998 を見よ)．

アメリカンオプションの価格付け問題には金融工学におけるいくつかの未解決問題がある．簡単な Black–Scholes モデル (Black and Scholes, 1973) においてでさえ，アメリカンプットオプションの価格の解析解は得られていない．このため，価格

---

* 本章は Haugh [Haugh, M.B. (2003). Duality theory and simulation in financial engineering. In: Chick, S., Sánchez, P.J., Ferrin, D., Morrice, D.J. (Eds.), *Proceedings of the 2003 Winter Simulation Conference*, IEEE Press, Piscataway, NJ, pp. 327–334] の改訂，拡張版である．

1. はじめに

を得るためには数値解析的な計算が必要である．原資産が1つまたは2つの場合のアメリカンオプションの価格付け問題は未解決問題ではない．しかし，アメリカンオプションの価格付けは最適停止問題に相当するため，Bellmanの次元の呪い（curse of dimensionality）が示すように，原資産が高次元の場合のアメリカンオプションの価格付けで標準的な数値解析手法を用いることは実務的に可能とはいえない．残念ながら，一般の多次元ポートフォリオ最適化問題を解く場合についても同じことがいえる．

実務ではこうした高次元の問題がよく見られるため，これらの問題を解くことは研究者，実務家双方にとって重要な関心事項である．ここ数年，近似動的計画（ADP）法や双対定理に基づいた方法を用いてこれらの問題をうまく解いた例が見られるようになってきた．ADP法（例えばBertsekas and Tsitsiklis, 1996 を見よ）を用いると複雑な大規模問題をうまく解けるようになり，近年，こうした方法が金融工学の問題に成功裡に適用された（Brandt et al., 2005; Longstaff and Schwartz, 2001; Tsitsiklis and Van Roy, 2001）．しかし，与えられた問題に対する準最適なADP解が最適解とどの程度相違するかを明らかにすることが，ADPに関する一つの難しい側面といえる．最適停止問題やアメリカンオプションの価格付けの文脈では，Haugh and Kogan (2004) や Rogers (2002) が ADP 法で得られる準最適戦略を評価することができる双対表現[1]を開発した（例えば Haugh and Kogan, 2004; Andersen and Broadie, 2004; Glasserman and Yu, 2004; Chen and Glasserman, 2007 を見よ）．ポートフォリオ最適化問題に対しても確率論における双対定理が用いられ，近年多くの研究者によって開発がなされた（例えば Shreve and Xu, 1992a, 1992b; He and Pearson, 1991; Cvitanić and Karatzas, 1992; Karatzas and Shreve, 1997 を見よ）．この定理は最適解を特徴づけることに対しては多大な成功を収めたが，解析表現はまだほとんどない（Rogers, 2003 を見よ）．最近，Haugh et al. (2003) は準最適政策を評価する際にこれらの双対表現のいくつかをどのように用いることができるかを，真の最適値関数の上下限を構成することを通じて示した．これらの準最適政策は単純で，帰納的な政策や ADP のようなある種の近似手法によって得られる政策となる場合がある．

動的ポートフォリオ選択問題のもう一つの有望な近似解法は，動的計画法と同値な線形計画表現に基づくものである（例えば de Farias and Van Roy, 2003, 2004 を見よ）．この近似線形計画表現はポートフォリオ政策に加えて価値関数の上限の近似を与える．この方法は計算量が多い．また，この方法が現実的な大規模問題を扱えるかどうかについては，今後評価される必要がある．この方法を奨励するようないくつかの結果が Han (2005) によって得られている．

シミュレーション技法は ADP，双対定理ベース双方の評価手法において，これらの問題の解を構成し評価するという中心的な役割を果たしている．長い間シミュレーションは金融工学において欠くべからざる道具であると捉えられてきたが（Boyle et

---

[1] これらの論文の双対表現は Davis and Karatzas (1994) から派生する最適停止問題の特徴付けに依存している．

al., 1997 のサーベイを見よ)，シミュレーションが金融工学における「制御」問題を解く際に重要な役割を担うようになってきたのはごく最近のことである．これらの制御問題にはポートフォリオ最適化問題やアメリカンオプションの価格付けが含まれ，これらは，本章の中心的話題である．

本章の残りは以下のように要約される．次節はアメリカンオプションの価格付け問題を解説する．2.1 項で簡単に ADP 法を解説する．2.2 項は最適停止問題に関する双対定理を解説する．2.3 項はこれらの双対定理ベースの考え方の拡張と応用について議論する．2.4 項で将来の研究課題の方向性について要約し，2 節をまとめる．3.1, 3.2 項でそれぞれポートフォリオ最適化の枠組みの解説と対応する双対定理の概観を行う．3.3 項でポートフォリオ最適化問題の上限を得る方法を解説する．3.4 項で上下限を得るアルゴリズムを要約する．3.5 項で将来の研究課題の方向性について要約し，3 節をまとめる．これらの話題は一般性が高いことから結論は示さない．また，技術的な詳細をしばしば省略する．その代わり，これらの問題に関する重要な概念とその直観的理解の解説に重点をおく．

2. アメリカンオプションの価格付け

金融市場 ベクトル値 Markov 過程 $X_t = (X_t^1, \cdots, X_t^n)$ で生成される動的完備な金融市場を仮定する．言い換えると，満期時点で生じるキャッシュフローを示す，いかなる確率変数 W_T も「自己充足的取引戦略」を用いて複製することができるとき金融市場は動的完備であるという（自己充足的取引戦略とはポートフォリオの価値変化が配当の累積，値上がり益（キャピタルゲイン），値下がり損（キャピタルロス）にのみ由来する戦略のことである．特に，時点 $t = 0$ 以降，基金の正味ベースの増加や引出しは許されない．したがって，新しい証券を購入する際の原資は他の証券の売却によって調達されなければならない）．X_t は時刻 t のリスク資産価格と金融市場内で観測される関連するすべての状態変数の値を要素にもつベクトルを示す．さらに，r を連続複利の無リスク金利としたとき，時刻 t の価格が $B_t = e^{rt}$ となる無リスク資産の存在を仮定する[2]．最後に，市場は動的に完備であるので，リスク中立確率測度 $\mathbb{Q}$ が唯一存在する（Duffie, 1996 を見よ）．

オプションペイオフ $h_t = h(X_t)$ をオプションのペイオフを示す非負適合過程とする．したがって，もし時刻 t に権利行使すれば，オプション保有者は h_t を受け取る．

行使可能日 アメリカンオプションについて考察する．したがって，オプション保有者は事前に明記された行使可能日 $\mathcal{T} = \{0, 1, \cdots, T\}$ であれば，いつでも権利行使することができる[3]．

---

[2] $r_t = r(X_t)$ が確率変動する場合は簡単に処理できる．
[3] 厳密にいえば，ここでは有限個の行使可能日のいずれかでのみ権利行使できるバミューダンオプ

2. アメリカンオプションの価格付け

オプション価格 アメリカンオプションの価値過程 V_t はそのオプションが時刻 t 以前では行使されていないという条件下のオプション価格過程であり,

$$V_t = \sup_{\tau \geq t} \mathbb{E}_t^{\mathbb{Q}} \left[\frac{B_t h_\tau}{B_\tau} \right] \tag{22.1}$$

を満たす.ただし,τ は集合 $\mathcal{T} \cap [t, T]$ に含まれる停止時刻とする.

X_t が高次元ベクトルの場合は,動的計画法のような一般的な解法は実用的ではなくなる.また,このとき (22.1) の最適停止問題を厳密に解くことはできない.最近になって Longstaff and Schwartz (2001) と Tsitsiklis and Van Roy (2001) が,それぞれ独立に,この問題を取り扱う効率的な ADP アルゴリズムを開発した[4].まず,こうしたアルゴリズムの背景にある主なアイデアを簡単に解説する.どちらのアルゴリズムも原資産状態変数ベクトルのパスをシミュレートする.

2.1 アメリカンオプションの価格付けにおける近似動的計画法

時点 $t = 0$ における価格付け問題は

$$V_0 = \sup_{\tau \in \mathcal{T}} \mathbb{E}_0^{\mathbb{Q}} \left[\frac{h_\tau}{B_\tau} \right]$$

を計算することであり,理論的にはこの問題は価値を繰り返し代入していくことで簡単に解くことができる.特に,一般の再帰的代入によって以下を得る.

$$V_T = h(X_T), \qquad V_t = \max\left(h(X_t), \mathbb{E}_t^{\mathbb{Q}} \left[\frac{B_t}{B_{t+1}} V_{t+1}(X_{t+1}) \right] \right)$$

経済の初期状態を X_0 としたときオプションの価格は $V_0(X_0)$ である.繰り返し代入を行うもう一つの方法として,「Q 値繰返し代入法」がある.今日は行使されないという条件付きのオプション価値,すなわち,オプションの「継続価値」として,Q 値関数が定義されるとき,以下を得る.

$$Q_t(X_t) = \mathbb{E}_t^{\mathbb{Q}} \left[\frac{B_t}{B_{t+1}} V_{t+1}(X_{t+1}) \right]$$

このオプションの $t + 1$ 時点の価値は

$$V_{t+1}(X_{t+1}) = \max(h(X_{t+1}), Q_{t+1}(X_{t+1}))$$

となる.したがって,以下を得る.

ションとして考察している.アメリカンオプションは連続した期間の任意の 1 時点で行使可能であるが,実務的に見ると数値解法を用いて価格付けする際には時間を離散化することは必須である.こうしたことから,本章ではアメリカンオプションとバミューダンオプションを区別しない.

[4] アメリカンオプションの価格付けを回帰を用いて解くアイデアが最初に導入された文献として Carriére (1996) も参照のこと.

$$Q_t(X_t) = \mathbb{E}_t^{\mathbb{Q}}\left[\frac{B_t}{B_{t+1}} \max(h(X_{t+1}), Q_{t+1}(X_{t+1}))\right] \qquad (22.2)$$

明らかに (22.2) は価値を繰り返し代入する方法の自然な類似表現であり，Q 値繰返し代入法と呼ぶ．すでに述べたように，もし n が大きくて X_t の次元数が大きいとき，価値繰返し代入法も Q 値繰返し代入法も実際に計算することを展望すると実現可能な方法とはいえない．しかし，Q 値代入法を「近似的」かつ有効に変形したものならば実現可能であり，まさにこれが Longstaff and Schwartz (2001) や Tsitsiklis and Van Roy (2001) で用いられた ADP アルゴリズムなのである．ここではこれらの論文の主要な学術的貢献を紹介する．ただし，より特殊な詳細は省略する．省略した部分は細目ではあるものの，実行効率性の面で重要な影響をもつことには留意が必要である．

第 1 段階は「基底関数」の組 $\phi_1(\cdot), \cdots, \phi_m(\cdot)$ を選ぶ．この基底関数によって Q 値関数を近似する「線形構造」が定義される．特に，$Q_t(X_t)$ は

$$\widetilde{Q}_t(X_t) = r_t^1 \phi_1(X_t) + \cdots + r_t^m \phi_m(X_t)$$

で近似される．ただし，$r_t := (r_t^1, \cdots, r_t^m)$ は以下のアルゴリズムによって決定される時刻 t のパラメータベクトルである．

Q 値を近似する繰返し代入

 generate 初期状態が X_0 の条件付き状態変数ベクトル X のパス N 本
 set $\widetilde{Q}_T(X_T^i) = 0$ *for all* $i = 1$ *to* N
 for $t = T - 1$ *downto* 1
  regress $B_t \widetilde{V}_{t+1}(X_{t+1}^i)/B_{t+1}$ *on* $(\phi_1(X_t^i), \cdots, \phi_m(X_t^i))$
   ただし $\widetilde{V}_{t+1}(X_{t+1}^i) := \max(h(X_{t+1}^i), \widetilde{Q}(X_{t+1}^i))$
  set $\widetilde{Q}_t(X_t^i) = \sum_k r_t^k \phi_k(X_t^i)$
   ただし r_t^k は推計された回帰係数
 end for
 generate 初期状態が X_0 の条件付状態変数ベクトル X_1 のサンプル M 個
 set $\widetilde{V}_0(X_0) = (\sum_{j=1}^M \max(h(X_1^j), \widetilde{Q}_1(X_1^j)))/MB_1$

このアルゴリズムでキーとなるアイデアは $\widetilde{Q}_t(X_t^i)$ を推計するために回帰を用いることである．実際の計算を行う際には一般的な最小二乗法が用いられる．最小二乗法はとても高速であるため，それを用いた Q 値繰返し代入法アルゴリズムもとても高速である．計算実行に際して生ずる典型的な問題の一つは N の選択であり，しばしば 10,000〜50,000 程度の数が選ばれる．アルゴリズムを完全に明記するには，もっと多くの詳細な点を説明する必要があることは明らかである．とりわけ，パラメータの値や基底関数は適切に選択することが重要である．一般に，基底関数を選択する際に，

考察の対象としている問題に特有な情報を活用するのは良いアイデアである．例えば，問題としているアメリカンオプションに対応するヨーロピアンオプションの価値が解析的に得られるならば，それは基底関数の典型的候補といえる．基底関数として用いられるその他のものをあげると，オプションの本源的価値や（ヨーロピアンオプション以外の）関連があるデリバティブの価格のうち解析的に計算可能なものがある．

実装上の個々の詳細もいろいろな形をとりうる．上記の説明は Tsitsiklis and Van Roy (2001) のアルゴリズムであるが，Longstaff and Schwartz (2001) は回帰係数 $r_t^k, k=1,\cdots,m$ を推計するとき，$h(X_t^i)=0$ を満たす状態変数 X_t^i は無視している．さらに，$\widetilde{V}_{t+1}(X_{t+1}^i)$ を

$$\widetilde{V}_{t+1}(X_{t+1}^i) = \begin{cases} h(X_{t+1}^i), & h(X_{t+1}^i) \geq \widetilde{Q}(X_{t+1}^i) \\ \widetilde{V}_{t+2}(X_{t+2}^i) B_{t+1}/B_{t+2}, & h(X_{t+1}^i) < \widetilde{Q}(X_{t+1}^i) \end{cases}$$

と定義した．そこでは特に，$\widetilde{V}_{t+1}(X_{t+1}^i)$ を，間接的に $\widetilde{Q}_l(\cdot), l=t+1,\cdots,T$ で定義される行使戦略 $\tilde{\tau}$ によって決定される i 番目のパス上の「実現」割引後ペイオフとした．

実際に計算する際に，V_0 の別の方法による推計値 $\underline{V}_0$ を $\tilde{\tau}$ で定義される行使戦略をシミュレーションすることによって求めることは，よくあることである．厳密には $\tilde{\tau} = \min\{t \in \mathcal{T} : \widetilde{Q}_t \leq h_t\}$ と

$$\underline{V}_0 = \mathbb{E}_0^{\mathbb{Q}}\left[\frac{h_{\tilde{\tau}}}{B_{\tilde{\tau}}}\right]$$

を定義したとき，$\underline{V}_0$ は考察対象であるオプションの真の価値の不偏下限値である，ということである．この推計値が下限値であることは $\tilde{\tau}$ が実現可能な適合行使戦略であることから示される．概して $\widetilde{V}_0(X_0)$ よりも $\underline{V}_0$ のほうが真の価格の推計値という意味で，ずっと良いものである．なぜなら，$\widetilde{V}_0(X_0)$ はしばしば重大な上方バイアスを示すことがあるためである．Glasserman (2004, Section 8.7) では，$\widetilde{V}_0(X_0)$ がよい推計値とはいえない場合に，推計値を決定することに関するとてもわかりやすい直観的説明を次項の双対定理のアイデアを用いて行っている．そこでは，$\widetilde{V}_0(X_0)$ の品質と選ばれた基底関数の品質の関係付けがなされている．

これらの ADP アルゴリズムは現実的な高次元の問題で驚くほど良い性能を示している（数値例については Longstaff and Schwartz, 2001 を見よ）．また，上記を正当化する理論的成果もたくさんある（例えば，Tsitsiklis and Van Roy, 2001; Clemént et al., 2002）．一例として，Clemént et al. (2002) では，Longstaff and Schwartz のアルゴリズムで，Q_t が選択された基底関数の線形結合で記述できる場合には，パス数 N が無限に近づくと，価格の推計値 $\widetilde{V}_0(X_0)$ の極限が真の価格 V_0 に収束することを示した．

Haugh and Kogan (2004) はいかなる近似 $\widetilde{Q}_t$ に対しても，下限値 $\underline{V}_0$ は

$$V_0 - \underline{V}_0 \leq \mathbb{E}_0^{\mathbb{Q}}\left[\sum_{t=0}^{T} \frac{|\widetilde{Q}_t - Q_t|}{B_t}\right]$$

という性質を満たすことを示した.これは下限値の品質は行使可能期間の数が増えるに従って線形に悪化することを示唆しているといっても差し支えないが,実際の計算に際しては,こうした事象は見られない.例えば,$\underline{V}_0$ の品質は $Q_t(\cdot)$ と $\widetilde{Q}_t(\cdot)$ が最適行使境界に対して「同じ」側に位置する限り,誤った期前行使は発生しないことに注目することで,部分的には説明可能である.これは $\underline{V}_0$ の品質に影響を与えない $\widetilde{Q}_t(\cdot)$ の誤差が大きくなりうることを意味している.

最近では,どのようなメカニズムで ADP 回帰が Broadie and Glasserman (1997) の「確率メッシュ法」と関係しているかが示されている (Glasserman, 2004; Glasserman and Yu, 2004 を見よ).さらに,Glasserman and Yu (2004) は,利用可能な計算機資源が有限であるとき,パス数 N と基底関数の数 n にはトレードオフの関係があることを示した.

ADP 法を用いる場合,価値関数や Q 値関数を近似する手法以外の選択肢があること (他の近似手法があること) は,本節の最後の話題にする価値がある.すなわち,価値関数や Q 値関数の代わりに最適行使境界を近似することもできる.行使境界は,その片側では行使することが最適で,逆側では保有継続が最適であるような,X 空間の境界である.価値関数を近似することなく,行使境界を直接近似する ADP 法を構築することができる.こうした方法では,行使可能期間の数に対して二乗で増加する計算量が必要となる.概して,行使境界を近似する方法と価値関数を近似する方法を厳密に比較することはとても難しい.

2.2 アメリカンオプションの価格付けにおける双対定理

ADP 法はとても良い結果を生んだが,様々な問題において ADP 解がどの程度最適解から離れているかを決定することができないという著しい欠点がある.Haugh and Kogan (2004) と Rogers (2002) は別個に双対定理に基づく方法を開発した.この方法は真の価値関数に対する上限を構成するために用いることができる.Haugh and Kogan は,この方法を用いて真の価値関数の上限[5]を構築すれば,ADP 法や他の方法[6]を用いて導出された近似解の評価が可能であることを示した.また,Broadie and Glasserman (1997) がシミュレーション法を用いれば間隔の狭い上下限を構成することが可能であることを初めて示した,ということをここで述べておく.しかしながら,彼らの方法は値関数を任意に近似できる際には機能しないし,双対 ADP 法と同じくらい効率的な近似性能を示すには至っていない.以下では,こうした双対定理に基づ

---

[5] すでに 2.1 項で説明したように,価値関数の近似が与えられたとき,下限は簡単に計算できる.
[6] 例えば,Kolodko and Schoenmakers (2006) を見よ.この論文が提案する繰り返し代入法は,本節で説明する双対定理法を用いてオプション価格の真値の上下限を求めている.

2. アメリカンオプションの価格付け

く手法を説明する.

任意の適合優マルチンゲール π_t に対して,アメリカンオプションの価値 V_0 は以下を満たす.

$$V_0 = \sup_{\tau \in \mathcal{T}} \mathbb{E}_0^{\mathbb{Q}}\left[\frac{h_\tau}{B_\tau}\right] = \sup_{\tau \in \mathcal{T}} \mathbb{E}_0^{\mathbb{Q}}\left[\frac{h_\tau}{B_\tau} - \pi_\tau + \pi_\tau\right]$$

$$\leq \sup_{\tau \in \mathcal{T}} \mathbb{E}_0^{\mathbb{Q}}\left[\frac{h_\tau}{B_\tau} - \pi_\tau\right] + \pi_0 \leq \mathbb{E}_0^{\mathbb{Q}}\left[\max_{t \in \mathcal{T}}\left(\frac{h_t}{B_t} - \pi_t\right)\right] + \pi_0 \quad (22.3)$$

ここで,最初の不等号は優マルチンゲールに対する任意抽出定理から得られる.すべての優マルチンゲール π_t の下限をとれば,(22.3) の右辺は以下を意味する.

$$V_0 \leq U_0 := \inf_\pi \mathbb{E}_0^{\mathbb{Q}}\left[\max_{t \in \mathcal{T}}\left(\frac{h_t}{B_t} - \pi_t\right)\right] + \pi_0 \quad (22.4)$$

一方,V_t/B_t 過程は優マルチンゲールであるから(例えば,Duffie, 1996 を見よ),以下がいえる.

$$U_0 \leq \mathbb{E}_0^{\mathbb{Q}}\left[\max_{t \in \mathcal{T}}\left(\frac{h_t}{B_t} - \frac{V_t}{B_t}\right)\right] + V_0$$

すべての t について $V_t \geq h_t$ が成り立つから,$U_0 \leq V_0$ を得る.したがって,$U_0 = V_0$ となり,等号は $\pi_t = V_t/B_t$ のとき成り立つ.

Rogers (2002) の場合のように,π_t がマルチンゲールである場合に議論を限定することも可能であることに注目しても興味深い.この場合,Doob–Meyer 分解と V_t/B_t の優マルチンゲール性により,マルチンゲール M_t と $A_0 = 0$ を満たす単調増加な可予測過程 A_t が存在し,

$$\frac{V_t}{B_t} = M_t + A_t$$

を満たすことがいえる.(22.4) で $\pi_t = M_t$ とすれば $U_0 \leq V_0$ を得るから,$U_0 = V_0$ が成り立つ.この結果は,アメリカンオプションの上限は,与えられた優マルチンゲール π_t について (22.3) の右辺を評価することで構成できることを示している.特に,こうした優マルチンゲールが $\pi_t \geq h_t/B_t$ を満たせば,オプション価格 V_0 は π_0 で上から押さえられる.

(22.3) の優マルチンゲール π_t が割り引かれたオプション価値過程 V_t/B_t と一致するとき,(22.3) 右辺の上限はアメリカンオプションの真の価格と等しい.これは,π_t を決める $\widetilde{V}_t$ に正確な近似値を用いるとタイトな上限を得ることができることを示している.一つの可能性[7]として,π_t を以下のマルチンゲール[8]であると定義することを

---

[7] π_t をマルチンゲールとすることの利点に関するこれ以上のコメントについては Haugh and Kogan (2004) や Andersen and Broadie (2004) を見よ.

[8] Haugh and Kogan (2004) は(和の表現形式に加えて)積の表現形式を用いて π_t を $\widetilde{V}_t$ から構成する別の方法も提案している.

あげる.

$$\pi_0 = \widetilde{V}_0 \tag{22.5}$$

$$\pi_{t+1} = \pi_t + \frac{\widetilde{V}_{t+1}}{B_{t+1}} - \frac{\widetilde{V}_t}{B_t} - \mathbb{E}_t^{\mathbb{Q}}\left[\frac{\widetilde{V}_{t+1}}{B_{t+1}} - \frac{\widetilde{V}_t}{B_t}\right] \tag{22.6}$$

$\overline{V}_0$ を (22.5) と (22.6) の優マルチンゲールの選択に応じて (22.3) から得られる上限とする. このとき,上限が以下のとおりに書けることは簡単に示すことができる.

$$\overline{V}_0 = \widetilde{V}_0 + \mathbb{E}_0^{\mathbb{Q}}\left[\max_{t \in \mathcal{T}}\left(\frac{h_t}{B_t} - \frac{\widetilde{V}_t}{B_t} + \sum_{j=1}^{t}\mathbb{E}_{j-1}^{\mathbb{Q}}\left[\frac{\widetilde{V}_j}{B_j} - \frac{\widetilde{V}_{j-1}}{B_{j-1}}\right]\right)\right] \tag{22.7}$$

(22.7) からもわかるように, $\overline{V}_0$ の正確な推計値を得るためには多くの計算を必要とする. 第一に, (22.7) 右辺の外側の期待値を評価するために相当数のサンプルパスがシミュレートされないといけない. 実際に計算する際には,シミュレートするサンプルパスの数はとても小さい数とすることができるが,各サンプルパス上の各時点で条件付期待値を正確に評価する必要がある. この計算にはそれなりの労力が必要であり,こうした文脈において分散減少法が有効であることは明らかである. 代替法として, Glasserman and Yu (2004) のように,価値関数の初期値を ADP 法によって近似できれば,基底関数を (22.7) の条件付期待値が解析的に計算できるように選ぶことが可能となる. この場合,入れ子構造になったシミュレーションを実行する必要はない.

2.3 拡　　張

近年,これらのアルゴリズムを変形したものや拡張したものが数多く開発されたほか,変形や拡張は現在進行中の研究課題でもある. 例えば, Andresen and Broadie (2004) では Q 値関数を近似する代わりに最適行使境界を近似し,それを用いて上限を構成した. 一方, Meinshausen and Hambly (2004) は複数行使機会オプション（複数回の期前行使可能時点をもつオプション）に同様のアイデアを適用した. Jamshidian (2003) は上限を構成するための乗法双対法 (π_t を $\widetilde{V}_t$ から積の表現形式を用いて構成するもの) を開発した. Chen and Glasserman (2007) はこの乗法双対定理法と Haugh and Kogan (2004) や Rogers (2002) の加法双対定理法 (π_t を $\widetilde{V}_t$ から和の表現形式を用いて構成するもの) を比較している. 本項では,こうした拡張について簡単に見ていく. Meinshausen and Hambly (2004) という例外を除き,これらはすべてアメリカンオプションの価格付けやそれと同質な最適停止問題を扱っている. Brandt et al. (2005) は ADP 法の考え方をポートフォリオ最適化問題の最適停止問題を解くために拡張した. Haugh et al. (2003) は,ポートフォリオ最適化問題向けにすでに活用されていた双対定理が,実際に計算する際にどのようなメカニズムで問題の解の上限を構成するのかを示した. ポートフォリオ最適化問題に対するこうした拡張は次節

で説明する．

2.3.1 停止ルールから上限を求める

最適行使境界の近似を用いて上限を構成することもできる．例えば，τ_i, $i=1,\cdots,T$ をすべての i で $\tau_i \geq i$ を満たす停止時刻の列とする．τ_i を，（なんらかの戦略において）時刻 i までには行使されていないという条件のもと，アメリカンオプションが行使されるべき時刻と解釈することができる．例えば，この停止時刻は Q 値関数の近似 $\widetilde{Q}_t$ からも構成できて，$\tau_i := \min\{t \in \mathcal{T}, t \geq i : \widetilde{Q}_t \leq h_t\}$ を満たす．こうした方法以外にも，行使境界を直接近似して τ_i を導出することがある．この場合

$$\tau_i := \min\{t \in \mathcal{T}, \geq i : g_t = 1\} \tag{22.8}$$

を満たす．ただし，行使戦略において「行使」と判断されるときには $g_t = 1$, 保有継続と判断されるときには $g_t = 0$ である．τ_i がこうした方法で定義された場合に計算可能となる価値関数の近似は必ずしも必要ではない点には注意が必要である．

どのように τ_i が定義されるかにかかわらず，τ_i を用いて，$\widetilde{M}_t := \sum_j^t \Delta_j$ というマルチンゲールが構成できる．ただし，

$$\Delta_j := \mathbb{E}_j^{\mathbb{Q}}[h_{\tau j}] - \mathbb{E}_{j-1}^{\mathbb{Q}}[h_{\tau j}] = V_j - Q_{j-1} \tag{22.9}$$

である．このとき (22.4) において $\pi_t := \widetilde{M}_t$ とできて，すでに述べた方法で上限を構成することができる．なお，Δ_j を評価するためには，(22.8) で定義された形で停止時刻 τ_i をシミュレートする必要がある．すなわち，上限を評価する際には，すべてのパス上のすべての離散時点で，この追加的または「入れ子構造をもった」シミュレーションが必要となる．したがって，この事実は，停止時刻を用いるときには，$\overline{V}_0$ を求めるための必要計算量は離散化された時点数の二乗に比例することを示している．これに対し，2.2 項の方法で $\widetilde{Q}_t$ を用いて上限を求める場合の必要計算量は離散化された時点数に比例することがわかる．しかしながら，最適行使境界の近似は Q 値関数の近似よりもより「正確」なものとなりやすい．このため，どちらか一方が他方より優れた方法であると結論づける前に，さらに悉皆的な分析が必要である．

停止ルールを用いる方法は Andersen and Broadie (2004) で提案された．より詳細な点については Glasserman (2004) も見よ．両者を結合させて一体化するのは容易であるということを，あえて付け加えておく．特に，$\widetilde{Q}_t$ を陽に近似したものは状態空間のある領域では $\widetilde{M}_t$ を評価するために利用できる．ただ，それ以外の領域では Δ_j を評価する入れ子構造をもったシミュレーションが用いられる．

2.3.2 乗法双対定理アプローチ

もう一つの双対表現である「乗法双対表現」は，最近になって Jamshidian (2003)

によってアメリカンオプションの価格付け問題に関して定式化された．そこでは，優マルチンゲールに対する「乗法型の」Doob–Meyer 分解を用いると，アメリカンオプションの価格 V_0 は以下のように表現できることが示された．

$$V_0 = \inf_{M \in \mathcal{M}^+} \mathbb{E}_0^M \left[\max_{0 \leq t \leq T} \frac{h_t}{M_t} \right] := \inf_{M \in \mathcal{M}^+} \mathbb{E}_0^{\mathbb{Q}} \left[\max_{0 \leq t \leq T} \frac{h_t}{M_t} M_T \right] \qquad (22.10)$$

ただし，$\mathcal{M}^+$ は $M_0 = 1$ を満たすすべての正のマルチンゲール M_t の集合である．(22.10) は，もし $M_0 = 1$ を満たす「良い」マルチンゲール $\widetilde{M}_t \in \mathcal{M}^+$ を選ぶことができれば，

$$\overline{V}_0 := \mathbb{E}_0^{\mathbb{Q}} \left[\max_{0 \leq t \leq T} \frac{h_t}{\widetilde{M}_t} \widetilde{M}_T \right]$$

が V_0 の上限として品質がよいものを与えることを示している．前項の「加法」双対定理アプローチの場合と同様にして，真の価格関数 V_t の近似 $\widetilde{V}_t$ を用いて，計算に用いるマルチンゲールの候補 $\widetilde{M}_t$ を構築することができる．他の例と同様，この上限はモンテカルロ法を用いて評価することができる．

Chen and Glasserman (2007) はこの乗法双対定理法と Rogers (2002) と Haugh and Kogan (2004) の加法双対定理法を比較した．彼らはいずれの方法も他方よりも優れているとはいえない，すなわち，いかなる乗法双対定理法も加法双対定理法によって性能改善が可能であり，逆もまた真であることを示した．彼らはさらにこれら 2 種類の方法におけるバイアスと分散を比較し，どちらの方法もより小さいバイアスをもちうることを示した．しかし，典型的な場合において，乗法双対定理法の分散は加法双対定理法のそれよりもずっと速く増大する．乗法双対定理法に理論面で見るべきところがあることはいうまでもないが，実際に計算する際には加法双対定理法のほうが優れている．

Bolia et al. (2004) は Jamshidian の双対表現が対象とする問題を加重サンプリング法を用いて解く枠組みで解釈できることを示した．そのうえで，彼らは，すでに得られた価値関数の近似と関連する上限を評価する際に，関数近似法として加重サンプリング法と非負最小二乗法を用いた．当該論文では，対数正規過程に従う株式 1 銘柄を原資産としたアメリカンプットオプションの価格付けに関する結果が示されている．彼らは一定の成功を収めたが，こうしたアイデアが多次元の問題に対してもうまく適用できることを示すには，まだ多くの課題が残されている．さらに，乗法双対定理法は加法双対定理法よりもずっと大きな分散をもつ傾向があるため，もし加重サンプリング法が加法双対定理法にうまく適用できるならば，この方法はより大きな影響力をもつと思われる．さらに一般化していえば，価値関数の近似をいちばん効率的に構築できるならば，加重サンプリング法も研究対象として興味深いテーマであるといえる．

2.3.3 複数行使機会

興味深い拡張として，Meinshausen and Hambly (2004) は ADP 双対法を「複数行使機会」オプションに拡張した．もし，$\mathcal{T} = \{0, 1, \cdots, T\}$ が行使可能な日付であるとするとき，n 回の行使機会をもつ複数行使機会オプションは $\mathcal{T}$ に含まれる n 個の時点で行使することができる．明らかに $n \leq T+1$ が成り立ち，$n=1$ の場合が普通のアメリカンオプションに対応する．複数行使機会オプションの標準的な事例はエネルギーデリバティブの分野で取引されている「スイング (swing)」オプションである．スイングオプションはオプション保有者にあらかじめ決められた数の行使機会を与え，行使したときには電力をあらかじめ決められた価格で購入することができる．Meinshausen and Hambly (2004) はスイングオプションの価格の近似と下限を構築する際に ADP 法を適用した[9]．さらに，彼らは複数行使機会オプションの真の価格の上限を構築するために，ここで述べた近似法と双対表現を用いた．これは高次元アメリカンオプションの価格付けを行う方法ととてもよく似ているが，必要な計算量ははるかに大きいことがわかった．

2.4 将来の研究課題の方向性

将来の研究課題の方向性には様々なものがある．第一に，ADP や双対定理のアイデアを活用して違った種類の問題を解くことが考えられる．もちろん，現時点でもこの方向性に沿った研究成功事例をいくつかあげることができる．2.3.3 で説明したように，Meinshausen and Hambly (2004) はここでの結果を拡張して複数行使機会オプションの価格付け問題に適用した．Haugh et al. (2003) は動的ポートフォリオ最適化問題において，ここでの手法に類似した手法を開発した[10]．こうしたことからもわかるように，違った種類の制御問題を解くための手法として，ここでの方法を拡張・改良することができる．候補となる問題として事例をあげるならば「リアルオプション」問題がある．リアルオプションは一般的にアメリカンオプションであったり複数行使機会オプションであったりする．

ADP 双対定理法で計算する際にはシミュレーションを行う必要があり，しばしば非常に大きな計算量が必要となる．今後はより複雑な問題を解けるようにするため，分散減少法が検討価値のある手法であることは明らかである．この面では加重サンプリング法が特に使い勝手が良い手法となることを期待している．第一に，与えられた近似最適戦略と関連した価値を評価する際に用いることができるかもしれない[11]．第二に，そしてひょっとしたらより興味深いことに，実際に最適戦略そのものを近似的に構築すること自体が，とりわけ価値のあることであると示されるであろう．価値関数

---

[9] 彼らはチューザーフレキシブルキャップ (chooser flexible cap) の価格付けも行った．このオプションは，オプション保有者にあらかじめ決められた満期までにあらかじめ決められた個数のキャプレットを行使する権利を与える金利デリバティブである．

[10] 3 節を見よ．

[11] Bolia et al. (2004) や 2.3.2 を見よ．

を近似する際に,状態空間のより「重要な」領域に計算負荷を集中させるために加重サンプリング法のアイデアを活用することができるからである.これらのアイデアは新しくはないが,ADP 関連の文献ですべてが研究しつくされたかといえば,そのようなことは断じてない.

「グリークス (Greeks)」と呼ばれる値を評価することも非常に興味深い研究課題である.ADP 双対定理のアイデアは,いまのところ,高次元のアメリカンオプションの価格付けではとても成功しているが,こうした問題においてグリークスを効率的に計算することは困難な課題[12]として残されている.

このほかの将来の研究の方向性は,価値関数や行使境界の近似を構築する際に,双対問題と主問題を同時に活用することである.「双対問題」アルゴリズムや「主問題-双対問題」アルゴリズムは理論的に見て興味深い.また,ある事例においては,これらはすでに開発された「主問題」アルゴリズムよりも優れているだろうと期待している.簡単な「主問題-双対問題」型のアルゴリズムを設計することは難しくないが[13],この話題についてはまだほとんど研究成果がない.おそらく,これは ADP 回帰アルゴリズムが真のオプション価格に対する質の良い近似を高速に算出し,とても成功したためであろう.しかしながら,より野心的な領域の問題が ADP 法で解こうとされるに伴い,この分野はより活発な研究分野になるであろう.

3. ポートフォリオ最適化

ADP 法のアメリカンオプション価格付けへの適用が成功したことを受けて,Brandt et al. (2005) は同様のアイデアを高次元ポートフォリオ最適化問題の近似的解法に適用した.彼らの方法では,原資産変数が従うパスを大量にシミュレートした後,時間を後向きにさかのぼって計算を進める.ここでは,近似最適な投資戦略を効率的に計算するため「パス横断的回帰」(Q 値再帰近似アルゴリズムで示したものに似ている)を用いている.時間遡及に伴う誤差の増大はほぼ回避できる.また,この方法は時間分割数の二乗に比例する計算量が必要なアルゴリズムであることが問題であるが,彼らが用いた手法は時間分割数が大きくても支障なく問題を解くことができる.ただし,彼らの方法は特定の目的に特化しており,ポートフォリオ制約やその他複雑な条件を扱うことはできない.しかし,彼らや他の人々が開発した ADP 法を用いれば,こうした拡張に対処することが可能である.

最適停止問題の ADP 解がそうであるように,ポートフォリオ最適化問題に対する ADP 解の主な弱点は,与えられた問題の解として得られた結果が最適値からどの程度離れているかを決めることが難しい,ということに起因する.Haugh et al. (2005) の

---

[12] バミューダンオプションのグリークスを評価する際に双対定理法を使用した事例については Kaniel et al. (2006) を見よ.
[13] 例えば Haugh and Kogan (2004) を見よ.

研究の一部はこの問題から動機づけられている.そこでは,ポートフォリオ最適化問題における最適とはいえない解の品質評価をするためにポートフォリオ問題の双対定理を活用し,最適価値関数に対して下限と上限を構築した.この上下限は対象となる問題のモデルに含まれる状態変数の時間発展を記述した確率微分方程式(Kloeden and Platen, 1992 を見よ)をシミュレートして評価されている.3.2 項では Xu (1990),Shreve and Xu (1992a, 1992b), Karatzas et al. (1991), Cvitanić and Karatzas (1992) で開発され,Haugh et al. (2005) で用いられたポートフォリオ双対定理を解説する.

その前に,3.2 項の双対定理は主に連続時間で記述された問題に適用されるという点に注意しておく.他方で,一般に ADP 法は離散の枠組みでより多くの研究がなされている.この相違は離散時間の ADP 解を外挿して連続時間の解が得られることを示すことで埋めることが可能である.

3.1 モ デ ル

まず,非完備市場でポートフォリオ制約があるポートフォリオ選択問題を提示する.対象となる問題は連続時間で定式化され,株価は拡散過程に従う.

投資機会 N 種類の株式と瞬間的に無リスクな債券が存在するとする.株価ベクトルは $P_t = (P_{1t}, \cdots, P_{Nt})$ と表す.また,債券の瞬間的に無リスクな収益率は r_t と表す.株式は配当を支払わないと仮定するが,これは一般性を失わない.資産収益の瞬間的なモーメントは M 次元ベクトルの状態変数 X_t に依存する.すなわち,

$$r_t = r(X_t) \tag{22.11a}$$

$$dP_t = P_t[\mu_P(X_t)dt + \Sigma_P(X_t)dB_t] \tag{22.11b}$$

$$dX_t = \mu_X(X_t)dt + \Sigma_X(X_t)dB_t \tag{22.11c}$$

ただし,$P_0 = 1, X_0 = 0, B_t = (B_{1t}, \cdots, B_{Nt})$ は N 個の独立な Brown 運動からなるベクトル,μ_P と μ_X はそれぞれ N 次元,M 次元のドリフトベクトル,Σ_P と Σ_X はそれぞれ $N \times N, M \times N$ の拡散行列である.株価収益率過程の拡散行列 Σ_P は下三角で正則である.つまり,すべての x,ある $\epsilon > 0$ について $x^\top \Sigma_P \Sigma_P^\top x \geq \epsilon \|x\|^2$ を満たす.さらに,確率過程 η_t が定義でき,

$$\eta_t = \Sigma_{Pt}^{-1}(\mu_{Pt} - r_t)$$

を満たす.ポートフォリオ制約がない市場では,η_t は N 種類の株式に対する瞬間的なリスクの市場価格を示すベクトルと一致する.確率過程 η_t は二乗可積分であると仮定する.したがって,

$$\mathbb{E}_0\left[\int_0^T \|\eta_t\|^2 dt\right] < \infty$$

を満たす．

ポートフォリオ制約 ポートフォリオは N 種類の株式と無リスク債券のポジションで構成される．ポートフォリオ全体の価値に対するリスク資産の保有比率を $\theta_t = (\theta_{1t}, \cdots, \theta_{Nt})$ で表す．ポートフォリオ戦略は二乗可積分条件を満たすと仮定する．つまり，$\int_0^T \|\theta_t\|^2 dt < \infty$ a.s. とする．ポートフォリオの価値変化は以下に従う．

$$dW_t = W_t\{[r_t + \theta_t^\top(\mu_{Pt} - r_t)]dt + \theta_t^\top \Sigma_{Pt} dB_t\} \tag{22.12}$$

ポートフォリオの各資産に対する投資比率にはゼロベクトルを含む閉凸集合 $\mathbb{K}$ 上の値をとるという以下の制約がある．

$$\theta_t \in \mathbb{K} \tag{22.13}$$

例えば，空売り禁止制約がある場合，制限された集合は $\mathbb{K} = \{\theta : \theta \geq 0\}$ である．もし空売り禁止制約に加え，借入禁止制約を課す場合には $\mathbb{K} = \{\theta : \theta \geq 0, 1^\top \theta \leq 1\}$，ただし $1^\top = (1, \cdots, 1)$ である．集合 $\mathbb{K}$ は一定であってもよいし，時間や外生的状態変数に依存してもよい．

目的関数 議論を単純化するために，ポートフォリオ戦略は満期日 T の富から得られる期待効用 $\mathbb{E}_0[U(W_T)]$ を最大化するよう選択されるとする．期中の消費に対する選好を導入することは簡単である．効用関数 $U(W)$ は正の傾きをもつ狭義単調増加で凹性をもつ滑らかな関数であると仮定する．さらに，効用関数はゼロと無限大で稲田条件 $\lim_{W \to 0} U'(W) = \infty$，$\lim_{W \to \infty} U'(W) = 0$ を満たす．例えば，よくある選択は相対的リスク回避度一定（CRRA）な効用関数 $U(W) = W^{1-\gamma}/(1-\gamma)$ である．

まとめると，ポートフォリオ選択問題は以下の問題を解くことである．

$$V_0 := \sup_{\{\theta_t\}} \mathbb{E}_0[U(W_T)] \quad \text{subject to} \quad (22.11), (22.12) \text{ および } (22.13) \tag{$\mathcal{P}$}$$

ただし，V_0 は時刻 0 における価値関数を表す．

3.2 双対定理の復習

本項では制約付きポートフォリオ最適化問題を解く際に用いられる双対定理を復習する．Haugh et al. (2005) で用いられている一種の双対定理は Cvitanić and Karatzas (1992) の成果に基づいている．

ポートフォリオ選択問題 ($\mathcal{P}$) から始める．違う市場で取引を行う，ポートフォリオ制約のない架空の問題 ($\mathcal{P}^{(\nu)}$) が定義できる．まず第一に，$\mathbb{K}$ のサポート関数 $\delta(\cdot) : \mathbb{R}^N \to \mathbb{R} \cup \infty$ を以下のとおり定義する．

$$\delta(\nu) := \sup_{x \in \mathbb{K}} (-\nu^\top x) \tag{22.14}$$

サポート関数の有効領域は以下で与えられる．

$$\widetilde{\mathbb{K}} := \{\nu : \delta(\nu) < \infty\} \tag{22.15}$$

条件集合 $\mathbb{K}$ が凸でゼロを含むから，サポート関数はその有効領域 $\widetilde{\mathbb{K}}$ 上で連続かつ下から押さえられている．したがって，$\mathcal{F}_t$ 適合な $\mathbb{R}^N$ 値過程が以下のように定義できる．

$$\mathbb{D} := \left\{\nu_t, 0 \le t \le T : \nu_t \in \widetilde{\mathbb{K}}, \mathbb{E}_0\left[\int_0^T \delta(\nu_t) dt\right] + \mathbb{E}_0\left[\int_0^T \|\nu_t\|^2 dt\right] < \infty\right\} \tag{22.16}$$

$\nu \in \mathbb{D}$ を満たすすべての確率過程について，N 種類の株式と無リスク債券が取引される架空の市場 $M^{(\nu)}$ を考える．架空市場では取引制約はない．$M^{(\nu)}$ における株価収益率の拡散行列はもとの市場のそれと同じである．しかし，無リスク金利と株価の期待収益率ベクトルは架空市場のものともとの市場のものが相違している．特に，無リスク金利過程と架空市場におけるリスクの市場価格はそれぞれ以下のように定義される．

$$r_t^{(\nu)} = r_t + \delta(\nu_t) \tag{22.17a}$$
$$\eta_t^{(\nu)} = \eta_t + \Sigma_{Pt}^{-1}\nu_t \tag{22.17b}$$

ただし，$\delta(\nu)$ は (22.14) で定義されるサポート関数である．なお，$\eta_t^{(\nu)}$ は二乗可積分であると仮定する．

Brown 運動の数 N は (22.11) で記述された金融市場で取引される株式の数に一致し，拡散行列が正則であることから，制約のない架空の市場は「動的完備」であることを示すことができる．動的完備性は唯一のリスクの市場価格過程 η_t と唯一の「状態価格密度（state price density; SPD）」過程 π_t が存在することを意味する．$\pi_t(\omega)$ は時刻 t で，事象 ω が起こったときに 1 ドルのペイオフがある証券の単位確率当たりの価格と考えることもできる（さらに詳しいことは Duffie, 1996 を見よ）．完備市場におけるポートフォリオ最適化問題はマルチンゲール法を用いると非常に簡単に解ける．Cox and Huang (1989) に従い，架空市場における状態価格密度過程 $\pi_t^{(\nu)}$ は以下で得られる．

$$\pi_t^{(\nu)} = \exp\left(-\int_0^t r_s^{(\nu)} ds - \frac{1}{2}\int_0^t \eta_s^{(\nu)\top} ds - \int_0^t \eta_s^{(\nu)\top} dB_s\right) \tag{22.18}$$

期待収益率ベクトルは以下で得られる．

$$\mu_{Pt}^{(\nu)} = r_t^{(\nu)} + \Sigma_{Pt}\eta_t^{(\nu)}$$

架空市場における取引制約のない動的なポートフォリオ選択問題は，静的な形で同値表現でき（例えば Cox and Huang, 1989; Karatzas and Shreve, 1997, Section 3），

$$V^{(\nu)} := \sup_{\{W_T\}} \mathbb{E}_0[U(W_T)] \quad \text{subject to} \quad \mathbb{E}_0[\pi_T^{(\nu)} W_T] \leq W_0 \qquad (\mathcal{P}^{(\nu)})$$

となる．最適な最終富が計算できれば，動的な取引戦略でそれを維持することができる．静的な性質ゆえに，問題 $(\mathcal{P}^{(\nu)})$ は簡単に解ける．例えば，効用関数が相対的リスク回避度が γ の CRRA タイプ，すなわち $U(W) = W^{1-\gamma}/(1-\gamma)$ としたとき，架空市場の対応する価値関数は陽に書けて，以下で与えられる．

$$V_0^{(\nu)} = \frac{W_0^{1-\gamma}}{1-\gamma} \mathbb{E}_0\left[\pi_T^{(\nu)(\gamma-1)/\gamma}\right]^\gamma \qquad (22.19)$$

いかなる達成可能な選択 $\nu \in \mathbb{D}$ に対しても，(22.19) の価値関数はもとの問題における最適価値関数の上限を与える．架空市場におけるポートフォリオの富の変動は，以下で与えられる．

$$\mathrm{d}W_t^{(\nu)} = W_t^{(\nu)}[(r_t^{(\nu)} + \theta_t^\top \Sigma_{Pt} \eta_t^{(\nu)})\mathrm{d}t + \theta_t^\top \Sigma_{Pt} \mathrm{d}B_t] \qquad (22.20)$$

したがって，以下を得る．

$$\frac{\mathrm{d}W_t^{(\nu)}}{W_t^{(\nu)}} - \frac{\mathrm{d}W_t}{W_t} = [(r_t^{(\nu)} - r_t) + \theta_t^\top \Sigma_{Pt}(\eta_t^{(\nu)} - \eta_t)]\mathrm{d}t$$
$$= [\delta(\nu_t) + \theta_t^\top \nu_t]\mathrm{d}t$$

$\theta_t \in \mathbb{K}$ であるから，(22.14) より最後の数式は非負である．したがって，$W_t^{(\nu)} \geq W_t$，$\forall t \in [0, T]$ である．また，以下が成り立つ．

$$V_0^{(\nu)} \geq V_0 \qquad (22.21)$$

Cvitanić and Karatzas (1992) や Schroder and Skiadas (2003) の結果によれば，もしもとの問題が解をもてば，上限は「タイト」になることがわかる．すなわち，架空問題 $(\mathcal{P}^{(\nu)})$ の価値関数は最適な ν^* が選ばれたとき，もとの問題 $(\mathcal{P})$ の価値関数と一致し，

$$V_0^{(\nu^*)} := \inf_{\{\nu\}} V^{(\nu)} = V_0 \qquad (22.22)$$

が成立する (Schroder and Skiadas, 2003, Proposition 3(b), Theorem 7, 9 を見よ)．上記の等号は時刻 0 で成り立つだけでなく，すべての時刻で成立する．すなわち，$V_t^{(\nu^*)} = V_t$ である．Cvitanić and Karatzas (1992) は効用関数に追加の制約を設けたうえでもとの問題の解が存在すること示し，最も重要なことに，相対的リスク回避度は 1 を超えないことも示した．Cuoco (1997) は効用関数に最小限の制約を置いた，より一般的な設定のもとで解の存在を示した．

3.3 パフォーマンスの上下限

前項の理論的な双対問題の結果は，任意の架空問題 ($\mathcal{P}^{(\nu)}$) での価値関数を計算することで，ポートフォリオ選択問題 ($\mathcal{P}$) の価値関数の上限が構築できることを示している．架空市場は (22.17) に現れる確率過程 ν_t によって定義される．もちろん，達成可能な集合 $\mathbb{D}$ から任意の架空市場を考えて，上限を計算してよい．こうした上下限がとてもゆるいものであれば，たいした情報を含まない．目的は候補となる戦略を評価することであるから，よりタイトな上下限が得られるように，候補となる戦略に応じてうまく $\hat{\nu}_t$ を選んでこなければならない．$\hat{\nu}_t$ で定義される架空市場のもとでのポートフォリオ選択問題の解から候補となる戦略のパフォーマンス上下限を得ることができる．

$\hat{\nu}_t$ で定義される形の架空市場を構築するため，Haugh et al. (2005) では，最適戦略 θ^*，価値関数 $V_0 = V_0^{(\nu^*)}$，ν^* で定義される架空の資産価格過程の関係を明確なものとする目的で，まず最初に双対問題に対する解を用いた．最適なポートフォリオ戦略や価値関数がわからないので，代わりに近似値を用いて ν^* の候補過程を得た．この候補過程を $\tilde{\nu}$ で表す．一般には，この候補過程は $\mathbb{D}$ に属しておらず，架空の問題を定義する目的では使用できない．したがって，代わりに $\tilde{\nu}$ に近いうえ，目的に沿って使用できる $\hat{\nu} \in \mathbb{D}$ を探さなければならない．Haugh et al. (2005) は ν^* の近似として $\hat{\nu}$ を用いて架空の問題 ($\mathcal{P}^{(\hat{\nu})}$) を定義した．$\hat{\nu} \in \mathbb{D}$ なので，架空の市場 $M^{(\hat{\nu})}$ での対応する制約条件なしの問題の解から候補となる戦略の妥当なパフォーマンスの上下限を得ることができる．

状態価格密度過程は包絡線定理を通じて価値関数と以下のような関連をもつ．

$$\mathrm{d}\ln\pi_t^{(\nu^*)} = \mathrm{d}\ln\frac{\partial V_t}{\partial W_t} \qquad (22.23)$$

$\mathrm{d}\ln\pi_t^{(\nu^*)}$ の確率変動する部分は $\mathrm{d}\ln\partial V_t/\partial W_t$ の確率変動する部分と等しい．もし，v_t が滑らかであれば，伊藤の補題と (22.18), (22.12) から，以下を得る．

$$\eta_t^* := \eta_t^{(\nu^*)} = -W_t\left(\frac{\partial^2 V_t/\partial W_t^2}{\partial V_t/\partial W_t}\right)\Sigma_{Pt}^\top\theta_t^* - \left(\frac{\partial V_t}{\partial W_t}\right)^{-1}\Sigma_{Xt}^\top\left(\frac{\partial^2 V_t}{\partial W_t\partial X_t}\right) \qquad (22.24)$$

ただし，θ_t^* はもとの問題の最適ポートフォリオ戦略を表している．CRRA 型の効用関数のうち特別だが重要なケースでは $\eta_t^{(\nu^*)}$ の表現が簡単な形となる．特に，(22.24) の第 1 項は簡単な形となって $\gamma\Sigma_{pt}^\top\theta_t^*$ を得る．ただし，γ は効用関数の相対的リスク回避度を示す係数である．また，(22.24) の第 2 項を評価するためには，価値関数の状態変数 X_t に関する 1 階微分さえ計算できればよい．価値関数の 1 階微分を評価することは 2 階の偏微分を計算することより簡単なので，こうしたことが計算の実装を簡略化している．

最適なポートフォリオ戦略 $\tilde{\theta}_t$ の近似が与えられたとき，ポートフォリオ戦略 $\tilde{\theta}_t$ に対応する価値関数 $\widetilde{V}_t$ の近似を計算することができる．ポートフォリオ戦略 $\tilde{\theta}_t$ のもとで価値関数は最終富の効用の条件付期待値として定義される．(22.24) を用いれば，ν^* の近似として $\hat{\nu}$ を構築できる．ポートフォリオ戦略や価値関数の近似は様々な方法，例えば ADP 法（Brandt et al., 2005 を見よ）を用いて得ることができる．Haugh et al. (2005) は $\tilde{\theta}_t$ を所与のものとし，これを用いて未知の真の価値関数 V_0 の上限を構築した．

近似された価値関数 $\widetilde{V}$ が十分に滑らかであると仮定すると，V_t と θ_t^* を $\widetilde{V}_t$ と $\tilde{\theta}_t$ で置き換えることができて，以下を得る．

$$\tilde{\eta}_t := \eta_t^{(\tilde{\nu})} = -W_t \left(\frac{\partial^2 \widetilde{V}_t/\partial W_t^2}{\partial \widetilde{V}_t/\partial W_t}\right) \Sigma_{Pt}^\top \tilde{\theta}_t - \left(\frac{\partial \widetilde{V}_t}{\partial W_t}\right)^{-1} \Sigma_{Xt}^\top \left(\frac{\partial^2 \widetilde{V}_t}{\partial W_t \partial X_t}\right) \quad (22.25)$$

このとき $\tilde{\nu}_t$ は (22.17b) の解として定義される．

明らかに，$\tilde{\eta}_t$ は架空市場におけるリスクの市場価格の候補である．しかし，$\tilde{\eta}_t$ と対応する $\tilde{\nu}_t$ が (22.16) で定義された達成可能集合 $\mathbb{D}$ に含まれる保証はどこにもない．実際，多くの重要な問題群において，サポート関数 $\delta(\nu_t)$ が引数の値によっては無限大に発散することがある．Haugh et al. (2005) は $\tilde{\eta}_t$ に近いリスクの市場価格過程 $\hat{\eta}_t \in \mathbb{D}$ を探した．彼らは 2 つの確率過程の距離をはかる尺度として Euclid ノルムを選び，生成される最適化問題が計算可能であるようにした．

$\hat{\eta}_t \in \mathbb{D}$ という条件は数値計算を実装する際には簡単に処理できない．その代わりに，Haugh et al. (2005) は以下に示すよりタイトで一様な上下限の組を適用した．

$$\|\hat{\eta} - \eta\| \leq A_1 \quad (22.26a)$$

$$\delta(\hat{\nu}) \leq A_2 \quad (22.26b)$$

ただし，A_1 と A_2 は任意の十分大きな値をとることができる正の定数である．条件 (22.26a) は確率過程 $\hat{\nu}_t$ が二乗可積分であることを意味する．なぜなら，η_t が二乗可積分であり，ある $A > 0$ に関して $\|\hat{\eta} - \eta\|^2 = \hat{\nu}^\top (\Sigma_P^{-1})^\top \Sigma_P^{-1} \hat{\nu} \geq A\|\hat{\nu}\|^2$ となるからである．Haugh et al. (2005) では定数 A_1 と A_2 の選び方に関する議論を加えている．要約すると，$\hat{\eta}_t$ と $\hat{\nu}_t$ は以下の問題の解として定義される．

$$\min_{\hat{\nu}, \hat{\eta}} \|\hat{\eta} - \tilde{\eta}\|^2 \quad (22.27)$$

subject to

$$\hat{\eta} = \eta + \Sigma_P^{-1} \hat{\nu} \quad (22.28a)$$

$$\delta(\nu) < \infty \quad (22.28b)$$

$$\|\hat{\eta} - \eta\| \leq A_1 \quad (22.28c)$$

$$\delta(\hat{\nu}) \leq A_2 \quad (22.28d)$$

3. ポートフォリオ最適化

多くの重要なポートフォリオ選択問題群において，$\hat{\eta}_t$ と $\hat{\nu}_t$ の値は非常に簡単に計算できる．以下の2つの例は Haugh et al. (2005) から引用した．

非完備市場 最初の L 種類の株式が取引され残りの $N-L$ 種類の株式のポジションはゼロに制約されていると仮定する．この場合，達成可能なポートフォリオ選択の集合は以下で示される．

$$\mathbb{K} = \{\theta \mid L < i \leq N \text{ について } \theta_i = 0\} \tag{22.29}$$

したがって，サポート関数 $\delta(\nu)$ は $\nu_i = 0, 1 \leq i \leq L$ のときゼロとなり，それ以外のときは無限大となる．このように $\nu_i = 0, 1 \leq i \leq L$ である場合には制約条件 (22.26b) を陽に課す必要はない．$\hat{\eta}_t$ と $\hat{\nu}_t$ の値を見つけるためには，以下を解く必要がある．

$$\min_{\hat{\eta},\hat{\nu}} \|\hat{\eta} - \tilde{\eta}\|^2 \tag{22.30}$$

subject to

$$\hat{\eta} = \eta + \Sigma_P^{-1}\hat{\nu}$$
$$\hat{\nu}_i = 0, \quad 1 \leq i \leq L$$
$$\|\hat{\eta} - \eta\|^2 \leq A_1^2$$

拡散行列 Σ_P は下三角行列であり，その逆行列も同様である．これを用いると，解は陽に書けて以下のとおりとなる．

$$\hat{\eta}_i = \eta_i, \quad 1 \leq i \leq L$$
$$\hat{\eta}_j = \eta_j + a(\tilde{\eta} - \eta_j), \quad L < J \leq N$$
$$\hat{\nu} = \Sigma_P(\hat{\eta} - \eta)$$

ただし，

$$a = \min\left[1, \left(\frac{A_1^2 - \|\tilde{\eta} - \eta\|_{(L)}^2}{\|\tilde{\eta} - \eta\|^2 - \|\tilde{\eta} - \eta\|_{(L)}^2}\right)^{1/2}\right], \quad \|\tilde{\eta}\|_{(L)}^2 = \sum_{i=1}^{L} \tilde{\eta}_i^2$$

である．

非完備市場，空売り禁止，借入禁止 市場は上の場合と同じであるとし，さらに，空売りと借入が禁止されている．このとき達成可能なポートフォリオの集合は以下で示される．

$$\mathbb{K} = \{\theta \mid \theta \geq 0, \ 1^\top \theta \leq 1, \ L < i \leq N \text{ について } \theta_i = 0\} \tag{22.31}$$

サポート関数は $\delta(\nu) = \max(0, -\nu_1, \cdots, -\nu_L)$ で与えられる.これは,いかなるベクトル ν に対しても,有限の値をとることがわかる.この場合,$\delta(\nu) \leq \|\nu\|$ であるから,$\|\nu\| = \|\Sigma_P(\hat{\eta} - \eta)\| \leq \|\Sigma_P\|A_1$ という関係が成り立ち,これは A_2 が A_1 と比べて十分大きいとき,制約条件 (22.26a) のみを課せばよく,(22.26b) は冗長であることを示している.したがって,以下の問題を解けばよい.

$$\min_{\hat{\eta}, \hat{\nu}} \|\hat{\eta} - \tilde{\eta}\|^2 \tag{22.32}$$

subject to

$$\hat{\eta} = \eta + \Sigma_P^{-1}\hat{\nu}$$
$$\|\hat{\eta} - \eta\|^2 \leq A_1^2$$

このとき,架空市場は以下のように記述できる.

$$\hat{\eta} = \eta + \min\left(1, \frac{A_1}{\|\tilde{\eta} - \eta\|}\right)(\tilde{\eta} - \eta)$$
$$\hat{\nu} = \Sigma_P(\hat{\eta} - \eta)$$

3.4 アルゴリズムの要約

最適な価値関数の上下限は数段階のシミュレーションで計算できる.
1) もとの問題の最適ポートフォリオ戦略を近似すること,対応する価値関数を近似することから始める.Brandt et al. (2005) や Haugh et al. (2005) にあるように,両者とも ADP アルゴリズムを使って得ることができる.さもなければ,ポートフォリオ戦略を近似することから始め,次に対応する価値関数をシミュレーションによって推計してもよい.
2) 近似したポートフォリオ戦略と近似した価値関数の偏微分を用いて,確率過程 $\tilde{\eta}_t$ を構築する.この際の計算は (22.25) によればよい.確率過程 $\tilde{\eta}_t$ は架空市場におけるリスクの市場価格の候補である.
3) $\tilde{\eta}_t$ に近く,双対問題において架空市場のリスクの市場価格に関する条件を満たす確率過程 $\hat{\eta}_t$ を構成する.この作業は (22.27) の 2 次計画問題を解くことを必要とする.
4) リスクの市場価格過程 $\hat{\eta}_t$ で定義される架空市場における静的な問題 $(\mathcal{P}^{(\nu)})$ を解いて価値関数を計算する.この作業はモンテカルロシミュレーションを用いると効率的に達成することができる.ここの結果はもとの問題の価値関数の上限を示している.

価値関数の下限は近似されたポートフォリオ戦略のもとで最終富の分布をシミュレーションすることで得られる.

上記のアルゴリズムを実用的に使いやすく実装できるかどうかは,シミュレーショ

ン法を効果的に活用できるかどうかに依存する．例えば，(22.19) の期待値は解析的手法では評価できず，基礎となる SDE をシミュレートして評価する必要がある．特に，$\tilde{\nu}_t$ が性質よく振る舞うと前もって保証できないとき，これには大量の計算が必要となる．こうした状況下では，$\eta_t^{(\tilde{\nu})}$ や $\tilde{\nu}_t$ を性質よく振る舞う形に変形して，V_0 の上限を構築するために用いることができるようにするためには，シミュレートされた各パス上のそれぞれの離散時刻で 2 次計画問題を解くことが必要である（より詳細な点については Haugh et al., 2005 を見よ）．

初期近似解を構成する ADP 実装のほかにも，価値関数や (22.25) の価値関数の偏微分を近似するためにはシミュレーションがしばしば必要となる．こうしたことは，与えられたポートフォリオ戦略 $\tilde{\theta}_t$ を評価しようとする際に，対応する価値関数 $\tilde{V}_t$ が未知である場合などにも起こる．こうした状況では，必要な関数を近似するためにはポートフォリオ戦略 $\tilde{\theta}_t$ をシミュレートすることが必要となる．繰り返すが，この作業は計算量の面から見て要求水準が高い作業であり，これらの作業すべてに対して効率的なシミュレーション技法を探求することは，より複雑な問題を考察の対象とするにつれ，重要な研究課題になってきている．

Haugh et al. (2005) では，双対定理の手法を用いていかにポートフォリオ戦略を近似できるのかを示すいくつかの数値計算例を掲載している．比較的簡素ではあるが，これらの計算例は双対定理の手法が潜在的に活用可能性が高いことを示している．Haugh et al. (2005) は，借入禁止制約がある非完備市場におけるポートフォリオ選択問題の ADP 解を評価するために，上記のアルゴリズムを適用している．Haugh and Jain (2006) はこれらの双対定理の手法を用いて他の種類のポートフォリオ戦略を評価しているほか，Haugh et al. (2005) で研究された戦略をより詳細に研究している．最後に，Haugh and Jain (2007) は横断的パス回帰アプローチを用いて，ポートフォリオ戦略が与えられたときの価値関数やその偏微分を評価する際に，パスごとのモンテカルロ推計量がどのように使われうるのかについて示した．

3.5 将来の研究課題の方向性

ポートフォリオ選択問題では双対定理の手法を用いることに関連した未解決の問題がいくつかある．理論面では，より複雑で現実的な問題に対処するように設計された新しいアルゴリズムを開発する余地がある．例えば，上記でまとめた結果をリスク資産の投資比率に制約があるポートフォリオ選択問題に適用する．しかし，流動性がないとか取引できないといった資産が組み込まれた資産配分問題など金融取引上の重要な問題は，この枠組みには入りづらい．こうした問題に対処するためにはさらなる研究が必要である．

もう一つの重要な問題となる分野は，相異なる種類の摩擦を含んでいる場合である．例えば，取引コストと税金である．この種類の問題は本質的に難しい．なぜなら，摩擦の本質的な性質は，しばしば経路依存の問題を誘引し，結果として高次元の状態空

間を扱うことにつながっていくからである．取引コストを勘案した問題については，双対定理を用いたいくつかの結果が知られている（レビューについては Rogers, 2003 を見よ）が，キャピタルゲインがあって税金が発生する問題にはいまだに積極的な研究が必要である．しかしながら，解の上下限を計算するための使い勝手の良いアルゴリズムを導出するためには，双対定理による表現が得られただけでは十分とはいえないことに注意すべきである．最適双対解の質の高い近似が価値関数を近似することから簡単に再記述されうるということは必要な性質である．現在すでに提示されている双対表現のすべてがそのような性質をもつわけではない．より広い分野の問題に取り組むためには，さらなる理論面からの開発が必要である．

計算面では，双対定理ベースのアルゴリズムを実装していく場合には，様々な段階で効率的なシミュレーションアルゴリズムへのニーズがある．例えば，アメリカンオプションの価格付けで加重サンプリング法の適用が効果的な成果につながったことを受けて，ポートフォリオ選択アルゴリズムの性能向上を図る同様の技法が開発されることは考えられるところである．特に，動的完備な金融市場でポジション制約がある問題では，ポートフォリオ制約が厳しい場合には，近似誤差が蓄積する傾向がある．状態変数空間の「より問題の多い」領域からより頻繁にサンプリングすることで，より高い近似精度を達成できる．

上記の議論では，近似解の品質評価に関連する話題を中心とした．理論面，計算実行面双方にとって大きな未解決の問題は，近似解の探索を効率的に行うには，双対表現をどのようにして活用すればよいのかという問題である．いくつかの計算可能な特別な問題には双対法を用いた対処がなされているが，自明でない動的変動性，制約，摩擦を含んだ多次元の問題に対処できる一般的で効果的なアルゴリズムは存在しない．この面での前進は野心的であるが，金融工学の理論的・実務的分野の未解決問題に取り組む能力を決定的に拡張するであろう．

(M. B. Haugh and L. Kogan／内田善彦)

参　考　文　献

Andersen, L., Broadie, M. (2004). A primal–dual simulation algorithm for pricing multi-dimensional American options. *Management Science* 50 (9), 1222–1234.

Bertsekas, D., Tsitsiklis, J. (1996). *Neuro-Dynamic Programming*. Athena Scientific, Belmont, MA.

Black, F., Scholes, M. (1973). The pricing of options and corporate liabilities. *Journal of Political Economy* 81, 637–654.

Bolia, N., Glasserman, P., Juneja, S. (2004). Function-approximation-based importance sampling for pricing American options. In: Ingalls, R.G., Rossetti, M.D., Smith, J.S., Peters, B.A. (Eds.), *Proceedings of the 2004 Winter Simulation Conference*. IEEE Press, Piscataway, NJ, pp. 604–611.

Boyle, P., Broadie, M., Glasserman, P. (1997). Monte Carlo methods for security pricing. *Journal of Economic Dynamics and Control* 21, 1267–1321.

Brandt, M.W., Goyal, A., Santa-Clara, P., Stroud, J.R. (2005). A simulation approach to dynamic portfolio choice with an application to learning about return predictability. *Review of Financial Studies* 18, 831–873.

Broadie, M., Glasserman, P. (1997). A stochastic mesh method for pricing high-dimensional American options. *Working paper*, Columbia Business School, Columbia University, New York.

Carriére, J. (1996). Valuation of early-exercise price of options using simulations and non-parametric regressions. *Insurance: Mathematics and Economics* 19, 19–30.

Chen, N., Glasserman, P. (2007). Additive and multiplicative duals for American option pricing. *Finance and Stochastics* 11 (2), 153–179.

Clemént, E., Lamberton, D., Protter, P. (2002). An analysis of a least-squares regression algorithm for American option pricing. *Finance and Stochastics* 6, 449–471.

Cox, J., Huang, C.-F. (1989). Optimal consumption and portfolio policies when asset prices follow a diffusion process. *Journal of Economic Theory* 49, 33–83.

Cuoco, D. (1997). Optimal consumption and equilibrium prices with portfolio constraints and stochastic income. *Journal of Economic Theory* 72, 33–73.

Cvitanić, J., Karatzas, I. (1992). Convex duality in constrained portfolio optimization. *Annals of Applied Probability* 2, 767–818.

de Farias, D., Van Roy, B. (2003). The linear programming approach to approximate dynamic programming. *Operations Research* 51, 850–865.

de Farias, D., Van Roy, B. (2004). On constraint sampling in the linear programming approach to approximate dynamic programming. *Mathematics of Operations Research* 29, 462–478.

Davis, M.H.A., Karatzas, I. (1994). A deterministic approach to optimal stopping, with applications. In: Kelly, F. (Ed.), *Probability, Statistics and Optimization: A Tribute to Peter Whittle*. John Wiley & Sons, New York/Chichester, pp. 455–466.

Duffie, D. (1996). *Dynamic Asset Pricing Theory*. Princeton University Press, Princeton, NJ.

Glasserman, P. (2004). *Monte-Carlo Methods in Financial Engineering*. Springer, New York.

Glasserman, P., Yu, B. (2004). Pricing American options by simulation: Regression now or regression later. In: Niederreiter, H. (Ed.), *Monte Carlo and Quasi-Monte Carlo Methods*. Springer-Verlag, Berlin.

Han, J. (2005). Dynamic portfolio management: An approximate linear programming approach. *Ph.D. thesis*, Stanford University.

Haugh, M.B., Jain, A. (2006). On the dual approach to portfolio evaluation. *Working paper*, Columbia University.

Haugh, M.B., Jain, A. (2007). Pathwise estimators and cross-path regressions: An application to evaluating portfolio strategies. In: Henderson, S.G., Biller, B., Hsieh, M.H., Shortle, J., Tew, J.D., Barton, R.R. (Eds.), *Proceedings of the 2007 Winter Simulation Conference*. IEEE Press, 1013–1020.

Haugh, M.B., Kogan, L. (2004). Pricing American options: A duality approach. *Operations Research* 52 (2), 258–270.

Haugh, M.B., Kogan, L., Wang, J. (2003). Portfolio evaluation: A duality approach. *Operations Research*, in press, available at: http://www.columbia.edu/~mh2078/Research.html.

Haugh, M.B., Kogan, L., Wu, Z. (2005). Approximate dynamic programming and duality for portfolio optimization. *Working paper*, Columbia University.

He, H., Pearson, N. (1991). Consumption and portfolio policies with incomplete markets and short-sale constraints: The infinite dimensional case. *Journal of Economic Theory* 54 (2), 259–304.

Jamshidian, F. (2003). Minimax optimality of Bermudan and American claims and their Monte-Carlo upper bound approximation. *Working paper*.

Kaniel, R., Tompaidis, S., Zemlianov, A. (2006). Efficient computation of hedging parameters for discretely exercisable options. *Working paper*.

Karatzas, I., Shreve, S.E. (1997). *Methods of Mathematical Finance*. Springer-Verlag, New York.

Karatzas, I., Lehocky, J.P., Shreve, S.E., Xu, G.L. (1991). Martingale and duality methods for utility maximization in an incomplete market. *SIAM Journal Control Optimization* 259, 702–730.

Kloeden, P., Platen, E. (1992). *Numerical Solution of Stochastic Differential Equations*. Springer-Verlag, Berlin.

Kolodko, A., Schoenmakers, J. (2006). Iterative construction of the optimal Bermudan stopping time. *Finance and Stochastics* 10, 27–49.

Liu, J. (1998). Dynamic portfolio choice and risk aversion. *Working paper*, Stanford University, Palo Alto.

Longstaff, F., Schwartz, E. (2001). Valuing American options by simulation: A simple least-squares approach. *Review of Financial Studies* 14, 113–147.

Meinshausen, N., Hambly, B.M. (2004). Monte Carlo methods for the valuation of multiple exercise options. *Mathematical Finance* 14, 557–583.

Merton, R.C. (1990). *Continuous-Time Finance*. Basil Blackwell, New York.

Rogers, L.C.G. (2002). Monte-Carlo valuation of American options. *Mathematical Finance* 12 (3), 271–286.

Rogers, L.C.G. (2003). Duality in constrained optimal investment and consumption problems: A synthesis. *Working paper*, Statistical Laboratory, Cambridge University. http://www.statslab.cam.ac.uk/~chris/.

Schroder, M., Skiadas, C. (2003). Optimal lifetime consumption-portfolio strategies under trading constraints and generalized recursive preferences. *Stochastic Processes and Their Applications* 108, 155–202.

Shreve, S.E., Xu, G.L. (1992a). A duality method for optimal consumption and investment under short-selling prohibition, Part I: General market coefficients. *Annals of Applied Probability* 2, 8–112.

Shreve, S.E., Xu, G.L. (1992b). A duality method for optimal consumption and investment under short-selling prohibition, Part I: Constant market coefficients. *Annals of Applied Probability* 2, 314–328.

Staum, J. (2002). Simulation in financial engineering. In: Yücesan, E., Chen, C.-H., Snowdon, J.L., Charnes, J.M. (Eds.), *Proceedings of the 2002 Winter Simulation Conference*. IEEE Press, Piscataway, NJ, pp. 1481–1492.

Tsitsiklis, J., Van Roy, B. (2001). Regression methods for pricing complex American-style options. *IEEE Transactions on Neural Networks* 12 (4), 694–703.

Xu, G.L. (1990). A duality method for optimal consumption and investment under short-selling prohibition. *Ph.D. dissertation*, Carnegie Mellon University.

＃ 第23章

多変量非正規リターンに対する資産配分

概 要

信号処理技術において独立成分分析（independent component analysis; ICA）として知られている技術を多変量金融時系列に適用する．独立成分分析の主なアイデアは，観測された時系列を統計的に独立な成分（independent component; IC）に分解することである．さらに，独立成分は分散ガンマ（variance gamma; VG）過程に従うと仮定する．VG過程は，ガンマ過程で与えられる確率的な時点で評価されたドリフトをもつBrown運動である．リターンがVG過程に従う独立なファクターの混合によって駆動される場合に，指数効用の期待値を最大化するポートフォリオを陽解を利用して構築する．また，Markowitzモデルをベンチマークとして，この投資のパフォーマンスを比較する．

1. はじめに

投資設計と高次モーメントの関連は，以前からファイナンスの文献で認識されており，高次モーメントの資産価格への影響を分析した初期の文献としてRubinstein (1973)，Krauss and Litzenberger (1976)などがあげられる．最近では，資産価格における共歪度（coskewness）を分析したHarvey and Siddique (2000)がある．加えて，短期的に非正規リターンをもたらす多くの投資機会が生じているようにも思われる．後で観察するように，このことは非正規性の典型的な指標である高い水準の尖度を示すリターン分布をもったポートフォリオを構築できることで証明される（Cover and Thomas, 1991）．短期的な投資の視点は，高い頻度でポジションをリバランスすることができる専門的な投資家にも向いている．さらに，平均と分散が同じでありながら，歪度と尖度の水準が異なる代替的なリターンを構成する多くの方法があることも認識されている．伝統的な平均・分散の選好に基づく投資（Markowitz, 1952）では，これらのリターンは同等であるが，歪度を選好し尖度を回避する場合には，最適な投資水準は代替的なリターンによって異なってくる．

こうした経済的な視点での考察以外に，情報理論あるいは信号処理の視点からも資産のリターンに対する示唆が存在する．これに関する重要な点として，確率変数の中心化とスケール調整を行った後の密度関数の形状が情報量を反映することがあげられ

る．平均が0で分散が1の密度関数の中で，正規分布はエントロピーの意味で最大の不確実性と最小の情報量をもつ．このことは，ポートフォリオの投資設計において正規密度を不適切に使用すると，結果として準最適な投資になるのではないかという疑問を引き起こす．したがって，ポートフォリオの投資設計では，高次モーメントを考慮することが望まれる．

高次モーメントを考慮することの理論的な利点にもかかわらず，テールの厚い周辺分布をもつ多変量分布を利用したポートフォリオ理論では，推定モデルの次数とそれに続くポートフォリオ設計の両面で計算負荷が大きい．これは，平均分散法が比較的容易に大規模ポートフォリオで実行できることと対照的である．

本章の主な貢献は，高次モーメントを利用したポートフォリオ理論の計算に関する側面を発展させる点にある．そのために，正則な共分散行列をもつ多変量正規リターンを，同数の独立な標準正規確率変数の線形結合とみなすことから始める．次にこの視点を一般化して，資産リターンのベクトルを同数の独立な非正規確率変数の線形結合としてみなす．

代替案として，少数の非正規ファクターからなるファクターモデルを採用し，個別の正規攪乱項を加える方法もあるかもしれない．しかし，個別の正規攪乱項の間に相関を許容すると，リターンを表す確率変数の個数が資産数を超えるため，モデルはより複雑になる．この方向での一般化は将来の研究課題とし，ここでは最初のケース，すなわち独立成分の確率変数の数が資産数と等しいもともとのMarkowitzの定式化に焦点を絞る．したがって，ここでのMarkowitzモデルに対する再定式化は，単に独立成分に非正規分布を認めるというものである．

独立成分の同定に関して，主成分分析のような手続きは，信号が存在する場合にはその回復に不適当であることが，最近の信号処理の研究で認識されている．すでに述べたように，信号や情報成分の存在は，混合されることで正規性に近づくような非正規分布の存在を示唆する．信号処理の研究で発展した独立成分分析（ICA）の手続きは，もとの信号や独立確率変数を捕捉することを意図して，非正規性の指標の最大化を試みる．そこで，成分上でデータを構成するために，独立成分分析（Hyvärinen et al., 2001），特に高速ICAアルゴリズムを採用する（Hyvärinen, 1999）．

独立成分の確率分布を記述するために，デリバティブの価格付けで有効性が示されており，Madan and Seneta (1990) が導入し，Madan et al. (1998) がさらに発展させた分散ガンマ族で機能する分布を利用する．推定には，Carr et al. (2002) の高速Fourier変換を使用する．高速ICAと高速Fourier変換の組合せは，資産リターンの多変量分布に対して高速かつ効率的な推定が可能な特徴付けを与える．残る問題は，最適ポートフォリオの構築である．

与えられた解析的に取扱い可能な独立成分の特性関数に対しては，指数効用が特に効率的である．この点については，多変量正規リターンで平均分散アプローチが成立するのは，指数効用に対してであることを指摘しておく．したがって，Markowitz理

論を支える構造から離れないためには，指数効用のもとで最初の分析を進めるのが自然であろう．指数効用に対する最終的なポートフォリオの設計は，各独立成分への最適投資に関する単変量の投資問題に帰着される．これらの単変量の投資問題は，明示的に解くことができる．最終的な構成は，Markowitz の問題よりも計算負荷が高いものの現実的な速さで実行可能であり，Markowitz モデルと比較したバックテストの結果も示される．

本章の概略は以下のとおりである．次節では，投資設計における歪度の選好と尖度の回避に対する結果を簡単に述べる．独立成分に対して利用される分布モデルは 3 節で記す．4 節では，最初に単成分の投資問題を明示的に解き，次に多資産配分問題をこれらの単変量問題に帰着させる．5 節では，独立成分を同定する ICA の手続きを簡単に説明する．バックテストの結果は 6 節で示される．7 節では本章をまとめる．

2. 非正規リターンに対する投資

まず一般的な効用関数に対する 4 次の近似から始める．4 次まで考える理由は次のとおりである．平均分散法に則った投資では，3 次モーメントは歪度を選好する効用の高次の報酬を表す統計量となるが，分散が共通の場合，3 次まででではリスクを示す統計量が考慮されない．その次に高次の統計量は尖度であるため，報酬とリスクの両方を説明するために，効用に対して 4 次の近似を考える．さらに，4 次のモーメントまたはその近似が，信号や情報が存在するときの非正規性の基本的な指標となっていることも指摘しておこう．

また，この研究の主な焦点は短期のリターンであり，それに対しては 4 次の近似がより適切であることを強調しておきたい．ただし，指数効用に対してはすべての次数の報酬（奇数次）とリスク（偶数次）のモーメントを同時に考えるほうが解析はしやすくなる．ここでは，リスクと報酬の水準に対する高次モーメントの役割をより直観的に理解するために，4 次の近似を簡潔に考察する．本節の主な目的は，投資における歪度の選好と尖度の回避の役割に対する理解をより発展させることである．

効用 $U(x)$ に対する近似を

$$U(x) \simeq U(\mu) + U'(\mu)(x-\mu) + \frac{1}{2}U''(\mu)(x-\mu)^2 \\ + \frac{1}{6}U'''(\mu)(x-\mu)^3 + \frac{1}{24}U''''(\mu)(x-\mu)^4$$

と書く．歪度 s と尖度 k を

$$s = \frac{\mathbb{E}[(x-\mu)^3]}{\sigma^3}, \qquad k = \frac{\mathbb{E}[(x-\mu)^4]}{\sigma^4}$$

で定義し（Karr, 1993），期待効用に対する近似を

と書く．さらに

$$U(\mu) \simeq U(0) + U'(0)\mu$$

と近似し，$U(0) = 0$ および $U'(0) = 1$ を仮定する．したがって

$$\mathbb{E}[U(x)] \simeq \mu + \frac{1}{2}U''(\mu)\sigma^2 + \frac{1}{6}U'''(\mu)s\sigma^3 + \frac{1}{24}U''''(\mu)k\sigma^4$$

と書くことができる．リスク回避係数 η の指数効用に対する近似は

$$\mathbb{E}[U(x)] \simeq \mu - \frac{\eta}{2}\sigma^2 + \frac{\eta^2}{6}s\sigma^3 - \frac{\eta^3}{24}k\sigma^4$$

と求まる．

ここで，平均 μ，分散 σ^2，歪度 s，尖度 k の非正規リターンに y ドル投資することを考える．金利を r とすると，この投資の期待効用は近似的に

$$(\mu - r)y - \frac{\eta}{2}\sigma^2 y^2 + \frac{\eta^2}{6}s\sigma^3 y^3 - \frac{\eta^3}{24}k\sigma^4 y^4$$

となる．投資水準に対する1階の最適性条件は

$$\mu - r - \eta\sigma^2 y + \frac{\eta^2}{2}s\sigma^3 y^2 - \frac{\eta^3}{6}k\sigma^4 y^3 = 0 \tag{23.1}$$

である．(23.1) は

$$\frac{\mu - r}{y^*} = \eta\sigma^2 - \frac{\eta^2}{2}s\sigma^3 y^* + \frac{\eta^3}{6}k\sigma^4 (y^*)^2 \tag{23.2}$$

と書き直すことができる．正の超過リターンに対しては，最適な y は放物線と双曲線の交点で与えられることがわかる．この交点はある正の水準 y^* である．歪度が 0 の場合の y^* は，正規分布あるいは Markowitz の 1 階条件となることも確認できる．

超過リターンが増加すると双曲線が上昇するため，y^* の水準が上昇する．また σ が増加すると放物線が上昇するため，y^* は減少する．歪度の増加により放物線の 0 での傾きが減少するため，双曲線との交点が移動して y^* は増加する．一方，尖度の増加は逆の影響を与える．これらの影響に対する正確な比較静学に興味がある読者は，付録 A を参照されたい．

正規リターンに対する投資との比較として，歪度が 0 の分布では，(23.2) の右辺の放物線は $y = 0$ で傾きが 0 で，y の増加に伴い $\eta^3 k\sigma^4$ の水準に依存した割合で増加する．その結果，最適な投資は正規リターンの場合の水準を一貫して下回る．歪度が負の場合は，放物線の傾きは $y = 0$ で正となり，投資は正規リターンの場合をさらに下回る．投資が正規リターンの場合の水準を上回るのは，歪度が正で $y = 0$ での放物線の傾きが負の場合だけである．これらの観察は，ポートフォリオのリターンが信号や情報成分を含むにもかかわらず，正規リターンを前提として行う投資の誤りの程度を反映している．

3. 分布のモデル化

まず，非正規成分の確率変数の分布のモデルを選択する必要がある．そのために，近年リスク中立な統計的資産リターンのモデル化に利用されて効果を上げている分布に注目する．これらの分布は Lévy 過程の単位時間密度に関連しており，分散ガンマ分布（Madan and Seneta, 1990; Madan et al., 1998），NIG (normal inverse Gaussian) 分布（Barndorff-Nielsen, 1998），および GH (generalized hyperbolic) モデル（Eberlein et al., 1998; Eberlein and Prause, 1998）などがある．結果として得られる密度はすべて解析的な特性関数をもち，平均と分散に加えて歪度や尖度の水準の変化を表現するのに十分なパラメータの柔軟性をもっている．ここでは特性関数および対応する Lévy 測度の両面で特に扱いやすい分散ガンマに焦点を当てる．

最初に，分散ガンマ Lévy 過程とそれを利用した様々な投資期間の資産価格分布のモデル化について簡潔に定義する．分散ガンマ過程 $(X_{VG}(t), t \geq 0)$ は，ドリフトをもった Brown 運動をガンマ過程 $(G(t), t \geq 0)$ で与えられる確率的な時間変換で測定したものである．ドリフト θ とボラティリティ σ の Brown 運動を $(Y(t; \sigma, \theta), t > 0)$ で表す．すなわち

$$Y(t; \sigma, \theta) = \theta t + \sigma W(t)$$

で，$(W(t), t > 0)$ は標準 Brown 運動である．

時間変換のためのガンマ過程 $(G(t; \nu), t > 0)$ は Lévy 過程で，増分 $G(t+h; \nu) - G(t; \nu) = g$ は平均 h，分散 νh のガンマ密度

$$f_h(g) = \frac{g^{h/\nu - 1} \exp(-g/\nu)}{\nu^{h/\nu} \Gamma(h/\nu)}$$

をもつ（Rohatgi, 2003）．その特性関数は

$$\phi_G(u) = \mathbb{E}[e^{iug}] = \left(\frac{1}{1 - iu\nu}\right)^{h/\nu}$$

となり（Billingsley, 1955），$x > 0$ に対しては Lévy 密度が

$$k_G(x) = \frac{\exp(-x/\nu)}{\nu x}$$

となる．分散ガンマ過程 $X_{VG}(t; \sigma, \nu, \theta)$ は

$$X_{VG}(t; \sigma, \nu, \theta) = Y(G(t; \nu); \sigma, \theta) = \theta G(t; \nu) + \sigma W(G(t; \nu))$$

で定義される．$G(t; \nu)$ が与えられると $X_{VG}(t)$ は正規分布に従うので，VG 過程の特性関数はガンマ過程に対する条件付けによって計算できる．簡単な計算により，分散

ガンマ過程の特性関数は

$$\phi_{X_{VG}}(t;u) = \mathbb{E}[\exp(iuX_{VG})] = \left(\frac{1}{1 - iu\theta\nu + \sigma^2\nu u^2/2}\right)^{t/\nu} \quad (23.3)$$

となることが示される.

分散ガンマ過程は,無限分解可能な分布をもつ Lévy 過程である.したがって,特性関数は Lévy–Khintchine 形式(Sato, 1999)で書くことができ,Lévy 測度 K_{VG} は

$$K_{VG}(x) = \frac{C}{|x|}\exp\left(\frac{G-M}{2}x - \frac{G+M}{2}|x|\right) \quad (23.4)$$

で与えられる(Carr et al., 2002).ここで

$$C = \frac{1}{\nu}$$

$$G = \sqrt{\frac{2}{\sigma^2\nu} + \frac{\theta^2}{\sigma^4}} + \frac{\theta}{\sigma^2}$$

$$M = \sqrt{\frac{2}{\sigma^2\nu} + \frac{\theta^2}{\sigma^4}} - \frac{\theta}{\sigma^2}$$

である.

分散ガンマ過程の密度は,歪みや尖りを表すことができる.$\theta = 0$ かつ $G = M$ の場合,密度は対称で尖度は $s(1+\nu)$ となる.パラメータ θ は歪度に関連しており,$\theta < 0$ では歪度が負,$\theta > 0$ では歪度が正の密度となる.

平均を別個に適合させるには,特性関数

$$\phi_{H(t)} = \mathbb{E}[e^{iuH(t)}] = e^{iu(\mu-\theta)t}\phi_{X_{VG(t)}}(u)$$

をもつ過程

$$H(t) = \mu t + \theta(G(t) - t) + \sigma W(G(t)) = (\mu - \theta)t + X_{VG}(t)$$

を考えればよい.これは,密度の 4 次までのモーメントを合わせることができる 4 パラメータの過程となっている.

すべての 3 パラメータの Lévy 過程では,実現した 2 次変分あるいはボラティリティ,方向プレミアム,サイズプレミアムに関して再パラメータ化することで,パラメータの経済的な意味をわかりやすく解釈することができる.例えば,2% での Lévy 測度の大きさに対する −2% での Lévy 測度の大きさは,統計的な立場では尤度,リスク中立の立場では価格の意味で,正の変動に対する負の変動のプレミアムの指標とみなせるかもしれない.分散ガンマ過程では,これは実質的に $D = (G - M)$ で与えられる.サイズプレミアムは,4% の変動に対する 2% の変動のプレミアムで,ここで

は $S = (G+M)$ で与えられる.最後に,G と M が与えられれば,2次変分 V はパラメータ C によって

$$V = C\left(\frac{1}{G^2} + \frac{1}{M^2}\right)$$

で捉えられる.以上より,D,S,V をそれぞれ方向プレミアム,サイズプレミアム,2次変分と考えて分析することもできる.

さらに,ガンマ過程の分散を 0 に近づけるか,同じことであるが尖度を 3 に近づけた結果として,正規モデルが特殊ケースとして得られることを指摘しておく.

4. 指数効用とゼロコスト分散ガンマキャッシュフローにおける投資

本節では,まず単一リスク資産への投資に対する結果を述べ,次にポートフォリオの資産配分へと一般化する.

4.1 単一リスク資産

投資期間が h で平均 $(\mu - r)h$ の VG 分布に従うゼロコストキャッシュフローに y ドル投資するものとする.このゼロコストキャッシュフロー X を

$$X = (\mu - r)h + \theta(g-1) + \sigma W(g) \tag{23.5}$$

で表す.ここで,g は平均 1 で分散 ν のガンマ分布に従い,$W(g)$ は平均 0,分散 g の正規分布に従う.VG 過程のパラメータは,保有期間 h を単位期間として表すものとする.また,期間の長さに応じて μ と r を調整し,以下ではこれを単位とする.

最終期の富は

$$W - yX$$

となる.指数効用を採用し,リスク回避係数を η として

$$U(W) = 1 - \exp(-\eta W) \tag{23.6}$$

で表す.確実性等価 CE は

$$\mathbb{E}[U(W)] = 1 - \exp(-\eta CE)$$

の解となる.投資設計の目標は,この効用関数の期待値

$$\mathbb{E}[U(W)] = \mathbb{E}[1 - \exp(-\eta W)] = 1 - \mathbb{E}[\exp(-y\eta X)] \tag{23.7}$$

の最大化である.リスク資産への投資水準 y を決めることは,次の表現

$$\mathbb{E}[\exp(-y\eta X)]$$

を y に関して最小化することと等価となる.

定理 23.1 y ドルを投資期間 h で (23.5) の VG 分布をもつゼロコストキャッシュフローに投資するものとする．また (23.6) の指数効用関数を採用する．リスク回避度を η とし，$\tilde{y} = \eta y$ とすると，投資の最適解は

$$\tilde{y} = \left(\frac{\theta}{\sigma^2} - \frac{1}{(\mu - r - \theta)\nu}\right)$$
$$+ \text{sign}(\mu - r)\sqrt{\left(\frac{\theta}{\sigma^2} - \frac{1}{(\mu - r - \theta)\nu}\right)^2 + \frac{2(\mu - r)}{(\mu - r - \theta)\nu\sigma^2}}$$

となる．

証明 付録 B を参照のこと． □

$\mu > r$ の場合，y は正となりロングポジションをとる．また $\mu < r$ の場合，y は負となりショートポジションとなる．

4.2 分散ガンマ成分で駆動されるリターンにおける資産配分

投資期間を h とし，この期間のゼロコスト超過リターンまたはファイナンスされたリターンが $R - rh$ で与えられる資産ベクトルへの投資において，最適ポートフォリオを構築する問題を考える．前と同様に，すべてのパラメータを投資期間に応じて調整し，以下ではこれを単位とする．

各資産への投資額からなるベクトルを y とする．平均超過リターンを $\mu - r$ とすると，超過リターンは

$$R - r = \mu - r + x$$

となる．x は平均 0 のランダムな資産リターンベクトルである．

構造上の仮定として，x と同じ分布に従う平均 0 の独立な VG 確率変数のベクトル s と

$$x = As \tag{23.8}$$

を満たす行列 A が存在するものとする．1 節では，独立成分の個数と資産数が一致することを仮定する理由に言及した．多変量 Markowitz 理論では，フルランクの共分散行列に対して，資産リターンを駆動する独立確率変数の個数と資産数が等しいので，本質的には，上記の仮定はその枠内にとどまるための単純化である．少数の独立なシステマティックファクターと固有ファクターからなるファクターモデルでは，リターンを駆動する確率変数の個数は資産数より大きくなる．資産数を無限として考える場合には，Ross (1976) の裁定価格理論（arbitrage pricing theory; APT）のように，エクスポージャーをより少数のファクターに帰着させようとするかもしれないが，ここでは含まれるすべての確率変数に対してエクスポージャーを有する比較的少数の資産に焦点を当てる．最初の例では，資産数と同数の独立確率変数があるものとして話を

4. 指数効用とゼロコスト分散ガンマキャッシュフローにおける投資

進める．興味がある読者に対しては，ファクターモデルアプローチの均衡での示唆を研究している Madan (2005) をあげておく．行列 A を同定する手続きは，後で独立成分分析を導入する際に議論する．

成分 s_i は，

$$s_i = \theta_i(g_i - 1) + \sigma_i W_i(g_i)$$

の確率分布に従う．ここで，W_i は独立な標準 Brown 運動で，g_i は平均 1 で分散 ν_i のガンマ確率変数である．

次の定理 23.2 は，指数効用をもつ投資家に対する各資産への最適投資を特定する．

定理 23.2 各資産への投資額のベクトルを y とする．平均超過リターンを $\mu - r$，ゼロコスト超過リターンを $R - r$ とし，

$$R - r = \mu - r + x$$

が成り立つとする．ここで，x は平均 0 のランダムな資産リターンベクトルで，$\mathbb{E}[xx^\top] = I$ を仮定する．

$$x = As$$

とし，s_i は

$$s_i = \theta_i(g_i - 1) + \sigma_i W_i(g_i)$$

の確率分布に従うと仮定する．ここで，A は混合行列，W_i は独立な標準 Brown 運動，g_i は平均 1，分散 ν_i のガンマ確率変数とする．さらに，

$$\zeta = A^{-1}\frac{\mu - r}{\eta} - \frac{\theta}{\eta}$$

および

$$y = \frac{1}{\eta} A^{-1} \tilde{y}$$

とする．ここで，$y = (y_1, y_2, \cdots, y_n)^\top$，$\tilde{y} = (\tilde{y}_1, \tilde{y}_2, \cdots, \tilde{y}_n)^\top$，および η はリスク回避係数である．このとき，$i = 1, 2, \cdots, n$ に対する $\tilde{y}_i$ の解は

$$\begin{aligned}
\tilde{y}_i &= \frac{|\zeta_i|\theta_i\nu_i - \mathrm{sign}(\zeta_i)(\sigma_i^2/\eta)}{|\zeta_i|\sigma_i^2\nu_i} \\
&\quad \pm \frac{\sqrt{(|\zeta_i|\theta_i\nu_i - \mathrm{sign}(\zeta_i)(\sigma_i^2/\eta))^2 + 2(|\zeta_i| + \mathrm{sign}(\zeta_i)(\theta_i/\eta))|\zeta_i|\sigma_i^2\nu_i}}{|\zeta_i|\sigma_i^2\nu_i} \\
&= \frac{\theta_i}{\sigma_i^2} - \frac{1}{\eta\zeta_i\nu_i} \pm \sqrt{\left(\frac{\theta_i}{\sigma_i^2} - \frac{1}{\eta\zeta_i\nu_i}\right)^2 + 2\frac{\zeta_i + (\theta_i/\eta)}{\zeta_i\sigma_i^2\nu_i}}
\end{aligned} \tag{23.9}$$

で与えられる．ただし，正または負の解は，インプライされた成分のエクスポージャーの平均 $(\zeta_i + \theta_i/\eta)$ の符号に応じて選ぶ．

証明 付録 C を参照のこと． □

5. リターン同時分布の同定

リターンの同時分布は，混合行列 A と独立成分の分布のパラメータを求めることで同定される．行列 A が求められたとすると，独立なファクターの時系列データが

$$s_t = A^{-1} x_t$$

で得られる．ここで，x_t は平均を調整した資産リターンの系列である．独立成分の確率分布は，成分データ s_{it} の無条件分布に最尤法を適用することで推定される．これらの観測値のヒストグラムを求め，分散ガンマ分布の特性関数に高速 Fourier 変換を適用すると，s の理論分布

$$f(s) = \frac{1}{2\pi} \int_{-\infty}^{\infty} e^{-iux} \frac{e^{-iu\theta}}{(1 - iu\theta\nu + (\sigma^2\nu/2)u^2)^{1/\nu}} du$$

が計算できる．区間分けされたデータに対する対数尤度は，中心が s_k のヒストグラムの k 番目の区間に含まれる n_k 個の観測値を用いて

$$\mathcal{L}(\sigma, \nu, \theta) = \sum_k n_k \log(f(s_k); \sigma, \nu, \theta)$$

から計算される．N 個の各単変量の推定では，この対数尤度を最大化するように各成分に対するパラメータ $\sigma_i, \nu_i, \theta_i$ が定められる．

行列 A の同定は，独立成分分析を適用して行う．まず，平均値を除いた資産リターンに主成分分析または白色化を実行し，平均が 0 で分散が 1 の無相関な確率変数 $\tilde{x}_t$ を生成する．そのために，平均値を除いた資産リターンの共分散行列 C を求め，

$$C = VDV^\top$$

の形で表現する．V は C の固有ベクトルからなる直交行列，D は対応する固有値からなる対角行列である（Anderson, 1958 を見よ）．$D = \mathrm{diag}(d_1, \cdots, d_n)$ と記し，$D^{-1/2} = \mathrm{diag}(d_1^{-1/2}, \cdots, d_n^{-1/2})$ とする．白色化により

$$\tilde{x}_t = VD^{-1/2}V^\top x_t \tag{23.10}$$
$$= U x_t \tag{23.11}$$

が得られるので，

$$\mathbb{E}[\tilde{x}\tilde{x}^\top] = I$$

となる．

(23.8) と (23.11) から,

$$\tilde{x} = VD^{-1/2}V^\top x = VD^{-1/2}V^\top As = \widetilde{A}s$$

が得られる．独立成分分析の研究から，正の情報量を示す非正規分布に従う真のシグナルがある場合には，この白色化の手続きはベクトル s のもとのシグナルを復元するのにあまり良い方法ではないことが知られている．本質的に非正規的なシグナルが存在する場合，混合行列 A でそれらを混合することは，中心極限定理から，その分布を正規密度へ近づけることになる．また，白色化のステップ自身は有用であるものの，それによって決まる変数は回転の自由度をもつことを指摘しておく．$\tilde{x}$ に対して任意の直交変換を適用すると，平均 0，分散が 1 で無相関な別の確率変数となる．

これら 2 つの観察から，ICA の手続きの定式化が導かれる．それは，適切な回転行列の同定である．これは，非正規性の指標を最大化するように逐次的に回転行列 W の要素や列を選び，かつ列を N 次元単位球上で直前の列と直交するように保つことで，正規分布へ移行させないことで達成できる．指標としては，超過尖度やネゲントロピー（negentropy），変換データの平均対数双曲余弦を含む様々なものが提案・研究されている．その中で，平均対数双曲余弦が特に頑健であるといわれているので，高速 ICA ではこの指標を採用する．

これより，

$$s = W\tilde{x} = WUx$$

となる．行列 A は

$$A = (WU)^{-1}$$

によって構成される．この手続きは，Amari et al. (1996) および Cardoso (1998) に非常に詳しく述べられている．独立成分分析の教科書としては，Hyvärinen et al. (2001) を参照されたい．

6. 非正規リターンと正規リターンでの投資の比較

株式における非正規リターンでの投資を正規リターンに対して評価するためのバックテストとして，1990 年 1 月～2004 年 5 月の 5 種類の株式の日次終値を利用する．選ばれた 5 種類の株式は，スリーエム，ボーイング，IBM，ジョンソン・エンド・ジョンソン，マクドナルド，メルクである．これらの株式価格の時系列 $p(t)$ から，日次収益率

$$R_t = \frac{p_t - p_{t-1}}{p_{t-1}}$$

を求めた．5 つの株式からなるポートフォリオの最初のポジションを決めるため，1990 年 1 月から最初の 1,000 日のリターンを利用した．次に，ウィンドウサイズ 1,000 日

の時系列を1カ月単位で前へ移動させながら,各月のポジションを求めていく.この投資を,1990年1月〜2004年5月の125カ月繰り返す.よって,5種類の日次リターンの集合からなる125個の異なる$5 \times 1{,}000$次元の行列$Y_m, m = 1, 2, \cdots, 125$が得られる.

平均値を除いたこれらの行列にICAを実行すると,5つの非正規分布に従う独立成分が125組得られる.それらに対して5回の単変量の分析を125回行うことで,VG過程を推定する.ICAで達成された非正規性の度合を見るために,5つの独立成分(IC)の尖度の平均水準を表23.2に示した.第1因子に対する尖度の平均水準は正規分布の水準の5倍で,第3因子でも正規分布の2倍の水準である.5種類の株式のポートフォリオでさえも,正規分布の水準の優に15倍に達するケースが生じている.株式がさらに多い場合は,より高い水準が得られている.一方,モンテカルロシミュレーションで生成した真に正規分布に従うベクトルに対して同様のICAを適用したところ,超過尖度が生じる可能性はまったくなかった.したがって,われわれの予想としては,実際の投資リターンは情報や尖度をもつリターンの予測に対する重要な情報を提供しており,それは高次モーメントを考慮した選好という意味で興味深い.

リターンが独立なVG過程の線形混合であるという仮説のもとで,各株式への投資額のベクトルyを計算するために,(23.9)を利用した投資を分析した.比較のため,Gauss過程に対する投資額も計算した(Elton and Gruber, 1991を見よ).各投資期間の最後では,分析に基づいてyを投資する.時系列で1カ月先を予想して,各期間に対して,月末のキャッシュフローCFを計算した.公式は次のとおりである.

$$CF = y \left(\frac{p_{t+21} - p_t}{p_t} - \frac{r_t}{12} \right)$$

ここで,p_tは投資の初期価格,p_{t+21}は月末の清算価格,r_tは3カ月国債の金利である.平均して1カ月に21営業日あるので,p_{t+21}を月末として利用している点に注意する.表23.1は,VG過程とGauss過程(Farrell, 1997)に対するSharpeレシオ,確実性等価(CE)および損益比の3つの評価尺度を示している.表23.2は,5つの独立成分の尖度をまとめたものである.

図23.1,23.2は,VG過程とGauss過程に対する分析結果から,125個の投資期間での累積キャッシュフローを示している.

表 23.1 評価尺度

	VG	正規
Sharpeレシオ	0.2548	0.2127
CE($\eta = 0.0005$)	47.6883	0.0230
損益比	2.3909	1.4536

表 23.2 5つのICに対する尖度の一覧

	平均	最小	最大
1番目のIC	15.3388	4.2466	54.1112
2番目のIC	12.9027	3.9871	49.4759
3番目のIC	8.6070	3.9973	41.8942
4番目のIC	6.3648	3.7159	18.5333
5番目のIC	5.4536	3.5134	12.0329

6. 非正規リターンと正規リターンでの投資の比較

Gauss 過程に対するキャッシュフローの累積分布

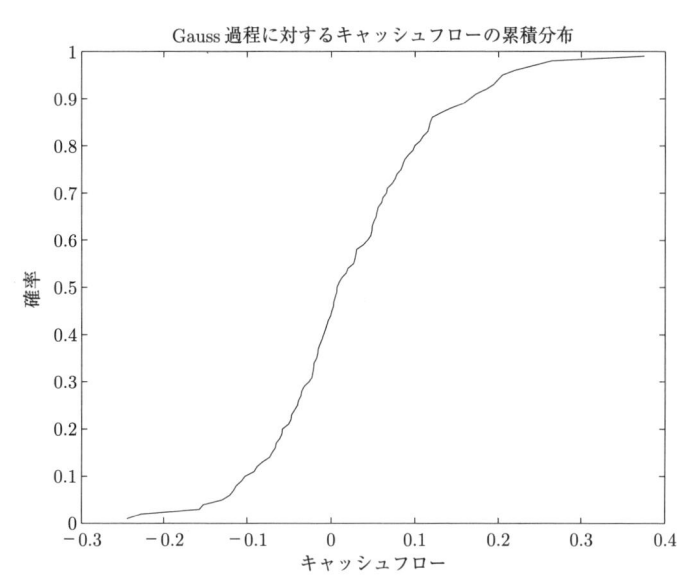

図 **23.1** 正規分布での投資に対するリターンの累積分布

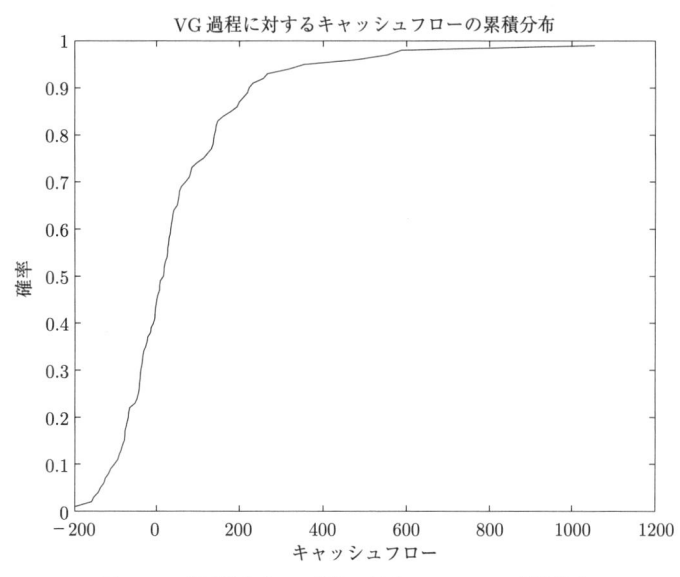

VG 過程に対するキャッシュフローの累積分布

図 **23.2** 非正規分布での投資に対するリターンの累積分布

7. 結論

投資リターンの高次モーメントを考慮した資産配分の手続きを提示し，バックテストを行った．配分の手続きは，独立成分分析を用いることで効率的な計算が可能であり，特に高速 ICA アルゴリズムは，資産リターンのベクトルにおけるテールの厚い独立成分を同定するのに効果的である．高速 Fourier 変換に基づく単変量の方法では，デリバティブの価格付けの文献でよく利用されるモデルを利用してこれらの成分を分析する．これにより，多変量のポートフォリオ配分問題は単変量の投資問題に帰着され，指数効用に対しては後者の問題は明示的な解をもつ．

バックテストの結果，得られた配分は正規分布を前提とするアプローチと本質的に異なり，累積キャッシュフローは正規分布での投資を上回ることができた．高速 ICA，高速 Fourier 変換，現在利用可能な Lévy 過程の広いクラスのモデルの組合せにより，高次モーメントを利用した資産配分は投資設計や今後の研究において特に魅力的となる．

付録 A 歪度のパフォーマンスと尖度の回避の形式的な解析

比較静学の形式的な解析のために，特に興味がある y^*, s および k に関する 1 階微分を計算する．結果として次の等式を得る．

$$\left(\frac{\mu - r}{(y^*)^2} - \frac{\eta^2}{2}s\sigma^3 + \frac{\eta^3}{3}k\sigma^4 y^*\right) \mathrm{d}y^* = \frac{\eta^2}{2}\sigma^3 y^* \mathrm{d}s - \frac{\eta^3}{6}\sigma^4(y^*)^2 \mathrm{d}k$$

したがって

$$\frac{\mathrm{d}y^*}{\mathrm{d}s} = \frac{\eta^2 \sigma^3 y^*}{2}\left(\frac{\mu-r}{(y^*)^2} - \frac{\eta^2}{2}s\sigma^3 + \frac{\eta^3}{3}k\sigma^4 y^*\right)^{-1}$$

$$\frac{\mathrm{d}y^*}{\mathrm{d}k} = -\frac{\eta^3 \sigma^4 (y^*)^2}{6}\left(\frac{\mu-r}{(y^*)^2} - \frac{\eta^2}{2}s\sigma^3 + \frac{\eta^3}{3}k\sigma^4 y^*\right)^{-1}$$

である．

分母の項が正ならば，投資に対する歪度と尖度の影響はそれぞれ正および負になる．また，

$$\frac{\mathrm{d}y^*}{\mathrm{d}s} = \frac{\eta^2 \sigma^3 (y^*)^2}{2}\left(\frac{\mu-r}{y^*} - \frac{\eta^2}{2}s\sigma^3 y^* + \frac{\eta^3}{3}k\sigma^4 (y^*)^2\right)^{-1} \quad (23.12)$$

$$\frac{\mathrm{d}y^*}{\mathrm{d}k} = -\frac{\eta^3 \sigma^4 (y^*)^3}{6}\left(\frac{\mu-r}{y^*} - \frac{\eta^2}{2}s\sigma^3 y^* + \frac{\eta^3}{3}k\sigma^4 (y^*)^2\right)^{-1} \quad (23.13)$$

と書くこともできる．(23.2) を (23.12) と (23.13) に代入すると，

$$\frac{\mathrm{d}y^*}{\mathrm{d}s} = \frac{\eta^2 \sigma^3 (y^*)^2}{2} \left(\eta \sigma^2 - \eta^2 s \sigma^3 y^* + \frac{\eta^3}{2} k \sigma^4 (y^*)^2 \right)^{-1} \qquad (23.14)$$

$$\frac{\mathrm{d}y^*}{\mathrm{d}k} = -\frac{\eta^3 \sigma^4 (y^*)^3}{6} \left(\eta \sigma^2 - \eta^2 s \sigma^3 y^* + \frac{\eta^3}{3} k \sigma^4 (y^*)^2 \right)^{-1} \qquad (23.15)$$

が得られる.

したがって, (23.14) と (23.15) の符号が正および負となるためには,

$$1 - \eta s \sigma y^* + \frac{\eta^2}{2} k \sigma^2 (y^*)^2 > 0$$

となる必要がある. 最適解における期待効用の 2 階導関数の値は

$$-\eta \sigma^2 + \eta^2 s \sigma^3 y^* - \frac{\eta^3}{2} k \sigma^4 (y^*)^2$$

となる. 最大値となるためには, 上式が負でなければならない. したがって,

$$\eta s \sigma y^* < 1 + \frac{\eta^2}{2} k \sigma^2 (y^*)^2$$

または同値な式として

$$1 - \eta s \sigma y^* + \frac{\eta^2}{2} k \sigma^2 (y^*)^2 > 0$$

が得られる. よって, 投資額は歪度には正に反応し, 尖度には負の反応となることがわかる.

付録 B 定理 23.1 の証明

投資に対する最適解を求めるには, (23.7) の期待効用関数を最大化することが目標となる. これは

$$\mathbb{E}[\exp(-y\eta X)]$$

を y に関して最小化することと同値である.

$$\begin{aligned}
&\mathbb{E}[\exp(-y\eta X)] \\
&\quad = \exp(-y\eta(\mu - r - \theta)) \mathbb{E}\left[\exp\left(-\left(y\eta\theta - \frac{y^2 \eta^2 \sigma^2}{2} \right) g \right) \right] \\
&\quad = \exp\left(-y\eta(\mu - r - \theta) - \frac{1}{\nu} \ln\left(1 + \nu \left(y\eta\theta - \frac{y^2 \eta^2 \sigma^2}{2} \right) \right) \right)
\end{aligned}$$

であるから, 上式を最小化することは,

$$z(y) = y\eta(\mu - r - \theta) + \frac{1}{\nu} \ln\left(1 + \nu \left(y\eta\theta - \frac{y^2 \eta^2 \sigma^2}{2} \right) \right)$$

を最大化することと同値である．$\alpha, \beta \in \mathbb{R}$ および $\alpha < 0 < \beta$ と仮定する．また

$$q(y) = 1 + \nu\left(y\eta\theta - \frac{y^2\eta^2\sigma^2}{2}\right)$$

および $q(\alpha) = q(\beta) = 0$ とする．$y \in (\alpha, \beta)$ に対しては $q(y) > 0$ であり，また $q(y)$ は (α, β) で微分可能かつ $[\alpha, \beta]$ で連続である．したがって，

$$z(0) = 0$$
$$\lim_{y \to \alpha^+} z(y) = -\infty$$
$$\lim_{y \to \beta^-} z(y) = -\infty$$

となるので，$z(y)$ の最大値は区間 (α, β) に存在する．y に関する 1 階の最適性条件から，

$$z'(y) = \eta(\mu - r - \theta) + \frac{\eta\theta - \eta^2\sigma^2 y}{1 + \nu\eta\theta y - \nu\eta^2\sigma^2 y^2/2}$$

が得られる．さらに y_1 と y_2 を，$y_1 < 0, y_2 > 0$ を満たす $z'(y) = 0$ の 2 つの解とする．すなわち $z'(y_1) = z'(y_2) = 0$ である．$z'(y) = 0$ とすると，

$$(\mu - r - \theta)\left(1 + \nu\eta\theta y - \frac{\nu\eta^2\sigma^2}{2}y^2\right) + \theta - \eta\sigma^2 y$$
$$= \mu - r + ((\mu - r - \theta)\nu\theta - \sigma^2)\eta y - (\mu - r - \theta)\frac{\nu\eta^2\sigma^2}{2}y^2 \quad (23.16)$$

が得られる．$\mu > r$ ならば，$z'(0) > 0$ となる．また $z(y_1) < 0$ および $z(y_2) > 0$ である．平均値の定理より，y_2 が最適値を与える解となる．同様に，$\mu < r$ ならば $z'(0) < 0$ となる．$z(y_1) > 0$ および $z(y_2) < 0$ なので，この場合は y_1 が最適解となる．$\tilde{y} = y\eta$ とし，y が $\tilde{y}/\eta$ であることに注意して，このスケールで解を求める．(23.16) は

$$\tilde{y}^2 - 2\frac{(\mu - r - \theta)\nu\theta - \sigma^2}{(\mu - r - \theta)\nu\sigma^2}\tilde{y} - \frac{2(\mu - r)}{(\mu - r - \theta)\nu\sigma^2}$$
$$= \tilde{y}^2 - 2\left(\frac{\theta}{\sigma^2} - \frac{1}{(\mu - r - \theta)\nu}\right)\tilde{y} - \frac{2(\mu - r)}{(\mu - r - \theta)\nu\sigma^2}$$
$$= 0$$

と書き直せる．よって

$$\tilde{y} = \left(\frac{\theta}{\sigma^2} - \frac{1}{(\mu - r - \theta)\nu}\right)$$
$$+ \mathrm{sign}(\mu - r)\sqrt{\left(\frac{\theta}{\sigma^2} - \frac{1}{(\mu - r - \theta)\nu}\right)^2 + \frac{2(\mu - r)}{(\mu - r - \theta)\nu\sigma^2}}$$

が得られる． □

付録 C 定理 23.2 の証明

リスク回避係数が η の指数効用の期待値を最大化するような投資ベクトル y を選ぶ. したがって, 目的は

$$1 - e^{-\eta y^\top (\mu - r)} \mathbb{E}\left[e^{-\eta y^\top x}\right] = 1 - e^{-\eta y^\top (\mu - r)} \mathbb{E}\left[e^{-\eta y^\top As}\right]$$

を最大化することである. この期待値は

$$\mathbb{E}\left[e^{-\eta y^\top As}\right] = \exp\left(\sum_{i=1}^n \eta (y^\top A)_i \theta_i - \frac{1}{\nu_i} \ln\left(1 + \theta_i \nu_i \eta (y^\top A)_i - \frac{\sigma_i^2 \nu_i}{2} \eta^2 (y^\top A)_i^2\right)\right)$$

で与えられるので, 確実性等価は

$$CE = y^\top (\mu - r) + \sum_{i=1}^n (-y^\top A)_i \theta_i$$
$$+ \frac{1}{\eta \nu_i} \ln\left(1 + \theta_i \nu_i \eta (y^\top A)_i - \frac{\sigma_i^2 \nu_i}{2} \eta^2 (y^\top A)_i^2\right)$$

または同値な表現として

$$CE = \eta (y^\top A) \left(A^{-1} \frac{\mu - r}{\eta} - \frac{\theta}{\eta}\right)$$
$$+ \sum_{i=1}^n \frac{1}{\eta \nu_i} \ln\left(1 + \theta_i \nu_i \eta (y^\top A)_i - \frac{\sigma_i^2 \nu_i}{2} \eta^2 (y^\top A)_i^2\right)$$

となる. ここで

$$\tilde{y}^\top = \eta y^\top A, \qquad \zeta = A^{-1} \frac{\mu - r}{\eta} - \frac{\theta}{\eta}$$

と定義し,

$$CE = \sum_{i=1}^n \left[\zeta_i \tilde{y}_i + \frac{1}{\eta \nu_i} \ln\left(1 + \theta_i \nu_i \tilde{y}_i - \frac{\sigma_i^2 \nu_i}{2} \tilde{y}_i^2\right)\right] = \sum_{i=1}^n \psi(\tilde{y}_i)$$

と表す. これはベクトル $\tilde{y}_i$ の加法関数なので, 単変量の手法を用いて明示的に解けるかもしれない. その結果から,

$$y = \frac{1}{\eta} A^{-1} \tilde{y}$$

となる.

まず対数の引数が $\tilde{y}_i$ の有限区間でしか正とならないことがわかる. よって, CE を

最大化する問題は，$\tilde{y}_i$ の解を内点としてもつ．

1 階最適性条件から

$$\psi'(\tilde{y}_i) = \zeta_i + \frac{\theta_i/\eta - (\sigma_i^2/\eta)\tilde{y}_i}{1 + \theta_i \nu_i \tilde{y}_i - (\sigma_i^2 \nu_i/2)\tilde{y}_i^2} = 0$$

が得られる．

明らかに

$$\psi'(0) = \zeta_i + \frac{\theta_i}{\eta}$$

なので，$\psi'(0) > 0$ ならば最適な $\tilde{y}_i$ は正となり，それ以外では負になる．この条件は

$$|\zeta_i| + \frac{\mathrm{sign}(\zeta_i)(\theta_i/\eta - (\sigma_i^2/\eta)\tilde{y}_i)}{1 + \theta_i \nu_i \tilde{y}_i - (\sigma_i^2 \nu_i/2)\tilde{y}_i^2} = 0$$

と表すことができる．対数の引数は正でなければならないので，

$$|\zeta_i|\left(1 + \theta_i \nu_i \tilde{y}_i - \frac{\sigma_i^2 \nu_i}{2}\tilde{y}_i^2\right) + \mathrm{sign}(\zeta_i)\left(\frac{\theta_i}{\eta} - \frac{\sigma_i^2}{\eta}\tilde{y}_i\right) = 0$$

と書ける．

この表現は，2 次関数を用いて

$$\left(|\zeta_i| + \mathrm{sign}(\zeta_i)\frac{\theta_i}{\eta}\right) + \left(|\zeta_i|\theta_i \nu_i - \mathrm{sign}(\zeta_i)\frac{\sigma_i^2}{\eta}\right)\tilde{y}_i - \frac{|\zeta_i|\sigma_i^2 \nu_i}{2}\tilde{y}_i^2 = 0$$

あるいは

$$\frac{|\zeta_i|\sigma_i^2 \nu_i}{2}\tilde{y}_i^2 - \left(|\zeta|_i \theta_i \nu_i - \mathrm{sign}(\zeta_i)\frac{\sigma_i^2}{\eta}\right)\tilde{y}_i - \left(|\zeta_i| + \mathrm{sign}(\zeta_i)\frac{\theta_i}{\eta}\right) = 0$$

と書き直せる．

よって $\tilde{y}_i$ の解は

$$\begin{aligned}
\tilde{y}_i &= \frac{|\zeta_i|\theta_i \nu_i - \mathrm{sign}(\zeta_i)(\sigma_i^2/\eta)}{|\zeta_i|\sigma_i^2 \nu_i} \\
&\quad \pm \frac{\sqrt{(|\zeta_i|\theta_i \nu_i - \mathrm{sign}(\zeta_i)(\sigma_i^2/\eta))^2 + 2(|\zeta_i| + \mathrm{sign}(\zeta_i)(\theta_i/\eta))|\zeta_i|\sigma_i^2 \nu_i}}{|\zeta_i|\sigma_i^2 \nu_i} \\
&= \frac{\theta_i}{\sigma_i^2} - \frac{1}{\eta \zeta_i \nu_i} \pm \sqrt{\left(\frac{\theta_i}{\sigma_i^2} - \frac{1}{\eta \zeta_i \nu_i}\right)^2 + 2\frac{\zeta_i + (\theta_i/\eta)}{\zeta_i \sigma_i^2 \nu_i}}
\end{aligned}$$

で与えられる．　　　　　　　　　　　　　　　　　　　　　　　　　　　□

(D. B. Madan and J.-Y. J. Yen/牧本直樹)

参 考 文 献

Amari, S.-I., Cichocki, A., Yang, H.H. (1996). A new learning algorithm for blind source separation. *Advances in Neural Information Processing* 8, 757–763.

Anderson, T.W. (1958). *An Introduction to Multivariate Statistical Analysis*. John Wiley & Sons Inc., New York.

Barndorff-Nielsen, O.E. (1998). Processes of normal inverse Gaussian type. *Finance and Stochastics* 2, 41–68.

Billingsley, P. (1955). *Probability and Measure*, third ed. John Wiley & Sons Inc., New York.

Cardoso, J.-F. (1998). Blind signal separation: Statistical principles. *Proceedings of the IEEE* 9, 2009–2025.

Carr, P., Geman, H., Madan, D., Yor, M. (2002). The fine structure of asset returns: An empirical investigation. *Journal of Business* 75 (2), 305–332.

Cover, T.M., Thomas, J.A. (1991). *Elements of Information Theory*. John Wiley & Sons Inc., New York.

Eberlein, E., Keller, U., Prause, K. (1998). New insights into smile, mispricing and value at risk. *Journal of Business* 71, 371–406.

Eberlein, E., Prause, K. (1998). The generalized hyperbolic model: Financial derivatives and risk measures. *FDM Reprint 56*.

Elton, E., Gruber, M. (1991). *Modern Portfolio Theory and Investment Analysis*, fourth ed. John Wiley & Sons Inc., New York.

Farrell Jr., J.L. (1997). *Portfolio Management: Theory and Application*, second ed. McGraw-Hill, New York.

Harvey, C., Siddique, A. (2000). Conditional skewness in asset pricing tests. *Journal of Finance* 55, 1263–1295.

Hyvärinen, A. (1999). Fast and robust fixed-point algorithms for independent component analysis. *IEEE Transaction on Neural Networks* 10, 626–634.

Hyvärinen, A., Karhunen, J., Oja, E. (2001). *Independent Component Analysis*. John Wiley & Sons Inc., New York.

Karr, A.F. (1993). *Probability*. Springer-Verlag, Berlin.

Krauss, A., Litzenberger, R. (1976). Skewness preference and the valuation of risk assets. *Journal of Finance* 31, 1085–1100.

Madan D. (2005). Equilibrium asset pricing: With non-Gaussian factors and exponential utility. *Working paper*, Robert H. Smith School of Business, University of Maryland.

Madan, D., Seneta, E. (1990). The variance gamma (VG) model for share market returns. *Journal of Business* 63, 511–524.

Madan, D., Carr, P., Chang, E. (1998). The variance gamma process and option pricing. *European Finance Review* 2, 79–105.

Markowitz, H.M. (1952). Portfolio selection. *Journal of Finance* 7, 77–91.

Rohatgi, V.K. (2003). *Statistical Inference*. Dover Publications Inc., New York.

Ross, S.A. (1976). The arbitrage theory of capital asset pricing. *The Journal of Economic Theory* 13, 341–360.

Rubinstein, M. (1973). The fundamental theorem of parameter-preference security valuation. *Journal of Financial and Quantitative Analysis* 8, 61–69.

Sato, K. (1999). *Lévy Processes and Infinitely Divisible Distributions*. Cambridge University Press, Cambridge.

第24章

大偏差原理と金融への応用

概 要

本章では大偏差原理を紹介し，近年大偏差原理が金融分野にどのように応用されているかについてサーベイを行う．大偏差はまれな事象に関する理論と関連するものであり，このような事象の確率に関する指数バンドを築くために利用される．確率変数の列に関していわゆる大偏差原理を構築することができれば，収束に関する情報のみならず収束の速さに関する情報も得ることができる．大偏差に関する導入から始めて，いくつかの主要結果を提示する．金融分野への様々な適用例についても議論する．これらの適用例の中には，ポートフォリオ管理，リスク管理やモンテカルロシミュレーションが含まれる．また，近年の研究で非完備市場の分析に大偏差原理の概念を利用したものについても述べる．確率ボラティリティモデルに関する適用例も具体的に示す．

1. はじめに

数理ファイナンスの萌芽期における基礎付けは，100年以上前にLouis Bachelierの博士論文においてなされた．Bachelierは，株価の動きを表現するために確率過程の直観的なモデルを構築した．その60年余り後に，ポートフォリオ選択とオプション評価に関する影響力の高い論文において，Robert Mertonは連続時間の確率過程によるフォーマルなモデルを用いた．これ以来，確率論と確率過程が，数理ファイナンスの研究において本質的なツールとして認識されるようになった．確率に関する最も美しく強力な概念の多くが，金融分野に効果的に応用されている．大偏差原理は，その最近の例である．この原理は，ポートフォリオの最適化，大きなリスクの推定，モンテカルロシミュレーションにおいて利用されている．本章では，大偏差原理について手短にまとめたうえで，金融分野へ近年どのように応用されているかについてのサーベイを与える．

本章の残りの構成は，次のとおりである．次節では，大偏差理論に関する基本的な概念を導入し，大偏差原理（large deviation principle; LDP）について議論する．3節では，LDPのポートフォリオ選択やポートフォリオ評価への適用について検討する．4節では，ポートフォリオのテールリスクへの適用に関して議論する．5節では，

モンテカルロシミュレーションへの応用を取り扱う．6節では，LDPの非完備市場における評価への適用に関する最近の例を取りまとめる．7節では，本章を締めくくり，LDPがその有効性を発揮すると考えられる方向性をいくつか提案する．

2. 大偏差原理

本節では，大偏差理論に関する主要概念をいくつか紹介する．確率論においてよく知られた結果から始めて，これらを参照点として利用する．確率分布の多くは，次数の異なるモーメントに関するいくつかのパラメータによって特徴づけられる．これらのパラメータの値が固定されるとき，分布は完全に決定される．よって，確率分布の研究は，しばしばいくつかのパラメータの推定へと還元できる．未知パラメータを推定するために，様々な近似のメカニズムが考案されてきた．大数の法則（law of large numbers; LLN）や中心極限定理（central limit thorem; CLT）そして大偏差原理（LDP）は，確率論において古くからある3つの極限定理であり，統計的推定における理論的枠組みを与えている．LLNは，ランダムな母集団の平均的な振舞いを記述する．平均の周りの変動は，CLTによって特徴づけられる．大偏差の理論は，平均からの大きな（考えにくい）乖離の見込みがどの程度であるかについて取り扱うものである．

金融分野の多くのモデルでは，しばしば，ある確率微分方程式の解が関与している．確率微分方程式において，ドリフト項が平均に対応し，拡散項は変動を記述する．確率微分方程式が資産価格のダイナミクスを記述する場合には，リターンの平均がLLNに関連する一方で，ボラティリティ項はCLTに結び付く．

それでは，LDPは何と関連するのであろうか？それは，数理ファイナンスにおいてどのように用いられるのであろうか？これらに答える前に，単純な例について議論しておくことが有益である．

例 24.1 Z を標準正規分布に従う確率変数とし，$n \geq 1$ において $Z_n = (1/\sqrt{n})Z$ と定義する．このとき，どのような $\delta > 0$ に対しても

$$\lim_{n \to \infty} \mathbb{P}\{|Z_n| \geq \delta\} = 0 \tag{24.1}$$

であることと，$\sqrt{n}Z_n$ が Z に収束すること（この例では，それらは現実に等しくなる）は明らかである．これらは，それぞれ，弱LLNとCLTに対応する．l'Hospitalの定理から，次式を得る．

$$\lim_{n \to \infty} \mathbb{P}\{|Z_n| \geq \delta\} e^{(\delta^2/2)n} = 2 \lim_{n \to \infty} e^{(\delta^2/2)n} \int_{\sqrt{n}\delta}^{\infty} \frac{1}{\sqrt{2\pi}} e^{(-x^2/2)} dx$$

$$= 2 \lim_{n \to \infty} \frac{(1/\sqrt{2\pi}) e^{-(\delta^2/2)n}}{(\delta^2/2) e^{-(\delta^2/2)n}} = \sqrt{\frac{2}{\pi}} \frac{2}{\delta^2}$$

これは，同じ意味合いとして，大きな n に対して $\mathbb{P}\{|Z_n| \geq \delta\} \approx \sqrt{2/\pi}(2/\delta^2)$

$e^{-(\delta^2/2)n}$ となること,すなわち,$\mathbb{P}\{|Z_n| \geq \delta\}$ が指数の速さでゼロに収束することを示したことになる.これが弱 LLN よりも多くの情報を提供し,強 LLN の成立を導いていることは明らかである.収束速度に関するこの種の結果は,大偏差原理の主題となる.

LDP に関する一般的な結果をいくつか紹介し,それらの有用性について例を用いて説明する.すべての結果は,ここでの目的を鑑みて事足りる形で述べる.これらの結果に関するより一般的なものや LDP に関するここで紹介した以外の結果については,Varadhan (1984), Freidlin and Wentzell (1998), Dembo and Zeitouni (1998) やそこであげられている参考文献を参照することを薦める.

さて,大偏差原理の形式的な定義を与える.E を距離 ρ が導入されている完備かつ可分な距離空間とする.

定義 24.1 E の Borel σ 加法族 $\mathcal{B}$ 上で定義される確率測度 $\{\mathbb{P}_\varepsilon : \varepsilon > 0\}$ の族が以下の条件を満たすとき,割合関数 (rate function) $I(\cdot)$ の大偏差原理 (LDP) を満たすという.すべての閉集合 F に対して,

$$\limsup_{\varepsilon \to 0} \varepsilon \log \mathbb{P}_\varepsilon \{F\} \leq - \inf_{x \in F} I(x) \tag{24.2}$$

開集合 G に対して,

$$\liminf_{\varepsilon \to 0} \varepsilon \log \mathbb{P}_\varepsilon \{G\} \geq - \inf_{x \in G} I(x) \tag{24.3}$$

$c \geq 0$ に対して,

$$\Phi(c) = \{x \in E : I(x) \leq c\} \text{ はコンパクト} \tag{24.4}$$

ここで,$\Phi(c)$ は水準 c におけるレベル集合 (level set) と呼ばれる.

はじめの 2 つの条件は,次の表記と同等である.すなわち,すべての $A \in \mathcal{B}$ に対して,

$$- \inf_{x \in A^0} I(x) \leq \liminf_{\varepsilon \to 0} \varepsilon \log \mathbb{P}_\varepsilon \{A\} \leq \limsup_{\varepsilon \to 0} \varepsilon \log \mathbb{P}_\varepsilon \{A\} \leq - \inf_{x \in \bar{A}} I(x) \tag{24.5}$$

多くの適用例において,$A \in \mathcal{B}$ は $\inf_{x \in A^0} I(x) = \inf_{x \in \bar{A}} I(x)$ を満たす.このような事象 A を I 連続集合 (I-continuity set) と呼ぶ.よって,I 連続集合 A に関しては,$\lim_{\varepsilon \to 0} \varepsilon \log \mathbb{P}_\varepsilon \{A\} = - \inf_{x \in \bar{A}} I(x)$ となる.

ε に関する集合が $\{1/n : n \geq 1\}$ であっても,定義は同じである.唯一異なる点は,$\varepsilon = 1/n$ の場合には,$\mathbb{P}_{1/n}$ と記すべきところを $\mathbb{P}_n$ と記す点である.例 24.1 に関して対応づけると,$E = (-\infty, +\infty) = \mathbb{R}$,$\mathbb{P}_n$ は Z_n の分布であり,$\{\mathbb{P}_n : n \geq 1\}$ は割合関数を $I(x) = x^2/2$ とする LDP を満たす.

(24.2) における閉集合がコンパクト集合である場合には,$\{\mathbb{P}_\varepsilon : \varepsilon > 0\}$ の族は弱 LDP

を満たす．弱 LDP が LDP となるためには，指数タイトネス (exponential tightness) として知られている次の条件が満たされることを確認しなければならない．

指数タイトネスとは，すべての $M > 0$ に対して，コンパクト集合 K が存在して，K の補集合 K^c が

$$\limsup_{\varepsilon \to 0} \varepsilon \log \mathbb{P}_{\varepsilon} \{K^c\} \leq -M \tag{24.6}$$

を満たすことである．確率測度の弱収束とタイトネスとの関係は，LDP と指数タイトネスにおいて同様の関係を考察した Pukhalskii (1991) で述べられている．

定義を見ればわかるように，LDP を直接的に成り立たせることは必ずしも簡単ではない．幸いなことに，いくつかの一般的な原理（結果）があり，多くの場合において，LDP が成り立つことを調べるには，これらの結果を導く際におかれている仮定が満たされることを確認すればよい．

ここで，2 つの重要な概念を導入する．$\mathcal{B}$ 上の確率分布 μ と分布 μ に従う確率変数 Y，$E = \mathbb{R}^d$ が与えられたとき，分布 μ の対数積率母関数は，すべての $\theta \in E$ に対して，

$$\Lambda(\theta) = \log \mathbb{E}\left[e^{\langle \theta, Y \rangle}\right] \tag{24.7}$$

と定義され，定義式において $\langle \theta, Y \rangle$ は $\mathbb{R}^d$ における通常のスカラー積を示す．$\Lambda(\cdot)$ はキュムラント母関数とも呼ばれる．$\Lambda(\cdot)$ の Fenchel–Legendre 変換は，

$$\Lambda^*(x) := \sup_{\theta \in E} \{\langle \theta, x \rangle - \Lambda(\theta)\} \tag{24.8}$$

で定義される．第一の原理は Cramér の定理である．ここでは，Euclid 空間の場合について示す．

定理 24.1（Cramér） $E = \mathbb{R}^d$ を d 次元 Euclid 空間，$\{Y_n : n \geq 1\}$ を独立で同一な分布に従う確率変数の列とする．$(1/n)\sum_{k=1}^n Y_k$ が従う分布を $\mathbb{P}_n$ と記す．すべての $\theta \in \mathbb{R}^d$ に対して，

$$\Lambda(\theta) = \log \mathbb{E}\left[e^{\langle \theta, Y_1 \rangle}\right] < \infty$$

であるならば，族 $\{\mathbb{P}_n : n \geq 1\}$ は，割合関数 $I(x) = \Lambda^*(x)$ の LDP を満たす．

よって，独立で同一な分布に従う確率変数の列に関しては，対数積率母関数の計算は LDP が成立するための鍵となり，その Fenchel–Legendre 変換が割合関数となる．

例 24.2 $\{X_n : n \geq 1\}$ を独立で同一なパラメータ $p \in (0,1)$ をもつ Bernoulli 試行による確率変数の列とする．$Y_k = (X_k - p)/\sqrt{p(1-p)}$，$S_n = (1/n)\sum_{k=1}^n Y_k$ とおく．このとき，LLN と CLT によれば，S_n が 0 に収束し，$\sqrt{n} S_n$ は n が大きくなるに従って標準正規確率変数に収束することがわかる．$E = \mathbb{R}$，$\mathbb{P}_n$ を S_n の分布とす

る. Cramér の定理における条件が満たされることは明らかである. 簡単な計算から, 次のキュムラント母関数

$$\Lambda(\theta) = \log \mathbb{E}\left[e^{\langle \theta, Y_1 \rangle}\right] = \log\left[(1-p) + pe^{\theta/\sqrt{p(1-p)}}\right] - \theta\sqrt{\frac{p}{1-p}}$$

を得る. それゆえ, $\{\mathbb{P}_n : n \geq 1\}$ は, 割合関数が

$$I(x) = \begin{cases} \sqrt{p(1-p)}\left[\left(\sqrt{\frac{p}{1-p}} + x\right)\log\left(1 + \sqrt{\frac{1-p}{p}}x\right) \\ \qquad + \left(\sqrt{\frac{1-p}{p}} - x\right)\log\left(1 - \sqrt{\frac{p}{1-p}}x\right)\right], & x \in \left[-\sqrt{\frac{p}{1-p}}, \sqrt{\frac{1-p}{p}}\right] \\ \infty, & \text{その他} \end{cases}$$

で与えられる LDP を満たす.

Cramér の定理を無限次元に拡張した結果も得られている. ここでは, 一つの特別なケースとなる Sanov の定理について述べる.

$\{X_k : k \geq 1\}$ を独立で同一な分布 μ をもつ $\mathbb{R}^d$ 上の確率変数の列とする. $n \geq 1$ に対して

$$\eta_n = \frac{1}{n}\sum_{k=1}^n \delta_{X_k}$$

と定義する. ここで, δ_X は確率が X に集中する Dirac 測度である. 系列 η_n は, 弱位相が入った $\mathbb{R}^d$ におけるすべての確率測度からなる空間 $M_1(\mathbb{R}^d)$ で定義される. η_n はランダムサンプル $X_1, \cdots, X_n$ の経験分布である. 統計学のよく知られた結果から, n が大きくなると η_n は真の分布 μ に収束する. 明らかに, $M_1(\mathbb{R}^d)$ は無限次元空間である. η_n の分布を $\mathbb{P}_n$ と記し, 次の Sanov の定理を得る.

定理 24.2（Sanov） 族 $\{\mathbb{P}_n : n \geq 1\}$ は, 速度 n であり割合関数が次で与えられる LDP を満たす.

$$H(\nu \mid \mu) = \begin{cases} \int_{\mathbb{R}^d} \log\frac{d\nu}{d\mu}d\nu, & \nu \ll \mu \\ \infty, & \text{その他} \end{cases}$$

Sanov の定理における割合関数は, 確率ベクトル ν の確率ベクトル μ に対する相対エントロピー（relative entropy）とも呼ばれる.

例 24.3 $\{X_k : k \geq 1\}$ を独立で同一なパラメータ 1 の Poisson 分布に従う確率変数の列とする. このとき, η_n は n が無限に大きくなると Poisson 法則に収束する. Sanov の定理から, η_n は非負の整数を台とするような確率に近いものとなる. ν が非負の整数に台をもつならば, 相対エントロピーは

$$H(\nu \mid \mu) = \sum_{i=0}^{\infty} \nu(i)\left[\log\nu(i) + \log(i!)\right] + 1$$

となる.独立で同一の分布に従うという仮定は,Cramér の定理において重要な役割を担っている.より一般的な設定においては,次に述べる Gärtner–Ellis の定理が得られている.

定理 24.3 (Gärtner–Ellis) $E = \mathbb{R}^d$ とし,$\{Y_n : n \geq 1\}$ を確率変数の列とする.$(1/n) \sum_{k=1}^n Y_k$ が従う分布を P_n と記し,次を定義する.

$$\Lambda_n(\theta) = \log \mathbb{E}\left[e^{\langle \theta, Y_n \rangle}\right]$$
$$\Lambda(\theta) = \lim_{n \to \infty} \frac{1}{n} \Lambda_n(n\theta)$$
$$D = \{\theta \in \mathbb{R}^d : \Lambda(\theta) < \infty\}$$

ここで,2番目の定義式では極限の存在を仮定している.さらに,D では $\Lambda(\theta)$ が微分可能となるような領域の内部は空でないと仮定する.また,Λ の傾きは,θ が領域の内部から境界へ近づくに従って,無限大になっていく(Λ がこのような条件を満たす場合に,本質的に滑らかであるという).このとき,族 $\{\mathbb{P}_n : n \geq 1\}$ は,速度が n であり,割合関数が次で与えられる LDP を満たす.

$$I(x) = \sup_{\theta \in \mathbb{R}^d} \{\langle \theta, x \rangle - \Lambda(\theta)\}$$

例 24.4 任意の $n \geq 1$ に対して,Y_n をパラメータが 1 と n である β 分布に従う確率変数とする.計算を実行することによって次式を得る.

$$\Lambda_n(\theta) = \log \int_0^1 e^{\theta x} n(1-x)^{n-1} dx$$

および

$$\Lambda(\theta) = \lim_{n \to \infty} \frac{1}{n} \Lambda_n(n\theta) = \begin{cases} \theta - 1 - \log \theta, & \theta > 1 \\ \infty, & \text{その他} \end{cases}$$

明らかに,$D = \mathbb{R}$ であり Λ は微分可能である.よって,Gärtner–Ellis の定理から,Y_n の分布は速度が n であり割合関数が次で与えられる LDP を満たす.

$$I(x) = \begin{cases} -\log(1-x), & x \in [0,1] \\ \infty, & \text{その他} \end{cases}$$

これまでに述べたすべての結果を振り返ると,割合関数の形が重要であることに気がつく.割合関数の候補がわかれば,あとは,関連する不等式が成立することを確かめればよい.次の Varadhan のよく知られた結果から,割合関数を推測することができる.

定理 24.4（Varadhan の補題） $E = \mathbb{R}^d$ とし，族 $\{\mathbb{P}_n : n \geq 1\}$ を収束速度が n で，割合関数が I である LDP を満たす確率測度の族とする．このとき，$\mathbb{R}^d$ 上の任意の有界な連続関数 f に対して，

$$\lim_{n \to \infty} \frac{1}{n} \log \mathbb{E}^{\mathbb{P}_n}[e^{nf(x)}] = \sup_{x \in \mathbb{R}^d} \{f(x) - I(x)\}$$

が成立する．よって，上式の左辺を計算すれば，割合関数の形がどのようなものであるか見当をつけることができる．

大偏差原理に関するもう一つの重要な手法は，次に述べるような縮小原理（contraction principle）と呼ばれているものである．

定理 24.5（縮小原理） E, F を完備で可分な空間とし，h を E から F への連続な関数とする．E 上の確率測度の族 $\{\mathbb{P}_n : n \geq 1\}$ に対して，$\mathbb{Q}_n = \mathbb{P}_n \circ h^{-1}$ で与えられるような F 上の確率測度の族を $\{\mathbb{Q}_n : n \geq 1\}$ と記す．ここで，$\{\mathbb{P}_n : n \geq 1\}$ が割合関数が I である LDP を満たすなら，$\{\mathbb{Q}_n : n \geq 1\}$ も収束速度が n で割合関数が

$$I'(y) = \inf\{I(x) : y = h(x)\}$$

である LDP を満たす．

「縮小原理」の重要な意味合いは，連続関数によって LDP がある空間から別の空間へと移されることである．

確率変数ではなく確率過程の場合には，経路に基づいて大偏差を取り扱うことになる．確率過程としては，独立なシステム，相互に弱く関連し合うシステム（McKean–Vlasov 極限），相互に強く関連し合うシステム（hydrodynamic 極限），測度値（measure-valued）過程，確定的な動的システムの確率摂動などが考えられる．本節では，最後にあげたクラスである確定的な動的システムの確率摂動に焦点を当てる．これらのタイプの大偏差は，いわゆる Freidlin–Wentzell 理論（Freidlin and Wentzell, 1998）の中で分析されている．

任意に固定した $T > 0$ に対して，$E = C([0,T], \mathbb{R}^d)$ を $\mathbb{R}^d$ に値をとる $[0,T]$ 上の連続関数の集合とする．E は位相を次の距離によって与えると完備かつ可分になる．

$$\rho(\phi(\cdot), \varphi(\cdot)) = \sup_{t \in [0,T]} |\phi(t) - \varphi(t)|$$

常微分方程式（ordinary diffrential equation; ODE）

$$\frac{dX(t)}{dt} = b(X(t)), \quad X(0) = x \in \mathbb{R}^d \tag{24.9}$$

を考える．

任意の $\varepsilon > 0$ に対して，ODE (24.9) の確率摂動 $X^\varepsilon(t)$ は，次の確率微分方程式を満たす．

$$dX^\varepsilon(t) = b(X^\varepsilon(t))dt + \sqrt{\varepsilon}\sigma(X^\varepsilon(t))dB(t), \quad X^\varepsilon(0) = x \quad (24.10)$$

ここで，$B(t)$ は d 次元の Brown 運動であり，$\sigma(X)$ は非負定値な $d \times d$ 行列である．E における確率過程 $X^\varepsilon(\cdot)$ の分布を $\mathbb{P}_\varepsilon$ と記し，次の定理を得る．

定理 24.6（Freidlin–Wentzell） $b(X)$ と $\sigma(X)$ のすべての要素は，有界かつ Lipschitz 連続であり，$\sigma(X)$ は正定値行列とする．このとき，族 $\{\mathbb{P}_\varepsilon : \varepsilon > 0\}$ は速度が $1/\varepsilon$ で，割合関数（アクション関数）が次で与えられる LDP を満たす．

$$I(\phi(\cdot)) = \begin{cases} \dfrac{1}{2}\int_0^T \langle(\dot{\phi}(t) - b(\phi(t))), D^{-1}(\phi(t))(\dot{\phi}(t) - b(\phi(t)))\rangle dt, \\ \qquad \phi \in H_x \\ \infty, \quad \text{その他} \end{cases}$$

ここで，$D(X) = \sigma(X)\sigma^*(X)$ であり，H_x は x を始点とするすべての絶対連続な関数からなる $C([0,T], \mathbb{R}^d)$ の部分集合である．

例 24.5 任意の $\varepsilon > 0$ に対して，$d = 1$ とし $X^\varepsilon(t)$ を次の SDE の解とする．

$$dX^\varepsilon(t) = \sqrt{\varepsilon}dB(t), \quad X^\varepsilon(0) = x$$

この例は，SDE (24.10) において $b(X) = 0$, $\sigma(X) = 1$ としたものであり，また，定理 24.6 におけるすべての条件は満たされる．よって，$X^\varepsilon(\cdot)$ の分布は，速度が ε で割合関数が次で与えられる LDP を満足する．

$$I(\phi(\cdot)) = \begin{cases} \dfrac{1}{2}\int_0^T |\dot{\phi}(t)|^2 dt, & \phi \in H_x \\ \infty, & \text{その他} \end{cases}$$

この例の結果は，1 次元における Schilder の定理（Schilder, 1966）と呼ばれている．ここでは，Freidlin–Wentzell 理論を適用して Schilder の定理を導いたが，歴史的には，Schilder の定理は Freidlin–Wentzell 理論が現れる以前から成立することがわかっていた．次に，数理ファイナンスの分野においてよく知られた例をあげる．

例 24.6 B_t を 1 次元の標準 Brown 運動とし，$Y^\varepsilon(t) = e^{\sqrt{\varepsilon}B_t}$ とする．言い換えると，$Y^\varepsilon(t)$ は幾何 Brown 運動に従うものとする．$f(X) = e^X$ とすると，明らかに，例 24.5 における確率過程 $X^\varepsilon(t)$ で 0 を初期値とするものを用いて $Y^\varepsilon(t) = f(X^\varepsilon(t))$ と表現できる．よって，例 24.5 の結果と縮小原理とを勘案すると，$Y^\varepsilon(t)$ の分布は速度が ε で割合関数が次で与えられる LDP を満足する．

$$I'(\varphi(\cdot)) = I(\log(\varphi(\cdot)))$$

先に述べた定理 24.6 において，$\sigma(X)$ における正定値性に関する条件は緩めることができる（Dembo and Zeitouni, 1998 を参照）．しかし，Cox–Ingersoll–Ross（CIR）モデルのようなファイナンスにおけるいくつかのモデルでは，Lipschitz 条件が満たされない．

近年，Fleming–Viot 過程に関する大偏差の研究において，Dawson and Feng (1998, 2001), Feng and Xiong (2002) は，次の確率過程に関する LDP を導いた．確率過程を

$$\mathrm{d}x_t^\varepsilon = (a + bx_t^\varepsilon)\,\mathrm{d}t + \sqrt{\varepsilon x_t^\varepsilon}\mathrm{d}B_t, \quad x_0^\varepsilon = c \geq 0, \quad a \geq 0 \qquad (24.11)$$

$$\mathrm{d}y_t^\varepsilon = \theta(p - y_t^\varepsilon)\,\mathrm{d}t + \sqrt{\varepsilon y_t^\varepsilon(1 - y_t^\varepsilon)}\mathrm{d}B_t, \quad y_0^\varepsilon = d, \theta > 0, \quad p, d \in [0, 1] \quad (24.12)$$

とし，$\mathbb{P}_\varepsilon$ と $\mathbb{Q}_\varepsilon$ をそれぞれ $x_t^\varepsilon, y_t^\varepsilon$ の従う確率測度とする．このとき，以下が成立する．

定理 24.7 族 $\{\mathbb{P}_\varepsilon : \varepsilon > 0\}$ と $\{\mathbb{Q}_\varepsilon : \varepsilon > 0\}$ は速度が $1/\varepsilon$ であり，割合関数をそれぞれ $I_1(\cdot), I_2(\cdot)$ とする LDP を満たす．$\inf\{\phi(t) : t \in [0, T]\} > 0$ かつ $\phi(0) = c$ となるすべての絶対連続な経路 $\phi(\cdot)$ に対して，

$$I_1(\phi(\cdot)) = \frac{1}{2}\int_0^T \frac{(\dot{\phi}(t) - a - b\phi(t))^2}{\phi(t)}\mathrm{d}t$$

$0 < \inf\{\phi(t) : t \in [0, T]\} \leq \sup\{\phi(t) : t \in [0, T]\} < 1$ かつ $\phi(0) = d$ となるすべての絶対連続な経路 $\phi(\cdot)$ に対して，

$$I_2(\phi(\cdot)) = \frac{1}{2}\int_0^T \frac{(\dot{\phi}(t) - \theta(p - \phi(t)))^2}{\phi(t)(1 - \phi(t))}\mathrm{d}t$$

が成立する．

これで，大偏差理論に関する大まかな解説を完了する．数理ファイナンスへの応用について議論するための準備ができたことになる．

3. ポートフォリオ管理への応用

大偏差原理の最初の応用として，ポートフォリオ管理を対象とする．まず，その制度に関する背景についていくつか述べる．ポートフォリオファンドマネージャーには，明確な目標とそれを達成するためにポートフォリオ管理に関する科学的な手段が必要である．ファンドマネージャーと投資家の両者にとって，ポートフォリオのパフォーマンスの測定基準も必要となる．投資の歴史を紐解くと，成長最大化や Kelly 投資戦略が最初の戦略であると思われる（17 世紀の Bernoulli までさかのぼる）．現代では，Markowitz–Sharpe の手法によって，平均分散法の枠組みで最適ポートフォリオを得ることができる．Merton は，この静的な枠組みを連続時間の動的な枠組みに拡張した．近年では，大偏差原理がポートフォリオ選択やポートフォリオのパフォーマンス測定における代替的手法として利用されている．

3. ポートフォリオ管理への応用

3.1 ポートフォリオ選択の基準

まず,ポートフォリオ選択問題について検討する.$(\Omega, \mathcal{F}, \mathbb{P})$ を情報構造 $\mathbb{F} = (\mathcal{F}_t)_{t \geq 0}$ が備わった確率空間とする.議論をわかりやすくするため,1 つのリスク資産 S と 1 つの無リスク資産 B との 2 つの資産からなる市場を考える.無リスク金利 r は一定であると仮定する(さらに一般的な枠組みにおける議論については,Stutzer, 2003 や Pham, 2003 を参照されたい).価格 S は次の確率過程に従うものとする.

$$\frac{dS}{S} = \mu(S,t)\,dt + \sigma(S,t)\,dW_t \qquad (24.13)$$

X_t^π を時刻 t におけるファンドマネージャーの富,π_t をリスク資産へ投資した富の割合とする.自己充足取引の条件から,次式を得る.

$$dX_t^\pi = X_t^\pi [(r + (\mu - r)\pi_t)\,dt + \pi_t \sigma dW_t]$$

倍賭け裁定戦略を排除するため,$X_t^\pi \geq 0$ となるような許容可能戦略 (π_t) について考える.許容可能戦略 (π_t) に対して,期間 $[0, T]$ における収益率の対数は

$$R_T^\pi = \frac{\log(X_T^\pi / x)}{T} \qquad (24.14)$$

ここで,$x = X_0$ は初期投資額である.

ショートフォール確率戦略は,Browne (1999) や Föllmer and Leukert (1999) によって提案された.この場合,ポートフォリオ管理の基準は,定められた投資期間 T にわたってなんらかのベンチマークとなるリターン(例えば c)を上回る確率を最大化することである.大偏差原理がどのようにしてこの問題に適用されるかについて詳しく見るために,まず,ごく単純で特別なケースから始めて,後に,より一般的な状況において検討する.

まず,全時刻 t にわたって π_t が一定割合戦略である場合を想定する.つまり,全時刻 t にわたって $\pi_t = \pi$ と仮定する.投資期間 $[0, T]$ を離散期間(年次,月次,日次などのような)に分割し,時刻 $(t-1) \sim t$ の粗利益率の対数を $R_{\pi, t}$ と記す.すると,期間 [0,T] における対数収益率は

$$R_T^\pi = \frac{\sum_{t=1}^T R_{\pi, t}}{T}, \quad R_{\pi, t} = \log\left(\frac{X_t^\pi}{X_{t-1}^\pi}\right)$$

となる.

問題をさらに単純化するために,まず,μ, r, σ がすべて定数であると仮定する.この場合,$R_{\pi, t}$ は独立で同一の分布(i.i.d.)に従う.さらに,この分布は次のような正規分布である.

$$R_{\pi,t} \sim \mathcal{N}\left(\mathbb{E}\left[R_{\pi,t}\right], \mathrm{var}\left[R_{\pi,t}\right]\right)$$

ここで,
$$\mathbb{E}\left[R_{\pi,t}\right] = r + \pi\left(\mu - r\right) - \frac{\pi^2 \sigma^2}{2}$$

であり,$\mathrm{var}\left[R_{\pi,t}\right] = \pi^2 \sigma^2$ である.よって,LLN から次を得る.

$$R_T^\pi \to r + \pi\left(\mu - r\right) - \frac{\pi^2 \sigma^2}{2} \tag{24.15}$$

また,
$$\Lambda\left(\theta\right) := \log \mathbb{E}\left[e^{\theta R_{\pi,t}}\right] = \theta\left[r + \pi\left(\mu - r\right) - \frac{\pi^2 \sigma^2}{2}\right] + \frac{1}{2}\theta^2 \pi^2 \sigma^2 \tag{24.16}$$

であることがわかる.よって,Cramér の定理から,

$$\liminf_{T \to \infty} \frac{1}{T} \log \mathbb{P}\left(X_T^\pi \geq x e^{cT}\right) = -\inf_{x \geq c} I\left(x; \pi\right) \tag{24.17}$$

ここで,
$$I\left(x; \pi\right) = \frac{(x - (r + \pi(\mu - r) - \pi^2 \sigma^2/2))^2}{2\theta^2 \pi^2 \sigma^2}$$

つまり,
$$\begin{aligned}\liminf_{T \to \infty} \frac{1}{T} \log \mathbb{P}\left(X_T^\pi \geq x e^{cT}\right) &= -I\left(c\right) \\ &:= -\frac{(c - (r + \pi(\mu - r) - \pi^2 \sigma^2/2))^2}{2\theta^2 \pi^2 \sigma^2}\end{aligned} \tag{24.18}$$

それゆえ,
$$\mathbb{P}\left(X_T^\pi \geq x e^{cT}\right) \simeq \exp\left(-\frac{(c - (r + \pi(\mu - r) - \pi^2 \sigma^2/2))^2}{2\theta^2 \pi^2 \sigma^2} T\right) \tag{24.19}$$

ここで,確率 $\mathbb{P}(X_T^\pi \geq x e^{cT})$ の減衰率は $I\left(c; \pi\right)$ である.

LDP を利用することによって提案される基準は,漸近的な意味でベンチマークを上回る確率

$$\liminf_{T \to \infty} \frac{1}{T} \log \mathbb{P}\left(X_T^\pi \geq x e^{cT}\right)$$

を最大化するような,あるいは,同じことであるが減衰率を最小化するような許容可能戦略 (π_t) を見つけるものである.この選択基準を正当化する背景の一つとして,投資信託や年金ファンドの投資期間が不確かであり,かつ,かなり長くなることがあげられる.

この基準を採用する際に,投資戦略を一定割合戦略の範囲に限定するなら,最後の式を用いて,最小の減衰率が得られる最適な一定割合戦略 π_{LDP} は T とは独立に得ら

3. ポートフォリオ管理への応用

れることを証明できる．この戦略によって，最適な漸近成長率を確保できる最適な一定割合戦略

$$\pi_{\mathrm{LDP}} = \sqrt{\frac{2(c-r)}{\sigma^2}} \tag{24.20}$$

が得られる．

すべての許容可能な戦略を対象としよう．いくつかの技術的な問題を取り扱う際に，LDP がいかに強力なツールとなりうるかがすぐに理解できる．投資期間 T は固定されているものとし，すべての許容可能な戦略に対して，

$$\mathbb{P}\big(X_T^\pi \geq xe^{cT}\big)$$

を最大化する（ショートフォール戦略）．最適な割合 $\pi_{t,T}$ は（詳細は，Browne, 1999 を参照されたい）

$$\pi_{t,T} = \frac{1}{\sigma\sqrt{T-t}} \frac{n(\nu_t)}{N(\nu_t)} \tag{24.21}$$

ここで，

$$\nu_t = \frac{\log(S_t/K) + (r - (1/2)\sigma^2)(T-t)}{\sigma\sqrt{T-t}}$$

であり，K は陰的に次式で与えられる．

$$\frac{\log(S_0/K) + (r - (1/2)\sigma^2)T}{\sigma\sqrt{T}} = N^{-1}\big(e^{-(c-r)T}\big)$$

ここで，$N(\cdot)$ は正規分布の分布関数である．しかしながら，一般の資産価格過程に対して，ショートフォール確率を陽的に表現することは難しい．しかし，LDP，特に Gärtner–Ellis の定理は十分強力であり，最大漸近確率戦略を取り扱うことができる．

実際，Pham (2003) が注目すべき結果を得ており，基準

$$\max \liminf_{T \to \infty} \frac{1}{T} \log \mathbb{P}\big(X_T^\pi \geq xe^{cT}\big)$$

を採用した場合に，上記の一定割合戦略 π_{LDP} がすべての許容可能な戦略の中で最適な戦略となることを示している．

ここで，さらに一般的な連続時間の枠組みにおける結果について述べる．

すべての許容可能な戦略に対して，

$$\Lambda(\lambda, \pi) = \liminf_{T \to \infty} \frac{1}{T} \log \mathbb{E}\big[e^{\lambda T R_T^\pi}\big] \tag{24.22}$$

および

$$\Lambda(\lambda) = \max_\pi \Lambda(\lambda, \pi) \tag{24.23}$$

を定義する．また，

$$J(c) = \sup_{\pi} \liminf_{T \to \infty} \frac{1}{T} \log \mathbb{P}[R_T^{\pi} \geq c] \qquad (24.24)$$

と定義する.

Pham (2003) の次の定理は,λ を任意に固定した $\Lambda(\lambda)$ に関して,最大漸近戦略とエルゴード的なリスク鋭感的制御 (risk-sensitive control) 問題との双対関係を示している.

定理 24.8 次を満たす $\bar{\lambda}$ が存在すると仮定する.すべての $\lambda \in [0, \bar{\lambda})$ に対して,$\Lambda(\lambda)$ ((24.23) にあるように適切な極限をもつ) の最適化問題において解 $\bar{\pi}(\lambda)$ が存在し,

$$\Lambda(\lambda) = \liminf_{T \to \infty} \frac{1}{T} \log \mathbb{E}\left[e^{\lambda T R_T^{\bar{\pi}(\lambda)}}\right] \qquad (24.25)$$

また,$\Lambda(\lambda)$ は $[0, \bar{\lambda})$ 上で微分したものが連続となり,極限 $\lim_{\lambda \to \bar{\lambda}} \Lambda'(\lambda) = \infty$ をもつものとする.このとき,次式を得る.

$$J(c) = -\sup_{\lambda \in [0, \bar{\lambda})} [\lambda c - \Lambda(\lambda)], \quad \forall c \in R \qquad (24.26)$$

最適な対数積率母関数 $\Lambda(\lambda)$ を陽的に求めることは容易である.例えば,$\log S$ が次のような平均回帰過程に従うものとする.

$$\frac{dS}{S} = [a - \kappa \log S]\,dt + \sigma dW \qquad (24.27)$$

このとき,

$$\Lambda(\lambda) = \frac{\kappa}{2}\left[1 - \sqrt{1 - \lambda}\right] + \frac{\lambda}{2}\left(\frac{a-r}{\sigma}\right)^2 \qquad (24.28)$$

であり,$\bar{c} = (\lambda/2)(a-r/\sigma)^2 + \kappa/4$ とおくと,簡単な計算から次を得る.

$$J(c) = \begin{cases} -\dfrac{(c-\bar{c})^2}{c - \bar{c} + \kappa/4}, & c \geq \bar{c} \\ 0, & c < \bar{c} \end{cases}$$

$c \geq \bar{c}$ の場合,最適ポートフォリオとみなせる系列は,

$$\pi_t^n = -\left[4\left(c + \frac{1}{n} - \bar{c}\right) + \kappa\right] \log S_t + \frac{a-r}{\sigma} \qquad (24.29)$$

である.$c < \bar{c}$ の場合,最適ポートフォリオは,

$$\pi_t = -\kappa \log S_t + \frac{a-r}{\sigma} \qquad (24.30)$$

のように陽的に与えられる.

3. ポートフォリオ管理への応用

注意 24.1 このポートフォリオ選択基準を他のポートフォリオ選択基準と比較することは興味深い．一定割合戦略 π を採用するとき，一般的に，$R_{\pi,t}$ は独立で同一の分布とはならない．部分的なリターンの和の時間平均に関する対数積率母関数は，

$$\begin{aligned}\Lambda(\lambda;\pi) &= \liminf_{T\to\infty} \frac{1}{T} \log \mathbb{E}\left[e^{\lambda T R_T^\pi}\right] \\ &= \liminf_{T\to\infty} \frac{1}{T} \log \mathbb{E}\left[\left(\frac{X_T^\pi}{x}\right)^\lambda\right]\end{aligned} \quad (24.31)$$

となる．Gärtner–Ellis の定理が成立するための標準的な仮定が満たされる場合には，

$$\mathbb{P}(X_T^\pi \geq xe^{cT}) \cong \exp(-I(c;\pi)T) \quad (24.32)$$

が得られる．ここで，$I(x;\pi)$ は $\Lambda(\lambda;\pi)$ の Fenchel–Legendre 変換である．よって，最大漸近戦略は，$I(x;\pi)$ を最小にするような，あるいは同じことであるが，次式を最小にするような一定割合戦略である．

$$\begin{aligned}\min_\pi I(c;\pi) &= \min_\pi \max_\lambda \left\{\lambda c - \lim_{T\to\infty} \frac{1}{T} \log \mathbb{E}\left[\left(\frac{X_T^\pi}{x}\right)^\lambda\right]\right\} \\ &= \min_\pi \max_\lambda \lim_{T\to\infty} \frac{1}{T} \log \mathbb{E}\left[-\left(\frac{X_T^\pi}{xe^{cT}}\right)^\lambda\right]\end{aligned}$$

この目的関数と通常のべき効用基準には，類似点と相違点がある．べき効用の場合には，相対的リスク回避パラメータが所与である．しかし，この漸近戦略の場合には，最適戦略と相対的リスク回避パラメータを同時に決定することになる．もう一つの相違点としては，ベンチマーク xe^{cT} に対する富の割合が関わっていることである．このような特徴は，確率に関する基準 $\mathbb{P}(X_T^\pi \geq xe^{cT})$ が関連しているため，ショートフォール確率戦略にも見られる．幸いなことに，最適なショートフォール確率戦略とは異なり，この枠組みでは容易に最適戦略を導出することができる．

3.2 ポートフォリオパフォーマンスインデックス

ここで，パフォーマンスインデックスの構築に関して議論する．Roll (1992) が指摘するように，今日ではプロのファンドマネージャーは，トータルリターンのパフォーマンスを事前に設定したベンチマーク対比で評価されることが多い．よって，実務的な観点から，適切なポートフォリオパフォーマンスインデックスを設計することは重要である．この点において，大偏差理論がどのように役立つかについて説明する．

$R_p - R_b$ は，ポートフォリオ p のベンチマーク b に対する超過リターンを表すものとする．ベンチマーク対比で平均−分散の効率性を自然な形で一般化したものが，Roll のトラッキング誤差分散効率性であり，これは希望する期待超過リターン $\mathbb{E}[R_p - R_b]$ の大きさを制約条件としてトラッキング誤差の分散 $\text{var}[R_p - R_b]$ を最小化すること

で得られる.具体的に述べると,トラッキング誤差分散効率性と整合的であって最も一般的なパフォーマンス基準はインフォメーションレシオ (information ratio) であり,次で定義される.

$$\frac{\mathbb{E}[R_p - R_b]}{\sqrt{\mathrm{var}[R_p - R_b]}} \tag{24.33}$$

R_b が無リスク資産のリターンの場合,インフォメーションレシオは有名な Sharpe レシオ (Sharpe, 1966) となる.このインフォメーションレシオは,1 期間においてのみ定義される.ここで,この概念を多期間の設定(あるいはさらに連続時間の設定)へと自然な形で一般化する.

ベンチマークポートフォリオを b とし,期間を $\{0, 1, \cdots, T\}$ とする.戦略 p で時刻 T まで運用したときの富の大きさを表す確率変数を

$$W_T^p = W_0 \prod_{t=1}^{T} R_{pt}$$

と記す.ここで,R_{pt} は戦略 p を時刻 $(t-1) \sim t$ まで採用した場合に得られる粗リターンを表す確率変数である.同様に,ベンチマークの場合についても,次のように定義する.

$$W_T^b = W_0 \prod_{t=1}^{T} R_{bt}$$

ベンチマークをアウトパフォームすることは,次のようなケースとして表現される.

$$\frac{\log W_T^p - \log W_T^b}{T} \equiv \frac{1}{T} \sum_{t=1}^{T} (\log R_{pt} - \log R_{bt}) > 0 \tag{24.34}$$

自然なパフォーマンス基準は,次の確率に関する順位付けを採用することである.

$$\mathbb{P}\left[\frac{1}{T} \sum_{t=1}^{T} (\log R_{pt} - \log R_{bt}) > 0\right] \tag{24.35}$$

このパフォーマンス基準には,投資期間 T が関連している.投資家の想定する運用期間がある場合でも,それを正確に決めることは難しい.また,短期の運用を想定している投資家と長期の運用を想定している投資家ではパフォーマンス基準が異なるかもしれない.このため,$T \to \infty$ とする漸近アプローチを採用することが考えられる.すなわち,ポートフォリオ戦略 p を次の基準で順位づける.

$$\lim_{T \to \infty} \frac{1}{T} \sum_{t=1}^{T} (\log R_{pt} - \log R_{bt}) > 0 \tag{24.36}$$

例として,ベンチマークリターン R_b を定数のリターン c とする.このとき,確率

$\lim_{T\to\infty}\mathbb{P}((1/T)\sum_{t=1}^{T}\log R_{pt}\geq c)$ に基づいて順位付けをすればよい．前節の議論から，$\lim_{T\to\infty}\mathbb{P}((1/T)\sum_{t=1}^{T}\log R_{pt}\geq c)$ は，大偏差原理における割合関数 $I(c;p)$ を用いて推定される．ここで，アンダーパフォーマンス確率のほうを考える．アンダーパフォーマンス確率が $T\to\infty$ のとき 0 へと減少していくレート $I(c;p)$ が，ポートフォリオに対してここで提案する順位付けインデックスである．アンダーパフォーマンス確率が 0 へと減少するスピードの速いポートフォリオが，遅いポートフォリオよりも高く順位づけられる．詳細については，Stutzer (2000) を参照されたい．

同様の考え方は，資産価格モデルを判断するような研究を行う際にも用いることができる．詳細に関しては，Stutzer (1995), Glasserman and Jin (1999), Kitamura and Stutzer (2002) を参照されたい．

4. ポートフォリオのテールリスク

現代的なリスク管理では，将来の利益や損失に関する分布のテールで発生するような低い確率の事象をしばしば取り扱う．LDP はまれな事象の確率を対象とするものなので，リスク管理や分布のテールで発生するような大きな損失の推定が LDP の自然な応用分野となることは驚くに値しない．本節では，LDP がポートフォリオリスク管理にどのように用いられるかについて解説する．ここでは，クレジットポートフォリオのリスク管理に限定する（さらに網羅的な詳細については，Dembo et al., 2004; Glasserman, 2005; Gordy, 2002 を参照されたい）．

クレジットポートフォリオを対象とする．ポートフォリオは，m 通りの債務者に対する債券から構成されているものとする．Y_k を k 番目の債務者の倒産を表す指標とし，U_k を k 番目の債務者の倒産により発生する損失とする．よって，全損失額は，次で表される．

$$L = \sum_{i=1}^{m} Y_i U_i \qquad (24.37)$$

信用リスクはいくつかのリスクファクター $Z_1, Z_2, \cdots, Z_d$ によってモデル化されるものとし，$Y_1, \cdots, Y_m$ は $Z = (Z_1, Z_2, \cdots, Z_d)$ に関して条件付独立とする．議論を単純にするために，$U_1, \cdots, U_m$ は定数とする．これらのリスクファクター Z としては，マクロ経済的なファクターが取り上げられうる．倒産を表す指標 Y_i は，

$$Y_i = 1_{\{X_i > x_i\}}, \quad i = 1, 2, \cdots, m \qquad (24.38)$$

と表現される．ここで，X_i は標準正規分布に従う確率変数，閾値 x_i は Merton モデルにおける倒産の境界を表す．p_i は i 番目の債務者が倒産する周辺確率を表す．よって，p_i と x_i は互いに次のように関連づけられる．

$$x_i = -N^{-1}(p_i), \quad p_i = N(-x_i), \quad i = 1, 2, \cdots, m \qquad (24.39)$$

目的は,$x>0$ が与えられたときに,大きな損失が生じる確率 $\mathbb{P}(L \geq x)$ を導出することである.Z に関する条件のもとでのキュムラント母関数 $\Lambda(\theta;z)$ は,

$$\Lambda(\theta;z) = \log \mathbb{E}\left[e^{\theta L} \mid Z = z\right], \qquad z \in \mathbb{R}^d \tag{24.40}$$

で定義され,明らかに

$$\mathbb{P}(L > x \mid Z) \leq e^{\Lambda(\theta;Z) - \theta x} \tag{24.41}$$

が成立する.よって,$\Lambda(\theta;z)$ には条件付損失分布のテールリスクに関する情報が含まれていることになる.さらに,

$$F(x;z) := -\sup_{\theta \geq 0}\{\theta x - \Lambda(\theta;z)\} \tag{24.42}$$

とすると,これは,一意の $\theta_x(z)$ において定義される.実際,

$$\theta_x(z) = \begin{cases} \frac{\partial \Lambda(\theta;z)}{\partial \theta} = x \text{ を満たす一意に決まる } \theta, & x > \mathbb{E}[L \mid Z = z] \\ 0, & x \leq \mathbb{E}[L \mid Z = z] \end{cases}$$

よって,次の Glasserman (2005) の結果にあるように,大きな損失確率を推定することができる.

定理 24.9
(i) すべての $x > 0$ に対して,$\mathbb{P}(L > x) \leq \mathbb{E}[e^{F(x;Z)}]$.
(ii) $F(x;z) = 0$ の必要十分条件は,$\mathbb{E}[L \mid Z = z] \geq x$.
(iii) 関数 $F(x,.)$ が $x > 0$ において凹関数であるならば,$\mathbb{P}(L > x) \leq e^{-J(x)}$.ここで,

$$J(x) = -\max_{z}\left\{F(x;z) - \frac{1}{2}z^T z\right\}$$

である.

5. シミュレーションへの応用

本節では,金融工学においてまれな事象をうまくシミュレーションするために,どのように大偏差原理が利用できるかについて説明する.前節で見たように,信用リスクへの応用など,まれな事象をどのように取り扱うかについては,金融工学の様々な分野において関心が高まってきている.まず,まれな事象をシミュレートする際に加重サンプリング(importance sampling)を用いる方法について説明する.次に,その説明の内容に対する大偏差原理の適用法について述べる.

5. シミュレーションへの応用

5.1 加重サンプリング法

加重サンプリングは，まれな事象に関してシミュレーションを行う場合に役立つ手法である．それは，興味ある領域に確率のウェイトが移るように確率測度を変換するという考え方に基づいている．確率分布 $\mathbb{P}$ のもとで，所与の（まれな）事象 A をシミュレーションすることに関心がある場合に，加重サンプリングでは，事象 A の発生確率がより大きくなるような別の確率分布 $\mathbb{Q}$ からサンプリングすることを考える．これを実行するには，Radon–Nikodym 微分 $d\mathbb{Q}/d\mathbb{P}$ を特定すればよい．Radon–Nikodym 微分が与えられたとき，$d\mathbb{P}/d\mathbb{Q} := (d\mathbb{Q}/d\mathbb{P})^{-1}$ とおくと，

$$\mathbb{P}(A) = \int 1_A \frac{d\mathbb{P}}{d\mathbb{Q}} d\mathbb{Q} \tag{24.43}$$

が成立する．ここで，1_A は事象 A の指標関数を表す．$\mathbb{P}(A)$ の加重サンプリング推定関数は，確率分布 $\mathbb{Q}$ からの N 個の独立なサンプル $X_1, \cdots, X_N$ によって次のように構築される．

$$P(A; \mathbb{Q}, N) := \frac{1}{N} \sum_{i=1}^{N} 1_{\{X_i \in A\}} \frac{d\mathbb{P}}{d\mathbb{Q}}(X_i) \tag{24.44}$$

$P(A; \mathbb{Q}, N)$ が不偏推定量であること，すなわち，$\mathbb{E}^\mathbb{Q}[P(A; \mathbb{Q}, N)] = \mathbb{P}(A)$ が成立することは明らかである．しかし，推定関数 $P(A; \mathbb{Q}, N)$ の分散ができるだけ小さくなるという意味で効率的な確率分布 $\mathbb{Q}$ を，ノイズの影響を小さくするために選択すべきである．特に，(分散) $\int 1_A (d\mathbb{P}/d\mathbb{Q})^2 d\mathbb{Q}$ を最小化するような確率分布 $\mathbb{Q}$ を見つけることが望ましい．事象 A が与えられたときに，確率分布 $\mathbb{Q}$ を $\mathbb{P}$ の条件付確率分布に一致するようにとれば，推定関数の分散がゼロとなることはよく知られている．しかし，$\mathbb{P}(A)$ が未知なので，このような分散がゼロとなる推定関数は実用的ではない．

もう一つの評価基準として，次のようないわゆる相対誤差を考えることができる．

$$\eta_N\left(A; \frac{\mathbb{Q}}{\mathbb{P}}\right) := \frac{\mathbb{E}^\mathbb{Q}[P(A; \mathbb{Q}, N)^2]}{\mathbb{P}(A)^2} - 1 \tag{24.45}$$

この「相対誤差」という概念は，その平方根が期待推定量自体に対する相対的な信頼区間の幅に比例するため，$P(A; \mathbb{Q}, N)$ の変動性を測定するものとなる．相対誤差から，ある決められた信頼水準を得るために必要な最小のサンプル数を選択することが考えられる．言い換えると，ある決められた最大の相対誤差 $0 < \eta_{\max} < \infty$ を選択して，次を定義することになる．

$$N\left(\frac{\mathbb{Q}}{\mathbb{P}}\right) := \inf\left\{N : \eta_N\left(A; \frac{\mathbb{Q}}{\mathbb{P}}\right) \leq \eta_{\max}\right\} \tag{24.46}$$

以下のような漸近有効推定量を見つけるために大偏差原理を利用することができる．

ある $\varepsilon_0 > 0$ に対して $\mathbb{P} = \mathbb{P}_{\varepsilon_0}$ となるような確率測度の列 $\{\mathbb{P}_\varepsilon\}$ を考える．与えられた連続な線形関数 $\zeta : \Omega \to R$ に対して,

$$\lim_{M \to 0} \limsup_{\varepsilon \to 0} \varepsilon \log \int_{\{\zeta^{-1}([M,\infty))\}} \exp\left(\frac{\zeta(\omega)}{\varepsilon}\right) P_\varepsilon(d\omega) = -\infty \qquad (24.47)$$

が成り立つものとし，同様にして ζ を $-\zeta$ に置き換えたものについても (24.47) が成立すると仮定する．このような ζ は，指数的なねじれ（exponential twist）と呼ばれる．

新しい確率測度の族 $\{\mathbb{Q}_\varepsilon^\zeta\}$ を，次のように定義する．

$$\frac{d\mathbb{Q}_\varepsilon^\zeta}{d\mathbb{P}_\varepsilon}(x) := \exp\left\{\frac{\zeta(x)}{\varepsilon} - \log \int \exp\left(\frac{\zeta(y)}{\varepsilon}\right) \mathbb{P}_\varepsilon(dy)\right\} \qquad (24.48)$$

確率測度 $\{\mathbb{Q}_\varepsilon^\zeta\}$ は，ねじれ ζ で指数的にねじれていると呼ばれる．次式が成り立つならば，ζ は漸近有効（asymptotically efficient）である．

$$\limsup_{\varepsilon \to 0} \varepsilon \log N\left(\frac{\mathbb{Q}_\varepsilon}{\mathbb{P}_\varepsilon}\right) = 0 \qquad (24.49)$$

よって，加重サンプリングにおいて $\mathbb{P}(A)$ を推定するために，族 $\{\mathbb{Q}_\varepsilon^\zeta\}$ が利用可能となるような漸近有効となる指数的なねじれ ζ を見つけることが問題となる．$\lim_{\varepsilon \to 0} \varepsilon \log \mathbb{P}_\varepsilon(A) = -\inf_{x \in A} I(x)$ であるなら，A は関数 $I : \Omega \to R$ に関して I 連続な集合であることを認識しておく．このとき，次の定理が利用できる．Sadowsky (1996) と Dieker and Mandjes (2005) を参照されたい．

定理 24.10 $\{\mathbb{P}_\varepsilon\}$ が割合関数 I の大偏差原理を満たすとし，A を I 連続な集合であり，かつ $(I + \zeta)$ 連続な集合であるとする．このとき，指数的なねじれ ζ が漸近有効となる必要十分条件は

$$\inf_{x \in \Omega}[I(x) - \zeta(x)] + \inf_{x \in \bar{A}}[I(x) + \zeta(x)] = 2 \inf_{x \in \bar{A}} I(x)$$

である．

漸近有効となるねじれは，実用上の利便性がある．例えば，なんらかのテクニカルな条件のもとで，漸近有効なねじれは一意に存在する．よって，シミュレーションの際に最も良い選択をするには，漸近有効性を確認すればよい．しかし，これが必ずしも最善の選択とならないケースもある．反例は，Glasserman and Wang (1997) を参照されたい．

5.2 洗練された形の大偏差

モンテカルロシミュレーションは，複雑な経路依存型オプションを評価する際の非常に強力なツールである（例えば，Boyle, 1977 や Boyle et al., 1997 を参照）．例えば，

離散的に観測する場合，ノックアウトコールオプションの解析的な評価式は存在しない．原資産価格がオプションの満期までにバリア水準に到達しない場合には，ノックアウトコールオプションのペイオフは対応する通常のコールオプションのペイオフに似ている．そうでない場合には，ペイオフは 0 となる．よって，原資産のシミュレーションにおいて，原資産のパスと初到達時刻をシミュレートする必要がある．

ノックアウトコールオプションの評価式は，

$$C(0) = e^{-rT}\mathbb{E}_0[\max(S_T - K, 0)\mathbf{1}_{\{\tau \geq T\}}] \qquad (24.50)$$

で与えられる．ここで，τ は資産価格 S_t がバリアに最初に到達する時刻を表す．原資産価格のパスをシミュレートするために，時間間隔 $[0, T]$ を，各 $i = 0, 1, \cdots, n-1$ に対して $t_{i+1} - t_i = \varepsilon := T/n$ を用いて，$t_0 = 0 < t_1 < \cdots < t_n = T$ のように区切る．各ステップにおいて資産価格 S_{t_i} がシミュレートされ，標準的な手続きに従って S_{t_i} がバリア水準を超える最初の時刻 t_i を初到達時刻とする．しかしながら，S_{t_i} や $S_{t_{i+1}}$ はバリアに到達していなくても $S_t, t \in (t_i, t_{i+1})$ がバリアを超える可能性があるため，上記の手続きに従うと初到達時刻を長めに見積もることになる．この点を説明するために，観測値 S_{t_i} と $S_{t_{i+1}}$ が与えられた場合に，時間間隔 $[t_i, t_{i+1}]$ の間に S_t がバリアに到達する確率 p_i^ε を推定する．

本項では，LDP やその洗練された形の LDP（sharp LDP）を用いて，p_i^ε の $\varepsilon \to 0$ における漸近挙動を調べ，p_i^ε の近似を与える．$U(.)$ で表す上側のバリアと $L(.)$ で定義する下側のバリアの 2 つのバリアを考えることにする．期間を $[T_0, T_0 + \varepsilon]$ で固定し，$\log S_{T_0} = \zeta$ と $\log S_{T_0+\varepsilon} = y$ が観測された場合に，$p_{U,L}^\varepsilon(T_0, \zeta, y)$ を価格過程 S が期間内にどちらかのバリアに到達する確率とする．次の結果は，Baldi et al. (1999) によって導出された．記法を簡単にするために，ここでは上側のバリアのみがある場合（$L = -\infty$）について結果を示す．

定理 24.11 U とその微分が Lipschitz 連続であるとする．このとき，すべての $\zeta, y < U(T_0)$ に対して，

$$p_U^\varepsilon(T_0, \zeta, y) = \exp\left\{-\frac{Q_U(T_0, \zeta, y)}{\varepsilon} - R_U(T_0, \zeta, y)\right\}(1 + 0(\varepsilon)) \qquad (24.51)$$

となる．ここで，

$$Q_U(T_0, \zeta, y) = \frac{2}{\sigma^2}(U(T_0) - \zeta)(U(T_0) - y)$$
$$R_U(T_0, \zeta, y) = \frac{2}{\sigma^2}(U(T_0) - \zeta)U'(T_0) \qquad (24.52)$$

である．

よって，修正モンテカルロシミュレーション法は次のとおりである．$t_i \sim (t_i + \varepsilon)$ の

シミュレーションについては、確率

$$p_i^\varepsilon = \exp\left\{-\frac{Q_{U,L}\left(t_i, \log S_{t_i}, \log S_{t_{i+1}}\right)}{\varepsilon} - R_{U,L}\left(t_i, \log S_{t_i}, \log S_{t_{i+1}}\right)\right\} \quad (24.53)$$

でシミュレーションをやめ、時刻 t_i を初到達時刻 τ とする。確率 $1 - p_i^\varepsilon$ でシミュレーションを継続する。

p_i^ε が解析的に与えられているので，修正モンテカルロシミュレーション法を実行する際に作業がより複雑になることはない．よって，この修正手法は，バリアオプション，信用リスクの構造モデルにおける信用リスク商品のような初到達時刻の確率が関連するどのような状況においても利用可能である．

この結果が LDP と sharp LDP を用いてどのように導かれるかについて手短に説明する．次のようにおく．

$$W_t = \zeta + \rho(t - T_0) + \sigma(B_t - B_{T_0}), \quad t \in [T_0, T_0 + \varepsilon] \quad (24.54)$$

期間 $[T_0, T_0 + \varepsilon]$ において，上側バリア $U(.)$ に $(W.)$ が到達する確率，つまり，

$$p_U^\varepsilon(T_0, \zeta, y) = \mathbb{P}\left(\tau_U \leq \varepsilon \mid W_{T_0} = \zeta, W_{T_0+\varepsilon} = y\right) \quad (24.55)$$

について考える．ここで，τ_U は停止時刻であり

$$\tau_U = \inf\{t > 0 : W_{T_0+t} \geq U(T_0+t)\}$$

のように与えられる．$\{W_{T_0} = \zeta, W_{T_0+\varepsilon} = y\}$ という条件のもとで，$t \in [0, \varepsilon]$ において (W_{T_0+t}) の法則は，次の Brown 橋過程によって導かれる $C([0, \varepsilon], \mathbb{R})$ 上の確率に一致する．

$$\bar{W}_t^\varepsilon = \zeta + \frac{t}{\varepsilon}(y - \zeta) + \sigma\left(B_t - \frac{t}{\varepsilon}B_\varepsilon\right), \quad t \in [0, \varepsilon] \quad (24.56)$$

時間変更 $t \to t/\varepsilon$ を導入する．このとき，過程 $Z_t^\varepsilon = \bar{W}_{t/\varepsilon}^\varepsilon$ は次で与えられる．

$$Z_t^\varepsilon = \zeta + t(y - \zeta) + \sigma\sqrt{\varepsilon}(B_t - tB_1) \quad (24.57)$$

Z_t^ε を小さなパラメータ $\sqrt{\varepsilon}$ をもつ拡散過程，Freidlin–Wentzell 理論における大偏差理論の典型的な設定として捉えることができる．任意の $s < 1$ に対して，次の確率微分方程式

$$d\bar{Z}_t^\varepsilon = \frac{\bar{Z}_t^\varepsilon - y}{1 - t}dt + \sigma\sqrt{\varepsilon}dB_t, \quad \bar{Z}_0^\varepsilon = \zeta \quad (24.58)$$

を考えると、時刻 s まで $\bar{Z}_t^\varepsilon$ の分布は Z_t^ε の分布に一致する．$X_t^\varepsilon = \bar{Z}_t^\varepsilon - U(T_0 + \varepsilon t)$ と定義すると、

$$dX_t^\varepsilon = -\left[\varepsilon U'(T_0 + \varepsilon t) + \frac{X_t^\varepsilon - y + U(T_0 + \varepsilon t)}{1-t}\right]dt + \sigma\sqrt{\varepsilon}dB_t$$
$$X_0^\varepsilon = \zeta - U(T_0) \tag{24.59}$$

となる．

初期条件が $X_s^\varepsilon = x$ のとき Z^ε が従う分布を $\mathbb{P}_{x,s}^\varepsilon$，$X^\varepsilon$ の 0 への初到達時刻を τ_0 で表すこととする．このとき，族 $\{X_t^\varepsilon\}$ が空間 $C([s,1],\mathbb{R})$ 上で，以下に示す割合関数に関する大偏差原理（Brown 橋過程の LDP）を満たすことを示すことができる（詳細は Baldi, 1995 を参照されたい）．

$$J(h) = \begin{cases} \frac{1}{2\sigma^2}\left[\int_s^1 h_r'^2 dr - \frac{(y-x-U(T_0))^2}{1-s}\right], & h \in \Delta_{x,s} \\ \infty, & \text{その他} \end{cases}$$

ここで，$\Delta_{x,s}$ は $[s,1]$ 上で，時刻 s に x を出発して時刻 1 に $y - U(T_0)$ に到達する絶対連続なパスの集合とすると，

$$\lim_{\varepsilon \to 0} \varepsilon \log \mathbb{P}_{x,s}^\varepsilon(\tau_0 < 1) = -u(x,s) = \inf_{h \in \Delta_{x,s}} J(h) \tag{24.60}$$

となる．通常の変分法の計算から，$x < 0$ のとき，

$$u(x,s) = \frac{2}{\sigma^2(1-s)}x(y - U(T_0)) \tag{24.61}$$

であり，その他の場合には $u(x,s) = 0$ となることがわかる．$\zeta < U(T_0)$ なので，上記のことから，次式がわかる．

$$p_U^\varepsilon(T_0, \zeta, y) \sim \exp\left\{-\frac{2(\zeta - U(T_0))(y - U(T_0))}{\varepsilon \sigma^2}\right\} \tag{24.62}$$

洗練された LDP，すなわち sharp LDP は Fleming and James (1992) において証明されており，ある十分に一般的な仮定のもとで，次式が成り立つ．

$$\mathbb{P}_{x,s}^\varepsilon(\tau_0 \le 1) \sim \exp\left\{-\frac{u(x,s)}{\varepsilon} - w(x,s)\right\} \tag{24.63}$$

ここで，$w(x,s)$ は x と s にのみ依存する．よって，X^ε に関して (24.63) を確かめれば上記の定理が導かれる．この洗練された形の LDP によって，確率 $p_U^\varepsilon(T_0, \zeta, y)$ を高い精度で推定することができる．

6. 非完備市場

非完備市場における資産評価は，ファイナンスにおける重要なトピックである．市場が非完備であることは，無数に多くの同値マルチンゲール測度が存在することを意

味する．一つの重要な問題は，同値マルチンゲール測度（あるいはリスクの市場価格）を決定することができないということであり，もう一つの問題は，誤ったモデルの特定による誤差の影響である．本節では，これらの問題に関して取り組むために近年 LDP が適用されていることについて手短に議論する．

　非完備市場に関する文献では，特定の同値マルチンゲール測度を選択する，あるいは，同値マルチンゲール測度の範囲を制限するといった異なるアプローチが紹介されている．例えば，一つのアプローチは，ベンチマークとなる投資家を前提として，この投資家の観点から証券を価格付けするというものである．この投資家の選好に基づいて特定の同値マルチンゲール測度を決定する．もう一方のアプローチは，2 つの同値マルチンゲール測度もしくは確率割引因子 (stochastic discount factor; SDF) の比較を容易にするために距離関数を構築するものである．これによって，なんらかの適切な基準を導入すれば，SDF の範囲を狭めることができる．これらの基準は経済学的な考察から導くことができ，文献の中で，このような基準はいくつかすでに紹介されている．

　非完備な資産評価モデルに関する文献の多くでは，モデルがしばしば外生的に特定化されている．SDF の誤った特定化に関する問題や資産評価におけるその影響については，数少ない注目すべき例外を除いて，ほとんど議論されていない．例外として，SDF の誤った特定化について研究を行った Hensen and Jagannathan (1997), Hodrick and Zhou (2001) があげられる．「参照となる SDF」が与えられたとき，エージェントは，それが誤って特定されていると疑うかもしれず，保守的な行動をとることになる．それゆえ，エージェントは，モデルやプライシングカーネルに関する他の選択肢の中で特定化を誤った場合の最悪のケースについて考えようとする．説明が重複することになるが，彼らは 2 つの SDF 間の「2 次距離」を定義した．そして，この 2 次距離が，すべてのデリバティブに関しての「最大価格誤差」を捉えることになる．Cochrane and Saa-Requejo (2000) は同様の概念について議論した．Bernardo and Ledoit (2000) は 2 つの SDF 間の相対距離を提案した．その相対距離は，様々に異なる状態における 2 つの SDF の比に関する極値に基づくものである．彼らの双対性に関する結果によれば，この距離の概念は，ある意味でデリバティブに関する最悪の誤差を特徴づける．最悪の場合における誤った特定化を捉えることができる反面，これらの距離の概念は，ある特定のデリバティブに関する誤った特定化の誤差を捉えることができない．

　Boyle et al. (2007) では，LDP の考え方を用いてモデルの誤った特定化と SDF の誤った特定化を同時に取り扱うことのできる枠組みを提案している．この分析では，エージェントは，SDF を推定する際に，モデルの誤った特定化を懸念するものとしている．SDF に関するエージェントの意思決定ルールは，なんらかの誤ったモデルの特定化に対する資産価格付けの感応度に基づくものとする．頑健な SDF は，資産価格付けにおいてモデルの誤った特定化に関するインパクトが最も少ない．この分析におい

て，モデルの誤った特定化の影響は，SDF のもとでの価格付けによって説明される．よって，この分析は，多くの種類のデリバティブに関する最悪の場合の誤差に対してではなく，あらゆるデリバティブに対して利用できる．

このアプローチを具体的に示す例として，Stein–Stein の確率ボラティリティモデル（Stein and Stein, 1991 を参照されたい）を取り上げて検討する．リスク資産のダイナミクスは，次で与えられる．

$$\frac{dS(t)}{S(t)} = \sqrt{|v_t|}dW_1(t) \qquad (24.64)$$

ここで，v_t は

$$dv_t = (\kappa_1 - \kappa_2 v_t)dt + \sigma dW_2(t) \qquad (24.65)$$

に従う．(24.65) において，κ_1, κ_2 と $\sigma > 0$ はモデルのパラメータ，$v_0 = \sigma_0^2$ であり，$(W_1(t), W_2(t))$ は 2 次元の Brown 運動である．瞬間的な分散と瞬間的なボラティリティは，それぞれ $|v_t|$ と $\sqrt{|v_t|}$ である．このモデルでは無リスク資産をニューメレールとして利用している．$\sigma \equiv 0$ のときは $v_t > 0$ が時間の確定的な関数となるため，このモデルは標準的な Black–Scholes の完備な市場モデルに戻る．もし σ が十分に小さい場合には，このモデルは完備なモデルに近いと考える人もよう．しかし，どれほど小さな正の σ に対しても，このモデルは非完備であり，そのバニラコールオプションに対する無裁定境界は Merton が与えた価格の上下限となる．このことは Frey and Sin (1999) によって示されている．よって，σ を小さくしたからといって，モデルの「非完備性」が少なくなるわけではない．その一方で，同値マルチンゲール測度を固定した場合には，σ を小さくすればするほどこの測度での価格（期待値）は小さくなる．$\sigma \to 0$ のとき，この測度のもとでの期待値は Black–Scholes の値に近づく．よって，σ を小さくすれば，ある意味でモデルの非完備性を減少させることができる．このことは，何かパラドックスのように感じられる．

そのパラドックスは，以下で手短に紹介する頑健なアプローチを採用すれば解決することができる．適切な大偏差原理が，各同値マルチンゲール測度のもとで $\sigma > 0$ の場合と $\sigma = 0$（極限）の場合との距離の計量を与えることがわかる．リスクの市場価格が次のような線形の場合に絞ると議論がしやすい．

$$\lambda_{(a,b)} \equiv \lambda = a + bv_t$$

ここで，a, b はともに実数である．対応するプライシングカーネル（または SDF）を

$$\eta_T^\lambda = \exp\left[-\int_0^T (a + bv_t)dW_2(t) - \frac{1}{2}\int_0^T (a + bv_t)^2 dt\right]$$

のように決める．対応する同値マルチンゲール測度 $\mathbb{P}^\lambda$ は $d\mathbb{P}^\lambda/d\mathbb{P} = \eta_T^\lambda$ である．このとき，Brown 運動 $W^\lambda(t) \equiv (W_1^\lambda(t), W_2^\lambda(t))$ が存在して，この測度 $\mathbb{P}^\lambda$ のもとで

のリスク資産のダイナミクスは，確率微分方程式

$$\frac{\mathrm{d}S(t)}{S(t)} = \sqrt{|v_t|}\,\mathrm{d}W_1^\lambda(t)$$

$$\mathrm{d}v_t = (\kappa_1 - \kappa_2 v_t - \sigma(a+bv_t))\,\mathrm{d}t + \sigma\mathrm{d}W_2^\lambda(t) \tag{24.66}$$

に従う．2つの Brown 運動の関係は，Girsanov 変換から

$$W_1^\lambda(t) = W_1(t);\quad W_2^\lambda(t) = W_2(t) + \int_0^t (a+bv_s)\,\mathrm{d}s \tag{24.67}$$

で与えられる．

固定した測度 $\mathbb{P}^\lambda$ のもとで，次に示すような，すべての $\varepsilon \in [0,1]$ に対する上記のリスク資産モデルの列

$$\frac{\mathrm{d}S(t)}{S(t)} = \sqrt{|v_t^{\lambda,\varepsilon}|}\,\mathrm{d}W_1^\lambda(t)$$

$$\mathrm{d}v_t^{\lambda,\varepsilon} = (\kappa_1 - \kappa_2 v_t^{\lambda,\varepsilon} - \sigma(a+bv_t^{\lambda,\varepsilon}))\mathrm{d}t + \varepsilon\sigma\mathrm{d}W_2^\lambda(t) \tag{24.68}$$

を考える．

すべての $\varepsilon \in [0,1]$ に対して，これは測度 $\mathbb{P}^\lambda$ のもとで非完備なモデルである．各モデルは，リスク資産のダイナミクスとして異なるプロセスを与え，各モデルにおけるボラティリティのボラティリティは $\varepsilon\sigma$ である．特に，$\varepsilon = 1$ の場合，リスクの市場価格が λ であるもとのモデルとなる．モデル間の相違は，瞬間的な分散 $|v_t^\varepsilon|$ を表すプロセスにおける変動によるものである．$\varepsilon = 0$ となる極限のケースでは $v_t^{\lambda,\varepsilon} = v_t^\lambda$ となり，モデルは完備な Black–Scholes モデルとなる．

$\varepsilon = 0$ のときの極限モデルは，与えられたリスクの市場価格 λ に対する「ベンチマーク完備モデル」として知られている．そのモデルを $\mathcal{B}_\lambda$ と記述することにする．ここで，$\lambda = \lambda_{(a,b)}, (a,b) \in \mathbb{R}^2$ とする．特に，このモデル $\mathcal{B}_\lambda$ では，リスク資産は

$$\frac{\mathrm{d}S(t)}{S(t)} = \sqrt{|v_t^\lambda|}\mathrm{d}W_1^\lambda(t)$$

$$\mathrm{d}v_t^\lambda = (\kappa_1 - \kappa_2 v_t^\lambda - \sigma(a+bv_t^\lambda))\mathrm{d}t,\quad v_0^\lambda = \sigma_0^2 \tag{24.69}$$

に従う．

リスクの市場価格は，過程 v_t^λ が正となるように

$$\kappa_1^\lambda = \kappa_1 - \sigma a;\quad \kappa_2^\lambda = \kappa_2 + \sigma b \tag{24.70}$$

と選択する．よって，リスクの市場価格 λ は，パラメータ $\{\kappa_1, \kappa_2, \sigma\}$ のアフィン変換

$$\kappa_1 \to \kappa_1^\lambda;\quad \kappa_2 \to \kappa_2^\lambda \tag{24.71}$$

に対応する.

非完備モデルと完備モデルの両方における価格を分析するために,$\bar{V}^{\lambda,\varepsilon} = \bar{V}^{\lambda,\varepsilon}(\kappa_1, \kappa_2) = \int_0^T |v_t^{\lambda,\varepsilon}| dt$ および $\bar{V}^\lambda = \bar{V}^\lambda(\kappa_1, \kappa_2) = \int_0^T v_t^\lambda dt$ とおくと便利である.これらの2つの量は瞬間的な分散を積分した項であり,オプション評価において重要な役割を果たす.この記法を用いて,$H_0 = C_{\mathrm{BS}}(S_0, \sqrt{\bar{V}^\lambda})$ をベンチマーク(完備)モデルにおけるコールオプションの価値とする.同様に,$C_{\mathrm{BS}}(S_0, \sqrt{\bar{V}^{\lambda,\varepsilon}})$ を非完備モデルにおいて確率ボラティリティが $\sqrt{\bar{V}^{\lambda,\varepsilon}}$ である場合のオプションの価値とする.さらに,もとの非完備モデルにおけるオプション価格は,リスクの市場価格 λ を選択すれば,パス $v_t^{\lambda,\varepsilon}$ のもとで $C_{\mathrm{BS}}(S_0, \sqrt{\bar{V}^{\lambda,\varepsilon}})$ の条件付期待値に等しい.ここで,非完備と完備な市場との距離を調べるために大偏差原理をどのように利用できるかについて手短に説明しておく.

任意の $\delta > 0$ に対して,次式を満たす $[0, T]$ 上の有界な連続関数 $\phi(t)$ の全体からなる集合を $B_\delta(H_0)$ とする.

$$\left| C_{\mathrm{BS}}\left(S_0, \sqrt{\int_0^T |\phi(t)| dt}\right) - H_0 \right| \geq \delta \qquad (24.72)$$

過程 $(v_t^{\lambda,\varepsilon})$ に関する大偏差原理は,与えられた $\delta > 0$ に対して,次の確率に関する関係式が成り立つことを示唆する.

$$\mathbb{P}^\lambda\left(v_t^{\lambda,\varepsilon} \in B_\delta(H_0)\right) \leq e^{-(1/\varepsilon^2) \inf_{B_\delta(H_0)} I(\phi)} \qquad (24.73)$$

関数 $I(\cdot)$ はアクション関数または割合関数である.このケースでは,割合関数が

$$I(\phi) = \frac{1}{2} \int_0^T \frac{\left(\phi_t - \kappa_1^\lambda + \kappa_2^\lambda \phi\right)^2}{\sigma^2} dt$$

のように陽的な関数で表現される.ここで,ϕ は $[0, T]$ 上で絶対連続であり,かつ $\phi(0) = \sigma_0^2$ である.与えられた任意の $\delta > 0$ に対して,$\inf_{B_\delta(H_0)} I(\phi)$ が表す量は,H_0 からの乖離が少なくとも δ 以上となる減衰率として知られている.

次式を満たす $[0, T]$ 上の有界な連続関数 $\phi(t)$ の全体からなる集合を A_δ とする.

$$\left| \sqrt{\int_0^T |\phi(t)| dt} - \sqrt{\bar{V}^\lambda} \right| \geq \delta$$

A_δ 上で大偏差原理を適用することで,次式を得る.

$$\mathbb{P}^\lambda\left(v_t^{\lambda,\varepsilon} \in B_{\delta_1}(H_0)\right) \leq e^{-(1/\varepsilon^2) \inf_{A_\delta} I(\phi)} \qquad (24.74)$$

指数にある下限(inf)は,大偏差アプローチにおける臨界値を表している.下限は,

偏差が δ 以上となる確率は集合 A_δ のすべての関数 ϕ に対して有界となることを意味している．次の記法を用いる．

$$R(\lambda,\delta) = \inf_{A_\delta} I(\phi) \tag{24.75}$$

ここで議論しているケースでは，$R(\lambda,\delta)$ はモデルのパラメータ $\kappa_1, \kappa_2, \sigma$ と選択したリスクの市場価格 λ に依存する．このとき，$R(\lambda,\delta)$ の項は収束速度を表現している．$R(\lambda,\delta)$ が高いほど，$C_{\rm BS}(S_0, \sqrt{\int_0^T |v_t^{\lambda,\varepsilon}|{\rm d}t})$ から H_0 への収束速度は速くなる．関数 $R(\lambda,\delta)$ を近接度の指標として定義する．

ここで議論しているケースでは，$v_t^{\lambda,\varepsilon}$ が Ornstein–Uhlenbeck 過程に従うので，$R(\lambda,\delta)$ に関して陽的な公式が得られる．パラメータ $(\kappa_1^\lambda, \kappa_2^\lambda)$ に R の関数形がどのように依存するかは，3 つの異なる領域に応じて違ったものとなる．ここでの目的のため，δ が十分に小さいときに $R(\lambda,\delta)$ の陽的な表現を示しておく．この場合，関数形は次のようになる．

$$R(\lambda,\delta) = \frac{1}{\sigma^2} J(\lambda,\delta) \tag{24.76}$$

ここで，

$$J(\lambda,\delta) = J_1(\kappa_2^\lambda) \left(2\sqrt{\bar{V}(\kappa_1^\lambda, \kappa_2^\lambda)}\delta - \delta^2 \right)^2 \tag{24.77}$$

$$J_1(x) := \frac{x^3(e^{2xT} - 1)}{(e^{(x/2)T} - e^{-(x/2)T})^4} \tag{24.78}$$

このケースにおいて，上記に対応する式は $\kappa_2^\lambda = 0$ のときも利用可能である．

まとめると，非完備市場と完備市場とのつながりを次のように表現することができる．小さな η に対して，確率の上限

$$\mathbb{P}^\lambda \left[\left| C_{\rm BS}\left(S_0, \sqrt{\int_0^T |v_t^\varepsilon|{\rm d}t}\right) - H_0 \right| \geq \eta H_0 \right] \leq e^{-(1/\sigma^2\varepsilon^2)J(\lambda, \eta H_0/S_0)} \tag{24.79}$$

が導出される．

割合関数 $R(\lambda,\delta)$（または $J(\cdot,\cdot)$）は，対象となるデリバティブがリスクの市場価格の選択によってどのような影響を受けるかについて調べるための豊かな枠組みを提供する．例えば，δ が与えられた場合に，上記の推定はマネーネス（オプションがどの程度インザマネーかアットザマネーかアウトオブザマネーであるかをはかる一つの指標．K を権利行使価格，F をフォワード価格とすると，通常 $\ln(K/F)$ が用いられる）の効果を調べるために利用できる．与えられた任意の λ に対して，マネーネスが大きいほど $J(\lambda; \eta H_0/S_0)$ が大きくなることもわかる．関数 $J(\cdot)$ が最大となる特別な $\delta = \delta^* = \sqrt{\bar{V}(\kappa_1^\lambda, \kappa_2^\lambda)}$ を選択するなら，割合関数は

$$d(\lambda; x) \equiv \frac{1}{\sigma^2} J_1(\kappa_2^\lambda) \bar{V}(\kappa_1^\lambda, \kappa_2^\lambda)^2 \tag{24.80}$$

を定義する際にも利用できる．(24.80) の x は，計算の中で用いられたオプションを表す．関数 $d(\lambda;x)$ は，減衰率に関する情報，すなわち，この枠組みにおいて非完備市場と完備市場の近接度を捉える．減衰率が高いと収束速度は速く，ここで定義した d は通常の距離の概念とは逆の形で関係づけられる．$d(\lambda;x)$ が λ にどのように依存するかについて調べることは，減衰率関数への影響を理解するためにも大切である．例えば，$d(\lambda;x)$ は $\kappa_1^\lambda, \kappa_2^\lambda$ の両方に関する増加関数となることを示すことができる．パラメータ κ_2 が大きくなればなるほど，κ_1 は非完備市場の価格を完備市場の価格に近づけるような働きがあることがわかっている．リスクの市場価格 $\lambda_{(a,b)}$ がとりうる範囲を

$$0 < A_{\min} \leq \kappa_1^\lambda \leq A_{\max}, \qquad 0 < B_{\min} \leq \kappa_2^\lambda \leq B_{\max}$$

のような長方形とする．よって，$d(\kappa_1^\lambda, \kappa_2^\lambda)$ は長方形の右上の角で，つまり $\kappa_1^\lambda = A_{\max}$ かつ $\kappa_2^\lambda = B_{\max}$ のときに最大となる．このケースでは，リスクの市場価格が

$$\lambda^* = \frac{\kappa_1 - A_{\max}}{\sigma} + \frac{B_{\max} - \kappa_2}{\sigma} v_t \qquad (24.81)$$

のときに，確率ボラティリティモデルは完備なモデルと最もよく似たものになる．言い換えると，対応する SDF に基づくオプション評価においてモデルの誤った特定化に対する頑健性が最も高いという意味で，λ^* はコールオプションに関して最も頑健なリスクの市場価格といえる．他のリスクの市場価格を選択すると，SV モデルの非完備性をより顕著なものにすることとなる．最適な選択が長方形の境界上にあるのは予想されることであり，この結果は直観的にもうなずけるものである．加えて，最適な選択において κ_2^λ が最も高い値をとることも直観的に理解できる．パラメータ κ_2^λ は平均回帰のスピードを表現するものであり，どれくらい速く v がその平均値に戻るかを表す指標である．平均回帰の値が高いということは，非完備市場における価格が完備市場のベンチマーク価格へとより速く収束することを示唆する．

7. 結論と今後の研究において発展の可能性があるトピックス

大偏差原理は，まれな事象に関する確率を取り扱うことができる．資産評価，リスク管理，金融工学を含む数理ファイナンスにおける LDP の適用例をいくつか示した．紙面の制約のため，ここでカバーしきれなかった適用例も他にあることを強調しておきたい．興味をもたれた読者は，本章の終わりにあげる文献にあたるとよい．具体的には，Callen et al. (2000), Foster and Stutzer (2002), Glasserman and Jin (1999), Nummelin (2000), Sornette (1998), Williams (2004) である．

LDP の発展可能性のあるさらなる応用例を示唆しておく．まず，LDP はポートフォリオ選択において新しい基準を提供する．一つの拡張の可能性としては，資産価格のダイナミクスに確率ボラティリティモデルやジャンプ拡散モデルなどのようなより現

実的な過程を考えることである．考えられる別のトピックとしては，制約条件付きのポートフォリオ問題の分析にLDPを用いることである．Grossman and Vila (1992) にある信用極度のようなある種の制約のもとでは，解析解を得ることは不可能である．しかし，漸近的な視点からは，これらの制約はより単純な制約と同じである．LDPは，このような性質の問題を取り扱うための数量的な枠組みを提供しうる．

もう一つの適用の可能性として，リスク評価基準が考えられる．リスク管理者は，リスク評価基準にますます関心をもつようになってきている．例えば，VaRは一定の信頼水準のもとでの最大損失に関する単なる1つのリスク評価基準にすぎない．LDPを用いることで，別の評価基準を議論することができる．例えば，与えられた損失水準のもとで，ポートフォリオの価値が短時間の間にこの閾値に到達する確率を推定することも興味深いことである．これは，前に議論したように退出時刻確率の問題となる．

LDPアプローチは，大規模ポートフォリオのリスクや信用不履行を商品として取り扱うようなクレジットデリバティブの価格を推定する際にモンテカルロシミュレーションと結び付けて利用することができる．

前節において，リスクの市場価格と非完備市場における証券価格との関係を研究するためにどのようにLDPが用いられうるかについて手短に示した．このために，ベンチマーク完備市場モデルを設定し，極限では完備モデルに収束するような非完備市場の系列の挙動を分析した．この収束を分析するために大偏差アプローチを用いた．大偏差に関するテクニックは，この応用に適した強力な解析手段を提供する．このアプローチを確率ボラティリティモデルに適用した．しかし，別のタイプの非完備市場の分析においても有効であるかもしれない．この理論を十分に応用するためには，適切な確率過程に関するLDPが必要である．いくつかのケースでは，適切なLDPを構築することは，挑戦しがいのあるテクニカルな問題である．よって，数理ファイナンスは，確率論におけるこの重要な領域の理論的な研究に対してさらなる勢いを与えることとなる．

謝辞

著者らは，カナダの自然科学と工学の研究評議会から援助を受けたことに感謝する．

（P. Boyle, S. Feng and W. Tian／宮崎浩一）

参 考 文 献

Baldi, P. (1995). Exact asymptotics for the probability of exit from a domain and applications to simulation. *Annals of Probability* 23, 1644–1670.

Baldi, P., Caramellino, L., Iovino, M.G. (1999). Pricing general barrier options: A numerical approach using sharp large deviations. *Mathematical Finance* 9, 293–322.

Bernardo, A., Ledoit, O. (2000). Gain, loss, and asset pricing. *Journal of Political Economy* 108, 144–172.

Boyle, P.P. (1977). Options: A Monte Carlo approach. *Journal of Financial Economics* 4, 323–338.

Boyle, P., Broadie, M., Glasserman, P. (1997). Monte Carlo methods for security pricing. *Journal of Economic Dynamics and Control* 21, 1267–1321.

Boyle, P., Feng, S., Tian, W., Wang, T. (2007). Robust stochastic discount factors. *Review of Financial Studies* 21, 1077–1122.

Browne, S. (1999). Reaching goals by a deadline: Digital options and continuous-time active portfolio management. *Advances in Applied Probability* 31, 551–577.

Callen, J., Govindaraj, S., Xiu, L. (2000). Large time and small noise asymptotic results for mean reverting diffusion processes with applications. *Economic Theory* 16, 401–419.

Cochrane, J., Saa-Requejo, J. (2000). Beyond arbitrage: Good-deal asset price bounds in incomplete Markets. *Journal of Political Economy* 108, 79–119.

Dawson, D., Feng, S. (1998). Large deviations for the Fleming–Viot process with neutral mutation and selection. *Stochastic Processes and Their Applications* 77, 207–232.

Dawson, D., Feng, S. (2001). Large deviations for the Fleming–Viot process with neutral mutation and selection, II. *Stochastic Processes and Their Applications* 92, 131–162.

Dembo, A., Zeitouni, O. (1998). *Large Deviations Techniques and Applications*, second ed. Applications of Mathematics, vol. 38. Springer-Verlag, New York.

Dembo, A., Deuschel, J., Duffie, D. (2004). Large portfolio losses. *Finance and Stochastics* 8, 3–16.

Dieker, A., Mandjes, M. (2005). On asymptotically efficient simulation of large deviation probabilities. *Annals of Applied Probability* 37, 539–552.

Feng, S., Xiong, J. (2002). Large deviations and quasi-potential of a Fleming–Viot process. *Electronic Communications in Probability* 7, 13–25.

Fleming, W.H., James, M. (1992). Asymptotics series and exit time probabilities. *Annals of Probability* 20, 1369–1384.

Föllmer, H., Leukert, P. (1999). Quantile hedging. *Finance and Stochastics* 3, 251–273.

Foster, F.D., Stutzer, M. (2002). Performance and risk aversion of funds with benchmarks: A large deviation approach. *Working paper*.

Freidlin, M.I., Wentzell, A.D. (1998). *Random Perturbations of Dynamical Systems*, second ed. Springer-Verlag, New York.

Frey, R., Sin, C. (1999). Bounds on European option prices under stochastic volatility. *Mathematical Finance* 9, 97–116.

Glasserman, P. (2005). Tail approximations for portfolio credit risk. *Journal of Computational Finance* 9, 1–41.

Glasserman, P., Jin, Y. (1999). Comparing stochastic discount factors through their implied measures. *Working paper*, Columbia Business School.

Glasserman, P., Wang, Y. (1997). Counterexamples in importance sampling for large deviations probabilities. *Annals of Applied Probability* 7, 731–746.

Grossman, S., Vila, J. (1992). Optimal dynamic trading with leverage constraints. *Journal of Financial and Quantitative Analysis* 27, 151–168.

Gordy, M. (2002). Saddlepoint approximation of CreditRisk+. *Journal of Banking & Finance* 26, 1335–1353.

Hensen, L., Jagannathan, R. (1997). Assessing specification errors in stochastic discount factor models. *Journal of Finance* 52, 557–590.

Hodrick, R., Zhou, Z. (2001). Evaluating the specification errors of asset pricing model. *Journal of Financial Economics* 62, 327–376.

Kitamura, Y., Stutzer, M. (2002). Connections between entropic and linear projections in asset pricing estimation. *Journal of Econometrics* 107, 159–174.

Nummelin, E. (2000). On the existence and convergence of price equilibria for random economies. *Annals of Applied Probability* 10, 268–282.

Pham, H. (2003). A large deviations approach to optimal long term investment. *Finance and Stochastics* 7, 169–195.

Pukhalskii, A.A. (1991). On functional principle of large deviations. In: Sazonov, V., Shervashidze, T. (Eds.), *New Trends in Probability and Statistics*. VSP Moks'las, Moskva, pp. 198–218.

Roll, R. (1992). A mean/variance analysis of tracking errors. *Journal of Portfolio Management* 18 (4), 13–22.

Sadowsky, J. (1996). On Monte Carlo estimation of large deviations probabilities. *Annals of Applied Probability* 6, 399–422.

Schilder, M. (1966). Some asymptotic formulas for Wiener integrals. *Transactions of the American Mathematical Society* 125 (1), 63–85.

Sharpe, W.F. (1966). Mutual fund performance. *Journal of Business* 1966, 119–138.

Stein, E., Stein, J. (1991). Stock price distributions with stochastic volatility: An analytic approach. *Review of Financial Studies* 4, 727–752.

Sornette, D. (1998). Large deviations and portfolio optimization. *Physica A* 256, 251–283.

Stutzer, M. (1995). A Bayesian approach to diagnosis of asset pricing models. *Journal of Econometrics* 68, 367–397.

Stutzer, M. (2000). A portfolio performance index. *Financial Analyst Journal* May/June, 52–61.

Stutzer, M. (2003). Portfolio choice with endogenous utility: A large deviation approach. *Journal of Econometrics* 116, 365–386.

Varadhan, S.R. (1984). *Large Deviations and Applications*, second ed. SIAM, Philadelphia.

Williams, N.M. (2004). Small noise asymptotics for a stochastic growth model. *Journal of Economic Theory* 119 (2), 271–298.

索引

ア

曖昧さ ambiguity *512,540*
曖昧さ回避 ambiguity aversion *777*
アウトオブザマネー（OTM）out-of-the-money *123,583*
アグリゲータ aggregator *793*
アップアンドアウトコール up-and-out call *337*
アップアンドアウトプット up-and-out put *349*
アップアンドインプット up-and-in put *349*
アップオプション up option *348*
アフィン拡散過程 affine diffusion process *165*
アフィン過程 affine process *163*
アフィン期間構造 affine term structure *371, 413*
アフィン形式 affine form *170*
アフィンジャンプ拡散確率ボラティリティモデル affine jump-diffusion stochastic volatility model *155*
アフィンモデル affine model *128,146*
アベレージオプション average option *336*
アメリカンオプション American option *100, 119,337,580,904*
アメリカンタイプのデリバティブ American type derivative *16,59*
誤った特定化 misspecification *970*
粗いサンプリング sparse sampling *187*
アンダーパフォーマンス確率 under performance probability *963*
鞍点近似 saddlepoint approximation *449*
鞍点法 saddlepoint method *676*

イ

異質エージェント heterogeneous agent *566, 581*
異時点間の限界代替率 intertemporal marginal rate of substitution *564*
1 期間二項モデル single-period binomial model *565*
1 次元 Schrödinger 方程式 one-dimensional Schrödinger equation *243*
1 次のリスク回避性 first-order risk aversion *807,819*
一様可積分 uniformly integrable *37,60*
一様可積分マルチンゲール uniformly integrable martingale *19*
1 階の条件（FOC）first-order condition *870*
一定割合戦略 constant percentage strategy *958*
一般アクティブセット法 general active set method *845*
一般化双曲型分布 generalized hyperbolic distribution *106*
一般化超幾何係数 generalized hypergeometric coefficient *164*
一般化 Fourier 変換 generalized Fourier transform *117,140*
一般化モーメント法 generalized method of moment *155*
一般化 Laguerre 多項式 generalized Laguerre polynomial *262*
一般有限次元モデル generically finite dimensional model *406*
伊藤積分 Itô integral *398*
伊藤の公式 Itô's formula *46,249,376,416*
伊藤の補題 Itô's lemma *921*
稲田条件 Inada condition *872,918*
イールドカーブ yield curve *375*
インザマネー in-the-money *583*
陰的有限差分法 implicit finite-difference method *296*

陰的陽的(IMEX)時間刻み法 implicit-explicit time stepping scheme　*320*
インデックスオプション index option　*128, 136*
インフォメーションレシオ information ratio　*962*
インプライドコリレーション implied correlation　*443*
インプライド Black ボラティリティ implied Black volatility　*392*
インプライドボラティリティ implied volatility　*127*
インプライドボラティリティサーフェス implied volatility surface　*152*
インプライドボラティリティスマーク implied volatility smirk　*137*

ウ

ウェーブレット wavelet　*639*
後向き確率微分方程式(BSDE) backward stochastic differential equation　*62, 779*

エ

エキゾチック金利デリバティブ exotic interest rate derivative　*392*
エネルギーデリバティブ energy derivative　*915*

オ

凹性 concavity　*786*
凹調整 concavity adjustment　*121, 130, 142*
凹調整済み収益率イノベーション concavity-adjusted return innovation　*142*
往復取引コスト round-trip transaction cost　*568, 579*
オーバーシュート overshoot　*93, 315, 349*
オプショナル σ 加法族 optional σ-algebra　*23*

カ

買い圧力 buying pressure　*581*
回帰 regression　*908*
回帰ベースの計算 regression-based computation　*870*
外形近似 outer approximation　*841, 845*
外形線形化 outer linearization　*841*
回収額 recovery payment　*220*
外生的ファクター exogeneous factor　*161*
外挿法 extrapolation scheme　*305*
ガウシアンコピュラ Gaussian copula　*441*
ガウシアンマルチファクターモデル Gaussian multi-factor model　*427*
価格インパクト price impact　*719*
価格受容者 price taker　*715*
価格評価作用素 pricing operator　*219*
価格評価半群 pricing semigroup　*221*
拡散過程 diffusion process　*14, 718, 917*
拡散行列 diffusion matrix　*315*
確実性等価(CE) certainty equivalence　*513, 778, 935, 940*
拡張生成作用素 extended generator　*480*
拡張 Black-Scholes 経済 extended Black-Scholes economy　*729*
拡張 Lagrange 法 general augmented Lagrangian approach　*847*
格付 credit rating　*472*
格付ステップアップ社債 credit rating triggered step-up corporate bond　*469*
確率強度 stochastic intensity　*434*
確率計画法 stochastic programming　*837*
確率指数 stochastic exponential　*42, 51*
確率積分 stochastic integral　*13*
確率摂動 random perturbation　*955*
確率的共分散 stochastic covolatility　*162*
確率的極限測度 random limiting measure　*634*
確率的高次収益率モーメント stochastic higher return moment　*114*
確率的時間変換 stochastic time change　*114, 123, 129, 140, 154*
確率的正定値対称行列 stochastic symmetric positive definite matrix　*161*
確率的弾力性係数 stochastic elasticity coefficient　*640*
確率的中心傾向ファクター stochastic central tendency factor　*128, 143*
確率的動的計画法 stochastic dynamic programming　*832*
確率的ポテンシャル probabilistic potential　*415*
確率微分効用(SDU) stochastic differential utility　*543*
確率微分方程式(SDE) stochastic differential equation　*40, 47, 476, 917*
確率母関数 probability generating function　*457*
確率ポテンシャル理論 stochastic potential theory　*414*
確率ボラティリティ stochastic volatility　*114, 123, 160, 511, 578, 587, 610*

索　引

確率ボラティリティモデル stochastic volatility model　131,971
確率メッシュ法 stochastic mesh method　910
確率優越 stochastic dominance　571
確率優越条件 stochastic dominance condition　577
確率流 stochastic flow　895
確率割引因子（SDF）stochastic discount factor　163,414,563,856,970
隠れファクター hidden factor　114,126
隠れ Markov 過程 hidden Markov process　763
隠れ Markov 連鎖 embedded Markov chain　642
過去あるいは未実現の消費の無関係性 irrelevance of past or unrealized consumption　792
風巻条件 Kazamaki's condition　52
加重サンプリング法 importance sampling　457,672,694,914,964
荷重ベクトル load vector　303
価値関数 value function　219,567,836,861,910
活性率 activity rate　115,125,138
カットオフ cut-off　241
カーネル kernel　196
カーネルベースの推定量 kernel-based estimator　196
株価指数型年金 equity-indexed annuity　755
株価連動型生命保険 equity-linked life insurance　755
加法双対法 additive dual approach　912
加法的効用 additive utility　777
可予測 predictable　23,718,911
可予測過程 predictable process　25,53,63
可予測射影 predictable projection　24,57
可予測表現性 predictable representation property　37
空売り short sale　918
カリブレーション calibration　152,392,498,506,547
カレンダー時点サンプリング calender time sampling　191
為替オプション currency option　126
頑健性 robustness　540,777
間接効用関数 indirect utility function　862
完全（市場が）perfect　561
完全情報価格 full-information price　209
完全情報取引コスト（FITC）full-information transaction cost　209,211
完全正規直交系 complete ortho-normal system　224
完全に到達不可能 totally inaccesible　746
完全陽的有限差分法 fully explicit finite-difference method　296
観測価格の粘性 stickiness of observed prices　200
観測可能ファクター observable factor　161
観測不能ファクター unobservable factor　161
観測方程式 measurement equation　153
感応度 sensitivity　674
完備（市場が）complete　37,51,61,561,725,782,813,906
完備市場モデル complete market model　971
完備選好 complete preference　542
ガンマ過程 gamma process　933
ガンマ関数 gamma function　120
ガンマ分布 gamma distribution　445

キ

機械的効果 mechanical effect　202
幾何学金利理論 geometric interest rate theory　394
幾何 Brown 運動 geometric Brownian motion　13,20,49,388,562,629
期間構造 term structure　386
期間構造密度 term structure density　427
期間構造密度モデル term structure density model　429
期限前解約オプション prepayment option　755
木構造 trees　840
基数的効用 cardinal utility　785
期前行使 early exercise　910
基礎消費 subsistence consumption　857
期待効用 expected utility　518,569,918
期待効用最大化 expected utility maximization　858
期待ショートフォール（ES）expected shortfall　435,534,671
期待損失 expected loss　670
期待値原理 expected value principle　757
期待超過収益率 expected excess return　134
基底関数 basis (base) function　841,884,908
規模不変 scale-invariant　780,801,809
逆数ガンマ密度 reciprocal gamma density　272
逆変換公式 inverse transform formula　170

逆 Laplace 変換 Laplace transform inversion 448
キャップ cap 385
キャップレート cap rate 385
キャプレット caplet 385
求引性をもたない non-attracting 265
求引性をもつ attracting 265
吸収壁 absorbing barrier 140
求積法 quadrature method 146, 340
急尖分布 leptokurtic distribution 74
キュムラント指数 cumulant exponent 118, 129
キュムラント母関数 cumulant generating function 448
境界値問題 boundary value problem 48
狭義局所マルチンゲール strict local martingale 265
供給曲線 supply curve 716, 717, 735
強近似結果 strong approximation result 647
鏡像原理 reflection principle 350
競争的市場 competitive market 719
共通ファクター systematic risk factor 674
共分散積分 integrated covariance 202
共変動 covariation 866
強 Markov 過程 strong Markov process 41, 220, 746
強 Markov 性 strong Markov property 44
共役 adjoint 227
行列値過程 matrix process 162
強連続半群 strongly continuous semigroup 230
極限分布 limiting distribution 453
局在性 localization 258
局所可積分 locally integrable 36
局所 2 次リスク local quadratic risk 589
局所不変 locally invariant 395
局所ボラティリティ local volatility 279
局所マルチンゲール local martingale 29, 54, 721
極探求 Brown 運動 pole seeking Brownian motion 268
許容条件 admissibility, tameness 552
許容的 admissible 29, 721
距離関数 transportation metric 840
近一致推定量 near-consistent estimator 196
均衡価格過程 equilibrium price process 181
銀行勘定過程 money account process 373
均質 granular 683
近似的に完備 approximately complete 727

近似的ヘッジ戦略 approximate hedging strategy 730
近似動的計画（ADP) approximate dynamic programming 904
近似列 approximating sequence 728
近接度 proximity 974
緊密 tight 653

ク

クオドラティック Wishart 期間構造 Wishart quadratic term structure 172
クオドラティック期間構造 quadratic term structure 163
クオドラティック期間構造モデル（QTSM) quadratic term structure model 283
クオドラティッククラス quadratic class 141
クオドラティックモデル quadratic model 128
クオンタイル原理 quantile principle 757
クオンタイルヘッジ quantile hedging 535
グッドディールバウンド good deal bound 515
グラニュラリティ調整 granularity adjustment 455, 681
繰返し分解法 nested decomposition method 842
グリークス Greeks 223, 916
クレジットデフォルトスワップ（CDS) credit default swap 125, 434, 487
クレジットポートフォリオ credit portfolio 963

ケ

経験確率 empirical probability 438
経験場 empirical field 632
経験累積分布関数の上限値（UECV) upper empirical cumulative distribution value 690
経済資本（EC) economic capital 670, 758
経済的尺度 economic metrics 204
継続回数 number of continuation 202
経路依存 path-dependent 925
経路依存（型）オプション path-dependent option 119, 336, 966
経路依存性 historical dependence 44
経路積分 contour integral 451
限界効用関数 marginal utility function 857
限界資本寄与度 marginal capital contribution 677
限界代替率 marginal rate of substitution 568
限界的取引 marginal trade 717

索　引

限界投資家 marginal investor　581
限界リスク寄与度 marginal risk contribution　670,677
減衰率 decay rate　958
限定合理的 boundedly rational　629
現物決済 physical delivery　724

コ

交互推定量 alternation estimator　205
行使価格 strike (exercise) price　14,45,341
格子型近似 lattice approximation　65
行使境界 exercise boundary　910
行使政策 exercise policy　59
格子法 lattice method　339
高次モーメント higher moment　929
剛性行列 stiffness matrix　303
構造モデル structural model　439
高速 Gauss 変換 fast Gaussian transform　339
高速セミ Markov 過程 speeded-up semi-Markov process　643
高速 Fourier 逆変換 fast Fourier inversion　155
高速 Fourier 変換（FFT） fast Fourier transform　145,151,324,675,930,938
後退差分公式（BDF） backward differentiation formula　296
恒等演算子 identity operator　425
高頻度資産価格データ high-frequency asset price data　180
効用関数 utility function　567,834,857,918,931
効用勾配アプローチ utility gradient approach　780
効用最大化問題 utility maximization problem　628
効用優勾配密度 utility supergradient density　781
効率的価格 efficient price　209
効率的モーメント法（EMM） efficient method of moment　151
合理的期待価格 rational expectations price　630
合理的な行使政策 rational exercise policy　59
合流型超幾何関数 confluent hypergeometric function　141,248
黒点均衡 sunspot equilibria　555
固定端条件 fixed-end condition　597
固定取引費用 fixed transaction cost　733

固定比例混在取引費用 combined fixed and proportional transaction cost　735
コピュラ copula　440,467
コヒーレントな資本配分 coherent capital allocation　680
コヒーレントリスク測度 coherent risk measure　516
個別ファクター specific risk factor　674
個別リスク idiosyncratic risk　443,683
固有関数展開 eigenfunction expansion　224
孤立状態 cemetry state　220
コールオプション call option　14,91,385
混合 Poisson 過程 mixed Poisson process　445
混合モデル mixture model　467
コンパクト包含条件 compact containment condition　654
コンペンセーター conpensator　747

サ

最悪の場合の誤差 worst-case error　971
再帰的効用 recursive utility　778,792
再帰的シミュレーション recursive simulation　495
債券価格 bond price　416
斉時的 time-homogeneous　233
最小距離価格測度 minimum-distance pricing measure　522
最小二乗法 least square method　908
最小のサンプル数 smallest sample　965
最小マルチンゲール測度 minimal martingale measure　530
再生定理 renewal theory　351
最大漸近確率戦略 maximum asymptotic probability strategy　959
裁定 arbitrage　14
最低解約給付保証型（GMWB） guaranteed minimum withdrawal benefit　764
裁定機会 arbitrage opportunity　19,27,721
最低死亡給付保証型（GMDB） guaranteed minimum death benefit　764
最低積立金保証型（GMAB） guaranteed minimum accumulation benefit　764
最低年金年額保証型（GMIB） guaranteed minimum income benefit　764
最低満期給付保証型（GMMB） guaranteed minimum maturity benefit　764
裁定理論 arbitrage theory　371
最適観測頻度 optimal frequency　191

最適行使境界 optimal exercise frontier 912
最適サンプリング optimal sampling 188
最適消費 optimal consumption 858
最適制御理論 optimal control theory 780
最適性の条件 optimality condition 800
最適停止問題 optimal stopping problem 59, 352, 884, 905
最適な消費・ポートフォリオ選択 optimal consumption–portfolio choice 777
最適ポートフォリオ optimal portfolio 858
債務者 obligor 433
債務担保証券(CDO) collateralized debt obligation 438, 468
最尤法 maximum likelihood method 151, 155
先物オプション future option 580
差金決済 cash delivery 724
差分リスク寄与度 incremental capital contribution 677
3次スプライン cubic spline 591
算術平均価格 arithmetic average price 275
参照レグ reference leg 488
サンプリング頻度 sampling frequency 182

シ

シカゴオプション取引所 Chicago Board Options Exchanges 580
時価評価 mark-to-market value 720
時間加算 time additive 834
時間価値 time value 17
時間加法的効用 time-additive utility 790
時間刻み法 time stepping scheme 295
時間積分法 temporal integration method 312
時間変更 time change 226, 968
次元の呪い curse of dimensionality 904
自己共役 self-adjoint 227
自己決定的 self reinforcing 630
自己充足的 self-financing 26, 27, 719
自己充足的動的取引戦略 self-financing dynamic trading policy 561
自己充足的取引戦略 self-finance trading strategy 587, 721, 906
自己相関関数(ACF) autocorrelation function 77
自己相似性 self-similarity 652
自己励起的閾値 self-exciting threshold 280
資産価格の第一基本定理 first fundamental theorem of asset pricing 552, 716, 721

資産価格の第二基本定理 second fundamental theorem of asset pricing 39, 716, 723
資産価格モデル asset pricing model 26, 159, 963
資産配分 allocation 782
資産負債管理(ALM) asset liability management 832
市場性のあるリスクの価格 price of marketed risk 814
市場性のないリスクの価格 price of nonmarketed risk 814
市場操作 market manipulation 715
市場の厚み market depth 635
市場の完備化 market completion 815
市場の質 market quality 207
市場の非完備性 market incompleteness 566
市場の非効率性 market inefficiency 209
市場のファンダメンタルズ market fundamentals 41
市場の不完全性 market imperfection 566
市場リスク market risk 431
市場流動性 market liquidity 213
指数アフィン exponential affine 143
指数アフィン形式 exponential affine form 166
指数アフィン結合 exponential affine combination 164
指数減少べき法則 exponentially dampened power law 120, 132
指数効用 exponential utility 931
指数タイトネス exponential tightness 951
指数ツイスト exponential twist 458, 695, 966
指数汎関数 exponential functional 275
指数方程式 exponential equation 48
指数マルチンゲール exponential martingale 134, 141, 152
自然境界 natural boundary 234
下三角行列 lower triangular matrix 923
実現双べき乗変分 realized bypower variation 200
実現ハーフスプレッド realized half spread 207
実現分散 realized variance 183
実現べき乗変分 realized power variation 199
実現ベータ realized beta 203
実現レンジ realized range 198
実行可能 feasible 784
実効ハーフスプレッド effective half spread 207

索　引

実測度 real-world measure　758
質量行列 mass matrix　303
シナリオ scenario　840
シニアトランシェ senior tranche　438
死亡リスク mortality risk　753
資本効率性（ROC）return on capital　670
資本配分方法 risk capital contribution　676
資本分散指標（CDI）capital diversification index　686
資本分散ファクター capital diversification factor　686
射影逐次過緩和（PSOR）アルゴリズム projected successive over-relaxation algorithm　310
射影値スペクトル測度 projection-valued spectral measure　224
射影値測度 projection-valued measure　227
尺度調整 rescaling　637
ジャンプ拡散モデル jump-diffusion model　71, 122, 348, 975
ジャンプ行列 jump matrix　320
ジャンプ到着率 jump arrival rate　125
収益率のイノベーション return inovation　113
習慣形成 habit formation　825
集合的リスク理論 collective risk theory　756
修正 Bessel 関数 modified Bessel function　262
修正 Pöschl–Teller ポテンシャル modified Pöschl–Teller potential　278
修正モンテカルロシミュレーション corrected Monte Carlo simulation　967
従属過程 subordinator　226
従属操作 subordination　226
収束速度 convergence speed　974
終端価値 terminal value　339
集中インデックス concentration index　686
重トラフィック極限 heavy-traffic limit　645
周辺分布 marginal distribution　339, 433, 440
集約 aggregation　836, 837
主観的割引率 subjective discount factor　861
縮小原理 contraction principle　954
縮小半群 contraction semigroup　230
出生死滅過程 birth-and-death process　484
主問題 primal formulation problem　916
順位付け rank ordering　962
順位付けインデックス ranking index　963
準凹性 quasiconcavity　786
瞬間の活性率 instantaneous activity rate　124
瞬間の平均分散効率性 instantaneous mean–variance efficiency　811
準傾斜 subgradient　842
準傾斜法 subgradient method　847
準指数（QE）関数 quasi-exponential function　410
順序統計量 order statistic　437, 690
純点成分 pure point component　229
準 2 次比例アグリゲータ quasi-quadratic proportional aggregator　779, 810, 819
準左連続性 quasi-left continuity　53
準モンテカルロ法 quasi-Monte Carlo method　453, 838
障害過程 obstacle process　63
障害付き反射型後向き確率微分方程式 reflected obstacle backward stochastic differential equation　65
上下限近似 bounding approximation　840
条件付確実性等価 conditional certainty equivalence　803
条件付格付推移確率 conditional credit migration probability　674
条件付期待値 conditional expectation　572, 912
　　——の塔法則 law of iterated——s　168
条件付瞬間二乗 Sharpe レシオ squared conditional instantaneous Sharpe ratio　783
条件付請求権 contingent claim　147, 154, 374, 723
条件付損失分布 conditional loss distribution　964
条件付デフォルト確率 conditional default probability　674
条件付テール期待値（CTE）conditional tail expectation　763
条件付独立 conditional independence　94, 443, 673, 689
条件付独立モデル conditional independence model　675
条件付分散共分散行列 conditional variance–covariance matrix　782
条件付平均二乗誤差 conditional mean-squared error　187
条件付尤度関数 conditional likelihood function　139
条件付尤度比 conditional likelihood ratio　460
条件付 Laplace 変換 conditional Laplace transform　163

状態依存型待ち行列ネットーワーク state dependent queuing network 629
状態価格 state price 564
状態価格密度(SPD) state price density 221, 564, 781, 786, 856, 919
状態価格密度過程 state price density process 415
状態空間アプローチ state space approach 402
状態独立 state-independent 795
状態変数 state variable 154
状態方程式 state propagation equation 153
冗長 redundant 35, 725
消費計画 consumption plan 784
消費戦略 consumption strategy 784
消費の永続性 durability of consumption 826
常微分方程式(ODE) ordinary differential equation 22, 294, 485
消費・ポートフォリオ選択問題 consumption-portfolio choice problem 856
情報集合 information set 168
乗法双対法 multiplicative dual approach 912
情報ツリー information tree 781
情報トレーダー information trader 631
消滅過程 killed process 222
消滅時特別配当 terminal bonus 754
消滅するリスクをもつフリーランチ free lunch with vanishing risk 552
消滅 Bessel 過程 killed Bessel process 270
消滅率 killing rate 222
序数的効用 ordinal utility 785
序数的に等価 ordinally equivalent 785
初到達時刻 first hitting time 967
ショートフォール確率 shortfall probability 959
ショートフォール確率戦略 shortfall probability strategy 957
ショートフォールリスク shortfall risk 587, 617
シングルファクターモデル single factor model 674
信号処理技術 signal processing technique 929
シンセティック CDO synthetic CDO 438
振動 oscillatory 241
振動関数 oscillating function 146
信念 belief 795

信用格付 credit rating 432
信用リスク credit risk 431
信用リスク資本 economic credit capital 670
信用リスクの構造モデル structual credit model 968
信用リスクの市場価格 market price of credit risk 498
信用力指標(CWI) creditworthiness index 674
信頼水準 confidence level 965

ス

推移過程 migration process 472
スイングオプション swing option 915
スカラー場 scalar field 409
スキュー skew 278, 635
スケーリング極限 scaling limit 643
スケール関数 scale function 234
スケール密度 scale density 233
ストラクチャーアービトラージ structural arbitrage 478
スピード密度 speed density 233
スプライン spline 841
スプリアス振動 spurious oscillation 304
スペクトルカテゴリー I spectral category I 241
スペクトルカテゴリー II spectral category II 241, 244
スペクトルカテゴリー III spectral category III 242, 244
スペクトル表現 spectral representation 224
スペクトル法 spectral method 219
スペシャルセミマルチンゲール special semimartingale 54
スポットエネルギーモデル spot energy model 276
スマイル smile 79, 580, 635
スムースペイスティング条件 smooth pasting condition 103
スワップション swaption 384

セ

整関数 entire function 255
正規分布 normal distribution 753
請求権 claim 420, 483
正規リターン Gaussian return 932, 939
清算価値 liquidation value 720
正準移動群 canonical shift group 632
生成作用素 generator 223

正則 regular 797
正則境界 regular boundary 234
生存請求権 survival claim 487
成長最大化 growth-maximum 956
成長条件 growth condition 873
正定値 positive definite 162,956
正定値対称行列 symmetric positive definite matrix 162
正同次なリスク尺度 positive homogeneous risk measure 436
正の同次性 positive homogeneity 436
積分学の基本定理 fundamental theorem of integral calculus 376
積分作用素 integral operator 315
積分値 Wishart 過程 integrated Wishart process 170
積分値過程 integrated process 166
積分偏微分変分不等式(PIDVI) partial integro-differential variational inequality 294
積分偏微分方程式(PIDE) partial integro-differential equation 294,486
積率母関数 moment generating function 164,448
セクター別限界分散ファクター marginal sector diversification factor 688
接過程 tangent process, first variation process 862,895
絶対アグリゲータ absolute aggregator 824
絶対的リスク回避係数 absolute risk aversion coefficient 804
絶対リスク許容度 absolute risk tolerance 862
絶対連続成分 absolutely continuous component 229
接多様体 tangential manifold 407
切断面法 cutting plane method 841
節点 spline knot 597
摂動解析 perturbation analysis 339
摂動法 perturbation method 354
セミ Markov 過程 semi-Markov process 629
セミ Markov スイッチ過程 semi-Markov switching process 627
セミマルチンゲール semimartingale 21,51,118,124,640
ゼロクーポン債 zero coupon bond 372
ゼロ効用原理 zero utility principle 757
零集合 null set 21,57
遷移半群 transition semigroup 219
全期間構造 entire term structure 377

漸近挙動 asymptotic behavior 967
漸近成長率 asymptotic growth rate 959
漸近的誤差分布 asymptotic error distribution 875
漸近的に均質 asymptotically fine-grained 681
漸近的バンド幅選択法 asymptotic bandwidth selection method 197
漸近的有効推定量 asymptotically efficient estimator 639,965
漸近展開 asymptotic expansion 339
漸近有効 asymptotically efficient 966
線形オペレータ linear operator 406
線形計画問題 linear programming problem 563
線形作用素 linear operator 226
線形相補性問題(LCP) linear complementarity problem 310
線形 BSDE linear BSDE 788
線形ファクターモデル linear factor model 159
線形フォワードレートカーブ linear forward rate curve 404
選好 preference 567,857
選好公理系 preference axiom 834
尖度 kurtosis 929
線の方法(MOL) method-of-lines 295
全リスク最小化 total risk minimization 587

ソ

相関行列 correlation matrix 441
相関展開 correlation expansion 455
双曲型ポテンシャル hyperbolic barrier potential 278
相似 homothetic 801
──な再帰的効用 ──recursive utility 778
相対エントロピー relative entropy 532,952
相対距離 relative distance 970
相対誤差 relative error 965
相対的リスク回避係数 relative risk aversion coefficient 805,859,961
相対的リスク回避度一定(CRRA) constant relative risk aversion 918
相対的リスク回避度一定効用関数 CRRA utility function 636
双対化 dualization 836
双対価格 shadow price 873
双対関係 dual-relationship 960
双対形式 dual form 836

双対勾配法 dual ascent method　846
双対性 duality　521, 837
双対定理 duality theory　904
双対等価 dual equivalence　787
双対問題 dual problem　563, 846
双べき乗変分 bypower variation　199
相補不完全ガンマ関数 complementary incomplete gamma function　267
測度変換 change of measure　23, 28, 57, 134, 152
存在問題 realization problem　406

タ

台 support　223, 653
大域的不変 globally invariant　395
大規模ポートフォリオ large portfolio　976
台形則 trapezoidal rule　449
対合的 involutive　408
退出時刻確率 exit time probability　976
対称作用素 symmetric operator　219
帯状多項式 zonal polynomial　165
対称Markov過程 symmetric Markov process　219
対称Riemann多様体上の拡散過程 diffusion on symmetric Riemann manifold　283
対数安定モデル log stable model　122
対数収益率 log return　130, 145
対数正規 lognormal　580
対数正規過程 log-normal process　20, 914
対数正規分布 log-normal distribution　384
対数正規マルチンゲール lognormal martingale　419
対数積率母関数 log moment generating function　951
大数の一様法則 uniform law of large numbers　649
大数の強法則 strong law of large numbers　753
大数の汎関数法則 functional law of large numbers　650
大数の法則(LLN) law of large numbers　949
ダイナミックヘッジ手法 dynamic hedging approach　760
ダイバージェンス(発散)型 divergence form　281
大偏差原理(LDP) large deviation principle　948
ダイレクティング過程 directing process　284
ダウンアンドアウトコール down-and-out call　240, 349
ダウンアンドインコール down-and-in call　349
ダウンオプション down option　348
多期間二項モデル multiperiod binomial model　565
多重基準の推定量 multi-scale estimator　196
多通貨モデル multi-currency model　420
達成可能 attainable　593
ダブルtコピュラ double t copula　444
ダブルバリアオプション double barrier option　337
多変量正規逆Gauss分布 multivariate normal inverse Gaussian distribution　444
多変量正規分布 multivariate normal distribution　343
多変量t分布 multivariate t distribution　444
単位の分解 resolution of identity　227
単純過程 simple process　25
単純取引戦略 simple trading strategy　731
弾性値 elasticity　265
単調性 monotonicity　567, 786
単独EC stand-alone EC　676
単独リスク寄与度 stand-alone capital contribution　677
単利スポットレート simple spot rate　373
単利フォワードレート simple forward rate　372

チ

逐次解析 sequential analysis　339, 349
チャーティスト chartist　629
中央集中型の市場 centralized market　200
中心化Wishart分布 centered Wishart distribution　166
中心化Gauss過程 centered Gaussian process　639
中心極限定理(CLT) central limit theorem　20, 122, 152, 338, 753, 949
チューザーフレキシブルキャップ chooser flexible cap　915
超過リターン excess return　782
超幾何拡散過程 hypergeometric diffusion process　277
超幾何関数 hypergeometric function　164, 248, 263
長期的依存性 long range dependence　629
重複期待値の法則 law of iterated expectations　141

索引

989

超複製 super-replication　717
重複対数の法則 law of iterated logarithm　651
重複度 multiplicity　232
調和振動子ポテンシャル harmonic oscillator potential　258
直交マルチンゲール orthogonal martingale　54
直交マルチンゲール成分 orthogonal martingale component　134

テ

停止過程 stopped process　747
停止時刻 stopping time　907
定常独立増分 stationary independent increment　116
停止ルール stopping rule　16
適応信念システム (ABS) adaptive belief system　635
適合かつ右連続な過程 adapted, right-continuous process　24
適合過程 adapted process　25, 59
テクニカルトレーダー technical trader　630
テストオプション test option　569
デフォルト default　219, 267, 431, 963
　——にジャンプする拡張された CEV モデル (JDCEV) jump-to—— extended CEV model　268
デフォルト確率 default probability　161
デフォルト強度 default intensity　161
デフォルト閾値 threshold default barrier　271
デフォルト時刻 time of default　433
デフォルト時損失 (LGD) loss given default　161, 469, 671
デフォルト指標 default indicator　433
デフォルト時与信額 (EAD) exposure at default　674
デフォルトレグ default leg　470
デフレーター deflator　32
デリバティブ derivative　14, 219
テール tail　435
　——の厚い fat-tailed　629
テール依存性 tail dependence　444
デルタヘッジ delta hedging　605, 634
テールリスク tail risk　964
点過程 point process　54
店頭 (OTC) 市場 over-the-counter market　507

ト

動径 OU 過程 radial OU process　261
動径成分 radial part　261
統計測度 statistical measure　122, 129, 152
動径調和振動子 radial harmonic oscillator　261
動径 Bessel 過程 radial Bessel process　261
倒産 bankruptcy　220
同時確率 joint probability　339
同時推移過程 joint migration process　472
同質グルーピング homogeneous grouping　495
同時分布関数 joint distribution function　440
同値確率測度 equivalent probability measure　28, 47
同値局所マルチンゲール測度 equivalent local martingale measure　31, 51, 722
同値マルチンゲール測度 (EMM) equivalent martingale measure　30, 59, 297, 509, 716, 758, 969
到着強度 arrival intensity　55
動的確率計画問題 dynamic stochastic programming problem　587, 832
動的完備 dynamically complete　919
動的計画法 dynamic programming　837, 861, 904
動的計画問題 dynamic programming problem　568
動的効用 dynamic utility　795
動的整合性 dynamic consistency　785
動的取引 dynamic trading　565
動的な最適ポートフォリオ政策 optimal dynamic portfolio policy　861
動的な投資機会の集合 dynamic investment opportunity set　781
動的に完備 dynamically complete　561
動的バリューアットリスク dynamic value-at-risk　160
動的複製取引戦略 replicating dynamic trading policy　561
投票者過程 voter process　468
特異連続成分 continuous singular component　229
特殊関数 special function　225
特殊セミマルチンゲール special semimartingale　723
特性関数 characteristic function　117, 155, 448

特性指数 characteristic exponent 117, 141
特別配当 reversionary bonus 754
独立成分分析 (ICA) independent component analysis 929, 938, 940
独立同一分布 (i.i.d.) identically and independently distributed 116, 133, 151, 351, 566
凸性 convexity 579
凸双対性 convex duality 521
凸の取引制約 convex trading constraint 821
凸リスク測度 convex risk measure 516
富過程 wealth process 26, 784
富の潜在価格 shadow-price-of-wealth 780
トラッキングエラー分散効率性 tracking error variance efficiency 961
トランケーション関数 truncation function 117, 132
トランシェ tranche 438
取引コスト transaction (trading) cost 22, 561, 573, 826, 840
取引コスト推定量 transaction cost estimate 207
取引先 counterparty 433
取引時点サンプリング transaction time sampling 191
取引戦略 trading strategy 26, 784, 920
取引できない収入 nontradeable income 823, 826
トレース trace 162

ナ

内在オプション embedded option 755
内生的な労働供給と退職 endogenous labor supply and retirement 826
内点法 interior point method 845

ニ

二項近似 binomial approximation 21, 65
二項ツリー binomial tree 338
二項モデル binomial model 565
2次共変分 quadratic covariation 24
2次計画問題 quadratic optimization problem 925
2次元多様体 two-dimensional manifold 404
2次元バリアオプション two-dimensional barrier option 337
2次ヘッジ quadratic hedging 529
2次変動過程 quadratic variation process 54
2次変分 quadratic variation 183, 736

二重基準の推定量 two-scale estimator 196
二重指数条件付分布 double exponential conditional distribution 119
二重指数分布 double exponential distribution 83
二乗可積分 square integrable 917
2次 BSDE quadratic BSDE 816
2次リスク quadratic risk 587
日周効果 diurnal effect 182
3/2 モデル 3/2 model 264
ニューメレール numéraire 32, 374, 532, 717, 971
ニューメレール不変性 numéraire invariance 32
——の原理 principle of—— 26
ニューメレール変換 change of numéraire 29, 339
ニューメレール変換定理 change of numéraire theorem 33
任意抽出定理 optional sampling theorem 911

ネ

ネーム name 433
年金ファンド pension fund 958

ノ

ノイズトレーダー noise trader 629
ノックアウトコール knock-out call 967

ハ

バイアス bias 875
バイアス補正 bias-correction 192
倍賭け裁定戦略 doubling arbitrage strategy 957
倍賭け戦略 doubling strategy 28
配当後 ex-dividend 566
ハイブリッド手法 hybrid approach 761
漠収束 vague convergence 654
白色化 whitening 938
ハザードレート(率) hazard rate 220, 433
バスケット型クレジットデフォルトスワップ basket credit default swap 432, 437, 468
バスケット型クレジットデリバティブ basket credit derivative 467
パーセンテージルックバックオプション percentage lookback option 337
発展の可測集合 progressively measurable set 24
発展的ヘッジアルゴリズム (PHA)

progressive hedging algorithm 847
初到達時刻 first-passage time 339,440
ハーディング行動 herding behavior 629
バミューダンオプション Bermudan option 336,906
バミューダンスワップション Bermudan swaption 392
パラメータ化 parameterize 380
バリア barrier 341,967
バリアオプション barrier option 97,265,337
バリアンススワップ variance swap 126
バリューアットリスク(VaR) value-at-risk 76, 435,514,670
バリューマッチング条件 value matching condition 103
汎関数演算 functional calculus 228
汎関数中心極限定理 functional central limit theorem 629
反射壁 reflecting barrier 140
半順序 partial order 798
反転回数 number of alternation 202
バンド幅の選択 bandwidth selection 200
反応拡散方程式 reaction-diffusion equation 486
反復法 iterative search 865

ヒ

比較原理 comparison principle 796
非完備 incomplete 588,813
非完備市場 incomplete market 38,51,505, 561,917,969
非完備性 incompleteness 510,782
非完備選好 incomplete preference 546
非心 Wishart 分布 noncentered Wishart distribution 164
非振動 non-oscillatory 241
ヒストリカルボラティリティ historical volatility 583
歪みリスク測度 distortion risk measure 757
非正規分布 non-Gaussian distribution 930
非正規リターン non-Gaussian return 932, 939
非線形最小二乗法 nonlinear least square 151
非対称情報要素 asymmetric information component 210
左連続右極限(càglàd) left-continuous with right limit 23,26
ビッドアスクスプレッド bid-ask spread 568, 736

ビッドアスク跳ね返り効果 bid–ask bounce effect 183,208
ビッドアスクハーフスプレッド bid–ask half spread 207
非定常過程 nonstationary dynamics 870
非同期性 nonsynchronicity 203
微分作用素 differential operator 315
非保存的 non-conservative 222
評価測度 valuation measure 483
標準 Wiener 過程 standard Wiener process 23,47
標準正規分布 standard normal distribution 441
標準的な分解 canonical decomposition 747
標準 Brown 運動 standard Brownian motion 341
標準偏差原理 standard deviation principle 757
標本分位推定量 sample quantile estimator 690
標本分位点 sample quantile 690
非流動的経済 illiquid economy 740
比例アグリゲータ proportional aggregator 801
比例取引費用 proportional transaction cost 733
比例ハザードリスク測度 proportional hazard risk measure 757

フ

ファクター法 factor approach 467
ファクターモデル factor model 159,405
ファクターローディング factor loading 443
ファンダメンタリスト fundamentalist 629
ファンダメンタルズ fundamentals 42
不一致性問題 inconsistency problem 187
フィルター付き確率空間 filtered probability space 23
フィルタリング filtering 187
フィルタリング理論 filtering theory 413
フィルトレーション filtration 117
フォワードカーブ多様体 forward curve manifold 396
フォワード kth-to-default forward kth-to-default 493
フォワード CDS forward CDS 489
フォワード測度 forward measure 383
フォワードレート forward rate 372
フォワードレートカーブ forward rate curve

375, 394
フォワードレートモデル forward rate model 374, 394, 409
不確実性回避 uncertainty aversion 581
不活発性 inertia 627
不完全ガンマ関数 incomplete gamma function 121, 267
不完全市場 imperfect market 561
複合自己回帰（Car）過程 compound autoregressive process 163
複合 Poisson 過程 compound Poisson process 113
複合 Poisson ジャンプ compound Poisson jump 119
複合 Poisson モデル compound Poisson model 121, 141
複雑系適応システム complex adaptive system 635
複数事前分布 multiple-prior 779
複製 replicate 36, 725, 906
複製戦略 replicating (replication) strategy 48, 730
プットオプション put option 15, 91, 904
プットコールパリティ put-call parity 15, 36
負の二項分布 negative binomial distribution 456
部分サンプリング sub-sampling 194
部分的ルックバックオプション partial lookback option 337
不偏一致推定量 unbiased and consistent estimator 42
不変性 invariance 397
不偏対称カーネル unbiased symmetric kernel 197
不変多様性 invariant manifold 395
不変有限次元部分多様体 invariant finite dimensional submanifold 406
プライシングカーネル pricing kernel 221, 536, 563, 970
フラクショナル Brown 運動 fractional Brownian motion 629
フラクショナル Fourier 変換（FRFT） fractional Fourier transform 149
フレイルティ frailty 478
プレミアム原理 premium principle 756
プレミアムレグ premium leg 488
不連続な情報 discontinuous information 825
フロアー floor 389
プロスペクト理論 prospect theory 638

プロテクションセラー protection seller 436
プロテクションバイヤー protection buyer 436
分位推定量 quantile estimator 671
分位点 quantile 452
分解法 decomposition approach 845
分岐切断 branch cut 253
分散 variance 914
分散型の市場 decentralized market 200
分散ガンマ（VG） variance gamma 115, 933
分散ガンマ過程 variance gamma process 124, 929, 935, 940
分散ガンマモデル variance gamma model 120
分散減少法 variance reduction method (technique) 340, 694, 912
分散原理 variance principle 757
分散積分 integrated variance 184
分散定弾性（CEV） constant elasticity of variance 82, 91
分散ファクター diversification factor 681
分散リスク寄与度 diversified capital contribution 677
分離型ファンド segregated fund 755
分離可能 separable 841

へ

平均回帰過程 mean-reversion process 960
平均回帰速度 mean-reversion speed 127, 136
平均超過リターン mean excess return 936
平均到着率 mean arrival rate 118
平均場相互作用 mean-field interaction 495
平均分散トレードオフ mean–variance tradeoff 588
平均分散法 mean–variance analysis 930
平行移動不変性 translation invariance 823
平行移動不変な再帰的効用 translation-invariant recursive utility 780
平方根拡散過程 square-root diffusion 262
べき効用基準 power utility criterion 961
べき乗変分 power variation 205
ベクトル場 vector field 408
ヘッジ誤差 hedging error 732
ヘッジ戦略 hedging strategy 40, 58
ペナルティー法 penalization technique 310
変額年金 variable annuity 755
ベンチマーク benchmark 957
ベンチマーク完備市場モデル benchmark complete market model 976
ベンチマーク完備モデル benchmark complete

model　*972*
偏微分変分不等式（PDVI） partial differential variational inequality　*295*
偏微分方程式（PDE） partial differential equation　*17, 47, 57, 65, 295*
変分(弱)方程式 variational (weak) formulation　*301*

ホ

法則収束 converge in distribution　*43*
法則同値 equality in distribution　*131*
包絡線定理 envelope theorem　*921*
保険数理 actuarial science　*456*
保険数理的手法 actuarial approach　*759*
補正Poissonノイズ compensated Poisson noise　*38, 54*
保存的 conservative　*222*
ポテンシャル関数 potential function　*243*
ポテンシャル理論 potential theory　*429*
ポートフォリオ portfolio　*16, 22*
ポートフォリオ管理 portfolio management　*956*
ポートフォリオクレジットデリバティブ portfolio credit derivative　*432*
ポートフォリオ最適化 portfolio optimization　*904*
ポートフォリオ選択基準 portfolio selection criterion　*961*
ポートフォリオ選択問題 portfolio selection (choice) problem　*917*
ポートフォリオに不変 portfolio-invariant　*681*
ポートフォリオパフォーマンスインデックス portfolio performance index　*961*
ポートフォリオ分析 portfolio analysis　*783*
ホライズン horizon　*433*
ボラティリティ volatility　*233, 383*
ボラティリティクラスタリング volatility clustering　*629*
ボラティリティクラスタリング効果 volatility clustering effect　*79*
ボラティリティ特性プロット volatility signature plot　*184*
ボラティリティ四乗積分 quarticity　*187, 190*
ホワイトノイズ white noise　*168*
本源的価値 intrinsic value　*909*
本質的スペクトル essential spectrum　*229*

マ

マイクロストラクチャー摩擦 microstructure friction　*182*

前向き後向き確率微分方程式（FBSDE） forward-backward stochastic differential equation　*780*
マクロ経済ファクター macro economic factor　*963*
マーケットマイクロストラクチャー market microstructure　*627, 715*
――による汚染 ――contamination　*181*
マーケットマイクロストラクチャー摩擦 market microstructure friction　*180*
マーケットメーカー market maker　*154*
待ち行列モデル queuing model　*628*
マネーネス moneyness　*145, 151, 592*
マルチファクターモデル multifactor model　*159, 674*
マルチンゲール martingale　*17, 116, 129, 911*
マルチンゲール測度 martingale measure　*54, 378*
マルチンゲール表現 martingale representation　*727, 894*
マルチンゲール法 martingale method　*919*
マルチンゲールモデル martingale model　*371*
まれな事象 rare event　*963*
満期日 terminal date, maturity date　*918*

ミ

右連続性 right continuity　*21*
右連続な修正 right-continuous version　*23*
右連続左極限（càdlàg） right-continuous with left limit　*16, 26, 117, 124, 719*

ム

無記憶性 memoryless property　*83*
無限活性 infinite activity　*118*
無限活性ジャンプ infinite-activity jump　*122*
無限小生成作用素 infinitesimal generator　*230, 298, 423, 476*
無限変分 infinite variation　*118*
無限変分ジャンプ infinite-variation jump　*123*
無裁定 arbitrage free, no arbitrage　*27, 30, 420*
無裁定価格 arbitrage free price, no-arbitrage price　*59, 374, 420, 516*
無裁定機会 no-arbitrage opportunity　*18*
無裁定理論価格 theoretical arbitrage free price　*387*
無差別 indifferent　*784*
無差別価格 indifference pricing　*517*

無摩擦市場 frictionless market 719
無リスク金利 riskless (risk-free) interest rate 372, 562, 906

モ

モーゲージプリペイメント mortgage prepayment 225
モンテカルロシミュレーション Monte Carlo simulation 65, 338, 384, 393, 671, 689, 924
モンテカルロ法 Monte Carlo method 836, 844

ユ

有界作用素 bounded operator 227
有界収束定理 bounded covergence theorem 649
有界変動 finite variation 726
有界変動過程 finite variation process 33
有限活性 finite activity 118
有限活性ジャンプ finite-activity jump 122
有限差分法 finite difference method 340, 867
有限サンプルバイアス finite sample bias 197
有限次元多様体 finite dimensional manifold 404
有限次元不変多様体 finite dimentional invariant manifold 406
有限責任 limited liability 439
有限 2 次変分 finite quadratic variation 118
有限分割 finite partition 25
有限変分 finite variation 118
有限要素法 finite element method 294
有限要素補間式 finite element interpolant 323
有効セクター数 effective number of sectors 687
優勾配密度 supergradient density 786
有効モンテカルロ推定量 efficient Monte Carlo estimator 883
誘導型モデル reduced-form model 205
尤度過程 likelihood process 378
尤度関数 likelihood function 138
尤度比 likelihood ratio 350, 457
優微分 super-differential 796
優複製 super-replication 535, 588
優複製取引戦略 super-replicating trading strategy 60
優マルチンゲール supermartingale 31, 60, 422, 721, 911
ユニットリンク保険 unit linked contract 755

ヨ

要因依存の 1 次あるいは 2 次のリスク回避性 source-dependent first-or second-order risk aversion 777
要因依存のリスク回避性 source-dependent risk aversion 806
与信額 exposure 671
ヨーロピアンオプション European option 576, 909
ヨーロピアンコールオプション European call option 15, 45, 572
ヨーロピアンデリバティブ European derivative 568
ヨーロピアンプットオプション European put option 15, 45

ラ

ランダムウォーク random walk 341, 631

リ

リアルオプション real option 915
離散化 discretization 838
離散型アジアンオプション discrete Asian option 336
離散型アップアンドアウトコール discrete up-and-out call 342
離散型アップアンドインコール discrete up-and-in call 344
離散型アメリカンオプション discrete American option 336
離散型バリアオプション discrete barrier option 336
離散型ルックバックオプション discrete lookback option 336
離散 Girsanov の定理 discrete Girsanov theorem 342
離散限界リスク寄与度 discrete marginal capital contribution 677
離散スペクトル discrete spectrum 229
離散取引戦略 discrete trading strategy 732
離散 Fourier 変換 discrete Fourier transform 148
離散モニタリング discrete monitoring 341
リスク risk 14
——の市場価格 market price of—— 116, 787, 917, 972
リスク鋭感的制御問題 risk-sensitive control problem 960

索引　995

リスク回避 risk aversion 17,777
リスク回避係数 risk aversion coefficient 932, 936
リスク回避的な投資家 risk averse investor 571
リスク管理 risk management 963
リスク寄与度 risk contribution 435
リスク資産 risky asset 14
リスク尺度 risk measure 435
リスク測度 risk measure 756
リスク中立確率 risk-neutral probability 30, 341,438,562,906
リスク中立過程 risk-neutral process 578
リスク中立測度 risk-neutral measure 116, 129,140,152
リスク中立マルチンゲール測度 risk-neutral martingale measure 374
リスク調整後確率 risk-adjusted probability 437
リスク配分 risk allocation 436
リスクファクター risk factor 963
リスクプレミアム risk premium 135
リスクプロファイル risk profile 782
リセットオプション reset option 765
リードラグ付き推定量 lead-lag estimator 203
流出境界 exit boundary 234
流体極限 fluid limit 648
流動化コスト liquidity cost 22
流動性需要 liquidity demand 630
流動性費用 liquidity cost 716,720
流動性リスク liquidity risk 715
流動取引 liquidity trading 633
流入境界 entrance boundary 234
良可測 optional 718
良関数 good function 481

ル

累積分布関数 cumulative distribution function 144
ルックバックオプション lookback option 57, 97,265,337

レ

レジームスイッチングモデル regime switching modol 280,762
レゾルベント集合 resoluvent set 228
劣複製 sub-replicate 725
劣マルチンゲール submartingale 422
連鎖公式 chain rule 399,894

連続型アップアンドアウトコール continuous up-and-out call 341
連続写像定理 continuous mapping theorem 655
連続的ダブルオークション市場 continuous double auctions 636
連続複利 continuously compounded rate 22, 372,906
連続複利フォワードレート continuously compounded forward rate 372
連続補正 continuity correction 340,348
連続補正近似 continuity correction approximation 340

ロ

ローディング行列 loading matrix 443
ロバスト効用 robust utility 542
ロバスト最適化 robust optimization 848
ロバスト推定 robust estimation 848
ロンスキアン Wronskian 236

ワ

歪度 skewness 123,929
割引条件付期待値 discount conditional expectation 578
割引率 discount rate 222

A

α 安定過程 α-stable process 152
α 安定 Lévy 過程 α-stable Lévy process 120
α 許容可能 α-admissible 29
ABS ⟶ 適応信念システム
ACF ⟶ 自己相関関数
ADP ⟶ 近似動的計画
ALM ⟶ 資産負債管理
Arrow–Pratt の分析 ——analysis 779
AR(1) フィルター ——filter 188
ATM: at-the-money 123
Azéma マルチンゲール ——martingale 38

B

Bartlett カーネル推定量 ——kernel estimator 197
Bayes 意思決定モデル Bayesian decision model 833
Bayes の公式 ——' formula 382,415
BDF ⟶ 後退差分公式
Benders 分解法 ——' decomposition 845

Black の公式 ――'s formula 385
Black のボラティリティ ――volatility 386
Black–Scholes オプション公式 ――option formula 50
Black–Scholes の枠組み ――framework 389
Black–Scholes 法 ――method 17
Black–Scholes モデル ――model 131, 142, 348, 596, 904
Black–Scholes–Merton 公式 ――formula 62, 730
Black–Scholes–Merton 法 ――method 17
Bochner の従属操作 ――'s subordination 283
Brennan–Schwartz 金利モデル ――interest rate model 276
Broadie–Yamamoto 法 ――method 345
Bromwich 積分 ――integral 448
Bromwich–Laplace 反転積分 ――inversion integral 237
Brown 運動 Brownian motion 13, 113, 143, 165, 933
―― の最大値の分布 distribution of the maximum of a―― 58
Brown 橋過程 Brownian bridge 968
Brown 汎関数 Brownian functional 891
BSDE ⟶ 後向き確率微分方程式
BSDE ドライバー ――driver 794

C

C 緊密 C-tight 653
càdlàg ⟶ 右連続左極限
càglàd ⟶ 左連続右極限
CAPM: capital asset pricing model 78
Car 過程 ⟶ 複合自己回帰過程
Cauchy–Schwarz の不等式 ――inequality 162
CDI ⟶ 資本分散指標
CDO ⟶ 債務担保証券
CDS ⟶ クレジットデフォルトスワップ
CDS インデックス ――index 499
CDS スプレッド ――spread 488
CDS スワップション ――swaption 490
CDS プレミアム ――premium 488
CDX.NA.IG 499
CE ⟶ 確実性等価
CEV ⟶ 分散定弾性
CGMY モデル ――model 120, 151
Cholesky 分解 ――factorization 441
CIR モデル ――model 956

Clark–Ocone 公式 ――formula 859, 894
CLT ⟶ 中心極限定理
Coulomb ポテンシャル ――potential 268
Cox–Ingersoll–Ross (CIR) モデル ――model 956
Cramér の定理 ――theorem 951
CRRA ⟶ 相対的リスク回避度一定
CTE ⟶ 条件付テール期待値
CVE モデル ――model 338
CWI ⟶ 信用力指標

D

d 次元 Ornstein–Uhlenbeck 過程 d-dimensional ――process 282
Dantzig–Wolfe 分解 ――decomposition 845
Delbaen–Schachermayer の定理 ――theorem 50
Dirac 関数 ――function 146
Dirac 測度 ――measure 58
Dirac デルタ ――delta 250
Dirichlet 境界条件 ――boundary condition 235
Doléans–Dade の指数 ――exponential 42
Doob–Meyer 分解 ――decomposition 645, 911
Doob–Meyer 分解定理 ――decomposition theorem 61
Doss 変換 ――transformation 865
DPL: dampened power law 115
Duffie–Epstein 効用 ――utility 778
Dufresne の分布公式 ――'s identity in law 275

E

EAD ⟶ デフォルト時与信額
EC ⟶ 経済資本
EMM ⟶ 効率的モーメント法
Epps の効果 ――effect 203
ES ⟶ 期待ショートフォール
Esscher 変換 ――transform 532
Euclid ノルム Euclidian norm 261, 922
Euler 近似 ――approximation 144
Euler 総和 ――summation 449
Euler の定理 ――'s theorem 436, 678, 688

F

FBSDE ⟶ 前向き後向き確率微分方程式
Feller 過程 ――process 632
Feller の境界分類 ――'s boundary

索 引

classification 248
Fenchel–Legendre 変換 ——transform 951
Feng–Linetsky 法 ——method 346
Feynman–Kac 公式 ——formula 862
Feynman–Kac 半群 ——semigroup 250
FFT → 高速 Fourier 変換
first-to-default 470
first-to-default スワップ ——swap 437
FITC → 完全情報取引コスト
Flesaker–Hughston 分数モデル ——fractional model 416
FLVR: free lunch with vanishing risk 722
FOC → 1 階の条件
Fourier 逆変換 ——inversion 140
Fourier 変換 ——transform 145, 170, 448
Fréchet 微分 ——derivative 57, 397
Fréchet 微分可能 ——differentiable 57
Freidlin–Wentzell の定理 ——theorem 955
FRFT → フラクショナル Fourier 変換
Frobenius の定理 ——theorem 408
Fubini の定理 ——theorem 146, 377

G

γ 基金 γ-fund 823
GARCH 確率ボラティリティモデル ——stochastic volatility model 276
GARCH モデル ——model 81, 578
Gärtner–Ellis の定理 ——theorem 953
Gauss 拡散過程 Gaussian diffusion process 426
Gauss 確率変数 Gaussian random variable 41
Gauss 過程 Gaussian process 940
Gauss 求積法 Gaussian quadrature 453
Gauss 定常密度 Gaussian stationary density 260
Gauss 密度 Gaussian density 253, 345
GH 過程 generalized hyperbolic process 121
GH モデル generalized hyperbolic model 933
Girsanov カーネル ——kernel 383
Girsanov の定理 ——theorem 31, 47, 52, 249, 378
Girsanov 変換 ——transformation 378, 972
Girsanov–Meyer の定理 ——theorem 55
GMAB → 最低積立金保証型
GMDB → 最低死亡給付保証型
GMIB → 最低年金年額保証型
GMMB → 最低満期給付保証型

GMWB → 最低解約給付保証型
Green 関数 ——function 237

H

HAC 推定 heteroskedasticity and autocorrelation consistent estimation 197
HAC 推定量 heteroskedasticity and autocorrelation consistent estimator 192
Hahn–Banach の定理 ——theorem 29
Hamilton–Jacobi–Bellman (HJB) 方程式 ——equation 780, 862
Hansen–Lunde 推定量 ——estimator 193
HARA 型効用 hyperbolic absolute risk aversion utility 857
Harrell–Davis (HD) 推定量 ——estimator 693
HAR-RV: heterogeneous autoregressive model of the realized volatility 205
Hasbrouck のプライシング誤差 ——'s pricing error 208
Hayashi–Yoshida の推定量 ——estimator 204
Heath–Jarrow–Morton (HJM) のドリフト条件 ——drift condition 377, 379, 394
Heath–Jarrow–Morton (HJM) フレームワーク ——framework 375
Herfindahl 集中指標 ——concentration index 687
Hermite 多項式 ——polynomial 260
Heston モデル ——model 131, 142, 163, 173
Hilbert 空間 ——space 396
Hilbert 変換 ——transform 346
Hille–Hardy 公式 ——formula 263
Ho–Lee モデル ——model 379, 401
Howison–Steinberg 近似 ——approximation 341
Hull–White (HW) モデル ——model 401
Hurst 指数 ——parameter 638

I

ICA → 独立成分分析
ICAPM: intertemporal capital asset pricing model 133
i.i.d. → 独立同一分布
IMEX 時間刻み法 → 陰的陽的時間刻み法
iTraxx Europe 499

J

Jacobi 過程 ——process 225

J

Jacobi 多項式 ——polynomial 279
JDCEV → デフォルトにジャンプする拡張された CEV モデル
Jensen の不等式 ——'s inequality 837

K

κ 同値 κ-ignorance 779
Kalman フィルター ——filter 153
Kelly 投資戦略 ——investment strategy 956
Kolmogorov 式 ——equation 425
Kolmogorov の後向き方程式 backward——equation 298
Kreps–Porteus 効用 ——utility 779
Kreps–Yan の分離定理 ——separation theorem 31
Kronecker 積 ——product 880
kth-to-default 470,492
Kummer–Tricomi の合流型超幾何関数 ——confluent hypergeometric function 262

L

L 推定量 L-estimator 672,692
Lagrange 法 Lagrangian method 846
Laplace 指数 ——exponent 284
Laplace 変換 ——transform 91,141,448
Laplace 変換法 ——transform method 356
LCP → 線形相補性問題
LDP → 大偏差原理
Lebesgue 積分 ——integral 25
Leibnitz 則 ——rule 409
Lévy 過程 ——process 43,79,113,116,123,129,140,151,346,413,718,933
Lévy 測度 ——measure 284
Lévy 特性 ——characteristics 117
Lévy の局所特性量 ——local characteristics 285
Lévy の定理 ——'s theorem 47
Lévy 密度 ——density 114,130
Lévy–Khintchine 定理 ——theorem 117
LGD → デフォルト時損失
LIBOR スポットレート ——spot rate 373
LIBOR フォワードレート ——forward rate 373,385
LIBOR マーケットモデル ——market model 384
LIBOR レート ——rate 372
Lie 群 ——group 283
Lie 代数 ——algebra 283,409
Lie ブラケット ——bracket 408
Lindeberg 条件 ——condition 578
Liouville 変換 ——transformation 243
Lipschitz 関数 ——function 55
Lipschitz 条件 ——condition 873
LLN → 大数の法則
Lugannani–Rice 近似 ——approximation 451

M

m 次元正規分布 m-dimensional normal distribution 441
m 対称 m-symmetric 224
Malliavin 解析 ——calculus 859,890
Malliavin 微分 ——derivative 58,891
Malliavin 微分可能 ——differentiable 58
Markov 過程 ——process 47,219,423,718,906
Markov ニューメレール Markovian numéraire 483
Markov 評価測度 Markovian valuation measure 483
Markov マーケットモデル Markovian market model 476
Markov 連鎖 ——chain 340
Markov 連鎖モンテカルロ(MCMC) ——chain Monte Carlo 122,127,151
Markowitz モデル ——model 930
Markowitz–Sharpe の手法 ——'s approach 956
MA(1) 182
MA(1) フィルター ——filter 188
Meixner 過程 ——process 121
Merton 型モデル ——type model 674
Merton の解 ——solution 780
Meyer の定理 ——'s section theorem 24
MOL → 線の方法
Morse ポテンシャル ——potential 272
Morton–Pliska 法 ——method 843
Musiela 式 ——equation 380
Musiela パラメータ化 ——parameterization 380,394,427

N

Nelson–Siegel 族 ——family 400
Nelson–Siegel フォワードカーブ多様体 ——forward curve manifold 401
Neumann 境界条件 ——boundary condition 235
NFLVR: no free lunch with vanishing risk

索 引

30, 722
NIG: normal inverse Gaussian 115
NIG 過程 —— process 121
NIG 分布 —— distribution 933
NIG モデル —— model 141
Novikov 条件 —— condition 52, 391
NP 困難 —— -hard 836
NS 多様体 —— manifold 401
nth-to-default スワップ —— swap 437

O

ODE ⟶ 常微分方程式
Ornstein–Uhlenbeck(OU) 過程 —— process 128, 225, 259, 637, 885, 974
OTC 市場 ⟶ 店頭市場
OTM ⟶ アウトオブザマネー

P

$\mathbb{P}$ 測度 $\mathbb{P}$-measure 758
$\mathbb{P}^*$ マルチンゲール $\mathbb{P}^*$-martingale 29
Panjer 漸化式 —— recursion 457
Pareto 分布 —— distribution 643
PDE ⟶ 偏微分方程式
PDVI ⟶ 偏微分変分不等式
Perseval の等式 —— equality 232
PHA ⟶ 発展的ヘッジングアルゴリズム
Picard 反復 —— iteration 63
PIDE ⟶ 積分微分方程式
PIDVI ⟶ 積分微分変分不等式
PIN 尺度 —— measure 212
Poisson 過程 —— process 23, 38, 444
PSOR アルゴリズム ⟶ 射影逐次過緩和アルゴリズム
PSPACE 困難 —— -hard 836

Q

$\mathbb{Q}$ 測度 $\mathbb{Q}$-measure 758
QE 関数 ⟶ 準指数関数
QTSM ⟶ クオドラティック期間構造モデル
Q-Wiener 過程 —— process 378

R

Radon–Nikodym 微分 —— derivative 51, 381, 965
Riccati 方程式 —— equation 167
Riemann 多様体 —— manifold 283
Riemann のゼータ関数 —— zeta function 352
Riemann 和 —— sum 25

Riesz 分解 —— decomposition 421
ROC ⟶ 資本効率性
Rogers のスキーム —— scheme 426
Rogers 理論 —— theory 427
Roll の実効スプレッド推定式 —— 's effective spread estimator 208
Runge–Kutta 法 —— method 144

S

σ 加法族 σ-algebra 23
σ マルチンゲール σ-martingale 29, 51
Sanov の定理 —— 's theorem 952
Schilder の定理 —— 's theorem 955
SDE ⟶ 確率微分方程式
SDF ⟶ 確率割引因子
SDU ⟶ 確率微分効用
Sharpe レシオ —— ratio 633, 940, 962
Skorohod 問題 —— problem 63
Snell 包絡線 —— envelope 60
Sobolev 空間 —— space 395
S&P500 インデックスオプション (SP) S&P500 index option 580
SPD ⟶ 状態価格密度
Spitzer の恒等式 —— 's identity 356
Stratonovich 積分 —— integral 398
Sturm–Liouville(SL) 方程式 —— equation 235

T

t コピュラ t-copula 444

U

u.c.p. 収束 uniform in time on compacts and converging in probability 26
UECV ⟶ 経験累積分布関数の上限値
UECV 推定量 —— estimator 690
UKF: unscented Kalman filter 153

V

VaR ⟶ バリューアットリスク
Varadhan の補題 —— 's lemma 954
Vasiček モデル —— model 260, 375
VG ⟶ 分散ガンマ
VIX インプライドボラティリティ —— -implied volatility 583
von Neumann–Morgenstern 表現 —— representation 857

W

Weber–Hermite の放物柱関数 —— parabolic

cylinder function *259*
Weyl–Titchmarsh の複素変数法 ——complex variable approach *247*
Whittaker 関数 ——function *262*
Wiener 過程 ——process *377*
Wiener–Hopf 方程式 ——equation *341, 355*

Wilkie モデル ——model *759*
Wishart 過程 ——process *163*
Wishart 自己回帰過程 ——autoregressive process *164*
Wishart ファクターモデル ——factor model *161*

監訳者略歴

木
き
島
じま
正
まさ
明
あき

1957年　新潟県に生まれる
1980年　東京工業大学理学部卒業
1986年　ロチェスター大学経営大学院博士課程修了
現　在　首都大学東京大学院社会科学研究科教授
　　　　Ph.D., 理学博士

金融工学ハンドブック

定価は外函に表示

2009年6月25日　初版第1刷

監訳者　木　島　正　明
発行者　朝　倉　邦　造
発行所　株式会社　朝　倉　書　店
　　　　東京都新宿区新小川町6-29
　　　　郵便番号　　162-8707
　　　　電　話　03(3260)0141
　　　　FAX　03(3260)0180
　　　　http://www.asakura.co.jp

〈検印省略〉

© 2009　〈無断複写・転載を禁ず〉

中央印刷・渡辺製本

ISBN 978-4-254-29010-3　C 3050　　Printed in Japan

R.A.ジャロウ・V.マクシモビッチ・
W.T.ジエンバ編
中大今野　浩・岩手県大 古川浩一監訳

ファイナンスハンドブック

12124-7 C3041　　　A5判 1152頁 本体29000円

〔内容〕ポートフォリオ／証券市場／資本成長理論／裁定取引／資産評価／先物価格／金利オプション／金利債券価格設定／株式指数裁定取引／担保証券／マイクロストラクチャ／財務意思決定／ヴォラティリティ／資産・負債配分／市場暴落／普通株収益／賭け市場／パフォーマンス評価／市場調査／実物オプション／最適契約／投資資金調達／財務構造と税制／配当政策／合併と買収／製品市場競争／企業財務論／新規株式公開／株式配当／金融仲介業務／米国貯蓄貸付組合危機

名市大 宮原孝夫著
シリーズ〈金融工学の基礎〉1
株価モデルとレヴィ過程
29551-1 C3350　　　A5判 128頁 本体2400円

非完備市場の典型的モデルとしての幾何レヴィ過程とオプション価格モデルの解説および活用法を詳述。〔内容〕基礎理論／レヴィ過程／レヴィ過程に基づいたモデル／株価過程の推定／オプション価格理論／GLP&MEMMオプション価格モデル

南山大 田畑吉雄著
シリーズ〈金融工学の基礎〉2
リスク測度とポートフォリオ管理
29552-8 C3350　　　A5判 216頁 本体3800円

金融資産の投資に伴う数々のリスクを詳述〔内容〕金融リスクとリスク管理／不確実性での意思決定／様々なリスクと金融投資／VaRとリスク測度／デリバティブとリスク管理／デリバティブの価格評価／信用リスク／不完備市場とリスクヘッジ

南山大 伏見正則著
シリーズ〈金融工学の基礎〉3
確率と確率過程
29553-5 C3350　　　A5判 152頁 本体3000円

身近な例題を多用しながら，確率論を用いて統計現象を解明することを目的とし，厳密性より直観的理解を求める理工系学生向け教科書〔内容〕確率空間／確率変数／確率変数の特性値／母関数と特性関数／ポアソン過程／再生過程／マルコフ連鎖

早大 谷口正信著
シリーズ〈金融工学の基礎〉4
数理統計・時系列・金融工学
29554-2 C3350　　　A5判 224頁 本体3600円

独立標本の数理統計学から説き起こし，それに基づいた時系列の最適推測論，検定および判別解析を解説し，金融工学への橋渡しを詳解したテキスト〔内容〕数理統計の基礎／統計的推測／種々の統計手法／確率過程／時系列解析／統計的金融工学入門

慶大 枇々木規雄・数理システム 田辺隆人著
シリーズ〈金融工学の基礎〉5
ポートフォリオ最適化と数理計画法
29555-9 C3350　　　A5判 164頁 本体2800円

「実際に使える」モデルの構築に役立つ知識を散りばめた実践的テキスト。〔内容〕数理計画法アルゴリズム／実行可能領域と目的関数値／モデリング／トラブルシューティング／平均・分散モデル／実際の計算例／平均・リスクモデル／感度分析

立命大 小川重義著
シリーズ〈金融工学の基礎〉6
確率解析と伊藤過程
29556-6 C3350　　　A5判 192頁 本体3600円

確率論の基本，確率解析の実際，理論の実際的運用と発展的理論までを例を豊富に掲げながら平易に解説〔内容〕確率空間と確率変数／統計的独立性／ブラウン運動・マルチンゲール／確率解析／確率微分方程式／非因果的確率解析／数値解法入門

法大 浦谷 規著
シリーズ〈金融工学の基礎〉7
無裁定理論とマルチンゲール
29557-3 C3350　　　A5判 164頁 本体3200円

金融工学の基本的手法であるマルチンゲール・アプローチの原理を初等的レベルから解説した書。教養としての線形代数と確率論の知識のみで理解できるよう懇切丁寧に詳解する。〔内容〕1期間モデル／多期間モデル／ブラック-ショールズモデル

慶大 枇々木規雄著
経営科学のニューフロンティア5
金融工学と最適化
27515-5 C3350　　　A5判 240頁 本体4300円

〔内容〕金融工学のための最適化モデル／リスクとリターン／効率的フロンティア／ポートフォリオ選択問題／ポートフォリオ選択モデル／戦略的資産配分問題に対する数理計画モデル／シナリオツリー型多期間確率計画モデル／ALMへの拡張

首都大 木島正明・首都大 田中敬一著 シリーズ〈金融工学の新潮流〉1	金融工学において最も重要な価格付けの理論を測度変換という切口から詳細に解説〔内容〕価格付け理論の概要／正の確率変数による測度変換／正の確率過程による測度変換／測度変換の価格付けへの応用／基準財と価格付け測度／金利モデル／他
資産の価格付けと測度変換	
29601-3 C3350　　　　A 5 判 216頁 本体3800円	

首都大 室町幸雄著 シリーズ〈金融工学の新潮流〉3	デフォルトの関連性における原因・影響度・波及効果に関するモデルの詳細を整理し解説〔内容〕デフォルト相関のモデル化／リスク尺度とリスク寄与度／極限損失分布と新BIS規制／ハイブリッド法／信用・市場リスク総合評価モデル／他
信用リスク計測とCDOの価格付け	
29603-7 C3350　　　　A 5 判 224頁 本体3800円	

首都大 木島正明・首都大 中岡英隆・首都大 芝田隆志著 シリーズ〈金融工学の新潮流〉4	最新の金融理論を踏まえ，経営戦略や投資の意思決定を行えることを意図し，実務家向けにまとめた入門書。〔内容〕企業経営とリアルオプション／基本モデルの拡張／撤退・停止・再開オプションの評価／ゲーム論的リアルオプション／適用事例
リアルオプションと投資戦略	
29604-4 C3350　　　　A 5 判 192頁 本体3600円	

横国大 浅野幸弘・住友信託銀行 岩本純一・住友信託銀行 矢野　学著 応用ファイナンス講座 1	公的年金の基本的知識から仕組みおよび運用までわかりやすく詳説〔内容〕わが国の年金制度／企業年金の選択／企業財務と年金資産運用／年金会計／年金財務と企業評価／積立不足と年金ALM／物価連動国債と年金ALM／公的年金運用／他
年金とファイナンス	
29586-3 C3350　　　　A 5 判 228頁 本体3800円	

国際教養大 市川博也著 応用ファイナンス講座 2	時系列分析の基礎からファイナンスのための時系列分析を平易に解説。〔内容〕マクロ経済変数と時系列分析／分布ラグモデルの最適次数の決定／統計学の基礎概念と単位根テスト／定常な時系列変数と長期乗数／ボラティリティ変動モデル／他
応用経済学のための 時 系 列 分 析	
29587-0 C3350　　　　A 5 判 184頁 本体3500円	

みずほ信託銀行 菅原周一著 応用ファイナンス講座 3	資産運用に関する基礎理論から実践まで，実証分析の結果を掲げながら大学生および実務家向けにわかり易く解説〔内容〕資産運用理論の誕生と発展の歴史／株式運用と基礎理論と実践への応用／債券運用の基礎と実践への応用／最適資産配分戦略
資産運用の理論と実践	
29588-7 C3350　　　　A 5 判 228頁 本体3500円	

麗澤大 清水千弘・富山大 唐渡広志著 応用ファイナンス講座 4	客観的な数量データを用いて経済理論を基にした統計分析の方法をまとめた書〔内容〕不動産市場の計量分析／ヘドニックアプローチ／推定の基本と応用／空間計量経済学の基礎／住宅価格関数の推定／住宅価格指数の推定／用途別賃料関数の推定
不動産市場の計量経済分析	
29589-4 C3350　　　　A 5 判 192頁 本体3900円	

電通大 宮﨑浩一著 応用ファイナンス講座 5	重要なモデルを取り上げ，各モデルや数理的な分析手法の勘所をわかりやすく解説。〔内容〕BSモデルと拡張／デタミニスティックボラティリティモデル／ジャンプ拡張モデル／確率ボラティリティモデル／インプライド確率分布の実証分析／他
オプション市場分析への招待	
29590-0 C3350　　　　A 5 判 224頁 本体3900円	

同大 津田博史・慶大 中妻照雄・筑波大 山田雄二編 ジャフィー・ジャーナル：金融工学と市場計量分析 非流動性資産の価格付けと **リアルオプション**	日本金融・証券計量・工学学会（JAFEE）編集。〔内容〕環境政策／無形資産評価／資源開発事業評価／気温リスク・スワップ／気温オプション／風力デリバティブ／多期間最適ポートフォリオ／拡張Mertonモデル／レジーム・スイッチング
29009-7 C3050　　　　A 5 判 276頁 本体5200円	

同大 津田博史・慶大 中妻照雄・筑波大 山田雄二編 ジャフィー・ジャーナル：金融工学と市場計量分析	日本金融・証券計量・工学学会（JAFEE）編集。〔内容〕ベイズ統計学とファイナンス／社債格付け分析／外国債券投資の有効性／ブル相場・ベア相場の日次データ分析／不動産価格評価モデル／資源開発事業のリスク評価／CDOの価格予測
ベイズ統計学とファイナンス	
29011-0 C3050　　　　A 5 判 256頁 本体4200円	

中大 今野　浩・明大 刈屋武昭・首都大 木島正明編

金融工学事典

29005-9　C3550　　　　A 5 判 848頁 本体22000円

中項目主義の事典として，金融工学を一つの体系の下に纏めることを目的とし，金融工学および必要となる数学，統計学，OR，金融・財務などの各分野の重要な述語に明確な定義を与えるとともに，概念を平易に解説し，指針書も目指したもの〔主な収載項目〕伊藤積分／ALM／確率微分方程式／GARCH／為替／金利モデル／最適制御理論／CAPM／スワップ／倒産確率／年金／判別分析／不動産金融工学／保険／マーケット構造モデル／マルチンゲール／乱数／リアルオプション他

首都大 木島正明・京大 岩城秀樹著
シリーズ〈現代金融工学〉1

経済と金融工学の基礎数学

27501-8　C3350　　　　A 5 判 224頁 本体3500円

解法のポイントや定理の内容を確認するための例を随所に配した好著。〔内容〕集合と論理／写像と関数／ベクトル／行列／逆行列と行列式／固有値と固有ベクトル／数列と級数／関数と極限／微分法／偏微分と全微分／積分法／確率／最適化問題

首都大 木島正明著
シリーズ〈現代金融工学〉3

期間構造モデルと金利デリバティブ

27503-2　C3350　　　　A 5 判 192頁 本体3600円

実務で使える内容を心掛け，数学的厳密さと共に全体を通して概念をわかりやすく解説〔内容〕準備／デリバティブの価格付け理論／スポットレートのモデル化／割引債価格／債券オプション／先物と先物オプション／金利スワップとキャップ

一橋大 渡部敏明著
シリーズ〈現代金融工学〉4

ボラティリティ変動モデル

27504-9　C3350　　　　A 5 判 160頁 本体3600円

金融実務において最重要な概念であるボラティリティの役割と，市場データから実際にボラティリティを推定・予測する方法に焦点を当て，実務家向けに解説〔内容〕時系列分析の基礎／ARCH型モデル／確率的ボラティリティ変動モデル

明大 乾　孝治・首都大 室町幸雄著
シリーズ〈現代金融工学〉5

金融モデルにおける推定と最適化

27505-6　C3350　　　　A 5 判 200頁 本体3600円

数理モデルの実践を，パラメータ推定法の最適化手法の観点より解説〔内容〕金融データの特徴／理論的背景／最適化法の基礎／株式投資のためのモデル推定／GMMによる金利モデルの推定／金利期間構造の推定／デフォルト率の期間構造の推定

法大 湯前祥二・北大 鈴木輝好著
シリーズ〈現代金融工学〉6

モンテカルロ法の金融工学への応用

27506-3　C3350　　　　A 5 判 208頁 本体3600円

金融資産の評価やヘッジ比率の解析，乱数精度の応用手法を詳解〔内容〕序論／極限定理／一様分布と一様乱数／一般の分布に従う乱数／分散減少法／リスクパラメータの算出／アメリカン・オプションの評価／準モンテカルロ法／Javaでの実装

統数研 山下智志著
シリーズ〈現代金融工学〉7

市場リスクの計量化とVaR

27507-0　C3350　　　　A 5 判 176頁 本体3600円

市場データから計測するVaRの実際を詳述。〔内容〕リスク計測の背景／リスク計測の意味とVaRの定義／リスク計測モデルの意味／リスク計測モデルのテクニック／金利リスクとオプションリスクの計量化／モデルの評価の規準と方法

首都大 木島正明・早大 小守林克哉著
シリーズ〈現代金融工学〉8

信用リスク評価の数理モデル

27508-7　C3350　　　　A 5 判 168頁 本体3600円

デフォルト（倒産）発生のモデルや統計分析の手法を解説した信用リスク分析の入門書。〔内容〕デフォルトと信用リスク／デフォルト発生のモデル化／判別分析／一般線形モデル／確率選択モデル／ハザードモデル／市場性資産の信用リスク評価

首都大 朝野煕彦・首都大 木島正明編
シリーズ〈現代金融工学〉9

金融マーケティング

27509-4　C3350　　　　A 5 判 240頁 本体3800円

顧客が金融機関に何を求めるかの世界を分析〔内容〕マーケティング理論入門／金融商品の特徴／金融機関のためのマーケティングモデル／金融機関のためのマーケティングリサーチ／大規模データの分析手法／金融DBマーケティング／諸事例

上記価格（税別）は 2009 年 5 月現在